# DIE *ODYSSEE* IN DER SPÄTANTIKE

## STUDIES IN CLASSICAL ARCHAEOLOGY

*General Editors*
Achim Lichtenberger, *Westfälische Wilhelms-Universität Münster*
Rubina Raja, *Aarhus Universitet*

*Advisory Board*
Susan E. Alcock
Marianne Bergmann
Robin Osborne
R. R. R. Smith

VOLUME 7

Previously published volumes in this series are listed at the back of the book.

# Die *Odyssee* in der Spätantike

## Bildliche und literarische Rezeption

von

Susanne Moraw

BREPOLS

British Library Cataloguing in Publication Data

A catalogue record for this book is available from the British Library.

© 2020, Brepols Publishers n.v., Turnhout, Belgium

All rights reserved. No part of this publication may be reproduced, stored in a retrieval system, or transmitted, in any form or by any means, electronic, mechanical, photocopying, recording, or otherwise, without the prior permission of the publisher.

D/2020/0095/63
ISBN: 978-2-503-58379-2
ISSN: 2565-8921

Printed in the EU on acid-free paper

# Inhaltsverzeichnis

Abbildungsverzeichnis .................................................................. vii

Vorwort ........................................................................................ xi

Kapitel I. Einleitung ..................................................................... 1

Kapitel II. Polyphem .................................................................... 19

Kapitel III. Kirke ......................................................................... 55

Kapitel IV. Sirenen ...................................................................... 85

Kapitel V. Skylla ......................................................................... 121

Kapitel VI. Heimkehr nach Ithaka ............................................... 149

Kapitel VII. Fazit ........................................................................ 205

Anhang 1. Auflistung und Übersetzung der wichtigsten spätantiken Texte
    zu den diskutierten Episoden ................................................. 215

Anhang 2. Katalog der spätantiken Bilder zur *Odyssee* ................ 273

Anhang 3. Statistiken zu den Bildern .......................................... 319

Bibliographie .............................................................................. 323

Register ...................................................................................... 343

# Abbildungsverzeichnis

Abb. II.1 Tönerne ›Kuchenform‹, eventuell aus Ostia; 200–50 n. Chr. (Katalog Polyphem Nr. 1). Antikensammlung, Staatliche Museen zu Berlin – Preußischer Kulturbesitz. Neg.-Nr. Ant 2867 ... 32

Abb. II.2 Detail der Umzeichnung einer pannonischen Terra Sigillata-Bilderschüssel; Ende 3. Jh. n. Chr. (Katalog Polyphem Nr. 3). Nach Brukner 1981, Taf. 43 ... 34

Abb. II.3 Ausschnitt aus dem Plan der Villa von Piazza Armerina; 350–400 n. Chr. (zu Katalog Polyphem Nr. 4). Susanne Moraw ... 37

Abb. II.4 Fußbodenmosaik in der Villa von Piazza Armerina; 350–400 n. Chr. (Katalog Polyphem Nr. 4). © Alinari Archives, Florenz ... 39

Abb. II.5 Umzeichnung des Deckels eines stadtrömischen Kindersarkophags; 3. Jh. n. Chr. (Katalog Polyphem Nr. 5). Nach Robert 1890, Taf. 53 Nr. 149 ... 43

Abb. II.6 Umzeichnung der Fragmente eines stadtrömischen Wannensarkophags; um 300 n. Chr. (Katalog Polyphem Nr. 7 und 8). Nach Robert 1890, Taf. 53 Nr. 148. 148a. 148b ... 44

Abb. II.7 Marmorstatue eines Widders mit darunter hängendem Odysseus, heute Galleria Doria Pamphilj in Rom; Anfang 3. Jh. n. Chr. (Katalog Polyphem Nr. 9). © Alinari Archives, Florenz ... 48

Abb. II.8 Bildfeld aus dem Fußbodenmosaik einer Villa bei Baccano; Anfang 3. Jh. n. Chr. (Katalog Polyphem Nr. 10). Su concessione del Ministero per i beni e le attività culturali – Museo Nazionale Romano ... 49

Abb. II.9 Vorder- und Rückseite eines stadtrömischen Kontorniaten; ca. 350–425 n. Chr. (Katalog Polyphem Nr. 15). © The Trustees of the British Museum. All rights reserved ... 52

Abb. III.1 Rückseite eines stadtrömischen Kontorniaten; ca. 380 n. Chr. (Katalog Kirke Nr. 4). Münzkabinett, Staatliche Museen zu Berlin – Preußischer Kulturbesitz. Foto Reinhard Saczewski ... 71

Abb. III.2 Detail der Rückseite eines stadtrömischen Kontorniaten; ca. 380 n. Chr. (Katalog Kirke Nr. 4). Münzkabinett, Staatliche Museen zu Berlin – Preußischer Kulturbesitz. Foto Reinhard Saczewski ... 73

Abb. III.3 Detail vom Rand eines fragmentierten Sigillata-Tabletts aus Carnuntum; 360–440 n. Chr. (Katalog Kirke Nr. 16). © Landessammlungen Niederösterreich, Archäologischer Park Carnuntum. Foto Nicolas Gail ... 75

Abb. III.4 Fragmentiertes Sigillata-Tablett aus Carnuntum, mit zeichnerischen Ergänzungen; 360–440 n. Chr. (Katalog Kirke Nr. 16). © Landessammlungen Niederösterreich, Archäologischer Park Carnuntum. Foto Nicolas Gail ... 76

Abb. III.5 Fußbodenmosaik aus einem Stadthaus in Philippopolis, Syrien; Anfang 4. Jh. n. Chr. bpk / DeA Picture Library / G. Dagli Orti ... 80

| | | |
|---|---|---|
| Abb. IV.1 | Detail eines Fußbodenmosaiks rund um den Brunnen im Innenhof eines Stadthauses in Thugga, Tunesien; 250–70 n. Chr. (Katalog Sirenen Nr. 1). Wikimedia Commons | 94 |
| Abb. IV.2 | Weitere Szenen auf dem den Brunnen rahmenden Mosaik in Thugga, Tunesien; 250–70 n. Chr. (zu Katalog Sirenen Nr. 1). bpk / DeA Picture Library / G. Dagli Orti | 96 |
| Abb. IV.3 | Detail eines Fußbodenmosaiks aus den Thermen von Thaenae, Tunesien; spätes 3. Jh. n. Chr. (Katalog Sirenen Nr. 4 und Skylla Nr. 1b). Nach Massigli 1912, Taf. 2.1 | 97 |
| Abb. IV.4 | Details eines Fußbodenmosaiks aus den Thermen einer Villa bei Santa Vitória do Ameixial, Portugal; um 300 n. Chr. (Katalog Sirenen Nr. 5). Fotograf R. Friedrich | 98 |
| Abb. IV.5 | Detail eines Fußbodenmosaiks aus der Nähe von Karthago, Tunesien; 4.–5. Jh. n. Chr. bpk / DeA Picture Library / G. Dagli Orti | 100 |
| Abb. IV.6 | Tonlampe aus der Werkstatt des Saeculus in Mittelitalien; um 175–225 n. Chr. (Katalog Sirenen Nr. 10). © Bibliothèque nationale de France | 103 |
| Abb. IV.7 | Fragment einer ›Kuchenform‹ aus Ostia; 200–50 n. Chr. (Katalog Sirenen Nr. 12). Nach Vaglieri 1913, Abb. 4 | 104 |
| Abb. IV.8 | Aquarell (N. Calabrò Finocchiaro) der Fresken in einer Grabkammer in Asgafa el-Abiar, Libyen; Ende 4. Jh. n. Chr. (Katalog Sirenen Nr. 13 und Skylla Nr. 123). Cortesia A. Santucci, Archivio MIC-Fondo Lidiano Bacchielli | 106 |
| Abb. IV.9 | Deckel eines stadtrömischen Sarkophags; 230–40 n. Chr. (Katalog Sirenen Nr. 15). Fotos D-DAI-ROM-63.34 und D-DAI-ROM-63.35. Fotograf H. Koppermann | 108 |
| Abb. IV.10 | Deckelfragment eines stadtrömischen Sarkophags; 250–300 n. Chr. (Katalog Sirenen Nr. 24). Foto D-DAI-ROM-76.921. Fotograf C. Rossa | 110 |
| Abb. IV.11 | Deckelfragment eines stadtrömischen Sarkophags; 3. Jh. n. Chr. (Katalog Sirenen Nr. 25). Foto D-DAI-Rom-1976.923 | 112 |
| Abb. IV.12 | Umzeichnung eines Fußbodenmosaiks in Beth Shean, Israel; vermutlich 6. Jh. n. Chr. (zu Katalog Sirenen Nr. 29). Nach Zori 1966, Abb. 4 | 115 |
| Abb. IV.13 | Detail eines Fußbodenmosaiks in Beth Shean, Israel; vermutlich 6. Jh. n. Chr. (Katalog Sirenen Nr. 29 und Skylla Nr. 125). Courtesy of the Israel Antiquities Authority | 116 |
| Abb. V.1 | Detail eines Fußbodenmosaiks aus den Thermen von Thaenae, Tunesien; spätes 3. Jh. n. Chr. (Katalog Skylla Nr. 1a). Nach Ben Abed-Ben Khader 2003, Abb. 357 | 130 |
| Abb. V.2 | Detail eines Fußbodenmosaiks aus einem vermutlichen Thermengebäude in Ammaedara, Tunesien; um 350 n. Chr. (Katalog Skylla Nr. 2). Nach Baratte 1974, Abb. 9 | 131 |
| Abb. V.3 | Detail eines Fußbodenmosaiks aus einer Domus in Hippo Regius, Algerien; 210–60 n. Chr. (Anhang Skylla Nr. 1). Nach Marec 1958, Abb. 8 | 133 |
| Abb. V.4 | Umzeichnung eines Fußbodenmosaiks in Sila, Algerien; 4.–5. Jh. n. Chr. (Anhang Skylla Nr. 2). Nach Gsell 1905, Taf. 1 | 134 |

ABBILDUNGSVERZEICHNIS ix

Abb. V.5  Umzeichnung einer Tonlampe aus Bulla Regia, Tunesien; 2.–3. Jh. n. Chr.
(Anhang Skylla Nr. 3). Nach du Coudray La Blanchère – Gauckler 1897, Taf. 36 Nr. 164 ........ 135

Abb. V.6  Vorderseite eines stadtrömischen Sarkophags; 220–30 n. Chr. (Anhang Skylla Nr. 6).
bpk / RMN – Grand Palais / Hervé Lewandoski ............................................. 136

Abb. V.7  Fragment eines stadtrömischen Wannensarkophags; 200–50 n. Chr. (Anhang Skylla Nr. 11).
Nach Sichtermann 1970, Abb. 19 ......................................................... 137

Abb. V.8  Rückseite eines stadtrömischen Kontorniaten (1. Typus); ca. 379–95 n. Chr.
(Katalog Skylla Nr. 16). © The Trustees of the British Museum. All rights reserved .............. 139

Abb. V.9  Rückseite eines stadtrömischen Kontorniaten (2. Typus); ca. 395–423 n. Chr. (Katalog Skylla
Nr. 27). Nach Münchner Münzhandlung Karl Kreß, 116. Versteigerung, 1960, Abb. Nr. 796 ..... 139

Abb. V.10  Rückseite eines stadtrömischen Kontorniaten (4. Typus); ca. 395–423 n. Chr.
(Katalog Skylla Nr. 98). © Bibliothèque nationale de France ................................. 139

Abb. V.11  Rückseite eines stadtrömischen Kontorniaten (5. Typus); ca. 395–423 n. Chr.
(Katalog Skylla Nr. 119). Nach Alföldi – Alföldi 1976, Taf. 162,8 ............................. 141

Abb. V.12  Vorder- und Rückseite eines stadtrömischen Kontorniaten (3. Typus); ca. 395–423 n. Chr.
(Katalog Skylla Nr. 31). Münzkabinett, Staatliche Museen zu Berlin –
Preußischer Kulturbesitz. Foto Reinhard Saczewski .......................................... 141

Abb. V.13  Aquarell (N. Calabrò Finocchiaro) eines Fresko in einer Grabkammer in Asgafa el-Abiar,
Libyen; Ende 4. Jh. n. Chr. (Katalog Skylla Nr. 123). Cortesia A. Santucci,
Archivio MIC-Fondo Lidiano Bacchielli .................................................... 144

Abb. V.14  Fragment eines stadtrömischen Sarkophagdeckels; 3. Jh. n. Chr. (Katalog Skylla Nr. 124
und Polyphem Nr. 6). Foto D-DAI-Rom-88.1349. Fotograf B. Andreae ........................ 145

Abb. VI.1  Umzeichnung des Fragments eines Silbergefäßes aus einem Hortfund in Traprain Law,
Schottland; um 400 n. Chr. (Katalog Heimkehr Nr. 1). Nach Curle 1923, Abb. 9 .............. 176

Abb. VI.2  Tonlampe gefunden auf Samos; 250–300 n. Chr. (Katalog Heimkehr Nr. 2).
© Hellenic Ministry of Culture and Sports / Ephorate of Antiquities of Samos and Ikaria ........ 178

Abb. VI.3  Umzeichnung der Schmalseite eines Sarkophagdeckels aus Gallien; 3. Jh. n. Chr.
(Katalog Heimkehr Nr. 4). Nach Robert 1890, Taf. 65 ....................................... 180

Abb. VI.4  Umzeichnung einer pannonischen Terra Sigillata-Bilderschüssel; Ende 3. Jh. n. Chr.
(Katalog Heimkehr Nr. 5 und Polyphem Nr. 3). Nach Brukner 1981, Taf. 43 .................. 185

Abb. VI.5  Aquarell (C. Tabanelli) eines Fresko in einem Hypogäum am Viale Manzoni, Rom;
200–50 n. Chr. (Katalog Heimkehr Nr. 6). Nach Wilpert 1924, Taf. 16 ....................... 187

Abb. VI.6  Längsschnitt und Grundriss des Hypogäums am Viale Manzoni; 200–50 n. Chr.
(zu Katalog Heimkehr Nr. 6). Nach Bendinelli 1922, Taf. 1 .................................. 189

| | | |
|---|---|---|
| Abb. VI.7 | Detail eines Fußbodenmosaiks aus einem Gebäude in Apameia; 350–400 n. Chr. (Katalog Heimkehr Nr. 7). © RMAH, Brussels | 194 |
| Abb. VI.8 | Schematische Skizze der erhaltenen Mosaiken aus dem Gebäude des 4. Jhs. in Apameia (zu Katalog Heimkehr Nr. 7). Susanne Moraw nach Balty 1972, Abb. 1 | 199 |
| Abb. VII.1 | Silberschale, vermutlich aus Konstantinopel; 6. Jh. n. Chr. Foto St. Petersburg, Ermitage, Inv. Nr. 279, Otdel Vostoka. | 208 |
| Abb. VII.2 | Mitteltondo einer Silberplatte aus Kaiseraugst, Schweiz; 4. Jh. n. Chr. Augusta Raurica. Foto Susanne Schenker | 208 |
| Abb. VII.3 | Fragment eines attischen Sarkophags; 3. Jh. n. Chr. From the Woburn Abbey Collection | 209 |
| Abb. VII.4 | Umzeichnung einer Miniatur aus der Ilias Ambrosiana; um 500 n. Chr. Nach Bianchi Bandinelli 1955, Abb. 70. | 210 |

# Vorwort

Das vorliegende Buch blickt auf eine längere Entstehungsgeschichte zurück. Es ging hervor aus einem Projekt am Graduiertenkolleg »Leitbilder der Spätantike« an der Friedrich-Schiller-Universität Jena und wurde dort 2015 als Habilitationsschrift angenommen. Dazwischen lag meine Beschäftigung als Wissenschaftliche Mitarbeiterin am Deutschen Archäologischen Institut Berlin. Literatur wurde berücksichtigt bis 2015; in Einzelfällen auch Späteres.

Eine Menge Menschen haben dieses Werk mit Hilfe und konstruktiver Kritik begleitet, hier habe ich die angenehme Aufgabe, ihnen zu danken: Zunächst den Mitgliedern des Graduiertenkollegs — die gemeinsamen Veranstaltungen, ganz gleich zu welchem Thema, waren immer extrem anregend. Allein aus Büchern hätte ich niemals so viel über die Spätantike gelernt. Weiterhin danke ich allen Mitgliedern des Lehrstuhls für Klassische Archäologie der Universität Jena — in den dortigen Kolloquien erhielt ich eine Menge wertvoller Hinweise. Die Korrektur meiner Übersetzungen der griechischen und lateinischen Texte übernahm dankenswerterweise Christian Tornau. Am Deutschen Archäologischen Institut gilt mein Dank denjenigen Kolleginnen und Kollegen, die mich bei meiner wissenschaftlichen Arbeit berieten und unterstützten. Ein vergleichbar großer Dank geht an Eva Winter, die als Inhaberin des Jenaer Lehrstuhls für Klassische Archäologe mein Habilitationsverfahren tatkräftig förderte.

Um die Publikation machten sich weitere Kolleginnen und Kollegen verdient: Zunächst genannt seien Achim Lichtenberger (Münster) und Rubina Raja (Aarhus), die diese Monographie in ihre Reihe *Studies in Classical Archaeology* aufnahmen. Ein tief empfundener Dank geht an die anonymen Peer Reviewer, die wichtige Hinweise gaben. Die Redaktion des Manuskripts nahm Ulrike Rambuscheck (Hannover) in ihre sorgfältigen und kompetenten Hände. Zahlreiche Kollegen und Kolleginnen aus dem In- und Ausland unterstützten mich bei der Recherche nach und Beschaffung von Fotos. Auch ihnen ganz herzlichen Dank! Beim Brepols Verlag war mir Rosie Bonté (Nottingham) eine stets freundliche und zuverlässige Ansprechpartnerin. Ein weiterer aufrichtiger Dank geht an Tim Barnwell, der für dieses Buch das Lektorat, und an Martine Maguire-Weltecke, die den Satz übernahm.

Gewidmet ist das Buch meinem Sohn, ohne den es sicher sehr viel schneller fertig geworden wäre — wenn auch mit weitaus weniger Spannung im Leben.

Kapitel I

# Einleitung

> Of the Homeric heroes, and, indeed, of all the heroes of Greek and Roman mythology, Ulysses was by far the most complex in character and exploits.
>
> Stanford 1992, 6–7

Odysseus ist der Held des griechischen Mythos, der lange Jahre vor Troja kämpfte, an der Eroberung der Stadt maßgeblich beteiligt war und anschließend zehn Jahre über das Meer irrte, bevor es ihm gelang, sein Fürstentum auf Ithaka und seine Gemahlin Penelope wiederzugewinnen. Von Homer wurde er charakterisiert als ein Mann, der sich vor allem durch seine Intelligenz und Wissbegierde von den anderen griechischen Helden unterscheidet. Diese an sich ethisch neutralen Eigenschaften können zum Guten wie zum Bösen genutzt werden. In der *Odyssee* überwiegt eine positive Zeichnung des Protagonisten. Odysseus nützt hier seine Fähigkeiten meistens, nicht immer, zur Verfolgung eines positiv bewerteten Ziels: der Heimkehr nach Ithaka, zu Familie und Besitztum. Dank seines Verstandes ist er in der Lage, verschiedene Handlungsimpulse mitsamt den daraus zu erwartenden Folgen gegeneinander abzuwägen und sich dann für das zu entscheiden, was auf lange Sicht vorteilhafter ist und ihn seinem eigentlichen Ziel, der Heimkehr, näherbringt.[1] Zudem weiß er Situationen und Informationen richtig einzuschätzen, um dann die richtigen Schlüsse daraus zu ziehen.[2] Damit verbunden ist die Fähigkeit, bewusst falsche Zeichen zu setzen, um andere zu täuschen: Odysseus ist nicht nur ein Meister im Erfinden von Lügengeschichten; er kann auch ganze Handlungsabläufe so arrangieren, dass sie für die Betrachter ein falsches Bild ergeben und sie in die Irre führen.[3] Alle diese intellektuellen Eigenschaften können unter dem Begriff der *metis*, der listigen Klugheit, zusammengefasst werden.[4]

Diese Grundzüge behält Odysseus während des gesamten Epos bei. Zugleich jedoch unterliegt sein Charakter einer Wandlung und Reifung.[5] Er wird von Homer beschrieben als jemand, der im Verlauf seiner langen Leiden und Irrfahrten eine gewisse innere Abgeklärtheit und Besonnenheit erlangt. »Herz, halt aus! schon anderes Hündisches hast du ertragen«, sagt sich Odysseus beispielsweise, als Bettler verkleidet und von den übermütigen Freiern sowie einigen illoyalen Mägden in seinem eigenen Haus verhöhnt.[6] Er hält sich mit jeder Reak-

---

[1] So widersteht Odysseus in der Höhle des Kyklopen dem Impuls, das schlafende Ungeheuer aus Rache für den Tod der aufgefressenen Gefährten zu ermorden, weil ihm klar wird, dass er und die anderen Überlebenden dann nie mehr aus der Höhle herauskämen: Der Türstein, mit dem der Riese den Ausgang versperrt hat, ist für Menschen unmöglich von der Stelle zu bewegen. Ausführlich zu Odysseus' Denken Barnouw 2004, 7–120, zur Polyphem-Episode ebenda 7–14.

[2] Eine Fähigkeit, die Barnouw 2004, 31 als die Fähigkeit, Zeichen zu lesen, beschreibt. Das negative Gegenbeispiel in der *Odyssee* sind die Freier: Unfähig, aus allen Omen, Warnungen und den vor ihren Augen ablaufenden Geschehnissen die richtigen Schlüsse zu ziehen, laufen sie blind ins Verderben. Ihr Anführer Antinoos, beim

Massaker an den Freiern vom ersten Pfeil des Odysseus getroffen, begreift noch nicht einmal im Sterben, dass es Odysseus war, der ihn tötete.

[3] Bestes Beispiel ist der nach dem Freiermord angesetzte Tanz der Mägde, der die Einwohner von Ithaka (die Verwandten der Toten) glauben macht, alles wäre in Ordnung und Penelope würde jetzt endlich einen der Freier ehelichen. Vgl. Barnouw 2004, 41 und das Kapitel »Heimkehr«.

[4] Vgl. Barnouw 2004, 21 oder Nagy 1979, 45–49. Odysseus teilt diese Eigenschaft zum einen mit Athena, seiner Schutzgöttin, und zum anderen mit Penelope, seiner Frau. Auch dazu ausführlich im Kapitel »Heimkehr«.

[5] Gut beschrieben von Rutherford 1986.

[6] Hom. Od. 20, 18. Dieses und alle folgenden Zitate aus der *Odyssee* werden in der deutschen Übersetzung von Anton Weiher wiedergegeben: Weiher 1986.

tion zurück, weil er weiß, dass nur sein Inkognito es ihm ermöglichen wird, im richtigen Moment überraschend zuzuschlagen und furchtbare Rache zu nehmen.

Auch in der *Ilias* verfügt Odysseus über all jene Eigenschaften, die einen homerischen Helden ausmachen: er ist ein tapferer Kämpfer, ein guter Anführer und Stratege, ein in Wettkämpfen erfolgreicher Sportler.[7] Zudem ist er ein ausgezeichneter Redner, der andere dazu bringen kann, das zu tun, was er möchte.[8] Dies und die oben beschriebenen Aspekte seiner *metis* sind Fähigkeiten, die den anderen Helden mangeln — und diese veranlassen, ihn mit einem gewissen Misstrauen zu betrachten. »Durchtriebener Mann, du Meister in Ränken«, nennt ihn Agamemnon.[9] Dem Haupthelden der *Ilias*, Achill, steht Odysseus mit seinem Charakter diametral entgegen.[10] »Denn ich hasse den Mann so sehr wie die Pforten des Hades, / Der ein andres im Herzen verbirgt und ein anderes ausspricht«, sagt Achill verächtlich, als Odysseus kommt, um ihn, der sich aus Zorn über Agamemnons ehrenrühriges Verhalten vom Kampf zurückgezogen hat, zum Weiterkämpfen zu bewegen.[11] Achills Charakter ist wesentlich geprägt von einem anderen Zug: der kriegerischen Gewalt, *bíe*. Es versteht sich von selbst — und wurde von Gregory Nagy in seinem Werk *The Best of the Achaeans* sorgfältig herausgearbeitet —, dass Gewalt als charakterdefinierende Eigenschaft in ihrer Bewertung und in ihren Auswirkungen mindestens ebenso ambivalent ist wie listige Klugheit.[12]

Diese bei Homer angelegte Komplexität von Odysseus' Charakter ist wohl der Hauptgrund für die enorme Aufmerksamkeit, welche Odysseus sowohl in der antiken als auch der nachantiken Rezeption zuteilwurde.[13] Allerdings ist die Rezeption in der Zeichnung der Charaktere meist deutlich weniger differenziert. In aller Regel stellt sie etwas holzschnittartig entweder allein den positiven oder den negativen Aspekt von Odysseus' Fähigkeiten heraus. Die verschiedenen Stationen und Strömungen der literarischen *Odyssee*-Rezeption wurden ausführlich von W. B. Stanford beschrieben,[14] allerdings mit einer ungerechtfertigt negativen Sicht auf die römische Kaiserzeit, vor allem den Westen des Reiches.[15]

---

[7] Hom. Il. 7, 168 f. ist er einer der drei Freiwilligen, die gegen Hektor zum Zweikampf antreten wollen; Hom. Il. 11, 310–488 kämpft er auf verlorenem Posten gegen eine trojanische Übermacht; Hom. Il. 2, 169–210 bringt Odysseus auf Geheiß der Athena die im Anschluss an Agamemnons Rede nach Hause strebenden Krieger zur Räson; Hom. Il. 14, 82–102 widerspricht er energisch dem Plan Agamemnons, mitten in der Schlacht um die Schiffe aufs Meer zu entfliehen; Hom. Il. 23, 700–84 zeichnet er sich bei den Leichenspielen für Patroklos aus.

[8] Hom. Il. 1, 430–87 ist Odysseus Anführer der Gesandtschaft, die Chryseis zu ihrem Vater zurückbringt und damit den Zorn Apollons besänftigt; Hom. Il. 2, 278–335 hält er eine umjubelte Rede für die Fortsetzung des Krieges; Hom. Il. 3, 203–24 wird eine frühere Gesandtschaft des Odysseus nach Troja erwähnt. Hom. Il. 9, 165–657 bildet er gemeinsam mit Phönix und Aias die berühmte Gesandtschaft zu Achill, die allerdings aus Gründen, die gleich zu diskutieren sind, nicht das gewünschte Ergebnis bringt.

[9] Hom. Il. 4, 339. Zur differenzierten Charakterisierung des Odysseus in den homerischen Epen s. auch Stanford 1992, 8–80, v. a. 66–80. Classen 2008, 54–65 gibt eine wohl fast vollständige Liste von den Charakterisierungen des Odysseus, die dem Helden, seinen Freunden und Feinden in den Mund gelegt werden oder vom Dichter selbst stammen, und kommt S. 65 zu dem positiven Fazit: »Es ist die Verbindung von Tapferkeit und Klugheit, ergänzt durch Achtung vor den Göttern und Fürsorge für seine Familie und auch sich selbst, die ihm (sc. Odysseus) unter allen homerischen Helden eine Sonderstellung verleiht.«

[10] Nagy 1979, 42–58 zu den als Gegensatz konzipierten Charakteren von Odysseus (definiert durch *metis*) und Achill (definiert durch *bíe*). Sowohl Odysseus als auch Achill waren die Helden je eigener Erzählungen, die nach Jahrhunderten mündlicher Tradierung schließlich in *Ilias* und *Odyssee* mündeten (ebenda 41; vgl. 78 f.). Der personifizierte homerische Antiheld — und zwar im Vergleich sowohl zu Achill als auch zu Odysseus — ist Thersites: Körperlich hässlich und sozial niedrig stehend, wagt er es, weit über ihm Stehende zu kritisieren und wird dafür — nach Ansicht des Verfassers und der Protagonisten der *Ilias* zurecht — von Odysseus verprügelt (ebenda 259–63).

[11] Hom. Il. 9, 312 f. (Übersetzung Hans Rupé).

[12] Nagy 1979, 317–47.

[13] Vgl. das an den Anfang gestellte Zitat von W. B. Stanford aus seinem berühmten Buch *The Ulysses Theme: A Study in the Adaptability of a Traditional Hero*. Ein weiterer Grund ist die literarische Qualität der *Odyssee*, die bis heute Werke der Literatur, der bildenden Kunst, des Theaters und der Filmkunst inspiriert. Dazu ausführlich Hall 2008 (ebenda 3 f. auch zu den Unterschieden gegenüber der Fragestellung von Stanford).

[14] Das Buch (Erstauflage 1954, dann diverse und z. T. erweiterte Neuauflagen) reicht von der ausführlichen Charakterisierung des Odysseus in *Ilias* und *Odyssee* über die gesamte antike literarische Rezeption bis hin zur Rezeption bei Joyce und Kazantzakis. Gleichfalls immer noch wichtig für die literarische Rezeption der *Odyssee* in der Neuzeit ist Finsler 1912.

[15] In Kapitel 7 »Ulysses and the Discrediting of Homer« wird die These vertreten, dass sowohl der Dichter Homer als auch seine literarische Figur Odysseus im lateinischen Westen der ersten nachchristlichen Jahrhunderte an einen Tiefpunkt ihrer Reputation gelangten: »It will be argued, and widely believed, that, since Homer himself was a liar and a cheat, his favourite hero must have been equally villainous. As a result, Ulysses' reputation reaches its lowest level at the end of the classical period and remains there for over a thousand years of the Western literary tradition. He enters, as it were, a Cyclops's cave of ignorant hostility, and he will only emerge safely from it when the uncouth ogre of the anti-Homeric tradition has been blinded by the torch of renaissance learning.« (Stanford 1992, 146.)

EINLEITUNG 3

Differenzierter verfuhr Alessandro Perutelli 2006 in seinem *Ulisse nella cultura Romana*. Er machte deutlich, dass in der lateinischen Rezeption drei verschiedene Auffassungen der Odysseus-Gestalt existierten: der tugendhafte und weise Leidende, beispielsweise der philosophischen Tradition; der Bösartige und Tückische, wie ihn die Tragödie, aber auch Vergils *Aeneis* beschrieb; die lächerliche Gestalt, wie sie etwa in der Komödie oder in den *Satyrica* des Petronius aufscheint.[16] Im zweiten nachchristlichen Jahrhundert dominierte dann eine positive Sicht auf Odysseus.[17] Er galt nun — da die Rhetorik zum Bildungsinhalt jedes vornehmen Römers gehörte — als Archetyp des begnadeten Redners.[18] Die im griechischen Sprachraum zu beobachtenden, der sogenannten Zweiten Sophistik verdankten Tendenzen zu einer kritischen Betrachtung des Mythos lassen sich im lateinischen Westen in Bezug auf Odysseus nicht fassen.[19] Für die Spätantike, von Perutelli nur noch ansatzweise behandelt, wird sich Ähnliches aufzeigen lassen: Während die griechischen Texte die Gestalt des Odysseus relativ differenziert, zum Teil auch kritisch betrachten, findet sich in der lateinischen Rezeption (zumindest der hier behandelten Episoden der *Odyssee*) vor allem eine Verherrlichung des Odysseus als Exemplum von Weisheit und Tugend.

*Übersicht über die spätantike literarische Rezeption der* Odyssee

Textausgaben der *Odyssee* waren wohl im ganzen römischen Reich verbreitet. Nach dem Zeugnis Martials zirkulierte bereits im ersten Jahrhundert n. Chr. in Rom eine Art Taschenbuchausgabe der homerischen Epen: handliche Codices, die *Ilias* und *Odyssee* enthielten.[20] Aus Ägypten haben sich Papyri erhalten, häufig Schultexte, auf denen für diesen Kontext besonders interessante Passagen der *Odyssee* — vor allem die Nekyia und die Telemachie — niedergeschrieben wurden.[21] Vollständige spätantike Ausgaben der *Odyssee* haben sich nicht erhalten.[22] Das früheste bekannte Manuskript stammt aus dem 10. Jahrhundert und wurde vermutlich in Unteritalien gefertigt.[23]

Politisch wie sprachlich war das spätantike *imperium Romanum* geteilt in einen lateinischen Westen und einen griechischen Osten.[24] Für die römische Elite hatte seit dem zweiten Jahrhundert v. Chr. eine zweisprachige Erziehung, die nahezu akzentfreie Beherrschung des Griechischen, als Ausweis von Bildung und Kultur gegolten.[25] Dieses Ideal besaß auch in der Spätantike noch Gültigkeit,[26] selbst wenn seine Umsetzung nicht mehr vollständig gelang.[27] Umgekehrt war die Wert-

---

16 Diese verschiedenen Auffassungen von Odysseus können gelegentlich ineinander übergehen oder sogar alle drei in einer einzigen literarischen Formulierung des Odysseus auftreten, wie z. B. in der *Achilleis* des Statius (vgl. Perutelli 2006, 98–104).

17 Perutelli 2006, 105–18.

18 So Quint. inst. 12, 10, 64 f.: »doch um die höchste Redegewandtheit in Odysseus auszudrücken, gibt er (sc. Homer) ihm sowohl eine Stärke der Stimme wie auch eine Gewalt der Rede, die in der Fülle und dem Ungestüm der Worte dem winterlichen Schneegestöber gleich sei. Mit diesem also ›wird keiner der Sterblichen im Wettkampf sich messen, wie einen Gott werden die Menschen auf ihn schauen‹.« (Übersetzung H. Rahn.)

19 Vgl. Perutelli 2006, 109: »Si verifica allora un fatto singolare: alcuni autori greci come Luciano (*Vera hist.* 1, 3) e Dione Crisostomo (*or.* 11, 34) dichiaravano di non credere più alle favole dell'*Odissea*, mentre gli scrittori in latino continuarono a celebrare Ulisse con rinnovato vigore.«

20 Mart. 14, 184; vgl. Pöhlmann 2008, 89.

21 Cribiore 1994 und Pontani 2005, 105–09. Die Papyri stammen aus dem 1. bis 6. Jh. n. Chr., davon der Großteil aus dem 1. bis 3. Jh. Ein Vergleich mit den Papyri zur *Ilias* zeigt, dass diese bei weitem populärer war.

22 Man wird von ihrer Existenz jedoch ausgehen können, vgl. Pöhlmann 2008, 92.

23 Sog. Codex G: Florenz, Biblioteca Medicea Laurenziana, Laur. 32, 24; Pontani 2005, 192–95.

24 Politische und sprachliche Aufteilung waren annähernd, wenn auch nicht vollständig deckungsgleich. Zur endgültigen Reichsteilung 395 n. Chr. s. Demandt 1998, 112 und eingelegte Karte am Buchende; zum Verlauf der Sprachgrenze s. Marrou 1957, Abb. S. 471.

25 Marrou 1977, 445–89. Im Idealfall lernten bereits die kleinen Kinder das Griechische von muttersprachlichen Ammen oder Erziehern/Erzieherinnen. Den eigentlichen Unterricht erhielten Knaben dann in der Regel in öffentlichen Schulen, Mädchen zuhause.

26 Der Dichter Claudian preist um 400 n. Chr. Serena dafür, dass sie nicht nur die Klassiker Vergil und Homer gründlich studiert (*Laus Serenae* 146–48), sondern diese Kenntnisse auch an ihre Tochter, die zukünftige Kaiserin Maria, weitergegeben habe (*Epithalamium* 229–37); der Kirchenvater Hieronymus lobte an Blesilla ihr akzentfreies Griechisch (und ihre Hebräischkenntnisse: Hier. epist. 39, 1; generell zur hohen Bildung der Frauen der spätantiken Oberschicht: Petersen-Szemerédy 1993, 69 f. 80–82). Augustinus erinnert sich um 400 n. Chr. an seinen traumatischen Griechischunterricht in einer öffentlichen Schule und bedauert, dass er nicht (wie die Kinder der Oberschicht) bereits als Kleinkind Gelegenheit gehabt habe, diese Sprache gleichsam spielerisch zu erlernen (*Confessiones* 1, 14, 23).

27 Liebeschuetz 2001, 318–41: Im Verlauf des 5. Jh.s sinkt das Niveau der traditionellen Bildung dramatisch; eventuelle Ausnahmen sind Rom, Ravenna, die Provence, Aquitanien und Nordafrika. Im 7. Jh. liegt das Monopol für Bildung bei der Kirche. Für das par-

schätzung der lateinischen Sprache und Literatur im Osten deutlich geringer. Latein hatte eher den Charakter einer Fachsprache, die in gewissem Umfang für Militär, Justiz und Verwaltung benötigt wurde.[28] Ein wichtiger Faktor für die Verbreitung der beiden Sprachen im jeweils anderen Teil des *imperium Romanum* war die Mobilität der Reichsbewohner, die aus diversen Gründen — etwa als Militärs oder im Gefolge eines Angehörigen des Kaiserhauses — auch noch in der Spätantike von einem Teil des Reiches in den anderen zogen.[29] Als prominentes Beispiel genannt sei der in Ägypten geborene Philosoph Plotin, der um die Mitte des dritten Jahrhunderts in Rom lebte und lehrte, selbstverständlich in griechischer Sprache.[30] Diese Mobilität und Bilingualität nahm im Verlauf der Spätantike kontinuierlich ab, im Westen war es damit wohl spätestens mit den germanischen Eroberungen der jeweiligen Provinzen zu Ende.[31]

**Die griechische Rezeption der *Odyssee***

Die Rezeption in griechischer Sprache beinhaltet zunächst philologische Arbeiten im engeren Sinne, deren Hauptinteresse auf der Wiedergabe und Erschließung der entsprechenden Passagen der *Odyssee* liegt: knappe Inhaltsangaben, Kommentare, Scholien, mythographische Handbücher und Ähnliches. Die sogenannte *Chrestomathie* des Proklos, verfasst wohl im fünften Jahrhundert,[32] gibt eine Prosazusammenfassung des gesamten Epischen Kyklos.[33] Deren Aufgabe ist, die Hintergrundinformation, das Davor und Danach, der beiden homerischen Epen zu liefern. *Ilias* und *Odyssee* selbst werden als bekannt vorausgesetzt und entsprechend jeweils in nur einem Satz abgehandelt.

Zusammenfassungen sämtlicher 24 Bücher der *Odyssee* gab es in der Spätantike sicherlich auch. Erhalten hat sich nur eine lateinische Version, über die weiter unten zu sprechen sein wird. Aus dem dritten Jahrhundert stammt der fragmentarisch erhaltene, von Hermann Schrader aus den Scholien rekonstruierte *Odyssee*-Kommentar des Porphyrios.[34] Dieser Kommentar behandelt Buch für Buch diverse anfallende Fragen einfacher oder auch komplexer Natur nach dem Prinzip: »Homer mit Homer erklären«, wobei auch ältere Abhandlungen Erwähnung finden und diskutiert werden.

Scholien hingegen sind kurze Bemerkungen und Erläuterungen zum Verständnis des Textes, die an die Ränder eines bereits vorhandenen Codex mit einer Ausgabe der *Odyssee* (oder eines anderen Werkes) geschrieben wurden.[35] Sie stammen entweder vom ursprünglichen Schreiber, das heißt, sie wurden beim Kauf einer Textausgabe sozusagen gleich mitbestellt, oder vom Käufer beziehungsweise Besitzer des Codex selbst. Im ersten Fall kann es sich bei den mitgelieferten Scholien um Exzerpte aus älteren, ursprünglich als eigenes Buch konzipierten Kommentaren wie beispielsweise dem des Porphyrios handeln oder um die Abschrift einer älteren Textausgabe, die bereits Scholien aufwies (oder um eine Mischung aus beidem). Die Integration in den Codex ersparte es dem Leser, neben seiner *Odyssee*-Ausgabe noch einen weiteren Rotulus oder Codex mit dem Kommentar benutzen zu müssen. Im zweiten Fall handelte es

---

tielle Weiterbestehen des Griechischen in Süditalien und Sizilien, den ehemaligen griechischen Kolonien, s. Haldon 1997, 404 Anm. 2. Zur Bildung im lateinischen Westen s. auch Gemeinhardt 2007.

28 Marrou 1957, 472–75. Aus diesem Umkreis stammen auch jene Schriftsteller des 4. und 5. Jh.s, die zwar im Osten geboren wurden, aber in lateinischer Sprache schrieben: der Dichter Claudian oder der Offizier Ammianus Marcellinus. Haldon 1997, 403–05: Ab dem späteren 6. Jh. wird der Großteil der kaiserlichen Gesetzgebung auf Griechisch herausgegeben; erhalten bleiben nur bestimmte juristische (so wie etwa auch militärische oder technische) Termini. Es kann somit von einer »linguistic Hellenisation of the state and its administrative apparatusses« (ebenda 403) gesprochen werden. Ab dem mittleren 7. Jh. wird die diplomatische Korrespondenz zwischen Byzanz und dem Westen zweisprachig geführt.

29 Vgl. etwa Sivan 1993 für die Zeit des Ausonius, also das spätere 4. Jh.

30 Vgl. Porphyrios, *Vita Plotini* 3 und O'Meara 1993.

31 Ideell wurde an der Einheit des Reiches durch das gesamte 5. Jh. hindurch bis hin zu Justinian festgehalten: Rousseau 1996, bes. 10.

32 Falls die Gleichsetzung des Verfassers mit dem gleichnamigen Neuplatoniker korrekt ist. Dafür spricht sich aus: Lamberton 1986, 177; eher skeptisch: Cameron 2004, 59 f. Die *Chrestomathie* als Gesamtwerk ist nicht erhalten. Überliefert ist eine Kurzzusammenfassung in der *Bibliothek* des Photios aus dem 9. Jh. Zudem gibt es eine Rekonstruktion (und französische Übersetzung) der Abschnitte, die vom Epischen Kyklos handeln, bei Severyns 1963. Eine englische Übersetzung der Passage bei Photios und der von Severyns zusammengestellten Abschnitte zum Kyklos findet sich bei Burgess 2001, 177–80 (»Appendix A«).

33 Bei dem sog. Epischen Kyklos handelte es sich um all jene Epen, welche die Ereignisse um den Trojanischen Krieg thematisierten, vom Streit der Göttinnen bei der Hochzeit von Thetis und Peleus, welche von ihnen die Schönste sei, bis hin zu den verschiedenen Geschichten der Heimkehr der am Krieg Beteiligten (und überlebt Habenden). Die Datierung der Epen ist umstritten, sie selbst nur in späteren und knappen Inhaltsangaben erhalten. Ausführlich dazu: Burgess 2001, v. a. 1–46.

34 Lamberton 1986, 108–14; Pontani 2005, 84 f.; zur Edition von Schrader und deren hoher Qualität ebenda 534.

35 Allgemein zu Scholien: Cameron 2004, 164–83; Zetzel 2005, 1–9; Pöhlmann 2008, 82.

EINLEITUNG

sich bei dem Leser vermutlich um einen Gelehrten, der seiner Textausgabe eigene Kommentare hinzuzufügen wünschte. Die Überlieferungsgeschichte der Scholien ist also höchst kompliziert und unübersichtlich.[36] Da spätantike Codices mit der *Odyssee* nicht erhalten sind, fehlen sicher in diese Zeit zu datierende Scholien.[37] Es bleibt zu hoffen, dass die Neuedition der *Odyssee*-Scholien durch Filippomaria Pontani hier mehr Klarheit bringen wird.[38] Was mythographische Handbücher anbelangt, so wurde das wichtigste in griechischer Sprache erhaltene, die *Bibliothek* des Apollodor, irgendwann zwischen dem ersten und dritten Jahrhundert verfasst;[39] ein sicher spätantikes vergleichbares Handbuch ist nicht erhalten.[40]

Ein weiteres Phänomen sind gelehrte Anspielungen auf den homerischen Text oder seine Protagonisten, die in einem völlig anderen Kontext stehen. Hierbei ist zunächst zu denken an tierkundliche, antiquarische oder philosophische Erörterungen; aber auch an Briefe, wie beispielsweise die des Synesios, an Reden wie die des Libanios oder auch an christliche Traktate beispielsweise eines Gregor von Nyssa. Gestalten und Ereignisse der *Odyssee* — beispielsweise der Kyklop, die Skylla, der treue Hund Argos, die Wiedererkennung des Odysseus anhand seiner Narbe — werden hier mehr oder weniger *en passant* erwähnt, ihre Kenntnis bei den Adressaten vorausgesetzt.[41]

Einige historiographische Texte betrachteten die Ereignisse des Trojanischen Krieges als im Kern historisch und boten deshalb eine rationalistische Version der homerischen Erzählung. Dies gilt für die beiden *Weltchroniken* des Johannes Malalas aus dem sechsten Jahrhundert sowie des Johannes von Antiochia aus dem früheren siebten Jahrhundert.[42] Die Protagonisten der *Odyssee* wurden in diesem Rahmen aller übernatürlichen Elemente entkleidet und als Angehörige der spätantiken Oberschicht präsentiert.

Hinzu kommt die Rezeption in der Philosophie. Hier lag das Interesse weniger auf dem originalen Mythos als auf der philosophischen Argumentation, zu deren Unterstützung und Legitimation Homer herangezogen wurde. Spätantike philosophische Schulkommentare beispielsweise zu Aristoteles erwähnten bestimmte Motive aus der *Odyssee*, wie die Narbe des Odysseus, weil schon Aristoteles dies getan hatte.[43]

## Allegorie und Allegorese

Einen breiten Raum nimmt bei der literarischen Rezeption die allegorische Ausdeutung ein, weshalb an dieser Stelle einige grundsätzliche Bemerkungen zu Allegorie und Allegorese angefügt seien.[44] Entsprechend der Bedeutung des griechischen Begriffs *álla agoreúein*

---

36 Um die Sache noch komplizierter zu machen: Es gab sicher auch Mischformen, z. B. Besitzer eines bereits mit Scholien gelieferten Codex, die selbst noch weitere Scholien hinzufügten — und wo das Ergebnis dann, ganz oder selektiv, als Vorlage für weitere bereits mit Scholien versehene Codices dienen konnte. Gelegentlich gab es auch Codices nur mit Scholien, z. B. den sog. Codex V⁰ vom Ende des 10. Jh.s, wohl eine Kopie eines Codex aus dem 9. Jh., in dem heterogenes älteres Material zusammengestellt wurde: Pontani 2005, 183–92.

37 Die es vermutlich seit dem 5. Jh. gab: Pontani 2005, 98 f.; Cameron 2004, 166.

38 Der erste Band, zu den ersten zwei Büchern der *Odyssee*, erschien 2007 (Rom, Pleiadi, 6.1), der zweite Band 2010 (Rom, Pleiadi, 6.2). Vgl. die Internet-Rezension zum ersten Band von E. Dickey für Bryn Mawr Classical Review (<http://ccat.sas.upenn.edu/bmcr/2008/2008-07-39.html> [zuletzt verwendet am 8. Dezember 2018]).

39 Vgl. Cameron 2004, vii f.

40 Es wurde also entweder weiterhin das Werk des Apollodor benutzt und kopiert oder es gab spätantike mythographische Handbücher, die sich nicht erhalten haben. Zu den — nur schwer zu greifenden — spätantiken Verfassern anderer Arten von Lexika s. Pontani 2005, 89–97.

41 Zum Bildungsstand der paganen wie christlichen Elite jener Zeit vgl. Liebeschuetz 2001, 223–48.

42 Zu Johannes Malalas s. die 2009 erschienene kommentierte deutsche Übersetzung von J. Thurn und M. Meier sowie das Projekt der Heidelberger Akademie der Wissenschaften (<http://www.haw.uni-heidelberg.de/forschung/forschungsstellen/malalas/projekt.de.html> [zuletzt verwendet am 12. Dezember 2016]). Für Johannes von Antiochia wird in dieser Arbeit auf die kommentierte Ausgabe (und italienische Übersetzung) von U. Roberto zurückgegriffen, nicht auf die nahezu zeitgleiche von S. Mariev. Vgl. die Internet-Rezensionen von D. Brodka für H-Soz-u-Kult (<http://hsozkult.geschichte.hu-berlin.de/rezensionen/2009-2-139> [zuletzt verwendet am 12. Dezember 2016]) und von M. Whittow für Bryn Mawr Classical Review (<http://bmcr.brynmawr.edu/2009/2009-12-06.html> [zuletzt verwendet am 8. Dezember 2018]). Sowohl Johannes Malalas als auch Johannes von Antiochia rekurrieren in ihren Passagen zu Odysseus mehr oder weniger mittelbar auf ein Werk des vermutlich 2. Jh.s n. Chr.: die griechische Fassung des *Tagebuchs des Trojanischen Krieges* des Diktys von Kreta, der von sich selbst behauptet, den Trojanischen Krieg als eine Art Kriegsberichterstatter des kretischen Königs Idomeneus erlebt zu haben. Zur Abhängigkeit der byzantinischen Autoren von diesem Werk s. Roberto 2005, cxxii–cxxiv; zu Diktys selbst s. unten.

43 Vgl. Thiel 2004 und Sorabji 2005.

44 Borg 2002, 41–48; Lamberton 1989, 144. Ausführlich zur heidnischen sowie christlichen Exegese: Schreckenberg 1966; Gerber 1966. Die Allegorese von Mythenbildern wird im Kapitel »Kirke« behandelt.

(»etwas anderes sagen«), weist Allegorie auf die Existenz einer zweiten Sinnebene bei einem Text oder Bild. Diese zweite Sinnebene wurde zunächst *hypónoia* genannt, ab dem 1. Jahrhundert v. Chr. *allegoría*.[45] Diese zweite Sinnebene ist in der Regel abstrakter Natur und hat mit der ersten Sinnebene, dem wörtlichen Inhalt, nichts zu tun. Bereits diese erste Sinnebene ist in sich stimmig und erklärbar, sie bedarf der allegorischen Ebene für ihr Verständnis nicht. Allegorese hingegen ist der hermeneutische Prozess des Heraus- oder besser: Hineinlesens dieser zweiten Sinnebene in ein Bild oder einen Text.[46]

Wie Félix Buffière und Robert Lamberton ausführlich demonstrierten, wurde das Verfahren der Allegorese bereits seit dem sechsten Jahrhundert v. Chr. auf die homerischen Epen angewandt.[47] Man verstand Homer als den Verkünder einer höheren und allgemeingültigen Wahrheit, die es aus der ersten Sinnebene, derjenigen seiner Mythenerzählung, zu extrahieren galt. Es liegt in der Natur der Allegorese, dass die Resultate dieser Unternehmungen sehr viel über die Person und die Interessen des jeweiligen Exegeten, jedoch so gut wie nichts über den homerischen Text aussagen. Aus dem frühen zweiten Jahrhundert n. Chr. stammen vermutlich die *Homerischen Probleme* des Heraklit.[48] Heraklit erklärt darin (70, 1): »Wenn jemand gewillt ist, genau hinzuschauen, werden sich für ihn die gesamten Irrfahrten des Odysseus als Allegorie herausstellen.«[49] In dieser Tradition steht noch die im 14. Jahrhundert entstandene *Epitomos diegesis*, eine Allegorese der ersten zwölf Bücher der *Odyssee* auf Schulniveau.[50]

Es ist anzunehmen, dass auch in der Spätantike vergleichbare Werke bekannt waren, zumindest für den ersten Teil der *Odyssee* mit den Abenteuern der Irrfahrt.[51]

Mit den Ereignissen auf Ithaka taten sich die Interpreten schwerer. Die bedeutendste erhaltene spätantike Allegorese einer Passage der *Odyssee* ist der Traktat des Porphyrios aus dem dritten Jahrhundert zur Nymphengrotte auf Ithaka und vor allem zur Blendung des Polyphem.[52] Auch die Kirchenväter nutzten das Verfahren der Allegorese, um mittels eines allgemein bekannten Mythos den Lesern oder Zuhörern ihre eigenen Gedankengänge zu veranschaulichen.[53] Ihr bevorzugtes Motiv der *Odyssee* waren zweifellos die Sirenen. Die Frage, inwieweit auch für die bildliche Fassung der entsprechenden Episoden eine allegorische Ebene vorausgesetzt werden kann, wird im Verlauf dieses Buches des Öfteren begegnen.

### Die lateinische Rezeption der *Odyssee*

In den griechischen Kolonien Unteritaliens und Siziliens waren die homerischen Epen ebenso populär wie im Mutterland.[54] Den gebildeten Kreisen in Rom wurde die *Odyssee* zunächst vielleicht mit der lateinischen Übersetzung des Livius Andronicus im dritten Jahrhundert v. Chr. bekannt.[55] Ab dem zweiten Jahrhundert v. Chr., mit der Etablierung einer zweisprachigen Erziehung für die Kinder der Oberschicht, las man die homerischen Epen wohl im Original. Die im ersten nachchristlichen Jahrhundert in Rom zirkulierenden Taschenbuchausgaben von *Ilias* und *Odyssee* wurden bereits erwähnt. Wie Filippomaria Pontani betonte, war das kaiserzeitliche Rom eines der Hauptzentren der griechischen Philologie.[56] Griechische Kommentare zu den Werken Homers gab es dort vermutlich schon seit der späten Republik.

Entsprechende Erzeugnisse in lateinischer Sprache sind rar. Erst in der Spätantike, im vierten und fünften Jahrhundert, begegnen bei Servius, Macrobius und anderen Reflexe der griechischen Homerphilologie.[57] Fälschlich dem Ausonius zugeschrieben wurde eine kurze lateinische Prosazusammenfassung sowohl der *Ilias* als auch

---

[45] Buffière 1956, 45–48.

[46] Davon abzusetzen ist das Erschaffen eines literarischen Werkes, das von vornherein und bewusst als ein allegorisches gedacht ist. Vgl. Lamberton 1989, 144–61, der die Entstehung bzw. zumindest volle Entfaltung dieser Gattung ins 4. Jh. n. Chr. datiert. Bekanntestes Beispiel ist die *Psychomachia* (»Der Kampf um die Seele«) des Prudentius. Dort werden Kämpfe beschrieben, deren Protagonisten nach Tugenden oder Lastern benannt, also im Grunde Personifikationen sind. Eigentliches Thema der *Psychomachia* sind nicht diese konkreten Kampfszenen, sondern der in der Seele eines Menschen tobende Kampf zwischen Gut und Böse.

[47] Buffière 1956; Lamberton 1989; vgl. Pépin 1958.

[48] Vgl. Pontani 2005, 69–71.

[49] Καθόλου δὲ τὴν Ὀδυσσέως πλάνην, εἴ τις ἀκριβῶς ἐθέλει σκοπεῖν, ἠλληγορημένην εὑρήσει.

[50] Pralon 2004; vgl. Cameron 2004, 71.

[51] Lamberton 1998, 132 f. weist darauf hin, dass in philosophi-

---

schen Kreisen die gesamte Erzählung von der Rückkehr des Odysseus als Allegorie für die Entwicklung der Seele verstanden werden konnte.

[52] Vgl. Lamberton 1989, 114–33; Alt 1998; Pontani 2005, 86–87.

[53] Die klassische Studie hierfür ist Rahner 1966.

[54] Vgl. etwa den sog. Nestorbecher aus Ischia, zu datieren um 730/20 v. Chr., der ein Graffito mit Anspielung auf Hom. Il. 11, 632–37 trägt: Pöhlmann 2008, 3 Anm. 23.

[55] Mariotti 1952; Perutelli 2006, 1–10.

[56] Pontani 2005, 57–59.

[57] Pontani 2005, 58. Zu Servius und Macrobius s. unten im Zusammenhang mit der Rezeption und Erklärung Vergils.

der *Odyssee*, die sogenannten *Periochae Homeri Iliados et Odyssiae*.[58] Sie stammt aus dem vierten oder fünften Jahrhundert und fand unter anderem wohl im Schulunterricht Verwendung. Nach einer kurzen Einführung werden die Inhaltsangaben sämtlicher Gesänge der beiden Epen gegeben, jeweils eingeleitet vom Zitat der originalen Eingangsverse, und deren (mehr oder weniger freie) Übersetzung. Die inhaltlichen Wertungen, die der anonyme Verfasser vornimmt, sind nicht immer auf den ersten Blick einsichtig.[59] Es wird zu fragen sein, inwieweit sie sich aus dem Odysseusbild der lateinischen Spätantike erklären lassen.

In den ersten beiden Jahrhunderten kamen im Westen des Reiches eine Fülle von mythographischen Handbüchern in lateinischer Sprache auf den Markt, das bekannteste und einflussreichste sind die *Fabeln* des Hygin.[60] Diese Handbücher erlaubten es auch breiteren Schichten, die bildliche Darstellung eines griechischen Mythos zu identifizieren, die anspielungsreichen Texte eines Vergil oder Ovid zu verstehen und generell mitreden zu können.[61] In der Spätantike wurden weitere Handbücher dieser Art verfasst, in der Regel durch das Abschreiben und Kompilieren älterer Versionen.[62] Sie konzentrieren sich — wie dann im Mittelalter noch deutlicher werden wird[63] — auf diejenigen Mythen oder Episoden, die für die Lektüre *lateinischer* Dichter notwendig waren. Für die *Odyssee* bedeutet dies, dass sie weniger um ihrer selbst willen von Interesse war, sondern vor allem aufgrund ihrer Rezeption bei Vergil und Ovid. Entsprechend fanden (fast) nur diejenigen Episoden Eingang in die Handbücher, die bei den letztgenannten Dichtern eine Rolle spielen.[64]

Weitere enzyklopädische Werke, die für die Rezeption der *Odyssee* von einer gewissen Bedeutung sind, seien kurz genannt. Martianus Capella verfasste vermutlich im fünften Jahrhundert eine Darstellung der Sieben Freien Künste, eingebettet in eine mythische Rahmenhandlung: *Die Hochzeit der Philologie mit Merkur*, wobei Philologia als Personifikation der Gelehrsamkeit generell zu verstehen ist.[65] Philologias Dienerinnen, Personifikationen der Freien Künste, stellen sich jeweils selbst vor. Die Rede der Geometria enthält einen längeren Abschnitt zur Geographie der bekannten Welt und zu deren Bewohnern. Dabei werden auch diverse in der *Odyssee* genannte Orte und Völkerschaften lokalisiert.[66] Das Werk wurde im Mittelalter als Schulbuch für die Sieben Freien Künste benutzt, war also enorm weit verbreitet.

Einen vergleichbaren Einfluss auf das Mittelalter hatten die *Etymologiae sive Origines* des Bischofs Isidor von Sevilla, herausgegeben erst nach seinem Tod im Jahr 636.[67] Hier handelt es sich um eine Art Universallexikon, das sich bemühte, das noch vorhandene antike Wissen zu bewahren, zum Teil in wörtlichen Exzerpten. Dabei werden die behandelten Dinge oder Personen mithilfe der Etymologie, der »Wissenschaft von der wahren Bedeutung eines Wortes«, erklärt.[68] Einige Gestalten aus den Abenteuern der Irrfahrt tauchen in den Einträgen auf, wobei der erzählerische Kontext der *Odyssee* nicht immer erwähnt wird, vielleicht auch gar nicht mehr bekannt war.[69]

Einen weiteren Strang der Rezeption bilden historisierende Fassungen des Mythos. Erhalten hat sich das

---

58 Cameron 2004, 61; Pontani 2005, 115 f. Eine wichtige Arbeit zur nicht-theologischen Rezeption des Trojastoffes im spätantiken Westen ist die ungedruckte Habilitationsschrift von Knut Usener. Dem Verfasser sei an dieser Stelle herzlich für die Überlassung des Manuskriptes gedankt.

59 Vgl. Usener, Manuskript 79: »der Verfasser der *Periochae* setzt Akzente bei der Darstellung, die dem Erzählverlauf der Epen nicht immer proportional entsprechen.«

60 Cameron 2004, 33–51. Die älteste erhaltene Handschrift der *Fabeln* stammt aus den Jahren um 900 (ebenda 308), d. h., das Werk war vermutlich auch in der Spätantike mehr oder weniger bekannt. Fabeln 125 und 126 bieten eine kurze Zusammenfassung des Inhalts der *Odyssee*, Fabel 127 der *Telegonie*.

61 Cameron 2004, x: »Greek mythology was the cultural currency of the Greco-Roman world.«

62 Vgl. zum Verfahren Cameron 2004, 89–123.

63 Vgl. Zorzetti — Berlioz 1995, xxxii–xxxv zu den identifizierbaren Quellen des sog. Mythographus Vaticanus I, zu datieren zwischen 875 und 1075. Bei den *fabulae*, die auf eine einzige Quelle rekurrieren, lässt sich diese beispielsweise bestimmen als: Vergilkommentar des Servius (91 *fabulae*), Statiuskommentar des Lactantius Placidus (26); die *Narrationes fabularum Ovidianarum* (11); Fulgentius (5), Hygin (3), Isidor (1).

64 Im mittelalterlichen Mythographus Vaticanus I werden abgehandelt: die Genealogie des Odysseus (fab. 3, 1, 77–78); Kirke (fab. 1, 15); Skylla (fab. 1, 3); Sirenen (fab. 1, 42; 2, 84); eine kurze Erwähnung der Kyklopen im Zusammenhang mit Aeneas (2, 100, 4); Polyphem und Galatea (fab. 1, 5); Penelope als Mutter des Pan (fab. 1, 88).

65 Zum Folgenden: Grebe 1999.

66 So die Kikonen als Volk nahe Thrakien (6, 656), Aeolos auf einer der Liparischen Inseln, Strongyle (6, 648) sowie diverse weitere Stationen der Irrfahrt in Unteritalien und Sizilien (6, 641). Vgl. Grebe 1999, 334–37 und Lamberton 1986, 273 f.

67 Fontaine 1959; Henderson 2007.

68 Vgl. Lamberton 1986, 280: »the whole of human knowledge is organized around etymologies.«

69 Vgl. etwa die Einträge zu den Kyklopen (hier Texte Polyphem Nr. 18 a–c).

*Tagebuch des Trojanischen Krieges* eines sonst unbekannten Diktys von Kreta.[70] Es wird angenommen, dass dieses lateinische Werk aus dem vermutlich vierten Jahrhundert auf eine griechische Fassung des vermutlich zweiten nachchristlichen Jahrhunderts zurückgeht. Da letztere bis auf Papyrusfragmente verloren ist, lässt sich nicht eindeutig entscheiden, welche Elemente der lateinischen Fassung auf dieses Vorbild zurückgehen und welche eine genuine Schöpfung des spätantiken Autors darstellen.[71] Das Werk präsentiert sich als Augenzeugenbericht eines ›Kriegsberichterstatters‹ des Fürsten von Kreta und beansprucht damit, einen höheren Wahrheitsgehalt zu besitzen als die nachträglichen, nicht auf Autopsie beruhenden Erzählungen Homers. Entsprechend werden Protagonisten und Handlung weitgehend ihrer mythischen Züge beraubt. Das Schicksal des Odysseus nach Kriegsende, seine Irrfahrten ebenso wie die erfolgreiche Rückkehr nach Ithaka, ist Thema zweier Abschnitte des 6. Buches. Dem lateinischen Mittelalter, dem der originale homerische Text nicht zugänglich war, galt Diktys als eine der wichtigsten Quellen zum Trojanischen Krieg.[72]

Allegorische Ausdeutungen einzelner Episoden oder Gestalten der *Odyssee* finden sich auch in der lateinischen Literatur unter verschiedenen Aspekten. Als Erstes sei die philosophische Allegorese genannt. Sie steht, wie kaum anders zu erwarten, unter dem Einfluss griechischer Texte. Der bedeutendste Protagonist ist Boethius mit seinem um 525 n. Chr. erschienenen Werk *Trost der Philosophie*.[73]

Die christliche Allegorese, vor allem des Sirenenabenteuers, ist ebenfalls derjenigen in griechischer Sprache vergleichbar.[74] Im Unterschied zu der thematischen Bandbreite, die im Griechischen zu beobachten war, fokussieren die lateinischen Texte allerdings auf zwei Interpretationsmuster: die Gefahren der *voluptas* und die Gefahren, die von Frauen ausgehen.

Moralische Allegoresen, vermischt mit etymologischen, finden sich in den Werken des Fulgentius, eines nordafrikanischen Autors des späteren fünften oder frühen sechsten Jahrhunderts.[75] Für die hier verfolgte Fragestellung von Interesse sind zum einen die *Mitologiarum libri tres*, eine Nacherzählung und Ausdeutung zahlreicher damals noch bekannter Mythen.[76] Ausführliche Erwähnung finden die Sirenen sowie die unterschiedlichen Arten der Beziehung des Odysseus zu Kirke, Skylla und Penelope. Die *Expositio Vergilianae continentiae* hingegen möchte den wahren Gehalt der *Aeneis* aufdecken.[77] Damit gehört sie in den weiten Bereich der Vergilrezeption, über die am Ende dieses Abschnitts zu sprechen sein wird. Fulgentius widmet dort den Kyklopen eine längere Passage und gelangt zu reichlich abenteuerlichen etymologischen Ausdeutungen.

Eine topische Verwendung einzelner Motive oder Protagonisten der *Odyssee* ist bei vielen Autoren, paganen wie christlichen, zu beobachten. Auf Polyphems Blutdurst und Grausamkeit rekurrieren Tertullian und die *Historia Augusta*, auf seine unersättliche Gier Claudian. Kirke als archetypische Verwandlerin erscheint unter anderem bei Augustinus und Salvian. Die Sirenen als Topos der Verführung finden sich in den Briefen des Symmachus ebenso wie in einer Anleitung zum klösterlichen Leben des Leander von Sevilla.[78]

Die dichterische Auseinandersetzung mit der *Odyssee* hatte in augusteischer Zeit begonnen: mit Vergils Nationalepos, der *Aeneis*, gefolgt von den *Metamorphosen* des Ovid. Beide Autoren konzentrierten sich dabei auf die Ereignisse der Irrfahrt und flochten diese in die Erlebnisse des Helden Aeneas ein.[79] Die Heimkehr nach Ithaka war demgegenüber nicht oder kaum von Bedeutung. Ungefähr zeitgleich zur Publikation der *Aeneis* kamen in Rom auch bildliche Darstellungen von den Irrfahrten des Odysseus in Mode: Erhalten haben sich die berühmten Fresken vom Esquilin; Vitruv zufolge war diese Thematik in der Wandmalerei seiner Zeit weit

---

[70] Merkle 1989; Prosperi 2013.

[71] Merkle 1989, 243–47.

[72] Neben dem vergleichbaren Text des Dares Phrygius, der aus fiktiver trojanischer Perspektive schreibt: Cameron 2004, 308; zu Dares s. Beschorner 1992.

[73] Lamberton 1986, 274–79; O'Daly 1991. Generell zur lateinischen Rezeption und Weitergabe des neuplatonischen Homerbildes: Lamberton 1986, 249–82.

[74] Rahner 1966.

[75] Vgl. die Diskussion in der Ausgabe von Wolff 2009, 1–14, auch gegen die Identität mit dem gleichnamigen Bischof von Ruspe, der 533 starb; vorsichtig zugunsten einer Gleichsetzung: Lamberton 1986, 280.

[76] Vgl. Lamberton 1986, 280–82; Cameron 2004, 308–10. Lamberton und Cameron zufolge hatte Fulgentius eine zumindest rudimentäre Kenntnis des Griechischen und wohl auch der homerischen Originaltexte; vgl. auch Wolff 2009, 16 f.

[77] Wolff 2009, bes. 17–27.

[78] Für Details sei auf die entsprechenden Kapitel verwiesen.

[79] Zur *Odyssee*-Rezeption in der *Aeneis* (publiziert nach Vergils Tod 19 v. Chr.) s. Kytzler 1994, 569–71 (der zweite Teil der *Aeneis*, der Kampf der Trojaner um einen Siedlungsplatz in Italien, ist an die *Ilias* angelehnt). Buch 13 und 14 der *Metamorphosen* (publiziert um 8 n. Chr.) wiederum stellen eine Rezeption und zugleich Subversion der entsprechenden Passagen der *Aeneis* dar: Holzberg 1992, 721–24; vgl. Cameron 2004, 283.

verbreitet.[80] Es scheint, dass das Thema in augusteischer Zeit generell auf Interesse stieß.

Die *Aeneis* etablierte sich rasch als das in den Augen der Römer bedeutendste Produkt der lateinischen Literatur und wurde als solches ins Mittelalter tradiert.[81] In Kaiserzeit und Spätantike war Vergil Schulautor.[82] Auch Ovid, obwohl vermutlich kein Schulautor,[83] hatte mit den *Metamorphosen* ein Werk hinterlassen, dessen Einfluss auf die Mythenkenntnisse der Nachantike vermutlich gar nicht hoch genug eingeschätzt werden kann.[84] Das gesteigerte Interesse für die Abenteuer der Irrfahrt im Westen ist wohl auch auf diese enorme Bedeutung von Vergil und Ovid zurückzuführen. Andere Ursachen werden im Verlauf der Arbeit angesprochen werden. Eine weitere Konsequenz besteht darin, dass viele der erhaltenen — und in der vorliegenden Arbeit diskutierten — Texte zu Episoden der *Odyssee* gar nicht unmittelbar auf das homerische Epos rekurrieren, sondern auf dessen Rezeption in der *Aeneis* oder in den *Metamorphosen*.

Das gilt zunächst für die Erzeugnisse der Vergil- und Ovidphilologie. Der bedeutendste erhaltene Kommentar zu Vergil, derjenige des Servius, entstand im fünften Jahrhundert.[85] Er hatte eine enorme Wirkung, vor allem im Mittelalter.[86] Von Interesse sind besonders die Kommentare zu denjenigen Passagen der *Aeneis*, in denen Vergil sich auf die *Odyssee* und ihre Protagonisten bezog. Zwischen 150 und 250 n. Chr. verfasste ein anonymer Autor die *Narrationes fabularum Ovidianarum*. Hier handelt es sich um eine Sammlung von kurzen Inhaltsangaben der in den *Metamorphosen* ausgeführten Geschichten für Leser, die mit der griechischen Mythologie nicht allzu vertraut waren.[87] Überliefert sowohl in der Form eines eigenständigen Codex als auch in die entsprechenden Stellen der Ausgabe der *Metamorphosen* integriert, war dieses Werk in der Rezeption noch erfolgreicher als der Vergilkommentar des Servius.

Vergleichbares gilt für die neuplatonisch inspirierte Vergil-Allegorese, wie sie sich bezogen auf einzelne Episoden der *Aeneis* zunächst bei Servius und Augustinus fassen lässt.[88] Fulgentius schließlich wird in seiner *Expositio Vergilianae continentiae* noch einen Schritt weitergehen und in systematischer Weise die gesamte *Aeneis* als eine Allegorie für das menschliche Leben interpretieren.[89] Der Protagonist Aeneas wird dabei zum Menschen schlechthin.

## Zeitrahmen

Die vorliegende Arbeit widmet sich der Rezeption der *Odyssee* in der Zeit des Übergangs zwischen griechisch-römischer Antike und Mittelalter, der Spätantike. Die Spätantike wurde 1901 von Alois Riegl auf der Basis einer kunsthistorisch-stilistischen Analyse erstmals als eigenständige (Kunst-)Epoche definiert, wenn auch nur versuchsweise so benannt.[90] Die Begriffe ›Spätantike‹ und ›spätantik‹ setzten sich jedoch bald durch, wobei die genaue zeitliche Abgrenzung variierte und letztlich von den Parametern abhing, die der betreffende Wissenschaftler — oder die betreffende wissenschaftliche Disziplin — für wesentlich erachtete.[91] Der *Neue Pauly*

---

80 Die Fresken werden in die zweite Hälfte des 1. Jh.s v. Chr. datiert; für gute Farbabbildungen s. Andreae 1999, 242–57. Das Zitat bei Vitr. 7, 5, 2 lautet: *nonnullis locis item signantur megalographiae habentes deorum simulacra seu fabularum dispositas explicationes, non minus troianas pugnas seu Ulixis errationes per topia* »Ebenso gibt es einige Wände, die [...] große Gemälde haben: Götterbilder oder die wohlgeordnete Darstellung von Mythen, aber auch die Kämpfe um Troja oder *die Irrfahrten des Odysseus von Land zu Land*.« (Hervorhebung von der Verf.)

81 Noch im mittleren 6. Jh. schreibt der nordafrikanische Dichter Coripp ein historisches Epos, die *Johannis*, nach dem Vorbild der *Aeneis*, vgl. Gärtner 2008.

82 Kaster 1988, bes. 169–97; Wlosok 1990.

83 Vgl. Cameron 2004, 3 f.

84 Cameron 2004, 311: »Ultimately, Ovid's *Metamorphoses* was to become by far the most important and influential of all Latin mythographic texts, the richest and most memorable single source of Greek myth for the Roman, medieval, and Renaissance worlds.«

85 Zu den verschiedenen Strängen der Überlieferung s. Cameron 2004, 184–216; vgl. Marshall 1997. In der Servius-Ausgabe von Thilo und Hagen sind die auf den sog. Servius auctus zurückgehenden Passagen anhand der Schrifttype vom Rest abgesetzt. Das wurde hier übernommen (z. B. Text Skylla Nr. 19). Zu den bei Servius fassbaren Einflüssen der Homerphilologie s. Pontani 2005, 58.

86 Cameron 2004, 184; vgl. hier Anm. 63 zu den Quellen des Mythographus Vaticanus I.

---

87 Cameron 2004, bes. 3–32; zur Datierung S. 311.

88 Zu Servius: Lamberton 1986, 262–72 und Wolff 2009, 22. Zu Augustinus: Hagendahl 1967, 406.

89 Vgl. die Ausgabe von Wolff 2009, 22–25.

90 Riegl spricht in Titel und Text von »spätrömisch«, schreibt jedoch in der Einleitung (Riegl 1901, 9): »am nächsten dürfte dem wirklichen Sachverhalte das Wort ›spätantik‹ kommen«. Den zeitlichen Rahmen seiner Untersuchung steckt Riegl (s. ebenda), letztlich aus historischen Gründen, von der Regierungszeit Constantins (306–37 n. Chr., der Zeit, in der die christliche Religion erstmals von staatlicher Seite aktiv gefördert wird) bis zur derjenigen Karls des Großen (800 bis 814 n. Chr., der Zeit, in der im Westen ein an Bedeutung vergleichbarer Nachfolgestaat des *imperium Romanum* entsteht).

91 L'Orange 1933 beispielsweise spricht von der Geschichte des spätantiken Porträts und beginnt, noch in der Einleitung, mit

von 1999 zählt unter dem Lemma »Epochenbegriffe« auch die Spätantike-Definitionen der verschiedenen altertumswissenschaftlichen Disziplinen auf und kommt zu dem wenig überraschenden Ergebnis, dass der genaue zeitliche Inhalt dieser Epoche bis heute kontrovers sei.[92] Mit demselben Fazit endet, 13 Jahre später, der einführende Beitrag im neuesten Handbuch zur Spätantike: »Nevertheless, with respect to the chronology, our debate must remain open«.[93]

Im vorliegenden Buch wird der Beginn der Spätantike früh, mit der Wende vom zweiten zum dritten Jahrhundert, angesetzt.[94] Das dritte Jahrhundert wurde in einem kürzlich erschienenen Sammelband als Epoche der »Kontinuitäten, Brüche, Übergänge« disziplinenübergreifend beschrieben.[95] Es wird zu zeigen sein, dass sich auch für die Rezeption der *Odyssee* und ihres Helden Odysseus in diesem Jahrhundert eine Reihe von zukunftsweisenden Neuerungen beobachten lassen. Der Übergang von der Spätantike ins lateinische beziehungsweise byzantinische Mittelalter wird hier gleichfalls in einen weiteren Rahmen gefasst, der über das politische Ende des Westreiches 476 n. Chr. oder den gescheiterten Versuch einer erneuten Reichseinigung unter Justinian (bis 565 n. Chr.) hinausgeht. In Rekurs auf die Arbeiten von Wolf Liebeschuetz zu den Städten und ihren Institutionen wird das Ende der Spätantike um circa 650 n. Chr. angesetzt.[96] Das entspricht dem Zeitpunkt, an dem allerspätestens das Ende der Produktion von

Darstellungen zur *Odyssee* anzusetzen ist und bis zu dem die letzten hier behandelten Autoren, Isidor von Sevilla im Westen und Johannes von Antiochia im Osten, ihre Bemerkungen zur *Odyssee* niederschrieben.

*Gegenstand der Untersuchung und ältere Forschung*

Der Schwerpunkt der vorliegenden Untersuchung liegt auf der Rezeption der *Odyssee* in der bildenden Kunst des dritten bis siebten Jahrhunderts: auf denjenigen Episoden, die von Bildhauern, Mosaizisten, Töpfern und anderen in ihrem jeweiligen Medium dargestellt wurden. Die literarische Rezeption, die ein ungleich weiteres Spektrum an Episoden dieses Epos umfasst, wurde nur insofern berücksichtigt, als sie sich auf in der Spätantike bildlich dargestellte Episoden bezieht.

Die komplexe Beziehung von Text, in der Form des Epos, und Bild wurde für die römische Kaiserzeit zuletzt mehrfach thematisiert. Michael Squire 2011 und David Petrain 2014 widmeten je eine Monographie den sogenannten Tabulae Iliacae: frühkaiserzeitlichen Marmorreliefs, die für ein gebildetes römisches Publikum und im Kontext römischer Kultur und Ideologie Episoden aus *Ilias*, *Iliupersis* und anderen frühgriechischen Epen bildlich umsetzten und beschrifteten. Über ein Exemplar mit *Odyssee*-Darstellung wird im Kapitel »Kirke« zu reden sein. Ein wesentliches Ergebnis der genannten Publikationen entspricht dem, was Angelika Geyer bereits 1989 bei ihrer ikonographischen Analyse des Vergilius Vaticanus, einer spätantiken illustrierten Handschrift der *Aeneis*, konstatierte: Bildliche Darstellungen eines Epos sind nie reine Illustrationen, sondern stets einem bestimmten gesellschaftlichen Kontext oder Aussageintention geschuldete Interpretationen. Das wird mehr als deutlich auch in dem von Helen Lovatt und Caroline Vout 2013 herausgegebenen Sammelband zur visuellen Rezeption der griechischen und lateinischen Epen.[97]

Was Publikationen zur Rezeption der *Odyssee* oder der Gestalt des Odysseus anbelangt, so gehen diese chronologisch selten über die Kaiserzeit hinaus. Das gilt für Arbeiten, welche die gesamte griechisch-römische Antike thematisieren, ebenso wie für solche, die sich auf

---

Alexander Severus (222–35 n. Chr.), um in Kapitel IV mit dem Porträt des 5. Jh.s n. Chr. zu enden, das für den Verf. die weitere, seines Erachtens mehr oder weniger statische Kunst des »Byzantinismus« präfiguriert: »den allgemeinen geistigen Hintergrund gibt die orthodoxe Versteinerung des spätantiken Denkens im Laufe des V. Jh.'s.« (S. 92). Im Handbuch von Alexander Demandt (Demandt 1998) reicht die Spätantike von 284 bis 565 n. Chr., in dem englischsprachigen Sammelband von Glen Bowersock, Peter Brown und Oleg Grabar (Bowersock — Brown — Grabar 1999) von 250 bis 880 n. Chr. Das neue *Oxford Handbook of Late Antiquity* legt den Schwerpunkt auf die Religion und beginnt folgerichtig mit Konstantin und endet mit Mohammed (vgl. Inglebert 2012, 4). Einen ausgezeichneten Überblick über die verschiedenen, jeweils bestimmten historischen Konstellationen oder persönlichen Motiven geschuldeten Konzepte von Spätantike bietet Liebeschuetz 2004.

92 Demandt — Bäbler — Kuhlmann 1999, bes. Sp. 1006 f.

93 Inglebert 2012, 24.

94 Vgl. Grant 1994 und Brown 1971, der seinem Buch den Titel gab: *The World of Late Antiquity: From Marcus Aurelius to Muhammad*.

95 Eich u. a. 2017.

96 Vgl. etwa Liebeschuetz 2001. Ebendort (z. B. S. 1 oder S. 414) auch die zusätzliche Differenzierung in »late antiquity« (ca. 3. und 4. Jh.) und »later late antiquity« (von ca. 400 bis ca. 650 n. Chr.).

---

97 Zwei Beispiele: Der Beitrag von L. S. Fotheringham und M. Brooker (»Storyboarding and Epic«, S. 168–90) zeigt eindrucksvoll, auf wie viele unterschiedliche Arten eine einzige kurze Passage der *Aeneis* in einem *storyboard* visuell umgesetzt werden kann. H. Lovatt (»Operatic Visions: Berlioz Stages Virgil«, S. 60–77) konzeptualisiert die Gattung Oper als multimediale Umsetzung und Interpretation eines Epos, wobei jede Neuinszenierung zugleich eine Neuinterpretation darstellt.

den römischen Kulturkreis beschränken. An archäologischen Denkmälern orientierte Untersuchungen sind beispielsweise diejenigen von Franz Müller, Frank Brommer und Odette Touchefeu-Meynier.[98] Bernard Andreae widmete Odysseus zwei große Ausstellungen samt dazugehörigen Katalogen.[99] Weiterhin gibt es Arbeiten zu einzelnen Abenteuern oder Gestalten der *Odyssee*, beispielsweise den Aufsatz von Elena Walter-Karydi zu Skylla[100] oder die sich auf Polyphem- und Skylla-Darstellungen in römischen Villen konzentrierende Untersuchung von Lilian Balensiefen 2005. Wird die Spätantike überhaupt thematisiert, dann wird das für sie Spezifische nicht vollständig herausgearbeitet. Einem Leser der Publikationen von Andreae beispielsweise wird Odysseus als der Held in Erinnerung bleiben, der in den frühkaiserzeitlichen Grotten von Sperlonga oder Baiae verherrlicht wurde.[101] Ein spätantikes Sperlonga gab es jedoch nicht — und aus guten Gründen, wie zu zeigen sein wird: Die Auffassung von Odysseus in der bildenden Kunst der Spätantike ist eine andere als die der frühen Kaiserzeit. Eine Ausnahme von der hier genannten Regel stellt ein wichtiger Aufsatz von Björn Christian Ewald 1998 dar, der sich den Darstellungen des Sirenen-Abenteuers auf stadtrömischen Sarkophagen des dritten Jahrhunderts n. Chr. widmet. Diese Darstellungen standen und stehen im Zentrum einer langen und sehr kontrovers geführten Forschungstradition, über die gleich noch einmal zu sprechen sein wird. Generell gilt, dass eine zusammenfassende, alle Aspekte miteinschließende Untersuchung der kaiserzeitlichen bildlichen *Odyssee*-Rezeption ein Desiderat darstellt. Die vorliegende Arbeit wird punktuell auf die Bilderwelt der Kaiserzeit eingehen, erhebt aber nicht den Anspruch, eine entsprechende Monographie zu ersetzen.

Für die literarische Rezeption existiert die ausgezeichnete Monographie von Alessandro Perutelli 2006 zu *Ulisse nella cultura Romana*. Sie endet allerdings mit dem späten zweiten Jahrhundert, spart also die Spätantike ebenso aus wie viele der archäologischen Arbeiten. Auch Ulrich Schmitzer 2005 behandelt in einem Aufsatz vor allem die frühe römische Kaiserzeit. Ausnahmen von dieser Regel sind erstens Arbeiten, in deren Fokus eine bestimmte Gestalt aus der *Odyssee* steht. Dies sind vor allem Kirke und die Sirenen, aber beispielsweise auch der Hund Argos.[102] Die zweite Ausnahme stellen Arbeiten dar, die sich mit der philosophischen Allegorese der homerischen Epen befassen. Diese gehen ausführlich auf die Spätantike und den Neuplatonismus ein. Das grundlegende Werk ist dasjenige von Félix Buffière 1956, *Les mythes d'Homère et la pensée grecque*; aus neuerer Zeit stammt die Monographie von Robert Lamberton 1989, *Homer the Theologian. Neoplatonist Allegorical Reading and the Growth of the Epic Tradition*, mit Fokus auf der Spätantike.

Die dritte — und problematischste — Ausnahme von der oben formulierten Regel sind Arbeiten zur christlichen Deutung der Odysseus-Gestalt. Die hierfür herangezogenen Quellen stammen naturgemäß vor allem aus der Spätantike. Das grundlegende Werk wurde 1945 von Hugo Rahner publiziert: *Griechische Mythen in christlicher Deutung*.[103] Rahner widmete sich neben dem homerischen Zauberkraut Moly und der Weide in der Unterwelt vor allem dem Sirenen-Abenteuer des Odysseus. In einer gründlichen Analyse der patristischen Exegese des Sirenen-Abenteuers zeigte er auf, wie das Widerstehen des Odysseus gegenüber den Versuchungen der Sirenen verstanden werden konnte als Allegorie für das Widerstehen des Gläubigen gegenüber Versuchungen aller Art. Der Abschnitt gipfelt in der kühnen und ohne Parallelen gebliebenen Allegorese des Maximus von Turin, der in Odysseus am Mastbaum ein Bild für Christus am Kreuz sah.[104] Unglücklicherweise verband Rahner diese in der spätantiken Literatur zu fassenden Allegoresen mit Darstellungen auf Sarkophagdeckeln des dritten Jahrhunderts, die den an den Mast gefesselten Odysseus bei der Vorbeifahrt an der Insel der Sirenen präsentieren. Obwohl

---

98 Müller 1913; Brommer 1983; Touchefeu-Meynier 1968 sowie diverse Artikel im LIMC: 1988; 1992a; 1992b; 1997.

99 Ausstellung Rom: Andreae — Parisi Presicce 1996; Ausstellung München: Andreae 1999.

100 Walter-Karydi 1997 (v. a. zur bildlichen Darstellung); gleichfalls zu Skylla: Hanfmann 1987 (ebenfalls v. a. zur bildlichen Darstellung) und die neue Monographie Hopman 2012 (vor allem zu Skylla in der Literatur, von Homer bis Ovid). Zu Polyphem-Darstellungen: Fellmann 1972; zu den Sirenen in Bild und Text: Hofstetter 1990 und — mit einem zeitlichen Ansatz über die (Spät-)Antike hinaus — Leclercq-Marx 1997.

101 Vgl. Andreae 1999, 177–241.

102 Zu Kirke: Tochtermann 1992 oder Franco 2010; zu den Sirenen: Wedner 1994 oder Leclercq-Marx 1997; zu Argos: Most 1991.

103 Hier zitiert in der dritten, vom Autor neu durchgesehenen Ausgabe: Rahner 1966. Explizit darauf bezogen: Markschies 2005; ausführliche Paraphrasen und Zitate: Zilling 2011, v. a. 102–17.

104 Rahner 1966, 325 f., Zitat S. 326: »Wir stehen am Ende, aber auch am Höhepunkt unserer Symbolgeschichte vom gebundenen Odysseus. Denn so kühn wie der Prediger des fünften Jahrhunderts hat keiner vor ihm und nach ihm den Mythos gedeutet. Wie [...], so ist der Erlöser am Kreuz hier in Wahrheit ›unser Odysseus‹. Und alle, die er rettet, vom gekreuzigten Sünder angefangen, sind die Gefährten im homerischen Schiff der Kirche.«

spätestens seit den 30er Jahren des 20. Jahrhunderts — mit dem Fund eines solchen Deckels, dessen Tabula die Widmung *dis manibus* enthält[105] — klar war, dass diese Sarkophage für pagane Auftraggeber gearbeitet wurden und nur in wenigen Fällen tatsächlich von einer christlichen Umdeutung und Verwendung ausgegangen werden kann, vereinnahmte Rahner die Denkmäler für seine Argumentation: »Die Christen des vierten Jahrhunderts, die sich den Odysseusmythos auf ihren Sarkophagen abbilden ließen, wollten damit den Kreuztriumph andeutend verkünden. Der Marmorsarkophag des jugendlichen Römers Aurelius Romanus, den wir abbilden, ist dafür das schönste Zeugnis. Da steht Odysseus am Mastbaum, dessen Antenne mit dem ragenden Holz die von den Christen ehrfürchtig gegrüßte Kreuzform bildet.«[106]

Noch unglücklicher ist, dass diese falsche Datierung und Deutung der Sarkophagdeckel mit Sirenen-Abenteuer bis heute durch die Literatur geistert.[107] Sie kann sogar zur Unterstützung der These herangezogen werden, Odysseus sei in der Spätantike aufgrund seines »Martyriums« als typologischer Vorläufer von Christus angesehen worden.[108] Das ist so nicht haltbar.

*Fragen*

Die Schlüsselfragen für die Erforschung eines Rezeptionsphänomens wurden beispielsweise von Lorna Hardwick 2003 genannt. Formuliert für Untersuchungen zur Antikenrezeption im modernen Theater, lassen sie sich ebenso auf die Erforschung der spätantiken *Odyssee*-Rezeption beziehen. Auf den Punkt gebracht, lauten diese Fragen: Was wurde rezipiert, wie und warum genau in dieser Form?

Am einfachsten zu beantworten ist die Frage nach dem »Was«. In der Spätantike bildlich dargestellt wurden: die Begegnung mit dem menschenfressenden Riesen Polyphem; mit der Zauberin Kirke; mit den verführerischen, aber todbringenden Sirenen; mit dem menschenfressenden Ungeheuer Skylla; die Fußwaschung des Odysseus durch die alte Amme Eurykleia im Beisein von Penelope oder des Hundes Argos; die auf die Wiedererkennung folgende Umarmung von Odysseus und Penelope. Die Gliederung der Arbeit folgt diesem Befund. Jedem Abenteuer der Irrfahrt ist, in der Reihenfolge der Erzählung bei Homer, ein eigenes Kapitel gewidmet. Die verschiedenen Wiedererkennungsszenen aus dem zweiten Teil der *Odyssee*, alle auf Ithaka angesiedelt, werden hingegen in einem gemeinsamen Kapitel behandelt. Die hier zu beobachtende Neigung der bildenden Künstler, zeitlich und räumlich getrennte Episoden in einem einzigen Bild zu einer raum-zeitlichen Einheit zusammenzufassen, ließ dieses Vorgehen als sinnvoll erscheinen. Hinzu kommt ein weiterer Faktor: Das spätantike Interesse an Darstellungen der Irrfahrt war weitaus größer als das Interesse an Darstellungen der Heimkehr nach Ithaka. Das numerische Verhältnis zwischen den Bildern der Irrfahrt und denen der Ereignisse auf Ithaka beträgt 195 zu 7. Für die spätantike Rezeption der Irrfahrt gilt, was Edith Hall für die zeitgenössische Rezeption zitiert: »of all fictions, the marvelous journey is the one formula that is never exhausted«.[109] Diese Gewichtung steht allerdings in diametralem Gegensatz zu der von Homer selbst vorgenommenen: Der Dichter hatte 16 seiner insgesamt 24 Bücher der *Odyssee* den Ereignissen auf Ithaka gewidmet.[110]

Das ursprüngliche Repertoire an *Odyssee*-Motiven in der bildenden Kunst der Griechen und Römer war deutlich größer.[111] Hier spielten zum Beispiel auch die Nekyia, die Begegnung mit der phäakischen Prinzessin Nausikaa oder die Ermordung der Freier eine Rolle.

---

[105] Hier Katalog Sirenen Nr. 15.

[106] Rahner 1966, 324. Falsch ist hier nicht nur die Datierung ins 4. Jahrhundert, die den Eindruck erweckt, Odysseus und die Sirenen seien ein gängiges Motiv auf den jetzt in Blüte stehenden christlichen Sarkophagen. Auch der Umstand, dass Rahner (nach S. 320) ausgerechnet den Sarkophagdeckel abbildet, auf dem sich die erwähnte *dis manibus*-Inschrift befindet (in der Abbildung bei Rahner abgeschnitten), spricht nicht für wissenschaftliche Seriosität.

[107] So etwa bei Schmitzer 2005, 49 und Zilling 2011, 80.

[108] So der Untertitel von Zilling 2011: »Odysseus und Herakles als Vorbilder christlicher Heldentypologie«. Zilling presst den Odysseus des Sirenen-Abenteuers relativ gewaltsam in die Rolle des »Märtyrers« (ebenda S. 95) und spricht von der Fesselung an den Mastbaum als einem Sinnbild der »Marter am Pfahl«. Dies entspricht weder dem homerischen Text (dessen Pointe darin besteht, dass der Held durch das freiwillige Festbinden in die Lage versetzt wird, das im Lied der Sirenen verkündete Wissen zu erwerben, ohne den dafür vorgesehenen Preis zahlen zu müssen: im Grunde betrügt er die Sirenen um ihren Lohn) noch der spätantiken Rezeption: Wird der Mastbaum in der christlichen Allegorese überhaupt erwähnt (z. B. hier Text Sirenen Nr. 8. 20. 23), dann als Halt und Stütze, nicht als Folterwerkzeug.

[109] Hall 2008, 11; Zitat von: N. Frye, *Anatomy of Criticism* (Princeton: Princeton University Press, 1957), 33.

[110] Der von Homer vorgenommenen Gewichtung folgen sowohl die Scholien zur *Odyssee* als auch der ausführlichste überlieferte Kommentar, derjenige des Eustathios: Laut Pontani 2005, 171 sind beide bezüglich der Irrfahrt weitaus knapper als bezüglich der Ereignisse auf Ithaka.

[111] Einen guten Überblick bietet der LIMC-Artikel von Touchefeu-Meynier 1992a. Vgl. die Ausstellungskataloge Andreae — Parisi Presicce 1996 und Andreae 1999.

Hinzu kommen ganze Darstellungszyklen, in hellenistischer Zeit etwa auf den sogenannten Homerischen Bechern.[112] Diese Zyklen greifen auch Themen auf, die sonst in der bildenden Kunst nicht überliefert sind, wie beispielsweise die Überwältigung und Bestrafung des verräterischen Dieners Melanthios. Ein illustrierter Codex zur *Odyssee*, wie er aus der Spätantike für die *Ilias* oder für Vergils *Aeneis* bekannt ist,[113] hat sich bedauerlicherweise nicht erhalten.[114] Er hätte das Repertoire an bildlich dargestellten Episoden sicherlich erweitert, auch wenn zur Illustration eines Textes konzipierte Bilder anderen künstlerischen Regeln folgen als Bilder, die sozusagen für sich selbst sprechen müssen.[115] Festzuhalten bleibt, dass für die Spätantike eine deutliche Verengung des Motivrepertoires zu beobachten ist und dass Darstellungen der Irrfahrtabenteuer ungleich populärer waren als Darstellungen der Ereignisse auf Ithaka.

Es folgt die Frage nach dem »Wie« der Rezeption, also nach der spezifischen Art und Weise, in der die oben genannten Episoden in der Spätantike rezipiert wurden. Um dieses Spezifische adäquat zu beschreiben, erschien es am sinnvollsten, die *Unterschiede* herauszuarbeiten.[116]

Erstens der Unterschied zwischen spätantiker Rezeption und homerischem Original: Wie wurden bestimmte Figuren und Handlungsabläufe in der *Odyssee* beschrieben und was machte die Spätantike daraus? Wie bereits angedeutet, bestehen hier in der Regel enorme Differenzen. Diese Differenzen sind dem zeitlichen Abstand und der Einbettung in ganz andere sozio-historische Kontexte geschuldet. Zudem sind sie das Ergebnis höchst komplexer Prozesse von trans- und intermedialen Einflussnahmen, auf die weiter unten, im Abschnitt zu den methodischen Prämissen, näher einzugehen sein wird.

Zweitens der Unterschied zwischen bildlicher und literarischer Rezeption in der Spätantike: Wie erzählt ein Bild eine Geschichte oder charakterisiert eine Figur, wie ein Text? Die hier diskutierten Unterschiede haben zum einen mediale Gründe. So kann ein Text allein auf Taten und Tugenden des Odysseus fokussieren, während ein Bild dem Helden auch einen Körper und eine bestimmte, durch eine jahrhundertealte ikonographische Konvention vorgegebene Art von Bekleidung geben muss. Die für Odysseus spezifische Körpergestaltung und Tracht wiederum treffen zum Teil vollständig andere Aussagen über den Dargestellten als die Charakterisierung in den Texten. Zum anderen liegen die Unterschiede aber auch darin, dass die erwähnten Bilder jeweils Bestandteile völlig anderer gesellschaftlicher Diskurse sind als die Texte oder völlig andere Adressatenkreise haben.

Drittens der Unterschied — oder eher: die Unterschiede — zwischen verschiedenen Gattungen eines Mediums: Wie wird Odysseus auf preiswerten, weiten Bevölkerungsschichten zugänglichen Tongefäßen dargestellt und wie in Denkmälern, die Bestandteil der Ausstattung einer luxuriösen Villa waren? Welche Zwecke verfolgt ein spätantiker Geschichtsschreiber, der in seinem Werk aus den Gestalten der *Odyssee* historische Persönlichkeiten macht, mit seiner Art der Darstellung und welche ein Kirchenvater, der sie in einer Predigt an die Gemeinde als moralisierendes Exempel gebraucht? Es wird zu zeigen sein, dass die jeweilige Gattung des Bildträgers oder Textes — und damit zusammenhängend der Kontext der Rezeption — entscheidenden Einfluss hatte auf die Gestaltung des Motivs und auf den Typus von Mann oder Männlichkeit, den Odysseus jeweils verkörpert.[117]

Viertens der Unterschied zwischen der Rezeption im lateinischen Westen und derjenigen im griechischen Osten: Welche Bilder oder Texte waren wo von Interesse? Hier lassen sich besonders bei den Bildern signi-

---

112 Hier handelt es sich um reliefierte Tongefäße, die ins 2. Jh. v. Chr. datiert werden: Sinn 1979 und Giuliani 2003, 263–80.

113 Zur sog. Ilias Ambrosiana (Mailand, Biblioteca Ambrosiana Cod. F. 205) s. Bianchi-Bandinelli 1955; zum sog. Vergilius Vaticanus (Rom, Biblioteca Vaticana Cod. Vat. lat. 3225) s. Geyer 1989 und Wright 1993; zum sog. Vergilius Romanus (Rom, Biblioteca Vaticana Cod. Vat. lat. 3867) s. Wright 2001. Trotz der Popularität der *Aeneis* haben sich spätantike bildliche Darstellungen des Protagonisten Aeneas nur in geringem Maße erhalten: Zunächst in den beiden eben genannten illustrierten Codices; dann, auf anderen Bildträgern, mit dem Fokus auf seinem Liebesverhältnis zur karthagischen Königin Dido (Geyer 1989, 190–95). Im Vergleich mit der Anzahl und den Variationsmöglichkeiten der Odysseusdarstellungen wirkt die bildliche Repräsentation des Aeneas eher blass. Wie es scheint, folgt die Popularität von Bildthemen anderen Gesetzen als denen des Literaturbetriebs oder des Nationalstolzes.

114 Zum Versuch, die Illustrierung eines hellenistischen oder frühkaiserzeitlichen *Odyssee*-Papyrus mittels einer Tabula Odysseaca, einer Marmortafel mit Szenen aus allen 24 Büchern der *Odyssee*, zu rekonstruieren, s. Weitzmann 1941.

115 Vgl. zu dieser Problematik Weitzmann 1941, 180 und Giuliani 1998.

116 Vgl. Hardwick 2003, 112: »The key evaluative question [...] may well be ›what difference was made?‹«.

117 Vgl. Natalie Boymel Kampen in Kampen — Marlowe — Molholt 2002, 5: »Any resolution, any answer to the question of what being manly meant, tended to be temporary and contingent. It differed from one social class or age group or region to another even as certain characteristics and beliefs were held in common. Manliness may be seen not as a fixed state but as the various and impermanent outcomes of complex processes, full of internal contradiction and mixed messages.«

fikante Unterschiede feststellen. Obwohl die Ikonographie der *Odyssee*-Darstellungen hauptsächlich im archaischen Griechenland entworfen und dort auch lange tradiert worden war, finden sich spätantike Darstellungen der Irrfahrt fast ausschließlich im Westen des Reiches. Nur bei den wenigen Darstellungen der Heimkehr ist das Verhältnis ausgewogen, sind die Fund- beziehungsweise Produktionsorte gleichmäßig auf beide Hälften des Reiches verteilt.

Der fünfte und letzte Unterschied wurde bereits bei der Frage nach der Epocheneinteilung angesprochen: der Unterschied zwischen den Darstellungen der Spätantike, hier definiert als beginnend im dritten Jahrhundert, und denjenigen der Zeit davor, also vor allem den beiden ersten Jahrhunderten der römischen Kaiserzeit. Dieser Unterschied ließ es gerechtfertigt erscheinen, die Darstellungen des dritten Jahrhunderts gemeinsam mit denjenigen des vierten bis sechsten Jahrhunderts zu diskutieren.

Die abschließende Frage an die Rezeption gilt dem »Warum«, der Interpretation: Warum wurden die Episoden und Protagonisten der *Odyssee* jeweils in genau dieser Art und Weise rezipiert? Zwei Ansätze zur Erklärung wurden bereits genannt: Der erste stellt die medialen sowie gattungstypischen Eigenschaften der besprochenen Texte und Bildträger in den Vordergrund. Ein Bild erzählt eine Geschichte oder Episode auf andere Weise als ein Text; ebenso wird ein ikonographisches Motiv auf andere Weise tradiert als der Text eines Autors. Verschiedene Gattungen dienten verschiedenen Verwendungszwecken, wurden in unterschiedlichen Kontexten rezipiert und richteten sich zum Teil an unterschiedliche Adressaten. In den folgenden Kapiteln wird zu zeigen sein, wie die Person des Odysseus und der Erzählzusammenhang, in dem er auftritt, jeweils entsprechend diesen unterschiedlichen Anforderungen präsentiert wurden.

Der zweite Erklärungsansatz fragt nach den gesellschaftlichen Hintergründen, nach den Diskursen, die in jener Zeit virulent waren.[118] Diese Diskurse durchziehen diverse Bereiche der spätantiken Gesellschaft und ihrer Hinterlassenschaften. Ihre Spuren sind entsprechend auch in den Bildern und Texten zur *Odyssee* zu finden. Umgekehrt sind diese Bilder und Texte als Bestandteile der betreffenden Diskurse anzusehen, die diese aktiv mitgestalten.[119] In der Person des Odysseus — aber auch seiner Gefährten oder der Menschen und Ungeheuer, denen er im Verlauf des Epos begegnet — werden beispielsweise eine Reihe zeitgenössischer Vorstellungen über soziale Hierarchien, über das Verhältnis der Geschlechter oder über bestimmte Verhaltensideale zum Ausdruck gebracht. Es ist daher zu erwarten, dass Motive der *Odyssee* auch bewusst für eine Stellungnahme in einem ganz bestimmten Diskurs instrumentalisiert werden. Es wird zu fragen sein, welche Funktion ein Bild oder Text in seinem jeweils spezifischen Kontext und für die damalige Gesellschaft hatte. Die vorliegende Arbeit versteht sich somit auch als ein Beitrag zur Mentalitätsgeschichte der Spätantike.

## Methodische Prämissen

Der vorliegenden Untersuchung liegen verschiedene methodische Prämissen zugrunde, die an dieser Stelle angesprochen werden sollen. Die erste Prämisse gilt den Bildern. Sie besagt, eigentlich eine Selbstverständlichkeit, dass die für die Spätantike zu beobachtende Auswahl und Einengung des bildlichen Repertoires an *Odyssee*-Szenen nicht blindem Zufall zu verdanken ist, sondern aus bestimmten Gründen erfolgte. Diese Gründe sind in der spätantiken Gesellschaft und den dort aktuellen Diskursen zu suchen.[120]

Vergleichbares gilt für die jeweils spezifische Gestaltung eines tradierten Motivs. Auch hier wird zunächst einmal davon auszugehen sein, dass der Künstler oder Handwerker diese spezifische Ikonographie innerhalb der Konventionen der betreffenden Kunstgattung bewusst gestaltete. »Bewusst« ist dabei nicht unbedingt im Sinne einer philosophischen oder kunstwissenschaftlichen Reflexion zu verstehen — es kann auch die eher schlichte Tatsache meinen, dass der spätantike Künstler den gerade populären Vorstellungen zu einem bestimm-

---

[118] Der Begriff des Diskurses wird in dem Sinne gebraucht, in dem er von Michel Foucault (Foucault 1973, v. a. 31–112; franz. Original 1969) entwickelt wurde: als die Summe aller Aussagen zu einem Thema, die von spezifischen Personen von spezifischen Standpunkten oder institutionellen Positionen aus getätigt werden, in bestimmten (beschreibbaren) Beziehungen zueinander stehen und bestimmte Aspekte betonen oder ausblenden. Die Frage, wer ›im Besitz‹ eines Diskurses ist — also zu einem bestimmten Thema etwas äußern darf —, ist auch immer eine Frage der Macht. Als zwei Beispiele für die Erforschung der hier diskutierten Diskurse und ihrer jeweiligen Instrumentalisierung von Mythenbildern seien genannt: Schneider 1983 zum Selbstverständnis der Herren der großen spätantiken Landgüter; Muth 1998 zu Ehe und Geschlechterrollen.

[119] Bei Foucault sind die Bestandteile eines Diskurses, die »Aussagen«, sprachlicher/textlicher Natur. Für die vorliegende Arbeit schien es jedoch sinnvoll, den Begriff auf bildliche Aussagen zu erweitern. Vgl. auch die Einleitung in von den Hoff — Schmidt 2001, 11–25.

[120] Vgl. Hardwick 2003, 32–70 zu modernen Beispielen für Antikerezeption und den jeweils damit verbundenen Motivationen.

ten Thema oder einer bestimmten Figur folgte und diese adäquat ins Bild setzen wollte. Die Klärung der Frage für den modernen Betrachter, was genau in der jeweiligen Gestaltung eines Motivs zum Ausdruck kommt, ist Aufgabe der ikonographischen Analyse.[121]

Wie bereits erwähnt, wurden die bildlichen Fassungen der meisten Abenteuer aus der *Odyssee* lange vor der Spätantike geschaffen. Die einmal gefundene Form wurde dann in der Regel über Jahrhunderte beibehalten. Einzig in Bezug auf antiquarische Details oder stilistische Konventionen lassen sich behutsame Modernisierungen beobachten.[122] So tragen die Gefährten des Odysseus in der Spätantike häufig zeitgenössische Frisuren und die jetzt moderne langärmelige Tunika, arbeiten die Künstler mit Frontalansicht und Bedeutungsgröße. Den jeweiligen Erfordernissen angepasst wird auch die Charakterisierung der Protagonisten sowie ihres Verhältnisses zueinander. Zu finden ist hier eine bewusste Übernahme von jahrhundertealten Mythenbildern, Bausteinen des kulturellen Gedächtnisses, und deren Nutzbarmachung für zeitgenössische Kontexte und Aussagen. Ein antikes Erbe, mit dem Künstler und Betrachter souverän umzugehen wussten.

Dies führt zur zweiten Prämisse, bezogen auf die mit den Bildern verbundenen Menschen. Was die bildende Kunst der Spätantike anbelangt, so hatte diese in der Forschung lange Zeit keinen besonders guten Ruf. Vielmehr bestand eine gewisse Neigung, die spätantiken Künstler als unoriginelle Kopisten zu denunzieren, welche die von ihnen verwendeten Bildmotive nur noch halb begriffen und deshalb durch Missverständnisse entstellten.[123] Bei den Betrachtern hätte es sich im Grunde um ikonographische Analphabeten gehandelt, für die man eine Bildaussage gar nicht simpel und plakativ genug formulieren konnte.[124]

Gegen diese Annahmen sprechen mehrere Punkte. Zum einen muss die Mythenkenntnis der spätantiken Menschen erstaunlich gut gewesen sein. Dafür spricht nicht nur die von Alan Cameron herausgearbeitete Popularität mythographischer Handbücher bis weit ins Mittelalter hinein.[125] Auch die hier vorgenommene Analyse der *Odyssee*-Bilder wird zeigen, dass in manchen Fällen die späteste erhaltene Fassung eines Motivs keineswegs die schlichteste ist, sondern ganz im Gegenteil die anspruchsvollste und anspielungsreichste. Selbst Neuschöpfungen von Mythenbildern waren in der Spätantike möglich. Als Beweis mögen die Silberteller dienen, die von höchster kompositorischer und ikonographischer Raffinesse sein können.[126]

Zum anderen ist zu bedenken, dass es sich hier in der Regel um dieselben Menschen handelt, die auch die hochkomplexen Bildprogramme der Kirchen und überhaupt der christlichen Kunst rezipierten.[127] Es ist nicht anzunehmen, dass sie die christlichen Bilder und ihre Inhalte ohne Schwierigkeiten begriffen, um dann völlig hilflos vor einem Mythenbild zu stehen. Man wird stattdessen von einer auf relativ hohem Niveau angesiedelten ikonographischen Kompetenz der spätantiken Produzenten und Rezipienten ausgehen können.[128] Die vorliegende Arbeit versteht sich also auch als ein Beitrag zur Erforschung von Mythenbildern in der Spätantike.

Die Mechanismen, die beim Betrachten einer figürlichen Szene zum Tragen kommen, wurden in anderen Disziplinen, vor allem der Filmwissenschaft, reflektiert. Das Medium Film zeigt bewegte Bilder, keine statischen, und hat deutlich mehr Möglichkeiten — etwa der Wechsel von der Totalen zum Close-up —, einen Betrachter zu emotionalisieren, ›in das Bild hineinzuziehen‹. Die prinzipiellen Mechanismen sind jedoch vergleichbar und werden in dieser Arbeit auf die Betrachtung von Mythenbildern übertragen. Bereits aus dem Jahr 1975 stammt der grundlegende Aufsatz von Laura Mulvey, die auf der Basis psychologischer Erkenntnisse ein Modell zum Verhältnis von Betrachter und betrachteter Person formulierte.[129] »Betrachter« ist hier wörtlich zu verstehen als männlicher Betrachter, da für Mulvey und für die Zeit, in der sie diesen Aufsatz schrieb, der männli-

---

121 Vgl. Hölscher 2000b.
122 Vgl. den Titel der Arbeit von Wulf Raeck: *Modernisierte Mythen* (= Raeck 1992).
123 Etwa Weitzmann 1960, 46–49.
124 Etwa Raeck 1992, 160–66.
125 Cameron 2004. Eine andere Frage ist, ein wie hoher Prozentsatz der Bewohner des Römischen Reiches überhaupt lesen konnte. Nach den Überlegungen von Kaster 1988, 35–50 (vgl. S. 24) war der

gehobene Schulunterricht beim *grammaticus* das Privileg einer kleinen städtischen Elite, die Masse der Menschen besuchte bestenfalls eine Elementarschule (*ludus litterarius*). Selbst dort wurde allerdings gelegentlich Vergil gelesen (s. Kaster 1988, 45 zum Beispiel des Orosius im spätantiken Spanien). Weiterhin wird man mit einer auch mündlichen Tradierung der Mythen zu rechnen haben.
126 Vgl. Moraw 2008a zur Umschöpfung und Umwertung des alten Motivs »Odysseus und Aias streiten um die Waffen des Achill« auf einer Silberschale des 6. Jh.s n. Chr.
127 Dazu ausführlich Kemp 1994.
128 In diesem Sinne auch Leader-Newby 2005, 236, die postuliert, dass visuelle Kompetenz einer der Bestandteile spätantiker *paideia* war.
129 Mulvey 1998; Originalfassung 1975.

che (und natürlich weiße) Betrachter beziehungsweise Kinobesucher die Norm darstellte, an welcher sich Inszenierungs- und Marketingstrategien orientierten. Gemäß diesem Modell evoziert der Blick auf die Protagonisten eines Films — wie schwach und unbewusst dies in manchen Fällen auch sein mag — beim Betrachter zwei mögliche, sich eher ergänzende als einander ausschließende Reaktionen: Identifikation und Aneignung.

Identifikation meint den Wunsch oder die Möglichkeit, sich mit einer dargestellten Person zu identifizieren. Dies ist für die vorliegende Arbeit insofern von Interesse, als sich die Frage stellt, ob Odysseus auf den spätantiken Bildern als Identifikationsangebot für den männlichen Betrachter konzipiert war. Es wird zu zeigen sein, dass dies nicht immer der Fall war, und auch nicht für Rezipienten aus allen Schichten der Bevölkerung. Die grundsätzliche Bereitschaft des Menschen, sich mit einem als überlegen angesehenen Ideal-Ich zu identifizieren, wird präfiguriert im sogenannten Spiegelstadium: Ein Kleinkind, bei den Bewegungen seines Körpers noch weitgehend auf Hilfe von außen angewiesen, erblickt sein Spiegelbild und entwirft dabei ein imaginäres Bild vom eigenen Körper, das weitaus kompetenter und einheitlicher ist als der reale Körper. Mit diesem Ideal-Ich, dieser antizipierten somatischen Einheit, setzt sich das Kind dann gleich. »Sich erkennen« ist — nach dem berühmten Aphorismus von Jacques Lacan — wesentlich immer ein »Sich verkennen«.[130]

Dieses erste Modell der Identifikation, auch narzisstische Identifikation genannt, wurde in der Folgezeit um weitere Möglichkeiten erweitert. John Ellis wies darauf hin, dass in einem Individuum noch weitere identifikatorische Prozesse zum Tragen kommen, die stärker von der Phantasie dominiert werden.[131] Der Betrachter — oder die Betrachterin — kann sich beispielsweise spielerisch nach und nach in mehrere Personen oder in gegensätzliche Positionen hineinversetzen, ohne einen endgültigen Standpunkt einzunehmen. Übertragen auf die *Odyssee*-Bilder bedeutet dies: Ein spätantiker Betrachter musste sich nicht zwangsläufig in die Person des Odysseus versetzen. Er konnte im Bereich der Imagination auch ausprobieren, wie sich die Rolle des geblendeten Polyphem anfühlte oder diejenige der männerverschlingenden Skylla. Dasselbe ist für die spätantiken Betrachterinnen zu postulieren. Auch ihnen bot die Phantasie die Möglichkeit, sich in diverse Figuren des Epos hineinzuversetzen, nicht nur in die exemplarische Gestalt weiblicher Tugend, Penelope. Diese spielerischen Varianten der Identifikation sollten bei der Diskussion der spätantiken Bilder im Gedächtnis bleiben, auch wenn der Fokus auf der Identifikation mit einer als exemplarisch konzipierten Gestalt des jeweils eigenen Geschlechts — Odysseus für männliche Betrachter und Penelope für weibliche — liegen wird.

Im Unterschied zu Identifikation bedeutet Aneignung, gleichfalls nach Mulvey, die voyeuristische Befriedigung, die dargestellte Person als Objekt des eigenen Blicks und des eigenen Begehrens präsentiert zu bekommen. Diese Objektposition kann der oder die Betreffende entweder nur für den Betrachter außerhalb des Bildes einnehmen oder auch für eine oder mehrere Personen innerhalb der Szene. Im traditionellen Hollywoodkino wird die Rolle des erotischen Objekts, entsprechend der heterosexuell und patriarchalisch geprägten Gesellschaftsstruktur, meistens von einer Frau eingenommen. Um einen Mann in dieser Funktion zu präsentieren, bedarf es hingegen, darauf haben filmwissenschaftliche Forschungen hingewiesen, einer Strategie der Entmächtigung.[132] Diese Strategie kann darin bestehen, den Betreffenden in einer Situation (beispielsweise ein gerade verlorener Kampf) oder einer Rolle (beispielsweise als Sklave oder Gefangener) zu zeigen, die seinen Objektstatus gewissermaßen legitimiert. Dasselbe gilt, *mutatis mutandis*, für die antike Institution der Päderastie, die auf der Ideologie eines Machtgefälles zwischen begehrendem Mann und begehrtem Knaben basierte.[133] Vergleichbare Inszenierungsstrategien waren auch den spätantiken Künstlern nicht unbekannt. Dies wird insbesondere an den Gefährten des Odysseus, in ihrer Opferrolle gegenüber dem Monster Polyphem, zu zeigen sein.

Eine andere Reaktion auf das betrachtete Bild, welche die bereits vorgestellten Möglichkeiten eher erweitert als ausschließt, ist die Reflexion über das Gesehene. Gerade wenn ein Bild gegen die üblichen Sehgewohnheiten verstößt, den Betrachter vielleicht sogar verstört, kann es zum Nachdenken anregen.[134] Als These sei formuliert, dass einige der spätantiken *Odyssee*-Bilder, vor allem solche aus den Häusern der Oberschicht, genau dies beim Betrachter evozieren sollten: das Nachdenken etwa über die Unwürdigkeit von Macht oder darüber, was eigentlich einen Helden definiert.[135]

---

130 Nach Jacques Lacan; vgl. Pagel 2002, 21–35.
131 Ellis 1995, bes. 41–44.

132 Vgl. die Aufsätze bei Cohan — Hark 1993, v. a. Neale 1993 und Harke 1993.
133 Reinsberg 1989, 163–215; Foucault 1986, 235–86.
134 Vgl. Adornos *Ästhetische Theorie* und seine Prämisse, dass nur Kunst, die den Betrachter verstöre, echte Kunst sei: Adorno 1973.
135 Vgl. besonders die Diskussionen zu Katalog Polyphem Nr. 4

Die dritte Prämisse bezieht sich auf den Kontext der Rezeption. Hier ist zunächst zu unterscheiden zwischen dem konkreten Raum, in welchem sich die Rezeption abspielte, und dem ideellen Kontext, dem dieser Vorgang zuzuordnen ist. Zunächst zum konkreten Raum, wobei dieser weniger verstanden wird als etwas, das von Mauern konstituiert wird, sondern als etwas, das erst durch die Handlungen von Menschen als ein Zusammengehöriges, eine inhaltliche Einheit definiert wird.[136] Die Zuhörer einer spätantiken Predigt über die Gefahren der Versuchung beispielsweise befanden sich höchstwahrscheinlich in einer Kirche; die Betrachter der Wandmalereien eines nordafrikanischen Grabes befanden sich in eben diesem; die Betrachter einer Marmorskulptur des Odysseus unter dem Widder des Polyphem werden sich vermutlich im Garten einer luxuriösen Villa aufgehalten haben.

Der ideelle Kontext hingegen meint all jene Vorstellungen und Diskurse, vor deren Hintergrund ein Mythenbild gelesen und interpretiert werden muss. Er ist mit dem konkreten Raum häufig, jedoch nicht immer eng verbunden. Um bei den genannten Beispielen zu bleiben: Der bildliche Schmuck einer Villa dient zu großen Teilen der Selbstvergewisserung und Selbstdefinition der dort residierenden Angehörigen der Oberschicht. Bei einer Statue des Odysseus in solchem Kontext wird deshalb zu fragen sein, ob diese ähnlich den weitaus häufiger zu findenden Herakles-Skulpturen als überhöhende Darstellung des Hausherrn fungieren konnte. Anderes gilt für die genannten *Odyssee*-Szenen im Grabkontext. Sie sind in erster Linie Bestandteile eines Diskurses über den Tod: dessen Schrecken und Willkür, aber auch dessen eventuelle Überwindung. In der christlichen Predigt schließlich wird das Sirenenabenteuer instrumentalisiert werden als Allegorie für jene Versuchung, gegen der betreffende Prediger gerade anzukämpfen wünscht (Häresie, Kultur, Frauen etc.). Auf ganz ähnliche Weise können derartige Gedanken aber auch in einem seelsorgerischen Brief oder Traktat formuliert worden sein, dessen Empfänger oder Empfängerin sich an einem ganz anderen Ort oder in einem ganz anderen ideellen Kontext befand: beispielsweise in einem Kloster, wie Florentina, deren Bruder Leander ihr ein Regelwerk zum klösterlichen Leben widmete; oder in einem Kaiserpalast, wie der junge Gratian als Empfänger eines Traktats des Ambrosius.

Beides, konkreter Raum und ideeller Kontext, kann bis zu einem gewissen Grad Aufschluss über die soziale oder geschlechtliche Zugehörigkeit der Rezipienten geben. Vergleichbares gilt für die jeweils spezifische Gattung des Bildträgers oder des Textes. Bei den Funden aus einer Villa beispielsweise ist klar, dass die Besitzer zur Elite des Reiches gehörten. Philosophische Texte hingegen werden nur von der intellektuellen Elite (die mit der erstgenannten nicht unbedingt deckungsgleich sein muss) gelesen worden sein. Bei Bildträgern aus preisgünstigen Materialien und sogenannter Massenproduktion wird man auch ohne eindeutigen Fundkontext davon ausgehen können, dass die einstigen Besitzer und Betrachter eher zu den unteren Schichten gehörten. Was die Zuordnung zu männlichen oder weiblichen Rezipienten angeht, so sind die meisten der hier diskutierten Texte und Bilder zumindest auf den ersten Blick geschlechtsneutral: Die Texte konnten von Frauen wie Männern gelesen werden, die Bilder waren gleichfalls beiden Geschlechtern zugänglich. Es sollte jedoch nicht vergessen werden, dass in beiden Gattungen männliche Rezipienten die ideelle Norm darstellten und die Bilder und Texte entsprechend konzipiert waren. Nur in Ausnahmefällen handelt es sich um Werke, die explizit an weibliche Adressaten oder Rezipienten gerichtet waren: der bereits erwähnte Traktat des Leander für seine Schwester Florentina beispielsweise oder eine Darstellung der Penelope in einer Ikonographie und auf einem Bildträger, die beide in den Kontext des Frauengemachs weisen.

Die vierte und letzte Prämisse gilt dem dieser Untersuchung zugrunde liegenden Rezeptionsmodell. Wie im Verlauf des Buches deutlich werden wird, rekurrieren die spätantiken Bilder und Texte zur *Odyssee* nicht zwangsläufig direkt auf das homerische Epos. Die bildlichen Darstellungen stehen vor allem in einer jahrhundertealten ikonographischen Tradition, die — wie bereits ausgeführt — im Lauf der Zeit je nach den stilistischen, medialen, gesellschaftlichen und anderen Erfordernissen verändert wurde. Hinzu kommen Einflüsse aus anderen literarischen Werken als der *Odyssee*. So ist für die Formulierung mancher spätantiker Bildthemen im Westen, zum Beispiel der Darstellung von Kirke als Kräuterhexe, ein Einfluss der *Aeneis* Vergils — die ihrerseits an den betreffenden Stellen die *Odyssee* rezipiert — zu postulieren. Wie bereits erwähnt, blieb Zweisprachigkeit bei den Römern stets das Ideal einer Elite; und selbst diese Elite wurde in der Spätantike dem Ideal in zunehmend geringerem Maße gerecht. Der Originaltext der *Odyssee* war zwar prinzipiell auch im Westen immer noch zugänglich, wurde aber von immer weniger Menschen gelesen und verstanden. Die wenigsten Betrachter oder Hersteller

---

und Nr. 9. 10.

[136] Löw 2001.

eines schlichten Tongegenstandes mit *Odyssee*-Szene werden je selbst einen Blick in das homerische Epos geworfen haben. Ihnen war die betreffende Episode vielleicht vom Hörensagen, eventuell aus einem mythologischen Handbuch oder aus dem Schulunterricht, von der Diskussion der entsprechenden Vergilstelle, bekannt. Auch bei qualitätvollen und teuren Kunstwerken ist nicht von vornherein davon auszugehen, dass der Auftraggeber tatsächlich das homerische Original im Kopf hatte.

Auch die spätantiken Texte zur *Odyssee* sind als das Resultat vielfältiger und komplexer Rezeptionsprozesse anzusehen. Die Figur der Skylla beispielsweise, wie sie von spätantiken lateinischen Autoren beschrieben wird, ist der Anschauung zeitgleicher Denkmäler mit Skylla-Darstellung geschuldet, nicht der Beschreibung der Skylla in der *Odyssee*. Weiterhin ist zumindest im lateinischen Sprachraum auch bei gelehrten Anspielungen auf Figuren der *Odyssee* oder deren Erläuterung in mythographischen Handbüchern nicht immer mit Sicherheit zu entscheiden, ob der Verfasser dabei tatsächlich die homerischen Figuren vor Augen hatte oder nicht doch eher deren Adaptionen bei Vergil oder Ovid. Im griechischen Sprachraum behielt zwar das homerische Epos seinen Status als Maß aller Dinge.[137] Aber auch hier lassen sich zum Teil literarische Traditionen außerhalb des Traditionsstrangs der *Odyssee* als Quelle wahrscheinlich machen. Das trifft beispielsweise auf diejenigen spätantiken Texte zu, die — in Abweichung vom Üblichen — sowohl Odysseus als auch Penelope extrem negativ charakterisieren.

Das Gesagte macht klar, dass es sich bei der spätantiken *Odyssee*-Rezeption um ein höchst komplexes Phänomen handelte. Die verschiedenen Fäden dieser inter- und transmedialen Einflussnahme werden im Buch auf der Basis eines relativ offenen Rezeptionsmodells dargelegt.

## Aufbau des Buches

Den Kern des Buches konstituieren die fünf Kapitel zu den Motiven der *Odyssee*, die in der Spätantike noch bildlich dargestellt wurden: Polyphem, Kirke, Sirenen, Skylla sowie die Ereignisse auf Ithaka. Dabei folgt jedes Kapitel demselben Schema: zunächst eine knappe Zusammenfassung und Interpretation der Episode, wie sie von Homer beschrieben wurde; dann eine Diskussion der spätantiken literarischen Rezeption, differenziert nach griechischen und lateinischen Zeugnissen;[138] der Hauptteil gilt der ikonographischen und ikonologischen Analyse der spätantiken Bilder; den Abschluss bildet jeweils eine kurze Zusammenfassung.

Dem allgemeinen »Fazit« aus diesen fünf Kapiteln folgen drei Anhänge: eine nach den Kapiteln geordnete Auflistung aller im Hauptteil diskutierten Textstellen, im Original und in deutscher Übersetzung; der Katalog der spätantiken Denkmäler, gleichfalls geordnet nach den Kapiteln; Statistiken und Tabellen zur Verteilung der Denkmäler auf einem Bildträger, auf Denkmälergattungen, in Bezug auf Chronologie und auf Geographie. Den Abschluss bilden Bibliographie und Register.

---

[137] Dazu Pontani 2005; vgl. ebenda S. 5: »le storie di Ulisse sono sempre rimaste profondamente impresse nella coscienza collettiva dei parlanti greco«. Vgl. Maciver 2012, der anhand einer Untersuchung der *Posthomerica* des Quintus von Smyrna die Bedeutung Homers für die griechische Literatur der Spätantike aufzeigt.

[138] Diese Diskussion ist nur exemplarisch, sie erhebt keinen Anspruch auf Vollständigkeit. Alle Arten von Texten werden als gleichwertige Zeugnisse angesehen, unabhängig von ihrer literarischen (literaturgeschichtlichen, philosophiegeschichtlichen, theologischen etc.) Bedeutung.

# Kapitel II

# Polyphem

*Der homerische Text*

Die Bezwingung des menschenfressenden Riesen Polyphem ist das erste Abenteuer der Irrfahrt, welches in der *Odyssee* ausführlich erzählt wird. Dies geschieht in einer Rückblende durch Odysseus selbst, am Hof der Phäaken.[1] Alle Abenteuer der Irrfahrt vollzogen sich in einer Märchenwelt voll von Monstern, gegenüber denen sich der Held bewähren musste. Das Land der Phäaken hingegen konstituiert eine Zone des Übergangs, bei deren Verlassen Odysseus in die reale Welt nach Ithaka zurückkehren wird.[2]

Das Polyphem-Abenteuer wurde von Homer weder als ausgesprochene Ruhmestat des Odysseus konzipiert noch erscheint es in der Erzählung des Protagonisten als eine solche.[3] Odysseus tritt in dieser Episode auf als ein Mann, der sich und seine Gefolgsleute in unnötige Gefahr bringt. Dies geschieht zum einen aus übertriebenem Wissensdrang: Nachdem er mit seiner Flotte auf einer Insel gegenüber dem Land der Kyklopen vor Anker gegangen war, begnügte sich Odysseus nicht damit, an Ort und Stelle nach jagdbarem Wild zu suchen. Stattdessen wollte er unbedingt die Insel der Kyklopen erkunden.[4]

Als er und die zwölf Männer seiner Expedition auf die zu diesem Zeitpunkt verlassene Höhle des Polyphem stoßen, ist zum anderen die Gier des Odysseus so groß, dass er sich nicht mit der Beraubung der Höhle zufrieden geben, sondern auf den Hausherren warten will: »Ich wollte ihn [sc. den Besitzer der Höhle] sehen, ob er gastliche Gaben mir gäbe.«[5] Er und seine Gefährten bedienen sich, in Antizipation des erwarteten Gastmahls, ungefragt an Polyphems Vorräten. Mit diesem Auftreten kommen sie dem Verhalten der ungebetenen Freier von Odysseus Gemahlin auf Ithaka bedenklich nahe.[6]

Die Probleme der Griechen beginnen mit Polyphems Rückkehr. Der menschenfressende Riese verweigert ihnen nicht nur das erschlichene Gastrecht. Er sperrt sie zudem mittels eines riesigen vor den Eingang gewälzten Felsbrockens in der Höhle ein und beginnt, sie nach und nach zu erschlagen und roh zu verzehren. Nun ersinnt Odysseus eine List: Er verabreicht Polyphem eine größere Menge an Wein und antwortet auf die Frage nach seinem Namen, dieser sei »Niemand«.[7] Als der Kyklop trunken in Schlaf fällt, stechen ihm die Griechen mittels eines im Feuer erhitzten Pfahls das eine Auge aus. Polyphem brüllt voller Schmerz um Hilfe. Als aus der Umgebung herbeigeeilte weitere Kyklopen vor die Höhle kommen und fragen, was geschehen sei, antwortet er: »Freunde! Niemand will mich mit List oder Stärke ermorden.«[8] Die anderen halten ihn folgerichtig für verrückt und entfernen sich wieder.

---

[1] Hom. Od. 9, 105–566. Zu diesem Zeitpunkt hat Odysseus längst seine gesamte Flotte und seine gesamte Gefolgschaft verloren. Die letzten sieben Jahre hatte er auf der Insel der Kalypso verbracht, die ihn schließlich auf Befehl des Zeus gehen lassen musste. Odysseus zimmerte sich ein Floß, erlitt (wieder einmal) Schiffbruch und wurde bei den Phäaken an Land gespült. Zu Inhalt und Aufbau der *Odyssee* s. de Jong 2001 oder Grethlein 2017.

[2] Alexopoulou 2009, 28.

[3] Vgl. die Analyse der allmählichen Veränderung und Entwicklung von Odysseus' Charakter bei Rutherford 1986, bes. 150 f. Ausführlich zur moralischen Problematik der Polyphem-Geschichte — die beispielsweise in einer modernen, postkolonialen Rezeption Polyphem zum Opfer von Kolonialismus und/oder Rassismus machen kann — Hall 2008, 89–100.

[4] Hom. Od. 9, 174: um »diese Männer dort [zu] prüfen, wer sie wohl seien«.

---

[5] Hom. Od. 9, 229. Dazu wäre Polyphem nach dem griechischen Ehrenkodex verpflichtet gewesen; ebenso konnten Gäste eine Bewirtung erwarten: Finley 1992, 125–31.

[6] Dazu ausführlich im Kapitel »Heimkehr«.

[7] Hom. Od. 9, 366. Vgl. dazu Winkler 1990, 144 f.

[8] Hom. Od. 9, 408.

Am Morgen wollen die auch in der Höhle befindlichen Ziegen und Schafe des Kyklopen auf die Weide und so rollt Polyphem den Felsbrocken zur Seite. Um den tastenden Händen des geblendeten Riesen zu entgehen, binden sich die Gefährten mit Weidenruten unter je drei Böcke, Odysseus krallt sich unter dem Leitwidder fest. Vor der Höhle treiben die Griechen leise das Vieh zusammen und fliehen. Als sie mit ihrem Schiff schon fast außer Rufweite sind, kann Odysseus nicht an sich halten. Er verhöhnt laut den Geblendeten und nennt ihm seinen richtigen Namen. Mit dieser prahlerischen, aus dem Affekt erfolgten Handlung provoziert Odysseus beinahe die Zerstörung seines Schiffes, weil Polyphem nun — dem Klang der Stimme folgend — Felsbrocken danach wirft. Odysseus handelt auch hier keineswegs als ein besonnener, verantwortungsvoller Befehlshaber. Zudem beschwört er auf sich selbst den höchst folgenreichen Zorn von Polyphems Vater Poseidon herab. Der Gott des Meeres, erzürnt über die Blendung seines Sohnes, wird Odysseus die Heimkehr so schwer wie nur irgend möglich machen.[9] Odysseus wird lange Jahre auf dem Meer, dem Reich des Poseidon, umherirren und erst in der zweiten Hälfte des Epos, mit dem Betreten des Bodens von Ithaka, in den Machtbereich seiner Schutzgöttin Athena zurückkehren.

Prinzipiell, wenn auch nicht in demselben Ausmaß, macht Odysseus sich in dieser Episode derselben Vergehen schuldig wie der Kyklop (und die Freier der Penelope auf Ithaka): der Verletzung des Gastrechts, einer unersättlichen und maßlosen Gier, der überheblichen Dummheit. Schließlich weisen die bitteren Worte des überlisteten Polyphem den Zuhörer oder Leser explizit darauf hin, dass es sich bei Odysseus nicht um einen Heroen von der Art des Achill handelt:

> Freilich, ich wartete immer, es werde ein Mann
>     hier erscheinen
> Schön und groß und gewappnet mit riesiger Kraft
>     sich zu wehren.
> Jetzt aber kam so ein Knirps, so ein kraftloser
>     Schwächling, ein Nichtsnutz
> Hat mir das Auge geblendet und vorher
>     mit Wein mich verdorben.[10]

Odysseus ist weder schön noch stattlich noch ein großer Kämpfer. Seine Stärke liegt vielmehr in solchen Fähigkeiten wie Schlauheit und List, in seiner *metis*.

### Die literarische Rezeption

Das Polyphem-Abenteuer ist die einzige Episode der *Odyssee*, von der in der Kunst der Spätantike mehr als ein entscheidender Moment bildlich umgesetzt wurde. Es wird aufzuzeigen sein, welche Momente das waren und in welchem Verhältnis sie zu den Auswahlkriterien der literarischen Rezeption stehen. Eine differenzierte Gestaltung und Bewertung des Odysseus und des Kyklopen, wie sie Homer vorgenommen hatte, findet sich vereinzelt in der griechischsprachigen Rezeption. Die spätantiken lateinischen Texte hingegen tendieren dazu, die Problematik der Episode drastisch zu reduzieren: Odysseus wird präsentiert als ein tapferer und weiser Held, der einem blutrünstigen Monster die verdiente Strafe zukommen lässt. Die Blendung des Polyphem, der wichtigste Moment in der literarischen Rezeption, wird so zu einem Bild für die Bestrafung von Hybris und Grausamkeit. Weiterhin kann die Originallektüre der *Odyssee* wohl nur im Osten für einen größeren Personenkreis vorausgesetzt werden. Im Westen hingegen kannte man das Polyphem-Abenteuer vor allem in der Bearbeitung von Vergil oder aus mythographischen Handbüchern. Damit zusammen hängt ein Unterschied in der Ausführlichkeit des Rekurses. Während im griechischen Sprachraum sowohl elaborierte Kommentare und Umerzählungen als auch bloße Anspielungen auf die Geschichte möglich waren, finden sich in der spätantiken lateinischen Literatur vor allem kurze Anspielungen auf die Person des Kyklopen oder gleichfalls kurze lexikographische Einträge.

### Die griechischen Zeugnisse

Der fragmentarisch erhaltene Kommentar des Porphyrios (Text Polyphem Nr. 1) behandelt eine ganze Reihe von Aspekten der Polyphem-Geschichte. Mit aller gebotenen Vorsicht — eventuell spiegelt der erhaltene Text nicht exakt die Gewichtung der ursprünglichen Fassung — lässt sich konstatieren, dass die vom Verfasser vorgenommene Gewichtung eine völlig andere ist als diejenige, die in der bildenden Kunst anzutreffen sein wird. Beinahe die Hälfte des Textes[11] ist der ausführli-

---

[9] Bereits ganz zu Anfang der *Odyssee*, im Gespräch zwischen Athena und Zeus, wird der Zorn des Poseidon über die Blendung des Polyphem als Ursache der Leiden des Odysseus genannt: Hom. Od. 1, 63–75.

[10] Hom. Od. 9, 513–16.

---

[11] In der Ausgabe von Schrader 1890 die Seiten 84, 13 bis 90, 2 (gegenüber S. 90, 3 bis 96, 4 für den Rest).

chen Erörterung von Aussehen und Wesen der Kyklopen gewidmet. Anschließend an die Frage, wieso Polyphem — dessen Vater der Gott Poseidon und dessen Mutter eine Nymphe war — als Kyklop geboren wurde, diskutiert Porphyrios anhand diverser Autoritäten die äußere Erscheinung der Kyklopen, vor allem die Frage nach Zahl[12] und Sitz ihrer Augen: Haben sie, wie der Name »Rundaugen« impliziert, ein einziges kreisrundes Auge mitten auf der Stirn oder besitzen Kyklopen normalerweise zwei Augen und nur Polyphem hatte sein zweites bereits bei einem früheren Anlass verloren (Nr. 1 a)? Ein weiterer langer Abschnitt gilt dem Verhältnis der Kyklopen zu Göttern, Gesetzen und Recht. Hier kommt Porphyrios — beziehungsweise schon die von ihm referierten Vorgänger — letztlich zu dem Schluss, dass allein Polyphem von Grund auf frevelhaft und ungerecht gewesen sei (Nr. 1 b). In den Bildern ist eine solche Diskussion mit der Erörterung von Pro und Contra nicht möglich. Hier ist der Künstler gezwungen, sich für eine Möglichkeit zu entscheiden. Es wird zu zeigen sein, dass diese Entscheidung sehr einheitlich ausfiel. Die Charakterisierung des Polyphem bezüglich Aussehen und Wesen folgte einem festen Kanon, der nur ausnahmsweise durchbrochen wurde.

Die Ereignisse der eigentlichen Geschichte, vom Gang zu Polyphems Höhle bis zur gelungenen Flucht aus eben dieser, werden von Porphyrios jeweils nur kurz abgehandelt. Sie scheinen ihm keiner längeren Erörterung wert. Es gibt kurze Bemerkungen über den Gang zur Höhle und die Frage, warum Odysseus dort keinen Verdacht schöpfte beziehungsweise warum er überhaupt so lange darin blieb (Nr. 1 c); oder einen Satz zu der Frage, warum der Kyklop den gefangenen Griechen nicht die Schwerter abnahm (Nr. 1 d). Die Darreichung des Weines, die in der bildenden Kunst der Spätantike höchst populär war, wird in diesem Text gar nicht thematisiert. Am Akt der Blendung interessieren Porphyrios zwei Aspekte: ob die homerische Beschreibung eines austretenden Blutschwalls medizinisch korrekt sei und warum der Geblendete nicht sofort nach den Übeltätern gegriffen habe (Nr. 1 e).[13] Nach einigen Bemerkungen zu den Hilferufen des Geblendeten geht der Verfasser kurz auf die Flucht aus der Höhle ein: Warum verließ Odysseus die Höhle als Letzter (Nr. 1 f)?

Eine detaillierte Erörterung erfolgt erst wieder für das Ende der Episode, die für Odysseus so folgenreiche Verhöhnung und Verwünschung des geblendeten Riesen. Hier wird nicht nur in allen Einzelheiten diskutiert, wie Polyphem den bereits auf See befindlichen Odysseus überhaupt noch hören konnte (Nr. 1 g); auch der problematische verbale Seitenhieb des Odysseus gegen Polyphems Vater Poseidon kommt ausführlich zur Sprache (Nr. 1 h).

Zusammenfassend lässt sich sagen, dass die von der bildenden Kunst thematisierten Höhepunkte der Geschichte — Töten und Fressen der Gefährten, Weinreichung, Blendung, Flucht aus der Höhle — Porphyrios kaum interessierten. Er widmete sich vielmehr Fragen, die um das inhaltliche Verständnis und die moralische Bewertung dieser Episode kreisen. Dazu gehört nicht nur die ausführliche Erörterung der Kyklopen bezüglich ihrer Haltung zu Göttern, Verfassung und Recht; auch Odysseus selbst ist Gegenstand der vorsichtigen Kritik. Sein Ausharren in der Höhle des noch abwesenden Polyphem kann als gierig und unklug bewertet werden (Nr. 1 c); die Idee eines Raubzuges, hier entgegen Homer den Gefährten zugeschrieben, war eine »Ungerechtigkeit« und somit die Gefährten an ihrem schrecklichen Schicksal zumindest mitschuldig (Nr. 1 h);[14] die Verhöhnung des Geblendeten war »unbedacht« (Nr. 1 h); und sogar die Blendung selbst kann angesichts der Tatsache, dass Odysseus nur ein Mensch war, Polyphem hingegen der Sohn eines bedeutenden Gottes, als Verletzung der naturgegebenen Hierarchie bewertet werden (Nr. 1 h). Hierarchie und Status galten der Spätantike als zentrale Werte, ihre Missachtung war ein ernsthaftes Vergehen.[15] In dem hier betrachteten Text

---

[12] Dass Polyphem nur ein Auge besitzt, ist für den Gang der Geschichte konstitutiv, da nur so erklärt werden kann, warum er nach der Blendung vollkommen blind und hilflos ist.

[13] Dazu kommt in anderem Zusammenhang noch eine Diskussion der Frage, warum Odysseus den Phäaken, die doch gleich Polyphem Abkömmlinge des Poseidon waren, überhaupt die Geschichte der Blendung erzählt habe: S. 79, 16 bis S. 80, 7 Schrader 1890.

[14] Die moralische, z. T. auch intellektuelle Disqualifizierung von Rangniederen ist auch in anderen Abschnitten des *Odyssee*-Kommentars des Porphyrios zu beobachten, vgl. die Diskussion zu Text Heimkehr Nr. 1.

[15] Zur Bedeutung der Hierarchie und des Wissens um den eigenen Status vgl. Kaster 1988, 60 f.: »One of the cardinal virtues, *verecundia*, can be translated as ›modesty‹; more accurately, it names the sense of propriety deriving from a regard for the opinion of other men and an awareness of one's own position (especially one's hierarchical position) relative to others in a given context.« Die generelle Bedeutung von Status und Hierarchie in der Spätantike lässt sich auf verschiedenen Ebenen beobachten. Auf ikonographischer Ebene etwa noch bei den sog. Audienz- und Tribunalszenen: Gabelmann 1984, 203; auf gesellschaftlicher Ebene bei den Veränderungen im Hofzeremoniell und bei der immer restriktiveren Beschränkung des Zugangs zum Kaiser: Alföldi 1934, 29; auf religiöser Ebene bei der

lassen sich Reflexe eines Diskurses über die Rechtmäßigkeit bestimmter Handlungen gegenüber Göttern und Menschen fassen, der Odysseus keineswegs in einem rein positiven Licht zeigt.

Noch deutlicher wird dies bei einem anderen Strang der Rezeption, der Historiographie. Einige Autoren, welche die Ereignisse des Trojanischen Krieges als historische Fakten behandelten (beziehungsweise ihren Lesern gegenüber zumindest so taten als ob), versuchten sich auch an einer rationalisierenden Fassung des Polyphem-Abenteuers. Gleich der philologischen Rezeption haben auch diese Umerzählungen stets die gesamte Episode im Blick. Als Beispiel mag hier die auf Sisiphos von Kos[16] zurückgehende Behandlung des Stoffes im Geschichtswerk des Johannes Malalas gelten (Text Polyphem Nr. 2). Polyphem tritt hier neben Kyklops und Antiphantes als eine Art sizilischer Fürst auf. Alle drei sind Söhne des Sikanos, des Königs der Insel. Charakterisiert werden sie als groß und gewaltig und feindlich gegenüber Fremden. Die Griechen landen nach einer langen, stürmischen Irrfahrt auf Sizilien und betreten das Gebiet des Antiphantes, von wo sie jedoch mit Waffengewalt vertrieben werden. Auf dem Territorium des Kyklops kommt es gleichfalls zum Kampf, der dieses Mal mit der Gefangennahme des Odysseus und seiner Männer endet. Kyklops zerstückelt einen der Gefährten mit dem Schwert und droht, nach und nach mit den anderen ebenso zu verfahren. Odysseus gelingt es durch inständiges Flehen sowie durch das Angebot eines reichen Lösegeldes, sich und seinen Männern die Freiheit zu erhandeln. Trotz eines Betrugsversuches des Kyklops entkommen sie aufs Meer und ins Gebiet des Polyphem. Nach einem weiteren Kampf gelingt es Odysseus auch diesmal, den Gegner durch unterwürfiges Flehen und Geschenke zu besänftigen. Polyphem erweist sich nun als mitleidsvoll und gastfreundlich und nimmt die Griechen bei sich auf. Polyphems Tochter Elpe verliebt sich in einen gutaussehenden Gefährten und sie entfliehen mit ihr aufs Meer. Was das Ende dieser Episode bei Malalas anbelangt, so ist die textliche Überlieferung nicht einheitlich:[17] Die eine Version berichtet so knapp, wie eben referiert. In der anderen hingegen weiß Odysseus nichts von dem Entführungsplan; zudem sendet Polyphem den Griechen seine eigene Flotte nach und lässt die Tochter mit Gewalt zurückholen.

Anschließend an diese historisierende Fassung des Mythos bietet Malalas mit Berufung auf Phidalios von Korinth noch eine Art Übersetzungshilfe für die mythische Version der Geschichte — und zwar so, wie sie Euripides in seinem Satyrspiel *Kyklops* aufgegriffen habe: Die drei Augen der Kyklopen (hier bezieht er sich auf das geläufige Schema der Polyphem-Darstellungen in der bildenden Kunst) seien ein dichterisches Bild für die drei historischen Brüder; die Weinreichung sei ein Bild für das Überreichen von vielen Geschenken; die Blendung sei ein Bild für den Raub der Tochter.[18] Im Unterschied zu heutigen Rezipienten geht Malalas also davon aus, dass die historische Version der Polyphem-Geschichte die authentische sei, die mythische Fassung hingegen deren poetische Überhöhung. Aus dem homerischen Einzelgänger, Menschenfresser und Monster wird so ein menschlicher Herrscher, Befehlshaber und Familienvater. Die mythische Fassung weist Malalas, das ist die Pointe seiner Interpretation, dem Euripides zu — der »höchst weise Homer« hingegen hätte die Geschichte richtig, das heißt historisch, verstanden.

Was diesen Text mit dem des Porphyrios verbindet, ist eine sorgfältig abwägende moralische Bewertung der Protagonisten, die weder Polyphem vollkommen schlecht noch Odysseus über jeden Zweifel erhaben erscheinen lässt. Vielmehr wird die Figur des Polyphem recht positiv gezeichnet: Er nimmt Menschen, die mit Waffengewalt und vermutlich wenig freundlichen Absichten in sein Territorium eindrangen,[19] gastfreundlich auf. Auch tötet er im Unterschied zu seinem Bruder Kyklops weder wehrlose Gefangene noch bricht er eine einmal getroffene Vereinbarung. Das Verhalten des Odysseus und seiner Männer hingegen ist problematischer: Zunächst einmal wird ihre generelle, dem Verhaltenskodex der griechischen Frühzeit verdankte Neigung zu Raubzügen einem spätantiken Bewohner

---

Regulierung des Zugangs zum Göttlichen (heidnischer oder christlicher Prägung): Brown 1995, bes. 80–105: »Aufstieg der Gottesfreunde«; allgemein: Demandt 1998, 241–43; Raeck 1992, 15–23.

[16] Dieser fiktive Augenzeugenbericht eines Begleiters des Salaminiers Teukros ist aus philologischer Sicht vermutlich abhängig von dem noch zu besprechenden Werk des Diktys: Merkle 1989, 18; Cameron 2004, 149 f. Der Fiktion zufolge (Johannes Malalas 5, 29 Hrsg. Thurn 2000) ließen sich sowohl Homer als auch Vergil von Sisiphos inspirieren.

[17] Vgl. den kritischen Apparat bei Thurn 2000.

[18] Diese letzte Allegorese ist eigentlich sogar noch komplizierter: Die Blendung des euripideischen Kyklopen sei ein Bild für den Verlust, den Odysseus dem historischen Kyklops zufügte, indem er dessen Bruder Polyphem Schaden zufügte, weil er dessen Tochter raubte.

[19] Man vergleiche die bei Malalas 5, 16 beschriebenen Raubzüge der Griechen in anderen Landstrichen.

des von Barbareneinfällen geplagten *imperium Romanum* kaum sympathisch gewesen sein.[20] Als Identifikationsfiguren sind Odysseus und seine Männer also nur bedingt geeignet. Hinzu kommt der eklatante Bruch des Gastrechts, der mit der ›Entführung‹ von Polyphems Tochter begangen wird.[21] Wie oben angemerkt, hängt es von der Rekonstruktion des Textes ab, ob Odysseus an diesem Unrecht wissentlich beteiligt war.[22] Was die äußere Erscheinung des Odysseus anbelangt, so verliebt sich die Tochter des Polyphem in einen »stattlichen« oder »schönen« Gefährten, nicht in Odysseus selbst. Die bei Homer noch selbstverständliche Idee, dass der Held erotisches Begehren oder gar Liebe in einer Frau erwecken könne,[23] war einem spätantiken Leser anscheinend nicht mehr zu vermitteln.[24] Ebenso wenig scheint er Attraktivität qua Führungsposition ausgestrahlt zu haben. Dem entspricht, wie noch zu zeigen sein wird, der Befund auf den Bildern: Auch dort ist Odysseus alles andere als attraktiv charakterisiert.

Ein deutlicher Unterschied zur philologischen Rezeption liegt in der Schwerpunktsetzung. Während sich der Kommentar des Porphyrios vorrangig für rechtliche und moralische Fragen interessierte und diese an Stellen jenseits des wesentlichen dramatischen Geschehens abhandelte, konzentrierte sich Malalas auf die ›Knalleffekte‹ der Geschichte und verwendet sie zum Teil, zwecks Steigerung der Dramatik, gleich mehrfach: Der gewaltsame Tod der Gefährten wird in seiner Umerzählung viermal aufgegriffen, dreimal als Tod in der Schlacht, einmal als kaltblütiger Mord an einem Wehrlosen; die Besänftigung des Feindes (hier durch Flehen und Geschenke anstatt durch Wein) erfolgt einmal gegenüber Kyklops, ein weiteres Mal gegenüber Polyphem; die Blendung wird in den Raub der Tochter übersetzt; die Flucht vollzieht sich zunächst vor dem betrügerischen Kyklops, dann vor dem gerechten Zorn des betrogenen Polyphem. Wie bereits erwähnt, waren es genau diese vier Motive, die auch von den bildenden Künstlern als wesentlich angesehen und mit ihren eigenen Mitteln umgesetzt wurden.

Im Folgenden werden Zeugnisse behandelt, die nicht die gesamte Polyphem-Geschichte thematisieren, sondern nur auf einen bestimmten Aspekt davon anspielen. Welche Aspekte sind das und wie sieht die Charakterisierung beziehungsweise Wertung der Protagonisten aus? Porphyrios verfasste nicht nur den oben erwähnten Kommentar zu den homerischen Epen, sondern auch eine philosophische Allegorese zu einer Szene aus der *Odyssee*.[25] In seinem Traktat *Die Nymphengrotte in der Odyssee* bietet er eine Interpretation der Verse 102 bis 112 des 13. Buches der *Odyssee*, der Beschreibung jener Grotte auf Ithaka, in deren Nähe die Phäaken den schlafenden Odysseus bei seiner Heimkehr niederlegen.[26] Demzufolge ist die Grotte ein Symbol, ein poetisches Bild für den Kosmos oder die materielle Welt, so wie der in der Nachbarschaft wachsende Olivenbaum ein Symbol für die auf die Welt einwirkende göttliche Weisheit (*phrónesis*) sei. Am Ende des Essays folgt eine Allegorese der Gestalt des Odysseus sowie des Aktes der Blendung (Text Polyphem Nr. 4): Odysseus erscheint als Allegorie für den philosophisch inspirierten Menschen, der die materielle Welt, symbolisiert durch das Meer, und alle Leidenschaften hinter sich lässt.[27] Die Tatsache, dass Homer (Od. 13, 96) den Hafen, in welchem das Schiff der Phäaken anlegt und an dessen Rand die besagte Grotte liegt, »Hafen des Phorkys« nennt, und dass dieser Phorkys wiederum der Großvater mütterlicherseits des Polyphem war, dient Porphyrios als Anknüpfungspunkt. In seiner Deutung wird der Kyklop zum Bild eines sinnlich geprägten Lebens beziehungsweise der Sinne im Körper des Odysseus selbst. Die von Odysseus

---

[20] Zu den frühen Griechen: Finley 1992, 63 f.; zur Spätantike: Demandt 1998.

[21] Ob Elpe mit dieser Entführung einverstanden war (bzw. sie sogar initiiert hatte) oder nicht, spielte nach (spät)antikem Verständnis keine Rolle. Wesentlich war die Verletzung der Eigentumsrechte des Vaters: Arjava 1998, 32–41.

[22] Noch bei Johannes von Antiochia (Text Polyphem Nr. 3) erscheint Odysseus in sehr unrühmlichem Licht: Hier entführt er selbst die Tochter des Polyphem. Vergleichbares gilt für die Darstellung der Episode bei Diktys, s. u. Text Polyphem Nr. 8.

[23] Die Liste ist bekanntlich lang: Kalypso, Kirke, Nausikaa, Penelope. Selbst die Göttin Athena ist Odysseus in hohem Maße zugetan, weil er ihr vom Wesen her so ähnlich ist: Hom. Od. 13, 287–99 (vgl. dazu Stanford 1992, 25–42).

[24] Bei Malalas (Text Kirke Nr. 2) unterhält Odysseus zwar eine sexuelle Beziehung zu Kirke samt daraus resultierendem Sohn Telegonos. Wie die Analyse im entsprechenden Kapitel zeigen wird, hat Kirke für das Anbahnen dieser Beziehung jedoch vor allem politische Gründe: Sie benötigt die militärische Unterstützung der Griechen als Schutz gegen die drohende Invasion der Truppen ihrer Schwester Kalypso.

[25] Ob es sich hier um zwei unterschiedliche Lebensabschnitte (vor der Bekanntschaft mit dem Neuplatonismus plotinischer Prägung und danach) des Porphyrios handelt oder um zwei unterschiedliche Fragestellungen und Methoden, ist in der Forschung umstritten, vgl. Lamberton 1989, 108–12.

[26] Dazu Alt 1998, bes. 485 f.; Lamberton 1989, 119–33. 318–24, speziell für Odysseus und Polyphem: 130 f.

[27] Diese Allegorese wird im Neuplatonismus populär werden, geht aber bereits auf den im 2. Jh. n. Chr. wirkenden Numenius zurück, vgl. Lamberton 1989, 54–77.

vollzogene Blendung wird damit zu einer Selbstverstümmelung, unternommen mit dem Vorsatz, das sinnliche Leben im eigenen Körper auszulöschen. Es handelt sich also um einen misslungenen Selbstmord, um den Versuch, die eigene Sinnlichkeit durch Gewalt zu überwinden und in einer Art Abkürzung die Seele von der Materie zu lösen. Da ein solches Lösen nach neuplatonischer Auffassung nur durch geduldige philosophische Kontemplation erreicht werden kann, ist die Tat des Odysseus ein Vergehen, für das er mit seinen folgenden Irrfahrten teuer bezahlen wird.[28]

An diesem Text des Porphyrios sind für unsere Fragestellung gleich mehrere Punkte bemerkenswert: In Übereinstimmung mit den zuvor behandelten Texten wird auch hier auf eine Schwarzweißzeichnung der Protagonisten verzichtet. Polyphem als Verkörperung des Sinnlichen ist nicht das absolut Schlechte, sondern nur graduell auf einer niedrigeren Stufe als das Geistige. Odysseus hingegen will zwar das Richtige, wählt zur Erreichung dieses Zieles aber den falschen Weg. Weiterhin wichtig ist der Umstand, dass bei diesem punktuellen Rekurs auf die Polyphem-Geschichte der Aspekt der Blendung als der wesentliche herausgegriffen wird. Die Blendung hatte sich auch in den historisierenden Rezeptionen als einer der vier Hauptmomente der Geschichte herauskristallisiert.

Neu gegenüber den oben analysierten Texten ist das Verfahren des Porphyrios, die homerische Geschichte als eine Allegorie für innerpsychische Vorgänge zu lesen. In der Deutung des Verfassers wollte Homer mit dieser mythischen Abenteuergeschichte von Held und Ungeheuer den Kampf des Menschen mit sich selbst, zwischen seiner Seele und seinen Sinnen, zum Ausdruck bringen.[29] Nicht unplausibel ist die Vermutung von Lamberton, Porphyrios habe mit dieser spezifischen Deutung der Blendung eigene Selbstmordabsichten — die sein Lehrer Plotin rechtzeitig erkannt und verhindert hatte — verarbeitet.[30]

Auf ganz andere Weise erfolgt die Rezeption der Polyphem-Episode bei Synesios (Text Polyphem Nr. 5). Der Bischof antwortet in einem Brief auf das Hilfegesuch eines Mannes, welcher der Weinpanscherei angeklagt worden war und nun im Gefängnis sitzt. Synesios weist dieses Gesuch entrüstet zurück. Er vergleicht den Versuch des Mannes, sich durch schmeichlerische Reden und Lügen seine, des Synesios, Hilfe zu erschleichen und so dem Gefängnis zu entkommen, mit dem Versuch des Odysseus, sich mittels Verschlagenheit (*panourgía*) aus der Höhle des Kyklopen zu retten. Synesios lässt in seinem Brief den homerischen Helden dem Kyklopen Hilfe bei dessen Liebesverlangen nach der schönen Nereide Galateia anbieten. Die Geschichte von Polyphem und Galateia war im Altertum sehr populär,[31] spielte in der *Odyssee* aber keine Rolle. Das Zusammenführen der beiden Erzählstränge geschieht hier aus der Intention heraus, die Verschlagenheit des Odysseus in möglichst bunten Farben zu schildern. Odysseus — sozusagen das *alter ego* des Weinpanschers — versucht mit den wildesten Lügen und Versprechungen, den Kyklopen dazu zu bewegen, den Stein von der Tür zu rollen und ihn hinauszulassen. Polyphem hingegen — an dieser Stelle das *alter ego* des Bischofs von Kyrene — lacht nur höhnisch, fasst ihn am Kinn und erwidert: »Du scheinst ein sehr scharfsinniger Wicht zu sein und äußerst gerieben in allen Dingen. Denke dir trotzdem etwas anderes aus: Denn von hier wirst du nicht entfliehen!« Etwas weiter unten im Text räumt Synesios ein, dass der homerische Held zu Unrecht litt (und deshalb letztendlich auch frei kam) und eigentlich der Kyklop der Frevler gewesen sei. Dennoch bleibt festzuhalten, dass Odysseus in dieser spezifischen Rezeption keine besonders gute Figur macht. Er erscheint verschlagen, lächerlich und zunächst einmal erfolglos. Polyphem hingegen ist klug genug, sich nicht übertölpeln zu lassen.

Eine andere und eher konventionelle Wertung der Protagonisten findet sich bei Athenaios in einer Pas-

---

28 Der Zorn des Poseidon, der in der *Odyssee* den Hauptgrund für das lange Leiden des Protagonisten darstellt, wird hier allegorisiert zum Zorn des »Gottes der Materie«, welche Odysseus so voreilig hinter sich lassen wollte.

29 Eine solche Herangehensweise an den griechischen Mythos mutet erstaunlich modern an; zum System erhoben wurde sie erst mit Sigmund Freud und der Psychoanalyse. Zur Bedeutung der antiken Tragödie für die Formulierung und Erkenntnis psychologischer Sachverhalte ein Zitat von Jacques Lacan: »Weil das tragische Epos den Zuschauer nicht im Ungewissen darüber lässt, wo der Pol des Begehrens ist, weil es zeigt, dass der Zugang zum Begehren dazu nötigt, nicht nur über alle Furcht, sondern über alles Mitleid hinauszugehen, zittert die Stimme des Helden vor nichts, und ganz besonders nicht vor dem Gut des anderen. Weil das alles im zeitlichen Ablauf der Geschichte erfahren wird, weiß das Subjekt ein wenig mehr als vorher um das Tiefste seiner selbst.« (Haas — Metzger 1996, 385.)

30 Lamberton 1989, 131; vgl. Porph. vit. Plot. 11.

31 Diese von Theokrit (*Idyllen* 11) breit ausgemalte, angeblich schon auf Philoxenos von Kythera zurückgehende Liebesgeschichte zwischen dem ungeschlachten Kyklopen und der schönen Nereide war in der Rezeption ungemein erfolgreich, vgl. die Belege bei Scherling 1952, Sp. 1812 f. und den mittelalterlichen sog. Mythographus Vaticanus I: 1, 5 Hrsg. Zorzetti — Berlioz 1995.

sage, in der er diejenigen Episoden aus *Ilias* und *Odyssee* zusammenstellt, in denen Homer auf die Gefahren der Trunksucht verwiesen habe. Zentrum jener Passage ist die Kirke-Episode, weshalb der Text erst dort ausführlicher behandelt werden wird (Text Kirke Nr. 9). Odysseus tritt auf als der exemplarische Weise, der dem *lógos* des Hermes folgt und niedere Genüsse verschmäht. Gerahmt wird die Interpretation der Kirke-Episode zum einen durch Bemerkungen zu Polyphem, genauer: zur Weinreichung. Der Kyklop sei nur mittels des Weines von Odysseus besiegt worden. Hätte er nicht getrunken, wäre er dank seiner Körpergröße Odysseus überlegen geblieben. Zum anderen sei Ähnliches, damit endet die Passage, den Freiern im Haus des Odysseus zugestoßen. Athenaios spielt damit auf den Umstand an, dass der homerische Odysseus die Freier bei einem ihrer üblichen Gelage massakriert.

Die von Athenaios aufgezeigten strukturellen Parallelen zwischen Polyphem und den Freiern der Penelope sind dieselben, die schon bei Homer anklangen: Sowohl der Kyklop als auch die Freier fühlen sich Odysseus zu Unrecht weit überlegen — Polyphem aufgrund seiner Körpergröße, die Freier (so ließe sich ergänzen) aufgrund ihrer schieren Menge und ihrer sozialen Stellung dem angeblichen Bettler gegenüber. Beide Personengruppen übersehen, dass physische Macht und soziale Stellung nicht gleichbedeutend sind mit moralischem Recht. Weiterhin sind sowohl der Kyklop als auch die Freier nicht besonders intelligent und zudem den niederen Genüssen, eben speziell der Trunksucht, ergeben. All diese Faktoren lassen einen Sieg des Odysseus — der von Athenaios, anders als von Homer, in keiner Weise problematisiert wird — als nahezu zwingend erscheinen.

Was die Rezeption des Polyphem-Abenteuers in christlichen Abhandlungen anbelangt, so scheint das Interesse für diese Thematik gering gewesen zu sein. Die wenigen Zitate zu den »Kyklopen« (Texte Polyphem Nr. 6–7) erbringen kaum mehr als gelehrte Anspielungen.[32] In deutlichem Unterschied zu den weiblichen Ungeheuern, denen Odysseus noch begegnen wird, war Polyphem für eine Allegorese zu christlichen Zwecken nicht geeignet. Ein Grund dafür mag in der noch zu diskutierenden Neigung der Kirchenväter zu suchen sein, die Abenteuer des Odysseus als eine Auseinandersetzung mit solchen Lastern zu deuten, die dem semantischen Feld der *voluptas* angehörten. Da Sexualität im spätantiken Denken vorrangig mit Weiblichkeit verbunden wurde, boten sich Kirke, die Sirenen, in seltenen Fällen auch Skylla als Allegorien für entsprechende Laster weitaus mehr an als Polyphem. Ein weiterer Grund wird sein, dass Odysseus in der christlichen Allegorese in aller Regel sehr positiv gezeichnet ist, als Vorbild für den wahren Gläubigen oder sogar als Allegorie für die menschliche Seele. Eine derartig positive Zeichnung des Odysseus wäre aber im Kontext des Kyklopen-Abenteuers nur bedingt möglich gewesen: Erinnert sei an das in den literarischen Diskursen zu beobachtende Problematisieren oder Lächerlichmachen des homerischen Helden.

### Die lateinischen Zeugnisse

Hier finden sich zum einen Zeugnisse, die deutlich auf die griechische Tradition rekurrieren. So ist das fiktive Tagebuch des Diktys von Kreta, die *Ephemeris belli Troiani*, (Text Polyphem Nr. 8) die spätantike lateinische Übertragung eines älteren griechischen Vorbildes. Vergleichbar der Charakterisierung bei Johannes Malalas (Text Polyphem Nr. 2) und Johannes von Antiochia (Text Polyphem Nr. 3) tritt Odysseus auf als ein moralisch zweifelhafter Abenteurer. Entsprechend dem historischen Anspruch der *Ephemeris* wird auch hier die Geschichte aller sagenhaften Elemente entkleidet. Odysseus erzählt seine Abenteuer nicht im halbmythischen Land der Phäaken, sondern auf Kreta am Hof seines Kameraden aus dem Trojanischen Krieg, Idomeneus. Verantwortlich für die diversen Irrfahrten ist hier nicht der Zorn des Gottes Poseidon, sondern des Sterblichen Telamon — jenes Mannes, dessen Sohn Aias Odysseus in dieser Version vermutlich eigenhändig ermordet hatte.[33] Auch gegenüber Polyphem, der hier als ein Fürst von Sizilien auftritt, verhält sich Odysseus alles andere als anständig. Anstatt Polyphem für die erwiesene *misericordia* (»Barmherzigkeit«) und *amicitia* (»Freundschaft«) dankbar zu sein, versucht er, dessen Tochter

---

32 Der Text des Hippolytos (Polyphem Nr. 6) bezieht sich noch nicht einmal auf die homerischen Kyklopen, sondern auf diejenigen aus Hesiods *Theogonie* (108–39).

---

33 Vgl. Merkle 1989, 234–40. Die berühmte Geschichte vom Waffenstreit wird hier so erzählt, dass Agamemnon und Menelaos aus niedrigen Motiven und gegen den Willen der Mehrheit Odysseus den Sieg zusprechen. Als Aias am nächsten Morgen tot aufgefunden wird, gibt es einen Aufruhr im griechischen Heer, Odysseus und die Atriden werden des Mordes verdächtigt. Daraufhin gelingt Odysseus samt seinen Leuten unbemerkt die Flucht, die Atriden handeln für sich selbst freien Abzug aus. Die ganze *Ephemeris* ist eine »moralische Disqualifizierung« (ebenda 174 f.) des Odysseus und anderer prominenter Gestalten der griechischen Partei, während Aias zum größten Helden auf griechischer Seite stilisiert wird (ebenda 194).

Arene zu entführen.[34] Der Plan misslingt und man jagt Odysseus mitsamt seinen Leuten wie einen Hund davon.[35] Eine vergleichbar negative Charakterisierung des Odysseus findet sich in der lateinischen Literatur der Spätantike nicht wieder und ist wohl tatsächlich dem griechischen Vorbild zu verdanken.

Von anderer Art ist die Charakterisierung des Odysseus bei Boethius, in dessen Werk *Trost der Philosophie* neuplatonisches Gedankengut verarbeitet wird. Im siebten Abschnitt des vierten Buches geht es um das Problem des sogenannten widrigen Geschicks.[36] Das Schicksal ist, wie die Personifikation der Philosophie dem Boethius erklärt, grundsätzlich gut. Selbst wenn es widrig *erscheine*, so habe es doch den Zweck, die Bösen zu bestrafen oder zu bessern, die Guten hingegen zu prüfen.[37] Ein widriges Geschick sei die Bewährungsprobe des Weisen, so wie das Kampfgetümmel die Bewährungsprobe des Tapferen; ein glückliches Bestehen dieser Proben führe zu Tugend (*virtus*) und Glückseligkeit (*felicitas*) (Text Polyphem Nr. 9 a). Das abschließende Gedicht nennt drei mythische Exempel für diese These: Agamemnons Entschluss, seine Tochter Iphigenie zu opfern, um den Krieg gegen Troja führen zu können; das Leiden des Odysseus über den grausigen Tod seiner Gefährten von der Hand des Polyphem, bevor er an diesem Rache nehmen konnte (Text Polyphem Nr. 9 b); die zahlreichen Abenteuer, die Herakles zu bestehen hatte, bis er schließlich mit Ruhm und Unsterblichkeit belohnt wurde. Von diesen drei Beispielen ist nur das letzte wirklich unproblematisch: Herakles' Vernichtungsfeldzug gegen Frevler und Ungeheuer illustriert vorzüglich die Bewährung und letztendliche Belohnung des Tapferen. Die Opferung der Iphigenie hingegen wurde auch in der lateinischen Literatur zwiespältig rezipiert.[38] Agamemnon ist vielleicht nicht das beste Exempel des Weisen, der sich in einem widrigen Geschick moralisch bewährt. Odysseus schließlich weint bitterlich über den Tod der Gefährten, bevor er zur ruhmreichen Rache schreitet, ein Mangel an emotionaler Kontrolle, der eher nicht dem philosophischen Ideal entsprach.[39] Hinzu kommt ein weiterer Aspekt: Zumindest für Iphigenie und die von Polyphem gefressenen Gefährten geht die jeweilige Geschichte nicht gut aus. Sie sind sozusagen die unschuldigen Kollateralschäden auf dem Weg der Helden Agamemnon und Odysseus zu *virtus* und *felicitas*.[40]

An dieser Stelle seien ein paar Worte zum Begriff der *virtus* angebracht; über die Weisheit (*sapientia*) und deren gedanklicher Verbindung mit der Figur des Odysseus wird weiter unten zu sprechen sein. *Virtus* stand gemeinsam mit *fides* und *pietas* an der Spitze der römischen Werteskala, der Bedeutungsgehalt des Begriffes war jedoch zeitbedingten Veränderungen unterworfen.[41] Etymologisch steht *virtus* in Verbindung mit *vir* (»Mann«) und bezeichnet entsprechend das, was einen Mann nach römischer Vorstellung ausmachte: ›Mannhaftigkeit‹, Tatkraft, Tüchtigkeit sowie, im militärischen Kontext, Tapferkeit. Seit spätrepublikanischer Zeit konnte *virtus* zudem als lateinisches Äquivalent des griechischen moralphilosophischen Begriffes *areté* (»Tugend«) gebraucht werden — und dies ist der Sinn, den das Wort in der eben diskutierten Passage bei Boethius hat. Daneben lässt sich jedoch auch eine Verflachung des Begriffs im Sinne von »gute Eigenschaft jeder Art« beobachten.[42]

In den spätantiken lateinischen Texten, die im Kontext der vorliegenden Arbeit analysiert werden, ist eine explizite Verbindung des Odysseus mit dem Begriff der *virtus* eher selten. Die leicht problematische philosophische Passage bei Boethius (Text Polyphem Nr. 9 a–b)

---

[34] Wie in der griechischen Version (Text Polyphem Nr. 2) hatte sich die Tochter des Polyphem in einen Gefährten des Odysseus, hier Alphenor genannt, verliebt und — so ist wohl zu ergänzen — wollte mit diesem und den Griechen entfliehen. Frauen sind bei Diktys grundsätzlich die Ursache allen Übels: Merkle 1989, z. B. 120. 181 f.

[35] Diese wohl auf das griechische Vorbild zurückgehende Umerzählung verdankt sich z. T. sicher der v. a. in der sog. Zweiten Sophistik verbreiteten intellektuellen Freude daran, die kanonische Fassung eines Mythos auf den Kopf zu stellen, vgl. Cameron 2004, 136 f. Inwieweit den weströmischen Lesern der spätantiken Fassung dieser Umstand bewusst war oder ob sie — wie dann im Mittelalter — den angeblichen Augenzeugenbericht für bare Münze nahmen, ist schwer zu entscheiden.

[36] Vgl. für das Folgende O'Daly 1991, 220–35.

[37] Boeth. IV 7. pr., Z. 4–9.

[38] Kjellberg 1916, bes. Sp. 2603–17.

[39] Zur missbilligenden Haltung der Stoa (und anderer) gegenüber den häufigen Tränenausbrüchen homerischer Protagonisten: Stanford 1992, 121 f.

[40] Anders O'Daly 1991, 234, der in allen drei Heroen positiv gezeichnete Exempla für den Umgang mit einem widrigen Geschick sehen will.

[41] Für das Folgende s. Thome 2000, I, 74–87; die Einleitung von Partoens — Roskamp — van Houdt 2004, 1–26; und, immer noch am besten, Eisenhut 1973. Zu *fides* (»Treue«) und *pietas* (»Frömmigkeit«), die anders als *virtus* für die Regelung des sozialen Miteinanders zuständig waren, vgl. Thome 2000, II.

[42] So in der Kaiserpanegyrik (Eisenhut 1973, 217 f.) oder in der Verwendung des Wortes auch für weibliche Tugenden (dazu ausführlicher im Kapitel »Heimkehr«). Im christlichen Denken schließlich wird *virtus* zur göttlichen Kraft, im Plural *virtutes* meint es die durch eben diese Kraft bewirkten Wunder (ebenda 195–207; Heim 1991).

wurde bereits angesprochen. Zwei weitere Beispiele bietet die sogenannte *Periocha Odyssiae*, eine auf griechische Vorbilder zurückzuführende spätantike Inhaltsangabe der *Odyssee*, deren Verfasser und genaues Datum nicht bekannt sind. Die Wiedergabe der Kirke-Episode (Text Kirke Nr. 19 a) schließt dort mit den Worten, dass der Held die Zauberin durch »Bewunderung seiner *virtus*« genötigt habe, den in Tiere verwandelten Gefährten ihre menschliche Gestalt wiederzugeben. Ist hier tatsächlich die Tugend des Helden gemeint? Oder nicht eher seine Männlichkeit oder Tapferkeit? In der Zusammenfassung der Unterweltszene des letzten Buches (Text Heimkehr Nr. 29 b) preist Agamemnon nicht nur die *pudicitia* (»Sittsamkeit«) der Penelope, sondern auch die *virtus* des Odysseus. Analog zur *pudicitia* als der im Verständnis der Römer wesentlichen weiblichen Tugend wird *virtus* hier als die männliche römische Haupttugend, mit all ihren Bedeutungsnuancen, zu verstehen sein.[43]

Aber auch in denjenigen Texten oder Passagen, die ohne explizite Nennung des *virtus*-Begriffes auskommen, wird Odysseus in der Regel höchst positiv charakterisiert. Das gilt beispielsweise für die Darstellung des Kyklopen-Abenteuers in der *Periocha Odyssiae* (Text Polyphem Nr. 10). Die Inhaltsangabe beschränkt sich dabei auf das Notwendigste. Es wird gesagt, dass Odysseus zur »Insel der Kyklopen« gelangt, sein Schiff versteckt und mit zwölf Gefährten in die Höhle des Polyphem eindringt. Alles nun Folgende — das grausame Hinschlachten der Gefährten, die Darreichung des berauschenden Weines, die Blendung des in Schlaf gesunkenen Riesen — wird in einem einzigen Satz zusammengefasst, der in dem abschließenden Fazit gipfelt, Polyphem habe hiermit die Strafe für seine Unmenschlichkeit empfangen. Weder die Flucht aus der Höhle noch die anschließende Verhöhnung des Geblendeten sind dem Verfasser eine Erwähnung wert. Höhe- und Endpunkt der Geschichte ist vielmehr die Blendung des Ungeheuers im Sinne einer gerechten Strafe. Am Verhalten des Odysseus wird keinerlei Kritik geübt; er erscheint vielmehr als Vollstrecker einer höheren Gerechtigkeit. Diese eindimensionale moralische Schilderung der beiden Kontrahenten mag zum einen sicher der gebotenen Kürze geschuldet sein. Zum anderen ist sie aber ein, wenn nicht sogar das wesentliche Charakteristikum der spätantiken lateinischen Rezeption der Polyphem-Geschichte.

Dieser Befund mag auf den ersten Blick überraschen, denkt man an die Darstellung der Episode bei Vergil und Ovid. Vergil lässt seinen Protagonisten Aeneas auf Sizilien Station machen, an einem Strand am Fuß des Ätna, genau dort, wo die antike Mythographie die Kyklopen verortete.[44] Die Trojaner ahnen nichts von den unheimlichen Bewohnern dieser Gegend, bis ihnen aus dem Wald ein abgemagerter und zerlumpter Mann entgegentaumelt. Es ist Achaemenides, ein Grieche aus dem Gefolge des Odysseus, der sich mit den anderen in der Höhle des Polyphem befunden hatte und dort von ihnen bei der Flucht vergessen (!) worden war. Aus seinem Mund hören die Trojaner — beziehungsweise die Rezipienten der *Aeneis* — nun die Geschichte. In dieser Version ist nicht nur Polyphem ein grauenhaftes und ekelerregendes Monster, sondern ebenso die anderen Kyklopen. Aber auch Odysseus erscheint nicht besonders positiv. Er findet zwar einen Ausweg aus dem Dilemma, trägt aber nicht dafür Sorge, dass tatsächlich alle seine Leute heil aus dieser Situation herauskommen. Damit steht er im deutlichen Gegensatz zum verantwortungsvollen Anführer Aeneas, der selbst einen Feind, nämlich Achaemenides, rettet.[45] Ovid, der sich in den *Metamorphosen* auf diese Passage bezieht, ist mit Odysseus nicht freundlicher.[46] Hier erzählt Achaemenides — mittlerweile von den Trojanern in Sicherheit gebracht und neu eingekleidet — einem desertierten Gefolgsmann des Odysseus, wie er das Schiff der Griechen vom Land der Kyklopen davonfahren sah und wie es durch das unkluge Schreien des Odysseus von Polyphem beinahe versenkt worden wäre.[47]

In der spätantiken Vergilphilologie finden sich noch Spuren dieser eher kritischen Sicht auf Odysseus. Servius

---

[43] Zu *pudicitia* gibt es keine exakte griechische Entsprechung, sie ist ein rein römischer Wertbegriff. Vgl. Langlands 2006, 2: »Finally, *pudicitia* is a peculiarly Roman concept; there is no direct ancient Greek equivalent, in contrast to many Roman moral concepts. So it develops separately from the Greek philosophical tradition, although related to the Greek concepts of *sophrosyne* (self-control) and *aidos* (shame).« Dies spricht dafür, dass auch der auf Odysseus bezogene Begriff der *virtus* eher im umfassenderen römischen Sinne zu verstehen ist und nicht als Übersetzung des griechischen *areté*-Begriffs. Vgl. die Gegenüberstellung *virtus* der Männer — *pudicitia* der Frauen bei Liv. 10, 23, 7 (dazu ausführlich: Langlands 2006, 44–51). Wie es scheint, hat der unbekannte Verfasser der *Periocha* nur die literarische Form aus dem Griechischen übernommen, nicht jedoch deren inhaltliche Wertsetzungen. Für eine ausführliche Diskussion der Bewertung der Figur der Penelope sei auf das Kapitel »Heimkehr« verwiesen.

[44] Verg. Aen. 3, 569–683.

[45] Zur generellen Charakterisierung des Odysseus bei Vergil s. Stanford 1992, 128–37.

[46] Auch wenn er ihn in anderen Kontexten zumindest auch mit positiven Zügen ausstattet: Stanford 1992, 138–43.

[47] Ov. met. 14, 158–220.

(Text Polyphem Nr. 11) gibt eine rationalistische Ausdeutung der Blendung. Demnach war Polyphem »ein sehr kluger Mann« (*vir prudentissimus*), dessen Klugheit in das dichterische Bild eines einzigen Auges möglichst dicht am Gehirn übersetzt worden sei. Odysseus aber war noch klüger (*eum prudentia superavit*), was im Bild der Blendung ausgedrückt sei. *Prudentia* (»Klugheit«) gehört zu den lateinischen Vernunftbegriffen und ist in ihrer Bewertung ambivalent, abhängig davon, welcher Zielsetzung sie dient.[48] Sie kann einen derart Bezeichneten auch als schlau oder verschlagen charakterisieren.[49] Diese letzte Bedeutung ist vermutlich für die Charakterisierung des Kyklopen als *prudentissimus* zu postulieren: Der Kyklop war ein höchst verschlagener Mann. Dass diese Bedeutung hier auch bei der Bewertung des Odysseus mit hineinspielt, ist anzunehmen.[50]

Die eben diskutierte Stelle kann als Ausnahme gelten. In der Regel ist es so, dass die spätantike Rezeption der von Vergil und Ovid verfassten *Odyssee*-Passagen zwar die negative Charakterisierung des Polyphem beibehält, bei Odysseus jedoch eine Umwertung hin zum über jeden Tadel erhabenen Helden vornimmt. In diesem Punkt waren Vergil und Ovid nicht traditionsbildend. Als erstes Beispiel mag die Zusammenfassung der ovidischen Polyphem-Episode in den sogenannten *Narrationes fabularum Ovidianarum* dienen. Dabei handelt es sich um einen zwischen 150 und 250 n. Chr. entstandenen, in der Rezeption ungemein erfolgreichen mythographischen Kommentar zu den *Metamorphosen*.[51] An der entsprechenden Stelle (Text Kirke Nr. 24) wird allein der Name des Achaemenides in Zusammenhang mit »dem Kyklopen« erwähnt. Odysseus und die unrühmliche Rolle, die er in dieser Version der Geschichte spielte, finden keine Erwähnung. Odysseus taucht erst zwei Zeilen später als Retter der von Kirke verwandelten Gefährten auf.

Vergleichbares ist in der Rezeption der vergilschen Version zu beobachten. Fulgentius unternahm den Versuch, die gesamte *Aeneis* mittels der Etymologie als eine Allegorie für das Leben des christlichen Menschen zu interpretieren.[52] Vergils Protagonist Aeneas durchläuft demnach im Verlauf des Epos alle Stadien vom Kleinkindalter bis zum charakterlich gereiften Mann. Die Kyklopen-Episode interpretiert Fulgentius folgendermaßen (Text Polyphem Nr. 12): Achaemenides wird aufgrund seines Namens zur Verkörperung der *tristitia*, griechisch *acos*: der »Betrübnis«, wohl im Sinne von »Ernsthaftigkeit«. Diese Ernsthaftigkeit zeige mahnend auf die Kyklopen, die wiederum (philologisch unkorrekt) in die Namensbestandteile *cyclos* »Kreis« und *pes* »Knabe« zerlegt werden. Der einäugige Kyklop kann so zur Allegorie für das »unernste« und »im Kreis umherirrende« Knabenalter erklärt werden, dem es zudem wegen des fehlenden zweiten Auges auch an vollständigem und rationalem Sehen mangle, was wiederum zu Übermut führe. Dieser Übermut heißt auch »der seinen guten Ruf Verlierende« nach der Zerlegung des Namens Polyphem in *apolunta femen*. Odysseus hingegen tritt hier — im eklatanten Gegensatz zu Vergil — auf als der »höchst Weise« (*sapientissimus*), der Übermut und eitlen Ruhm mit dem Feuer des Verstandes auslöscht. Polyphems Blendung erscheint hier als Allegorie für die Überwindung des eitlen Übermuts durch die Weisheit. Die problematischen Züge der vergilschen Figur werden ausgeblendet.

Eindeutiger als Boethius (Text Polyphem Nr. 9 a–b) stilisiert Fulgentius Odysseus zum exemplarischen Weisen.[53] *Sapientia* bedeutet zunächst besonnenes, planmäßiges Handeln, gesunden Menschenverstand und praktische Klugheit im politischen Leben.[54] Als zusätzliche Bedeutungsnuance kommt in der späten Republik die »Weisheit« im philosophischen Sinne, als Übersetzung des griechischen Begriffs *sophía*, hinzu. Im Unterschied zur bereits angesprochenen *prudentia* wird *sapientia* nur im positiven Kontext, als eindeutig rühmende Aussage über einen Menschen, verwendet.[55] Ähnlich wie bei Porphyrios in seinem Traktat zur Nymphengrotte (Text Polyphem Nr. 4) tritt Odysseus bei Boethius und Fulgentius auf als ein *exemplum* des philosophisch ins-

---

[48] Thome 2000, I, 103 f.

[49] Thome 2000, I, 104: »*prudentia* rückt manchmal in die Nähe von *astutia* und ähnlichen Begriffen der Schlauheit, der die Verschlagenheit nahe steht«.

[50] Eindeutig positiv ist dagegen wohl die Charakterisierung des Odysseus als *vir prudentissimus* bei Cassiodor in Bezug auf Odysseus' Verhalten im Umgang mit den Sirenen (Text Sirenen Nr. 20).

[51] Dazu ausführlich: Cameron 2004, bes. 2–32.

[52] Vgl. Hrsg. Agozzini — Zanlucchi 1972, 7–38. Die Autoren bezeichnen das Ergebnis (S. 13 Anm. 12) als »una singolare e fortunatissima sintesi di allegorismo cristiano-biblico e di tradizione esegetica neoplatonica«. Ein moderner Leser wird allerdings eher geneigt sein, sich bezüglich der Deutungsversuche des Fulgentius der Meinung von Lamberton 1989, 280 anzuschließen: »it must be admitted that these are among the most outrageous specimens of a class of speculation in which extravagant free association is the norm.«

[53] Vgl. die Texte Sirenen Nr. 24 und Skylla Nr. 16 (beide aus einem anderen Werk des Fulgentius, den *Mitologiarum libri tres*).

[54] Thome 2000, I, 103 f.; vgl. Eisenhut 1973, 208.

[55] Thome 2000, I, 104.

pirierten Menschen, der den Versuchungen der Welt widersteht und auf ein höheres Ziel hinarbeitet. Dieses Odysseus-Bild wurde ursprünglich von der Stoa propagiert,[56] ist aber auch in der spätantiken Rezeption noch erfolgreich. Es kann sogar, wie vor allem das Kapitel zu den Sirenen zeigen wird, eine *interpretatio Christiana* erfahren.[57]

*Virtus* und *sapientia* sind die in den spätantiken lateinischen Texten mit Odysseus verbundenen Tugenden. Sie konnten mit etwas anderem Inhalt und verbunden mit weiteren positiv besetzten Begriffen bereits in republikanischer Zeit dazu verwendet werden, den perfekten Römer zu charakterisieren.[58] Das bedeutet umgekehrt: In der Literatur der Spätantike wurde Odysseus häufig, nicht immer, zu einer Art Idealbild des vornehmen und philosophisch interessierten Römers stilisiert — in vergleichbarer Weise, wie Penelope zum Idealbild der römischen *matrona* wurde.[59] Hinzu kommt, dass Odysseus zwar dem Mythos nach aus Ithaka stammte, die Abenteuer seiner Irrfahrt jedoch in Italien lokalisiert wurden: Alle spätantiken Texte, welche die Kyklopen in der zeitgenössischen Geographie lokalisieren, siedeln sie auf Sizilien an.[60] Für die anderen Abenteuer der Irrfahrt gilt Vergleichbares — auch sie galten als Bestandteile der italischen Lokalgeschichte. Der Wohnsitz der Zauberin Kirke, lateinisch Circe, wurde in Terracina vermutet, derjenige der Sirenen auf der Insel Capri; das menschenfressende Ungeheuer Skylla soll in der Meerenge von Messina sein Unwesen getrieben haben.[61] Die Erzählung von den Irrfahrten des Odysseus war ein Teil der römischen Identität.[62] Das bedeutete, dass beispielsweise ein spätantiker Leser der Werke des Fulgentius sich ohne weiteres mit einem derart charakterisierten Odysseus identifizieren konnte. Problematischer war eine derartige Identifikation mit dem Odysseus der bildenden Kunst. Darüber wird weiter unten zu sprechen sein.

Wie bereits in der Einleitung ausgeführt, war der Name Homer den gebildeteren Römern sicher ein Begriff, ebenso Titel und ungefährer Inhalt seiner Epen. Inwieweit jedoch jemand, dessen Muttersprache Latein (oder eine der indigenen Sprachen der westlichen Provinzen) war und der Griechisch als Fremdsprache gelernt hatte, tatsächlich die gesamte *Ilias* oder *Odyssee* gelesen hatte, ist für die Spätantike mindestens ebenso fragwürdig wie für frühere Zeiten.[63] Eher ist anzunehmen, dass der überwiegende Teil der Bewohner des lateinischen Westens das Polyphem-Abenteuer des Odysseus nur aus zweiter Hand kannte. Das kann zum einen anhand von Bildern oder von mündlichen Erzählungen geschehen sein. Zum anderen, auf der Ebene der literarischen Vermittlung, anhand der Werke von Vergil und Ovid oder, schlichter, anhand von mythographischen Handbüchern, die man konsultierte, um in der Welt der Gebildeten mitreden zu können.[64] In ihren groben Umrissen muss die Geschichte bis mindestens ins 5. Jahrhundert

---

[56] Buffière 1956, 374–77; Stanford 1992, 121–25. Schlüsseltext ist Horaz, *Episteln* 1, 2, 17 ff.: »Wiederum zeigt er (sc. Homer) uns, was Weisheit vollbringt: das edle Musterbild ist Odysseus. Troja hat er bezwungen, hat vieler Menschen Städte und Sitten mit klugem Blick erforscht; bemüht um Heimkehr und Rettung, für sich und die Gefährten, erlitt er auf weitem Meere viel Fährlichkeiten; doch konnten die Wogen des Ungemachs ihn nicht in die Tiefe reißen. Du weißt von Sirenenstimmen und von Kirkes Zaubertränken: hätte er, gleich seinen Gefährten, betört und begierig den Genuß geschlürft, so war er dem Joch der Buhlin verfallen: erniedrigt, geistlos mußte er leben, mit hündischen Trieben oder mit grunzendem Behagen im Schmutze.« (Übers. W. Schöne.) Auf diesen Text spielt noch Servius (Text Kirke Nr. 12) an. Vgl. Seneca, *Über die Standhaftigkeit des Weisen* II 1, 2: »Cato aber hätten zu einem unzweifelhaften Vorbild eines weisen Mannes uns die unsterblichen Götter bestimmt als Odysseus und Herakles in den vergangenen Jahrhunderten. Diese nämlich haben wir Stoiker zu Weisen erklärt, da sie nicht zu bezwingen durch Belastungsproben, Verächter des Genusses und Sieger über alle Schrecknisse.« (Übers. M. Rosenbach.)

[57] Etwa Text Sirenen Nr. 22 (Ambrosius).

[58] So steht beispielsweise auf dem Sarkophag für L. Cornelius Scipio Barbatus, Konsul des Jahres 298 v. Chr., nach Namen und Herkunft sowie vor Ämterlaufbahn und Taten: *fortis vir sapiensque, quoius forma virtutei parisuma fuit.* »Ein tapferer und kluger Mann, dessen körperliche Schönheit seinem tüchtigen Wesen ebenbürtig war.« (CIL I² 6–7; vgl. Eisenhut 1973, 208 und Thome 2000, 1, 79–82.) Körperliche Schönheit als Ausdruck eines noblen Charakters war Bestandteil der römischen Adelsideologie (Thome 2000, 1, 79). Für Odysseus trifft diese Charakterisierung nicht zu, dies wurde bereits weiter oben in Bezug auf die griechischen Texte diskutiert.

[59] Dazu ausführlich im Kapitel »Heimkehr«.

[60] Texte Polyphem Nr. 2. 3. 8. 17. 18 c. Vgl. die entsprechenden älteren Zeugnisse, z. B. bereits Eur. Cycl.

[61] Vgl. etwa Text Kirke Nr. 25, Text Sirenen Nr. 15, Text Skylla Nr. 11 a–c sowie die in den entsprechenden Kapiteln diskutierten älteren Zeugnisse.

[62] Das galt auch schon für die frühe Kaiserzeit, s. Balensiefen 2005.

[63] Macr. Sat. 5, 5–8 vergleicht um 430 n. Chr. die Rekurse auf das Kyklopen-Abenteuer, die von Vergils Held Aeneas und vom homerischen Odysseus zwecks Aufbau der Moral ihrer Männer vorgenommen werden (um dann zu konstatieren, dass Vergil seine Sache viel besser gemacht habe). Nach Ansicht von Cameron 2004, 26 gibt es allerdings keinen Beweis dafür, dass Macrobius sich auch nur an ein einziges seiner Homerzitate selbstständig erinnert und eingefügt habe; viel wahrscheinlicher sei, dass er sie aus der älteren Sekundärliteratur übernommen habe.

[64] Cameron 2004.

hinein geläufig gewesen sein. Das belegen neben den bereits diskutierten Zeugnissen auch kurze Anspielungen, die sich in diversen Textgattungen finden lassen: Tertullian verwendet in seiner *Verteidigung des Christentums* (Text Polyphem Nr. 13) den Topos der blutigen Kyklopen- und Sirenenmäuler, um damit die gegen die Christen vorgebrachten Kinderfresservorwürfe *ad absurdum* zu führen.[65] Ebenso berichtet die *Historia Augusta* (Text Polyphem Nr. 14), dass der Kaiser Maximinus Thrax aufgrund seiner Grausamkeit unter anderem mit einem Kyklopen verglichen wurde. In demselben Werk (Text Polyphem Nr. 15) wird von Kaiser Firmus berichtet, dass er groß, behaart und hässlich gewesen sei und deshalb von vielen »Kyklop« genannt wurde. Claudian schließlich bezeichnet in einem Pamphlet gegen Eutrop, den politischen Gegner seines Gönners Stilicho, dessen Gefolgsmann Leo als von geradezu kyklopischer Gefräßigkeit (Text Polyphem Nr. 16).[66] Aufgerufen werden in diesen kurzen Anspielungen alle negativen Züge des Kyklopen: seine blutrünstige Grausamkeit und unersättliche Gier, die monströse Hässlichkeit. Sein Überwinder Odysseus wird nie erwähnt, könnte aber — im Umkehrschluss — als mit allen positiven Zügen ausgestatteter, verdienstvoller Held imaginiert werden. Allerdings lassen die eben angesprochenen Texte letztendlich offen, ob hier überhaupt das konkrete Ereignis der Polyphem-Geschichte evoziert werden soll. Polyphem wird nie namentlich genannt, ebenso wenig wird Odysseus erwähnt. Die Bezeichnung »Kyklop« könnte also auch als Gattungsname zu verstehen sein, zumal seit Vergil in der Vorstellung der römischen Leser alle Kyklopen die negativen Charakteristika Polyphems teilten.

Am Ende der lateinischen Spätantike, bei Isidor von Sevilla, werden die Kyklopen schließlich zu sagenhaften Einäugigen und Monstern, die einst auf Sizilien gelebt hätten (Polyphem Text Nr. 18).[67] Die Polyphem-Geschichte interessiert den Bischof von Sevilla ebenso wenig wie die im griechischen Osten schreibenden Kleriker (vgl. Texte Polyphem Nr. 6–7). Auch er konzentrierte sich lieber auf die Diskussion weiblicher Ungeheuer.[68] Dieser Kanon wird nach dem Zeugnis des sogenannten Mythographus Vaticanus I ins Mittelalter übernommen. In dem zwischen 875 und 1075 zu datierenden mythographischen Lexikon werden von den mythischen Wesen, die Odysseus auf seiner Heimfahrt antraf, Kirke, die Sirenen und Skylla erwähnt.[69] »Die Kyklopen« erscheinen nur, ohne weitere Ausführung, in einer Hypothesis der *Aeneis*.[70]

## Die bildliche Rezeption

Im Vergleich mit der Rezeption in der spätantiken Literatur kristallisieren sich bei den Denkmälern drei Besonderheiten heraus: bezüglich ihrer geographischen Verbreitung, ihrer zeitlichen Verteilung und der Wahl des thematisierten Moments.

Spätantike Bildwerke, die auf das Polyphem-Abenteuer rekurrieren, sind nur aus dem lateinischen Westen des Reiches, aus Italien und dem heutigen Kroatien, bekannt. Hinzu kommt der rundplastische Kopf eines Kyklopen ohne erzählerischen Kontext aus dem tetrarchenzeitlichen Amphitheater von Salona, der noch einmal die Popularität der Thematik in dieser Region unterstreicht.[71] Dieses Ergebnis mag auf den ersten Blick dem Zufall der Überlieferung zu verdanken sein, deckt sich aber mit den Befunden zu den anderen Abenteuern der Irrfahrt.[72] Im Osten mögen zwar ältere Denkmäler in der Spätantike noch sichtbar gewesen sein.[73] Die facettenreiche und komplexe Rezeption der Polyphem-Geschichte

---

65 Zu einer detaillierteren Exegese schritten die lateinischen Kirchenväter in Bezug auf die Kyklopen — anders als in Bezug auf die hier gleichfalls erwähnten Sirenen — nicht.

66 Cameron 1970, bes. 124–55 zu der Invektive gegen Eutrop. Claudian — in Alexandria aufgewachsen und zunächst auf Griechisch publizierend — ist vermutlich der einzige der hier vorgestellten lateinischen Autoren, der die homerische Episode im Original gelesen hatte. Für eine gründliche Kenntnis der *Odyssee* spricht auch Claudians Gedicht *Lob der Serena* (Text Heimkehr Nr. 35), das auf alle wichtigen Ereignisse dieses Epos Bezug nimmt.

67 Ähnliches findet sich bereits bei Orosius: Text Polyphem Nr. 17.

68 Texte Kirke Nr. 27 a–b; Sirenen Nr. 16 a; Skylla Nr. 11 a–d.

69 Vgl. die entsprechenden Kapitel.

70 Mythographus Vaticanus I Buch 2, 100 Hrsg. Zorzetti — Berlioz 1995. Gleichfalls erwähnt wird (Myth. Vat. I 1, 5) die Geschichte von Polyphem und Galatea. Vgl. dazu oben, Text Polyphem Nr. 5.

71 Anhang Polyphem Nr. 1. Die Frage, ob hier tatsächlich Polyphem gemeint war oder nicht eher ein unbestimmter Vertreter der Gattung der Kyklopen, kann naturgemäß nicht beantwortet werden. Es sei jedoch darauf hingewiesen, dass Kyklopen jenseits des Kontexts der *Odyssee* ein eher seltenes Sujet der bildenden Kunst sind: Touchefeu-Meynier 1992b.

72 Vgl. Anhang 3, zur geographischen Verteilung der Denkmäler.

73 Vgl. eine sekundär als Wasserspeier für einen Brunnen flavischer Zeit in Ephesos verwendete großplastische Gruppe mit Weinreichung und der Vorbereitung auf die Blendung: Andreae 1999, 162–75; Dorl-Klingenschmid 2001, 93 f. 184 f. Nr. 22. Oder eine Statuengruppe unbekannten Datums und unbekannter Herkunft mit dem Sujet der Weinreichung, die laut der *Ekphrasis* des Konstantin Manasses im 12. Jahrhundert in Konstantinopel zu sehen war: Sternbach 1902, bes. Sp. 83–85; vgl. Fellmann 1972, 58.

in der griechischen Literatur der Spätantike findet jedoch keine Entsprechung in der zeitgleichen Produktion von Werken der bildenden Kunst.

Was die zeitliche Verteilung anbelangt, so ist keine der bildlichen Darstellungen später als in die ersten beiden Jahrzehnte des 5. Jahrhunderts zu datieren.[74] Auch dies steht in deutlichem Gegensatz zur Rezeption in der Literatur. Der späteste hier behandelte Text aus dem Osten war derjenige des Johannes von Antiochia (Text Polyphem Nr. 3), aus dem Westen derjenige des Isidor von Sevilla (Text Polyphem Nr. 18). Beide verfassten ihre Werke in den ersten Jahrzehnten des 7. Jahrhunderts.

Die bildenden Künstler hatten die gesamte Antike hindurch vier Momente der Geschichte herausgegriffen: das brutale Hinschlachten der Gefährten, die Darreichung des Weines durch Odysseus, die Blendung des trunkenen Riesen, die Flucht aus der Höhle mittels der Herde des Polyphem. Dabei wurden die Ermordung der Gefährten und die Weinreichung zu einer Darstellung zusammengezogen. Insgesamt handelt es sich also um nur drei Bildtypen. So gut wie nie dargestellt wurde der Moment der Geschichte, in dem Odysseus tatsächlich eine schlechte Figur macht: die von Hybris und Dummheit geleitete Verhöhnung des Polyphem, die Odysseus den Fluch des Poseidon samt aller bekannten Folgen einbringen wird.[75] Wie der Blick auf die literarische Rezeption lehrte, konnten die vier genannten Momente dort gelegentlich gemeinsam thematisiert werden (Texte Polyphem Nr. 2 und 3). Allerdings lag der Schwerpunkt bei vielen Texten deutlich auf einem einzigen Moment, dem der Blendung (Texte Polyphem Nr. 4. 9–12). Auch auf die Monstrosität des Kyklopen wurde häufiger fokussiert (Texte Polyphem Nr. 13–17. 18 b). Dieser letzte Aspekt, Polyphems Monstrosität, war auch in den spätantiken Bildern von Interesse. Mindestens fünf erhaltene Darstellungen zeigen den Kyklopen mit einem seiner Opfer — allerdings stets kombiniert mit dem Motiv der Weinreichung, das in der Literatur so gut wie gar nicht rezipiert wurde. Die in den Texten zum Höhe- und Endpunkt der Geschichte stilisierte Blendung ist nur auf einem einzigen Monument erhalten, während die für die Literatur vollkommen uninteressante Flucht am häufigsten, zehnmal, vorkommt. Schon dieser Überblick macht deutlich, dass die aus der spätantiken lateinischen Literatur bekannte Botschaft — ein heldenhafter Odysseus bestraft die Hybris eines blutgierigen Monsters — für die zeitgleichen bildenden Künstler und ihre Rezipienten nicht von Interesse war.

## Die Weinreichung 1: Odysseus als Held des kleinen Mannes

Das Motiv der Weinreichung war — nach zögerlichen und nicht weitergeführten Versuchen in der schwarzfigurigen Vasenmalerei des 6. Jahrhunderts v. Chr.[76] — in der Epoche des Hellenismus neu entworfen worden und zu großer Beliebtheit gelangt. Die zahlreichen Werke der hellenistischen und kaiserzeitlichen Kunst weisen bei aller Unterschiedlichkeit der Gattungen ein ikonographisch recht einheitliches Schema auf, das auch noch in der Spätantike Verwendung fand.[77] Um die weite Verbreitung dieses Schemas zu demonstrieren, seien zunächst einige Produkte der relativ preiswerten Massenanfertigung in gebranntem Ton vorgestellt. Sie stammen aus dem 3. Jahrhundert, das heißt aus dem Beginn des hier untersuchten Zeitraums. Auch wenn nur drei Exemplare bekannt sind, ist aufgrund der Herstellungstechnik — der nahezu beliebigen Vervielfältigung aus einmal geschaffenen Modeln — davon auszugehen, dass ursprünglich eine große Zahl dieser Tonprodukte existierte.[78]

---

[74] Vgl. Anhang 3, zur chronologischen Verteilung der Denkmäler.

[75] Einige wenige hellenistische und frühkaiserzeitliche Denkmäler thematisieren die Reaktion des Verhöhnten, das Schleudern eines Felsbrockens nach dem Schiff der Griechen: Camporeale 1992, 974 Nr. 63 (etruskische Urne hellenistischer Zeit); Touchefeu-Meynier 1992a, 960 Nr. 138 (Terra Sigillata); Touchefeu-Meynier 1997, 1017 Nr. 55 (Wandmalerei).

[76] In der Liste von Touchefeu-Meynier 1992a die Nummern 67 und 68. Zum Motiv der Weinreichung s. weiterhin Fellmann 1972, 50–78.

[77] Touchefeu-Meynier 1992a, 955 f. Nr. 69–87. Die Liste umfasst freiplastische Gruppen, Schmuckreliefs, Mosaiken, Lampen, Gemmen u. a. Die ältesten bekannten Belege für dieses Schema stammen aus der etruskischen Kunst des mittleren 2. Jh.s v. Chr.: Camporeale 1992, 973 Nr. 54–55. Es ist anzunehmen, dass sie von ungefähr zeitgleichen, aber nicht erhaltenen griechischen Werken inspiriert sind. Mit Andreae 1999, 161 für alle diese Werke eine hellenistische großplastische Gruppe als Vorbild zu postulieren, ist nicht notwendig und im Licht der Ergebnisse zur Blendung und zum Skylla-Abenteuer (s. jeweils dort) auch nicht besonders überzeugend.

[78] Figürlich dekorierte Terra-Sigillata-Gefäße wurden in der Regel entweder in Negativformen (Model) mit dem entsprechenden Dekor gedrückt und danach fertig bearbeitet oder zuerst unverziert auf der Töpferscheibe gedreht und anschließend mit aus Modeln gewonnenen Appliken verziert: Garbsch 1982, 8–11. Bei den sogenannten Kuchenformen hingegen handelt es sich streng genommen um tönerne Hohlformen, die ihrerseits zum Herstellen plastischer Gebilde gedacht waren und als solche in Umlauf gebracht wurden. Sie müssen ursprünglich über einer Positivform hergestellt worden

Abb. II.1 Tönerne ›Kuchenform‹, eventuell aus Ostia; 200–50 n. Chr. (Katalog Polyphem Nr. 1). Antikensammlung, Staatliche Museen zu Berlin – Preußischer Kulturbesitz. Neg.-Nr. Ant 2867

Aus der ersten Hälfte des 3. Jahrhunderts stammen zwei sogenannte Kuchenformen (Katalog Polyphem Nr. 1 und 2). Auf dem vollständiger erhaltene Exemplar (Katalog Polyphem Nr. 1 Abb. II.1) ist das gängige Schema der Weinreichung gut zu erkennen. Mittelpunkt des Bildes ist ein riesenhafter Polyphem, der nackt in seiner Höhle sitzt und aus drei weit aufgerissenen Augen den Betrachter anblickt. Haar und Bart sind struppig, horizontale Falten am Bauch deuten seine Beleibtheit an. Einen weiteren Beweis für Polyphems Monstrosität liefert der Leichnam eines Gefährten, der nackt und mit schlaffen Gliedern zwischen den Beinen des Ungeheuers hängt, bereit zum Verzehr. Von links treten Odysseus und ein Gefährte heran. Odysseus ist für den spätantiken Betrachter zunächst durch seine Handlung identifizierbar: Er ist es, der dem Kyklopen direkt gegenübertritt und einen Becher mit Wein entgegenstreckt. Der Gefährte hingegen steht mit einem großen Behälter zum Nachfüllen im Hintergrund bereit und hält so viel Distanz zu dem Ungeheuer wie nur möglich. Die Tatsache, dass beiden Männern höchst unbehaglich zumute ist, wurde deutlich zum Ausdruck gebracht: Der Töpfer lässt sie mit angstverzerrten Gesichtern aus dem Bild herausblicken. Ganz rechts im Bild befindet sich noch ein Widder aus der Herde des Polyphem.

Odysseus ist in dieser Darstellung nicht allein anhand des Handlungskontextes identifizierbar, sondern auch anhand einer nur für ihn charakteristischen, im Verlauf des 6. und 5. vorchristlichen Jahrhunderts entworfenen Ikonographie.[79] Zum einen ist er gekennzeichnet als ein reifer Mann mit lockigem Haar und Bart. Lockiges Haar unterschiedlicher Länge sowie ein Bart waren in archaischer und klassischer Zeit Kennzeichen des erwachsenen Mannes und Vorstands eines Oikos.[80] Entsprechend wurden diese Kennzeichen auch verwendet für die bildliche Charakterisierung einer mythischen Gestalt, die bereits als Ehemann und Vater in den Trojanischen Krieg zog und erst 20 Jahre später zurückkehrte. Mit Alexander dem Großen und dem für seine Person propagierten Jugendlichkeitskult änderte sich die Bartmode dahingehend, dass jetzt auch dem Jugendalter entwachsene Männer häufig auf den Bart verzichteten und sich bartlos darstellen ließen.[81] Ähnliches gilt für die Römer in Republik und Kaiserzeit.[82] Das Tragen eines Bartes war damit für Männer nicht mehr durch gesellschaftliche Konventionen zwingend vorgeschrieben, sondern Ausdruck einer individuellen Wahl, einer bestimmten Art der Selbststilisierung. Dies galt vor allem für Philosophen, deren Porträts oder typisierte Darstellungen in aller Regel mit Vollbart ausgestattet sind.[83] Entsprechend ließen sich nun auch Männer, die einen bestimmten Bildungsanspruch visualisieren wollten, mit einem solchen Bart porträtieren.[84] Parallel dazu existierte in der Spätantike, vor allem in dem von militärischen Krisen geschüttelten 3. Jahrhundert, ein kurzer, mit eher militärischen Tugenden konnotierter Bart, wie er von diversen ›Soldatenkaisern‹ und den Tetrarchen getragen wurde.[85]

---

80 Maischberger 2002.

81 Zu Alexander und seinen Nachfolgern: Steward 1993; zu anderen Männern der Zeit ohne Bart: Richter 1984, z. B. 159–64 (Menander).

82 Vgl. die Beispiele bei Fejfer 2008, v. a. 181–327. In der Kaiserzeit verkompliziert sich das Phänomen aufgrund der Tatsache, dass diverse Kaiser ab dem 2. Jh. sich mit Bart darstellen lassen und viele männliche Zeitgenossen diese Mode für ihr eigenes Porträt übernehmen: ebenda 270–85.

83 Vgl. für die hellenistische Zeit: von den Hoff 1994, für die römische Kaiserzeit: Ewald 1999. Meist sind diese Philosophenbärte länger und struppiger als der Bart des Odysseus.

84 Bestes Beispiel für die Spätantike ist der ›Philosophenkaiser‹ Julian (reg. 361–63 n. Chr.): Fleck 2008, v. a. 147 f. und Kampen — Marlowe — Molholt 2002, 30 f. Taf. 11.

85 Für entsprechende Beispiele s. Kampen — Marlowe — Molholt 2002, 20–25 Taf. 2–5. Konstantin nimmt dann in seinen späteren Regierungsjahren (reg. bis 337 n. Chr.) eine Neudefinition seiner Selbst vor — als ewig jugendlich schön und mit einer Welt jenseits der irdischen eng verbunden — und macht damit Bartlosigkeit für die Kaiser der Folgezeit wieder zur Regel: ebenda 25–34

---

sein: Salomonson 1972, bes. 100.

79 Robert 1919, 39 f. und Touchefeu-Meynier 1992a, 967 f.

Ungeachtet all dieser historisch bedingten Veränderungen blieb die einmal gefundene bildliche Formulierung des Odysseus als eines Mannes mit lockigem Haar und ebensolchem Vollbart bestehen und wurde bis in die Spätantike tradiert. Für die Wahrnehmung und Bewertung des Odysseus bedeutet dies: Spätantike Bildbetrachter sahen in ihm nicht unbedingt einen der zeitgenössischen Mode entsprechenden ›normalen‹ Mann, sondern jemanden, der einer weit entfernten Vergangenheit angehörte und/oder der als philosophisch interessiert charakterisiert war. Diese Aussagen entsprechen in etwa dem, was auch für einen Teil der spätantiken literarischen Rezeption festgestellt wurde. Dort konnte Odysseus als Identifikationsfigur für einen nach Weisheit Suchenden — und das impliziert zwangsläufig: für jemanden, der die finanziellen Mittel, die Bildung und die Muße hat, sich mit Philosophie zu beschäftigen — auftreten. Bei den Bildern ist eine Identifikation nicht ganz so einfach, und zwar aus mehreren Gründen. Während es dem Autor eines Textes möglich ist, sich auf das Rühmen der Klugheit oder Weisheit des Odysseus zu beschränken und über die konkrete Situation in wenigen Worten hinwegzugehen, ist ein Bild gezwungen, diese Situation auch darzustellen.[86] Im Fall der hier behandelten Weinreichung ist die Situation und Handlung des Odysseus aber, wie aus der Beschreibung deutlich geworden sein dürfte, nicht besonders ruhmreich. Das gilt zumindest für den ersten Blick, eine genauere Analyse folgt weiter unten. Hinzu kommt die Bekleidung des Odysseus, auf die ein bildender Künstler naturgemäß auch detailliert eingehen musste.

Der Odysseus dieser ›Kuchenform‹ ist bekleidet mit einem kurzen Gewand, das den Oberkörper zum großen Teil frei lässt und auf der Brust, unterhalb des rechten Armes, schräg verlaufende Falten wirft. Es wird sich hier, analog zum spiegelsymmetrisch getragenen Exemplar des Gefährten, um eine Exomis handeln: ein nur auf einer Schulter befestigtes kurzes Gewand, das vor allem von den Teilen der männlichen Bevölkerung getragen wurde, die körperlich hart arbeiteten.[87] Auf den frühen griechischen Darstellungen ist Odysseus meist, entsprechend den ikonographischen Konventionen für männliche Helden in Aktion, mit einem kurzen Chiton oder nackt dargestellt.[88] Nur in Ausnahmefällen trägt er bereits dort die Exomis,[89] die erst in der römischen Kaiserzeit zu seinem geläufigen Kleidungsstück wird.[90] Es ist zu vermuten, dass die bildenden Künstler dieses Kleidungsstück für Odysseus wählten, um die Mühen seiner Abenteuer, die Härte seiner Leiden zu visualisieren. Die Kopfbedeckung des Helden, der Pilos, transportiert eine ähnliche Aussage. Ein Schutz gegen die Witterung, gegen stechende Sonne oder gegen Regen, war auf antiken Schiffsreisen — bei denen man sich in der Regel auf Deck, nicht in einer Kajüte befand — unerlässlich. Entsprechend zeigen schon frühe Darstellungen den Helden auf dem Schiff mit einer Art Sonnenhut.[91] Ab dem 5. Jahrhundert v. Chr. trägt er dann situationsunabhängig jene rundliche Kopfbedeckung aus wasserdichtem Filz oder aus Stroh, die Pilos genannt wurde.[92] Sie charakterisiert Odysseus als exemplarischen Reisenden. Hinzu kommt jedoch noch eine weitere Bedeutungsebene: Der Pilos war gleichzeitig die gängige Kopfbedeckung der Bauern, Fischer und Hirten, also all derer, die im Freien arbeiteten und sich gleichfalls vor der Witterung schützen mussten.[93] Durch diese Ähnlichkeit in der Tracht — nicht nur in Bezug auf die Kopfbede-

---

Taf. 7–14. Thorsten Fleck wies in seiner Arbeit zu Julian auf diverse barttragende Kaiser des 4. und 5. Jh.s, die Ausnahmen von der eben genannten Regel, hin: Fleck 2008, 58 und Anm. 188. Hier wäre im Einzelfall zu überprüfen, inwieweit die Betreffenden damit auf philosophische Ideale rekurrieren, inwieweit auf militärische oder vielleicht auf etwas ganz anderes. Vgl. die exemplarische Studie von R. R. R. Smith zu den spätantiken Porträtstatuen von Aphrodisias: Smith 1999, v. a. 182–85.

[86] Tonio Hölscher hat dieses Phänomen einmal treffend »Zwang zur bildlichen Konkretisierung« genannt: Hölscher 1973, 15.

[87] Laubscher 1982, 8: Tracht der Hirten und Bauern, gefertigt aus grobem Stoff oder aus Fell.

[88] Im kurzen Chiton bei der Blendung des Polyphem: pseudochalkidische Amphora London, British Museum B 154; um 520 v. Chr.; Andreae 1999, Abb. Nr. 36. Nackt bis auf einen Mantel bei der Bedrohung Kirkes mit einem Schwert: att.-rf. Kanne Paris, Louvre G 439; um 450 v. Chr.; Andreae 1999, Abb. S. 260 f.

[89] So auf einem att.-rf. Skyphos Berlin, Staatliche Museen zu Berlin, Antikensammlung F 2588; 440/30 v. Chr.; Andreae 1999, Abb. 167. Dargestellt ist der Freiermord. Der Grund, warum der Maler hier als Bekleidungsstück die Exomis wählte, mag darin liegen, dass er so das Bogenschießen besser darstellen konnte: Die Exomis ist auf diesem Bild auf der linken Schulter befestigt, Odysseus' rechte Brust und Seite bleiben unbekleidet. Das erlaubt dem rechten Arm, ungehindert von Gewandfalten den Bogen zu spannen und zu zielen.

[90] Touchefeu-Meynier 1992a, 967.

[91] Att.-sf. Lekythos Athen, Nationalmuseum 1130; um 510 v. Chr.; Andreae 1999, Abb. S. 32 Mitte.

[92] Touchefeu-Meynier 1992a, 967 mit diversen Beispielen. Vgl. Text Heimkehr Nr. 28 (Servius), wo die Ausstattung des Odysseus mit diesem Attribut dem Maler Nikomachos (4. Jh. v. Chr.) zugeschrieben wird. Zum Pilos s. Hurschmann 2000.

[93] Laubscher 1982, 7 f.

Abb. II.2 Detail der Umzeichnung einer pannonischen
Terra Sigillata-Bilderschüssel; Ende 3. Jh. n. Chr.
(Katalog Polyphem Nr. 3). Nach Brukner 1981, Taf. 43

ckung, sondern auch auf das Gewand — rückt der Odysseus der bildenden Kunst in die Nähe der Darstellung der untersten Schichten der Bevölkerung.[94] Dies kann, wie auf dem hier diskutierten Bild, außerdem dadurch unterstrichen werden, dass Odysseus vergleichbar den Ärmsten der Armen noch nicht einmal Schuhe trägt. In

polychromen Darstellungen, etwa der weiter unten zu behandelnden Szene auf einem Mosaik (Katalog Polyphem Nr. 4 Abb. II.4), ist seine Haut meist deutlich gebräunt wiedergegeben, was gleichfalls als ein Charakteristikum der unteren, im Freien arbeitenden Schichten der Bevölkerung galt. Bei einer derartigen Darstellung geraten die aristokratischen, vielleicht auch philosophischen Züge des Helden, wie sie mittels Haartracht und Bart zum Ausdruck gebracht wurden, in den Hintergrund. Zumindest sind sie nicht mehr der alleinige Bedeutungsaspekt. Stattdessen dominiert im Bild das, was die mythische Gestalt mit den weniger privilegierten Schichten der Bevölkerung verbindet.

Ein in Pannonien produziertes Terra-Sigillata-Gefäß der Zeit um 300 n. Chr.[95] (Katalog Polyphem Nr. 3 Abb. II.2) zeigt eine aufgrund der Kleinheit des Bildfeldes auf das Notwendigste reduzierte Fassung des Schemas. Der mit vegetabilen Ornamenten versehene architektonische Rahmen des Bildfeldes ist eine künstlerische Umschreibung für die Höhle des Kyklopen. In dieser befindet sich der breitbeinig sitzende Polyphem, wiederum nackt, aber ohne ein drittes Auge in dem im Profil gezeigten Gesicht. Von links tritt Odysseus mit dem Becher heran. Wie auf den zuvor behandelten Tonformen trägt er einzig Pilos und Exomis, die Tracht der einfachen, arbeitenden Bevölkerung. Allerdings agiert er dieses Mal alleine, ohne die Unterstützung eines Gefährten. Auf dem Boden der Höhle befinden sich diverse nicht zu identifizierende Gebilde. Eventuell handelt es sich dabei (unter anderem) um die in der traditionellen Ikonographie zu erwartende Darstellung eines toten Gefährten, die entweder vom Töpfer nicht verstanden wurde oder aufgrund der Kleinheit des Bildfeldes nicht anders darstellbar war. Um den Betrachtern klar zu machen, was hier thematisiert wurde, fügte der Töpfer zwischen den beiden Protagonisten eine lateinische Inschrift ein: *ULIXSIN*, was ergänzt werden kann zu *ULIX(e)S IN (antro Cyclopis)* — »Odysseus in der Höhle des Kyklopen«.

Zu dem großen Erfolg dieser Bildfindung, der Weinreichung, trugen wohl mehrere Gründe bei. Zunächst ist sie von allen bekannten Motiven am besten dazu geeig-

---

[94] Landarbeiter, Hirten oder Fischer werden in der Spätantike wahlweise mit kurzer Tunika, Exomis oder Lendenschurz gezeigt, in manchen Fällen auch komplett nackt. In der Regel sind sie barfüßig. Einige Beispiele: Hirten und Bauern (und Jäger) auf einem Mosaik aus Oudna; Tunis, Musée du Bardo; 3. Jh. n. Chr.; Blanchard-Lemée u. a. 1995, 290 Abb. 125. Landarbeiter und Hirten auf einem Mosaik in einer Kapelle in Suwayfiyah (Jordanien); 6. Jh. n. Chr.; Piccirillo 1993, 264 Abb. 470. 474. Arbeiter im Weinberg auf einem Mosaik in der Kirche der heiligen Märtyrer Lot und Prokop in Khirbat al-Mukhayyat (Jordanien); 557 n. Chr.; Piccirillo 1993, 164 f. Abb. 202–06. Fischer auf einem Mosaik aus Dougga (Katalog Sirenen Nr. 1); Blanchard-Lemée u. a. 1995, Abb. 79. 185. Ein Fischer mit Strohhut und Lendenschurz (sowie ein weiterer Fischer) auf einem Mosaik in der Kirche der heiligen Märtyrer Lot und Prokop (Jordanien); 557 n. Chr.; Piccirillo 1993, 164 f. Abb. 209. Ein nackter Fischer mit Hut auf dem Mosaik der Kirche des Priesters Wa'il in Umm Ar-Rasas (Jordanien); 586 n. Chr.; Piccirillo 1993, 242 f. Abb. 398. Auch die Apostel können in der Ikonographie von Fischern gezeigt werden, so z. B. Petrus und sein Bruder Andreas auf einem Mosaik in San Vitale, Ravenna; 500–50 n. Chr.; Kampen — Marlowe — Molholt 2002, 67 Taf. 34. Beide tragen eine Exomis. Allerdings machen ihre helle Haut sowie die gepflegte Haar- und Barttracht deutlich, dass es sich nicht um gewöhnliche Fischer handelt, sondern um die zukünftigen Apostel bei ihrer Berufung durch Christus.

[95] Die wohl im antiken Cibalae (*Pannonia inferior*) angesiedelte sog. Werkstatt X produzierte in den Jahren um 300 n. Chr. eine beschränkte Anzahl von Terra Sigillata mit Motiven der griechisch-römischen Mythologie. Dies kann als Ausdruck des wirtschaftlichen Aufschwungs der Provinz in tetrarchischer Zeit und einer damit verbundenen Romanisation interpretiert werden: Brukner 1981, 176 f. 189 sowie Lelekovic 2008. Für Diskussion und Literaturhinweise danke ich Kristina Adler-Wölfl.

net, die Essenz der Polyphem-Geschichte, ihren »narrativen Kern«,[96] in einem einzigen Bild zu visualisieren: Der tot am Boden liegende und von Polyphem gepackte Mann weist zurück auf die grausigen Taten — das kaltblütige Erschlagen und anschließende viehische Verzehren mehrerer Gefährten —, die Polyphem seit dem Moment, in dem er die Griechen in seiner Höhle einschloss, bereits begangen hat. Das Darreichen des Weines hingegen weist voraus auf den in Bälde zu erwartenden trunkenen Schlaf und die dann erfolgende Blendung des Ungeheuers. Vollbrachte Untat und gerechte Strafe sind so in einem Bild zusammengezogen. Die Darreichung des Weines selbst schließlich ist der alles entscheidende Moment, in welchem das Geschehen kippt und sich die Positionen von Stärke und Schwäche ins Gegenteil zu verkehren beginnen: In dem Augenblick, in dem Polyphem den ersten Becher mit Wein annimmt und trinkt, ist sein Schicksal im Grunde besiegelt. Die intellektuelle Überwältigung des Ungeheuers geht seiner körperlichen voraus und ist der psychologisch weitaus spannendere Aspekt. Im Unterschied zu einer Darstellung der Blendung, in der die Rollen von Sieger und Besiegtem eindeutig verteilt sind, setzt die Weinreichung zudem einen mythenkundigen Betrachter voraus. Jemand, der nicht weiß, dass es sich bei dem kleinen Mann mit Becher in den Händen um Odysseus handelt, der dank überragender Schlauheit den Kyklopen betrunken macht, wird hier nichts weiter sehen als einen Diener, der seinem Herrn bei einem etwas monströsen Gelage aufwartet. Es bedarf also einer gewissen Bildung, um die subtile Ironie dieser Szene zu verstehen.

Wie erwähnt, war die Weinreichung in der zeitgleichen Literatur kaum ein Thema. Knappe Rekurse auf die Geschichte, wie sie besonders im lateinischen Westen gängig waren, beschränkten sich in der Regel auf die Untat und die anschließende Bestrafung. Die Weinreichung wurde demgegenüber vernachlässigt. Damit mag zusammenhängen, dass die bildlichen Darstellungen der Weinreichung nicht über das 4. Jahrhundert hinausgehen. Eventuell — dies ist eine Vermutung, die jederzeit durch Neufunde widerlegt werden kann — wurde das Motiv danach tatsächlich nicht mehr ohne weiteres verstanden.

Was Aussehen und Wesen des Kyklopen anbelangt, so sind die Bilder ähnlich stereotyp wie diejenigen in der lateinischen Literatur. Polyphem ist ein riesenhaftes, hässliches Monster ohne Haltung und Maß, das mitleidlos Menschen frisst. Etwas differenziertere Betrachtungsweisen oder gar eine positive Umwertung, wie sie sich in den griechischen Texten beobachten ließen, kommen hier nicht vor. Ebenso wenig gibt es in den Bildern eine Diskussion mit Pro und Contra zu bestimmten Aspekten. Es liegt in der Natur des Mediums Bild, dass sich der Künstler bei vielen Dingen — besonders bei solchen, welche die äußere Erscheinung betreffen — für eine bestimmte Option entscheiden musste. Er konnte beispielsweise Polyphem nicht mit einem *oder* mit zwei Augen darstellen, sondern war gezwungen, sich auf eines von beidem festzulegen. In der hellenistisch-römischen Kunst setzte sich als Darstellungskonvention die Ausstattung des Kyklopen mit drei Augen durch: zwei an der üblichen Stelle, ein drittes auf der Stirn.[97] Diese Art der Darstellung widersprach zwar der Logik der Erzählung, die es zwingend notwendig macht, dass Polyphem nach vollzogener Blendung die immer noch in der Höhle gefangenen Griechen nicht mehr sehen kann.[98] Sie folgte aber einer bildinternen Logik, die nach größtmöglicher Integrität der menschlichen Gestalt, vor allem des Gesichtes, strebte.[99]

Odysseus erscheint in diesen Bildern als ein Mann, der psychologisch geschickt zu taktieren versteht. Durch das Darreichen des Weines bringt er Polyphem in einen Zustand, in dem er trotz seiner weit überlegenen Kraft und Körpergröße überwältigt werden kann. Dabei lässt er sich weder vom Anblick des körperlich weit überlegenen Ungeheuers noch von dem schrecklichen Schicksal der bereits toten Gefährten beirren, sondern tritt Polyphem direkt unter die Augen. Die von manchen Künstlern vorgenommene Zurschaustellung der Angst des Helden, so etwa auf der zuerst besprochenen ›Kuchen-

---

96  So der treffende Ausdruck von Giuliani 1998, 122.

97  Vgl. Touchefeu-Meynier 1992b, 157. Zum Teil hatten Künstler auch mit der textgetreuen Darstellung nur eines einzigen riesenhaften und runden Auges experimentiert, etwa in der etruskischen Tomba dell'Orco: Andreae 1999, 135–41 Abb. S. 137.

98  Und hier kann es sich nur um die Blendung eines einzigen Auges handeln, da der Schmerz den Betrunkenen sogleich zurück ins Bewusstsein bringt und den Pfahl wegstoßen lässt, während die Täter ans entfernteste Ende der Höhle fliehen: Hom. Od. 9, 382–98.

99  Das Streben der antiken (und auch noch spätantiken) Künstler nach Perfektion in der Wiedergabe der menschlichen Gestalt ist in der archäologischen Forschung ein Gemeinplatz und lässt sich selbst in deren bewusster Negierung, etwa bei der Darstellung des Hässlichen, fassen, vgl. etwa Laubscher 1982, 3 f. Neuropsychologische Untersuchungen (Elkins 1997, 125–200) haben ergeben, dass das menschliche Sehvermögen darauf ausgerichtet ist, vollständige Körper oder Gegenstände zu erfassen, notfalls komplettiert es selbst (sog. »subjective contour completion«). Dieser Wunsch nach Integrität ist beim Betrachten eines Gesichts besonders ausgeprägt; entstellte (oder ausdruckslose) Gesichter verstören den Betrachter.

form‹ (Katalog Polyphem Nr. 1 Abb. II.1), konterkariert diese Aussage nicht, sondern unterstreicht sie vielmehr: Odysseus ist tapfer, weil er genau weiß, was für einem furchtbaren Gegner er gegenübertritt, und es dennoch tut. Odysseus' Demut und Kleinheit ist eine scheinbare, in Wirklichkeit ist er dem Kyklopen in Bezug auf Intellekt, Kultur, Moral und Mut überlegen. Eine Problematisierung seiner Person und Handlung wird in diesen Bildern nicht angestrebt.

Bei den vorgestellten Bildträgern handelt es sich um auch weiteren Kreisen zugängliche Massenwaren: Terra Sigillata war die tönerne ›Volksausgabe‹ des den Reichen vorbehaltenen Tafelgeschirrs aus Silber[100] und in nahezu jeder Siedlung und jedem Militärlager zu finden.[101] Bei den sogenannten Kuchenformen handelt es sich um annähernd halbrunde Hohlformen, die aus jeweils zwei ineinandergreifenden Teilstücken bestanden und zum Ausformen plastischer Gebilde bestimmt waren.[102] Bei diesen Gebilden handelt es sich entweder um rundplastische Figuren, etwa einen liegenden Löwen, oder um zwei voneinander unabhängige Reliefbilder wie im Fall der Polyphem-Szenen (Katalog Polyphem 1 und 2). Wie das Bild der Rückseite aussah, ist in beiden Fällen unbekannt, da die zweite Hälfte der Formen fehlt. Erhalten hat sich keine einzige dieser Ausformungen, was zu der nicht unplausiblen Vermutung führte, sie hätten aus organischem Material bestanden. Angelo Pasqui, auf dessen Grabung in Ostia die Hauptmenge der heute bekannten Formen zutage kam, formulierte deshalb schon 1906 die These, die Formen wären zum Ausbacken jener Kuchen bestimmt gewesen, welche bei öffentlichen Spielen gemeinsam mit Honigwein als *crustum et mulsum* an das Volk verteilt wurden.[103] Dies kann zwar nicht zweifelsfrei bewiesen werden, hat bisher aber auch keine überzeugende Gegenthese gefunden.[104] Für diese These spricht unter anderem die Tatsache, dass die dargestellten Themen tatsächlich häufig einen Bezug zu den Spielen aufweisen: Es gibt Darstellungen zum Theater, zu Wagenrennen und Venationes; hinzu kommen erotische Motive und Stillleben mit essbaren Tieren und Früchten. Alle diese Motive gehören, wie Salomonson formulierte,[105] zum Bereich der *urbana laetitia*, also jenes Komplexes von Schaustellungen, Volksvergnügungen und -bewirtungen, wie sie bei solchen offiziellen Festlichkeiten stattfanden. Die mythischen Motive fallen hier ein wenig aus dem Rahmen. Es ist jedoch anzunehmen, dass auch sie eine positive Botschaft übermitteln sollten. Im Falle der Weinreichung könnte diese Botschaft etwa darin bestehen, dass ein Mann auch mit einem auf den ersten Blick weit überlegenen Gegner fertig werden kann, solange er trotz aller Furcht nur clever und kaltblütig genug ist. Odysseus wäre auf diesen ans Volk verteilten Kuchen — ebenso wie auf dem relativ preisgünstigen Tongeschirr — eine Identifikationsfigur für den durchschnittlichen männlichen Bewohner des *imperium Romanum*, der sich im Alltag gegen diverse Widrigkeiten behaupten muss. Anders als Texte, die sich vorrangig an Angehörige einer Elite richteten, erreichten Bilder — je nach Art und Rezeptionskontext des Bildträgers — auch andere Schichten der Bevölkerung beziehungsweise richteten sich sogar explizit an andere Schichten, wie in dem hier untersuchten Fall. Entsprechend änderte sich das Interesse, welches die Rezipienten an der Figur des Odysseus hatten. Odysseus ist hier nicht das Exempel des tugendhaften Weisen, sondern das Exempel des sich irgendwie durch alle Schwierigkeiten hindurchwindenden Schlauen.

## Die Weinreichung 2: Problematisierung und Ambiguität

Für eine ganz andere soziale Schicht bestimmt war die späteste erhaltene Darstellung der Weinreichung, angebracht auf einem Fußbodenmosaik in der Villa von Piazza Armerina auf Sizilien (Katalog Polyphem Nr. 4). Diese wohl im späteren 4. Jahrhundert errichtete, sich über 3500 m² Fläche erstreckende Anlage ist die größte bekannte spätantike Villa.[106] Die diversen Raumfluch-

---

[100] Garbsch 1982, 8.

[101] Exemplarisch aufgearbeitet sind beispielsweise die Funde aus Slowenien und dem angrenzenden Adriagebiet: Pröttel 1997.

[102] Salomonson 1972.

[103] Pasqui 1906, bes. 372 f. Die Formen aus Ostia, um die 400 (!) erhaltene Exemplare, wären demnach wohl für die Belieferung der Spiele in Rom verwendet worden, vgl. Salomonson 1972, 101. Andere Fundorte liegen im restlichen Italien, in Frankreich, Spanien, Nordafrika, Kärnten und Griechenland. Eine Werkstatt für die Herstellung solcher Formen konnte noch nicht lokalisiert werden; die Graffiti auf zwei in Tunesien gefundenen Exemplaren deuten auf eine Verbindung mit nordafrikanischen Tonlampenwerkstätten.

[104] Salomonson 1972, 101.

[105] Salomonson 1972, 109.

[106] Einige wichtige Publikationen: Gentili 1959; Kähler 1973; Rizza — Garaffo 1988; Wilson 1983; umfassende Publikation der Mosaiken: Carandini — Ricci — de Vos 1982; letzte grundlegende Behandlung der figürlichen Mosaiken: Muth 1999 und Muth 2005; der geometrischen Mosaiken: Baum-vom Felde 2003; der Architektur: Pensabene — Gallochio 2006. Was die Datierung der Mosaikfußböden anbelangt, so zeigt die zuletzt von Baum-vom Felde 2003, 419–49 vorgenommene gründliche Auseinandersetzung mit

ten, Korridore, Peristylhöfe, Brunnen, Thermen und sanitären Anlagen konstituieren ein sorgfältig aufeinander abgestimmtes, sich an der Architektur einer kaiserzeitlichen Stadtanlage orientierendes Gebilde.[107] Der zur Villa gehörige Landbesitz, Latifundium, kann anhand der Geländeformation und von aufgefundenen Ziegelstempeln ungefähr rekonstruiert werden.[108] Demgemäß erstreckte sich das Latifundium östlich des antiken Flusses Gelas über annähernd 15000 ha. Die Frage nach der Identität des Erbauers beziehungsweise Eigentümers der Villa konnte bisher von der Forschung nicht geklärt werden. Ältere Hypothesen, die in ihm einen der Tetrarchen sehen wollten, ließen sich nicht bestätigen.[109] Es ist wohl korrekter, von einem bisher anonymen Mitglied der senatorischen Oberschicht auszugehen. Der von den Männern und Frauen dieser Klasse angehäufte Reichtum — erinnert sei etwa an Melania die Jüngere — hätte den Bau einer solchen Anlage durchaus erlaubt.[110]

Das hier interessierende Mosaik befindet sich im nördlichen (linken) der beiden Raumkomplexe, die jenseits des großen Korridors zu Seiten der sogenannten Basilika, des wichtigsten repräsentativen Raumes der Villa, liegen (Abb. II.3). Es schmückte einen annähernd quadratischen (5,50 × 5,30 m²) Durchgangsraum (37) zwischen dem Korridor und zwei weiteren Räumen: einem in derselben Flucht liegenden Apsidenraum (38) mit einem Mosaikfußboden, der vor allem aus geometrischen und vegetabilen Ornamenten besteht, und einem linker Hand abzweigenden Raum mit anschließendem Alkoven (39).[111] In das ornamentale Mosaik dieses letzten Raumes wurden figürliche Bildfelder eingefügt: Theatermasken, Büsten mit Personifikationen der vier Jahreszeiten, in der Mitte ein sich umarmendes Liebespaar. In beiden Fällen befindet sich zwischen dem eigentlichen Raum und der Apsis beziehungsweise dem Alkoven eine Art Schwelle, die mit einer Mosaikdar-

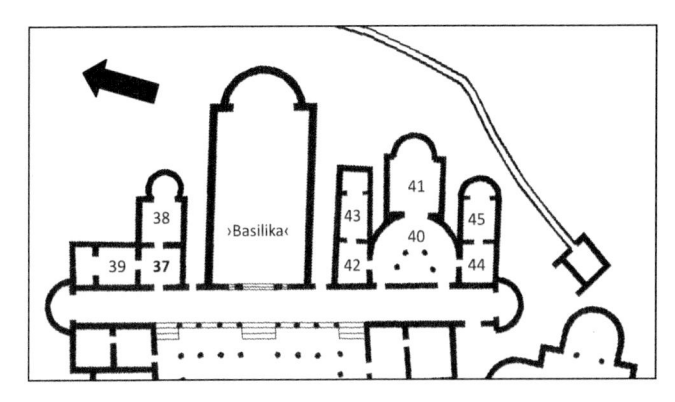

Abb. II.3 Ausschnitt aus dem Plan der Villa von Piazza Armerina; 350–400 n. Chr. (zu Katalog Polyphem Nr. 4). Susanne Moraw

stellung spielender Kinder geschmückt ist. Bewegliches Mobiliar wurde in keinem der drei Räume gefunden. Auch sind sie — etwa im Gegensatz zu den Räumen einer Thermenanlage — in ihrer architektonischen Form nicht spezifisch genug, um eine eindeutige Aussage über die antike Verwendung zu machen. Es lässt sich vermuten, dass in dem sogenannten Alkoven einst eine Kline stand, Raum 39 also als *cubiculum* diente. In der Apsis von Raum 38 könnten, in kleinerem Rahmen, die in der Spätantike populären im Halbkreis angeordneten Bankette stattgefunden haben.[112] Ob Raum 37 ausschließlich als Durchgang diente oder noch einen weiteren Zweck hatte, muss offenbleiben.

Die Räume 37 bis 39 sind nicht der einzige Raumkomplex dieser Art in der Villa. Vor allem der Raumkomplex 40–45 auf der anderen Seite der ›Basilika‹ wurde in der Forschung stets als Pendant zum eben Betrachteten angesehen. Die Anlage der Räume ist im Prinzip ähnlich, nur in Bezug auf Material und Größe deutlich hochwertiger: Es gibt vom Korridor her zwei Zugänge anstatt einem; hinter diesen entfaltet sich ein aufwendiger Eingangsbereich mit Brunnen und Peristyl (40) sowie zwei Vorräumen (42 und 44); östlich davon erstrecken sich drei große Räume, einer mit Alkoven (43) und zwei (41 und 45) mit Apsis. Alle Fußböden hier sind durchgängig mit figürlichen Mosaiken ausgestattet; die Wände der drei Haupträume sind mit Marmorinkrustationen dekoriert anstatt mit Fresken. Die architektonische Gestaltung dieser beiden Raumkomplexe sowie ihre Einbettung in die Gesamtstruktur der Villa machen es wahrscheinlich, dass es sich um Räum-

---

den archäologischen Befunden, v. a. der Keramik, dass die auf Carandini zurückgehende Frühdatierung auf die Zeit um 310/20 n. Chr. wohl nicht zu halten ist. Wahrscheinlicher ist eine Entstehung in der zweiten Hälfte, wenn nicht gar dem letzten Viertel des 4. Jh.s (ähnlich auch schon Muth 1999, Anm. 5).

107 MacDonald 1986, 276–83.
108 Carandini — Ricci — de Vos 1982, 22–26 Abb. 10.
109 Vgl. Muth 1999, Anm. 5. 13 sowie Appendix S. 210 f.
110 Zur Senatorenklasse: Demandt 1998, 245–57 bes. 253 f. Zu Melania: Krumeich 1993, 117–53.
111 Die Raumnummern beziehen sich auf die Zählung von Carandini — Ricci — de Vos 1982. Unglücklicherweise haben ältere Publikationen andere Zählweisen; bei Gentili 1959 beispielsweise wäre dies Raum Nr. 15, bei Kähler 1973 Raum Nr. 28.

---

112 Zu den archäologischen Zeugnissen: Dunbabin 2003, 169–74; vgl. das literarische Zeugnis des Sidonius Apollinaris, *Briefe* 2, 2, 11. Allerdings weist Dunbabin 2003, 171 f. ausdrücklich darauf hin, dass nicht zwangsläufig jeder Apsidenraum als Speisesaal genutzt worden sein muss.

lichkeiten für die Familienmitglieder handelt, die einen mehr oder weniger privaten Charakter hatten.[113]

Hier begegnet eine weitere hermeneutische Schwierigkeit: Selbst wenn sich die Funktion eines Raumes bis zu einem gewissen Grad wahrscheinlich machen lässt, so sagt das noch nichts über die Identität seines Benutzers. Dies hat die Forschung allerdings nicht davon abgehalten, jeweils abhängig von den eigenen (mehr oder weniger reflektierten) Vorstellungen zum Besitzer dieser Villa sowie zu den Mechanismen einer spätantiken Oberschichtfamilie die einzelnen Räume auf die einzelnen (fiktiven) Familienmitglieder zu verteilen. Die Dekoration der Mosaikfußböden wurde dann jeweils selektiv und mehr oder weniger willkürlich zur Unterstützung dieser Thesen herangezogen.[114]

Um vergleichbare Fehlschlüsse zu vermeiden, soll sich bezüglich des Polyphem-Mosaiks bei der Rekonstruktion des Rezeptionskontextes auf ein Minimum beschränkt werden. Das Mosaik lag im Durchgang von zwei Räumen eher privaten Charakters, von denen der eine eventuell als Speiseraum, der andere eventuell als Schlafgemach genutzt wurde. Von wem, bleibt unbekannt. Das Mosaik ist auf den Korridor hin ausgerichtet und füllt die gesamte Bodenfläche aus. Jeder, der vom Korridor in den am Ende der Flucht liegenden ›Speisesaal‹ ging, musste es einmal in seiner gesamten Bildhöhe überschreiten. Es ist möglich, dass seine Darstellung — das grausige Mahl des Polyphem und die Darreichung des Weines — Bezug nimmt auf realiter im angrenzenden Raum vor sich gehende Mahlzeiten.

Das Mosaik (Abb. II.4) bietet einen Blick in den Eingangsbereich der inmitten einer lieblichen Landschaft gelegenen Höhle des Polyphem. Direkt oberhalb der Höhle wachsen kleinere Pflanzen. Dahinter, vor dem Horizont, lassen sich auf einem sanft ansteigenden Hügel verschiedene Baumarten — Eichen, Pinien und Zypressen — unterscheiden. Vor dem Eingang, gerahmt von Felsformationen, grasen drei Schafe und zwei Ziegen. In der Höhle bildet Polyphem den kompositorischen und inhaltlichen Mittelpunkt der Szene. Er sitzt, den Körper zum Betrachter gewandt, auf einem abgeflachten Felsen, der sich rechts weit nach hinten in die Grotte erstreckt. Seine Haltung ist aufrecht, aber entspannt, die angewinkelten Beine sind leicht gespreizt. Hier sind Anklänge an die charakteristische Pose eines Herrschers fassbar, wie sie in etwa für Darstellungen Constantius' II. oder Theodosius' des Großen Verwendung fand.[115] Der Kyklop ist auf diesem Bild nicht vollkommen nackt, sondern trägt als eine Art Mantel das auf der Brust verknotete Fell eines Huftieres. Sein Körper ist der eines reiferen, aber muskulösen Mannes. Er hat nichts von der schlaffen Fülle, welche seinen Körper auf den zuvor betrachteten Denkmälern auszeichnete. Das braune Haar fällt in wohlgeordneten Wellen in den Nacken; der Bart ist sorgfältig gestutzt. Zusätzlich zu den beiden menschlichen Augen verfügt Polyphem über ein drittes. Dieses sitzt mitten auf der Stirn; formal ist es gebildet wie die beiden anderen Augen, allerdings fehlen Lid und Braue.[116] Auf seinem linken Oberschenkel hält der Kyklop einen toten Widder, aus dessen aufgerissener, blutiger Bauchhöhle die Eingeweide herausquellen. Polyphem ist hier also beim Verzehr eines rohen Tieres dargestellt und nicht — wie es der Mythos und die bildliche Tradition eigentlich fordern — beim Verzehr eines Gefährten. Der Blick seiner beiden menschlichen Augen und die befehlend im Redegestus ausgestreckte rechte Hand weisen auf den mit einem großen Trink-

---

[113] In diesem Sinne auch Muth 1999, Anm. 8.

[114] Einige Beispiele: Gentili 1959, 27 f. wies entsprechend der familiären Hierarchie den kleineren Raumtrakt den Kindern, genauer den Söhnen, zu; diese hätten sich vor allem im Raum mit dem Alkoven und der erotischen Szene auf dem Fußboden (39) aufgehalten. Mit der Anwesenheit von Kindern wird auch die (weiter unten zu diskutierende) zurückhaltende Darstellung von Gewalt in der Polyphem-Episode erklärt. Kähler 1973, 15 f. vermutete im Besitzer der Villa den Kaiser Maxentius und wies ihm samt Gattin den kleineren Raumtrakt zu; die beiden (historisch belegten) Söhne hätten im größeren Raumtrakt gewohnt; als Beleg gelten die zahlreichen dort befindlichen Mosaiken mit Kinderdarstellungen. Carandini — Ricci — de Vos 1982, 238–91 teilten die Raumkomplexe entsprechend der Geschlechterhierarchie zwischen den Ehepartnern auf, beim Ehemann hätten im größeren Raumkomplex zusätzlich die Söhne gewohnt (Töchter sind in keinem der hier referierten Modelle vorgesehen); als Beleg für die Nutzung des Raumkomplexes 37–39 durch die Ehefrau werden die Mosaike mit Früchten sowie mit spielenden Kindern herangezogen. Torelli 1988 ließ die gesamte Familie im größeren Raumtrakt (»vera pars familiaris«) wohnen. Der kleinere Trakt hingegen hätte als »studiolo« des Hausherren gedient, wohin er sich — des Familienlebens überdrüssig — zeitweilig zurückziehen konnte; der Raum mit Bett und erotischer Fußbodendekoration wäre als Spielzimmer für außereheliche Vergnügungen genutzt worden, der Apsidenraum als Speisezimmer und eventuell als Bibliothek; das Polyphem-Mosaik habe den Bildungsanspruch und die Klugheit des Mannes unterstrichen.

[115] Thronender Constantius im Akt der Verteilung von Münzen (*sparsio*) auf der Kopie eines Kalenderblatts aus dem Jahr 354 n. Chr. (Rom, Bibliotheca Vaticana): Elsner 1998, Abb. 54; thronender Theodosius bei der Ernennung eines Beamten auf einem Silberteller (*missorium*) aus dem Jahr 388 n. Chr.: ebenda Abb. 56.

[116] Beschreibung: oben ein nur schwach gekrümmtes schwarzes Kreissegment zur Angabe des oberen Augenrands; darunter ein stark gekrümmtes schwarzes Kreissegment zur Angabe des unteren; innen eine weiße Iris und eine dunkle Pupille.

Abb. II.4 Fußbodenmosaik in der Villa von Piazza Armerina; 350–400 n. Chr. (Katalog Polyphem Nr. 4).
© Alinari Archives, Florenz

gefäß von links herantretenden Odysseus. Dieser eilt mit großen Schritten und schmeichlerischem Lächeln dienstfertig herbei. Er ist weitaus kleiner dargestellt als der Kyklop und blickt zu dem Sitzenden auf. Den gewünschten Trank streckt er ihm mit beiden Händen entgegen. Links, im Hintergrund der Höhle, füllen zwei Gefährten Wein in ein weiteres Gefäß. Die beiden haben kurzes Haar sowie bartlose Gesichter und tragen ein nur bis zum Oberschenkel reichendes ärmelloses Gewand. Diese Züge verbinden sie zusätzlich zur Tätigkeit des Weineinschenkens mit Dienerfiguren, wie sie auf zahlreichen Darstellungen spätantiken herrschaftlichen Lebens zu finden sind.[117] Das Gelage ist in solchen Bildern allerdings in der Regel als ein gemeinschaftlicher Akt inszeniert. Diener, die Wein ausschenken oder ein Handwaschbecken herumreichen, treten dort nicht vor einen einzigen Herrn, sondern vor eine ausgelassene Gesellschaft von sozial Gleichrangigen.[118] Die Aufwartung einer einzelnen Person, meist eines Mannes, durch eine Vielzahl von untergeordneten Personen gehört hingegen zu den sogenannten zeremoniellen Formularen: Bildformeln, welche den Status einer Person durch auf sie gerichtete Handlungen oder Rituale visualisieren.[119] Polyphem erscheint in diesem Bild als ein hoher Herr — ein »König« von Sizilien, wie ihn Diktys nannte[120] —, dem beim Mahl von den Griechen aufgewartet wird.

Die Elemente im Bild, die auf ein solches herrschaftliches Mahl weisen, seien noch einmal kurz zusammengefasst: Die verzehrten Nahrungsmittel sind Wein sowie das Fleisch eines Schafes; Polyphem wird charakterisiert als ein vornehmer Herr, dem von Dienern aufgewartet wird; seine überlegene Körpergröße könnte in diesem Kontext auch schlicht Bedeutungsgröße meinen.[121]

---

[117] Dunbabin 2003, 150–56. Ein Diener mit kurzem Haar und Exomis bringt der Hausherrin einen Korb mit Blumen; ein weiterer, in ärmellosem kurzen Gewand, überreicht dem Domänenbesitzer einen zusammengerollten Brief und zwei Wasservögel: unterster Fries des sog. Dominus-Iulius-Mosaiks aus der zweiten Hälfte des 4. Jh.s n. Chr.; Blanchard-Lemée u. a. 1995, Abb. 121; vgl. Schneider 1983, 68–84.

[118] Dunbabin 2003, 174.

[119] Warland 1994, bes. 189–202.

[120] Text Polyphem Nr. 8.

[121] Diese war in der Spätantike ein gängiges künstlerisches Mittel, um Statusunterschiede auf den ersten Blick klarzumachen; vgl. Raeck 1992, 9–23.

Hinzu kommt, dass der reale Standort der Villa, Sizilien, übereinstimmt mit der antiken Verortung des Polyphem-Abenteuers.[122] Die liebliche Landschaft, die sich oberhalb der Höhle des Polyphem erstreckt (auf der Abbildung nicht mehr zu sehen), ist die typisch italische Landschaft, welche auch die Villa von Piazza Armerina umgibt. Polyphem könnte auf diesem Mosaik als ein Vertreter der spätantiken Oberschicht erscheinen, der in einem stilisierten Naturraum sein Mahl einnimmt. Ein letzter Punkt betrifft den Umgang mit dem Mythos: Nichts in diesem Bild weist darauf hin, dass der Kyklop sich nach dem Verspeisen des Widders auch an den Männern vergreifen könne. Sie sind seine beflissenen Diener, nicht seine unfreiwilligen Nahrungsmittel. Damit jedoch entfällt auf bildinterner Ebene jede Begründung und Legitimation für die nach der Weinreichung zwingend mitzudenkende Blendung des Polyphem.

Dennoch enthält die Szene bei näherer Betrachtung durchaus auch verstörende Elemente: Polyphem trinkt den Wein, ohne ihn zuvor mit erwärmtem Wasser zu vermischen. Dies ist ebenso ein Zeichen von Barbarei wie der Umstand, dass er das Tierfleisch nicht zubereitet, sondern in rohem Zustand zu sich nimmt.[123] Bis auf das umgebundene Tierfell ist er nackt, was gleichfalls nicht spätantiken Tischsitten entspricht.[124] Zudem hat er drei Augen anstatt zwei, was auf eine gewisse Monstrosität weist. Sein Kontrahent Odysseus vollführt die Handlungen eines Dieners. Die von ihm getragene Exomis, das Fehlen von Schuhen sowie seine gebräunte Haut weisen, wie weiter oben ausgeführt, auf die Darstellungen von Angehörigen der unteren Bevölkerungsschichten. Zusätzlich trägt Odysseus jedoch ein mit einer Scheibenfibel auf der Schulter befestigtes rotes Paludamentum, den Mantel der hohen römischen Offiziere.[125] Auch ist er gemäß seiner üblichen Ikonographie bärtig, entspricht also nicht mehr dem jugendlichen Alter, das für Diener beim Gelage üblich war.[126] Als Summe all dieser ikonographischen Details lässt sich festhalten, dass Odysseus als Anführer eines umherziehenden militärischen Stoßtrupps gekennzeichnet ist; als jemand, der nur aus taktischen Gründen die gegenwärtige servile Rolle einnimmt und sich bei Polyphem einschmeichelt. Diese Charakterisierung der Figuren ist näher an literarischen rationalisierenden Mythenversionen eines Diktys oder Malalas als an der bildlichen Tradition.

Auch die auf den ersten Blick so friedliche und glückverheißende bukolische Idylle,[127] welche die Protagonisten umgibt, ist nicht das, was sie scheint. Bei genauerer Betrachtung lässt sich erkennen, dass der Mosaizist die Augen der Schafe und Ziegen so gestaltet hat, dass diese zutiefst beunruhigt aussehen. Die Pupille ist jeweils nicht zur Schnauze, also entlang der normalen Blickrichtung, ausgerichtet, sondern genau entgegengesetzt, ängstlich verdreht. Eines der Schafe blickt direkt auf den toten Widder, der mit herausquellenden Gedärmen auf dem Oberschenkel des Kyklopen liegt. Polyphem ist eindeutig kein »Guter Hirte«, wie er in der Kunst der Spätantike so häufig dargestellt und dann in die Christus-Ikonographie übernommen wird.[128] Das Mosaik zeigt dem Betrachter nicht nur ein pervertiertes Gelage, sondern auch eine pervertierte Idylle.

Diese späteste erhaltene Darstellung der Weinreichung setzt die älteren Beispiele als bekannt voraus, um sie dann in einem raffinierten Spiel mit ikonographischen Versatzstücken verschiedenster Art zu konterkarieren. Die Charakterisierung und Wertung der Protagonisten ist längst nicht so eindeutig wie auf den zuvor betrachteten (und gleich im Anschluss zu betrachtenden) Bildern. Polyphem ist nicht nur ein blutrünstiges Monster, sondern auch ein in herrschaftlicher Pose auftretender Mann; vom Makel des Menschenmörders und -fressers ist er auf diesem Bild befreit. Odysseus hingegen tritt auf als ein militärischer Anführer, der aus nicht ganz ersichtlichen Gründen dem Polyphem devot schmeichelt, um

---

[122] Vgl. oben die Diskussion der literarischen Rezeption sowie die Texte Polyphem Nr. 2. 3. 8. 17. 18 c.

[123] Zur Zubereitung des Weines Dunbabin 2003, 165–68; zur Präsentation der Speisen ebenda 156–64.

[124] Vgl. die Beispiele bei Dunbabin 2003, 141–74. Für die Tischsitten im Osten des Reiches s. Vroom 2007.

[125] Delbrueck 1929, 41.

[126] Dunbabin 2003, 151.

[127] Zu den damit verbundenen Konnotationen von einem erstrebenswerten persönlichen oder politischen Zustand, von Glück und Frieden s. Himmelmann 1980, 121.

[128] Himmelmann 1980, 138–56. Er entspricht im Übrigen auch nicht dem homerischen Polyphem, der gut für seine Herde sorgt und seinen Leitwidder mit »Liebling« anredet (Hom. Od. 9, 447). Unter diesem Gesichtspunkt ist das Mosaik ein drastisches Beispiel für Lambert Schneiders These, dass spätantike Bilder, auch Mythenbilder, Natur immer als zum Konsum verfügbare »Naturalie« inszenieren: Schneider 1983, bes. 124–57. (Wobei dies natürlich nicht der einzige und auch nicht immer der wichtigste Aspekt der Bilder ist.) Für den zum Mahl schreitenden Mosaikbetrachter mag diese Darstellung von verängstigten Tieren auch ein ironisches Element enthalten haben, da Verzehrtwerden genau das Schicksal war, das ihnen realiter im Nebenraum drohte. Inwieweit darüber hinaus eine Evokation von Mitleid mit den Tieren intendiert war, ist schwer zu sagen. Dass solche Überlegungen durchaus existierten, beweist der nur wenig ältere Text des Porphyrios, *De abstinentia*.

ihn anschließend, sobald er betrunken ist, ins Verderben zu stürzen. Damit liegt dieses Mosaik in seiner Aussage weitaus näher an den griechischen Texten, vor allen denen der Historiker, als am Gros der lateinischen Literatur. Da zumindest das fiktive Tagebuch des Diktys in der Spätantike auch in einer lateinischen Fassung vorlag, waren solche Vorstellungen wohl auch weiteren Kreisen im Westen bekannt und könnten die spezifische Aussage dieses Bildes inspiriert haben.[129]

Schwieriger zu beantworten als bei den zuerst behandelten Bildern ist auch die Frage nach einer Identifikationsmöglichkeit für den Betrachter. Ikonographische Untersuchungen zur Selbstdarstellung der spätantiken Elite stimmen darin überein, dass sich die Männer und Frauen der Oberschicht in einer Art und Weise repräsentiert sehen wollten, die ihre soziale Überlegenheit klar zum Ausdruck brachte, und sich häufig an kaiserliche Formen der Repräsentation anlehnte.[130] Vergleichbare Tendenzen hat Simon Ellis für die spätantiken herrschaftlichen Wohnbauten aufzeigen können.[131] Sowohl Stadthäuser als auch Villen waren in ihren architektonischen Strukturen so ausdifferenziert, dass es jeweils unterschiedliche Empfangsräume für unterschiedliche soziale Gruppen von Besuchern gab. In den Empfangsräumen, die dem gemeinsamen Mahl vorbehalten waren, überhöhte die Fußbodendekoration — vielleicht auch die in der Regel nicht erhaltene skulpturale Ausstattung und die Wandmalerei — den Hausherrn mittels mythologischer Motive in eine gleichsam heroische Sphäre. Das Mosaik im sogenannten Trikonchensaal der Villa von Piazza Armerina beispielsweise hat zum zentralen Thema die Taten des Herakles; dessen Gegner winden sich sterbend am Boden oder sind bereits tot.[132] Der Held selbst ist nicht dargestellt — so blieb es jedem Betrachter (Besucher) frei, sich selbst oder den Gastgeber in dieser Rolle zu imaginieren.[133]

Herakles — der von einer menschlichen Mutter geborene Sohn des Zeus, der schließlich selbst zum Gott wurde — war ein populäres Sujet in spätantiken Villen oder Stadthäusern. Seine Taten schmückten nicht nur Mosaiken, sondern auch großformatige Marmorreliefs.[134] Selbst als freistehende Skulptur konnte er noch gefertigt werden.[135] Aber nicht nur Männer der Oberschicht, auch Kaiser konnten in der Spätantike bei ihrer Selbstrepräsentation auf die Figur des Herakles zurückgreifen. Zahlreiche Kunstwerke aus verschiedenen Gattungen zeigen den jeweils regierenden Kaiser — zumindest solche nicht-christlichen Glaubens — mit den Attributen des mythischen Helden.[136] Der rühmende Vergleich oder sogar die Identifikation mit Herakles/Hercules war zudem charakteristisch für die lateinische Kaiserpanegyrik des 4. Jahrhunderts.[137]

Von diesen eindeutigen Botschaften hebt sich die Ambiguität des Polyphem-Mosaiks deutlich ab: Sowohl Odysseus als auch der Kyklop tragen sowohl problematische als auch positive Züge, eine eindeutige Zuordnung in Gut und Böse, in Held und Ungeheuer ist hier nicht ohne weiteres möglich. Ebenso wenig konnte sich wohl der Villenbesitzer — genau wie seine ihm mehr oder weniger gleichrangigen Gäste — so ohne weiteres mit der Figur des unterwürfig auftretenden Odysseus identifizieren, wie dies den einer niedrigeren Gesellschaftsschicht entstammenden Rezipienten der zuvor behandelten Tongegenstände möglich war. Aber konnte oder wollte er stattdessen mit dem in repräsentativer Rolle auftretenden Polyphem, dem durch schmeichlerische

---

[129] Die lateinische Fassung der *Ephemeris belli Troiani* (Text Polyphem Nr. 8) stammt laut Merkle 1989, 273 vermutlich gleichfalls aus der zweiten Hälfte des 4. Jh.s, könnte zum Zeitpunkt der Konzeption des Polyphemmosaiks also auf Sizilien bekannt gewesen sein. Vgl. zu Diktys auch Prosperi 2013.

[130] Zur Selbstdarstellung spätantiker Feldherren und Beamten: Gabelmann 1984, 186–207; zur Repräsentation im Amt und mit der Familie: Warland 1994; im Kontext von Haus oder Villa: Schneider 1983, bes. 5–84; Aristokratinnen und Kaiserinnen: Schade 2003, bes. 151–65.

[131] Ellis 1991.

[132] Carandini — Ricci — de Vos 1982, 311–25 Bl. 49–52.

[133] Ellis 1991, 129: »If the Christian emperor on ceremonial occasions could be seen as the statue of a god, then an aristocrat who hosted lavish formal banquets could be easily compared with a mythological hero.«

[134] Etwa die großformatigen Reliefs mit den kanonischen Zwölf Taten als Teil der reichen skulpturalen Ausstattung der Villa von Chiragan (Toulouse, Musée Saint-Raymond): Bergmann 1999, 26–43; Cazes 1999, 85–99.

[135] Unter den Skulpturen vom Esquilin, einst Ausstattung eines luxuriösen Stadthauses, befand sich eine Heraklesstatue (Kopenhagen, Ny Carlsberg Glyptotek 621; Bergmann 1999, 14–17); eine weitere unter den Skulpturen von Silahtaraga, vielleicht einst Ausstattung einer Villa bei Konstantinopel (Istanbul, Archäologisches Museum 5083; Bergmann 1999, 17–20), eine Herme mit Herakleskopf in dem Hermenzaun um die *piscina* der Villa von Welschbillig (Trier, Rheinisches Landesmuseum G. 13; Wrede 1972, 110 Nr. 61).

[136] So etwa die berühmte Büste des Commodus in den Kapitolinischen Museen, mit umgehängtem Löwenfell sowie einer Keule und den Äpfeln der Hesperiden in den Händen: von den Hoff 2005. Für die Tetrarchen s. Ziemssen 2007, 38 und Abb. 26 (Goldmedaillon des Maxentius [RIC VI,372 Nr. 166], auf der VS Kopf des Kaisers mit umgehängtem Löwenfell).

[137] Mactoux 1975, 170.

Intriganten schweres Unrecht zugefügt wird, sympathisieren, so wie dies in der Lesart des Diktys angelegt war? Und wie interpretierten seine Diener oder Klienten das Bild? Als eine Wunschvorstellung von der Überwältigung des Stärkeren durch einen Schwächeren, die nur im Gewand des Mythos darstellbar war?[138]

Diese Mehrdeutigkeit der Bilder, ihre Fähigkeit, auch potentiell Subversives zur Darstellung zu bringen, führt zu einem weiteren Aspekt des Polyphem-Mosaiks, der in diesem Zusammenhang nur kurz angeschnitten werden kann: Auf einer abstrakteren Ebene reflektiert dieses Bild auch über die eventuelle Unwürdigkeit von Macht. Polyphem ist hier zwar kein Mörder und Menschenfresser, hat aber durchaus problematische Züge, die sich nicht ohne weiteres mit dem idealisierten Bild eines gerechten und kultivierten, seine Stellung ›zu Recht‹ einnehmenden Machthabers vereinbaren lassen.[139] In der spätantiken Realität war Kritik an den Mächtigen kaum möglich.[140] Explizit als ungerecht oder grausam charakterisierte Machthaber lassen sich hauptsächlich im mythischen und biblischen Bereich finden.[141] In der Realität konnten neben ausländischen Herrschern vor allem diejenigen Kaiser negativ dargestellt werden, die entweder der weitere Verlauf der Ereignisse als ›Usurpator‹ erwiesen hatte oder die von kirchlicher Seite als ›Häretiker‹ geschmäht wurden.[142] In alle diese Figuren wurden Züge hineinprojiziert und kritisiert, die auch bei den Machthabern der eigenen Gesellschaft als problematisch wahrgenommen wurden, dort aber nicht angesprochen werden konnten.[143] Ein Mythenbild wie das hier behandelte bot den Betrachtern die Möglichkeit, darüber nachzudenken, wie ein guter Herrscher zu sein habe, was im Unterschied dazu einen schlechten Herrscher ausmacht und ob es nicht berechtigt sei, einen solchen auch mittels List und Tücke zu beseitigen.

## Die Weinreichung 3: Polyphem als Bild für die Grausamkeit des Todes

Ein weiterer Rezeptionskontext, in dem die Weinreichung zur Darstellung gebracht wurde, ist der des Grabes. Drei stadtrömische Sarkophage des 3. Jahrhunderts greifen in jeweils unterschiedlicher Ausprägung dieses Thema auf. Die wichtige Rolle, die Mythenbilder vor der umfassenden Christianisierung der römischen Gesellschaft im Kontext des Begräbnisses und der regelmäßigen Rituale im oder am Grabbau spielten, ist bekannt.[144] Im Gewand des Mythos konnten die Verstorbenen und ihre Familie in gesellschaftlich hoch bewerteten Rollen und ausgestattet mit ebensolchen Tugenden präsentiert werden. Gleichzeitig sprachen die dort ausgewählten Themen entweder selbst von Tod und Trauer, boten also eine Art Trauerhilfe für die Hinterbliebenen, oder sie gewährten als Trost den Blick in eine den gegenwärtigen Sorgen enthobene Glückswelt. Einen literarischen Beleg für die mit den mythischen Themen verbundenen

---

138 Die zeitgenössische Realität war nur wenige Meter entfernt auf dem Korridor mit der Darstellung der sog. Großen Jagd zwischen dem Eingang zu Raum 37 und dem Eingang zur ›Basilika‹ beschrieben. Hier schlägt ein vornehm gekleideter Herr mit dem Stock auf einen die Hände in schwacher Abwehr erhebenden Diener ein: Ein Bild, dessen Botschaft — wie zu Recht konstatiert wurde (Muth 1999, 206) — die absolute Macht und Verfügungsgewalt des *dominus* sowie der bedingungslose Gehorsam der Sklaven ist.

139 Zum Selbstbild der spätantiken Oberschicht: Näf 1995. Die Herrscherpanegyrik bzw. das Bild des idealen Herrschers ist ein viel behandeltes Thema, s. z. B. Mause 1994; Kolb 2001; Stenger 2009, 112–92; Noreña 2011.

140 Vgl. die treffenden Bemerkungen von Cameron 1996, 56–66 zur Charakterisierung des Kaisers Justinian bei Prokop: Offiziell erlaubt war nur überbordende Panegyrik, wie sie beispielsweise in den *Bauten* anzutreffen ist. Glaubte sich ein Autor hingegen vor Zensur sicher, wie in der *Geheimgeschichte*, geben genau dieselben Züge und Taten des Herrschers Anlass zu den wüstesten Invektiven. Eine ausgewogene, nüchterne Beurteilung war anscheinend nicht möglich.

141 Für den Bereich der Bibel sei hier Pilatus genannt, bei seiner dem ›Druck der Straße‹ geschuldeten Begnadigung des Barrabas sowie der Verurteilung von Jesus, vgl. Moraw 2008a; eine ungerechte Richterin im mythischen Rahmen ist Athena beim Streit um die Waffen des Achill auf einer Silberschale in St. Petersburg, Staatliche Ermitage ω 279: ebenda. Auf die ikonographischen Parallelen zwischen der thronenden Athena beim Schiedsgericht und dem Bild des thronenden Kaisers wies bereits Weitzmann 1960, 47 hin.

142 Für den Topos des orientalischen Despoten (an welchen Prokop Kaiser Justinian konzeptionell annäherte) s. Kaldellis 2004, 119–42. Für die Invektiven der Bischöfe Athanasius von Alexandria, Hilarius von Poitiers und Lucifer von Cagliari gegen Constantius II. s. Flower 2013.

143 Vgl. die exemplarische Analyse von Grosrichard 1994 zum Orientbild der französischen Aufklärung, welche die in der eigenen spätabsolutistischen Gesellschaftsform wahrgenommenen Defizite in den zeitgenössischen Orient projizierte.

144 Zanker — Ewald 2004, 28–61. Nach dem Toleranzedikt des Jahres 313 n. Chr. setzte dann in Rom eine Blüte von Reliefsarkophagen christlicher Thematik ein; diese wurden nun als geeigneter erachtet, die Hoffnungen, Wertvorstellungen und den Status der christlichen Verstorbenen und ihrer Familien zu repräsentieren. Die Produktion endete im frühen 5. Jh., vermutlich weil nun anstelle der traditionellen Bestattung im Familienmausoleum eine Grablege in der realen (Katakomben) oder ideellen (Zömeterialkirchen) Nähe von Märtyrern bevorzugt wurde, wo die Aufstellung aufwendiger Sarkophage nicht möglich war: Brandenburg 2002, bes. 19–25.

Abb. II.5 Umzeichnung des Deckels eines stadtrömischen Kindersarkophags; 3. Jh. n. Chr. (Katalog Polyphem Nr. 5). Nach Robert 1890, Taf. 53 Nr. 149

Assoziationen bieten die zeitgleichen Trauerreden und Grabinschriften.

Die Darstellungen der Weinreichung sind nicht auf vollständigen Sarkophagen überliefert, sondern auf Fragmenten; in einem Fall hat sich nur ein Bruchstück mit dem Oberkörper des Odysseus erhalten. Dennoch lassen sich zumindest einige allgemeine Aussagen treffen: Als Dekoration der Hauptseite war dieses Abenteuer des Odysseus in keinem der Fälle gedacht. Zweimal schmückt es einen Deckel (Katalog Polyphem Nr. 5 und 6); einmal als Nebenszene die Vorderseite eines Sarkophagkastens (Katalog Polyphem Nr. 7), wobei die Hauptszene der Blendung vorbehalten war (Katalog Polyphem Nr. 8). Hier lässt sich eine enge inhaltliche Verbindung zwischen Haupt- und Nebenszene fassen, wobei der Blendung als dem in der Literatur gefeierten Höhepunkt der Geschichte die Bildmitte zukam. Ob in der anderen Nebenszene das dritte der in der Spätantike möglichen Polyphem-Motive, die Flucht aus der Höhle, dargestellt war, muss offenbleiben. Was auf den Sarkophagkästen, zu denen einst die beiden Deckel gehört hatten, dargestellt war, lässt sich nicht mehr eruieren.[145]

Eines der Deckelfragmente (Katalog Polyphem Nr. 5 Abb. II.5) gehörte nach Ausweis seiner Maße zu einem Kindersarkophag. Die künstlerische Qualität ist gering; zudem ist das Bildfeld an der rechten und an der unteren Seite beschnitten. Rechts ist gerade noch der breitbeinig sitzende, nackte Polyphem zu erkennen. In der gesenkten linken Hand hielt er wohl wie üblich den Arm oder das Handgelenk eines bereits toten Gefährten. Die Rechte streckt er nach Odysseus aus, der von links an ihn herantritt und den Wein reicht. Odysseus ist auf diesem Relief kaum kleiner als der Kyklop. Vollends auf den Kopf gestellt werden die sonst üblichen Größenverhältnisse dann bei den beiden nackten Gefährten links von Odysseus. Sie haben einen großen Kopf und pummelige Körperformen.[146] In ihrer Größe und ihren Proportionen unterscheiden sie sich praktisch nicht von dem Eros, der ganz links im Bild die ursprünglich in der Mitte des Deckels angebrachte Inschriftentafel hielt.[147]

Es handelt sich hier um ein Phänomen, das auf Kindersarkophagen häufiger anzutreffen ist: Bei der Darstellung von Mythen konnten deren Protagonisten zum Teil durch Eroten, Psychen oder Kinder ersetzt werden.[148] Bei dem Ungeheuer Polyphem und dem stets als Mann in den besten Jahren imaginierten Odysseus war eine solche Ersetzung nicht möglich, bei den Gefährten hingegen schon. Inwieweit darüber hinaus auch an eine tatsächliche Gleichsetzung des verstorbenen Kindes mit einer dieser kindlichen Gestalten gedacht war, ist schwer zu sagen. Leider ist der von Polyphem grausam ermordete Gefährte auf diesem Fragment nicht erhalten. Falls es sich bei ihm auch um eine kindliche Gestalt gehandelt haben sollte, so hätte er eine Identifikationsfigur für ein gleichermaßen grausam und viel zu früh aus dem Leben gerissenes Kind abgeben können.[149]

Wahrscheinlicher machen lässt sich ein solches Identifikationsangebot bei der Darstellung auf einem fragmentierten Wannensarkophag mit Szenen aus der Polyphem-Geschichte (Katalog Polyphem Nr. 7 und

---

[145] Möglicherweise handelte es sich um ein Thema, zu dem die Deckelbilder eine verstärkende oder weiterführende Aussage treffen sollten, vgl. Zanker — Ewald 2004, 56 f.

[146] Vgl. Matz — von Duhn 1881, 458 f. Nr. 3361: »bartlos und nackt, völlig knabenhaft gebildet«.

[147] Links der heute nur noch unvollständig erhaltenen Tafel wäre symmetrisch ein weiterer Eros zu ergänzen; vgl. einen vollständigen Sarkophag in Paris (Louvre Ma 1335) aus der Zeit um 240 n. Chr.: Zanker — Ewald 2004, Abb. 91.

[148] Huskinson 1996, 108 f.; Dimas 1998, 37 f.

[149] Vgl. Dimas 1998, 38: »Die Eroten werden zu mythischen Stellvertretern für Kinder. Die Übertragung des mythischen Geschehens auf die kindliche Ebene bewirkt eine Brechung, welche den auch auf den Erwachsenensarkophagen zu beobachtenden allegorischen Charakter der Mythenbilder in besonderer Deutlichkeit erkennen läßt.«

Abb. II.6a–c Umzeichnung der Fragmente eines stadtrömischen Wannensarkophags; um 300 n. Chr. (Katalog Polyphem Nr. 7 und 8). Nach Robert 1890, Taf. 53 Nr. 148. 148a. 148b

8 Abb. II.6a–c). Hier handelt es sich um ein höchst qualitätvolles Werk, das wohl der kurzen Phase des Wiederaufblühens der Produktion mythologischer Sarkophage in tetrarchischer Zeit zu verdanken ist.[150] Das Fragment mit der Darstellung der Weinreichung (Katalog Polyphem Nr. 7 Abb. II.6c) ist an drei Seiten beschnitten; glücklicherweise blieben die wesentlichen Elemente des Bildes erhalten. Odysseus nähert sich von links dem sitzenden, nackten Kyklopen, in den vorgestreckten Händen einen großen Becher haltend. Es kann sich hier nicht um den ersten Trank handeln, denn die Wirkung des Weines ist bei Polyphem bereits deutlich zu erkennen: Sein Kopf mit dem struppigen Vollbart hängt vornüber auf der Brust, sein Rücken ist rund. Der mächtige, unmuskulöse Körper vermittelt den Eindruck trunkener Schlaffheit. Der Mund ist halb geöffnet. Zwei unter schweren Brauen liegende Augen blicken leer aus dem Bild heraus; nur das monströse dritte Auge auf der Stirn ist weit aufgerissen. Entsprechend dem fortgeschrittenen Stadium der Trunkenheit des Riesen tritt Odysseus sehr nahe an diesen heran, so dass sein rechter Oberschenkel beinahe denjenigen des Polyphem berührt. Sein Kopf befindet sich deutlich oberhalb von dem des Kyklopen und sein Körper ist, in pointiertem Gegensatz zu dem seines Feindes, sehnig und muskulös. Odysseus wurde vom Steinmetzen unzweideutig als der zukünftige Sieger dieses Zusammentreffens charakterisiert. Die Rollen von Gut und Böse, Held und Ungeheuer sind hier klar verteilt. Dies mag auch damit zusammenhängen, dass direkt links davon, als Hauptbild dieses Sarkophags, die Blendung thematisiert wurde (Katalog Polyphem Nr. 8 Abb. II.6a–b). Die Weinreichung steht damit in direktem räumlichem und inhaltlichem Kontext zum endgültigen Sieg über Polyphem.

Ganz unten im Bild, zu Füßen Polyphems, liegt der nackte, schlanke (aufgrund des Erhaltungszustandes unvollständige) Körper eines jungen Mannes, aus dessen aufgerissener Bauchhöhle die Eingeweide quellen. Der Unhold setzt brutal einen riesenhaften Fuß auf den Leistenbereich seines Opfers, dabei das Genital streifend. Mit seiner linken Hand umfasst er das rechte Handgelenk des Toten,[151] dessen Finger an sein eigenes Genital führend. Zu fassen ist hier das Bild eines besonders grausigen und unzeitgemäßen Todes, wie er in ver-

---

[150] Brandenburg 2002, bes. 26–28. Generell werden Mythenbilder im 4. Jh. auch auf paganen stadtrömischen Sarkophagen von anderen Themen — Jagd, Landleben, Bukolisches, Bildung, Standesabzeichen — abgelöst, bis dann im früheren 5. Jh. die Produktion von Relief- und Rundplastik in Rom zum Erliegen kommt.

[151] Dieser Teil des Reliefs ist nur unvollständig erhalten. Sichtermann — Koch 1975, 50 wollen hier einen Teil der Eingeweide erkennen; dies widerspricht jedoch nicht allein dem archäologischen Befund, sondern auch der ikonographischen Tradition dieses Bildtypus.

gleichbarer Weise auf Sarkophagen auch mittels anderer Mythen visualisiert werden konnte: das Hinschlachten der 14 Kinder der Niobe durch Artemis und Apollon, der qualvolle Flammentod der Kreusa, die tödliche Verwundung des Adonis und anderes.[152] Den Hinterbliebenen boten solche mythischen *exempla* die Möglichkeit, den eigenen Verlust und Schmerz in einen kulturell anerkannten Rahmen einzuordnen. Darüber hinaus gewannen sie vielleicht auch Trost aus der Vorstellung, dass es diesen mythischen Figuren — beispielsweise Niobe, die sämtliche Kinder verloren hatte, nicht nur eines — noch schlechter ergangen war als ihnen selbst. Dass der oder die Verstorbene unmittelbar auf diese prominenten mythischen Todesopfer bezogen werden sollte, belegen die seit der Mitte des 2. Jahrhunderts auftretenden Porträtköpfe, mit denen man die mythischen Figuren gelegentlich versah.[153]

Hinzu kommt ein weiterer Aspekt. Der Tote ist nackt, was in den spätantiken *Odyssee*-Bildern eine Ausnahme darstellt. Wie weiter oben im Zusammenhang mit den Darstellungen auf sogenannten Kuchenformen (Katalog Polyphem Nr. 1 und 2 Abb. II.1) diskutiert wurde, ist Odysseus in der Spätantike grundsätzlich bekleidet. Die Gefährten sind es meistens. Sind sie es nicht, dann dient ihre Nacktheit in erster Linie dazu, einen Opferstatus zu visualisieren.[154] Das gilt für die hier besprochenen bereits toten Opfer des Polyphem ebenso wie für die noch zappelnden Opfer der Menschenfresserin Skylla, über die im entsprechenden Kapitel zu handeln sein wird. Auf dem hier diskutierten Sarkophag setzte der Steinmetz zudem den ideal schönen Körper des Toten in eine explizit sexualisierte Beziehung zu dem massigen Körper des Kyklopen. Auch dessen Nacktheit ist erklärungsbedürftig. Ikonographisch steht sie in der Tradition der älteren griechischen Bilder, auf denen Polyphem entsprechend den Konventionen der Zeit als nackter Zecher imaginiert wurde. Da, wie bereits erwähnt, in der Spätantike Nacktheit beim Gelage nicht mehr üblich war,[155] weist dieser Zug bei Polyphem zusätzlich auf seine Abnormität, vielleicht auch auf seine Schamlosigkeit.

Auch ältere künstlerische Formulierungen der Weinreichung zeigten gelegentlich eine sexualisierte Verbindung zwischen reifem Mann und schönem Knaben, zwischen Mörder und Opfer.[156] Die hier zu beobachtende obszöne Drastik, die mit einem ausgeprägten Voyeurismus der Betrachter rechnet,[157] wurde dort jedoch nie erreicht. Der tote Gefährte wird in diesem Bild inszeniert als ein Objekt des Begehrens des Polyphem, möglicherweise auch — erinnert sei an die in der Einleitung diskutierten Mechanismen, die beim Betrachten einer figürlichen Szene zum Tragen kommen können — eines Betrachters oder einer Betrachterin. Wie in der Einleitung ausgeführt, wird die Rolle des erotischen Objekts in patriarchalisch geprägten Kulturen in der Regel von einer Frau eingenommen, im griechisch-römischen Kulturkreis gelegentlich auch von einem Jüngling. Ein bereits erwachsener Mann hingegen — und als solche sind die Gefährten des Odysseus im Kontext des Epos zu denken — kann nur durch eine Strategie der Entmächtigung in einer solchen Objektposition präsentiert werden. Dies vollbrachte der Steinmetz, indem er den Gefährten in einer ausweglosen und vollkommen ausgelieferten Position zeigte. Zudem gab er ihm ein jünglingshaftes Aussehen, glich ihn also den begehrten Jünglingen jener Darstellungen an, die mit einem päderastisch interessierten Betrachter rechnen. In den literarischen Zeugnissen zur Rezeption dieser Episode war eine vergleichbare Sexualisierung der Gefährten nicht zu beobachten. Besser vergleichbar sind die Darstellungen anderer schöner junger Männer auf Sarkophagen, zum Beispiel Hippolytos, die im entsprechenden Mythos leidenschaftlich von einer Frau begehrt werden. Dieses Begehren führt in aller Regel zu einem schmerzhaften Tod des Begehrten, welcher vom Bildhauer drastisch ausgemalt wurde.[158]

Zu beachten ist, dass die Weinreichung mit Polyphem und dem Toten nicht die Hauptszene dieses Sarkophags bildete, was vermutlich auch den erstaunlich hohen Grad an sexueller Drastik in dieser Szene erklärt. Wie Astrid Fendt anhand einer Analyse der stadtrömischen Amazonensarkophage aufzeigen konnte, steht

---

152 Zanker — Ewald 2004, 76–90. 208–13.

153 Und mittels derer sich beispielsweise auch die hinterbliebenen Angehörigen mit ins Bild setzen konnten: Zanker — Ewald 2004, 45–50. 201–05.

154 Dies ist eine der Bedeutungen, die männliche Nacktheit in der Spätantike annehmen kann; s. dazu Moraw 2008b.

155 Zumindest nicht für lebensweltliche Gelagedarstellungen. Darstellungen mythischer Gelage sind höchst selten und werden laut Dunbabin 2003, 196–98 erst im 5. und 6. Jh. n. Chr. häufiger; dabei übernehmen sie die Ikonographie und Tracht der lebensweltlichen Szenen.

156 So auf einem kaiserzeitlichen Relief in der Münchner Glyptothek: Andreae 1999, Abb. 63.

157 Diese Orientierung hin auf Grausamkeit und Voyeurismus lässt sich auch in der spätantiken Literatur betrachten; vgl. die Bemerkungen zu Text Heimkehr Nr. 23.

158 Zanker — Ewald 2004, 213 f. und Ewald 2005, bes. 59–67. Derartige Bilder sind v. a. charakteristisch für das 2. und frühe 3. Jh. n. Chr.

der Grad einer solchen Drastik in direktem Verhältnis zur räumlichen beziehungsweise kompositorischen Entfernung dieser Szenen vom Hauptbild.[159] Zudem ist dieser Gefährte des Odysseus nur eine Nebenfigur der Handlung, keiner der wesentlichen Protagonisten. Eine direkte Identifikation mit dem Verstorbenen wird deshalb nicht intendiert gewesen sein. Eher ist Polyphem als eine Art Personifikation des grausamen und gierigen Todes zu lesen — der dann in der gleich zu besprechenden Hauptszene von Odysseus ›überwunden‹ werden wird. Der in der Nebenszene gezeigte Gefährte ist nur eines der zahllosen schönen jungen Opfer dieses Todes und kann auf dieser abstrakteren Ebene mit dem oder der realen Toten im Sarkophag verglichen werden.

**Die Blendung:
Allegorie für eine Überwindung des Todes?**

Die Blendung des trunken in Schlaf gefallenen Kyklopen wurde schon sehr früh bildlich umgesetzt.[160] In hellenistisch-römischer Zeit erhielt die Popularität des Motivs neuen Aufschwung.[161] Aus der Spätantike hingegen ist nur eine einzige Darstellung überliefert. Dieser Befund steht im eklatanten Gegensatz zu der Bedeutung, die der Blendung in der spätantiken Literatur zukam.

Zwei Fragmente des zuletzt behandelten Wannensarkophages lassen sich auf die Blendung des betrunken gemachten Ungeheuers beziehen (Katalog Polyphem Nr. 8 Abb. II.6a–b). Das eine Fragment lässt noch den zum Betrachter gewandten Kopf und einen Teil des Oberkörpers des Kyklopen erkennen. Polyphem stützt sich auf den linken Unterarm und hält Kopf und Oberkörper leicht erhoben. Der Rest seines gelagerten Körpers muss sich ursprünglich nach links ins heute verlorene Bildzentrum erstreckt haben. Worauf er lagerte, ist nicht mehr zu erkennen; bildliche Parallelen legen es jedoch nahe, an einen flachen Felsen in der Höhle, eventuell bedeckt mit einem Tierfell, zu denken.[162] Dargestellt ist der Moment, in dem die Griechen dem Ungeheuer den glühenden Pfahl ins Gesicht stoßen. Der Pfahl an sich ist verloren; nur dessen Flammen sind an der rechten Schläfe des Polyphem, direkt neben dem Auge, noch deutlich zu erkennen. Der Steinmetz hat die Reaktion des aus dem Schlaf Hochgeschreckten meisterhaft ausgedrückt. Sämtliche Muskeln des sich aufrichtenden Oberkörpers sind aufs Äußerste angespannt; von der schlaffen Weichheit, die Polyphem in der benachbarten Darstellung der Weinreichung auszeichnet, ist nichts zu bemerken. Alle drei Augen sind weit aufgerissen. Die Brauen ziehen sich über der Nasenwurzel zusammen, die Nasenflügel blähen sich auf und der Mund über dem struppigen Bart öffnet sich zu einem Schmerzensschrei. Bei der Blendung wird das logische Problem, welches eine Darstellung des Kyklopen mit *drei* Augen bereitet, besonders deutlich: Ist erst einmal ein Auge ausgestochen, bleiben dem Ungeheuer immer noch zwei weitere, um seine Angreifer zu sehen und sich an ihnen zu rächen. Der Künstler behalf sich, indem er den Moment vor der eigentlichen Blendung wählte und den flammenden Pfahl so groß gestaltete, als ob er sämtliche drei Augen auf einmal verbrennen könne.[163]

Rechts von Polyphem, also hinter seinem aufgestützten Oberkörper zu denken, ist noch der Torso eines deutlich kleineren Gefährten in ärmelloser Tunika erhalten. Dessen rechter Arm war nach oben gestreckt, half also vielleicht bei der Lenkung des Pfahls. Das zweite Fragment ist links davon zu rekonstruieren. Es zeigt zwei aufrecht stehende Männer in gegürtetem Gewand und Mantel, die eine heftige Bewegung von links oben nach rechts unten ausführen: Der Mantel des linken Mannes

---

[159] Fendt 2005, 89–91.

[160] Seit der ersten Hälfte des 7. Jh.s v. Chr. stellten griechische Vasenmaler die Blendung des Riesen entsprechend der archaischen Adelsethik dar als die heldenhafte Tat eines Kollektivs: Touchefeu-Meynier 1992a, 956 f. Nr. 88–92. 94–96; vgl. Fellmann 1972, 10–49. Die von Burgess 2001, 95 vertretene Überlegung, aufgrund des frühen Datums und der ikonographischen Abweichungen vom homerischen Text in diesen Bildern die Reflexe einer nichthomerischen Variante der Geschichte (entnommen aus dem größeren Kontext des sog. Epischen Kyklos) zu sehen, vermag allerdings nicht zu überzeugen: Zum einen halten sich die bildenden Künstler nie genau an den homerischen Text, zum anderen kann Form und Inhalt der *Odyssee* — selbst wenn diese tatsächlich erst im späten 7. oder gar im 6. Jh. v. Chr. schriftlich fixiert worden sein sollte — auch schon lange vor dieser schriftlichen Fixierung festgestanden haben.

[161] Nach italischen und etruskischen Vorläufern klassischer Zeit (Camporeale 1992, 973 Nr. 58–59) wurde das Motiv der Blendung im Hellenismus neu formuliert mit einer Hervorhebung des Odysseus als dem Anführer des Geschehens: Touchefeu-Meynier 1992a, 957, Nr. 93. 97–99. Die frühesten Beispiele stammen aus der Flächenkunst, erst später wurde das Motiv auch von der Großplastik aufgegriffen: Himmelmann 1995, 19–24; anders: Andreae 1999, 188–205.

[162] So etwa auf einem (stark ergänzten) kaiserzeitlichen Schmuckrelief in Catania: Andreae 1999, Abb. 74 (hier wohl fälschlich als Sarkophag-Nebenseite angesprochen, vgl. schon Robert 1890, 158 f.).

[163] Eine andere Strategie wählte der Bildhauer eines etwas älteren provinzialrömischen Reliefs (Andreae 1999, Abb. 68): Hier ist Polyphem im Profil und ohne drittes Auge auf der Stirn dargestellt, d. h., es sieht so aus, als hätte er nur eines. Entsprechend bohrt sich auf diesem Bild der Pfahl mitten ins Auge.

flattert bis zum oberen Bildrand. Hier muss es sich um das Zustoßen des (nicht erhaltenen) Pfahls handeln, dessen flammende Spitze an der Schläfe des Polyphem genau dieselbe Bewegungsrichtung aufweist. Der rechte der beiden Männer kann aufgrund seiner Barttracht als Odysseus identifiziert werden. Er ist also am Akt der Blendung aktiv beteiligt.

Die Darstellung der Blendung nahm wohl den größten Raum der Sarkophagvorderseite ein. Die kleinere Szene der Weinreichung (Katalog Polyphem Nr. 7 Abb. II.6c) befand sich rechts davon und bog zur Seite hin um. Bezieht man sie in die Gesamtaussage mit ein, so wird ganz klar, dass hier die gerechte Bestrafung eines Übeltäters dargestellt ist. Der pervertierte Mörder und Menschenfresser verdient sein grausiges Schicksal, von einer Problematisierung kann keine Rede sein. Odysseus ist charakterisiert als derjenige, der diese gerechte Bestrafung vollzieht. Er ist der Anführer seiner Männer und leitet ihre Aktion gegen das zu vernichtende Ungeheuer. Odysseus erscheint damit als ein Beispiel für die Verkörperung jener so vielseitig mit Inhalt füllbaren männlichen *virtus*, wie sie auf diesen Sarkophagen inszeniert und damit zugleich den Bestatteten zugesprochen wurde.[164] Der homerische Held wurde von den Auftraggebern des Sarkophags ausgewählt als ein Tugendexempel aus mythischer Zeit, das die Tugenden des Toten visualisieren sollte. Allerdings ist Odysseus eines der ganz wenigen Beispiele für die Darstellung eines Helden reiferen Alters. In der Regel sind die Szenen, welche die stadtrömischen Sarkophage schmückten, Ausdruck eines ausgesprochenen »Jugendkultes«.[165] Diese Vorliebe für junge und schöne Helden — mit denen die Bestatteten gleichgesetzt wurden, auch wenn diese Jugendlichkeit kaum ihrem tatsächlichen Sterbealter entsprochen haben dürfte — mag einer der Gründe sein, warum nicht mehr Sarkophage mit der Blendung des Polyphem versehen wurden.

Vor dem Hintergrund des Rezeptionskontexts dieses Sarkophags mag Polyphem auch als ein Bild für den grausamen und unmenschlichen Tod verstanden worden sein.[166] Odysseus wäre dann derjenige, der diesen grausigen Tod durch menschliche Klugheit und Tapferkeit überwand. Ist diese eschatologische Interpretation zutreffend, dann ließe sich in diesem Bild jene vage Hoffnung auf eine prinzipielle Möglichkeit der Überwindung des Todes und auf ein Leben im Jenseits fassen, jene Mischung aus Nihilismus und skeptischer Hoffnung, wie sie den Großteil der paganen Bevölkerung des 2. und 3. Jahrhunderts charakterisierte.[167] Die Überwindung des Polyphem durch Odysseus wäre somit in diesem konkreten Fall als eine Allegorie für die Überwindung des Todes zu interpretieren.

Was in dieser Darstellung der Blendung fehlt, ist jeder Hinweis auf eine allegorische Auslegung in der Art, wie sie in der spätantiken Literatur anzutreffen war: als Versuch einer Abtötung der eigenen Sinne, wie es Porphyrios formulierte (Text Polyphem Nr. 4); als Raub der einzigen »von Liebe entflammten« Tochter des Polyphem, wie Johannes Malalas und Johannes von Antiochia (Text Polyphem Nr. 2 und 3) berichten; als Übertreffen eines klugen Verstandes durch einen noch klügeren (Servius: Text Polyphem Nr. 11); als Verdunkelung des eitlen Ruhms durch wahren Verstand (Fulgentius: Text Polyphem Nr. 12). Weder im Bild selbst noch im Kontext der Rezeption weist irgendetwas darauf hin, dass eine dieser Deutungen — oder gar alle gleichzeitig — vom Bildhauer des Sarkophagreliefs intendiert worden wäre. Ebenso wenig war die in der literarischen Allegorese so populäre Blendung das beliebteste Polyphem-Motiv in der bildenden Kunst der Spätantike. Die hier behandelte Szene ist das einzige bekannte Beispiel, während Darstellungen von Weinreichung und Flucht in größerer Zahl überliefert sind. Dafür spielten umgekehrt Weinreichung und Flucht so gut wie keine Rolle für die Allegorese. Dieser Befund mag als Warnung davor dienen, aus der Literatur bekannte allegorische Deutungen eines Mythos ohne weiteres auf dessen bildliche Umsetzung zu übertragen.

### Die Flucht aus der Höhle 1: Odysseus als Antiheld

Darstellungen der Flucht aus der Höhle des geblendeten Ungeheuers sind ebenso alt wie Darstellungen der Blendung; wie diese feierten sie die Flucht meist als die Unternehmung eines Kollektivs von Kriegern in gefahrvoller Mission.[168] Die wohl gleichfalls im Hellenismus

---

164 Zum Begriff *virtus* s. oben die Diskussion zu den lateinischen Texten. Zur Visualisierung dieser Tugend auf stadtrömischen Sarkophagen s. Zanker — Ewald 2004, 230–36.

165 So die treffende Bemerkung von Zanker — Ewald 2004, 233.

166 Vgl. entsprechende Untersuchungen von Stefan Schmidt zu den Darstellungen auf unteritalischen Grabvasen: Schmidt 2005.

167 Zanker — Ewald 2004, 113–15. Vgl. Dresken-Weiland 2010, 90 zur römischen paganen Sarkophagplastik: »die wenigen mythologischen Themen, die am Ende des 3. Jahrhunderts noch hergestellt wurden, lassen sich als Ausdruck der Hoffnung auf Überwindung des Todes verstehen.«

168 Touchefeu-Meynier 1992a, 958 f. Nr. 100–25. 127–29;

Abb. II.7 Marmorstatue eines Widders mit darunter hängendem Odysseus, heute Galleria Doria Pamphilij in Rom; Anfang 3. Jh. n. Chr. (Katalog Polyphem Nr. 9). © Alinari Archives, Florenz

vorgenommene Neuformulierung des Motivs setzte dann den Schwerpunkt eindeutig auf Odysseus. In der Regel wurde allein er, erkennbar an seiner Tracht, unter dem Widder hängend dargestellt.[169] Anders als auf den archaischen Bildern, auf denen er als die Situation souverän im Griff habend charakterisiert wurde,[170] machte Odysseus dabei keine besonders glückliche Figur: Mit einem Gesicht, dass Leiden und Angst ausdrücken kann, klammert er sich in verkrampfter Haltung an den Bauch des Tieres.

Vermutlich aus dem frühen 3. Jahrhundert stammt die unterlebensgroße Marmorskulptur eines Widders (Katalog Polyphem Nr. 9 Abb. II.7).[171] Das mächtige, muskulöse Tier hat die Beine in den Boden gestemmt und steht sehr aufrecht. Das Gewicht des unter seinem Bauch hängenden, im Vergleich zu ihm winzigen Odysseus scheint es kaum zu spüren. Ältere Formulierungen des Themas gaben Odysseus entweder gleichfalls deutlich verkleinert wieder oder in einem im Vergleich zum Widder realistischen Größenverhältnis.[172] In der Spätantike hingegen ist die Kombination von winzigem Odysseus und riesenhaftem Widder die Regel, wie weitere Beispiele zeigen werden. Dies mag zum einen mit der generellen Neigung der spätantiken Künstler zusammenhängen, bei Mensch-Tier-Gruppen den animalischen Part möglichst imposant zu gestalten.[173] Zum anderen ist hier jedoch ein bewusst eingesetztes Stilmittel zu vermuten: Die spätantiken Künstler wählten aus den ihnen zur Verfügung stehenden Variationsmöglichkeiten diejenige aus, die ihrer Aussageintention — Entheroisierung des Odysseus — am meisten entgegenkam.

Der Held klammert sich recht ungeschickt an den Widder. Seine Hände fassen zwar auf den Rücken, scheinen in dem kurz geschorenen Fell aber kaum Halt zu finden. Die Knie pressen sich an die Flanken, die nackten Füße an die Hinterläufe. Von einem realistischen Gesichtspunkt aus betrachtet, müsste Odysseus sofort abrutschen und zu Boden fallen. Sein dem Betrachter zugewandtes, unter der Brust des Widders befindliches Gesicht wirkt wenig glücklich. Die Augenbrauen sind kontrahiert und zur Nasenwurzel gezogen, die Miene erscheint leidend und angestrengt. Auf dem Kopf trägt Odysseus den obligatorischen Pilos. Der Saum der Exo-

---

vgl. Fellmann 1972, 79–100.

[169] Touchefeu-Meynier 1992a, 959 f. Nr. 131-37.

[170] Etwa auf einem att.-sf. Krater aus dem späten 6. Jh. v. Chr. (heute Karlsruhe), abgebildet bei Andreae 1999, Nr. 42: Odysseus ist mit drei Gurten an den Leib des Widders gebunden; er blickt wachsam nach vorne, sein Schwert angriffsbereit in der Hand.

[171] Mit dieser Skulptur wurden von der Forschung drei weitere, bereits frühkaiserzeitliche Exemplare in Verbindung gebracht: 1. ein Widder mit darunter hängendem Odysseus in der Sammlung Torlonia (Visconti 1885, Taf. 112 Nr. 438; Bieber 1955, 100 Abb. 401); 2. ein Widder in Toledo/Ohio (The Toledo Museum of Art 26.9, gift of Clement O. Miniger; Vermeule 1981, 155 Nr. 122. Laut Andreae — Parisi Presicce 1996, 133 befand sich hier ursprünglich unter dem Widder gleichfalls ein Odysseus, von dem sich noch Spuren im Fell des Tieres erhalten hätten. Falls das stimmt, müsste er zu einem unbekannten Zeitpunkt abgeschlagen und durch die heute sichtbare Palmstütze unter dem Bauch ersetzt worden sein.); 3. Fragmente eines Widders aus der Villa von Castel Gandolfo (Antiquarium di Villa Barberini 36411; Liverani 1989, 79 Nr. 28; Neudecker 1988, 142 Nr. 9.5; keine Spuren eines angefügten Odysseus). Für einen Vergleich mit dem hier diskutierten Exemplar eignet sich nur die wohl flavische Gruppe aus Widder und Odysseus in der Sammlung Torlonia: Allerdings wurde sowohl das Haltungsschema des Odysseus als auch das Größenverhältnis zum Widder anders gestaltet. Zuzustimmen ist Andreae — Parisi Presicce 1996, 133 wohl darin, dass es sich hier um freiplastische Umsetzungen eines figürlichen Typus handelt, nicht um Repliken eines hellenistischen Originals (so Bieber 1943).

[172] Ein realistisches Größenverhältnis zeigt etwa die in der vorangegangenen Anm. genannte flavische Gruppe in der Sammlung Torlonia. Deutlich verkleinert gegenüber dem Tier ist Odysseus z. B. auf einer Kleinbronze in Cambridge (MA), The Harvard Art Museums 1994.8; um 450 v. Chr.; Andreae 1999, 385 Abb. 38.

[173] Vgl. die fragmentierte Statue eines Panthers, auf dem ein winziger Silen reitet: Cherchel, Archäologisches Museum S 219; Landwehr 2006, Kat. Nr. 210 Taf. 42; 3. Jh. n. Chr. oder später (s. auch Landwehr 2006, Kat. Nr. 247 Taf. 63 b-c).

Abb. II.8 Bildfeld aus dem Fußbodenmosaik einer Villa bei Baccano; Anfang 3. Jh. n. Chr. (Katalog Polyphem Nr. 10). Su concessione del Ministero per i beni e le attività culturali – Museo Nazionale Romano

mis ist entsprechend dem hochgezogenen Oberschenkel nach unten verrutscht und entblößt die Glutäen. Die restlichen Gewandfalten hingegen folgen der Schwerkraft nicht, was dafür spricht, dass das Verrutschen des ›Röckchens‹ ein vom Bildhauer intendierter Effekt ist. Gesteigert wird die Obszönität von Odysseus' Haltung noch durch den Umstand, dass sein entblößter Unterleib sich genau dort an den Widder presst, wo sich nach anatomischen Gesichtspunkten das Genital des Tieres befinden müsste. Die Partie unter dem Tier wurde zwar nie im Detail ausgearbeitet, sondern mehr oder weniger in Bosse stehen gelassen[174] — für einen vor der Skulptur stehenden, leicht auf sie hinunterblickenden spätantiken Betrachter war dies aber auch nicht notwendig. Die Darstellung von Odysseus unter dem Widder rückt hier in bedenkliche Nähe zu jenen in der römischen Kunst beliebten erotischen Gruppen, die Tiere oder Halbtiere beim Geschlechtsverkehr mit Menschen präsentierten.[175]

Nach dem Gesagten dürfte klar sein, dass Odysseus hier nicht als ein großer Held präsentiert werden sollte. Er erscheint vielmehr als eine traurige, komische oder gar obszöne Gestalt, die sich mit nacktem Hintern und erbarmungswürdiger Miene an einen monströsen Riesenwidder klammert. Damit entspricht Odysseus ungefähr der zu Anfang des Kapitels referierten, dem Polyphem in den Mund gelegten Beschreibung bei Homer: »so ein Knirps, so ein kraftloser Schwächling, ein Nichtsnutz«.[176]

Nicht allzu vorteilhaft charakterisiert wird Odysseus auch auf einem etwa zeitgleichen polychromen Mosaik aus einer Villa in Baccano (Katalog Polyphem Nr. 10 Abb. II.8). Dieses Emblem war einst Bestandteil eines großen Fußbodenmosaiks, in das 25, vielleicht auch 32 figürlich verzierte Felder eingelassen waren.[177] Eine wei-

---

[174] Ich bin Andrea Schmölder-Veit sehr zu Dank verpflichtet, die während eines Forschungsaufenthalts in Rom für mich die Skulptur einer genauen Analyse unterzog.

[175] Vgl. den Katalog bei Stähli 1999, z. B. die Marmorgruppe Satyr und Hermaphrodit Typus Dresden (Dresden, Staatliche

Kunstsammlungen, Skulpturensammlung 155; Stähli 1999, 311 f. Kat. Nr. 1.3 Abb. 17–19. 27–28) oder die Marmorgruppe Satyr und Mänade Typus Ludovisi (Rom, Museo Nazionale Romano 80005; Stähli 1999, 347 f. Kat. Nr. 2.10 Abb. 38–40. 102–04).

[176] Hom. Od. 9, 515.

[177] Das hängt ab von der Rekonstruktion der nicht erhaltenen Gesamtkomposition; für Details s. den Katalog.

tere Szene aus dem Kontext der *Odyssee* hat sich nicht erhalten. Es ist deshalb zu vermuten, dass es sich bei der Darstellung der Flucht aus der Höhle um ein einzelnes, für sich selbst stehendes Bild handelte, nicht um den Teil eines *Odyssee*-Zyklus.

Man erkennt den vor dem Eingang seiner Höhle sitzenden geblendeten Riesen, der mit beiden Händen hilflos den Rücken des Widders betastet. Unter dem Tier hängt wiederum ein winziger Odysseus. Sein Gesicht ist ängstlich verzogen, die Ärmeltunika hängt nach unten und schleift fast am Boden. Der besorgte Gesichtsausdruck spricht von der prekären Lage, in der sich der Held im Augenblick befindet: Tastet Polyphem nur ein wenig zu gründlich die Seiten des Widders ab, ist Odysseus entdeckt. Die Darstellung betont das Ausgeliefertsein des homerischen Helden in einer Situation, in der ihn allein sein Glück retten kann.

Als Rezeptionskontext kann sowohl für das Mosaik als auch für die Skulptur der Bereich des repräsentativen privaten Wohnens postuliert werden. Die Herkunft des Mosaikfeldes aus einer italischen Villa bei Baccano ist gesichert, auch wenn der genaue Fundkontext vor dem Abtransport und Verkauf nicht ausreichend dokumentiert wurde. Die Marmorskulptur befindet sich heute in der Galleria Doria Pamphilj in Rom, ihr Fundort ist unbekannt. Vermutlich stand sie einst im Garten einer Villa.[178] In diesem Fall hätte ein im Garten wandelnder Betrachter auf die leicht unterlebensgroße Skulptur herabgeblickt wie ein Riese: Er nahm damit zwangsläufig den Standpunkt des homerischen Polyphem ein.[179] Der Unterschied zu Polyphem — das ist die Pointe dieser Betrachtersituation — liegt darin, dass der spätantike Betrachter zuvor nicht geblendet wurde, sondern den »erbärmlichen Wicht Odysseus« unter dem Widder zu sehen vermag.

Es ist deutlich geworden, dass dem Besitzer dieser Skulptur nicht daran gelegen war, Odysseus in einer möglichst heroischen Haltung vor Augen zu haben. Dasselbe gilt für den Auftraggeber des Mosaikbodens der Villa von Baccano. In beiden Fällen wird Odysseus charakterisiert als eine lächerliche bis obszöne Gestalt, die sich mit viel Glück aus einer gefährlichen Situation rettet. Diese Charakterisierung erinnert ein wenig an den Odysseus des Synesios-Briefes (Text Polyphem Nr. 5), der mit einem dummdreisten Verbrecher gleichgesetzt wurde. Inwieweit der lateinischen Spätantike noch die literarische Charakterisierung des Odysseus als lächerliche Gestalt bekannt war, wie sie Alessandro Perutelli für die Literatur der Republik und früheren Kaiserzeit herausarbeitete,[180] ist schwer zu sagen. Es scheint jedoch klar, dass ein Odysseus wie der hier diskutierte als mythische Überhöhung des Hausherrn ebenso wenig geeignet war wie der Odysseus auf dem Mosaik von Piazza Armerina (Katalog Polyphem Nr. 4 Abb. II.4).

Die ausführlich besprochene Skulptur (Katalog Polyphem Nr. 9 Abb. II.7) ist die einzige aus der Spätantike bekannte freiplastische Darstellung des Odysseus. Odysseus scheint also kein geläufiges Thema in der Skulpturenausstattung spätantiker Villen oder Stadthäuser gewesen zu sein. Hier überwogen bei mythologischen Themen die grundsätzlich positiv besetzten Darstellungen von Gottheiten oder des Herakles.[181] In der späten Republik und frühen Kaiserzeit war das noch anders: Aus einer Reihe von italischen Villen — von denen diejenige von Sperlonga sicher die bekannteste ist — sind großplastische Darstellungen zum Polyphem- sowie zum Skylla-Abenteuer überliefert, die Odysseus zweifelsfrei als großen Helden und Vorbild inszenierten.[182] Anknüpfend an die antike Überlieferung, welche diese beiden Abenteuer des homerischen Helden in Italien lokalisierte, wurde den Bewohnern und Besuchern dieser Vil-

---

[178] Nur ungefähr vergleichbar ist die in Fragmenten erhaltene Statue eines Widders aus dem ›Ninfeo Bergantino‹ der Domitian-Villa in Castel Gandolfo (Antiquarium di Villa Barberini 36411; Neudecker 1988, 44–45. 139–44 Nr. 9.5; Liverani 1989, 79 Nr. 28). Sie war in dieser künstlich ausgebauten Grotte aufgestellt, gemeinsam mit einer Statue des trunkenen Polyphem, einer Skylla und weiterer mythischer Figuren. Allerdings lassen sich an den erhaltenen Fragmenten von Kopf und Rumpf keine Spuren eines daran hängenden Odysseus erkennen: Es wird sich bei diesem Widder also eher um eine dem Kyklopen attributiv zugeordnete Tierfigur gehandelt haben, nicht um eine Darstellung der Flucht aus der Höhle. Dass die hier diskutierte spätantike Skulptur einst Bestandteil eines solchen *antrum Cyclopis* war, wie von Bernard Andreae vorgeschlagen (1999, 129), lässt sich nicht belegen.

[179] Zur Fähigkeit der rundplastischen Umsetzung eines Epos, den Betrachter ins Geschehen hineinzuziehen (im Unterschied zur zweidimensionalen Umsetzung, die den Protagonisten einen eigenen Raum gibt und so zwangsläufig Distanz zum Betrachter herstellt), s. Vout 2013.

[180] Perutelli 2006, 11–16: Parodie der Odysseus-Gestalt in der frühen römischen Komödie und Liebesdichtung; ebenda 43–47: Odysseus in den *Satiren* des Horaz; ebenda 89–97: Parodie der Odysseus-Gestalt in den *Satyrica*.

[181] Zur skulpturalen Ausstattung spätantiker Wohnhäuser s. z. B. Bergmann 1999; Stirling 1996. 2007. 2008.

[182] Neudecker 1988, 41–45 (Zusammenfassendes). 139–44 Kat. Nr. 9 (Castel Gandolfo). 220–23 Kat. Nr. 62 (Sperlonga); Andreae 1999, 177–223 (Sperlonga). 224–41 (Baiae); zu Sperlonga vgl. Kunze 1996. Eine zusammenfassende Behandlung und Interpretation aller fünf bekannten Grotten-Triklinien mit Polyphem-Darstellung (drei davon präsentierten zusätzlich das Skylla-Abenteuer) bietet Balensiefen 2005.

len das ›vorgeschichtliche Italien‹ vor Augen geführt.[183] Aus einem luxuriösen Stadthaus am Esquilin stammen die berühmten Fresken, die gleichfalls die Abenteuer des homerischen Helden thematisieren.[184] Dass dies kein Einzelfall war, belegt die Bemerkung des Vitruv, dass für die Ausschmückung von Wohnhäusern anstelle von Statuen auch große Wandgemälde Verwendung finden konnten, beispielsweise solche mit den Irrfahrten des Odysseus.[185] Ein weiterer Grund für die damalige Popularität des homerischen Helden mag darin liegen, dass Rom zu jener Zeit eines der wichtigsten Zentren der Homerphilologie war.[186] Odysseus selbst galt, darauf wurde bereits weiter oben verwiesen, der Philosophie der Stoa als Tugendexempel. Als solches konnte er auch dazu instrumentalisiert werden, anhand von Vergleichen mit seiner Person den Kaiser zu rühmen.[187]

In der Spätantike funktioniert all dies nicht mehr, dort wird Odysseus in gewisser Weise von Herakles abgelöst.[188] Ein Grund für diesen Paradigmenwechsel mag sein, dass Herakles, der Sohn des Zeus, den Zeitgenossen besser geeignet schien, das Menschenbild der Spätantike zu verkörpern: ein Mensch mit einem gleichsam göttlichen Funken in sich, der schließlich nach vielen Mühen und Leiden zu den Göttern aufsteigt.[189] Odysseus leidet zwar auch — aber er wurde stets vollkommen menschlich imaginiert, ohne jeden göttlichen Funken oder Erbteil, und sein Lohn ist vollkommen diesseitiger Natur: die Wiedergewinnung von Besitz, Herrschaft und Gattin. Damit bietet er eher eine Anregung zur Reflexion darüber, wie jemand in diesem Leben erfolgreich sein kann, welche Mittel und Wege dafür erlaubt oder möglich sind. Auf einer abstrakteren Ebene ist dies auch eine Reflexion darüber, was Heldentum eigentlich ist.

## Die Flucht aus der Höhle 2: Odysseus als Glücksbringer für jedermann

Ein Weg zum Erfolg, das erfolgreiche Entkommen aus der Höhle des Polyphem, wird auch in einer ganz anderen Gattung thematisiert, auf Kontorniaten. Kontorniaten sind münzähnliche Gegenstände mit erhöhtem Rand (italienisch *contorno*), die in vermutlich stadtrömischen Werkstätten aus einer Kupferlegierung geprägt wurden.[190] Gleich den alten Bronzemünzen, die sich die Römer der früheren Kaiserzeit zu Neujahr oder anderen Anlässen schenkten,[191] dienten sie in der Spätantike als eine Art glücksbringendes Geschenk. Die auf den Kontorniaten angebrachten Bilder unterstreichen diese Aussage. In einem Rekurs auf die ›gute alte Zeit‹ wurden darauf beispielsweise populäre Kaiser des ersten und zweiten Jahrhunderts abgebildet.[192] Weiterhin gab es viele Darstellungen, die der Verherrlichung der Stadt Rom oder der Circusspiele dienten. Auf zahlreichen Exemplaren wurden nachträglich glücksverheißende Zeichen wie die Siegespalme oder das Monogramm PE[193] angebracht.

Auf einen zweiten wesentlichen Aspekt wies Peter Mittag hin.[194] In der Spätantike hatte der Glaube an

---

183 Und natürlich der zivilisatorische Fortschritt, der seitdem — mit der Gründung des Römischen Reiches und der architektonischen Glanzleistung solcher Villenanlagen — erreicht worden war: Balensiefen 2005, 27 f.

184 Andreae 1999, 242–57. Vgl. das Kapitel »Kirke«.

185 *De architectura* 7, 5, 2.

186 Pontani 2005, 59.

187 Mactoux 1975, 170. Odysseus konnte sogar, darauf verwies zuletzt Schmitzer 2005, 33 f., über seinen mit Kirke gezeugten Sohn Telegonus als Stammvater der *gens Claudia* und damit des Tiberius gelten.

188 Vgl. die Bemerkung von Mactoux 1975, 170 zur lateinischen Kaiserpanegyrik des 4. Jh.s: »À des comparaisons avec Ulisse qui, en d'autre temps, se seraient imposes, se substituent des comparaisons avec Hercule«.

189 Dazu grundlegend: Balensiefen 1996; vgl. Moraw 2011, 247–51.

---

190 Zusammenstellung des Materials: Alföldi — Alföldi 1976; Alföldi — Alföldi 1990. Weitere Ergänzungen des Katalogs bei Mittag 1999, 250–57. Da die meisten Kontorniaten bereits seit Jahrhunderten in Sammlungen zirkulieren, sind Fundorte nur selten belegt. Für die in dieser Arbeit aufgelisteten Exemplare ist nur in einem einzigen Fall, Katalog Skylla Nr. 27, ein Fundort aufgeführt: Alföldi — Alföldi 1990, 373 Nr. 505a: »Dalmatien«. Woher diese Angabe stammt, ist allerdings nicht klar; die Münchner Verkaufskataloge geben keine Herkunftsangabe. Mittag 1999, 34–36 (mit Verbreitungskarte) hat ein Verzeichnis aller bekannten Fundorte zusammengestellt: »Abgesehen von dem singulären Fund in Israel stammen alle geprägten Kontorniaten aus dem lateinischen Westteil des Reiches mit einem deutlichen Schwerpunkt in Rom (Funde vom Forum Augusti). Daraus läßt sich zwar nicht mit Sicherheit auf eine stadtrömische Produktion schließen, diese ist aber sehr wahrscheinlich.« (Ebenda 36.) In der älteren Forschung gab es die v. a. von Andreas Alföldi vertretene These, dass die Kontorniaten als ein von Senatoren in Auftrag gegebenes Propagandamittel der heidnischen Reaktion zu interpretieren seien. Andere Forscher betonten die Häufigkeit von circensischen Bildmotiven und schlossen daraus, dass es sich bei den Kontorniaten um bei den Circusspielen verteilte Geschenke gehandelt habe. Zur Forschungsdiskussion vgl. Mittag 1999, 1–39.

191 Ov. fast. 1, 218 ff.

192 Neben Nero v. a. Trajan und Caracalla.

193 Steht vermutlich für *palma feliciter* = »Sieg!«, »viel Glück!« (Mittag 1999, 178).

194 Mittag 1999; zum Folgenden bes. 147–79. 239–46.

Abb. II.9a–b Vorder- und Rückseite eines stadtrömischen Kontorniaten; ca. 350–425 n. Chr. (Katalog Polyphem Nr. 15). © The Trustees of the British Museum. All rights reserved

Dämonen — niedere Gottheiten, die sowohl Gutes als auch Böses bewirken können — stark zugenommen. Im Unterschied zu den großen Gottheiten konnten Dämonen nach damaliger Vorstellung durch Magie von einem Menschen zu bestimmten Handlungen gezwungen werden.[195] Wichtige Anwendungsbereiche waren etwa die Gesundheit oder das Ausschalten von Konkurrenten. Amulette zum Schutz gegen die Einwirkung böser Dämonen waren weit verbreitet.[196] Im christlichen Milieu übernahmen diese Funktion zum Teil Exorzisten, Reliquien oder umgehängte Kreuze.[197] Daneben florierte aber auch hier nach Ausweis der Kirchenväter und Konzilsbeschlüsse — welche diese Praxis vergeblich einzudämmen suchten — weiterhin die Verwendung der traditionellen ›heidnischen‹ Amulette.[198]

Für eine mögliche Verwendung der Kontorniaten als Amulette sprechen folgende Aspekte: Aufgrund ihrer vollkommenen runden Form und ihrer Beschaffenheit aus Bronze waren sie nach damaliger Auffassung besonders gut für einen magischen Gegenstand geeignet.[199] In zwei Fällen wurde sogar eine komplette Rückseite eradiert, um stattdessen eine Hekate, die Zaubergöttin *par excellence*, einzugravieren. Auch nachträgliche Durchbohrungen sind des Öfteren anzutreffen, diese Exemplare wurden demnach sicher als Amulette getragen.[200] Selbst die Darstellungen auf den Kontorniaten lassen sich in vielen Fällen mit Magie in Verbindung bringen. Das gilt laut Mittag etwa für die Porträts von Männern, denen übernatürliche Kräfte zugesprochen wurden, für Darstellungen aus dem Bereich des Circus oder für Darstellungen von Gottheiten, die auch auf Zauberpapyri oder magischen Gemmen überliefert sind.[201]

Von den Kontorniaten mit Darstellung der Flucht aus der Höhle des Polyphem haben sich acht Exemplare erhalten (Katalog Polyphem Nr. 11–18 Abb. II.9a–b), geprägt aus je einem einzigen Vorderseitenstempel, Kaiser Caracalla im sogenannten Typus IV, und einem Rückseitenstempel mit der hier behandelten *Odyssee*-Szene. Datiert werden können diese Exemplare nur grob: zweite Hälfte des 4. Jahrhunderts bis erstes Viertel des 5. Jahrhunderts.[202] Den Mittelpunkt des Rück-

---

[195] Das Thema Magie erfreute sich in der Forschung der letzten Jahre großer Beliebtheit. Einen kurzen Überblick über Forschung und Theorien bietet Sfameni 2010, 437–40.

[196] Vgl. Eckstein — Waszink 1950 sowie Sfameni 2010, 440–42. Für die Verwendung von Amuletten und apotropäischen Zeichen in einem konkreten archäologischen Kontext s. Mitchell 2007.

[197] Reliquien: Aug. civ. 22, 8; Kreuz: Greg. Nyss. vit. Macrinae (PG 46, 989 C/D); Exorzisten: Eus. HE 6, 43, 11. Zur (von der Kirche heftig bekämpften) Christianisierung heidnischer magischer Praktiken etwa bei der Krankenheilung s. Dickie 2001, 281–84. 304–11.

[198] Eckstein — Waszink 1950, Sp. 407 f.; vgl. Dickie 2001, 274–81 zu Klerikern, die sich traditioneller magischer Praktiken bedienten (oder zumindest dessen angeklagt wurden).

[199] Mittag 1999, 153 mit Anm. 35–36. Zur dämonenabwehrenden Eigenschaft der Bronze s. etwa Porph. vit. Pyth. 41; vgl. Text Kirke Nr. 4 b.

[200] Zu den nachträglichen Veränderungen: Mittag 1999, 167–70; zur Tragweise der Amulette (v. a. um den Hals, dann um den Kopf, den linken Arm oder einen Schenkel): Eckstein — Waszink 1950, Sp. 399.

[201] ›Große Männer‹, z. B. Alexander der Große: Ioh. Chrys. hom. ad catechum. 2, 5. Vgl. Mittag 1999, 159–66. Zum Bereich des Circus gehören v. a. Wagenlenker: Sie waren für ihre Kenntnisse in Magie bekannt; aus der Antike hat sich eine ganze Reihe von Verfluchungstafeln gegen konkurrierende Wagenlenker erhalten: Mittag 1999, 166 f.; Dickie 2001, 293–98. Bei den spätantiken Zauberpapyri liegt der Schwerpunkt auf Hermes, Helios, Phoibos-Apollon, Hekate; bei den magischen Gemmen auf Hekate, ägyptisierenden Mischwesen, Sol, Herkules im Löwenkampf, lanzenbewehrtem Reiter gegen Unhold am Boden: Mittag 1999, 156–57.

[202] Zur Datierung der Kontorniaten s. Mittag 1999, 27–33. Danach wurden die sog. regulären Kontorniaten — d. h. geprägte

seitenbildes stellt ein großer, auf einer Grundlinie nach rechts schreitender Widder dar. In dessen wolliges Fell krallt sich von unten ein auch hier unverhältnismäßig klein wiedergegebener Odysseus. Um über die Identität des Dargestellten keinen Zweifel zu lassen, hat der Stempelschneider in großen lateinischen Buchstaben die Umschrift *OLEX — EUS*, eine Vulgärform von Ulixeus oder Ulixes, angebracht.

Hinter dem Widder befindet sich eine Pflanze mit rankenartigem Stamm und Ästen, wohl ein Weinstock.[203] Er verweist auf den Wein, mit dem Odysseus den Polyphem betrunken machte und so erst die Möglichkeit zur Blendung und anschließenden Rettung schuf. Rechts, in Blickrichtung des Tieres, steht ein rauchender Altar. Er ist ein Hinweis auf den Ausgang der Episode: die Schlachtung und Opferung von Polyphems Lieblingswidder, die Odysseus nach der gelungenen Flucht vornehmen wird, um Zeus zu danken und für die Weiterfahrt gnädig zu stimmen. Die Vorderseite der Altarbasis ist figürlich verziert. Man erkennt mit Mühe eine winzige nackte Figur, die sich in Ausfallstellung nach rechts bewegt und in der erhobenen Rechten möglicherweise eine Waffe schwingt. Vermutlich handelt es sich hier um einen blitzeschwingenden Zeus, den Adressaten des Opfers.[204] Sollte die hier vorgeschlagene Identifizierung der einzelnen Bildelemente korrekt sein, dann handelt es sich bei diesem späten Erzeugnis der stadtrömischen Kunst um ein höchst voraussetzungsreiches und komplexes Gebilde. Obwohl aus der Zeit zwischen den zuerst besprochenen Denkmälern (Katalog Polyphem Nr. 9 und 10 Abb. II.7 und II.8) und den Kontorniaten keine diesbezüglichen Zeugnisse erhalten sind, muss die Darstellung eines Mannes unter einem Widder auch jetzt noch als Odysseus auf der Flucht vor Polyphem erkennbar gewesen sein. Ebenso muss ein Betrachter theoretisch die ganze Geschichte in ihren Grundzügen gekannt haben, um die zurück- beziehungsweise vor-

ausweisenden Bildelemente zu verstehen. Den weniger Gebildeten — und auch diese werden Zugang zu den nicht übermäßig wertvollen Kupfererzeugnissen gehabt haben[205] — half die zusätzlich angebrachte Inschrift.

Zwei der Kontorniaten sind jeweils oben und unten durchbohrt, wurden also vermutlich als Amulett getragen.[206] Allerdings wurde die Bohrung in beiden Fällen so angebracht, dass das Porträt des Caracalla auf der Vorderseite genau gerade herunterhing, die Rückseitenszene mit Odysseus und dem Widder hingegen leicht schräg. Die *Odyssee*-Szene wäre also nur dann Hauptansichtsseite des Amuletts gewesen, wenn dieses an einer schräg am Körper verlaufenden Befestigung getragen wurde.[207] Geht man hingegen von der Annahme aus, dass der Kontorniat vom oberen Befestigungsband gerade herunterhängen sollte, dann war die Seite mit dem Kaiserbild die Hauptansichtsseite des Amuletts und der *Odyssee*-Szene kam nur sekundäre Bedeutung zu. Eindeutiger ist der Befund an je einem Kontorniaten mit Darstellung des Kirke- (Katalog Kirke Nr. 6) und des Skylla-Abenteuers (Katalog Skylla Nr. 31 Abb. V.12a–b): Hier wurde die Bohrung jeweils so angebracht, dass die Darstellung aus der *Odyssee* gerade hängt und der Porträtkopf auf der anderen Seite genau falsch herum.

Auf zwei Kontorniaten mit der Darstellung der Flucht aus der Höhle des Polyphem sind auf der Vorderseite noch Spuren von nachträglich eingefügten, wohl glücksverheißenden Beizeichen zu erkennen.[208] Festzuhalten ist, dass die Darstellung der Flucht auf den Kontorniaten dazu instrumentalisiert wurde, deren glücksverheißenden und übelabwehrenden Charakter zu

---

Kontorniaten, die in eine rekonstruierbare Stempelfolge eingebunden sind — von ca. 355 bis 423 n. Chr. hergestellt. Die Kontorniaten mit der hier behandelten Darstellung sind bedauerlicherweise nicht in eine solche Stempelfolge integriert (vgl. ebenda Anhang 5.3.4.1). Eine genauere Datierung innerhalb dieser relativchronologischen Reihe entfällt somit. Aufgrund der technischen und ikonographischen Parallelen mit den regulären Kontorniaten (ebenda 30) ist jedoch zumindest davon auszugehen, dass die Kontorniaten mit Darstellung der Flucht aus der Höhle gleichfalls innerhalb des oben genannten Prägezeitraums entstanden sind.

203 Anders Alföldi — Alföldi 1976, 200 und 1990, 155: »Baum«.

204 Und nicht um eine Anspielung auf die Blendung des Polyphem, wie von Alföldi — Alföldi 1990, 156 vorgeschlagen.

205 Zum Käufer- bzw. Rezipientenkreis vgl. Mittag 1999, 214: »Die Kontorniaten waren demnach stadtrömische, privat produzierte, besonders glücksverheißende Amulette und Geschenke des vierten und fünften Jahrhunderts, die wegen ihres sicher nicht allzu hohen Preises von nahezu jedem Stadtrömer verwendet werden konnten.«

206 Katalog Polyphem Nr. 15. 16.

207 Wie das beispielsweise bei Kleinkindern im klassischen Athen der Fall war: Seifert 2011, 125–29 Abb. 17. 19. 20. Leicht schräg, allerdings mit nur jeweils einem Bohrloch, hängen auch die beiden Darstellungen des Skylla-Abenteuers auf den Kontorniaten Katalog Skylla Nr. 74 (mit dem Porträtkopf auf der anderen Seite falsch herum) und Nr. 122 (hier hinge dann der Kopf der anderen Seite genau richtig). Andere Varianten: Das Bohrloch wurde so angebracht, dass die Bilder beider Seiten falsch herum hängen (Katalog Skylla Nr. 76); die Darstellung mit dem Porträtkopf hängt gerade herunter, die *Odyssee*-Szene steht auf dem Kopf (Katalog Skylla Nr. 116).

208 Katalog Polyphem Nr. 17. 18.

unterstreichen.[209] Der Besitzer eines solchen Kontorniaten konnte sich sagen: »So wie Odysseus dem Ungeheuer Polyphem entkam, so beschützt mich dieses Amulett vor allem Bösen.« Die Rezipienten und Benutzer sind wohl in allen Schichten und Religionen der stadtrömischen Gesellschaft zu suchen. Wie auf den zu Anfang diskutierten Tongefäßen (Katalog Polyphem Nr. 1–3 Abb. II.1 und II.2) ist Odysseus auch hier charakterisiert als der Held des kleines Mannes: als jemand, der ohne heroische Posen oder Rücksicht auf *decorum* mit viel Glück aus einer lebensgefährlichen Situation entkommt.

## Zusammenfassung der Ergebnisse zur spätantiken Rezeption des Polyphem-Abenteuers

Die in der Einleitung formulierte Frage nach den Unterschieden in der spätantiken Rezeption lässt sich zunächst, und sehr deutlich, anhand eines Vergleichs zwischen griechischem Osten und lateinischem Westen beantworten: Die griechischen Texte sind vielfältiger, komplexer und kenntnisreicher in Bezug auf das homerische Original als die lateinischen. Beiden gemeinsam ist eine Verortung des Polyphem auf Sizilien, also im Westen des Reiches. Nur im lateinischen Westen gibt es eine Vielzahl von bildlichen Darstellungen des Polyphem-Abenteuers, während im Osten die Produktion derartiger Erzeugnisse mit dem 2. Jahrhundert n. Chr. zu enden scheint.

Somit ist zu konstatieren, dass im spätantiken Osten einer komplexen literarischen Produktion keinerlei Produktion im Bereich der bildenden Kunst entspricht. Im Westen hingegen ist die bildliche Rezeption nicht nur vorhanden, sondern in ihren Aussagen sogar komplexer als die Texte. Darauf wird weiter unten zurückzukommen sein, zunächst seien aber weitere Unterschiede zwischen bildlicher und literarischer Rezeption genannt: Der inhaltliche Schwerpunkt der Texte lag meist auf der Blendung des Kyklopen. In den bildlichen Darstellungen hingegen ist die Blendung nur ein einziges Mal vertreten, während die in den Texten vernachlässigten Themen der Weinreichung und der abschließenden Flucht aus der Höhle weitaus häufiger vorkommen. Im Unterschied zu den Adressaten der Texte hatten die Rezipienten der Bilder nur geringes Interesse an der Thematisierung eines ›heroischen‹ Odysseus. Ein explizit allegorischer Gebrauch des Polyphem-Abenteuers ist in den Texten häufiger anzutreffen, jeweils in Form einer individuellen, dem literarischen Kontext adäquaten Allegorese. Für die Bilder lässt sich eine intendierte allegorische Lesart nicht beweisen, nur in manchen Fällen aufgrund des Rezeptionskontexts, hier des Grabes, wahrscheinlich machen. Ihr Inhalt — Polyphem als Allegorie eines grausamen und unzeitgemäßen Todes, der von Odysseus ›überwunden‹ wird — entspricht nicht den Allegoresen der Literatur. Die bildliche Rezeption endet im früheren 5. Jahrhundert n. Chr. und in der Folgezeit geht gemeinsam mit den Bildträgern auch die Kenntnis der Ikonographie verloren. Bei der literarischen Rezeption hingegen läuft die Produktion weiter bis zum Ende der Spätantike und darüber hinaus. Hinzu kommt, dass (spät)antike Texte über Jahrhunderte aufbewahrt und abgeschrieben wurden, der Nachwelt damit leichter erhalten blieben als die (spät)antiken Bilder. Texte bildeten die Grundlage der nachantiken Rezeption.

Die bei Homer angelegte moralische Ambiguität der Protagonisten, auch des Odysseus, wird in der spätantiken Rezeption nicht immer thematisiert: in der griechischsprachigen Literatur etwa von Porphyrios oder Synesios, in der lateinischen Literatur ausnahmsweise bei Diktys. In den anderen Texten, vor allem denen des lateinischen Sprachraums, überwiegt das Bild eines heldenhaften Odysseus, der einem frevelhaften Ungeheuer die verdiente schreckliche Strafe zukommen lässt. In der bildenden Kunst bietet sich ein differenzierter Befund, abhängig von der Gattung des Bildträgers und — damit verbunden — dem Rezeptionskontext und der sozialen Herkunft der Rezipienten. Auf Gegenständen des Ausstattungsluxus in den Häusern der Elite wird Odysseus problematisiert oder lächerlich gemacht; auf Alltagsgegenständen, die auch der Masse der Bevölkerung zugänglich waren, erscheint er hingegen als ›Held des kleinen Mannes‹, der sich ohne Rücksicht auf *decorum* gegenüber drohenden Gefahren behauptet; im Kontext des Grabes wurde Odysseus vermutlich verstanden als Allegorie auf einen heldenhaften Überwinder des Todes.

---

209 In diesem Sinne auch Mittag 1999, 109.

Kapitel III

# KIRKE

*Der homerische Text*

Die Begegnung mit der Zauberin Kirke ist das zweite Abenteuer der Irrfahrt, das Odysseus am Hof der Phäaken einer ausführlichen Schilderung würdigt.[1] Nachdem er den Großteil seiner Flotte bei der Insel der Laistrygonen verloren hat, landet Odysseus mit dem verbliebenen Schiff auf der Insel der Kirke, einer Tochter des Sonnengottes. Die Hälfte der Männer wird auf einen Erkundungsgang geschickt und gelangt zum Palast der Kirke. Dort erblicken sie die Hausherrin singend am Webstuhl, umgeben von zahmen Wölfen und Löwen. Kirke lädt zum vergifteten Mahl, und kaum dass die Männer zu Ende gegessen haben, verwandelt sie diese mittels eines Zauberstabs in Schweine und sperrt sie in einen Stall. Einzig der Anführer des Trupps, Eurylochos, der die Einladung abgelehnt hatte, entkommt.

Odysseus beschließt nun, selbst zu gehen. Unterwegs tritt ihm Hermes entgegen. Der Gott sagt Odysseus, was ihn erwartet, gibt ihm ein Gegengift, die Pflanze Moly, und Verhaltensmaßregeln. Derart gewappnet, hat Kirkes Zaubertrank nicht die von ihr gewünschte Wirkung. Was nun folgt, ist die zentrale Szene der Episode, nicht nur bei Homer, sondern auch in der bildlichen und literarischen Rezeption:

> Als sie dann bot [sc. den Zaubertrank] und ich
>   schlürfte, ihr Zauber indessen versagte,
> schlug sie auf mich mit dem Stecken und sprach und
>   sagte bedeutsam:
> »Fort jetzt, dort ist der Schweinestall, lieg bei den
>   andern Gefährten!«
> Also sprach sie: da riß ich das scharfe Schwert mir
>   vom Schenkel,
> stürmte auf Kirke ein, als hätte ich Lust, sie zu morden.
> Jetzt aber schrie sie gewaltig und faßte geduckt
>   meine Kniee.[2]

Kirke fragt sich, wer dieser Fremdling sei, der ihren Zauberkünsten widerstehen konnte, und gelangt zu der richtigen Schlussfolgerung, dass es sich um den ihr einst von Hermes prophezeiten Odysseus handeln müsse. Sie fordert ihn auf, Frieden zu schließen und zur Besiegelung dieses Paktes mit ihr ins Bett zu gehen. Odysseus denkt an die Verwandlung der Gefährten in Schweine und bleibt misstrauisch. Er verlangt von ihr einen »großen Eid« zu schwören, dass sie ihm im waffen- und wehrlosen Zustand nichts antun werde. Hier erinnert sich Odysseus augenscheinlich an die entsprechenden Worte des Hermes. Woran er sich nicht erinnert, ist dessen vorhergehende Mahnung, zunächst die Rückverwandlung der Gefährten zu verlangen.[3] Odysseus ist in diesem Augenblick vor allem an seiner eigenen Sicherheit und an seinem eigenen Vergnügen interessiert.[4]

Später lässt die Göttin den Helden durch ihre Dienerinnen baden und neu einkleiden und bittet zu Tisch. Nun kommen Odysseus die in Schweine verwandelten Gefährten wieder in den Sinn und er versinkt in Schwermut. Kirke lässt sich rühren und gibt den Männern ihre menschliche Gestalt zurück. Anschließend lädt sie alle, auch die bei den Schiffen Gebliebenen, in ihren Palast. Nach einem Jahr werden die von Heimweh geplagten Gefährten ungeduldig und drängen zur Weiterfahrt. Odysseus bittet deshalb seine Geliebte inständig, ihn und die anderen gehen zu lassen. Die Göttin gewährt ihm diese Bitte — und erklärt dem Entsetzten, dass seine nächste Station der Hades sei, wo er die Seele

---

[1] Hom. Od. 10, 135–574.
[2] Hom. Od. 10, 318–23.

[3] Hom. Od. 10, 297–301: »Dann aber sag du, du wollest das Lager der Göttin erst dann nicht / Weigern, wenn die Gefährten erlöst und du selber versorgt seist. / Fordre, sie müsse den großen Eid / dir der Seligen schwören, / Nicht auf anderes Leid und Unheil wolle sie sinnen, / Nicht, wenn du waffenlos liegst zum schlappen Schelm dich erniedern.«

[4] Prinzipiell zu »Odysseus' poor performance as leader«: Hall 2008, 103.

des Sehers Teiresias wegen der weiteren Fahrt befragen müsse. Während Odysseus seine Gefährten versammelt, entschwindet Kirke ihren Blicken. Mit einem unguten Gefühl brechen die Männer auf.

Nach der Rückkehr aus dem Totenreich machen sie noch einmal auf der Insel der Kirke Halt, um einen bei einem Unfall ums Leben gekommenen Gefährten zu bestatten. Kirke bringt ihnen Nahrungsmittel für ein Festmahl. Während die Gefährten sich zum Schlafen niederlegen, nimmt sie Odysseus bei der Hand, zieht ihn beiseite und fragt nach seinen Erlebnissen. Anschließend gibt sie ihm wertvolle Ratschläge für den Umgang mit den Sirenen, der Skylla und den Rindern des Helios. Am nächsten Morgen stechen die Griechen in See, mit einem von Kirke gesandten Wind im Rücken.[5]

Kirke, mit der Odysseus ein Jahr lang zusammenlebt, ist eine sehr komplexe Figur. Auf der einen Seite ist sie Athena vergleichbar, der Schutzgöttin des Helden.[6] Zugleich eignen ihr jedoch Züge, die sie deutlich von einer olympischen Gottheit unterscheiden.[7] So kann Kirke beispielsweise, anders als Athena, mit ihrer eigenen Stimme zu Odysseus sprechen und sich ihm in ihrer wahren Gestalt zeigen. Auch Geschlechtsverkehr kann sie mit ihm haben, ohne sich zuvor, wie etwa Aphrodite bei der Verführung des Anchises, in eine menschliche Frau verwandeln zu müssen.[8]

Auf der anderen Seite ist Kirke eine Art dämonisches *alter ego* der Penelope.[9] Bei der ersten Begegnung mit Odysseus ist sie die »Göttin mit herrlichen Flechten« (Hom. Od. 10, 310), sie trägt ihr Haar also unbedeckt wie eine zeitgenössische *parthenos*. Am Morgen der Abfahrt der Griechen zum Hades hingegen verhüllt sie ihr Haupt mit einem Schleier (Hom. Od. 10, 545), dem charakteristischen Attribut der verheirateten Frau. Kirke stilisiert sich damit als Gemahlin des Odysseus,[10] wenn auch als temporäre. Anders als Penelope benötigt Kirke keinen *kyrios*, der sie beschützt, sie ist ihre eigene Herrin. Nach der Abfahrt des Odysseus kann sie ihr früheres Leben als ledige Frau wieder aufnehmen, ohne mit den Problemen konfrontiert zu sein, mit denen sich Penelope während der Abwesenheit ihres Gatten auseinandersetzen muss.

Kirkes erster Auftritt in der Geschichte erfolgt am Webstuhl, dem in der Rezeption wesentlichen Attribut der Penelope. Sie verwandelt Männer im wörtlichen Sinne in Schweine,[11] während Penelope dies mit den Freiern nur im übertragenen Sinne tut — sie bringt sie dazu, bei ihrer Brautwerbung alle sozialen Normen zu missachten.[12] Ihre List mit dem zur Begrüßung angebotenen Zaubertrank ist für viele Männer ebenso verderblich wie es Penelopes List mit dem Webstuhl letztendlich für die zahlreichen Freier sein wird. In beiden Fällen werden die Männer Opfer eines trügerischen Bildes. Sie verbinden mit der Frau am Webstuhl das Rollenbild einer fleißigen und im Falle Penelopes zudem pietätvollen[13] Frau: normenkonform und damit harmlos. In beiden Fällen trügt

---

[5] Hom. Od. 12, 1–152.

[6] Zu Kirke s. Franco 2010, 47: »il rapporto fra Circe e Odisseo è quello di una dea con il suo protetto«. Zu Athena sei auf das Kapitel »Heimkehr« verwiesen.

[7] Franco 2010, 144–49. Grundsätzlich war in der Vorstellung der Griechen jede Göttin eine Mischung aus ›göttlichen‹ und ›weiblichen‹ Elementen: Loreaux 1993. Was höherrangige Göttinnen von niederen zu unterscheiden scheint, ist das Mischungsverhältnis: Bei den Olympierinnen werden stärker die göttlichen Züge betont, bei Göttinnen wie Kirke oder Kalypso stärker die weiblichen. Als Göttin (θεά oder θεός) wird Kirke bezeichnet z. B. Hom. Od. 10, 297. 310. 311. Wichtig ist der Schluss des 10. Buches (569–74): »Während zum hurtigen Schiff wir dann eilten am Strande des Meeres, / klagend und schwellende Tränen vergießend, war Kirke verschwunden / [...] / Leicht und verstohlen / war sie vorüber gehuscht. Einen Gott, der nicht wollte — wer könnte / leibhaft mit Augen ihn sehen? Er wandelt in jeglicher Richtung.«

[8] Vgl. den sogenannten *Homerischen Hymnus auf Aphrodite* (h. Ven.) 28 f. 172–75. In *Ilias* und *Odyssee* kommt die Geschichte nicht vor.

[9] Auf Penelope wird ausführlich im Kapitel »Heimkehr« einzugehen sein. So wie Kirke — und andere weibliche Figuren der *Odyssee* — sich erst im Vergleich mit Penelope vollständig erschließen, so lässt sich auch Penelope nur verstehen unter Berücksichtigung der zahlreichen inhaltlichen Querverbindungen zu den anderen — sowohl göttlichen als auch menschlichen — Frauen.

[10] So die richtige Beobachtung von Franco 2010, 197. Im Unterschied zu Franco würde ich dies jedoch nicht als Ausdruck einer tatsächlich »Zähmung« der Kirke durch Odysseus interpretieren — die tatsächlichen Machtverhältnisse zwischen den beiden macht der Dichter klar in der Szene am Abend zuvor, als Odysseus bittend Kirkes Knie umfasst und sie anfleht, ihn und seine Männer heimkehren zu lassen: Hom. Od. 10, 480–81.

[11] Nach Franco 2010, 156–95 wählte Homer bei der Verwandlung in Tiere für die Gefährten das Schwein, um damit auf ihren niedrigen Charakter, ihre Gier, ihre Dummheit und ihren Mangel an Heldentum (alles Eigenschaften, die dem Hausschwein in der Antike zugewiesen wurden) zu verweisen. Ist diese These korrekt, dann wäre dies eine weitere strukturelle Parallele zwischen den Gefährten des Odysseus und den Freiern der Penelope.

[12] Foley 1978, 10. Inwieweit das Verhalten der Freier tatsächlich Penelope anzulasten ist und nicht der Dummheit und Hybris der jungen Männer von Ithaka, ist eine andere Frage.

[13] Das Tuch, an dem Penelope jahrelang webt, ist angeblich als Leichentuch für ihren gebrechlichen Schwiegervater Laertes gedacht: Hom. Od. 2, 96–102.

der Schein und hinter der harmlosen Hausfrau versteckt sich eine für Männer essentielle Bedrohung. Unter dieser Perspektive lassen sich die über Kirke und Penelope erzählten Geschichten einordnen in den größeren Rahmen misogyner Topoi und Vorstellungen, die im frühen Griechenland herrschten und die alle von der Prämisse ausgingen, dass bei weiblichen Wesen Schein und Sein weit auseinanderklaffen können. Hesiod erzählte die Geschichte von Pandora, dem schönen Übel, das den Menschen Kummer und Sorgen brachte;[14] die marmornen Statuen der Koren sprachen von der Schönheit der Dargestellten, ohne — wie bei den Jünglingsstatuen, den Kouroi — gleichzeitig auch positive Aussagen über deren Charakter treffen zu wollen.[15]

Ein Unterschied zwischen Kirke und Penelope besteht darin, dass Kirke alle Männer zugrunde richtet (oder es zumindest versucht), Penelope nur die Ungeliebten, diejenigen, die sie als ihre Feinde betrachtet. Für den Gatten Odysseus und den Sohn Telemachos hingegen ist sie bereit, fast alles zu tun. Kirke ihrerseits muss erst durch göttliche Intervention dazu veranlasst werden, Odysseus nicht als Feind anzusehen, sondern als einen Freund und Geliebten. Odysseus wird so vom potentiell gefährlichen Fremden zu einem Bestandteil von Kirkes Oikos.

Gleich Penelope ist Kirke sehr klug; den Ratschlag zur Überlistung der Sirenen beispielsweise hat Odysseus ihr zu verdanken. Zudem hegt sie zärtliche Gefühle für Odysseus, ist verständnisvoll und hilft ihm, wo immer sie kann. Wie diverse andere (halb)göttliche Frauengestalten, denen Odysseus auf seiner Reise begegnet — Kalypso, Ino Leukothea, Nausikaa und ihre Mutter Arete —, lebt sie in einer Welt, die in gewisser Weise zum Bereich des Poseidon gehört, lässt sich davon aber nicht abhalten, Odysseus zu unterstützen.[16] Auch der Held ist ihr gegenüber keineswegs gleichgültig. Die Weiterfahrt geschieht vor allem aufgrund des Drängens seiner Männer.

Homer setzte die Figuren Kirke und Penelope auf subtile und komplexe Weise zueinander in Beziehung, ohne dies je offen auszusprechen. Er tat dies vermutlich vor dem Hintergrund anderer Überlieferungsstränge, welche Odysseus zu ihrem langjährigen Lebensgefährten und Vater diverser Kinder machten. Darüber wird noch zu sprechen sein.

---

14 Hes. Theog. 571–89.
15 Moraw 2003, 5 f.
16 Vgl. Papadopoulou-Belmehdi 1994, 107 f.: »La mer appartient à Poséidon, mais les femmes aident Ulysse à la traverser autant que les Phéaciens«.

Was in der *Odyssee* Kirkes Welt von Ithaka unterscheidet, ist zum einen die dem realen menschlichen Leben enthobene Sphäre, in der sie sich bewegt. Ihre Insel Aiaia wird einmal als weit im Westen liegend beschrieben, einmal als weit im Osten.[17] Sie ist im wörtlichen Sinne ein »Nicht-Ort«, eine Utopie. Es ist auch eine Welt, die viel weniger komplex, viel weniger zivilisiert ist.[18] Kirke lebt in ihrem Haus mit einigen Dienerinnen, deren Arbeiten sie koordiniert und anleitet. Sie selbst steht am Webstuhl oder bereitet spezielle Speisen und Tränke. Damit unterscheidet sie sich nicht von anderen Hausherrinnen, wie etwa Penelope. Ein fundamentaler Unterschied ist allerdings, dass es — abgesehen vom zeitlich begrenzten Gastaufenthalt des Odysseus — keine Männer im Haus gibt: kein Mann, der die Rolle von Kirkes *kyrios* beanspruchen könnte; kein Mann, der sich um Ackerbau kümmert. Zum anderen ist Kirkes Oikos der einzige auf der Insel, es gibt keine (weiblichen oder männlichen) Nachbarn, mit denen sie eine Art gesellschaftlichen und politischen Zusammenlebens aufgrund bestimmter Normen und Gesetze aushandeln müsste. Gleiches gilt für die Außenpolitik oder für ein Netz von Beziehungen mit auswärtigen Gastfreunden oder eventuellen Gastfreundinnen: Beides ist nicht existent. Was — zumindest in dem Bild, das Homer von Kirkes Welt zeichnet — gleichfalls nicht existent ist, ist die Reproduktion. Aus der Verbindung des Odysseus mit Kirke gehen ebenso wenig Nachkommen hervor wie aus seiner siebenjährigen Beziehung mit Kalypso. Zeugung und Geburt ist diesen weiblich-göttlichen Utopien ebenso fremd wie der Tod. Geschlechtsverkehr findet hier zum Vergnügen statt, nicht zum Zeugen von Nachkommen.

## Die literarische Rezeption

In der literarischen Rezeption lassen sich zwei unterschiedliche Herangehensweisen unterscheiden: auf der einen Seite Nach- und Umerzählungen der gesamten Episode. In diesen wird auch das Liebesverhältnis zwischen Odysseus und Kirke thematisiert, jetzt samt einem daraus resultierenden Kind. Der anderen Herangehensweise lassen sich Texte zuordnen, die den Fokus auf die Verwandlung der Gefährten beziehungsweise die alleinige Resistenz des Odysseus gegenüber einer solchen Verwandlung richten. Hier wird vor allem eine Überlegenheit des Helden nicht nur gegenüber seinen Gefähr-

---

17 Vgl. Hom. Od. 11, 11–13 mit Hom. Od. 12, 3 f. Dazu Nagy 1979, 206.
18 Zum Folgenden: Foley 1978, 13–16.

ten, sondern auch gegenüber Kirke konstruiert. Was die Bewertung der Person der Kirke angeht, so gibt es einen relativ deutlichen Unterschied zwischen der Rezeption im griechischsprachigen Bereich und derjenigen im lateinischen. Zwar gilt Kirke beiden als archetypische Zauberin und Verführerin, aber diese Tatsache wird in den lateinischen Texten weitaus negativer bewertet als in den griechischen. So wird die Kirke-Episode im griechischen Sprachraum häufig zur philosophischen Allegorese herangezogen. Kirke erscheint dabei als die Personifikation von etwas, das nicht ganz schlecht ist, aber auf einer eher niedrigen Stufe, derjenigen der sinnlichen Genüsse, angesiedelt. Die lateinischen Autoren hingegen zeichnen von Kirke — oder vielleicht besser: Circe — das Bild einer bösartigen, in Liebesraserei verfallenen Kräuterhexe, die von Odysseus in ihrem Liebesverlangen frustriert und in ihrer Zaubermacht gebrochen wird. Allein auf den lateinischen Sprachraum beschränkt ist Kirkes/Circes etymologische und inhaltliche Verbindung zur römischen Institution des *circus*.

### Die griechischen Zeugnisse

Im griechischen Sprachraum war zunächst der originale homerische Text bekannt. Daneben zirkulierten jedoch auch Kurzfassungen einzelner Kapitel, Hypotheseis, und mythographische Handbücher wie dasjenige des Apollodor. In dessen *Epitome* wird im Zuge der Nacherzählung der *Odyssee* auch das Kirke-Abenteuer referiert.[19] Allerdings hat hier die zentrale Szene bereits einige entscheidende Veränderungen erfahren: Anders als bei Homer zieht Odysseus sein Schwert nicht nur, *als ob* er sie töten wolle.[20] Dies war die ihm von Hermes geratene Drohgeste und mehr wäre bei der (*per definitionem* unsterblichen) homerischen Göttin auch nicht möglich gewesen. Der Epitomator jedoch machte daraus: »Er zog sein Schwert und *wollte Kirke töten*.« Ob dieser Mordversuch bei der hier imaginierten Kirke erfolgreich gewesen wäre, lässt der Autor offen. Zumindest ist Kirke derart eingeschüchtert, dass sie alles tut, was Odysseus verlangt, inklusive der sofortigen Rückverwandlung der Gefährten. Odysseus ist in dieser Version nicht nur mächtiger als Kirke; er ist auch ein über jeden Tadel erhabener Anführer, der als erstes an das Wohl seiner Männer denkt.

Noch in einem anderen Aspekt unterscheidet sich Apollodor von Homer: Er thematisiert die Geburt eines gemeinsamen Sohnes von Kirke und Odysseus, Telegonos. Dieser, von Homer mit Schweigen übergangen, muss von Anfang an zum sogenannten Epischen Kyklos[21] gehört haben und war der Protagonist der heute verlorenen *Telegonie*.[22] Dort wurde erzählt, wie der herangewachsene Sohn des Odysseus sich auf die Suche nach seinem Vater macht, nach Ithaka gelangt und dort durch einen unglücklichen Zufall mit Odysseus in Konflikt gerät, ohne ihn zu erkennen. Er tötet ihn mit einem aus dem Stachel eines Rochens gewonnenen Speer, den Odysseus einst als Erkennungszeichen bei Kirke zurückgelassen hatte. Zumindest der Inhalt der *Telegonie*, wenn auch vielleicht nicht der originale Text, muss die gesamte Antike hindurch bekannt gewesen sein. Apollodor widmet ihr einen eigenen Abschnitt und noch im fünften Jahrhundert n. Chr. wird ihr Inhalt in der sogenannten *Chrestomathie* des Proklos relativ ausführlich erzählt (Text Kirke Nr. 1 a und b).[23] Laut Proklos endete die *Telegonie* mit einer Art Happy End: Nach dem versehentlichen Mord an seinem Vater bringt Telegonos nicht nur dessen Leiche, sondern auch die Hinterbliebenen, Penelope und Telemachos, zu seiner Mutter Kirke. Diese macht alle noch Lebenden unsterblich. Anschließend heiratet Kirke, als ewig jugendliche und schöne Göttin zu denken, Penelopes Sohn Telemachos und Penelope heiratet den Telegonos. Es gibt also nicht nur innerhalb der *Odyssee* deutliche Parallelen zwischen Kirke und Penelope, sondern auch in der literarischen Rezeption wurden, auf andere Weise, Verbindungen zwischen den beiden Frauen hergestellt. Auch ein markanter Unter-

---

[19] Apollod. ep. 7, 14–17.

[20] Hom. Od. 10, 322: ὥς τε κτάμεναι μενεαίνων. Man könnte theoretisch auch übersetzen: »weil ich sie töten wollte«. Der Dichter formuliert wohl mit Absicht unscharf, weil die Frage der Tötung einer Göttin nicht thematisiert werden sollte.

[21] Dabei handelt es sich um eine Sammlung von Geschichten vom Ursprung der Götter, zum Thebanischen Krieg und zum Trojanischen Krieg, die von verschiedenen Autoren zu verschiedenen Zeiten verfasst wurden. Diese Werke erlangten nie die Popularität der Epen Homers und Hesiods und haben sich deshalb nicht im Original, sondern nur in späteren Zusammenfassungen erhalten. Vgl. Burgess 2001.

[22] Franco 2010, 75–81.

[23] Apollod. ep. 7, 36 f. Der Verfasser der *Chrestomathie*, Proklos, war vermutlich (so zumindest Lamberton 1989, 177 f.) mit dem Neuplatoniker gleichen Namens identisch; in diesem Fall kann das Werk in dessen Lebenszeit datiert werden. Die *Chrestomathie* als Gesamtwerk ist nicht erhalten. Es gibt eine Kurzzusammenfassung bei Photios (s. Text Kirke Nr. 1 a) sowie eine Rekonstruktion (und französische Übersetzung) der Abschnitte, die vom Epischen Kyklos handeln, bei Severyns 1963 (s. Text Kirke Nr. 1 b). Eine englische Übersetzung der Passage bei Photios und der von Severyns zusammengestellten Abschnitte zum Kyklos findet sich bei Burgess 2001, 177–80 (»Appendix A«).

ten eher *lógos*) den niederen Trieben widersteht.[33] Vergleichbare Texte wurden auch schon im vorangegangenen Kapitel, zum Abenteuer in der Höhle des Polyphem, diskutiert.[34] Die Gefährten hingegen wurden nach dieser Lesart nicht deshalb verwandelt, weil sie arglos Kirkes vergifteten Willkommenstrank zu sich nahmen, sondern weil sie — genauer: ihr Verstand und ihre Seelen — sich von sinnlichen Begierden leiten ließen. So geraten sie auf eine niedrigere Daseinsstufe, die sie freundlich, aber ohne Verstand »herumwedeln« lässt wie Delphine. Odysseus wird hier gezeichnet als jemand, der seinen Gefolgsleuten intellektuell und moralisch weit überlegen ist. Die nicht in dieses Bild passenden Aspekte der Geschichte werden folgerichtig ausgeblendet: dass Odysseus erstens nur mithilfe des Hermes Erfolg hatte, zweitens den Annäherungen der Kirke keineswegs widerstand und drittens die Gefährten zunächst einmal schmählich im Stich ließ, um mit der Zauberin ins Bett zu gehen.

Die hier zu beobachtende Idealisierung des Odysseus auf Kosten Kirkes und der Gefährten findet sich auch in jenen Texten, die den Schwerpunkt explizit auf eine allegorische Auslegung der Tierverwandlung legen. Da diese Texte sehr zahlreich sind, kann hier nur eine Auswahl daraus vorgestellt werden.[35] Bei allen Unterschieden im Detail ist es grundsätzlich so, dass die Verwandlung in ein Tier als Metapher für eine Veränderung hin zum Schlechteren in Anspruch genommen wird.[36] Die ausführlichste Allegorese der Episode stammt wiederum von Porphyrios, überliefert als ein Fragment aus einer unbekannten Schrift (Text Kirke Nr. 5). Porphyrios deutet die homerische Erzählung vom Schicksal der Griechen auf Kirkes Insel als eine »dunkle Rede« (*aínigma*) von den Dingen, die Platon und Pythagoras über das Schicksal der menschlichen Seelen nach dem Tod gesagt hätten. Kirke sei demnach eine Allegorie für die *palingenesía*, den Kreislauf der Wiedergeburt, dem die Seelen mehr oder weniger unterworfen sind. Die Insel Aiaia sei entsprechend eine Allegorie für den Ort, an den die Seelen nach dem Tod zunächst gelangen und an dem sie genauso orientierungslos und verloren umherirren wie die Männer des Odysseus nach ihrer Ankunft auf Kirkes Insel. Kirkes Zaubertrank schließlich stehe für die *génesis*, den körperlichen Bereich des Werdens und der Wiedergeburt, in den die noch von den irdischen Lüsten korrumpierten Seelen »hineinfallen«, anstatt sich — wie es das Ziel des wahren Weisen ist — für immer diesem Kreislauf zu entziehen. Nur wer seinen rationalen Seelenteil gestärkt und sich dank philosophischer Bildung allen niederen Trieben enthalten habe, entgehe diesem Schicksal: Entweder entkommt seine Seele dem Kreislauf, Kirkes Trank, für immer. Falls die Seele aber doch davon getrunken hat und wieder zurück in einen Körper muss, dann kann dies — sozusagen als zweitbeste Lösung — mithilfe des *lógos* zumindest ein menschlicher Körper sein. Die Allegorie für den *lógos* ist bei Porphyrios die homerische Gestalt des Hermes, welcher auch — dies ist implizit enthalten — dem exemplarischen Weisen Odysseus zu Hilfe kam. Diejenigen Seelen jedoch, bei denen im Moment des Todes und im hier thematisierten Zwischenstadium der begehrende oder der zornmütige Seelenteil überwog, gehen bei der Wiedergeburt in eine »tierische Existenz« (*theriódes bíos*) ein.[37]

Einen etwas anderen Gebrauch von der Geschichte macht Plotin in seinem Traktat *Über das Schöne* (Text Kirke Nr. 6). Für den Lehrer des Porphyrios ist die Welt der Kirke und der Kalypso eine Allegorie für die Schönheit der sinnlich erfahrbaren Welt. Diese muss Odysseus trotz aller Versuchungen und Annehmlichkeiten verlassen, um — das wird nicht explizit gesagt — in seine Heimat und zu Penelope zurückzukehren. Genauso soll laut Plotin die Seele des philosophisch inspirierten Menschen die Schönheit der materiellen Welt hinter sich las-

---

33 Buffière 1956, 365–91.
34 Texte Polyphem Nr. 4. 9. 11. 12.
35 Ausführlich: Tochtermann 1992; Franco 2010, 90–120.
36 Die Ausnahme, welche die Regel bestätigt, ist der dem geistigen Klima der sog. Zweiten Sophistik zuzuweisende Dialog *Gryllos* des Plutarch (mor. 988D–992E): Hier überzeugt ein von Kirke in ein Schwein verwandelter Sophist namens Gryllos (»Grunzer«) Odysseus schließlich davon, dass Tiere ungleich mehr Tugend besitzen als Menschen und deshalb ein Dasein als Tier vorzuziehen sei. Dazu Hall 2008, 34. 151 sowie Franco 2010, 282–96.

37 Zur Interpretation dieser Allegorese, die neuplatonische mit neupythagoräischen Elementen mischt, s. Lamberton 1989, 115–19. Wesentlicher Bezugspunkt ist die von Platon, *Politeia* 10, 614a–621b entworfene Erzählung des von den Toten zurückgekehrten Pamphyliers Er, der zufolge die menschliche Seele nach dem Tod 1000 Jahre je nach Lebenswandel entweder in den Himmel oder unter die Erde gelangt. Ist diese Zeit um, muss die Seele in einer Art Zwischenreich sich einen neuen Lebensentwurf — von Menschen oder Tieren — aussuchen. Mit diesem selbst gewählten *daimon* kehrt sie ins Leben zurück. Die Frage, ob Porphyrios in seinem Traktat die »tierische Lebensweise«, d. h. das Eingehen einer menschlichen Seele in einen Tierkörper, wörtlich (wie Platon und der Mittelplatonismus) oder metaphorisch (wie dann im Neuplatonismus mehr oder weniger kanonisch) verstand, ist in der Forschung umstritten. So spricht sich beispielsweise Dierauer 1977, 80–89 bes. 84 f. für eine wörtliche Lesart aus, die Porphyrios erst in späteren Texten revidiert habe.

sen, um zu »dem Schönen« — eine andere Bezeichnung für die höchste Hypostase im plotinischen Gedankengebäude, für das Eine — zu gelangen.

Bei Homer ist Kalypso genau wie Kirke eine Göttin von nicht allzu hohem Rang; sie begehrt den auf ihrer Insel gestrandeten Odysseus und geht eine längere Liebesbeziehung mit ihm ein.[38] Dieser inhaltlichen Verwandtschaft mit Kirke ist es wohl zu verdanken, dass Kalypso in der literarischen Rezeption des Öfteren in einem Atemzug mit dieser genannt wird. Bei Johannes Malalas (Text Kirke Nr. 2) sowie bei Johannes von Antiochia (Text Kirke Nr. 3) traten die beiden als miteinander verfeindete Schwestern auf; in den philosophischen Texten — hier sei auch auf Olympiodor (Text Kirke Nr. 8) vorausgewiesen — werden sie als Allegorien für inhaltlich eng Verbundenes eingesetzt. In der bildenden Kunst hingegen spielte Kalypso nie eine Rolle. Dies ist vermutlich unter anderem damit zu begründen, dass ihr jene dämonischen, verderbenbringende Weiblichkeit anzeigenden Züge fehlen, die nicht nur Kirke, sondern auch die Sirenen und Skylla charakterisieren. Kalypso war zu harmlos, als dass sie als Bildthema von Interesse gewesen wäre.

Die hier vorgestellte Tradition der allegorischen Auslegung der Kirke-Episode lebt, mit leichten Variationen, im späteren Neuplatonismus fort. Bei Proklos wird die Zauberin, wie schon bei Porphyrios, gleichfalls dem Bereich des Körperlichen und der *génesis* zugeordnet. Die materielle Welt ist die »Herberge der Kirke« und die meisten Menschen führen aufgrund ihrer maßlosen Begierden ein Leben wie Tiere, als hätten sie den Trank der Zauberin zu sich genommen (Text Kirke Nr. 7). Diejenigen, die von »hermaischer Natur« sind — also wie Odysseus gegen den Zaubertrank immun blieben — stellen bewundernswerte Ausnahmen dar. Nur sie gelangen zu Vernunft und Einsicht. Im sechsten Jahrhundert, bei Olympiodor, werden Kirke und Kalypso als die unteren Stufen der Erkenntnis allegorisiert (Text Kirke Nr. 8). Kirke, zu der Odysseus zuerst gelangt, verkörpert danach die unterste Stufe, die sinnliche Wahrnehmung (*aisthesis*); diese Gleichsetzung wird auch damit erklärt, dass Kirke eine Tochter der Sonne sei. Kalypso, mit welcher der homerische Held später lange Jahre zusammenlebte, verkörpert die nächsthöhere Stufe, die Vorstellungskraft (*phantasía*). Um zur wahren Erkenntnis zu gelangen, musste Odysseus jedoch auch von ihr fliehen. Dies glückte ihm laut Olympiodor mithilfe des von Hermes überreichten Moly, einer Allegorie für die rechte Vernunft (*orthós lógos*).[39]

Rein negativ — als Vergessenheit, Unwissenheit und Irrtum — wird Kirke von Proklos allegorisiert. Den anderen philosophischen Auslegungen ist hingegen der Umstand gemeinsam, dass Kirke etwas verkörpert, das an sich nicht völlig schlecht ist: den Bereich des Werdens und Vergehens (Porphyrios), diesseitige Schönheit (Plotin), die sinnliche Wahrnehmung (Olympiodor). Die meisten Menschen geben sich damit zufrieden. Nur der Weise, hier mit Odysseus gleichgesetzt, strebt nach mehr und muss aus dieser Perspektive alle anderen als vernunftlose, von niederen Begierden gesteuerte »Tiere«, hier mit den verwandelten Gefährten gleichgesetzt, ansehen. Mit der homerischen Fassung geht also auch diese Rezeption sehr frei um. Bei Homer, daran sei erinnert, war es *Odysseus*, der nicht von Kirke und ihrer Insel weg wollte, während die Gefährten mit ihrem Leben unzufrieden waren und zum Aufbruch drängten.

Dass den Odysseus verherrlichende Allegoresen in der Kaiserzeit populärphilosophisches Gemeingut waren, belegt eine im frühen dritten Jahrhundert bei Athenaios referierte Passage (Text Kirke Nr. 9). Dort werden die homerischen Epen gleichsam als Kampfschriften gegen das Laster der Trunksucht aufgefasst. Zur Warnung dienende Opfer dieses Lasters seien zum Beispiel Polyphem, die Freier der Penelope und eben auch die Gefährten des Odysseus auf Kirkes Insel. Die Gefährten büßen ihre Torheit mit der Verwandlung in Tiere; einer von ihnen, Elpenor, wird später sogar im betrunkenen Zustand vom Dach des Palastes stürzen und sich den Hals brechen. Nur Odysseus, der dem *lógos* des Hermes gehorchte, blieb von Leid verschont. Eine rationalistische Ausdeutung der Geschichte bietet ein Epigramm aus dem vierten Jahrhundert (Text Kirke Nr. 10). Demnach war Kirke nichts anderes als eine schlaue (*panoûrgos*) Hetäre — dies eine Deutung, die sich in der griechischen Rezeption von Aristophanes bis Tzetzes finden lässt[40] —, welche ihre Kunden nicht nur finanziell ruinierte, sondern auch um den Verstand brachte und unwürdig in ihrem Haus dahinvegetieren

---

38 Hom. Od. 5, 1–268.

39 Olympiodor überträgt hier die Überreichung des Moly von der Kirke- auf die Kalypso-Geschichte. Dort tritt Hermes zwar gleichfalls auf, jedoch nur als Bote des Zeus, mit dem Befehl an Kalypso, Odysseus ziehen zu lassen (Hom. Od. 5, 99–115). Zu Olympiodors Rezeption der Kirke-Episode vgl. Tochtermann 1992, 207–11.

40 Franco 2010, 94–102.

ließ. Einzig Odysseus entging dank eigener Klugheit ihren Listen.

Auch in der patristischen Literatur sind die oben referierten Allegoresen anzutreffen oder werden vom jeweiligen Autor als den Lesern bekannt vorausgesetzt. Hugo Rahner widmete in seinem wichtigen Buch über *Griechische Mythen in christlicher Deutung* der Allegorese des Moly als *lógos* ein eigenes Kapitel.[41] Hier sei beispielhaft der Gebrauch bei Hippolytos in seiner *Widerlegung aller Häresien* vorgestellt (Text Kirke Nr. 11). Im Rahmen einer dem ›Häretiker‹ Simon Magus zugeschriebenen Allegorese des Buches Exodus wird die Gleichsetzung des homerischen Moly mit dem *lógos* als selbstverständlich angenommen. Nach dem Zitat der drei sich auf das Moly beziehenden Verse der *Odyssee* folgt ein kurzes Referat der Episode: Odysseus — der nicht namentlich genannt wird, aber jedem Leser bekannt gewesen sein dürfte — habe als einziger vom Moly gekostet und sei deshalb nicht in ein Tier verwandelt worden. Darüber hinaus habe er sogar mithilfe des Moly den in Tiere Verwandelten ihre menschliche Gestalt wiedergegeben! Diese Behauptung entspricht nicht dem originalen Text — dort verwandelt Kirke auf das flehentliche Bitten des Odysseus hin die Gefährten zurück —, zeigt aber noch einmal deutlich die Akzentverschiebung, die von der allegorisierenden Rezeption vorgenommen wurde: in Richtung einer Glorifizierung des Odysseus als dem exemplarischen mit Vernunft begabten Weisen.

### Die lateinischen Zeugnisse

Im lateinischen Westen spielte dieser ganze Komplex aus *lógos*, Hermes und Moly keine nennenswerte Rolle. Entsprechend entfällt in den Texten, die sich nur mit einem bestimmten Ausschnitt oder Aspekt der Kirke-Episode befassen, die eben angesprochene Verherrlichung des Odysseus weitgehend. Häufig wird er nicht einmal erwähnt. Hier liegt der Schwerpunkt deutlich auf der Person der Kirke, wenn auch mit negativen Akzenten.

Philosophische Allegoresen des Kirke-Abenteuers waren in der lateinischen Literatur der Spätantike nicht besonders populär. Servius (Text Kirke Nr. 12) gibt im expliziten Rekurs auf Horaz und seinen berühmten Brief mit dem Bild des stoischen Odysseus[42] eine moralische Deutung der Kirke. Sie sei eine berühmte Hetäre gewesen, welche die Männer mit Wollust (*libido*) und Schmeicheleien (*blandimenta*) zu den sinnlichen Freuden (*voluptates*) verführt und so auf eine tierische Lebensweise herabgewürdigt habe. Boethius legt in einem längeren Gedicht den Schwerpunkt auf die Verwandlung der Gefährten in Tiere (Text Kirke Nr. 13).[43] Bei diesen trägt — wie bereits von Ovid exemplarisch vorgeführt[44] — das Bewusstsein über die eigene Verwandlung extrem zu deren Schrecklichkeit bei. Nach Boethius ist der menschliche Geist (*mens*) in seiner Essenz unwandelbar; er kann von Affekten oder Lastern höchstens »verwundet« werden. Die Tierverwandlungen des Mythos sind, wie er in der vorhergehenden Prosapassage ausführt, ein Bild für diese von Lastern affizierten Menschen: ein habgieriger Räuber ist wie ein Wolf, ein bissiger und zänkischer Mensch wie ein Hund und Ähnliches. »So geschieht es, dass du den nicht für einen Menschen achten kannst, den du durch Laster verwandelt siehst.«[45]

Dass vergleichbare Interpretationen auch in christlichen Kreisen bekannt waren, belegt etwa ein Abschnitt aus der zweiten Rede des Ambrosius anlässlich des Todes seines Bruders Satyrus.[46] Hauptthema der Rede ist der christliche Glaubenssatz einer Auferstehung nach dem Tod. In diesem Rahmen werden philosophische Theorien zur Seele angesprochen und scharf kritisiert. Dabei bezieht sich Ambrosius ausdrücklich auf den Kirke-Mythos und dessen Instrumentalisierung für die Lehre von der Seelenwanderung (Text Kirke Nr. 14), wie dies etwa in einem oben diskutierten Text des Porphyrios (Text Kirke Nr. 5) zu beobachten war. Der Bischof von Mailand wendet sich vehement gegen die Vorstellung, dass der Mensch als Ebenbild Gottes (*imago dei*)[47] die Gestalt von Tieren annehmen oder gar mit seiner Seele in eine tierische Gestalt eingehen könne. Seiner Ansicht nach sind die Lehren der Philosophen noch absurder als das, was die Dichter — und hier meint er wohl vor allem Homer, vielleicht auch Vergil oder Ovid — zur Verwandlung von Menschen in Tiere ersonnen hätten.

---

[41] Rahner 1966, 164–96; dazu Markschies 2005, 232; zur christlichen Allegorese s. weiterhin die entsprechenden Abschnitte bei Tochtermann 1992.

[42] Hor. ep. 1, 2, 25.

[43] Für eine ausführliche Interpretation dieses Gedichtes einschließlich der dazugehörigen Prosapassagen s. O'Daly 1991, 207–20.

[44] Auch andere Züge bei Boethius sind den Vorgaben Vergils und Ovids zu verdanken, so v. a. die Charakterisierung der Kirke als Kräuterkundige und als Zaubersprüche Singende (z. B. Ov. met. 14, 277–86); dazu ausführlich weiter unten sowie O'Daly 1991, 210 f.

[45] Boeth. IV 3. pr. (Übersetzung Gegenschatz — Gigon 1998).

[46] Interpretation bei Tochtermann 1992, 176–79.

[47] *De excessu fratris Saytri* 2, 130.

Die Philosophen würden zwar behaupten, dass »dieses Blendwerk der Dichter unter den Verlockungen der Drogen der Circe erfunden worden sei«. In Wirklichkeit, so Ambrosius, sei jedoch die Vorstellung der Philosophen, die Seele eines Menschen könne tatsächlich in ein unvernünftiges Tier eingehen, noch viel verrückter.

Weitaus häufiger als solche anspruchsvollen philosophischen Allegoresen oder deren Widerlegung sind schlichte Metaphern, die in einen vollkommen anderen Kontext eingestreut werden. So kann zum einen die Verwandlung in ein Tier als Bild für eine — wie auch immer geartete — Veränderung zum Schlechteren verwendet werden. Als Beispiel sei hier Salvian von Marseille genannt (Text Kirke Nr. 15). Er vergleicht die Verwandlung in Tiere mit der Lage derjenigen, die in den Wirren des fünften Jahrhunderts als Flüchtlinge auf die Landgüter der Oberschicht gelangen und dort in einen sklavenähnlichen Status herabgewürdigt werden. Zum anderen findet die Person der Kirke oder ihr Zaubertrank Verwendung als ein Bild für Versuchung. Rutilius Namatianus (Text Kirke Nr. 16) hält »diese Sekte«, damit meint er die christliche Kirche, für noch übler als die Gifte der Kirke, da sie nicht nur auf den Körper, sondern vor allem auf die Seele wirke. In einem Brief des Symmachus (Text Kirke Nr. 17) werden die Freuden von Baiae — wohin der Verfasser des Briefes den Adressaten einladen möchte — als noch verlockender beschrieben als drei archetypische Verführungen aus der *Odyssee*: der alles vergessen machende Lotos (der als Bildthema nie von Interesse war), die Tränke der Kirke und der Gesang der Sirenen.[48]

In lateinischer Sprache verfasste mythographische Handbücher überlieferten, gleich ihren griechischen Pendants, die gesamte Kirke-Episode einschließlich der *Telegonie*. Auch das ist ein Indiz dafür, dass die Geschichte in ihren Grundzügen im Westen des Reiches weiteren Kreisen bekannt war. Die älteste erhaltene Fassung eines solchen Handbucheintrages findet sich in den *Fabeln* des Hygin, aus dem ersten oder zweiten nachchristlichen Jahrhundert. In einer Zusammenfassung der *Odyssee* (fab. 125, 8–10) berichtet Hygin von den Abenteuern auf der Insel der Kirke, mit zwei schon in den griechischen Handbüchern zu beobachtenden Abweichungen: Odysseus bedroht Kirke nach dem missglückten Verwandlungsversuch mit dem Tod und erlangt auf diese Weise die sofortige Rückverwandlung der Gefährten; weiterhin wird von gleich zwei Söhnen berichtet, die aus der Beziehung der beiden hervorgegangen seien, Telegonos und Nausithoos. Die bereits in den griechischen Texten beobachtete Tendenz, Odysseus auf Kosten der Kirke in ein möglichst positives Licht zu rücken, setzt sich hier also fort. Eine eigene Fabel (fab. 127) ist dann der Geschichte des Telegonos und seiner versehentlichen Ermordung des Vaters gewidmet.

Spätantike Versionen eines solchen mythographischen Handbuchs sind nicht überliefert. Erhalten haben sich hingegen mythographische Handbücher aus dem lateinischen Mittelalter, beispielsweise der sogenannte Mythographus Vaticanus I. Er kennt nicht nur die homerische Geschichte auf der Insel der Kirke, sondern auch das Ende des Odysseus von der Hand des Telegonos.[49] Der mittelalterliche Autor rekurrierte hier entweder auf ein spätantikes Handbuch oder auf eines der früheren Kaiserzeit, das sich bis in Spätantike und Mittelalter erhalten hatte. Ein weiteres Indiz für die Existenz derartiger (entweder genuin spätantiker oder in der Spätantike noch zirkulierender älterer) Handbücher ist der Umstand, dass diverse spätantike lateinische Texte auf die *Telegonie* verweisen. Servius beispielsweise schreibt an einer Stelle seines Kommentars zur *Aeneis* (Text Heimkehr Nr. 28): »Dieser Odysseus, fürwahr, der Sohn des Laertes, war der Gemahl der Penelope. Als Söhne hatte er von Penelope den Telemachus, von Circe aber den Telegonus, von dem er unwissentlich, als jener selbst den Vater suchte, getötet wurde.« Vergleichbar ist eine Passage aus einem vermutlich im fünften Jahrhundert verfassten Kommentar zur *Thebais* des Statius (Text Kirke Nr. 18). Hier wird nach einem Rekurs auf Vergil die homerische Geschichte referiert[50] — mit der bereits bekannten odysseusfreundlichen Abweichung, dass der Held bei der Bedrohung Kirkes mit dem Schwert als Erstes die Zurückverwandlung der Gefährten verlangte — und dann angefügt: »Er selbst schlief mit ihr, die ihm den Telegonus gebar.« Die aus den griechischen Texten bekannte Tendenz zur Herabsetzung von Kirkes göttlichem Status lässt sich auch hier wiederfinden: »Circe also — von der die Dummköpfe sagen, dass sie eine Tochter des Sol gewesen sei — war eine Sterbliche«, formuliert der Kommentator, »in der Kunst der Magie vollkommen.« Über das Bild der Kirke als Hexe, genauer: Kräuterhexe, wird weiter unten zu sprechen sein.

---

[48] Vgl. Cameron 2011, 536. Cameron weist darauf hin, dass die Wendung *Circae pocula* (die auch Ambrosius, Text Kirke Nr. 14, verwendet) auf Horaz zurückgeht, auf ep. 1, 2, 23 — also auf denselben Brief, auf den sich auch Servius (Text Kirke Nr. 12) bezieht.

[49] Myth. Vat. I, 1. Buch 15. Fabel Hrsg. Zorzetti — Berlioz 1995.
[50] Zu einer Charakterisierung der Scholien zu Statius oder Juvenal im Unterschied zu den Vergil-Scholien s. Cameron 2011, 417.

Gleichfalls aus der lateinischen Spätantike stammt eine dem Ausonius zugeschriebene, prinzipiell sehr odysseusfreundliche Hypothesis zur *Odyssee*, die auch zwei Abschnitte zu Kirke enthält. Dort wird zunächst (Text Nr. 19 a) behauptet, dass Odysseus die »mächtige Göttin« (*dea potens*) allein durch Bewunderung seiner *virtus* dazu brachte, die Gefährten zurückzuverwandeln. Über die verschiedenen Bedeutungen von *virtus* im Allgemeinen sowie in dieser Passage im Besonderen wurde bereits gesprochen.[51] Kirke behält in dieser Version ihren göttlichen Status — aber nur, um die *virtus* des Odysseus, die selbst eine Göttin zu rückhaltloser Bewunderung anregen konnte, in noch besserem Licht erscheinen zu lassen. Allerdings war der Verfasser dieser Hypothesis ehrlich genug, auch Kirkes tragende Rolle bei den noch folgenden Abenteuern des Odysseus, der Begegnung mit den Sirenen sowie der Vorbeifahrt an Skylla und Charybdis, zu erwähnen (Text Nr. 19 b). Wie die beiden nächsten Kapitel zeigen werden, war eine Thematisierung dieser tragenden Rolle keineswegs selbstverständlich. In der Regel ist es vielmehr so, dass die literarische Rezeption insinuiert, die Überwindung der Sirenen und der Skylla sei Odysseus' alleinige Leistung gewesen.

Die lateinische Version der historisierenden Umerzählung gibt in Bezug auf Kirke nicht viel her. Anders als Johannes Malalas (Text Kirke Nr. 2) und Johannes von Antiochia (Text Kirke Nr. 3) beschränkt sich Diktys auf einen einzigen Satz (Text Kirke Nr. 20), und auch dieser gilt nicht einmal Kirke allein: Kirke und Kalypso seien auf Inseln residierende Königinnen gewesen, welche die »Seelen ihrer Gäste« — eine Anspielung auf die ansatzweise auch im lateinischen Westen bekannten philosophischen Theorien? — dazu verführten, sie zu lieben.

Viel bedeutender als philosophische Allegorese war im Westen ein anderer Aspekt der Kirke-Gestalt: ihre Beherrschung magischer Praktiken. Dabei lässt sich — ähnlich, wie dies bei der lateinischen Rezeption der Polyphem-Geschichte zu beobachten war — ein deutlicher Einfluss der Werke von Vergil und Ovid greifen. In der *Aeneis* erschien Kirke als Zauberin, welche die Gefährten mithilfe wirkmächtiger Kräuter verwandelte; in den *Eklogen* hingegen wurde der Aspekt ihres machtvollen zauberischen Gesangs betont.[52] Das detaillierteste und einflussreichste Portrait der Kirke wurde in den *Metamorphosen* formuliert.[53] Ovid malte zum einen die Geschichte von der Verwandlung der Gefährten des Odysseus breit aus, erzählt aus der Perspektive des Macareus, eines Mannes aus dem in Tiere verwandelten Spähtrupp des Eurylochos.[54] Kirke tritt hier auf als kräuterkundige Zauberin und von Dienerinnen umgebene Herrin eines Palastes. Der homerischen Vorlage folgend, lädt sie Odysseus zu sich ins Bett ein und gibt anschließend seinen Gefährten die menschliche Gestalt zurück. War diese Schilderung der Kirke noch relativ wohlwollend und mit der griechischen Rezeption vergleichbar, so zeichnen zwei weitere Episoden desselben Werkes von ihr das Bild einer sich in erfolglosen Leidenschaften verzehrenden, rachsüchtigen und teuflischen Frau. Eingeflochten in die odysseische Geschichte ist die Erzählung einer Dienerin der Kirke über die unerwiderte Liebe ihrer Herrin zu dem ausonischen König Picus.[55] Dieser wurde von Kirke in einem Anfall wilder Rachsucht in einen Specht verwandelt, sein vor Grauen erstarrtes Gefolge unter Beschwörung der Unterwelt in diverse monströse Tiere. Auch die Geschichte von Skylla, einer weiteren Gestalt der *Odyssee*, wird von Ovid in direkte Beziehung zu Kirkes frustriertem Liebesverlangen gesetzt.[56] Demnach war Skylla einst eine schöne junge Frau, in die sich erfolglos ein Meeresgott namens Glaucus verliebte. Als Glaucus Hilfe bei Kirke und ihren zauberischen Fähigkeiten suchte, verliebte diese sich in ihn. Glaucus jedoch wies Kirke zurück und die Verschmähte rächte sich damit, dass sie das Objekt seiner Begierde, Skylla, durch Vergiften des Badewassers in das bekannte homerische Monster transformierte. Dies wiederum hatte, verständlicherweise, einen wilden Hass Skyllas auf Kirke zur Folge, den die Verunstaltete dadurch befriedigte, dass sie die Gefährten des Odysseus, also des Lieblings der Kirke, auffraß. Ovid postulierte hier — anders als Homer, der über die Motive von Kirke und Skylla schwieg — erotische Raserei und weibliche Rachsucht als Movens dieser beiden Gestalten. Kirke wurde von Ovid charakterisiert als eine sich in vergeblichem Liebesverlangen verzehrende, rachsüchtige und destruktive Hexe.[57]

---

Franco 2010, 216–26.

[51] Vgl. die Diskussion zu Text Polyphem Nr. 9 im Kapitel »Polyphem«.

[52] Verg. Aen. 7, 19 f.: *quos hominum ex facie dea saeva potentibus herbis / induerat Circe in vultus ac terga ferarum;* Verg. ecl. 8, 69 f.: *carmina vel caelo possunt deducere lunam, / carminibus Circe socios mutavit Ulixi.* Zur Charakterisierung der Kirke/Circe bei Vergil:

[53] Fauth 1999, 67–79; Franco 2010, 252–72.

[54] Ov. met. 14, 242–307.

[55] Ov. met. 14, 308–415.

[56] Ov. met. 14, 8–71.

[57] Die unmäßig begehrende, bösartig-grausame und sich männliche Kompetenzen anmaßende Frau ist ein beliebter Topos in der lateinischen Dichtung (vgl. Stratton 2007, 73–79). Im Verlauf

Gleich den anderen homerischen Göttern besaß die Kirke der *Odyssee* magische Fähigkeiten.[58] Sie konnte sich beispielsweise unsichtbar machen, Menschen verjüngen oder in Tiere verwandeln.[59] Ihre Hilfsmittel waren ein Zauberstab sowie *phármaka*, nicht näher definierte ›Gifte‹, die sie beispielsweise heimlich ihrem Willkommenstrank, dem *kykeón*, beimischte.[60] Von Kräutern berichtet Homer nichts; ein solches hat in der *Odyssee* nur der Gott Hermes: das Moly, das er Odysseus als Gegengift überreicht.[61] Im Unterschied zu den anderen Gottheiten benutzte bereits die homerische Kirke ihre Fähigkeiten vorrangig, um Böses zu tun: Männer in Tiere zu verwandeln. Zudem ist sie die Schwester des »Unheilstifters Aietes« (Hom. Od. 10, 137) und damit Tante der archetypischen bösen Hexe Medea. Auch ihre Fähigkeiten zur Totenbeschwörung, die sie Odysseus für seine Fahrt zur Unterwelt zur Verfügung stellte, sind ein eher unheimlicher Zug, der sie von den Olympiern unterscheidet. Diese Züge wurden, wie gesehen, von Vergil und Ovid ausgebaut und waren in ihrer literarischen Wirkung enorm erfolgreich.[62] Sie verdrängten in der lateinischen Rezeption weitgehend das komplexere und differenziertere Bild der homerischen Kirke. Von nun an wurde Kirke/Circe vor allem über ihre magischen Fähigkeiten und ihre Beziehung zum Bösen definiert.

Die von Vergil propagierte Vorstellung einer Kräuterhexe war auch in der Spätantike noch Allgemeingut. Servius (Text Kirke Nr. 12) und der Scholiast zur *Thebais* (Text Kirke Nr. 18) sprechen im expliziten Rekurs auf Vergil von Kirkes *herbae potentes*, »wirkmächtigen Kräutern«. Boethius (Text Kirke Nr. 13) formuliert: »Die mit listigem Zauberspruch / ihren Gästen den Becher mischt / und mit kräutergewaltiger Hand (*herbipotens manus*) / mannigfaltige Gestalten leiht.« In einem Hochzeitsgedicht des Sidonius (Text Kirke Nr. 21) werden diverse mythische Frauengestalten aufgezählt, alle mit den für sie charakteristischen Attributen.[63] Bei Kirke sind dies die Zauberkräuter.[64] Hinzu kommt ein weiterer Aspekt. In dem Gedicht erzählt Eros seiner Mutter Venus von der bevorstehenden Verbindung und preist den Bräutigam in höchsten Tönen: Lebte er in den alten Zeiten des Mythos, würden *ihm* die genannten Frauen ihre Attribute darbringen; ebenso würden sich für *ihn* andere mythische Frauen wie etwa Dido freudig umbringen. Der Kontext, in den Kirke und die anderen Frauen hier vom Dichter gestellt werden, ist einer von rasendem weiblichem Liebesverlangen bis hin zur Selbstzerstörung. Darüber wird weiter unten noch einmal zu sprechen sein.

Manche Autoren nennen Kirke eine *maga famosissima*, »berüchtigte Zauberin«, oder eine *malefica*, »Übeltäterin«.[65] In anderen Texten ist von *venena*, »Giften«, die Rede.[66] Manche Autoren nennen Kirke auch explizit eine »Giftmischerin«, *venefica*, oder sprechen von ihren »Verbrechen«, *crimina*.[67] Die schlimmsten Angriffe stammen aus der Feder christlicher Autoren. Tertullian (Text Kirke Nr. 26) nennt Kirke nicht nur eine Giftmischerin, sondern auch eine Götzendienerin: eine Priesterin der gefallenen Dämonen und Engel.

---

der Kaiserzeit wird er verbunden mit dem Topos der Hexe und Giftmischerin (ebenda 79–96, etwa S. 84: »magic [...] becomes increasingly associate with love, sex, and seduction in Roman literature«). Die ovidische Circe ist ein charakteristisches Produkt dieser Entwicklung; ein anderes wäre Senecas Medea (ebenda 88–90).

[58] Zu Kirkes Zauberkräften und deren Bewertung s. auch Franco 2010, 227–46. Zu den zauberischen Fähigkeiten der anderen homerischen Gottheiten, z. B. Athenas, s. ebenda 227–29.

[59] Unsichtbar: Hom. Od. 10, 573 f.; Verjüngung und Verschönerung der Gefährten: Hom. Od. 10, 395 f.; Verwandlung der Gefährten in Tiere: Hom. Od. 10, 235–40; und wieder zurück: Hom. Od. 10, 388–94.

[60] Zauberstab z. B. Hom. Od. 10, 238; *phármaka* z. B. Hom. Od 10, 213: Kirke habe die um ihren Palast streifenden Wölfe und Berglöwen »verzaubert« (*katéthelxen*) und ihnen »schlimme Gifte/Zaubermittel« (*kaká phármaka*) gegeben, erzählt Odysseus den Phäaken. Zum *kykeón* — einem Gemisch aus Wein, Honig, Gerstenmehl und Käse — s. Hom. Od. 10, 234–36 und 290.

[61] Hom. Od. 10, 302–06. Bei Homer wird das Moly gleichfalls *phármakon* genannt, nur der Kontext macht klar, dass es sich um eine Pflanze handelt. Die von Kirke und Hermes vorgenommene — und vollkommen unterschiedlich konnotierte — Verwendung eines *phármakon* ist ein illustratives und frühes Beispiel für die Beobachtung von Franco 2010, 242: »Nella retorica del mito l'ambiguo potere dei farmaci (*phármaka*, in latino *medicamina, medicamenta*) vedeva distribuiti gli opposti effetti per allineamento di genere: ai maschi la cura, alle femmine il contagio.«

[62] Vgl. etwa Franco 2010, 272 zu Ovid: »La Circe di Ovidio, non a caso, costituirà il punto di partenza di una nuova catena di storie, di un nuovo mito di Circe, diverso da quello omerico, che avrà grande fortuna nei secoli successivi.«

[63] In dieser Aufstellung ein wenig befremden mag die Verbindung von Skylla, einem anderen homerischen weiblichen Wesen, und dem Attribut »Haare«. Der Grund dafür ist ein zweiter Erzählstrang zu einer anderen Skylla, der hier wohl mit eingeflossen ist. Dazu ausführlich im Kapitel »Skylla«, im Abschnitt über die lateinische literarische Rezeption.

[64] Vgl. noch Claudian, Text Kirke Nr. 22.

[65] *Maga famosissima*: Texte Kirke Nr. 23 (Augustinus) oder Nr. 27 a (Isidor von Sevilla); *malefica*: Text Kirke Nr. 15 (Salvian).

[66] Texte Kirke Nr. 13. 16. 19 a.

[67] *Venefica*: Texte Kirke Nr. 26 (Tertullian) und Nr. 27 b (Isidor von Sevilla); *crimina*: Text Kirke Nr. 18 (Lactantius Placidus).

Isidor von Sevilla schließlich (Text Kirke Nr. 27 b) berichtet am Ende der Spätantike über sie: »Sie war aber eine Hexe, Giftmischerin und Teufelspriesterin, in deren Beschaffenheit sowohl Werke der magischen Kunst als auch Götzenverehrung zu erkennen sind.«

Auf Kirkes Verführungskünste rekurrieren diverse Texte. Servius macht aus ihr eine weithin berühmte Hetäre (*clarissima meretix*, Text Kirke Nr. 12), Diktys eine Königin, die ihre Gäste verführt (Text Kirke Nr. 20). Claudian schließlich vergleicht die Genusssucht (*luxuries*), »dieses zuckersüße Übel, welches — stets dem Belieben des Körpers hingegeben — die Sinne vernebelt und die Glieder verweichlicht«, mit den Kräutern der Kirke (Text Kirke Nr. 22). Die Vorstellung, dass Kirke nicht nur Liebesverlangen zu wecken vermag, sondern auch selbst Opfer eines solchen wird, wurde — wie oben diskutiert — von Ovid formuliert und war auch in der Spätantike noch äußerst wirkmächtig. Über das Hochzeitsgedicht des Sidonius (Text Kirke Nr. 21), das Kirke in einen Kontext weiblicher Liebesraserei und (Selbst-)Zerstörung stellte, wurde bereits gesprochen. Ein weiteres Zeugnis bieten die *Narrationes fabularum Ovidianarum*, die Nacherzählungen der *Metamorphosen*. Kurz wird hier die Verwandlung der Gefährten, die Rückverwandlung mithilfe des Hermes sowie die Verbindung zwischen Odysseus und Kirke referiert (Text Kirke Nr. 24). Neben dieser ursprünglich der *Odyssee* entnommenen Episode werden auch die anderen ovidischen Verwandlungsgeschichten aus dem Umkreis der Kirke erzählt: die Verwandlung des Königs Picus (narr. 14, 7), die Verwandlung von dessen Gefolge (narr. 14, 8) und natürlich die Verwandlung der Skylla (Text Skylla Nr. 18 a). Dass die Vorstellung von Kirkes bösartiger Rachsucht, besonders gegenüber Skylla, in der lateinischen Spätantike mehr oder weniger Allgemeingut war, belegen diverse Autoren.[68] Ausführlich wird darüber im Kapitel »Skylla« zu sprechen sein. Kirkes Sinnlichkeit wird in diesem Strang der Rezeption nicht als etwas Rationales oder Zweckgerichtetes aufgefasst, wie dies in den griechischen Texten der Fall war.[69] Ebenso wenig kann sie als etwas allegorisiert werden, das zwar nicht den höchsten philosophischen Ansprüchen genügt, aber an sich auch nicht völlig schlecht, sondern durchaus angenehm ist.[70] Auch alle anderen Züge, die durchaus positiv gewertet werden können — so etwa ihre letztendliche Hilfsbereitschaft gegenüber Odysseus und seinen Gefährten — und die zur Komplexität des Bildes beigetragen hätten, werden ausgeblendet. Kirke ist in diesen lateinischen Zeugnissen reduziert auf eine Frau, die abgrundtief böse ist, irrational und sich in sinnlosen Leidenschaften verzehrt. Die Tendenz, einer weiblichen Person die Fähigkeit zur Rationalität abzusprechen, scheint ein charakteristischer Zug gerade der lateinischen Rezeption zu sein. Er wird sich in vergleichbarer Weise bei der Rezeption der Penelope-Figur beobachten lassen.

Parallel zu allem bisher Gesagten gibt es im lateinischen Sprachraum eine lange Tradition, welche die Wohnstätte der Kirke, besser: der Circe, an der Westküste Italiens verortete.[71] Aus dem mit utopischen Zügen versehenen Aiaia Homers wurde so ein Ort mit konkreten geographischen Koordinaten. Zudem wiesen diverse Überlieferungen Kirke männliche Nachkommen zu, die als Gründungsheroen von italischen Städten oder als Stammväter italischer Volksstämme galten.[72] Auf dem heute sogenannten Monte Circeo in der Nähe von Terracina besaß Circe ein Heiligtum, das vermutlich auf das zweite vorchristliche Jahrhundert zurückgeht.[73] Circe wurde auf diese Weise spätestens im Hellenismus ein fester Bestandteil der Topographie und Genealogie Italiens,[74] noch eindeutiger, als dies bei Polyphem und den Kyklopen der Fall war. Ein spätantikes Zeugnis für diese Auffassung bietet der geographische Exkurs, den Martianus Capella in seiner *Hochzeit Merkurs mit der Philologie* formulierte. Bei der Beschreibung Italiens nennt er nach einer »Stadt der Scylla«, dem »Schlund der Charybdis« und den »Klippen der Sirenen« auch Terracina,

---

68 So die Texte Skylla Nr. 10 und 19 (Servius), Nr. 16 (Fulgentius) und auch noch der mittelalterliche Mythographus Vaticanus I: 1, 3 Hrsg. Zorzetti — Berlioz 1995.

69 Erinnert sei etwa an die kühl kalkulierende Königin bei Johannes Malalas (Text Kirke Nr. 2), die sich der Treue des Odysseus zu versichern Suchende bei Porphyrios (Text Kirke Nr. 4 d) oder die berechnende Hetäre bei Pallades (Text Kirke Nr. 10).

70 Vgl. die Texte Kirke Nr. 5. 6. 8.

71 Knight 1995, 185 f. oder Franco 2010, 54–69. Franco vertritt die These, dass die Irrfahrten des Odysseus schon im 8. und 7. Jh. v. Chr. in Verbindung mit der Kolonisation der *Magna Graeca* und Siziliens im Westen angesiedelt wurden. Dort blieben sie und gingen im Verlauf der territorialen Expansion des Römischen Reiches in den ›Besitz‹ der Römer über. Vgl. Malkin 1998.

72 Franco 2010, 69–81. Schon bei Hesiod (theog. 1011–16) war Kirke Mutter des Latinos, des Stammvaters der Latiner; spätere Quellen (s. Franco 2010, 71 und Anm. 104) machen sie etwa zur Großmutter des Prainestos, des mythischen Gründers von Praeneste.

73 Hijmans Jr. 1992, 22.

74 Franco 2010, 81: »Appare dunque evidente che, almeno a partire da una certa epoca, Circe venisse percepita in Italia come una figura locale, profondamente radicata in quel territorio che i Grechi chiamavano Tirrenia: non a caso Plinio definiva Circe come *Itala*.«

»die Wohnstätte Circes« (Text Kirke Nr. 25). Um die Diskrepanz zum homerischen Text zu erklären, bei dem die Zauberin auf einer *Insel* lebt, wird gesagt, dass Terracina früher einmal eine Insel gewesen, nun aber mit dem Festland verbunden sei.

Aus dieser italischen Verankerung Circes heraus ist vermutlich auch ihre von den Römern vorgenommene Verbindung zur Institution des Circus zu erklären.[75] Dabei halfen die phonetische Ähnlichkeit der Wörter »*circus*« und »*Circe*« sowie der Umstand, dass Circe/Kirke als eine Tochter des Sonnengottes Sol/Helios galt, der wiederum im Circus eine prominente Rolle spielte.[76] Cristiana Franco konnte wahrscheinlich machen, dass bereits Vergils Darstellung von Circes Insel — mit tobenden und brüllenden, an ihren Ketten zerrenden und eingesperrten Tieren — inspiriert wurde vom Erleben realer wilder Tiere, die nach Rom gebracht und dort in den diversen Spielen zur Schau gestellt und vernichtet wurden.[77] Explizit formuliert wird die Verbindung von Circe und Circus bei Tertullian in seiner Schrift *Über die Spiele*. Tertullian berichtet, dass der Ort, an dem die Spiele stattfinden, also der Circus, dem Sol geweiht sei. Diesen Gleichklang der Namen Circus und Circe würden die Heiden als Beweis dafür anführen, dass Circe einst die Circusspiele für ihren Vater Sol gestiftet habe (Text Kirke Nr. 26). Die Spiele — im Lateinischen *ludi circenses* — seien also nach ihrer Stifterin benannt. Es folgt eine wüste Diffamierung der Circe und des Circus. Da alle traditionellen Götter nach christlichem Verständnis nichts anderes sind als Dämonen, ist deren Verehrung Götzendienst, der Circus also ein Ort der Idolatrie. Circe, die Priesterin des dort verehrten Sol, hingegen ist nichts anderes als eine Giftmischerin (sc. Zauberin) und Priesterin von Dämonen. Zauberei wird hier — und in anderen christlichen Texten — gleichgesetzt mit der schlimmstmöglichen Sünde überhaupt, dem Satanskult.[78] Bei Isidor von Sevilla, im Spanien des siebten Jahrhunderts, sind zumindest die Circusspiele, die Tertullian so heftig bekämpft hatte, längst Geschichte.[79] Dennoch übernimmt auch er die negative Zeichnung des Circus und der damit verbundenen Circe/Kirke (Text Kirke Nr. 27 b). Der zeitliche Abstand zwischen Isidor und den tatsächlichen Spielen ist wohl auch die Ursache dafür, dass Isidor die etymologische Verbindung von Circus und Circe den Griechen zuschreibt, während sich die lateinische Erklärung des Namens angeblich von *circuitus equorum*, dem Kreisen der Pferde um die beiden Wendemarken, herleite. Anscheinend ist ihm nicht mehr bewusst, dass es sich bei *circus* um einen genuin lateinischen Begriff und eine genuin römische Institution handelte. Wie schon von anderer Seite konstatiert wurde,[80] sind die literarischen Zeugnisse für eine enge Beziehung der Circe zum Circus nicht allzu zahlreich. Sie können jedoch, das wird im folgenden Abschnitt zu zeigen sein, durch archäologische Zeugnisse ergänzt werden.

## Die bildliche Rezeption

Analog zur Rezeption der Polyphem-Episode fand auch die spätantike bildliche Rezeption der Begegnung des Odysseus mit Kirke nahezu ausschließlich im Westen des Römischen Reiches statt. Die von den Künstlern formulierten Bildtypen rekurrieren deutlich auf die oben

---

[75] Dies war einer von mehreren Mythen, die sich um die Gründung der *ludi circenses* rankten und diesen die Aura einer möglichst alten und ehrwürdigen Tradition verleihen sollten, vgl. Vespignani 2001, 51. Die Wagenrennen im Circus Maximus bildeten den Höhepunkt der — sonst vor allem theatralischen — Agone, welche von den Römern zu verschiedenen religiösen Festen veranstaltet wurden. Vespignani 2001, 56: »i ludi rappresentano la summa della religione romana arcaica«.

[76] Der Tempel des Sol befand sich höchstwahrscheinlich im Zuschauerbereich direkt oberhalb der Ziellinie des Circus Maximus: Humphrey 1986, 91–94. Auch der von Augustus auf der Spina aufgestellte Obelisk wurde diesem Gott geweiht: ebenda 269–72; für den von Constantius i. J. 357 aufgestellten zweiten Obelisken war die Verbindung zum Sonnengott gleichfalls noch bekannt: ebenda 288. In der bildenden Kunst wurde der siegreiche Wagenlenker dem Bild des Sol angeglichen: ebenda 94. Auf einer spätantiken Glasschale in Köln, Römisch-Germanisches Museum 1002 wird Sol in eine explizite Beziehung zum Circus gesetzt. Die Darstellung seiner Büste im Zentrum der Schaleninnenseite ist umrahmt von einem großen umlaufenden Fries mit vier sich in wildem Galopp bewegenden Viergespannen: ebenda 1986, 254 und Abb. 129.

[77] Franco 2010, 221–26; vgl. Verg. Aen. 7, 15–20.

[78] Zu Tertullian und Zauberei s. Stratton 2007, 121 f., mit dem Fazit S. 122: »Once Christianity became the dominant religion in the Roman Empire, this conception of magic as Satan worship [...] became the dominant discourse. Magic was now seen not just as a form of subversion but as the ultimate heresy — allegiance to Satanic forces — and hence the ultimate sin. In this way Christian dualism radicalized the discourse of magic, contributing to later representations of ›witches‹ as Satan worshippers.«

[79] Laut Humphrey 1986, 386 f. fanden noch das ganze 4. Jh. hindurch, also bis zum Ende der römischen Herrschaft, Circusspiele in Spanien statt; spanische Rennpferde waren berühmt für ihre Qualität. Zu einer archäologischen Bestandsaufnahme von Circusgebäuden in den Provinzen auf der Iberischen Halbinsel s. Nogales Bassarete 2008, v. a. Tab. S. 162. Auch wenn die archäologischen Befunde zum spätantiken Spanien noch kein vollständiges Bild vermitteln, scheint klar, dass die älteren Szenarien eines seit dem 3. Jh. unaufhaltsam fortschreitenden Niedergangs (so noch Teja 2002) sich nicht aufrechterhalten lassen: Bowes — Kulikowski 2005, v. a. 1–26.

[80] Franco 2010, 226.

herausgearbeiteten ›lateinischen‹ Züge der Kirke-Figur, auf ihre Verbindung zum Circus und auf ihre Charakterisierung als Kräuterhexe. Die rege literarische Rezeption, die sich im griechischen Sprachraum beobachten ließ, findet keine Entsprechung in der bildenden Kunst.[81] Hinzu kommen zwei weitere Einschränkungen: Aus der gesamten Geschichte brachten die bildenden Künstler nur einen einzigen Moment zur Darstellung, nicht mehrere wie im Fall der Darstellungen zu Polyphem. Die dafür verwendeten Gattungen sind auf zwei begrenzt, auf nordafrikanische Tongefäße und stadtrömische Kontorniaten, beides größeren Bevölkerungsschichten zugängliche ›Massenmedien‹. Formulierungen des Kirke-Themas im Kontext des repräsentativen Wohnens — vergleichbar den Mosaiken oder Skulpturen mit Odysseus und Polyphem — sind nicht überliefert. Was die zeitliche Streuung anbelangt, so wurden die Kontorniaten mit Kirke-Darstellung laut Peter F. Mittag nur in einem relativ eng begrenzten Zeitraum in den Jahren um 380 n. Chr. geprägt.[82] Wie lange diese Geschenkmünzen danach noch zirkulierten, lässt sich mangels datierter Befunde nicht beurteilen. Die Laufzeit der hier interessierenden Gefäßtypen wird von der Forschung ungefähr von 360 bis 440 n. Chr. angesetzt.[83] Wie im Fall der Polyphem-Episode, endet auch bei Kirke die bildliche Rezeption im Verlauf des fünften Jahrhunderts, während die literarische Rezeption in ihrer Essenz bis ins lateinische Mittelalter und darüber hinaus zu verfolgen ist.

Im Folgenden sei kurz auf die Vorgeschichte der hier behandelten Bildtypen eingegangen. Vergleichbar den Formulierungen der Begegnung mit Polyphem gehen sie zurück auf hellenistische oder frühkaiserzeitliche Vorläufer, wie sie sich beispielsweise in den spätrepublikanischen *Odyssee*-Fresken vom Esquilin und einer Marmortafel augusteischer Zeit, der sogenannten Tabula Rondanini, fassen lassen.[84] Beiden Darstellungen gemeinsam ist, dass sie — in eklatantem Gegensatz zu den frühen griechischen Bildern, welche vorrangig die Souveränität und Machtfülle der Zauberin visualisierten[85] — Kirke als die deutlich Unterlegene präsentieren. Die Tabula Rondanini gibt in flachem Relief drei wichtige Momente der Kirke-Geschichte wieder. Damit jedem Betrachter klar ist, worum es geht, wurde am unteren Rand in griechischer Sprache eine Art Kapitelangabe eingraviert: »Aus der Erzählung [des Odysseus] bei Alkinoos, aus dem 10. Buch [der *Odyssee*]«. Der Großteil des Bildfeldes wird eingenommen von einem aus Türmen, Säulenhallen und geschlossenen Gebäuden bestehenden architektonischen Gebilde, dem Palast der Kirke. Am Ufer vor dessen Tor, links unten, ist das Heck eines angelandeten Schiffes zu erkennen. Aus diesem stieg gerade — was nicht ganz der literarischen Fassung entspricht, aber auf der Ebene des Bildes den Kern der Erzählung visualisiert — Odysseus, um sich zum Palasttor zu begeben. Ihm in den Weg stellt sich Hermes und gibt kluge Ratschläge sowie das Gegenmittel gegen Kirkes Zaubertrank. Beide Protagonisten sind inschriftlich bezeichnet, ebenso das Zauberkraut,

---

[81] Selbst auf den vorrangig im Osten verbreiteten magischen Gemmen kommt Kirke, die archetypische Zauberin, nicht vor, ebenso wenig auf den Zauberpapyri: Sfameni 2010. Dies mag — neben dem generellen Desinteresse des spätantiken Ostens an Darstellungen der Irrfahrt — darin begründet sein, dass Kirke auf dem vorhandenen Bildtypus eben gerade nicht als mächtige Zauberin erscheint, sondern als überwundene (dazu unten ausführlich). Eine davon unabhängige bildliche Formulierung, welche die magische Macht der Kirke zum Ausdruck gebracht hätte, wurde anscheinend nicht gesucht.

[82] Dazu Mittag 1999, Anhang 5.3.2 (relative Chronologie der sog. ersten Stempelfolge, in welche auch die Rückseitenstempel mit Kirke-Darstellung eingebunden sind) sowie 219 f. (schematischer Versuch einer absoluten Datierung der Rückseitenstempel). Aufgrund der ikonographischen Verwandtschaft zu älteren Kirke-Darstellungen (dazu weiter unten) ist anzunehmen, dass diese den Stempelschneidern bekannt waren. Die im heutigen archäologischen Befund zu beobachtende Lücke zwischen den Denkmälern der frühen Kaiserzeit und denen der Spätantike ist also wohl eher der Überlieferungssituation zu verdanken, als dass sie die damaligen Gegebenheiten widerspiegelt.

[83] Pröttel 1997, 36: Gefäßtypen Hayes 53A und 56.

[84] Für einen Überblick über die erhaltenen Darstellungen s. Canciani 1992; Le Glay 1992. Zu den Fresken vom Esquilin (Rom, Vatikanische Bibliothek): Le Glay 1992, 59 Nr. 1; Andreae 1999, 242–57 Abb. 86. Zur Tabula Rondanini (Warschau, Nationalmuseum 147975): Sadurska 1964, 61–64 Nr. 11.H Taf. 12; Squire 2011, 401 Nr. 11H und passim.

[85] In der schwarzfigurigen Vasenmalerei (z. B. Lekythos Tarent, Museo Nazionale 20324; Canciani 1992, 51 Nr. 5 oder die bekannte ›Kirkeschale‹ Boston, Museum of Fine Art 99.518; Canciani 1992, 52 Nr. 14) steht oder sitzt Kirke mit dem Zaubertrank in den Händen im Mittelpunkt des Bildes, umgeben von den verwandelten Gefährten: die Lenkerin des Geschehens inmitten ihrer Kreaturen. Die Tatsache, dass sich auf manchen Bildern Odysseus mit gezücktem Schwert naht, scheint sie nicht weiter zu beeindrucken. Dieses ursprüngliche Schema erfährt bereits in klassischer Zeit, in der rotfigurigen Vasenmalerei, eine Veränderung in Richtung einer Entmächtigung der Kirke: Sie reagiert nun auf die Bedrohung durch Odysseus auf ›typisch weibliche‹ Art, indem sie erschrocken die Arme emporreißt oder gar die Flucht ergreift (z. B. Kelchkrater New York, The Metropolitan Museum of Art 41.83; Canciani 1992, 53 Nr. 25). Das gleichfalls in diesen Bildern zu fassende stärkere Interesse an Emotionen kann auch auf die Gefährten des Odysseus ausgedehnt werden. Manche Vasenmaler (z. B. auf der Lekythos Athen, Nationalmuseum 9685; Canciani 1992, 51 Nr. 7; Andreae 1999, Abb. 96) thematisieren einzig den traurigen Zustand, die Verzweiflung der in Tiere Verwandelten.

»das Moly«. Die nächste Szene spielt bereits innerhalb des Palastes, auch hier sind die Personen inschriftlich benannt. Odysseus hat sein Schwert gezogen und stürmt auf Kirke los. Diese fällt — entsprechend dem homerischen Text — auf die Knie und fleht um Gnade. Im obersten Bildstreifen ist das Ergebnis von Odysseus' Bezwingung der Zauberin zu sehen: Kirke ruft mit erhobenem Zauberstab die »zum Tier gewordenen Gefährten« aus einem den Stall anzeigenden Gebäude, um ihnen ihre menschliche Gestalt zurückzugeben. Dreh- und Angelpunkt der Erzählung ist — wie bei Homer — die Überwältigung der Zauberin durch Odysseus. Dieser in den älteren Bildern nie so drastisch dargestellte Moment wird im Verlauf der römischen Kaiserzeit zur einzigen Szene, die aus der Kirke-Geschichte überhaupt noch bildlich umgesetzt wird.[86] Die Rückverwandlung der Gefährten hingegen spielt in anderen Denkmälern keine Rolle, ebenso wenig die Übergabe des Moly.[87]

Dieser letzte Punkt mag angesichts der Fülle der zeitgleichen Texte, die sich mit der allegorischen Bedeutung des Krautes befassen und die in ihrer spätantiken Ausformung weiter oben diskutiert wurden, erstaunen. Eine Ursache für diese Diskrepanz mag geographischer Natur sein und damit zusammenhängen, dass das Kirke-Abenteuer bereits in der früheren Kaiserzeit vorrangig ein Thema der weströmischen Kunst war,[88] während die allegorisierenden Texte, wie schon ausführlich diskutiert, vor allem in griechischer Sprache verfasst wurden.[89] Über weitere Gründe, etwa die unterschiedlichen Aussageintentionen von Texten und Bildern, wird noch zu sprechen sein.

## Kirke/Circe als Stifterin der Circusspiele

Kontorniaten — als Geschenke, Glücksbringer oder Amulette verwendete münzähnliche Gegenstände — begegneten bereits im Kapitel zu Polyphem.[90] Nach heutigem Kenntnisstand wurden sie in stadtrömischen Werkstätten aus einer Kupferlegierung produziert und von relativ breiten Bevölkerungsschichten rezipiert. Die aufgeprägten Bildmotive verweisen häufig auf die Circusspiele: Zehn verschiedene Vorderseitenstempel zeigen Wagenlenker, 40 Prozent der Rückseitenstempel können mit circensischen oder anderen Spielen in Verbindung gebracht werden.[91] Vergleichbares ist wohl für die nachträglich angebrachten Beizeichen wie die Siegespalme oder das Monogramm PE anzunehmen.[92] Dieser Befund überrascht nicht, wenn man bedenkt, dass die Kontorniaten in ihrer Funktion als Glücksbringer wohl zu einem großen Teil am Neujahrsfest verschenkt wurden und zu diesem Zeitpunkt zugleich die prächtigsten Spiele des Jahres stattfanden.[93]

Kontorniaten mit der Darstellung von Odysseus und Kirke wurden mithilfe zweier sich nur in Details unterscheidender Stempel als Rückseitenbilder geprägt (Katalog Kirke Nr. 1–7 und Katalog Kirke Nr. 8–9). Stellvertretend für beide Serien soll hier das am besten erhaltene Exemplar, heute in Berlin (Katalog Kirke Nr. 4 Abb. III.1), vorgestellt werden. In der linken Bildhälfte ist in dynamischer Schrittstellung Odysseus erkennbar, bekleidet mit Helm, Stiefeln, kurzer gegürteter Exomis und einem um den linken Arm geschlungenen Mantel.[94] Die rechte Hand liegt am Schwertgriff, bereit, die Waffe aus der Scheide zu ziehen. Sein Blick ist auf die rechts von ihm befindliche Kirke gerichtet, die erschrocken vor ihm niedergefallen ist und bittflehend mit den Händen seine linke Wade umfasst. Im Unterschied zu der frühkaiserzeitlichen Umsetzung dieser Szene auf der Tabula Rondanini — und auch zu Homer — muss Odysseus hier weder tatsächlich das Schwert zücken noch auf seine Widersacherin losstürmen. Allein die Androhung reicht

---

86 Diese Veränderung der Ikonographie archaischer Zeit ist vergleichbar mit derjenigen, die Friedrich 1987 für die Ikonographie des Parisurteils beschrieben hat. In beiden Fällen werden mächtige, respekt- oder gar furchteinflößende Frauen im Laufe der Zeit auf den Bildern zu hilflosen Objekten degradiert sowie der mit ihnen konfrontierte männliche Protagonist in seiner Rolle deutlich aufgewertet.

87 Die hier behandelte Darstellung ist die einzige gesicherte bildliche Thematisierung des Moly in der gesamten antiken Kunst: Touchefeu-Meynier 1968, 106.

88 In der Liste bei Le Glay 1992 tauchen außer den hier angesprochenen Denkmälern noch pompejanische Fresken, eine Statue aus Sperlonga sowie Tonlampen auf. Einzig Letztere sind über das gesamte Reich verbreitet.

89 Auch hier darf man sich — wie die Tabula Rondanini zeigt — die Grenzen nicht allzu schematisch und starr vorstellen: Wie etwa Squire 2011, 65–67 betonte, stammen die Tafeln (soweit sich das rekonstruieren lässt) aus der Stadt Rom oder aus Villen in Italien. Diese griechisch beschrifteten, sich auf den größten Dichter der Griechen beziehenden Tafeln wurden also vermutlich in stadtrömischen Werkstätten für die Häuser der stadtrömischen Oberschicht produziert (so schon Sadurska 1964, 20). Sie sind ein illustratives Beispiel für die von literaturwissenschaftlicher Seite (Pontani 2005, 59) konstatierte Blüte der griechischen Philologie im kaiserzeitlichen Rom.

90 Vgl. die Diskussion zu Katalog Polyphem Nr. 11–18 mit allen entsprechenden Nachweisen.

91 Mittag 1999, 71–93.

92 Mittag 1999, 178.

93 Mittag 1999, 92. 209.

94 Der Helmbusch ist noch besonders deutlich zu erkennen bei dem Exemplar Katalog Kirke Nr. 1, Alföldi — Alföldi 1976, Taf. 33,1.

aus, Kirke in die Knie zu zwingen. Die Zauberin trägt einen unter der Brust gegürteten Chiton sowie einen auf den Rücken fallenden Mantel. Auszeichendes Attribut ist eine Strahlenkrone auf ihrem Haupt.

Eine derartige Krone trägt in der bildenden Kunst stets Sol/Helios, den Sonnengott.[95] Der Stempelschneider wollte mit seiner Art der Charakterisierung unmissverständlich klar machen, dass es sich bei Kirke um eine Tochter des Sonnengottes handelt. Kirke galt zwar seit Homer als Tochter des Helios,[96] wurde aber in den Bildern nie entsprechend dargestellt. Der Grund für die hier vorliegende Abweichung dürfte darin zu suchen sein, dass Sol/Helios — wie im Abschnitt zur lateinischen Rezeption diskutiert — der Schutzgott des stadtrömischen Circus war. Seine Tochter Circe/Kirke galt der Überlieferung als mythische Stifterin der Spiele zu Ehren ihres Vaters (Texte Kirke Nr. 26. 27 b). Die Kontorniaten ziehen damit eine deutliche Verbindung zwischen der Kirke/Circe des Odysseus-Abenteuers und der Stifterin und Namensgeberin des Circus. Eine derartige Verbindung war nur sinnvoll im Kontext der lateinischen Rezeption, spezifischer: im Kontext einer stadtrömischen Rezeption.[97] Auf Bildträgern, die in Nordafrika hergestellt und im gesamten Westen des *imperium Romanum* rezipiert wurden, griff man deshalb auf eine andere Art der Charakterisierung zurück; dazu weiter unten.

Aus der oben gegebenen Bildbeschreibung sollte klar geworden sein, dass Kirke in ihrem Auftreten gegenüber Odysseus keine allzu günstige oder souveräne Position einnimmt. Im Gegenteil, es genügt das bloße Auftreten des Helden, um Kirke in den Staub sinken und demütig um Gnade flehen zu lassen. Odysseus entspricht mit dieser Charakterisierung dem Tenor der oben behandelten spätantiken Texte, die alle mehr oder weniger ausgeprägt eine Überlegenheit des Odysseus gegenüber seinem weiblichen Gegenpart postulierten. Mit dieser verbreiteten Vorstellung ist wohl zu erklären, dass die bildenden Künstler der Spätantike tatsächlich nur diesen einen Moment der homerischen Erzählung aufgriffen und nicht jene Situationen, in denen Kirke als dem Odysseus ebenbürtig oder gar überlegen auftritt: etwa bei der

Abb. III.1 Rückseite eines stadtrömischen Kontorniaten; ca. 380 n. Chr. (Katalog Kirke Nr. 4). Münzkabinett, Staatliche Museen zu Berlin – Preußischer Kulturbesitz. Foto Reinhard Saczewski

Verwandlung der Gefährten in Tiere, bei der Bitte des Odysseus um Rückverwandlung der Gefährten, bei der Bewirtung der ein Jahr auf ihrer Insel weilenden Gäste, bei den Ratschlägen für die weitere Fahrt. Stattdessen kaprizierten sich die Künstler auf jenen Moment der Geschichte, in dem Kirke aufgrund geringerer Körperkraft und fehlender militärischer Ausrüstung tatsächlich in der schwächeren Position ist. Dieser Moment wurde — in Ausblendung des originalen Erzählkontextes — umgedeutet zum bildhaften Ausdruck von Kirkes *wesensmäßiger* Unterlegenheit.

Die Überlegenheit des Odysseus wurde vom Stempelschneider auf zweierlei Weise zum Ausdruck gebracht. Zunächst einmal rückt Kirkes Flehgestus — zu Boden gesunken und die Knie des Helden umfassend — Odysseus ikonographisch in die Nähe der Darstellung des Kaisers. Ursprünglich handelte es sich hier um eine uralte, schon in der homerischen Version vorkommende Bitte um Schonung, Schutz oder Ähnliches.[98] Diese Geste, die so genannte Proskynese, konnte gegenüber Menschen und Göttern angewandt werden. Im Verlauf der Kaiserzeit wurde jedoch, wie Andreas Alföldi nachzeichnete, diese ursprünglich an einen konkreten Anlass gebundene Geste der Demütigung institutionalisiert zu einem Ergebenheitsbeweis gegenüber dem Kaiser und der Institution des Kaisertums.[99] In Verbindung damit entstanden verschiedene Bildtypen, welche die Größe des Kaisers mittels der Selbsterniedrigung seiner Untertanen oder

---

[95] Letta 1988. Für eine spätantike Darstellung des Sol — Büste im Profil, Strahlenkrone auf dem Haupt — sei eine gravierte Glasschale in Köln genannt: Römisch-Germanisches Museum 1002; Letta 1988, 605 Nr. 198; datiert um 330 n. Chr.

[96] Hom. Od. 10, 138.

[97] Die Kontorniaten mit Odysseus und Kirke fallen damit in die Kategorie »Verherrlichung Roms« (Mittag 1999, 52–70).

[98] Hom. Od. 10, 323; vgl. Hom. Il. 8, 371: Thetis flehte Zeus an, den Trojanern einen vorübergehenden Vorteil zu verschaffen, weil dies ihren Sohn Achill gegenüber den Griechen in eine bessere Verhandlungsposition bringen würde. Noch Serv. ad Aen. 3, 607 bemerkt: »Die Naturforscher sagen, dass die einzelnen Teile des Körpers göttlichen Wesen geweiht sind, wie etwa [...] die Knie der Misericordia (sc. der Personifikation des Mitleids), weswegen die Bittenden diese berühren.«

[99] Alföldi 1934, 46–97.

Gegner propagierten.[100] Auf einem Aureus des Postumus aus dem Jahr 263 n. Chr. beispielsweise empfängt ein winziger Vertreter der Bürgerschaft kniend eine Wohltat des Kaisers; die Basis des Theodosios-Obelisken in Istanbul zeigt fremdländische Gesandte, die auf Knien ihre Geschenke beziehungsweise Tribute überbringen.[101] Auch weibliche Gestalten, Personifikationen des Staates oder der Provinzen, können in Proskynese vor dem Kaiser erscheinen. So lässt sich Kaiser Valens auf einem Goldmedaillon als *restitutor rei publicae* feiern und erhebt die kleine weibliche Personifikation des wiederhergestellten Staates aus ihrer knienden Haltung.[102] Erscheint der Kaiser in diesen Darstellungen gegenüber den Knienden in der Regel als wohlwollend, so ist das Verhalten des Odysseus gegenüber Kirke nicht so eindeutig zu bewerten: Er und seine Männer — über die weiter unten zu sprechen sein wird — sind durch Waffen und Rüstung eindeutig in einen militärischen Kontext gestellt. Odysseus' Hand liegt am Schwertgriff und es ist für den Betrachter nicht klar, ob er die Waffe ziehen wird oder nicht.

Diese Anklänge an das Militärische sind das zweite Mittel, mit dessen Hilfe der Stempelschneider die Figur des Odysseus überhöhte. Auch sie rücken den homerischen Helden ikonographisch in die Nähe des Kaisers, hier als Sieger in einem militärischen Konflikt. In der Regel galoppiert der Kaiser über das Schlachtfeld, unter den Hufen seines Pferdes krümmen sich winzige, um Gnade flehende Gegner.[103] Diese werden entweder niedergestochen oder, so vor allem auf den Darstellungen des vierten Jahrhunderts, es genügt die triumphierend erhobene Rechte des Kaisers, um auf seinen zwangsläufigen Sieg zu verweisen. In anderen Bildern setzt der stehende Kaiser einen Fuß auf einen winzigen, flehenden Gegner[104] oder drückt dessen Kopf ohne Mühe mit der Hand in den Staub.[105] Kirkes Strahlenkrone, über die bereits gesprochen wurde, erinnerte einen spätantiken Betrachter eventuell auch an die älteren Darstellungen heidnischer Kaiser, die sich in ihren Bildnissen durch das Anlegen eines Strahlendiadems an Sol angeglichen hatten.[106] Wenn dem so war, dann wird Odysseus auf den Kontorniaten charakterisiert als jemand, der gleich dem Kaiser über fremde Völker siegt und deren Herrscherin bezwungen hat. Kennzeichen der spätantiken Herrscherbilder war, dass der Kaiser weniger als in einer tatsächlichen Kampfhandlung begriffen präsentiert wurde, denn als jemand, dessen reine Anwesenheit und Persönlichkeit bereits den Sieg garantierte. Dies entsprach der spätantiken Ideologie vom Kaiser als dem *semper victor*, dem von Natur aus Sieghaften.[107] Ähnliches lässt sich auf dieser Darstellung von Odysseus sagen. Auch er muss sein Schwert nicht wirklich ziehen und kämpfen, sondern der Sieg fällt ihm gleichsam zu.

Der Umstand, dass Kirke in der Vorstellung der spätantiken Römer nicht nur die Begründerin des Circus, sondern auch — und vor allem — eine gefährliche und bösartige Zauberin war, ließ diesen Sieg des Odysseus als einen bemerkenswerten Sieg über dunkle Mächte und Zauberei erscheinen. So verwundert es nicht, dass Kontorniaten mit dieser Szene als Amulette getragen wurden. Das beweist etwa ein Exemplar, das sich heute in Lyon befindet (Katalog Kirke Nr. 6): Die Durchbohrung wurde so vorgenommen, dass die Darstellung mit Kirke genau richtig herum hängt. Das Kaiserbild auf

---

100 Diskutiert bei Brilliant 1963, 189–95.

101 Aureus: Brilliant 1963, 191 Abb. 4.75 und Alföldi 1934, 58 Taf. 1,2. RIC V.2, Nr. 276. Die Inschrift auf der Münze spricht explizit von der *indulgentia pia*, der frommen Güte, des Postumus. Obelisk: Brilliant 1963, 193 Abb. 4.79.

102 Brilliant 1963, 190 f. Abb. 4.71; Hadrian als *restitutor provinciae*: Mathews 1999, 62 und Abb. 42 (Neapel, Museo Nazionale). Die Beispiele ließen sich beliebig vermehren, vgl. etwa ein Goldmedaillon von Valentinian II. in Paris, Cabinet des Médailles: Salomonson 1973, 47 Abb. 34. Auch für die Darstellung von Christi Güte und Mildtätigkeit lässt sich das Schema in der Spätantike verwenden: Mathews 1999, 62–64 Abb. 43 f. (Rom, Fresko in der Katakombe der Heiligen Petrus und Marcellinus und Sarkophag-Fragment in der Kallistus-Katakombe).

103 Brilliant 1963, 181–85 Abb. 4.48 bis 4.61.

104 Brilliant 1963, 193 Abb. 4.80: Goldmedaillon von Konstantin I.

105 Brilliant 1963, 195 Abb. 4.85b und 4.86: Goldmedaillon des Constans und Goldmedaillon des Magnentius.

106 Bergmann 1998, bes. 267–90. Der letzte Kaiser, der sich in der Ikonographie des Sol Invictus darstellen ließ, war Konstantin. Bildnisse von Kaisern früherer Jahrhunderte mit der Strahlenkrone erscheinen aber noch auf den Kontorniaten, etwa von Vespasian im sog. Typus I (Alföldi — Alföldi 1976, 79 Nr. 236) oder von Philippus Arabs (ebenda 143, Nr. 424). Die damit zusammenhängende Symbolik war also einem stadtrömischen Betrachter des späteren 4. Jh.s n. Chr. noch durchaus verständlich.

107 Dazu Brilliant 1963, 16–211 bes. 177–85; Leader-Newby 2004, 27–39. Die Wurzeln dieser Vorstellung bereits in der frühen Kaiserzeit hat Andreas Alföldi aufgezeigt: Alföldi 1934, 93–100. In der spätantiken Ideologie wird diese Sieghaftigkeit des Kaisers mit der Begnadetheit durch Gott begründet, vgl. etwa das sog. Probus-Diptychon, Kathedrale Aosta, mit der Darstellung des Honorius (Leader-Newby 2004, 38 Abb. 1.19): Der militärisch gekleidete Kaiser hält in der Linken eine Weltkugel mit einer Victoria, der Personifikation des Sieges, und in der Rechten ein Labarum mit der Inschrift *IN NOMINE XPI VINCAS SEMPER* (»Im Namen Christi mögest du immer siegen!«). Zur sakralen Aura des Kaisers sowohl in heidnischer als auch dann in christlicher Zeit s. Alföldi 1935, 68–154.

der anderen Seite hingegen würde auf dem Kopf stehen, wurde also von dem damaligen Besitzer (oder der damaligen Besitzerin) als nicht so wichtig erachtet. Als Parallele sei eine magische Gemme aus Ägypten aus dem sechsten oder siebten Jahrhundert angeführt.[108] Auf dieser reitet der inschriftlich bezeichnete biblische König Salomon — bekleidet mit kurzem Gewand, Stiefeln und flatterndem Mantel — eine bereits am Boden liegende Dämonin nieder und sticht zugleich mit dem Speer auf sie ein. Die Frau trägt einen langen geflochtenen Zopf und ist vollständig nackt, was ihren Opferstatus unterstreicht.[109] Sie erhebt ihre Hände in einer schwachen und vergeblichen Geste der Bitte oder Abwehr. Auch hier dient das Bild eines Mannes, der eine Besitzerin bedrohlicher und zerstörerischer Zauberkräfte besiegt, als ein magisches Mittel, das dem Träger in der realen Welt Schutz vor Zauberei — oder vielleicht allgemeiner: dem Bösen — bieten soll.

Zum Schluss sei noch der Rest des Bildfeldes auf den Kontorniaten beschrieben. Hinter Kirke erhebt sich ein sorgfältig gemauerter Quaderbau, ihr Palast. Aus dessen Fenster schauen drei winzige menschliche Gestalten mit Tierköpfen auf das Geschehen (Abb. III.2). Bekleidet sind sie wohl mit einer Ärmeltunika, gleich ihrem Anführer sind sie gerüstet: In der Linken halten sie einen großen ovalen Schild sowie — zumindest der Mittlere — einen Speer. Die Rechte ist jeweils vor die Brust gelegt.[110] Es handelt sich hier um die verwandelten Gefährten des Odysseus, zumindest um einen repräsentativen Teil derselben, die gemäß dem Text der *Odyssee* eigentlich vollständig in Schweine verwandelt und in einem Schweinestall weggeschlossen sein müssten. Ihre Anwesenheit in diesem Bild hat mehrere Gründe. Zunächst dienen sie der eindeutigen Identifikation der Szene, da der eigentliche Protagonist Odysseus hier nicht in seiner kanonischen Tracht auftritt, also nicht ohne weiteres zu erkennen wäre.[111] Die Verwandlung

Abb. III.2 Detail der Rückseite eines stadtrömischen Kontorniaten; ca. 380 n. Chr. (Katalog Kirke Nr. 4). Münzkabinett, Staatliche Museen zu Berlin – Preußischer Kulturbesitz. Foto Reinhard Saczewski

in ein Tier wurde von den bildenden Künstlern in der Regel nicht vollständig dargestellt.[112] Sie beließen den Verwandelten ein menschliches Element, um dem Betrachter anzuzeigen, dass es sich eben nicht um echte Tiere handelt, sondern um in Tiere verwandelte Menschen. Auf den hier behandelten Kontorniaten ist ihre Tracht und Ausrüstung die von spätantiken Soldaten.[113] Sie werden somit charakterisiert als die Gefolgsleute des gleichfalls in militärischem Habitus auftretenden Odysseus. Gebannt schauen sie auf ihren Anführer, der ihnen Rettung bringen wird.

Ihre Passivität und im Vergleich zu Odysseus weitaus geringere Körpergröße macht ihre Abhängigkeit von Odysseus deutlich. Sie dienen in diesem Bild also auch dem Zweck, die absolute Vorrangstellung des Odysseus nicht nur gegenüber Kirke, sondern auch gegenüber seinen Männern zu visualisieren. Dies steht im Einklang mit der literarischen Rezeption, die — hier sei vor allem an die allegorische Auslegung der Tierverwandlung erinnert — ebenfalls eine absolute Überlegenheit des

---

[108] Kelsey Museum of Archaeology, University of Michigan, Ann Arbor; Kampen — Marlowe — Molholt 2002, 62–64 Taf. 32.

[109] Vgl. Moraw 2008b, 136–39.

[110] Die Bedeutung dieser Geste ist nicht ganz klar. Salomonson 1973, 7 vermutet bei den von ihm behandelten Denkmälern mit der Darstellung von hohen Würdenträgern eine zeremonielle Begrüßungsgeste. Zieht man den Kontext mit in Betracht, in dem diese Würdenträger in der Regel auftreten, das Veranstalten von Spielen im Circus oder Amphitheater, dann könnte es sich auch um eine Geste handeln, die erhöhte oder gespannte Aufmerksamkeit signalisieren soll.

[111] Die äußere Erscheinung der Kirke wurde von den bildenden Künstlern nie eindeutig festgelegt. Sie ist nur anhand des Kontextes

oder anhand einer Beischrift (s. Katalog Kirke Nr. 10–23) zu identifizieren.

[112] Touchefeu-Meynier 1968, 124.

[113] Vgl. z. B. die Soldaten um Valentinian I. oder II. auf der Silberschale Genf (Musée d'Art et d'Histoire C 1241); Leader-Newby 2004, 23 Abb. 1.9. Im Unterschied zu den sich in prekärer Lage befindenden Gefährten des Odysseus sind die Soldaten des Kaisers vollständig bewaffnet, tragen also alle auch Helm und Speer.

Odysseus gegenüber seinen Gefährten konstruierte. Die ursprüngliche Pointe der homerischen Fassung — dass Odysseus bei den Verhandlungen mit Kirke zunächst nicht an die Gefährten, sondern an seine eigene Sicherheit und sein eigenes Vergnügen dachte — wird in den spätantiken Texten ebenso unterschlagen wie auf diesem Bild. Der Hang zu einer starken Hierarchisierung ist, wie bereits erwähnt,[114] ein generelles Charakteristikum der Spätantike und entsprechend auch in der Beziehung zwischen Odysseus und seinen Gefährten zu finden. Letztere werden immer auf eine Weise charakterisiert, die ihre grundsätzliche Unterlegenheit sowohl gegenüber Odysseus als auch gegenüber den Gefahren der Irrfahrt zum Ausdruck bringt. Erinnert sei an die Bilder der Weinreichung (Katalog Polyphem Nr. 1–7), auf denen die Gefährten entweder in der Tracht und Haltung von spätantiken Dienern auftraten oder als nackte zierliche Opfer des Kyklopen. In den folgenden Kapiteln zu den Begegnungen mit den Sirenen und mit Skylla wird sich Vergleichbares feststellen lassen.

Odysseus erscheint auf den Kontorniaten als zweifach überlegener: über seine Gefährten und über Kirke. Die Gefährten stehen im Rang unter ihm und wurden schon von Homer als nicht übermäßig klug oder heldenhaft charakterisiert.[115] Diese Art von Überlegenheit ist also nichts, worauf Odysseus sich allzu viel einbilden könnte. Auch die Überlegenheit gegenüber Kirke ist nicht ganz unproblematisch. Kirke ist zwar eine Zauberin, aber letztendlich nur eine Frau — kein Gegner, dessen Überwindung besondere Ehre einbringt. Über die Implikationen, die dies für eine eventuelle Identifikation des Betrachters mit Odysseus mit sich bringt, wird weiter unten zu reden sein.

### Kirke als Kräuterhexe

Auch der zweite spätantike Bildtypus zum Thema »Odysseus und Kirke« thematisiert den Moment der Überwältigung Kirkes durch Odysseus. Er diente der Dekoration von in nordafrikanischen Töpferwerkstätten hergestellten Tongefäßen.[116] Derzeit bekannt sind 14 mehr oder weniger vollständig erhaltene Gefäße mit diesem Bildmotiv (Katalog Kirke Nr. 10–23). Wie zu erwarten, stammen sie meist von Fundplätzen im heutigen Tunesien oder Algerien; daneben gibt es jedoch auch Exemplare aus Kroatien und Österreich. Den Umstand, dass diese Gefäße auch im Osten des Reiches populär waren, belegt ein Fragment aus Patras. Für diese bewegbaren Objekte der Kleinkunst gilt also dasselbe wie für die Sprache der Menschen, die das spätantike *imperium Romanum* bewohnten: Bei einer Differenzierung in einen lateinischen Westen und einen griechischen Osten ist keineswegs von zwei scharf voneinander abgegrenzten Blöcken auszugehen.

Bei den verwendeten Gefäßtypen handelt es sich zum einen um große rechteckige Tabletts mit einem breiten horizontalen Rand, zum anderen um dünnwandige, rand- und fußlose Schalen mit Applikenverzierung im Innern.[117] Die Tabletts wurden zunächst aus einer Matrize geformt.[118] Dann wurden sie auf der Bodenfläche und dem Rand dekoriert, indem der Töpfer die Motive in den noch feuchten Ton mit Negativformen stempelte oder als Appliken auflegte. Anschließend wurden kleinere Details durch Punzen oder Gravieren hinzugefügt.[119] Die Schalen hingegen wurden auf der Töpferscheibe gedreht und anschließend mit aus Matrizen gewonnenen Tonappliken versehen.[120] Die prinzipiell beliebige Kombinierbarkeit der Stempel und Appliken sowie die nachträgliche Überarbeitung des gesamten Gefäßes erklären, warum es keine zwei identischen Gefäße mit Kirke-Darstellung gibt. Es ist noch nicht einmal sicher, ob alle Kirke-Bilder aus einem einzigen Negativstempel beziehungsweise einer einzigen Matrize hergestellt wurden oder ob es sich um verschiedene Stempelgenerationen handelt. Dies ließe sich nur durch Autopsie und exaktes Messen klären.[121]

Ein fragmentiertes Tablett aus Carnuntum (Katalog Kirke Nr. 16) erlaubt eine Diskussion von Bildmotiv und Kontext. Das Bildmotiv befindet sich auf einem langrechteckigen Täfelchen, das jeweils durch Doppelleisten in drei metopenartige Felder unterteilt wird (Abb. III.3).[122] Das linke Feld zeigt Odysseus in Drei-

---

[114] Vgl. die Diskussion zu Text Polyphem Nr. 1 h.

[115] Franco 2010, 156–83.

[116] Pröttel 1997, 15–23.

[117] In der Typologie von Hayes 1972: Form Nr. 56 (ebenda S. 83–91) und Form Nr. 53A (ebenda S. 78–80). Weiterhin wichtig zu Form Nr. 56: Salomonson 1962. 1973 und Garbsch 1980; zu Form 53A: Salomonson 1969 (bei ihm »Terra Sigillata Chiara C, Form a« genannt).

[118] Zum Fund einer solchen Matrize südlich von Kairouan: Pröttel 1997, 22.

[119] Salomonson 1962, 57.

[120] Salomonson 1969, 20; vgl. Pröttel 1997, 23 zum Fund solcher Matrizen in Karthago und Tebessa.

[121] Nachträglich abgeformte Stempel müssten wegen des Schrumpfungsprozesses beim Trocknen des Tons kleiner sein; vgl. Garbsch 1980, 162 f. Anm. 4.

[122] Diese Unterteilung ist für den ästhetischen Gesamtein-

Abb. III.3 Detail vom Rand eines fragmentierten Sigillata-Tabletts aus Carnuntum; 360–440 n. Chr. (Katalog Kirke Nr. 16). © Landessammlungen Niederösterreich, Archäologischer Park Carnuntum. Foto Nicolas Gail

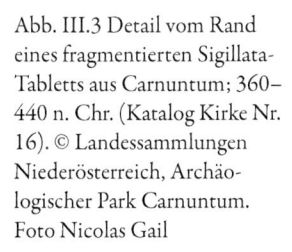

viertelansicht auf einem kunstvoll gedrechselten Stuhl sitzend, seine Haltung ist eine Mischung aus souveräner Ruhe und gespannter Wachsamkeit. Aus zwei fensterartigen Öffnungen schauen ein Wolf und ein Pferd, also zwei der verwandelten Gefährten, auf die Szene und warten auf Rettung. Odysseus trägt seine charakteristische Tracht, den Pilos sowie eine auf der linken Schulter befestigte Exomis; den oberen Rand des Gewandes schmückte eine breite Borte. An den Füßen hat er Stiefel. Über den Schenkeln des Helden befindet sich ein großes Schwert, dessen Scheide er mit der Linken umfasst. Die rechte Hand liegt am Schwertgriff, bereit, die Waffe zu ziehen. Dass dies nicht notwendig sein wird, illustriert das rechte Bildfeld: Kirke ist bereits auf ein Knie gesunken und streckt beide Hände flehend in Richtung des potentiellen Aggressors aus. Im Unterschied zu der Fassung der Szene auf den Kontorniaten muss Odysseus hier also noch nicht einmal aufstehen, um Kirke zur bedingungslosen Kapitulation zu bewegen! Die Zauberin hat die Haare zu einem Knoten am Hinterkopf hochgenommen und trägt ein langes Gewand von so zarter Konsistenz, dass sich die Beine deutlich darunter abzeichnen. Die Schultern sind entblößt, das Gewand ist hier durch die heftige Bewegung herabgeglitten. Die Handgelenke werden von Armreifen geschmückt. Kirke

erscheint hier also trotz ihrer prekären Lage als verführerische Schönheit, die mit weiblicher List versucht, sich aus ebendieser Situation zu retten. Damit entspricht sie in gewisser Weise der homerischen Kirke.

Unhomerisch sind jedoch zwei weitere Elemente: Zum einen weist nichts im Bild darauf hin, dass Kirke mit ihrer Verführungskunst Erfolg haben wird. Das Ende der Geschichte wird hier ebenso ausgeblendet wie auf den Kontorniaten. Zum anderen macht die Darstellung im mittleren Bildfeld deutlich, auf welche Weise sich der Töpfer und die Benutzer dieser Keramik sich Kirkes Zauberkunst vorstellten. Man erkennt eine an einem Haken aufgehängte Waage zum Abwiegen von Kräutern und auf dem Boden ein großes zweihenkliges Gefäß zum Brauen des Zaubertrankes; dazwischen, in griechischen Lettern, der Name der Zauberin: KIPKH. Auch bei Homer verwandelte Kirke ihre Opfer mithilfe eines selbst gebrauten Giftes, benötigte dann allerdings noch einen Zauberstab zur Vollendung. Die Vorstellung von Kirke als einer Art Kräuterhexe hingegen ist — darüber wurde ausführlich gesprochen — ein Charakteristikum der lateinischen Rezeption.[123] Trotz der Beischrift in griechischer Sprache und mit der griechischen Namensform handelt es sich bei der hier Dargestellten also im Grunde um die lateinische Circe.[124] Diese war

---

druck und das inhaltliche Verständnis des Bildes nicht unbedingt von Vorteil. Es wurde deshalb vermutet, dass dies keine originale Erfindung des Sigillata-Töpfers war, sondern auf metallene Vorbilder, genauer: pannonische Kastenbeschläge, zurückgeht: Salomonson 1962, 85–87. Diese figürlich und ornamental verzierten Bleche dienten der Verkleidung von Holzkästchen. Für eine Zusammenstellung aller bekannten Exemplare s. Buschhausen 1971.

[123] Das wurde in Bezug auf die hier behandelten Darstellungen schon früh erkannt, vgl. Zingerle 1907, 343 zu Katalog Kirke Nr. 16 (vgl. mit Ov. met. 14, 265–70) oder Allais 1959, 50 zu Katalog Kirke Nr. 10 (vgl. mit Ov. met. 14, 1–74).

[124] Griechische Buchstaben und Namensform sind schwer zu erklären. Zum einen wird die Zweitsprache der nordafrikanischen

Abb. III.4 Fragmentiertes Sigillata-Tablett aus Carnuntum, mit zeichnerischen Ergänzungen; 360–440 n. Chr. (Katalog Kirke Nr. 16). © Landessammlungen Niederösterreich, Archäologischer Park Carnuntum. Foto Nicolas Gail

jedem Bewohner des westlichen Reiches ein Begriff. Die Darstellung wurde damit an allen Orten, zu denen diese Gefäße verhandelt wurden, verstanden.

Der Zauberstab (*rhábdos*), den Kirke bei Homer für ihre Zauberkünste benötigte,[125] spielt weder in der literarischen noch der bildlichen Rezeption eine Rolle.[126] Dies mag damit zusammenhängen, dass zumindest in der Vorstellung der Spätantike ein derartiger Stab vor allem mit männlichen Wundertätern oder Wunderheilern in Verbindung gebracht wurde. Wie Thomas Mathews zeigte, wurde bereits im dritten Jahrhundert Christus auf diese Weise dargestellt.[127] Vergleichbares gilt für die alttestamentliche Figur des Moses und für Christi Nachfolger auf Erden, Petrus. In der Vorstellung der frühen Christen war Christus derjenige, der mit seinen Werken alle paganen Heilgottheiten und Wunderheiler übertraf. Auch

Wundertäter anderer religiöser oder weltanschaulicher Ausrichtung konnten mit Zauberstab dargestellt werden. Als Beispiel genannt seien die Fresken in einem Hypogäum am Viale Manzoni in Rom, über die im Kapitel »Heimkehr« zu reden sein wird.[128] Kirke hingegen ist erstens eine Frau und zweitens böse — sie benutzt ihre Zauberfähigkeiten in der Regel nicht, um den Menschen zu helfen, sondern um ihnen zu schaden. Auch hier lässt sich jene geschlechtsspezifische Vorstellung von der Verwendung von Zauber- oder Heilkräften fassen, auf die bereits Cristiana Franco verwies.[129] Dieser für die damaligen Rezipienten wesensmäßige Unterschied zwischen Kirke, der Hexe, und Christus, dem Wundertäter, wurde auch in der Ikonographie zum Ausdruck gebracht.

Als Nächstes sei ein Blick auf die ›Bilderwelt‹ der nordafrikanischen Tongefäße geworfen, auf den bildlichen und inhaltlichen Kontext, in dem die hier behandelten Kirke-Darstellungen standen. Die auf den Schalen und Tabletts auftretenden Motive wurden in drei grundlegenden Aufsätzen von Jan Willem Salomonson zusammengestellt und diskutiert.[130] Auf beiden Gefäß-

---

Töpfer (nach ihrer indigenen Sprache) eher Latein als Griechisch gewesen sein; zum anderen sind auch die (seltenen) Inschriften auf den als Vorbild postulierten pannonischen Kastenbeschlägen ausnahmslos in lateinischer Sprache verfasst: s. z. B. Buschhausen 1971, 23–27 Kat. A2 (Budapest, Magyar Nemzeti Múzeum, erworben 1852: CARTHAGO, CONSTANTINOPOLIS, NICOMEDIA, SISCIA) oder 57–60 Kat. A25 (Budapest, Magyar Nemzeti Múzeum 14.1927.3: CLIO, EUTERPE, TALIA, [Mel]POMENE).

125 z. B. Hom. Od. 10, 237 f. 293. 319. 389.

126 Eine Ausnahme ist Porphyrios in seinen *Homerischen Fragen*, als er den genauen Mechanismus der von Kirke vorgenommenen Verwandlung diskutiert (Text Kirke Nr. 4 c).

127 Mathews 1999, 54–91.

128 Katalog Heimkehr Nr. 6. Zu den »magischen Ruten« der »philosophischen Wundertäter« s. Himmelmann 1975, 17–19.

129 Franco 2010, 242.

130 Tabletts (= Form Hayes 56): Salomonson 1962 und 1973; Schalen (= Form Hayes 53A): Salomonson 1969. Beide Gefäßformen wurden mit z. T. identischen Motiven dekoriert: Salomonson 1969, 56–62 (dem Verf. waren die Funde aus Cissa Pullaria, Kata-

typen erscheinen hauptsächlich Szenen aus dem Bereich des Mythos, der Bibel und der Spiele. Die Täfelchen mit der Kirke-Szene wurden auf den Tabletts, vermutlich auch auf den Schalen,[131] mit mythischen Motiven kombiniert. Das Exemplar aus Carnuntum mag hier nochmals als Beispiel dienen (Abb. III.4). Es ist zwar ebenso wenig vollständig erhalten wie die anderen Exemplare — sein motivisches Repertoire und dessen Anordnung auf dem Gefäßkörper lässt sich jedoch, wie Jochen Garbsch zeigen konnte, mit einiger Sicherheit in den Grundzügen rekonstruieren.[132] Entsprechend wurde im Museum von Carnuntum diese ausgezeichnete zeichnerische Rekontruktion der fehlenden Teile angefertigt.

Zwei große gefiederte Schwingen auf dem dreieckigen Fragment in der Mitte des Tabletts zeigen an, dass hier das Flügelpferd Pegasus zu ergänzen ist. Der Mythos von Pegasus war eines der populärsten Bildmotive auf den Sigillata-Tabletts und nach derzeitigem Kenntnisstand das einzige, das mit dem Kirke-Motiv verbunden wurde.[133] Die auf dem Boden der Tabletts angebrachte Hauptszene wurde dabei, wie hier rekonstruiert, von Pegasus und den Nymphen eingenommen. Das Flügelross erschien hier nicht in kriegerischer Aktion als Reittier des Helden Bellerophon,[134] sondern in der Gesellschaft schöner, halbnackter Frauen, die es tränkten und pflegten. Ein kleiner Eros (gleichfalls nicht erhalten) legte eine Blumengirlande um den Hals des Tieres. Evoziert werden sollte mit diesen Bildern eine Atmosphäre subtiler Sinnlichkeit und unbeschwerten Glücks.[135] Zumindest auf dem hier betrachteten Exemplar wurde diese Aussage unterstrichen durch sich oberhalb dieser Szene entlangziehende Weinranken, die aus großen Krateren wachsen.[136] Die Kirke-Szene befand sich auf dem Rand des Tabletts, vielleicht einst in doppelter Ausführung. Gleichfalls auf dem Rand angebracht waren nach Ausweis der erhaltenen Fragmente diverse weibliche Gestalten mit Siegeskränzen, Palmen und eventuell Füllhörnern.[137] Bei ihnen handelte es sich wohl um Niken und ähnliche sieg- und glückbringende Personifikationen.

Ein Blick auf das Motivrepertoire der übrigen Tabletts bestätigt und erweitert die hier aufgezeigten Tendenzen.[138] Die zweite große Gruppe mythischer Darstellungen präsentiert als Hauptthema Achill im Augenblick seines größten Triumphes.[139] Der Erzfeind Hektor ist tot; dessen Vater Priamos kniet demütig zu Achills Füßen; die Geliebte Briseis — ganz rechts im Bild — wurde ihm vom reumütigen Agamemnon zurückgegeben. Den Rand dieser Tabletts schmücken Szenen aus der Kindheit und Jugend des Helden.[140] Das kurz nach diesem Triumph unausweichlich folgende Ende, der frühe Tod des Achill, wird nicht dargestellt.[141] Auf den

---

log Kirke Nr. 17 und 18, noch nicht bekannt, weshalb er S. 60 das Fehlen des Kirke-Motivs auf den Schalen konstatiert); vgl. Pröttel 1997, 36.

131 Hier lässt sich aufgrund des Erhaltungszustands keine eindeutige Aussage treffen.

132 Garbsch 1980, v. a. 167–69 Abb. 6–11.

133 Katalog Kirke Nr. 10. 13. 14. 16; evtl. auch Nr. 23.

134 Wie etwa auf dem bekannten spätantiken Mosaik aus der Villa von Hinton St. Mary, Dorset (heute London, British Museum 1965,0409.1): Brandenburg 1968, mit weiteren Beispielen.

135 Zu erotisch aufgeladenen Darstellungen von Frauen und Tieren s. Muth 1998, 239–42 sowie Alexandridis 2008. Während wilde, ›animalische‹ Sexualität bei Männern in der Regel in Form eines Tieres dargestellt wird (bestes Beispiel ist hier Zeus in seinen diversen Tiermetamorphosen), greifen die Künstler bei Frauen eher auf die Formel »Sex *mit* Tieren« zurück.

136 Zum Bedeutungsgehalt der dionysischen Sphäre in der Spätantike s. H. Slim in Blanchard-Lemée u. a 1995, 87–119. Auf dem Exemplar aus Hadrumetum (Katalog Kirke Nr. 14) erfüllen die diversen auf dem Rand platzierten Meereswesen einen vergleichbaren Zweck; vgl. das erhaltene Fischerboot auf dem Rand von Katalog Kirke Nr. 10. Zum Bedeutungsgehalt der spätantiken Meeresszenen s. das Kapitel »Sirenen«.

137 Vgl. Garbsch 1980, 193.

138 Zusammengestellt bei Salomonson 1962; Hayes 1972, 84–91; Garbsch 1980. Das Repertoire an Mythenmotiven auf den Schalen scheint disparater zu sein: außer Kirke noch Herakles, Leda und der Schwan, Mithras, andere Gottheiten.

139 Garbsch 1980, 164–66 Abb. 1–5. Bestes erhaltenes Exemplar dieser sog. Achill-Tabletts: München, Archäologische Staatssammlung 1976,2260 (= Garbsch 1980, 165 Nr. A1).

140 Die m. E. plausibelste Deutung der in der Spätantike höchst populären Achillzyklen als von bildenden Künstlern vorgenommene eigenständige Ausgestaltung des geläufigen Topos des ›göttlichen Mannes‹ stammt von Dagmar Stutzinger: Die spätantiken Achillesdarstellungen. Versuch einer Deutung, in Stutzinger 1983, 175–79. Zu kurz greift Raeck 1992, 122–38 bes. 137, der in der verbildlichten Achillesvita v. a. ein Identifikationsangebot für militärische Aufsteiger — die diesen Aufstieg dem in den Achillesbildern gezeigten intensiven Schulunterricht und hartem Training zu verdanken gehabt hätten — sieht. Erwägenswert für diejenigen Zyklen, die auch Achills Tod thematisieren (s. nächste Anm.), ist Balensiefen 1996 mit der These, dass Achill als mythisches Exempel diente, anhand dessen das Problem der menschlichen Sterblichkeit abgehandelt werden konnte.

141 Anders verhält es sich bezeichnenderweise im sepulkralen Kontext: Sowohl auf der sog. Tensa Capitolina — einem in einem Grab gefundenen, wohl eigens für die Totenprozession produzierten Wagen(beschlag) aus der ersten Hälfte des 4. Jh.s n. Chr. (heute Rom, Palazzo dei Conservatori 966) — als auch auf einem attischen Sarkophag aus der ersten Hälfte des 3. Jh.s n. Chr. (Madrid, Prado

Exemplaren mit christlicher Thematik waren, neben diversen Symbolen wie dem Christogramm, zwei Episoden aus dem Alten Testament besonders populär: die durch Gottes Eingreifen in letzter Sekunde verhinderte Opferung des Jünglings Isaak und die letztendliche Errettung des unwilligen Propheten Jonas aus dem Bauch des Meerungeheuers.[142] Andere Tabletts präsentieren lebensweltliche Szenen. Dies sind vor allem die in der spätrömischen Gesellschaft höchst populären Tierhetzen im Amphitheater und Wagenrennen im Circus sowie, seltener, die Spielgeber aus der Oberschicht, denen dieses Vergnügen zu verdanken war.[143] Etwas überspitzt formuliert ließe sich sagen, dass die Kontorniaten vor allem einer Glorifizierung der Stadt Rom und deren glorreicher Vergangenheit frönten, während es sich bei diesen nordafrikanischen Darstellungen um eine kritiklose Verherrlichung des *status quo* im spätantiken Imperium handelt: Die Amtsträger gehen ihren Pflichten nach und veranstalten großzügige Spiele zur Unterhaltung des Volkes; der christliche Glaube ist etabliert; der heidnische Mythos hat als anerkanntes und legitimes Bildungsgut weiterhin seine Daseinsberechtigung.[144]

Die Kirke-Bilder fügen sich in dieses Szenario problemlos ein. Die Überwindung der gefährlichen Zauberin durch Odysseus illustriert ebenso den glücklichen Ausgang einer Geschichte wie dies die biblischen Erzählungen von Jonas oder Isaak tun. Weiterhin visualisiert dieses Bild vergleichbar den Darstellungen lebensweltlicher Würdenträger das Bestehen einer als gerecht empfundenen sozialen Ordnung, in welcher Frauen den Männern grundsätzlich untergeordnet sind und Führer einer sozialen Gruppe nicht nur für die Geführten sorgen, sondern diesen auch eindeutig moralisch und intellektuell überlegen sind. Bei den Tontabletts und -schalen handelt es sich um preisgünstige Nachahmungen von Silbergeschirr, die möglicherweise gleich den silbernen ›Largitionsschalen‹ von hohen Würdenträgern bei bestimmten Anlässen verschenkt wurden.[145] Ob sie mehr dem realen Gebrauch dienten oder eher eine repräsentative Funktion erfüllten, ist schwer zu sagen. Die Wertschätzung, die diese Tongefäße seitens ihrer Besitzer erfuhren, belegt etwa die antike Flickung des Tabletts aus Carnuntum (Katalog Kirke Nr. 16). Festhalten lässt sich, dass die Verbreitung dieser Gefäße, und damit auch der Kirke-Darstellungen, relativ groß gewesen sein muss. Es handelt sich bei den Bildträgern ebenso um ›Massenmedien‹, wie dies schon für die Kontorniaten konstatiert wurde.

Noch weitere Parallelen zwischen den beiden Trägern der Kirke-Darstellungen lassen sich aufzeigen. In beiden Fällen ist das Bildfeld winzig, nur wenige Zentimeter groß. Eventuell wurden beide Arten von Bildträgern bei festlichen Anlässen von Angehörigen der gesellschaftlichen und politischen Elite an die Bevölkerung verschenkt. Eine vergleichbare Verwendung der Polyphem-Thematik hatte es auch gegeben. Erinnert sei an die Kuchenformen (Katalog Polyphem Nr. 1–2 Abb. II.1), das Tongefäß (Katalog Polyphem Nr. 3 Abb. II.2) und die Kontorniaten (Katalog Polyphem Nr. 11–18 Abb. II.9). Der Unterschied zu den Kirke-Bildern liegt darin, dass es für die Ausformulierung des Polyphem-Abenteuers auch andere, prestigeträchtigere Gattungen und Rezeptionskontexte gab — für das Kirke-Abenteuer hingegen allem Anschein nach nicht.

## Odysseus auch hier als Held des kleinen Mannes

Auf den nordafrikanischen Tongefäßen und den stadtrömischen Kontorniaten mit Kirke-Darstellung wiederholt sich ein Phänomen, das sich bereits bei einem Strang der spätantiken Rezeption der Polyphem-Abenteuers beobachten ließ: Auf Bildträgern, die größeren Bevölkerungsschichten zugänglich gemacht wurden, wird Odysseus als Held charakterisiert, als jemand, der allen anderen Protagonisten im Bild klar überlegen ist. Darüber, wie die Töpfer die Überlegenheit des Odysseus gegenüber Kirke inszenierten, wurde bereits kurz gesprochen. Odysseus erscheint gleich dem Kaiser als der *per se*

---

182 E) wird das durch den tödlichen Pfeil des Paris verursachte frühe Ende des Helden gezeigt. Zur Tensa Capitolina: Staehlin 1906; Raeck 1992, 128. Zum Sarkophag: Schröder 1991.

142 Isaak: Hayes 1972, 89 Nr. X; Jonas: ebenda Nr. XI. Zur Bedeutung der Jonas-Darstellungen (im sepulkralen Kontext) s. Dresken-Weiland 2010, 96–119; des Isaak-Opfers ebenda 294–302.

143 Hayes 1972, 84 f., Gruppen a–c.

144 Dem steht nicht entgegen, dass nach der Analyse von Salomonson 1973, bes. 14–21 viele der Motive auf den Tontabletts aus anderen Gattungen des stadtrömischen Kunsthandwerks übernommen wurden: Die nordafrikanischen Töpfer suchten sich diejenigen Motive heraus, die sie selbst und die Käufer ihrer Produkte als passend erachteten.

145 Salomonson 1962, 53 und ders. 1969, 19 f. Ob sich auf diesen Edelmetallexemplaren jemals eine Darstellung von Odysseus und Kirke befand, kann nicht endgültig beantwortet werden, die Indizien sprechen aber eher dagegen: Die heute bekannten (spät)antiken Silbergefäße tragen eine solche Darstellung nicht. Sollte das Bildmotiv mit der seltsamen Metopengliederung tatsächlich aus der Dekoration von bronzenen Kastenbeschlägen übernommen sein (so Salomonson 1962, 85–87), dann spricht dies gleichfalls gegen eine Vorlage aus dem Bereich des Tafelluxus.

Sieghafte; als jemand, dessen bloße Anwesenheit genügt, um den Feind — in diesem Fall: die Feindin — in die Knie zu zwingen. Von den Gefährten ist auf den Tongefäßen einzig ein Tierkopf zu sehen, während der Stempelschneider auf den Kontorniaten immerhin noch den menschlichen Körper und ihre militärische Ausrüstung ins Bild gesetzt hatte. Die Gefährten werden damit zu ›echten‹ Tieren, zu stummen und passiven Zeugen der Heldentat ihres Anführers. Damit wird die Kluft zwischen ihnen und dem mit übermenschlicher Machtfülle ausgestatteten Odysseus noch größer.

Die Botschaft, die von der Gestaltung Kirkes ausgeht, ist hingegen ambivalent. Auf der einen Seite wird, wie schon bei den Kontorniaten, ihre Unterlegenheit und bedingungslose Unterwerfung ins Bild gesetzt. Zusätzlich mag ihre körperbetonte Bekleidung den Betrachter an römische Siegesmonumente erinnert haben, auf denen weibliche Gefangene mit entblößter Brust oder nackten Beinen zu Seiten des siegreichen Feldherren oder Kaisers knien oder von Soldaten an den Haaren gepackt und vom Ort des Geschehens gezerrt werden.[146] Wie Sheila Dillon bei ihrer Diskussion der Darstellung von Frauen auf der Marcus-Säule betonte, impliziert diese erotisierte Art der Darstellung, zum Teil verbunden mit der Darstellung tatsächlicher physischer Gewalt, die Vergewaltigung der Besiegten.[147] Vergleichbare Implikationen mag für einen spätantiken Betrachter auch die Darstellung von Odysseus und Kirke enthalten haben. Jedem Kenner des Mythos war allerdings auch bewusst, dass Kirke eben kein — oder nicht nur — hilfloses Opfer war, sondern Odysseus im nächsten Moment verführen wird, um das weitere Geschehen nach ihren Wünschen zu lenken.

Auch wenn die spätantiken Bilder also auf den ersten Blick eine deutliche Überlegenheit des Odysseus gegenüber Kirke zum Ausdruck bringen, so ist diese Überlegenheit bei näherem Hinsehen nicht ganz unproblematisch. Dies betrifft nicht allein die Tatsache, dass die Geschichte ganz anders weitergeht, als es der von den Künstlern ausgewählte Moment und dessen bildliche Umsetzung suggerieren. Hinzu kommt, dass es sich bei dem besiegten Feind nicht um einen körperlich oder militärisch ebenbürtigen Gegner handelt, sondern um eine Frau. Trifft Odysseus hingegen auf männliche, ihm körperlich oder zahlenmäßig überlegene Kontrahenten, wie Polyphem oder später die Freier der Penelope, dann muss er Zuflucht zu List und Tücke nehmen. Als überragender Kämpfer wurde er nicht imaginiert. Als Letztes mag der Umstand Erwähnung finden, dass es sich hier um einen Sieg über eine Zauberin handelt; zumindest auf den Tongefäßen wurde Kirke auch explizit als Kräuterhexe charakterisiert. Wir befinden uns also auf dem Gebiet der Dämonenbezwingung und Zauberei, die zwar in der Spätantike eine weite Verbreitung genossen, in den normativen Diskursen der sozialen Elite aber eher kritisch betrachtet wurden.

All dies macht deutlich, warum die Begegnung zwischen Odysseus und Kirke in der bildenden Kunst der Spätantike einzig ein Thema für die Dekoration von Massenware war. Aus dem Kontext repräsentativen Wohnens, beispielsweise auf Mosaiken oder als Marmorskulptur, ist keine spätantike Umsetzung des Themas überliefert. In der späten Republik und frühen Kaiserzeit war das noch anders: Über die Tabula Rondanini, ein mit griechischen Beischriften versehenes Marmorrelief mit Darstellung der wichtigsten Szenen des 10. Buches der *Odyssee*, wurde bereits gesprochen. Produziert vermutlich für eine Domus der stadtrömischen Elite, visualisierte es die Bildung oder zumindest den Bildungsanspruch der Bewohner. Der Freskenzyklus aus einem luxuriösen Haus am Esquilin — mit den wichtigsten Stationen der Irrfahrten des Odysseus, unter anderem des Kirke-Abenteuers — ist hingegen eine Art stadtrömisches, zweidimensionales Pendant zu den Marmorskulpturen aus der Grotte der Villa von Sperlonga. In beiden Fällen wurde Odysseus für einen der Oberschicht angehörigen Betrachter nicht nur als Held, sondern auch als Angebot zur Identifikation inszeniert: als jemand, der im Triumph die schlimmsten Hindernisse und Ungeheuer aus dem Weg räumt. Dies war in der Spätantike nicht mehr möglich. Auch die für die künstlerische Umsetzung des Polyphem-Themas gefundene Strategie — eine Problematisierung (Katalog Polyphem Nr. 4 Abb. II.4) oder gar ein Lächerlichmachen (Katalog Nr. 9 und 10 Abb. II.7 und 8) des homerischen Helden — scheint für die Darstellung der Bezwingung Kirkes nicht erwünscht gewesen zu sein. Dies mag zum einen damit zusammenhängen, dass Kirke/Circe im Bewusstsein der spätantiken Römer zu eng mit dem Bereich der Magie verbunden war, um dem *decorum* zu entsprechen. Zum anderen schloss vielleicht die von den Künstlern vorgenommene Angleichung des Odysseus an die Iko-

---

[146] Fragment einer Statue eines siegreichen Feldherren/Kaisers aus der Villa von Chiragan; zu seinen Füßen zwei winzige weibliche Gestalten auf Knien; die eine mit entblößtem rechtem Bein, die andere mit nacktem Körper, um den notdürftig ein Mantel gewunden ist: Toulouse, Musée Saint-Raymond, Inv. Nr. 30338; Cazes 1999, 115. An den Haaren gezerrte und von Soldaten davongeführte Besiegte: Rom, Reliefs der Marcus-Säule; um 180 n. Chr.; Dillon 2006, Abb. 82. 84 und andere.

[147] Dillon 2006, 258.

Abb. III.5 Fußbodenmosaik aus einem Stadthaus in Philippopolis, Syrien; Anfang 4. Jh. n. Chr. bpk / DeA Picture Library / G. Dagli Orti

nographie des siegreichen Kaisers ein Problematisieren oder Lächerlichmachen des Protagonisten aus.

Als Identifikationsfigur war der derart dargestellt spätantike Odysseus vor allem für untere Schichten geeignet: der Kleinbürger als eine Art kleiner Kaiser. Sein Sieg über eine gefährliche Hexe konnte als Glückssymbol für jedermann gelesen werden. Dies ist weit entfernt von dem Bild des Odysseus, wie es die literarische Rezeption der Kirke-Episode gezeichnet hatte. Dort erschien Odysseus vor allem als *exemplum* des Mannes, der dank seiner Weisheit allen Versuchungen und niederen Trieben widersteht und sich deshalb nicht auf eine animalische Ebene herabziehen lässt. Félix Buffière spricht zu Recht von einer »figure stylisée de la sagesse«.[148] Der derart charakterisierte Held wurde zum Vorbild des philosophisch inspirierten Menschen, genauer: Mannes, eine Identifikationsfigur für Angehörige der intellektuellen Elite, wie Plotin oder Boethius. Man sollt sich aber dessen bewusst sein, dass eine derartige Geisteselite nicht unbedingt deckungsgleich war mit den anderen Eliten des spätantiken *imperium Romanum*: den Angehörigen des senatorischen Hochadels von der Art eines Symmachus, der politischen Elite um den Kaiser herum, der militärischen Führungsschicht. Wie Alan Cameron noch einmal deutlich ins Gedächtnis rief, handelte es sich hier um ganz unterschiedliche Gruppierungen mit jeweils vollkommen unterschiedlichen intellektuellen Ambitionen.[149] Der Besitzer eines luxuriösen Stadthauses oder einer Villa wird also nicht unbedingt an einer künstlerischen Darstellung von Odysseus als *exemplum* von Weisheit und Enthaltsamkeit interessiert gewesen sein. Hinzu kommt ein weiteres Problem, das weniger mit der Art der Rezipienten zu tun hat als mit der jeweiligen Natur der Medien Text und Bild: die allegorische Deutung eines Mythos lässt sich in einem Text weitaus leichter und eindeutiger zum Ausdruck bringen als in einem Bild.

---

[148] Buffière 1956, 365.

[149] Cameron 2011, v. a. die Diskussion des sog. Symmachus-Kreises (S. 353–98).

## Mythenbild und Allegorese?

Über Allegorie und Allegorese in der Literatur wurde bereits in der Einleitung gesprochen. Im Bereich der bildenden Kunst waren vom Künstler angelegte und für die Rezipienten verständliche Allegorien gleichfalls schon seit dem sechsten Jahrhundert v. Chr. möglich.[150] Allerdings, das zeigen Untersuchungen von Barbara Borg und Ruth Leader-Newby, sind derartige Überformungen mit einer zweiten Bedeutungsebene fast ausschließlich bei Bildern anzutreffen, die der Gattung der Genreszenen angehören.[151] Dabei werden die Protagonisten mit Beischriften versehen, die aus ihnen Personifikationen bestimmter abstrakter Sachverhalte machen. Die im Bild vorgeführte Interaktion der derart überhöhten Protagonisten und/oder ihre hierarchische Zuordnung zueinander lässt sich dann als eine Aussage interpretieren, die mit derjenigen der ›wörtlichen‹ Ebene nicht mehr viel zu tun hat. Als Beispiel sei ein Fußbodenmosaik (Abb. III.5) vorgestellt, das in einem syrischen Wohnhaus des früheren vierten Jahrhunderts gefunden wurde und dessen von Auftraggeber und Mosaizist intendierte Botschaft relativ einfach zu entschlüsseln ist.[152]

Das Bildfeld zeigt drei Frauen, bekleidet in lange Gewänder und einen auf jeweils unterschiedliche Weise drapierten Mantel. Die Mittlere sitzt unter einem Baldachin auf einer Art Thron und ist gemäß der spätantiken Bildsprache als die Ranghöchste zu denken.[153] Die anderen Frauen stehen zu ihren Seiten; zu Füßen der linken Frau befindet sich ein Behälter mit zahlreichen Schriftrollen. Alle drei scheinen den Betrachter anzublicken und vollführen einen lebhaften Redegestus mit der rechten Hand. Auf der ersten, ›wörtlichen‹ Ebene handelt es sich um eine jener spätantiken Frauengemachsszenen, wie sie im Kapitel »Heimkehr« ausführlicher zu diskutieren sein werden: Die Dame des Hauses thront in ihrem Gemach, umgeben von Frauen aus ihrem Gefolge. Die Schriftrollen deuten auf eine musische oder intellektuelle Tätigkeit.[154]

Dass darüber hinaus noch eine zweite, allegorische Bedeutungsebene dieses Bildes existiert, wird unmissverständlich klargemacht durch die den Frauen beigegebenen Inschriften: Die linke Stehende mit den Schriftrollen wird als ΦΙΛΟΣΟΦΙΑ (»Philosophie«) bezeichnet, die Rechte als ΔΙΚΑΙΟΣΥΝΗ (»Gerechtigkeit« oder »Rechtlichkeit«), die Mittlere als ΕΥΤΕΚΝΕΙΑ (»Kindersegen« oder »das Glück, wohlgeratene Kinder zu haben«). Dies macht aus den drei Frauen Personifikationen abstrakter Sachverhalte. Weiterhin stehen sie, wie ausgeführt, zueinander in einem bestimmten kompositorischen und hierarchischen Verhältnis, mit ΕΥΤΕΚΝΕΙΑ als der zentralen Figur. Und, dies ist der letzte Aspekt, sie sind auf einen außerhalb des Bildes befindlichen Betrachter ausgerichtet, wenden sich ihm zu. Aus den genannten Aspekten lässt sich eine komplexe Botschaft formulieren, die ungefähr folgendermaßen lautete: »Wenn du, Betrachter, ein Leben gemäß der Philosophie und der Gerechtigkeit führst und dies auch deine Kinder lehrst, dann wirst du mit wohlgeratenem Nachwuchs belohnt werden.«

In einem Mythenbild ließe sich mittels entsprechender Beischriften eine derartige zweite Ebene im Prinzip auch etablieren. Allerdings wurde das die gesamte Antike hindurch so gut wie nie getan.[155] Ruth Leader-Newby listet in ihrem Aufsatz zu Personifikationen auf spätantiken Mosaiken auch Mythenbilder aus einem Haus in Nea Paphos auf Zypern auf.[156] Allerdings dienen diese Personifikationen dem Zweck, auf den wörtlichen Sinn des Bildes hinzuweisen, nicht auf eine anders geartete allegorische Ebene.[157] So wird beispielsweise ein Bild von Hermes und dem neugeborenen Dionysos ergänzt um eine Frau namens ΘΕΟΓΟΝΙΑ (»göttliche Geburt«). In anderen Fällen werden durch die Beischriften bestimmte Protagonisten beim Namen genannt oder aber in ihrer Funktion bezeichnet. Ein Beispiel für eine Funktionsbezeichnung wird im Kapitel »Heimkehr« diskutiert werden (Katalog Heimkehr Nr. 7 Abb. VI.7);

---

[150] Als frühestes Beispiel gilt die leider nur literarisch überlieferte ›Kypseloslade‹: Borg 2002, 105–31.

[151] Borg 2002 (zur frühen griechischen Kunst); Leader-Newby 2005 (zu spätantiken Mosaiken).

[152] Jetzt in Damaskus, Nationalmuseum; Balty 1977, 42 f. Nr. 16; Leader-Newby 2005, 231 Abb. 16.5.

[153] Zum Thronmotiv s. Gabelmann 1984, v. a. 105–10 sowie Geyer 1989, 214–20.

[154] Wie auf den nur wenig älteren stadtrömischen Sarkophagen, welche das verstorbene Ehepaar als Muse und Philosoph porträtieren: Ewald 1999, z. B. 154 f. Kat. Nr. C 6 (Sarkophag Tarragona,

Museo Nacional Arqueológico) Taf. 28,3.

[155] Zumindest nicht bei solchen Mythenbildern, die in einer festgelegten ikonographischen Tradition standen: s. Borg 2002, 96–102 für eine Diskussion der frühen griechischen Beispiele. Das einzige entsprechende Beispiel im Rahmen der spätantiken *Odyssee*-Rezeption stellt in vielerlei Hinsicht eine Ausnahme dar: Katalog Sirenen Nr. 29 (= Katalog Skylla Nr. 125).

[156] Leader-Newby 2005, 232.

[157] Ebenda: »This last type of abstract personification can be seen as ›articulatory‹, in that it seems to offer a commentary on the events taking place in the scene depicted and to direct the viewer's interpretation of it.«

dort tragen die nach dem Freiermord tanzenden Dienerinnen die Beischrift ΘΕΡΑΠΕΝΙΔΕΣ. Ein Beispiel für eine Namensnennung bieten die hier behandelten Kirke-Darstellungen (Katalog Kirke Nr. 10–23) mit der Beischrift ΚΙΡΚΗ. Der Grund für die gelegentlichen Namens- oder Funktionsbeischriften ist nicht ganz klar. Vielleicht boten sie dem Betrachter bei uneindeutigen oder unkanonischen Ikonographien eine Art Lesehilfe.[158] Vielleicht waren sie vor allem eine Demonstration von *paideia*, Bildung.[159] Im Falle der Kirke-Darstellungen mag eher der zweite Aspekt eine Rolle gespielt haben, denn eigentlich ist Odysseus an seiner charakteristischen Ikonographie zu erkennen.[160] Die aus den Fenstern schauenden Tiere werden einen weiteren Hinweis auf die Thematik des Bildes gegeben haben. Dass es sich bei den Betrachtern der Tongefäße nicht unbedingt um hoch Gebildete handelte, ist dazu kein Widerspruch. Hier war der behauptete Anspruch — sogar mittels griechischer Schrift — vermutlich ein gutes Stück von der Realität entfernt.[161]

Was bei den hier behandelten Bildern auf jeden Fall unterlassen wurde, ist der Verweis auf eine jener allegorischen Deutungen, welche die Überwindung Kirkes durch Odysseus in der Spätantike erfahren hatte und die in der literarischen Rezeption begegneten. Nichts hätte beispielsweise einen Töpfer der Sigillata-Tabletts daran gehindert, in das freie Feld zwischen Waage und Mischgefäß nicht den Namen ΚΙΡΚΗ zu schreiben, sondern einen abstrakten Begriff aus dem reichen Repertoire der philosophischen Allegorese wie ΠΑΛΙΓΓΕΝΕΣΙΑ (*palingenesía*, »Kreislauf der Wiedergeburt«, vgl. Text Kirke Nr. 5) oder ΑΙΣΘΗΣΙΣ (*aísthesis*, »Bereich der sinnlichen Wahrnehmung«, vgl. Text Kirke Nr. 8). In Verbindung mit der Zuordnung der Protagonisten im Bild — sprich: der Unterwerfung Kirkes durch einen souveränen Odysseus mit den bereits in Tiere verwandelten Gefährten im Bildhintergrund — hätte die Botschaft dann entweder gelautet: »Odysseus, der exemplarische Weise, entkommt im Unterschied zu seinen Gefährten mühelos dem aus philosophischer Sicht abzulehnenden Kreislauf der Wiedergeburt.« Oder: »Odysseus, der exemplarische Weise, lässt sich im Unterschied zu seinen törichten Gefährten nicht von den Reizen der sinnlichen Wahrnehmung umgarnen.«

Dass eine solche allegorische Aufladung in der bildlichen Formulierung nicht vorgenommen wurde, hatte vermutlich mehrere Gründe. Der erste Grund ist in der bereits konstatierten generellen Resistenz der Mythenbilder gegenüber einer allegorischen Überformung zu suchen. Wie es scheint, war für einen (spät)antiken Betrachter die erste, wörtliche Ebene des Mythenbildes so dominant, dass sich ein davon vollkommen unabhängiger zweiter Sinn nicht ohne weiteres aufoktroyieren ließ. Natürlich kann sich ein spätantiker Betrachter der hier diskutierten Kirke-Bilder dennoch an allegorische Interpretationen der Geschichte erinnert und sie mit der Darstellung in Verbindung gebracht haben. Ob er das tat und falls ja, welche Variante der Allegorese er wählte, entzieht sich allerdings unserer Kenntnis. Damit zusammen hängt ein weiterer Unterschied zwischen den Medien Bild und Text: Texte (genauer: deren Verfasser) neigen dazu, ihre Rezipienten deutlich stärker und expliziter zu steuern als dies bei Bildern der Fall ist. Die im Kopf des Betrachters vorgenommene Interpretation hängt immer auch ab von seinem Vorwissen, seinen Vorannahmen, den Assoziationen, die ein Bildmotiv in ihm evoziert.

Die Blendung des Polyphem als Thema für die skulpturale Ausschmückung eines Sarkophags (Katalog Polyphem Nr. 8 Abb. II.6a–b) hatte zu der Vermutung Anlass gegeben, dass hier — im Kontext von Grab und Tod — die Darstellung als Allegorie für eine Überwindung des Todes verstanden werden sollte. Diese Interpretation lässt sich allerdings nicht beweisen; sie lässt sich nur wahrscheinlich machen aufgrund des Rezeptionskontextes. Es gibt keine Inschrift, die eine Deutung in diese Richtung vorschreiben würde. Ebenso wenig gibt es spätantike Texte, welche das Polyphem-Abenteuer in dieser Weise allegorisieren. Dort ging es, wie an entsprechender Stelle aufgezeigt, je nach der Aussageintention des Verfassers und der eigentlichen Thematik des Textes um ganz andere Dinge. Mit aller gebotenen Vorsicht ließe sich als Schlussfolgerung formulieren, dass Mythenbilder erstens dann allegorisch verstanden wurden, wenn es ein entsprechender Rahmen, der Kontext ihrer Rezeption, nahelegte. Und dass zweitens diese allegorische Lesart unabhängig sein konnte von den Lesarten, wie sie in der zeitgleichen Literatur vorkamen.

Ein weiterer Grund für die Unterschiede zwischen bildlicher und literarischer Rezeption der Kirke-Geschichte liegt im jeweils anders gearteten Adressatenkreis sowie, damit verbunden, den anders gearteten

---

158 So die These von Ling 2007.
159 So die These von Leader-Newby 2005.
160 Vgl. die ausführliche Diskussion in Verbindung mit Katalog Polyphem Nr. 1 und 2.
161 Was selbst für die in Häusern angebrachten und rezipierten Mosaiken nicht auszuschließen ist, vgl. Leader-Newby 2005, 234 f.

Aussageintentionen. Während sich die philosophischen Texte, wie erwähnt, an eine intellektuelle Elite wandten, zielten die Darstellungen auf Tongefäßen und Kontorniaten auf ein breites Publikum, bei dem ein solcher Bildungshintergrund und das Verständnis für solche komplexen Aussagen nicht unbedingt erwartet werden konnten. Erschwerend hinzu kommt, dass die philosophischen Allegoresen vor allem im griechischen Sprachraum anzutreffen waren, während die Bilder ein Produkt des lateinischen Westens sind. Zudem waren die Bildträger als glücksbringende Geschenke oder als repräsentatives Geschirr konzipiert, nicht als Anstoß für kritische philosophische Diskussionen. Entsprechend ging es den Produzenten vor allem darum, schöne Bilder mit für die Betrachter positivem Inhalt zu vermitteln: eine freudige Affirmation des Diesseits und des *status quo*, zum Teil auch der großen Vergangenheit Roms, anstatt pessimistischer, weltverneinender Gedankengänge.[162]

## Zusammenfassung der Ergebnisse zur spätantiken Rezeption des Kirke-Abenteuers

Die spätantike Rezeption übernahm weder Homers differenzierte Darstellung der Person der Kirke noch Homers Charakterisierung der Beziehung zwischen den beiden Protagonisten. Stattdessen inszenierte sie eine absolute Überlegenheit des Odysseus gegenüber Kirke. In den Texten ist Odysseus der exemplarische Weise, welcher der in Kirke personifizierten Versuchung widersteht; in den Bildern wird er gezeichnet als jemand, dessen pure Präsenz Kirke auf die Knie zwingt. Kirke hingegen erscheint nun vor allem als archetypische Verführerin. Göttlicher Status wird ihr von vielen Autoren abgesprochen. Ihr Wohnort, die Insel Aiaia, wird aus der Utopie in die konkrete Geographie Unteritaliens überführt, Kirke selbst damit für die italische Lokalgeschichte vereinnahmt.

In der Literatur des griechischen Ostens ist die Bewertung der Kirke ein wenig positiver als im Westen. Sie kann gelegentlich auch als kluge Politikerin imaginiert werden oder in philosophischen Allegoresen auftreten: als Allegorie einer zwar eher niedrigen, aber deshalb nicht prinzipiell schlechten Stufe des Daseins. Im lateinischen Westen hingegen wurde Kirkes (beziehungsweise Circes) Bild von Vergil und Ovid geprägt: eine von Bosheit und irrationaler Liebesraserei getriebene dämonische Kräuterhexe. In der christlichen Version wird daraus dann eine Hexe, Giftmischerin und Teufelspriesterin. Spezifisch lateinisch ist auch die Verbindung zwischen Circe und dem Circus, die sowohl in manchen Texten als auch auf einer Denkmälergattung, den Kontorniaten, zu beobachten ist. Eine Produktion von spätantiken Darstellungen des Kirke-Abenteuers gab es nur im Westen des Reiches; in seltenen Fällen lassen sich im Osten Importstücke nachweisen.

Ein wichtiger Unterschied zwischen bildlicher und literarischer Rezeption ist, dass die spätantiken Texte auch auf außerhomerische Traditionen rekurrieren, vor allem auf den gemeinsamen Sohn von Odysseus und Kirke, Telegonos. Thematisiert wird dessen versehentliche Ermordung des Vaters sowie ein Happy End für die Überlebenden, mit den Paaren Kirke und Telemachos, Penelope und Telegonos. Die Bilder zeigen derartiges nie. Sie beschränken sich auf die homerische Version der Erzählung und auch dort auf einen einzigen Moment: denjenigen, in dem Odysseus sein Schwert zieht und Kirke erschrocken vor ihm auf die Knie sinkt. Dies schien den bildenden Künstlern am besten geeignet, die totale Überlegenheit des Helden über seine Widersacherin zu visualisieren. Eine allegorische Ebene ist hier, anders als bei manchen Texten, nicht zu postulieren. Zwei weitere Unterschiede zwischen Bildern und Texten wurden schon im Fall des Polyphem-Abenteuers konstatiert: zum einen die Konzentration der Bilder auf den Westen, während entsprechende Texte weiterhin in beiden Teilen des Reiches produziert wurden; zum anderen eine deutlich längere Laufzeit der Texte gegenüber den Bildern.

Darstellungen des Kirke-Abenteuers gab es auf zwei Gattungen, die beide eher dem Bereich der Massenware zuzurechnen sind: nordafrikanische Tongefäße und stadtrömische Kontorniaten. Beide Gattungen bringen auf je spezifische Weise die Einbindung Kirkes/Circes in den lateinischen Kulturkreis zum Ausdruck: Auf den Kontorniaten wird Circes Verbindung zu Sol und der Institution des Circus thematisiert; auf den Tongefäßen ist sie als die von Vergil und Ovid gezeichnete Kräuterhexe charakterisiert. Beide Gattungen rechnen zudem vor allem mit Rezipienten der unteren Bevölkerungsschichten, denen Odysseus hier als Überwinder einer bösen Zauberin und damit als Glückssymbol präsentiert wurde. Darstellungen aus eher elitärem Kontext — in einer Form, die den homerischen Helden auch als Identifikationsobjekt für einen Mann der Oberschicht geeignet scheinen ließ — gab es in der Spätantike nicht.

---

[162] In diesem Sinne bereits Brandenburg 1968, bes. 66–73 in Bezug auf eine Interpretation der spätantiken Bellerophon-Bilder.

Kapitel IV

# Sirenen

*Der homerische Text*

Bevor Odysseus die Insel der Kirke endgültig verlässt, warnt diese ihn vor den weiteren Gefahren der Reise.[1] Sie sagt, dass er zunächst auf die Sirenen treffen werde. Deren Gesang verzaubere die Vorbeifahrenden derart, dass sie Heimat und Familie vergäßen. Sie blieben bei den Sirenen und ihre Leichen verfaulten schließlich zu deren Füßen. Kirke rät Odysseus, seinen Ruderern die Ohren mit Wachs zu verschließen, um sie gegen diese Versuchung zu feien. Er selbst, wenn er denn das Lied der Sirenen unbedingt hören wolle, solle sich fest an den Mastbaum binden und von den Gefährten vorbeirudern lassen.

Die Männer stechen in See.[2] Als sie in die Nähe der Insel der Sirenen gelangen, flaut der Wind plötzlich ab. Gemäß Kirkes Ratschlag verstopft Odysseus seinen Männern die Ohren und diese binden ihn mit kräftigen Stricken an den Mast, bevor sie das Schiff in Richtung der Sirenen rudern. Als die Sirenen das Schiff bemerken, beginnen sie zu singen:

> Hieher, Odysseus, Ruhm aller Welt, du Stolz der Achaier!
> Treibe dein Schiff ans Land, denn du mußt unsre Stimmen erst hören!
> Keiner noch fuhr hier vorbei auf dunklen Schiffen, bevor er
> Stimmen aus unserem Munde vernommen, die süß sind wie Honig.
> So einer kehrt dann mit tieferem Wissen beglückt in die Heimat.
> Alles wissen wir dir, was im breiten Troja die Troer,
> was die Argeier dort litten nach göttlicher Fügung.
> *Und allzeit*
> *wissen wir, was auf der Erde geschieht, die so vieles hervorbringt.*[3]

Die Sirenen sind allwissend oder geben zumindest vor, es zu sein. Möglicherweise lügen sie auch. Denn ihre Behauptung, dass jeder, der sie gehört habe, mit Wissen bereichert in die Heimat weiterfuhr, ist — wie Kirkes warnende Worte zu den dahinvegetierenden Opfern klarmachten — sicher eine Lüge.[4] Was die Sirenen dem Odysseus verkünden, erzählt Homer nicht. Wir erfahren nur, dass die Gefährten den wild gestikulierenden Helden noch fester verschnüren und schnell aus der Gefahrenzone rudern.[5]

Ebenso wenig gibt der Dichter eine Beschreibung der Sirenen. Aus dem gelegentlich verwendeten Dual lässt sich erschließen, dass es sich um zwei Sirenen handelt, aus einigen grammatischen Formen, dass sie weiblichen Geschlechts sind.[6] Um ihre Opfer zu verführen, stehen ihnen zwei Mittel zur Verfügung. Das eine ist ihre Stimme. Kirke spricht warnend vom Klang dieser Stimme und von der »helltönenden Stimme«.[7] Auch die Sirenen selbst werben in dem oben zitierten Abschnitt zunächst mit ihrer Stimme für sich: Odysseus müsse diese unbedingt hören; ihre Stimme sei »süß wie Honig«. Diese Worte besitzen — ebenso wie die bei Kirke erwähnte

---

[1] Hom. Od. 12, 39–54.
[2] Hom. Od. 12, 158–200.
[3] Hom. Od. 12, 184–91. Hervorhebung von der Verf.

[4] Die zweite Möglichkeit wäre, dass die Sirenen die Wahrheit sagen und Kirke lügt. Allerdings hat sie dafür, da sie Odysseus tatsächlich helfen will, keine Veranlassung. Oder als dritte Möglichkeit: Odysseus, aus dessen Mund die Phäaken und wir die gesamte Episode hören, gibt diese nicht wahrheitsgemäß wieder — aus für uns nicht nachvollziehbaren Gründen oder einfach, weil er ein notorischer Lügner ist (vgl. Rutherford 1986, 161).

[5] Das alles ist relativ schnell erzählt, kein Vergleich zur Ausführlichkeit der Polyphem- oder Kirke-Geschichte. Wie Doherty 1995b, 81 zurecht anmerkte: »The evocative power of the passage, then, seems to stand in inverse proportion to its length.«

[6] Dual: z. B. Hom. Od. 12, 52; weiblich: z. B. Hom. Od. 12, 182.

[7] Hom. Od. 12, 41: φθόγγος; 12, 44: λιγυρὴ ἀοιδή. Von der »helltönenden Stimme« spricht auch Odysseus selbst in seiner Beschreibung der Vorbeifahrt: Hom. Od. 12, 183.

Blumenwiese und die Verben »bezaubern« und »beglücken« — eine gewisse erotische Konnotation.[8] Die Rezeption ließ sich von diesen spärlichen Angaben inspirieren zu dem, was heute unter einer Sirene verstanden wird: eine Frau, deren sexuelle Ausstrahlung für Männer eine tödliche Bedrohung darstellt. Das andere den Sirenen zur Verfügung stehende Mittel der Verführung wird von ihnen selbst im zweiten Teil ihres Gesangs, gleichsam als Höhepunkt, genannt: umfassendes Wissen. Letzteres ist für Odysseus, den wissbegierigsten aller griechischen Helden, nahezu unwiderstehlich.

Die Sirenen lassen sich unter die weiblichen Gestalten der *Odyssee* subsumieren, denen der Protagonist im Verlauf seiner Irrfahrten begegnet. Gleich der Zauberin Kirke, deren Trank die Männer in Tiere verwandelt und sie ihre menschliche Existenz vergessen lässt, und ähnlich dem noch zu behandelnden Ungeheuer Skylla, dessen überraschender Angriff Odysseus sämtliche wirksamen Gegenmaßnahmen vergessen lässt, sind die Sirenen Agentinnen des Vergessenmachens: Ihr Gesang bezaubert die Zuhörer derart, dass sie Heimat und Familie vergessen und schließlich zu Füßen der Verführerinnen zugrunde gehen. Sowohl Kirke als auch die Sirenen stehen damit im diametralen Gegensatz zu Penelope, dem Ziel von Odysseus' Reise: Penelope verkörpert das Erinnern, das, was es Odysseus ermöglichen wird, am Ende des Epos wieder seinen von ihr gegen alle Widerstände frei gehaltenen Platz in der Gesellschaft Ithakas einzunehmen.[9]

Neben diesem grundsätzlichen Unterschied gibt es jedoch auch Gemeinsamkeiten zwischen den Sirenen und der Gemahlin des Odysseus. Beide erzählen mit ihren je eigenen Mitteln Geschichten: Die Sirenen singen von großen Taten heroischer Männer vor Troja (oder geben zumindest vor, dies tun zu können).[10] Penelope webt für ihren Schwiegervater ein Leichentuch mit figürlichen Szenen, vermutlich vergleichbar dem, welches Helena in der *Ilias* mit Szenen des Trojanischen Krieges schmückt.[11] Beide lügen ihr Publikum an: Die Sirenen, indem sie behaupten, ein Zuhörer ihres Gesangs fahre danach bereichert und beglückt in die Heimat; Penelope, indem sie die Freier glauben macht, sie werde nach Fertigstellung des Gewebes einen von ihnen zum Gatten nehmen. In beiden Fällen enden die Geschichten der Frauen für das männliche Publikum tödlich: Die Zuhörer der Sirenen können die Insel nie wieder verlassen und verschmachten dort; die Freier werden in einen jahrelangen Wartezustand versetzt und schließlich vom heimgekehrten Odysseus niedergemetzelt. Penelope wie die Sirenen haben zudem gewissermaßen die Fähigkeit, die Zeit und den Verlauf der Welt anzuhalten: In der Umgebung der Insel der Sirenen stehen die Winde still; die Zuhörer des Gesangs merken nicht einmal, wie sie langsam zugrunde gehen. Penelope, das wurde schon des Öfteren angemerkt, lässt für die Dauer ihres Webens auf Ithaka gleichfalls die Zeit stillstehen.[12] Die Jahre vergehen und keiner der Freier kommt zum Erfolg; keiner ergreift die Initiative, das sinnlose Werben aufzugeben, eine andere Frau zu ehelichen und erwachsen zu werden.

Der Dichter der *Odyssee* sagt nicht, was die Sirenen dem Odysseus tatsächlich erzählten. Ebenso wenig gibt er einen expliziten Hinweis darauf, welche figürlichen Szenen Penelope in ihr berühmtes Tuch webte. Beides bleibt der Vorstellungskraft von Homers Publikum überlassen. Ungleich dem epischen Dichter, der sein Werk vor einem Publikum der realen Welt singt und sich damit unsterblichen Ruhm erwirbt, sitzen die Sirenen auf einer Insel irgendwo weit entfernt, in einer Art mythischem Niemandsland. Das, was sie zu erzählen haben, wird einzig von ihren Opfern gehört — und diese werden nicht mehr die Gelegenheit haben, es weiterzutragen, um auf diese Weise den Ruhm der Sirenen als Dichterinnen und Deuterinnen allgemein bekannt zu machen.

*Die literarische Rezeption*

Zwei Aspekte sind für die Rezeption dieser Episode in Literatur und Kunst von entscheidender Bedeutung. Zum einen erfolgt eine gestaltliche Konkretisierung. Vermutlich aufgrund ihres von Homer beschriebenen betörenden Gesanges werden die Sirenen als Mischwesen aus jungem Mädchen und Vogel imaginiert. Zum anderen, mit ihrer weiblichen Gestalt zusammenhängend, lässt sich vor allem in den lateinischen Texten eine deutliche Sexualisierung der Sirenen beobachten. Die Verführung, die sie dort auf Männer ausüben, ist weniger intellektueller denn erotischer Natur. Aus der home-

---

8 Schein 1995, 20 f.

9 Zu den Sirenen, Kirke und Skylla: Hopman 2012, 43–48; zu Penelope: Papadopoulou-Belmehdi 1994, 169–84.

10 Die Implikationen für die Gattung Epos, welche eine derartige Charakterisierung der Sirenen (und ebenso weiterer problematischer Geschichtenerzählerinnen: die Musen und Helena) mit sich bringt, wurden analysiert von Doherty 1995a und b.

11 Hom. Il. 3, 125–28. Ausführlich zu Penelopes Webstuhllist im Kapitel »Heimkehr«.

12 Foley 1978, 10 oder Papadopoulou-Belmehdi 1994, 46 f.

rischen Verführung durch Wissen — wenngleich mit erotischen Untertönen — wird eine Verführung allein durch weibliche Sexualität.

**Die griechischen Zeugnisse**

Der *Odyssee*-Kommentar des Porphyrios ging, soweit er sich rekonstruieren lässt, auf die Sirenen kaum ein. Skylla und Charybdis sowie die von den Gefährten entgegen göttlicher Weisung verzehrten Rinder des Sonnengottes waren ihm ausführlicher Betrachtung wert. Allein in einem kurzen Absatz[13] (Text Sirenen Nr. 1) wird die seherische und göttliche Natur der Sirenen diskutiert. Diejenigen Aspekte hingegen, welche von vielen der Texte und auch von den Bildern thematisiert werden — Weiblichkeit und Verführung — interessierten Porphyrios nicht.

In den rationalisierenden Nacherzählungen des Mythos bei Johannes Malalas und Johannes von Antiochia spielten die Sirenen gleichfalls nur eine untergeordnete Rolle, im deutlichen Unterschied zu den ausführlichen Schilderungen der Polyphem- und der Kirke-Episode.[14] Während der menschenfressende Riese und die Zauberin zu pseudohistorischen Angehörigen einer Elite — dem Fürsten von Sizilien und der Königin einer Insel — umgedeutet werden konnten, war dies in den Augen der Verfasser für die mythischen Vogelfrauen anscheinend nicht möglich. Theoretisch hätten die Autoren zwar auf eine spätestens seit Palaiphatos bekannte Interpretation zurückgreifen können, der zufolge die Sirenen historische Hetären waren, welche die vorbeifahrenden Seeleute ›bis aufs Blut‹ ausnahmen.[15] Eine derart profane Episode hätte aber nicht dem Grundton des jeweiligen historischen Werkes entsprochen. Stattdessen wurden die Sirenen als Naturallegorie aufgefasst. Johannes Malalas (Text Sirenen Nr. 2) schreibt von *Serenídes* genannten Felsen im Meer, an denen die anbrandenden Wogen einen charakteristischen Klang erzeugten. Ihnen sei das Schiff des Odysseus nur mit knapper Not entkommen. Johannes von Antiochia (Text Skylla Nr. 2) spricht von »Sirenischen Felsen«, gegen die das Schiff geschleudert worden sei. Die Sirenen, wie auch Skylla und Charybdis, sind hier übersetzt in die realen Gefahren des Meeres.[16]

Der Fokus der literarischen Rezeption lag auf etwas anderem: auf der Eigenschaft der Sirenen, im höchsten Maße verführerisch und gleichzeitig todbringend zu sein. Diese Ambivalenz prädestinierte sie zur Metapher für alles, was zugleich anziehend und gefährlich ist. Abhängig von Weltanschauung und Aussageintention des Verfassers waren die Sirenen nahezu beliebig einsetzbar, vom Bild für sinnliche Genüsse bis hin zur Häresie. Dabei beschränkten sich manche Autoren auf schlichte Vergleiche; andere entwarfen komplexe Allegorien.[17]

Die wohl populärste Deutung der Sirenen war diejenige, die in ihnen ein Bild für die sinnlichen Freuden des Lebens — gutes Essen und Wein, Musik, Sexualität — sah. Synesios von Kyrene (Text Sirenen Nr. 3 a) berichtete, dass ihm ein weiser Mann erklärt hätte, die Sirenen des Mythos bedeuteten die »genießerischen Lüste«. Porphyrios (Text Sirenen Nr. 4) referiert die Lehre des Pythagoras, der zufolge die Freuden an Speise und körperlicher Liebe mit den Sirenengesängen gleichzusetzen seien, die intellektuellen Freuden hingegen mit den Musen. Proklos unterschied, in Rekurs auf Platons Entwurf der von Sirenen erzeugten Sphärenharmonie,[18] drei verschiedene Arten von Sirenen (Text Sirenen Nr. 5): Zunächst die bei Platon erwähnten himmlischen Sirenen; dann die Sirenen im Bereich des Werdens (*génesis*), die mit den von Homer beschriebenen gleichzusetzen seien; schließlich die Sirenen im Hades. Alle Sirenen gehören laut Proklos dem körperlichen Bereich an — im Unterschied zu den ihnen überlegenen Musen, die zur Welt des geistig Wahrnehmbaren gehören.

Bei diesen (populär)philosophischen Allegoresen des Sirenen-Mythos begegnet ein ähnliches Phänomen, wie es bereits bei der Allegorese von Polyphem und Kirke zu beobachten war: Alle diese homerischen Gestalten verkörpern Aspekte der materiellen Welt, die an sich nicht vollkommen schlecht sind. Sie stehen nur aus der Sicht des Philosophen graduell auf einer niedrigeren Stufe als

---

[13] Der vermutlich zudem korrupt ist, vgl. die Bemerkungen bei Schrader 1890.

[14] Texte Polyphem Nr. 2. 3; Kirke Nr. 2. 3.

[15] Vermutlich 1. Jh. n. Chr.; überliefert bei Hieron. Chron. Eus., S. 62b Z. 24 ff. Hrsg. R. Helm: *Scribit Palaephatus in Incredibilium libro primo Sirenes quoque fuisse meretrices quae deciperent navigantes.* In der Spätantike war diese Interpretation v. a. im lateinischen Sprachraum verbreitet (Texte Sirenen Nr. 15. 16 a. 21).

[16] Vgl. auch die lateinische Version des Diktys (Text Skylla Nr. 8).

[17] Zum Folgenden vgl. Wedner 1994 sowie Rahner 1966, 281–328 und Markschies 2005, 234–39.

[18] Plat. rep. 617b: Auf jedem der acht Kreise der »Spindel der Ananke«, d. h. auf jeder Himmelssphäre bzw. Planetenbahn, sitzt eine Sirene und produziert einen bestimmten Ton; ihr Zusammenklang ergibt die Sphärenharmonie. Zu Proklos' Sirenenmodell s. Lamberton 1989, 230–32. Nach Lamberton beeinflusste dieses Modell mittelalterliche christliche Vorstellungen von der Himmelshierarchie.

die Dinge, die der geistigen Welt angehören. Eine Diffamierung als absolutes Übel wird vermieden.

Bei den christlichen Schriftstellern sah das anders aus. Für Methodios (Text Sirenen Nr. 6) war die »zügellose Lust«, die der Sirenengesang hervorruft, ein direkter Weg ins Verderben. Sie führt zum Tod des Hörenden, während die Stimme Gottes den Menschen zum Heil führt. Weltlichkeit wird hier gleichgesetzt mit ewiger Verdammnis. Auch der Teufel selbst wurde zu den Sirenen in Beziehung gesetzt: »Unser Widerpart und unser Kampfgegner ist der Diabolos und seine Dämonen. Darum muß man sich aufrecken und zur Höhe aufschweben, muß man fliehen die Lockungen und Künste ihrer schönen Worte, die nur nach außen im Schein der weisen Zucht glänzen — mehr noch als die Sirenen bei Homer.« (Text Sirenen Nr. 7.)

Auch vor anderen Dingen, die geradewegs in die Hölle führen, konnte mittels einer christlichen Allegorese des Sirenen-Mythos gewarnt werden. Die Sirenen stehen dabei für das, was vom jeweiligen Autor als eine attraktive Konkurrenz zu seiner eigenen Ideologie empfunden wird. Dies gilt zum einen für die Häresie, also eine Version der christlichen Lehre, die nicht derjenigen des jeweiligen Verfassers entspricht. Deren Verlockungen soll der wahre Gläubige entweder aus Rücksicht auf die eigene Schwachheit gar nicht erst lauschen oder, falls doch, dies zumindest »an das Holz Christi gefesselt« tun (Text Sirenen Nr. 8).[19] Zum andern betrifft dies den Bereich der hellenischen, also heidnischen Kultur in all ihren Aspekten. Zacharias Scholastikos (Text Sirenen Nr. 9) vergleicht die Lehren Platons und anderer Philosophen mit den Gesängen der Sirenen, die trotz ihrer Kunstfertigkeit »aus Mangel an wahrhaften Beweisen« den Lehren der christlichen Theologen unterlegen seien. Für Theodoret (Text Sirenen Nr. 10), der sich wie Porphyrios (Text Sirenen Nr. 4) auf den bekannten Ausspruch des Pythagoras bezieht, sind die Sirenen ein Bild für die herausgeputzten und gesuchten Reden, wie sie die Rhetorik lehre; die Musen hingegen stehen für die »nackte Schönheit« der christlichen Wahrheit. Was für die philosophische Allegorese der Sirenen-Geschichte eine graduelle Differenz war — Welt der Materie gegen Welt des Geistigen —, wird hier zu einer essentiellen: heidnische Lüge gegen christliche Wahrheit.

Auch die Dichtkunst kann, sofern sie moralisch bedenkliche Protagonisten thematisiert, mit der verderblichen Wirkung der Sirenengesänge verglichen werden; so beispielsweise bei Basileios von Caesarea (Text Sirenen Nr. 11). Bei Kyrill von Alexandria schließlich (Text Sirenen Nr. 12) sind die Sirenen ein Symbol für die gesamte hellenische Kultur: »Ungefähr von solcher Art [wie die Sirenen] waren die Lehrer des hellenischen Aberglaubens, die Dichter und Geschichtsschreiber.«

Sofern er erwähnt wird, erscheint Odysseus in diesen Allegorien als ein Vorbild an Charakterstärke und Klugheit.[20] Er weiß genau, dass das Lied der Sirenen den Tod bringt, und ergreift entsprechende Gegenmaßnahmen.[21] Die Kirchenväter stellten es so dar, als wäre Odysseus von selbst, »mit seiner klugen Unterscheidungsgabe« (Text Sirenen Nr. 9), auf diese Maßnahmen gekommen und hätte sie nicht dem Rat der Kirke zu verdanken. Hippolytos (Text Sirenen Nr. 8) verglich — in einem etwas schiefen Bild — den an den Mast gefesselten Odysseus mit dem charakterlich gefestigten orthodoxen Gläubigen, der seinen Halt in Christus hat und sich von den Lehren der Häretiker weder verwirren noch verführen lässt. Die Gefährten hingegen erscheinen in der Rolle der Schwachen, die — das ist die klassische Legitimation für Zensur — ein guter Anführer zu ihrem eigenen Besten vor der Versuchung bewahren muss.[22] Es handelt sich hier um einen weiteren Beleg für die in der Spätantike anzutreffende Abwertung der Gefährten des Odysseus: In der bildlichen Rezeption der Polyphem-Episode begegneten sie bereits als Diener beim Weineinschenken und als entblößte Objekte der Gier des Kyklopen; in der Rezeption der Kirke-Episode erschienen sie als hilflose Opfer der Verwandlungskünste der Zauberin, die ihr trauriges Schicksal zudem durch Dummheit und Unbeherrschtheit selbst verschuldet hatten.

Eine leicht ironische Brechung erfährt die eben referierte Odysseusverherrlichung bei Synesios, dem auch schon eine unkonventionelle Allegorese des Polyphem-Abenteuers zu verdanken war (Text Polyphem Nr. 5). Synesios hatte einen Sklaven erworben, der sich aufgrund diverser Laster als Fehlkauf erwies. In einem Brief an seinen Bruder beklagt sich Synesios in großer Ausführlichkeit über den Sklaven und schreibt, dass er ihn nun auf einem Schiff wegtransportieren lasse. Um die anderen an Bord nicht mit den Lastern des Mannes

---

[19] Zur Verortung dieses Textes des Hippolyt in einen zeitgenössischen stadtrömischen Kontext s. Zilling 2011, 110–15.

[20] Dazu ausführlich Rahner 1966, 281–328.

[21] Texte Sirenen Nr. 6. 8. 9. 11.

[22] Vgl. Buffière 1956, 381, der diese paternalistische Haltung, dem eigenen Zeitgeist geschuldet, vollkommen unproblematisch sieht: »Le maître doit savoir censurer, interdire aux disciples l'experience du mal, les tenir à l'écart du fruit défendu. Sinon, ils se perdraient, ils s'échoueraient sur l'écueil maudit.«

›anzustecken‹, hält Synesios es für das Beste, ihn in Ketten zu legen oder irgendwo einzusperren (Text Sirenen Nr. 3 b). Dabei stellt er ihn explizit Odysseus gegenüber, der sich freiwillig an den Mastbaum fesseln ließ, um nicht der Gefahr der Versuchung durch die Sirenen ausgesetzt zu sein. Odysseus ist hier in zweifacher Weise ein positives Gegenbild zu dem Sklaven: Von ihm geht keine Versuchung aus, sondern er widersteht ihr; er lässt sich aus eigenem Entschluss an den Mastbaum binden und wird nicht gegen seinen Willen gefesselt oder weggesperrt. Trotz dieser Unterschiede bringt die Gegenüberstellung mit einem spätantiken lasterhaften Sklaven Odysseus aber in einen Kontext, der weit entfernt ist von einer heroischen Sphäre.

Die oben diskutierte Konnotation von Kultur, von musischer und intellektueller Bildung schwang im griechischen Gebrauch des Wortes Sirene wohl immer mit. Im Lateinischen war das anders, wie gleich zu zeigen sein wird. So konnte im Griechischen die Bezeichnung Sirene auch als Lob verwendet werden. Synesios beispielsweise machte in einem anderen seiner Briefe (Text Sirenen Nr. 3 c) dem Adressaten ein Kompliment bezüglich seiner Eloquenz und Gelehrsamkeit: »Mich nahmst du ja schon, als ich bei dir war, mit der süßen Sirene deiner Worte gefangen.« Ein Mann konnte auch ganz direkt und mit eindeutig positiven Konnotationen als Sirene bezeichnet werden. Das galt natürlich und vor allem für Homer, dessen Dichtkunst die Menschen schon immer in ihren Bann zog (Text Sirenen Nr. 13), aber ebenso für andere berühmte Dichter.[23]

Die von den Sirenen ausgehende Verführung ist in dieser Vorstellungswelt also nicht zwangsläufig weiblicher und sexueller Natur. Noch im mittelalterlichen Byzanz wurde laut Hugo Rahner der Vergleich mit einer Sirene als höfliches Kompliment für einen kultivierten Mann verstanden.[24] Mit dieser für den griechischen Sprachraum spezifischen Auffassung der Sirenen lässt sich ein ganz grundsätzlicher Unterschied zum lateinischen Westen fassen, wie er in den letzten Jahren von verschiedener Seite definiert wurde: Während im Westen die antike — und damit zwangsläufig ›heidnische‹ — Bildung und Kultur als für den wahren Gläubigen potentiell problematisch angesehen wurde, stellte sich dieses Problem im Osten nicht oder zumindest nicht so drastisch. Hellenische *paideia* und christlicher Glaube schlossen sich nicht gegenseitig aus, sondern bildeten gemeinsam die Grundlage der Identität eines kultivierten Bewohners oder einer Bewohnerin des spätantiken *imperium Romanum*.[25]

### Die lateinischen Zeugnisse

Die literarische Rezeption der Episode hatte den homerischen Sirenen schon früh eine klar definierte körperliche Gestalt verliehen: Sie wurden imaginiert als Mischwesen aus jungem Mädchen und Vogel.[26] Zudem setzte sich, darüber wird bei den bildlichen Darstellungen zu sprechen sein, eine Dreizahl als kanonisch durch. In der Spätantike nehmen vor allem lateinische Texte explizit auf das Aussehen der Sirenen Bezug. In den griechischen wird das Wissen darum vorausgesetzt.[27] Symmachus (Text Kirke Nr. 17) verwendet das *tricinium semivolucrum puellarum* (»der Dreigesang der zur Hälfte vogelgestaltigen Mädchen«) als ein Synonym für Versuchung. Servius (Text Sirenen Nr. 15) schreibt gleichfalls von drei Sirenen, die »teils junges Mädchen, teils Vogel waren«.[28] Zudem erwähnt er ihre Aufgabenteilung beim Musizieren: »Eine von ihnen sang, die zweite musizierte mit Doppelflöten, die dritte mit einer Leier.« Auch diese Aufgabenteilung entspricht den Formulierungen in der bildenden Kunst, wie noch ausführlich zu zeigen sein wird. Darstellungen von Sirenen, dies sei bereits vorausgenommen, gab es in der Spätantike vor

---

[23] Etwa Bakchylides (Anth. Gr. 9, 184) oder Apuleius (Anth. Gr. 2, 305).

[24] Rahner 1966, 303.

[25] Für die Unterschiede zwischen Osten und Westen s. Kaster 1988, 70–95 bes. 71: »In the East, that [literary] culture came to be regarded less as a divisive force and was inserted in the hierarchy of values in such a way that old loyalties could blend with new. In the West, the literary culture remained an important symbol of fundamental divisions, defining loyalties more sharply and making certain that old oppositions continued to be felt.« Cameron 2011 sieht diese Unterschiede auch (z. B. S. 7), legt den Schwerpunkt seiner Argumentation aber darauf, dass antike Bildung für die gesamte Oberschicht, Ost und West, den Bezugspunkt bildete (S. 398: »It was the only culture there was.«) und dass der Hauptunterschied darin lag, dass im Westen einige religiöse Eiferer wie Hieronymus oder Augustinus einige Zeit lang damit Erfolg hatten, diese — eher allgemein weltliche als spezifisch heidnische — Kultur zu diffamieren.

[26] Literarisch etwa zu fassen im 4. Jh. v. Chr. bei Anaxilas fr. 22 Kassel — Austin, PCG II Z. 20 f.: Die Hetäre Theano ist eine »gerupfte Sirene« mit Blick und Stimme einer Frau, aber den Schenkeln einer Amsel.

[27] Vgl. Proklos (Text Sirenen Nr. 5) mit der Aussage, dass sich die Musen mit den Federn der besiegten Sirenen bekränzen. Und natürlich der häufige Verweis auf den süßen und lieblichen Gesang: z. B. Text Sirenen Nr. 8.

[28] Weitere Erwähnungen der Mischgestalt aus Mädchen und Vogel: Texte Sirenen Nr. 14. 16 a. 24. 25.

allem im Westen des Reiches. Mit der gebotenen Vorsicht lässt sich postulieren, dass die lateinischen Texte zu den Sirenen auch deshalb so viel ›plastischer‹ sind, konkreter auf das Aussehen der mythischen Wesen eingehen, weil den Verfassern die entsprechenden Bilder direkt vor Augen standen.

Weiterhin hatte die literarische Rezeption eine Geschichte um die Sirenen gewoben.[29] Dieser Geschichte zufolge waren die Sirenen Töchter des Flussgottes Acheloos und einer Muse. Als junge Mädchen gehörten sie zum Gefolge der Persephone und wurden, als diese von Hades geraubt worden war, in Mischwesen aus Mädchen und Vogel verwandelt, um besser nach der Entführten suchen zu können. Sie siedelten sich dann auf der von Homer beschriebenen Insel an. Als Odysseus an ihnen vorbeifuhr, ohne sich von ihrem Gesang ins Verderben locken zu lassen, stürzten sie sich ins Meer. Diese Elemente wurden von Vergil und Ovid aufgegriffen und fanden ihren Niederschlag in den diversen mythographischen Handbüchern.[30] In der spätantiken lateinischen Literatur ist dieses Handbuchwissen zum Beispiel in den *Narrationes fabularum Ovidianarum* (Text Sirenen Nr. 14) präsent. Der anonyme Erzähler referierte nicht nur die in den *Metamorphosen* beschriebene Herkunft und Verwandlung der Sirenen. Zur Information der Leser fügte er noch die Erzählung von Odysseus und von dem durch das Entkommen des Helden verursachten Selbstmord der Verführerinnen hinzu.[31] Vergleichbares schrieb Servius in der bereits angesprochenen Passage (Text Sirenen Nr. 15):[32] »Sie [sc. die Sirenen] brachte Ulixes zu Tode, indem er sie ignorierte.« Diese vollkommen unhomerische Vorstellung von Frauen, die sich frustriert ins Meer stürzen, weil das Objekt ihrer Verführungsbemühungen standhaft geblieben war, machte aus den Sirenen beinahe lächerliche Gestalten. Zudem versetzte diese Erzählung die Sirenen in jenen Kontext übersteigerter Liebesraserei bis hin zur Selbstzerstörung, wie er auch bei anderen Frauengestalten in der lateinischen Literatur der Spätantike zu beobachten ist. Dies gilt etwa für Kirke und andere mythische Frauen in einem Gedicht des Sidonius (Text Kirke Nr. 21), für die Charakterisierung Kirkes in den *Narrationes fabularum Ovidianarum* (z. B. Texte Kirke Nr. 24 und Skylla Nr. 18 a) sowie für die diversen Geschichten, die sich um Skylla ranken (Texte Skylla Nr. 10. 16. 18 a und 19). In all den genannten Fällen werden Frauen nicht als rationale Wesen imaginiert, sondern als Opfer und/oder Täterinnen irrationalen Liebeswahnsinns.

Rationalistische Erklärungen des Sirenen-Mythos strebten eine Sexualisierung der Verführerinnen an. »In Wahrheit aber«, schreibt Servius (Text Sirenen Nr. 15), »waren die Sirenen Hetären, von denen — weil sie die Vorbeikommenden in den materiellen Ruin gestürzt hatten — erfunden wurde, dass sie die Betreffenden zum Schiffbruch gebracht hätten.« Der Schiffbruch als Metapher für den finanziellen Ruin, in welchen die Verführerinnen ihre männlichen Opfer getrieben hätten, war nicht neu und wurde bereits im Zusammenhang mit der Rezeption im griechischen Sprachraum kurz angesprochen. Verbreitet war diese Deutung aber vor allem im lateinischen Westen. Als weiteres Beispiel wäre Isidor von Sevilla (Text Sirenen Nr. 16 a) zu nennen.[33] Isidor setzte die Sirenen zudem explizit in Verbindung zur Göttin Venus und zu Amor, der mit seinen Pfeilen verwunde, betonte also noch einmal die Weiblichkeit und destruktive Verführungskraft dieser Gestalten. In den griechischen Texten hingegen wurde, erinnert sei an Johannes Malalas (Text Sirenen Nr. 2), eine rationalistische Deutung auf gefährliche Felsen im Meer bevorzugt.

Sowohl in der lateinischen als auch der griechischen Rezeption zu greifen ist eine Verortung der Sirenen in Italien.[34] Wie bei allen zuvor behandelten Wesen, denen Odysseus auf seinen Irrfahrten begegnete, lässt sich auch hier eine Vereinnahmung durch die Kultur und das kulturelle Gedächtnis des lateinischen Westens beobachten.

---

29 Im 3. Jh. v. Chr. thematisiert beispielsweise Apollonios von Rhodos in seinen *Argonautika* (891–903) Genealogie und Vorgeschichte der Sirenen, Lykophron in der *Alexandra* (712–37) ihren Selbstmord. Dass zumindest die Geschichte vom Sirenen-Selbstmord schon deutlich früher bekannt war, bezeugt ein frühklassisches Vasenbild aus Athen: Stamnos London 1843,1103.31 (E 440); Touchefeu-Meynier 1992a, 962 Nr. 155; Andreae 1999, 295 Abb. 118; um 470 v. Chr.

30 Verg. Aen. 5, 864–66: Bemerkung, dass die Felsen der Sirenen »einst« gefährlich gewesen seien, also vermutlich Anspielung auf den zum Zeitpunkt von Aeneas' Vorbeifahrt bereits erfolgten Selbstmord der Sirenen. Ov. met. 5, 552–63: Genealogie der Sirenen, Raub der Proserpina und Verwandlung der Sirenen in ihre kanonische Gestalt. Handbücher: z. B. Apollod. epitome 7, 18 f.; Hyg. fab. 125, 13.

31 Dieser Zusatz fehlt allerdings in einer der Handschriften, vgl. Slater 1927. Eventuell handelt es sich hier doch um eine zu einem unbekannten Zeitpunkt später hinzugekommene Ergänzung.

32 Vgl. Text Sirenen Nr. 24 (Fulgentius).

33 Bei Isidor findet sich noch eine weitere Bedeutungsvariante, die m. W. keine Parallelen hat und schwer zu erklären ist: »Sirenen« als Bezeichnung für eine bestimmte Art von in Arabien beheimateten geflügelten und extrem tödlichen Giftschlangen (Text Sirenen Nr. 16 b).

34 So schon Lykophr. Alex. 714 f.; vgl. auch Knight 1995, 200 Anm. 241.

Hippolytos (Text Sirenen Nr. 8) und Methodios (Text Sirenen Nr. 6) siedeln die Sirenen auf oder bei Sizilien an. Laut Servius saßen sie auf der Insel Capri (Text Sirenen Nr. 15), laut Martianus Capella (Text Kirke Nr. 25) auf Felsen vor der Küste Kampaniens. Diese »Klippen der Sirenen«, *scopuli Sirenarum*, waren im Lateinischen ein fester Topos, zu finden etwa auch bei Diktys in seinem *Tagebuch aus dem Trojanischen Krieg* (Text Skylla Nr. 8). Maximus von Turin machte daraus in einem geschickten Wortspiel *scopuli voluptatis*, »Klippen der Wollust« (Text Sirenen Nr. 23). In der bildenden Kunst der Spätantike wurde dieser Topos zum Teil dahingehend übersetzt, dass jede der drei Sirenen auf einem eigenen Felsen im Meer steht.[35]

Das hier referierte Wissen zu den Sirenen muss die ganze Spätantike hindurch mehr oder weniger präsent gewesen sein. Mittels der Tradierung spätantiker Texte sowie des neuerlichen Zusammenstellens mythographischer Handbücher wurde dieses Wissen vom lateinischen Mittelalter in die Neuzeit weitergegeben.[36] Im Humanismus waren die Sirenen das populärste Motiv der gesamten *Odyssee*.[37]

Neben der rein topischen Verwendung der Sirenen für Versuchungen jeder Art[38] war eine allegorische Deutung des Sirenen-Mythos auch in den lateinischen Texten höchst beliebt. Die Sirenen gelten dort als archetypische Verführerinnen, die ihren Opfern etwas Betörendes vorgaukeln, um sie anschließend ins Verderben zu stürzen. Während die griechische Tradition allerdings eine recht umfangreiche Bandbreite potentieller Versuchungen formulierte, konzentrieren sich die spätantiken lateinischen Autoren mehr oder weniger[39] auf einen Aspekt: den der sexuellen Verführung. Den Aspekt von verführerischer Weiblichkeit hatte man auch schon früher mit den Sirenen verbunden. Wie Björn Christian Ewald zeigte, konnte noch im zweiten nachchristlichen Jahrhundert in Panegyrik oder Grabepigrammen der Vergleich mit einer Sirene als Kompliment für eine schöne und musisch begabte Frau verwendet werden.[40] Neu ist jetzt die Fokussierung auf die negative, zerstörerische Komponente dieser Versuchung.

Dies gilt zum einen für die Verwendung der Sirenen als einstmals »positives Bild für die Macht des Gesanges«[41] oder der Dichtkunst. Hieronymus (Text Sirenen Nr. 19) beispielsweise mahnt in einem Brief an die junge Witwe Furia, die um Ratschläge für die Führung eines asketischen Lebens gebeten hatte, sie solle alle Musikantinnen aus ihrem Palast verbannen, da ihre Lieder so »todbringend« seien wie die Gesänge der Sirenen (*mortifera Sirenarum carmina*).[42] In einem bei Cassiodor überlieferten Brief des Theoderich an Boethius bittet der König den Adressaten, einen qualifizierten Lyraspieler zu finden, den er an den Hof des Königs der Franken senden könne.[43] Es folgen lange Erörterungen zu Wesen und Wirkung der Musik, in deren Verlauf auch der Mythos von den Sirenen angesprochen wird (Text Sirenen Nr. 20). Die »giftige Süße« (*noxia dulcedo*) ihres Gesangs gilt als negatives Exempel für die Macht der Musik, das positive Gegenbeispiel bieten im folgenden Abschnitt die von Gott inspirierten Psalmen. Im *Trost der Philosophie* beschimpft die eben zu Boethius ins Gefängnis gekommene Personifikation der Philosophie die bereits anwesenden Musen der Dichtkunst — mit deren Hilfe der Gefangene sein Leid geklagt hatte — als »Theaterdirnchen« (*scaenicae meretriculae*) und verderbenbringende Sirenen und wirft sie hinaus (Text Sirenen Nr. 21). Die Sirenen werden hier gleichgesetzt mit jeder Art von Dichtung, die nicht philosophisch inspiriert ist. Konnten die Sirenen, wie oben diskutiert, im spätanti-

---

35 Etwa auf dem Mosaik Katalog Sirenen Nr. 5 Abb. IV.4 oder auf dem Sarkophagdeckel Katalog Sirenen Nr. 15 Abb. IV.9.

36 Das Werk des Martianus Capella war im Mittelalter höchst beliebt, vgl. LeMoine 1972, 3. Der sogenannte Mythographus Vaticanus I (zwischen 875 und 1075) berichtet an zwei Stellen — 1, 42 und 2, 84 — von Genealogie, Gestalt, Attributen, Verwandlung, Lokalisierung, Taten und Tod der Sirenen sowie von der rationalistischen Deutung als Hetären. Hrabanus Maurus (780–856) übernimmt in seinem *De rerum naturis seu De universo* die Erläuterungen Isidors (PL 111, Sp. 198). Vgl. Wedner 1994, 119–67.

37 Rahner 1966, 283. Vgl. Ewald 1998, 229 f.

38 Vgl. Text Kirke Nr. 17: Der Gesang der Sirenen neben der Verlockung des Lotos und dem Trank der Kirke als exemplarische Versuchung, die von den Verlockungen Baiaes noch übertroffen wird.

39 Als Ausnahmen zu nennen wären etwa eine Streitschrift des Hieronymus, in der er die abweichende Lehrmeinung des Jovinian als »Sirenengesang« diffamiert (Text Sirenen Nr. 17; vgl. Text Sirenen Nr. 8), oder eine Bemerkung des Macrobius zu den Sirenen und der »Sphärenmusik« bei Platon (Text Sirenen Nr. 18); vgl. Text Sirenen Nr. 5 sowie Flamant 1977, 351–81.

40 Ewald 1998, 245–49. Das gilt sowohl für griechische als auch für lateinische Texte. Als Beispiel genannt seien Lukians Panegyricus auf die Geliebte des Kaisers Lucius Verus (Lukian. im. 13 f.; Übersetzung bei Ewald 1998, 245) oder das Grabepigramm für eine *puella* Iulia (Ewald 1998, 247 Anm. 106). Die Pointe bei diesen Vergleichen ist stets, dass die Gerühmte noch schöner, verführerischer und musikalischer ist als die Sirenen.

41 Ewald 1998, 251.

42 Vgl. die *cruenta Sirenarum ora*, »die blutigen Münder der Sirenen« bei Tertullian (Text Polyphem Nr. 13).

43 Zu Cassiodors *Variae* s. etwa Kakridi 2005.

ken und mittelalterlichen Byzanz als positiv besetztes Bild für griechische Bildung im weitesten Sinne stehen, so bieten sie im Westen das eindeutig negative Paradigma für alles, was nicht Theologie oder Philosophie ist. Hinzu kommt ein weiterer Aspekt, der bereits mehrmals anklang und im Folgenden ausführlich diskutiert werden soll: ihre Sexualisierung.

In vielen Texten, von denen hier nur eine kleine Auswahl vorgestellt sei, treten die Sirenen auf als Verführerinnen, denen zu erliegen für einen Mann den Tod bedeutet. Ambrosius beispielsweise verbietet seinem jugendlichen Schützling, dem Kaiser Gratian, alles, was Spaß macht: Die Lockungen der »weltlichen Verwirrung« (*saecularis confusio*), die auf einen jungen Menschen einwirken, seien ebenso süß und todbringend wie der Gesang der mythischen Sirenen.[44] Nur wer auf Christus baue, entgehe den Gefahren der Wollust (Text Sirenen Nr. 22). Maximus von Turin spricht in einer bekannten Predigt, auf die im Zusammenhang mit der Bewertung des Odysseus noch ausführlicher einzugehen sein wird, von den »Klippen der Wollust«, auf die aufzulaufen den Tod und ewige Verdammnis bringe (Text Sirenen Nr. 23). Für den auf pseudo-etymologischer Basis arbeitenden Mythographen Fulgentius (Text Sirenen Nr. 24) sind die Sirenen eine Metapher für die Verlockungen der körperlichen Liebe (*amor*) und Lust (*delectatio* bzw. *libido*). Ihr Name komme vom griechischen *syrein* (σύρειν; Aorist Passiv = συρῆναι), was so viel bedeute wie »fortschleppen«. Man stelle sie sich geflügelt vor, weil der Affekt der Liebe schnell ins Gemüt eindringe, und mit Hühnerklauen versehen, weil dieser Affekt jeden, den er befallen habe, zerfleische. Claudian[45] schließlich (Text Sirenen Nr. 25) bringt in einem kurzen Gedicht Wesen und Wirkung der Sirenen auf den Punkt: Sie sind süße Untiere (*dulcia monstra*), die ihren Opfern ein lustvolles Ende bereiten: *mortem dabat ipsa voluptas*.

In diesen allegorischen Deutungen sind die Sirenen ein Bild für die Wollust, *voluptas*, die von Frauen ausgeht und eine Gefahr für Männer darstellt. Eine vergleichbare Konzentration auf den Aspekt des Sexuellen hatte sich schon bei der rationalisierenden Interpretation als historische Hetären beobachten lassen. In diesen Zeugnissen der lateinischen Spätantike erfahren die ursprünglichen homerischen Wissensverkünderinnen eine konsequente Umdeutung zu Verkörperungen sinnlicher Lust — eine Umdeutung, wie sie in vergleichbarer Weise auch bei der Rezeption des biblischen Sündenfalls zu beobachten ist: Ging es ursprünglich beim Essen der verbotenen Frucht darum, genauso viel zu wissen wie Gott,[46] so machten die Kirchenväter daraus eine Verführung des Adam durch Eva, eine Verführung, deren sexuelle Konnotation für sie außer Frage stand.[47] Verführung durch ein weibliches Wesen war jetzt identisch mit sexueller Verführung. Entsprechend konnte die in dieser Weise umgedeutete Sirene dazu verwendet werden, eine prinzipielle Angst der Männer vor Weiblichkeit und Sexualität zum Ausdruck zu bringen.[48] Bei Leander von Sevilla (Text Sirenen Nr. 26), im späteren 6. Jahrhundert, wurde bereits jede nicht im Kloster befindliche Frau als Sirene und »Werkzeug des Satans« (*organum Satanae*) tituliert. In den monastischen Diskursen des lateinischen Mittelalters, zumindest den von Männern geführten, wird diese Sichtweise beibehalten.[49]

Die Verführungskraft der Sirenen wird reduziert auf erotische Anziehung, die vor allem einer lieblichen und schmeichelnden Stimme zu verdanken ist. Alle weiteren bei Homer genannten positiven oder zumindest respekteinflößenden Charakterzüge — ihr überragendes Wissen und ihre gottähnliche Macht, die sogar die Winde stillstehen lässt — spielen keine Rolle mehr. Dies korrespondiert mit der in den spätantiken lateinischen Texten zu beobachtenden Neigung, auf den angeblichen Selbstmord der Sirenen zu rekurrieren.

Umso besser steht in diesen Zeugnissen der weise Überwinder der Verführerinnen, Odysseus, da. Er wird,

---

[44] Die Sirenen Homers werden hier gleichgesetzt mit den »Töchtern der Sirenen«, die laut Jer. 50, 37 im durch göttliches Strafgericht zerstören Babylon hausen werden. Diese Gleichsetzung wird ermöglicht durch die *Septuaginta*, in der das hebräische Wort *tannîm*, das eigentlich »Schakale« bedeutet, mit dem griechischen Wort für Sirenen übersetzt worden war: Rahner 1966, 303–05; Leclercq-Marx 1997, 41–45.

[45] Wobei die Urheberschaft nicht völlig sicher ist: Hall 1986, 144–47.

[46] Gen. 3, 5 sagt die Schlange zu Eva: »Sobald ihr davon esst, gehen euch die Augen auf; ihr werdet wie Gott und erkennt Gut und Böse.«

[47] Beispielsweise Brown 1990, 361 (zu Ambrosius). Vgl. Le Goff 1990, 143: »Die Erbsünde, eine Sünde des intellektuellen Stolzes, der intellektuellen Herausforderung Gottes, wird vom mittelalterlichen Christentum in eine sexuelle Sünde verwandelt. Der Abscheu vor Körper und Sexus erreicht seinen Höhepunkt beim weiblichen Körper.«

[48] Ausführlich dazu: Moraw 2008c; vgl. Leclercq-Marx 1997, 110.

[49] Rahner 1966, 313; Leclercq-Marx 1997, 109–12; Moraw 2018. Der Vorwurf der Philosophie an die Musen der Dichtkunst im Werk des Boethius, *Sirenes usque in exitium dulces* (Text Sirenen Nr. 21), wird im 11. und 12. Jh. häufig zitiert (Leclercq-Marx 1997, 52).

grob gesprochen, noch enthusiastischer charakterisiert als in den griechischen Texten. Es lässt sich bei der lateinischen Rezeption der Sirenen-Episode also dasselbe Phänomen beobachten wie schon bei der lateinischen Rezeption der Begegnung des Odysseus mit dem Menschenfresser Polyphem und mit der Zauberin Kirke. Eine Erwähnung Kirkes als eigentliche Urheberin der List gegenüber den Sirenen findet nicht statt. Die Gefährten, falls sie denn thematisiert werden, treten auf in der Rolle der Dummen und Schwachen, die vor den Sirenengesängen bewahrt werden müssen (Text Sirenen Nr. 20) oder, noch schlimmer, erscheinen als topisches Bild für einen Menschen, der flehentlichen Bitten gegenüber taub ist (Text Sirenen Nr. 27). Für Ambrosius (Text Sirenen Nr. 22) war Odysseus der exemplarische Weise — dessen Namen er noch nicht einmal nennen muss! —, der zwar noch nichts von Christus wusste, aber immerhin auf »die Fesseln seiner Klugheit« (*prudentiae suae vincula*) vertrauen konnte. Fulgentius (Text Sirenen Nr. 24) führte den Namen des Helden auf die annähernd griechische Wortschöpfung *olonxenos* (= ὅλων ξένος), »allen Dingen fremd«, zurück und erklärte Odysseus zum Bild für den Weisen, der sich von den Verlockungen der Welt nicht faszinieren lässt, sondern ihnen gegenüber »fremd« bleibt. Am weitesten ging mit seiner Odysseusverherrlichung Maximus von Turin (Text Sirenen Nr. 23). Er verglich in einer Predigt *Über das Kreuz des Herrn* indirekt den an seinen Mastbaum gebundenen Odysseus mit Christus am Kreuz.[50] Der gläubige Christ solle das »Meer der Welt«, dies war eine beliebte Metapher für das irdische Leben, im sicheren »Schiff der Kirche« durchqueren und so zum ewigen Heil gelangen. Der Mastbaum dieses Schiffes sei das Kreuz, an dem Christus zur Rettung der Menschheit gehangen habe.

*Die bildliche Rezeption*

Auch in der bildenden Kunst der Spätantike war das Sirenen-Motiv höchst populär. Entsprechend dem mit visuellen Mitteln arbeitenden Medium wurde die Attraktivität und Verführungskraft der Sirenen hier vor allem anhand visueller Reize zum Ausdruck gebracht: Der Fokus der Repräsentation liegt auf einem schönen, verführerischen Körper, nicht auf einer schönen, verführerischen Stimme. Vergleichbar den Polyphem-Darstellungen finden sich Bilder mit Sirenen auf einer Vielzahl von unterschiedlichen Bildträgern in unterschiedlichen Kontexten. Diese reichen von der Ausstattung luxuriöser Wohngebäude über schlichte tönerne Massenware bis hin zu Sarkophagen und Grabmalerei. Eine Beschränkung auf nur zwei Medien, noch dazu solche von eher geringem sozialem Prestige, wie sie bei den Kirke-Bildern zu beobachten war, erfolgte hier nicht. Entsprechend vielfältig waren die Bedeutungen, welche die Sirenen-Episode annehmen konnte: Bild für die Verlockung und zugleich Gefährlichkeit des Meeres, Exempel für schlaues Entkommen aus einer gefährlichen Situation, Allegorie für die Rettung vor Tod und Verderben.

Vergleichbar den Denkmälern zu Polyphem und Kirke ist die räumliche und zeitliche Verteilung der Produktion. Der überwiegende Teil der Sirenen-Darstellungen kommt aus Rom und Umgebung sowie aus Nordafrika. Aus dem Osten des Reiches stammen mit Sicherheit nur zwei, eventuell drei Denkmäler. Entsprechend datiert die überwiegende Menge der Darstellungen ins dritte und vierte Jahrhundert; nur ein aus Israel stammendes Mosaik gehört vermutlich ins sechste Jahrhundert. Erstmals klar zu fassen ist hier die lange Dauer der Rezeption in manchen Teilen des Westens: stadtrömische Sarkophagdeckel aus der ersten Hälfte des dritten Jahrhunderts wurden eventuell bis ins siebte Jahrhundert hinein in die Katakomben verbracht und dort in einer *interpretatio Christiana* als Teil der Bilddekoration gelesen; ein weiteres Exemplar schmückte als Spolie den Innenraum einer kleinen, im vierten oder fünften Jahrhundert errichteten Kirche an der Via Tiburtina.

**Aussehen und Auftreten der Sirenen**

Konnte der Dichter der *Odyssee* bei der Beschreibung der Sirenen noch höchst vage bleiben, so mussten sich die bildenden Künstler zwangsläufig auf eine bestimmte äußere Gestalt dieser Wesen festlegen.[51] Inspiriert von der Betonung auf der »süßen Stimme« der Sirenen, imaginierten sie die homerischen Ungeheuer als eine Mischung aus jungem Mädchen und (Sing-)Vogel. Als ikonographische Vorlage boten sich jene dämonischen Mischwesen an, welche die Griechen im siebten Jahrhundert v. Chr. aus dem Orient übernommen, gelegentlich auch selbst entworfen hatten. Ab dem sechsten vorchristlichen Jahrhundert werden diese Wesen zum Teil explizit als Sirenen bezeichnet, zum Teil in Darstellungen des *Odyssee*-Abenteuers eingebunden. Diese Darstellungen beschränken sich mehr oder weniger auf einen Moment: die Vorbeifahrt an der Insel der Sirenen

---

[50] Vgl. Rahner 1966, 326: »so ist der Erlöser am Kreuz in Wahrheit ›unser Odysseus‹.«

[51] Zum Folgenden Moraw 2015, 90–95.

Abb. IV.1 Detail eines Fußbodenmosaiks rund um den Brunnen im Innenhof eines Stadthauses in Thugga, Tunesien; 250–70 n. Chr. (Katalog Sirenen Nr. 1). Wikimedia Commons

mit dem an den Mastbaum seines Schiffes gebundenen Odysseus. Entgegen dem homerischen Dual treten die Vogelmädchen dabei fast immer als Dreiergruppe auf. Sie erschien den Künstlern besser geeignet, eine Vielzahl dieser Wesen zu symbolisieren. Charakteristisch für die Zeit zwischen mittlerem sechsten Jahrhundert und Hellenismus ist eine fortschreitende Vermenschlichung — oder besser: Verweiblichung — der Sirenen: vom Vogel mit Mädchenkopf hin zur jungen, mehr oder weniger nackten jungen Frau mit Vogelbeinen, Schwanz und Flügeln. Spätere Epochen ändern an der Gestalt der Sirenen und am Bildschema nicht mehr viel.

Als eine der schönsten spätantiken Darstellungen des Sirenen-Abenteuers soll zunächst das polychrome Mosaik aus einem Stadthaus in Thugga im heutigen Tunesien (Katalog Sirenen Nr. 1 Abb. IV.1) besprochen werden. Rechts im Bild ist die felsige, mit bläulichen Pflanzen bewachsene Insel der Sirenen zu erkennen. Darauf befinden sich drei Sirenen in ihrer jetzt kanonischen Gestalt. Alle drei sind charakterisiert als Mischwesen aus schönem jungen Mädchen und Vogel. Das Haar ist sorgfältig frisiert und fällt vom Mittelscheitel in sanften Wellen in den Nacken, wo es zusammengehalten wird. Das Inkarnat ist entsprechend dem weiblichen Schönheitsideal hell, die Körper wohl geformt. Die Ober-

schenkel gehen allmählich in hell gefiederte Vogelbeine über, anstelle der Füße haben die Sirenen dunkle Raubvogelkrallen. Die Flügel schillern in allen Regenbogenfarben.[52]

Wie seit dem zweiten Jahrhundert n. Chr. üblich, sind die Sirenen bezüglich ihrer Bekleidung und Attribute an drei Musentypen angelehnt.[53] Die mittlere, sitzende, ist eng in das Pallium des deklamierenden Dichters gehüllt und erinnert damit an die Muse Kalliope, die »Schönstimmige«, die wichtigste der neun Musen, deren Zuständigkeitsbereich die Dichtung war. Die zweite, links stehende Sirene hält zwei Flöten in den Händen und weist damit Ähnlichkeit zu Euterpe auf, der »Heiterstimmenden«, der Muse des Tanzes. Die dritte Sirene spielt eine Kithara, verweist also auf Erato, die »Liebliche«, die Muse der Chorlyrik.[54] Eine Angleichung an

---

[52] Auf anderen spätantiken Bildern können die Vogelfüße auch weniger raubvogelartig gebildet sein; ebenso entfallen manchmal die Flügel oder kann zusätzlich auch ein Vogelschwanz angebracht werden. Zoologische Eindeutigkeit wird von den Künstlern in der Regel nicht intendiert; vgl. Moraw 2008c.

[53] Deren Ikonographie gleichfalls im 2. Jh. n. Chr. kanonisiert wurde, was sich v. a. auf Sarkophagen beobachten lässt: Wegner 1966, bes. 97–101.

[54] Auf anderen Bildern spielt die dritte Sirene die Lyra, was

solche Musen, die eher für Wissen zuständig waren —
etwa an Kleio, die Muse der Geschichtsschreibung, deren
Aufgabenfeld dem der homerischen Sirenen viel näher
läge —, fand nie statt. Die auf den Bildwerken gezeigten
Sirenen sind Unterhalterinnen, keine Gelehrten.

Dieser Auffassung entspricht auch der Grad ihrer
Bekleidung oder besser: Entblößung. Im eklatanten
Unterschied zu den zugrundeliegenden Musentypen tragen die Sirenen unter ihrem Mantel kein Gewand. Das
führt bei den beiden äußeren Sirenen auf dem Mosaik,
deren Mäntel nur lose drapiert sind, dazu, dass ihre Körper mehr oder weniger nackt erscheinen. Bei der ganz
rechts Sitzenden ist sogar der Schoß entblößt. Die Künstler verdeutlichten mit dieser Art der Darstellung, dass
die Sirenen zwar in gewisser Weise die musikalischen
und dichterischen Talente von Musen besitzen, sich aber
dennoch von diesen fundamental unterscheiden: Sie
sind keine menschengestaltigen und entsprechend den
menschlichen Normen bekleideten Göttinnen, sondern
schamlose Mischwesen aus Frau und Tier.[55] Diese Schamlosigkeit ist vor allem sexueller Natur. Die Sirenen der bildenden Kunst locken die Seefahrer durch eine Mischung
aus körperlichen Reizen und musikalischer Unterhaltung. Damit entsprechen sie recht genau der Charakterisierung der Sirenen in der (vor allem lateinischen) Literatur, welche aus ihnen musisch gebildete Hetären machte.
Verführung durch eine Person weiblichen Geschlechts ist
in den Texten und Bildern der Spätantike nur als sexuelle
Verführung anhand des nackten weiblichen Körpers vorstellbar und darstellbar. Die spätantike Auffassung von
den Sirenen steht damit im deutlichen Gegensatz zu ihrer
Charakterisierung in der *Odyssee*: Dort ging die Bedrohlichkeit der Sirenen, ihre Verführungskraft, in erster Linie
von ihrem umfassenden Wissen aus; an zweiter Stelle kam
die ästhetische Qualität, der ›Zauber‹ ihres Gesanges,
und erst am Ende eine gewisse erotische Ausstrahlung. In
der Spätantike hat sich diese Rangfolge umgekehrt. Die
Gestalt der Sirene kann jetzt dazu dienen, die prinzipielle
Gefährlichkeit und Destruktivität weiblicher Sexualität
zu visualisieren. Auf diesen Aspekt wird im folgenden
Kapitel zum weiblichen Meerungeheuer Skylla noch ausführlicher einzugehen sein.

Das Schiff des Odysseus gleitet auf diesem Mosaik
mit geblähten Segeln nach links, ist also bereits an der
Insel der Sirenen vorbei. Lange parallele Streifen, kurze
Zickzacklinien und diverse Fische deuten das Meer an,
welches die gesamte Szene umgibt. Der an den Mastbaum gefesselte Held steht zwar gemäß der spätantiken Bildkonvention frontal zum Betrachter gewandt,[56]
blickt aber nichtsdestoweniger zu den Sirenen zurück.
Diese erwidern seinen Blick; die äußeren beiden scheinen zudem einladende Gesten zu vollführen. Odysseus
ist gekleidet in seine kanonische Tracht, Pilos und Exomis. Die Gefährten des Odysseus sind deutlich kleiner
gezeichnet als er. Auch sie stehen frontal zum Betrachter; zudem tragen sie die typische spätantike Ärmeltunika samt Chlamys darüber und sind mit Ovalschilden
bewaffnet. Ihre Blicke schweifen indes in die entgegengesetzte Richtung: Ungleich ihrem Anführer geben sie
sich alle Mühe, nicht auf die Sirenen zu schauen.

Der Moment des Vorbeisegelns an der Insel der Sirenen ist auch in der Spätantike das einzige Bildmotiv
aus dem Sirenen-Abenteuer. Wie Kirkes Kniefall vor
Odysseus nach Ansicht der Künstler und Rezipienten
am besten die grundsätzliche Überlegenheit des Helden gegenüber der Zauberin zum Ausdruck brachte, so
visualisierte das unbeeindruckte Vorbeisegeln an den
Verführerinnen in prägnanter Weise die Vergeblichkeit
von deren Bemühungen. Eine erfolgreiche Sirene, wie
sie in manchen Textzeugnissen zumindest anklang (Text
Polyphem Nr. 13 oder Sirenen Nr. 25), war in der Kunst
der Spätantike nicht darstellbar.

Darstellbar war jedoch die Gefährlichkeit der Sirenen. Hier bedienten sich die spätantiken Künstler des
Stilmittels der Bedeutungsgröße. Sie geht aus von der
Prämisse, dass eine bedeutende Person im Bild größer darzustellen ist als eine weniger bedeutende.[57] Die
Künstler folgen damit den Gesetzen der Hierarchie,

---

dann auf Terpsichore, die »Tanzfrohe«, die für die sogenannte kleine Lyrik zuständig ist, verweist.

[55] Ein Denkmal, das pointiert die künstlerische und soziale Überlegenheit der Musen ins Bild setzt, ist der bekannte Sarkophag in New York, Metropolitan Museum 7.10.104 (Moraw 2017, 172 f. Abb. 8.16; 225–50 n. Chr.), mit dem musikalischen Wettstreit zwischen Sirenen und Musen. Letztere tragen den Sieg davon und demütigen die als körperlich kleiner und unedel charakterisierten Sirenen.

[56] Vgl. Raeck 1992, 15–17. Die Hinwendung zum Betrachter, häufig auch ein direkter Blick aus dem Bild heraus, dient dem Zweck, ein dialogisches Verhältnis zum Betrachter aufzubauen, ihn in das Bild ›hineinzuziehen‹ und an der dort stattfindenden Handlung teilhaben zu lassen: Böhm 2003, bes. 54 f. 65.

[57] Vgl. ebenfalls Raeck 1992, 22. Bestes Beispiel für Bedeutungsgröße ist das sog. Theodosiusmissorium (Madrid, Real Academia de la Historia), datiert 388 n. Chr. (Raeck 1992, Abb. 1): Unabhängig von jeder Realität ist der in der Mitte thronende Kaiser Theodosius die mit Abstand größte Person im Bild. Es folgen — in genau beachteter Abstufung — seine beiden gleichfalls thronenden Mitkaiser, dann die zu beiden Seiten postierten germanischen Leibwachen und am Ende, als winziges Figürchen auf den Stufen vor dem Thron, der sein Ernennungskodizill in Empfang nehmende Beamte.

Abb. IV.2a–b Weitere Szenen auf dem den Brunnen rahmenden Mosaik in Thugga, Tunesien; 250–70 n. Chr. (zu Katalog Sirenen Nr. 1). bpk / DeA Picture Library / G. Dagli Orti

nicht denjenigen der Optik. Im Falle der spätantiken Darstellungen des Sirenen-Abenteuers lässt sich als Regel festhalten, dass die weiblichen Ungeheuer stets am größten dargestellt wurden. Im Bildfeld wurden sie möglichst so platziert, dass sie sich oberhalb des Schiffes des Odysseus befinden.[58] Erlaubte das streifenförmige Bildfeld, etwa eines Sarkophags, eine solche Differenzierung in der Höhe nicht, dann wurden zumindest die Körper der Sirenen deutlich größer proportioniert als der Körper des Odysseus. Auch ihr Kopf ragt meist über den seinen hinweg, wie beispielsweise der Kopf der linken, stehenden Sirene auf dem hier betrachteten Mosaik.[59] Diese überlegene Körpergröße ist ein spezifisch spätantiker Zug.[60] Sie gleicht die Sirenen — über deren Körpergröße Homer nichts berichtete — ikonographisch und inhaltlich an die anderen Ungeheuer der Irrfahrt, die Menschenfresser Polyphem und Skylla, an. Zudem mag die herausragende Größe der Sirenen auch als Hinweis darauf zu verstehen sein, was die spätantiken Betrachter an diesen Bildern am meisten interessierte: nicht der

standhafte Held Odysseus, sondern die schönen Meerungeheuer.

Am kleinsten sind stets die Gefährten dargestellt. Das betrifft nicht nur den Umstand, dass sie im Schiff sitzend gezeigt werden und ihre Köpfe sich damit deutlich auf einer tieferen Linie befinden als die Köpfe der anderen Protagonisten. Auch ihre Körper an sich sind von geringerer Größe. Auf diese Weise wird ihre gegenüber dem Anführer Odysseus nachgeordnete Bedeutung visualisiert — ein Befund, der sich mit den Beobachtungen zur literarischen Rezeption (z. B. Texte Sirenen Nr. 8. 20. 27) deckt.

### Die Sirenen als Visualisierung der Schönheit und Gefährlichkeit des Meeres

*Der räumliche und ideelle Kontext der Sirenenbilder*

Das oben diskutierte Mosaik (Katalog Sirenen Nr. 1 Abb. IV.1) stammt aus einer Domus im Stadtviertel südlich des Forums des antiken Thugga.[61] Den Innenhof dieses Stadthauses rahmte eine schattenspendende Portikus. Den wesentlichen Blickfang der mit circa 4 × 5 m² relativ bescheidenen Hoffläche bildete ein dreigeteiltes Wasserbecken. Die verbleibende Fläche zwischen Wasserbecken und Portikus nahm ein umlaufendes Mosaik mit Meeresthematik ein. Neben der bereits behandelten Szene mit Odysseus und den Sirenen erblickte der Betrachter ein weiteres mythisches Motiv, die Verwandlung der Tyrrhenischen Piraten in Delphine durch den rächenden Gott Dionysos. Zwischen diesen an den Schmalseiten angebrachten mythischen Meerszenen spielten sich diverse Fischfangszenen mit

---

[58] Das gilt v. a. für Bildfelder, die hoch genug sind, um eine solche Anordnung zuzulassen. Etwa bei dem vielfigurigen Meermosaik aus Henchir Thina (Katalog Sirenen Nr. 4 Abb. IV.3) oder bei einer sog. Kuchenform aus Ostia (Katalog Sirenen Nr. 12 Abb. IV.7).

[59] Vgl. die drei auf je einem Felsen stehenden Sirenen auf einem Mosaik aus Santa Vitória (Katalog Sirenen Nr. 5 Abb. IV.4b) oder die drei das Schiff rahmenden Sirenen an einem Brunnenrand in Cherchel (Katalog Sirenen Nr. 2).

[60] In älteren Darstellungen konnten die Sirenen auch deutlich kleiner als Odysseus charakterisiert sein, etwa auf einer att.-sf. Oinochoe in Berlin, Antikensammlung 1993 216; um 520 v. Chr.; Andreae 1999, Abb. Nr. 117; oder auf einem Pästaner Glockenkrater in Berlin, Antikensammlung VI 4532; 350–25 v. Chr.; Andreae 1999, Abb. Nr. 119. Dass daneben auch ältere Darstellungen mit überproportional großen Sirenen existieren, ist von nachgeordneter Bedeutung. Wichtig scheint vor allem der Umstand, dass in der Spätantike nur noch diese eine Variante möglich war.

[61] Zum Folgenden Poinssot 1965; ein guter Plan des Hauses bei Blanchard-Lemée u. a. 1995, 283.

Abb. IV.3 Detail eines Fußbodenmosaiks aus den Thermen von Thaenae, Tunesien; spätes 3. Jh. n. Chr. (Katalog Sirenen Nr. 4 und Skylla Nr. 1b). Nach Massigli 1912, Taf. 2.1

menschlichen und mythischen Protagonisten ab:[62] Ein nackter Mann kniet auf einem Felsen am Ufer und holt mit seinem Dreizack einen Oktopus aus dem seichten Wasser; rechts davon schiebt ein weiterer Nackter sein Fischerboot ins tiefere Wasser, am Bug ist bereits eine Angel vorbereitet; weiter hinten im Meer verbeißt sich eine Muräne in einen Fisch (Abb. IV.2a). Ein Mann, bekleidet mit Lendenschurz und Sonnenhut, sitzt auf einem Felsen am Ufer und angelt: mit der Rechten hat er die Angel ausgeworfen, mit der Linken hält er einen Kescher (Abb. IV.2b). Direkt links vom Schiff des Odysseus befindet sich auf dem Mosaik ein menschliche Fischer in zeitgenössischer Tracht und Frisur, der eine riesige Languste in der Hand hält.

Alle Bilder waren auf die Portikus ausgerichtet, so dass sie ein dort Wandelnder mühelos erfassen konnte. Die beiden mythischen Szenen fügen sich dabei nahtlos ein in die übergreifende Thematik ›Meer‹, die mit der Thematik ›Wasser‹ des Brunnens korrespondiert. Beides gemeinsam bildete mit der schattigen Kühle des Wandelganges für den Betrachter eine Art *locus amoenus*, einen angenehmen Kontrast zur Gluthitze eines nordafrikanischen Tages.

Im Museum von Cherchel befindet sich heute ein mosaikverzierter Brunnen, der einst im Peristylhof einer Domus des antiken Caesarea stand (Katalog Sirenen Nr. 2).[63] Boden, Rückwand und Ränder dieses Brunnens sind mit Mosaiken dekoriert. Auf der rückwärtigen Wand befindet sich die Skulptur eines delphinreitenden Eros, aus deren Basis einst Wasser in den Brunnen floss. Den Boden des Beckens verzierte der Mosaizist mit einzelnen Linien auf weißem Grund, welche Wasser — in diesem Fall: das Meer — andeuten sollen. Das Schiff des Odysseus befindet sich innen an der aufsteigenden Wandung, fährt also gleichsam auf dem Wasser des Brunnens. Es wird umzingelt von drei nur spärlich mit einem Mantel bekleideten Sirenen. Diese stehen gleich großen Wasservögeln mit ihren Beinen im Wasser, die Füße befinden sich direkt am unteren Abschluss der Wand. Rechts und links des Schiffes tummeln sich Delphine; zudem gibt es Schnecken und Muscheln im Wasser.

Auch Thermenanlagen waren ein favorisierter Anbringungsort für Mosaiken mit Sirenen-Thematik. Wie auf den Mosaiken an oder bei Brunnen wurde das Motiv als Teil eines größeren maritimen Zusammenhangs aufgefasst. Dank der weitaus größeren Fläche, die in den Räumen einer Therme zur Verfügung stand, konnte dieser Meerkontext deutlich elaborierter ausgestaltet werden. Begonnen werden soll mit einem weiteren Beispiel aus Nordafrika, dem Fußbodenmosaik eines runden Frigidariums von siebeneinhalb Metern Durchmesser in den Großen Thermen des antiken Thaenae.[64] Den Mittelpunkt dieses ungeheuer detailreichen, leider

---

[62] Zur Austauschbarkeit bzw. zum nahtlosen Übergang von menschlichen und mythischen Fischerfiguren in den spätantiken Meeresbildern s. Schneider 1983, 56–58. 169.

[63] Zum Folgenden Ferdi 2005, 175–77. Gleichfalls aus dem Innenhof einer Domus stammt das Mosaikfragment Katalog Sirenen

Nr. 3. Dieser Hof war mit einer Ausdehnung von 2 × 3 m² allerdings zu klein für eine Brunnenanlage; hier befand sich einzig das in ein geometrisches Schwarzweißmosaik eingelassene polychrome Fußbodenmosaik mit Meeresthematik.

[64] Ausführliche Beschreibung des Mosaiks bei Massigli 1912, 1–5 Taf. 1–5,1.

Abb. IV.4a–b Details eines Fußbodenmosaiks aus den Thermen einer Villa bei Santa Vitória do Ameixial, Portugal; um 300 n. Chr. (Katalog Sirenen Nr. 5). Fotos D-DAI-MAD-FR-R-174-68-04 und D-DAI-MAD-FR-R-174-68-06. Fotograf R. Friedrich

stark zerstörten Mosaiks bildet der mythische Sänger Arion, auf einem Delphin reitend. Um ihn herum ordnete der Mosaizist in konzentrischen Kreisen kleinere hexagonale Bildfelder an, deren Einfassung jeweils von entsprechend angeordneten Fischen und anderen Meerestieren geformt wird. Am äußeren Rand des Mosaiks verläuft eine Bordüre aus symmetrisch angeordneten Delphinen, Muscheln und Dreizacken.

Die Bildfelder sind gefüllt mit diversen mythischen und Genremotiven, deren gemeinsamer Nenner der Bezug zum Meer ist. Eines der Bildfelder, zu einem Drittel zerstört, wird vom nach rechts segelnden Schiff des Odysseus eingenommen; ein zweites, rechts oberhalb davon und noch fragmentarischer erhalten, von den drei Sirenen (Katalog Sirenen Nr. 4 Abb. IV.3). Die Bildmotive in der Nähe des Odysseus-Schiffes lassen sich zum Teil noch erkennen: Links oberhalb befindet sich eine Venus in der Muschel; direkt über dem Schiff holt eine riesenhafte Skylla, eine von insgesamt drei auf diesem Mosaik, mit einem Schiffsruder zum Schlag aus.[65]

Das Frigidarium der privaten Thermen einer großen Villa im heutigen Portugal war gleichfalls mit figürlichen Mosaiken geschmückt.[66] Im quadratischen Mittelfeld waren Meerwesen, Windgötter und Jahreszeitenpersonifikationen angebracht. Die seitlich daran anschließenden Bildfelder waren etwa zur Hälfte mit mythischen Meeresszenen geschmückt, zur Hälfte mit Genreszene, die einen gewissen Bezug zum Badebetrieb aufweisen. Am Übergang zu zwei Schwimmbecken thematisiert ein langer Bildstreifen unter anderem das Sirenen-Abenteuer (Katalog Sirenen Nr. 5 Abb. IV.4a–b). Die Mitte des Streifens nimmt das nach links fahrende Schiff des Odysseus ein.[67] Der Held ist wie üblich an den Mast gebunden, seine deutlich kleineren Gefährten rudern mit gekrümmten Rücken. Rechts davon, durch zwei im Meer tanzende Delphine von dem Schiff getrennt, ist die Insel der Sirenen zu erblicken. Sie wurde in der Form von drei einzeln im Meer stehenden Felsen gestaltet, auf denen je eine Sirene, die mächtigen Vogelschwingen gespreizt, steht. Zwei scheinen dem entschwindenden Schiff nachzublicken, die dritte, ganz rechts stehende, ist bereits wieder in ihr eigenes

---

[65] Vgl. dazu Katalog Skylla Nr.1; bei der hier Abgebildeten handelt es sich um Skylla Nr. 1b.

[66] Plan und Beschreibung bei Ewald 1998, 238 Abb. 4.

[67] Zur Fahrtrichtung des Schiffes vgl. Lancha 1997, 256. Diese ist deutlich an der Bugwelle, dem geblähten Segel und der Ausrichtung der Ruderer zu erkennen. Der Umstand, dass der Mosaizist das Zierelement des Bugs wie ein *aplustre* gestaltete und zudem vorne eine an eine Steuermannskajüte erinnernde Überdachung anbrachte (so zu Recht Pekáry 1999, 326), fällt demgegenüber weniger ins Gewicht. Vermutlich besaß der Mosaizist nur die Vorlage für ein nach *rechts* fahrendes Schiff und musste durch die Hinzufügung von entsprechender Bugwelle, Blähung des Segels und Ruderern klar machen, dass er ein nach links fahrendes meinte.

Spiel vertieft. Auch Odysseus blickt nicht zurück, sondern nach vorne in Richtung der direkt vor seinem Bug befindlichen Nereide auf einem Meerstier, welche das linke Drittel des Bildstreifens einnimmt. Dargestellt ist also der Moment nach der Konfrontation mit den Verführerinnen, in dem Odysseus noch ein wenig dem Gehörten nachsinnt — erkennbar an seinem etwas elegischen Gesichtsausdruck —, aber bereits neuen Begegnungen auf dem Meer entgegenfährt.[68]

Bei Sondagen entlang einer frühchristlichen Basilika im Zentrum des antiken Ammaedara wurden Teile eines Mosaikfußbodens entdeckt, der einst einen geräumigen, schätzungsweise 7 × 15 m² großen Saal samt angrenzendem Korridor schmückte.[69] Die Größe des Saals, die Dicke der Mauern sowie der Fund von hydraulischem Mörtel an einer Stelle ließen den Bearbeiter François Baratte an eine öffentliche Thermenanlage denken.[70] Wie bei den zuvor diskutierten, sicher aus Thermen stammenden Mosaikböden weisen die zur Darstellung gebrachten Motive einen Bezug zum Wasser — genauer: zum Meer — auf. Erhalten haben sich die bereits bekannten Fische, Wasservögel und Meerestiere aller Art; Fischer; auf Delphinen reitende Eroten; eine mythische Bootsfahrt unklarer Bestimmung;[71] eine Skylla (Katalog Skylla Nr. 2 Abb. V.2) und schließlich wenige Reste des Sirenen-Abenteuers (Katalog Sirenen Nr. 6).

Das Sirenen-Abenteuer war auf fast allen hier diskutierten Beispielen nicht alleiniges Thema der Darstellung, sondern Bestandteil einer größeren Inszenierung: der des Wassers.[72] Bei diesem Wasser handelte es sich in der Realität, in den Brunnen und Thermen, um Süßwasser; in den Bildern hingegen wurde es als Meer dargestellt. In den Thermen von Thaenae (Katalog Sirenen Nr. 4 Abb. IV.3) und Ammaedara (Katalog Sirenen Nr. 6) sind sowohl das Schiff des Odysseus als auch die Sirenen von allen Seiten umgeben von zahlreichen anderen mythischen und realen Meeresbewohnern. Auf den streifenartig angelegten Bildfeldern des Brunnens von Thugga (Katalog Sirenen Nr. 1 Abb. IV.1 und IV.2) und in den Thermen der Villa bei Santa Vitória (Katalog Sirenen Nr. 5 Abb. IV.4) gestaltete der jeweilige Mosaizist die Einbindung des *Odyssee*-Motivs in den Meereskontext in der Weise, dass er links vom Schiff des Odysseus ein Fischerboot beziehungsweise eine auf einem Meerstier reitende Nereide platzierte. Hinzu kommt in beiden Fällen die Darstellung von überproportional großen Fischen oberhalb oder innerhalb der mythischen Episode. Ist nur wenig Platz vorhanden, wie etwa auf der beschriebenen Wand des Brunnens aus Cherchel (Katalog Sirenen Nr. 2), kann das Sirenen-Abenteuer gleichsam eine Art Exzerpt der Meeresthematik sein. Aber selbst hier wurden vom Mosaizisten noch zahlreiche, für das Verständnis der mythischen Episode nicht unbedingt notwendige Meerestiere eingefügt. Vergleichbares gilt für die nur fragmentarisch erhaltenen Mosaiken. Von einem Fragment aus Utica (Katalog Sirenen Nr. 3) hat sich nur das Schiff des Odysseus erhalten; dieses ist umgeben von riesigen Fischen. Ein qualitätvolles Fragment im British Museum (Katalog Sirenen Nr. 7) zeigt die Insel der Sirenen inmitten einer Vielzahl unterschiedlicher und gleichfalls überdimensionierter Meerestiere.[73] Entsprechend ist das einzige Abenteuer der *Odyssee*, das auf diesen Mosaiken mit dem Sirenen-Abenteuer kombiniert werden konnte, dasjenige mit dem Meerungeheuer Skylla.[74] Polyphem, Kirke oder Szenen der Heimkehr nach Ithaka sind dort nicht anzutreffen.

*Das mare nostrum als Idylle?*

Über die Popularität und den spezifischen Charakter der spätantiken Meeresdarstellungen wurde einiges geschrieben. Lambert Schneider wies darauf hin, dass Darstellungen fischreicher Gewässer, häufig in Verbindung mit Venus und ihrem Gefolge, zu den beliebtesten Bildthemen der Spätantike gehörten.[75] Sie schmückten nicht

---

68 Das übliche Schema (z. B. Katalog Sirenen Nr. 1 Abb. IV.1) wäre, dass Odysseus zu den Sirenen zurückschaut und diese ihm nachblicken. Wie Lancha 1997, 257 beobachtete, hätte sich dies ohne weiteres durch eine Vertauschung der Positionen von Schiff und Sirenen erreichen lassen. Dann wären auch Bug und Heck des (in diesem Fall nach rechts fahrenden) Schiffes korrekt gestaltet. Wie er scheint, hat der Mosaizist eine bewusste Veränderung der Vorlage vorgenommen, um seine eigene Aussage — Odysseus zwischen zwei Begegnungen auf hoher See — zum Ausdruck zu bringen.

69 Zum Folgenden Baratte 1974.

70 Baratte 1974, 10. Das Motivrepertoire des Mosaikfußbodens weist in dieselbe Richtung, kann aber nicht als Beleg dienen; das wäre ein hermeneutischer Zirkel.

71 Ein Mann in phrygischer Tracht fährt mit einer nachdenklich die Hand ans Kinn legenden Frau über das Meer: eventuell eine Darstellung der Flucht von Helena und Paris aus Sparta.

72 Zum kontextuellen und inhaltlichen Bezug der Sirenenmosaiken zum Wasser schon Ewald 1998, 238.

73 Vergleichbares gilt für ein Freskofragment aus Ostia (Katalog Sirenen Nr. 8), dessen ursprünglicher Kontext nicht mehr sicher zu rekonstruieren ist. Auch hier ist das Schiff des Odysseus umgeben von riesenhaften Meerestieren, die für die Essenz der homerischen Geschichte keinerlei Bedeutung haben.

74 Vgl. die Kombinationstabelle in Anhang 3.

75 Schneider 1983, bes. 56–67. 100–23.

Abb. IV.5 Detail eines Fußbodenmosaiks aus der Nähe von Karthago, Tunesien; 4.–5. Jh. n. Chr. bpk / DeA Picture Library / G. Dagli Orti

nur die Fußböden von Villen oder Stadthäusern, sondern ebenso alle Arten von Luxusgegenständen, die in diesen Domizilen der Oberschicht Verwendung fanden. Das fischreiche Meer wurde dabei nicht um seiner selbst willen oder aufgrund einer romantischen Verherrlichung von Natur dargestellt, sondern als »Naturalie«: als der Reichtum der zu den Ländereien gehörigen Gewässer, welcher den Grundherren zur Verfügung steht und von jünglings- oder erotenhaften Fischern scheinbar spielerisch geerntet wird. Susanne Muth legte den Fokus der Betrachtung auf die zunehmende Erotisierung, welche die das Meer bevölkernden Nereiden und männlichen Mischwesen in mittlerer Kaiserzeit und Spätantike erfuhren.[76] In der Regel sitzen mehr oder weniger nackte Nereiden in leicht lasziver Pose auf Seekentauren, Tritonen oder rein tierisch gebildeten Seeungeheuern, wobei ihr zarter Körper einen reizvollen Kontrast zu dem ihres monströsen Gefährten bildet. Häufig umgeben Eroten diese Paare. Die Stimmung ist heiter und friedlich, die erotische Initiative geht des Öfteren von den Frauen aus. Diese mythische Gegenwelt erlaubte es den Produzenten und Rezipienten der Bilder, Themen zu diskursivieren, die in der realen Welt nicht ohne weiteres möglich gewesen wären. Ein Handbuch zu den stadtrömischen Sarkophagen bezeichnet diese Darstellungen zutreffend als »Glücksvisionen«.[77]

Die Bewohner des spätantiken *imperium Romanum* imaginierten demnach das Meer — und das heißt in erster Linie: das Mittelmeer — als eine Art Idylle, von lauen Lüften leicht gekräuselt, überreich gefüllt mit leckeren Speisefischen und anderem Meeresgetier, bevölkert von wohlwollenden Gottheiten und schönen Frauen, ein Freiraum für erotische Tändeleien jeder Art. Diese Charakterisierung des spätantiken Verständnisses vom Meer ist nicht falsch, verlangt aber nach einer Differenzierung. Zum einen galt diese Art der Betrachtung wohl nur für die Oberschicht, für welche auch die hier diskutierten Bilder konzipiert waren. Ein hart arbeitender, in rechtlicher Abhängigkeit lebender Fischer beispielsweise wird die Darstellung des von Eroten oder schönen Knaben betriebenen Fischfangs vermutlich eher als Verhöhnung empfunden haben. Seine Sicht der Dinge ist mangels erhaltener Zeugnisse nicht überliefert. Zum anderen gibt es bei näherem Hinsehen eine Reihe von Darstellungen,

---

[76] Muth 2000.

[77] Zanker — Ewald 2004, 117.

in denen die oben gezeichnete Idylle zumindest partiell durchbrochen wird.[78] So werden die Meerestiere nicht immer als freundliche Delphine oder harmlose Speisefische charakterisiert, sondern können auch in der Form von Raubfischen auftreten. Auf einem großen Mosaik im heutigen Israel werden zwei Schiffe von zahlreichen Fischen jeder Größe und Art umgeben.[79] Die meisten schauen recht harmlos aus. Einige von ihnen allerdings haben ein weit aufgerissenes Maul und spitze Zähne. In einem Fall hat der Mosaizist genau jenen Moment zur Darstellung gebracht, in dem ein kleinerer Fisch direkt in das Maul eines solches Raubfisches schwimmt, auf diese Weise den in der Antike sprichwörtlichen *ichthyon bíos*, das bei den Fischen übliche Fressen-und-gefressen-Werden, zum Ausdruck bringend.[80] Direkt vor dem Bug des oberen Schiffes reißt zudem ein riesenhaftes Seemonster seinen Rachen auf, für die Besatzung des Schiffes nichts Gutes verheißend. Ein Mosaik aus der Umgebung von Karthago zeigt eine liebliche Küstenlandschaft, an der sich inmitten eines fischreichen Meeres Fischer und Schwimmer tummeln (Abb. IV.5).[81] Die Gefahren solchen Tuns verdeutlicht hier ein großer Fisch, der einen Schwimmer bereits zur Hälfte verschlungen hat; nur Beine und Hinterteil schauen noch aus dem Maul heraus.

Auch auf den Meerwesensarkophagen ist längst nicht alles so harmonisch, wie es auf den ersten Blick erscheinen mag. Auf einer im Louvre aufbewahrten Sarkophagvorderseite aus dem frühen dritten Jahrhundert umgibt ein mariner Thiasos Venus in der Muschel.[82] Schöne, halbnackte Nereiden sitzen auf Ichthyokentauren, in den Wogen und in der Luft tummeln sich zahlreiche Eroten. In diese Idylle mischen sich jedoch verstörende Elemente: In die Brust des bärtigen Ichthyokentauren links außen hat sich ein Meerpanther gekrallt. Der Kentaur ist gerade im Begriff, mit den Armen weit auszuholen und den Angreifer mit einem länglichen Gegenstand, vielleicht einem Anker, zu erschlagen. Unterhalb der Muschel ist ein winziger Triton zu erkennen, der sich mit einem über den Kopf geschwungenen Steuerruder gleich zweier Angreifer erwehren muss. Von links schwimmt zähnebleckend ein im Vergleich zum Triton riesenhaftes Ketos heran; rechts, in Schlagrichtung des Ruders, befindet sich ein zweileibiges raubtierartiges Meermonster. Der Ichthyokentaur ganz rechts im Bild hat gleichfalls eine Hand zum Schlag erhoben. Dieser ist gegen ein Ketos gerichtet, das sich um seinen Leib ringelt. Seine linke Hand umfasst einen fächerförmigen Gegenstand, vielleicht die Schwanzflosse des Monsters. Im zusammengeringelten Fischschwanz des Ichthyokentauren steckt kopfüber ein kleiner Eros, dem Betrachter sein Hinterteil und die Beine entgegenstreckend. Diese auf den ersten Blick spielerisch anmutende Szene erscheint nicht mehr ganz so harmlos, denkt man an das oben vorgestellte Mosaik, auf dem ein Schwimmer kopfüber von einem großen Fisch verschlungen wird. Auf einer Gruppe von Meerwesensarkophagen, auf die im Zusammenhang mit dem Skylla-Abenteuer ausführlicher einzugehen sein wird, attackieren männliche Ungeheuer der unterschiedlichsten Art eine nackte ›Meerfrau‹, die sich mithilfe eines Steuerruders zu wehren versucht. Diese Angriffe sind deutlich als Vergewaltigungsphantasien inszeniert. So schnappt ein Ketos in einem Fall (Anhang Skylla Nr. 7) nach dem Schoß der Frau, auf einem anderen Sarkophag (Anhang Skylla Nr. 11 Abb. V.7) nach ihrer Brust.

In allen diesen Fällen handelt es sich um einen Einbruch des Gewalttätigen, Unberechenbaren in die liebevoll gezeichnete maritime Idylle. Dies mag dem

---

[78] Daneben gibt es, noch seltener, Bilder, die explizit die Gefahren des Meeres thematisieren. Als ein Beispiel mag die Illustration des Verg. Aen. 1, 84–123 beschriebenen, von Aeolus auf Junos Geheiß entfesselten Sturms auf See im Vergilius Romanus dienen: Rom, Bibliotheca Vaticana Cod. Vat. lat. 3867, fol. 77ʳ; Wright 2001, 24 Abb. S. 25; späteres 5. Jh. n. Chr.

[79] Lod, The Shelby White and Leon Levy Lod Mosaic Archaeological Center; Lavagne — de Balanda — Echeverría 2000, 205 Abb. 18; 3. Jh. n. Chr. Vgl. eine nordafrikanische Sigillata-Schale, deren Rand geschmückt wird mit zwei Fischerbooten, zwei Fischen und zwei weiteren Fischen, die jeweils gerade einen kleineren Fisch verschlingen (Privatsammlung W., Bayern): Wamser — Zahlhaas 1998, 128 Kat. Nr. 138; um 300 n. Chr.

[80] Pol. hist. 15, 20, 3; vgl. Engemann 1969, bes. 1004–06 und die einen Fisch verschlingende Muräne auf dem Meermosaik aus Thugga (hier Abb. IV.2a).

[81] Tunis, Musée de Bardo; Keller 1913, 323 Abb. 117b; Fradier 1989, Abb. S. 111 (Detail); 4.–5. Jh. n. Chr.

[82] Paris, Louvre Ma 384; Baratte — Metzger 1985, 164–66 Nr. 79; 200/10 n. Chr. Vgl. die etwas frühere, um 190 n. Chr. zu datierende, unvollständig erhaltene Sarkophagvorderseite Louvre Ma 365; Baratte — Metzger 1985, 156–58 Nr. 76: Ganz links schlägt ein bärtiger Ichthyokentaur, mit beiden Händen einen Anker schwingend, auf einen Meerpanther ein, der sich um seinen Leib gewunden hat und sich nun in die Brust krallen will. Ganz rechts hat ein jugendlicher Ichthyokentaur ein die Zähne bleckendes Ketos am Hals gepackt und würgt es. Vgl. ferner den um 240 n. Chr. zu datierenden Sarkophag Louvre Ma 322; Baratte — Metzger 1985, 158–61 Nr. 77: Unter der Muschel mit dem Porträt des jugendlichen Verstorbenen befinden sich ein delphinreitender Eros sowie, symmetrisch angeordnet, zwei Meerdrachen. Beide schnappen jeweils nach dem Hinterteil eines im Wasser befindlichen Eros, der sich in Sicherheit zu bringen versucht.

Umstand zu verdanken sein, dass auch den spätantiken Menschen bewusst war, dass das Meer eben keineswegs nur jene positiven Züge aufweist, wie sie von diversen modernen Autoren beschrieben wurden.[83] Die oben wiedergegebene Charakterisierung des Meeres sollte also dahingehend ergänzt werden, dass sich bei genauerer Betrachtung in vielen, nicht in allen Bildern verstörende, einen gewissen *thrill* in die vorherrschende Harmonie bringende Elemente finden lassen. Als ein solcher *thrill* sind auch die Sirenen zu verstehen. Dabei war jedem spätantiken Betrachter dank seiner mythologischen Bildung klar, dass Odysseus und seine Mannschaft den Verführerinnen entkommen werden. Die Sirenen sind also, was den Grad ihrer Gefährlichkeit anbelangt, eher im harmlosen Bereich anzusiedeln, nicht zu vergleichen etwa mit dem Seeungeheuer auf dem weiter oben beschriebenen Mosaik, welches ein ganzes Schiff samt Besatzung zu verschlingen droht.

Die Sirenen, die halb verführerisches Mädchen, halb mörderischer Raubvogel sind, visualisieren auf eindrückliche Weise das zugleich Faszinierende und Zerstörerische des Meeres. Hinzu kommt, dass zumindest in der griechischen Sprache das Meer meist weiblichen Geschlechts ist.[84] Man vergleiche etwa die Darstellung der ΘΑΛΑΣΣΑ (*Thálassa*) in der Apostelkirche von Madaba im heutigen Jordanien.[85] Bei dieser in hieratischer Haltung wiedergebenden Gestalt mit offenem Haar, nacktem Oberkörper und Steuerruder handelt es sich um eine domestizierte Variante der ›Meerfrau‹, deren wildestes Extrem Skylla darstellt; dazu mehr im folgenden Kapitel. Odysseus und sein Schiff, stets in kleinerem Maßstab wiedergegeben, sind demgegenüber nicht viel mehr als das Objekt, auf welches diese weiblichen Ungeheuer laut dem Mythos zu wirken versuchten. Bei den Darstellungen der Skylla konnte das Schiff des Odysseus im Bild sogar entfallen und sich der Künstler ganz auf die Darstellung dieser monströsen Schönheit konzentrieren.

### Odysseus als Identifikationsfigur für einen Bewohner prächtiger Villen oder Stadthäuser?

Die meisten der hier besprochenen Mosaiken stammen aus luxuriösen Villen oder Stadthäusern,[86] gehören also dem Bereich des gehobenen Wohnens an. Dasselbe gilt wohl für eine kleine Bronzeskulptur mit dem Schiff des Odysseus (Katalog Sirenen Nr. 9). Herkunft und Anbringungsort des Stückes sind nicht bekannt; Norbert Franken schlägt jedoch vor, hierin den Aufsatz eines Klapptisches zu sehen.[87] Eine direkte Beziehung zum Wasser, wie bei den Brunnen- und Thermenmosaiken, besteht hier nicht. Es handelte sich wohl eher um die Evokation einer zum allgemeinen Bildungsgut gehörenden Geschichte.[88]

Im Unterschied zur literarischen Rezeption des Sirenen-Abenteuers, die aus Odysseus ein Vorbild an Klugheit und Standhaftigkeit machte, erscheint Odysseus auf den hier behandelten Mosaiken nicht allzu heldenhaft. Das hat mehrere Gründe. Zunächst erforderte der Zwang zur bildlichen Konkretisierung vom Mosaizisten,

---

83 Das gilt erst recht für das frühgriechische Epos. Wie Nagy 1979, 340 zeigen konnte, wird Meer dort vor allem mit den für die Seefahrer lauernden Gefahren verbunden: »Let us consider the qualifier *ikhthuóeis* ›fishy, fish-swarming‹ as applied to *póntos* at XIX 378 (also IX 4!) and to *Helléspontos* at IX 360. The application of this epithet is motivated not so much by a fanciful striving for picturesque visualizations of the sea, but rather by the sinister implication of dangers lurking beneath a traveling ship.«

84 Das gilt etwa für θάλασσα und ἅλς, allerdings nicht für πόντος.

85 Piccirillo 1997, 96–107 Abb. 78; 578 n. Chr.

86 Katalog Sirenen Nr. 1–3. 5; eventuell auch Nr. 6 und 7.

87 Mündliche Mitteilung von Juni 2004; ausführlich zu Klapptischen: Klatt 1995. Solche drei- oder vierbeinigen Tische waren an den oberen Enden der Beine meist mit figürlichen Aufsätzen geschmückt. Sie galten als luxuriöses Ausstattungsgut und standen wohl in der Mitte des Raumes mit einer besonders hervorgehobenen Schauseite (Klatt 1995, 382). Bei der Bronze mit dem Schiff des Odysseus fehlt allerdings der für diese Aufsätze charakteristische Haken, manchmal auch eine Strebe, zum Befestigen der Tischplatte (ebenda 350); dieser müsste sich einst am Sockel befunden haben. Ob sich dort heute eine Bruchstelle befindet, lässt sich anhand der Fotos nicht verifizieren. Falls es sich um einen Tischaufsatz handelt, dann zeigten die anderen zwei oder drei Aufsätze vielleicht die Sirenen (und eventuell Skylla) oder aber die in der Spätantike auch bei Tischen beliebten Meerwesengruppen (s. z. B. Klatt 1995, Kat. Nr. D14, S. 473 f.: Dreifuß in Algier, Musée National des Antiquités mit drei Aufsätzen, jeweils bestehend aus einer auf einem Triton reitenden Nereide; oder Kat. Nr. D25, S. 477 f.: Dreifuß in Budapest, Magyar Nemzeti Múzeum 54.1878, dessen Füße aus delphinreitenden Eroten gestaltet sind und dessen Aufsätze aus Nereiden auf Tritonen).

88 Manche Autoren (z. B. Weitzmann 1979, 223; vorsichtiger: Huskinson 1974, 80) sehen in dem auf der Mastspitze sitzenden, nur fragmentarisch erhaltenen Vogel eine Taube und postulieren eine explizit christliche Deutung der Skulptur im Sinne der allegorischen Auslegung der Sirenen-Episode durch die Kirchenväter (s. oben die Diskussion zur literarischen Überlieferung). Aus einem halben Vogel eine vom Künstler beabsichtigte christliche Allegorie ableiten zu wollen, erscheint m. E. jedoch etwas gewagt — was natürlich nicht ausschließt, dass dem einen oder anderen gebildeten Betrachter die philosophischen oder christlichen Allegoresen der Sirenen-Geschichte bekannt waren.

die Fesselung des Odysseus an den Mastbaum auch tatsächlich darzustellen. Der Künstler konnte das nicht nur knapp und elegant mit einem einzigen Wort formulieren oder gar ganz darüber hinweggehen. Und gleichgültig, wie sehr diese Fesselung in den Texten allegorisch überhöht gewesen sein mag — auf dem Mosaik sahen die Betrachter eine starre und bewegungsunfähige Gestalt, der wenig Heroisches anhaftete. Hinzu kommt, dass das Mosaik eine vollkommen andere Aussage treffen wollte als die zeitgleichen Texte. Hier ging es nicht um die real oder allegorisch verstandenen Taten des Helden der *Odyssee*, sondern um die Macht des Meeres: um seine Schönheit und Gefährlichkeit, verkörpert in den Sirenen. Der inhaltliche Schwerpunkt ist ein ganz anderer und bedingt eine andere Charakterisierung der Protagonisten. Die Sirenen sind Teil einer umfangreichen Inszenierung des Meeres und entsprechend ausgestaltet und komponiert. Odysseus erscheint im Vergleich dazu kleiner und weniger bedeutend. Klar überlegen ist er einzig seinen mit ihm im Schiff befindlichen Gefährten.

Bei den hier behandelten Darstellungen des Odysseus wiederholt sich also ein Phänomen, das sich auch schon bei der künstlerischen Umsetzung der anderen Abenteuer in einem Kontext repräsentativen Wohnens beobachten ließ. Dort wurde der homerische Held entweder als problematische Figur gezeichnet, so im Fall der Darstellungen der Begegnung mit Polyphem (Katalog Polyphem Nr. 4. 9. 10 Abb. II.4. 7. 8). Oder aber er wurde dort gar nicht thematisiert, so im Fall der Begegnung mit Kirke. In keinem der Fälle bot er einem Betrachter aus der Oberschicht eine Möglichkeit zur Identifikation. Das wird auch bei den Sirenen-Bildern nicht anders gewesen sein, selbst wenn ein Betrachter den in der philosophischen oder christlichen Literatur gezeichneten Odysseus als Vorbild empfunden haben mag.

**Das Sirenen-Abenteuer als Exempel für schlaues Entkommen aus gefährlicher Situation**

Anders verhielt es sich eventuell bei bildlichen Darstellungen, die für einen anderen Rezipientenkreis geschaffen worden waren. Vom Beginn des hier betrachteten Zeitraumes, aus der ersten Hälfte des dritten Jahrhunderts, stammen drei Zeugnisse für gehobene Massenware: zwei Tonlampen und eine tönerne ›Kuchenform‹, wie sie bereits bei der Darstellung des Polyphem-Abenteuers begegnete. Figürlich verzierte Tonlampen wurden hergestellt, indem von einem ursprünglichen Positivmodell entweder direkt oder durch eine Zwischenstufe beliebig viele Negativformen gewonnen wurden, welche

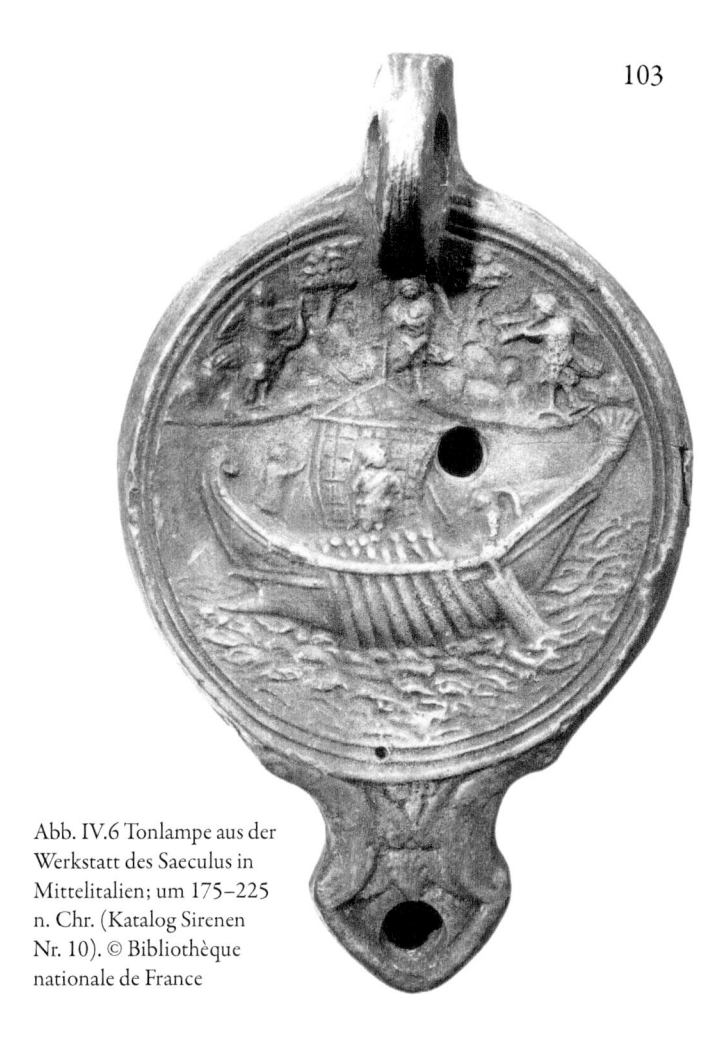

Abb. IV.6 Tonlampe aus der Werkstatt des Saeculus in Mittelitalien; um 175–225 n. Chr. (Katalog Sirenen Nr. 10). © Bibliothèque nationale de France

dann zur Herstellung der eigentlichen Lampen dienten.[89] Es ist also davon auszugehen, dass die ursprüngliche Anzahl dieser Lampen mit Sirenen-Darstellung weitaus höher lag. Vergleichbares gilt für die ›Kuchenform‹, über deren Gattung bereits in Verbindung mit Katalog Polyphem Nr. 1 und 2 (Abb. II.1) gesprochen wurde. Wie unterschieden sich diese Odysseus-Darstellungen ›für jedermann‹ von den zuvor behandelten Darstellungen aus dem Bereich der Elite und der öffentlichen Repräsentation?

Die in den Jahren um 200 n. Chr. tätige mittelitalische Werkstatt des Saeculus produzierte qualitätvolle Tonlampen mit häufig vielfigurigen, anspruchsvollen Bildfeldern.[90] Ein Exemplar zeigt die Vorbeifahrt des Odysseus an der Insel der Sirenen (Katalog Sirenen Nr. 10 Abb. IV.6). Den Mittelpunkt des kreisrunden Bildfeldes nimmt Odysseus ein, aufrecht am Mast stehend und effektvoll hinterfangen vom geblähten Segel seines nach links gleitenden Schiffes. Acht winzige

---

[89] Gute Beschreibung des Herstellungsprozesses bei Böttger 2002, 3–6.

[90] Dazu Bailey 1980, 100 f. 346–58. Das Motivrepertoire umfasste u. a. Circusszenen, Hafenszenen und Mythologisches.

Abb. IV.7 Fragment einer ›Kuchenform‹ aus Ostia; 200–50 n. Chr. (Katalog Sirenen Nr. 12). Nach Vaglieri 1913, Abb. 4

Gefährten sitzen an den Rudern, rechts ist der Steuermann zu erkennen und links steht mit erhobener Hand, also wohl im Redegestus, eine weitere, nicht zu deutende Gestalt. Sanft gekräuselte Wellen unterhalb des Schiffes deuten das Meer an. Auf die Angabe von Fischen und andern Meerestieren, wie sie auf den Mosaiken (Katalog Sirenen Nr. 1-7 Abb. IV.1–4) oder einem Fresko aus Ostia (Katalog Sirenen Nr. 8) begegneten, wurde verzichtet.

Oberhalb des Schiffes, im oberen Drittel des Bildfeldes, platzierte der Töpfer die Insel der Sirenen. Es handelt sich um ein felsiges, baumbewachsenes Eiland, über das sich die drei Verführerinnen gleichmäßig verteilen. Die beiden äußeren, im Profil gezeigt, spielen Doppelflöte und Kithara; die mittlere, *en face* dargestellt, ist wohl als Deklamierende zu denken. Alle drei haben außer dürren Vogelbeinen auch Flügel und Schwänze und tragen, soweit sich das erkennen lässt, eine kurze Tunika. In ihrem Körperbau sind sie größer und massiger als Odysseus, der lauschend zu ihnen emporblickt.

Italische und aus den Provinzen stammende Lampen mit Sirenen-Motiv hatte es in der frühen und mittleren Kaiserzeit des Öfteren gegeben.[91] Das hier gezeigte Exemplar stellt in gewisser Weise den Höhe- und Endpunkt dieser Entwicklung dar.[92] Neu ist gegenüber den älteren Darstellungen, dass die Sirenen proportional deutlich größer gestaltet sind als der männliche Protagonist der Geschichte.[93] Hier handelt es sich, wie schon bei der Diskussion der Mosaiken angesprochen, um ein Charakteristikum der Spätantike.

Der Darstellung auf der Tonlampe vergleichbare Züge lassen sich an der fragmentierten ›Kuchenform‹ (Katalog Sirenen Nr. 12 Abb. IV.7) feststellen. Auch hier bildete einst das Schiff des Odysseus mit dem am Mast stehenden Helden den Mittelpunkt der Darstellung. Von Odysseus ist an der Bruchkante gerade noch ein Teil des Oberkörpers vor dem aufgespannten Segel zu sehen. Von der Mannschaft haben sich, ganz links im Schiff, der Steuermann sowie ein kleiner Ruderer erhalten. Links im Bild steht auf einem Felsen eine große Sirene mit Kithara und schaut dem Schiff hinterher. Auch sie ist deutlich größer als Odysseus und außer mit Vogelbeinen auch mit Schwanz und Flügeln ausgestattet. Um die

---

[91] Vgl. die Bespiele bei Bailey 1980, 35–37 (Italien) und ders. 1988, 36 f. (Provinzen) sowie die Liste bei Touchefeu-Meynier 1992a, 964 Nr. 184–88. Die bei Bovon 1966, 46 gegebene Liste von Lampen mit Sirenen-Abenteuer, die angeblich alle aus dem 1. Jh. n. Chr. stammen, ist nicht zuverlässig. Einige Lampen (etwa hier Katalog Sirenen Nr. 10, bei Bovon die erste auf der Liste) sind sicher später; andere zeigen allein den Kopf des Odysseus, ohne Sirenen. Prinzipiell sind alle hier gemachten Aussagen zu *Odyssee*-Motiven auf Tonlampen mit einer gewissen Vorsicht zu genießen und könnten aufgrund von Neudatierung der bereits bekannten Stücke oder aufgrund von Neufunden einer Modifizierung bedürfen.

[92] Eine zweite Lampe (Katalog Sirenen Nr. 11) trägt denselben Bildtypus, ist aber von weitaus schlechterer Qualität, etwas kleineren Maßen und trägt eine andere Signatur. Vermutlich handelt es sich hier um das Produkt aus einer sekundären (oder tertiären etc.) Form, die zu einem unbekannten Zeitpunkt von einer Lampe aus der Werkstatt des Saeculus abgenommen und vom Töpfer nicht richtig nachgearbeitet worden war. (Aufgrund der Schrumpfung des Tons beim Trocknen sind Produkte aus sekundären Negativformen immer etwas kleiner als Produkte aus der ursprünglichen Form.) Wann diese sekundäre Abformung erfolgte, lässt sich nicht sagen. Theoretisch kann dies einige Zeit nach dem Ende der Laufzeit der Werkstatt des Saeculus erfolgt sein. Sonst wird das Sirenen-Motiv nach Ausweis der Denkmäler nicht weitergeführt. Peloponnesische und attische Werkstätten haben zwar in der Spätantike ein großes Repertoire an mythologischen Motiven, bevorzugen jedoch andere Heroen, besonders Herakles (Karavieri 2001, 185–90). Odysseus erscheint nur als das gesamte Bildfeld füllender, *en face* gezeigter bärtiger Kopf mit Pilos: attische Tonlampe Athen, Nationalmuseum 3124; Mitte 4. Jh. n. Chr.; Karivieri 1996, 161 Abb. 19; Böttger 2002, 162 Nr. 1564 Taf. 32; mit Beischrift ΟΔΥΣΣΕΟΥΣ und argivische Tonlampe Argos, Archäologisches Museum; 4. Jh. n. Chr.; Bovon 1966, 63 Nr. 366 Taf. 9; Karivieri 1996, 161.

[93] Besonders deutlich wird dies im Vergleich mit einer korinthischen Lampe vom Beginn des 2. Jh.s n. Chr. (Argos, Archäologisches Museum): Bovon 1966, 45–47 Nr. 251 Taf. 6. Dort stehen die drei Sirenen dicht aneinandergedrängt am Rand des Bildfeldes und nehmen zusammen nicht mehr Raum ein als der Oberkörper und Kopf des Odysseus.

Hüften hat sie ein Tuch geschlungen, der Oberkörper scheint nackt zu sein. Eine vergleichbare Sirene, eventuell mit Doppelflöte, ist auf der verlorenen rechten Hälfte vor dem Schiff des Odysseus zu ergänzen. Die dritte Sirene, nur schlecht zu sehen, brachte der Töpfer oberhalb des Schiffes an. Sie ist wohl als auf einer Felseninsel hinter dem Schiff stehend zu denken.[94] Die drei Ungeheuer hatten das Schiff gleichsam eingekreist. Meerestiere sind auf dem erhaltenen Teil der Darstellung nicht zu erkennen; es lässt sich auch kaum ein freier Raum für sie rekonstruieren.

Der wesentliche Unterschied dieser Bilder zu den zuvor betrachteten Darstellungen liegt in ihrer Konzentration auf das Wesentliche: der Konfrontation des Odysseus mit den Sirenen. Alles andere, was das Bild bereichern und zusätzliche Aspekte hineinbringen könnte, entfällt. Mit dieser Verkürzung ändert sich zwangsläufig die Gesamtaussage des Bildes. Diese Änderung hat zwei Gründe, einen formalen und einen inhaltlichen. Auf der formalen Ebene ließ die deutlich geringere Größe des Bildträgers kaum etwas anderes zu; auf der inhaltlichen Ebene kam diese Reduktion wohl den anders gelagerten Interessen der Rezipienten entgegen. Diese waren allem Anschein nach nicht an einer ausgeschmückten Darstellung des Meeres samt dessen inhärenten Vorzügen und Gefahren interessiert. Ebenso wenig waren die hier gezeigten Sirenen aufgrund ihres Mangels an Farbigkeit und schmückenden Details besonders geeignet, verführerische Weiblichkeit zu visualisieren oder zum Nachdenken über das Wesen der Frau an sich anzuregen. Eher betonten die Töpfer mit der Angabe von Schwanz und Flügeln das Monströse in der Natur der Sirenen.

Kompositorischer und inhaltlicher Mittelpunkt der Bilder ist eindeutig Odysseus. Er widersteht dank seiner Schlauheit den höchst gefährlichen, riesenhaften weiblichen Ungeheuern und entkommt ihren Ränken. Einen Hinweis auf die elaborierten philosophischen und theologischen Allegoresen, welche in der Literatur zu dieser Geschichte entwickelt wurden, gibt es in den Bildern nicht. Es ist auch nicht anzunehmen, dass jeder Besitzer einer Tonlampe oder jeder Empfänger eines bei öffentlichen Spielen verteilten Kuchens diese Allegoresen kannte. Eher ist davon auszugehen, dass er eine generelle Vorstellung hatte von der Verwendung der Sirenen als Metapher für etwas, das zugleich anziehend und gefährlich ist. Odysseus stünde dann für jemanden, der schlau genug ist, auf eine solche Versuchung nicht hereinzufallen, sondern glücklich entkommt. Mit dieser eher schlichten Botschaft dürfte sich die Mehrzahl der Betrachter begnügt haben. Sie ist vergleichbar den Botschaften, die für die Ausgestaltung des Polyphem- und Kirke-Abenteuers auf vergleichbarer ›Massenware‹ postuliert wurden. Ein so gearteter Odysseus konnte ohne weiteres dazu dienen, von ihnen als Vorbild angesehen zu werden.

**Das Sirenen-Abenteuer als Allegorie?**

Zuletzt sollen diejenigen Darstellungen der Konfrontation mit den Sirenen behandelt werden, bei denen die Betrachter wohl tatsächlich eine zweite Sinnebene entdecken konnten. Für eine solche allegorische Lesart des Sirenen-Abenteuers kommen vor allem zwei Rezeptionskontexte in Betracht: der Bereich des Grabes und der des Sakralbaus. In beiden Fällen handelt es sich um ein Phänomen, das sich nicht auf eine bestimmte Religion festlegen, sondern — in je eigener Ausprägung — für den paganen, christlichen und jüdischen Bereich aufzeigen lässt.

*Pagane Allegorese?*

In Asgafa El-Abiar, einem kleinen Ort in der Kyrenaika, wurde 1924 ein in den Felsen gehauenes Grab aus dem späten vierten Jahrhundert entdeckt, dessen Hauptraum und Sarkophagnischen vollständig mit Fresken verziert waren.[95] Die Deckenbemalung imitiert eine Kassettendecke. Die Wände sind überzogen mit vegetabilen und geometrischen Ornamenten, in welche figürliche Darstellungen aus dem Bereich des Mythos und der zeitgenössischen Repräsentation der Oberschicht eingefügt wurden. Sowohl die hintere Nische der rechten Seitenwand als auch die linke Nische der Rückwand wurden mit zeitgenössischen Bankettszenen dekoriert. Im ersten Fall ist das aufwendige Mahl eines Paares dargestellt, dem von insgesamt vier Dienern und Dienerinnen aufgewartet wird; im zweiten Fall wartet ein jugendlicher Diener zwei Personen auf. Die Darstellung vornehmer Personen beim Zeremoniell der Aufwartung gehört zum gängigen Repertoire der Selbstdarstellung der spätantiken Elite und findet entsprechend auch für die rühmende Präsentation der Verstorbenen in der Sepulkralkunst Verwendung.[96] Die Aussage der mythologischen Bilder in der

---

[94] Zur gängigen Praxis der Spätantike, Personen oder Gegenstände, die sich perspektivisch im Hintergrund befinden, im Bild oberhalb darzustellen, vgl. etwa Raeck 1992, 20 Abb. 6.

[95] Ausführlichste Präsentation: Bacchielli — Falivene 1995.

[96] Vgl. die Analyse der Wandmalereien der Grabkammer von

Abb. IV.8a–b Aquarell (N. Calabrò Finocchiaro) der Fresken in einer Grabkammer in Asgafa el-Abiar, Libyen; Ende 4. Jh. n. Chr. (Katalog Sirenen Nr. 13 und Skylla Nr. 123). Cortesia A. Santucci, Archivio MIC-Fondo Lidiano Bacchielli

Grabkammer von Asgafa El-Abiar ist hingegen komplexer. In diesen Bildern, die bis auf eine Ausnahme dem trojanischen Sagenkreis entnommen sind, vermischen sich Elemente des Totenlobs mit grundsätzlichen Überlegungen zum Tod beziehungsweise zum Umgang mit diesem.[97]

In derjenigen Nische der Rückwand, welche direkt in der Blickachse der Eintretenden liegt, war die Ermordung des jungen trojanischen Prinzen Troilos durch Achill dargestellt. Achill packt den Knaben, der auf seinem Pferd vergeblich zu fliehen versucht, brutal an den Haaren und wird ihm im nächsten Augenblick mit dem Schwert den Todesstoß versetzen. Auf den Wänden zwischen jeweils zwei Nischen wurden weitere Gräueltaten, begangen an der trojanischen Königsfamilie, thematisiert: zum einen die Schändung von Hektors Leichnam durch Achill, zum anderen die Ermordung der Polyxena durch Achills Sohn Neoptolemos. Auf allen diesen Bildern gilt die Sympathie des Betrachters den Opfern. Sie sind es, die durch einen vorzeitigen und grausamen Tod ihren Angehörigen entrissen wurden, und sie können als mythische Überhöhung der tatsächlich dort Bestatteten gesehen werden. Die Mythenbilder treffen damit nicht nur eine rühmende Aussage über die Toten: etwa in dem Sinne, dass ein verstorbener Knabe so schön und vornehm war wie Troilos,[98] ein verstorbener Mann ein so pflichtbewusster Sohn, großer Held und liebevoller Familienvater wie Hektor. Sie sind darüber hinaus auch — wie es Stefan Schmidt in Bezug auf ähnlich grausame Bilder auf unteritalischen Grabvasen des vierten Jahrhunderts v. Chr. formulierte[99] — Bestandteile eines Diskurses über den Tod, etwa über dessen Grausamkeit oder Plötzlichkeit. Ähnliches gilt für Darstellungen, auf denen der Protagonist einer grässlichen Gefahr entkommt oder diese siegreich besteht. Dazu zählt etwa Bellerophon, der mythische Bezwinger des Ungeheuers Chimaira, dessen Heldentat am Ende der linken Seitenwand dargestellt war.[100]

---

Silistra bei Schneider 1983, 39–55 sowie die Zusammenstellung christlicher Bankettszenen bei Dunbabin 2003, 175–202 und Dresken-Weiland 2010, 181–213. Generell zur Selbstdarstellung der spätantiken Elite: Warland 1994.

[97] Für den Bilderschmuck dieser Grabkammer in der Kyrenaika gilt damit dasselbe, was Zanker — Ewald 2004, 42 für die stadtrömischen Sarkophage konstatierten: »Bei aller Vielfalt lassen sich die Sarkophagreliefs zwei großen Themenkreisen zuordnen: Den einen könnte man mit Trauerhilfe, den anderen mit Totenlob oder Repräsentation umschreiben. Häufig sind diese beiden Motive in ein und demselben Bild miteinander verflochten.«

[98] In diesem Sinne bereits Bacchielli — Falivene 1995, 98 f.

[99] Schmidt 2005, 183.

[100] Zu Bellerophon und Chimaira vgl. Hiller 1970. Allzu populär war das Thema in der spätantiken Sepulkralkunst allerdings nicht (vgl. Zanker — Ewald 2004, 301 zu den stadtrömischen Sarkopha-

Zu diesen heldenhaften Protagonisten zählt aber auch Odysseus, der am Ende der rechten Seitenwand mitsamt seinem Schiff gleich zweimal dargestellt ist: In einer Darstellung (Katalog Skylla Nr. 123 vgl. Abb. V.13) hält er das Meerungeheuer Skylla mit einer Lanze in Schach. In der anderen widersteht er den auf der direkt anschließenden Rückwand dargestellten Sirenen (Katalog Sirenen Nr. 13 Abb. IV.8a–b). Das Schiff mit dem an den Mast gefesselten Helden bewegt sich in Richtung der blumenbewachsenen Insel der Sirenen. Diese sind auch hier weitaus größer als die menschlichen Protagonisten. Zudem sind sie vollständig nackt, was in der spätantiken Ikonographie eine Ausnahme darstellt und vermutlich ebenso wie die detailreich ausgeschmückte Blumenwiese ihre Verführungskraft unterstreichen soll. Die beiden äußeren Sirenen spielen die kanonischen Instrumente, Doppelflöte und ein Saiteninstrument. Die mittlere hält in ihren Händen eine in Richtung des Betrachters beschriftete Textrolle, deren Inhalt — eine Art Pasticcio aus Formulierungen der *Odyssee*[101] — die verführerische Ausstrahlung der Sirenen auch in textlicher Form auf den Punkt bringt: »Komm heran und lausche, Odysseus: Dies ist die Stimme der Sirenen, der Lauten. Wer, den Gesang hörend, segelte an dieser Wiese vorbei?«

Der Betrachter dieser zweiten Gruppe von Darstellungen, mit den Taten des Odysseus und des Bellerophon, nahm bei seiner Anteilnahme gleichsam einen Perspektivenwechsel vom Opfer zum Täter vor: Identifikationsfigur ist hier nicht der Bezwungene, sondern der Bezwinger. Dieser entledigt sich auf verschiedene Weise, sei es durch List oder körperlichen Mut, einer tödlichen Gefahr. Vergleichbares war schon bei der Darstellung der Blendung des Polyphem auf einem Sarkophagkasten (Polyphem Nr. 8 Abb. II.6) zu beobachten. Die Darstellung des jeweiligen Mythos ist, im Kontext des Grabes, nicht nur als Bild für Schlauheit und Mut zu lesen, sondern auch als Allegorie für die Konfrontation mit dem Tod und dessen mehr oder weniger vage erhoffter Überwindung. Wie Polyphem, Skylla oder die Chimaira ließen sich auch die Sirenen, trotz ihrer verführerischen Darstellung, als Bild für den Tod verstehen. Sie sind eine Art von Todesdämoninnen.[102] Auf eine christliche Lesart weist nichts in diesen Bildern. Ebenso wenig gibt es irgendwelche christlich ausdeutbare Symbole. Wir befinden uns hier, in der Kyrenaika des vierten nachchristlichen Jahrhunderts, in einer rein paganen Vorstellungswelt.

In der stadtrömischen Sepulkralkunst des dritten Jahrhunderts wurde das Sirenen-Abenteuer in vergleichbarer Weise rezipiert. Seine Darstellung ist auf den Nebenseiten eines Sarkophagkastens (Katalog Sirenen Nr. 14) sowie auf 14 mehr oder weniger fragmentierten Deckeln von Sarkophagen (Katalog Sirenen Nr. 15–28) überliefert. Viele dieser Deckelfragmente waren der Gelehrtenwelt spätestens seit dem 19. Jahrhundert bekannt, einige stammten aus den römischen Katakomben.[103] Als Gruppe zusammengestellt und diskutiert wurden sie etwa von Theodor Klauser, mit Abbildung sämtlicher bekannter Exemplare, und von Björn Christian Ewald.[104] Deshalb sei im Folgenden auf eine weitere umfassende Behandlung der Stücke verzichtet; es sollen nur einige wichtige Aspekte herausgegriffen werden.

Bei vier Exemplaren lässt sich mit Bestimmtheit sagen, dass der Szene mit Odysseus und den Sirenen im zweiten Bildfeld des Deckels, auf der anderen Seite der Tabula, eine sogenannte Philosophenversammlung gegenübergestellt war.[105] Als Beispiel mag ein vollständiges und aufgrund seiner Qualität recht gut datierbares[106] Exemplar im Thermenmuseum (Katalog Sirenen Nr. 15 Abb. IV.9a–b) dienen. Die Mitte des Deckels trägt eine *tabula ansata*, die über den Verstorbenen Auskunft gibt: *D(is) M(anibus) M(arco) AURELIO ROMANO EQ(uiti) R(omano) FILIO DULCISSIMO QUI VIX(it) ANN(is) XVII M(ensibus) VII DIEB(us) XXI M(arcus) AUR(elius) IULIANUS PATER* (»Für die *dei manes*. Für Marcus Aurelius Romanus, römischer Ritter, allersüßester Sohn, der 17 Jahre, sieben Monate und 21 Tage lebte: sein Vater Marcus Aurelius Julianus«). Es handelt

---

gen). Der Schwerpunkt lag — wie Brandenburg 1968, bes. 66–73 feststellte — auf einer Verwendung des Motives in Villen und im Kontext der Jagd bzw. der Verherrlichung des Jagdherrn.

101 Bachielli — Falivene 1995, 101.

102 Inwieweit hier eine inhaltliche bzw. gedankliche Überschneidung mit demjenigen Traditionsstrang vorliegt, der die Sirenen als in erster Linie chthonische Wesen auffasste (vgl. Leclercq-Marx 1997, 14–24), ist schwer nachzuweisen, hat aber eine gewisse Wahrscheinlichkeit.

103 Gezeichnet im 17. Jh.: Katalog Sirenen Nr. 16; zuerst erwähnt im 18. Jh.: Katalog Sirenen Nr. 17; gefunden bzw. zuerst erwähnt im 19. Jh.: Katalog Sirenen Nr. 14. 18. 19. 21. 23–25. Zu den Exemplaren aus den Katakomben s. u. im Abschnitt »Christliche Allegorese?«.

104 Klauser 1963; Ewald 1998.

105 Katalog Sirenen Nr. 15–17. 24. Bei den anderen Beispielen ist der Erhaltungszustand so fragmentarisch, dass über die Gesamtkomposition des Deckels keine Aussage mehr getroffen werden kann.

106 Nach Helga von Heintze, zitiert bei Klauser 1963, 84 Anm. 13: 230–40 n. Chr.

Abb. IV.9a–b Deckel eines stadtrömischen Sarkophags; 230–40 n. Chr. (Katalog Sirenen Nr. 15). Fotos D-DAI-ROM-63.34 und D-DAI-ROM-63.35. Fotograf H. Koppermann

sich also um einen 17-jährigen römischen Ritter namens Marcus Aurelius, dem dieser Sarkophag von seinem Vater gestiftet wurde. Das rechts anschließende Bildfeld zeigt den Genannten, wie er von zwei Eroten entschleiert wird. Wie sich auch an Gewand und Körperbildung noch erkennen lässt, war die Porträtbüste ursprünglich als weibliche mit aphrodisischen Zügen[107] angelegt und wurde dann *ad hoc* in einen Jüngling umgearbeitet. Gerahmt wird diese Dreiergruppe von zwei sitzenden ›Philosophen‹, bärtigen Männern im Pallium und einer Buchrolle in der Hand, welche auf die Bildung des Verstorbenen aufmerksam machen sollten.[108]

---

[107] Vgl. die an Aphrodite angelehnten Porträtbüsten auf Meerwesensarkophagen, z. B. Rom, Galleria Borghese LXXXI: Rumpf 1939, 36 f. Nr. 92 Taf. 36.

[108] In diesen Versammlungen von Intellektuellen, Philosophen oder Dichtern wird heute eine recht allgemein gefasste Evokation des damaligen Bildungsideals gesehen, welches auch dem Verstorbenen zugeschrieben werden sollte. Ausführlich dazu Ewald 1999; kurz auf den Punkt gebracht bei ders. 1998, 244: »Es ließe sich anhand der Intellektuellendarstellungen auf den römischen Sarkophagreliefs im übrigen leicht zeigen, daß die Auftraggeber der Sarkophage eher einem eklektischen und kumulativen Bildungsideal anhingen, als daß es ihnen darauf angekommen wäre, die in den Fachkreisen jener Zeit ausgefochtenen Konflikte um das Primat der verschiedenen Bildungsdisziplinen zu illustrieren. Es ging vor allem darum, die Bildungskultur in ihrer Gesamtheit zu evozieren.«

Das linke Bildfeld hat die homerische Episode zum Inhalt. Drei riesenhaft große Sirenen stehen auf je einem Felsen im Meer und musizieren. Die nach oben geworfenen, entrückten Gesichter visualisieren den Zauber, der von ihrer Musik und ihrem Gesang ausgeht. Bei allen dreien ist der Körper weitgehend entblößt; auch auf dieser Ebene wird deutlich ›Versuchung‹ ins Bild gesetzt. Von links nähert sich das Schiff des Odysseus, herangerudert von zwei Gefährten. Beide drehen den Kopf nach hinten in Richtung der Sirenen; ihre weit aufgerissenen Augen drücken Besorgnis aus. Auch Odysseus, wie üblich an den Mast gefesselt, zeigt wenig Begeisterung. Seine Haltung und sein Gesichtsausdruck sind starr, der Kopf ist zwischen die Schultern gezogen.

Der einst zu diesem Deckel gehörende Sarkophagkasten ist genauso wenig bekannt wie bei den anderen 13 Exemplaren. Ebenso fehlt *vice versa* dem Musensarkophag mit Odysseusdarstellung (Katalog Sirenen Nr. 14) der ursprüngliche Deckel. Nur in einem Fall lässt sich anhand von Indizien zumindest wahrscheinlich machen, dass zu einem Deckel mit Sirenen-Abenteuer (Katalog Sirenen Nr. 16) einst ein Kasten mit der Darstellung des Wettstreits zwischen Sirenen und Musen, in einen triumphalen Sieg der Letzteren mündend, gehörte.[109]

---

[109] Sarkophagkasten New York, Metropolitan Museum 7.10.104; Moraw 2017, Abb. 8.16. Sowohl Deckel als auch Kasten

Trotz, oder vielleicht gerade wegen, dieser eher mageren Faktenlage entbrannte schon früh eine bis heute andauernde Diskussion um die Deutung nicht nur der Sirenen-Episode, sondern des gesamten Bildprogramms der Sarkophagdeckel.[110] Dabei lassen sich drei dem Zeitgeist beziehungsweise der jeweiligen Forscherpersönlichkeit geschuldete Ansätze erkennen. Die ältesten Deutungen — vertreten etwa von Giovanni Battista de Rossi, dem Ausgräber der Katakomben, oder von Joseph Wilpert — gingen von den Funden in den Katakomben aus und zogen zum Verständnis der Bilder die Texte der Kirchenväter heran, welche das Widerstehen und die glückliche Heimkehr des Odysseus als Allegorie für das Widerstehen des wahren Gläubigen und seine letztendliche Ankunft im Paradies gedeutet hatten.[111] Spätestens der Fund des oben besprochenen Sarkophags (Katalog Sirenen Nr. 15) mit der Widmung »Dis manibus« in den 30er Jahren des 20. Jahrhunderts machte allerdings deutlich, dass die Nutzung der Deckel — oder besser: Deckelfragmente — in den Katakomben oder einem anderen christlichen Kontext nicht die ursprünglich intendierte war.[112] Bei der Verwendung der Episode in einem christlichen Kontext und mit christlicher Bedeutung handelt es sich vielmehr um eine christliche *Um*deutung, eine zweite Rezeptionsebene, die von der ursprünglichen methodisch zu trennen ist.[113]

Spätere Forscher — unter anderem Henri-Irénée Marrou, Franz Cumont, Pierre Courcelle und Theodor Klauser — verwiesen deshalb zu Recht auf die ursprünglich pagane Nutzung der Sarkophage.[114] Sie verbanden deren Interpretation mit spätantiken (populär)philosophischen Texten: als pythagoreisch inspirierte Allegorie für den Aufstieg der Seele des philosophisch gelebt habenden Verstorbenen zu den himmlischen Sphären;[115] als neuplatonisch inspirierte Allegorie für die Seele des Verstorbenen, welche dank einer philosophisch korrekten Lebensführung der materiellen Welt und dem Kreislauf der Wiedergeburt zu entkommen vermag;[116] als wohl weiteren Bevölkerungskreisen bekannte Allegorie für die Abwendung des sittlich geläuterten Menschen von den Verlockungen der ›leichten Muse‹ (*kakomousía*) und der Hinwendung zum wahren Musendienst, der Philosophie.[117] Das Problematische aller dieser allegorischen Deutungen liegt auf der Hand: Für jede

---

befanden sich — darauf hat C. C. Vermeule laut Klauser 1963, 73 hingewiesen — Mitte des 17. Jh.s in ein und derselben Villa in Rom und wurden von demselben Künstler, Cassiano dal Pozzo, gezeichnet.

110 Gute Zusammenfassung bei Ewald 1998, 231–33.

111 Dazu unten im Abschnitt »Christliche Allegorese?«.

112 Vgl. die mit rein paganem Repertoire arbeitende, schon im 18. Jh. bekannte griechische Inschrift auf dem Deckel des Sarkophages für ein Mädchen namens Severa (Katalog Sirenen Nr. 17).

113 Diese beiden unterschiedlichen Rezeptionsebenen hatte schon de Rossi gesehen. Er postulierte 1864, 344–45 für die in den Katakomben gefundenen Sarkophage mit traditionellen heidnischen Themen christliche Auftraggeber, welche die Bilder in ihrem Sinne umgedeutet hätten: »Il genio simbolico dei primi fideli cercava, per quant'era possibile, allusioni alle dottrine evangeliche anche nelle sculture, ch'essi sugliavano, fatte con tutt'altra intenzione dagli artisti pagani.« (S. 344.) Erst bei Wilpert 1929, 14–16 sind dann auch die Künstler Christen, welche die Sirenen-Episode in einer ganz bestimmten Intention, als Allegorie für die Verlockungen der Häresie, gestaltet hätten: »Questo simbolismo semplice e spontaneo dovette imporsi tanto più agli artisti christiani, in quanto che il mito di Ulisse era noto a tutti i fedeli di qualche cultura letteraria, che lo appresero fin da giovanetti nelle scuole dei grammatici.« (S. 14.)

114 Die Protagonisten der älteren, christlichen Deutung mit Hohn zu überhäufen, wie dies Marrou 1938, 176 f. tat, bestand allerdings kein Anlass: Selbstverständlich ist auch die Frage nach einer *interpretatio Christiana* dieses ursprünglich paganen Motives legitim (in diesem Sinne auch Courcelle 1944, 87–93).

115 Wobei die Sirenen als Bild für die in den himmlischen Sphären herrschenden Musen stehen sollen (für »himmlische Sirenen« s. die Texte Sirenen Nr. 5 und 18) bzw. die Seele des Verstorbenen durch ihren Gesang zumindest wohlwollend dorthin lenken! Die ›Philosophenversammlung‹ hingegen sei ein Hinweis auf das philosophisch vorbildhafte Leben des jetzt belohnten Verstorbenen: Cumont 1942, v. a. 327–32. Dass diese Deutung sich mit dem, was auf den Bildern dargestellt ist, kaum in Einklang bringen lässt, leuchtet ein; ausführlich: Klauser 1963, 93 f.

116 Courcelle 1944, 73–86. Vgl. die Texte Sirenen Nr. 5 sowie Polyphem Nr. 4 und Kirke Nr. 5. 6. 7. »On saisit la convenance d'une telle scène sur un sarcophage: le défunt a su, par une sage conduite de sa vie, s'évader du cercle de la génération et il s'achemine désormais vers le ciel« (S. 82). Die Sirenen werden in dieser Deutung zu den Verkörperungen der materiellen Welt, die ›Philosophenversammlung‹ wird zum philosophischen Jenseits, zum »Paradis des Intellectuels« (S. 85). Für eine Korrektur von Courcelles ikonographischen Deutungen s. Klauser 1963, 90–92.

117 Marrou 1938, 172–77. 252 f. zurückgehend auf Plut. symp. 7, 5 S. 704 C; vgl. noch Boethius (Text Sirenen Nr. 21). Die Sirenen stehen hier für die leichte Muse, die ›Philosophenversammlung‹ für das philosophisch inspirierte Leben. Ganz ähnlich Klauser 1963, 95 f. Er setzt den Akzent bei der Deutung der Philosophenversammlung jedoch auf ethische Orientierung, nicht auf Intellektualität und Bildung: »Was in jener Sarkophaggruppe die Teilnehmer an Lesung und Lehrgespräch zu gewinnen trachteten, war nicht Wissen schlechthin oder gar Philosophie, sondern ethische Orientierung, Anleitung zu einem gesitteten, anständigen Leben« (S. 95). Für eine Kritik an dieser ikonographischen Deutung der sog. Philosophen als Tugendlehrer s. Ewald 1998, 233 f. Auch die Sirenen sind in ihrem Äußeren — gegen Klauser 1963, 95 — durchaus als Zerrbild des wahren Musendienstes charakterisiert, keineswegs nur neutral als Sängerinnen. Dies dürfte aus der oben vorgenommenen Analyse des ikonographischen Schemas klar geworden sein.

Abb. IV.10 Deckelfragment eines stadtrömischen Sarkophags; 250–300 n. Chr. (Katalog Sirenen Nr. 24).
Foto D-DAI-ROM-76.921. Fotograf C. Rossa

lässt sich in den überlieferten Textzeugnissen ein entsprechender Beleg finden, aber keine ist anhand eindeutiger ikonographischer Indizien in den *Bildern* beweisbar. (Ganz abgesehen davon, dass nicht einmal bekannt ist, ob das Sirenen-Abenteuer auf den Sarkophagdeckeln tatsächlich immer mit einer Philosophenversammlung kombiniert war.) Das bedeutet, eventuell konnte ein entsprechend vorgebildeter Betrachter eine der hier vorgestellten Allegorien in ein solches Sarkophagbild *hinein*lesen — intentional angelegt war sie aber nicht. Eine gewisse Rezeptionssteuerung wäre höchstens durch den Kontext der Rezeption möglich gewesen. Darauf wird weiter unten zurückzukommen sein.

Eine dritte Richtung schlug vor einiger Zeit Björn Christian Ewald ein. In Anlehnung an Marrou und Klauser suchte er nach einer nicht allzu philosophisch-elitären, sondern in weiteren Bevölkerungsschichten verbreiteten Deutung der Sirenen und fand sie in der Macht des Gesangs oder allgemeiner, der Musik.[118] Die Sirenen seien, nicht anders als die Musen, in erster Linie als Paradigma verführerischer und musikalisch gebildeter Frauen angesehen worden. Ihren verderbenbringenden Aspekt habe man in dieser Rezeption unterschlagen.[119]

Die von Ewald vorgenommene Übertragung dieser aus der Literatur bekannten Bedeutungsnuance auf die Sirenen-Darstellungen der Sarkophage scheitert meines Erachtens an zwei Punkten: Der erste betrifft die Chronologie. Wie bei der Analyse der literarischen Zeugnisse zu Anfang dieses Kapitels deutlich wurde, lässt sich eine durchgehend positive Konnotation des von den Sirenen ausgeübten Zaubers nur im griechischen Kulturraum beobachten. Im lateinischen Westen hingegen endet diese Strömung wohl mit dem ausgehenden zweiten Jahrhundert, um dann in eine einhellige Verdammung der Sirenen als Verkörperungen der *voluptas* oder gar des Teufels umzuschlagen. Wie Jutta Dresken-Weiland vor kurzem noch einmal ins Gedächtnis rief, ist das Sirenen-Motiv auf stadtrömischen Sarkophagen aber eine Erfindung des dritten Jahrhunderts.[120] Im zweiten Jahrhundert — also zu der Zeit, als eine positive Deutung der Sirenen auch im Westen noch möglich war — wurde kein einziger der erhaltenen mythologischen Sarkophage damit dekoriert, obwohl in diesem Jahrhundert die Gesamtproduktion an mythologischen Sarkophagen deutlich höher war als im dritten Jahrhundert. Dresken-Weiland konstatiert zu Recht, dass die Darstellung der Sirenen — ebenso wie die des Orpheus — den Bildhauern und Kunden des dritten Jahrhunderts besonders gut geeignet erschien, die Bedürfnisse ihrer Zeit auszudrücken.[121] Eine Rückprojektion auf Aussagen des vorangegangenen Jahrhunderts scheint kaum möglich.

Der zweite Punkt berührt ein Spezifikum der bildenden Kunst, der bereits weiter oben, bei der Bewertung der Odysseus-Gestalt auf den Meermosaiken, angesprochen wurde. Im Unterschied zu den Texten, die sich tatsächlich nur einen, nämlich positiven, Aspekt im Wesen der Sirenen herausgreifen können, ist ein Sarkophagbildhauer gezwungen, die *ganze* Sirene darzustellen mitsamt ihren monströsen Klauen, Vogelbeinen und was sonst noch dazugehört. Ein Blick auf die Denkmäler lehrt, dass die dort dargestellten Sirenen die Männer keineswegs immer verzaubern, sondern vielmehr häufig einschüch-

---

[118] Ewald 1998, 245: »Wichtiger erscheint eine dritte Variante des Mythos, die im vorliegenden Zusammenhang nie berücksichtigt wurde, obwohl sie nachweislich in breitere Kreise gedrungen ist: das ist die spielerische Verwendung der Sirenen-Episode als Paradigma für die Macht des Gesanges schlechthin.«

[119] Ewald 1998, 246: »Die Ambivalenz der homerischen Sirenen ist aufgelöst; es wird nur ein Teilaspekt — der liebliche, den Hörer verzaubernde Gesang — isoliert.«

[120] Dresken-Weiland 2005, v. a. Tab. S. 109. Von den insgesamt ca. 612 bekannten stadtrömischen Sarkophagen mit mythologischer Thematik stammen 232 aus dem 3. Jh.; im frühen 4. Jh. endet die Tradition.

[121] Dresken-Weiland 2005, 115.

tern.¹²² Eine im Bild dargestellte Sirene ist keineswegs harmlos und austauschbar mit einer Muse — sie ist vielmehr eine pervertierte, obszöne und gefährliche Muse.¹²³

Die Sirenen sind somit sicher nicht als Lob oder Identifikationsfigur eines verstorbenen Menschen konzipiert. Diese Rolle kommt vielmehr, analog zur Darstellung in der zuvor besprochenen Grabkammer von Asgafa El-Abiar (Katalog Sirenen Nr. 13 Abb. IV.8), dem Odysseus zu. Er ist es, der durch seine Schlauheit den Sirenen entkommt, sie gleichsam überwindet. Dabei sind die Sirenen wohl auch hier als ein Bild nicht nur für Versuchung, sondern auch für tödliche Gefahr oder den Tod selbst zu verstehen. Falls die Kombination der Sirenen-Episode mit der ›Bildung‹ visualisierenden Philosophenversammlung auch für die nur fragmentarisch erhaltenen Stücke postuliert werden darf, also regelhaft war, könnte die eschatologische Gesamtaussage dieser Sarkophagdeckel gelautet haben: »Der/die Verstorbene war höchst gebildet. Diese Bildung half ihm/ihr, die Gefahren des Todes zu überwinden, das heißt dem Tod gefasst gegenüberzutreten.« Oder, in einer eher auf die Lebenswelt bezogenen Version: »Der/die Verstorbene war höchst gebildet. Diese Bildung half ihm/ihr im Leben, gefährlichen Versuchungen zu widerstehen.« Sollte die These von Klauser, dass auf den dazugehörigen Sarkophagkästen der triumphale Sieg der Musen über die Sirenen inszeniert wurde, korrekt sein, dann wäre auch dort die Überlegenheit der Bildung über Versuchung und Gefahr thematisiert.¹²⁴ Diese Allegorese ist deutlich anspruchsvoller als die eher schlichte Aussage auf den im vorherigen Abschnitt behandelten Tongefä-

ßen (Katalog Sirenen Nr. 10–12 Abb. IV.6–7). Deren Rezipienten sollten, daran sei erinnert, der Gefahr dank einer im Überlebenskampf erworbenen Schlauheit entkommen. Höhere Bildung spielte dort — entsprechend dem sozialen Hintergrund der Betrachter — keine Rolle.

*Christliche Allegorese?*

Eine allegorische Deutung der Sirenen-Darstellung kann mit Vorsicht auch für diejenigen Sarkophagdeckelfragmente postuliert werden, die in einem eindeutig christlichen Kontext gefunden wurden. Das betrifft zunächst die fünf Exemplare aus stadtrömischen Katakomben (Katalog Sirenen Nr. 24–28). Unterirdische, aus einem gitterartigen System von Gängen bestehende Friedhofsbezirke, die allen, auch den mittellosen Mitgliedern einer Gemeinde zur Verfügung standen, wurden außerhalb von Rom und anderen Orten seit ungefähr 200 n. Chr. angelegt.¹²⁵ Ihre größte Ausdehnung erreichen sie im vierten Jahrhundert. Danach verlagerten sich die Bestattungen allmählich auf die oberirdischen Bereiche rund um die neu erbauten Friedhofsbasiliken außerhalb der Stadt, seit der Mitte des sechsten Jahrhunderts waren auch Friedhöfe innerhalb der Stadtmauern möglich. Die Katakomben waren im fünften und sechsten Jahrhundert hauptsächlich für Pilger von Interesse, die auf eigens ausgebauten Rundwegen zu einigen ausgewählten ›Märtyrergräbern‹ geführt wurden.¹²⁶

Für keinen der hier diskutierten Sarkophagdeckel scheint der genaue Anbringungsort in der Katakombe überliefert. Die Fragmente fanden sich vielmehr in jenem Chaos, das durch Umbauarbeiten, Einsturz von Teilstücken, Grabräuber und andere im Verlauf der Jahrhunderte angerichtet worden war.¹²⁷ Ebenso wenig lassen sich vollständige Deckel, erst recht nicht mitsamt einem Sarkophag, rekonstruieren.¹²⁸ Das größte erhaltene Teilstück

---

122 So auf dem besprochenen Sarkophag des Aurelius (Katalog Nr. 15 Abb. IV.9) oder auch auf dem Sarkophag Katalog Nr. 24 Abb. IV.10, wo drei riesenhafte mit Adlerklauen und -flügeln bewehrte Sirenen das Schiff des Odysseus umzingeln. Entsprechend wird einer der Gefährten charakterisiert: die rechte Hand vor dem Körper, die linke in einer Trauer, Angst und Ratlosigkeit ausdrückenden Geste (Cohen 1995, 46) an die Wange gelegt. Besorgt blickende Griechen auch auf dem Fragment Katalog Nr. 19. Eher harmlos erscheinen hingegen die zierlich und X-beinig dargestellten Sirenen auf dem Sarkophag Katalog Nr. 25 Abb. IV.11 oder diejenigen auf Katalog Nr. 18. Sowohl in Bezug auf die Komposition — die Sirenen zu einer Seite des Schiffes oder dieses umzingelnd — als auch auf Körpergröße und Aussehen der Sirenen hatten die Sarkophagbildhauer relativ große Freiheit. Es gibt keine zwei Stücke, die sich in allen Punkten gleichen.

123 Vgl. die Diskussion zu Katalog Sirenen Nr. 1 im Abschnitt »Aussehen und Auftreten der Sirenen«. Anders Ewald 1989, v. a. 234 f. und Klauser 1963, 95.

124 Klauser 1963, 88. Allgemein zur inhaltlichen Verbindung von Sarkophagkästen und -deckeln: Zanker — Ewald 2004, 56.

125 Zum Folgenden s. Nicolai — Bisconti — Mazzoleni 1998, 9–69 und Rutgers 2000, 53–73.

126 Im 7. bis 9. Jh. wurden dann viele der Märtyrergebeine in Kirchen innerhalb der Stadtmauern überführt und die Katakomben dem Verfall preisgegeben. Ihre Wiederentdeckung — und sofortige ideologische Instrumentalisierung — vollzog sich in der Zeit der Gegenreformation. Zur Forschungsgeschichte s. Rutgers 2000, 9–41.

127 Vgl. allgemein zum Zustand der Katakomben bei der Wiederentdeckung: Rutgers 2000, 50; speziell zur Fundsituation des Fragments Katalog Sirenen Nr. 24: de Rossi 1864, 317.

128 Das gilt zumindest für den momentan aus den Publikationen zu erschließenden Stand der Forschung. Eventuell würde eine erneute Durchsicht der Funde an Ort und Stelle es erlauben, zumin-

(Katalog Sirenen Nr. 24 Abb. IV.10) hat eine Länge von 84 cm und ist 18 cm hoch.

Das Fragment besteht aus einer ursprünglich die Mitte einnehmenden, mit einem Monogramm beschrifteten *tabula ansata*, der rechts anschließenden Sirenen-Episode sowie einer den rechten Abschluss bildenden Maske; links hat sich nur ein sitzender Mann mit Pallium, höchstwahrscheinlich der Teilnehmer einer ›Philosophenversammlung‹, erhalten. Auf einem kleineren Fragment wurde zumindest die Szene mit Odysseus und den Sirenen bewahrt (Katalog Sirenen Nr. 25 Abb. IV.11). Auf den anderen drei Fragmenten haben sich nur Reste dieser Szene erhalten.

Die von Janet Huskinson vertretene These, dass die Deckelfragmente einst als Verschlussplatten der sogenannten *loculi* — in langen Reihen und übereinander entlang der Gänge angeordnete Nischengräber — dienten, hat also eine gewisse Wahrscheinlichkeit.[129] Über die Frage, woher diese Fragmente ursprünglich stammten, kann nur spekuliert werden: Wurden die Sarkophagdeckel in einer entsprechenden Werkstatt gekauft und dann auf die benötigte Größe zugeschnitten? Oder konnte man sogar Fragmente, eventuell aus nicht verkäuflichen Restbeständen, erwerben? Oder bediente man sich einfach bei den oberhalb der Katakomben gelegenen paganen Friedhöfen und entwendete dort passend erscheinende Sarkophagdeckel(fragmente)? Eng mit der Herkunftsfrage verbunden ist die Frage nach dem Zeitpunkt, an dem die Fragmente in die Katakomben gelangten. Auch hier kann mangels eindeutiger Befunde[130] nur spekuliert werden: Eventuell wurden die Deckel direkt zur Zeit ihrer Herstellung, der ersten Hälfte des dritten Jahrhunderts, erworben und verwendet. Das wäre angesichts der Belegungsdauer der Katakomben durchaus möglich. Oder aber sie wurden erst viel später — im vierten oder fünften, eventuell sogar noch im sechsten Jahrhundert

Abb. IV.11 Deckelfragment eines stadtrömischen Sarkophags; 3. Jh. n. Chr. (Katalog Sirenen Nr. 25). Foto D-DAI-Rom-1976.923

— dieser (Zweit-)Verwendung zugeführt.[131] Das auf der Tabula des Fragments Katalog Nr. 24 (Abb. IV.10) nachträglich angebrachte Monogramm weist der Form seiner Buchstaben nach wohl tatsächlich ins sechste oder gar siebte Jahrhundert.[132] In diesem Fall stammte der Deckel vermutlich von einem ursprünglich für eine pagane Bestattung des dritten Jahrhunderts verwendeten Sarkophag, für den sich inzwischen niemand mehr verantwortlich fühlte und wo das dazugehörige Mausoleum dem Verfall preisgegeben war.[133] Bei dem anschließend zu diskutierenden, in einer Kirche des vierten oder fünften Jahrhunderts verbauten Exemplar kann dies mit an Sicherheit grenzender Wahrscheinlichkeit postuliert werden. Die wenigen Indizien weisen also auf einen eher

---

dest bei den Deckeln weitere Partien zusammenzusetzen. Sarkophagkästen sind kaum zu erwarten, da diese Art der Bestattung in den Katakomben eine elitäre Ausnahme war.

129 Huskinson 1974, 80. *Loculi* wurden entweder mit Ziegeln oder mit einer Marmorplatte verschlossen: Nicolai — Bisconti — Mazzoleni 1998, 20 und Abb. 21.

130 Benötigt würde eine genaue Lokalisierung der Bruchstücke innerhalb der Katakombe *und* eine genaue Datierung dieses Teilabschnitts. Zu Schwierigkeiten der Katakombendatierung s. Rutgers 2000, 46–52.

131 Die letzte inschriftlich datierbare ›gewöhnliche‹ Bestattung in einer Katakombe (unterirdischer Friedhof von S. Pancrazio) stammt aus dem Jahr 454 n. Chr.: Nicolai — Bisconti — Mazzoleni 1998, 59. Privilegierte Personen konnten auch später noch dort beigesetzt werden, und zwar ausschließlich in der Nähe von Heiligengräbern; das späteste Beispiel (in der Nähe der Basilika der Heiligen Felix und Audactus) stammt aus der zweiten Hälfte des 7. Jh.s (Datierung nach Stil der zugehörigen Wandmalerei): ebenda 65.

132 So Gardthausen 1924, 148, übernommen von Klauser 1963, 78. Für die erstaunliche Spätdatierung spricht die komplizierte Gestaltung des Monogramms, vgl. Grossi Gondi 1920, 62: »L'età die monogrammi nell'epigrafia cristiana risale al sec. II [...], ma dal sec. IV in poi il loro uso si venne sempre più diffondendo e la loro forma sempre più complicandosi; onde i più artificiosi debbono generalmente ritenersi di età più recente.« (Für den freundlichen Hinweis danke ich Jutta Dresken-Weiland.) Ob es eine ursprüngliche — entweder ausradiert (vgl. Koch — Sichtermann 1982, 26 und Anm. 8) oder nur aufgemalt (zur Bemalung ebenda 86–88) — Inschrift gab oder gar keine, ist der Sekundärliteratur nicht zu entnehmen.

133 Kaiserliche Gesetze zur Regulierung der Wiederverwendung von Skulptur oder Architektur dienten in erster Linie dem Erhalt von als ›Schmuckstücken‹ empfundenen öffentlichen oder privaten Gebäuden innerhalb der Städte: Alchermes 1994. Die außerhalb der Stadt liegenden Grabbauten waren weniger von Interesse.

späten Zeitpunkt für die christliche Verwendung der Sarkophagdeckel. Ob dies für alle bekannten Exemplare gilt oder ob einige nicht doch schon im dritten Jahrhundert ihren Weg in die Katakomben fanden, muss offenbleiben.

Was veranlasste die spätantiken oder sogar frühmittelalterlichen Christen, auf diese Produkte der heidnischen Kunst zurückzugreifen? Geht man von einem eher späten Zeitpunkt aus, dann wird einer der Gründe sicher der Mangel an zeitgenössischen Werken sein. Sowohl die Produktion von Bauplastik als auch von Skulptur ging im Westen des Reiches im Verlauf der Spätantike deutlich zurück.[134] Statt auf Neuanfertigungen wurde in vielen Fällen auf ältere Werkstücke, sogenannte Spolien, zurückgegriffen. Dies galt nicht zwangsläufig als Makel oder Notlösung. Im Gegenteil, anhand der Bauplastik lässt sich aufzeigen, dass häufig dem anscheinend als qualitätvoller empfundenen alten Exemplar der Vorrang vor einer Neuanfertigung eingeräumt wurde.[135] Auf der inhaltlichen Seite begünstigte die lange Tradition der christlichen Allegorese, wie sie in der patristischen Literatur zu fassen ist und im Abschnitt über die literarische Rezeption besprochen wurde,[136] eine christliche Aneignung auch im Bereich der bildenden Kunst.

Den Kirchenvätern galten die Sirenen, daran sei erinnert, als Allegorie für alle möglichen Arten von Versuchung, denen der Gläubige ausgesetzt ist und die ihn von seinem Weg zum ewigen Heil abzubringen versuchen. Die Taktik des Odysseus, seinen willensschwachen Gefährten die Ohren zu verschließen und selbst, an den Mast gefesselt, der Versuchung nicht nachzugeben, galt als kluge Maßnahme, dem Tod der Seele, der Verdammnis, zu entkommen. In diesem eher allgemeinen Sinne von ›Rettung vor Verdammnis‹ werden auch die Bilder betrachtet worden sein. Eine Spezifizierung der Versuchung als Häresie, heidnische Kultur, Sexualität oder anderes, wie sie in den Texten vorgenommen und von de Rossi oder Wilpert auch für die Bilder postuliert worden war,[137] ist aus folgenden Gründen auszuschließen: Zunächst sei daran erinnert, dass die Sarkophage ursprünglich für einen völlig anderen religiösen Kontext geschaffen worden waren. Genuin christliche Botschaften sind also auf keinen Fall zu erwarten. Eine im neuen Verwendungskontext gewünschte spezifische Allegorese des Sirenen-Abenteuers wäre höchstens durch nachträglich eingefügte Inschriften oder entsprechende Attribute möglich gewesen. Etwas Derartiges lässt sich aber in keinem Fall nachweisen und wäre — erinnert sei an die Überlegungen zu Mythenbild und Allegorese im Kapitel »Kirke« — auch kaum zu erwarten. Wie es scheint, wurde selbst in der ›späteren Spätantike‹ die bereits konstatierte Autonomie des Mythenbildes, seine wörtliche Ebene, immer noch als wesentlich empfunden. Nachträgliche Eingriffe in das Bild, die diese wörtliche Ebene entwertet hätten — sei es durch allegorisierende Inschriften, sei es durch entsprechend hinzugefügte Attribute wie etwa das Kreuz — wurden nicht vorgenommen. Die christliche Allegorese fand allein im Kopf des Betrachters statt.

Hinzu kommt die vollkommen anders gelagerte Aussageintention. Die Grabplatten sollten eine rühmende Aussage über die Verstorbenen treffen beziehungsweise die Hoffnung auf deren Seelenrettung zum Ausdruck bringen. So wurde in Bezug auf die gleichfalls in den Katakomben angebrachte Malerei, die mit genuin christlicher Symbolik arbeitete, konstatiert: »[W]as als dringlichstes Anliegen der Auftraggeber unzweifelhaft hervortritt: daß die hier Bestatteten, die oft mit dem Auftraggeber der Malereien identisch gewesen sein werden, im christlichen Sinne *gerettet* werden.«[138]

---

[134] Bei der Bauplastik tritt ab dem frühen 4. Jh. neben die Produktion lokaler zeitgenössischer Werkstätten immer stärker die Verwendung von Spolien: Brandenburg 1996, 17–26. Die Produktion vollplastischer Statuen geht im 5. Jh. stark zurück, in Rom endet sie im frühen 6. Jh. Davor wurde bereits in größerem Umfang von der Umarbeitung älterer Statuen Gebrauch gemacht: Bauer — Witschel 2007, 11.

[135] Beispielsweise bei den Kapitellen von San Stefano Rotondo: Brandenburg 1996, 16. Generell zum Phänomen der Spolienverwendung und deren Bewertung in der Forschungsgeschichte: Stenbro 2005.

[136] Christliche Rezeption im lateinischen Sprachraum: Texte Sirenen Nr. 17. 19. 22. 23. 26; im griechischen Sprachraum: Texte Sirenen Nr. 6–12.

[137] De Rossi 1864, 344 interpretierte die Sirenen analog zur Allegorese des Maximus von Turin (hier Text Sirenen Nr. 23) als Allegorie für die Welt, den Mastbaum des Schiffes, an den Odysseus sich fesseln ließ, als das Kreuz Christi (vgl. auch de Rossi 1877, 444 f.). Wilpert 1929, 14 deutete die Sirenen mit Rekurs auf Hippolytos (vgl. Text Sirenen Nr. 8) als Allegorie für die Verlockungen der Häresie. Die mit Pallium und Schriftrolle dargestellte Sirene auf den Sarkophagen — von der man heute weiß, dass sie in ihrer Ikonographie an die Muse Kalliope angelehnt ist (vgl. oben den Abschnitt zu »Aussehen und Auftreten der Sirenen«) — wird in dieser Deutung zur Verkörperung der falschen christlichen Lehre, so wie die dieser Szene gegenübergestellte ›Philosophenversammlung‹ als Darstellung der richtigen christlichen Lehre interpretiert wird.

[138] Zimmermann 2001, 118 (Hervorhebung von der Verf.); s. weiterhin die ausführlichen Analysen von Dresken-Weiland 2010, deren Ablehnung (z. B. S. 16 f.) der Bedeutung als »Rettungsbilder« vielleicht ein wenig zu pauschal ist.

Den Kirchenvätern hingegen ging es in ihren Texten um Stellungnahme in einem bestimmten theologischen Diskurs. Da sich weiterhin keine der von ihnen vorgenommenen Allegoresen als kanonisch durchgesetzt hatte, wird einem christlichen Betrachter auch nicht zwangsläufig sofort eine bestimmte Deutungsnuance in den Sinn gekommen sein. Es ließe sich höchstens — mit aller Vorsicht — vermuten, dass die im lateinischen Sprachraum zu beobachtende Tendenz, die Sirenen als Allegorie für *voluptas*, die von Frauen ausgehenden Verlockungen des Fleisches, zu deuten, in Verbindung mit der auf den Sarkophagen zu beobachtenden Entblößung der Sirenen für eine entsprechende Rezeptionssteuerung sorgte. Ob dies jedoch tatsächlich die von den Hinterbliebenen gewünschte Aussage über den Verstorbenen (oder die Verstorbene) war, ist zu bezweifeln.

Eine eher allgemein gehaltene allegorische Aussage lässt sich auch für den Sarkophagdeckel vermuten, der in einer Kirche verbaut wurde. Der eingangs besprochene Deckel des Sarkophags für den jungen Ritter Marcus Aurelius Romanus (Katalog Sirenen Nr. 15 Abb. IV.9a–b) wurde im vierten oder fünften Jahrhundert aus seinem ursprünglichen Kontext entfernt und als Stufe zum Presbyterium einer kleinen, inmitten von älteren Grabbauten gelegenen Kapelle an der Via Tiburtina wiederverwendet.[139] Der Beschreibung des Ausgräbers zufolge scheint die reliefierte Seite des Deckels nach vorne, zu den die Stufe Emporsteigenden, gerichtet gewesen zu sein, während der obere Rand die Trittfläche bildete.[140] Die in der kleinen Kirche versammelte Gemeinschaft hatte demnach das Bild fast direkt vor Augen, wenn sie auf den Priester im leicht erhöhten Presbyterium blickte. Inmitten einer wohl recht schlichten Innenraumgestaltung wird dieses Marmorrelief sicher seine Wirkung entfaltet haben. Die von den Kirchenbesuchern in dieses Relief hineingelesene allegorische Aussage wird nicht weit von derjenigen in den Katakomben entfernt gewesen sein, wenn auch mit einer Verschiebung der Akzente. Hier ging es nicht so sehr um Hoffnung auf Errettung der bereits Toten, sondern um eine Warnung an die noch Lebenden: »Halte dich von der Versuchung fern wie Odysseus von den Sirenen, sonst wird es dir schlecht ergehen!« Der Umstand, dass auf diesem Relief die Sirenen so überwältigend groß und die Griechen so klein und verängstigt dargestellt sind, wird mit dazu gedient haben, den Gläubigen die Schwere dieser Aufgabe vor Augen zu führen.

Wie lange diese Kirche in Gebrauch und das Sirenen-Relief zu sehen war, ist nicht bekannt. Es sei jedoch darauf hingewiesen, dass mehrere Jahrhunderte später, um 800 n. Chr., und an einem ganz anderen Ort, im westfälischen Corvey, der Vorraum einer Kirche in vergleichbarer Intention mit einer Darstellung des Sirenen- und des Skylla-Abenteuers dekoriert wurde.[141]

*Jüdische Allegorese?*

Auch im Judentum konnte die Sirenen-Episode vermutlich als Allegorie für eine von Gott erhoffte Rettung dienen. 1964 wurden im heutigen Beth Shean drei um einen Hof angeordnete Räume eines ursprünglich weitaus größeren Gebäudes freigelegt.[142] Einer der Räume war mit einem wohl die gesamte Länge des Raumes einnehmenden Mosaikstreifen geschmückt (Katalog Sirenen Nr. 29 Abb. IV.12). Der Ausgräber datierte — ohne explizite Angabe von Gründen — die Entstehung des Gebäudes samt Mosaik in das mittlere fünfte Jahrhundert; in seinen Grundzügen habe dieser Gebäudeteil bis zum frühen siebten Jahrhundert weiterbestanden, auch das Mosaik sei so lange sichtbar gewesen.[143] Stilistische und ikonographische Indizien scheinen allerdings eher für eine Datierung zumindest des Mosaiks ins sechste Jahrhundert zu sprechen.[144]

---

139 Zum archäologischen Befund: Mancini 1934, 198–200 Abb. 1 S. 196. Auch für die Anlage neuer Gräber bediente man sich anscheinend großzügig bei den umgebenden paganen Grabbauten: Ein im Boden des Presbyteriums dieser Kapelle eingelassenes Grab bestand aus den zersägten und neu zusammengesetzten Platten eines (oder mehrerer?) älteren Riefelsarkophags mit Philosoph, Orantin, einer Säule mit den drei Grazien sowie bukolischen Szenen: Mancini 1934, 198 Abb. 2–3.

140 Mancini 1934, 198 f.: »Il gradino del presbiterio era formato nella pedata da una lunga striscia marmorea che rimossa rivelò essere l'alzata di un coperchio di sarcofago.«

141 Moraw 2018, 113–17.

142 Zori 1966.

143 Zori 1966; in der auf den Bau des Gebäudes folgenden Schicht (IV), in welcher der hier behandelte Mosaikboden anscheinend in Benutzung blieb, wurde eine Münze des Jahres 569 gefunden. Die Datierung von Gebäudekomplex und Mosaik ins 5. Jh. übernehmen auch Ovadiah — Ovadiah 1987, 35.

144 Avi-Yonah 1975, 54 datiert das Sirenen-Mosaik ins 6. Jh. entsprechend zum Mosaikfußboden des gleich zu diskutierenden Gebetsraums. Für ein späteres Datum spricht sich beim Betrachten der nilotischen Szene auch Alföldi-Rosenbaum 1975, 151 aus. Gleichfalls für ein späteres Datum spricht m. E. die ikonographische Verwandtschaft der hier dargestellten Nereide mit Nereiden auf einem Meermosaik des 6. oder 7. Jh.s aus den Thermen von El Ouara (Tunesien): Sbeïtla, Archäologisches Depot; Ben Abed-Ben Khader 2003, 539 Abb. 420–22.

1970 bis 1972 wurde bei weiteren Grabungen südlich des von den oben genannten Räumen eingefassten Hofes ein jüdischer Gebetsraum entdeckt.[145] Zu diesem gehören allem Anschein nach weitere Mauerstrukturen, deren Verlauf aber nicht ganz klar ist. Ebenso unklar scheint das genaue räumliche und zeitliche Verhältnis zum zuerst genannten Gebäudekomplex. Betrachtet man den vom Ausgräber publizierten Grundriss, dann wird deutlich, dass der Gebetsraum und die von ihm aus schräg in den Hof vorstoßenden Mauern einer späteren Phase angehören müssen als der rechtwinklig um den ursprünglichen Hof angeordnete Gebäudekomplex mit dem Sirenen-Mosaik. Um wie viel später, muss allerdings offenbleiben. Der Ausgräber datiert den Mosaikfußboden des Gebetsraumes aus stilistischen Gründen in die zweite Hälfte des sechsten Jahrhunderts, der Raum selbst könnte älter sei. Der sakrale Charakter dieses Raumes steht aufgrund einer entsprechenden aramäischen Inschrift sowie einer Menora, die das Zentrum der Fußbodendekoration bildet, außer Zweifel.[146] Namentlich genannte Stifter gibt es hier allerdings nicht. Nicht geklärt ist, ob es sich hierbei um den Teilbereich eines größeren, bisher noch nicht vollständig ausgegrabenen Synagogenkomplexes handelt oder eher um die Kapelle eines luxuriösen Privathauses, die vom Eigentümer der jüdischen Gemeinde zur Verfügung gestellt wurde.[147]

Für die hier geführte Diskussion von Bedeutung ist vor allem die vermutliche Verbindung des sakralen Raumes mit dem zuerst genannten Mosaikfußboden. Das Mosaik wurde vom Mosaizisten vertikal in drei Bildfelder unterteilt. Das untere Bildfeld zeigt eine verkürzte Darstellung der inschriftlich angegebenen Stadt Alexandria, eine bärtigen Personifikation des Nils sowie eine typisch nilotische Flusslandschaft.[148] Durchbrochen wird diese Idylle durch ein Raubtier, welches sich in der Schnauze eines Rindes verbissen hat; dessen Blut spritzt zu Boden.[149] Die Stifterinschrift im Feld darüber besagt, dass Herr Leontis Kloubas die-

Abb. IV.12 Umzeichnung eines Fußbodenmosaiks in Beth Shean, Israel; vermutlich 6. Jh. n. Chr. (zu Katalog Sirenen Nr. 29). Nach Zori 1966, Abb. 4

---

[145] Bahat 1981. Grundriss auf S. 83; vgl. Ovadiah — Ovadiah 1987, 36 f. Nr. 31B.

[146] Bahat 1981, 85.

[147] Die zweite Lösung wird in der neueren Literatur präferiert: Gal 1998, 171; Levine 2000, 201 (mit literarischem Beleg und epigraphischem Vergleichsbeispiel).

[148] Vergleichbare nilotische Landschaften mit Papyrusstauden, Wasservögeln, eventuell auch Krokodilen und Flusspferden sind für die Spätantike nicht nur für Ägypten, sondern auch für den syrisch-palästinischen Raum belegt. Genannt seien etwa: 1. reliefiertes und bemaltes Holz aus Ägypten, heute St. Petersburg, Staatliche Ermitage 10296: L'Art Copte 2000, 165 Nr. 166; 4.–5. Jh. n. Chr. 2. Mosaik aus Tell Hauwash (Syrien), heute Damaskus, Nationalmuseum: Balty 1977, 136 f. Nr. 63; 516 n. Chr. 3. Mosaik aus der Kirche von Zay al-Gharby (Jordanien): Piccirillo 1993, 324 f. Nr. 676; »byzantinisch«.

[149] Betrachtet man die bei Alföldi-Rosenbaum 1975 zusammengestellten ikonographischen Parallelen, so soll es sich bei dem Raubtier wohl um ein Krokodil handeln. Im Bild selbst ist das nicht zu erkennen.

ses Mosaik auf eigene Kosten verlegen ließ, »zum Heil für sich und seinen Bruder Jonathan« und damit er in guter Erinnerung bleibe.[150] Derartige Stifterinschriften sind für spätantike Sakralbauten sowohl christlicher als auch jüdischer Provenienz belegt.[151] Ihren eindeutig jüdischen Charakter erhielt die hier vorgestellte durch die Einfügung einer fünfarmigen Menora am Ende der vierten Zeile.[152] Es handelt sich hier um ein Zeugnis des gerade in jüdischen Kreisen weit verbreiteten Mäzenatentums im spätantiken Palästina.[153] Wie immer die genaue Beziehung zum später ausgegrabenen Gebäudekomplex mit dem Gebetsraum aussah: Sicher ist, dass Leontis Kloubas zumindest den hier diskutierten Raum mit dem Mosaik der jüdischen Gemeinde zur Verfügung stellte.

Das obere, bedauerlicherweise zum Teil zerstörte Bildfeld trägt eine Szene aus der *Odyssee* (Abb. IV.13). Zusammengehalten wird die Komposition durch die Angabe von mit einigen Fischen durchsetzten Wellenlinien, welche das gesamte Bildfeld bis auf den oberen Rand zu umgeben scheinen. Das Geschehen ist also im Meer zu denken. Rechts oben ist ein winziges Schiff mit volutenförmigem Heckaufbau und unbemanntem Steuerruder erkennbar. An dessen Mast wurde mit einer Art Netz ein stehender nackter junger Mann gebunden. Trotz der unkanonischen Tracht — es fehlen Bart, Pilos und Exomis — wird hier aufgrund des Fesselmotivs jeder spätantike Betrachter an Odysseus gedacht haben.[154] Odysseus schaut jedoch nicht in Richtung der Sirene, wie es eigentlich zu erwarten wäre. Stattdessen richtet sich sein Blick nach links zum Bug des Schiffes.[155] Dort kommt

Abb. IV.13 Detail eines Fußbodenmosaiks in Beth Shean, Israel; vermutlich 6. Jh. n. Chr. (Katalog Sirenen Nr. 29 und Skylla Nr. 125). Courtesy of the Israel Antiquities Authority

ihm ein Ichthyokentaur entgegen, auf dessen Rücken rittlings eine nackte Nereide reitet.[156] Beider Schultern und Köpfe sind einer großen Fehlstelle im Mosaik zum Opfer gefallen; es ist also nicht mehr zu erkennen, ob sie

---

oben, also ›himmelwärts‹, wie es für viele Köpfe der Spätantike charakteristisch ist, vgl. etwa die Abbildungen bei L'Orange 1933. Auch die gleich zu diskutierende Sirene und der zweite Schiffer blicken sich nicht direkt an; ihre Blicke treffen sich vielmehr erst an einem imaginären Punkt oberhalb ihrer Köpfe.

[156] Eine solche Art der Darstellung — die Oberschenkel nicht geschlossen und ohne zumindest einen Fetzen von Stoff als Alibibekleidung — wäre für frühere Nereiden kaum möglich gewesen. Am Ende der Spätantike scheinen sich diese Darstellungskonventionen jedoch aufzulösen; vgl. die auf Seeungeheuern der unterschiedlichsten Art reitenden Nereiden auf einem Meermosaik des 6. oder 7. Jh.s aus den Thermen von El Ouara (Tunesien): Sbeïtla, Archäologisches Depot; Ben Abed-Ben Khader 2003, 539 Abb. 420–22. Roussin 1981, 168 f. und Jentel 2000, 247 möchten in dieser Frau die Meeresgöttin Ino Leukothea sehen, die in Hom. Od. 5, 333–53 Mitleid mit dem auf seinem Floß dahintreibenden Odysseus verspürt und ihm ihren Schleier gibt, damit er unbeschadet ans Ufer der Phäaken gelange. Für eine solche Darstellung gibt es keinerlei Parallelen. Vielmehr wird das Sirenen-Motiv auf Mosaiken häufig mit anderen marinen Versatzstücken angereichert, wie bei der Diskussion der Brunnen- und Thermenmosaiken (Katalog Sirenen Nr. 1–7) zu sehen war.

---

[150] Vgl. zu den einzelnen Stiftungsformeln bezüglich des Bauvorgangs Baumann 1999, 282 f., zur Formel *ex idíon* ebenda 295 f.

[151] Baumann 1999, 292–96.

[152] Gute Detailaufnahme bei Zori 1966, Taf. 13 C. Zu einem unbekannten Zeitpunkt und aus unbekannten Gründen wurden die Mosaiksteinchen der Menora bis auf die Umrisslinien entfernt.

[153] Baumann 1999, 330 f.

[154] Vgl. etwa die Bemerkungen des Synesios (Text Sirenen Nr. 3 b) oder des Hippolytos (Text Sirenen Nr. 8).

[155] Streng genommen blickt er mit großen Augen nach links

Odysseus anblickten oder gar eine Geste in seine Richtung vollführten. Wie schon auf dem Mosaik in der Villa von Santa Vitória (Katalog Sirenen Nr. 5 Abb. IV.4a–b), ist der Held bereits an der Insel der Sirenen vorbeigefahren, auf dem Weg zu neuen Versuchungen und Gefahren des Meeres.

Die Insel der Sirenen befindet sich direkt unterhalb des Schiffes. Statt der kanonischen Dreizahl hat der Mosaizist nur eine einzige Sirene zur Darstellung gebracht, und diese folgt nicht der gängigen Ikonographie: Unterhalb des Bauchnabels beginnt bereits der Vogelleib; die Haare fallen offen auf die Schultern anstatt zu einer elaborierten Frisur hochgenommen zu sein; anstelle einer Doppelflöte bläst sie nur ein einziges Flötenrohr. Vergleichbare Charakteristika finden sich erst wieder auf einem karolingischen Fresko in Corvey.[157] In einer *Physiologos* genannten, in griechischer Sprache verfassten Schrift wurden die Sirenen folgendermaßen charakterisiert: »Die Sirenen haben an der oberen Körperhälfte bis zum Nabel Menschengestalt, an der anderen Hälfte aber bis zum Ende die Gestalt einer Gans.«[158] Auch wenn der Vogelleib der Sirene auf dem Mosaik etwas zu zierlich geraten scheint für den Leib einer Gans, so handelt es sich zumindest um ein ähnliches Tier mit eher kurzen Beinen, sicher nicht um einen Raubvogel. Sehr gut vergleichbar ist die Lokalisierung der Trennlinie zwischen Mädchen- und Vogelleib knapp unterhalb des Bauchnabels. Der *Physiologos* entstand vermutlich in den Jahren 150–70 n. Chr. in Alexandria; er war vor allem in Spätantike und Mittelalter höchst populär und kursierte in zahlreichen Ausgaben.[159] Es kann deshalb vermutet werden, dass der Mosaizist (oder sein Auftraggeber) entweder direkt auf die dort zu findende literarische Beschreibung der Sirenen zurückgriff oder dass bereits seine Vorlage dies (zu einem unbekannten Zeitpunkt) getan hatte.

Vor der Sirene, in Richtung ihres Blickes und ihres Flötenspiels, befindet sich ein zweites, sich in ihre Richtung bewegendes Schiff. Auch dieses ist nur mit einem einzigen Schiffer, einem halbnackten jungen Mann mit lockigem hellem Haar, bemannt. Dieser jugendliche Held ist gleich mit zwei Gefahren auf einmal konfrontiert: Zum einen muss er dem betörenden Flötenspiel der Sirene widerstehen, dessen Süße eventuell durch den kleinen Vogel zum Ausdruck gebracht werden sollte, der von der Musikantin zu ihm flattert.[160] Zum anderen wehrt er mit einem Dreizack ein Seeungeheuer ab, bei dem es sich möglicherweise um eine verkürzte Darstellung der homerischen Skylla handelt (Katalog Skylla Nr. 125). In dem freien Raum zwischen dem Kopf des Schiffers und dem der Sirene befindet sich eine griechische Inschrift, deren Übersetzung lautet: »Herr, hilf Leontis Kloubas!«

Mit dem »Herrn«, der um Hilfe gebeten wird, kann gemäß der tradierten Formel nur Gott gemeint sein.[161] Die Inschrift verweist damit auf eine allegorische, religiös aufgeladene zweite Verständnisebene: So wie Odysseus unbeschadet die von den Sirenen und Skylla ausgehenden Gefahren auf dem Meer überstand und nach Hause zurückkehrte, so hofft auch Leontis, dank göttlichen Beistands den ihm persönlich drohenden Gefahren zu entgehen. Diese Hoffnung wird nochmals in der Stifterinschrift im Mittelfeld des Mosaiks, in welcher von *sotería*, also »Heil« oder »Rettung« gesprochen wird, zum Ausdruck gebracht.

Offenbleiben muss, ob sich die von Gott erhoffte Hilfe und Rettung eher auf die Seele beziehen sollte, als deren Bewahrung vor Versuchungen und Gefahren, oder auf den Körper und dessen Unversehrtheit. Für die erste Deutung sprechen der Rezeptionskontext des Bildes, die Nutzung des Raumes als Versammlungsraum der jüdischen Gemeinde sowie die Existenz der zahllosen christlichen Allegoresen, welche das Sirenen-Abenteuer erfahren hat, und die wohl auch einem gebildeten Juden bekannt waren.[162] Ob ein Betrachter diese Deutung für sich übernahm oder im Sinne der jüdischen Theologie umdeutete, ist allerdings noch eine andere Frage.[163]

---

[157] Moraw 2015, 118 Abb. 15. Vgl. Moraw 2018.

[158] Physiolog. 13 (Übers. O. Schönberger). Odysseus kommt in diesem Text nicht vor; die Sirenen werden gemeinsam mit den Kentauren genannt als Beispiele für die Vermischung von Menschlichem und Tierischem.

[159] Vgl. Schönberger (Hrsg. 2001) 146 f. 151–58.

[160] Laut Jentel 2000, 246 handelt es sich um eine Anspielung auf die Plankten, jene die Seefahrer und selbst die Tauben des Zeus zwischen sich zerquetschenden Felsen, von denen Kirke in Hom. Od. 12, 57–72 dem Odysseus erzählt und ihm rät, stattdessen nach der Vorbeifahrt an den Sirenen lieber das Übel von Skylla und Charybdis auf sich zu nehmen. Dies erscheint ein wenig weit hergeholt.

[161] Vgl. Baumann 1999, 311. Auch diese Formel ist sowohl für jüdische als auch für christliche Kontexte belegt.

[162] Zum unterschiedlichen Grad der Hellenisierung der jüdischen Bevölkerung Palästinas s. Levine 2000, 598–601. Die generelle Verwurzelung der jüdischen bildenden Kunst (und Religion) in der Tradition der griechisch-römischen Antike betonen Elsner 2003 und Bowersock 2006. So gehörte beispielsweise ein aufwendiges Mosaik mit Szenen aus dem Leben des Herakles und des Dionysos in Sepphoris eventuell einst dem jüdischen Patriarchen der Stadt: Bowersock 2006, 39 Abb. 2.5 und 2.6. Eine jüdische literarische Allegorese der *Odyssee* ist mir nicht bekannt.

[163] Völlig haltlos ist die These von Roussin 1981, die in der aus der hellenistisch-römischen Genrekunst übernommenen Nilszene eine Darstellung des in der jüdisch-theologischen Literatur themati-

Für die zweite Deutung spricht, darauf wies Marie-Odile Jentel, dass sowohl das Schiff des Mannes, der das Seeungeheuer bekämpft, als auch das Schiff in der Nilszene mit Fracht beladen ist, also wohl ein Handelsschiff darstellt.[164] Eventuell, so ihre These, war Leontis Kloubas ein Kaufmann, der seine Waren bis nach Ägypten verhandelte. Das Sirenen-Mosaik wäre dann als eine relativ konkrete Allegorie für die Gefahren zu verstehen, die dem Kauffahrer Leontis drohten und die er mit göttlicher Hilfe abzuwehren hoffte.

Die Sirenen-Darstellung aus Beth Shean ist in vielfacher Hinsicht außergewöhnlich. Zunächst ist sie die einzige spätantike Umsetzung des Themas, deren Produktion und Rezeption sich zweifelsfrei im Osten des Römischen Reiches lokalisieren lässt. Weiterhin ist sie die mit Abstand späteste Sirenen-Darstellung: entstanden zu einer Zeit, in welcher im Westen nur noch auf bereits existente ältere Darstellungen zurückgegriffen wurde. Auch die Ikonographie entspricht nicht dem aus der Spätantike Bekannten. Das gilt für das Aussehen des Odysseus und der Sirene ebenso wie für die Art und Weise ihrer Interaktion. (Was sich *mutatis mutandis* auch über die eventuelle Skylla sagen lässt.) Der letzte Punkt betrifft die im Bild angebrachte Inschrift. Sie ist innerhalb der in dieser Arbeit diskutierten spätantiken Darstellungen zur *Odyssee* das einzige Beispiel für eine Inschrift, die nicht auf der Ebene des Mythenbildes bleibt, sondern dieses auf eine allegorische Ebene hebt. Der unbekannte Mosaizist und sein Auftraggeber Leontis Kloubas vollzogen damit jenen Schritt weg von der Autonomie des Mythenbildes, den die annähernd zeitgleichen christlichen Zweitnutzer der stadtrömischen Sirenen-Sarkophage (Katalog Sirenen Nr. 14-28) nicht vollzogen hatten. Die Darstellung auf dem Mosaik von Beth Shean ist im Grunde schon näher am Mittelalter als an der Spätantike.[165]

Zuletzt zur Rolle des Odysseus: Versteht man das Mosaik als eine Allegorie für die Rettung des Leontis vor den Körper oder die Seele betreffenden Gefahren, dann ist Odysseus innerhalb dieser Allegorie das *alter ego* des Leontis, derjenige, mit dem sich der Auftraggeber des Mosaiks in seiner Hoffnung auf göttlichen Beistand identifizieren konnte. Möglicherweise ist das der Grund für die unkanonische Ikonographie des Odysseus: nicht als leidgeprüfter älterer Mann mit Bart, Pilos und Exomis, sondern als schöner Jüngling in idealer Nacktheit und mit zeitgenössischer Haartracht.[166] Eine bildliche Darstellung des Odysseus, die den Aussagen der literarischen Allegorese entsprach und aus ihm einen zur Identifikation einladenden Helden im landläufigen Sinne machte, erforderte vom Künstler eine gewisse ›Arbeit an der Ikonographie‹.[167]

## Zusammenfassung der Ergebnisse zur spätantiken Rezeption des Sirenen-Abenteuers

Sowohl in der literarischen als auch in der bildlichen Rezeption dieser Episode ist eine von Homer inspirierte, aber weit über diesen hinaus gehende gestaltliche Konkretisierung der Sirenen zu beobachten. Diese Konkretisierung ist verbunden mit einer deutlichen Verweiblichung und Sexualisierung. Die Sirenen werden zu Mischwesen aus einem mehr oder weniger nackten Mädchen und einem Vogel. Aus der ursprünglichen Verführung durch Wissen, wenngleich mit erotischen Untertönen, wird eine Verführung durch weibliche Sexualität. Weiterhin setzt sich entgegen dem bei Homer verwendeten Dual in Bildern und Texten eine Dreizahl von Sirenen durch. Diese Dreizahl schien besser dafür geeignet, eine Gruppe zu visualisieren.

Was die Unterschiede zwischen dem östlichen und dem westlichen Reichsteil anbelangt, so sind sie vergleichbar mit den Befunden aus den vorangegangenen Kapiteln. Das gilt zunächst für die Texte: Prinzipiell konnten Sirenen in der Spätantike als Allegorie für alles fungieren, was als zugleich anziehend und gefährlich

---

sierten Kampfes zwischen Behemoth und Leviathan, dessen Ausgang den Beginn der Messianischen Ära einläutet, sehen will. Dafür gibt es im Bild keinerlei Hinweise und auch sonst ist die Gleichsetzung methodisch bedenklich. Vgl. die Bemerkung von Levine 2000, 568: »Behind any such correlation — whether between rabbinic sources and artistic remains, or with regard to an identical interpretation of a motive appearing in several places — lies the assumption of a set of common beliefs and values among the Jewish communities of late antiquity. Such an assumption at this stage of our knowledge is gratuitous.« Roussin sieht ihre Deutung der Nilszene als Schlüssel auch des Sirenen-Bildes und deutet dieses entsprechend eschatologisch; alle Bildelemente werden gewaltsam in diese Richtung interpretiert.

164  Jentel 2000, 247 f.
165  Zu Mythenbildern im Mittelalter s. die Beträge bei Rehm 2018.

166  Zur ›idealen Nacktheit‹ in der Spätantike: Moraw 2008a (v. a. im Osten des Reiches) und Moraw 2008b (im Westen). Eventuell wusste der Mosaizist auch einfach nicht, wie eine kanonische Darstellung des Sirenen-Abenteuers auszusehen hatte (dafür spräche die unkanonische, am *Physiologos* anstatt an der traditionellen Ikonographie orientierte Gestalt der Sirene und erst recht der eventuellen Skylla) und gestaltete das Bild so, wie er es für die gewünschte allegorische Aussage als adäquat erachtete.

167  Als Analogie zu Hans Blumenbergs berühmter »Arbeit am Mythos«: Blumenberg 1979.

galt. In der Literatur des griechischen Ostens wurde dies in vielfältigen Kontexten und Aussageintentionen verwendet. Zunächst konnten Sirenen ganz allgemein für die sinnlichen Freuden des Lebens stehen, dann aber auch eine positive Konnotation von musischer und literarischer Bildung transportieren. In Schriften mit christlichem Inhalt figurieren sie als Allegorie für Teufel und Verdammnis, für Häresie, für Rhetorik und Philosophie, für ›heidnische‹ Literatur oder gar die gesamte hellenische Kultur. Dieser Vielfalt an Möglichkeiten steht im lateinischen Westen die Reduktion auf ein wesentliches Thema gegenüber, die Verführung durch weibliche Sexualität. Sie zeigt sich in den als Gegensatz zur Personifikation der Philosophie imaginierten »Theaterdirnchen« des Boethius ebenso wie in zahlreichen christlichen Schriften. Die destruktive Seite dieser Verführung wird von den Verfassern deutlich herausgestellt. Zum Teil ist sie verbunden mit der Vorstellung von irrationaler Liebesraserei seitens der Sirenen selbst. Odysseus, falls er überhaupt erwähnt wird, erscheint als der Weise, der den Versuchungen widersteht. Bei Maximus von Turin wird er sogar mit Christus verglichen. Lokalisiert wurde die Insel der Sirenen im lateinischen Westen irgendwo vor der Küste Italiens. In Bezug auf die Bilder gilt auch hier, dass Denkmäler mit Sirenen fast nur aus dem Westen bekannt sind. Mit diesem Befund mag zusammenhängen, dass die Beschreibungen des Aussehens der Sirenen im Westen viel konkreter und häufiger, viel ›plastischer‹ sind als in den griechischen Texten.

Die Unterschiede zwischen bildlicher und literarischer Rezeption begegneten zum Teil auch schon in den früheren Kapiteln. Wie im Fall des Kirke-Abenteuers wurde nur ein einziger Moment der Geschichte bildlich umgesetzt: das Vorbeisegeln an den mal mehr, mal weniger furchteinflößend charakterisierten Verführerinnen. Dieses Motiv schien den Künstlern und Rezipienten am besten geeignet, den ›Sieg‹ des Odysseus zu visualisieren. Wie schon erwähnt, fand die bildliche Rezeption vor allem im Westen des Reiches statt, während es eine reichhaltige literarische Rezeption in beiden Reichsteilen gab. Die Produktion dieser Texte läuft auch hier länger als die Produktion der Bilder, die im Westen im Verlauf des vierten Jahrhunderts, im Osten spätestens im sechsten Jahrhundert endet. Allerdings zeigten sich bei der bildlichen Rezeption des Sirenen-Abenteuers zwei bisher nicht beobachtete Phänomene: Zum einen wurden stadtrömische Denkmäler des dritten Jahrhunderts in der ›späteren Spätantike‹ aus ihrem ursprünglichen Kontext gelöst und in einem neuen, jetzt christlichen Kontext mit neuer Bedeutung zweitverwendet. Zum anderen fand sich die ungewöhnliche Ikonographie der späten, aus dem heutigen Israel stammenden Sirene ganz ähnlich in einer karolingischen Klosterkirche wieder. Das bedeutet, das Bildmotiv in seiner spätesten Fassung überlebte das Ende der Spätantike und lässt sich noch im Mittelalter an einem geographisch ganz anders gelagerten Ort nachweisen. Darin ist es den spätantiken Texten vergleichbar.

Die Begegnung des Odysseus mit den Sirenen wurde in vielen verschiedenen Denkmälergattungen thematisiert, mit je unterschiedlichen Rezeptionskontexten und Aussagen. In der Mosaikausstattung von Brunnen und Thermen ist das Sirenen-Abenteuer entsprechend der Funktion der Bildträger Teil einer größeren Inszenierung: der des Wassers, genauer des Meeres. Die Sirenen treten dort auf als Bild für die Verlockung und zugleich Gefährlichkeit des Meeres; Odysseus hingegen ist eher von untergeordneter Bedeutung. Auf ›Massenware‹ hingegen, also auf Tonlampen und sogenannten Kuchenformen, wird dieselbe Geschichte präsentiert als ein Exempel für schlaues Entkommen aus einer gefährlichen Situation. Odysseus kann hier interpretiert werden als Identifikationsfigur für den Durchschnittsrömer, für jemanden, der schlau genug ist, auf eine gefährliche Versuchung nicht hereinzufallen. Im Kontext des Grabes und des Sakralbaus begegnet das Sirenen-Abenteuer dann als Allegorie für die Rettung von Tod und Verderben. Odysseus figuriert hier als Allegorie für den Menschen an sich beziehungsweise für die menschliche Seele, die Gefahren und Versuchungen entkommt und ›gerettet‹ wird. Wie genau diese ›Rettung‹ zu verstehen ist, hängt vom Kontext ab. Belegbar sind derartige Bilder für den paganen, den jüdischen und den christlichen Glaubensbereich. Dabei gibt es in der Regel — bis auf eine einzige Ausnahme — keine Rezeptionssteuerung im Bild selbst: keine Kreuze, Inschriften oder Ähnliches. Angeregt durch den Rezeptionskontext, fand die Allegorese allein im Kopf des Betrachters statt.

Kapitel V

# Skylla

## Der homerische Text

Nach ihren Ausführungen zu den Sirenen gibt Kirke Odysseus weitere Erläuterungen für die Heimreise.[1] Sie sagt, dass er zwischen zwei verschiedenen Wegen und den damit verbundenen Gefahren wählen müsse: Zum einen die Durchfahrt durch Plankten genannte Felsen, die alles, selbst hindurchfliegende Vögel, zwischen sich zerquetschten; zum anderen die Durchfahrt zwischen zwei Felsen, die von je einem grässlichen Ungeheuer bewohnt seien. Das eine Ungeheuer, Charybdis, hause tief unten am Fuß eines Felsens und sauge dreimal täglich das umgebende Wasser samt allem, was sich darin befindet, ein. Das andere, Skylla, sitze in einer Höhle hoch über dem Meer in einem Felsen, dessen Spitze von ewigem Nebel umgeben sei und dessen Wände so glatt seien, dass ein Mensch sie nicht besteigen könne. Das unsterbliche Untier habe zwar das dünne Stimmchen eines kleinen Hundes, sei aber von riesiger Gestalt mit zwölf verkrüppelten Füßen und sechs langen Hälsen, an denen je ein Kopf mit drei Reihen von Zähnen säße. Käme ein Schiff vorbei, dann fange Skylla sich — ohne je mit dem Körper die Höhle zu verlassen — mit jedem Maul einen Mann der Besatzung heraus. Kirke rät dem widerstrebenden Odysseus, in Anbetracht der Alternativen diese sechs Gefährten zu opfern und möglichst schnell am Felsen der Skylla vorbeizufahren.[2] Gegenwehr sei zwecklos und würde höchstens einen zweiten Angriff provozieren.

Nach dem glücklichen Bestehen der Sirenengefahr ermuntert Odysseus die Gefährten, das Schiff durch die bedrohlich brausenden Gewässer am Felsen der Skylla entlangzurudern.[3] Von Skylla selbst sagt er den Gefährten nichts, da er befürchtet, sie würden in ihrer Panik sich kopflos im Schiff drängen und das Rudern vergessen. Er selbst bewaffnet sich und stellt sich an den Bug des Schiffes, um entgegen Kirkes Warnung zu versuchen, das Ungeheuer abzuwehren. Dieser Versuch erweist sich als sinnlos. Während alle wie gebannt auf die gurgelnden Wasser der Charybdis am Felsen gegenüber starren, greift sich Skylla mit ihren sechs Köpfen unbemerkt ebenso viele Gefährten und reißt sie »wie an der Angel zappelnde Fische« in die Höhe hinauf zu ihrer Höhle. Odysseus und die anderen im Schiff müssen hilflos zusehen, wie die kläglich um Hilfe Schreienden bei lebendigem Leib gefressen werden.

Odysseus gesteht den Zuhörern seiner Erzählung, den Phäaken, dass er auf der ganzen Irrfahrt nicht vergleichbar Schreckliches erlebt habe. Auf der psychologischen Ebene hängt diese Einschätzung sicher mit seinem schlechten Gewissen zusammen. Zwar hatte Odysseus keine bessere Alternative: bei einer Vorbeifahrt an Charybdis oder den Plankten wären *alle* gestorben. Jedoch hatte er seine Leute ermuntert, auf den Felsen der Skylla zuzusteuern, ohne ihnen zu sagen, dass dies für sechs von ihnen den Tod bedeuten würde. Sein Versuch, dem Ungeheuer bewaffnet gegenüberzutreten, hätte — hier sei an mahnende Kirkes Worte erinnert — die Situation eventuell sogar noch verschlimmert.[4] Marianne G. Hopman verglich diese von Homer formulierte Begegnung von Held und Ungeheuer mit anderen frühgriechischen Heldenerzählungen. So kontrastiere beispielsweise die erfolgreiche Durchfahrt der Argonauten durch die Plankten mit Heras Hilfe deutlich mit der von Kirke

---

[1] Hom. Od. 12, 55–126.
[2] Hom. Od. 12, 108–10: »Also jage dein Schiff am Felsen der Skylla vorüber; / Schnellstes Fahren tut not. Und schließlich ist es doch besser / Sechs Gefährten im Schiff zu vermissen als alle zusammen.«
[3] Hom. Od. 12, 201–59.
[4] Vgl. Rutherford 1986, 151 f.

konstatierten Unmöglichkeit für Odysseus, dasselbe zu tun.⁵ Das Vokabular der Szene, in der sich Odysseus vergeblich und gegen den Rat Kirkes bewaffnet und zum Kampf antritt, evoziere vergleichbare Wappnungsszenen aus der Ilias. Diese enden in aller Regel, anders als bei Odysseus, mit einer Aristie des jeweiligen Helden.⁶ Vor diesem Hintergrund sei das Skylla-Abenteuer vom Dichter als ein Versagen des Helden, ein »*heroic failure*«, konzipiert und präsentiert worden.⁷ Der *Odyssee*-Dichter macht allerdings auch deutlich, dass dieses »Versagen«, dieser unglückliche Ausgang der Skylla-Geschichte, nicht in der Verantwortung des Odysseus lag. Anders als Jason hat er hier keine Schutzgöttin, die ihm bei der Durchfahrt durch die Plankten helfen könnte.⁸ Auch bei der Konfrontation mit dem weit überlegen »unsterblichen Unheil«⁹ Skylla kann er nicht auf Hilfe rechnen. Um das eigene Überleben und das des größten Teils der Mannschaft zu sichern, musste er die sechs Gefährten opfern — auch wenn er, wie der Dichter im Proömium der *Odyssee* versichert, gerne alle gerettet hätte.¹⁰ Odysseus wird hier sozusagen schuldlos schuldig.

Auf der narratologischen Ebene ist die Grässlichkeit der homerischen Skylla geradezu zwingend. Skylla stellt nach Kirke und den Sirenen die letzte Steigerung an Inhumanität dar, die bei einem weiblichen Ungeheuer möglich ist. Kirke hatte in Aussehen, Stimme und vielen Aspekten ihres Verhaltens den Normen für eine vornehme Frau entsprochen. Die Parallelen und Unterschiede zu Odysseus' Gattin Penelope wurden an entsprechender Stelle diskutiert. Von einer Gefährdung der Weiterreise des Odysseus verwandelte sie sich schließlich, wenn auch nur aufgrund der Intervention des Hermes, in eine wertvolle Unterstützung. Die Sirenen vollzogen eine derartige Wandlung nicht. Die von ihnen ausgehende Gefahr konnte jedoch dank der Ratschläge Kirkes neutralisiert werden. Zudem besaßen sie — von deren Aussehen Homer bekanntlich schweigt — zumindest eine betörende weibliche Stimme, mittels derer sie verführerische Verheißungen bezüglich ihres reichen Wissens artikulieren konnten. Auch töteten sie ihre Opfer nicht eigenhändig, sondern ließen sie stattdessen langsam zu ihren Füßen zugrunde gehen. Skylla hingegen sieht nicht nur abscheulich monströs aus, wie der Dichter ausführlich beschreibt. Sie hat auch eine tierische, an einen Welpen gemahnende Stimme und ein tierisches Verhalten: Sie verschlingt ihre Opfer bei lebendigem Leib. Die textlichen Hinweise und Anspielungen darauf, dass es sich um ein *weibliches* Ungeheuer handelt, sind noch zurückhaltender als im Fall der Sirenen. Eindeutig weiblich ist nur das ihr von Homer verliehene grammatische Geschlecht.¹¹

*Die literarische Rezeption*

Die Rezeption der Skylla-Geschichte in Literatur und bildender Kunst weist gewisse Parallelen zur Rezeption der Sirenen-Episode auf. Auch hier lässt sich eine Kanonisierung der äußeren Erscheinung, verbunden mit Verweiblichung und Sexualisierung, beobachten. Skylla wurde an die Frauengestalten der *Odyssee* angeglichen, um ihre Konfrontation mit Odysseus als eine Konfrontation von Mann und Frau konzeptualisieren zu können. Die in der Rezeption vorgenommene gestaltliche Konkretisierung erfolgte dabei bewusst *entgegen* dem Originaltext. Skyllas unersättliche Gier ließ sich etwa als sexuelle Schamlosigkeit interpretieren: Im Unterschied zu den Sirenen, die ihre Opfer betören, wurde Skylla imaginiert als eine Frau, die sich ohne Rücksicht auf Verluste und ohne jedes Schamgefühl nimmt, was sie will, ihre männlichen Opfer gleichsam vergewaltigt. Diese Sexualisierung ist in den lateinischen Texten weitaus stärker vertreten als in den griechischen. Zudem wird Skylla dort häufig, in Abhängigkeit von Ovids *Metamorphosen*,

---

5 Hopman 2012, 26 f.; vgl. Hom. Od. 12, 66–72.

6 Hopman 2012, 28–31; vgl. Hom. Od. 12, 226–33.

7 Hopman 2012, 51.

8 Odysseus' eigene Schutzgöttin, Athena, entschuldigt sich erst am Ende der Irrfahrt am Strand von Ithaka bei Odysseus dafür, dass sie ihm auf See nicht habe helfen könne: Das sei der Herrschaftsbereich ihres Onkels Poseidon — der, wie bekannt, wegen der Blendung seines Sohnes Polyphem tiefen Groll gegen Odysseus hegte — und sie habe sich nicht direkt gegen ihn stellen wollen: Hom. Od. 13, 316–19. 339–43.

9 Hom. Od. 12, 118: ἀθάνατον κακόν.

10 Hom. Od. 1, 5–9. Odysseus »Rang um die eigene Seele, um Heimkehr seiner Gefährten. / Aber dem allen zum Trotz: Sein Bemühen riß die Gefährten / Doch nicht heraus; denn die Toren verdarben am eigenen Frevel, / Aßen die Rinder des Helios Hyperion und dieser / Machte zunichte den Tag ihrer Heimkehr.« Homer schreibt die Schuld an der nicht gelungenen Heimkehr der Gefährten also explizit deren eigener Torheit und Hybris zu.

11 Etwa Hom. Od. 12, 87: αὐτή. Hopman 2012, 86 referiert eine Hypothese von Pierre Chantraine, der zufolge das Epitheton νεογιλλή (Hom. Od. 12, 86 bezogen auf die Stimme Skyllas) sich vom mykenischen Wort für »junges Mädchen«, *ki-ra*, herleite. Weiterhin fand das mit Skylla in Verbindung gebrachte Verb λάσκω (»kreischen«, Hom. Od. 12, 85) in der griechischen Literatur auch Verwendung für die Beschreibung weiblicher Totenklage. Hopman kommt deshalb zu dem Schluss: »Combined with the epithet νεογιλλή, the verb λάσκω connotes Scylla as a *parthenos*.«

in Verbindung gebracht mit weiblicher Liebesraserei, Leiden und Irrationalität. Die Gestalt des Odysseus spielt dabei eine geringe bis gar keine Rolle.

**Die griechischen Zeugnisse**

Im griechischen Sprachraum findet sich zunächst die Auseinandersetzung mit dem originalen Text, die Homerphilologie. Porphyrios gibt, soweit überliefert ist, keine allegorische oder rationalistische Deutung der Skylla. Auch der von der bildenden Kunst gewählte Moment der Geschichte — die direkte Konfrontation von Odysseus und Ungeheuer, während dieses bereits nach den Gefährten greift — scheint ihm keiner Erwähnung wert gewesen zu sein. Porphyrios konzentriert sich vielmehr auf die Diskussion einiger sprachlicher Details und logischer Ungereimtheiten. Er fragt sich, warum Skylla einerseits als schauerlich (und das heiße: laut) bellend, andererseits als mit der (dünnen) Stimme eines neugeborenen Hundes ausgestattet beschrieben wird, und kommt mit Aristarch zu dem Schluss, dass entweder die Verse zu Skyllas Stimme zu athetieren seien oder dass sich der Vergleich mit dem Hündchen auf die Art der Stimmgeräusche beziehe, nicht auf deren Lautstärke (Text Skylla Nr. 1 a). Es folgt eine Bemerkung zu Homers Vergleich der Art der Nahrungsbeschaffung Skyllas mit einem Angler (Text Nr. 1 b). Schließlich stellt Porphyrios die berechtigte Frage, warum die Gefährten in dem Moment, als sie ihren Anführer sich rüsten sahen, keinen Verdacht bezüglich der Gefährlichkeit der Situation schöpften (Text Nr. 1 c).

In den sich historisch gebenden Nacherzählungen der *Odyssee* spielt Skylla, gleich den Sirenen, keine bedeutende Rolle. Johannes Malalas erwähnt sie gar nicht. Er nennt als Gefahren, die dem Odysseus auf seiner Reise drohten, nur *Serenídai* genannte Felsen und einen wilden und schroffen Ort namens Charybdis (Text Sirenen Nr. 2). Johannes von Antiochia hingegen fasst Skylla rationalistisch auf, als Allegorie für die Gefahren des Meeres.[12] Bei ihm ist sie ein durch Meeresströmungen bedingter, alles in die Tiefe reißender Strudel (Text Skylla Nr. 2), eine Funktion, die bei Homer noch der Charybdis zukam. In anderen Werken, beispielsweise dem Epos des Nonnos (Text Skylla Nr. 3), erscheint Skylla als ein Riff.[13] Diese Allegorisierung ist vermutlich von Homers ausführlicher Beschreibung des Felsens inspiriert, auf dem das Ungeheuer saß. Skyllas Grausamkeit und Gefährlichkeit galten den genannten Autoren als ein Bild für die sprichwörtliche Grausamkeit und Gefährlichkeit des Meeres.[14]

Zudem wurde Skylla, was schon der homerische Text nahelegt, mit ihrem Pendant Charybdis in einer Meerenge lokalisiert. In seinen *Gotenkriegen* benennt Prokop (Text Skylla Nr. 4) diese Meerenge explizit als Straße von Messina, eine Lokalisierung, die bereits bei Strabon zu fassen ist.[15] Seine Erklärung ist eine rationalistisch-etymologische: Der Name des Vorgebirges, Skyllaion, sei ursprünglich zurückzuführen auf die einst *skylakes* (eigentlich »Welpen«), heute *kyniskoi* (eigentlich »junge Hunde«) genannten Tiere, die sich in großen Mengen dort aufhielten.[16] Daraus habe sich im Laufe der Zeit und durch dichterische Ausmalung die Geschichte von jenem »tierischen Weibchen«, eben der Skylla, entwickelt.

Stellte man sich Skylla jenseits von Homerphilologie oder Naturallegorie bildlich vor, dann waren Hunde stets konstitutiver Bestandteil ihrer Gestalt.[17] Dies geschah zum einen in Rekurs auf Homers Bemerkung, dass Skylla trotz ihrer Größe die Stimme eines neugeborenen Hündchens habe. Zum anderen hörte ein des

---

12 Er rekurriert damit auf eine Tradition, die mindestens auf Strabon (1, 2, 9) oder Palaiphatos (*De incredibilibus* 20) zurückgeht: Skylla als Piratenschiff oder -festung.

13 In welches sie Poseidon einst aus einem begehrenswerten Mädchen verwandelt hatte. In der Spätantike sind zahlreiche um Skylla kreisende Verwandlungsmythen in Umlauf, die meisten allerdings im lateinischen Sprachraum, weshalb dieses Phänomen erst bei den lateinischen Zeugnissen diskutiert werden wird.

14 Vgl. die Diskussion im vorhergehenden Kapitel, Abschnitt »Die Sirenen als Visualisierung der Schönheit und Gefährlichkeit des Meeres« sowie Hom. Il. 16, 32–35 (Patroklos zu Achill, der den bedrängten Griechen seine Hilfe verweigert): »Grausamer du, dein Vater war nicht der reisige Peleus, / Thetis nicht deine Mutter; / dich schufen die finsteren Fluten / Und die ragenden Felsen; denn starr ist dein Sinn und gefühllos.« (Übersetzung Hans Rupé.) Zur inhaltlichen Verbindung von Skylla und Meer s. auch Hopman 2012, 56–70.

15 Strab. 1, 2, 9. Für ältere Lokalisierungen s. Knight 1995, 207 Anm. 261.

16 Veh 1966 übersetzt »Seehunde«, es könnten jedoch auch Haie gemeint sein: Diese wurden nach den bei Keller 1913, 381 gesammelten Belegen in der Antike (*marini*) *canes* oder *kynes* genannt.

17 Schon im 4. Jh. v. Chr. nennt sie Anaxilas fr. 22 Kassel — Austin, PCG II Z. 4 »dreischädelig« und eine »Meerhündin« (*pontía kyon*). Im 3. Jh. v. Chr., bei Lykophron, findet sich dann eine Beschreibung Skyllas, wie sie auch in der bildenden Kunst auftrat: »halb Jungfrau, halb Hund« (Alex. 669). Vgl. Hopman 2012, 12: »The denotations and connotations associated with the Scylla name across time and genres always partake in the semantics of at least three conceptual domains: sea, dog, and woman.«

Griechischen Kundiger, wie das eben behandelte Beispiel des Prokop deutlich machte, bei »Skylla« wohl immer auch das Wort *skýlax* (»Welpe«) heraus. Analog zur Erscheinung der Sirenen, die in bildender Kunst und Literatur als Mischwesen aus Mädchen und Vogel imaginiert wurden, verbanden sich bei Skylla die Hundebestandteile mit dem Leib und Gesicht eines schönen jungen Mädchens.

In der spätantiken Literatur sind solche plastischen Beschreibungen vor allem aus dem lateinischen Sprachraum überliefert.[18] Aus dem griechischen Sprachraum stammt hingegen ein Text, der explizit die Unterschiede zwischen der Charakterisierung Skyllas bei Homer und der Charakterisierung in der (spät)antiken Kunst thematisiert. Themistios (Text Skylla Nr. 5) beschreibt in seiner Abhandlung *Über die Freundschaft* die ihm bekannten Skylla-Darstellungen: »An vielen Orten, glaube ich, habe ich ein Bild der Skylla gesehen, das nicht so war, wie Homer erzählt. Homer nämlich sagt nicht mehr über ihre Gestalt, als dass sie ein Wesen war, das in einer Höhle lebte und sechs Köpfe und zwölf Hände hatte. Aber die Künstler gehen in ihrer Darstellung von ihr über Homer hinaus. Sie gestalten sie von der Kopfspitze bis zu den Lenden als junge Frau; gleich von der Hüfte ab jedoch läuft sie in Hunde aus, die grässlich und furchterregend sind: Drei Reihen von Zähnen haben sie, ihre Köpfe sind nach oben gerichtet, und soviel es deren auch gibt, sie gieren sämtlich nach einem Fang.«

Im Unterschied zu der mehr als zurückhaltenden Beschreibung der Sirenen, welche der gestalterischen Phantasie jeden Spielraum ließ, hatte Homer bei der Beschreibung Skyllas kaum ein Detail ausgelassen, von den zwölf verkümmerten Beinen bis hin zu den sechs an langen Hälsen sitzenden, mit drei Zahnreihen versehenen Köpfen. Die gestaltliche Divergenz zwischen homerischer Skylla und der Skylla der nachhomerischen Rezeption war also für jeden Homerkenner offensichtlich. Die Motive für eine solche bewusste Gestaltung entgegen dem Originaltext waren vermutlich vielfältig. In der bildenden Kunst wurde Skylla seit dem mittleren fünften Jahrhundert v. Chr. als frei umherschwimmende ›Meerfrau‹, als Teil des marinen Thiasos, dargestellt. Vermutlich erfolgte ihre bildliche Gestaltung in Analogie zur Gestaltung von Tritonen, Seekentauren oder anderen im Meer lebenden göttlichen Wesen und wurde von dort in die literarische Beschreibung übernommen.[19]

Hinzu kommt, dass Skylla in der *Odyssee* nach Kirke und den Sirenen als drittes weibliches Ungeheuer sowie Gegenspielerin des Odysseus auftrat. Möglicherweise entstand deshalb schon früh der Wunsch, sie gleichfalls in zumindest partiell weiblicher Gestalt zu imaginieren. Als bildliche Parallele boten sich hier die ebenfalls aus Frauen- und Tierbestandteilen zusammengesetzten Sirenen an. Gleich den Sirenen geriet dann auch Skylla im Verlauf der Rezeption in eine Strömung, die »Verweiblichung« vor allem mit »Sexualisierung« gleichsetzte. Das soll weiter unten ausgeführt werden.

Hunde waren nicht allein konstitutiver Bestandteil von Skyllas äußerer Erscheinung. Auch ihr Wesen galt als »hündisch«, was nicht schmeichelhaft gemeint war. Obwohl Hunde als *exempla* für Wachsamkeit und Treue galten, waren die sonst mit ihnen verbundenen Konnotationen vor allem negativer Natur.[20] Man betrachtete sie als unrein, bedrohlich und diebisch, als von grenzenloser Gier und extremer Schamlosigkeit. Entsprechend konnte Skylla als Bild oder Allegorie für diesbezügliche Schlechtigkeiten verwendet werden. In der oben zitierten Abhandlung des Themistios (Text Skylla Nr. 5) verwendet der Autor Skylla als eine Allegorie für falsche Freundschaft: Der Ahnungslose fällt — anders als der kluge Odysseus — auf ihren schönen Mädchenleib herein, ohne die Hunde zu sehen, die ihn in Kürze zerfleischen werden. Basileios von Caesarea (Text Skylla Nr. 6) beschreibt in einem Brief das unglückliche Geschick eines gewissen Maximus und vergleicht dies mit den Leiden der Gefährten des Odysseus. Unter anderem verwendet er das Bild eines Mannes, der »einer Skylla zum Opfer gefallen ist, von weiblicher Gestalt, aber von hündischer Unmenschlichkeit und Rohheit.«[21]

Die Hunde stehen hier für Grausamkeit und Wildheit. Zugleich schwingt in den zuletzt genannten Texten jedoch ein erotischer Unterton mit, der des Öfteren in Verbindung mit Skylla zu finden ist.[22] So beispielsweise

---

[18] Dazu weiter unten die Diskussion der Texte Skylla Nr. 10. 11. 14. 16.

[19] Walter-Karydi 1997, 167 f.: »Ihre (sc. Skyllas) Gestalt hat

man offenbar nach den ›Meerfrauen‹, Gegenstücken zu den ›Meermännern‹, ersonnen«.

[20] Für das Folgende s. Mainoldi 1984 und Loth 1994.

[21] Schon Aischyl. Agamemn. 1228–34 beschreibt Kassandra die ehebrecherische und mörderische Klytaimnestra als »Hündin, lauernde Natter, scheußliches Untier, Drachen und Skylla«. Eur. Med. 1342 f. wirft Jason Medea nach der Ermordung ihrer gemeinsamen Kinder vor, sie sei »von wilder Art als Skylla«.

[22] Bereits im 4. Jh. v. Chr. vergleicht Anaxilas fr. 22 Kassel — Austin, PCG II Z. 15–17 eine Hetäre, Nannion, mit Skylla. Im Hellenismus existierten wohl diverse Versionen von Geschichten, die ein Mädchen namens Skylla in Verbindung mit einer pervertierten Liebe nennen; dazu ausführlicher bei der Diskussion der lateinischen Texte.

auch bei Libanios (Text Skylla Nr. 7), der die »Häupter der Skylla«, gemeint sind wohl ihre Hundeköpfe, als ein Bild für Hetären verwendet, die schon viele Männer zugrunde gerichtet hätten, »schrecklicher als die Sirenen«. Diese erotische Konnotation der Skylla, genauer: ihrer Hundebestandteile, lässt sich aus der für sie spezifischen »hündischen« Schamlosigkeit und Gier erklären. Nach Ansicht der Antike manifestierte sich die Schamlosigkeit des Hundes vor allem im sexuellen Bereich. Sein Sexualverhalten galt als Musterbeispiel für abstoßenden Geschlechtsverkehr.[23] Weiterhin wurden Hunden und Frauen im griechischen Denken, das hat Cristiana Franco anhand zahlloser Beispiele deutlich gemacht, gemeinsame Charaktereigenschaften zugeschrieben.[24] Frauen besaßen demnach tendenziell ein hündisches Naturell, so wie umgekehrt Hunden weibliche Charakterzüge nachgesagt wurden. Von den Kirchenvätern konnte eine Frau, welche die sexuelle Initiative ergreift — und sich somit ihrer Ansicht nach schamlos verhält —, als »Hündin« bezeichnet werden. Johannes Chrysostomos beispielsweise vergleicht »unzüchtige Weiber bei Tischgelagen« mit Hündinnen.[25] Die Skylla bei Libanios (Text Skylla Nr. 7) ist eine von Berufs wegen schamlose Frau, eine Hetäre, die ohne jedes Gefühl, aber voller Berechnung Männer finanziell und gesellschaftlich ruiniert.

Odysseus, falls er denn überhaupt Erwähnung findet, wird in diesen Texten sehr positiv präsentiert. Sein schuldloses Schuldigwerden an den Gefährten wird nicht reflektiert. Porphyrios thematisiert zwar an einer Stelle (Text Skylla Nr. 1 c) den Verrat an den Gefährten, den Odysseus durch sein Schweigen über die Gefährlichkeit der Lage beging. Er schiebt die Schuld dafür jedoch implizit den *Gefährten* zu, indem er sich darüber wundert, dass sie bei der Wappnung ihres Anführers nicht in Alarmbereitschaft versetzt wurden. Basileios von Caesarea schreibt zwar über das Leiden von Skyllas Opfern (Text Skylla Nr. 6), nennt als dessen Ursache jedoch allein Skyllas »Unmenschlichkeit und Rohheit«, nicht die Rolle, die Odysseus dabei spielte. In der Allegorese des Themistios (Text Skylla Nr. 5) schließlich werden die Gefährten zur Allegorie für die »Unachtsamen« — die damit ihr trauriges Schicksal mehr oder weniger selbst verdient haben —, Odysseus hingegen zur Allegorie für den Klugen, Kenntnisreichen und jederzeit gegen Gefahr und Versuchung Gewappneten.

## Die lateinischen Zeugnisse

Vergleichbar den griechischen Texten gibt es eine Reihe von Zeugnissen, welche die Erzählung von Skylla als Allegorie für die Grausamkeit und die Gefahren des Meeres auffassen. Diktys von Kreta beispielsweise (Text Skylla Nr. 8) nennt Skylla und Charybdis als Synonyme für das »äußerst wilde Meer« (*mare saevissimum*). Hieronymus schreibt in seiner auf Eusebios zurückgehenden Chronik (Text Skylla Nr. 9), dass Skylla die Menschen »mit einer tyrrhenischen Triere auszuplündern pflegte«, dass es sich bei ihr also eigentlich um eine Piratin handelte.[26] Servius (Text Skylla Nr. 10) referiert in seinem Kommentar zu Vergils *Aeneis* unter anderem eine Bemerkung von Sallust. Dieser habe gesagt, dass es sich bei Skylla um einen Felsen handele, der aus der Ferne gesehen einer bekannten Form (*forma celebrata*) ähnlich sei. Mit dieser »bekannten« oder »berühmten« Form wird die kanonische Skylla-Darstellung gemeint sein: ein weiblicher Oberkörper, der aus dem Meer aufragt und an den Hüften von Hundeprotomen umgeben ist. Sallust war also der Ansicht, dass sich die Geschichte von Skylla an einer Felsformation entzündet hatte, die dann in bildender Kunst und Literatur in jenes Mischwesen aus Mädchen und Hunden umgesetzt worden sei. An Hunde und Wölfe (der Text nennt beide Arten von Caniden) habe man deshalb gedacht, weil es an der betreffenden Stelle von Raubfischen wimmele[27] und weil das Geräusch der über den schroffen Felsen zusammenschlagenden Wogen an Hundegeheul erinnere.

Dass diese Erklärungen in der Spätantike weit verbreitet waren, belegt noch das wohl im frühen siebten Jahrhundert entstandene Lexikon Isidors von Sevilla. Dort wird zum einen, allerdings ohne Quellenangabe, die auf Sallust zurückgehende Deutung referiert (Text Skylla Nr. 11 b). Im zweiten Buch des Lexikons werden Grundbegriffe der antiken Rhetorik erklärt. Im Abschnitt über Beweis und Widerlegung geht es Isidor, dem christlichen Bischof, auch um die Widerlegung der heidnischen Mythen: Wolle man deren Unsinnigkeit und Amoralität bloßstellen, dann dürfe man sich nicht auf eine allegorische oder rationalistische Interpretation einlassen, sondern müsse auf ihrem wörtlichen Sinn bestehen. Als Beispiel nennt der Autor die Gestalt der Skylla (Text Skylla

---

23 Vgl. etwa die bei Loth 1994, 824 zusammengetragenen Zeugnisse.

24 Franco 2003; vgl. dies. 2008, 269-71.

25 Johannes Chrysostomos, *In Matthaeum homilie* 48, 6.

26 Vgl. die älteren Deutungen des Palaiphatos (*De incredibilibus* 20: etruskisches Piratenschiff) oder Strabon (1, 2, 9: Piratenfestung an der Straße von Messina). Ausführlich zu den frühen rationalistischen Deutungen: Hopman 2012, 175–94.

27 Im lateinischen Text *monstri marini*; zur Bezeichnung von Haien als *canes marini* s. Keller 1913, 381.

Nr. 11 d): Sie sei laut dem Mythos eine »Meerfrau« (*marina femina*), keine bloß am Meeresufer lebende (*maritima*) Frau. Und die Hunde um ihre Hüften müsse man wörtlich nehmen, nicht als moralische Allegorie für einen räuberischen, zerstörerischen Charakter.

Gleichfalls wie im Griechischen kann Skylla als Bild für negative Charaktereigenschaften verschiedenster Art eingesetzt werden. Sidonius Apollinaris beendet einen seiner Briefe mit dem Hinweis auf den Ruhm, den ihm seine Gedichte eingebracht hätten und den er sich auch für weitere Werke erhofft (Text Skylla Nr. 12). Der Neid, der ihm dabei begegnet sei, wird zum einen mit dem Bild eines vergeblich zubeißenden Zahnes beschrieben, zum anderen mit »Skyllen von neidischem Gekläff«, die er, Sidonius, erfolgreich umschifft habe. Claudian (Text Skylla Nr. 13) verwendet in seiner Invektive auf Rufinus, Stilichos 395 n. Chr. ermordeten politischen Gegner, Skylla als eine von mehreren mythischen Metaphern für exzessive Grausamkeit:[28] »An dieses [Ungeheuer, gemeint ist Rufinus] kommen weder der dreileibige Geryoneus noch der ungestüme Pförtner des Orcus heran; genauso wenig wie die Gewalttätigkeit der Hydra, die Gier der Scylla und das Feuer der Chimaera zusammengenommen.« Auch um eine Frau, in diesem Fall die Kaiserin Constantina, als grausames Ungeheuer zu charakterisieren, kann auf Skylla zurückgegriffen werden.[29] Wie Anja Wieber zeigen konnte, verwendete Ammian hierfür eine Vergilreminiszenz (Verg. Aen. 3, 424 f.), die den spätantiken Rezipienten geläufig gewesen sein dürfte.[30]

In einer christlichen Ausdeutung, derjenigen des Ambrosius, kann Skylla als Allegorie für die Häresie auftreten (Text Skylla Nr. 14). Vergleichbar der Allegorese des Themistios (Text Skylla Nr. 5) zerlegt auch Ambrosius die Gestalt der Skylla in ihre hauptsächlichen Bestandteile, den unschuldig-verführerischen Mädchenleib und die männerzerfleischenden Hunde. Der Leib steht hier für »den leeren Namen einer christlichen Gruppe«; die Hunde hingegen symbolisieren die »widerwärtige Lehre«, welche das unglückliche Opfer, das auf sie hereingefallen ist, zugrunde richtet. Skylla tritt hier auf in einer Funktion, die derjenigen der Sirenen vergleichbar ist: eine Verführerin, deren verderbliches Potential dem Unklugen zu spät bewusst wird.

Vergleichbar der schon behandelten Allegorese des Themistios (Text Skylla Nr. 5) ist in den lateinischen Texten eine weitgehend kritiklose Darstellung von Skyllas Antagonisten, Odysseus, zu finden. Zum Bereich der Homerphilologie gehört die wohl fälschlich dem Ausonius zugeschriebene lateinische Inhaltsangabe zu den einzelnen Büchern der *Odyssee*. In der Inhaltsangabe zum 12. Buch geht der Verfasser kurz auf Skylla und Charybdis ein (Text Kirke Nr. 19 b): Er lokalisiert sie und Charybdis wie üblich in der Straße von Messina und sagt dann, dass Odysseus diesen beiden Ungeheuern »nicht ohne schweres Erdulden« entkommen sei. Es sei daran erinnert, dass Homer seinen Helden sagen ließ, dass er auf seiner Irrfahrt nichts vergleichbar Schreckliches erlebt habe. Dennoch sind es objektiv betrachtet natürlich die aufgefressenen *Gefährten*, die wirklich leiden. Und die deshalb leiden, weil ihr Anführer sie entsprechend Kirkes Anweisung bewusst geopfert hatte, um noch Schlimmeres zu verhindern. Wurde das Leiden der Gefährten von Homer immerhin noch ausführlich, 13 Verse lang, beschrieben,[31] so ist es dem spätantiken Autor kein einziges Wort wert. Er erwähnt die Gefährten nicht einmal. Die hier zu fassende Marginalisierung der Gefährten zugunsten einer Konzentration auf den Anführer Odysseus begegnete schon häufiger und ist ein Charakteristikum der stark in Hierarchien denkenden Spätantike.

Gleich den anderen Abenteuern der Irrfahrt wurde auch die Begegnung mit Skylla und Charybdis von der nachhomerischen Rezeption im Westen lokalisiert. Auch hier erfolgte eine Vereinnahmung der homerischen Gestalten zugunsten der lateinischen Kultur und Identität.[32] Die Verortung in der Meerenge zwischen Italien und Sizilien wurde bereits bei Prokop (Text Skylla Nr. 4) erwähnt. In den lateinischen Texten erfolgt sie beispielsweise bei Servius (Text Skylla Nr. 10), Ps.-Ausonius (Text Kirke Nr. 19 b) oder noch Isidor von Sevilla (Text Skylla Nr. 11 a–c). Skylla in ihrer Form als Naturallegorie ist hier fester Bestandteil der frühmittelalterlichen italischen Topographie.

Zahlreiche lateinische Texte nehmen Bezug auf Skyllas Gestalt, wie sie in der bildenden Kunst imaginiert

---

[28] Zum historischen Kontext s. Cameron 1970, 63–92; ebenda 82 f.: »The whole of the section Ruf. i. 175–300 is devoted to elaboration of the theme of Rufinus' cruelty and greed«.

[29] Ammianus Marcellinus, *Res Gestae* 14, 9, 3.

[30] Wieber-Scariot 1999, 143–47.

[31] Hom. Od. 12, 245–57.

[32] Vgl. den bereits genannten (Text Kirke Nr. 25) Abschnitt im geographischen Exkurs des Martianus Capella. Dort werden neben Kirke, den Laistrygonen und den Sirenen auch Charybdis, Skylla sowie Skyllas Mutter Krateis in ganz unterschiedlichen Erscheinungsformen (als tatsächlich dort gelebt Habende, als Stadt, als Felsen, als Fluss etc.) in Unteritalien verortet.

wurde und den Verfassern der Texte eventuell auch direkt vor Augen stand. Es handelt sich hier wohl um ein vergleichbares Phänomen wie im Fall der Sirenen. Wie weiterhin der Abschnitt zu den Denkmälern deutlich machen wird, fand die künstlerische Auseinandersetzung mit der Skylla-Thematik in der Spätantike vor allem im Westen statt. Auch dies ist eine Parallele zur Rezeption des Sirenen-Motivs. Auf Skyllas menschengestaltigen Leib und die Hunde an ihren Hüften rekurrierte etwa Isidor von Sevilla (Texte Skylla Nr. 11 b und d), während Ambrosius von tiergestaltigen Ungeheuern sprach (Text Skylla Nr. 14). Um den bedrohlichen, raubtierhaften Aspekt dieses Mischwesens zu unterstreichen, konnten neben Hunden auch Wölfe erwähnt werden. So beispielsweise bei Servius (Text Skylla Nr. 10) oder in einem noch zu diskutierenden Text des Fulgentius (Text Skylla Nr. 16).

Hunde waren auch im lateinischen Sprachraum eher negativ konnotiert, galten als schamlos und gierig.[33] Besonders schlimm waren weibliche Hunde: Eine *rabidissima canis*, eine »tollwütige Hündin«, nennt Hieronymus die dem Joseph nachstellende biblische Gattin des Potiphar.[34] Weibliche Sexualität hat hier jenen pathologischen, irrationalen Zug, der auch bei der lateinischen Rezeption von Kirke und den Sirenen zu beobachten war und über den in Bezug auf Skylla weiter unten zu sprechen sein wird. Gleichfalls deutlich sexualisiert war der Begriff »Wölfin«: *Lupa* war im Lateinischen eine gängige Bezeichnung für eine Prostituierte, ein *lupanar* bezeichnete ein Bordell.[35]

So überrascht es nicht, dass Skyllas Schamlosigkeit und Gier auch sexuell interpretiert werden konnten. Schon in der pseudovergilischen *Ciris* wurde eine allegorische Deutung der Skylla als Wollust und sexuelle Lasterhaftigkeit vorgeschlagen.[36] In der Spätantike setzt etwa Hieronymus Charybdis mit der Sinnlichkeit (*luxuria*) gleich, Skylla hingegen mit der Wollust (*libido*), welche den »Schiffbruch der Sittsamkeit« (*naufragium pudicitiae*) verursache (Text Skylla Nr. 15). Mehr als 100 Jahre später sieht Fulgentius (Text Skylla Nr. 16) in Skylla gleichfalls eine Allegorie für die Wollust und begründet dies in einer reichlich kruden etymologischen Ableitung des Namens Skylla von *exquina*, was das griechische Wort für *confusio*, Vermischung, sei. Vermischung wiederum sei gleichbedeutend mit *libido*, Wollust. Auch Skyllas äußere Erscheinung wurde nach Ansicht des Fulgentius vom antiken Mythos so imaginiert, dass sie ein deutlicher Ausdruck dieses wollüstigen Wesens war. Die gierigen Hunde und Wölfe an ihrem Unterleib seien eine Visualisierung ihres gierigen, alles und jeden verschlingenden Genitals: »Scylla jedoch wird in der Art einer Hetäre dargestellt, weil es nötig ist, dass jede wollüstige Frau ihren Unterleib mit Hunden und Wölfen vereinigt. Zu Recht also ist sie mit Wölfen und Hunden vereinigt, weil sie ihre geheimen Teile beim Verschlingen von Fremdem nicht satt kriegen kann.«

Die Sirenen hatten sich in der Vorstellung der Spätantike als süße, wenn auch letztendlich tödliche Versuchung stilisiert und damit den in Versuchung geführten Männern zumindest vordergründig die Initiative überlassen. Auch Kirke wurde zum Teil imaginiert als eine schöne Frau, welche die Männer verzaubert, ›becirct‹. Damit entsprachen sowohl Kirke als auch die Sirenen in gewisser Weise der konventionellen Vorstellung von Weiblichkeit. Skylla hingegen ist in diesem Strang der Rezeption das Exempel für eine Frau, die nicht einmal den Schein wahrt, sondern ganz direkt die sexuell aktive Rolle übernimmt und ihre Opfer gleichsam vergewaltigt. Damit nimmt sie eine Rolle ein, die in der (spät-)antiken Vorstellung männlich konnotiert war — und die Opfer ihrer eigenen Männlichkeit beraubt.[37]

Mit der oben referierten Charakterisierung Skyllas als einer Art männerverschlingenden, raubtierhaften Genitals bot Fulgentius ein abschreckendes Gegenbild zum Ideal seiner Zeit: der christlichen Jungfrau, deren Gestalt, wie Peter Brown zeigen konnte, ideologisch überhöht und mit soteriologischer Bedeutung aufgeladen wurde.[38] Darüber hinaus bot er ein abschreckendes Gegenbild zum römischen Ideal der *univira*, der Frau, die nur mit einem einzigen Mann verbunden ist. Dieses Ideal wurde auf der mythischen Ebene vor allem von Penelope verkörpert, der Gattin des Odysseus. Ent-

---

33 Loth 1994.

34 Hieronymus, *Adversus Iovinianum* 1, 7.

35 Vgl. Hopman 2012, 230.

36 *Ciris* 68 f: *atque hoc in carmine toto / inguinis est vitium et Veneris descripta libido.* Für entsprechende Zeugnisse aus Spätantike und Mittelalter s. Claussen 2007, 163 f.

---

37 Veyne 1991, 199 f. Das gilt in vergleichbarer Weise wohl bereits für die Vorstellung von Skylla im klassischen Griechenland, wie die Analyse von Hopman 2012, 113–41 zeigt. Vgl. etwa ebenda S. 123: »The connotations of the *Agamemnon* and *Medea* passages and the iconography of the Boetian krater suggest that the voracious monster of the *Odyssey* could be recoded as a sexually aggressive and symbolically castrating female«.

38 Brown 1990, v. a. 341–65 (zu Ambrosius). Den abendländischen Diskurs, demzufolge der weibliche Körper der Regulierung und — zumindest auf der metaphorischen Ebene — der ›Versiegelung‹ bedürfe, beschreibt Nead 1992, 5–12.

sprechend habe, schreibt Fulgentius, Odysseus Skylla »verachtet« und sei »unangefochten an ihr vorübergegangen«, um wieder zur Gattin Penelope zu gelangen. Odysseus, hier allegorisiert als Weisheit (*sapientia*), ist in diesem Text ebenso Gegenstand der kritiklosen Verherrlichung wie dies schon in der lateinischen Inhaltsangabe der *Odyssee* (Text Kirke Nr. 19 b) zu beobachten war. Eine explizite Gegenüberstellung von Skylla und Penelope findet sich auch in einem möglicherweise nachantiken, angeblich auf Hieronymus zurückgehenden Brief (Text Skylla Nr. 17).[39] Dessen Verfasser rät dem Empfänger vom Heiraten ab, da es keine sittsamen Frauen wie Penelope oder Lucretia mehr gebe, sondern nur noch solche wie Skylla, Myrrha oder Phädra. Myrrha hatte den eigenen Vater verführt und mit ihm den Adonis gezeugt; Phädra war in rasende Leidenschaft für ihren Stiefsohn entbrannt.[40] Das den drei Frauengestalten — Skylla, Myrrha und Phädra — Gemeinsame dürfte in den Augen des Verfassers in ihrer völligen Schamlosigkeit in Bezug auf Sexuelles gelegen haben, in ihrem Mangel an Sittsamkeit (*pudicitia*).[41]

Was die lateinische Rezeption des Skylla-Mythos gleichfalls von ihrem griechischen Pendant unterscheidet, ist die deutliche Abhängigkeit vieler Texte von Ovids *Metamorphosen*. Dem entspricht zwangsläufig, dass die Person des Odysseus eine geringe bis gar keine Rolle spielt. Vergil hatte Skylla in der *Aeneis* nur kurz erwähnt in der Prophezeiung, die Helenos dem Aeneas für die weitere Fahrt gibt.[42] Sie erscheint dort in homerischer Tradition als ein zwischen den Felsen lebendes Ungeheuer, das Schiffe überfällt. Ihr Aussehen hingegen — Mädchenoberkörper mit Fischschwänzen und Hundeprotomen — ist den Darstellungen der zeitgenössischen Kunst entnommen.[43] Ovid rekurriert in den *Metamorphosen* zwei Mal auf die homerische Skylla, beide Male im Zusammenhang mit der Fahrt des Aeneas durch die Straße von Messina Richtung Italien.[44] Zunächst beschreibt der Dichter Skyllas als bekannt vorausgesetztes Aussehen — Mädchengesicht und Hunde an den Hüften —, um dann zu sagen, dass sie gemäß älterer Überlieferung einst ein Mädchen war.[45] Ovid stellt sich hier mit seiner Geschichte von Skyllas Verwandlung in eine bestehende, uns nicht erhaltene literarische Tradition. In dieser Tradition ist Skylla zunächst ein schönes, am Meeresufer lebendes Mädchen, dann ein weibliches Meerungeheuer. Der *Odyssee*-Kontext spielt kaum eine Rolle. Skyllas Verwandlung wird dann von Ovid, nach der Geschichte von Galatea, ausführlich erzählt.[46] Skylla ist hier ein schönes Mädchen, das am Meeresufer lebt und in das sich Glaucus, ein in einen Wassergott verwandelter Sterblicher, verliebt. Von Skylla wegen seiner wenig einnehmenden Gestalt abgewiesen, bittet Glaucus die Zauberin Kirke/Circe um Hilfe. Wie im Kapitel »Kirke« bereits kurz angedeutet, verliebt sich diese nun ihrerseits in Glaucus und nimmt — als er sie wegen seiner immer noch bestehenden Leidenschaft für Skylla verschmäht — an der Rivalin furchtbare Rache: Sie verseucht die Badebucht der jungen Frau mit Gift und verwandelt sie so in das bekannte, am Unterleib mit reißenden Hunden bestückte Ungeheuer. In dieser Gestalt nimmt Skylla dann später ihrerseits Rache an Odysseus, dem Geliebten der Kirke. Sie hätte auch die Schiffe des Aeneas in vergleichbarer Weise ihrer Besatzung beraubt, wäre sie nicht zuvor — aus unbekannten Gründen und von einer nicht genannten Macht — in ein Riff verwandelt worden.

Diese Geschichte war in der Spätantike weit verbreitet. Zunächst erscheint sie in den *Narrationes fabularum Ovidianarum*, wo sie relativ ausführlich nacherzählt wird (Text Skylla Nr. 18). Servius erwähnt den ersten Teil der Verwandlungsgeschichte — vom schönen Mädchen in ein Ungeheuer — in seinem Kommentar zur *Aeneis* (Text Skylla Nr. 10) und Fulgentius in seinem mythologischen Lexikon (Text Skylla Nr. 16). Daneben

---

39 Vgl. Wieber 2010, 264.

40 Myrrha: z. B. Ov. met. 10, 300–519; Phädra: z. B. Ov. met. 15, 497–546.

41 Zur Verwendung Skyllas als negatives *exemplum* bereits bei Properz, Catull, Ovid u. a.: Hopman 2012, 217–27. Ausführlich zum *pudicitia*-Begriff: Langlands 2006; vgl. im Kapitel »Heimkehr« die Diskussion zur Penelope-Figur in der lateinischen Rezeption.

42 Verg. Aen. 3, 420–32. Eine weitere Anspielung auf Skylla findet sich beim Gang in die Unterwelt. Dort trifft Aeneas im Vorhof und an den Toren des Hades diverse Ungeheuer, darunter auch *Scyllae biformes* (Verg. Aen. 6, 286). Der Miniaturenmaler des sog. Vergilius Vaticanus hat an der entsprechenden Stelle eine Darstellung eingefügt (Anhang Skylla Nr. 12): Inmitten der Unterwelt ist ein Teich mit blaugrünem Wasser zu erkennen, darin eine Skylla. An den Mädchenleib schließt sich ein einzelner geringelter langer Fischschwanz an; aus den Hüften entspringen zwei oder drei Hunde.

43 Dazu weiter unten. Der Fischunterleib — bei Verg. Aen. 3, 428 handelt es sich um Delphinschwänze — ist für die bildliche Konkretisierung der kompletten Gestalt notwendig, während er in den Texten in der Regel keine Erwähnung findet.

44 Ov. met. 13, 723–14, 77.

45 Ov. met. 13, 732 f.: *illa feris atram canibus succingitur alvum, / virginis ora gerens.* Ov. met. 13, 733 f.: *si non omnia vates / ficta reliquerunt, aliquo quoque tempore virgo.*

46 Ov. met. 13, 900–14, 74. Dazu Hopman 2012, 233–53.

existierten wohl seit dem Hellenismus noch weitere Versionen von Skyllas Verwandlung.[47] Servius referiert im oben genannten *Aeneis*-Kommentar (Text Skylla Nr. 10) zwei dieser Varianten: So habe Kirke Skylla auf Veranlassung des Glaucus verwandelt, weil dieser gehofft habe, sie würde ihn dann — jetzt ein genauso monströs aussehendes Meerwesen wie er selbst — erhören. Die zweite und häufiger anzutreffende Version verbindet Skyllas Verwandlung mit dem erotischen Begehren des obersten Meeresgottes, des Poseidon beziehungsweise Neptun. Dieser habe Skylla geliebt, sei von ihr aber zugunsten des Glaucus abgewiesen worden und habe sie daraufhin aus Rache in das bekannte Ungeheuer verwandelt. Ein Nachklang dieser Version war auch bei Nonnos (Text Skylla Nr. 3) zu finden. Dort schlief Poseidon zunächst mit Skylla, einem schönen jungen Mädchen, und verwandelte sie dann aus nicht genannten Gründen (weil sie ihn mit Glaucus betrog?) in ein Riff.[48] Im Kommentar zu Vergils *Hirtengedichten* (Text Skylla Nr. 19) schließlich findet sich auch eine Version, der zufolge die Verwandlung in das Ungeheuer von Amphitrite initiiert wurde, weil diese über die Liebschaft ihres Gemahls mit Skylla erbost war. In allen diesen Versionen tritt Skylla auf als ›Meerfrau‹, welche in der einen oder anderen Weise mit einer männlichen Meeresgottheit verbunden ist. Ihre in den Allegoresen und literarischen Bildern hervorgehobene Grausamkeit und Gefährlichkeit spielt bei den Verwandlungsmythen keine Rolle. Skylla erscheint vielmehr als Opfer der Grausamkeit und Gefährlichkeit anderer, ihr deutlich überlegener Gottheiten.

Neben der Popularität von Verwandlungsmythen geht vermutlich auch ein weiteres Spezifikum der lateinischen Skylla-Rezeption auf Ovid zurück: die Verbindung mit einer anderen jungen Frau gleichen Namens. Diese gleichfalls in den *Metamorphosen* auftretende Skylla war eine Königstochter, die aus obsessivem Liebesverlangen zum Anführer des feindlichen Heeres, Minos von Kreta, Vater und Heimat verriet: Sie schnitt dem Vater Nisos die ihm Unbesiegbarkeit verleihende purpurne Haarsträhne ab und brachte sie zu Minos. Als der Begehrte sich in Abscheu von ihr wandte, klammerte sie sich verzweifelt an sein nach Kreta zurückkehrendes Schiff und wurde schließlich in einen Seevogel, Ciris, verwandelt.[49] Die Parallelisierung oder gar Kontamination dieser beiden Frauengestalten hatte in der lateinischen Literatur eine lange Tradition[50] und ist auch in der Spätantike zu fassen. In dem bereits erwähnten Kommentar zu den *Hirtengedichten* (Text Skylla Nr. 19) berichtet Servius, dass es zwei Skyllen gab: *Scyllae duae fuerunt*. Er beginnt mit der hier interessierenden Skylla und den verschiedenen Versionen ihrer Verwandlung und lässt darauf die Geschichte von der Tochter des Nisos folgen, die sich in Minos verliebte, Verrat beging und als Seevogel endete.[51] Der Eintrag schließt mit einer ausführlichen Diskussion der Frage, ob Vergil die beiden Skyllen verwechselt oder mit der Kontamination eine dichterische Absicht verfolgt habe. Sidonius zählt in einem bereits angesprochenen Hochzeitsgedicht (Text Kirke Nr. 21) eine Reihe mythischer Frauen auf, sie jeweils kurz mittels eines Attributs oder einer Eigenschaft charakterisierend. Auf Kirke mit ihren Kräutern und Kalypso mit ihrem Apfel folgt Skylla. Allerdings ist das sie charakterisierende Wort *comas*, Haare. Es wird sich also um die andere Skylla, die ihrem Vater verräterisch das Haar abschnitt und ihm so den Untergang brachte, handeln. Ob Sidonius bewusst auf die nicht zur *Odyssee* gehörige Skylla zurückgriff oder ob hier eine Verwechslung vorliegt, muss offenbleiben.[52]

In allen diesen Erzählungen, bei den diversen Verwandlungen der odysseischen Skylla genauso wie bei der Geschichte von der verräterischen Königstochter, geht es um übersteigerte, krankhafte Leidenschaft, um pervertierte Liebe. Diese pathologische Leidenschaft ist die

---

[47] Zu fassen etwa in dem fälschlich Vergil zugeschriebenen, wohl erst nach Ovids Metamorphosen entstandenen Gedicht *Ciris*: Lyne 1978. 1. *Ciris* 70–76: Skylla war ein schönes Mädchen, das erst von Neptun vergewaltigt und dann von Neptuns Gattin Amphitrite mittels Gift in das bekannte Ungeheuer verwandelt wurde (vermutlich Kontamination mit der Kirke-Version, vgl. den Kommentar von Lyne 1978, 132–34). 2. *Ciris* 77–88: Skylla war eine schöne und habgierige Hetäre, die von Venus aus Strafe für einen Betrug in das Ungeheuer verwandelt wurde. Zu Skylla in der Dichtung hellenistischer Zeit s. auch Hopman 2012, 196–200.

[48] Die Verwandlung direkt von einem Mädchen in ein Riff, unter Auslassung des Ungeheuers, ist m. W. singulär. Eventuell hat Nonnos die drei Stadien der ovidischen Verwandlung zu nur zweien zusammengezogen (gesetzt den Fall, er kannte Ovid oder zumindest die *Narrationes*) oder er ließ sich direkt von der *Odyssee* (13, 159–64) inspirieren, wo Poseidon das Schiff der Phäaken aus Wut über den Transport des verhassten Odysseus in ein Riff verwandelt. Oder Nonnos hatte Zugriff auf eine entsprechende, sonst nicht erhaltene hellenistische Version?

[49] Ov. met. 8, 6–151. Diese Geschichte ist Hauptthema der pseudovergilischen *Ciris*.

[50] So schon bei Verg. Ecl. 6, 74–78. Für weitere Zeugnisse s. Lyne 1978, 126 zu V. 54; ausführlich dazu Hopman 2012, 209–15.

[51] Vgl. noch den mittelalterlichen sog. Mythographus Vaticanus I: 1, 3 Hrsg. Zorzetti — Berlioz 1995.

[52] Auch der Apfel der Kalypso wäre im Übrigen erklärungsbedürftig.

Abb. V.1 Detail eines Fußbodenmosaiks aus den Thermen von Thaenae, Tunesien; spätes 3. Jh. n. Chr. (Katalog Skylla Nr. 1a). Nach Ben Abed-Ben Khader 2003, Abb. 357

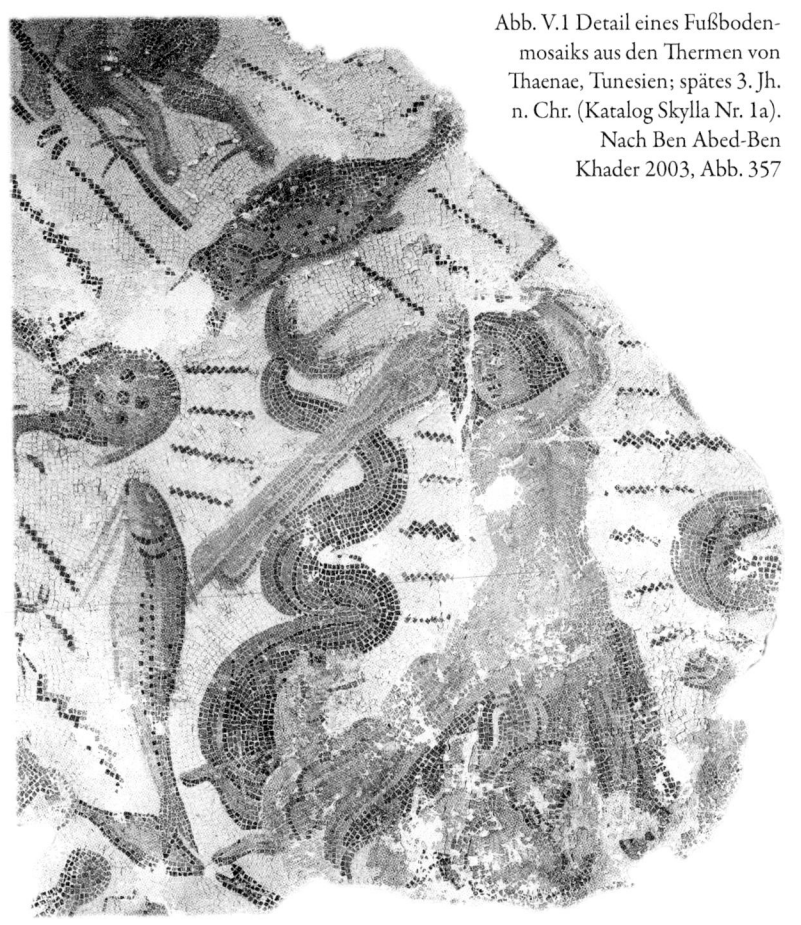

Triebfeder der männlichen wie weiblichen Protagonisten und führt regelhaft in die Katastrophe. Skylla erscheint in diesem Strang der Rezeption als Subjekt oder Objekt heftigen Begehrens. Ihre Sexualisierung erhält dadurch eine andere Qualität als in den zeitgleichen griechischen Texten. Diese, genannt sei hier das Beispiel des Libanios (Text Skylla Nr. 7), zeichneten von Skylla eher das Bild einer Hetäre: einer Frau, die aufgrund ihres Berufs ein Sexualleben führt, das als schamlos angesehen wurde. Ausgestattet mit einem habgierigen und gefühllosen Wesen sowie kühl kalkulierend, bringt sie Männern den Ruin. Weibliche Sexualität ist hier rational eingesetztes Mittel zum Zweck, eine Auffassung, die auch bei der griechischen Rezeption der Kirke-Gestalt zu beobachten war. In den lateinischen Texten hingegen ist die sexuelle Zügellosigkeit oder Gier in Skyllas und Kirkes *Charakter* eingeschrieben und unterliegt keinerlei Kontrolle durch den Intellekt.

*Die bildliche Rezeption*

Verglichen mit den Darstellungen des Sirenen-Abenteuers zeigen sich bei der bildlichen Rezeption der Skylla-Episode sowohl Gemeinsamkeiten als auch Unterschiede. Gemeinsam ist beiden Mischwesen eine deutliche Sexualisierung in der äußeren Erscheinung sowie die Konzentration der Denkmäler auf den Westen des Reiches. Wie es scheint, geraten die beiden homerischen Ungeheuer — deren homerischer Ursprung in dieser Rezeption kaum noch zu erkennen ist — in die im Westen populären Diskurse zu Sexualität und Weiblichkeit. Die Denkmäler mit Skylla-Darstellungen gehören einer Reihe von unterschiedlichen Gattungen und Rezeptionskontexten an, welche allerdings nicht völlig deckungsgleich sind mit denen, die in Bezug auf die Sirenen zu beobachten waren. Gleich den und teilweise sogar gemeinsam mit den Sirenen erscheint Skylla auf Mosaiken, die in einem räumlichen Bezug zu Wasser stehen, sowie in der Grabkunst. Überraschend ist die große Anzahl, deutlich über 100 Stück, von stadtrömischen Kontorniaten, deren Rückseite mit dem odysseischen Skylla-Abenteuer dekoriert wurde. Sirenen hingegen sind auf Kontorniaten nicht zu finden.

Der wohl wichtigste inhaltliche Unterschied zur Darstellung des Sirenen-Abenteuers besteht darin, dass Skylla auch außerhalb des *Odyssee*-Kontextes dargestellt werden konnte und dort in ihrer Eigenschaft als Meerfrau für Künstler und Rezipienten von Interesse war. Entsprechende Darstellungen finden sich auf Mosaiken und Tonlampen, aber auch auf Münzen oder Sarkophagen.

Die überwiegende Anzahl der Denkmäler stammt aus der Zeitspanne zwischen 200 n. Chr. und dem früheren fünften Jahrhundert. Eine spätere christliche Rezeption der darauf befindlichen Darstellungen lässt sich, anders als im Fall der Sirenen-Bilder, nicht nachweisen.

**Das Skylla-Abenteuer als Bestandteil eines umfangreichen Mosaiks mit Meeresthematik**

Im Zusammenhang mit dem Sirenen-Abenteuer wurde bereits eine Reihe von Mosaiken mit Meeresthematik behandelt, die aus Brunnen- oder Thermenanlagen stammen. Zwei dieser Mosaiken thematisieren auch die Begegnung des Odysseus mit Skylla. Über das große, leider nur fragmentarisch überlieferte Meermosaik in den Thermen von Thaenae wurde bereits ausführlich

Abb. V.2 Detail eines Fußbodenmosaiks aus einem vermutlichen Thermengebäude in Ammaedara, Tunesien; um 350 n. Chr. (Katalog Skylla Nr. 2). Nach Baratte 1974, Abb. 9

gesprochen (Katalog Sirenen Nr. 4 Abb. IV.3). In dreien der erhaltenen Sechsecke befindet sich eine Skylla, die jeweils das gesamte Bildfeld ausfüllt. Anhand des am besten erhaltenen Exemplars, Katalog Skylla Nr. 1 a, soll die äußere Erscheinung dieses homerischen Ungeheuers vorgestellt werden (Abb. V.1). Bis etwa in Höhe des Bauchnabels ist Skylla eine nackte junge Frau mit dunkelblondem Haar, das offen und ungekämmt auf die Schultern fällt. Die Augen sind weit aufgerissen, der Mund leicht geöffnet. Mit einer weit ausholenden Geste schwingt sie mit beiden Händen das Steuerruder eines Schiffes hinter ihren Rücken, um damit zum Schlag auszuholen. Durch diese Bewegung wird der eigentlich in Vorderansicht gezeigte Oberkörper so zur Seite gedreht, dass die linke Brust in einer reizvollen Profilansicht erscheint. An Skyllas Hüften setzt ein Flossenschurz an, der den Übergang zu den tierischen Bestandteilen ihres Körpers kaschiert. Anstelle von Beinen schlängeln sich zwei in Flossen auslaufende lange Fischschwänze zu ihren Seiten empor. Unter dem Flossenschurz hervor schauen die Oberkörper von drei erregt tänzelnden Hunden.

Die hier beschriebene bildliche Gestaltung der Skylla als einer Mischung aus grässlicher Bedrohung und sexuell anziehender Frau ist in der Spätantike kanonisch und soll im folgenden Abschnitt ausführlich diskutiert werden. Auch die anderen beiden Skyllen auf diesem Mosaik unterscheiden sich von der ersten nur im Detail: Katalog Skylla Nr. 1 b hat etwas dunkleres Haar; zudem

befindet sich das geschwungene Steuerruder waagerecht in Höhe ihres Kopfes und nicht hinter ihrem Rücken. Von Katalog Skylla Nr. 1 c haben sich nur die sich nach oben schlängelnden ›Beine‹, ein Teil des Oberkopfes sowie das hier mit der linken Hand in die Höhe gereckte Steuerruder erhalten.

Eine direkte Konfrontation mit Odysseus und seinen Gefährten, wie in der *Odyssee* beschrieben, ist auf diesem Mosaik nicht nachweisbar. Dies mag zum einen am fragmentarischen Erhaltungszustand des Werkes liegen. Bei der Skylla Katalog Nr. 1 a haben sich nur drei der sechs angrenzenden Bildfelder wenigstens ansatzweise erhalten, bei Katalog Nr. 1 c gar keines.[53] Nur im Falle von Katalog Nr. 1 b ist sicher, dass auf zwei der angrenzenden Sechsecke das Sirenen-Abenteuer dargestellt war. Wie bereits vorgestellt (Abb. IV.3), stehen rechts unterhalb dieser Skylla die drei Sirenen. Im direkt darunter befindlichen Bildfeld platzierte der Mosaizist das Schiff des Odysseus. Der Held ist wie üblich an den Mast gebunden, wäre zu einer Interaktion mit Skylla also gar nicht in der Lage. Wie noch zu zeigen sein wird, fanden die Künstler für die direkte Konfrontation von Held und Ungeheuer andere und überzeugendere Bildformen. Hier hingegen hat die räumliche Nähe Skyllas zum Sirenen-Abenteuer vor allem den Zweck, auf eine weitere, noch zu bestehende Gefahr für den Helden hinzuweisen.

Hinzu kommt ein weiterer Aspekt: Um als Bild zu wirken, benötigt Skylla das Schiff des Odysseus nicht. Sie kann ebenso für sich alleine stehen, als eine Verkörperung des Meeres, vergleichbar den Darstellungen des Okeanos, der *Venus marina* oder einer anderen Gottheit des Meeres. Dazu sollen im folgenden Abschnitt eine Reihe von Beispielen vorgestellt werden. Ob es sich bei den anderen beiden Skyllen dieses Mosaiks auch so verhielt oder ob dort nicht doch das Schiff des Odysseus dargestellt war, kann wegen des fragmentarischen Befundes nicht mit letzter Sicherheit geklärt werden.[54] Es hat jedoch eine gewisse Wahrscheinlichkeit, dass Skylla dort allein auftrat, als abstrakte Chiffre für die Gefahren des Meeres und als solche beliebig multiplizierbar.

---

[53] Die von Massigli 1912, Taf. 1 vorgeschlagene zeichnerische Rekonstruktion des Fußbodens ist hypothetisch. Man könnte theoretisch sowohl die einzelnen Blöcke weiter voneinander abrücken als auch die Fragmente innerhalb eines Blockes anders anordnen.

[54] Links unterhalb von Skylla Nr. 1 a haben sich das Segel eines Schiffes erhalten sowie (laut Massigli 1912, 3) der Kopf eines Schiffers. Von einem eventuellen Odysseus, an den Mast gebunden oder in Kämpferpose, ist nichts zu sehen. Ob er sich einst dort befand, ist nicht mehr zu klären.

In dem vermutlichen Thermengebäude in Ammaedara trat der Besucher aus einem Korridor in einen großen Saal, dessen Fußboden mit einem detailreichen Meermosaik von guter Qualität geschmückt war.[55] Am Übergang vom Korridor zum Saal, den Eintretenden zugewandt, befand sich einst eine Darstellung der Skylla (Katalog Skylla Nr. 2 Abb. V.2). Erhalten haben sich der Kopf sowie Teile des nackten Oberkörpers. Das Ungeheuer hält mit beiden Händen den Griff des Steuerruders waagerecht über dem Kopf. Die aus blauen und schwarzen *tesserae* gelegten Haare stehen in wilden Locken nach allen Seiten ab. Der Mund ist leicht geöffnet. Skyllas dichte Brauen sind prononciert zur Nasenwurzel emporgezogen, die in Weiß eingelegten Augen haben keine Pupillen. Dieser Umstand verstärkt das Unheimliche, Geisterhafte von Skyllas Erscheinung.

Den Eintretenden bot sich mit dieser Figur eine Facette des Meeres, die weniger idyllisch denn bedrohlich erschien. Diese Beobachtung fügt sich zwanglos ein in das im vorherigen Kapitel diskutierte Phänomen, dass die spätantiken Darstellungen des Meeres nicht als reine Idyllen konzipiert waren, sondern durchaus auch verstörende Elemente enthalten konnten. Innerhalb des Raumes, rechts hinter der Darstellung der Skylla und auf einen Betrachter an der rechten Wand ausgerichtet, platzierte der Mosaizist das Schiff des Odysseus. Der Held ist an den Mastbaum gefesselt und lauscht dem Gesang der Sirenen, die sich noch weiter rechts auf dem Mosaik befinden (Katalog Sirenen Nr. 6). Blickte der Eintretende nach links, dann sah er dort, ausgerichtet auf die Mitte des Raumes, einen Mann in phrygischer Tracht sowie eine nachdenklich blickende Frau, die gemeinsam in einem Boot über das Meer fahren; eine Szene, die François Baratte versuchsweise als Darstellung der Entführung der Helena durch Paris interpretierte.[56]

Wie schon auf dem Mosaik von Thaenae, so hat Skylla auch hier nur eine lose Verbindung zu Odysseus.[57] Die beiden werden nicht in Interaktion gezeigt; sie sind in diesem Fall nicht einmal auf denselben Betrachterstandpunkt ausgerichtet. Skylla bildet vielmehr den Auftakt für (vermutlich) zwei Szenen aus den homerischen Epen, die einen inhaltlichen Bezug zum Meer haben. Warum das im Prinzip bekannte und seit Jahrhunderten tradierte Schema einer direkten Konfrontation von Odysseus und Skylla bei den Meermosaiken nicht zum Einsatz kam, mag mehrere Gründe haben. Der wichtigste ist wohl die ikonographische Tradition, der zufolge Skylla von Anfang an als eigenständiges Meerwesen auftrat. Der *Odyssee*-Kontext ist ein sekundärer, der die Künstler erst seit dem Hellenismus in begrenztem Maße interessierte. Thema dieser Mosaiken ist die Macht und Verführungskraft des Meeres, verkörpert unter anderem in Skylla. Das Odysseus-Abenteuer war hier nicht unbedingt notwendig. Es war im Grunde noch nicht einmal erwünscht: Wie noch zu zeigen sein wird, visualisiert die Bildformel »Odysseus und Skylla« eine Souveränität und Wehrhaftigkeit des Odysseus, die wenig mit dem Verlauf der Geschehnisse im homerischen Epos zu tun hat. Skyllas Überlegenheit wird in diesen Bildern so weit wie möglich heruntergespielt. Eine solche Aussage ist, wie der entsprechende Abschnitt zeigen wird, in bestimmten Kontexten durchaus möglich. Auf den Meermosaiken jedoch stünde sie deren Aussage diametral entgegen.

## Skylla als Meerfrau

Im Unterschied zu den seit archaischer Zeit populären Darstellungen mit Polyphem, Kirke oder den Sirenen scheint die Begegnung des Odysseus mit Skylla die Künstler zunächst nicht interessiert zu haben. Die Darstellung auf einer etruskischen Elfenbeinpyxis des späteren siebten Jahrhunderts v. Chr. ist singulär und fand in der griechischen Kunst keine Nachahmung.[58] Wie bereits im Zusammenhang mit der Abhandlung des Themistios (Text Skylla Nr. 5) erwähnt, wurde Skylla bereits im fünften vorchristlichen Jahrhundert von den bildenden Künstlern als Teil des marinen Thiasos, als Meerfrau, konzeptualisiert.[59] Dabei verwies der Fischschwanz — in

---

[55] Vgl. die Diskussion zu Katalog Sirenen Nr. 6.

[56] Baratte 1974, 23–27.

[57] Falls man nicht postulieren will, dass sich einst eine Darstellung des Odysseus unterhalb von Skylla im (nicht ausgegrabenen) Korridor befand. Dies ist allerdings wenig wahrscheinlich, da die bekannten ikonographischen Parallelen (vgl. Katalog Skylla Nr. 3–123) Odysseus stets gegenüber von Skylla und sie mit einer Waffe bedrohend zeigen.

[58] Elfenbeinpyxis Florenz, Museo Archeologico Nazionale 73846; Andreae 1999, 302 f. Farbabb. Nr. 129. Skylla ist hier relativ nah am homerischen Text als eine das Schiff angreifende Hydra mit drei (anstatt sechs) langen Hälsen und Hundeköpfen dargestellt; ihre bei Homer beschriebenen, in der Höhle befindlichen zwölf Stummelbeine fehlen. Rechts davon eine Darstellung der Flucht aus der Höhle des Polyphem: Männer, die sich unter den Bauch von Huftieren krallen. Inwieweit das bei Studnicska 1906, Abb. 1 beschriebene minoische hundeartige Seeungeheuer (Tonsiegel Iraklion, Archäologisches Museum) die homerische Darstellung der Skylla inspirierte, muss offenbleiben. Keinerlei erkennbare Beziehung zu Skylla haben die von Hanfmann 1987, 259 f. in die Diskussion gebrachten orientalischen »Hundegottheiten«.

[59] Walter-Karydi 1997; Hopman 2012, 91–172; Moraw 2015, 95–99.

Abb. V.3 Detail eines Fußbodenmosaiks aus einer Domus in Hippo Regius, Algerien; 210–60 n. Chr. (Anhang Skylla Nr. 1). Nach Marec 1958, Abb. 8

späteren Darstellungen meist zwei Fischschwänze, welche die Stelle von Beinen einnehmen — auf das nasse Element, in dem sich das Wesen tummelt. Die Hundeprotome hingegen sind das, was Skylla unverwechselbar von anderen Meeresmischwesen unterscheidet. Wie die Analyse der Texte ergab, sind sie nicht allein konstitutiver Bestandteil ihrer Gestalt, sondern visualisieren auch das Gefährliche und ›Hündische‹ ihres Wesens. Die neuartige Charakterisierung als Meerfrau brachte zwangsläufig auch eine örtliche Verlagerung mit sich: von der Höhle im Felsen, wie bei Homer beschrieben, in die offene See. Dieser Kontext war künstlerisch leichter darstellbar und bot zudem die Möglichkeit zu einer Vielzahl von Kombinationen mit anderen Meerwesen. Die Idee, aus dem hundeartigen Ungeheuer ein *weibliches* Mischwesen zu machen, ist zum einen sicher auf das schon bei Homer weibliche Genus zurückzuführen. Zum anderen verdankt sie sich der Parallele zu den Sirenen, jenen gleichfalls als Mischwesen imaginierten Verführerinnen, mit denen sich Odysseus im vorangegangenen Abenteuer konfrontiert sah. Skyllas Weiblichkeit wird durch den nackten Oberkörper, vergleichbar den nackten Leibern der Sirenen, pronounciert zur Geltung gebracht. Zudem erfolgt, wie die Analyse der spätantiken Denkmäler zeigen wird, häufig eine explizite Sexualisierung anhand von Haltungsmotiv oder innerbildlichem Kontext.

Skylla ist in den frühen Darstellungen nicht immer ein friedliches Mitglied des marinen Thiasos. Sie kann auch durchaus aggressiv auftreten gegenüber Meerestieren, anderen Meereswesen oder auch im Wasser befindlichen Menschen. Während sich die Hunde auf das jeweilige Opfer stürzen, schwingt sie in den Händen einen Stein, häufiger das als Attribut kanonisch werdende Steuerruder.[60] Skylla visualisiert in diesen Bildern die Gnadenlosigkeit und Gefährlichkeit des Meeres. Im Kontext der *Odyssee*, im Angriff auf das Schiff des Odysseus, erscheint sie erst im dritten Jahrhundert v. Chr. auf einigen Werken der Kleinkunst. Dieses Thema wird bis in die Spätantike hinein dargestellt, bleibt aber unter den Skylla-Darstellungen stets eine Ausnahme.[61]

Im Folgenden soll, ohne Anspruch auf Vollständigkeit zu erheben, ein Überblick über das spätantike Auftreten der Skylla jenseits des *Odyssee*-Kontextes gegeben werden. Ein durch nachträgliche Einbauten stark

---

[60] Vgl. Walter-Karydi 1997, 175–78.
[61] Walter-Karydi 1997, 178: »Offensichtlich war stets Skylla selbst das wichtigste Bildthema, weniger die Geschichten, in die sie verwickelt war«.

Abb. V.4 Umzeichnung eines Fußbodenmosaiks in Sila, Algerien; 4.–5. Jh. n. Chr. (Anhang Skylla Nr. 2). Nach Gsell 1905, Taf. 1

zerstörtes, qualitätvolles Meermosaik schmückte den Fußboden eines Tricliniums im sogenannten Haus des Isguntus in Hippo Regius.[62] Alle Motive waren, soweit erhalten, nach den Wänden des Raumes hin ausgerichtet, zu den auf den Klinen Lagernden. An jeder Seite befand sich ein von Blattranken eingefasstes halbkreisförmiges Bildfeld, das vermutlich in allen vier Fällen mit einer auf einem Meerungeheuer reitenden Nereide dekoriert war. In den Ecken hatte der Mosaizist jeweils eine Okeanosmaske angebracht und oberhalb von dieser, in drei Fällen noch zu erkennen, jeweils eine Skylla (Anhang Skylla Nr. 1).

Keine der ursprünglich vier Skyllen ist vollständig erhalten. Ihr Aussehen lässt sich jedoch anhand der vorhandenen Reste rekonstruieren (Abb. V.3): Skyllas Oberkörper ist der einer schlanken jungen Frau und vollständig nackt. Die Arme waren nach oben gestreckt und schwangen vermutlich die jetzt übliche Waffe, ein Steuerruder. Der Kopf ist bei keinem der Exemplare überliefert. Unterhalb des Bauchnabels setzt ein Flossenschurz an, der in der Art eines Minirockes gestaltet ist. An den Seiten schlängeln sich zwei fischschwänzige ›Beine‹ empor, Skyllas Haltungsmotiv eine akrobatische Note verleihend. Unterhalb des ›Minirocks‹, dort, wo unter anatomischen Gesichtspunkten das Genital säße, schauen die Köpfe und Vorderpfoten dreier Hunde hervor.

Es sei in Erinnerung gebracht, dass Skyllas Hunde in der literarischen Rezeption als Ausdruck ihrer aggressiven und schamlosen Sexualität interpretiert werden konnten: Libanios (Text Skylla Nr. 7) hatte die Hundeköpfe als ein Bild für Männer ins Verderben reißende Hetären verwendet; Fulgentius (Text Skylla Nr. 16) interpretierte sie, noch direkter, als Visualisierung von Skyllas gierigem, alles verschlingendem Genital. Eine solche explizite Gleichsetzung legen auch einige der Bilder nahe,[63] was natürlich nicht heißt, dass jeder Betrachter — oder jede Betrachterin — zwangsläufig diesen Gedanken verfolgte. Was diese reißenden Hunde weiterhin zum Ausdruck bringen, ist die Vorstellung von Schutz und Abwehr. Die hier gezeigten Skyllen sind keine wehrlosen Opfer sexueller oder sexualisierter Aggression wie diejenigen ›Meerfrauen‹, denen die Hundeprotome fehlen und die weiter unten diskutiert werden sollen.

Auffällig ist Skyllas Vergesellschaftung mit Okeanos, jenem Urgott des Meeres, der in eine ursprünglichere und elementarere Sphäre gehört als die olympischen Gottheiten Neptun oder Venus — deren Darstellung eventuell das Mittelbild schmückte[64] — und ihr Gefolge. Entsprechend sitzen die schönen Nereiden in den Seitenbildern mit sittsam geschlossenen Beinen auf den Seeungeheu-

---

62 Zum archäologischen Befund: Marec 1958.

63 Vergleichbares gilt für die bildlichen Darstellungen klassischer Zeit: Hopman 2012, 134 f.

64 Vgl. Dunbabin 1978, 154–58.

ern, diese allein kraft ihrer göttlichen Persönlichkeit lenkend. Keine von ihnen spreizt in so schamloser und akrobatischer Weise ihre Beine wie Skylla, bei keiner ist trotz weitgehender Nacktheit das Genital zu erkennen.[65] Ungleich ihnen verkörpern Skylla und Okeanos vor allem den primitiven, unzivilisierten und unheimlichen Aspekt des Meeres. Dieser in der Werteskala eher untergeordneten Position entspricht ihre formale Anordnung auf dem Mosaik: Skylla erscheint als ein beliebig multiplizierbares Motiv, das als kleines Füllelement in den Zwickeln zwischen zwei seitlichen Bildfeldern sitzt. Die in diesen Bildfeldern platzierten Nereiden wiederum stehen in der Hierarchie und der Komposition unterhalb jener Gottheit, die sich einst im zentralen Bildfeld befand.

Eine andere Art der Darstellung wählte ein Mosaizist bei der Ausgestaltung eines Frigidarium der Thermen von Bordj-el-Ksar, des antiken Sila (Anhang Skylla Nr. 2 Abb. V.4). Das einst annähernd quadratische Bildfeld ist nur noch zu zwei Dritteln erhalten, hinzu kommen diverse Fehlstellen. Die Gesamtkomposition ist dennoch ohne weiteres erkennbar: An den vier Seiten befand sich, immer zum Rand hin ausgerichtet, jeweils eine auf einem Meerungeheuer reitende Nereide. Die Ecken wurden von Eroten eingenommen, die auf Delphinen zu stehen scheinen. Ein derartiger Reigen von Nereiden auf Meeresungeheuern sowie von Eroten würde im Mittelbild eher Venus erwarten lassen, die des Öfteren von diesen Wesen begleitet wird.[66] Stattdessen befindet sich im ursprünglichen Zentrum des Mosaiks eine monumentale Skylla. Diese schwingt hinter dem Kopf ihr übliches Attribut, das Steuerruder. Ihre Haare sind im Unterschied zu denen der Nereiden nicht kunstvoll zu einem Knoten hochgenommen, sondern hängen dünn und faserig herab. Der menschliche Oberkörper ist wie immer nackt und gleicht hierin den Leibern der Nereiden. Die fischartigen Beine sind zu einer akrobatischen Grätsche gespreizt. Unter einem kurzen Flossenschurz schauen zwischen den Beinen drei Hundeprotome hervor.

Anstelle eines Genitals besitzt Skylla auch auf diesem Mosaik bissige Hunde, wird also gleichfalls als sexuell aggressiv vorgestellt. Was sie von der Konzeption der Skyllen auf dem vorangegangenen Mosaik unterscheidet, ist ihre den anderen Protagonisten im Bild mindes-

---

[65] Marec 1958, Abb. 5.
[66] Vgl. die noch zu diskutierenden Sarkophage Anhang Skylla Nr. 6–10, auf denen eine Porträtbüste der Verstorbenen kompositorisch (d. h. in einem Muscheltondo und umrahmt von Eroten sowie Nereiden auf Meerwesen) und ideell (d. h. die Verstorbene war genauso schön und attraktiv wie die Göttin der Liebe) den Platz einnimmt, der sonst Venus zukommt.

Abb. V.5
Umzeichnung einer Tonlampe aus Bulla Regia, Tunesien; 2.–3. Jh. n. Chr. (Anhang Skylla Nr. 3). Nach du Coudray La Blanchère – Gauckler 1897, Taf. 36 Nr. 164

tens gleichrangige Körpergröße sowie ihre zentrale Stellung innerhalb der Komposition. Sie erscheint nicht als marginales, primitives Monster, sondern als den Nereiden und Eroten trotz ihrer unschicklichen Beinstellung und ihrer tierischen Bestandteile überlegen. Skylla wird hier charakterisiert als eine obszöne Venus, genau wie die Sirenen als eine Art obszöne Musen auftreten konnten.

Dass die Angleichung an Venus nicht allein auf die Phantasie eines einzigen Mosaizisten zurückzuführen ist, beweist eine gleichfalls aus Nordafrika stammende, ungefähr 200 Jahre ältere Tonlampe (Anhang Skylla Nr. 3 Abb. V.5). Das Bildfeld der Lampe trägt eine Darstellung von Skylla, erkennbar am Flossenschurz unterhalb des Bauchnabels, den schlangenartigen Beinen sowie den Hundeköpfen. Im Unterschied zu allen zuvor behandelten Exemplaren schwingt diese Skylla keine Waffe, sondern hält das Steuerruder — eventuell ist hier auch ein Aplustre, die Heckverzierung eines Schiffes, gemeint — ruhig im angewinkelten linken Arm. Mit der rechten Hand greift sich diese Skylla in das füllig auf die Schultern fallende Haar — eine verführerische Geste, die sonst bei Darstellungen der »aus den Fluten auftauchenden« Venus, der sogenannten Venus Anadyomene, Verwendung findet.[67]

---

[67] Beispielsweise auf einem Mosaik im Museum Sousse aus El Djem; 4. Jh. n. Chr.: Dunbabin 1978, 258 Nr. 8a Taf. 60 Abb. 153;

Abb. V.6 Vorderseite eines stadtrömischen Sarkophags; 220–30 n. Chr. (Anhang Skylla Nr. 6). bpk / RMN – Grand Palais / Hervé Lewandoski

Die bildenden Künstler erzielten eine explizite Sexualisierung von Skylla sogar durch die ikonographische oder kompositorische Angleichung an diejenige Göttin, die nach antiker Vorstellung hauptsächlich für körperliche Liebe und weibliche Attraktivität zuständig war, nämlich Venus. Diese Sexualisierung, die auch schon bei den Sirenen zu beobachten war, ist vor allem ein Phänomen der Denkmäler des Westens.[68] Das lässt sich auch in Rom selbst anhand der stadtrömischen Sarkophage zeigen: Ein höchst populäres Sujet ist dort die Darstellung von Meerwesen.[69] Innerhalb dieser Meerwesensarkophage lässt sich eine Untergruppe fassen, die vor allem in der ersten Hälfte des dritten Jahrhunderts in vermutlich mehreren Werkstätten produziert wurde.[70] Das Zentrum der Kastenvorderseite wird in der Regel von einem Muscheltondo eingenommen, in dem sich die Porträtbüste einer Verstorbenen befindet. Diese Sarkophage waren also für Frauen gedacht.[71]

Auf einem Exemplar, das sich heute in Paris befindet (Anhang Skylla Nr. 6 Abb. V.6), trägt die Verstorbene wie üblich eine zeitgenössische Frisur. Sie hat eher herbe Züge und großen Ohren. Bekleidet ist sie in die Tracht der römischen Matronen, Tunika und Palla. Daran schließen sich zu beiden Seiten je zwei Gruppen von Meerwesen an. Rechts und links des Tondos mit der Verstorbenen, dieses in den Händen haltend und den Betrachtern gleichsam präsentierend, befindet sich je ein Ichthyokentaur, auf dessen Rücken eine Nereide reitet. Die Ecken werden von großen Meerstieren eingenommen, an deren Hals jeweils eine heftig bewegte, wohl schwimmend zu denkende Nereide hängt. Am oberen Rand, jeweils zwischen zwei Nereiden, platzierte der Bildhauer kleine musizierende Eroten.

In der unteren Hälfte des Bildfelds ist die Atmosphäre nicht ganz so idyllisch und erotisch-verspielt. Unterhalb der beiden äußeren Gruppen mit Meerstier und Nereide schwimmt je ein etwas kleineres Meerungeheuer in den Wellen: links ein Meerpanther, rechts ein Ketos. Direkt unter dem Muscheltondo steht eine winzige nackte Frau bis zu den Knien im Wasser. Ihr Körper ist in energischer Schrittstellung in Dreiviertelansicht präsentiert. Über dem Kopf schwingt sie mit beiden Händen ein Steuerruder, um damit die Angriffe zweier männlicher Meerungeheuer, eines Seewidders und eines Seestiers, abzuwehren. Auch sonst ist ihre Lage wenig komforta-

---

Blanchard-Lemée u. a. 1995, 151 Abb. 109. Inwieweit auch das wirre, offen getragene Haar der anderen Skyllen als sexuell attraktiv vorgestellt wurde, ist schwer zu sagen. Vermutlich überwog dort eher der Aspekt des Ungepflegten, Unkultivierten, Wilden.

[68] Beispiele für die Darstellung Skyllas im Osten: 1. Ägyptische Tonlampe (Anhang Skylla Nr. 4): Die frontal gezeigte Skylla posiert nicht venusgleich, sondern erhebt beide Hände zum Schlag mit dem Steuerruder, den Betrachter bedrohend. Sie hat keine zwei fischschwänzigen ›Beine‹, die sie akrobatisch und aufreizend spreizen könnte; stattdessen schlängelt sich ein einziger Fischschwanz rechts hinten im Bild nach oben, der Gestalt zusätzliche Dynamik verleihend. Die drei Hundeprotome greifen weit nach vorne und zu den Seiten aus, die Bedrohlichkeit der Gestalt zusätzlich steigernd. Diese Skylla ist in erster Linie als eine Gefahr dargestellt, nicht als ein sexuelles Wesen. 2. RS einer Kupfermünze aus Tarsos (Anhang Skylla Nr. 5): spielte eventuell (Levante 1986, zu Nr. 1125) auf eine in der Stadt aufgestellte Skylla-Statue an. Soweit der schlechte Erhaltungszustand ein Urteil erlaubt, war auch hier nichts den weströmischen Darstellungen Vergleichbares intendiert. 3. Die Ausnahme, welche die Regel bestätigt: Grabmalerei von Asgafa El-Abiar, Kyrenaika: Katalog Skylla Nr. 123.

[69] Hauptanliegen dieser Sarkophage war vermutlich, den Betrachtern eine Art »Glücksvision«, ein Bild für ein glückliches Leben oder ein erhofftes glückliches Jenseits, zu vermitteln, vgl. Zanker — Ewald 2004, 117.

[70] Vgl. Jung 1978, 360.

[71] Was auch für die Mehrzahl der anderen Meerwesensarkophage gilt: Zanker — Ewald 2004, 128.

bel, da die Vorderhufe der im Vergleich zu ihr riesenhaften, das Muscheltondo tragenden Ichthyokentauren sich in bedrohlicher Nähe ihres Leibes befinden. Tierische Körperteile sind nicht zu erkennen, diese Meerfrau ist vollkommen menschlich gebildet.[72] Was sie mit den zuvor betrachteten Skylla-Darstellungen verbindet, ist zum einen das strähnige, ungepflegt auf die Schultern fallende Haar, zum anderen das Steuerruder.

Wie es scheint, spielen die stadtrömischen Bildhauer mit dem Konzept jener Skylla genannten Meerfrau, entkleiden sie aber ihrer bedrohlichen Züge, sprich: ihrer tierischen Bestandteile.[73] Skylla ist auf diesem Sarkophag nicht Täterin, wie auf so vielen anderen Darstellungen, sondern Opfer. Diese Opferrolle trägt zudem deutlich sexuelle Züge. Auf dem hier besprochenen Sarkophag wird sie geradezu eingekesselt von riesenhaften Ichthyokentauren sowie ihr gleichfalls an Körpergröße überlegenen männlichen Seeungeheuern. Ihre Gegenwehr sieht nicht allzu erfolgreich aus; ihre Winzigkeit und Nacktheit unterstreichen ihre Hilflosigkeit.[74] Das Bild ist als Vergewaltigungsphantasie inszeniert. Vergleichbares gilt für die Darstellung auf einem Sarkophag in der Galleria Borghese (Anhang Skylla Nr. 7). Auch hier ist die winzige Skylla unter dem Muscheltondo rein menschlich gebildet. Sie holt mit den Händen zum Schlag aus gegen ein von rechts nahendes Ketos, dessen spitzer Drachenkopf genau in Richtung ihres Schoßes zielt. Auf dem Rücken des Ketos hängt ein kleiner Eros, den sexuellen Aspekt der Attacke zusätzlich betonend.[75] Ein Wannensarkophag (Anhang Skylla Nr. 11 Abb. V.7) schließlich zeigt eine große, erbittert mit einem Ketos kämpfende Skylla, hier mit Schlangenbeinen und Flossenschurz. Die Anstrengung des Kampfes zeigt sich deutlich in der waagerechten Falte auf ihrer Stirn; eine Waffe ist in ihrer Hand nicht zu erkennen. Die Zähne des Ketos schnappen nach ihrer rechten Brust.

Abb. V.7 Fragment eines stadtrömischen Wannensarkophags; 200–50 n. Chr. (Anhang Skylla Nr. 11). Nach Sichtermann 1970, Abb. 19

Auf diesen Meerwesensarkophagen lassen sich drei verschiedene Entwürfe von Weiblichkeit fassen. Die Verstorbene wird durch ihre Präsentation im Muscheltondo und ihre beherrschende Stellung im marinen Thiasos an Venus angeglichen.[76] Sie steht an der Spitze der bildinternen Hierarchie. Ihre aufwendige Frisur und ihre Bekleidung weisen sie als eine alle Anforderungen an Würde und Anstand erfüllende Dame der Oberschicht aus. Zudem soll sie der Betrachter trotz ihres wenig idealen Gesichts und trotz ihres sorgfältig verhüllten Oberkörpers als genauso schön und verführerisch wie die Göttin der Liebe denken. An zweiter Stelle der Hierarchie kommen die Nereiden. Von beinahe gleicher Körpergröße wie die Verstorbene, umrahmen sie deren Porträt. Als mythische Wesen dürfen sie ihre Schönheit auch direkt anhand des entblößten Körpers zeigen; dabei werden allerdings nie die Grenzen des Anstands überschritten: Der Bildhauer platziert die Nereiden so in der Profilansicht, dass

---

72 Baratte — Metzger 1985, 162: »représentée comme une jeune femme nue [...] sans référence aucune à sa nature monstrueuse«.

73 Zumindest meistens: Auf dem Sarkophag Anhang Skylla Nr. 10 trägt die derart Charakterisierte an ihrem sonst rein menschlichen Leib Hundeprotome; auf Anhang Skylla Nr. 11 verfügt sie zwar nicht über Hunde, aber über einen Flossenschurz und Fischbeine.

74 Zur weiblichen Nacktheit als spätantike Chiffre für das Ausgeliefertsein an sexuelle oder sexualisierte Gewalt s. Moraw 2008b, 132–39.

75 Bei drei weiteren Sarkophagen dieser Gruppe ist das Moment der sexuellen Bedrohung nicht so stark ausgeprägt: Auf Anhang Skylla Nr. 8 befindet sich eine winzige nackte Skylla zwar wiederum unter den Hufen der großen Ichthyokentauren, hat aber keine weiteren Angreifer. Stattdessen fliehen zu ihr zwei Eroten, die ihrerseits von Keten attackiert werden. Auf Anhang Skylla Nr. 9 ist sie nur teilweise erhalten, war aber deutlich größer als die zuvor behandelten Exemplare und in ihrer Abwehr des Ketos wohl auch erfolgreicher. Auf Anhang Skylla Nr. 10 ist sie zwar winzig und wieder zwischen den Hufen der Ichthyokentauren, hat aber keine Angreifer, sondern wird von Eroten in Ruderbooten gerahmt; zudem ausnahmsweise Hundeprotome an den Hüften.

76 Vgl. etwa die spätantiken Mosaiken in Sétif (sog. Small North West Baths; Dunbabin 1978, 268 Nr. 2 Abb. 149) oder Djemila (Museum; Dunbabin 1978, 256 Nr. 1c Abb. 151).

ihr Genital trotz Nacktheit nicht zu sehen ist; gelegentlich flattert auch ein Tuchzipfel darüber. Die Frisuren entsprechen den für mythische Frauen üblichen Typen. Souverän bezwingen oder verführen sie mit ihrer Schönheit und Anmut nicht nur die Ichthyokentauren, Mischwesen aus Mann und Seepferd, sondern auch die Ungeheuer des Meeres. Dass sie dabei durchaus auch selbst die erotische Initiative ergreifen — was bei einer lebensweltlichen Frau den Normen widersprochen hätte —, ist in dieser »Gegenwelt«[77] zwanglos möglich und akzeptiert.

Am unteren Ende dieser bildinternen Hierarchie, als negatives Gegenbild zu den zuvor behandelten Frauentypen, steht Skylla. Das wird zunächst anhand ihrer geringeren Körpergröße und der Platzierung unter dem Muscheltondo visualisiert.[78] Es lässt sich aber auch in der Ikonographie fassen: Skyllas Haar ist wirr und unfrisiert; sie trägt weder Schmuck noch Kleidung und weiß sich auch nicht anmutig und ›anständig‹ zu bewegen. Stattdessen schlägt sie in weiter Schrittstellung und mit entblößtem Genital mit einem Steuerruder um sich. Sie ist keine souveräne Schönheit, sondern ein aggressives kleines Ungeheuer. Entsprechend weiß sie auch nicht zu verführen, sondern wird selbst zum Opfer sexualisierter Gewalt.[79] Dieselben Meerungeheuer, die von den Nereiden so mühelos gezähmt und geritten werden, stürzen sich auf Skylla in einer Weise, die an Vergewaltigung denken lässt — was durch Skyllas ›obszöne‹ Haltung sowie ihren niedrigen Status legitimiert werden soll.[80]

---

77 So der treffende Titel des Sammelbandes Hölscher 2000a; vgl. zu den Meerwesen den Artikel von S. Muth: Muth 2000.

78 Eine Position, die sonst von Delphinen oder Eroten eingenommen wird, vgl. die Beispiele bei Rumpf 1939, 23–36 (Porträts in Muscheltondo) sowie 19–23 (Porträts in Clipeus).

79 Eine Problematisierung dieser Gewalt — und damit eine Inszenierung Skyllas als bedrohte Frau, die sich zu Recht wehrt — ist in der Anlage des Bildes nicht zu erkennen und war wohl vom Bildhauer auch nicht intendiert. Eine den oberen Schichten zugehörige Betrachterin wird sich auch nicht mit dieser Gestalt identifiziert haben. Bei einer Frau aus den unteren Schichten sah das möglicherweise anders aus. Allerdings war ihre Meinung in den Augen der spätantiken Gesellschaft nicht maßgeblich — hier gilt dasselbe wie schon in Bezug auf die schichtenspezifische Betrachtung der Mosaiken von Piazza Armerina (Katalog Polyphem Nr. 4) oder der Mosaiken mit Eroten beim Fischfang (s. das Kapitel »Sirenen«, Abschnitt zur Visualisierung der Schönheit und Gefährlichkeit des Meeres).

80 Vgl. die drastisch sexualisierte Darstellung von besiegten Amazonen auf Amazonomachiesarkophagen. Auch dort waren die Identifikationsfiguren für den Betrachter eher die ›Täter‹, die siegreichen Soldaten, nicht die ›Opfer‹: Fendt 2005. Zu den bildimmanenten Strategien der Legitimierung von (sexualisierter) Gewalt gegenüber in der Hierarchie tiefer Stehenden s. Moraw 2017, bes. 162–64.

Diesem Opferstatus entspricht der Umstand, dass Skylla auf den Sarkophagen in der Regel ohne Tierbestandteile, vor allem ohne Hundeprotome, dargestellt wird.

Die Hundeprotome visualisieren Skyllas Aggressivität und Gefährlichkeit auch im sexuellen Bereich. Fehlen sie, verwandelt sich Skylla sofort in ein nur subalternes Mitglied des marinen Thiasos, eine kleine nackte Frau, die den sexualisierten Attacken der anderen Meeresbewohner mehr oder weniger hilflos ausgeliefert ist. Dieses Oszillieren zwischen Täterin und Opfer erinnert an die Präsentation Skyllas in der spätantiken lateinischen Literatur. Wurde in vielen Texten Skyllas Grausamkeit und Gefährlichkeit gegenüber den Menschen betont, so machten die verschiedenen Versionen ihrer Verwandlung vom jungen Mädchen zum Ungeheuer aus ihr ein Opfer der Begierde oder der Eifersucht höherrangiger Gottheiten. Wie es scheint, verwendeten auch die bildenden Künstler die Gestalt dieser ›Meerfrau‹, um daran verschiedene Spielarten des Themas Frauen und Sexualität abzuhandeln. In ihrer aggressiven Variante, als verderbenbringende Weiblichkeit, hat Skylla Ähnlichkeit mit den Sirenen. Während diese jedoch ihren Opfern durch Betörung und Übermaß an Genuss einen lustvollen Tod bringen, ist das Ende, das Skylla bereitet — das Zerfleischtwerden bei lebendigem Leib — weitaus grausiger. Vergleichbar ist ein Umstand, über den an anderer Stelle ausführlicher gehandelt wurde.[81] Beide werden als Mischwesen aus Frau und Tier imaginiert, wobei die tierischen Bestandteile jeweils dem Zweck dienen, das Verderbenbringende der Gestalt, das Animalische ihrer Sexualität zum Ausdruck zu bringen. Weibliche Monstren wie Skylla oder die Sirenen visualisieren die spätantike Vorstellung, dass Frauen — im Unterschied zu Männern — nie vollständig dem Bereich des Menschlichen und der Zivilisation angehören. In ihrer Person verläuft vielmehr die Grenze zur Barbarei, zum Tierischen.

## Das Skylla-Abenteuer als populärer Glücksbringer?

Der Blick sei nun wieder auf die Darstellungen der *Odyssee*, des homerischen Skylla-Abenteuers, gerichtet. Hier wird der wesentliche Moment der Geschichte, die Attacke des Ungeheuers auf das Schiff des Odysseus, herausgegriffen. Skylla und Odysseus (beziehungsweise dessen Schiff) erscheinen hier in direkter Konfrontation, nicht nur in einem durch die räumliche Nähe bedingten assoziativen Zusammenhang wie auf den Meermosaiken (Katalog Skylla 1–2). Auf den ersten Blick überraschend

---

81 Moraw 2008c.

SKYLLA                                                                                                                          139

Abb. V.8 Rückseite eines
stadtrömischen Kontorniaten
(1. Typus); ca. 379–95 n. Chr. (Katalog
Skylla Nr. 16). © The Trustees of the
British Museum. All rights reserved

Abb. V.9 Rückseite eines stadtrömischen
Kontorniaten (2. Typus); ca. 395–423
n. Chr. (Katalog Skylla Nr. 27). Nach
Münchner Münzhandlung Karl Kreß,
116. Versteigerung, 1960, Abb. Nr. 796

Abb. V.10 Rückseite eines
stadtrömischen Kontorniaten
(4. Typus); ca. 395–423 n.
Chr. (Katalog Skylla Nr. 98).
© Bibliothèque nationale de France

erscheinen mag die Tatsache, dass die mit Abstand größte Anzahl der Darstellungen auf Kontorniaten zu finden ist: Mehr als 100 bekannte Exemplare tragen auf der Rückseite dieses Thema.[82] Von keinem anderen Abenteuer der *Odyssee* haben sich so viele Darstellungen, erst recht nicht innerhalb einer einzigen Denkmälergattung, erhalten. Die Stempelschneider schufen im Verlauf des späteren vierten und früheren fünften Jahrhunderts fünf verschiedene Typen der Darstellung.[83] Diese unterscheiden sich zwar nur in Details, lassen aber dennoch deutlich das Ringen um eine möglichst prägnante und effektvolle Umsetzung der Geschichte in einem winzigen Bildfeld — der Durchmesser eines Kontorniaten beträgt ungefähr 4 cm — erkennen.

Der älteste Typus, überliefert in 24 nicht allzu gut erhaltenen Exemplaren (Katalog Skylla Nr. 3–26), legte das Grundschema fest (Abb. V.8). Eine imaginäre vertikale Achse teilt das Bildfeld in zwei Hälften; die linke wird von den Griechen und ihrem Schiff eingenommen, die rechte von Skylla. Skylla ist in der bereits bekannten Ikonographie dargestellt: als Frau mit nacktem Leib und wirrem offenem Haar, mit Hundeprotomen an den Hüften und zwei langen Fischschwänzen anstelle von Beinen, die sich dekorativ in Richtung des oberen rechten Bildrandes schlängeln. In der linken Armbeuge hält sie ihr übliches Attribut, ein Steuerruder. Ihr Angriff auf das Schiff des Odysseus erfolgt nicht wie bei Homer von oben, sondern frontal. Sie scheint direkt vor dem Bug mit dem hochgezogenen Akrostolion aus dem Meer aufgetaucht zu sein. Die Ruder zeigen nach hinten und verweisen auf die schnelle Fahrt, die das Schiff aufgenommen hatte. Ein Rammsporn ist nicht zu erkennen.[84]

Unter den Männern im Schiff ist Odysseus mittels seiner aufrechten Haltung, der Körpergröße, seines Helmes oder Pilos sowie der Bewaffnung deutlich hervorgehoben. Wie gebannt schaut er auf das Gemetzel, das Skylla unter seinen Gefährten anrichtet. Die Lanze ist nach unten gerichtet, nicht auf die Angreiferin. Wegen der Kleinheit des Bildfeldes hat der Stempelschneider die homerische Anzahl der Opfer, sechs, auf vier reduziert: Ganz links im Schiff versteckt sich ein entsetzter Gefährte hinter dem Rücken des Odysseus. Vorne direkt

---

[82] Alle zusammen: Katalog Skylla Nr. 3–122, zusammengestellt nach Alföldi — Alföldi 1976 und 1990 sowie dem Anhang bei Mittag 1999, 250–57.

[83] Die Klassifizierung der Rückseitentypen folgt Alföldi — Alföldi 1990, 156 f. Zur Datierung: Der erste Typus (RS Nr. 83, hier Katalog Nr. 3–26) gehört aufgrund seiner Koppelung mit dem Vorderseitentypus Nero X ans Ende der ersten Stempelfolge (s. Mittag 1999, Anhang 5.3.2); die anderen vier Typen sind mit ganz unterschiedlichen Vorderseiten verbunden, die jedoch alle ans Ende der zweiten Stempelfolge gehören (s. ebenda Anhang 5.3.3). Nimmt man mit Mittag 1999, 218 eine annähernd gleichmäßige Produktion an und lässt die zweite Stempelfolge direkt auf die erste folgen, dann gibt dies bei einer erschlossenen Gesamtlaufzeit von ca. 355 bis 423 n. Chr. (ebenda 217) für den frühen Stempel den ungefähren Zeitraum 379–95 n. Chr., für die späteren den ungefähren Zeitraum 395–423 n. Chr.

[84] Eventuell hat sich der Betrachter vorzustellen, dass der Rammsporn gegen Skyllas Unterleib prallte, als diese das Schiff stoppte. Vgl. die Darstellung auf einer (deutlich älteren) Omphalos-Schale in Berlin, Antikensammlung F 3882; Andreae 1999, Abb. Nr. 120; 2. Jh. v. Chr.

am Bug wird ein weiterer Mann gerade von Skylla an den Haaren gepackt und trotz heftiger Gegenwehr über Bord gezerrt. Zwei Männer sind bereits über Bord gegangen, ihre Oberkörper sind in den Wellen zu erkennen. Der linke Mann versucht, schwimmend zu entkommen, wird jedoch von einem von Skyllas Hunden attackiert, der sich in seine Schulter verbissen hat. Dem rechten ergeht es noch schlechter; er befindet sich in den Windungen eines der Fischschwänze und wird von diesem erdrückt. Beide Männer im Wasser scheinen nackt zu sein, was ihren Opferstatus zusätzlich unterstreicht.[85] Skylla greift sich in dieser bildlichen Darstellung nicht alle Opfer auf einmal, wie bei Homer, sondern nacheinander. Diese werden in den verschiedenen Stadien ihres Todes gezeigt. Der bildende Künstler setzte die grausame und jede Gegenwehr sinnlos machende Gewalt von Skyllas Attacke mit seinen eigenen Mitteln um.

Der zweite Typus ist nur in einem einzigen Exemplar überliefert (Katalog Skylla Nr. 27 Abb. V.9), das zudem nicht besonders gut erhalten ist. Da hier jedoch die für die folgenden Typen wesentlichen Neuerungen erstmals formuliert wurden, sei er dennoch vorgestellt. Das Bildfeld ist weiterhin grob in zwei Hälften geteilt — links die Griechen, rechts Skylla —, allerdings greift die Gestalt der Skylla nun weiter aus. Der Stempelschneider hat die Zahl ihrer ›Beine‹ auf drei erhöht, wobei das mittlere kurioserweise die Form einer Pinie angenommen hat,[86] die sich nun über die beiden Fischschwänze erhebt. Der obere Teil des runden Bildfeldes wird nun durch die Baumkrone und die Schwanzflossen gefüllt, was für den aufrecht stehenden Odysseus weniger Raum lässt. Er musste entsprechend kleiner gestaltet werden, was einen deutlichen Größenunterschied zum menschlichen Oberkörper der Skylla zur Folge hat. Skylla wird in dieser Darstellung nicht nur als (relativ gesehen) größer, sondern auch als gefährlicher charakterisiert. Ihr ganz rechts im Bild befindliches Fischbein hat sich gleichsam verselbständigt zu einem großen Raubfisch, dessen trichterförmiges Maul nach dem rechts im Wasser schwimmenden Griechen schnappt. Skyllas Fischbeine dienen in dieser Darstellung nicht mehr allein dem Zweck, ihre Zugehörigkeit zum Meer zu visualisieren. Sie sind auch, vergleichbar den Hundeprotomen, Ausdruck ihres grausamen, raubtierhaften Wesens.[87]

Das Opfer ist, wie auch ein weiterer im Wasser befindlicher Gefährte, bedauerlicherweise extrem schlecht erhalten: Man erkennt rechts unten kaum mehr als zwei amorphe Massen in den Wellen, das Motiv erschließt sich im Grunde nur durch Kenntnis der späteren Typen. Einzig der dritte schwimmende Mann links davon, unterhalb der Bugzier, ist deutlich erkennbar. Die Anzahl der ins Wasser Gefallenen wurde hier auf drei erhöht. Das brachte aufgrund des begrenzten Raumes zwangsläufig eine Verkleinerung der Betreffenden mit sich. Wie auf den folgenden Typen noch deutlicher zu sehen sein wird, reduziert diese Verkleinerung die Gefährten auf winzige nackte Püppchen, die im Grunde kaum noch als Menschen zu erkennen sind.

Odysseus ist vom Volumen deutlich massiger als die winzigen Gestalten im Wasser; den beiden Gefährten im Schiff ist er vor allem durch die Komposition, seine aufragende Haltung, überlegen. Zu fassen ist hier das schon in der Darstellung der anderen Abenteuer beobachtete Phänomen, dass ein in der Hierarchie höher Stehender im Bild als im wörtlichen Sinne ›größer‹ dargestellt wird. Während die Gefährten zudem als hilflose und ängstliche Opfer charakterisiert werden, erscheint Odysseus in diesem Bild als Held: Er steht ganz vorne im Schiff und sucht die Konfrontation mit Skylla, obwohl diese ihm an Körpergröße weit überlegen ist. Seine stoßbereit erhobene Lanze richtet sich genau gegen ihre Brust, in der vorgestreckten Linken hält er vermutlich einen Schild.[88] Diese Darstellung entspricht nicht dem homerischen Epos, wo Odysseus bekanntlich in die falsche Richtung schaute und Skyllas Angriff erst bemerkte, als es zu spät war. Noch viel weniger entspricht dies der Warnung der Kirke, der zufolge jede Gegenwehr sinnlos sei und die Sache nur schlimmer machen würde. Der Stempelschneider wurde bei seiner Version der Darstellung vielmehr inspiriert von dem, was sich der homerische Held *erhofft* hatte: eine direkte Konfrontation mit dem Ungeheuer und die Chance, dieses zu besiegen.

Die spätesten, zeitlich wohl nicht allzu weit auseinanderliegenden drei Typen variieren das hier gefundene Schema nur noch in Details. Der mit 62 bekannten Exemplaren am häufigsten vertretene vierte Typus

---

[85] Vgl. die Überlegungen zu den Opfern des Polyphem bezüglich Katalog Polyphem Nr. 7.

[86] Eine vernünftige Erklärung dafür zu finden, ist bisher noch niemandem gelungen.

[87] Zu den wenig positiven Vorstellungen, die sich in der (Spät-)Antike mit dem Charakter der Fische verbanden, s. Engemann 1969; direkt in Bezug auf Skylla: Moraw 2008c, 474.

[88] Falls die kleine Erhebung über seinem linken Arm/Schulter so richtig interpretiert ist. Der große Rundschild links von Odysseus — der sich im ersten Typus noch direkt vor seinem Körper befand — muss hier zum hinteren Gefährten gehören und von dessen linker Hand gehalten werden.

Abb. V.11 Rückseite eines stadtrömischen Kontorniaten (5. Typus); ca. 395–423 n. Chr. (Katalog Skylla Nr. 119). Nach Alföldi – Alföldi 1976, Taf. 162,8

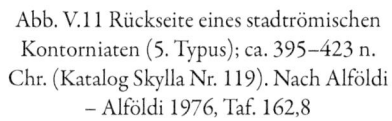

Abb. V.12a–b Vorder- und Rückseite eines stadtrömischen Kontorniaten (3. Typus); ca. 395–423 n. Chr. (Katalog Skylla Nr. 31). Münzkabinett, Staatliche Museen zu Berlin – Preußischer Kulturbesitz. Foto Reinhard Saczewski

(Katalog Skylla Nr. 48–109) ist eine mehr oder weniger getreue Kopie des gerade behandelten (Abb. V.10). Auch hier erhebt sich Skyllas baumartiges mittleres Bein über die beiden Schwanzflossen der Fischbeine, richtet Odysseus seine Lanze stoßbereit auf Skyllas Brust. Deutlicher erkennbar als beim zuvor behandelten Kontorniaten sind die drei bereits im Wasser befindlichen Gefährten und ihr grässliches Schicksal. Zwei von ihnen strampeln mit erhobenen Armen hilflos im Wasser, während je ein Hund nach ihnen schnappt. Der dritte ist bereits mit seinem Unterleib von dem verselbständigten Fisch verschluckt, während ein weiterer Hund sich in sein Gesicht verbeißt. Der vierte Hund hängt am Bug des Schiffes und wartet darauf, dass der am Schopf gepackte Mann ins Wasser fällt. Auch Details in Bewaffnung und Bekleidung lassen sich hier gut beobachten: Skyllas Flossenschurz beispielsweise hat sich hier (und vielleicht schon beim vorhergehenden Typus) zu einer Art Minirock umgebildet. Die Männer im Wasser sind nackt, die Gefährten im Schiff tragen eine gegürtete Exomis. Odysseus hält in der Linken tatsächlich einen kleinen Rundschild, ebenso der hintere Gefährte. Der Schild ganz hinten im Schiff gehörte wohl dem gerade über Bord Gezerrten. Kleine Unterschiede zum zuvor betrachteten Typus liegen etwa in der andersartigen Gestaltung des rechten Raubfisches oder darin, dass Odysseus entgegen der homerischen Erzählung nicht ganz vorne im Bug steht, sondern eigentlich neben dem gerade über Bord Gezerrten, dessen verkrümmter Körper die Sicht auf Odysseus' Unterkörper verdeckt. Da Odysseus' Haupt mit dem aufragenden Pilos oder Helm jedoch deutlich über die Gefährten hinausragt und zudem Skylla näher an das Schiff herangerückt wurde, erscheint das Aufeinandertreffen der beiden auch hier als direkte Konfrontation.

Eine etwas andere Art der Darstellung wählte der Stempelschneider des fünften Rückseitentyps (Katalog Skylla Nr. 110–22). Hier steht Odysseus ein ganzes Stück weiter hinten im Schiff als sein an den Haaren gepackter Gefährte; auch der dritte Mann an Bord, ganz hinten, ist von ihm deutlich abgerückt (Abb. V.11). Da zudem auf die Angabe einer Reling verzichtet wurde, die Männer also gleichsam *auf* dem Schiff stehen, ist die Gestalt des Odysseus vollständig zu sehen: Mit Beinschienen, Helm und Schild, vielleicht auch einem Brustpanzer gewappnet vollführt er einen Ausfallschritt nach vorne und schwingt in der erhobenen Rechten die Lanze gegen Skylla. Dieser heroischen Verteidigung entgegensteht allerdings zum einen der Umstand, dass Skylla den vorderen Gefährten wie eine Art Schutzschild vor sich hält — die Lanze würde, denkt man sich ihre imaginäre Verlängerung, ihn treffen anstelle der Angreiferin. Zum anderen sind bereits drei der Gefährten über Bord und werden von Skyllas Tierbestandteilen attackiert. Ihnen würde eine Intervention vermutlich nichts mehr nützen. Und schließlich macht auch die Gesamtkomposition — in der Skyllas linkes Fischbein weit in die linke Bildhälfte ausgreift und dort das obere Drittel dominiert — dem Betrachter klar, wer hier in der überlegenen Position ist.

Dies ist noch deutlicher zum Ausdruck gebracht im dritten Rückseitentypus (Katalog Skylla Nr. 28–47). Skyllas linkes Bein wurde vom Stempelschneider hier am linken Bildrand, hinter dem Schiff des Odysseus, entlanggeführt und trifft sich oben mit den Enden der anderen beiden Beine (Abb. V.12b). Die Griechen sind in dieser Komposition von Skylla und ihren Tierbestandteilen umzingelt und nehmen weitaus weniger Raum ein als diese. Odysseus steht wiederum zwischen seinen beiden Gefährten. Skylla erscheint im Vergleich zu den Männern riesenhaft groß. Ihre Haltung ist aufrecht, der Kopf mit den nach hinten fallenden langen Haaren leicht zur Seite gedreht. Mit der Linken hält sie lässig das Steuerruder, mit der Rechten zieht sie ebenso lässig und mühelos den sich verzweifelt wehrenden Gefährten über Bord. Ihr menschlicher Teil ist charakterisiert als souveräne, schöne junge Frau; das eigentliche Gemetzel richten ihre Tierbestandteile, die Hunde und der Raubfisch, an.

In allen Versionen ist die Begegnung zwischen Odysseus und Skylla so inszeniert, dass die Überlegenheit der Letzteren zum Ausdruck kommt. Allerdings erscheint Odysseus nie als derart hilflos und von den Ereignissen überrumpelt wie in der homerischen Version der Geschichte. Er bemüht sich vielmehr — mit unterschiedlicher Aussicht auf Erfolg — um eine Bekämpfung des Ungeheuers. Dabei wurde er zumindest im zweiten (Katalog Skylla Nr. 27) und dem extrem populären vierten (Katalog Skylla Nr. 48–109) Typus vom Stempelschneider so platziert, dass sich sein Kopf deutlich oberhalb von dem der Skylla befindet und seine Lanze auf ihre Brust gerichtet ist. Der fünfte Typus (Katalog Skylla Nr. 110–22) präsentiert ihn immerhin als agilen Krieger in voller Montur. Seine Lanze würde — verlängert man die vom Stempelschneider angegebene Linie — in Skyllas Unterleib landen. Hinzu kommt ein weiterer Aspekt. Aufgrund der frühen Umformulierung des homerischen (sechsköpfigen und zwölfbeinigen) Ungeheuers in das hier diskutierte Mischwesen wurde aus der ursprünglichen Konfrontation von Mensch und Monstrum eine Konfrontation von Mann und Frau: Ein vollständig bekleideter und gerüsteter Krieger bedroht mit seiner Waffe einen nackten Frauenleib. Dabei zielt eine Lanze entweder auf ihre nackte Brust oder ihren gleichfalls nackten Unterleib. Derartige Angriffspunkte — Herz und andere innere Organe — haben aus kämpferischer Sicht natürlich Sinn. Zugleich sind sie jedoch, da es sich beim Angegriffenen um eine nackte Frau handelt, deutlich sexualisiert: Es handelt sich, wie schon im Fall der Skylla auf den Meerwesensarkophagen, um Vergewaltigungsphantasien.[89]

Obwohl die Pointe der Geschichte darin bestand, dass *Skylla* die Überlegene ist und Odysseus seinen sechs geraubten und gefressenen Gefährten nicht helfen konnte, bemühten sich die bildenden Künstler, Odysseus in einem möglichst vorteilhaften Licht zu präsentieren. Er erscheint als heroischer Kämpfer, der beherzt seine Lanze ergreift und versucht, wenigstens einen Teil seiner Gefährten zu retten. Gleichzeitig wird Skylla, zumindest in ihren menschlichen Bestandteilen, als nacktes weibliches Opfer sexualisierter Gewalt imaginiert. Einzig ihre tierischen Bestandteile machen deutlich, dass sie die Überlegene ist. Wie in manchen Texten, erinnert sei etwa an Fulgentius (Text Skylla Nr. 16), wird auch hier die imaginierte Überlegenheit des Odysseus mittels einer Sexualisierung seiner Gegnerin erreicht. Allerdings variieren die Details dieser Strategie: Während bei Fulgentius die Pointe der Geschichte darin bestand, dass Odysseus Skylla »verachtet«, also ignoriert, wird in diesem Bild auf eine Vergewaltigung angespielt. Die Künstler bemühten sich bei der Darstellung um ein sorgsam austariertes Gleichgewicht, das Skyllas Triumph nicht allzu eindeutig antizipiert, sondern einen Sieg des Odysseus immerhin möglich erscheinen lässt.

Es bleibt zu klären, warum gerade das Skylla-Abenteuer als Rückseitenmotiv für Kontorniaten derart populär war. Zum Vergleich: Die Darstellung der Flucht aus der Höhle des Polyphem ist auf acht Kontorniatenrückseiten, alle aus demselben Stempel, erhalten (Katalog Polyphem Nr. 11–18), die Überwindung der Kirke auf neun, zurückgehend auf zwei Stempel (Katalog Kirke Nr. 1–7 und Katalog Nr. 8–9).

Was die Charakterisierung des Odysseus anbelangt, so erscheint er in der Begegnung mit Skylla nicht ganz so triumphierend wie auf den Kontorniaten mit Kirke. Dort, daran sei erinnert, hatten die bildenden Künstler jenen einen Moment der Geschichte thematisiert, in dem Odysseus der Zauberin tatsächlich überlegen ist: als er sie mit dem Schwert bedroht und sie voller Angst vor ihm auf die Knie sinkt. Einen solchen Moment gab es in der Geschichte der Begegnung mit Skylla nicht. Die Stempelschneider mussten deshalb eine gewisse Kunstfertigkeit aufwenden, um den homerischen Hel-

---

[89] Vergleichbares gilt für die Art der Darstellung in einem Grab in der Kyrenaika (Katalog Skylla Nr. 123). Zur Waffe als Phalluspendant s. Mihai 2008, bes. 445–54. Zum Vergleich sei ein kurzer Blick auf Kampfszenen zwischen zwei Männern geworfen: Hier kann die Waffe auf alle möglichen Körperteile, etwa auch Rücken oder Gesicht, gerichtet sein. Vgl. z. B. das wilde Kampfgetümmel in zwei Schlachtszenen der Ilias Ambrosiana (Mailand, Biblioteca Ambrosiana Cod. F. 205; Weitzmann 1977, 49 Abb. 9) oder den Zweikampf auf einem spanischen Mosaik (Villa de Santa Cruz bei Cabezón de Pisuerga; Muth 1998, 233 f. und Taf. 28,1). Eine gute Darstellung zum Bereich des Militärischen in der spätantiken Kunst, mit zahlreichen Beispielen, bietet Geyer 1989, 213 f. 218 f.

den zumindest ein wenig überlegen erscheinen zu lassen. Bei der Darstellung der Flucht aus der Höhle hingegen, auch das wurde ausführlich diskutiert, war dies weder möglich noch erwünscht. Dort ging es nur darum zu zeigen, wie sich ein gewitzter Mann ohne Rücksicht auf *decorum* aus einer lebensgefährlichen Situation rettet. Die Darstellungen des Kirke-Abenteuers visualisierten die scheinbar mühelose Überwindung einer gefährlichen Zauberin, die Darstellungen der Flucht das glückliche Entkommen aus einer großen Gefahr. Beide Aussagen waren durchaus geeignet für Gegenstände, die als Glücksbringer und Amulette Verwendung finden konnten. Auch einige der Kontorniaten mit Skylla (Katalog Skylla Nr. 24. 31. 74. 76. 116. 122) weisen Durchbohrungen auf, wurden also tatsächlich am Körper getragen. Was war die mit diesen Darstellungen verbundene Aussage, die den spätantiken Bewohnern der Stadt Rom eine Verwendung als Glücksbringer oder Amulett naheliegend erscheinen ließ?

Ein Grund mag gewesen sein, dass den Trägern die moralische Problematik der Episode überhaupt nicht bewusst war. Entscheidend war für sie der ›Sieg‹, das Überleben des Odysseus, nicht der Umstand, dass er dafür sechs seiner Gefährten opfern musste. Für diese These spricht zum einen, dass die Gefährten in der spätantiken *Odyssee*-Rezeption generell nur eine untergeordnete, marginale Rolle spielen. Über die entsprechenden literarischen und bildlichen Strategien wurde bereits mehrfach gesprochen. Zum anderen handelt es sich bei den Bildträgern bekanntlich um ›Massenware‹, geschaffen für breite Schichten der Bevölkerung. Komplexe moralphilosophische Reflexionen waren deshalb von den Benutzern kaum zu erwarten. Die von ihnen aus diesen Bildern herausgelesene Botschaft dürfte eher gelautet haben: »Glückliche Rettung ohne Rücksicht auf Verluste«.

Ein weiterer möglicher Grund sei hier als Hypothese angefügt. Wie schon früher gesehen wurde,[90] ist die am häufigsten auf den Kontorniaten vertretene Thematik die der Schauspiele: Theater, athletische Wettkämpfe, Gladiatorenkämpfe, Tierhetzen und vor allem Wagenrennen im Circus Maximus. So konnte auch schon für die Kontorniaten mit Kirke wahrscheinlich gemacht werden, dass die Wahl dieses Motivs (auch) darauf zurückzuführen war, dass Kirke, lateinisch Circe, etymologisch und genealogisch, als Tochter des Sol, mit dem Circus verbunden wurde. Die mythische Gestalt der Skylla hat mit dem Circus nichts zu tun. Jedoch befand sich im Hippodrom von Konstantinopel, dem oströmischen Pendant zum Circus Maximus, eine Statue der Skylla. Diese Statue oder Statuengruppe wurde zu einem unbekannten Zeitpunkt dort auf der Spina aufgestellt, in diversen literarischen Zeugnissen erwähnt und 1204 von den Kreuzfahrern zerstört.[91] In den erhaltenen lateinischen Texten wird selten auf diese Skylla rekurriert. Ein kurzes Gedicht in den vermutlich um 400 n. Chr. zusammengestellten sogenannten *Epigrammata Bobiensia* nimmt aber explizit »auf die Skylla im Circus von Konstantinopel« Bezug.[92] Eventuell war diese Skylla im spätantiken Rom so bekannt und im öffentlichen Bewusstsein derart eng mit dem Hippodrom und den dort stattfindenden Wagenrennen verbunden, dass sie als ein für die stadtrömischen Kontorniaten passendes Motiv empfunden wurde.[93]

---

90 Alföldi — Alföldi 1990, 19–24; Mittag 1999, 71 f.

91 Niketas Choniates hinterließ in seinen *De signis* eine Beschreibung der Verwüstung Konstantinopels. Die Skylla betreffende Passage (650 f.) ist in Übersetzung zitiert bei Bassett 2004, 218 f. unter Nr. 135. In der Rekonstruktion der Spina bei Golvin 2008, v. a. 152 f., ist die Skylla(-Gruppe) mangels archäologischer Zeugnisse gar nicht aufgeführt. Eine Zusammenstellung aller bekannten literarischen und bildlichen Zeugnisse findet sich bei Bassett 1991, 91 und dies. 2004, 218 f. 227–30 Nr. 142. Was die literarischen Zeugnisse anbelangt, so beziehen sich nicht alle explizit auf die Skylla-Statue im Hippodrom; z. T. wird dieser Konnex nur postuliert. Weiterhin scheinen einige der literarischen Quellen die Existenz einer mehrfigurigen Gruppe samt Schiff nahezulegen. Hierbei sind jedoch die Gattungskonventionen der spätantiken oder byzantinischen Ekphrasis zu bedenken. Deren Autoren intendierten keine Beschreibung eines Kunstwerks im modernen kunsthistorischen Sinn, sondern wollten ihre Leser durch die Evokation von Lebensechtheit und dem Ausführen der gesamten zu einem Kunstwerk gehörenden Geschichte emotional mitreißen: Maguire 1974, bes. 128 f.

92 Epigrammata Bobiensia 51: IN SCYLLAM CONSTANTINOPOLITANAM IN CIRCO | *Frendentem Scyllam metus est prope litoris oram. / sic sisti, Caesar: vincula necte prius. / nam potis est virtus spirantis fallere aeni,* (Verg. Aen. 6, 847) / *ut prius astringat, navita quam caveat.*

93 Was nicht bedeuten soll, dass es sich bei der Darstellung der Kontorniaten um eine direkte Kopie dieser vermutlichen Statuengruppe gehandelt hat! Abgesehen von dem Umstand, dass wir überhaupt nicht wissen, wie die Konstantinopler Skylla oder Skylla-Gruppe tatsächlich aussah, legen auch die oben beschriebenen Bemühungen der Stempelschneider um eine überzeugende Bildfassung den Schluss nahe, dass es sich hier um eine eigenständige Leistung der Kleinkunst, fußend auf älteren Bildtraditionen, handelt. Zu diesen älteren Vorläufern s. Walter-Karydi 1997, 179–82; speziell zu den Kontorniaten s. Himmelmann 1995, 116. Für die von Bernhard Andreae (z. B. Andreae 1999, 205–15) vertretene These, bei der nach Konstantinopel verbrachten Skylla(-Gruppe) handele es sich um das hellenistische Bronzeoriginal der marmornen Skylla-Gruppe von Sperlonga, gibt es keine Beweise.

## Das Skylla-Abenteuer als Allegorie für Tod und Verderben?

Bei der Betrachtung der Sirenen-Darstellungen hatte sich gezeigt, dass diese Gestalten der *Odyssee* in der Spätantike auch im allegorischen Sinn Verwendung fanden: in der paganen Sepulkralkunst als Bilder für den Tod; in den christlichen Katakomben oder in einer Kirche als Bilder für die Gefährdung des Seelenheils; in einem jüdischen, vermutlich sakralen Kontext als Bild für eine das Leben oder die unsterbliche Seele bedrohende Gefahr. Bei den Skylla-Darstellungen hingegen fällt die Bilanz deutlich magerer aus. Zum einen gibt es nur einen einzigen unzweifelhaften Beleg für eine solche Darstellung, einen paganen Grabkontext in der Kyrenaika. Zwei weitere hier vorgestellte Denkmäler sind aufgrund ihres schlechten Erhaltungszustandes und ihrer ungewöhnlichen Ikonographie nur unter Vorbehalt heranzuziehen. Zum anderen ist in allen drei Fällen die (vermutliche) Begegnung mit Skylla nie das einzige Abenteuer aus der *Odyssee*, das thematisiert wird. Die Gestalt der Skylla allein war anscheinend in den Augen der Betrachter nicht geeignet, eine allegorische Aussage zu transportieren.

Die aus dem späten vierten Jahrhundert stammende Grabanlage von Asgafa El-Abiar wurde bereits im Zusammenhang mit den Sirenen ausführlich besprochen (Katalog Sirenen Nr. 13). Unter Einbeziehung der anderen im Grab angebrachten Bilder wurde die Darstellung des Sirenen-Abenteuers gedeutet als eine Allegorie für die Konfrontation mit dem Tod sowie für dessen vage erhoffte Überwindung. Gleiches gilt für die in unmittelbarer Nähe angebrachte Darstellung der Konfrontation mit Skylla (Katalog Skylla Nr. 123 Abb. V.13). Skylla blickt frontal aus dem Bild heraus und erhebt ihr Steuerruder drohend gegen den Betrachter. Sollte die von Calabrò Finocchiaro im Jahre 1939 angefertigte Zeichnung korrekt sein, dann setzt an ihren nackten Leib der kanonische Flossenschurz an. Darunter schauen diverse Hundeprotome hervor, aber die in der Art von Fischschwänzen gebildeten Beine fehlen.[94] Zwei von Odys-

Abb. V.13 Aquarell (N. Calabrò Finocchiaro) eines Fresko in einer Grabkammer in Asgafa el-Abiar, Libyen; Ende 4. Jh. n. Chr. (Katalog Skylla Nr. 123). Cortesia A. Santucci, Archivio MIC-Fondo Lidiano Bacchielli

seus' Gefährten wurden bereits aus dem Schiff gezerrt und fielen dem Ungeheuer zum Opfer. Beide sind nackt in Rückansicht gezeigt und hängen kopfüber im Wasser, während sich die Hunde in ihren Schenkeln verbeißen und sie bei lebendigem Leibe verschlingen. Der rechte Gefährte ringt verzweifelt die Hände.

Ähnlich wie bei den Kontorniaten ist auch hier ein Bemühen des Künstlers zu erkennen, Odysseus bei der Begegnung mit dem menschenfressenden Ungeheuer in nicht allzu schlechtem Licht erscheinen zu lassen. Gesetzt den Fall, Finocchiaro gab den links von Skylla befindlichen Odysseus richtig wieder, dann war der Held in seinen Körpermaßen nicht kleiner als Skyllas menschlicher Leib. Im Unterschied zu den deutlich kleineren Gefährten im Wasser ist er als ebenbürtiger Gegner charakterisiert. Es ist auch davon auszugehen, dass er — gleichfalls im Unterschied zu den auch anhand ihrer Nacktheit als Opfer gekennzeichneten Gefährten — bekleidet war. Odysseus steht im Bug seines Schiffes und richtet seine Lanze angriffslustig auf Skylla, die Lanzenspitze ist nicht mehr weit von ihrem Leib entfernt. Skyllas Geste mit dem zum Schlag erhobenen zierlichen Steuerruder wirkt im Vergleich dazu fast hilflos. Zudem ist der Angriff mit der Lanze eindeutig sexualisiert: Die in der gesenkten Rechten gehaltene Lanze überschneidet in ihrem Verlauf direkt die Stelle, an welcher unter der Bekleidung das Genital des Odysseus sitzt. Die Spitze richtet sich gegen die nackten Brüste.[95] Machten nicht

---

[94] Publiziert sind die Zeichnung von Calabrò Finocchiaro (Bacchielli 1996, Abb. 6), ein neueres Farbfoto (ebenda Abb. 11) sowie eine Beschreibung der Szene (ebenda S. 233 f.). Unglücklicherweise ist 1. das Motiv auf dem Foto nicht allzu gut zu erkennen und stimmt 2. die Beschreibung nicht in allen Punkten mit dem Foto (soweit erkennbar) und der Zeichnung überein. Für Einzelheiten sei auf den Katalog verwiesen. Möglicherweise leidet die Beschreibung auch etwas darunter, daß der Verf. unbedingt eine Parallele zur Skylla-Gruppe von Sperlonga konstruieren will.

[95] Genau dieselbe Chiffre wandten fast 1000 Jahre früher

Skyllas Hundebestandteile und die zerfleischten Opfer dem Betrachter klar, dass es sich hier um ein grässliches Ungeheuer handelt, bekäme man den Eindruck, dass Odysseus der Überlegene ist. Der homerische Held überwindet Skylla in dieser Grabkammer ebenso wie eine direkt daneben dargestellte weitere Todesallegorie, die Sirenen.

Skylla als Allegorie für den Tod erschien vermutlich auch auf dem Deckel eines stadtrömischen Sarkophags aus dem dritten Jahrhundert (Katalog Skylla Nr. 124 Abb. V.14). Dieser wurde bereits im Zusammenhang mit dem Polyphem-Abenteuer — genauer: der Szene der Weinreichung — erwähnt (Katalog Polyphem Nr. 6). Das kleine erhaltene Fragment zeigt Odysseus, zu identifizieren anhand von Bart und Pilos, wie er dem Kyklopen den verderblichen Wein entgegenstreckt. In seinem Rücken sind eine nach oben gereckte Schwanzflosse zu erkennen sowie, schräg zur oberen Randleiste geführt, eine Art Stock. Nach allem bisher Gesagten hat die Vermutung, dass es sich hier um ein Bein und das Steuerruder der Skylla handelt, eine gewisse Wahrscheinlichkeit. Wir hätten es demnach mit der Kombination mindestens zweier Szenen aus der *Odyssee* zu tun. Über die Darstellung weiterer Abenteuer, etwa mit den Sirenen, lässt sich aufgrund des Erhaltungszustandes und des Mangels an Parallelen nichts sagen.

Ebenso wenig sagen lässt sich über die Religion des Grabinhabers oder der Grabinhaberin. Da der gesamte Kontext fehlt,[96] ist nicht sicher, ob der Sarkophag für eine pagane oder eine christliche Bestattung gedacht war. Ebenso wenig lässt sich klären, ob die Front des Sarkophagdeckels in einer zweiten Verwendung als Verschlussplatte eines *loculus*-Grabes in den Katakomben

Abb. V.14 Fragment eines stadtrömischen Sarkophagdeckels; 3. Jh. n. Chr. (Katalog Skylla Nr. 124 und Polyphem Nr. 6). Foto D-DAI-Rom-88.1349. Fotograf B. Andreae

diente und damit der Bildschmuck, vergleichbar den Sarkophagdeckeln mit Odysseus und den Sirenen (Katalog Sirenen Nr. 15-28), einer *interpretatio Christiana* unterzogen wurde. Für eine christlich-allegorische Lesung dieses Fragmentes gibt es demnach keine Beweise. Dies braucht allerdings auch nicht weiter zu verwundern: Weder das Skylla- noch das Polyphem-Abenteuer zeichnet sich in der literarischen Rezeption durch eine besonders profunde christliche Allegorese aus.[97]

Noch problematischer ist das dritte Fallbeispiel für eine allegorische Verwendung der Skylla-Episode: ein Mosaik im israelischen Beth Shean vermutlich aus dem sechsten Jahrhundert, dessen räumlicher Kontext eventuell auf eine sakrale, in diesem Falle jüdische Nutzung weist (Katalog Skylla Nr. 125).[98] Dargestellt sind der an den Mast seines Schiffes gebundene Odysseus, eine auf einem Ichthyokentauren reitende Nereide, eine flötenspielende Sirene sowie ein Schiffer, der seinen Dreizack in den Rachen eines nur unvollständig erhaltenen Seeungeheuers stößt (Abb. IV.13). Das Monster hat die Vorderbeine einer unbestimmbaren Tierart[99] sowie einen dem Ichthyokentauren vergleichbaren geringelten Fischschwanz. Kopf und Oberkörper

---

manche attisch-schwarzfigurigen Vasenmaler an, um die Vergewaltigung der Kassandra durch Aias ins Bild zu setzen. So beispielsweise auf der Schale in der Art des C-Malers, London British Museum B 379; um 560 v. Chr.; Mangold 2000, Abb. 18: Das in der Höhe des Genitals entlang geführte Schwert des Aias richtet sich auf den Mund oder die Kehle der knienden nackten Kassandra. Vgl. die rf. Hydria des Kleophrades-Malers Neapel, Museo Nazionale 81669; 490/80 v. Chr.; Mangold 2000, Abb. 27: Das in vergleichbarer Weise geführte Schwert ist gegen Kassandras nackten Schoß gerichtet.

[96] Das Stück befindet sich heute im *cortile* der Kirche S. Maria dell'Anima in Rom. Dies macht es wahrscheinlich, daß sein Fundort gleichfalls in Rom oder Umgebung anzunehmen ist. Allerdings war es eine in Rom weit verbreitete Sitte, kleinere und auf unterschiedlichste Art erworbene Antiken in Höfen, Kreuzgängen, Treppenhäusern etc. zu vermauern. Deshalb kann aus einem kirchlichen Anbringungsort nicht unbedingt auf eine kircheneigene Grablegung, etwa in christlichen Katakomben, geschlossen werden (freundliche Auskunft von Sylvia Diebner, Rom).

[97] Bezüglich des Kyklopen s. die Diskussion der Texte Polyphem Nr. 5 und 6 im Kapitel »Polyphem«. Bezüglich Skyllas s. oben die Diskussion der Texte Skylla Nr. 14–15.

[98] Für eine ausführliche Diskussion des Befundes und der Datierung s. Katalog Sirenen Nr. 29.

[99] Auf den Fotos ist die genaue Art der Beine nicht zu erkennen. In der Umzeichnung bei Zori 1966, Abb. 4 scheinen sie als Hufe wiedergegeben, auch wenn sie nicht ganz den stärker geschwungenen Beinen des Ichthyokentauren entsprechen. Die Beschreibung bei Zori 1966, 129 f.: »The creature resembles in shape and colours the Ichthycentaur above, but it has a shorter body and tail« geht auf diesen Aspekt nicht eigens ein.

sind nicht erhalten, können jedoch in Anbetracht der Kleinheit der Fehlstelle nicht allzu groß gewesen sein. Michael Avi-Yonah und Marie-Odile Jentel schlugen vor, in diesem Seeungeheuer eine verkürzte Darstellung der Skylla zu sehen.[100] Anstelle des vollständigen Mischwesens aus Mädchenleib, Hundeprotomen und Fischschwänzen sei hier, gleichsam *pars pro toto*, einzig ein geringelter Fischschwanz samt heute nur noch im Ansatz erhaltener Hundeprotome dargestellt.[101] Für diese verkürzte Art der Darstellung gibt es keine antike Parallele. Bedenkt man jedoch, dass auch die Ikonographien des Odysseus sowie der Sirene für die Spätantike ohne Parallelen sind und zudem nur eine einzige Sirene statt der üblichen drei vom Mosaizisten ins Bild gesetzt wurde, dann lässt sich die Möglichkeit einer solch unkanonischen Skylla-Darstellung nicht ausschließen. Hinzu kommt, dass gerade das Skylla- und das Sirenen-Abenteuer in der bildenden Kunst des Öfteren kombiniert wurden.[102] Die erotische Seite dieses Ungeheuers, die im Fokus so vieler anderer Skylla-Darstellungen gestanden hatte, scheint diesen Mosaizisten nicht interessiert zu haben.[103] Zu erwägen ist ferner, dass er vielleicht ganz einfach nicht wusste, wie Skylla, Odysseus oder die Sirenen auszusehen hatten, und das Bildmotiv sozusagen neu erfand.

Der Schiffer, der seinen Dreizack[104] in den Rachen des Ungeheuers stößt, wäre dann ebenfalls Odysseus, auch er in unkanonischer Haltung und Tracht. Eine solche Verdoppelung eines Protagonisten im Bild ist in der Spätantike durchaus möglich; erinnert sei etwa an das bekannte Dominus-Julius-Mosaik aus Karthago.[105] Sollte die hier vorgeschlagene Deutung korrekt sein, dann ging der Mosaizist von Beth Shean in seiner Inszenierung einer Überlegenheit des homerischen Helden gegenüber Skylla noch einen Schritt weiter als die Stempelschneider der Kontorniaten oder der Freskenmaler von Asgafa El-Abiar: Dargestellt ist nicht mehr eine nur rein theoretisch mögliche, sozusagen potentielle Sieghaftigkeit des Odysseus, sondern seine tatsächliche Erlegung des Monsters.

Die Tötung der Skylla durch einen sieghaften Odysseus steht dem narrativen Kern der homerischen Episode diametral entgegn. Dort, daran sei erinnert, war es Skylla, die dem Odysseus sechs Gefährten entriss und bei lebendigem Leibe verschlang, ohne dass dieser etwas dagegen tun konnte. Eine derartige Inszenierung des Odysseus als des Sieghaften entspricht jedoch der generellen Tendenz der literarischen Rezeption, wie in Bezug auf die diversen Abenteuer der *Odyssee* gezeigt werden konnte. Der wörtliche Gehalt des Mythos wird hier gegenüber der allegorischen Bedeutung in einem Maße vernachlässigt, wie es sonst nur für die bildende Kunst der Nachantike zu beobachten ist.[106]

Dass eine solche allegorische Ebene tatsächlich von Künstler und Auftraggeber intendiert war, bezeugt die beigegebene Inschrift. »Herr, hilf Leontis Kloubas!« steht in dem freien Feld zwischen Schiffer und Sirene. Wie bereits ausgeführt wurde,[107] kann diese Bitte um göttlichen Beistand auf zweierlei Weise verstanden werden: entweder ganz konkret als Bitte um Schutz vor den Gefahren des Meeres oder eher abstrakt als Bitte um Schutz vor den Versuchungen, denen die Seele ausgesetzt ist. Im ersten Fall sind Skylla und die Sirenen als Allegorie für die Gefahren des Meeres zu sehen; im zweiten Fall als die Versuchungen der Seele, als Verkörperungen der Sünde. Eine eindeutige Entscheidung zugunsten einer der Deutungen ist kaum möglich und vielleicht auch nicht nötig.

---

[100] Avi-Yonah 1975, 54; Jentel 2000.

[101] Als Vorlage hätte dem Mosaizisten eine Darstellung der Skylla mit Mädchenleib und Fischschwänzen gedient, in der die Hunde aus dem Fischschwanz wuchsen. Diese Art der Darstellung begegnet gelegentlich auf Denkmälern des 4. Jh.s v. Chr., z. B. auf einer reliefierten Flasche Karlsruhe, Badisches Landesmuseum B 659; Jentel 2000, 245 und Abb. 4.

[102] Hier Katalog Skylla Nr. 1 (= Sirenen Nr. 4). Skylla Nr. 2 (= Sirenen Nr. 6). Skylla Nr. 123 (= Sirenen Nr. 13). Für ältere Denkmäler s. Jentel 2000, 243 f.; für das Frühmittelalter s. Moraw 2018, 113–17.

[103] Das gilt in vergleichbarer Weise für die im Bild befindliche Sirene. Auch sie ist mit ihrem bereits in Höhe des Bauchnabels einsetzenden Vogelleib längst nicht so stark sexualisiert wie das Gros der spätantiken Sirenen. Dass weder Künstler noch Rezipient prinzipielle Einwände, etwa aus religiösen Gründen, gegen die Darstellung nackter Frauen hatten, beweist die Anwesenheit der splitternackt mit gespreizten Beinen auf einem Seeungeheuer sitzenden Nereide. Dem Mosaizisten ging es darum, Skylla und die Sirenen als Gefahren des Meeres zu charakterisieren, nicht als Verlockungen der *voluptas*.

[104] Der Dreizack ist nicht nur Attribut des Poseidon/Neptun, sondern kann auch von Fischern oder Seeleuten verwendet werden. So erscheint in den Fischfangszenen, die Odysseus und die Sirenen auf dem Mosaik Katalog Sirenen Nr. 1 umgeben, auch ein nackter Mann, der an einem felsigen Ufer mit dem Dreizack einen Oktopus erlegt (gute Farbabb.: Lavagne — de Balanda — Echeverría 2000, Abb. 93).

[105] Tunis, Musée de Bardo; 4. Jh.; Warland 1994, 189 f. Taf. 75,1. Auch auf den sog. Konsulardiptychen erscheint die maßgebliche Person in der Regel zweimal, sowohl auf der Vorder- als auch auf der Rückseite: Delbrueck 1929.

[106] Moraw 2018, 124 f.

[107] Vgl. die Diskussion zu Katalog Sirenen Nr. 29.

## Zusammenfassung der Ergebnisse zur spätantiken Rezeption des Skylla-Abenteuers

Der von Homer formulierte Misserfolg des Odysseus, sein ›schuldlos Schuldigwerden‹, wird in der spätantiken Rezeption nie in dieser Form thematisiert. Häufig fokussieren Bilder und Texte allein auf Skylla, ohne eine Verbindung zur *Odyssee* zu ziehen. Ist tatsächlich das Zusammentreffen von Odysseus und Skylla gemeint, dann stellen es die bildenden Künstler so dar, als ob es sich um den Kampf von Angesicht zu Angesicht zweier annähernd gleich starker Gegner handele — und nicht um einen Überraschungsangriff, den Odysseus weder rechtzeitig bemerkte noch verhindern konnte. Texte, die der Episode eine allegorische Bedeutung geben wollen, können das Geschehen sogar in einen rühmenswerten Sieg des Odysseus umdeuten. Das Leiden der Gefährten hingegen wird entweder marginalisiert oder so präsentiert, als handele es sich um eine verdiente Strafe für Dummheit und Unachtsamkeit. Wie im Fall der Sirenen erfolgt in der Rezeption eine Konkretisierung von Skyllas äußerer Erscheinung; hier allerdings explizit entgegen der von Homer gegebenen Beschreibung. Wie bei den Sirenen ist diese Konkretisierung der Gestalt verbunden mit Verweiblichung und Sexualisierung. Skyllas Unersättlichkeit und Gier erhalten eine sexuelle Konnotation. Die homerische Konfrontation von Mensch und Ungeheuer wird umgedeutet in eine Konfrontation von Mann und Frau.

Was die Unterschiede zwischen lateinischem Westen und griechischem Osten anbelangt, so begegnen auch hier bereits bekannte Phänomene: Von der Rezeption wird Skylla im Westen verortet, in der Straße von Messina. Dem entspricht, dass sich spätantike bildliche Darstellungen vor allem aus dem Westen des *imperium Romanum* erhalten haben. Dieser Umstand wiederum dürfte der Grund dafür sein, dass die lateinischen Texte weitaus häufiger und plastischer auf Skyllas äußere Erscheinung eingehen als die griechischen Texte. Ein gleichfalls bekanntes Phänomen ist, dass eine Sexualisierung Skyllas in den lateinischen Texten häufiger anzutreffen ist als in den griechischen Texten. In Abhängigkeit von Ovids *Metamorphosen* wird diese Sexualisierung verbunden mit Liebesraserei, Leiden und Irrationalität — Affekte, die Skylla in anderen auslöst und denen sie letztendlich zum Opfer fällt.

Bei einem Vergleich von literarischer und bildlicher Rezeption fallen weniger die Unterschiede ins Auge als die Gemeinsamkeiten. In beiden Medien kann Skylla auch losgelöst vom Kontext der *Odyssee* auftreten: als Mitglied des marinen Thiasos in den Bildern, mit der Geschichte ihrer Verwandlung in den Texten. Weiterhin kann Skylla in beiden Medien sowohl als Täterin als auch als Opfer dargestellt werden. Die Vorstellung von ihr oszilliert zwischen diesen beiden Polen. Im Kontext der *Odyssee* ist sie vor allem Täterin. Sie tötet grausam und im wahrsten Sinne des Wortes bestialisch sechs der Gefährten des Odysseus. In anderen Kontexten hingegen erscheint sie als das Opfer von Eifersucht und Begierde ihr überlegener Gottheiten oder von sexualisierten Attacken diverser Meerungeheuer. Weitere Gemeinsamkeiten — etwa das Bemühen, Odysseus so positiv wie möglich zu präsentieren — wurden bereits genannt. Die spätantiken bildenden Künstler beschränken sich dabei auf die Darstellung eines einzigen Moments: der direkten Konfrontation zwischen Skylla und Odysseus, die im homerischen Epos zwar nicht zustande kam, von Odysseus aber erhofft worden war. Dabei negiert die Art und Weise der Darstellung zwar nicht die Gefährlichkeit Skyllas, lässt einen Sieg des Odysseus aber immerhin möglich erscheinen.

Skylla, mit und ohne *Odyssee*-Kontext, wurde von den bildenden Künstlern in verschiedenen Gattungen thematisiert. Gleich den Sirenen erscheint sie auf vielfigurigen Meermosaiken und verkörpert dort eine der Gefahren des Meeres, schön und bedrohlich zugleich. In einem Fall wurde sie dabei explizit an Venus angeglichen. Auf stadtrömischen Meerwesensarkophagen hingegen ist Skylla als kleine nackte ›Meerfrau‹ charakterisiert, in der bildinternen Hierarchie ganz unten stehend und Opfer der Attacken anderer Meerwesen. Auf stadtrömischen Kontorniaten, Glücksbringern für breitere Bevölkerungsschichten, diente das *Odyssee*-Abenteuer vermutlich als ein Bild für glückliche Rettung ohne Rücksicht auf Verluste. Der Grund für die enorme Popularität gerade des Skylla-Motivs auf den Kontorniaten ist unklar. Eventuell hängt diese Popularität mit der Existenz einer literarisch bezeugten Skylla-Statue im Circus von Konstantinopel zusammen. In der Sepulkralkunst kann das Skylla-Abenteuer des Odysseus gelegentlich als Allegorie für eine Überwindung des Todes interpretiert werden. Weitere Allegoresen in anderen Kontexten sind möglich, aber nicht eindeutig belegt.

Kapitel VI

# Heimkehr nach Ithaka

*Der homerische Text*

Nachdem Odysseus den Phäaken von den Abenteuern seiner Irrfahrt erzählt hat, geleiten diese ihn reich beschenkt auf einem Schiff nach Ithaka. Mannschaft und Schiff werden auf der Rückfahrt kurz vor der Einfahrt in den Hafen vom rachsüchtigen Poseidon in Stein verwandelt.[1] Mit dieser letzten Gewalttat verabschiedet sich der Gott des Meeres von der Bühne der *Odyssee*: Von nun an ist es Athena, Göttin der kultivierten Welt *par excellence* und Beschützerin des Odysseus, die auf der göttlichen Ebene interveniert und die Handlung zugunsten ihres Favoriten lenkt.[2]

Heimgekehrt, findet sich Odysseus mit jener Situation konfrontiert, die in den ersten vier Büchern des Epos ausführlich dargelegt wurde: Seit über drei Jahren belagern junge Männer aus den vornehmen Familien Ithakas und der umliegenden Inseln sein Haus und seine Gemahlin Penelope.[3] Das Anwesen nur zum Schlafen verlassend,[4] vertreiben sie sich die Zeit mit Würfelspiel, Sport und Musik, vor allem aber mit dem Verprassen von Odysseus' Hab und Gut. Sie leeren seine Weinvorräte und schlachten nach und nach sämtliches Vieh zum Verzehr.[5] Zweck dieses Vorgehens ist, die seit Jahren vergeblich auf Odysseus wartende Penelope zu einer neuerlichen Heirat zu erpressen: Sie solle einen von ihnen zum Gatten wählen, dann würden die anderen die Belagerung aufheben. Penelope befindet sich somit in einer Situation, die paradigmatisch ist für Frauen in einer von Männern dominierten Gesellschaft: Die Freier — und die hinter ihnen stehende Gemeinschaft von Ithaka — generieren mit mehr oder weniger subtiler Gewalt eine Situation, in der Penelope am Ende nichts anderes übrig bleiben soll, als ihre Selbständigkeit aufzugeben und einen ihrer Bedränger als neuen Gatten und ›Beschützer‹ gegenüber den anderen zu akzeptieren.[6]

---

[1] Hom. Od. 13, 161–64.

[2] Dazu ausführlich Murnaghan 1995. Athena hatte, wie sie Odysseus Hom. Od. 13, 341 f. gegenüber zugibt, den Helden während seines Aufenthaltes auf See sich selbst überlassen, weil sie sich nicht offen gegen ihren Onkel Poseidon stellen wollte. Wie der Leser/Zuhörer jedoch aus Buch 1, 22–95 weiß, ergriff sie die Gelegenheit von Poseidons Abwesenheit vom Olymp, um ihren Vater Zeus zur Unterstützung des Odysseus zu überreden.

[3] Eine gute Zusammenfassung der Lage gibt Athena dem gerade auf Ithaka Gelandeten in Hom. Od. 13, 377–81: »Diese schalten und walten bereits drei Jahre im Hause, / bieten Geschenke als Freier der göttergleichen Gemahlin. / Die aber jammert um deine Heimkehr tief im Gemüte, / Alle vertröstet sie, jedem verspricht sie besondere Aussicht, / Botschaft sendet sie aus — doch ihr Denken befaßt sich mit andrem«.

[4] Vgl. Hom. Od. 2, 397 f., wo die volltrunkenen Männer hinaus auf die Straße torkeln, oder 1, 421–24.

[5] Vgl. etwa die Szenerie, auf die Athena Hom. Od. 1, 106–13 bei ihrer Ankunft in Ithaka, verkleidet als Mentes, trifft: »Hier nun fand sie trotzige Männer, / Freier waren es, die ihr Gemüt mit Würfeln ergötzten / Neben der Türe. Auf Fellen von Rindern, die selbst sie geschlachtet, / Saßen sie da umgeben von Rufern und hurtigen Dienern. / Weine mußten die einen mit Wasser mischen im Mischkrug, / Andere wuschen mit reich durchlöcherten Schwämmen die Tische, / Stellten sie hin, daß noch andre die Menge des Fleisches verteilten«.

[6] Penelopes für Frauen in der homerischen Gesellschaft unübliche Selbständigkeit ist zunächst das Ergebnis eines der besonderen Situation geschuldeten Machtvakuums, das Fehlen eines Mannes, der als Penelopes *kyrios* in Frage käme: Odysseus, der Ehemann, ist seit langem abwesend, aber nicht offiziell für tot erklärt; ihr Vater Ikarios lebt weit entfernt und solange sie nicht freiwillig in sein Haus zurückkehrt, hat er wenig zu sagen; Telemachos schließlich ist zwar anwesend, aber noch sehr jung (zusammenfassend Katz 1991, 35–41). Er könnte *de iure* seine Mutter zwar zwecks Wiederverheiratung zu ihrem Vater zurückschicken (so die Forderung der Freier Hom. Od. 2, 113 f.), will dies aus Zuneigung zu seiner Mutter sowie aus Angst vor Großvater, Vater, Göttern, Menschen und dem Fluch Penelopes nicht tun (Hom. Od. 2, 130–37). Penelopes Selbständigkeit ist also auch ihrer eigenen starken Persönlichkeit geschuldet.

Die Motive der Freier sind vielschichtig und werden vom Dichter nie explizit auf einen Punkt gebracht. Eine wichtige Rolle spielt sicher die Persönlichkeit Penelopes selbst. Sie hat sich *kléos*, Ruhm, erworben aufgrund ihrer listigen Klugheit und ihrer unerschütterlichen Treue zum lange verschollenen Odysseus.[7] Der Besitz einer solchen Frau würde zwangsläufig auch den Ruhm des neuen Gatten mehren[8] — unabhängig davon, dass genau mit dieser Heirat die Grundlagen von Penelopes eigenem *kléos* zerstört würden.[9] Ein weiterer Aspekt ist Penelopes Schönheit. Obwohl die Freier kaum älter als Penelopes Sohn Telemachos sind, erscheint sie ihnen so attraktiv, dass sie bei ihren seltenen Auftritten im Haus völlig außer sich geraten.[10] Die Jugend der Freier wird mehrfach betont. Mit ihrem jugendlichem Alter verbunden sind, wie häufiger in den homerischen Epen, negative Eigenschaften wie Rücksichtslosigkeit und Anmaßung.[11] Die Freier sind Halbstarke, denen eine soziale Kontrollinstanz fehlt.[12] Hinzu kommt ein Machismo, für den eine geschlechtsreife Frau ohne Mann an der Seite eine unerträgliche Provokation darstellt. Aus dieser Sicht *muss* Penelope zu einer neuen Ehe gezwungen werden.[13] Ob sie selbst das auch will, ist ohne Belang.[14] Selbst die Frage, wer sie letztendlich bekommt, ist nur von untergeordneter Bedeutung.[15] Neben diesen eher immateriellen Beweggründen gibt es natürlich auch handfeste materielle: Die Freier gieren zum einen nach dem Besitz des Odysseus, den sie nach Ausschaltung des Telemachos an sich zu bringen hoffen.[16] Zum anderen spekulieren sie darauf, dass der glückliche Gewinner mit der Heirat so viel Prestige erwirbt, dass er die Stellung eines *primus inter pares*, des bedeutendsten »Königs« der Insel, für sich beanspruchen kann. Diese einst von Odysseus innegehabte Würde ginge damit auf Penelopes neuen Gatten über, unter Auslassung des entweder toten oder in einer nachgeordneten Stellung gehaltenen Telemachos.[17]

Die Situation wird für die Familie des Odysseus zusätzlich erschwert durch den Umstand, dass weder ihre eigenen Bediensteten noch die Einwohner von Ithaka einmütig hinter ihnen stehen. Odysseus war zwar einst, was niemand explizit bestreitet, ein gerechter und gütiger Herrscher.[18] Jetzt jedoch wagt kaum einer, sich gegen die Freier zu stellen, die ja selbst auch zum Großteil aus den vornehmen Familien Ithakas stammen und die einst von Odysseus innegehabte Würde beanspruchen.[19] Noch problematischer ist die Lage im Oikos selbst. Auch hier stellen sich einige der Knechte und Mägde offen auf die Seite der Freier, bereit, ihre eigentliche Herrin zu verraten.[20]

Kurz vor der Ankunft des Odysseus hat sich die Lage nochmals zugespitzt. Verantwortlich dafür sind zwei Gründe. Der erste liegt in der erst kürzlich erfolgten Entdeckung der Webstuhllist.[21] Um ihre ungebetenen Freier hinzuhalten, gab Penelope vor, zunächst noch ein

---

[7] z. B. Hom. Od. 2, 125 f. Zu Penelopes *kléos* vgl. Katz 1991, 20–29.

[8] Vgl. die Bemerkung des Eurymachos Hom. Od. 2, 205 f.: »Es lockt uns als Kampfpreis / gerade ihr tüchtiges Wesen«.

[9] Eine Frau, die sich in eine Heirat hat erpressen lassen, kann kaum noch in Anspruch nehmen, klüger als alle anderen zu sein. Und ihr Ruf unerschütterlicher Treue zu Odysseus würde sich ins genaue Gegenteil verkehren, den Vorwurf der Treulosigkeit, vgl. die Reden der Bewohner von Ithaka Hom. Od. 23, 149–51. Ausführlich zu dieser Problematik: Heitman 2005, 82–84.

[10] Hom. Od. 1, 365 f.: »Aber die Freier erfüllten den schattigen Saal mit Getobe, / Alle verlangten, an sie sich zu schmiegen im Lager der Liebe« oder 18, 212 f.: »Jenen wurde da schwach in den Knien; im Gemüte bezaubert / Gierten sie alle begehrlich, im Lager an sie sich zu schmiegen«.

[11] De Jong 2001, 63.

[12] Das demonstriert u. a. der desaströse Verlauf der von Telemachos im zweiten Buch (2, 6–259) einberufenen Volksversammlung, bei der die Freier die wenigen Sympathisanten des Telemachos offen beleidigen und einschüchtern, z. B. Hom. Od. 2, 178 Eurymachos den Seher Halitherses: »Alter Mann geh heim! Prophezeie du jetzt deinen Kindern!« und weiter, Vers 192: »Dich aber, Alter, lassen wirs büßen.« Vgl. de Jong 2001, 44–59.

[13] Vgl. die Worte des Antinoos in Hom. Od. 2, 122–25.

[14] Auch sonst stehen die Freier den Wünschen oder Gefühlen Penelopes gleichgültig gegenüber, vgl. die zynischen Bemerkungen zur geplanten Ermordung des Telemachos in Hom. Od. 4, 770 f.

[15] Und wird entsprechend von ihnen nicht weiter thematisiert.

[16] Hom. Od. 2, 335 f. bemerkt einer der Freier zum eventuellen Tod des Telemachos: »Teilen müßten wir sämtliche Habe; das Haus aber müßten / Doch seiner Mutter wir lassen und dem, der schließlich ihr Mann wird«.

[17] De Jong 2001, 40 f. Antinoos sagt Hom. Od. 1, 386 f. zu Telemachos: »Trotzdem soll der Kronide auf Ithakas Insel / nicht gerade dich erheben, obschon du vom Vater es erbtest«.

[18] Vgl. die Rede des Mentor in Hom. Od. 2, 230 f.

[19] Zu den Motiven der Bewohner von Ithaka s. auch Heitman 2005, 14 f.

[20] So die Hom. Od. 22, 457–73 von Eurykleia denunzierten und von Telemachos erhängten treulosen Mägde oder der am Ende gleichfalls brutal bestrafte Ziegenhirte Melanthios, s. Hom. Od. 22, 160–200. 474–77.

[21] Hom. Od. 2, 88–110, hier vom erbosten Antinoos dem Telemachos entgegengeschleudert. Insgesamt wird diese in der Antike (und darüber hinaus) berühmte Geschichte in der *Odyssee* drei Mal erzählt, vgl. Papadopoulou-Belmehdi 1994, 32–41; de Jong 2001, 50 f.

Leichentuch für den alten Vater des Odysseus, Laertes, weben zu wollen: gleichsam ihre letzte Handlung als Gemahlin des Odysseus. Tagsüber stand sie demonstrativ am Webstuhl und webte, nachts jedoch schlich sie sich aus ihrer Kammer und löste das zuvor Gewebte wieder auf. Gleichzeitig versuchte sie, die Freier gegeneinander auszuspielen, indem sie heimliche Botschaften zu jedem von ihnen sandte und ihn damit ermutigte. Mit dieser Taktik war Penelope über drei Jahre lang erfolgreich. Am Ende jedoch verriet sie eine — oder mehrere — ihrer eigenen Mägde. Die erzürnten Freier mussten erkennen, dass sie jahrelang zum Narren gehalten worden waren. Sie lauerten Penelope auf, ertappten sie *in flagranti* und zwangen sie daraufhin, das Gewebe zu vollenden. Nun, da das Tuch fertig ist, gibt es aus Sicht der Freier für Penelope keine Legitimation, sich der Heirat zu entziehen. Der zweite Grund, der die gegenwärtige Situation so gefährlich macht, betrifft Telemachos. Solange dieser ein Kind war, stellte er für die Freier keine Bedrohung dar und sie verkehrten freundschaftlich mit ihm.[22] Allmählich jedoch wird Telemachos erwachsen.[23] Er versucht, zunächst noch erfolglos, eigenständig zu handeln und seine Interessen als Sohn und Erbe des Odysseus zu vertreten. Unterstützt wird er dabei, was die Freier nicht wissen, von Athena, die ihn nicht nur als Helfer für seinen Vater benötigt, sondern auch seinen eigenen Ruhm vorbereiten will.[24] Als die Freier von Telemachos' heimlicher Abfahrt nach Pylos erfahren — unternommen, um Erkundigungen über den Vater Odysseus einzuholen —, begreifen sie, dass er ihnen tatsächlich gefährlich werden könnte. Sie beschließen, ihn bei seiner Rückkehr zu ermorden, und lauern ihm an einer Meerenge kurz vor Ithaka auf.[25] Mit dieser Szene schließt Homer das vierte Buch der *Odyssee*, um erst in Buch 13 wieder nach Ithaka zurückzukehren, nun mit der Person des Odysseus.

Odysseus trifft als Erstes auf die ihm in Verkleidung erscheinende Athena. Sie informiert ihn über die oben geschilderte Lage und rät, einer direkten Konfrontation mit den Freiern zunächst aus dem Weg zu gehen. Um sein Inkognito zu wahren, verwandelt die Göttin ihn in einen alten, abstoßend erscheinenden Bettler.[26] In dieser Gestalt begibt sich Odysseus zu seinem ehemaligen Besitz und nimmt Kontakt zu treu gebliebenen Dienern und zu seiner Familie auf.

Unerkannt lässt er sich vom mitleidsvollen und großzügigen Schweinehirten Eumaios für drei Nächte in dessen Hütte einladen und offenbart sich dort seinem mit Athenas Hilfe heil zurückgekehrten Sohn Telemachos.[27] Als er, immer noch in der Gestalt eines Bettlers, schließlich sein eigenes Haus betritt, erkennt ihn sein alter Hund Argos, der heruntergekommen und vernachlässigt auf einem Misthaufen am Hofeingang liegt. Glücklicherweise, für Odysseus, ist der Hund so gebrechlich, dass seine schwachen Reaktionen niemandem außer Odysseus auffallen. Odysseus weint eine heimliche Träne und lässt sich von Eumaios, der nichts bemerkt hat, beschreiben, was für ein großartiger Hund Argos früher gewesen sei. Als sein Herr an ihm vorbeigegangen ist, stirbt Argos.[28]

In der Nacht lässt Penelope den angeblichen Bettler zu sich rufen. Es folgt die zentrale Szene der Erzählung von Odysseus' Rückkehr, das, was auch die bildende Kunst zu zahlreichen Interpretationen inspirierte.[29] Penelope spricht zunächst von ihrer Sehnsucht nach Odysseus. Dann erzählt sie die den Zuhörern bereits bekannte Geschichte von der List mit dem Webstuhl, mit der sie die Freier so lange hingehalten hatte und die nun durch den Verrat der Dienerinnen wirkungslos geworden war.[30] Jetzt fühle sie sich von allen Seiten zu einer neuen Ehe gedrängt. Odysseus berichtet auf Nachfragen über sich selbst eine Lügengeschichte und dass er ihren Gatten vor vielen Jahre gesehen habe. Er fügt hinzu, er wisse vom Hörensagen, dass Odysseus ganz in der Nähe sei und bald heimkommen werde.[31] Penelope bekundet öffentlich, dass sie ihm nicht glaube, und bietet ihm dann ein Fußbad an, ausgeführt von ihrer treuesten Dienerin, Eurykleia. Diese war einst die Amme des Odysseus und erkennt ihren Schützling prompt an einer Narbe am Bein, die er sich vor Jahren bei einer Eberjagd auf dem Anwesen seines Großvaters Autolykos zugezo-

---

22 Vgl. Hom. Od. 2, 305; dazu und zum Folgenden Heitman 2005, 28–33.

23 Zu Telemachos' Reifeprozess im Verlauf der Handlung der *Odyssee* aus anthropologischer und entwicklungspsychologischer Sicht s. Felson-Rubin 1994, 67–91; vgl. Heitman 2005, 50–62.

24 Vgl. Hom. Od. 1, 95 Athenas Rede im Olymp: »Aber auch edlen Ruhm bei den Menschen soll er (sc. Telemachos) erwerben«.

25 Hom. Od. 4, 842–47.

26 Hom. Od. 13, 397–403.

27 Hom. Od. 16, 177–215.

28 Hom. Od. 17, 291–327.

29 Hom. Od. 19, 53–599.

30 Hom. Od. 19, 137–56.

31 Hom. Od. 19, 306 f.: »Dieses Jahr noch wird Odysseus hierher gelangen, / Jetzt, wenn der Mond verschwindet und wieder tritt in Erscheinung«.

gen hatte.³² Vor Überraschung lässt sie Odysseus' Fuß platschend in das Becken zurückfallen und bricht in Tränen aus. Odysseus kann durch einen Griff an ihre Kehle gerade noch verhindern, dass sie seine Identität lauthals preisgibt und ihn damit, erinnert sei an die Unzuverlässigkeit von Penelopes Dienerinnen, in Lebensgefahr bringt. Penelope, von Athena abgelenkt, hat nichts bemerkt. Sie erzählt nun einen (möglicherweise fingierten) Traum samt Deutung, der gleichfalls auf die Rückkehr des Odysseus und die Ermordung der Freier weist.³³ Direkt im Anschluss präsentiert sie ihre Idee mit dem Bogenwettkampf: Sie werde unter die Freier treten und demjenigen die Ehe versprechen, der imstande sei, wie einst Odysseus den Bogen zu spannen und einen Pfeil durch die Ösen von zwölf hintereinander aufgestellten Äxten zu schießen. Odysseus heißt die Idee gut³⁴ und hat damit das Mittel zur Hand, mit welchem er am nächsten Tag die Freier erledigen wird.³⁵

Nach dem Massaker an den Freiern lässt Odysseus die illoyalen Mägde hinrichten. Den anderen befiehlt er, zu singen und zu tanzen, damit die Bewohner von Ithaka glauben, dass im Haus die Hochzeit von Penelope und einem der Freier gefeiert werde.³⁶ Erst dann folgt die Wiedererkennung mit Penelope, die nach langem Zögern und erst, nachdem sie ihrerseits Odysseus einer Prüfung unterzogen hat, den wiedergefundenen Gatten in die Arme schließt.³⁷

**Interpretation**

Die zweite Hälfte der *Odyssee* thematisiert die Wiedereingliederung des Odysseus in die Gesellschaft von Ithaka nach zwanzig Jahren Krieg und Irrfahrt. Auf der Ebene der Erzählung umfasst die Handlung nur sieben Tage — von der Landung auf Ithaka im Morgengrauen des ersten Tages bis hin zum von den Göttern befohlenen Ende des Bürgerkrieges zwischen der Familie des Odysseus und den Familien der toten Freier.³⁸ Auf der Ebene des Werkes hingegen nimmt dieser Teil mehr Raum ein als die Abenteuer der Irrfahrt — was die Bedeutung unterstreicht, die der Dichter diesem Wiedereingliederungsprozess zumaß.³⁹ Die Methoden, derer Odysseus sich bedient, sind Verkleidung, Verstellung, Lügen und schließlich der Massenmord an den Freiern sowie die Hinrichtung der illoyalen Mägde. Odysseus prüft die Loyalität und den Charakter der ihn umgebenden Menschen und handelt entsprechend.⁴⁰

---

32 Hom. Od. 19, 350–504.

33 Hom. Od. 19, 535–69: Sie hätte im Traum gesehen, wie ein plötzlich heranstürzender Adler ihre 20 ihr teuren Hausgänse tötete. Daraufhin sei sie in Tränen ausgebrochen. Der Adler aber sei zurückgekehrt und habe zu ihr mit menschlicher Stimme gesagt, dass die Gänse ein Bild für die Freier seien, er jedoch Odysseus, der diese vernichten werde. Erstaunlicherweise wird diese Episode in der Sekundärliteratur fast immer dahingehend interpretiert, dass Penelope über den Tod der *Freier* weine, weil sie diese in ihrem tiefsten Innern doch attraktiv finde (vgl. etwa Felson-Rubin 1994, 32). Dabei wird übersehen, dass Penelope sich zum Zeitpunkt ihrer Tränen noch gar nicht auf der allegorischen Ebene der Erzählung befindet — sie weint tatsächlich über das, was sie sieht, den Tod ihrer Haustiere.

34 Hom. Od. 19, 583–87: »Ehrfurchtgebietendes Weib des Sohns des Laërtes, Odysseus! / Säume nicht mehr diesen Wettkampf jetzt im Haus zu betreiben! / Eher noch wird ja der einfallreiche Odysseus erscheinen, / Ehe diese den glänzend gefestigten Bogen betasten, / Jene Sehne dann spannen und gar die Eisen durchschießen«.

35 Hat Penelope ihren Gatten erkannt? Oder hält sie es zumindest für möglich, dass der angebliche Bettler Odysseus sein könnte? Über diese Frage ist viel diskutiert worden. Die Antworten reichen von einem entschiedenen »Nein«, wie etwa Heitman 2005, 82, bis zur brillanten Analyse der Schlüsselszene in Buch 19 bei Winkler 1990, 147–55, der zu dem Schluss kommt, Penelope fasse nach ihrer eingehenden Befragung des Bettlers die Möglichkeit ernsthaft ins Auge, dass er ihr Gatte sein könne, und biete ihm deshalb die Idee mit dem Bogenwettkampf an. Winkler erklärt die Tatsache, dass weder Penelope noch Odysseus ihre Absichten und Gedanken eindeutig formulieren, damit, dass erstens beide extrem vorsichtige bzw. misstrauische Charaktere sind und sie zweitens aufgrund der Anwesenheit der (bekanntlich unzuverlässigen) Dienerinnen auch gar nicht anders reden können. Für eine vom Dichter bewusst angelegte Mehrdeutigkeit der Szene plädiert hingegen Clayton 2004, 40.

---

36 Hom. Od. 23, 130–52.

37 Hom. Od. 23, 163–240. Die Prüfung besteht darin, dass sie vorgibt, das Ehebett — welches Odysseus einst selbst aus dem Stumpf eines an dieser Stelle im Boden verwurzelten Ölbaums gezimmert hatte — ließe sich problemlos von einem Raum in den anderen transportieren. Odysseus ist extrem indigniert und erzählt ausführlich von seiner kunstfertigen Herstellung des Bettes — Details, die kein anderer Mann wissen kann.

38 Vgl. die Zeittafel bei de Jong 2001, 588.

39 Die *Odyssee* als exemplarischer *nóstos* (»Lied von der Heimkehr«; zu den *nóstoi* der anderen Helden des Trojanischen Krieges s. de Jong 2001, 4) weist dessen charakteristische Dreiteilung in (Tatsache der) Abwesenheit — Umherwandern — Rückkehr auf: Alexopoulou 2009, 18. Die Tatsache der zwanzigjährigen Abwesenheit von Familie und Vaterland wird ganz zu Anfang des Epos (Hom. Od. 1, 13–19) thematisiert. Der Rest gilt der Beschreibung der Wanderungen/Irrfahrten und den Ereignissen bei der Rückkehr nach Ithaka. Zum Prozesshaften dieser Rückkehr s. Alexopoulou 2009, 19 f.: »Reintegration as part of return is never a return to the exact conditions from where one began, but rather a process of accepting and embracing change, on the part of both wanderer and home community.« Dazu ausführlich Shay 2002.

40 Rutherford 1986, 159.

Eine zentrale Rolle bei den Geschehnissen auf Ithaka wird, das dürfte die obige Zusammenfassung klargemacht haben, Penelope zugewiesen.[41] Sie ist die paradigmatisch treue und liebende Gattin[42] sowie liebende Mutter.[43] Trotz ihrer prekären Lage und gelegentlichen Anfällen heftiger Verzweiflung[44] hat sie dank ihrer überlegenen Klugheit[45] die Situation halbwegs unter Kontrolle. Es gelingt ihr sogar teilweise, die schwindenden Ressourcen des Oikos durch den Freiern entlockte Geschenke zu ersetzen.[46] Mit der Anberaumung des Bogenwettkampfes zwingt sie trotz innerer Zweifel eine Entscheidung herbei, die das Schicksal der Freier besiegeln und Odysseus seine rechtmäßige Rolle als Herr des Hauses zurückgeben wird.[47] In der endgültigen Wiederbegegnung mit ihrem Gatten schließlich ist sie es, die Odysseus soweit bringt, die Selbstbeherrschung zu verlieren und ihm damit einen eindeutigen Beweis seiner Identität entlockt.[48] Homers Zeichnung der Penelope ist ohne Einschränkung positiv.[49] In Buch 4, 791–93 vergleicht der Dichter die um das Leben ihres Sohnes

---

[41] Das wurde von der Forschung nicht immer erkannt, vgl. die Überblicke bei Clayton 2004, 12–18 oder Heitman 2005, 2–10. Letzterer bemerkt S. 9 zurecht, dass viele auch der neueren Studien zur *Odyssee* »tend to maximize the passivity of Penelope's character and to minimize the importance of the events in Ithaca.« Paradigmatisch für diese Ignoranz ist Alexopoulou 2009, dort heißt es S. 35: »While Odysseus makes an external journey, away from Ithaca, Penelope has withdrawn to grief, despair and inactivity.« Gerechter wurden der Rolle Penelopes der bereits 1978 erschienene, vielzitierte Aufsatz von Helene P. Foley sowie John J. Winkler (1990). Dieser schreibt S. 133: »what I think is the real centre of the Odyssey's plot, which is the way in which Penelope, constrained as she is by the competing and irreconcilable demands of social propriety, extends some degree of real control over events and makes possible the homecoming of her husband, outwitting many deadly enemies and a few friends in the process.« Auch Papadopoulou-Belmehdi 1994 arbeitet in ihrem Buch über das Gewebe der Penelope deren Rolle als »personnage-clef dans la structure et la thématique de l'Odyssée« (S. 92) deutlich heraus.

[42] Das wird vom Dichter auch explizit gesagt, so beispielsweise Hom. Od. 1, 363, wo Penelope sich um den »lieben Gatten« in den Schlaf weint. Vgl. die Szene 4, 795–837 in welcher Athena in der Verkleidung der Schwester Iphtime Penelope im Traum erscheint, um sie über Telemachos' Schicksal zu beruhigen. Nachdem dies gelungen ist, fragt Penelope die Traumgestalt sofort nach Odysseus.

[43] Penelope liebt Telemachos bedingungslos (vgl. ihre Reaktion auf die Nachricht, dass er in Lebensgefahr schwebe, Hom. Od. 4, 697–767) — und kritiklos. Das demonstriert der Verlauf jener berühmten Szene 1, 325–62, in welcher Penelope den Sänger Phemios bittet, den Freiern von anderen Dingen zu singen als von den Ereignissen des Trojanischen Krieges, da dieses Thema für sie (die zwangsläufig mithören muss) zu schmerzhaft sei. Die Entgegnung des Telemachos endet Vers 356–59 mit »Du aber gehe ins Haus und besorge die eignen Geschäfte, / Spindel und Webstuhl, heiß deine dienenden Frauen, sie sollen / Auch ans Geschäft sich begeben; die Rede ist Sache der Männer, / Aller, vor allem die meine! Denn mein ist die Macht hier im Hause.« Telemachos stellt hier seine Mutter nicht nur auf taktlose Weise vor ihren Feinden, den Freiern, bloß. Seine Worte zeugen darüber hinaus von Mangel an Realitätssinn: Wie die Freier ihm beständig klarmachen, ist Telemachos der letzte, der im Haus etwas zu sagen hat. Penelopes Reaktion ist dennoch eine andere. Sie verlässt schweigend den Raum und »wahrte / Tief im Gemüt des Sohnes gewandte Rede geborgen« (1, 361). Dies ist eine der Gelegenheiten, bei denen Penelope sich dem patriarchalen Common Sense der damaligen, sie umgebenden Gesellschaft beugt — und die sie für eine zeitgenössische feministische Vereinnahmung so problematisch macht; vgl. Clayton 2004, 18: »Ultimately, Penelope is a difficult, if not unsatisfactory, feminist heroine«.

[44] Ein effektvoll inszenierter Anfall abgrundtiefer Verzweiflung findet sich etwa Hom. Od. 4, 716–20, als Penelope von der heimlichen Abfahrt ihres Sohnes nach Pylos und den daraus resultierenden Mordplänen der Freier erfährt: »Doch jene / Fühlte, es sinke ein Leid über sie, das ihr Leben zerstöre. / Nicht mehr hielt sie es aus auf Sesseln zu sitzen und gab doch / Viele im Hause. Sie setzte sich vielmehr jämmerlich klagend / Gleich auf die Schwelle des mühsam erstellten Gemaches und um sie / Heulten die Mägde des Hauses, alle, die alten, die jungen.« Es sei allerdings daran erinnert, dass Weinen im homerischen Epos kein Zeichen von Schwäche, sondern von heftiger Emotion ist. Diverse Männer weinen, u. a. Odysseus (etwa bei den Phäaken, beim Gesang des Demodokos über Odysseus' Verdienste bei der Einnahme Trojas: Hom. Od. 8, 521–31) oder Achill (so Hom. Il. 1, 348–57, nachdem ihn Agamemnon in seiner Ehre gekränkt hat). Homer verdeutlicht mit Penelopes Tränen nicht deren Schwäche, sondern die Tatsache, dass sie eine zu tiefen Emotionen (für ihren Ehemann, für ihren Sohn) fähige Frau ist. Vgl. auch Winkler 1990, 138. 141.

[45] Das zur Bezeichnung ihrer Klugheit verwendete Epitheton ist *períphron*. Zu dessen geschlechtsspezifischem Gebrauch und den keinesfalls immer positiven Bedeutungsnuancen in der frühen griechischen Dichtung s. Papadopoulou-Belmehdi 1994, 185–91. Der Überblick macht deutlich, dass überragende Klugheit bei einer Frau mit erheblichem Misstrauen betrachtet wurde.

[46] So etwa Hom. Od. 18, 274–303; vgl. Winkler 1990, 146 f.

[47] Wie Papadopoulou-Belmehdi 1994, 121–25 zeigen konnte, weist Penelope hier Parallelen mit Artemis auf. Beide töten Männer, die sich der Hybris schuldig gemacht haben, nicht mit eigener Hand, sondern mittels anderer Männer oder (im Fall der Göttin) auch Tiere. Zu den apollinischen Implikationen der Szene, in welcher Odysseus den Bogen spannt, um die Freier zu töten, s. ebenda.

[48] Vgl. Rutherford 1986, 160: »Penelope is the only person who could outwit Odysseus in such a test, and this shows, like so many other details and parallelisms between them, how well matched husband and wife truly are.« Eine ausgezeichnete Analyse der Szene bietet Zeitlin 1995.

[49] Negatives äußern allein ihre Gegner, die Freier (z. B. Hom. Od. 4, 88–90 Antinoos nach der Entdeckung, dass Penelope ihn und die anderen jahrelang zum Narren gehalten hat, oder 24, 126–28 die Seelen der ermordeten Freier im Hades) oder diejenigen Figuren der *Odyssee*, die Penelopes Handlungen falsch einschätzen (z. B. 1, 249–51 Telemachos über die seines Erachtens mangelnde Entschluss-

Besorgte, schlaflos Grübelnde mit einem von Jägern umstellten Löwen — das einzige Löwengleichnis in den homerischen Epen, das sich auf eine Frau bezieht.[50] Penelopes Leistung — die Erinnerung an ihren abwesenden Gatten aufrechtzuerhalten und dafür zu sorgen, dass kein anderer Mann seinen Platz als ihr Gatte und als Herrscher von Ithaka usurpiert — ist gleichwertig der Leistung, die Odysseus erbringen muss, um seine Irrfahrten lebendig zu überstehen und eben diesen Platz wieder einzunehmen.[51] Sie ist das personifizierte Erinnern, das gegen das Vergessen(wollen) der Umgebung ankämpft — genauso wie Odysseus auf seinen Abenteuern Versuchungen überwinden muss, die Vergessen und letztendlich Tod bedeuten: der Lotos der Lotophagen, Kirkes Zaubertrank, der Gesang der Sirenen, um nur einige zu nennen.[52] Penelope teilt darüber hinaus mit Odysseus dessen herausragenden Charakterzug, seine listige Klugheit oder *metis*. Auch der Dichter selbst darf — wie John Winkler in seinem Kapitel zu »Penelope's Cunning and Homer's« gezeigt hat — diese Eigenschaft für sich beanspruchen.[53] Zudem kann Penelopes charakteristische Tätigkeit, das Weben, als Metapher sowohl für das ›Spinnen‹ von Listen als auch für die Tätigkeit des Dichtens verwendet werden: Auch hier gibt es also eine gewisse Entsprechung von Penelope, Odysseus und Homer.[54] Barbara Clayton entwickelte diesen Gedanken einer engen inhaltlichen Verbindung von *metis*, Weben und epischer Dichtung weiter:[55] Penelopes Gewebe — das als eine Aneinanderreihung figürlicher Szenen zu denken ist[56] — erzählt mit seinen spezifischen Mitteln genauso eine Geschichte wie dies Homer mit der *Odyssee* tut. Weiterhin kann der Vorgang des Webens, Wiederauftrennens und neuerlichen, jedes Mal leicht variierten Webens als Metapher für die Technik der Oral Poetry verstanden werden. Penelope ist eine zentrale, für das Verständnis von Form und Inhalt der *Odyssee* unverzichtbare Figur. Ihre Persönlichkeit ist komplex, ihre Bewertung durch den Dichter positiv.

**Vorbemerkungen zur Rezeption**

Die *Odyssee*-Rezeption gewichtete anders als der Dichter. Sie hatte deutlich größeres Interesse an den Abenteuern der Irrfahrt und verfuhr in der Beschäftigung mit den Ereignissen auf Ithaka höchst selektiv. Im homerischen Epos hatte die Heimkehr des Odysseus Auswirkungen auf ganz unterschiedliche Bereiche des Lebens auf Ithaka: Auf der politischen und gesellschaftlichen Ebene bedeutete die Ausschaltung der Freier die Wiederherstellung der Ordnung. Dieser Vorgang war göttlich legitimiert; konkretisiert wurde diese Legitimation durch die Anwesenheit und tatkräftige Hilfe der Zeustochter Athena. Auf der Ebene des Oikos prüfte Odysseus die Loyalität der männlichen und weiblichen Bediensteten; die untreu Gewordenen bestrafte er grausam. Auch die Ordnung innerhalb der Familie wurde wiederhergestellt. Odysseus offenbarte sich seinem herangewachsenen Sohn und seinem alten Vater und gewann beide als Kämpfer gegen die Freier und deren auf Rache sinnen-

---

fähigkeit seiner Mutter oder 23, 149–51 die Bewohner Ithakas zu Penelopes vorgetäuschter Hochzeitsfeier).

50 Foley 1978, 10: »Lion images are typically reserved for heroic men. In the disrupted Ithaca of the early books of the *Odyssey* Penelope, far from being the passive figure of most Homeric criticism, has come remarkably close to enacting the role of a besieged warrior.« Auf der Ebene der Götter kann Artemis als Löwin bezeichnet werden, so Hom. Il. 21, 483 f. als diejenige, die Frauen den Tod bringt. Vgl. Lonsdale 1990, 39 Anm. 2: Auflistung sämtlicher Löwengleichnisse in den homerischen Epen.

51 Das zeigen die zeitgleich erschienenen Monographien von Nancy Felson-Rubin (1994, s. z. B. Vorwort S. vii) und Ioanna Papadopoulou-Belmehdi (1994) sehr deutlich.

52 Dazu ausführlich Papadopoulou-Belmehdi 1994, 169–84; zur Begegnung mit Skylla: Hopman 2012, 44–48.

53 Winkler 1990, 129–61, s. bes. 144 f. die Analyse des berühmten Wortspiels im neunten Buch, in welcher der geblendete Polyphem herausschreit, dass »Niemand« (griechisch *oútis*, in bestimmten grammatikalischen Fällen wie Hom. Od. 9, 410 aber *mḗ tis*) ihn überwältigt habe.

54 Winkler 1990, 155 f., vgl. 156. »If weaving is a good metaphor for plotting and the *Odyssey* is preeminent in such plotting, then it is all the easier to see not only Odysseus but Penelope too as a figure of the poet, quietly working behind the scenes«.

55 Clayton 2004, 21–52. Clayton fügt in diesen Kontext noch Athena ein, Tochter der personifizierten Metis und Schutzpatronin des Wollhandwerks, die für den Verlauf der Handlung der *Odyssee* gleichfalls von größter Bedeutung ist.

56 Vgl. die Beschreibung des Gewebes der Helena in Hom. Il. 3, 125–28 mit Darstellung von Kämpfen des gerade geführten Trojanischen Krieges. Helena webt ihre eigene Version der *Ilias*. Eine derart anspruchsvolle Aufgabe dürfte eine geraume Zeit in Anspruch genommen haben. Anderenfalls wäre im Falle des Gewebes der Penelope den Freiern auch nicht plausibel zu machen gewesen, dass die Herstellung so lange dauert, vgl. Clayton 2004, 34 und ausführlich Barber 1991, 358–82. Welche Bilder Penelope webt, sagt der Dichter nicht — ihre eigene Version der *Odyssee*? Die literarische Ausgestaltung solcher gewebter Szenen findet sich im spätantiken *epithalamium* für Polemius und Araneola (vgl. Text Heimkehr Nr. 35): Die Braut webte (angeblich) nicht nur Bilder zu den politischen Werken ihrer Vorfahren, sondern auch mythische Ehe- und Liebesgeschichten.

den Familien. Höhepunkt war die Wiederherstellung der Ehegemeinschaft mit Penelope.

Von den genannten Aspekten interessierte die spätantike Rezeption vor allem eines: die Paarbeziehung. Entsprechend häufig ist Penelope sowohl in den Bildern als auch in den Texten vertreten. Der in der *Odyssee* recht prominente Telemachos taucht so gut wie nicht auf, Laertes noch weniger. Von den Dienerfiguren ist vor allem die Amme Eurykleia von Interesse; allerdings nicht um ihrer selbst willen, sondern wegen der berühmten Szene der Wiedererkennung des Odysseus anhand seiner Narbe am Bein. Ein weiteres Mitglied des Oikos findet immerhin gelegentlich Erwähnung in den Texten, ein Mal auch im Bild: Argos, der Hund. Die Freier, die als latente tödliche Bedrohung stets mitzudenken sind, werden in den Texten kaum, in den Bildern nur zwei Mal thematisiert — und zwar als bereits Tote. Die hier zu beobachtende Vernachlässigung gilt in noch stärkerem Maße für Athena: Obwohl der zweite Teil der *Odyssee* ohne sie nicht denkbar wäre, wird ihre Rolle in der spätantiken Rezeption komplett unterschlagen.[57]

Für die spätantike bildliche Rezeption der Heimkehr sind zwei Dinge charakteristisch: zum einen die geringe Zahl der Darstellungen, sieben insgesamt; zum anderen die Art der Darstellung. Die Bilder thematisieren meist das nächtliche Gespräch zwischen den Ehegatten, können jedoch auch weitere, im homerischen Text daran nicht beteiligte Personen inkorporieren oder auf andere, zeitlich davor oder danach liegende Ereignisse verweisen. Beide Charakteristika ließen es sinnvoll erscheinen, die Ereignisse der Heimkehr nicht in getrennten Kapiteln zu behandeln, wie dies bei den Abenteuern der Irrfahrt der Fall war, sondern in einem einzigen Kapitel.

*Die literarische Rezeption*

Bei den spätantiken Texten zur Heimkehr des Odysseus lassen sich dieselben Phänomene beobachten, die auch bei den Texten zu den Abenteuern der Irrfahrt auftraten: zum einen eine gewisse Reduktion der Komplexität der Figuren, im Osten weniger gravierend als im Westen; zum anderen einen Hang zur Idealisierung des Odysseus als Tugendexempel, vor allem im Westen. Konkret bedeutet dies, dass Odysseus in den lateinischen Texten als Vorbild an *virtus* und *sapientia* inszeniert wird, Penelope entsprechend als Verkörperung der *pudicitia*. Sie ist damit auf ihre (restriktiv gehandhabte) Sexualität reduziert. Alle anderen Aspekte ihrer Persönlichkeit spielen so gut wie keine Rolle. Das gilt in vergleichbarer Weise für die anderen Protagonisten der *Odyssee*. Einer Überlieferung, die sich fast ausschließlich auf Odysseus und Penelope als dem idealen Paar konzentriert, sind sie relativ gleichgültig. Im griechischen Osten hingegen sind die Zeugnisse zahlreicher und differenzierter. Im Rahmen von tierkundlichen oder erkenntnistheoretischen Überlegungen finden gelegentlich auch Argos und Eurykleia Erwähnung. Odysseus wird auch hier überwiegend positiv porträtiert, jedoch weniger eindimensional. Penelope ist zwar weit entfernt von der Komplexität und Souveränität der homerischen Figur; es werden jedoch zumindest zwei Aspekte ihrer Persönlichkeit ausführlich diskutiert: erstens ihre Gattenliebe und Treue, die als allgemein abrufbare Topoi im Umlauf waren, gelegentlich auch relativiert oder sogar in ihr Gegenteil, den Vorwurf der Promiskuität, verkehrt werden konnten; zweitens ihre Klugheit, die aus Penelope eine Allegorie für die Philosophie oder eine positive Identifikationsfigur für leibhaftige Frauen der Spätantike machen konnte, ihr aber gelegentlich auch den Vorwurf der Grausamkeit, Heimtücke und Heuchelei einbrachte.

*Die griechischen Zeugnisse*

Im griechischen Sprachraum gibt es an zusammenfassenden Behandlungen der Ereignisse auf Ithaka zunächst die Zeugnisse der Homerphilologie. Knappe Inhaltsangaben der einzelnen Bücher sind in den Scholien überliefert; eine wohl fälschlich dem Ausonius zugeschriebene lateinische Fassung (Text Heimkehr Nr. 29 a–b) soll im entsprechenden Abschnitt zu den lateinischen Zeugnissen betrachtet werden. Porphyrios widmet in seinen *Quaestiones Homericae* einen längeren Abschnitt der Frage, zu welchem Zeitpunkt sich Odysseus welchen Personen offenbarte und aus welchen inhaltlichen oder dichterischen Gründen dies geschah (Text Heimkehr Nr. 1).

Als Ausgangspunkt dient ihm die Frage, warum sich Odysseus vor dem Massaker an den Freiern nur dem Jüngling Telemachos sowie zwei Dienern offenbarte, nicht jedoch seiner Gemahlin Penelope. In Rekurs auf Aristoteles werden zunächst taktische Erwägungen genannt: Odysseus benötigte im Kampf gegen die Freier als Unterstützung entsprechend trainierte Männer; Frauen fehlte im frühen Griechenland eine solche Ausbildung. Die Amme Eurykleia konnte zwar gleichfalls nicht kämpfen, war jedoch zumindest bei der Sicherung

---

[57] Was vermutlich auch mit dem Umgang mit Göttergestalten in der Spätantike generell zu tun hat. Dieses Thema ist allerdings zu komplex, als dass es hier abgehandelt werden könnte.

der Türen und der Ruhigstellung der Dienerinnen von Nutzen. Porphyrios verschweigt an dieser Stelle, dass sich Odysseus Eurykleia nicht von sich aus offenbarte, sondern vielmehr diese Odysseus anhand der Narbe am Bein erkannte.[58] Falls es sich hier nicht um einen schlichten Interpretationsfehler des Porphyrios (oder seiner Quelle) handelt, dann kommen zwei Motive für diese Umerzählung des homerischen Textes in Frage: Zum einen wäre es möglich, dass der Kommentator an dieser Stelle im Grunde gar nicht von der epischen Figur Odysseus spricht, sondern sich auf der Ebene des Dichters bewegt: *Homer* fügte an der entsprechenden Stelle die Wiedererkennung mit Eurykleia ein, weil er diese für den weiteren Verlauf der Handlung benötigte. Ein weiteres Motiv mag die schon des Öfteren in der Rezeption beobachtete Tendenz sein, Odysseus auf Kosten der anderen Protagonisten und Protagonistinnen der *Odyssee* in den Vordergrund zu stellen und positiv herauszustreichen. Diese Tendenz zur Abwertung der anderen Figuren kommt auch zum Tragen in der Bemerkung, dass Odysseus sich jedem nur in einem Gespräch unter vier Augen und ohne Verweis auf eventuelle Mitwisser offenbart, »damit nicht irgendjemand etwas ausplaudert und dann einem anderen die Schuld zuschiebt.« Es folgen Erklärungsversuche, welche die Person Penelopes in den Vordergrund stellen und von misogynen Prämissen geprägt sind. Die erste Erklärung, noch relativ wohlwollend, lautet, dass Penelope nicht in der Lage gewesen wäre, sich zu verstellen. Sie habe ihren Gatten so sehr geliebt und vermisst, dass das Wissen um seine Rückkehr es ihr unmöglich gemacht hätte, die notwendige Verstellung durchzuhalten. Damit aber hätte sie Odysseus in große Gefahr gebracht. Die zweite Erklärung beinhaltet, dass Odysseus argwöhnte, Penelope hätte Zuneigung zu einem oder mehreren Freiern gefasst und würde diese warnen wollen, um sie zu retten. Der dritte Erklärungsansatz besteht aus Zitaten des Agamemnon, der — bekanntlich aus guten Gründen — dazu rät, einer Frau niemals zu sehr zu vertrauen. Der daran anschließende Erklärungsversuch fokussiert auf die Person des Odysseus. Er besagt, dass Odysseus sich seiner Gattin und seinem Vater deshalb erst ganz am Ende offenbarte, weil der Überraschungseffekt und auch die Freude zu diesem Zeitpunkt am größten waren. Ähnlich findet sich im letzten Absatz: Odysseus habe Penelope nicht früher informiert, weil er ihr ersparen wollte, sich um ihn und den gemeinsamen Sohn zu ängstigen. Der vorletzte Absatz ist der einzige, der explizit narratologisch argumentiert. Dort wird gesagt, dass Homer bei den Wiedererkennungsszenen mit minderen Personen, Sklaven, begann, um bei den Lesern beziehungsweise Hörern die Spannung zu steigern: Wann endlich offenbart sich der Held auch seiner Gemahlin?

Porphyrios setzt in dieser ausführlichen Abhandlung die verschiedenen Wiedererkennungsszenen in Beziehung zueinander. Der Fokus liegt auf Penelope, aber auch die anderen — die Magd Eurykleia, der Rinder- und der Schweinehirt, der Sohn Telemachos — werden genannt. Wer fehlt, ist Argos der Hund. Dieser spielte in der literarischen Rezeption generell keine so große Rolle, darauf wird noch zurückzukommen sein. Wesentlich ist für Porphyrios — oder die Personen, auf deren Erkenntnisse er rekurriert — das zeitliche Nacheinander der Episoden und die Vereinzelung der von Odysseus ins Vertrauen gezogenen Personen. Ohne diese beiden Aspekte würde die Geschichte nicht funktionieren.

### Rekurse auf Erzählungen jenseits der Odyssee

Außerhalb der Homerphilologie konnten die Ereignisse auf Ithaka gleichfalls zusammenfassend erzählt werden. Dies geschieht jedoch auf vollkommen andere Weise. Der Fokus liegt nun nicht mehr auf dem Werk Homers, seiner Struktur und seiner Charakterisierung der Personen, sondern auf Erzählungen und Varianten jenseits der *Odyssee*. Die umfangreichste Zusammenstellung dieser Geschichten bietet das mythographische Handbuch des Apollodor,[59] aber auch in der Spätantike lassen sich

---

[58] Hom. Od. 19, 342–48 erwidert Odysseus auf das Angebot der Penelope, ihm von einer ihrer Dienerinnen die Füße waschen zu lassen: »Aber es ist mir auch gar nicht erwünscht im Gemüt, daß die Füße / Jemand mir wasche; kein Weib unter denen, die hier im Palaste / Arbeit tun, wird am Fuß mich berühren, es sei denn, du hättest / Irgendein greises, besorgtes Weib, das wirklich auch selber / Soviel Leiden im Sinn schon ertragen, wie ich sie erduldet. / Diesem sei nicht es versagt, an den Füßen mich zu berühren.« Odysseus Ablehnung der jüngeren Dienerinnen beruht auf der Wut, die er ihnen und ihrem unverschämten Auftreten ihm gegenüber verspürt (vgl. den Wortwechsel mit Melantho: 18, 321–42), nicht auf dem Wunsch, Eurykleia zu sehen. Penelope ruft aber nun genau diese herbei und erst jetzt begreift Odysseus die Konsequenzen seiner Worte: »Da setzte Odysseus / Plötzlich sich weg vom Herd und rückte ins Dunkel. Es kam ihm / Flugs im Gemüte eine Ahnung, sie (sc. Eurykleia) könne bei dieser Berührung / Leicht seine Narbe erkennen, und alles wäre verraten.« (19, 388–91.)

[59] Apollod. ep. 7, 1–33: Inhalt der *Odyssee*. 7, 34, 1: von Teiresias in der *Odyssee* befohlene neuerliche Reise zur Befriedung des Grolls des Poseidon. 7, 34, 2–7, 35: bei den Thesprotern Heirat mit deren Königin Kallidike, gemeinsamer Sohn Polypoites; erst nach langen Jahren Rückkehr zu Penelope und neuerlichem gemeinsamem Sohn Polyporthes. 7, 36–37: Tod von der Hand des Telegonos;

diverse Zeugnisse dazu finden. Über die *Chrestomathie* des Proklos und die darin enthaltene Zusammenfassung der *Telegonie* wurde bereits im Kapitel über Kirke gesprochen (Text Kirke Nr. 1 a und b). Laut Proklos thematisierte dieses heute verlorene Epos zunächst die von Teiresias in der *Odyssee* befohlene neuerliche Reise des Odysseus. Der tote Seher hatte Odysseus gesagt, dass sich der Groll des Poseidon ihm gegenüber nur auf folgende Weise beschwichtigen lasse: Er solle nach dem Erschlagen der Freier nochmals von Ithaka aufbrechen und so lange landeinwärts gehen, bis er auf Menschen treffe, die nicht wissen, was ein Schiffsruder ist. Dort solle er dem Gott opfern und dann heimkehren und einen glücklichen Lebensabend genießen.[60] Proklos erwähnt in seiner Fassung allerdings nur Teiresias und die Opferhandlungen, nicht Poseidon oder dessen Zorn. Stattdessen erzählt er die Geschichte von einem Besuch des Odysseus in Elis, um die berühmten Rinderherden zu besichtigen und vom dortigen König Gastgeschenke zu empfangen. Während bei Homer mit der Beschwichtigung des Poseidon die Wanderungen des Odysseus endgültig abgeschlossen sind, gehen sie bei Proklos und in der *Telegonie* weiter: Odysseus bricht nochmals auf, jetzt zu den Thesprotern, und heiratet dort aus unbekannten Gründen deren Königin Kallidike. Er bleibt dort lange Jahre, bis der gemeinsame Sohn Polypoites herangewachsen ist und Kallidike stirbt. Dann erst übergibt Odysseus dem Sohn die Königsherrschaft und kehrt nach Ithaka zu Penelope und Telemachos zurück. Dort ist ihm allerdings kein langes Leben mehr vergönnt, da kurz darauf Telegonos, der unbekannte Sohn mit der einst von Odysseus verlassenen Kirke, erscheint. Dieser ist auf der Suche nach seinem Vater. Aufgrund unglücklicher Umstände kommt es zum Kampf, in dessen Verlauf Telegonos Odysseus tötet, ohne ihn rechtzeitig als seinen Vater zu erkennen. Tief betroffen, bleibt Telegonos nichts anderes übrig, als die Leiche des Odysseus gemeinsam mit den Hinterbliebenen, Penelope und Telemachos, zu seiner Mutter Kirke zu bringen. Kirke, die Göttin, macht alle noch Lebenden unsterblich. Am Schluss der Erzählung gibt es eine Doppelhochzeit: Kirke heiratet Telemachos (den Sohn Penelopes) und Penelope Telegonos (den Sohn der Kirke). Die beiden Frauen teilen die Odysseussöhne, die hier jeweils als jugendlicher Ersatz für ihren toten Vater stehen, unter sich auf. Die bei Homer nur subtil angedeuteten inhaltlichen Parallelen zwischen Kirke und Penelope werden in dieser Version explizit zur Sprache gebracht.

Odysseus erscheint in dieser Version, und in denen des Apollodor, als ein geradezu zwanghaft Reisender, als jemand, der niemals irgendwo wirklich ankommt. Selbst sein Leichnam wird noch auf ein Schiff verfrachtet und zur Insel der Kirke gebracht. Ein weiterer Charakterzug dieses Odysseus ist sein Hang, alle möglichen Frauen zu heiraten und mit ihnen Kinder, genauer: Söhne, zu zeugen. Bei Proklos sind es insgesamt drei Söhne, bei Apollodor sogar fünf. Odysseus ist kein friedliches Ende vergönnt, sondern der gewaltsame Tod durch den eigenen Sohn. Als Toter wird er dann in den Besitz einer seiner von ihm verlassenen Exfrauen übergehen. Das jahrelange Umherirren und das nicht immer freiwillige Zusammenleben mit verschiedenen Frauen gehören natürlich auch zu den Charakteristika des homerischen Odysseus. Dennoch ist die Essenz der *Odyssee* eine vollkommen andere: Hier unternimmt Odysseus seine langen Reisen, um *anzukommen* und um dann in einer perfekten Ehe mit der besten aller denkbaren Ehefrauen einen friedlichen Lebensabend zu genießen. Als Sohn hat er einzig den gleichfalls in leuchtenden Farben gezeichneten Telemachos. Von eventuellem weiterem Nachwuchs — etwa aus der langjährigen Beziehung mit Kalypso — ist bei Homer nicht die Rede.[61] So findet der gemeinsame Sohn mit Kirke, der jedem Kenner der *Telegonie* bewusst gewesen sein muss, bei Homer keine Erwähnung.[62] Auch

---

dieser bringt den Leichnam zu Kirke und heiratet selbst Penelope; Kirke versetzt das Paar auf die Insel der Seligen. 7, 38: Da Penelope ihn mit Antinoos betrogen hatte, lässt Odysseus sich scheiden und schickt sie zurück zu ihrem Vater; dort beginnt sie ein Verhältnis mit dem Gott Hermes und gebiert ihm den Pan. 7, 39: Odysseus bringt Penelope um, da sie ihn mit Amphinomos betrogen hatte. 7, 40: Odysseus wird von den Verwandten der ermordeten Freier vor Gericht gestellt und vom selbstsüchtigen Richter Neoptolemos ins lebenslange Exil nach Ätolien geschickt. Dort heiratet er die Tochter des Königs, hat einen weiteren Sohn namens Leontophonos und stirbt in hohem Alter.

60 Hom. Od. 11, 119–37. Die letzten vier Zeilen: »Der Tod aber wird zu dir kommen / Sanft und nicht aus dem Meer. Zermürbt vom behäbigen Alter / Wird er dich töten; dein Volk aber wird dich umringen und glücklich / Werden sie alle sein. So lautet für dich mein Wahrspruch«.

61 Hes. theog. 1017 f. nennt als Söhne von Odysseus und Kalypso Nausithoos und Nausinoos. Aus der Beziehung mit Kirke sollen nach Hes. theog. 1011–16 sogar drei Söhne stammen (was eine längere gemeinsame Zeit voraussetzt als das eine Jahr bei Homer): Agrios, Latinos und Telegonos. Zur Datierung dieses Teils der *Theogonie* ins vermutlich 6. Jh. v. Chr. s. West 1966, 49. 397–99.

62 Der Frage, ob Homer aus dem bereits vorhandenen (und für uns etwa in der *Theogonie*, der *Telegonie* oder bei Apollodor zu fassenden) Sagenstoff eine ganz neue Geschichte schuf oder ob umgekehrt die hier referierten Versionen als Reaktion auf die *Odyssee* entstanden, kann hier nicht nachgegangen werden.

Penelope erscheint außerhalb der *Odyssee* in einem anderen Licht. Dies soll weiter unten zusammenfassend erörtert werden.

Gleichfalls über den Rahmen der *Odyssee* hinaus greifen historisierende Nacherzählungen der Ereignisse um Odysseus' Heimkehr. Bei Johannes Malalas (Text Heimkehr Nr. 2) hat sich der originale Text nur bis zur Landung des Odysseus auf Ithaka erhalten. Alle darauf folgenden Ereignisse sind nur einer anonymen Chronik aus dem neunten Jahrhundert, die unter anderem auf Malalas zurückgeht, zu entnehmen.[63] Besser ist die Überlieferung bei Johannes von Antiochia (Text Heimkehr Nr. 3 sowie Text Kirke Nr. 3 b). Dieser erzählt (Text Heimkehr Nr. 3), dass der schiffbrüchige und in den Strudeln der Skylla aller Gefährten beraubte Odysseus von phönikischen Seeleuten aus dem Wasser gerettet und nach Kreta zu König Idomeneus gebracht worden sei. Die Rinder des Sonnengottes, deren unkluger Verzehr den letzten noch lebenden Gefährten den Tod gebracht hatte, werden in dieser Version ebenso unterschlagen wie die Hilfe, welche die Göttin Ino Leukothea dem Schiffbrüchigen gewährt hatte.[64] Auch der von Homer geschilderte langjährige Aufenthalt auf der Insel der Göttin Kalypso, zu der es den Schiffbrüchigen nach dem Verlust der Gefährten verschlagen hatte und von wo er schließlich aufbrach, um an der Küste der Phäaken erneut halb ertrunken angespült zu werden, entfällt.[65] Die Phöniker und König Idomeneus hingegen sind eine Erfindung des ursprünglichen Verfassers jener Geschichte, auf die Johannes hier rekurriert: des fiktiven Kriegstagebuches des Diktys, der wiederum von sich behauptete, im Dienst des Idomeneus zu stehen.[66]

Im weiteren Verlauf der Erzählung stattet Idomeneus Odysseus, seinen alten Kampfgefährten vor Troja, mit einem Heer von 50 Soldaten sowie zwei Schiffen aus und sendet ihn zur Insel des Alkinoos, die hier mit Korfu identifiziert wird. Alkinoos, dem Idomeneus anscheinend politisch verbunden, kümmert sich um das Weitere: Er schickt Spione nach Ithaka, die bei ihrer Rückkehr vom (als allgemein bekannt vorausgesetzten) Stand der Dinge berichten. Daraufhin erhält Odysseus von Alkinoos noch ein weiteres Schiff samt Männern und setzt mit dieser Streitmacht nach Ithaka über. Dort metzelt er in einem Überraschungsangriff sämtliche Freier im Haus nieder und gewinnt so »Königsherrschaft und Gemahlin« zurück. Auch hier sind deutliche Abweichungen vom homerischen Text zu beobachten: Odysseus betritt die Insel der Phäaken nicht als nackter, anonymer Schiffsbrüchiger, der auf die Güte der Menschen angewiesen ist, sondern unter dem diplomatischen Schutz des Königs von Kreta und mit seinem eigenen Namen und Status. Das ermöglicht es ihm, mit Alkinoos von Anfang an gleichsam auf Augenhöhe zu verkehren. Nausikaa und ihre Mutter, Königin Arete, die in der homerischen Phäaken-Erzählung wegen ihrer Unterstützung des Odysseus so prominente Rollen spielen, treten nicht auf. Dies liegt zum einen daran, dass sie bei Johannes aufgrund der anders gelagerten Situation des Odysseus nicht benötigt werden. Eine weitere Erklärung mag sein, dass Ehefrauen und Töchter in dieser als männlich definierten Welt prinzipiell keine Erwähnung finden. Selbst Penelope — deren Namen natürlich jeder Leser der *Weltchronik* kannte — wird im Text nicht namentlich genannt. Johannes hält es hier mit dem Diktum des Perikles, dass man von einer ehrbaren Frau nicht spricht.[67] Gleichfalls unerwähnt, wenn auch aus anderen Motiven, bleiben die Göttin Athena und die grundlegende Rolle, die sie bei der gelungenen Heimkehr des Odysseus spielte. Da Götter in einer Erzählung, die den Anspruch der Historizität erhebt, nicht auftreten können, wurde Athenas Part bereits in der Fassung des Diktys gestrichen. Dasselbe galt, wie im Kapitel zu Polyphem angesprochen, für ihren olympischen Gegenspieler Poseidon: Er, dessen Groll bei Homer für die Irrfahrten des Odysseus verantwortlich ist, wurde bei Diktys ersetzt durch den Sterblichen Telamon, den Vater des Aias (Text Polyphem Nr. 8).

Johannes beendet seine Erzählung zu Odysseus nicht mit dem oben referierten und letztendlich auf die *Odyssee* zurückgehenden Happy End. Stattdessen berichtet er (Text Kirke Nr. 3 b), dass Odysseus noch »viele Jahre« lebte — vermutlich auf Ithaka und gemeinsam mit Penelope, auch wenn dies nicht explizit gesagt wird — und schließlich von der Hand des eigenen, von Kirke empfangenen Sohnes starb. Es folgt eine Kurzfassung der

---

[63] Vgl. Thurn — Maier 2009, 141 Anm. 178 (Überlieferung und Datierung der sog. *Eklogé Historiôn*) sowie ebenda 142–45 für die Übersetzung der hier interessierenden Passage.

[64] Hom. Od. 12, 261–419 (Rinder des Sonnengottes und Folgen) sowie 5, 333–53 (Schleier der Ino Leukothea).

[65] Hom. Od. 12, 420–50. 1, 11–21. 5, 1–463. Kalypso tauchte in der Version des Johannes von Antiochia bereits an anderer Stelle auf, als feindliche Schwester der Kirke und Beweggrund für deren Sammeln eines Heeres von ›tierischen‹ Männern (Text Kirke Nr. 3 a).

[66] Vgl. die lateinische Version (Text Heimkehr Nr. 30) sowie die einführenden Bemerkungen zu Text Polyphem Nr. 8.

[67] Thuk. 2, 45. Frauen sollten weder als Objekte noch als Subjekte der Geschichtsschreibung in Erscheinung treten.

*Telegonie* unter Weglassung aller surrealen Elemente: ohne Vergöttlichung von Odysseus' Hinterbliebenen und ohne Hochzeit von einer der Frauen mit einem der Odysseus-Söhne.

Keine der über den Inhalt von Homers *Odyssee* hinausweisenden oder mit ihr konkurrierenden Episoden wurde jemals von bildenden Künstlern aufgegriffen. Wie es scheint, griff man bei der Visualisierung der Abenteuer des Odysseus auf den homerischen Klassiker oder zumindest dessen Rezeption zurück. Dass die anderen Überlieferungsstränge nichtsdestoweniger selbst noch in der Spätantike bekannt waren, beweisen die vorgestellten Texte.

*Argos*

Die Mehrheit der literarischen Zeugnisse behandelt nicht den gesamten Ablauf der Ereignisse auf Ithaka, sondern stellt eine Episode oder eine Person in den Mittelpunkt. Hier von Interesse sind diejenigen, die in der Spätantike auch bildlich dargestellt wurden. Die Begegnung des Odysseus mit seinem alten Hund Argos an der Schwelle des Hauses ist eine dichterische Glanzleistung und markiert den Auftakt der oben angesprochenen Reihe von Wiedererkennungsszenen.[68] Wie Glenn Most herausstellte, waren Antike und Spätantike jedoch weitaus weniger empfänglich für das in dieser Episode enthaltene Pathos als die Neuzeit.[69] Querverbindungen zur narratologischen Funktion von Hunden oder dem Gebrauch des (Schimpf-)Wortes »Hund« in der *Odyssee* wurden in der Literatur nicht gezogen; ebenso wenig zu Aufbau und Funktion der anderen Wiedererkennungsszenen.[70] In dem oben diskutierten Kommentar des Porphyrios (Text Heimkehr Nr. 1) wurden, wie erwähnt, nur die menschlichen Protagonisten der Wiedererkennungsszenen zueinander in Beziehung gesetzt. Eine Einbeziehung des Argos hätte beispielsweise erwähnen müssen, dass dieser neben der alten Amme Eurykleia der einzige ist, der Odysseus von sich aus erkennt: der Hund am Geruch, die Sklavin durch das Ertasten der Narbe am Bein. In allen anderen Fällen offenbart sich Odysseus selbst — zu dem von ihm gewünschten Zeitpunkt und aus bestimmten taktischen Gründen. Argos und Eurykleia hingegen bringen durch ihr spontanes Erkennen Odysseus in tödliche Gefahr. Im Fall von der alten Amme lässt sich diese Gefahr durch einen gewaltsamen Griff an die Kehle und eine rationale Erklärung — »Mütterchen, willst du mein Unglück?«, sagt Odysseus zu ihr[71] — abwenden. Argos hingegen, das vernunftlose Tier, hätte nicht verstanden, dass es sich jetzt verstellen und seinen geliebten Herrn ignorieren muss. So blieb Homer aus narratologischen Zwängen heraus gar nichts anderes übrig, als den Hund bei der Wiedererkennung sterben zu lassen.

Dem Bereich der Homerphilologie entstammen einige tierkundliche Überlegungen.[72] Porphyrios fragt sich zunächst (Text Heimkehr Nr. 4 a), wie Argos seinen von Athena unkenntlich gemachten Herrn überhaupt erkennen konnte und bietet zwei Lösungen an. Die erste argumentiert auf textlicher Basis: Laut Homer (Od. 13, 397) hatte Athena zu Odysseus gesagt, dass sie ihn für sämtliche *Menschen* unerkennbar machen wolle. Tiere sind demnach nicht betroffen und nehmen Odysseus weiterhin wahr wie gewohnt. Die zweite Lösung ist der Empirie entnommen: Hunde nehmen ihre Umwelt vor allem über den Geruchssinn wahr; der veränderte optische Eindruck des Odysseus spielte also für Argos gar keine Rolle. Die nächste Frage (Text Heimkehr Nr. 4 b) gilt dem ungewöhnlich hohen Alter, laut Homer 20 Jahre, des Hundes. Mit Verweis auf die Autorität des Aristoteles gibt Porphyrios zu bedenken, dass ein Hund sogar 24 Jahre alt werden könne. Zuletzt beschäftigt sich Porphyrios mit dem plötzlichen Tod des Argos (Text Heimkehr Nr. 4 c). Dieser wird allerdings nicht narratologisch begründet, sondern physiologisch: Die heftige Freude hätte den Hund getötet, ein Phänomen, das als allgemein bekannt vorausgesetzt wird. Ein viel diskutierter Punkt in der Homerphilologie war die Bezeichnung *kynoraistaí* — wörtlich »Hundezerschmetterer« —, die Homer für das Ungeziefer verwendet hatte, das Argos plagte.[73] Nach älteren Vorläufern greift auch der

---

[68] Hom. Od. 17, 291–327.

[69] Most 1991, v. a. 145–46. Die bei Dindorf 1855, S. 644, 18 – S. 645, 15 zusammengestellten Scholien zur Argos-Episode beschränken sich auf Worterklärungen und Tierkundliches. Es gibt weder einen Eintrag zu den Tränen des Odysseus noch zum abschließenden Tod des Hundes.

[70] Vgl. Most 1991, 146–48. Zu Hunden in der *Odyssee*: Rose 1979.

[71] Hom. Od. 19, 482.

[72] Für das Folgende s. Most 1991, 153–57 mit Zusammenstellung der wichtigsten Quellen: Texte Nr. 6a (zum Alter des Hundes). Nr. 6b (zur Wiedererkennung). 7a (zum plötzlichen Tod). 7b (zu den Hasen auf Ithaka). 8a (zum Ungeziefer). 8b (diverse Worterklärungen). Die Polemik des Verfassers gegenüber den gelegentlichen Absurditäten der Homerphilologie sowie ihrem Bemühen, Homer als unantastbare Autorität zu bewahren, erscheint mir nicht ganz gerechtfertigt.

[73] Hom. Od. 13, 300; dazu Most 1991, 155 f.

Grammatiker Hesych in seinem vermutlich Anfang des sechsten Jahrhunderts verfassten[74] *Lexikon* das Thema auf (Text Heimkehr Nr. 5). Wie seine Vorgänger zerlegt er den Begriff etymologisch korrekt in *kýon* (Hund) und *rhaíein* (zerschmettern), wobei er Letzteres für seine Leser noch mit einem weiteren Verb, nämlich *phtheírein* (zugrunde richten), erklärt. Anstatt zu erkennen, dass Homer hier aus metrischen Gründen eine Analogiebildung zu *thymoraistés* (»das Leben zerschmetternd«)[75] vorgenommen hatte, unternimmt auch Hesych den sinnlosen Versuch, diese so bezeichneten Tiere zoologisch festzulegen. Er bezeichnet sie als Zecken. Ein anderer, gleichfalls leicht absurder Diskussionspunkt ist nur aus den Scholien und aus dem Werk des Eustathios bekannt.[76] Es ist also nicht klar, ob er in der Spätantike virulent war: Die Bemerkung Homers, dass Argos einst Hasen jagte (Od. 17, 294 f.), wurde erkannt als ein Widerspruch zum Diktum des Aristoteles, dass Hasen auf Ithaka nicht leben können.[77]

Tierkundliche Überlegungen zu Argos sind auch aus anderen literarischen Kontexten bekannt. Dort geht es allerdings, wie Most gezeigt hat, weniger darum, Homer zu verteidigen als darum, ihn zu überprüfen und eventuell zu kritisieren.[78] Aelian (Text Heimkehr Nr. 6) erklärt in seinem Werk zum *Wesen der Tiere* apodiktisch, dass das Leben eines Hundes höchstens 14 Jahre dauere. Der (bekanntlich 20-jährige) Argos der *Odyssee* und die mit ihm verbundene Geschichte seien damit als »Scherz« Homers zu verstehen.[79] Für andere Autoren gab die schon angesprochene Fähigkeit des Argos, seinen Herrn selbst nach langen Jahren und in Verkleidung zu erkennen, Anlass zu erkenntnistheoretischen Überlegungen.[80]

---

74 Vgl. Pontani 2005, 94.

75 z. B. Hom. Il. 13, 544.

76 Eustathios war einer der größten byzantinischen Gelehrten und lebte im 12. Jh.: Pontani 2005, 170–78.

77 Aristot. hist. an. 8, 28, 606a2–5. Zur Debatte s. Most 1991, 154 f.

78 Most 1991, 148–50.

79 Vgl. die ironische Bemerkung desselben Autors am Ende seiner Erzählung zu einem anderen Exempel hündischer *eúnoia* (»Wohlwollen«, »Zuneigung«) in Ail. nat. 7, 29.

80 So wandte sich der Skeptiker Sextus Empiricus, *Grundzüge der Lehre Pyrrhons* 1, 14, 68 Ende des 2. Jh.s n. Chr. gegen den stoischen Lehrsatz, dass der Besitz bereits einer Tugend zwangsläufig den Besitz auch aller anderen nach sich ziehe: Nach dieser Doktrin müsse der homerische Argos, der im Besitz von Intelligenz war, als stoischer Weiser gelten! Die Stoiker hatten die Trennung zwischen Mensch und Tier, von Aristoteles bereits angedacht, zu einem kosmischen Prinzip erhoben, welches laut Steiner 2008 die absolute

Reflexe davon sind für die Spätantike nur in lateinischer Sprache in zwei Dialogen des Augustinus (Texte Heimkehr Nr. 26 und 27) erhalten.[81]

Die in der homerischen Geschichte dargelegte Treue des Hundes bis in den Tod konnte als Folie für vergleichbare Geschichten verwendet werden.[82] So berichtet Aelian vom Hund eines Mannes aus Kolophon, der dessen unterwegs verlorene Geldbörse so lange ohne Nahrung zu sich zu nehmen bewachte, bis sein Herr auf dem Rückweg wieder an genau derselben Stelle vorbeikam. Dann starb er an Hunger und Erschöpfung.[83] Nonnos widmet eine lange Passage dem Hund der Erigone, die sich aus Kummer über den Tod ihres Vaters erhängte. Der Hund harrt bei dem Leichnam seiner Herrin aus und verschafft ihr schließlich eine angemessene Bestattung. Da einem Hund aktiver Selbstmord nicht möglich ist, bleibt ihm nur, langsam und elend zu verenden.[84]

*Eurykleia*

Einen weiteren Höhepunkt der Erzählung von Odysseus' Heimkehr markiert die Begegnung mit der alten Amme Eurykleia, der »weithin Berühmten«. Diese ist nicht nur ihrem ehemaligen Schützling, sondern auch dessen Familie treu ergeben. Sie ist die einzige Vertraute und wirklich loyale Dienerin der Penelope. Nachdem

---

Überlegenheit des Menschen — und damit verbunden: die durch keinerlei Gesetz oder Moral eingeschränkte Herrschaft — festschrieb. Relativierend: Wildberger 2008, der zufolge es auch bei den Stoikern Tendenzen gab, die Unterscheidung zwischen Mensch und Tier als eine graduelle zu begreifen. Der Fokus auf der scharfen Trennung Tier und Mensch zugunsten einer größeren Nähe des Menschen zum Göttlichen sei eher damit zu erklären, dass ihnen die Nähe des Menschen zum Tierischen nur allzu bewusst war.

81 Thema ist das Postulat des Augustinus, dass die Vernunft von Gott nur den Menschen geschenkt worden sei, nicht den Tieren. Als tierisches *exemplum* dient Argos, der unbestreitbar ein Erinnerungsvermögen und eine hervorragende Wahrnehmung besaß, aber eben nicht mehr. Nach Most 1991, 150 handelt es sich bei diesem Rekurs auf die Argos-Episode vermutlich nicht um eine eigenständige Idee des Augustinus, sondern um eine Übernahme aus einer (unbekannten) philosophischen Schrift.

82 Most 1991, 150 f. Vgl. Wernicke 1895, Sp. 796: »die schlichte und ergreifende Erzählung ist sprichwörtlich für Hundetreue geworden«. *Explizit* als treu gerühmt wird Argos in keiner der von Most 1991 aufgelisteten Textstellen. Auch nicht in dem von Wernicke ebenda als Beweis für »Treue« aufgeführte Epigramm des Lukilios in der Anth. Gr. 11, 77. Dessen Pointe liegt vielmehr in der hündischen Fähigkeit, einen Menschen auch trotz völliger Entstellung der äußeren Erscheinung wiederzuerkennen.

83 Ail. nat. 7, 29 mit explizitem Verweis auf Argos.

84 Nonn. Dion. 47, 219–45.

sie Odysseus beim Fußbad anhand seiner alten Narbe erkannt hat, unterstützt sie seine weiteren Pläne bedingungslos und wird ihm am Ende all jene Mägde nennen, die mit den Freiern kollaborierten — und die auch ihrer Ansicht nach den Tod verdient haben. In der Literatur der Spätantike wird Eurykleia kaum rezipiert. Porphyrios (Text Heimkehr Nr. 1) hatte in seiner zusammenfassenden Besprechung aller Wiederbegegnungen des Odysseus mit ihm nahestehenden Menschen zumindest auf die strategische Bedeutung Eurykleias beim Freiermord hingewiesen. Die spätantiken Nacherzählungen der Ereignisse auf Ithaka erwähnen Eurykleia und ihre Rolle gar nicht, ebenso wenig wie den Hund Argos.

Außerhalb der Homerphilologie ist Eurykleia vor allem in Verbindung mit der Fußwaschungsszene, und dort naturgemäß mit dem Fokus auf Odysseus, von Interesse. Spätestens seit Aristoteles galt die Narbe des Odysseus als ein Erkennungszeichen *par excellence*.[85] In einem spätantiken Metakommentar zur aristotelischen Kategorienlehre findet sie gleich zweifach Verwendung. Zunächst in einem Absatz zum Kommentar des Porphyrios' zu den Akzidentien (*symbebekóta*) im allgemeinen Sinn (Text Heimkehr Nr. 7 a). Der Verfasser weist darauf hin, dass Porphyrios zu Recht erklärte, dass »Akzidentien im allgemeinen Sinn« nur auf mehrere Personen oder Dinge angewendet werden können, wohingegen »Akzidentien im speziellen Sinn« sich auf etwas oder jemand bestimmtes beziehen. Als Beispiel für Letztere nennt der Verfasser die Narbe des Odysseus, anhand derer Eurykleia ihn erkannt habe. In einer ausführlichen Einleitung zum Begriff der Differenz (*diaphorá*) bei Porphyrios behandelt der Verfasser die drei Arten der Differenz: die »Differenz im allgemeinen Sinn«, die »Differenz im speziellen Sinn« und schließlich die »Differenz im ganz speziellen Sinn«. Die »Differenz im speziellen Sinn« (Text Heimkehr Nr. 7 b) ist entweder bereits integraler Bestandteil von etwas oder jemandem, wie die Adlernase bei manchen Menschen, oder sie kommt später hinzu. Zur Anschauung nennt der Verfasser eine durch Verwundung entstandene Narbe, »zum Beispiel die des Odysseus, an der ihn Eurykleia erkennt«.

Auch für andere Arten philosophischer Erörterung kann Eurykleia herangezogen werden. Kaiser Julian widmet in seinem *Barthasser* eine längere Passage der Frage, auf welche Weise und zu wem die Menschen beten sollen, und untermauert seine Argumentation mit Zitaten aus den homerischen Epen. Die Mahnung des Odysseus an Eurykleia nach dem Freiermord, ihrer Freude nicht allzu lauthals Ausdruck zu geben, wird gedeutet als Beleg dafür, dass man zu den Göttern im Stillen, »im Gemüte«, beten solle (Text Heimkehr Nr. 8). Ein weiterer Punkt ist das Erkenntnisinteresse eher antiquarischer Art. So dient die von Homer in die Fußwaschung eingeschobene Erzählung vom Besuch des Autolykos bei seiner Tochter Antikleia und deren neugeborenem Sohn Odysseus bei Athenaios (Text Heimkehr Nr. 9) als Beleg dafür, dass Männer in früheren Zeiten im Sitzen zu speisen pflegten: Eurykleia setzte (Hom. Od. 19, 401) das Baby auf die Knie seines Großvaters — was bei einer gelagerten Haltung nicht möglich gewesen wäre. Athenaios nennt Eurykleia nicht beim Namen, sondern schlicht »die Amme«. Dies kann entweder bedeuten, dass eh jeder Gebildete wusste, wer gemeint war, oder dass der Name einer Sklavin für die Leser des Athenaios nicht von Interesse war.

Bei der literarischen Rezeption der Sklavin Eurykleia ist ein ähnliches Phänomen fassbar, wie es bereits bei der Rezeption des Hundes Argos zu beobachten war. Beide werden kaum um ihrer selbst willen diskutiert, sondern sind Mittel zum Zweck: Sie dienen als Beleg oder Anschauungsmaterial für Erörterungen philosophischer, antiquarischer und tierkundlicher Art. Dichterische Auseinandersetzungen mit der Fußwaschungsszene gab es nur in früherer Zeit.[86] Für die Spätantike fehlt ein derartiges Werk — eine Parallele zur Erzählung des Nonnos über den Hund der Erigone gibt es nicht. Zum Objekt philosophischer oder christlicher Allegorese wurde Eurykleia in der Spätantike ebenso wenig wie Argos.[87]

*Penelope*

Die meisten literarischen Zeugnisse gibt es, was kaum überraschen dürfte, zu Penelope. Sie fokussieren auf zwei wesentliche Elemente, die bei Homer den Charakter seiner Heldin konstituierten: zum einen ihre unbedingte Liebe und Treue zum Gatten Odysseus, zum anderen ihre überragende Klugheit. Dabei teilte die spätantike Rezeption nur bedingt die positive Sicht Homers. Statt-

---

[85] Aristot. poet. 16, 1454b.; vgl. die folgende Anmerkung zur Parodie des Petronius in den *Satyrica*.

[86] Sophokles verfasste vermutlich eine Tragödie namens *niptra* (»Waschwasser«): TrGF IV[x] 451a; ebenso Pacuvius (vgl. Baier 2000). Petronius parodierte in den *Satyrica* (105) das Erkennen anhand eines Körpermerkmals dahingehend, dass sein flüchtiger und verkleideter Protagonist Encolpius von dem Verfolger anhand seines *Genitals* erkannt wird.

[87] Eine allegorische Deutung des Argos ist erst bei Eustathios belegt, vgl. Most 1991, 157.

dessen ist eine gewisse Neigung zu beobachten, die oben beschriebenen Züge Penelopes ins genaue Gegenteil zu verkehren.

Begonnen werden soll mit Penelopes Tugend, manifestiert in ihrer Treue, Keuschheit und Gattenliebe. Diese Eigenschaften waren als Topos in allen gesellschaftlichen Schichten des östlichen Reiches bekannt. Als Beleg für diese allgemeine Verbreitung mag ein Zauberpapyrus aus Ägypten aus der ersten Hälfte des vierten Jahrhunderts dienen (Text Heimkehr Nr. 10).[88] Es handelt sich um eine Beschwörungsformel für einen eifersüchtigen Ehemann oder Liebhaber, der sich der Liebe und sexuellen Treue der geliebten Frau versichern will.[89] Es wird zunächst beschworen, dass die Betreffende ihn immer und ewig lieben möge, so wie Isis den Osiris. Dann richtet sich der Fokus auf den körperlichen Aspekt der Beziehung: dass die Betreffende so keusch bleiben möge wie Penelope für Odysseus! Penelope ist hier reduziert auf sexuelle Treue — der übergreifende Gesichtspunkt ewiger Liebe wird durch die in Ägypten ungleich bedeutendere Göttin Isis exemplifiziert. Solche knappen, topischen Erwähnungen finden sich auch in Briefen oder anderen literarischen Texten[90] ebenso wie in Katalogen von tugendhaften Frauen. Athenaios zitiert einen misogynen Text des Eubulus (Text Heimkehr Nr. 11), in welchem den paradigmatischen schlechten Frauen — Medea, Klytaimnaistra, Phaidra — die wenigen guten entgegengesetzt werden: Penelope, Alkestis — und hier ist der Dichter auch schon am Ende, denn: »O weh, ich armer Wicht, die guten Frauen sind mir schnell entschwunden, doch von bösen kann ich eine ganze Latte noch benennen.« Eine Spezifizierung von Penelopes positiven Eigenschaften findet nicht statt. Es wird lediglich etwas herablassend gesagt, dass sie sich im Gegensatz zu Medea als »prächtiges Geschöpf« erwies, als *méga prágma*. Vergleichbares findet sich bei Aelian in einem Abschnitt zu »verehrungswürdigen Frauen« (Text Heimkehr Nr. 12). Auch hier wird Penelope in der Liste als Erste genannt, gefolgt von wiederum Alkestis und hier noch der (namenlos bleibenden) Gattin des Protesilaos. Die sowohl frauen- als auch griechenfeindliche Pointe dieses Textes liegt darin, dass die Liste der *griechischen* guten Frauen hiermit zu Ende ist — während der Autor jetzt noch, wenn er wollte, eine »Flut von römischen Namen« nennen könnte. Was genau an Penelope verehrungswürdig ist, wird nicht explizit gesagt. Es lässt sich jedoch aus dem Kontext erschließen: Sowohl Alkestis, die freiwillig anstelle ihres Gatten in den Tod ging, als auch die »Frau des Protesilaos« werden ausschließlich über ihren Ehemann, ihre enge Beziehung und Liebe zu diesem, definiert. Es ist anzunehmen, dass der antike Leser von Aelian bei der Erwähnung Penelopes Ähnliches dachte. Die Komplexität der homerischen Figur ist in diesen topischen Verwendungen längst verloren gegangen. Auch ein Kaiser konnte sich dieses Topos bedienen: Julian verleiht in einem Brief der Demeterpriesterin Kallixeine ein weiteres, höchst prestigeträchtiges Priesteramt als Belohnung dafür, dass sie in den Zeiten der christlichen Verfolgung den alten Göttern die Treue gehalten habe (Text Heimkehr Nr. 13). Er vergleicht sie mit Penelope, die bekanntlich Odysseus trotz aller Widrigkeiten und Gefahren ebenfalls treu geblieben war. Die Pointe des Textes besteht allerdings darin, dass in den Augen Julians Gattenliebe weitaus weniger zählt als Götterliebe,[91] was bedeutet, dass Penelope weniger Hochachtung verdiene als Kallixeine.

Alle hier aufgezählten Erwähnungen Penelopes haben trotz des vordergründigen Lobes etwas Zweischneidiges: Penelope wird reduziert auf eine oder zwei mit Gattenliebe verbundene Eigenschaften. Alle anderen Charakteristika, etwa die Liebe zum Sohn Telemachos oder ihre überragende Klugheit, finden keine Erwähnung. Sodann wird sie entweder als Folie verwendet, vor der andere Frauen noch lobenswerter erscheinen. Oder das Lob wird relativiert mittels der Behauptung, dass im Grunde eh alle Frauen schlecht seien und die wenigen Gegenbeispiele die Ausnahme von der Regel darstellten. Noch einen Schritt weiter geht Palladas in einem Epigramm vom Beginn des fünften Jahrhunderts (Text Heimkehr Nr. 14).[92] Dort vertritt der Dichter die These, dass Frauen grundsätzlich die Wurzel allen Übels für die Männer seien, unabhängig von ihren Charaktereigenschaften: Helenas Ehebruch verursachte unzählige Tote; Penelopes Sophrosyne, ihre für eine Frau normenkonformes Verhalten, aber auch! Palladas zufolge geht sämtliches männliches Leiden in der *Odyssee* auf Penelope zurück, so wie das männliche Leiden in der *Ilias* auf Helena.

---

[88] Hrsg. S. Eitrem 1925, Papyrus Nr. 1: Papyrusrolle mit sieben verschiedenen Liebeszaubern sowie diversen weiteren Beschwörungen. Eine englische Übersetzung des gesamten Papyrus ebenda S. 25–30, der hier vorgestellten Beschwörung S. 28; Kommentar zur Erwähnung Penelopes ebenda S. 106. Vgl. Mactoux 1975, 183 mit einem weiteren Beispiel aus dem 5. Jh.

[89] Zu Zauberpapyri s. Sfameni 2010, 453–60.

[90] Die entsprechenden Stellen bei Libanios beispielsweise wurden von Mactoux 1975, 170 f. zusammengestellt.

[91] Und jeder, der etwas anderes behauptet, steht nach Ansicht des Kaisers unter Drogeneinfluss.

[92] Überliefert in der *Anthologia Palatina*. Vgl. Mactoux 1975, 185.

Eine andere Strategie wenden Texte an, die Penelopes Treue und Gattenliebe ins bewusste Gegenteil verkehren. Eine Andeutung davon war bereits im eingangs analysierten Text des Porphyrios (Text Heimkehr Nr. 1) zu sehen. Dort diskutierte der Verfasser die verschiedenen Erklärungsmöglichkeiten, warum sich Odysseus bei der Rückkehr nach Ithaka ausgerechnet seiner Ehefrau erst so spät offenbarte. Porphyrios spielt zwei prinzipielle Szenarien durch: Erstens, Penelope liebt Odysseus tatsächlich. Dann wäre sie aufgrund ihres typisch weiblichen Mangels an Selbstbeherrschung — und implizit: Verstand — nicht in der Lage, sich zu verstellen und würde Odysseus in Lebensgefahr bringen. Bei Homer gab es dieses Problem auch, wie gesehen, aber nicht mit der Ehefrau, sondern mit dem Hund.[93] Argos musste deshalb folgerichtig nach der Wiedererkennung sterben. Das zweite Szenario lautet: Penelope liebt Odysseus nicht mehr, sondern hat ein Auge auf einen oder mehrere der Freier geworfen. Dann würde sie die Betreffenden vor dem Vergeltungsschlag des Odysseus warnen oder, schlimmer noch, wie Klytaimnaistra offen gegen ihren Mann Partei ergreifen und diesen töten (lassen). Jenseits der Homerphilologie kann Penelopes Untreue sogar zu einem sie definierenden Charakterzug werden — so wie Odysseus' Wunsch nach Heimkehr umgekehrt wurde zum Bild des ewig Umherwandernden. In der von Proklos referierten *Telegonie* (Text Kirke Nr. 1 b) genießt Penelope als Witwe gemeinsam mit dem Mörder des Odysseus, Telegonos, das sorgenfreie Leben der Unsterblichen. Über eine tiefe Trauer aufgrund von Odysseus' Tod wird nichts gesagt — und wäre auch nicht sehr plausibel in Anbetracht der Tatsache, dass in dieser Version Odysseus selbst gerade erst von einer langjährigen Zweitehe mit der Königin der Thesproter heimgekehrt war.

Apollodor hatte in seinem bereits erwähnten mythographischen Handbuch verschiedene Versionen der Geschichte von Odysseus und Penelope aufgezählt, nicht nur die in der *Odyssee* formulierte. In zwei dieser Versionen hatte Penelope bereits während der langjährigen Abwesenheit des Odysseus ein Verhältnis mit einem der Freier, mit Antinoos oder mit Amphinomos. Als Odysseus davon erfährt, tötet er die untreue Gemahlin.[94] Oder, so die andere Version, er schickt sie zurück zu ihrem Vater. Dort geht sie ein neuerliches Verhältnis ein, dieses Mal mit dem Gott Hermes, und gebiert ihm den Pan.[95] Dass diese Geschichten auch in der Spätantike noch kursierten, beweisen Anspielungen in griechischen Texten. So berichtet noch im fünften Jahrhundert Nonnos in seinen *Dionysiaka* (Text Heimkehr Nr. 15), dass Hermes mit zwei verschiedenen Nymphen je einen Pan zeugte. Eine der Nymphen soll »Penelopeia« geheißen haben. Der Dichter sagt nicht explizit, dass es sich hier um die Penelope handelt, die den Lesern auch als Gemahlin des Odysseus bekannt war. Es ist jedoch anzunehmen, dass sowohl Nonnos als auch seinem gebildeten Publikum diese Gleichsetzung bekannt war.[96] Weniger Umschweife macht Epiphanios von Salamis in seiner Invektive gegen die heidnischen Gottheiten. Im Abschnitt über Hermes schreibt er, dass dieser Penelope »zugrunde gerichtet« habe; dabei sei er aufgrund seiner Geilheit zum Ziegenbock geworden (Text Heimkehr Nr. 16). Ein aus dieser Vereinigung entstehendes Kind wird nicht erwähnt, ist aber wohl aufgrund der Erwähnung der Bocksgestalt des Vaters mitzudenken: Pan war bekanntlich ein Mischwesen aus Mensch und Ziegenbock.[97] Die spätantiken lateinischen Autoren (z. B. Text Heimkehr Nr. 28) sind weitaus expliziter, wie noch zu zeigen sein wird. Das hängt mit der grundsätzlich stärkeren Sexualisierung zusammen, die Penelope in der lateinischen Rezeption erfährt. In Bezug auf die griechische Rezeption lässt sich festhalten, dass eine negative Darstellung Penelopes nicht nur mithilfe einer Reduzierung oder Relativierung ihrer als Topos allgemein bekannten Gattenliebe erfolgen konnte. Vielmehr ließ sich dieser Topos sogar ins genaue Gegenteil verkehren, den Vorwurf von Promiskuität. Und dieser Vorwurf ist in einer patriarchalischen Gesellschaft der schwerwiegendste, der einer Frau gemacht werden kann.

Einen weiteren wesentlichen Aspekt der homerischen Penelope bildete ihre überragende Klugheit, die sich vor allem in der berühmten, vom Dichter drei Mal aus verschiedener Perspektive erzählten Webstuhllist manifestierte. Entsprechend war das »Gewebe der Penelope« ein die ganze Antike hindurch bekannter Topos.[98] Die Formulierung, die Homer — beziehungsweise die das Geschehen schildernden Freier — für Penelopes

---

[93] Die Gleichsetzung von Frauen und Hunden in der griechischen Vorstellungswelt ist ein weites Feld, auf das hier nicht weiter eingegangen werden kann. Es sei auf die Bemerkungen im Kapitel »Skylla« sowie auf Franco 2003 verwiesen.

[94] Apollod. ep. 7, 39.

[95] Apollod. ep. 7, 38. Für eine Zusammenstellung sämtlicher Zeugnisse zu Penelope als Mutter des Pan s. Mactoux 1975, 219–30.

[96] In diesem Sinne Mactoux 1975, 185 f.

[97] Für entsprechende Bilder und Texte s. den Artikel im LIMC: Boardman 1997.

[98] Das gilt auch für den lateinischen Sprachraum, s. die Texte Heimkehr Nr. 33–36.

Auftrennen des Gewebes gebrauchte, lautet *allýousan* (Hom. Od. 2, 109). Dieser Begriff konnte in späterer Zeit für die philosophische Methode des »Analysierens« verwendet werden.[99] Erstmals belegt ist dies für Aristoteles im vierten Jahrhundert v. Chr.[100]

Aus Penelope, der Analysierenden und neu Zusammenfügenden, eine Allegorie für die Philosophie zu machen, lag deshalb in gewisser Weise nahe. Explizit formuliert wird dies bei Eustathios im 12. Jahrhundert.[101] Eine deutlich frühere, vermutlich neuplatonische Entstehung dieser Allegorie wurde postuliert, lässt sich aber anhand der überlieferten Texte nicht beweisen.[102] Porphyrios diskutiert in einer längeren Passage seiner *Quaestiones Homericae* (Text Heimkehr Nr. 17) die Gründe, die Odysseus bewogen haben mögen, Kalypsos Angebot der Unsterblichkeit und des ewigen Lebens mit ihr, der alterslos schönen Göttin, auszuschlagen. In Rekurs auf Aristoteles nennt er zunächst zwei mögliche Motive: zum einen den Wunsch, gegenüber den Phäaken (den Zuhörern seiner Geschichte) als anständiger Mann zu erscheinen, dem nichts wichtiger sei als die Heimkehr; zum anderen schlichten Unglauben in Bezug auf das Versprechen der Kalypso. Es folgt ein unvollständig erhaltener Abschnitt, in dem Porphyrios über die Unsterblichkeit des Weisen, die Unsterblichkeit der Seele und den Aufstieg zu den Göttern reflektiert und wie dies zu erlangen sei: durch tugendhafte Taten. Hätte Odysseus wegen Kalypsos Versprechen auf die Heimkehr und »seine Hausgenossen« verzichtet, dann hätte er damit seine Tugend verloren — und mit dieser die wahre Unsterblichkeit. Der letzte Abschnitt der Passage zitiert den Kyniker Antisthenes. Ihm zufolge habe Odysseus dem Versprechen Kalypsos nicht geglaubt, weil er wusste, »dass Liebende häufig lügen und Unmögliches versprechen«. Zudem habe Odysseus zwar konzediert, dass Kalypso schöner sei als Penelope, diese körperliche Eigenschaft sei für ihn aber nicht ausschlaggebend gewesen. Odysseus wollte zurück zu Penelope wegen ihrer Klugheit und ihrer *areté*. Diese letzten beiden Aspekte, Penelopes Klugheit und Tugend, begegnen auch in diversen anderen Texten. Daraus in Verbindung mit dem vorhergehenden Abschnitt zur Unsterblichkeit des Weisen eine Allegorie der Penelope als Philosophie zu machen, erscheint jedoch kaum möglich.

Vergleichbares gilt für einen weiteren in diesem Zusammenhang diskutierten[103] Text, eine kurze Passage aus Plotins *Enneaden*, die bereits im Kapitel zu Kirke Erwähnung fand (Text Kirke Nr. 6). Kirke und Kalypso werden hier als Schönheiten der sinnlich erfahrbaren Welt allegorisiert. Odysseus hingegen erscheint als ein Bild für den philosophisch inspirierten Menschen — beziehungsweise für dessen Seele —, der zum Göttlichen zurückkehren möchte. Das Göttliche wird hier bezeichnet als »das Schöne« und ist als etwas zu denken, das der Schönheit der sinnlich erfahrbaren Welt deutlich überlegen ist. Penelope wird in dieser Passage gar nicht genannt, ebenso wenig ihre Webarbeit. Nur wenn man die von Plotin vorgenommene Allegorese zu Ende denkt, ließe sich Penelope eventuell als Philosophie allegorisieren. Sie wäre dann gleichsam das Mittel zum Zweck, mit dessen Hilfe Odysseus sein Ziel, das Göttliche, erreicht. Eine weitere, gleichfalls unbewiesene Möglichkeit wäre, Penelope als Allegorie für das Göttliche zu lesen — als das eigentliche Ziel der Sehnsucht des Odysseus.

Ungefähr 200 Jahre später lässt sich das »Gewebe der Penelope« tatsächlich in einem philosophischen Traktat nachweisen, in einem Platonkommentar des Proklos (Text Heimkehr Nr. 18). Das Weben ist hier allerdings kein Bild für die Tätigkeit des Philosophierens, sondern für diejenige der Seele: Die Seele — beziehungsweise ihre »nährende Fähigkeit« — ersetze das jeweils Abfließende durch Zufließendes und setze so gewissermaßen das jeweils Aufgelöste wieder neu zusammen. Eine Parallelisierung von Penelopes Webarbeit mit der Philosophie wird erst bei Damaskios (Text Heimkehr Nr. 19) entwickelt. Genau wie Proklos geht Damaskios von der Seele aus: Er bemüht sich um eine Erklärung von Platons Ausspruch im *Phaidon* (84a), die menschliche Seele

---

[99] Vgl. Papadopoulou-Belmehdi 1994, 33 Anm. 17 zur homerischen Formulierung: »première apparition dans la littérature occidentale du concept de l'›analyse‹; le potential métaphorique du procédé utilisé par Pénélope avait déjà impressionné les anciens, qui ont fait de la tisserande rusée une image de la Philosophie et de l'effilage de la toile un exemple de la méthode analytique«.

[100] Aristoteles, *Rhetorik* 1, 4, 1359 b 10 oder *Metaphysik* 5, 28, 1024 b 9–16; vgl. Liske 2008.

[101] Eust. 1390, 2–7; 1437, 19–30; vgl. Buffière 1956, 389–91; Mactoux 1975, 169; Helleman 2009, 45–47.

[102] Buffière 1956, 391 denkt an eine langsame Entwicklung von Aristoteles bis in die Spätantike, wobei die endgültige Form möglicherweise unter Plotin und Porphyrios gewonnen wurde. Mactoux 1975, 168–70 betont, dass die moralischen *Odyssee*-Allegoresen von Ps.-Heraklit oder Ps.-Plutarch sich auf Odysseus konzentrieren und kaum Interesse für Penelope erübrigen. Sie schlägt vor, dass die Idee, aus Penelope eine Allegorie für die Philosophie zu machen, auf den Neuphythagoreer Numenius (2. Hälfte 2. Jh. n. Chr.) zurückging und dann von dem Kreis um Plotin aufgegriffen wurde. Helleman 2009, 47–49 weist die entscheidende Rolle bei der Entstehung dieser spezifischen Allegorie dem Stoiker Chrysipp (3. Jh. v. Chr.) zu.

[103] Vgl. Mactoux 1975, 169.

handhabe das Gewebe in entgegengesetzter Weise wie Penelope. In einem Gedankensprung macht Damaskios nun die Seele zum Objekt des folgenden Satzes, die Philosophie hingegen zum Subjekt: Die Philosophie webe die Seele zusammen, während ihr Gegenteil, die Unwissenheit, die Seele zerreiße. Als alternative (und seiner Meinung nach bessere) Deutung bietet Damaskios noch an: Die Philosophie löse die Seele vom Körper, während die Unwissenheit sie mit dem Körper zusammenwebe. In beiden Varianten bezieht sich die Allegorie des Webens auf die Auswirkung, welche die Praxis des Philosophierens auf die Seele des Philosophierenden hat. Um die wissenschaftliche Methode des Philosophierens geht es hier nicht.

Eine spätantike Herkunft der bei Eustathios fassbaren Allegorese von Penelopes Webarbeit als wissenschaftliche Methode der Philosophie ist also möglich, aber nicht beweisbar.[104] Ein ähnlicher Fall lag bereits bei der Argos-Episode vor: Während spätantike Autoren, wie gesehen, sich in Bezug auf den Hund des Odysseus vor allem mit tierkundlichen Überlegungen befassten, überliefert Eustathios als Erster und Einziger eine Allegorese von dessen Auftritt und Ende in der *Odyssee*: Argos' Schwäche sowie sein Tod beim Anblick des Odysseus seien ein Verweis auf das nahe Ende der »hündischen« Freier.[105] Der mittelalterliche Gelehrte schöpfte also entweder aus Quellen, die heute verloren sind, oder er war doch nicht so unoriginell wie meist angenommen.

Ein zweiter Strang der Penelope-Allegorese lässt sich etwas besser fassen. Er setzt die Gemahlin des Odysseus — ohne Erwähnung ihres Gewebes — mit der Disziplin der Philosophie gleich. Penelopes illoyale und herumhurende Mägde hingegen werden mit denjenigen Unterrichtsfächern verglichen, die eher der Allgemeinbildung oder der Propädeutik dienten und die in der Antike als *enkýklios paideía* und Ähnliches bezeichnet wurden.[106] Eine derartige Allegorese scheint, glaubt man den spätantiken Zeugnissen, bereits im vierten Jahrhundert v. Chr. existiert zu haben. Diogenes Laertius (Text Heimkehr Nr. 20) zitiert Aristippos von Kyrene, einen jüngeren Zeitgenossen des Sokrates, mit der Aussage, dass diejenigen, welche bei ihrer Bildung zwar die *enkýklia paideúmata* durchlaufen, aber kurz vor der Philosophie abgebrochen haben, den Freiern der Penelope ähneln. Diese hätten zwar Melantho und den Rest der (illoyalen) Mägde gewonnen, aber nicht die Herrin, also Penelope, selbst. Zweihundert Jahre später, im fünften Jahrhundert n. Chr., weist Stobaios (Text Heimkehr Nr. 21) eine fast gleichlautende Bemerkung dem hellenistischen Philosophen Ariston von Chios zu.[107]

Auch jenseits des philosophischen Diskurses konnte auf Penelopes Klugheit rekurriert werden. Julian, zu diesem Zeitpunkt noch Caesar und vermutlich bereits in Gallien, verfasste unter anderem eine Lobrede auf die Kaiserin Eusebia (Text Heimkehr Nr. 22).[108] Diese, mit Julians ungeliebtem Vetter Constantius verheiratet, hatte Julian trotz des schwierigen Verhältnisses zwischen den beiden Männern unterstützt. Julian bemüht sich zunächst um eine Legitimation des Umstands, dass er in dieser Rede nicht, wie sonst in der Panegyrik üblich, einen Mann rühmen wird, sondern eine Frau (Text Nr. 22 a). Als Autorität für das Rühmen auch weiblicher Personen zieht er Homer heran: Dieser habe sich nicht geschämt, Penelope zu rühmen sowie die Gemahlin des Alkinoos (sc. Arete, die Königin der Phäaken) sowie andere (gleichfalls nicht namentlich genannte) Frauen — und selbst solche, deren Anteil an Tugend nur gering gewesen sei. Die letzte Bemerkung unterminiert ein wenig die Tragfähigkeit der gesamten Argumentation.[109] War dies dem Redner und seinem Publikum bewusst? Julian beginnt das Lob der Eusebia mit einem rühmenden Bericht über ihre Heimat, ihre Familie und schließlich ihre Hochzeit mit Constantius. Anschließend widmet er sich ihren persönlichen guten Eigenschaften (Text Nr. 22 b). An erster Stelle kommt ihr Verstand (*phrónesis*), gefolgt von Sanftmut und Sophrosyne, der weiblichen Haupttugend, die ein für Frauen angemessenes, keusches und zurückhaltendes Betragen meint.[110] Es folgen Menschenfreundlichkeit,

---

104 Das gilt auch für die bei Mactoux 1975, 184 zusammengestellten »Anspielungen« aus dem 6. und 7. Jh.

105 Eustath. 1821, 9–13. Vgl. Most 1991, 157 sowie Text Nr. 9d.

106 Vgl. Christes 1997.

---

107 Den Diogenes Laertius auch schon mit erwähnt hatte, vgl. Text Heimkehr Nr. 20. Weitere Aussagen ganz ähnlichen Inhalts, den verschiedensten Personen zugeschrieben, finden sich auch in der griechischen Literatur der früheren Kaiserzeit. Marie-Henriette Quet (Quet 1993, 149–73) und Janine Balty (J. Balty 1995, 299–305 [Original 1992]) haben beinahe zeitgleich die entsprechenden Stellen zusammengetragen und im Zusammenhang mit dem *Odyssee*-Mosaik aus Apameia (Katalog Heimkehr Nr. 7) diskutiert. Ausführlich zu dieser Allegorese: Helleman 2009, 34–45.

108 Zur Rede als Ganzes: Wieber 2010; zum Vergleich mit Penelope: Mactoux 1975, 170–72; zur politischen Situation: Demandt 1998, 72–74.

109 Wörtlich genommen bedeutet es: »Wenn Homer jede beliebige Schlampe rühmen konnte, dann kann ich auch die Kaiserin rühmen«.

110 Vgl. North 1966, 1 Anm. 2.

Vornehmheit und Freigebigkeit. Als Beweis für Eusebias Klugheit und andere Tugenden führt Julian an, dass die Kaiserin damit die Zuneigung und Achtung ihres Gatten errungen habe — genauso wie Penelope die Liebe des Odysseus gewonnen habe, der ihretwillen auf zahlreiche andere vorteilhafte Verbindungen mit Göttinnen oder Prinzessinnen verzichtet habe. Die wesentliche Eigenschaft, die Eusebia und das mythische Exempel Penelope verbindet, ist an dieser Stelle die Klugheit. Diese führt jedoch nicht zu eigenständigen Taten, wie im Falle der homerischen Penelope, sondern dient in erster Linie als eine Art Aphrodisiakum, um die Betreffende für ihren Mann attraktiv und liebenswert zu machen. Julian formuliert hier das homerische Vorbild entsprechend dem Frauenideal seiner eigenen Zeit um.[111] Dies wird noch deutlicher im weiteren Verlauf der Rede an einer Stelle, an der über historische Herrscherinnen gesprochen wird. Diese hätten mit ihren — für eine Frau nicht den Normen entsprechenden — Taten zwar Ruhm erworben, aber nach Ansicht des Redners vor allem sich und andere ins Unglück gestürzt. (An dieser Stelle wird Eusebia klargemacht, wie sie ihre eigene Rolle als Kaiserin auf keinen Fall definieren dürfe.[112]) Julian stellt nun (Text Nr. 22 c) die rhetorische Frage, ob eine derartige Frau als Gattin oder Tochter etwa wünschenswerter sei als Penelope. Penelope, von der Homer — so führt er weiter aus — nichts anderes zu berichten gehabt hätte als über ihre Sophrosyne und Gattenliebe sowie die Fürsorge für Schwiegervater und Sohn. Die berühmte Webstuhllist, mit welcher sie die Freier hinhielt und letztendlich vernichtete, wird umgedeutet in Fürsorge für den Schwiegervater — was sie in Wirklichkeit nicht war, denn bekanntlich plante Penelope, das Leichentuch für Laertes niemals fertig zu stellen. Es wäre ihr, fährt Julian fort, »nicht einmal im Traum eingefallen«, als männlich definierte Tätigkeitsbereiche wie Landwirtschaft, Militär oder öffentliche Rede zu okkupieren. Selbst in ihrem eigenen Haus habe sie das Wort nur gezwungenermaßen, schamhaft verhüllt und sanftmütig an männliche Wesen gerichtet.[113] Penelope ist hier reduziert auf die liebende, fürsorgliche und anständige Hausfrau, die stumm ihren täglichen Pflichten nachgeht.[114]

Die Rede hinterlässt einen zwiespältigen Eindruck. Sie hat dennoch eine gewisse Bedeutung, weil hier eine reale Frau der Spätantike mit der mythischen Figur Penelope in Beziehung gesetzt wurde. Dies geschah über die für Frauen üblichen positiven Topoi wie Sophrosyne oder Gattenliebe, aber auch über den Begriff der Klugheit. Ein vergleichbares Phänomen konnte Marie-Madeleine Mactoux auf etwas älteren Grab- und Ehreninschriften des griechischen Ostens nachweisen.[115] Dort werden Frauen bezüglich ihrer Treue und Keuschheit, aber auch ihrer Klugheit mit Penelope verglichen. Penelope konnte als ein positives Exempel, vielleicht sogar eine Identifikationsfigur für Frauen dienen. Dies galt für alle sozialen Schichten — oder zumindest diejenigen, die schriftliche Zeugnisse hinterließen — bis hin zur Kaiserin. Wie Anja Wieber herausstellte, eignete sich Penelope als *exemplum* für eine Herrscherin auch deshalb besonders gut, weil ihr Einsatz für den Oikos des abwesenden Odysseus als Metapher für die Loyalität einer Kaiserin gegenüber dem Herrscherhaus im Falle einer Abwesenheit oder Handlungsunfähigkeit des Kaisers verstanden werden konnte.[116] Im Westen des Reiches wird etwas Vergleichbares in Claudians *Lob der Serena* (Text Heimkehr Nr. 35) anzutreffen sein. Auch die archäologischen Quellen legen, dazu später, eine der-

---

111 Vgl. Consolini 1986, 22 f. zu vergleichbaren Tendenzen in der Lobrede Claudians auf Serena (Text Heimkehr Nr. 35): Hatte Homer seine Protagonistin dem wiedergewonnenen Gatten noch ihre eigenen Taten erzählen lassen, so wird Serena zur stummen Zuhörerin der militärischen Glanzleistungen Stilichos. Und um klarzumachen, dass sich die Liebesnacht der wieder vereinigten Gatten im Rahmen des Schicklichen abspielt, wird auf die *castitas* der Serena verwiesen.

112 Zur sozialdisziplinierenden Funktion von panegyrischen Reden für Frauen s. Wieber 2010, 257. Zu Julians Bemühen, den realiter tatsächlich vorhandenen (informellen) Einfluss Eusebias auf den Kaiser zu verharmlosen, um das Objekt seines Lobes so normenkonform wie möglich erscheinen zu lassen, s. ebenda 264.

113 Zum griechischen Ideal der Frau, die selbst im eigenen Haus und gegenüber dem eigenen Ehemann nur selten ihr unterwürfiges Schweigen bricht, s. Huys 2004, 29–31. Der berühmte erste Auftritt Penelopes in der *Odyssee* (1, 330–44) erfolgt tatsächlich mit verhülltem Haupt. Sie erscheint so, flankiert von zwei Dienerinnen, unter den Freiern, um Phemios davon abzuhalten, weiter von den Schicksalen der Troja-Heimkehrer zu singen. Ihr bedecktes Haar ist das Kennzeichen der verheirateten Frau in frühgriechischer Zeit (Langdon 2008, 148–50) und erfüllt in dieser Szene denselben Zweck wie ihre wortreiche Klage um den abwesenden Gatten Odysseus: Penelope inszeniert sich hier als *verheiratete* Frau und als Herrin des Oikos — um die zu freien nicht nur ein Verstoß gegen die gesellschaftlichen Normen, sondern auch ein Frevel gegen die Götter ist. Schamhaftigkeit oder Sanftmut spielen in der homerischen Szene keine Rolle.

114 Der Bemerkung von Mactoux 1975, 171 »on a ici la plus belle œuvre écrite depuis Homère à la gloire de la femme d'Ulisse« ist deshalb kaum zuzustimmen.

115 Mactoux 1975, 167 f. Die Inschriften sind z. T. nicht eindeutig zu datieren, stammen aber wohl aus dem 2. und 3. Jh. n. Chr.

116 Wieber 2010, 260.

artige Bezugnahme von Frauen auf Penelope als Exempel der perfekten Gattin nahe.

Wie Penelopes sprichwörtliche Gattenliebe, so konnte auch ihre Klugheit ins Negative gewendet und zu ihren Ungunsten ausgelegt werden. Dies hängt zum einen sicher damit zusammen, dass Klugheit — wie bereits in der Einführung dieser Arbeit in Bezug auf Odysseus konstatiert — eine ambivalente Gabe ist, die zum Guten wie zum Bösen eingesetzt werden kann. Jemand, der in Besitz dieser Gabe ist, wird damit zwangsläufig von den anderen mit einem gewissen Misstrauen betrachtet werden. Dies gilt umso mehr, wenn es sich bei der betreffenden Person um eine Frau handelt. Wie bereits gesehen, manifestierte sich Penelopes Klugheit am eindrücklichsten in ihrer List mit dem Gewebe für Laertes. Diese Geschichte wird in der *Odyssee* drei Mal erzählt, jeweils mit kleinen, auf das jeweilige textimmanente Publikum zugeschnittenen Abweichungen.[117] Die zweite Version der Geschichte legt Homer Penelope selbst in den Mund, in der zentralen Szene von Buch 19, dem nächtlichen Gespräch zwischen ihr und dem vorgeblichen Bettler. Gerahmt wird diese Version jedoch von zwei weiteren aus der Perspektive der Freier, das heißt der *Opfer* dieser List: zu Beginn, bei der von Telemachos einberufenen Volksversammlung, kurz nachdem ihnen bewusst wurde, dass Penelope sie drei Jahre lang zum Narren gehalten hatte, und ganz am Ende, da sind sie schon tot. Der im Hades eingetroffene Freier Amphimedon leitet dementsprechend seine Version der Erzählung mit den bitteren Worten ein: »Diese sagte nicht Nein und nicht Ja zur häßlichen Hochzeit, / Wenn sie den Tod auch und düsteres Schicksal uns allen wünschte. / Doch sie ersann und erdachte sich folgende andere Fälle: ...«[118] Einer Rezeption, welche diese Version als die maßgebliche nahm, musste Penelope zwangsläufig als bösartig, tückisch und mörderisch erscheinen. Dass solche Vorstellungen in der Spätantike tatsächlich existierten, belegt Philostrat. In seinen Bildbeschreibungen[119] widmet er ein Kapitel dem Weben beziehungsweise dem Gewebe (Text Heimkehr Nr. 23). Er beginnt mit einem knapp skizzierten Bild vom Gewebe der Penelope, wie sie auflöst, was sie gerade gewoben hat, und geht dann zum eigentlichen Thema über, dem Spinnengewebe. Ausführlich wird beschrieben, wie der fiktive Maler ein solches Gewebe gestaltete. Der letzte Abschnitt gilt dem Zweck des Spinnennetzes, dem Fangen von Fliegen. Mit sadistischer, den Voyeurismus der Leser/Zuhörer bedienender Freude schildert der Autor, wie die Opfer sich im Netz verfangen, vergeblich zappeln und sich zu befreien versuchen und schließlich bei lebendigem Leib aufgefressen werden.[120] Die Parallele zwischen Penelope, die den Freiern durch ihr Gewebe letztendlich den Tod brachte, und der Spinne wird nicht explizit formuliert, ist durch den Aufbau des Kapitels aber für jeden Leser evident. Gleichfalls evident — da das Kapitel mit der Beschreibung des Leidens der Opfer des Gewebes endet — ist die eher negative Wertung der jeweiligen Weberin.[121]

Das Gewebe der Penelope als eine Metapher für arglistige Täuschung, Betrug und Heuchelei findet Verwendung bei den Kirchenvätern. Gregor von Nazianz polemisiert in seiner in Versform verfassten Schrift *Gegen die Putzsucht der Frauen* (Text Heimkehr Nr. 24) auch gegen das Schminken des weiblichen Gesichts. Das Auftragen von Schminke, um tagsüber schöner als in Wirklichkeit zu erscheinen, sei genauso betrügerisch wie Penelopes tägliche Webarbeit und ihr anschließendes nächtliches Auflösen des Gewebes. Schließlich, ist hier wohl zu ergänzen, muss die Schminke abends auch wieder abgenommen werden und spätestens[122] dann kommt das wahre Aussehen zum Vorschein: »außen Helena, darunter Hekabe!« Gregors Gründe für eine Ablehnung des Schminkens — und aller anderen weiblichen Strategien, den eigenen Körper zu verschönern — sind zweierlei. Zum einen argumentiert er, dass es Sünde sei, an dem von Gott geschaffenen Körper etwas verändern zu wollen.[123] Zum anderen, und dies ist wohl der wesentliche Punkt, birgt weibliche Schönheit stets

---

[117] Hom. Od. 2, 85–128; 19, 137–61; 24, 120–50. Vgl. Papadopoulou-Belmehdi 1994, 33–41.

[118] Hom. Od. 24, 126–28.

[119] Vgl. Baumann 2011.

[120] Für vergleichbare Tendenzen auch in anderen Werken der spätkaiserzeitlichen Literatur s. Auerbach 1946, 53–77.

[121] Dass dies nicht zwangsläufig so sein muss, hat Barbara Clayton anhand der Analyse eines neuzeitlichen Gedichts zum selben Thema nachgewiesen: »The depiction of the suitors as flies caught in a web reverses Penelope's status as victim, and brilliantly captures their nature from her point of view: they are swarming, irritating, and parasitic in the way they feed off Odysseus' estate.« (Clayton 2004, 112.)

[122] Gregor entwirft schon in den Versen zuvor für seine Leserinnen diverse Schreckensvisionen, was mit Schminke alles passieren kann: Sie kann bei zu heftigem Lachen abbröckeln; sie kann bei Tränen oder Regen hässlich zerfließen etc.

[123] Vgl. Verse 43–47: »So ist es doch unerträglich, daß du das göttliche Bild durch ein Gebilde von Menschenhand versteckst; auf daß nicht Gott dir erzürnt mit folgenden Worten entgegne: ›Wer und woher ist dieser Bildner? Fort von mir, du Fremde! Nicht bemalt hab ich dich, Hündische, sondern als mein Ebenbild geschaffen‹«.

die Gefahr, auf Männer verführerisch zu wirken und diese in Versuchung zu führen.[124] Letztendlich ist es also die Angst vor der weiblichen Sexualität, die Gregor — und viele andere Verfasser vergleichbarer Traktate — dazu bewegt, den Frauen alles zu verbieten, was männliche Aufmerksamkeit evozieren könnte. Clemens von Alexandria geht in seinen detaillierten Verhaltensvorschriften für das tägliche Leben, zusammengestellt im *Paidagogos*, auch auf den ehelichen Geschlechtsverkehr ein.[125] Dieser unterliegt einer langen Liste von Beschränkungen und Regeln. Erlaubt ist er nur, wenn: er der Erzeugung von Kindern dient; die Ehepartner weder zu jung noch zu alt sind (das heißt, als Eltern in Frage kommen); zu einer bestimmten Tageszeit, nämlich am Abend, direkt nach dem Zubettgehen. Man solle sich im Schutz der Dunkelheit auch nicht allzu sehr gehen lassen, denn (Text Heimkehr Nr. 25): »wir werden uns in nichts von der am Webstuhl arbeitenden Penelope unterscheiden, wenn wir am Tage die Keuschheitslehren weben, nachts aber, wenn wir ins Bett gehen, sie wieder auftrennen.« Penelopes Weben dient hier als Allegorie für geheuchelte Keuschheit, hinter der sich wildeste Ausschweifungen verbergen. Ähnlich wie bei Gregor wird das Gewebe der Penelope, und so letztendlich auch die homerische Heldin selbst, in einen Kontext von arglistiger Täuschung, Heuchelei und Sünde der Fleischeslust gestellt. Auf diffamierende Weise allegorisiert wird im Falle Penelopes nicht die literarische Gestalt selbst — anders als beispielsweise Skylla, die als Allegorie für Schamlosigkeit gedeutet werden konnte —, sondern ihre Tätigkeit. Dies bedeutet einen graduellen Unterschied gegenüber anderen weiblichen Gestalten der *Odyssee*, aber keinen prinzipiellen: Allzu weit ist Penelope hier nicht entfernt von jenen weiblichen Ungeheuern — den Sirenen und Skylla —, welche bei christlichen Autoren als Bilder bedrohlicher Weiblichkeit und Sexualität fungieren konnten.[126]

## Die lateinischen Zeugnisse

In der lateinischen Literatur der Spätantike wurden die Ereignisse auf Ithaka gleichfalls rezipiert, allerdings in deutlich geringerem Umfang. Der Schwerpunkt liegt auch hier auf Odysseus und Penelope. Die anderen Protagonisten scheinen nicht von Interesse gewesen zu sein.[127] Darüber hinaus weicht die lateinische Rezeption in drei signifikanten Punkten von der griechischen ab. Diese Unterschiede sollen in konzentrierter Form vorgestellt werden.

Als Erstes sei angemerkt, dass negative oder auch nur kritische Äußerungen zu Odysseus und Penelope in der lateinischen Literatur weitaus seltener anzutreffen sind. Die Regel sind vielmehr enthusiastische Lobpreisungen des Odysseus als des idealen Mannes und der Penelope als der idealen Frau — auch wenn das dort propagierte Frauenbild nicht mit dem homerischen übereinstimmt und aus heutiger Sicht zu wünschen übrig lässt. In eher negativem Licht erscheinen die Protagonisten vor allem dann, wenn auf Traditionsstränge außerhalb der *Odyssee* rekurriert wird.[128] Servius beginnt eine ausführliche Anmerkung zur Person des Odysseus mit dessen Verwandtschaftsverhältnissen und erwähnt dabei auch den Sohn der Kirke, Telegonos (Text Heimkehr Nr. 28).[129] Als Versionen von Odysseus' Ende bietet der Gelehrte unter anderem das homerische — friedlicher Tod im

---

[124] Vgl. zu Beginn des Gedichts die Bemerkungen zu unverhüllten weiblichen Haaren: »Es ist doch sündig für die Frau, einem Mann ihr Haupt unverhüllt zu zeigen, [...], als weithin sichtbare Kuppe, die für Männer leuchtet.« Ausführlich behandelt werden alle diese Fragen bei Pujiula 2006, einer körpergeschichtlichen Analyse des *Paidagogos* von Clemens von Alexandria. Zur Kosmetik: ebenda 237–44; Haarpflege: 244–57; der Aspekt der Verführung zur Sünde: 289–315.

[125] Clem. Al. Paid. 2, 10, 95, 3–97, 3.

[126] Beispielsweise im Text Sirenen Nr. 23 oder Skylla Nr. 15; s. die Diskussion in den entsprechenden Kapiteln.

[127] Zwei singuläre Zeugnisse zu Argos und seiner Fähigkeit, den heimgekehrten Odysseus trotz 20 Jahren Abwesenheit und Verkleidung wiederzuerkennen (Text Heimkehr Nr. 26–27), wurden bereits angesprochen. Sie waren vermutlich einer griechischen Vorlage entlehnt. Im entsprechenden Abschnitt (zu Buch 17) der lateinischen Inhaltsangabe der *Odyssee* wird die Wiedererkennung durch Argos noch nicht einmal erwähnt. Eurykleia wird zwar genannt (im Abschnitt zu Buch 19, s. Text Heimkehr Nr. 29 a), außerhalb des Kontexts der *Odyssee* scheint jedoch auch diese Episode nicht von Interesse gewesen zu sein.

[128] Die *Telegonie* beispielsweise war auch im Westen bekannt. Hygin widmet ihr in seinen *Fabeln* einen eigenen Abschnitt (fab. 127); der sog. Mythographus Vaticanus I tradiert sie ins Mittelalter (fab. 1, 15), vgl. das Kapitel »Kirke«. Hygin stellt seine zwei Zusammenfassungen der *Odyssee* — fab. 125 das gesamte Epos, fab. 126 nur die Rückkehr nach Ithaka — also in einen größeren Kontext. Dies ist möglicherweise der Grund dafür, dass in fab. 126, 9 sowohl Odysseus als auch Penelope entgegen dem homerischen Epos als extrem grausam und rachsüchtig charakterisiert werden: Die Zerstückelung des Melanthios wird *en detail* geschildert; zudem habe Odysseus dessen Haus und Frau in Besitz genommen, d. h. diese vergewaltigt. Penelope ihrerseits habe die Bestrafung der illoyalen Mägde veranlasst.

[129] Hier in seinem Kommentar zur *Aeneis*. Weitere Stellen sind bei Mactoux 1975, 185 aufgeführt.

hohen Alter — und das der *Telegonie* — Tod von der Hand des eigenen, unerkannt nach Ithaka gelangten Sohnes. Vergleichbar dem älteren mythographischen Lexikon des Apollodor listet Servius zudem noch weitere Traditionsstränge zum Schicksal von Odysseus und Penelope auf. Zum einen die bereits bekannte Geschichte von Hermes, der in Gestalt eines Ziegenbocks mit Penelope geschlafen und so den Pan gezeugt habe. Zum anderen eine Variante, die auf die Bedeutung des griechischen Wortes *pan*, »alles«, Bezug nimmt: Das Kind der Penelope heiße deshalb so, weil seine Mutter bei der Empfängnis mit *allen* Freiern Geschlechtsverkehr gehabt habe! »Odysseus aber, nachdem er den deformierten Knaben erblickt hatte, soll zu neuen Irrfahrten geflohen sein.« Wie in den vergleichbaren griechischen Texten ist Odysseus hier nicht der glückliche Heimkehrer, sondern der zu ewigem Umherirren Verdammte. Penelope erscheint nicht als die exemplarische treue und liebende Ehefrau, sondern als hochgradig promisk.[130]

Positive Charakterisierungen des Paares sind die Regel. Was ihre Akzentsetzung anbelangt, so ist der Unterschied zu den griechischen Texten bezüglich der Figur des Odysseus gering, bezüglich der Figur der Penelope deutlich größer. Dies mag zunächst ein Blick auf die bereits mehrfach angesprochene lateinische Inhaltsangabe der *Odyssee* verdeutlichen. Die Zusammenfassung von Buch 19 des Epos (Text Heimkehr Nr. 29 a) beispielsweise beschreibt zunächst, wie Odysseus gemeinsam mit seinem Sohn sämtliche Schutz- und Angriffswaffen aus dem Saal entfernt, um die Chancen der zahlenmäßig weit überlegenen Freier zu minimieren. Dann wird gesagt, wie Odysseus der Aufforderung Penelopes zu einem Gespräch nachkommt und ihr eine Lügengeschichte bezüglich seiner Identität erzählt. Schließlich findet noch die Fußwaschung Erwähnung, bei der Odysseus von seiner Amme Eurykleia aufgrund der Narbe am Bein erkannt wird. Der Fokus des anonymen Erzählers liegt auch hier auf Odysseus, bei dessen Handlungen und Worten. Er wird geschildert als derjenige, der alles im Griff hat und entsprechend seinen Wünschen dirigiert.[131] Penelopes tragende Rolle in dieser Schlüsselszene der Ereignisse auf Ithaka wird hingegen so weit wie möglich heruntergespielt. Es wird weder erwähnt, dass sie es ist, welche die Unterhaltung lenkt, noch werden ihre Worte zur Webstuhllist oder zur Lage der Dinge wiedergegeben. Auch der Umstand, dass erst ihr Vorschlag der Anberaumung des Bogenwettkampfes das Massaker an den Freiern tatsächlich möglich macht, wird unterschlagen. Vergleichbares lässt sich an der Figur der Eurykleia beobachten: Bei Homer greift Odysseus zwar gleichfalls an ihre Kehle, um ihren überraschten Aufschrei zu ersticken. Zusätzlich gibt es dort zwischen den beiden jedoch eine geflüsterte Konversation, in der Odysseus seiner alten Amme klarmacht, dass eine Entdeckung seinen Tod bedeuten würde; Eurykleia ihrerseits versichert Odysseus ihrer unverbrüchlichen Treue und Verschwiegenheit. In der spätantiken Zusammenfassung ist davon nicht viel übrig geblieben. Hier wird die alte Amme einzig dazu gezwungen, »nicht nachzufragen und nicht zu schwatzen«. In der Zusammenfassung von Buch 24 (Text Heimkehr Nr. 29 b) darf Agamemnon verkünden, wo nach Ansicht des Verfassers die Vorzüge von Odysseus und Penelope liegen: Bei Odysseus ist es seine *virtus*, bei Penelope ihre *pudicitia* — ein spezifisch römischer Wertbegriff, der weiter unten diskutiert werden soll.

Vergleichbare Aussagen treffen auch andere spätantike Texte zur Heimkehr. In der lateinischen Fassung der fiktiven Geschichte des Diktys von Kreta (Text Heimkehr Nr. 30) wird zwar nicht von Odysseus' *virtus* gesprochen.[132] Jedoch liegt die Initiative auch hier allein bei ihm: Er veranlasst in dieser Version Alkinoos, ihm gegen die Freier militärische Unterstützung zukommen zu lassen, und macht auf diese Weise sämtliche Freier nieder. Anschließend lässt er sich von der Bevölkerung Ithakas feiern, belohnt die Treuen und richtet die Untreuen. Athena und Penelope, die bei Homer maßgeblichen Anteil am Erfolg des Odysseus hatten, werden nicht erwähnt. Das geschieht aus unterschiedlichen Gründen: Athena kann in dieser säkularisierten Version nicht auftreten, weil sie eine Göttin ist; die Gattin Penelope hingegen muss im Verborgenen bleiben, weil ihre Beziehung zu Odysseus eine private ist und nach dem Verständnis des Erzählers nicht in einen Text gehört, der sich als historisch versteht oder zumindest geriert.[133] Es wird einzig

---

130 Zumindest die Geschichte von der Verbindung mit Hermes wird vom Mythographus Vaticanus I (fab. 1, 88) ins Mittelalter überliefert, allerdings in abgeschwächter Form: Die Vereinigung des Gottes mit Penelope hätte erst nach dem Tod des Odysseus stattgefunden.

131 Vergleichbare Tendenzen ließen sich auch bei der Analyse der anderen Abschnitte der *Periocha Odyssiae* beobachten, s. die Bemerkungen zu den Texten Polyphem Nr. 10 und Kirke Nr. 19.

---

132 Dies hätte sich nur schwer vereinbaren lassen mit der eher kritischen Haltung, welche der Erzähler der Figur des Odysseus gegenüber einnimmt, vgl. vor allem die Passage zum Polyphem-Abenteuer (Text Polyphem Nr. 8).

133 Vgl. oben zu den griechischen Versionen des Johannes Malalas (Text Heimkehr Nr. 2) und Johannes von Antiochia (Text Heimkehr Nr. 3).

gesagt, dass eine »strahlende Überlieferung« von ihrer *pudicitia* künde.

Odysseus und seine Handlungen nehmen in diesen Texten viel Raum ein. Er ist derjenige, der deutlich in Erscheinung tritt. Wie sich im Verlauf dieses Buches zeigte,[134] werden Odysseus zudem *virtus* und *sapientia* zugeschrieben. Odysseus wird imaginiert als ein Mann, der in sich moralische, kämpferische und intellektuelle Tugenden vereinigt. Penelope hingegen tritt als Akteurin kaum in Erscheinung. Ihre Darstellung in der spätantiken Literatur ließe nicht vermuten, dass Homer ihr in seinem Epos eine tragende Rolle zugewiesen hatte. Gerühmt wird in den lateinischen Texten hauptsächlich ihre *pudicitia*. Dieser nur vage mit »Sittsamkeit« übersetzbare Begriff nahm in der römischen Moralphilosophie eine wichtige Stellung ein.[135] Er bezeichnet korrektes Verhalten im sexuellen Bereich und wurde je nach Epoche, literarischem Kontext und Rechtsstatus der darauf bezogenen Person mit etwas anderem Inhalt gefüllt. Diejenigen Personen, von denen in erster Linie *pudicitia* erwartet wurde — beziehungsweise die *pudicitia* haben durften — waren römische Bürgerinnen.[136] *Pudicitia* wurde zwar prinzipiell auch von männlichen Bürgern erwartet, nahm dort aber aufgrund der großen Menge an anderen Werten, an denen sich ein Römer gleichfalls zu orientieren hatte, keinen so hohen Stellenwert ein.[137] Als personifizierte moralische Qualität konnte Pudicitia sogar kultisch verehrt werden und war in dieser Form besonders mit verheirateten Frauen — genauer: Frauen, die nur eine einzige Ehe eingegangen waren — verbunden.[138]

Die Qualifizierung Penelopes als eine Frau von herausragender *pudicitia* betont ihre sexuelle Treue gegenüber dem abwesenden Gatten Odysseus. (Welcher selbst, wie allgemein bekannt, dieser Anforderung nicht entsprach.) Sie betont weiterhin ihr stures Festhalten an dieser ersten Ehe, anstatt — wie bei Homer von ihrem sozialen Umfeld gefordert — mit einem der Freier eine neue einzugehen: Penelope entspricht hier dem römischen Ideal der *univira*, der Frau, die nur einen Mann gehabt hat.[139] Ein weiterer Begriff aus diesem semantischen Feld ist *castitas* (»Keuschheit«). *Castitas* bedeutet ursprünglich moralische oder körperliche Reinheit in einem religiösen Kontext, kann aber auch mehr oder weniger synonym für *pudicitia* verwendet werden.[140] Fulgentius (Text Skylla Nr. 16) hatte aus Penelope eine Allegorie für *castitas* gemacht. Mit dieser sei Odysseus, die Allegorie für *sapientia*, verheiratet gewesen, weil Keuschheit und Weisheit untrennbar zusammengehörten. Aus diesem Grund habe Odysseus auch Skylla, allegorisiert zur *libido* (»Wollust«), verschmäht. Penelope, das positive Exempel, wird hier definiert als eine Frau, deren Sexualität entweder überhaupt nicht existent ist oder zumindest nicht an falscher Stelle ausgelebt wird. Skylla, das negative Exempel, hingegen äußerst ihr Begehren und lebt es hemmungslos aus.[141] Alle drei Begriffe — *libido*, *castitas* und *sapientia* — sind im Lateinischen feminin. Dennoch ist es für Fulgentius (und andere) keine Frage, dass der auf den Intellekt bezogene Begriff dem Mann, Odysseus, zuzuordnen ist, die auf Sexualität bezogenen Begriffe hingegen den beiden weiblichen Figuren.

Diese spezifisch römische Rezeption der Penelope nahm ihren Anfang, das macht die Monographie von Mactoux deutlich, am Übergang von der Republik zum Prinzipat.[142] In der elegischen Dichtung jener Zeit wurde Penelope zum prominenten Exempel für die spezifisch römischen Tugenden der *fides* (»Treue«)[143] und *castitas*. Diese für das gesellschaftliche Gefüge als wesentlich empfundenen Tugenden machten aus Penelope die Frau, die bedingungslos zu ihrem Ehemann steht und ihm auch sexuell treu ist.[144] Ihre anderen Eigenschaften — vor

---

134 Vgl. vor allem die entsprechenden Diskussionen im Kapitel »Polyphem«.

135 Dazu grundsätzlich: Langlands 2006, v. a. 1–36.

136 Vgl. die Diskussion bei Langlands 2006, 22. Die *pudicitia* von Abhängigen — Sklaven, Freigelassenen beiderlei Geschlechts — war insofern problematischer, als sie mit den sexuellen Interessen des *dominus* konfligieren konnte.

137 Im zweibändigen Werk von Thome 2000, betitelt »Zentrale Wertvorstellungen der Römer«, wird *pudicitia* in zwei Sätzen abgehandelt (I, 98) und als »Frauentugend« abqualifiziert. Thome nimmt die maskuline Form »Römer« im Titel ihres Werkes ernst: Römerinnen kommen so gut wie nicht vor.

138 Langlands 2006, 37–77.

139 Schneider 2002; vgl. Harlow — Laurence 2002, 77.

140 Langlands 2006, 30.

141 Von Fulgentius drastisch beschrieben anhand der Metapher der wölfischen Vagina, s. die Diskussion zu Text Skylla Nr. 16. Vgl. auch den misogynen Text Skylla Nr. 17: Penelope, Lucretia und die Sabinerinnen als seltene und der Vergangenheit angehörende Beispiele für Frauen mit *pudicitia*; Skylla, Myrrha und Phädra hingegen als Prototypen der Frauen der Gegenwart, charakterisiert durch absolute Schamlosigkeit.

142 Mactoux 1975, 125–40.

143 Zu den verschiedenen sozialen sowie innen- und außenpolitischen Implikationen des Begriffs s. Thome 2000, II, 50–84.

144 Eine loyale Ehefrau konnte in den Wirren der Bürgerkriege, die das Ende der römischen Republik markierten, lebensrettend sein. Als ein Beleg mag die weiter unten angesprochene sog. *Laudatio Turiae* gelten. Es ist deshalb kein Wunder, dass die derart definierte Figur der Penelope zu dieser Zeit so populär war.

allem ihre Klugheit, aber auch ihre Liebe für den Sohn Telemachos — waren demgegenüber nicht von Interesse. Entsprechend wurde in der bildenden Kunst dieser Zeit auch nur ihre Beziehung zu Odysseus beziehungsweise ihre Trauer um den Verschollenen thematisiert.[145] Die Webstuhllist wurde nicht dargestellt.

In der Spätantike konzentriert sich die literarische Charakterisierung Penelopes, wie gesehen, dann auf den Bereich der sexuellen Treue und Enthaltsamkeit, bezeichnet mit den Begriffen *castitas* und vor allem *pudicitia*. Im Rahmen dieses Bedeutungshorizonts kann Penelope auch in der patristischen Literatur auftauchen. Im zweiten Buch seiner apologetischen Schrift *An die Heiden* kritisiert Tertullian scharf die römische Religion, insbesondere die italischen Gottheiten. Diese seien nichts weiter als Personifikationen von abstrakten Begriffen oder divinisierte Menschen. In Rekurs auf eine Tradition, der zufolge die Göttin Bona Dea als Tochter des Faun galt, fragt Tertullian ironisch, ob es nicht besser gewesen wäre, stattdessen Penelope zur Göttin zu erheben: Diese habe immerhin ihre *castitas* trotz der Belagerung durch zahlreiche Freier zu bewahren verstanden, während »die Tochter des Faunus« ihre *pudicitia* nur dadurch unter Beweis stellte, dass sie sich von Männern grundsätzlich fernhielt (Text Heimkehr Nr. 31). *Castitas* wird hier in Beziehung zur vorteilhaft herausgestellten Penelope gesetzt, während der Tochter des Fauns lediglich *pudicitia* zugestanden wird. Wie es scheint, war Tertullian bewusst, dass *castitas* aufgrund der damit verbundenen religiösen Konnotationen höher bewertet werden konnte als *pudicitia*.[146] Fast 200 Jahre später, in seiner Streitschrift gegen die als Häresie empfundene Lehre des Jovinian, nennt Hieronymus neben anderen exemplarischen Frauen auch Penelope. Hieronymus eigentliches Lob gilt, gegen Jovinian, der Jungfräulichkeit.[147] Ist dieses Ideal aus sozialen Zwängen heraus nicht zu erreichen, so sollte eine Frau auf jeden Fall nur eine einzige Ehe eingehen. In drei Kapiteln (43–45) zählt der Kirchenvater Beispiele von historischen und mythischen Frauen auf, »welche nach dem Tode oder der Ermordung ihrer Gatten sie nicht mehr überleben mochten, um nicht gezwungen zu sein, zweite Beilager anzunehmen, und welche gar wundersam ihre einzigen Ehemänner liebten, damit wir daraus ersehen möchten, wie auch bei den Heiden die zweite Ehe Mißbilligung erfahre«.[148] Das pagane römische Ideal der *univira* dient hier der Legitimation der Lehre des Hieronymus. Die Aufzählung endet (Text Heimkehr Nr. 32) mit dem bereits aus der griechischen paganen Literatur bekannten Dreiklang idealer Ehefrauen: Alkestis, Penelope und der Gemahlin des Protesilaos.[149] Bezüglich Penelopes heißt es, dass ihrer *pudicitia* die *Odyssee* gewidmet sei (*Penelopes pudicitia Homeri carmen est*).[150] Was ihren restriktiven Umgang mit der eigenen Sexualität anging, konnte Penelope also auch in rein christlichen Diskursen als positives Exempel dienen. Wesentlich suspekter war den Kirchenvätern ihre Klugheit oder, genauer, der sprichwörtliche Ausdruck, den diese Klugheit angenommen hatte, die Webstuhllist. Darüber wird weiter unten zu sprechen sein.

Von all den Tugenden, die einer römischen Frau zugestanden werden konnten,[151] beschränkt sich die

---

145 Auch das stellte Mactoux 1975, 141–51 sehr gut heraus.

146 Vgl. die bei Langlands 2006, 30 Anm. 128 zitierte Passage aus dem 4. Jh. n. Chr. (Nonius Marcellus 440, 1).

147 Vgl. Brown 1990, 377 f. zum geringen Erfolg dieser Schrift. »It was a memorable statement of the ascetic viewpoint at its most unpleasant and impracticable.« (S. 377.)

148 Aus Kap. 43, Übersetzung P. Leipelt 1874.

149 Vgl. Texte Heimkehr Nr. 11–12.

150 Vgl. Claudian, Text Heimkehr Nr. 35: Die Taten des Odysseus dienen dem Ruhm bzw. der Zierde (*decus*) der Penelope und einzig ihrer *pudicitia* wird eine derartige Bühne errichtet.

151 Die ursprüngliche Bandbreite an weiblichen Tugenden war deutlich größer. Ein gutes Beispiel bietet die zu Beginn der Kaiserzeit verfasste, auf die Wirren der ausgehenden Republik Bezug nehmende sog. *Laudatio Turiae*. Hier werden zunächst (Z. I 30–31 Hrsg. D. Flach) die kanonischen häuslichen Frauentugenden (*domestica bona*) genannt: Auf die auch hier an erster Stelle stehende *pudicitia* folgen Nachgiebigkeit (*obsequium*), Freundlichkeit (*comitas*), Umgänglichkeit (*facilitas*), Wollarbeit (*lanificium*), Religiosität, unauffällige Kleidung und bescheidene Lebensführung. Es folgen (Z. I 31–33) Liebe und Fürsorge für die (engere) Familie. Anschließend geht der Verfasser auf die speziellen Leistungen und Tugenden seiner verstorbenen Frau ein: Sie unterstützte aus eigenen Mitteln großzügig ärmere Verwandte (Z. I 42–51). Vor allem aber (ausführliche Erzählung auf der 2. Tafel) unterstützte sie ihren proskribierten Ehemann durch heimlich zugesandtes Geld, Lebensmittel und Sklaven; versteckte ihn; verteidigte das gemeinsame Haus gegen Einbrecher; versuchte trotz körperlicher Misshandlung, seine Begnadigung zu erreichen. Nach Ende der Bürgerkriege bot sie ihrem Mann an, die kinderlos gebliebene Ehe aufzulösen, um ihm eine Chance auf Nachkommen zu geben. Der Mut, den sie in den Zeiten der Verfolgung bewies, wird hier (Z. II 6a) als *virtus* bezeichnet: Einer der seltenen Fälle, in denen diese im Verständnis der Römer männliche Eigenschaft bei einer Frau positiv bewertet wird (vgl. Partoens — Roskamp — van Houdt 2004, 10). Im eher allgemeinen Sinne von »guter Eigenschaft« konnte *virtus* seit der frühen Kaiserzeit auch als Oberbegriff für dann näher spezifizierte weibliche Tugenden verwendet werden (Eisenhut 1973, 185 f.)

Die römische Gesellschaft hatte Frauen stets vorrangig, wenn auch nicht ausschließlich, anhand von Kategorien bewertet und

spätantike Rezeption bei Penelope auf *pudicitia* und *castitas*, Tugenden, die einen korrekten, das heißt restriktiven Umgang mit Sexualität implizieren. Penelope erfüllt das Ideal der *univira*, der Frau, die — wenn schon keine ewige Jungfrau — so doch wenigstens nur mit einem einzigen Mann sexuellen Kontakt hat. Die Gemahlin des Odysseus wird dadurch letztendlich genauso auf ihre Sexualität reduziert wie die anderen weiblichen Figuren der *Odyssee*: Kirke erschien als frustrierte Liebende, welche die erfolgreiche Konkurrentin Skylla aus Rachsucht in ein abstoßendes Ungeheuer verwandelt; dieses Ungeheuer wiederum wurde von einigen Autoren mit männermordender Sexualität ausgestattet; die Sirenen schließlich wurden imaginiert als die weibliche Verführung schlechthin.

Als Konsequenz aus dem eben Ausgeführten ergibt sich — und dies ist der dritte Unterschied zur zeitgleichen Rezeption im griechischsprachigen Raum —, dass Penelopes Klugheit in den lateinischen Texten kaum eine Rolle spielt. Entsprechend findet eine Allegorese als oder Vergleich mit der Philosophie nicht statt. Dieser Befund wird bestätigt durch die bereits angesprochene Analyse älterer Grab- und Ehreninschriften, auf denen Frauen auch bezüglich ihrer Klugheit mit Penelope verglichen werden.[152] Alle genannten Beispiele stammen aus dem Osten des Reiches — aus dem lateinischen Westen gibt es dafür laut der Verfasserin keine Belege. Erinnert sei hier an eines der Ergebnisse aus dem Kapitel zu den Sirenen: Ein rühmender Vergleich zwischen Frauen und Sirenen bezüglich Musikalität oder Gelehrsamkeit war nur im spätantiken Osten möglich. Im Westen hingegen wurde bei den Sirenen ab dem dritten Jahrhundert nur noch die destruktive sexuelle Anziehungskraft thematisiert. Anders ausgedrückt: Wollte man in der lateinischen Spätantike etwas Positives über eine Frau sagen, so gab es dafür nicht allzu viele Möglichkeiten. Hauptthema waren die sexuelle Enthaltsamkeit oder zumindest Zurückhaltung sowie, bei einer Ehefrau, die unverbrüchliche Treue zum Gatten.

Prinzipiell war der wesentliche Ausdruck von Penelopes Klugheit — ihre Webstuhllist und deren materielle Manifestation, das gewebte Tuch — natürlich auch im Westen bekannt. Das »Gewebe der Penelope« (*tela Penelopae*) war ein verbreiteter Topos und konnte in dem spätantiken,[153] schulbuchartig angelegten *liber memorialis* des Lucius Ampelius als eines der wundersamen Dinge aufgezählt werden, die es angeblich im Apollontempel von Sikyon zu bestaunen gab (Text Heimkehr Nr. 33). Alle anderen wundersamen Dinge in dieser Liste[154] — zum Beispiel Waffen und Rüstung der Helden Agamemnon, Odysseus und Teukros — hatten einen männlichen Besitzer. Außer dem Gewebe der Penelope gibt es nur einen weiteren Gegenstand, der mit einer Frau verbunden wird: der Kessel, in dem Medea einst Pelias kochen und elend zu Tode kommen ließ. Unabhängig von der Frage, wie berechtigt die Handlungen der beiden Frauen gewesen sein mögen,[155] ist der mit beiden Gegenständen assoziierte Gedanke wohl folgender: Utensilien der weiblichen Lebenswelt, mittels derer eine listige und tückische Frau einst arglosen Männern den Tod brachte.

Noch negativer konnotiert ist das Gewebe der Penelope in einem Brief des Mailänder Diakons Ennodius.[156] Ennodius wirft dem Adressaten des Briefes, dem Priester Pomerius, vor, dass dieser es gewagt habe, seinen Briefstil als zu schlicht und zu wenig lateinisch zu kritisieren. Ennodius findet diesen Vorwurf von Seiten eines in Gallien lebenden Mauretanen grotesk und bringt das auch deutlich zum Ausdruck. Er beschließt seinen Brief mit der Bemerkung, dass Pomerius sich besser um Fragen der Theologie kümmern solle als um solche des Stils, denn: »Die Phrasen der Weltlichen sollen verworfen werden, denn sie sind auf vergängliche Überredungskünste ausgerichtet, ähnlich wie das Gewebe der Penelope.« (Text Heimkehr Nr. 34.) Die mit dem Gewebe assoziierten Begriffe sind Welt, Vergänglichkeit, Verführung und Täuschung — alles Dinge, die in eklatantem Gegensatz zu den Werten der christlichen Lehre (das Reich Gottes, Ewigkeit, Wahrheit etc.) stehen. Wie schon Clemens von Alexandria (Text Heimkehr Nr. 25) und Gregor von Nazianz (Text Heimkehr Nr. 24), so kann auch Ennodius Penelope und ihre Klugheit nur in negativem Licht sehen.

Zuletzt seien zwei Texte behandelt, die sich explizit an Frauen richten und in denen Penelope und ihr Gewebe

---

definiert, die auf Sexualität und Fruchtbarkeit rekurrieren. Inwieweit sich diese Tendenz in der Spätantike — und unter christlichem Einfluss — verstärkte, kann im Rahmen der vorliegenden Untersuchung nicht geklärt werden. Die hier für die Figur der Penelope gewonnenen Ergebnisse legen jedoch nahe, dass es entsprechende Tendenzen tatsächlich gab.

[152] Mactoux 1975.

[153] Zur Datierung s. König 2010, 12.

[154] Zur Listenform als geläufiges und adäquates Mittel zur Vermittlung von (Fakten-)Wissen in Kaiserzeit und Spätantike s. König 2010, 16–22.

[155] Zur homerischen Penelope und den Freiern s. oben; Medeas Tat konnte in manchen Texten als Strafe für einen religiösen Frevel des Pelias oder für Thronraub dargestellt werden, vgl. Dräger 2000.

[156] Für eine Analyse des Briefes s. Schröder 2007, 189–95.

in einen mehr oder weniger direkten Bezug zu diesen Frauen gesetzt werden. Bei Claudians *Lob der Serena* handelt es sich um ein vermutlich im Jahr 398 n. Chr. gehaltenes Lobgedicht auf eine Frau: die am weströmischen Hof höchst einflussreiche Adoptivtochter des (395 verstorbenen) Kaisers Theodosius und Gemahlin des Stilicho.[157] Hier lässt sich ein Pendant zum griechischsprachigen *Lob der Kaiserin Eusebia* (Text Heimkehr Nr. 22) fassen.[158] In beiden Lobreden rekurriert der Sprecher auf mythische Frauen, unter anderem Penelope, um vor diesem Hintergrund die Gepriesene noch strahlender und vorbildhafter erscheinen zu lassen.[159] Claudian (Text Heimkehr Nr. 35) schreibt zunächst, dass sämtliche Taten und Abenteuer des Odysseus einzig zur Zierde, zum Ruhm (*decus*) Penelopes geschrieben worden seien. Homer habe dabei eine gewaltige Bühne errichtet, auf der Penelopes *pudicitia* zur Geltung gebracht werde. Odysseus' langjährige Leiden zu Wasser und zu Land hätten die Treue (*fides*) der Gattin gelehrt. Es folgt ein weiteres Exempel weiblicher Vorbildhaftigkeit, Claudia Quinta, die — zu Unrecht der *impudicitia* beschuldigt — als Beweis ihrer Unschuld einst das auf einer Sandbank im Tiber festgefahrene Schiff mit dem Kultbild der Magna Mater durch ihr Gebet an die Göttin wieder in Bewegung gesetzt haben soll.[160] Den Abschluss bildet ein Hinweis auf Penelopes Webstuhllist, wie sie mittels ihrer ›Kunst‹ (*ars*) die Freier getäuscht habe. Dies alles ist jedoch nichts im Vergleich zu Serena: Keine der beiden könne es wagen, mit dieser in einen Wettstreit um Ehrentitel oder Ansehen zu treten!

Der für die Webstuhllist gebrauchte Begriff *ars* kann ›Kunst‹ sowohl im Sinne von Kunstfertigkeit oder Kunsthandwerk als auch im Sinne von Kunstgriff, List oder Intrige bedeuten. Es ist anzunehmen, dass Claudian bei der Verwendung des Begriffes beide Bedeutungen im Sinn hatte. Penelope wird hier zwar nicht explizit als klug oder gar weise charakterisiert wie ihr Gemahl Odysseus in anderen lateinischen Texten,[161] aber zumindest als kunstfertig und listig. Mit diesem Rekurs auf Penelopes intellektuelle Fähigkeiten geht Claudian weiter als die anderen lateinischen Autoren — was vermutlich daran liegt, dass er im Osten des Reiches aufwuchs und seine Muttersprache Griechisch war.

Zur Gattung des *epithalamium*, des Hochzeitsgedichts, gehört ein Werk, das von Sidonius verfasst und vermutlich in den Jahren um 463 n. Chr. publiziert wurde.[162] Es richtet sich an die Brautleute Polemius und Araneola, einen »gelehrten jungen Mann« und eine »anständige, anmutige junge Frau«,[163] beide aus vornehmen gallischen Familien. Das Gedicht beginnt mit Pallas Athene, die von Kap Kaphereus nach Athen zurückkehrt.[164] Dort stehen laut Sidonius zwei Tempel der Göttin, von denen der eine der Philosophie geweiht ist, dem Betätigungsfeld des Polemius.[165] Der zweite Tempel ist der Webarbeit geweiht, dem Betätigungsfeld der Araneola.[166] Von dieser wird gesagt, dass sie im Weben alle anderen Mädchen übertreffe, selbst die Göttin Athena.[167] Es folgt eine Aufzählung der Werke Araneolas und der von ihr gewebten Motive.[168] Diese beziehen sich zum einen auf politisch erfolgreiche männliche Vorfahren der jungen Frau, zum anderen auf mythische Ehe- und Liebesgeschichten. Die erste Geschichte, die erwähnt wird, ist die »vom Haus des Odysseus« (Text Heimkehr Nr. 36). Paradigmatisch dafür steht Penelope, die das Gewebe,

---

[157] Consolino 1986, 9–52. Zur historischen Person der Serena s. Demandt — Brummer 1977 und Busch 2015, 40–52.

[158] Consolino 1986, 12 f. Ein Unterschied zwischen beiden Lobreden liegt darin, dass Julian mit Eusebia eine Verwandte preist, Claudian hingegen eine im Rang weit über ihm stehende Frau.

[159] Zu Claudian und seiner Stilisierung der Serena als ideale, mit Gattenliebe und vor allem *pudicitia* ausgestattete Frau s. die ausführliche Analyse bei Consolino 1986, 16–33.

[160] Zusammenstellung der Quellen und Diskussion bei Langlands 2006, 65–69. Es sei an dieser Stelle daran erinnert, dass auch Penelopes *pudicitia* stets (von einzelnen Protagonisten innerhalb der homerischen *Odyssee* bis hin zur antiken und spätantiken Rezeption) unter latentem Verdacht stand, nur vorgetäuscht zu sein.

[161] Vgl. im Kapitel »Polyphem« die Diskussion zu den Texten Polyphem Nr. 11 und 12.

[162] Zur Datierung s. Anderson 1980, lvii; zur Gattung des Epithalamium s. Horstmann 2004; zu dem hier behandelten Gedicht s. ebenda 316 f. sowie Anm. 690.

[163] Sid. carm. 14, 21: *doctus iuvenis decensque virgo* (aus der *praefatio*).

[164] Sid. carm. 15, 1–35. Dort hat sie den Untergang des sog. Kleinen Aias verursacht, der im Zuge der Einnahme Trojas die Priesterin Kassandra aus einem Athena-Tempel gezerrt und vergewaltigt hatte. Das Hochzeitsgedicht beginnt also mit der Anspielung auf eine Vergewaltigung. Athena übernimmt in diesem ›philosophischen‹ Epithalamium die Rolle, die sonst Venus zugewiesen wird, vgl. Horstmann 2004, 280.

[165] Sid. carm. 15, 36–125. Der Durchgang durch die Philosophiegeschichte endet mit dem Wort *virtus*.

[166] Sid. carm. 15, 126–45.

[167] Sid. carm. 15, 145–49.

[168] Sid. carm. 15, 150–84. Mit dem letzten Motiv (ein kynischer Philosoph, dem die berühmte Hetäre Lais den Bart abschneidet) macht sich die Weberin über die Philosophen lustig. Athena sagt ihr daraufhin, dass sie selbst in Kürze einen Philosophen, nämlich Polemius, heiraten wird, und das Gedicht endet (15, 198–201) mit der Hochzeit.

dessen Fertigstellung ihre Wiederverheiratung bedeuten würde, heimlich wieder auftrennt — und so dem abwesenden Odysseus Haus und Gemahlin erhält.

Penelope erscheint hier als treue und liebende Ehefrau, die alles in ihren Kräften stehende unternimmt, um ihren Ehemann zu unterstützen und aus tödlicher Gefahr zu retten. Die anderen beiden von Sidonius genannten *exempla* sind (wieder einmal) Alkestis, die ihr eigenes Leben opferte, um das ihres Mannes zu retten, sowie Hypermestra, die als einzige der Danaiden ihrem Vater den Gehorsam verweigerte und den Bräutigam am Leben ließ. Die vom Dichter am Webstuhl imaginierte Braut Araneola (wörtlich »Kleine Spinne«) ist in gewisser Weise das menschliche *alter ego* der mythischen Penelope — und der Göttin Athena, unter deren Patronat die Webarbeit steht. Das Attribut der Klugheit und Weisheit, das Athena gleichfalls eignet, wird von Sidonius in diesem Gedicht explizit nur auf den männlichen Protagonisten bezogen: Polemius verkörpert sozusagen Athenas männliche Seite. Inwieweit dies implizit auch auf Araneola und vor allem Penelope bezogen werden konnte, ist kaum zu entscheiden. Wesentlich an Penelope ist hier, wie in nahezu allen lateinischen Texten der Spätantike, ihre enge Bindung an Odysseus.

## Die bildliche Rezeption

Die spätantiken Bilder zur Heimkehr des Odysseus weisen im Vergleich mit denjenigen zur Irrfahrt zwei Besonderheiten auf. Zunächst in Bezug auf ihre Anzahl: Wie bereits erwähnt, haben sich davon nur sieben Exemplare erhalten; ein weiteres ist literarisch überliefert. Während bei Homer die Heimkehr des Helden ungefähr genauso viel Raum einnahm wie die Irrfahrt, beträgt das Verhältnis von Irrfahrt zu Heimkehr bei den spätantiken erhaltenen Darstellungen 195:7. Bei den spätantiken Texten zeigten sich zwar ähnliche Tendenzen — auch sie sind weniger zahlreich als die Texte zur Irrfahrt —, jedoch war dort das Missverhältnis längst nicht so ausgeprägt. Hier zeigt sich, dass die mit den Bildern der Ereignisse auf Ithaka verbundenen Aspekte für spätantike Betrachter längst nicht so interessant erschienen, wie dies bei den Bildern von Polyphem, Kirke oder den weiblichen Ungeheuern der Fall war.

Die zweite Besonderheit liegt in der geographischen Verteilung der Denkmäler. Es hatte sich gezeigt, dass Bilder von den Abenteuern der Irrfahrt vor allem im Westen des Reiches populär waren. Nur ganz wenige Ausnahmen stammten aus dem Osten oder waren zumindest von den westlichen Produktionszentren dorthin verhandelt worden.[169] Die Denkmäler der Heimkehr hingegen stammen zu gleichen Teilen aus beiden Hälften des Reiches: Jeweils drei von ihnen wurden im Westen beziehungsweise im Osten gefunden und aller Wahrscheinlichkeit nach auch jeweils dort produziert. Ein weiteres wurde im Westen gefunden; der Produktionsort ist jedoch unbekannt und könnte — da es sich um ein leicht zu transportierendes Luxusobjekt handelt — auch im Osten gelegen haben. Für einen nur in der *Anthologia Graeca* überlieferten spätantiken Silberteller ist ein Produktions- und Aufstellungsort in Konstantinopel wahrscheinlich. Während die Abenteuer der Irrfahrt den Menschen der Spätantike als eindeutig im Westen verortet galten und entsprechend ein Teil des dortigen kulturellen Gedächtnisses waren, sah es mit den Ereignissen auf Ithaka anders aus: Sie waren allem Anschein nach auch für den griechischen Osten noch von Interesse.

Die Denkmälergattungen und Rezeptionskontexte, in denen die Szenen der Heimkehr Verwendung fanden, sind recht disparat. Aus dem Bereich des Wohnhauses gibt es Silbergefäße und Gefäße eher schlichter Natur, zudem Tonlampen. Ein Fußbodenmosaik schmückte einst ein Gebäude unklarer Bestimmung. Zwei Denkmäler, ein skulptierter Sarkophag und die Ausmalung eines Hypogäums, entstammen dem sepulkralen Bereich. Die geringe Anzahl der Denkmäler erschwert es zusätzlich, in dieser Verteilung ein Muster erkennen zu wollen.

Etwas besser ist die Lage bei den abgebildeten Motiven. Zweifelsfrei zu erkennen ist die tragende Rolle, die Penelope in der spätantiken bildlichen Rezeption der Ereignisse auf Ithaka spielt: Sie ist nur auf einem einzigen der hier behandelten Zeugnisse nicht dargestellt — und dann, wie zu zeigen sein wird, aus gutem Grund. Die anderen Mitglieder der Familie des Odysseus waren demgegenüber nicht von Interesse. Laertes wird gar nicht dargestellt, Telemachos befand sich nur auf dem literarisch überlieferten Exemplar.[170] Dem weiteren Bereich des Oikos zuzuweisen ist der Hund Argos, der einmal dargestellt wird; sodann die Dienerinnen der Penelope, die zweimal abgebildet werden; und vor allem Eurykleia, die alte Amme des Helden, die auf immerhin sechs der acht Denkmäler erscheint. Sie hat in den

---

[169] Für Details s. im Anhang 3 die Statistik zur geographischen Verteilung der Denkmäler.

[170] Zu Laertes: Touchefeu-Meynier 1992c, die für die gesamte Antike aus dem Kontext der *Odyssee* nur zwei — und zwar zweifelhafte — Darstellungen des Laertes nennt. Zu Telemachos: Bernhard-Walcher 1994.

Bildern vor allem eine narratologische Funktion.[171] Die Freier erscheinen nur auf einem der Denkmäler, die Göttin Athena gar nicht.[172] Die Mehrheit der Bilder thematisiert in diversen ikonographischen Variationen das nächtliche Gespräch der Ehegatten, wie von Homer im 19. Buch der *Odyssee* erzählt. In manchen Fällen erschwert das Fehlen von ikonographischen Vorläufern oder Vergleichsstücken eine zweifelsfreie Deutung.

## Penelope als Identifikationsangebot für die Herrin eines luxuriösen Hauses

Eine ausführliche Version des nächtlichen Gesprächs befand sich einst auf einem nur fragmentarisch erhaltenen Silbergefäß der Zeit um 400 n. Chr. (Katalog Heimkehr Nr. 1 Abb. VI.1). Zu erkennen ist die zentrale Figur einer Frau, Penelope, die einst von zwei Dienerinnen gerahmt wurde. Die linke Dienerin hat sich vollständig erhalten. Bekleidet mit einer ungegürteten Ärmeltunika und frisiert mit schlicht auf die Schultern fallendem, über der Stirn zum Pony geschnittenem glattem Haar, wendet sie sich ihrer Herrin zu und berührt diese am Oberarm. Von der rechten Dienerin ist nur noch ein Teil der Beine vorhanden: Gleich allen anderen Frauen im Bild trug sie eine Tunika mit vertikalen Zierborten; darüber anscheinend einen Mantel. Auch sie ist stehend zu ergänzen, während das Haltungsmotiv der Herrin in der Mitte komplizierter ist: Mit weit zur Seite geschobener Hüfte steht sie auf ihrem rechten Bein, das linke ist vorne überkreuzt. Die rechte Hand scheint sich in die Hüfte zu stützen; die linke ist zum Kopf erhoben, wobei der Ellenbogen auf etwas (heute nicht mehr Erhaltenem) aufgestützt gewesen sein muss. Ein rechts von ihren Füßen noch erkennbarer Fußschemel lässt darauf schließen, dass sich im Bereich der Fehlstelle einst ein thronartiger Stuhl befand, das übliche Sitzmöbel vornehmer Damen in der Spätantike.[173] Die hier abgebildete Herrin des Hauses lehnt sich ausnahmsweise nur an diesen Stuhl. Ihr Haltungsmotiv stellt dabei eine späte Reminiszenz an die berühmte ›Aphrodite in den Gärten‹ dar, einem Werk des klassischen Bildhauers Alkamenes — ein motivisches Zitat, mittels dessen der Silberschmied auf die aphroditegleiche Schönheit der Dargestellten verweisen wollte.[174] Die Frau trägt eine Ärmeltunika und darüber einen lose um die Hüften geschlungenen Mantel. Die Kopfbedeckung ist nicht sicher zu rekonstruieren. Vermutet werden kann ein über das Hinterhaupt gezogener Zipfel des Mantels, vergleichbar der Tracht der Penelope auf einem syrischen Mosaik (Katalog Heimkehr Nr. 7 Abb. VI.7). In der erhobenen Linken hält die Dargestellte einen mit Wollfäden umwickelten Stab. Dieser wird als Spinnrocken einer Handspindel zu interpretieren sein. Ein Spinnrocken wurde (und wird) in aller Regel mit der linken Hand gehalten, während die rechte Hand die herunterhängenden Fasern mit dem Spinnwirtel in Drehung versetzt und so zu Garn spinnt.[175] Das ist in dieser Darstellung allerdings nicht der Fall. Hier wird der Spinnrocken rein attributiv gehalten und dem Betrachter präsentiert.

Links dieser Dreiergruppe schließt sich eine weitere Szene an. Eine aus dem Bild herausblickende Frau mit gegürteter Ärmeltunika und hochgestecktem Haar, wohl eine weitere Dienerin, weist mit der ausgestreckten Rechten auf das zentrale Geschehen. Dieses spielte sich anscheinend vor einem aufgespannten Tuch ab, wie es häufiger in spätantiken Frauengemachszenen dargestellt wurde,[176] und ist heute zur Hälfte verloren. Erhal-

---

[171] Für Details s. unten die Analyse zu Katalog Heimkehr Nr. 4. Die männlichen Diener werden in der Spätantike gar nicht dargestellt. Für ältere Darstellungen des treuen Schweinehirten Eumaios s. Touchefeu 1988b (z. B. 53, Nr. 5: melisches Relief New York, The Metropolitan Museum of Art 30.11.9; 475–50 v. Chr.); für eine Darstellung der Bestrafung des Ziegenhirten Melanthios, der mit den Freiern kollaboriert hatte, s. ebenda 54, Nr. 13: Reliefbecher Berlin, Staatliche Museen, Antikensammlung 3161n; um 150 v. Chr.

[172] Auch früher war die Anwesenheit der Athena in den Bildern nicht eben häufig, vgl. Touchefeu-Meynier 1992a, 968: Odysseus »n'est presque jamais représenté en compagnie de la déesse«.

[173] Vgl. den Proiecta-Kasten (London, British Museum 1866,1229.1; Schneider 1983, 10 Abb. 4 unten) oder das Euteknia-Mosaik (hier Abb. III.5), beide 4. Jh. n. Chr. Auch dort wird die Thronende von ihr untergeordneten weiblichen Figuren gerahmt.

[174] Zur Aphrodite des Alkamenes s. die römische Kopie in Paris, Louvre Ma 414: Delivorrias 2002, 348 f. und Abb. Kat. Nr. 230. Für andere Möglichkeiten zur Visualisierung der gottgleichen Schönheit einer Frau in der Spätantike s. Schneider 1983, 27–33.

[175] Barber 1991, 39–78 Abb. 2.35; 2.36; 2.38. Spätantike Darstellungen: z. B. eine sitzende Spinnerin auf einem nordafrikanischen Mosaik (aus Tabarka; Tunis, Musée de Bardo; Dunbabin 1978, 271 f. Abb. 111 sowie Schneider 1983, 19 und Abb. 10 Mitte) oder die verdreifachte Spinnende auf dem Tongefäß Katalog Heimkehr Nr. 5 Abb. VI.4. Die vom Ausgräber (Curle 1923, 28 und Rekonstruktionszeichnung Abb. 9) favorisierte Deutung des Gegenstands als Weberschiffchen — und des Ornamentstreifens oberhalb des Kopfes der Frau als Gewebe im Webstuhl — ist m. E. wenig wahrscheinlich, da Weberschiffchen in aller Regel mit der rechten Hand gehalten und geführt werden: Barber 1991, 79–125 Abb. 3.13 und 3.25. Eine antike Darstellung der Penelope am Webstuhl stehend, mit Weberschiffchen in der Rechten: thessalisches Marmorrelief aus dem 4. Jh. v. Chr.; Athen, Nationalmuseum 1914; Touchefeu 1988a, 101 Nr. 7; Farbabb. bei Andreae 1999, Abb. Nr. 170.

[176] Vgl. entsprechend drapierte Tücher in der Frauengemach-

Abb. VI.1 Umzeichnung des Fragments eines Silbergefäßes aus einem Hortfund in Traprain Law, Schottland; um 400 n. Chr. (Katalog Heimkehr Nr. 1). Nach Curle 1923, Abb. 9

hatte und in dem sie ihm das Mittel zur Vernichtung der Freier, den Bogenwettkampf, vorschlägt. Die auf dem Bild in großer Zahl auftretenden Dienerinnen entsprechen der Szenerie bei Homer. Ihre fragwürdige, zum Teil offen feindselige Haltung ließ es den Ehegatten dort notwendig erscheinen, nur höchst vorsichtig und verklausuliert miteinander zu reden. Eurykleia bringt Odysseus durch die Entdeckung seiner wahren Identität in Lebensgefahr, kann von ihm aber — was auf dieser Darstellung nicht mehr zu erkennen ist[179] — rechtzeitig zum Schweigen gebracht werden.

In der *Odyssee* sitzt Penelope während des gesamten nächtlichen Gesprächs auf einem kostbaren Sessel mit Fußschemel am Feuer, während die Mägde den vom Gelage der Freier verwüsteten Saal aufräumen.[180] Von irgendwelchen handwerklichen Tätigkeiten der Hausherrin spricht der Dichter nicht.[181] In dem Augenblick, in dem Eurykleia beim Fußbad die Narbe des Odysseus ertastet und ihn erkennt, ist Penelope immer noch als in unmittelbarer Nähe sitzend zu denken.[182] Allerdings lenkt Athena ihren Sinn ab, so dass sie nichts bemerkt von der heftigen Reaktion der alten Frau und von Odysseus' Bemühungen, diese zum Schweigen zu bringen.[183] In der bildenden Kunst ist das

ten hat sich eine nach links kniende Frau in gegürteter Ärmeltunika mit langem Überschlag. Ihr Haar ist unter einem kurzen Kopftuch verborgen, das Gesicht scheint Alterszüge aufzuweisen. Es handelt sich hier um eine weitere Dienerin, die wie die zuvor besprochenen vom Silberschmied durch je eigene Frisur und Tracht charakterisiert wurde.[177] Auch dies ist ein Hinweis auf die hohe Qualität des heute nur noch verstümmelt erhaltenen Gefäßes.

Die zuletzt besprochene Dienerin beugt sich über ein Becken, in welchem der verhältnismäßig große Fuß einer einst links davon befindlichen, heute verlorenen Person zu sehen ist. Durch diesen seit dem fünften Jahrhundert v. Chr. bekannten ikonographischen Typus,[178] die Fußwaschung des Odysseus durch seine alte Amme Eurykleia, lässt sich die gesamte Darstellung zweifelsfrei identifizieren: Es handelt sich um das nächtliche Gespräch zwischen Penelope und Odysseus, zu welchem die Herrin des Hauses den angeblichen Bettler gebeten

---

szene auf einem etwa zeitgleichen Silberkasten aus dem sog. *Sevso Treasure*: Mango 1994, 444–73. Zum Vorhang als Mittel der Abgrenzung geschlechtsspezifischer Sphären sowie zu seiner besonders engen Verbindung zum weiblichen Lebensbereich: Wieber-Scariot 1999, 123–33.

177 Eine vergleichbar differenzierte Gestaltung von Dienerfiguren findet sich z. B. auf dem Proiecta-Kasten (London, British Museum 1866,1229.1; Schneider 1983, 5–38) oder in der Aufwartungsszene der Grabkammer von Silistra (Bulgarien): Schneider 1983, 39–55. Zur weiblichen Bekleidung in der Spätantike und ihren Variationsmöglichkeiten s. Parani 2007, 517–21.

178 Touchefeu 1988a, 101 f. Nr. 5–20.

179 Die linke Bruchkante läuft unglücklicherweise genau durch Eurykleias Gesicht. Ob sich um ihren Mund herum Spuren von Odysseus' Hand erhalten haben, der sie auf diese Weise zum Schweigen bringen will, ist nicht zu entscheiden.

180 Hom. Od. 19, 55–64.

181 Anders als im Fall der Helena, der beim Besuch des Telemachos in Sparta die Mägde nicht nur ihr Sitzmöbel in den Saal stellen, sondern auch einen silbernen Wollkorb und eine goldene Spindel bringen: Hom. Od. 4, 120–36. Diese von Homer als Parallelen komponierten Szenen zeigen deutlich die Abnormität der Situation in Ithaka: Während Helena den großen Saal betritt, um den Gast — Telemachos — zu begrüßen und sich zu den Männern zu setzen, wartet Penelope mit dem Betreten des Saales, bis die ungebetenen Gäste — die Freier — nach Hause gegangen sind und sie den Raum für sich allein hat. Erst dann bemerkt sie den vorgeblichen Bettler und übernimmt *ihm* gegenüber die Rolle der Gastgeberin.

182 Die Szene spielt nach wie vor an der Herdstelle, auch wenn Odysseus sich aus Angst vor einer Entdeckung durch die alte Amme vom Licht abwendet: Hom. Od. 19, 388–91.

183 Hom. Od. 19, 476–79.

Motiv der Fußwaschung erstmals im ›Strengen Stil‹ zu fassen und wird in klassischer Zeit mehrfach formuliert.[184] Die Darstellung einer beziehungslos danebensitzenden, tief in Gedanken versunkenen Penelope schien den Künstlern jedoch nicht attraktiv, weshalb sie für die Gemahlin des Odysseus andere Bildformen fanden: Sie schaut gemeinsam mit Telemachos direkt auf das Geschehen; sie wird vom Vasenmaler auf der anderen Seite des Gefäßes platziert, in Begleitung des Telemachos und vor ihrem Webstuhl; sie steht am Webstuhl, mit dem Rücken zur Wiedererkennungsszene. Mit der Darstellung des Webstuhls verwiesen die Künstler nicht nur generell auf Penelopes berühmte List. Sie visualisierten damit auch Penelopes eigene Erzählung ihrer Tat, wie sie während des nächtlichen Gesprächs dem Bettler dargeboten wurde.[185] Eine Handlung, die in der *Odyssee* als Rückblende erzählt — und gekennzeichnet — werden konnte, musste in der bildenden Kunst unmittelbar ins Bild gesetzt werden. Auch in der Spätantike wird Penelope fast ausnahmslos bei der Wollarbeit dargestellt: in einem Fall am Webstuhl stehend (Katalog Heimkehr Nr. 6 Abb. VI.5), sonst (Katalog Heimkehr Nr. 2–3. 5 Abb. VI.2 und VI.4) wie auf dem hier diskutierten Silbergefäß mit einem Spinnrocken in der Hand. Der Spinnrocken verweist auf die zum Weben notwendige Wolle und damit gleichfalls auf Penelopes Webstuhllist.

Das Fragment mit der *Odyssee*-Szene war Bestandteil eines Hortes aus Hacksilber, der nach Ausweis der darin enthaltenen Münzen zu Beginn des fünften Jahrhunderts in oder bei einer Siedlung auf dem Gebiet des ehemaligen römischen Britannien vergraben wurde.[186] Silber in jeder Form, allein nach Gewicht, wurde in der Spätantike sowohl im *barbaricum* als auch gelegentlich im Römischen Reich selbst als Zahlungsmittel verwendet.[187] Bei dem hier diskutierten Gefäß wurden zu diesem Zweck Fuß und Schulter entfernt, sodann das übrig gebliebene Mittelstück der Länge nach durchtrennt. Erhalten hat sich also weniger als die Hälfte des ursprünglichen Bildfrieses.

Das ursprüngliche Gefäß muss eine schlanke Flasche oder Kanne gewesen sein.[188] Derartige Gefäße dienten zum Einschenken von Wasser oder Wein.[189] Genutzt wurden sie in diversen Kontexten: beim profanen oder liturgischen Mahl sowie bei der Körperpflege.[190] Aus diversen Silberschatzfunden haben sich Waschsets, bestehend aus Wasserbecken sowie Kannen oder Flaschen zum Einfüllen des Wassers, erhalten.[191] Werden solche Gefäße im Gebrauch gezeigt, dann verorten die Künstler sie im Bereich des Frauengemachs beziehungsweise der weiblichen Körper- und Schönheitspflege: Die Vorderseite des sogenannten Proiecta-Kastens aus dem Silberschatz vom Esquilin zeigt die sitzende Hausherrin in ihrem Gemach, umgeben von einem Gefolge aus Dienerinnen und wenigen Dienern.[192] Die Dienerschaft hält oder bringt diverse Gegenstände, die vor allem der Schönheitspflege dienen: Schmuck- und Kosmetikkästen, Spiegel, Becken, Eimer, Griffschale; auf der Rückseite lässt sich eine auf dem Boden stehende schlanke Flasche erkennen.[193] Sie diente vermutlich zum Einfüllen von Waschwasser in eine Griffschale oder ein

---

[184] Zum Folgenden s. Touchefeu-Meynier 1981b, 860 Nr. 1 sowie Touchefeu 1988a, 101 f. Nr. 5–11.

[185] Hom. Od. 19, 137–56.

[186] Die spätesten Münzen stammen laut Curle 1923, 5 aus der Regierungszeit des Honorius (395–423 n. Chr.). Der Hügel Traprain Law zeigt Spuren einer nachrömischen Besiedlung aus dem früheren 5. Jh., in deren Kontext vermutlich auch die Vergrabung des Silberhortes zu sehen ist: Curle 1923, 1–5.

[187] Dazu ausführlich Guggisberg 2003, 247–84 bes. 278–81.

---

[188] Da sich die Stelle, an der ein eventueller Henkel befestigt gewesen wäre, nicht erhalten hat, muss die Frage, ob Kanne oder Flasche, offenbleiben. Zur Form s. Strong 1966, 189–92.

[189] Effenberger 1978, 57.

[190] Profanes Mahl: z. B. Darstellung eines Jagdpicknicks auf der Silberschale in Cesena, Biblioteca Malatestiana (Schneider 1983, 114 Abb. 24). Rechts der Gelagerten befindet sich ein Diener mit (vermutlich) Weinkanne, der einem der Männer den Becher nachfüllt. Auf der linken Seite tritt ein Diener mit Griffschale und Wasserkanne heran. Er gießt das Wasser aus der Kanne in die Schale und streckt sie einem Mann entgegen, der darin seine Hände wäscht. Ähnlich eine Darstellung im sog. Vergilius Romanus: Rom, Biblioteca Apostolica Vaticana, Cod. Vat. lat. 3867, fol. 100ᵛ; Vroom 2007, 336 und Abb. 1.1. Liturgisches Mahl: Eine Patene in Dumbarton Oaks (Leader-Newby 2004, 92 und Abb. 2.20) zeigt auf dem Boden neben dem Altar ein Waschset, bestehend aus schlanker Kanne und Griffschale. Auch für das Einschenken des Messweins muss es entsprechende Gefäße gegeben haben. Eventuell gehörten die beiden kleinen Flaschen aus dem Hortfund von Traprain Law (Curle 1923, 13–21) mit biblischen Szenen bzw. mit Christogramm einst in einen solchen Kontext. Vgl. die bei Boyd – Mango 1992, 19–34 publizierte Inventarliste eines Schatzfunds aus Kirchensilber (»*Sion Treasure*«), in der auch eine Kanne aufgelistet ist (Nr. 17).

[191] So beispielsweise das »washing set« aus dem sog. *Sevso Treasure*: ein gerieftes Wasserbecken und zwei mit geometrischen Motiven verzierte Kannen (Mango 1994, 442 f. Abb. 13–17).

[192] London, British Museum 1866,1229.1; späteres 4. Jh. n. Chr.; für eine ausführliche Beschreibung und Analyse des Bildprogramms s. Schneider 1983, 5–38.

[193] Schneider 1983, 11 Abb. unten.

178                                                                                                                                  Kapitel VI

lung befand, vermutlich von einer spätantiken Angehörigen der Oberschicht als Toilettenartikel benutzt. Frauengemachszenen auf spätantikem Silbergerät dienten ihrer Besitzerin als Vorbild und Identifikationsangebot.[196] Es kann deshalb vermutet werden, dass die Szene mit Penelope einen vergleichbaren Zweck erfüllte: Die homerische Heroine, berühmt wegen ihrer Klugheit und Gattenliebe, bot sich als mythisches *alter ego* für die Herrin eines großen Hauses geradezu an. Ein vergleichbares Phänomen ließ sich schon in den an weibliche Adressaten gerichteten Texten (Texte Heimkehr Nr. 22. 35. 36) beobachten.

Nicht beantwortet werden kann die Frage, ob sich die Hausherrin dabei eher mit Penelopes Gattenliebe, wie vor allem im lateinischen Westen propagiert, identifizierte oder auch mit ihrer Klugheit, wie sie die literarische Rezeption im griechischen Osten hervorhob.[197] Da aufgrund des Fundortes im heutigen Schottland die letzte Besitzerin des noch vollständigen Gefäßes vermutlich in Britannien lebte, übernahm sie möglicherweise die in den lateinischen Texten vorgenommene Idealisierung Penelopes als *univira*. Der Produktionsort des Gefäßes hingegen mag einst im Osten gelegen haben. Möglicherweise sollte die Darstellung Penelopes bei der Wollarbeit nach der Intention des Silberschmiedes auch auf Penelopes Klugheit verweisen. Auf jeden Fall Erwähnung fand der obligatorische Verweis auf die aphroditegleiche Schönheit der Frau, hier visualisiert durch das motivische Zitat der klassischen Aphroditestatue.

## Abbreviation der repräsentativen Szene für andere Gesellschaftsschichten und Zwecke

Die Darstellung des nächtlichen Gesprächs zwischen Odysseus und Penelope fand auch auf anderen spätantiken Objekten Verwendung. Auf das Wesentliche verkürzt, schmückte die Szene beispielsweise zwei auf Samos gefundene Tonlampen (Katalog Heimkehr Nr. 2 und 3). Die ältere (Abb. VI.2) wird von der Bearbeiterin, Nathalie Poulou-Papadimitriou, in die zweite Hälfte des dritten Jahrhunderts datiert, die jüngere ans Ende des fünften Jahrhunderts. Die über 200 Jahre jüngere Lampe hat eine etwas andere Form, eher oval als rund, weist jedoch auf dem Diskus exakt dasselbe Bild auf wie die ältere und ist insgesamt ein wenig kleiner.

Abb. VI.2 Tonlampe gefunden auf Samos; 250–300 n. Chr. (Katalog Heimkehr Nr. 2). © Hellenic Ministry of Culture and Sports / Ephorate of Antiquities of Samos and Ikaria

Becken. Ein zylindrischer Silberkasten aus einem anderen Schatzfund zeigt Vergleichbares.[194] Die Herrin des Hauses sitzt wieder auf einem kostbaren Stuhl mit Fußschemel, umgeben von Dienerinnen, die kostbare Toilettenartikel der unterschiedlichsten Art heranschleppen. Auch hier befindet sich unter den dargestellten Gefäßen eine große am Boden stehende Flasche oder Kanne.[195] Die Rückseite des Kastens zeigt einen Baderaum, abgetrennt durch schwere Vorhänge und ausgestattet mit großen Wassergefäßen sowie an der Wand angebrachten Wasserspeiern. Zwei der dort anwesenden Frauen sind bereits vollständig entkleidet, eine dritte streift gerade ihr Gewand mithilfe einer Dienerin ab.

Die Darstellung der Penelope umgeben von ihren Dienerinnen ist inspiriert von zeitgenössischen Darstellungen einer vornehmen Dame in ihren Gemächern. Ebenso wurde das Gefäß, auf welchem sich die Darstel-

---

[194] Sog. *Sevso Treasure*; Mango 1994, 444–73; 5. Jh. n. Chr.

[195] Mango 1994, 466 Abb. 14–27. Ein Henkel ist auch hier nicht dargestellt, war vom Betrachter aber eventuell als auf der abgewandten Seite befindlich mitzudenken.

[196] Dazu grundlegend Schneider 1983, bes. 27–33; vgl. Swift 2007.

[197] Zur Gattenliebe s. oben die Diskussion zu den Texten Heimkehr Nr. 29-32. Zur Klugheit vgl. die Diskussion zu den Texten Heimkehr Nr. 17-22.

Es kann also davon ausgegangen werden, dass es sich beim Diskus der jüngeren Lampe um eine Abformung — vermutlich über diverse nicht erhaltene Zwischenglieder — des entsprechenden Teils der älteren Lampe (oder einer Replik davon) handelt.[198] Poulou-Papadimitriou listet beide Exemplare unter den attischen Produktionen auf.[199] Allerdings finden sich weder in der Publikation zu den Tonlampen der Athener Agora noch zu denen vom Kerameikos Stücke mit dieser Darstellung.[200] Zumindest bei dem späten Exemplar (Katalog Heimkehr Nr. 3), von anderer Tonqualität sowie generell geringerer handwerklicher Qualität, scheint deshalb eine lokale Produktion eher in Frage zu kommen. Fassbar sind mit diesen beiden erhaltenen Lampen die Reste einer über mindestens zwei Jahrhunderte laufenden Massenproduktion dieser spezifischen *Odyssee*-Darstellung, angesiedelt entweder auf Samos oder in Athen, eventuell sogar an beiden Orten, und im Bereich des östlichen Mittelmeerraumes gehandelt.

Eine so detail- und personenreiche Darstellung wie auf dem Fries des oben behandelten Silbergefäßes (Katalog Heimkehr Nr. 1 Abb. VI.1) war auf dem winzigen Diskus der Tonlampen naturgemäß nicht möglich. Der Töpfer beschränkte sich deshalb auf das absolut Notwendige: Im Vordergrund macht die Fußwaschung dem Betrachter klar, mit welcher Szene er es zu tun hat. Odysseus sitzt in aufrechter Haltung auf einer nicht näher bestimmbaren Sitzgelegenheit, sich mit der rechten Hand leicht aufstützend. Beide Füße scheinen sich in einem Becken zu befinden. Rechts von ihm kniet mit gebeugtem Rücken Eurykleia. Ihre Hände sind im Becken. Soeben hat sie die Narbe am Bein des Helden ertastet und hebt überrascht den Kopf. Um ihren Aufschrei zu unterdrücken, hält ihr Odysseus die linke Hand vor den Mund. Oberhalb der beiden, also im Hintergrund zu denken, sitzt in lässiger Pose Penelope. Ihre Beine weisen im Profil nach rechts, das rechte scheint über das linke geschlagen zu sein. Der Oberkörper hingegen ist nach vorne, zum Geschehen, gedreht. Ein Teil ihres Körpergewichtes wird vom durchgestreckten und auf die Sitzfläche gestützten rechten Arm getragen. In der linken Hand hält sie einen nach oben weisenden, mit Wolle umwickelten Stab, einen Spinnrocken.

Dieser wird nicht im konkreten Einsatz gezeigt, sondern ist attributiv zu verstehen.

Der Töpfer hat es verstanden, mit seiner Anordnung der Figuren nicht nur den vorhandenen Raum so gut wie möglich auszuschöpfen, sondern auch die Hierarchie der Protagonisten zum Ausdruck zu bringen. Die Komposition hat in etwa die Form eines Dreiecks, mit Penelopes Kopf an der Spitze und der Fußwaschszene als Basis. Das aus technischen Gründen notwendige Ölloch wurde dort angebracht, wo es das Bild am wenigsten stört, unter dem Sitz des Odysseus. Penelope, als die Herrin des Oikos, nimmt den höchsten Platz ein. Es folgt Odysseus, der Herr des Hauses in Verkleidung, dessen Kopf sich knapp unterhalb von dem seiner Gattin befindet. Ganz unten, als einzige mit gebeugtem Rücken und kniend dargestellt, befindet sich die alte Sklavin.

Wie auf dem zuvor betrachteten Silbergefäß wurde auf Penelopes Webstuhllist und Klugheit verwiesen. Auch hier wurde als Verweis ein Spinnrocken gewählt — in diesem Fall tatsächlich die einzig sinnvolle Lösung, da die Darstellung eines Webstuhls nicht nur den Platz, sondern auch die künstlerischen Möglichkeiten dieses winzigen Tonreliefs überfordert hätte. Wie die Analyse der literarischen Rezeption ergeben hatte, wurden Penelopes Webstuhllist und Klugheit im griechischen Osten häufig — und meist auch positiv — thematisiert. Eine Benutzerin der Tonlampe konnte in der hier dargestellten Penelope durchaus ein Angebot zur Identifikation erblicken.

Bei der Tonlampe handelt es sich, wie erwähnt, um ein relativ kostengünstiges Produkt aus Massenproduktion. Sie wird also nicht unbedingt in einem Haus oder von Angehörigen der gesellschaftlichen Elite verwendet worden sein, wie dies beim zuvor betrachteten Silbergefäß zu postulieren war.[201] Entsprechend fehlen in der Darstellung alle Hinweise auf einen herrschaftlichen Haushalt: Es gibt keinerlei explizit als kostbar charakterisierte Geräte oder Sitzmöbel; die Zahl der Dienerinnen ist auf eine einzige, Eurykleia, beschränkt.

Anders als beim zuvor betrachteten Werk war der Kreis der Benutzer dieser Lampe nicht auf das weibliche Geschlecht festgelegt: Nach Einbruch der Dunkelheit waren Lampen eine Notwendigkeit für Personen jeden Standes und Geschlechts. Auch im Schlafgemach, einem sehr intimen Kontext, fanden Lampen Verwendung. Diesem Umstand dürfte es zu verdanken sein, dass

---

[198] Für die technischen Details s. Böttger 2002, 3–6. Es handelt sich hier um einen ähnlichen Fall wie bei den erhaltenen Tonlampen mit Darstellung des Sirenen-Abenteuers, Katalog Sirenen Nr. 10 und 11.

[199] Poulou-Papadimitriou 1986, 598–603: »Lampes attiques«.

[200] Zur Athener Agora: Perlzweig 1961; zum Kerameikos: Böttger 2002.

[201] Zu kostbaren spätantiken Lampen aus Silber oder Bronze s. Vroom 2007, 336 und Abb. 7.1 (Bronzelampe London, The British Museum).

Abb. VI.3 Umzeichnung der Schmalseite eines Sarkophagdeckels aus Gallien; 3. Jh. n. Chr. (Katalog Heimkehr Nr. 4). Nach Robert 1890, Taf. 65

viele Tonlampen mit Bildern mehr oder weniger drastischen erotischen Inhalts verziert sind.[202] Davon ist die hier diskutierte Szene aus der *Odyssee* weit entfernt. Die Reduktion auf nur drei Personen, dazu auf engem Raum, sowie Penelopes wenig repräsentative, entspannte Pose evozieren aber auch hier eine gewisse Intimität. Abstrahiert man vom mythischen Geschehen, dann wird hier das vertraute Zusammensein eines Mannes mit seiner Gemahlin und seiner alten Amme gezeigt. Mit dieser Art der Darstellung bot das Bild Identifikationsmöglichkeiten nicht nur für die Ehefrau und Herrin eines bescheideneren Haushalts, sondern ebenso für ihren Mann und eventuell sogar für sich dem Haus verbunden fühlende Bedienstete.

**Dasselbe Schema mit Aufgabe der raum-zeitlichen Einheit**

Die bildenden Künstler gaben Penelope in den Darstellungen des nächtlichen Gesprächs eine Spindel in die Hand, um zum Ausdruck zu bringen, dass sie im Verlauf dieses Gesprächs auch von ihrer Webstuhllist berichtet. Dieser zum Zeitpunkt der Erzählung bereits einige Zeit zurückliegende Akt — inzwischen haben die Freier Penelopes List entdeckt und sie gezwungen, das Gewebe zu vollenden — wird mittels einer ikonographischen Chiffre in das Bild inkorporiert. Die spätantiken Töpfer oder Silberschmiede vergegenwärtigten mit ihren je eigenen Mitteln dasselbe, was Homer durch die erzählende Rückblende aus dem Mund seiner Heldin vergegenwärtigte: ihre überlegene Klugheit, die durch den Verrat der Dienerinnen nichtsdestoweniger in Bedrängnis geraten ist und jetzt Hilfe von außen, in der Gestalt des vorgeb-

lichen Bettlers, benötigt. In manchen Darstellungen gehen die Künstler noch einen Schritt weiter und fügen in das nächtliche Gespräch Protagonisten ein, die in der *Odyssee* zu einem ganz anderen Zeitpunkt der Ereignisse auf Ithaka auftraten.

In der Spätantike ist dies zunächst auf einem gallischen Sarkophag aus dem dritten Jahrhundert (Katalog Heimkehr Nr. 4) zu beobachten. Der Giebeldeckel des Sarkophags trägt auf einer seiner Schmalseiten drei mythische Szenen (Abb. VI.3). Diejenige im linken Eckakroter zeigt Odysseus und Eurykleia im bereits bekannten Schema: Odysseus sitzt links im Bild auf einer Art Hocker. Er trägt eine gegürtete Exomis; der bärtige Kopf ist nur zum Teil erhalten. Einer seiner nackten Füße steht in einem kleinen Wasserbecken. Vor ihm kniet wie üblich die alte Amme. Bedingt wohl auch durch den geringen Raum, der zur Verfügung stand, hat der Bildhauer die beiden Personen in eine sehr intime Nähe zueinander gebracht. Eurykleias aufgestellter rechter Unterschenkel ist an den nackten linken Unterschenkel des Odysseus gepresst. Zugleich umfasst sie dessen Fuß und Knöchel mit beiden Händen. Odysseus seinerseits presst seine rechte Hand breitflächig auf ihren Mund, um ihren Aufschrei zu ersticken. Penelope fehlt in dieser Darstellung. Der Grund dafür wird weiter unten zu diskutieren sein. Stattdessen liegt vor dem Hocker des Odysseus, im unteren Zwickel des Akroters, zusammengerollt ein Hund.

Der Hund hat dichtes, wolliges Fell und dreht den Kopf in Richtung seines rechten Hinterlaufs. Mit dieser Charakterisierung entspricht er nicht dem homerischen Argos, der bekanntlich bei der Rückkehr seines Herrn in einem erbarmungswürdigen körperlichen Zustand war. Zudem traf Odysseus ihn nicht im Haus selbst an, sondern davor auf einem Misthaufen liegend. Herr

---

[202] Vgl. Böttger 2002, 41–43 Taf. 24–28.

und Hund ist bei Homer nur ein kurzer Blickwechsel in Buch 17 gegönnt, dann stirbt das Tier.[203] Bei dem nächtlichen Gespräch und der Fußwaschung, in Buch 19 der *Odyssee* erzählt, ist Argos also schon längst tot. Dennoch wird man nicht umhinkommen, das hier dargestellte Tier als Argos zu benennen: Darstellungen von Odysseus und einem ihm beigesellten, gleichfalls höchst lebendigen Hund gibt es auf Fingerringen, Gemmen und Ähnlichem seit dem vierten vorchristlichen Jahrhundert.[204] Thema dieser Bilder ist die enge Beziehung zwischen Odysseus und Argos als dem in der Antike wohl berühmtesten Hund. In ähnlicher Weise zeigen etruskische Spiegel des dritten Jahrhunderts v. Chr. Argos mit wedelndem Schweif und lebhaft erhobener Pfote zwischen Odysseus und einer tief in Gedanken versunkenen Penelope. Diese Bilder visualisieren gekonnt den Kontrast zwischen menschlichem intellektuellem Zweifel und unbeirrbarem tierischem Instinkt.[205] Nie bildlich dargestellt wird der bei Homer beschriebene tragische Endpunkt der Argos-Episode: der Tod des Tieres und Odysseus' heimliche Tränen. Die bildenden Künstler der Antike hatten ebenso wenig Interesse am emotionalen Potential dieser Geschichte wie die literarische Rezeption.[206] Was vermutlich auch damit zusammenhängt, dass ein toter Hund als Bildmotiv nicht viel hergibt. Thema der Darstellungen ist stattdessen das Zusammentreffen des heimgekehrten Odysseus mit all denjenigen, Menschen und Tieren, die ihm nahestehen.

Auf dem hier diskutierten Sarkophag wurden vom Künstler die alte Sklavin und der alte Hund ausgewählt. Beide erkannten ihren heimgekehrten Herrn aus eigenem Antrieb mittels ihrer Sinnesorgane — die Sklavin beim Ertasten der Narbe, der Hund vermutlich am Geruch — und mussten nicht wie die Mitglieder der engeren Familie — Telemachos, Penelope und Laertes — mühsam über den Intellekt von der Identität des Fremden überzeugt werden. Eine weitere Gemeinsamkeit zwischen Hund und Amme besteht darin, dass ihr spontanes Erkennen Odysseus in tödliche Gefahr bringt.

Diese Aussage wurde vom Steinmetzen unterstrichen durch die Kombination der Fußwaschungsszene mit zwei anderen Mythenbildern: Im mittleren Bildfeld strecken die nichtsahnenden Söhnchen der Medea die Hände nach ihrer Mutter aus, die bereits das Schwert in der Hand hält, mit dem sie ihre Kinder im nächsten Moment erschlagen wird.[207] Im rechten Bildfeld steht Ödipus vor der Thebanischen Sphinx und versucht, deren Rätsel zu lösen. Schafft er es nicht, wird ihn das Ungeheuer vernichten.[208] In allen drei Fällen ist der spannungsreiche Moment vor der eigentlichen Entscheidung dargestellt: Kann Ödipus das Rätsel der Sphinx lösen? Wird Medea ihre Kinder tatsächlich töten? Wird Eurykleia ihren heimgekehrten Herrn erkennen und unabsichtlich verraten? Die vom Steinmetz vorgenommene kompositorische und inhaltliche Gleichsetzung mit Medea und der Sphinx, den beiden anderen männermordenden weiblichen Gestalten auf diesem Sarkophagdeckel, macht noch einmal klar, dass Eurykleia für Odysseus tatsächlich eine tödliche Bedrohung darstellte. In diesem Sinne ist sie im Kontext des Grabes ebenso ein Bild für den (potentiellen) Tod wie Medea und die Sphinx. Odysseus und Ödipus ihrerseits können als Bilder für das Entrinnen aus tödlicher Gefahr verstanden werden — eine vage Hoffnung darauf, dass der Tod in irgendeiner Weise überwunden werden kann.

Vor dem Hintergrund dieser Aussage — männliche Protagonisten entrinnen einer durch weibliche Protagonisten verkörperten tödlichen Gefahr — wird klar, warum Penelope in genau dieser Fußwaschungsszene nicht dargestellt werden konnte. Ihre Figur war in der bildenden Kunst so unmissverständlich positiv konnotiert, dass ihr Auftreten an dieser Stelle und in diesem Kontext als unpassend erachtet wurde. Medea hingegen ist eine Art negativer Penelope. Genauso klug und skrupellos wie diese, benützt sie ihre Fähigkeiten nicht (mehr), um ihrem Gatten zu helfen, sondern um ihn zu vernichten.[209] Dies ist ihre Reaktion auf die Tatsache, dass Jason mit seiner einseitigen Scheidung seinerseits seiner Gemahlin die Loyalität verweigert hat — während Odysseus trotz seiner diversen außerehelichen Beziehungen an der Ehe

---

203 Hom. Od. 17, 291–327.

204 Touchefeu-Meynier 1992a, 965 Nr. 196. 198–203.

205 Richardson 1982, 34. Es ist allerdings nicht notwendig, mit der Verf. als Hintergrund für diese Darstellungen eine abweichende etruskische bzw. italische Fassung des *Odyssee*-Mythos zu postulieren. Ein solches Verfahren ignoriert nicht nur die Eigengesetzlichkeit der bildenden Kunst. Konsequent zu Ende gedacht, würde es bedeuten, jeder bildlichen Version eines Mythos eine postulierte/rekonstruierte literarische Vorlage zuzuordnen — was zu absurden Ergebnissen führen würde.

206 Vgl. oben die Diskussion der Texte Heimkehr Nr. 4–6. 26–27.

---

207 Thematisiert wurde dieser Mythos z. B. in der *Medea* des Euripides.

208 Erzählt im *König Ödipus* des Sophokles.

209 In diesem Zusammenhang sei an den *liber memorialis* des Ampelius (Text Heimkehr Nr. 33) erinnert, in dem außer dem Gewebe der Penelope auch der Kessel aufgelistet wurde, in dem Medea einst Pelias zu Tode kommen ließ — zu einer Zeit, in der sie noch mit Jason verheiratet war und dessen Interessen vertrat.

mit Penelope festhält. Und während Penelope eine liebende Mutter ist und ihr Bestes tut, um Telemachos vor den Freiern zu beschützen, ist Medea das Leben ihrer Kinder weniger wert als die Rache an deren Vater.

Eine Aufgabe der raum-zeitlichen Einheit ist auch für eine nur literarisch überlieferte Fußwaschungsszene zu postulieren. Ein in der *Anthologia Graeca* überliefertes Epigramm beschreibt ein sogenanntes *minsórion* (Anhang Heimkehr Nr. 1). Bei diesem handelte es sich vermutlich um eine der repräsentativen Silberschalen, wie sie im spätantiken Konstantinopel in großer Zahl produziert wurden und in den Häusern der Elite als Bestandteil des Tafelsilbers Verwendung fanden.[210] In der Übersetzung von Hermann Beckby lautete das Epigramm:

> Sag, du listiger Held, warum streckst du in Telemachs Beisein
> und in Penelopes Nähe so ängstlich erschrocken die Hand aus?
> Niemals erzählt deine Amme dein Zugeständnis den Freiern.

Der Silberschmied ergänzte die Protagonisten des nächtlichen Gesprächs um die Gestalt des Telemachos. Der Sohn des Odysseus war kein häufiges Sujet der bildenden Kunst und hatte bei Homer einen gemeinsamen Auftritt mit dem Vater schon deutlich früher, in Buch 16 der *Odyssee*, direkt nach seiner glücklichen Rückkehr aus Sparta.[211] Hier wurde er in das Bild mit aufgenommen, um Odysseus inmitten seiner engsten Familie, einschließlich der alten Amme, zu porträtieren. Die jeweilige räumliche und wohl auch emotionale Nähe des Odysseus zu Frau und Sohn wurde vom anonymen Dichter fein differenziert: Odysseus befindet sich »gegenüber« (ἀντία) Telemachos und »nah« (ἐγγύθι) Penelope. Wie üblich streckt Odysseus die Hand zum Mund Eurykleias, um sie zum Schweigen zu bringen. Die Amme ist, in Analogie zu den erhaltenen Darstellungen, als rechts vom Stuhl des Odysseus vor einem Wasserbecken kniend vorzustellen. Telemachos wird wohl rechts hinter Eurykleia gestanden und gleichfalls auf Odysseus geblickt haben. Penelope saß oder stand nahe bei Odysseus, vielleicht etwas erhöht im Hintergrund wie auf dem Diskus der Tonlampen (Katalog Heimkehr Nr. 2–3 Abb. VI.2), um das runde Schaleninnenbild so gut wie möglich auszufüllen. Über eventuelle Attribute wie Spindel oder Webstuhl wird nichts gesagt.

Der Dichter spricht in seinem Epigramm nur Odysseus direkt an, fasste ihn also als die Hauptperson dieser Szene auf. Wie an anderer Stelle ausgeführt, waren die Protagonisten mythischer Szenen auf byzantinischen Silbertellern in aller Regel junge und schöne Männer.[212] Nur ausnahmsweise wurden auch andere Männlichkeitsvorstellungen — der muskulöse ›Hochleistungssportler‹ Herakles oder ein dickbäuchiger älterer Genießer wie der Silen — thematisiert. Odysseus konnte auf diesen Bildern sogar als negatives Exempel auftreten. Das war bei diesem Beispiel allerdings nicht der Fall. Hier wurde vielmehr den Gästen eines großen Hauses das Bild des weitgereisten und leidgeprüften Mannes vermittelt, der endlich in den Kreis seiner Familie zurückgekehrt ist und der nach dem Bestehen weiterer Gefahren seinen ihm zustehenden Platz wieder einnehmen wird.

In der *Odyssee* wurden die Szenen, in denen Odysseus sich ihm Nahestehenden offenbarte oder von diesen erkannt wurde, entsprechend den inhaltlichen und erzählerischen Erfordernissen über die letzten neun Bücher verteilt und kunstvoll ausgestaltet. Wichtig war dabei, wie auch Porphyrios in seiner Diskussion der Heimkehrszenen (Text Heimkehr Nr. 1) betonte, das zeitliche Nacheinander. Homer arbeitete weiterhin mit Rückblenden, wie der Erzählung Penelopes über ihre bereits vor einiger Zeit enttarnte List mit dem Webstuhl, und mit Retardierung, wie bei dem ausführlichen, zweifachen Einschub zur Erlangung der Narbe und zur

---

210 Zum Aussehen dieser Schalen s. Toynbee — Painter 1986. Figürlich verziert wurde in der Regel die Innenfläche mit einem einzigen runden Bild, das sich entweder bis zum Schalenrand erstreckte oder sich in einem inneren Kreis befand. Zur Verwendung als Tafelsilber s. Leader-Newby 2004, 123–71. Was die Datierung und Lokalisierung des literarisch überlieferten Stückes anbelangt, so sagt das dem Epigramm beigefügte Lemma: εἰς μινσώριον τῶν Εὐβούλου. Euboulos war ein hoher Beamter und eifriger Bauherr in Konstantinopel zur Zeit Konstantins des Großen. Falls sich die Bemerkung (grammatikalisch falsch) auf diese historische Person bezieht, lässt sich der originale Silberteller mit einer gewissen Wahrscheinlichkeit ins 4. Jh. n. Chr. datieren (es sei denn, der Teller war schon zu Euboulos' Zeit eine Antiquität); vielleicht war er in einem der von Euboulos gestifteten oder zumindest errichteten Gebäude zu sehen: Hrsg. Waltz 1974, 275. Andere Deutungsvorschläge beziehen sich (grammatikalisch korrekter) auf ein *ta Euboúlou* genanntes Stadtviertel in Konstantinopel (Hrsg. Waltz 1974, 276) oder, eher unwahrscheinlich, auf ein Gasthaus gleichen Namens und ebenfalls in Konstantinopel (Hrsg. Beckby 1958, 811). In den letzten beiden Fällen ist die Datierung des Tellers offen. Da jedoch die Produktion von Silbergeschirr mit mythischen Themen in Konstantinopel im Verlauf des 7. Jh.s allmählich zu Ende ging (vgl. die Datierung der bei Toynbee — Painter 1986 zusammengestellten Stücke sowie Effenberger 1978, 49), sollte das hier beschriebene Exemplar nicht später als im 7. Jh. entstanden sein.

211 Hom. Od. 16, 178–320.
212 Moraw 2008a, bes. 220–22.

Person des Autolykos innerhalb der Episode der Fußwaschung.[213] Die bildenden Künstler hingegen gingen einen anderen Weg. Sie wählten die zentrale Szene der Ereignisse auf Ithaka, das nächtliche Gespräch zwischen Odysseus und Penelope im 19. Buch der *Odyssee*, als eine Grundlage, in die sich weitere Elemente einfügen ließen: Elemente aus erzählenden Rückblenden, wie im Falle von Penelopes Textilarbeit; oder Protagonisten älterer Wiedererkennungsszenen, wie Telemachos oder Argos, die in einer bestimmten inhaltlichen Beziehung zueinander und zu Odysseus stehen; und sogar Verweise auf Zukünftiges — die erfolgreiche Tötung der Freier —, wie in einer noch zu besprechenden Grabmalerei (Katalog Heimkehr Nr. 6 Abb. VI.5). Die raum-zeitliche Einheit des Bildes ist dabei nicht von Interesse. Vielmehr verdichten die Bilder den zweiten Teil der *Odyssee*, die Heimkehr, auf ihren narrativen Kern:[214] »Odysseus kehrt zu den Seinen zurück, maßgeblich unterstützt von Penelope.«

*Eurykleia*

Eurykleia wurde auf dem Sarkophag mit dem Hund Argos vergesellschaftet, auf dem Silberteller mit Ehefrau und Sohn des Odysseus. Diese Alternativen bezeugen vermutlich das Spannungsfeld, in welchem Hausklaven beiderlei Geschlechts in der antiken Gesellschaft standen. Einerseits wurden sie aufgrund ihres Sklavenstatus und der damit verbundenen Ideologie der Inferiorität zu den vernunftlosen Tieren gerechnet, andererseits aufgrund der alltäglichen Praxis nahezu als Mitglieder der Familie betrachtet.[215] Selbst die Darstellung auf dem Sarkophag betont die enge, intime Beziehung zwischen Odysseus und der alten Sklavin. Wie bereits angesprochen, presst sich ihr Unterschenkel eng an denjenigen des Odysseus, den sie zusätzlich mit ihren Händen umschlungen hält. Anders als bei Homer geschildert,[216] fasst Odysseus hier und auf den anderen spätantiken Denkmälern der alten Frau auch nicht brutal an die Kehle, sondern legt nur die Hand auf ihren Mund.

Ein weiteres künstlerisches Mittel, die enge Verbundenheit zwischen den beiden zum Ausdruck zu bringen, ist die ikonographische Anlehnung an Darstellungen von Ammen mit ihrem neugeborenen Pflegling. Auf einer Reihe von kaiserzeitlichen Lebenslaufsarkophagen wird das erste Bad des (in der Regel männlichen) Neugeborenen thematisiert.[217] Wie bei der Fußwaschszene aus der *Odyssee* befindet sich auf dem Boden ein großes Wasserbecken.[218] Daneben sitzt auf einem Stuhl allerdings nicht Odysseus, sondern die gerade entbunden habende Mutter. Im Wasserbecken planscht das nackte neugeborene Kind, liebevoll gehalten von einer Amme. Diese weist deutliche Parallelen zu Eurykleia auf: Auch sie kniet auf dem Boden vor dem Becken; ihr Haar wird von einem kurzen Kopftuch bedeckt, das Gesicht zeigt deutliche Alterszüge. Um ihre Hüften ist meist ein großes Tuch geschlungen — entweder ein Handtuch zum Abtrocknen des Babys oder die eigene Palla, die in ihrer normalen Drapierung bei der körperlichen Arbeit stören würde.[219]

Eine zweite ikonographische Parallele — oder besser: Nicht-Parallele — soll kurz angesprochen werden: die Fußwaschung der Jünger durch Christus beim letzten Abendmahl, dargestellt beispielsweise in dem prunkvollen Bibelcodex in Rossano.[220] Die Bedeutung der im Johannes-Evangelium geschilderten Szene ist komplex.[221] Wesentliche Komponente der Erzählung ist,

---

213 Dazu die berühmte Interpretation von Auerbach 1946, 1–27. (Vgl. Barnouw 2004, 319–34.) In dem Einschub zu Autolykos wird auch berichtet, dass dieser den neugeborenen Enkel von Eurykleia auf die Knie gesetzt bekam und ihm den Namen gab: Odysseus, was laut Autolykos »der Groller« heißt (Hom. Od. 19, 409), denn »Viele verfolgt mein Groll und ich komme deswegen zu ihnen, / Männer sind es und Fraun auf der viele ernährenden Erde« (19, 407 f.). Diese Charakterisierung ist an dieser Stelle des Epos höchst zutreffend auch für Odysseus selbst, der gerade, wie bekannt, auf die Ermordung sämtlicher Freier sowie etlicher Mägde sinnt.

214 Ausführlich zu diesem Verfahren: Giuliani 1998, 87–105. 137–42. Anders als vom Verf. insinuiert, endet dieses künstlerische Verfahren für die homerischen Epen jedoch nicht mit dem 5. Jh. v. Chr., sondern ist bis in die Spätantike zu beobachten.

215 Zur (spät)antiken Sklaverei s. z. B. Harper 2011; zu den damit verbundenen Ideologien s. Garnsey 1996.

216 Hom. Od. 19, 479–81.

217 Vgl. Kampen 1981, 33–44 sowie Amedick 1991, 60–81.

218 So beispielsweise auf dem stadtrömischen Sarkophag Los Angeles, County Museum of Art Inv. 47.8.9; Amedick 1991, 132 Kat. Nr. 64 Taf. 62,1; späteres 2. Jh. n. Chr.

219 Vgl. die Darstellung auf dem stadtrömischen Sarkophag Paris, Louvre Inv. Ma 319; Amedick 1991, 140 Kat. Nr. 115 Taf. 56,1; 200–25 n. Chr.: Die Amme (hier mit *nodus*-Frisur anstatt Kopftuch) ist bereits halb aufgerichtet und hebt das Kind der Mutter entgegen. Um ihre Hüften ist wieder ein Tuch geschlungen. Gleichzeitig hält eine weitere Frau im Hintergrund ein großes Handtuch für das Baby bereit.

220 Rossano, Museo Diocesano; Codex Purpureus, fol. 3r; 6. Jh. n. Chr.; Volbach 1958, 89 f. Taf. 238.

221 Johannes 13, 4–17. Zu den verschiedenen (umstrittenen) Deutungsansätzen s. Kötting 1972, Sp. 760: Sklavendienst als Präfiguration der Kreuzigung; Ausdruck von Liebe und Verbundenheit; Ehrfurchtserweis und dessen bewusste Inversion. Vgl. den Kom-

dass Christus — als Sohn Gottes seinen rein menschlichen Jüngern weit überlegen — aus freien Stücken eine Handlung ausführt, die im antiken Verständnis vor allem den sozial niedriger Stehenden zukam.[222] Entsprechend stieß Christus' Aufforderung zur Nachahmung auf wenig Begeisterung.[223] Selbst die bildlichen Umsetzungen der Erzählung betonen vor allem eines: die tatsächliche Hierarchie. In der Darstellung des Codex von Rossano sitzt einer der Jünger auf einem Stuhl und streckt wie Odysseus seine Füße in ein am Boden stehendes Wasserbecken. Der die Fußwaschung vollziehende Christus kniet allerdings, ungleich Eurykleia, keineswegs am Boden, sondern beugt im Stehen seinen Oberkörper nach vorne. Zudem ist er durch Nimbus und goldfarbenes Pallium deutlich von den weitaus schlichter dargestellten Jüngern differenziert. Einzig ein um die Hüften geschlungenes weißes Handtuch verweist als antiquarisches Detail auf reale Waschungen. Die Jünger blicken alle auf ihn, machen Christus also auch auf der kompositorischen Ebene zum Mittelpunkt der Szene. Obwohl Eurykleias Intentionen bei der Fußwaschung sich gar nicht so sehr von denen Christus' unterschieden — beide führen aus Zuneigung zu den Gewaschenen die entsprechende Handlung freiwillig aus[224] —, fanden die spätantiken Künstler für die beiden Waschszenen völlig unterschiedliche bildliche Formeln. Diese bringen die tatsächlichen hierarchischen Verhältnisse zum Ausdruck: Eurykleia wird kniend zu Füßen ihres noch nicht erkannten Herrn präsentiert, Christus als der seinen Jüngern deutlich Überlegene. Dieser grundlegende Unterschied mag auch erklären, warum die Fußwaschszene der *Odyssee* in der literarischen Rezeption nie in Verbindung mit der Fußwaschung im Neuen Testament gebracht wurde. Eine entsprechende Allegorese schien hier nicht möglich.

### Die verdreifachte Penelope als Moira?

Im Folgenden werden jene spätantiken Denkmäler behandelt, deren Thematisierung der Ereignisse auf Ithaka nicht dem geläufigen Typus entspricht. In allen drei Fällen fehlen eindeutige ikonographische Vorläufer, auch mit zeitgenössischen Vergleichen sieht es schwierig aus. Weit davon entfernt, unoriginell oder dilettantisch zu sein, haben es die spätantiken Künstler verstanden, nach heutigem Wissensstand singuläre Bildfassungen zu schaffen, die ihnen und ihren Kunden etwas über die *Odyssee* und deren Protagonisten mitteilten. Was genau das war, ist allerdings aufgrund des eben skizzierten Befundes nicht ganz einfach zu rekonstruieren. Die folgenden Überlegungen wollen deshalb eher als Vorschläge verstanden sein.

Im ersten Fall (Katalog Heimkehr Nr. 5 Abb. VI.4) handelt es sich um eine Darstellung auf jenem pannonischen Terra-Sigillata-Fragment, das bereits in Verbindung mit Polyphem diskutiert wurde (Katalog Polyphem Nr. 3). Die inschriftlich mit »Odysseus in der Höhle des Kyklopen« bezeichnete Szene zeigte den Helden im traditionellen Schema der Weinreichung, also mit jener Geste, mittels derer er das menschenfressende Ungeheuer erst betrunken machen und dann blenden und überwinden würde. Auf dem umlaufenden Fries der Schüssel waren einst diverse mythologische Szenen oder Figuren dargestellt, von denen der Großteil heute verloren ist. Erhalten hat sich glücklicherweise das direkt links an die Polyphem-Szene anschließende Bildfeld: Auf einer breiten Standlinie, links und rechts umrahmt von nicht eindeutig zu identifizierenden vertikalen Strukturen, stehen drei Frauen im Profil nach links. Die drei sind identisch gestaltet. Sie tragen ein wadenlanges gegürtetes Gewand, dessen zahlreiche Falten und Zipfel Stoffreichtum visualisieren sollen. Die Ärmel sind halblang und weit, bezeichnen also vermutlich eine spätantike Dalmatika.[225] Das rechte Handgelenk schmückt jeweils ein Armreif. Die Frisur ist nicht eindeutig zu erkennen. Vermutlich handelt es sich jedoch um einen im strengen Profil gezeigten Scheitelzopf, also eine zeitgenössische spätantike Frisur, die sowohl für Damen der Oberschicht als auch für die Darstellung mythischer Heldinnen und Göttinnen Verwendung

---

mentar von Greco 2004 zur spätantiken Nacherzählung des Johannes-Evangeliums durch Nonnos: S. 80–125 zur Fußwaschung und deren Bedeutung.

222 Kötting 1972: Der Akt des Füßewaschens galt im Altertum vorrangig als Sklavendienst bzw. als Ausdruck von Respekt gegenüber einer höhergestellten Person. In manchen Fällen (wie etwa bei Christus) spielte auch der Aspekt des freiwilligen Liebesdienstes mit hinein.

223 Der frühchristliche Klerus einigte sich darauf, diese Handlung allein von den Witwen gegenüber »heiligen Männern« zu verlangen. Damit blieb die als gottgegeben propagierte Hierarchie — Männer über Frauen und Klerus über Laien — gewahrt: Kötting 1972, Sp. 761 f.

224 Zu Christus s. Kötting 1972, Sp. 760. Hom. Od. 19, 374–77 sagt Eurykleia zu dem von ihr noch nicht erkannten Odysseus: »Mir aber war es *willkommen*, als mir des Ikarios Tochter / Diesen Befehl erteilte, die kluge Penelopeia. / Penelopeias wegen will ich die Füße dir waschen, / *Aber auch deinetwegen*: es wogt das Gemüt mir da drinnen« (Hervorhebungen von der Verf.).

225 Vgl. Schade 2003, 105.

Abb. VI.4
Umzeichnung einer pannonischen Terra Sigillata-Bilderschüssel; Ende 3. Jh. n. Chr. (Katalog Heimkehr Nr. 5 und Polyphem Nr. 3). Nach Brukner 1981, Taf. 43

fand.²²⁶ Auszeichnendes Attribut ist in allen drei Fällen eine prägnant wiedergegebene Handspindel: Die erhobene Linke hält den Spinnrocken; vor dem Körper läuft deutlich erkennbar ein dicker Wollstrang; die ausgestreckte Rechte hält den Spindelschaft samt darum gewickeltem frisch gesponnenem Garn und unten befestigtem Spinnwirtel.

Dargestellt ist eine vornehme Dame beim Spinnen, und das gleich dreifach. Die Frauen der spätantiken Oberschicht wurden in der Regel nicht beim Spinnen dargestellt.²²⁷ Zudem war die sogenannte Werkstatt X in Cibalae, der diese Bilderschüssel zu verdanken ist, auf Themen der griechisch-römischen Mythologie spezialisiert.²²⁸ Es liegt also nahe, in den drei Spinnerinnen mythische Frauen zu sehen. Die als erste in Betracht zu ziehende mythische Frau mit Spindel ist Penelope.²²⁹ Für diese Deutung spricht zum einen die räumliche Nachbarschaft zu der Darstellung von Odysseus und Polyphem, zum anderen der Umstand, dass Penelope auch auf drei bereits diskutierten spätantiken Denkmälern (Katalog Heimkehr Nr. 1–3 Abb. VI.1–2) mit Spindel dargestellt war.

Ein Problem bei dieser Deutung ist die Dreizahl der Spinnenden. Diese Dreizahl evozierte beim Betrachter die Moiren, lateinisch Parzen. Die Schicksalsgöttinnen waren in der bildenden Kunst der Spätantike durchaus noch ein Thema, wie ein zyprisches Fußbodenmosaik der Zeit um 400 n. Chr. beweist.²³⁰ Allerdings sind die drei anhand ihrer Attribute — Spindel, Codex, Rotulus — voneinander unterschieden. Die Spindel wird von der wichtigsten der Moiren, Klotho, gehalten.²³¹ In der spätantiken Literatur konnte die spinnende Klotho als *pars pro toto* der Parzen genannt werden, galt das Spinnen des Lebensfadens als das wesentliche Charakteristikum einer Schicksalsgöttin.²³² Trotz dieser in der Vorstellung der Zeitgenossen vorhandenen Priorität des Spinnens ist auch bei den Moirenbildern des zweiten und dritten Jahrhunderts deutlich ein Bemühen um Variation zu erkennen.²³³ Eine drei Mal in genau derselben Weise dar-

---

226 Vgl. Schade 2003, 99 f. Dienerinnen wurden mit dieser Frisur nicht dargestellt.

227 Obwohl die Phrase *domum servavit, lanam fecit* auch in der Spätantike noch zum festen Bestandteil des literarischen römischen Frauenlobes gehörte (vgl. Warland 1994, 191). Für die spätantiken Bilder hingegen gilt die von Zanker — Ewald 2004, 223 f. in Bezug auf die kaiserzeitlichen Sarkophage getroffene Feststellung, dass die Auftraggeberinnen der Sarkophage sich nicht bei der Hausarbeit repräsentiert sehen wollten — noch nicht einmal in der Form, dass sie ihren Dienerinnen Anweisungen gaben. Stattdessen wählten sie Bildchiffren, die sie in mythischer Überhöhung als den Luxus des eigenen Hauses Genießende zeigten.

228 Vgl. Brukner 1981, 176 f. und Taf. 43–45.

229 Weitere Darstellungen mythischer bzw. biblischer Frauen und Mädchen bei der Wollarbeit betreffen die Töchter des Lykomedes (z. B. auf der sog. Achill-Platte aus dem Silberschatz von Kaiseraugst, um 350 n. Chr.: Kossatz-Deissmann 1981, 57 Nr. 102) oder die jugendliche Maria im Tempel von Jerusalem (z. B. in Santa Maria Maggiore, 432–40 n. Chr.: Gandolfo 1988, Abb. S. 113; für eine Analyse der Mosaiken s. Geyer 2005/06). Für weitere Beispiele s. Warland 1994, 191.

230 Sog. Haus des Theseus in Kato Paphos; de Angeli 1992, 644 Nr. 45 (mit Abb.). Thema ist die Geburt des Achill; alle Personen sind inschriftlich benannt. Besonders populär waren die Schicksalsgöttinnen in der Grabkunst des 2. und 3. Jh.s n. Chr., s. ebenda 643–46 Nr. 33–44. 46–61.

231 Klotho steht dem neugeborenen Achill, um dessen Schicksal es auf diesem Bild geht, räumlich am nächsten. Auch bei Hesiod (theog. 217–19) wird Klotho an erster Stelle genannt, gefolgt von Lachesis und schließlich Atropos.

232 Sid. carm. 14, 2 (der Faden der Klotho). Vgl. Sid. carm. 15, 165–67 (die Wolle der Parzen als Metapher für das Schicksal der Alkestis) und 200 f. (die Lebensfäden der frisch Vermählten werden zusammengefügt).

233 Als Attribute kommen Spindel, Globus, Sonnenuhr, Buch und Schriftrolle in Frage, vgl. de Angeli 1992, 647. Wichtig scheint

gestellte Schicksalsgöttin war in den Augen der damaligen Betrachter etwas Außergewöhnliches und vermutlich Erklärungsbedürftiges.

An dieser Stelle sei an die verschiedenen Bedeutungsebenen von Penelopes Gewebe erinnert, wie sie in der Forschung der letzten Jahre herausgearbeitet wurden.[234] Penelope ›webt‹ ihre Listen, um keine neue Heirat eingehen zu müssen und den Platz an ihrer Seite für Odysseus frei zu halten. Die Freier ihrerseits gehen keine anderen Verbindungen ein, sondern verharren im jahrelangen Wartezustand. In gewisser Weise hält Penelope also mit ihrem Weben auf Ithaka die Zeit an, um keine für Odysseus ungünstigen Veränderungen zuzulassen.[235] Hat schon diese Fähigkeit einen übernatürlichen, göttlichen Zug, so ist ihre Tätigkeit des Webens sogar direkt mit dem Spinnen des menschlichen Lebensfadens, wie es die Moiren betreiben, vergleichbar: In dem Augenblick, in dem sie das Gewebe vollendet, ist die Lebensspanne der Freier abgelaufen.[236]

> Aber als sie das Tuch dann uns zeigte, das groß sie gewoben,
> Schön gewaschen und glänzend wie Funkeln des Monds und der Sonne,
> Da grad führte ein Unhold, wer weiß es woher den Odysseus,

beklagen sich die von Odysseus abgeschlachteten Freier im Hades.[237] Mit dieser Schilderung rückt Penelope in die Nähe der Schicksalsgöttinnen.

Es sei deshalb die These aufgestellt, dass der Töpfer der Bilderschüssel mit dieser Art der Darstellung zum Ausdruck bringen wollte, dass die Gattin des Odysseus Züge besaß, in welchen sie den Moiren oder Parzen glich. Zu diesem Zweck bediente er sich eines bildlichen Typus, der spinnenden Frau, der je nach Kontext sowohl Penelope als auch eine der Moiren bezeichnen konnte. Durch eine für die Moiren-Ikonographie unübliche schlichte Verdreifachung des Bildes machte er deutlich, dass eben keine gewöhnlichen Moiren gemeint waren, sondern Penelope *als* Moira.[238] Die Gegenüberstellung

mit dem Kyklopen-Abenteuer des Odysseus visualisiert die Parallelität zwischen dem umherirrenden, diverse Abenteuer bestehenden Helden und seiner sich zuhause anderer Feinde, der Freier, erwehrenden Gemahlin. Auf diese Weise verdeutlicht der Töpfer die Zusammengehörigkeit der Gatten und die Aufgaben, die sie vor ihrer glücklichen Wiedervereinigung jeweils bewältigen müssen. Ist diese Interpretation korrekt, dann wird Penelope auch in diesem Bild keineswegs nur als Vorbild an *castitas* und *pudicitia* präsentiert, wie es der Tenor in den spätantiken lateinischen Texten war; stattdessen erscheint sie als gottgleiche Frau, in ihrer Webstuhllist den heroischen Taten des Odysseus durchaus vergleichbar.

### Penelope als Richterin über Leben und Tod?

Noch drastischer wurde der für die Freier verderbenbringende, tödliche Aspekt von Penelopes Textilarbeit vermutlich in einer stadtrömischen Grabmalerei (Katalog Heimkehr Nr. 6 Abb. VI.5) zum Ausdruck gebracht. Das Grabgebäude, ein Hypogäum, wurde 1919 beim Bau einer öffentlichen Garage entdeckt und von Gottfredo Bendinelli ausgegraben; dazu weiter unten.

Das *Odyssee*-Bild besteht aus zwei übereinanderliegenden Registern. Oben erstreckt sich eine idyllische Landschaft mit Bäumen, einer eingefassten Quelle sowie zwei eher schlichten Gebäuden rechts und links. Im Hintergrund befindet sich ein hoher bogenförmiger Durchlass, an und hinter welchem diverse architektonische Strukturen erkennbar sind. Im Vordergrund lagert eine liebevoll und differenziert gestaltete Tierherde. Erkennbar sind Rinder, Ziegen und vermutlich Schafe, ein Pferd, ein Esel und sogar ein Dromedar. Durch die räumliche Nähe zu der im unteren Register präsentierten Webstuhlszene machte der Freskenmaler klar, dass hier die Landschaft von Ithaka gemeint ist: seine ländlichen Gehöfte und Tierherden, die wohl als diejenigen des Odysseus zu deuten sind, und ein anspruchsvolleres architektonisches Gebilde, das wahlweise als Palast des Odysseus oder als Stadt identifiziert werden kann.[239]

---

dabei weniger die jeweilige Kombination der Attribute als die *variatio*.

234 Papadopoulou-Belmehdi 1994; Clayton 2004. Vgl. die Diskussion der Figur der Penelope oben im Abschnitt zum homerischen Text.

235 Papadopoulou-Belmehdi 1994, 46 f.

236 Papadopoulou-Belmehdi 1994, 48 f.

237 Hom. Od. 24, 147–49.

238 Woher hatte der pannonische Töpfer diese Idee? Übernahm er ein in der Spätantike geläufiges (aber nicht erhaltenes) Bild-

schema, wie im Fall seiner Darstellung von Odysseus in der Höhle des Polyphem? Oder schuf er tatsächlich etwas ganz eigenständiges Neues? Die Frage ist beim derzeitigen Forschungsstand nicht zu beantworten. Hilfreich wäre eine Untersuchung der sog. Werkstatt X hinsichtlich ihres Bildrepertoires und dessen Quellen.

239 Zur versatzstückartigen Verwendung von Architekturelementen in der spätantiken Kunst s. Schneider 1983, 18–23. Zur Betonung des Bukolischen in diesem Grab s. Nicolai – Bisconti – Mazzoleni 1998, 119.

Abb. VI.5 Aquarell (C. Tabanelli) eines Fresko in einem Hypogäum am Viale Manzoni,
Rom; 200–50 n. Chr. (Katalog Heimkehr Nr. 6). Nach Wilpert 1924, Taf. 16

Im unteren Register spielt sich das wesentliche Geschehen ab, wobei das erste Viertel auf der linken Seite der Darstellung unglücklicherweise zerstört ist.[240] Deutlich erkennbar sind erst drei nackte Jünglinge, die sich an den Händen fassend nach rechts schreiten. Der Vorderste weist mit der linken Hand auf einen großen, prominent platzierten Webstuhl. Rechts von diesem steht die Weberin. Sie trägt eine violette Ärmeltunika mit roten *clavi*, die bis zu den Schienbeinen reicht. Ihre Füße scheinen nackt zu sein; eventuell trägt sie aber auch die für spätantike Frauen charakteristischen geschlossenen Schuhe.[241] Die Haare sind mit einem dunkelroten Band hochgenommen.[242] Allerdings ist die Frau nicht im Weben begriffen, sondern wendet sich mit überkreuzten Armen einem Mann zu, der ganz rechts entweder auf dem Boden oder auf einem nicht mehr erkennbaren Gegenstand sitzt. Im Unterschied zu den eng am Kopf liegenden Kurzhaarfrisuren der Jünglinge links im Bild trägt er füllige Locken und einen Bart. Seine Haut ist sonnengebräunt und deutlich dunkler als die der Jünglinge oder gar seiner Gesprächspartnerin. Bekleidet ist er mit einer ungegürteten, stoffreichen gelben Ärmeltunika, die ihm bis zu den Knien reicht. Die Füße sind nackt. Der Mann blickt zwar aus dem Bild hinaus auf den Betrachter, hebt seine rechte offene Hand jedoch in einer Art Redegestus in Richtung der Weberin, die ihm aufmerksam zuhört.

Auch wenn die ihn eindeutig charakterisierenden Attribute Pilos und Exomis fehlen, spricht einiges dafür, in dem Gesprächspartner der Weberin Odysseus zu sehen.[243] Haar- und Barttracht entsprechen der gängigen Ikonographie, ebenso der dunkle, auf seine langen Reisen verweisende Teint. Mit dem unzeremoniellen Sitzen am Boden und den nackten Füßen verwies der Maler auf den niedrigen Status, welchen der vorgebliche Bettler in

---

[240] Bendinelli 1922, Sp. 449 spricht von »forse due donne panneggiate«.

[241] Parani 2007, 521: »The commonest type of late antique female shoe was a closed-shaped one, which covered the foot completely, from toes to ankle.« Gut erkennbar ist dieser Schuh bei einigen der Tänzerinnen auf dem Mosaik von Apameia (Katalog Nr. 7 Abb. VI.7).

[242] Soweit die Beschreibung, wie sie sich aus dem bei Bendinelli 1922 publizierten Aquarell von O. Feretti (ebenda Taf. 13) sowie aus dem Text (ebenda Sp. 364 f.: »una figura muliebre, di aspetto matronale e solenne, vestita di tunica paonazza che giunge sino alla cavaglia, con la chioma accuratamente ravviata, stretta intorno da una tenia color rosso scuro.«) erschließen lässt. Vgl. Wilpert 1924, Farbtaf. 16 (Aquarell von C. Tabanelli) und S. 30: »tunica troppo corta e senza la palla«.

[243] Pilos und Exomis können auch auf anderen spätantiken Odysseus-Darstellungen fehlen, z. B. Katalog Sirenen Nr. 2 und Nr. 29 Abb. IV.13. In Darstellungen, die den kriegerischen, militärischen Aspekt des Odysseus betonen, ist der Pilos kaum/nicht von einem Helm zu unterscheiden, z. B. Katalog Kirke Nr. 1–9 Abb. III.2 oder Skylla Nr. 3–122 Abb. V.8–12.

diesem Stadium des Epos in den Augen der Gesellschaft von Ithaka einnimmt. Das eher luxuriöse Gewand macht eine auf den ersten Blick konträre, in Wahrheit jedoch komplettierende Aussage: Es verweist auf den *tatsächlichen* Status des heimgekehrten Königs. Die Frau am Webstuhl ist als Penelope zu identifizieren — nicht als Kirke, wie von einem Teil der Forschung vorgeschlagen.[244] Ihre für eine spätantike Hausherrin ungewöhnliche Bekleidung — die Tunika ist zu kurz und es fehlt der Mantel darüber — ist damit zu erklären, dass sie als Arbeitende charakterisiert ist.[245] Dargestellt ist also auch hier das nächtliche Gespräch zwischen den Ehegatten aus Buch 19 der *Odyssee*, allerdings mit einigen Abweichungen gegenüber den bereits diskutierten Bildern.

Der wichtigste Unterschied liegt im Fehlen der alten Amme Eurykleia und somit der Fußwaschung.[246] Sie hätte eine Identifizierung der Szene auf den ersten Blick und zweifelsfrei ermöglicht. Stattdessen konzentrierte sich der Maler aus Gründen, die noch zu diskutieren sein werden, ohne Einschränkung auf die Begegnung zwischen Odysseus und Penelope. Da er nicht auf das übliche Schema des Sitzens bei der Fußwaschung zurückgreifen konnte, platzierte er Odysseus in dieser etwas ungewohnten Form auf dem Boden. Eventuell war mit dem heute nicht mehr eindeutig erkennbaren Sitzuntergrund einst die Herdstelle gemeint, an welcher Homer die Szene spielen ließ. Odysseus gestikuliert lebhaft, während Penelope in der Rolle der Zuhörenden auftritt: Sie lauscht den Antworten des Bettlers, zieht daraus ihre Schlüsse und plant ihr weiteres Vorgehen. Hinter ihr, an prominenter Stelle, steht ein großer Webstuhl. Vergleichbar den Spinnrocken in den anderen Darstellungen des nächtlichen Gesprächs ist er weniger als realer Ausstattungsgegenstand zu verstehen denn als Hinweis auf Penelopes eigene Erzählung ihrer Webstuhllist: als ein ikonographischer Verweis auf schon Vergangenes. Zusätzlich hat es der Maler dieser Grabdekoration jedoch verstanden, auch in die Zukunft — auf das, was am folgenden Tag und als Konsequenz dieses Gespräches zwischen den Eheleuten geschehen wird — zu verweisen:

Die drei nackten Jünglinge links des Webstuhls sind wohl als *pars pro toto* der großen Schar der ermordeten Freier zu interpretieren.[247] Diese wurden gemäß dem homerischen Epos von Hermes in die Unterwelt geführt, sich in einer Art Kette an den Händen haltend.[248] In der Unterwelt angekommen, treffen sie auf Agamemnon und einer von ihnen, Amphimedon, erzählt von ihrem traurigen Schicksal.[249] Eine prominente Stellung, dies wurde schon ausführlich dargelegt,[250] nimmt dabei die Erzählung der Webstuhllist ein. Entsprechend deutet der vorderste der Jünglinge auf diesem Fresko mit der Hand direkt auf den Webstuhl. Erklärungsbedürftig ist

---

244 Die Interpretation als Kirke auf ihrer Insel, mit den in Tiere verwandelten Menschen (so Picard 1945; Turcan 1979; Touchefeu-Meynier 1992d, 632 Nr. 6; Hausmann 1994, 295 Nr. 43) ist abzulehnen aus folgenden Gründen: 1. Die bildende Kunst der (Spät-)Antike interessierte sich bei der Darstellung der in Tiere Verwandelten v. a. für den Prozess der Verwandlung, nicht für das Ergebnis. Entsprechend werden die Verwandelten nie als reine Tiere gezeigt, sondern mit menschlichen Körperteilen (z. B. Katalog Kirke Nr. 1–9 Abb. III.2) oder zumindest menschlichen Verhaltensweisen (z. B. Katalog Kirke Nr. 10–23 Abb. III.3). Ebenso wenig werden die rein menschlichen Zurückverwandelten dargestellt (wie es hier die drei Jünglinge sein sollen). 2. Liegt die Pointe darin, dass die Männer v. a. in gefährliche Tiere verwandelt werden, die nichtsdestotrotz von Kirke handzahm gemacht wurden. Die hier dargestellte Herde hingegen besteht ausschließlich aus harmlosen Weidetieren. 3. Anders als Penelope wird Kirke in der Kunst nie (Ausnahme: spätklassische sog. Kabiren-Vasen, Canciani 1992, 53 f. Nr. 29–32) am Webstuhl dargestellt. Ihr Attribut ist v. a. das Gefäß, in dem sie den Zaubertrank anrührt. 4. Wie im Kapitel »Kirke« besprochen, findet seit dem Hellenismus für die Begegnung von Odysseus und Kirke nur noch ein ikonographisches Schema Verwendung: Sie liegt vor ihm auf den Knien und bittet um Gnade. Die hier dargestellte Interaktion zwischen Odysseus und der Weberin steht diesem Schema und der damit verbundenen Aussage diametral entgegen.

245 Ein nicht am Boden schleifendes Gewand ohne Mantel darüber erhöhte die körperliche Bewegungsfähigkeit beträchtlich und ist deshalb in der Spätantike ein geläufiges Schema zur Darstellung von Dienerinnen, vgl. Parani 2007, 519 f. Eine echte Dame der Spätantike hätte sich nicht auf diese Weise darstellen lassen, vgl. oben die Diskussion zu Katalog Heimkehr Nr. 5. Die mythische Gestalt Penelope hingegen konnte in dieser Art präsentiert werden, weil der Maler auf ihre für den Verlauf der *Odyssee* konstitutive Arbeit am Webstuhl hinweisen wollte.

246 Eventuell, aber das ist nur eine Vermutung, sollten die nackten Füße des Odysseus auch in diesem Sinne, als Anspielung auf die in dieser Szene mitzudenkende Fußwaschung, verstanden werden.

247 Der Freiermord selbst wurde in der Spätantike nach Ausweis der erhaltenen Denkmäler nicht mehr dargestellt. Die spätesten belegten Darstellungen befinden sich auf einem stadtrömischen Sarkophag um 150 n. Chr. (St. Petersburg, Staatliche Hermitage A 196; Andreae 1999, 379 Abb. 179) sowie auf attischen Sarkophagen des letzten Viertels des 2. Jh.s n. Chr.: Oakley 2011, 37 f. 86. Nur eine Anspielung darauf enthält die noch zu diskutierende Darstellung auf einem Mosaik des 4. Jh.s n. Chr. (Katalog Heimkehr Nr. 7 Abb. VI.7). Möglicherweise hatte die Spätantike mit der Darstellung eines vom Protagonisten der *Odyssee* begangenen Massenmords ähnliche Schwierigkeiten wie die Moderne; zur modernen Rezeption vgl. Hall 2008, 175–87.

248 Hom. Od. 24, 1–9.

249 Hom. Od. 24, 99–190.

250 Vgl. oben zu Text Heimkehr Nr. 23.

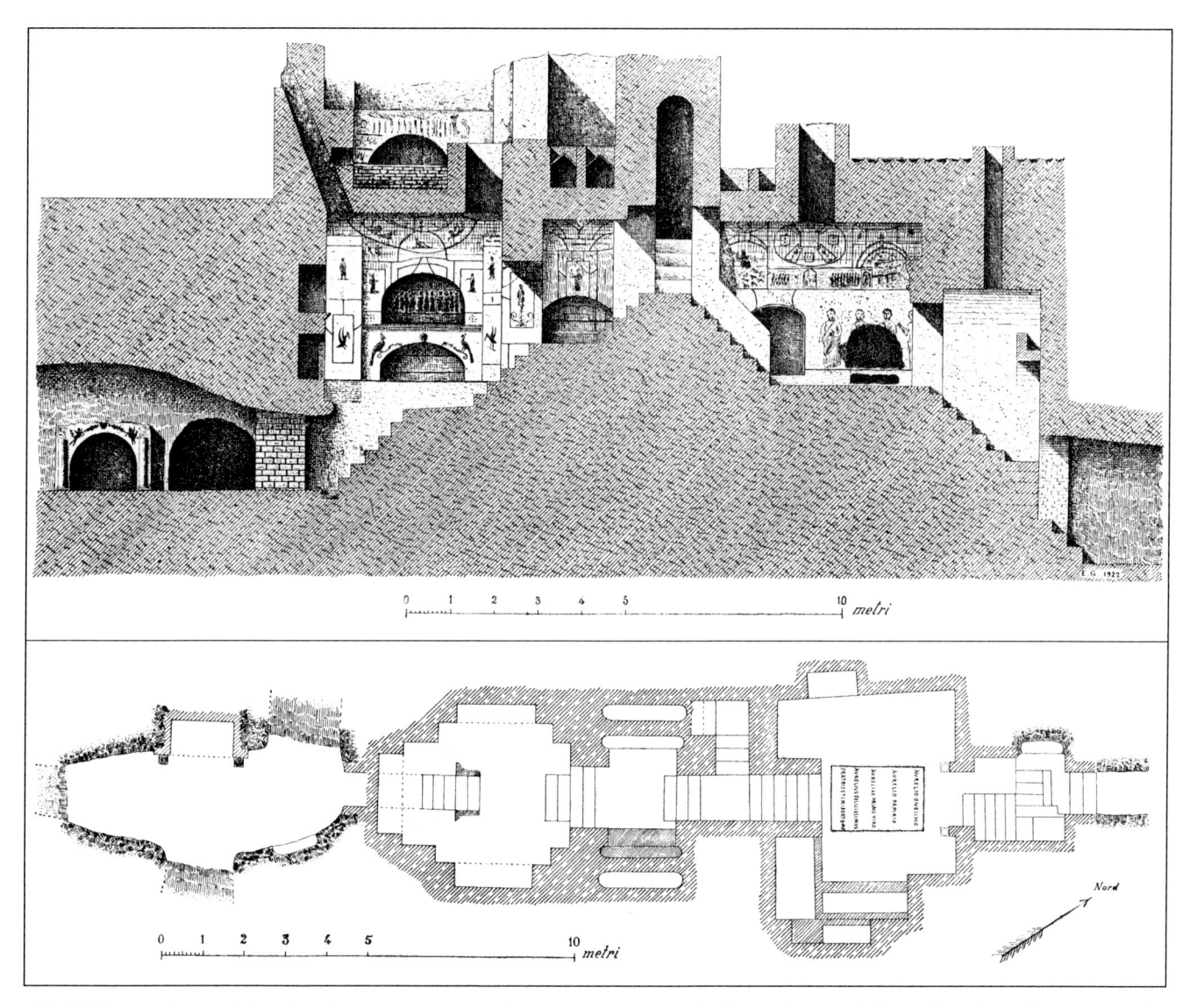

Abb. VI.6 Längsschnitt und Grundriss des Hypogäums am Viale Manzoni; 200–50 n. Chr. (zu Katalog Heimkehr Nr. 6). Nach Bendinelli 1922, Taf. 1

die Nacktheit der Jünglinge. Sie ist wohl kaum als ideale Nacktheit zu interpretieren,[251] eher als ikonographischer Hinweis auf ihren Status als Tote. In der bildenden Kunst der Spätantike kann unvollständige oder komplett fehlende Bekleidung bei Männern in bestimmten Kontexten einen Opferstatus visualisieren, im Extremfall den Tod.[252] Leider ist unbekannt, was einst im zerstörten linken Teil des Bildfeldes dargestellt war. Möglicherweise wurde dort die Unterweltszenerie noch weiter ausgeführt, vergleichbar etwa den Darstellungen im 200 Jahre späteren Vergilius Vaticanus.[253]

Der Fokus dieser Version des nächtlichen Gesprächs zwischen den Ehegatten lag nicht auf einer Präsentation des Odysseus inmitten aller ihm nahestehenden Mitglieder des Oikos, wie dies auf den zuvor besprochenen

---

[251] »Ideale Nacktheit« bedeutet so viel wie Nacktheit entgegen der Realität und mit positiven, rühmenden Konnotationen: Himmelmann 1990. Da die Freier jedoch, wie im Abschnitt zum homerischen Text dargelegt, auf jede Weise gegen die menschlichen und göttlichen Normen gefrevelt hatten, ist eine rühmende Präsentation eher unwahrscheinlich. Auch in der älteren bildlichen Tradition wird ihr Tod vor allem als gerechte Bestrafung für Hybris inszeniert, vgl. Touchefeu-Meynier 1992d. Die exzentrische Allegorese der Naassener, die aus ihnen die Auserwählten, die Gerechten auf dem Weg zum Himmel machte (Carcopino 1956, 181; Hermes ist in dieser Deutung eine Allegorie für das Wort Gottes bzw. Christi: ebenda S. 206), ist die Ausnahme, welche die Regel bestätigt.

[252] Vgl. Moraw 2008b, 125–28. Nackt dargestellt sind beispielsweise die Toten in einer Unterweltszene des sog. Vergilius Vaticanus (Rom, Biblioteca Apostolica Vaticana, Cod. Vat. lat. 3225), Folio 48ᵛ: Wright 1993 Abb. S. 50.

[253] Vgl. die vorangegangene Anmerkung und Anhang Skylla Nr. 12.

Darstellungen der Fall war. Stattdessen konzentrierte sich die Darstellung auf das tatsächliche Gespräch mit seinen für die Freier tödlichen Folgen. Dabei wird die tragende Rolle Penelopes deutlich herausgestellt: Ihr Webstul und die drei toten Freier nehmen die Mitte des Bildfeldes ein und stehen somit im Zentrum der Aufmerksamkeit. Die Webstuhllist wird, wie bei Homer den Toten in den Mund gelegt,[254] als direkte Ursache des Untergangs der Männer präsentiert. Noch deutlicher als auf dem zuletzt behandelten pannonischen Becher (Katalog Heimkehr Nr. 5 Abb. VI.4) mit parzengleicher dreifacher Penelope wird die Gemahlin des Odysseus in dieser Grabmalerei als eine Art schicksalshafte Todesbringerin charakterisiert.

*Baulicher und ideeller Kontext*

Das stadtrömische Hypogäum, in dem diese *Odyssee*-Szene angebracht wurde, war ein großer Bau, bestehend aus mehreren sich unter die Erde erstreckenden Stockwerken und Räumen (Abb. VI.6).[255] Zur ursprünglichen, wohl in das beginnende dritte Jahrhundert n. Chr. zu datierenden Bauphase gehörten der oberirdische Eingangsbereich, eine obere Grabkammer (*cubicolo superiore*) sowie zwei tiefer gelegene Kammern (*cubicolo inferiore A* und *cubicolo inferiore B*) samt der malerischen Ausstattung.[256] Das hier interessierende Bild befindet sich in einer Lünette von *cubicolo inferiore A*. Der ursprüngliche Bau erfuhr diverse Erweiterungen. Zudem wurde zu einem unbekannten Zeitpunkt im Boden und an den Wänden des Kernbaus neuer Raum für Bestattungen geschaffen ohne Rücksicht auf die älteren Fußbodenmosaiken oder Wandmalereien.[257] In der Moderne schädigten Bau und Nutzung einer Garage die Fresken schwer.[258]

An den Wänden von *cubicolo inferiore A* hat sich über einem umlaufend gemalten Sockel ein Fries mit elf ungefähr einen Meter hohen, stehenden männlichen Figuren erhalten.[259] Die Männer sind bekleidet mit Tunika und Pallium, die Füße sind nackt. Über diesem Fries, in Höhe der Lünette mit dem *Odyssee*-Bild, erhebt sich eine Zone mit diversen rechteckigen und (halb)runden Feldern, welche mit kleinformatigen figürlichen Szenen geschmückt sind:

Auf der Wand links des Eingangs sitzt ein bärtiger, langhaariger junger Mann in Tunika und Pallium in einer idyllischen Landschaft und liest eine Schriftrolle. Zu seinen Füßen tummeln sich zahlreiche Schafböcke. Die anschließende Szene nimmt den Rest dieser Wand ein. Ihre Hauptperson ist ein Reiter, der gefolgt von einer Menschenmenge auf ein Stadttor zugaloppiert, wo ihn eine zweite Menschenmenge empfängt. Dahinter ist die zugehörige Stadt in Vogelperspektive gezeigt. Die Lünette der Rückwand trägt gleichfalls eine sehr ausführliche Erzählung, in der eine Frau die Hauptrolle zu spielen scheint. Rechts befindet sie sich in einem ummauerten Garten, umgeben von drei Männern. Alle vier Personen gestikulieren heftig. Links im Bild schuf der Maler einen von Portiken umsäumten Platz in einer Stadt, auf dem eine Tribunalszene stattfindet. Vor dem Tribunal steht wiederum die gestikulierende Frau, umringt von Männern. Die rechte Kammerwand hat einen kleinen Vorsprung, dessen eine Seite ein Gelage mit aufwartenden Dienern trägt, die andere hingegen eine Reihe von Männern mit Tunika und Pallium. In der dahinter befindlichen Lünette ist das oben beschriebene *Odyssee*-Bild angebracht.

Die tonnengewölbte Decke ist durch dünne Linien gleichfalls in geometrische Felder unterteilt. In diesen befinden sich frei schwebend unter anderem Blüten, Pfauen, Gefäße und Theatermasken sowie vier Mal die Gestalt des ›Guten Hirten‹, eines jungen Mannes mit einem Schaf über der Schulter.

---

254 Hom. Od. 24, 127 f.

255 Dazu ausführlich Bendinelli 1922. Eine Lageskizze findet sich bei Carcopino 1956, 84 Abb. 1.

256 Himmelmann 1975, 8 f.

257 Bendinelli 1922, Sp. 320 f. Auf eine spätere Nutzungsphase weisen auch eine nachträglich eingeritzte kleine Beterfigur sowie eine nachträglich eingeritzte und aufgemalte (unvollständig erhaltene) Grabinschrift unterhalb der *Odyssee*-Szene: ebenda Sp. 369 und Abb. 32. Wann genau all das geschah, ist nicht ganz klar. Ab 270 n. Chr. wurde das Gebiet um den Viale Manzoni von der Aurelianischen Stadtmauer umschlossen, kam für Bestattungen also erst einmal nicht mehr in Frage. Es ist anzunehmen, dass zumindest die baulichen Erweiterungen davor geschahen. Ob das auch für die Nachbestattungen in den ursprünglichen drei Grabkammern gilt, ist schwer zu sagen. Bendinelli möchte sich nicht auf einen bestimmten Zeitraum festlegen, vgl. ebenda Sp. 369 zur nachträglich angebrachten Inschrift: »aggiunta in tempi notevole posteriori alla prima destinazione dell'ipogeo.« Eventuell wurde das Grab auch zu dem Zeitpunkt wiederverwendet, als christliche Bestattungen *intra muros* möglich wurden, d. h. ab dem mittleren 6. Jh.: Nocolai — Bisconti — Mazzoleni 1998, 65. Es ist nicht notwendig, z. B. mit Carcopino 1956, 220 anzunehmen, dass die Gräber der ersten Phase im Verlauf der Christenverfolgung im Jahr 258 entweiht wurden.

258 Vgl. schon Picard 1945, 30 Anm. 1: »M. Fr. Cumont me signale que les peintures sont aujourd'hui très endommagées, par suite de malheureux accidents qui ont atteint les murailles et leur décor.«

259 Zum Folgenden Bendinelli 1922, Sp. 313–69.

Auf dem Boden der Kammer hat sich das Mosaik mit der Stifterinschrift erhalten. Diese besagt: *AURELIO ONESIMO / AURELIO PAPIRIO / AURELIAE PRIM(a)E VIRG(ini) / AURELIUS FELICISSIMUS / FRATRI(bu)S ET CO(n)LIBERT(is) B(ene) M(erentibus) F(ecit)*. Die Übersetzung des Textes an sich ist unstrittig: »Aurelius Felicissimus errichtete [dieses] für Aurelius Onesimus, Aurelius Papirius und die Jungfrau Aurelia Prima, seine Geschwister und Mitbefreiten, weil sie es wohl verdienen.« Hinzu kommt der Fund einer fragmentierten Marmorplatte, die einst das Grab eines fünfjährigen Mädchens namens Aurelia Myrsina schmückte, errichtet von den Eltern Aurelius Martinus und Iunia Lydia (oder Lyde).[260] Umstritten ist hingegen bei der ersten Inschrift, was mit den *fratres* und den *conliberti*, den Geschwistern und Mitbefreiten, tatsächlich gemeint war: ob sie wörtlich zu verstehen sind oder im metaphorischen Sinne. Stiftete Aurelius Felicissimus die Grablege für seine leiblichen Geschwister oder für Menschen, denen er sich aufgrund seiner Biographie oder seiner religiösen Ausrichtung besonders verbunden fühlte?[261] Und war mit der »Befreiung« der juristische Akt der Freilassung aus der Sklaverei gemeint oder der spirituelle Zustand einer Freiheit im wahren Glauben?[262]

Aus dem Gesagten dürfte klar geworden sein, dass die Frage nach der Religiosität der Grabinhaber in der Forschung von Anfang an hohe Priorität besaß und zu einer Debatte führte, die im Grunde bis heute nicht entschieden ist.[263] Dafür verantwortlich sind mehrere Faktoren: Zunächst gibt es keinen einzigen schriftlichen oder bildlichen Hinweis, der als eindeutig heidnisch oder eindeutig christlich zu interpretieren wäre. Die Widmung *dis manibus* fehlt in den Grabinschriften ebenso wie Bilder heidnischer Gottheiten in der Wand- und Deckendekoration.[264] Für explizit christliche Inhalte gilt dasselbe. Auch hier schweigen sich beide Inschriften aus.[265] Einzig die Benennung der Aurelia Prima als *virgo* ließe sich eventuell als Hinweis darauf verstehen, dass die Verstorbene und ihre Hinterbliebenen dem Virginitätsideal eine gewisse Bedeutung beimaßen.[266] Eindeutige Symbole wie das Kreuz fehlen[267] und die figürliche Malerei hat nichts aufzuweisen, das nicht auch anders gedeutet werden könnte:

Die elf gerne als Apostel angesprochenen großformatigen Palliumträger sind zum einen tatsächlich nur elf anstatt zwölf, zum anderen wohl eher Philosophen.[268] Die zur Dekoration der Decke mehrfach verwendete Figur des ›Guten Hirten‹ musste in der Spätantike nicht zwangsläufig Christus bezeichnen, sondern konnte auch als Chiffre für ein bukolisches Idyll und den damit in Verbindung gebrachten Glückszustand gelesen werden.[269] Und selbst der jugendliche Bärtige mit den Schafen zu seinen Füßen musste nicht unbedingt als Christus inmitten seiner allegorisch dargestellten Jünger verstanden werden.[270] Es könnte sich auch schlicht um

---

260 *AURELIAE MYRSIN[ae filiae] / DULCISSIMAE; QUAI VI[xit annis] / V; MENS(ibus) VI; DIE(bus) XI / AUREL(ius) MARTINUS ET / IUNIA LY[dia? de? paren] / TES FECERUNT*. Aus dem Versturz von *cubicolo inferiore A*: Bendinelli 1922, Sp. 426 f. Abb. 61.

261 Für eine Familiengrablege: Bendinelli 1922, Sp. 320 und Wilpert 1924, 3 (mit Anm. 8) sowie in neuerer Zeit Nicolai — Bisconti — Mazzoleni 1998, 24; für die Grablege von mehreren Familien, die alle von demselben Herrn, vermutlich dem Kaiser selbst, freigelassen wurden und deshalb alle das *nomen gentile* Aurelii trugen: Himmelmann 1975, 9; für die Grablege einer christlich-häretischen Sekte, deren Angehörige in den Genuss des von Caracalla im Jahr 212 in der *constitutio Antoniniana* garantierten Bürgerrechts gekommen waren und sich als Brüder und Schwestern im Glauben sahen: Carcopino 1956, 87. 90–93.

262 Für Ersteres: Bendinelli, Wilpert und Himmelmann, für Zweiteres: Carcopino a. O.

263 Das pessimistische Fazit von Turcan 1979, 161 »Malheureusement […] l'appartenance religieuse exacte des défunts qui y furent ensevelis dans la première moitié du IIIe siècle après J.-C. nous reste inconnue« gilt auch heute noch. Nicolai — Bisconti — Mazzoleni 1998, 119 sprechen von »eine[r] einzigartige[n] Form von privatem Synkretismus«.

264 Himmelmann 1975, 26. Vgl. dagegen den annähernd zeitgleichen, gleichfalls in Rom hergestellten Sarkophag Katalog Sirenen Nr. 15 Abb. IV.9.

265 Für eine Zusammenstellung eindeutig christlicher Grabinschriften s. Nicolai — Bisconti — Mazzoleni 1998, 147–85.

266 Vgl. Nicolai — Bisconti — Mazzoleni 1998, 167: »Das weibliche Mönchtum tritt in den Inschriften unter der Bezeichnung *virgo* oder παρθένος auf, allerdings ist an geweihte Frauen im engeren Sinne nur dann zu denken, wenn ausdrücklich von *virgines sacrae* oder *virgines Dei* die Rede ist.« Prinzipiell könnte es sich hier auch schlicht um die Information handeln, dass Aurelia Prima zum Zeitpunkt ihres Todes noch zu jung war, um verheiratet zu sein.

267 Den kreuzförmigen Gegenstand, auf den ein Mann in der Wandmalerei des Vorraums von *cubicolo inferiore B* zu zeigen scheint, hat Nikolaus Himmelmann überzeugend als Rest einer Girlande, gekreuzt von einem die Wand gliedernden Bogensegment, gedeutet: Himmelmann 1975, 24 und Taf. 13.

268 So Himmelmann 1975, 16. Schon Bendinelli 1922, Sp. 322–24 wandte sich ausdrücklich gegen die These, es seien ursprünglich zwölf Figuren gewesen: Für eine zwölfte Figur fehlt nicht nur der Platz; es hat sich auch keine Spur davon erhalten.

269 Himmelmann 1980, 138–56, v. a. 142.

270 Auch wenn er für moderne Betrachter exakt dem Christus-Klischee entspricht. Das empfand bereits Bendinelli 1922, Sp. 345:

einen Philosophen handeln, der in der Natur Muße zum Nachdenken sucht.[271] Es gibt also, und das ist der zweite Unsicherheitsfaktor, in diesem Grab einige Darstellungen, die sich von einem damaligen Betrachter sowohl auf christliche als auch auf philosophische Inhalte hin interpretieren ließen.[272] Was fehlt, darauf wies schon Nikolaus Himmelmann hin, sind die sonst fast immer mit Philosophenbildern vergesellschafteten Musen.[273] Sie galten anscheinend als zu eindeutig der paganen Sphäre verhaftet, als dass man sie in dieser ambiguen Bildwelt hätte unterbringen wollen. Stattdessen halten eine Reihe der als Philosophen gedeuteten Figürchen in *cubicolo inferiore B* Gerten in den Händen. Himmelmann deutet diese als magische Ruten, welche die dazugehörigen Philosophen in den Bereich der Wundertäter, der »irrationalen Philosophie« rücken würden.[274] Die genannten Punkte machen nicht nur eine eindeutige Zuordnung zu einer bestimmten Religion unmöglich. Sie nährten darüber hinaus seit Entdeckung des Grabes wilde Spekulationen darüber, ob es sich hier um die Grablege einer bestimmten Sekte handele und falls ja, welcher.[275]

*Interpretation*

Für die *Odyssee*-Szene bedeutete diese Debatte, dass sowohl ihre Identifizierung als auch ihre Interpretation die verschiedensten Ausprägungen erfuhren. Die auch hier vertretene Identifizierung als Darstellung des nächtlichen Gespräches zwischen Odysseus und Penelope erfolgte bereits durch den Ausgräber Gottfredo Bendinelli in seiner Erstveröffentlichung 1920.[276] Dennoch waren einige von Bendinellis Kollegen aufgrund eines postulierten christlichen Bezugs der anderen Bilder geneigt, auch diese Szene entsprechend zu deuten: etwa als Illustration der Bergpredigt oder als gnostischen Kommentar zum Buch Hiob.[277] Andere betonten die philosophischen Bezüge im Grab und identifizierten die Darstellung beispielsweise als eine Visualisierung der Erfahrung der Seelenwanderung.[278] Versuche, in diesem Bild eine Darstellung von Odysseus und Kirke zu sehen, wurden bereits erwähnt.[279]

Der Grabkontext legt eine allegorische Deutung des Bildes in Hinblick auf Tod und Jenseits nahe. Die Vertreter einer Identifizierung der Szene als Begegnung von Odysseus und Kirke deuteten die Darstellung dementsprechend als Allegorie für eine Gefahr für die Seele und als Warnung an die Lebenden.[280] Die Vertreter einer

---

»Qui dunque si offrirebbe il modello forse più antico, e certo più perfetto, della immagine del Cristo nelle catacombe romane.«

271 So Himmelmann 1975, 19–21, der dieser Deutung allerdings selbst nicht ganz glaubt. Vgl. S. 20: »Daß der Philosoph der Aurelier-Gruft ein Seelenhirte im Sinne des Aberkios oder auch des Clemens von Alexandria ist, steht zu vermuten.« Aberkios ist der Verfasser einer Inschrift mit christlicher Allegorese des guten Hirten, auf den sich bereits Bendinelli 1922, Sp. 440 berief. In der oberen Grabkammer, dem *cubicolo superiore*, befinden sich zwei Darstellungen, die traditionell als Adam und Eva vor dem Baum der Erkenntnis sowie als Erschaffung der ersten Menschen durch Gott gedeutet wurden. Himmelmann 1975, 10–16 weist diese Deutung aufgrund ikonographischer Unstimmigkeiten gleichfalls zurück und plädiert stattdessen für die Darstellung des Herakles mit den Äpfeln der Hesperiden, allegorisch als Ringen um Weisheit und Tugend verstanden, sowie eines sitzenden Philosophen.

272 Dazu kommen Motive, die unabhängig von der religiösen Ausrichtung im Sinne einer erhofften Glückseligkeit im Jenseits zu interpretieren sind, wie z. B. die Gelageszene (vgl. Himmelmann 1975, 22; Nicolai — Bisconti — Mazzoleni 1998, 109–12 [mit Präferenz für christliche Umdeutung] und Dunbabin 2003, 175–91 bes. 177) und solche, die bis heute nicht überzeugend gedeutet sind. Dazu zählen etwa die zweimalige Darstellung der Frau inmitten mehrerer Männer — im Garten und in der Tribunalszene — in der Lünette der Rückwand von *cubicolo inferiore A* (Bendinelli 1922, Sp. 465: Selbstdarstellung des in der Stifterinschrift erwähnten Grabinhabers; Himmelmann 1975, 18: auf dem Tribunal ein philosophischer Wundertäter, der Garten als Ort des Philosophierens) und der *adventus* des Reiters (vorgeschlagen wurden u. a. der Einzug Christi in Jerusalem bzw. der Einzug des Gnostikers Epiphanes in Same auf Kephalonia [vgl. dazu Bendinelli 1922, Sp. 451] oder die wundersame Erscheinung eines Toten [Himmelmann 1975, 22]).

273 Himmelmann 1975, 26.

274 Himmelmann 1975, 17–19.

275 Eine Aufzählung der älteren Thesen findet sich bei Carcopino 1956, 100–02 (der die Grabinhaber für pythagoreisch inspirierte Gnostiker hielt); auf neuerem Stand ist Nicolai — Bisconti — Mazzoleni 1998, 118.

276 Bendinelli 1920, 134 f.

277 Zur Bergpredigt Wilpert 1924, 26–30: Er legte den Schwerpunkt auf die Verbindung der drei nackten Jünglinge mit dem Webstuhl und fasste dies als Visualisierung der christlichen Forderung auf, die Nackten zu bekleiden. Zu Hiob Marucchi 1921: Der am Boden sitzende Mann wäre danach der ins Elend geratene Hiob, die Frau am Webstuhl wäre die ihn wegen seiner Frömmigkeit verhöhnende Gemahlin des Hiob, die drei nackten Jünglinge wären die zu Besuch kommenden mitfühlenden Freunde Hiobs (Hiob 2, 8–12).

278 Achelis 1926 legte den Schwerpunkt auf die drei nackten Jünglinge und deutete sie als Seelen der in diesem Grab bestatteten Aurelier.

279 Picard 1945 und Turcan 1979. Kluge Zurückhaltung übte Reinach 1922, 217, der die Szene unter »sujets mythologiques très obscurs« auflistete.

280 Bei Picard 1945, 36 f. ist die angebliche Kirke eine Allegorie für die Versuchung, die aus Menschen tierische Wesen macht und der Odysseus mithilfe des Hermes und des Moly widerstand

Deutung als Odysseus und Penelope hingegen betonten, und dies wohl zu Recht, den Aspekt der Heimkehr: Odysseus kehrt nach Ithaka zurück, so wie die Seele eines Menschen nach dem Tod an ihren Ursprungsort zurückkehrt.[281] Ob dieser Ort von den Betrachtern der Grabdekoration eher christlich oder eher philosophisch verstanden wurde, kann an dieser Stelle nicht entschieden werden und war vom Auftraggeber vielleicht auch nie im Sinne eines strikten Entweder-oder intendiert.

Unabhängig von der Frage nach der religiösen Ausrichtung sei für die Gesamtinterpretation des Bildes Folgendes vorgeschlagen: Das so liebevoll und detailreich dargestellte, das gesamte obere Register einnehmende Ithaka wurde vom Maler als das Ziel der Sehnsucht des Odysseus ausgestaltet; als das, was auf der allegorischen Ebene als himmlisches Vaterland oder als wahre Heimat der Seele bezeichnet werden kann. Odysseus ist die Allegorie für den Menschen — beziehungsweise die menschliche Seele —, die diesen Ort sucht und letztendlich auch findet. In diesem allgemeinen Sinne muss Odysseus als eine Art *alter ego* des Grabherrn und der anderen hier Bestatteten verstanden werden: Ihm gelang das, was Aurelius Felicissimus auch für sich und die Seinen, seine Brüder und seine Schwester, erhofft. Odysseus kann darüber hinaus als Vorbild und Identifikationsfigur für jeden Besucher und jede Besucherin des Grabes fungieren. In seiner Funktion als Allegorie für die menschliche Seele ist er gleichsam geschlechtsneutral.

Ermöglicht wurde die Heimkehr des Odysseus durch Penelope und ihren Webstuhl. Die Gattin des Odysseus ermöglichte mittels ihrer berühmten List dem Ehemann die Heimkehr und schickte zugleich die ungeliebten Freier in den Tod. Die hier dargestellten drei nackten Männer im Hades sind zugleich eine Allegorie und eine Warnung für alle diejenigen, die zu Lebzeiten in Hybris und Verblendung einem falschen Ziel nachstreben und letztendlich an einem unerfreulichen Ort dafür büßen müssen. Bei der Entscheidung, wer an welchen Ort gelangt, nimmt Penelope eine zentrale Rolle ein. Ist die hier vorgeschlagene Interpretation korrekt, dann schlüpft Penelope in dieser Darstellung in die Rolle einer Totenrichterin, einer Allegorie für diejenige Instanz, die nach dem Tod über das weitere Schicksal der Seele entscheidet.

## Penelope als Allegorie für die Philosophie?

Etwas anders gelagert sind die hermeneutischen Probleme bei einem Mosaik aus dem Osten des Römischen Reiches, aus Apameia (Katalog Heimkehr Nr. 7 Abb. VI.7). Die Identifizierung des dargestellten Motivs ist in der Forschung unumstritten,[282] auch wenn ikonographische Parallelen fehlen und die Darstellung sich ungleich den anderen Heimkehrbildern nicht auf das nächtliche Gespräch zwischen den Ehegatten bezieht. Das langrechteckige Bild zerfällt kompositorisch und inhaltlich in zwei Teile.

Links, in weniger als einem Drittel des Bildfeldes, präsentierte der Mosaizist das, was für einen Kenner der *Odyssee* den wichtigsten Teil des Bildes ausmacht: die im 23. Buch erfolgende Wiedervereinigung der Ehegatten, der Moment, in dem Penelope ihren heimgekehrten Gatten endlich als solchen anerkennt und in die Arme schließt. Penelope bildet folgerichtig das Zentrum dieses Bildabschnitts. Sie steht hoch aufgerichtet und genau mittig unter einem hohen Bogen, der den Eingang zu einer aufwendigen, zweigeschossigen Palastarchitektur markiert. Ihre sehr weiße Haut kontrastiert reizvoll mit den schön geschwungenen schwarzen Brauen und dem gleichfalls schwarzen Haar. Sie trägt eine bis zum Boden reichende weiße Tunika mit langen Ärmeln sowie einen weißen Mantel, der über den Hinterkopf gezogen wurde und sie soweit als möglich verhüllt. Odysseus ist an seiner üblichen Tracht zu erkennen, Pilos und schlichter weißer Exomis. Sein lockiges Haar und der Bart sind ergraut, die sonnengebräunte Haut bedecken rötliche Linien, die wohl Schrammen oder Narben darstellen sollen. An einem Trageriemen über der rechten Schulter sind diverse Gegenstände befestigt, vermutlich

---

(vgl. etwa Texte Kirke Nr. 9. 10). Bei Turcan 1979, 169 f. ist sie (gleichfalls in Einklang mit antiken Texten, vgl. Text Kirke Nr. 5) eine Allegorie für die Wiedergeburt, die in ihrem als Materie allegorisierten Gewebe die Seelen wie in einem Netz fange: »C'est en tant que tisseuse du filet où se prennent les âmes, comme des mouche danse une toile d'araignée, que Circé a fini par personnifier le cycle infernal des métensomatoses.« (S. 170.)

[281] Schon Bendinelli 1922, Sp. 453 setzte die *Odyssee*-Szene in einen inhaltlichen Zusammenhang mit der an der gegenüberliegenden Wand angebrachten Darstellung vom *adventus* eines Reiters (die er als unspezifisches Genremotiv, inspiriert von kaiserlichen Adventusbildern, deutete): »Le due scene, esteriormente così diverse, offrono nella sostanza una notevole affinità reciproca. Ambedue riproducono un νόστος, un ›ritorno‹.« Vgl. Carcopino 1956, 177: »le retour d'Ulisse à Ithaque préfigure celui des élus à leur patrie céleste.«

---

[282] Eine direkt nach der Entdeckung des Mosaiks aufgekommene Deutung als Versöhnung eines zerstrittenen Ehepaares dank des von der gemeinsamen Tochter initiierten Tanzes der Musen wurde schon bald als falsch erkannt und durch die noch heute gültige Deutung als *Odyssee*-Szene ersetzt, vgl. Quet 1993, 133 f.

Abb. VI.7 Detail eines Fußbodenmosaiks aus einem Gebäude in Apameia; 350–400 n. Chr. (Katalog Heimkehr Nr. 7). © RMAH, Brussels

auch sein Schwert. Zu seiner Linken befindet sich eine große Lanze, die in seiner linken Hand zu denken ist. Bei Homer erfolgte die endgültige Wiedererkennung erst, nachdem Odysseus gebadet hatte und von Athena magisch verjüngt worden war.[283] Hier jedoch charakterisierte der Mosaizist Odysseus als den weitgereisten Dulder und Kämpfer mit grauem Haar und diversen äußeren (und, ließe sich schlussfolgern, inneren) Verletzungen. Die Ehegatten umarmen sich und blicken sich in die Augen. Dabei ist Penelope, aus dem Bild herausblickend, einen halben Kopf größer als der in Rückansicht gezeigte, auf sie zueilende Odysseus. Das bewirkt, dass er zu ihr emporblicken muss.[284]

Rechts des Paares steht die treue Amme Eurykleia. Sie befindet sich ein wenig im Hintergrund. Zudem bewirken ihre dunkle Kleidung und ebensolche Haut, dass sie kaum hervorsticht, sondern eine Art Folie bildet für die Darstellung der beiden Hauptpersonen. Eurykleia blickt nach rechts auf das sich dort abspielende Geschehen. So bildet sie die kompositorische Klammer zu jener Szene, die den weitaus größten Teil des Bildfeldes ausfüllt: der Tanz der loyal gebliebenen Dienerinnen, den Odysseus nach dem Massaker an den Freiern angeordnet hatte, um die Bewohner von Ithaka über das wahre Geschehen zu täuschen.[285] Dieses Täuschungsmanöver war taktisch notwendig, da Odysseus und Telemachos den auf Ithaka lebenden Verwandten und Freunden der ermordeten

---

[283] Hom. Od. 23, 153–63. Als Hom. Od. 23, 1–57 Eurykleia Penelope mit der Kunde weckt, die Freier seien tot und Odysseus zurückgekehrt, kommt Penelope ungläubig nach unten und trifft dort 23, 88–95 auf den immer noch als Bettler verkleideten Odysseus. Sie weigert sich, ihn zu erkennen.

[284] Das muss nicht unbedingt ein Hinweis auf vertauschte Geschlechterhierarchien sein. In der Regel ist zwar bei Ehegattendarstellungen die Frau ein wenig kleiner als der Mann, z. B. Proiecta auf dem nach ihr benannten Silberkasten (London, British Museum 1866,1229.1; Schneider 1983, Abb. 4 oben; vgl. die bei Schade 2003, Taf. 15–17 zusammengestellten Darstellungen von Paaren). Ist der Ehemann jedoch deutlich in den Bildvordergrund gerückt (vergleichbar Odysseus auf dem hier diskutierten Mosaik), dann kann auch die hinter ihm befindliche, teilweise von seinem Körper verdeckte Frau erhöht dargestellt sein, z. B. in dem Bildnistondo

---

eines Ehepaares auf einem Sarkophag im Louvre, um 230 n. Chr. (Inv. Nr. Ma 1013; Zanker — Ewald 2004, 187 und Abb. 170). Eventuell ist Penelopes überragende Körpergröße auch eine Reminiszenz an die ikonographische Tradition der Begegnungsszenen: Auf frühkaiserzeitlichen Darstellungen sitzt Odysseus in aller Regel, während Penelope steht und so mit ihrem Körper zwangsläufig höher in den Raum ragt, z. B. auf einer Wandmalerei in Pompeji, Macellum: Andreae 1999, 356 f., mit Abb.; vgl. Hausmann 1994, 294 Nr. 36–38.

[285] Hom. Od. 23, 117–52. Der Befehl des Odysseus und auch dessen Ausführung sind bei Homer angesiedelt zwischen der ersten, missglückten Wiedererkennungsszene mit Penelope und der zweiten, letztendlich erfolgreichen.

Freier zahlenmäßig weit unterlegen waren. Sie benötigten erst einmal eine Atempause, um das weitere Vorgehen zu planen. Um über das Bildmotiv keinen Zweifel zu lassen, fügte der Mosaizist rechts oben die Inschrift ΘΕΡΑΠΕΝΙΔΕΣ, »Dienerinnen«, ein.[286]

Dargestellt sind sechs in bewegtem Reigentanz befindliche junge Frauen, der bei Homer erwähnte leierspielende Sänger fehlt.[287] Der Künstler gab sich große Mühe, die sechs in Bezug auf Haltungsmotiv, Kleidung und Frisur voneinander zu differenzieren. Alle sind in farbenfrohe, den Körper betonende Gewänder gehüllt und großzügig mit Schmuck behangen. Soweit noch zu erkennen, werden die Gewänder mit unterschiedlich gestalteten, metallenen oder als bunte Bänder flatternden Gürteln gehalten. Eventuell handelt es sich hier um eine Umsetzung der homerischen Beschreibung der Tänzerinnen als καλλίζωνος, »schöngegürtet«.[288] Das Haar ist unbedeckt. Die Haut ist dunkler als diejenige Penelopes, aber deutlich heller als die Eurykleias. Die Körper entsprechen dem zeitgenössischen Schönheitsideal. Sie sind schlank und hochgewachsen, mit kleinen Brüsten und breiten Hüften.[289]

Die Dienerinnen und Penelope wurden vom Mosaizisten in Bezug auf Tracht und Haltungsmotive pointiert als Gegensätze gestaltet — ein Verfahren, das in der Spätantike für die künstlerische Repräsentation einer Herrin umgeben von Dienerinnen charakteristisch war.[290] Penelope ist trotz der Umarmung, die sie Odysseus zukommen lässt, die würdevoll und relativ unbewegt Stehende, die mit dieser Haltung dem Ideal einer Frau der spätantiken Oberschicht entspricht.[291] Auch die weitgehende Verhüllung des Körpers und des Haares konnte in bestimmten Kontexten als normenkonform angesehen werden.[292] Untypisch für eine Dame der Spätantike sind allerdings die Schlichtheit ihrer Bekleidung und der völlige Mangel an Schmuck. Das großzügige Behängen mit allen Arten von Schmuckstücken — Ohrgehänge, Armreifen, Perlenketten und anderes — sowie eine größtmögliche Buntheit der Bekleidung, die eine Vielzahl an kostbaren Stoffen suggerieren sollte, galten als Ausweis des hohen Status der Dargestellten und sind deshalb auf den Bildern die Regel.[293] Die Begründung für Penelopes schlichte weiße Gewandung auf diesem Mosaik dürfte mehrschichtig sein. Zunächst einmal wird Penelope auf diese Weise optisch an Odysseus angeglichen, der hier gleichfalls ein reinweißes Gewand trägt.[294] Der Mosaizist verdeutlichte so die Zusammengehörigkeit der Ehegatten. Dies wird unterstrichen durch den Umstand, dass weißes Gewand und ein weißer, den gesamten Körper sowie den Kopf bis auf das Gesicht verhüllender Mantel charakteristisch waren

---

286 Für θεραπαινίδες. Das in der *Odyssee* für diese Frauen verwendete Wort lautet δμωαί, »Kriegsgefangene«, »Sklavinnen« (Hom. Od. 23, 132).

287 Hom. Od. 23, 133 f.

288 Hom. Od. 23, 147.

289 Vgl. etwa die nackte Venus auf der Patera aus dem Silberschatz vom Esquilin, späteres 4. Jh. n. Chr.: Paris, Petit Palais ADUT 171; Schneider 1983, Abb. 8 oder Volbach 1958, 66 Taf. 118.

290 Und zwar sowohl im lebensweltlichen als auch im mythischen Bereich. Häufig sitzt die Herrin auf einem thronartigen Stuhl, während die Dienerinnen zu ihren Seiten stehen, z. B. auf dem ausführlich diskutierten Mosaik aus einem syrischen Stadthaus (hier Abb. III.5). Weiterhin können die Dienerinnen von der Herrin dadurch differenziert sein, dass sie diversen Tätigkeiten nachgehen, während die Herrin in würdevoller Statik verharrt, z. B. Aphrodite auf einem Mosaik in Madaba (Jordanien), während die Chariten hinter den kleinen Eroten herjagen und eine ΑΓΡΟΙΚΙΣ (»Bäuerin«) einen Korb mit Früchten sowie einen Vogel zum Verzehr heranschleppt (500–50 n. Chr.; Piccirillo 1993, 66 Abb. 6). Was den Grad der Entblößung anbelangt, so scheint eine Differenzierung in beide Richtungen möglich. Es kann das Privileg der Herrin sein, mehr von ihrem göttlich schönen Körper zu zeigen als die Dienerinnen, so Aphrodite auf dem genannten Mosaik in Madaba. Oder es kann umgekehrt Privileg der Herrin sein, ihren Körper den Blicken entziehen zu dürfen, so die in den Mantel gehüllte, an einem Altar opfernde Priesterin im Vergleich zu ihrer mantellosen, eine Schulter entblößenden winzigen Dienerin auf dem Diptychon der Nicomachi und Symmachi in London (Victoria and Albert Museum 212–1865; um 400 n. Chr.; Volbach 1958, 61 Taf. 91). Für die Diskussion des gesamten Abschnitts zu Penelope und den Dienerinnen sowie für wertvolle Hinweise bin ich Kathrin Schade sehr zu Dank verpflichtet.

291 Maguire 1999, 197–200.

292 Dies gilt besonders, wenn eine gewisse Öffentlichkeit involviert ist, vgl. Parani 2007, 519–21. In Toiletten- oder Badeszenen hingegen kann sich eine Herrin auch weitgehend nackt präsentieren, vgl. Schade 2003, 135.

293 Schade 2003, 112–15. Das beste Beispiel dafür bietet das Wandmosaik in San Vitale, Ravenna, das Kaiserin Theodora mit ihren Hofdamen zeigt: Schade 2003, Taf. 21,1–2; Farbabb. bei Volbach 1958, Taf. 167. Vgl. das Goldglasporträt einer Mutter mit ihren Kindern in Brescia, Museo Civico; 4. Jh. n. Chr.; Volbach 1958, (Farb-)Taf. 61.

294 Was nicht zwangsläufig so sein muss. Für ein reinweißes Gewand samt Pilos vgl. etwa die Sirenen-Mosaiken aus Dougga (Katalog Sirenen Nr. 1 Abb. IV.1) oder aus Portugal (Katalog Sirenen Nr. 5 Abb. IV.4). Ein Beispiel außerhalb des Kontexts der *Odyssee*: Mosaik Nabeul (Blanchard-Lemée u. a. 1995, Abb. 177). Bunte, eher an der Tracht der Spätantike orientierte Gewänder trägt Odysseus z. B. auf den Polyphem-Mosaiken von Piazza Armerina (Katalog Polyphem Nr. 4 Abb. II.4) oder Baccano (Katalog Polyphem Nr. 10 Abb. II.8).

für die Darstellung einer mythischen Braut.[295] Penelope ist zwar nicht ganz so weitgehend verschleiert, spielt mit ihrer Manteldrapierung aber vermutlich auf die bräutliche Tracht an: Sie ist die Braut, welche die jetzt toten Freier vergeblich umwarben und die auf Odysseus gewartet hat. Ihre weiße Gewandung charakterisiert die Ehegatten zudem, gerade in dem deutlichen Gegensatz zu den eher zeitgenössisch gewandeten Dienerinnen, als Gestalten der Vergangenheit, als mythische Figuren.[296] Inwieweit Art und Farbe der Bekleidung bei den Betrachtern dieses Mosaiks noch andere Assoziationen — etwa Intellektualität oder moralische beziehungsweise kultische Reinheit[297] — evozierten, ist schwer zu sagen.

Die Dienerinnen tragen zeitgenössische bunte Tuniken mit oder ohne Ärmel, manche wohl auch die zeitgenössische Scheitelzopffrisur. Ebenso kommen ihre um die entblößten Arme gewundenen Armreifen in vergleichbarer Form bei der Darstellung spätantiker Damen vor.[298] Die Kostbarkeit von Schmuck und Kleidung kann zum einen als Hinweis auf den Reichtum des Hauses gelesen werden, zu dem diese Dienerinnen gehören. Zum anderen ist sie aber auch ein Charakteristikum mythischer weiblicher Gefolgschaften, wie etwa der Chariten um Aphrodite.[299] Auch in der Tracht der Tänzerinnen sind verstreute mythische Elemente zu finden: die der klassischen Antike entlehnte Idealfrisur, welche die meisten aufweisen, sowie der Umstand, dass mindestens eine von ihnen keine Schuhe trägt. Das Motiv des Tanzes kommt gelegentlich in Darstellungen des spätantiken Lebens vor: Reigentänzerinnen als Begleitprogramm einer vom Kaiser dem Volk gestifteten Veranstaltung im Hippodrom von Konstantinopel oder, bescheidener, Tänzerinnen mit Krotalen als Unterhaltung beim Mahl.[300] In der spätantiken Bilderwelt geläufiger waren allerdings mythische Tänzerinnen, allen voran Mänaden im Gefolge des Dionysos.[301] Mänaden geben sich ihrer dem Gott verdankten Ekstase zwar als Einzeltänzerinnen und nicht im Reigen hin; zumindest die wilde Tanzbewegung der Dienerin rechts unten im Reigen jedoch ist sicher von dionysischen Vorbildern inspiriert.[302]

---

[295] Das berühmteste Beispiel ist wohl die sog. Aldobrandinische Hochzeit, ein Fresko aus dem letzten Viertel des 1. Jh.s v. Chr.; Rom, Musei Vaticani; Müller 1994. Für die Spätantike sei auf ein Mosaik aus Antiochia verwiesen, das die bräutlich gewandete Iphigenie in Aulis kurz vor ihrer Opferung durch Agamemnon zeigt: Museum Antakya Inv. Nr. 961; Ende 3. Jh. n. Chr.; Cimok 1995, 34 f. Nr. 12. Für die tatsächliche Tracht einer spätantiken Braut sei Parani 2007, 521 zitiert: »Yet, whatever differences existed between the attire of an unmarried girl and that of a married woman still remain to be defined; as do the basic components of late antique bridal dress.«

[296] Genau dasselbe Phänomen lässt sich im christlichen Kontext beobachten: Auf den Mosaikfeldern des Langhauses in Santa Maria Maggiore, Rom wurden 432–40 n. Chr. Szenen des Alten Testaments dargestellt. Dabei sind die Protagonisten häufig weiß gekleidet, während die Nebenfiguren bunte und zeitgenössische Tracht tragen. So trägt Abraham in einer Szene (Gandolfo 1988, 88 Abb. I, zu *Genesis* 14, 18–20) eine weiße Tunika mit *clavi*, der ihn begrüßende Melchisedek hingegen eine Art Priestertracht und das Gefolge ist als bunt gerüstete Soldaten charakterisiert. In einem anderen Bild (ebenda Abb. II, zu *Genesis* 13, 8–12) sind die Hauptfiguren Abraham und Lot jeweils in weiße Tunika und Pallium gekleidet, ihre Frauen, Kinder und Gefolge jedoch erscheinen in spätantiker Farbenpracht. Die Beispiele ließen sich beliebig vermehren. Erinnert sei auch an Darstellungen berühmter Gestalten der Vergangenheit wie etwa des Dichters Vergil. Auch er trägt auf einem Mosaik aus Tunesien (Sousse, Museum; 3. oder 4. Jh. n. Chr.; Blanchard-Lemée u. a. 1995, 292 Abb. 167) weiße Kleidung.

[297] Philosophen werden in der Spätantike in aller Regel mit weißer Tunika und ebensolchem Pallium dargestellt, vgl. die Darstellung von Sokrates und anderen auf dem der *Odyssee*-Szene benachbarten Mosaikfeld (J. Ch. Balty 1972a, 166–70; mit zahlreichen Vergleichsbeispielen). Die Personifikation der Philosophie bei Boethius (*Consolatio Philosophiae* I 1. pr. Z. 13–17) trägt Gewänder, deren Erscheinung durch Alter und Vernachlässigung trübe geworden sind, also wohl einst strahlend weiß waren. Zu Reinheit vgl. die weiße Bekleidung der Engel in der Verkündigungsszene im Triumphbogen von Santa Maria Maggiore (Gandolfo 1988, Abb. S. 113; dazu noch reinweiße Taube als Hl. Geist) sowie der Engel und des Christuskindes bei der Anbetung der Magier (Gandolfo 1988, Abb. S. 116 oben; Geyer 2005/06, 209 Taf. 2).

[298] So bei der sitzenden Hausherrin auf dem Mosaik aus den Thermen von Sidi Ghrib (heute Tunis, Musée de Bardo; 350–400 n. Chr.; Schade 2003, 245 f. Frontispiz; Farbabb. bei Blanchard-Lemée u. a. 1995, Abb. 116).

[299] Etwa auf dem Mosaik aus Madaba (Piccirillo 1993, 66 Abb. 6). Vgl. die Geschenke schleppenden Dienerinnen des Chryses bei dessen Bittgang zu Agamemnon auf einem Mosaik in Tunesien (Musée de Nabeul; 4. Jh. n. Chr; Blanchard-Lemée u. a. 1995, 292 f. Abb. 177).

[300] Konstantinopel: Auf der Südost-Seite der Basis des Theodosius-Obelisken (Istanbul; 390 n. Chr.; Volbach 1958, 56 Taf. 54). Die Tänzerinnen sind auf den ersten Blick kaum zu erkennen. Im Vergleich zum Kaiser und dessen Hofstaat, aber auch zu den normalen Zuschauern, sind sie winzig klein und zudem im untersten Register platziert. Mahl: Nur teilweise erhaltenes Mosaik in Karthago, Museum; 5. Jh. n. Chr.; Blanchard-Lemée u. a. 1995, 287 Abb. 45.

[301] Beispiele für tanzende Mänaden auf Mosaiken: Museum Sousse; Anfang 3. Jh. n. Chr.; Blanchard-Lemée u. a. 1995, 287 Abb. 64; auf Silberschalen: St. Petersburg, Staatliche Ermitage ω 282; 613–30 n. Chr.; Toynbee — Painter 1986, 37 f. Nr. 39. Als ein Beispiel für andere mythische Tänzerinnen seien die halbnackten Rosenstreuerinnen von einem nordafrikanischen Mosaik genannt: Museum Karthago; 4. Jh. n. Chr.; Blanchard-Lemée u. a. 1995, 290 Abb. 117 f.

[302] Vgl. den hochgeworfenen rechten Arm, den nach hinten gestreckten linken Arm sowie das nach hinten geworfene rechte

Im Hintergrund des Bildes deuten Bäume und Büsche einen Garten an und tragen auf diese Weise bei zu einer vordergründig idyllischen Atmosphäre. Rechts im Bild begrenzt eine massive Mauer das Anwesen des Odysseus. Hinter dieser sind für den homerkundigen Betrachter die Einwohner von Ithaka zu denken, die sich gerade das Maul darüber zerreißen, dass Penelope ihrem verschollenen Gatten nun doch nicht treu geblieben sei, sondern gerade Hochzeit mit einem der Freier feiere:

> Wirklich! da macht ja die vielumworbene Königin Hochzeit!
> Schrecklich! sie brachte nicht fertig, den großen Palast ihres Gatten
> Ihm zu bewahren und durchzuhalten, bis er noch käme![303]

Die Existenz jener anderen Bewohner des Gemeinwesens erinnert daran, dass Odysseus und seine Familie noch keineswegs außer Gefahr sind und dass der drohende Bürgerkrieg erst in letzter Minute von der persönlich einschreitenden Athena abgewendet werden wird.[304] Auch sonst trügt die Idylle. Irgendwo im Hof liegen die übereinandergestapelten Leichen der Freier, von denen es im Epos heißt:

> Sie [Odysseus und Telemach] aber stürmten sogleich durch das Haus im Gefühl ihrer Kräfte,
> Mordeten rechts und links; es krachten die Schädel, der ganze
> Boden dampfte vom Blut; es erhob sich ein häßliches Stöhnen.
> Ja, Agamemnon! So war unser Ende; und unsere Leiber
> Liegen auch jetzt noch im Haus des Odysseus und keiner besorgt sie.[305]

Anders als in der zuvor betrachteten Grabmalerei (Katalog Heimkehr Nr. 6 Abb. VI.5) sind die Freier hier, zum Zeitpunkt der dargestellten Handlung, tatsächlich schon tot und ihre Seelen auf dem Weg in die Unterwelt. Allerdings werden sie, gleichfalls anders als in der Grabmalerei, nicht bildlich dargestellt. Stattdessen wird durch den Tanz der Mägde auf sie verwiesen. Die schön herausgeputzten Mädchen sind sozusagen der Schleier, der die hässlich zugerichteten Leichen der ermordeten Freier verdeckt. Gleichfalls hinzuzudenken hatte sich ein Betrachter den grausam verstümmelten Leichnam des illoyalen Ziegenhirten Melantheus[306] sowie jene zwölf an einer Säule erhängten Mägde, die aufgrund der Aussage Eurykleias von Odysseus zum Tode verurteilt wurden. Sie hatten sich mit den Freiern eingelassen und es daraufhin — da sie sich nun auf der Seite der Stärkeren glaubten — an Respekt gegenüber Eurykleia, Penelope und Telemachos fehlen lassen.[307] Die tanzenden Mägde auf dem Mosaik sind also die, die Glück gehabt haben beziehungsweise die Eurykleia nicht negativ aufgefallen waren. Möglicherweise soll der Blick aus den Augenwinkeln, den die alte Amme ihnen zuwirft, an dieses Abhängigkeitsverhältnis erinnern.

Schwer zu beantworten ist die Frage, warum die Dienerinnen im Vergleich zu Odysseus und Penelope so viel Raum einnehmen und warum sie als einzige eine erläuternde Beischrift tragen. Räumte der Mosaizist ihnen so viel Platz ein, weil ein bunter Reigen von schönen jungen Frauen ein ansprechendes Bildmotiv bot oder weil er damit eine weitergehende Aussage verbinden wollte? Und benannte er sie als »Dienerinnen«, um sie durch die einzige Inschrift im Bild noch weiter hervorzuheben, oder wollte er umgekehrt damit auf ihren niedrigen Status verweisen und so ihre räumlich dominante Position konterkarieren? Und benötigten Odysseus und Penelope keine Inschrift, weil eh jeder Betrachter aufgrund der allgemein bekannten Odysseus-Ikonographie wusste, wer sie waren?[308] Und schließlich: Woher hatte der Mosaizist oder der Auftraggeber die Idee zu dieser Bildfindung, für die es momentan keinerlei antike Parallelen gibt?

---

Bein der Mänade auf einem Mosaik aus Madaba: Museum; 6. Jh. n. Chr.; Piccirillo 1993, 23. 76 Abb. 33.

303 Hom. Od. 23, 149–51.
304 Hom. Od. 24, 529–48.
305 Hom. Od. 24, 183–87. Es spricht die Seele des Amphimedon.

306 Hom. Od. 22, 474–77.
307 Hom. Od. 22, 417–25. 441–45. 458–73.
308 Wie R. Ling 2007, bes. 86 f. in seiner systematischen Studie der Inschriften auf Mosaiken im römischen Britannien konstatiert, werden den Betrachter informierende Beischriften (»labels«) ab dem Ende des 2. Jh.s n. Chr. immer häufiger. Dabei gibt es prinzipiell zwei Möglichkeiten: Entweder beschriften die Mosaizisten rigoros jede Figur, die sich im Bildfeld befindet. Das gilt z. B. für das weiter unten vorzustellende Mosaik mit Kassiopeia und den Nereiden, das sich auf dem südlichen Mosaikstreifen befindet. Hier sind sämtliche Figuren beschriftet, folgerichtig auch eine ΘΕΡΑΠΕΝΑ (»Dienerin«). Vgl. ein Hippolytos-Mosaik in Madaba aus dem 6. Jh. n. Chr. (Piccirillo 1993, 66 Abb. 3), auf dem u. a. ΘΕΡΑΠΕΝΑΙ, ΠΡΟΠΟΛΟΙ (»Diener«) und ein kleiner ΔΟΥΛΟΣ (»Sklave«) auftreten. Die zweite von Ling a. O. formulierte Möglichkeit besteht darin, nur die Personen zu beschriften, deren Identifizierung von Seiten des Betrachters nicht unbedingt erwartet werden konnte, weil das Sujet zu unbekannt war bzw. eine eindeutige und gut etablierte Ikonographie fehlte. Dies ist bei den tanzenden Mägden aus der *Odyssee* sicher der Fall: Wie erwähnt, handelt es sich hier um die

*Baulicher und ideeller Kontext*

Schon die erste, wörtliche Ebene dieses Mosaiks lässt beim derzeitigen Stand der Forschung also einige Fragen offen. Weitaus problematischer ist jedoch der Umgang mit einer möglichen zweiten, allegorischen Ebene. Anders als im Fall des zuvor behandelten Freskos (Katalog Heimkehr Nr. 6), bei dem ein gesicherter Grabkontext die Richtung vorgab, in der sich eine allegorische Interpretation zu bewegen hat, ist der bauliche Kontext des hier behandelten Mosaiks unbekannt. Ein spezifischer Kontext, nämlich ein philosophischer, wurde jedoch *postuliert* aufgrund der Motive, die sich auf jenem Zyklus von Mosaiken befinden, von denen das hier diskutierte ein Bestandteil ist.

Die Bilder sind auf zwei langen, parallel zueinander in Ost-West-Richtung verlaufenden Streifen angebracht (Abb. VI.8).[309] Aus stilistischen Gründen werden sie in die zweite Hälfte des vierten Jahrhunderts n. Chr. datiert.[310] Irgendwann im fünften Jahrhundert wurde auf dem Areal der Vorgängerbau der heute noch dort befindlichen Kathedrale des früheren sechsten Jahrhunderts errichtet.[311] Der Umstand, dass sich diese Kathedrale in sehr gutem Zustand befindet, erschwert eine Rekonstruktion des Gebäudes aus dem vierten Jahrhundert beträchtlich. Mauern haben sich nicht erhalten. Über die Binnengliederung des Gebäudes sowie die Gestaltung des aufgehenden Mauerwerks ist nichts bekannt. Es lässt sich vermuten, dass die erhaltenen Straßen im Osten und Süden auch die entsprechenden Grenzen dieses Gebäudes im vierten Jahrhundert bildeten. Die Ausdehnung nach Westen und Norden ist unklar.

An das Bildfeld mit der *Odyssee*-Szene (Bildfeld a) schlossen sich im Osten — aus der Blickrichtung des Betrachters: rechts — noch zwei weitere langrechteckige Bildfelder an. Gleich dem bereits besprochenen sind sie gerahmt von elaborierten geometrischen oder vegetabilen Motiven, die auch die Felder zwischen den figürlichen Feldern ausfüllen. Das mittlere Bildfeld (Bildfeld b) weist im unteren Bereich eine große Fehlstelle auf, das Motiv ist jedoch erkennbar: eine Versammlung von sieben sitzenden Männern mit Bart, weißer Tunika und/oder ebensolchem Pallium, von denen der mittlere, erhöht sitzende inschriftlich als ΣΩΚΡΑΤΗΣ (Sokrates) bezeichnet ist. Es handelt sich also um eine Versammlung von Philosophen, eventuell Sokrates unter den Sieben Weisen.[312] Das folgende Bildfeld (Bildfeld c) war schon bei der Auffindung 1938 in keinem guten Zustand und ist heute nahezu vollständig zerstört.[313] Dargestellt war ein mit Speisen bedeckter Tisch, um den sich fünf Personen gruppierten. Die mittlere war weiblich und hatte eine Beischrift, von der sich bedauerlicherweise nur die Endung ΙΣ erhalten hat.[314] Ganz rechts saß in Dreiviertelansicht ein Mann oder Jüngling, auf den sich vielleicht die Inschrift ΚΑΛΛΟΣ rechts oben im Bild bezieht: *to kállos* (im Griechischen Neutrum) bezeichnet »das Schöne« oder »Schönheit« und ist hier möglicherweise als Personifikation des (neu)platonischen Konzepts des Schönen zu verstehen.[315] Der Rest ist kaum noch rekonstruierbar. Es haben sich wohl noch diverse Blüten, Blätter und Früchte im Bild befunden.

Der Bildschmuck des südlichen Mosaikstreifens, mehr als 10 Meter entfernt und gleichfalls in Ornamente eingebettet, besteht aus zwei langgezogenen Bildfeldern mariner Thematik. Er ist genau von der anderen Seite, von Norden her, zu lesen. Beide Mosaikstreifen rechneten also mit Betrachtern, die sich in einem wie auch immer gestalteten Raum zwischen ihnen befanden.

---

einzige erhaltene Darstellung des Motivs aus der gesamten Antike. Ähnliches demonstriert das rechts anschließende Mosaik mit der Philosophenversammlung, s. u. Hier wird das Motiv an sich jedem Betrachter klargewesen sein. Dass mit dem Mann in der Mitte allerdings speziell Sokrates gemeint sein sollte, konnte nur eine Inschrift verdeutlichen. Weitere Studien zum *epigraphic habit* auf Mosaiken sind sicher wünschenswert. Momentan gilt zum großen Teil noch das Verdikt von Leader-Newby 2005, 235: »This phenomenon is not a well-understood one«.

309 Vorlage der Mosaiken bei J. Ch. Balty 1972a, ein Plan des baulichen Befunds ebenda Abb. 1 (wo die Phase des 4. Jh.s n. Chr. in der visuell weit dominanteren Darstellung der darüber liegenden Kathedrale allerdings etwas untergeht. Die Publikation eines gesonderten Planes unter Einbeziehung der seitdem durchgeführten Sondagen ist laut mündlicher Auskunft von Herrn und Frau Balty geplant.) Ich möchte an dieser Stelle den Ausgräbern, Herrn Jean Charles Balty und Frau Janine Balty, sehr herzlich danken für ihre Bereitschaft, während ihres Aufenthalts in Berlin im Januar 2010 diesen faszinierenden Befund ausführlich mit mir zu diskutieren.

310 J. Balty 1995, 61. Hauptargument ist die Gestaltung der geometrischen Motive, in welche die figürlichen Bildfelder eingebettet sind.

311 J. Ch. Balty 1972b, 188–93.

312 J. Ch. Balty 1972a, 166–70.

313 J. Ch. Balty 1972a, 171 f.

314 Weibliche Namen und Personifikationen mit dieser Endung gibt es im Griechischen bekanntlich jede Menge. Der Vorschlag von J. Ch. Balty 1972a, 172, die Person als Charis zu benennen, ist deshalb zwar möglicherweise richtig, aber nicht zwingend.

315 Dazu weiter unten. Was die bildliche Umsetzung dieses Konzepts in Form einer Personifikation anbelangt, so sind m. W. keine Parallelen bekannt. Ein ikonographisches Lexikon aller im Altertum bekannten und bildlich umgesetzten Personifikationen wäre sicherlich hilfreich.

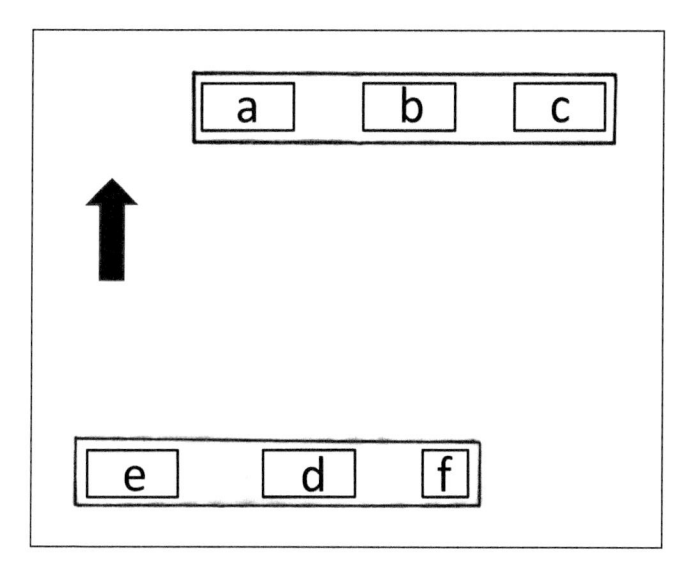

Abb. VI.8 Schematische Skizze der erhaltenen Mosaiken aus dem Gebäude des 4. Jhs. in Apameia (zu Katalog Heimkehr Nr. 7). Susanne Moraw nach Balty 1972, Abb. 1

Eventuell handelte es sich um den figürlichen Fußbodenschmuck eines riesigen Saales, über dessen Architektur mangels entsprechender Befunde keine Aussage getroffen werden kann. Das für die Betrachter ganz rechts, also im Westen, liegende langrechteckige Bildfeld (Bildfeld e) ist in seinen Grundzügen gut erkennbar.[316] Dargestellt war der Schönheitswettbewerb zwischen der äthiopischen Königin Kassiopeia und den Nereiden, unmissverständlich visualisiert durch die anwesende und inschriftlich bezeichnete Personifikation des Schiedsgerichts, ΚΡΙΣΙΣ (*Krísis*), die neben dem ozeanischen Herrscherpaar Poseidon und Amymone steht.[317] Links dieser Gruppe befinden sich Thetis und diverse andere Gestalten des Meeres, rechts Kassiopeia in Begleitung einer Dienerin sowie der sie bekrönenden ΝΙΚΗ (*Níke*), der Personifikation des Sieges. Von dem links davon befindlichen, ebenso großen Bildfeld (Bildfeld d) haben sich nur wenige Reste erhalten:[318] ein fackeltragender Eros, der Kopf eines Triton und eine Inschrift, die sich zu »Galene« ergänzen lässt, also vermutlich der Name der ihn reitenden Nereide. Am rechten Ende dieses Streifens befindet sich ein rechteckiges Mosaikfeld (Bildfeld f), das von Westen, also von den marinen Bildern her kommend, zu lesen ist.[319] Auf einem weißen Feld, gerahmt von einer dünnen schwarzen Linie und mit *gammadia* und *orbiculi* in den Ecken — also wohl den Gedanken an ein am Boden ausgebreitetes Stück Stoff evozierend —, liegt inmitten eines großen Kranzes eine *corona gemmata*, der die Worte ΕΥ ΧΡΩ (»Mache guten Gebrauch [davon]!«) eingeschrieben sind.[320]

Im Jahr 1972 wurden alle hier beschriebenen Mosaiken von Jean Charles Balty vorgelegt und in Rekurs auf ältere Überlegungen von G. M. A. Hanfmann und Violette Verhoogen in einem philosophischen Kontext verortet.[321] Sie wären einst Bestandteil der Ausstattung jener neuplatonischen Schule des Jamblich gewesen, die sich nach Ausweis literarischer Quellen von ungefähr 310 bis ungefähr 325 n. Chr. in Apameia befand.[322] Das Bildprogramm der Mosaiken sei philosophisch, genauer: neuplatonisch, inspiriert und entsprechend seien sämtliche Darstellungen unter dieser Prämisse zu interpretieren.[323] Da sich die stilistisch begründete Datierung der Mosaiken in die zweite Hälfte des vierten Jahrhunderts mit dem literarisch bezeugten Ende der Schule um spätestens 325 n. Chr. nur schwer in Einklang bringen ließ, wurde die These später dahingehend modifiziert, dass es sich hier um eine Art Memorialgebäude für die ehemalige Schule handle, vermutlich auf deren Gelände und unter dem Einfluss der explizit antichristlichen Politik des ›Philosophenkaisers‹ Julian.[324] In dieser Form fand die (jetzt meist als Faktum präsentierte) These Eingang in Handbücher und Aufsätze zur antiken Philosophie.[325]

Beweise für diese These, etwa in Form einer an Ort und Stelle gefundenen Inschrift, gibt es nicht. Auch ist die Architektur des Gebäudes, wie bereits erwähnt, nahezu unbekannt. Um den Bau überhaupt typologisch einordnen zu können, würde als Erstes ein auf neuestem Stand befindlicher Grundriss benötigt. Ein weiteres Problem

---

316 Beschreibung bei J. Ch. Balty 1972a, 174–76. Eine Zeichnung sowie Farbabbildungen des gesamten, inzwischen ins Museum von Apameia verbrachten Mosaiks einschließlich der 1972 noch nicht aufgedeckten Gestalt der Nike am rechten Bildrand bei J. Balty 1977, 82–87 Nr. 36–38.

317 Auch alle anderen Personifikationen und mythischen Personen sind inschriftlich bezeichnet; für Details s. den Katalog.

318 J. Ch. Balty 1972a, 174.

319 J. Ch. Balty 1972a, 179.

320 Von J. Ch. Balty 1972a, 181 in Verbindung mit Krone und Kranz als »couronne d'immortalité« gedeutet.

321 Hanfmann 1951 (zum Sokrates-Mosaik); Verhoogen 1964, Einleitungstext ohne Paginierung (zum Kallos- und zum *Odyssee*-Mosaik).

322 Dillon 2000, 828 f. Zum weiteren Schicksal der Schule s. ebenda S. 829: »Après la mort de Jamblique, nous dit Eunape (S. 18,14–15 G.), ses disciples se dispersèrent, à cause du climat religieux et politique défavorable aux païens qui prévalait en Syrie. Par la suite, Aidésius refonda l'école à Pergame (S. 25,2–3 G.).«

323 J. Ch. Balty 1972a, passim; zur Verortung der Mosaiken im postulierten Gebäude der Schule des Jamblich bes. 170 f. 178.

324 J. und J. Ch. Balty 1974.

325 Etwa Dillon 2000, 828 f.; Siorvanes 2005, 78 f.

ist, dass die physische Gestalt spätantiker Philosophenschulen wenig erforscht ist. Wir wissen, wer in welcher Stadt welche Spielart des Neuplatonismus lehrte, wer seine Schüler waren und was sein gesellschaftspolitisches Umfeld.[326] Wie hingegen die Wohn- und Unterrichtsräume aussahen, um welchen Gebäudetyp oder -typen es sich handelte, wie die Räume ausgestattet waren (etwa mit figürlichem Schmuck), ist kaum bekannt.[327]

*Interpretation*

Für die Interpretation des *Odyssee*-Mosaiks hatte die referierte These weitreichende Folgen. Ausgehend von der Prämisse, die Darstellung sei Teil eines Bildprogramms mit neuplatonischer Gesamtaussage, wurde eine entsprechende allegorische Bedeutungsebene postuliert. Wie die ikonographische Analyse des Mosaiks klargemacht haben dürfte, liefert das Bild selbst keinen Anhaltspunkt dafür, wie eine solche Bedeutungsebene ausgesehen haben könnte. Sowohl die Charakterisierung der Figuren als auch die vom Mosaizisten beigefügte Inschrift »Dienerinnen« bewegen sich auf der Ebene der Darstellung der homerischen Episode. Eine allegorische Bedeutung konnte also nur aus der literarischen Rezeption gewonnen und dann auf das Mosaik übertragen werden. Dabei stellte es, wie gleich zu zeigen sein wird, ein gewisses Problem dar, dass spätantike philosophisch-allegorische Deutungen zum 23. Buch der *Odyssee* — speziell zur endgültigen Wiedervereinigung der Ehegatten sowie zum Tanz der Dienerinnen nach dem Massaker an den Freiern — nicht überliefert sind. Es blieb also nur der Rekurs auf das prinzipielle Verhältnis zwischen Penelope und Odysseus sowie zwischen Penelope und »den Dienerinnen«, herausgelöst aus der spezifischen Situation nach dem Freiermord. Das wiederum hatte Folgen für die Sicht auf das Mosaik. Gleichsam notwendigerweise wurde die raum-zeitliche Kohärenz der Darstellung negiert und stattdessen das lose Beieinander zweier an sich unabhängiger Szenen postuliert.

Odysseus wurde von Anfang an als Allegorie für den neuplatonischen Weisen gedeutet, der zu der Allegorie für die Philosophie, Penelope, heimkehre.[328] Wie die Diskussion der literarischen Zeugnisse deutlich machte, war eine Gleichsetzung des Odysseus mit dem philosophisch inspirierten Weisen im Osten wie im Westen des Reiches bekannt.[329] Die Gleichsetzung Penelopes mit der Philosophie hingegen ließ sich im lateinischen Westen gar nicht nachweisen, im griechischen Osten nur mit Schwierigkeiten.[330] (Spät)antike Texte, die Odysseus' Heimkehr nach Ithaka explizit als ›Heimkehr‹ des Weisen zur Philosophie allegorisieren, gibt es nicht.[331] Und inwieweit die oben angesprochenen weißen Gewänder der Ehegatten auf diesem Mosaik auch auf ihren Status als Weise hindeuten, ist nicht sicher.

Die tanzenden Dienerinnen wurden zunächst versuchsweise als die Freuden des Jenseits allegorisiert. 1988 hingegen galt ihnen verstärkte Aufmerksamkeit.[332] Auf der Ebene der *Odyssee*-Erzählung wurden sie aus ihrem spezifischen Kontext, der Tanz der überlebenden ›guten‹ Dienerinnen nach dem Massaker an den Freiern, gerissen und zu Dienerinnen schlechthin erklärt. Ihr auf dem Mosaik dargestellter Tanz sei keinem bestimmten

---

326 Beispielhaft genannt sei hier die Arbeit von Watts 2006.

327 In der kommentierten Bibliographie von Lavan — Swift — Putzeys 2007 sind drei Seiten (S. 103–05) dem Thema »Schools« gewidmet. Als Literatur zu archäologischen Befunden wird nur ein einziges Werk, zu einem Gebäude in Alexandria, genannt. Zu ergänzen wäre hier z. B. der Befund aus Aphrodisias: Smith 1990. Was Athen anbelangt, so sieht die Situation nur wenig besser aus: Zu den Gebäuden der Akademie s. Travlos 1971, 42 f.; zu einem vergleichbaren, bis ins 4. Jh. n. Chr. genutzten Gebäudekomplex im Osten Athens s. Lygouri-Tolia 2002. Das Tetrakonchon der Hadriansbibliothek wurde versuchsweise mit einer Philosophenschule in Verbindung gebracht: Mango 1974, 10. Ansonsten gibt es diverse Privathäuser, v. a. das sog. Haus des Proklos, die als spätantike Philosophenschulen angesprochen werden: Frantz 1988, v. a. 37–48. 84–90; vgl. Baumer 2001. Eunapios (*Vitae Sophistarum* 483) beschreibt im späten 4. Jh. n. Chr. nach eigenem Augenschein das Haus des Julian von Kappadokien, das »einem heiligen Tempel ähnelte«: mit Porträtstatuen der besten Schüler des Meisters sowie einem eigenen kleinen Theater für die Lehrveranstaltungen. Diese Hinweise stammen von Nadin Burkhardt, die sich im Zuge eines Frankfurter Habilitationsvorhabens mit der Stadtentwicklung im spätantiken Griechenland beschäftigte. Ihr sei an dieser Stelle herzlich für ihre Hilfsbereitschaft gedankt.

328 J. Ch. Balty 1972a, 171 sowie J. Balty 1995, 265–73 bes. 267–69: Wiederabdruck des Aufsatzes 1984 J. und J. Ch. Balty, »Un programme philosophique sous la cathédrale d'Apamée. L'ensemble néo-platonicien de l'empereur Julien«.

329 Vgl. Texte Polyphem Nr. 4 (Porphyrios) und Nr. 9 (Boethius); Texte Kirke Nr. 4 c (Porphyrios), Nr. 6 (Plotin), Nr. 7 (Proklos), Nr. 8 (Olympiodor); Text Sirenen Nr. 24 (Fulgentius); Text Skylla Nr. 16 (Fulgentius); Text Heimkehr Nr. 17 (Porphyrios).

330 Dazu oben die Diskussion der Texte Heimkehr Nr. 17–21.

331 Die einzigen Texte (hier Heimkehr Nr. 20 und 21), die Penelope explizit mit der Philosophie gleichsetzen, erwähnen Odysseus nicht. Dort geht es um das Verhältnis Penelopes zu den Freiern. J. Ch. Balty 1972a, 171 Anm. 5 und J. Balty 1995, 269 Anm. 26 können entsprechend als Beleg für ihre Allegorie-These nur auf Eustathios verweisen, nicht auf eine spätantike Quelle.

332 J. Balty 1995, 275–89 bes. 277 f. Wiederabdruck des Aufsatzes »Iconographie et réaction païenne«.

Moment des Epos zuzuordnen, sondern transportiere allein eine Stimmung.[333] Die Dienerinnen des Oikos seien *alle* dem Odysseus feindlich gesinnt gewesen[334] und entsprechend habe die Inschrift ΘΕΡΑΠΕΝΙΔΕΣ einen pejorativen Gehalt.[335] Dies bedeute weiterhin, dass sie auf der allegorischen Ebene negativ gedeutet werden müssten: als umhergeworfene, im Fleisch beziehungsweise der Materie gefangene Seelen, während Odysseus die befreite Seele symbolisiere. Eine antike Quelle, welche die Dienerinnen in dieser Weise allegorisiert hätte, gibt es nicht.

Die Forschung bekam neuen Schwung durch den Vorschlag von Marie-Henriette Quet, in den Dienerinnen Allegorien für die *enkyklía paideúmata*, die Hilfswissenschaften, zu sehen.[336] Entsprechend der literarischen Rezeption sei Penelope als Allegorie für die Philosophie zu verstehen, ihre Dienerinnen hingegen als Allegorien für jene Kenntnisse oder Wissenschaften, die der Philosophie dienten.[337] Diese seien auf dem Mosaik allerdings nicht so negativ charakterisiert wie in den philosophischen Texten, sondern positiv, als integraler Bestandteil der hellenischen Kultur und als erste Stufe zur Erkenntnis des wahren Schönen. Um diese Interpretation plausibel zu machen, schlug Quet eine zweifache Volte: Zum einen ignorierte sie, dass die Dienerinnen der literarischen Allegorese die schlechten und treulosen sind, diejenigen, die sich mit den Freiern einlassen. Diese sind zum Zeitpunkt der Wiedervereinigung von Odysseus und Penelope bereits tot. Tatsächlich sind die auf dem Mosaik dargestellten Tänzerinnen die anderen Dienerinnen, die guten, die in der spätantiken Allegorese überhaupt nicht thematisiert werden. Um diesen Widerspruch nicht allzu eklatant aussehen zu lassen, enthob auch Quet die Tänzerinnen auf dem Bild ihres spezifischen Erzählkontextes und erklärte sie zu »Dienerinnen schlechthin«. Janine Balty ihrerseits stimmte den Ideen von Quet ungeachtet der eben genannten methodischen Probleme grundsätzlich zu, betonte aber den qualitativen Unterschied zwischen Philosophie und Hilfswissenschaften beziehungsweise zwischen Penelope und den Dienerinnen.[338]

Die hier referierten Versuche einer philosophisch-allegorischen Deutung sind das letzte Glied des hermeneutischen Zirkels, der um den Komplex der Mosaiken aus Apameia geschlagen wurde: Ausgehend von dem Bildfeld mit Sokrates sowie demjenigen mit *KALLOS*, wurde der architektonische Kontext einer Philosophenschule postuliert, der dann wiederum auf das gesamte Ausstattungsprogramm, auch die mythischen Bilder, gewirkt haben soll.[339] Die aus den Mythenbildern heraus- (eigentlich eher: hinein-) gelesene allegorische Interpretation dient dann wiederum als Beweis dafür, dass es sich bei dem Gebäude tatsächlich um den (postulierten) von Julian initiierten Memorialbau für die Schule des Jamblich gehandelt habe.

Auf eine eventuelle philosophische Allegorie weist bei dem Mosaikenkomplex von Apameia einzig eine Inschrift auf dem bedauerlicherweise stark zerstörten Bildfeld, das sich auf demselben Streifen wie die *Odyssee*-Szene befand, von dieser durch die Philosophenversammlung getrennt. Wie bereits erwähnt, sitzen dort mehrere Personen männlichen und weiblichen Geschlechts um einen Tisch. Eine davon trägt die Inschrift ΚΑΛΛΟΣ, was nicht nur generell »das Schöne« oder »Schönheit« bedeutet, sondern sich

---

333 J. Balty 1995, 277 f. Wie die Diskussion der Denkmäler zur Fußwaschung (bes. Katalog Heimkehr Nr. 4 Abb. VI.3 sowie Anhang Heimkehr Nr. 1) deutlich machte, gibt es in der (spät)antiken Kunst tatsächlich manchmal das Phänomen der Abkehr von einer raum-zeitlichen Einheit. Diese ist dann jedoch 1. klar ersichtlich (z. B. der lebendige Argos in einer Szene, zu deren Zeitpunkt er bei Homer schon tot ist. Einen weiteren Hund, der in der homerischen Fußwaschszene auftaucht und den man bei der Deutung dieser Darstellung als Argos wegdiskutieren müsste, gibt es in der *Odyssee* nicht.) und dient 2. einer für den Betrachter auf Anhieb verstehbaren Botschaft (z. B. Argos und Eurykleia als der treue Hund und die treue Sklavin des Odysseus, die beide ihren zurückgekehrten Herrn anhand der Sinnesorgane erkennen). Beides ist bei dem Mosaik aus Apameia nicht der Fall. Stattdessen ist es weitaus plausibler, davon auszugehen, dass ein Betrachter beim Anblick des sich umarmenden Paares und der tanzenden Dienerinnen an das 23. Buch der *Odyssee* dachte, wo genau diese beiden Ereignisse kurz nacheinander erzählt werden.

334 J. Balty 1995, 277. Das ist nicht richtig. Die Pointe bei Homer ist ja gerade, dass manche Dienerinnen (und Diener) der Familie des Odysseus gegenüber loyal bleiben und andere eben nicht. Anderenfalls hätte Odysseus am Ende alle aufhängen müssen.

335 J. Balty 1995, 278. Dafür liefert das Mosaik keinen Beleg.

336 Quet 1993.

337 Vgl. Texte Heimkehr Nr. 20 und 21: Diejenigen Menschen/ Männer, die sich nur mit den Hilfswissenschaften befassen anstatt mit der Philosophie, ähneln den Freien der Penelope, die zwar mit den illoyalen Mägden herumhurten, aber an die Herrin nicht herankamen.

338 J. Balty 1995, 299–305. Wiederabdruck des Aufsatzes »Les ›Thérapénides‹ d'Apamée. Textes littéraires et iconographie« von 1992.

339 Die Deutungen, die das Mosaik mit Kassiopeia und den Nereiden erfahren hat, sind mindestens so abenteuerlich wie die Deutungen zum *Odyssee*-Mosaik, können hier aber nicht im Einzelnen nachgezeichnet werden. Von dem zweiten Mosaik mit mariner Thematik hat sich zu wenig erhalten, als dass es die Phantasie der Interpreten hätte beflügeln können.

auch auf die neuplatonischen Hypostasen des Einen oder des Geistes beziehen kann.[340] Wie bereits im Kapitel »Kirke« dargelegt, war es spätantiken Mosaizisten bei Genreszenen möglich, diesen mittels der inschriftlichen Bezeichnung der Protagonisten als Personifikationen eine allegorische Ebene zu verleihen (Abb. III.5). Auch hier mag es sich um einen solchen Fall gehandelt haben. Falls alle um den Tisch Sitzenden als Personifikationen neuplatonischen Inhalts gekennzeichnet gewesen wären, hätte ein entsprechend vorgebildeter Betrachter daraus eine komplexe philosophische Botschaft ablesen können. Erhalten hat sich davon nichts.

Jedoch muss selbst eine philosophisch konnotierte Inschrift nicht zwangsläufig auf eine Philosophenschule als Anbringungsort und Rezeptionskontext weisen. Ruth Leader-Newby machte in ihrer Untersuchung der Inschriften auf spätantiken Mosaiken des griechischen Ostens klar, dass sich entsprechende Inschriften vor allem in den Empfangs- und Speiseräumen der Wohnhäuser der Elite befanden.[341] Sie waren zumindest idealiter gedacht als anspruchsvolles Ambiente und als Stimulanz einer gehobenen Konversation bei Tisch — eine Konversation, deren Niveau naturgemäß abhängig war von den individuellen Möglichkeiten und Fähigkeiten der jeweiligen Teilnehmer.[342] Letztendlich dienten diese und vergleichbare Inschriften der Demonstration von *paideia* beziehungsweise dem Bedürfnis, die eigene Bildung nicht nur in Sprache und Auftreten zum Ausdruck zu bringen, sondern sie gleichsam zu verewigen, zu materialisieren.[343] Ob es sich bei dem mosaikengeschmückten Gebäude in Apameia auch um ein solches ambitioniertes Wohnhaus handelte, ist mangels eines dokumentierten Baubefundes nicht erschließbar. Falls ja, ließen sich in diesen Rahmen auch das Philosophenmosaik und das Mosaik mit der Inschrift ΕΥ ΧΡΩ (»Mache guten Gebrauch [davon]!«) problemlos einbauen, von den diversen Mythenbildern ganz zu schweigen.[344]

Um zusammenzufassen: Eine allegorische Überhöhung Penelopes als Philosophie, zu welcher der archetypische Weise Odysseus strebe, ließ sich in diesem Mosaik ebenso wenig nachweisen wie in anderen spätantiken Bildwerken. Über die Schwierigkeiten, eine derartige Allegorese in der spätantiken Literatur nachzuweisen, wurde bereits gesprochen. Selbst die Frage, ob Penelope auf diesem Mosaik als Identifikationsfigur für eine Betrachterin oder gar für die Herrin des Hauses dienen konnte, muss beim derzeitigen Kenntnisstand offenbleiben. Ähnlich problematisch sieht es für Odysseus aus. Es gibt beim derzeitigen Stand der Forschung keinen Beweis dafür, dass Odysseus in der bildenden Kunst der Spätantike als eine Identifikationsfigur für einen nach Weisheit strebenden Betrachter fungieren konnte. Diese Rolle war nur in der zeitgleichen Literatur, ausgerichtet auf einen Leser, möglich. Welche Rolle der Odysseus dieses Mosaiks für einen Betrachter spielen konnte, ist mangels unseres Wissens über den genauen Charakter des Rezeptionskontextes gleichfalls nicht zu entscheiden.

So bleibt nur, nochmals auf jene Aspekte des Bildes zu verweisen, die es von anderen spätantiken Heimkehrszenen unterscheiden und vom Mosaizisten und Auftraggeber wohl bewusst angelegt wurden. Das ist zunächst die Wahl des Motivs an sich: der sonst in der Spätantike nicht dargestellt Moment der endgültigen Wiedererkennung der Ehegatten nach dem Freiermord anstelle des sonst üblichen nächtlichen Gesprächs davor. Hinzu kommt die ungewöhnliche Präsenz der tanzenden Dienerinnen, ein Motiv, für das es in der ganzen Antike keine Parallelen gibt. Weiterhin erklärungsbedürftig ist, dass diese Dienerinnen so viel mehr Raum einnehmen als die eigentlichen Protagonisten der *Odyssee*. Erwähnenswert ist sodann der deutliche Gegensatz zwischen den in schlichte, nicht der zeitgenössischen Mode entsprechende Gewänder gekleideten Figuren des Mythos — Odysseus und Penelope — und den in spätantiker Tracht präsentierten tanzenden Dienerinnen. Und schließlich sei daran erinnert, dass dieses vordergründig so fröhliche und schöne Bild für einen mythenkundigen Betrachter als ein Verweis auf eine Menge schrecklicher und grausamer Dinge gelesen werden konnte. Die Frage, wie all diese Aspekte zu deuten sind, ist derzeit mangels ikonographischer Parallelen und eines gesicherten Rezeptionskontexts bedauerlicherweise nicht zu beantworten.

---

340 Plot. V 1, 7, 29 f.; Proklos, *Theologia Platonica* 1, S. 31,4 Saffrey — Westerink 1968 (über das geistige Sein); Plot. VI 7, 32, 29 κάλλος ὑπὲρ κάλλος (über das Eine). Im Hintergrund steht in allen Fällen Plat. Symp. 211 a–d.

341 Leader-Newby 2005, 234 f.

342 Ebenda: »In that case, the level of philosophical interpretation to which a mosaic was subjected depended on the diner's cultural knowledge.«

343 Leader-Newby 1995, 240.

344 Zu Philosophenmosaiken als Ausweis von Bildung in Wohnhäusern: Dunbabin 1978, 136 mit Anm. 33 sowie dies. 1999, 299: »the allusion to literary culture is conveyed through portraits of poets or philosophers, or simply through the figures of the

Muses«; diverse Beispiele für Aufschrift ΚΤΩ ΧΡΩ (»Erwirb und brauche!«) auf Gegenständen des täglichen Gebrauchs der Zeit von 50 v. bis 50 n. Chr. mit dem Sinn »Genieße das Deine!« bei Zahn 1923; Mythenbilder im spätantiken Wohnhaus: Muth 1998.

## Zusammenfassung der Ergebnisse zur spätantiken Rezeption der Heimkehr nach Ithaka

Obwohl mehr als die Hälfte des homerischen Epos den Ereignissen auf Ithaka gewidmet war, legte die Rezeption den Schwerpunkt auf die Abenteuer der Irrfahrt. Die Wiedereingliederung des Odysseus in die Gesellschaft von Ithaka und die damit verbundene Wiedererlangung seines früheren Status wurden demgegenüber nur selten thematisiert. Zur Verdeutlichung sei nochmals das zahlenmäßige Verhältnis der spätantiken Bilder zu diesen beiden Themenkreisen genannt: Zum Thema Heimkehr haben sich nur sieben bildliche Darstellungen erhalten — gegenüber insgesamt 195 Darstellungen zu den verschiedenen Abenteuern der Irrfahrt. Weiterhin hatte die *Odyssee* ein komplexes Panorama der Auswirkungen geboten, welche die Rückkehr des Odysseus auf den verschiedenen gesellschaftlichen Ebenen — der Polis, des Oikos, der Familie — hatte. Die Rezeption hingegen beschränkte sich mehr oder weniger auf das Verhältnis des Odysseus zu Penelope und auf eine Feier dieser Paarbeziehung. Entsprechend ist Penelope neben Odysseus selbst die einzige Person, die in der Rezeption eine größere Rolle spielte. Der Sohn Telemachos, die alte Amme Eurykleia, der Hund Argos sowie die Freier wurden hingegen marginalisiert. Die Göttin Athena, der im homerischen Epos eine tragende Rolle zukam, fand in der Rezeption keine Erwähnung.

Ein sehr deutlicher Unterschied ist weiterhin zwischen der literarischen und der bildlichen Rezeption festzustellen. In die spätantiken Texte, vor allem diejenigen des Ostens, flossen auch Traditionen ein, die außerhalb der *Odyssee* stehen oder diese konterkarieren. Odysseus erscheint dort als ein zwanghaft Reisender, der mit diversen Frauen diverse Söhne zeugt und schließlich von einem dieser Söhne erschlagen wird; Penelope wird präsentiert als treulos und sich anderen Männern zuwendend. Die spätantiken Bilder hingegen rekurrieren einzig auf die *Odyssee*: auf das dort gezeichnete Bild des perfekten Paares Odysseus — Penelope sowie auf den prophezeiten gemeinsamen glücklichen Lebensabend. Sie verdichten die Ereignisse der zweiten Hälfte der *Odyssee* auf ihren narrativen Kern: »Odysseus kehrt zu den Seinen zurück, maßgeblich unterstützt von Penelope.« Dieses Ergebnis erreichten die bildenden Künstler, indem sie das zentrale Ereignis der Heimkehr, das nächtliche Gespräch zwischen den Ehegatten mit der Fußwaschung, in den Mittelpunkt stellten und daran gleichsam Verweise auf davor oder danach liegende Ereignisse anhängten: Mittels der Angabe eines Webstuhls oder einer Spindel kann auf Penelopes Webstuhllist verwiesen werden; die Anwesenheit eines Hundes verweist auf die gleichfalls bereits zurückliegende Begegnung mit Argos; die Darstellung der Freier im Hades verweist auf den am nächsten Tag stattfindenden Freiermord. Die spätantiken Bilder leisten so, mit ihren spezifischen Mitteln, etwas Ähnliches wie die kunstvollen Rück- und Vorblenden im homerischen Epos. Die spätantiken Texte hingegen beschränken sich auf einen zeitlich bestimmten Aspekt der Heimkehr oder erzählen rein linear.

Was die Unterschiede zwischen lateinischem Westen und griechischem Osten anbelangt, so sind sie in der bildlichen Rezeption gering, in der literarischen Rezeption deutlich größer. Die bereits angesprochenen Rekurse auf außerhomerische Traditionen finden sich vor allem in den griechischen Texten. Mit ihnen verbunden ist eine nicht ganz so positive Darstellung des Odysseus. An Penelope interessierte die griechischsprachige Rezeption zweierlei: zunächst ihre Gattenliebe, aber dann auch ihre Klugheit, welche sie sogar für eine Verwendung als Allegorie für die Philosophie geeignet erscheinen ließ. Beide Züge konnten gelegentlich auch in ihr Gegenteil, den Vorwurf von Promiskuität und Heimtücke, verkehrt werden. Außer Penelope wurden gelegentlich auch weitere Personen der *Odyssee* thematisiert, so etwa die alte Sklavin Eurykleia und der Hund Argos. Dies geschah allerdings nicht so sehr aus Interesse an diesen beiden Figuren selbst. Sie dienten vielmehr als *exempla* für antiquarische, tierkundliche oder erkenntnistheoretische Überlegungen. In den lateinischen Texten sind diese anderen Protagonisten nicht von Interesse. Hier konzentrieren sich die Autoren noch stärker auf Odysseus und/oder Penelope. Im Vergleich zu den griechischen Texten gibt es noch weniger kritische Stimmen zu diesen beiden Gestalten. Odysseus wird präsentiert als ein Exempel für *virtus* und *sapientia*, Penelope als ein Exempel für *pudicitia* beziehungsweise *castitas*. Für Penelope bedeutet dies, gleichfalls im Unterschied zu den griechischen Texten, dass ihre Person auf einen einzigen Aspekt, den einer restriktiv gehandhabten Sexualität, reduziert wird. Ihre Klugheit hingegen spielt kaum eine Rolle. Die berühmte Webstuhllist ist eher negativ konnotiert; eine Allegorisierung als Philosophie findet nicht statt. Was die Bilder zum Themenkomplex Heimkehr anbelangt, so gibt es aus der Spätantike zu wenige, als dass sich hier zwei nach geographischer Herkunft unterscheidbare deutliche Muster herausarbeiten ließen. Auffällig ist jedoch, dass — ganz im Unterschied zu den Darstellungen der Irrfahrt — sich aus dem Osten beinahe genauso viele Darstellungen erhalten haben wie aus dem Westen des Reiches: Drei Exemplare wurden im Osten gefunden, vier im Westen.

Trotz der wenigen überhaupt bekannten Darstellungen erscheint deren Verteilung auf Gattungen und Rezeptionskontexte recht disparat. Es gibt Darstellungen auf tönerner Massenware, auf luxuriösem Silbergeschirr, als Fußbodenschmuck eines repräsentativen Gebäudes und aus dem Bereich des Grabes. Ähnliches gilt für die verwendeten Bildtypen. Abgesehen von zwei Tonlampen, deren Bildschmuck vermutlich in einem direkten Abhängigkeitsverhältnis zueinander steht, zeigt jeder Bildträger einen je eigenen Typus der Darstellung. In einigen Fällen ist der Bildtypus ohne jede Parallele; die hier vorgenommene Interpretation sollte deshalb eher als Vorschlag verstanden werden. In den anderen Fällen lässt sich in Verbindung mit der Funktion des Bildträgers zumindest eine Aussage postulieren: Im sepulkralen Bereich konnte die Darstellung des Odysseus bei der Fußwaschung wohl das Thema ›Entrinnen aus einer tödlichen Gefahr‹ visualisieren; die liebevoll ausgestaltete Landschaft von Ithaka konnte auf einer allegorischen Ebene das Ziel der Sehnsucht der menschlichen Seele, dargestellt in der Person des heimgekehrten Odysseus, bedeuten. Nach Anbruch der Dunkelheit im Haushalt verwendete Tonlampen evozierten das intime Beisammensein eines nach langer Abwesenheit heimgekehrten Mannes mit seiner Gemahlin und seiner alten Amme. Und auf der wohl im Frauengemach verwendeten silbernen Wasserkanne mit einer schönen und klugen Penelope konnte die reale Hausherrin ein mythisches *alter ego* ihrer selbst erblicken.

Kapitel VII

# Fazit

Die Untersuchung zur spätantiken Rezeption der *Odyssee* galt sowohl Texten als auch Bildern, richtete den Fokus jedoch auf die bildliche Umsetzung. Die zu Beginn formulierten Fragen zur spätantiken *Odyssee*-Rezeption lauten: Welche Motive des Epos wurden überhaupt bildlich dargestellt, in welcher Form und warum genau so?

## Die Odyssee *als Bestandteil der kulturellen Identität des Westens*

Es zeigte sich, dass der Schwerpunkt der bildlichen Rezeption im lateinischen Westen lag: vor allem in Rom und Italien, sodann in Nordafrika und Kroatien. Zudem lag er auf den Abenteuern der Irrfahrt: auf der Begegnung mit dem menschenfressenden Ungeheuer Polyphem, mit der Zauberin Kirke, den verführerischen Sirenen und dem Meerungeheuer Skylla. Diese beiden Phänomene hängen unmittelbar miteinander zusammen.

Aufgrund der bereits in den vorchristlichen Jahrhunderten vorgenommenen Verortung dieser Abenteuer im Westen des Mittelmeerraumes — Polyphem auf Sizilien, Kirke und die Sirenen an der Westküste Italiens, Skylla in der Straße von Messina — erfolgte eine Vereinnahmung dieser Gestalten und Geschehnisse durch die italische Lokalgeschichte. Zu dieser Vereinnahmung trug sicher auch die literarische Rezeption der Irrfahrt bei, wie sie von Vergil in der *Aeneis* und von Ovid in den *Metamorphosen* ausgeführt wurde. Im Lauf der Jahrhunderte wurden die Gestalten und Geschehnisse zu Bestandteilen der Identität und des kulturellen Gedächtnisses nicht nur Italiens, sondern des gesamten lateinischen Westens. Im griechischen Osten hingegen gab es zwar bis zur Eroberung von Konstantinopel eine relativ ungebrochene Tradition sowohl von *Odyssee*-Handschriften als auch von Kommentaren und anderen Formen der literarischen Rezeption — an einer bildlichen Rezeption war jedoch, allem Anschein nach, niemand interessiert.

## *Ein männliches Monster und viele weibliche*

Die Künstler der Spätantike schufen aus einem ursprünglich deutlich größeren Repertoire an *Odyssee*-Bildern folgenden ikonographischen Kanon: die Darreichung des Weines an Polyphem, die Flucht aus der Höhle des Polyphem, Kirke auf Knien vor Odysseus, die Vorbeifahrt an der Insel der Sirenen, das Schiff des Odysseus in Konfrontation mit Skylla. Das waren die Motive, welche die Zeitgenossen interessierten und akzeptierten. Was die Ikonographie anbelangt, so erwies sich diese als erstaunlich konstant: Jahrhundertealte Schemata wurden nur leicht ›modernisiert‹, das heißt an die Tracht und die Stilmittel der Spätantike angepasst. Zudem erfolgte eine Einengung auf eine von mehreren Möglichkeiten, ein Motiv darzustellen, und eine Zuspitzung in der Aussage.

Die in früheren Jahrhunderten enorm populäre Blendung des Polyphem — die Bildformel, die Odysseus in einer wahrhaft heldenhaften Pose zeigt — ist für die Spätantike nur ein einziges Mal belegt. Darstellungen der Ereignisse auf Ithaka sind erstens selten. Zweitens folgen sie keinem eindeutig festgelegten ikonographischen Schema, sondern spielen mit verschiedenen Versatzstücken wie der Fußwaschung, der Webstuhllist oder dem Freiermord. Hier lässt sich ein Phänomen beobachten, welches der eben genannten Kanonisierung und Zuspitzung diametral entgegensteht, in der bildenden Kunst der Spätantike aber auch möglich war: Freude an der Variation und sogar Erfindung neuer Bildmotive.

Die dieser Auswahl zugrunde liegenden Mechanismen waren zum Teil, wie bereits erwähnt, sicher geographischer Art. Hinzu kommt ein weiterer Aspekt, die Natur der jeweiligen Gegner des Odysseus. Der einäugige menschenfressende Riese Polyphem war schön schaurig und bediente das Interesse der Rezipienten an männlicher Monstrosität. Er konnte sogar, wie auf dem stadtrömischen Sarkophag in Neapel, dazu instrumentalisiert werden, obszöne homosexuelle Vergewaltigungsphantasien ins Bild zu setzen. Kirke, die Sirenen und Skylla hingegen wurden imaginiert als weibliche Bedrohungen mit unterschiedlichen, fein abgestuften Graden an Monstrosität: von der rein menschengestaltigen Zauberin Kirke, die ihre Opfer ›nur‹ in Tiere verwandelte, über die aus Mädchenleib und Vogelbestandteilen zusammengesetzten Sirenen, die ihre Opfer in einem Zustand dauernder Lust gefangen hielten und langsam zugrunde gehen ließen, bis hin zu Skylla, die nur am Oberkörper ein Mädchen war, deren Unterleib jedoch aus gierigen, ihre Opfer verschlingenden Raubfischen und Hunden gebildet wurde. Es versteht sich von selbst, dass alle diese Opfer als männlich vorgestellt wurden. Die Täterinnen hingegen wurden als explizit weiblich gedacht und in den Bildern entsprechend sexualisiert. Sie bedienten damit das Interesse des Publikums an Sex und *thrill* sowie die spätantiken Vorstellungen von weiblicher Animalität und Destruktivität. Die von Homer für die Sirenen- und Skylla-Episode formulierte Konfrontation von Mensch und Ungeheuer wurde umformuliert in eine Konfrontation von Mann und Frau.

*Odysseus als problematischer Held*

Hinzu kommt die Natur des Odysseus selbst. Hier wird die Frage berührt, wie die Spätantike Odysseus charakterisiert sehen wollte, welches ›Bild‹ sie von ihm hatte. Um sich dieser Frage zu nähern, sei zunächst daran erinnert, wie und in welchen Kontexten Odysseus *nicht* dargestellt wurde. Das mangelnde Interesse für die Heldentat der Blendung des Kyklopen wurde bereits erwähnt. Auch sonst gibt es keine spätantiken Bilder, die Odysseus in einer wie auch immer gearteten militärischen Aktion gegenüber anderen Männern oder männlichen Wesen zeigen würden: keine Kämpfe mit den Kikonen nach dem Überfall auf die Stadt Ismaros (Hom. Od. 9, 39–61); kein Kampf mit den zahlenmäßig weit überlegenen Freiern (Hom. Od. 22, 1–389), sondern nur eine Darstellung des zur Täuschung der Bewohner von Ithaka befohlenen Tanzes der Mägde danach oder eine Darstellung von bereits toten Freiern, die anklagend auf den betrügerischen Webstuhl der Penelope weisen. Vergleichbares gilt für die Gegenüberstellung des Odysseus mit vornehmen Männern und Frauen oder mit hilfreichen Gottheiten. Odysseus am Hof der Phäaken, bei der Begegnung mit Alkinoos und Arete sowie deren gemeinsamer Tochter Nausikaa (Hom. Od. 6, 110–8, 586) ist ebenso wenig Thema der spätantiken bildenden Kunst wie die Begegnung mit Hermes (Hom. Od. 10, 275–308) oder das lange Gespräch mit der Schutzgöttin des Odysseus, Athena (Hom. Od. 13, 221–440). Selbst in den Darstellungen mit Penelope werden diese und Odysseus in der Regel nicht als Paar gezeigt, sondern als jeweils eigenständig agierende Individuen. Die einzige Ausnahme bildet das — mangels ikonographischer Parallelen schwer zu deutende — Mosaik aus Apameia.

Stattdessen wurde Odysseus in den Bildern kombiniert mit ihm sozial weit unterlegenen Männern, seinen ›Gefährten‹, oder mit von ihm unterworfenen — beziehungsweise zumindest in ihrer Macht beschnittenen — monströsen Frauen. Die ›Gefährten‹, griechisch ἑταῖροι (so zum Beispiel Hom. Od. 1, 5), waren bereits von Homer nicht vollkommen positiv gezeichnet worden, auch wenn entsprechend der frühgriechischen Adelsethik eine gewisse Gleichrangigkeit mit Odysseus postuliert worden war. In den spätantiken Texten tauchten sie gar nicht mehr auf, erst recht nicht mit Nennung eines eigenen Namens, wurden marginalisiert oder in ein ungerechtfertigt schlechtes Licht gerückt. In den Bildern lassen sich vergleichbare Tendenzen feststellen. Entsprechend dem spätantiken Denken in Hierarchien wurden die Gefährten meist deutlich kleiner dargestellt als ihr Anführer und auch kompositionell so angeordnet, dass sich ihr Kopf unterhalb von dem des Odysseus befindet. Das wird besonders deutlich bei den Darstellungen des Sirenen-Abenteuers, zeigt sich aber auch in den Formulierungen des vergeblichen Kampfes gegen Skylla. Die bereits ins Meer gefallenen Gefährten wurden teilweise vom Stempelschneider so winzig dargestellt, dass sie kaum noch als Menschen wahrnehmbar sind. In den Bildern der Weinreichung konnten die Gefährten in der Ikonographie von spätantiken Dienern dargestellt werden. Tote oder sterbende Gefährten wurden zur Betonung ihres Opferstatus manchmal nackt präsentiert. Die von Kirke in Tiere Verwandelten erscheinen entweder als winzige Mischwesen aus Menschenkörper und Tierkopf oder als Tierköpfe.

Auch in der Kombination mit seinen diversen weiblichen Widersacherinnen bemühten sich die spätantiken bildenden Künstler um eine möglichst vorteilhafte Präsentation des Odysseus. War Kirke bei Homer noch eine mächtige Göttin, die Odysseus nur mithilfe des Hermes zu einem wohlwollenden Verhalten ihm gegenüber überzeugen konnte, so wurde sie in der Rezeption zu einer Giftmischerin, die von Odysseus aufgrund eigener Schlauheit und Kraft überwältigt wurde. Die lateinischen Texte betonten zudem ihre Teuflischkeit und Irrationalität. In der spätantiken bildenden Kunst wurde gleichfalls eine klare Überlegenheit des Odysseus inszeniert: Der Held zwingt Kirke in die Knie, indem er sein Schwert zieht oder dies sogar nur andeutet. Die Vorbeifahrt an den Sirenen war dem Protagonisten der *Odyssee* nur mithilfe der Ratschläge Kirkes geglückt. Erst die literarische Rezeption machte daraus eine eigenständige Leistung des Odysseus, zum Teil erweitert um den vor allem im Westen beliebten Zusatz, die Sirenen hätten sich nach seinem Entkommen frustriert ins Meer gestürzt. Die spätantiken Bilder betonten zum einen die Gefährlichkeit der Verführerinnen, visualisiert anhand von Bedeutungsgröße. Zum anderen zeigten sie Odysseus, an den Mastbaum seines Schiffes gebunden, als denjenigen, der dieser immensen Verführung stoisch widersteht. Bei der von Homer beschriebenen Konfrontation mit Skylla schließlich machte der Held keine allzu gute Figur: Er opfert dem Monster nicht nur sechs seiner völlig ahnungslosen Gefährten, sondern bringt — gegen Kirkes ausdrückliche Warnung — durch den impulsiven Griff zu den Waffen auch noch sich selbst und die übrigen Gefährten in Gefahr. Die literarische Rezeption ging auf die direkte Konfrontation von Odysseus und Skylla kaum ein. In den wenigen Fällen, in denen sie es doch tat, wurde die Tatsache betont, dass Odysseus der Skylla entkam, nicht detailliert die Art und Weise erzählt, wie dies geschah. Die spätantiken Bilder verfolgten eine etwas andere Strategie. Sie zeigten zwar den schrecklichen Tod der Gefährten — häufig in der Form von winzigen Gestalten —, legten den Akzent jedoch auf die Gegenwehr des Odysseus. Held und Ungeheuer erschienen so in einer Art Machtgleichgewicht, die völlige Hilflosigkeit des homerischen Odysseus wurde elegant überspielt. Der Gegenangriff des Odysseus konnte zudem in deutlich sexualisierter Form präsentiert werden, indem sich die Spitze der Waffe gegen Skyllas Brust oder ihren Leib richtete. Ein spätes Mosaik ging vielleicht so weit, den Helden beim *Erstechen* des Ungeheuers abzubilden.

Die spätantiken Künstler präsentierten Odysseus damit als einen Mann, der eine souveräne Haltung oder überlegene Position nur gegenüber Männern von niedrigem Stand und gegenüber dubiosen Frauen oder weiblichen Ungeheuern einnehmen kann. Hier anzuschließen sind die diversen Darstellungen der Fußwaschung durch die alte Amme Eurykleia. Eurykleia ist eine Sklavin und schon dadurch in einer unterlegenen hierarchischen Position. Diese Unterlegenheit gegenüber Odysseus wurde in der für die Fußwaschung gefundenen Bildformel — die sich auch vollkommen anders hätte gestalten lassen, wie der Vergleich mit der Fußwaschung der Jünger durch Christus in der Darstellung des ›letzten Abendmahls‹ zeigte — zusätzlich unterstrichen. Gleichfalls hier anzuschließen wäre die Darstellung des Odysseus zusammen mit seinem Hund Argos, die allerdings nur auf einem einzigen Monument erhalten ist.

Trifft Odysseus in den spätantiken Bildern hingegen auf ein männliches Ungeheuer, den menschenfressenden Riesen Polyphem, dann nimmt er eine vollkommen andere Haltung ein. Die Pointe der homerischen Polyphem-Geschichte lag darin, dass Odysseus den ihm körperlich weit überlegenen Kyklopen mithilfe des angebotenen Weines außer Gefecht setzte, ihn daraufhin gemeinsam mit seinen Gefährten blenden und schließlich aus der Höhle fliehen konnte. Seine Unterlegenheit war eine nur scheinbare, auf Äußerlichkeiten beruhende; in Wirklichkeit war Odysseus dem Ungeheuer dank seines Intellekts und seines Mutes überlegen. Im homerischen Epos kamen diese Ambivalenzen deutlich zum Ausdruck, ebenso der Umstand, dass auch das Verhalten des Odysseus nicht ganz unproblematisch war. Diese differenzierte Sicht wurde in der spätantiken griechischen Literatur zum Teil beibehalten. In den lateinischen Texten hingegen findet sich die Tendenz, Odysseus zum über jeden Tadel erhabenen Helden zu verklären, der einem abscheulichen Frevler die verdiente Strafe zukommen lässt. In der spätantiken bildenden Kunst wurde diese verdiente Strafe, die Blendung, wie bereits erwähnt, so gut wie nie dargestellt. Stattdessen setzten die Künstler den psychologisch interessanteren Moment der Weinreichung um — was zur Folge hatte, dass die äußerliche Unterlegenheit des Odysseus prononciert in Szene gesetzt wurde: Mit einer servilen Geste reicht er dem Monster einen Becher mit Wein. Der zweite Moment der Geschichte, der häufiger zur Darstellung gebracht wurde, ist die gleichfalls eher unheroische Flucht aus der Höhle des Geblendeten: Mit Leidensmiene und derangiertem Gewand hängt Odysseus unter einem riesenhaften Widder, eine Pose, die auch auf einen spätantiken Betrachter lächerlich, wenn nicht sogar obszön gewirkt haben muss. Beide von den Künstlern thematisierten Momente zeigen eine Rettung ohne Rücksicht auf *decorum* oder echtes Heldentum, einen Antihelden.

Mit dieser Charakterisierung unterscheidet sich der spätantike Odysseus deutlich von dem Odysseus aus den *Odyssee*-Darstellungen der früheren Kaiserzeit. Dort konnte er in solchen repräsentativen Kontexten wie dem Grotten-Triclinium einer kaiserlichen Villa

Abb. VII.1 Silberschale, vermutlich aus Konstantinopel; 6. Jh. n. Chr. Foto St. Petersburg, Ermitage, Inv. Nr. 279, Otdel Vostoka

Abb. VII.2 Mitteltondo einer Silberplatte aus Kaiseraugst, Schweiz; 4. Jh. n. Chr. Augusta Raurica. Foto Susanne Schenker

als monumentale Marmorskulptur aufgestellt werden, mit eindeutig rühmender Aussage und als Angebot zur Identifikation für den Betrachter.[1] All das ist jetzt nicht mehr möglich. In der bildenden Kunst der Spätantike werden für Odysseus andere, weniger heroische Motive bevorzugt, werden die Abenteuer der *Odyssee* in anderen Gattungen und anderen Rezeptionskontexten thematisiert. Damit zusammen hängt, darauf wird weiter unten noch einmal zurückzukommen sein, eine andere soziale Schicht von Rezipienten, für die ein derart charakterisierter Odysseus als Identifikationsfigur dienen konnte.

### Odysseus in Kontexten außerhalb der *Odyssee*

Ein kurzer Blick auf die spätantiken Darstellungen des Odysseus in Kontexten außerhalb der *Odyssee* soll deutlich machen, dass die Charakterisierung dort nicht vorteilhafter war, ganz im Gegenteil. Paradigmatisch genannt sei eine oströmische Silberschale vermutlich des 6. Jahrhunderts, deren Innenbild den zwischen Odysseus und Aias ausgetragenen Streit um die Waffen des Achill thematisiert (Abb. VII.1).[2] Wie an anderer Stelle ausführlich dargelegt, wird Odysseus von einer parteiischen Athena zwar entsprechend dem Mythos der Sieg zugesprochen. Der Silberschmied machte mittels Komposition der Szene und Ikonographie der Protagonisten jedoch unmissverständlich klar, dass es sich hierbei um den Sieg eines Unwürdigen handelt und Aias der moralisch Überlegene ist.[3]

Ein in der Spätantike, im Osten wie im Westen, populäres Sujet war die Entdeckung des Achill auf Skyros, seine Enttarnung unter den Töchtern des Lykomedes, bei denen ihn die um sein Leben besorgte Mutter Thetis versteckt hatte.[4] Da die Griechen Achills Teilnahme am Trojanischen Krieg für unabdingbar hielten, wurde gemeinsam mit anderen Odysseus ausgesandt, um Achill aufzuspüren und seiner wahren Bestimmung, dem Kampf, zuzuführen. Mittels einer List des Odysseus gelingt das auch. Achill zieht mit ihm in den Krieg um Troja und wird dort, entsprechend der Prophezeiung, einen frühen Tod finden. Die spätantiken Künstler visualisierten Achills Selbstfindung, indem sie ihn zu den Waffen greifen ließen; gelegentlich fallen ihm auch die Mädchenkleider vom Leib. Achills Geliebte Deidameia, eine der Lykomedes-Töchter, versucht vergeblich, ihn zu halten. Auf manchen Darstellungen, etwa der berühmten Silberplatte aus Kaiseraugst (Abb. VII.2),[5] ist vor Achill ein kleiner, verkrümmter Mann zu sehen,

---

[1] Vgl. die Diskussion zu Katalog Polyphem Nr. 9 im Kapitel »Polyphem«.

[2] Silberschale St. Petersburg, Staatliche Ermitage ω 279.

[3] Moraw 2008a.

[4] Kossatz-Deissmann 1981, 58–69. Zur *Achilleis* des Statius s. Perutelli 2006, 98–104.

[5] Augst, Römermuseum Kat. Nr. 63; Kossatz-Deissmann 1981, 65 Nr. 172.

Abb. VII.3 Fragment eines attischen Sarkophags; 3. Jh. n. Chr. From the Woburn Abbey Collection

der mit der Hand die Richtung anzeigt: Odysseus, der Achill den Weg nach Troja — und in den Tod — weist. Odysseus wurde hier charakterisiert als der ›böse Geist‹ des Achill.

Noch deutlicher als eine Art bösartiger und tückischer Todesdämon gezeichnet wurde Odysseus auf einem fragmentierten attischen Sarkophag des 3. Jahrhunderts (Abb. VII.3).[6] Hauptthema von dessen Reliefschmuck ist Achill in seiner Reaktion auf den Tod des Patroklos. Auf der Sarkophag-Rückseite war die Wägung Hektors dargestellt, das Freikaufen der Leiche Hektors durch seinen Vater Priamos. Links dieser Szene befindet sich eine weitere, die inhaltlich nicht mehr zur *Ilias* gehört und nach der Eroberung Trojas spielt: Die Griechen beschlossen auf Antrag des Odysseus, den Sohn Hektors, Astyanax, zu töten, weil sie befürchteten, er würde als Erwachsener Rache an ihnen nehmen.[7] Dargestellt ist der Moment, in dem Odysseus das Kind am Arm packt und von seiner in Trauer erstarrten Mutter Andromache wegzerrt.[8]

Eine der Miniaturen der um 500 n. Chr. entstandenen sogenannten Ilias Ambrosiana schließlich zeigt Odysseus und Diomedes in zwei aufeinanderfolgenden Momenten ihrer Begegnung mit dem trojanischen Späher Dolon: hier in einer Umzeichnung, welche die Details besser erkennen lässt (Abb. VII.4).[9] In dieser im 10. Buch der *Ilias* (204–464) beschriebenen Episode gehen Diomedes und Odysseus auf einen nächtlichen Erkundungsgang zum Lager der Trojaner und fassen dabei den Trojaner Dolon, der wiederum von Hektor als Späher ausgesandt worden war. Dolon verspricht den beiden reiches Lösegeld, wenn sie ihn am Leben lassen. Der »erfindungsreiche«[10] Odysseus erwidert ihm daraufhin etwas zweideutig: »Sei getrost, kein Todesgedanke beschwere das Herz dir! / Aber sage mir jetzt und rede die lautere Wahrheit« (Hom. Il. 10, 383 f.). Nachdem Dolon alles verraten hat, was die Griechen wissen wollten, erschlägt ihn Diomedes, ohne dass Odysseus protestiert. Odysseus erschien damit schon bei Homer als moralisch zumindest problematisch, als jemand, der einen anderen im falschen Glauben wiegt, um daraus

---

6 Sarkophag Woburn Abbey; Rogge 1995, 145 f. Kat. Nr. 45.

7 Vgl. Eur. Tro. 709–89. 1118–1255. Im lateinischen Sprachraum gab es die Bearbeitung von Seneca, die *Troades*. Zur dortigen Charakterisierung des Odysseus s. Schmitzer 2005, 46–48 mit dem Fazit S. 48: »Mit den *Troades* ist der Tiefpunkt des römischen Odysseus-Bildes erreicht: Auch dafür hätte er einen Platz in Dantes *Inferno* verdient gehabt.« Einen Hauch freundlicher ist Perutelli 2006, 79–84 mit dem Fazit S. 84: »L'eroe non brilla certo per umanità, ma nemmeno per crudeltà assoluta«.

8 Die Szene ist eine jener Allegorien für einen unerwarteten und grausamen Tod, wie sie in vergleichbarer Weise in den Fresken des Grabes von Asgafa El-Abiar (Katalog Sirenen Nr. 13 und Skylla

Nr. 123) anhand der Ermordung von Troilos und Polyxena (durch Achill bzw. Neoptolemos) formuliert wurden. Odysseus tritt in dieser Grabkammer als positive Figur, als Überwinder der Skylla und der Sirenen auf — ganz im Unterschied zu dem attischen Achill-Sarkophag, welcher die Grausamkeit des Odysseus der *clementia* des Achill gegenüberstellt.

9 Williams 1996, 663 Nr. 24. Für eine Farbabb. der Miniatur s. Banchi Bandinelli 1955, Taf. 1 oben.

10 Hom. Il. 10, 382: πολύμητις.

Abb. VII.4
Umzeichnung einer
Miniatur aus der
Ilias Ambrosiana;
um 500 n. Chr. Nach
Bianchi Bandinelli
1955, Abb. 70

einen eigenen Vorteil zu ziehen.[11] Der Illustrator der Ilias Ambrosiana ging noch einen Schritt weiter und zeigte ihn in der rechten Szene als Hauptschuldigen bei der Ermordung des Dolon: Während Diomedes nur die Hand am Schwertgriff hat, hält Odysseus mit gezogenem Schwert den abgeschnittenen Kopf des Dolon in seiner Linken. Abgeschnittene Arme und Beine sowie ein nackter verstümmelter Leib weisen auf das grausige Massaker, das dieser Szene vorausging — und das sich die Rezipienten als von Odysseus begangen vorzustellen hatten.[12]

Odysseus erscheint in diesen Bildern als moralisch höchst fragwürdig, als jemand, der seine Klugheit dazu verwendet, andere zu zerstören. Wie in der Einleitung zu diesem Buch angemerkt, ist listige Klugheit, der definierende Charakterzug des Odysseus, zunächst einmal ethisch neutral. Sie kann zum Guten wie zum Bösen eingesetzt, in der Bewertung positiv oder negativ gesehen werden. In den hier angesprochenen Odysseus-Bildern aus Kontexten jenseits der *Odyssee* überwiegen die negativen Aspekte. Beim Streit um die Waffen des Achill verfolgt Odysseus rein eigennützige Interessen, er will diese Ehrung für sich selbst. In den anderen Fällen — Rekrutierung des Achill, Ermordung des Dolon, Ermordung des Astyanax — agiert Odysseus zwar im Auftrag einer ›guten Sache‹, den Interessen der griechischen Partei vor Troja. Nichtsdestoweniger erscheint er jedoch als heimtückisch, verlogen, skrupellos. Diese negative Wertung hängt auch damit zusammen, dass die Opfer des Odysseus in den zuletzt genannten Kontexten keine Ungeheuer waren wie die männlichen und weiblichen Widersacher der Irrfahrt. Sie waren nicht einmal gewissenlose Frevler wie die Freier, deren Tötung dann entsprechend mit göttlichem Beistand vor sich ging. Stattdessen handelte es sich bei den zuletzt genannten Opfern des Odysseus um Menschen, zudem um solche, die sich keines expliziten Vergehens schuldig gemacht hatten. Aias und Achill waren Griechen und Mitkämpfer im eigenen Heer. Dolon — von Homer zwar als unsympathisch und geldgierig charakterisiert — war nichtsdestotrotz Trojaner, das bedeutet, einer der mythischen Vorfahren der Römer. Der Fall des Astyanax ist noch problematischer; hier handelte es sich um den Mord an einem kleinen Kind.

Die Sympathien der Betrachter lagen bei diesen Bildern aus Kontexten außerhalb der *Odyssee* wohl eher bei den Opfern des Odysseus, nicht bei Odysseus selbst. Die spätantiken bildenden Künstler ließen keinen Zweifel daran, dass in ihren Augen Odysseus eine äußerst problematische Gestalt war, die nicht mit Helden wie Aias oder Achill, die eher dem kriegerischen Ideal entsprachen, konkurrieren konnte.[13] Möglicherweise sind diese Bilder auch als Ausdruck einer Reflexion darüber zu verstehen, was Heldentum eigentlich ist.

---

[11] Hesk 2013, 53.

[12] Vgl. Williams 1986, 664 zur Entwicklung der Ikonographie dieses Motivs in der Kunst der Kaiserzeit: eine Entwicklung in Richtung einer immer negativeren Präsentation des Odysseus, die in dieser spätantiken Darstellung ihren Höhepunkt findet.

[13] Dieser Befund entspricht annähernd demjenigen, den Stefan Merkle (1989) für die Charakterisierung der Protagonisten in der *Ephemeris belli Troiani* des Diktys herausarbeitete: Aias als der größte Held auf griechischer Seite, Odysseus moralisch komplett disqualifiziert.

### Die äußere Erscheinung des Odysseus

Wichtig für die Bewertung des Odysseus speziell in der bildenden Kunst ist zudem ein Aspekt, der in der literarischen Rezeption so gut wie keine Rolle spielt: seine äußere Erscheinung. In der spätantiken Literatur vor allem des griechischen Sprachraums wurde Odysseus relativ differenziert charakterisiert, vom exemplarischen Weisen bis hin zu jemandem, der auch zweifelhafte Handlungen begeht. Im lateinischen Sprachraum überwogen bei weitem die positiven Darstellungen. Odysseus wurde dort präsentiert als Vorbild an *prudentia*, *sapientia* und *virtus* — wie in vergleichbarer Weise Penelope zur exemplarischen römischen *matrona*, dem Ideal der *univira* entsprechend, stilisiert wurde. Die spätantike bildliche Konkretisierung der Odysseus-Gestalt richtete sich allerdings nicht, oder nur bedingt, nach diesen positiven Schlagworten. Wie ausführlich analysiert, folgte die Ikonographie des homerischen Protagonisten einer jahrhundertealten Tradition, die eine sehr komplexe, zum Teil widersprüchliche Aussage über den derart Charakterisierten traf: das lockige gepflegte Haar und der Bart wiesen Odysseus aus als einen vornehmen Mann, der einer fernen mythischen Vergangenheit angehörte und/oder der philosophische Interessen hegte. Ein gelegentliches Schwert oder ein Paludamentum brachten die militärische Rolle des Odysseus als des Anführers einer Schar von Kriegern zum Ausdruck. Pilos und Exomis hingegen deuteten auf seine langen Reisen und auf die Härten, die er dabei zu ertragen hatte. Dasselbe galt für den gelegentlich sonnengebräunt, ausgemergelt oder gar gebückt dargestellten Körper und für die gelegentlich nackten Füße. All diese letztgenannten Punkte waren allerdings auch charakteristisch für Menschen der unteren Bevölkerungsschichten: für Landarbeiter, Fischer und alle anderen, die im Freien hart arbeiten mussten.

Diese Ikonographie wurde für Odysseus auch angewandt in jenen Szenen und Kontexten, die zeitlich *vor* seinen langjährigen Fahrten und Leiden liegen, also beispielsweise bei seiner Rekrutierung des Achill auf Skyros. Diese fand statt, bevor der Trojanische Krieg überhaupt begann. Tracht und Aussehen des Odysseus sind also nicht situativ zu verstehen, sondern deskriptiv: als bildliche Charakterisierung der mythischen Gestalt in ihrer Gesamtheit, ihrem Wesen und ihrer Biographie.

### *Odysseus als Identifikationsfigur vor allem des kleinen Mannes*

All die oben genannten Charakteristika des Odysseus in der bildenden Kunst mögen ausschlaggebend dafür gewesen sein, dass er als Identifikationsangebot für Männer der spätantiken sozialen Elite nur bedingt in Frage kam — anders als in den Texten, die sich auf die Nennung oberschichtskompatibler Eigenschaften wie *virtus* oder *sapientia* beschränken konnten. Entsprechend wurde auch der Odysseus der *Odyssee*-Szenen in Bildwerken, die dem Bereich des repräsentativen Wohnens zuzuordnen sind, jetzt eher problematisiert. Odysseus stand damit in deutlichem Gegensatz zu Herakles, der eine in der Spätantike populäre Möglichkeit für die überhöhende Darstellung von Aristokraten und Kaisern darstellte.

Anders sah es mit Odysseus auf den zahlreichen Bildträgern aus, die breiteren Schichten der Bevölkerung zugänglich waren: auf Kontorniaten und Tongegenständen oder auf aus Tonformen gewonnenen Backwaren.[14] Dort konnte Odysseus als Held des kleinen Mannes auftreten. So beispielsweise in den Darstellungen der Weinreichung auf ›Kuchenformen‹ und einem pannonischen Becher, wo er als jemand präsentiert wurde, der clever und kaltblütig genug ist, mit einem weit überlegenen Gegner fertig zu werden. In vergleichbarer Weise charakterisierten Tonlampen und eine weitere ›Kuchenform‹ Odysseus als einen Mann, der dank seiner Schlauheit nicht der von den Sirenen ausgehenden Versuchung erliegt, sondern ihnen glücklich entkommt. Weiterhin genannt seien Tonlampen, welche die Fußwaschung des unerkannt nach Ithaka heimgekehrten Helden durch seine ehemalige Amme Eurykleia, im Beisein der noch ahnungslosen Gattin Penelope, thematisieren. Im Unterschied zu den vielfigurigen Szenen und komplexen Bedeutungszusammenhängen, in welche die Fußwaschung von den bildenden Künstlern sonst eingebunden wurde, ist die Aussage hier eher schlicht: ein Mann in bescheidener Kleidung kommt nach Hause und befindet sich dort in vertrautem Beisammensein mit seiner Frau und seiner alten Amme.

Auf nordafrikanischem Tongeschirr erscheint Odysseus als Bezwinger einer Kräuterhexe und damit, in

---

[14] Für einen ähnlichen Ansatz s. den Sammelband von de Angelis — Dickmann — Pirson — von den Hoff 2012. Dort wird »Kunst von unten«, allerdings in erster Linie als stilistisches Phänomen, untersucht, vgl. den ausgezeichneten resümierenden Aufsatz von Tonio Hölscher in diesem Band: Hölscher 2012, v. a. 29 und 52 f.

einem weiteren Sinne, als eines von zahlreichen dort anzutreffenden Glückssymbolen eher populären Charakters. Die in Rom produzierten Kontorniaten schließlich waren populäre Glücksbringer und übelabwehrende Amulette für jedermann. Zu ihrem bildlichen Repertoire gehörte auch die Flucht aus der Höhle des Menschenfressers Polyphem ohne Rücksicht auf *decorum*; die Bezwingung einer mächtigen Zauberin, Tochter des Sonnengottes; und der letztlich erfolgreiche Kampf gegen ein Meerungeheuer, wobei ein paar weniger wichtige Personen geopfert werden mussten.

Eine derartige Differenzierung der Gestalt des Odysseus je nach Aussageintention und Rezipientenschicht sollte nicht überraschen. Sie lässt sich in der spätantiken Kunst auch an einer ganz anderen Gestalt beobachten: an Christus. Wie Thomas Mathews zeigen konnte, wird Christus in der spätantiken Grabkunst, aber auch auf Gegenständen des täglichen Gebrauchs bis hin zu relativ preisgünstigen Ton- und Glasgefäßen als helfender und heilender »Gott des kleinen Mannes« imaginiert.[15] In der Apsisdekoration der großen Basiliken hingegen tritt er auf als göttlicher Lehrer: als überirdisches, die denkbar bestmögliche Legitimation verleihendes *alter ego* des unter seinem Bild sitzenden und predigenden Bischofs.[16]

Christus konnte, wie im säkularen Bereich Herakles, in der spätantiken Bilderwelt ohne weiteres als Identifikationsfigur für männliche Mitglieder der Elite dienen. Bei Odysseus war das, wie gesehen, nicht ganz so einfach. Eine verherrlichende Darstellung wie in den frühkaiserzeitlichen monumentalen Skulpturen der Grotte von Sperlonga ist für die Spätantike weder belegt noch vorstellbar. Odysseus diente jetzt eher als eine Identifikationsfigur für männliche Mitglieder der unteren Schichten — während Gestalten wie Christus oder Herakles diesen Schichten zwar generös Erlösung und Hilfe bringen, aber immer als deutlich Darüberstehende, weit Überlegene gekennzeichnet sind. Dies hängt damit zusammen, dass sowohl Christus als auch Herakles zwar von einer menschlichen Mutter geboren waren, jedoch einen göttlichen Vater hatten: ein gleichsam göttlicher Funke, der es ihnen erlaubte, nach vielen Mühen und Leiden zu den Göttern aufzusteigen. Odysseus hingegen hat menschliche Eltern und der Lohn seiner Mühen und Leiden ist diesseitiger Natur: die Rückkehr auf seinen angestammten Platz als Herrscher von Ithaka und Gemahl der Penelope. Damit stand er nach dem Verständnis der Spätantike in der Hierarchie deutlich unter Christus und Herakles.

### Ein Tugendexempel: Odysseus in der Allegorese

Der Grund dafür, dass Odysseus in der Kunst der Spätantike dennoch nicht nur Identifikationsangebot für diejenigen war, die sich auf den unteren Rängen der gesellschaftlichen Hierarchie bewegten, liegt in der Allegorese. Allegorese wurde definiert als das Aufdecken oder Hineinlesen einer zweiten, von der wörtlichen Bedeutung unabhängigen Sinnebene. Für das homerische Epos ist dieser Prozess seit früher Zeit belegt und ließ sich auch in der Spätantike nachweisen. Dies gilt sowohl für die *Odyssee*-Rezeption in der Literatur als auch für diejenige in der bildenden Kunst. Dabei erwies sich das Medium der Literatur als weitaus beweglicher und geeigneter, eine große Menge unterschiedlichster Auslegungen hervorzubringen, abhängig jeweils vom inhaltlichen Kontext, in dem die Allegorese stand, und von dem Ziel, das der Verfasser damit erreichen wollte. In der bildenden Kunst hingegen ließen sich derartige individuelle *Odyssee*-Allegoresen kaum oder gar nicht nachweisen. Ebenso wenig ließen sich die in den Texten oder in einem bestimmten Text formulierten Ausdeutungen eins zu eins auf ein Werk der bildenden Kunst übertragen.

Stattdessen zeichneten sich die spätantiken Darstellungen zur *Odyssee*, wie Mythenbilder generell, durch eine gewisse Resistenz gegenüber einer allegorischen Überformung aus. Das bei zeitgleichen Genreszenen zu beobachtende Phänomen, die Protagonisten mittels Inschriften zu Personifikationen abstrakter Sachverhalte zu machen und so auf eine allegorische Ebene zu heben, wird auf Mythenbilder nicht angewandt. Eine vom bildenden Künstler intendierte allegorische Lesart kann eigentlich nur dann postuliert werden, wenn ein entsprechender Rezeptionskontext dies nahelegt und die Richtung vorgibt, in der sich eine Allegorese des entsprechenden Mythos bewegt haben könnte. Bei spätantiken Darstellungen zur *Odyssee* gilt das in erster Linie für den Bereich des Grabes, sodann für den des Sakralbaus. In beiden Fällen, das machten vor allem die künstlerischen Formulierungen des Sirenen-Abenteuers deutlich, ist dieses Phänomen nicht auf eine bestimmte Religion beschränkt, sondern lässt sich im paganen Bereich ebenso aufzeigen wie im christlichen oder jüdischen.

---

[15] Mathews 1999, 54–91, vgl. Zitat S. 92: »He showed himself as god of the ›little man‹, a genuine ›grass-roots‹ god. In succinct images, from tableware to sarcophagi, he showed himself a caring god, concerned if you were losing your sight, were bent with arthritis, or suffered menstrual problems.«

[16] Mathews 1999, 92–114.

# FAZIT

Die Beliebtheit des Sirenen-Motivs im Kontext des paganen Grabes lässt sich vermutlich damit erklären, dass die Begegnung mit den Sirenen als eine Allegorie für die Konfrontation mit dem Tod sowie auf dessen mehr oder weniger vage erhoffte Überwindung verstanden wurde — vergleichbar den selteneren Darstellungen der Begegnung mit dem Menschenfresser Polyphem und dem Meerungeheuer Skylla. Ebenso, im Kontext des Grabes gleichfalls eher selten thematisiert, konnte Odysseus' Rückkehr nach Ithaka verstanden werden als Allegorie für die ›Heimkehr‹ in ein wie auch immer imaginiertes Vaterland. Die Bewertung des Odysseus war in dieser Lesart naturgemäß positiv. Er wurde aufgefasst als eine Allegorie für den Menschen an sich oder für die menschliche Seele. In dieser Eigenschaft war Odysseus vermutlich sogar geschlechtsneutral verwendbar, wie Darstellungen des Sirenen-Abenteuers auf Sarkophagen für Mädchen oder Frauen vermuten lassen.

In vergleichbarer Bedeutung konnte Odysseus auch in einem christlichen Kontext rezipiert werden. Es muss deshalb nicht verwundern, dass einige der eben genannten paganen Sarkophagdeckel mit Darstellung des Sirenen-Abenteuers zu einem unbekannten Zeitpunkt, irgendwann zwischen dem dritten und vermutlich dem siebten Jahrhundert, von ihrem ursprünglichen Standort entfernt, auseinandergesägt und als Verschlussplatten von *loculus*-Gräbern in den Katakomben zweitverwendet wurden. Die Darstellung des Odysseus, wie er den Sirenen — Allegorien für Versuchungen aller Art — widersteht, dürfte von den christlichen Auftraggebern im Sinne einer Rettung vor Verdammnis interpretiert worden sein: ein glückliches Geschick, das man auch dem oder der Verstorbenen wünschte. Eine vergleichbare Umnutzung und *interpretatio Christiana* eines paganen Monuments war selbst in einem Sakralbau möglich, wie die Verwendung eines Sirenen-Sarkophagdeckels als Stufe zum Presbyterium einer Kapelle des vierten oder fünften Jahrhunderts an der Via Tiburtina demonstriert. Hier wird das Sirenen-Motiv eher als Warnung an die Gläubigen, als Aufruf zum Widerstand gegen alle Versuchungen, verstanden worden sein.

Aus einem jüdischen Umfeld stammt das mit einer Stifterinschrift versehene, ins vermutlich sechste Jahrhundert zu datierende Mosaik von Beth Shean, das möglicherweise zu einem Synagogen-Komplex gehörte, möglicherweise auch nur zu einem Raum, welcher der jüdischen Gemeinde des Ortes zur Verfügung gestellt wurde. Mitten in das Bildfeld, eine nicht der traditionellen Ikonographie entsprechende Umsetzung der Begegnung des Odysseus mit den Sirenen und vermutlich mit Skylla, setzte der Mosaizist eine Inschrift, in der Gott um Hilfe für den Auftraggeber des Mosaiks gebeten wird. Hier handelt es sich um das einzige Beispiel, in dem eine Inschrift explizit auf eine allegorische Ebene des Bildes verweist: Die Gefahren, denen Odysseus auf dem Mosaik widersteht, sollen gelesen werden als Allegorie für die Gefahren, die dem Auftraggeber des Mosaiks drohen — und gegen die er sich göttlichen Beistand erbittet. Die implizite Gleichsetzung des Auftraggebers mit dem Protagonisten der *Odyssee* könnte auch der (oder ein) Grund dafür sein, dass Odysseus hier in so ungewöhnlicher, rein positiv konnotierter Ikonographie auftritt: als schöner Jüngling in idealer Nacktheit und mit zeitgenössischer Haartracht.

In den *Odyssee*-Allegoresen der spätantiken Literatur wurde Odysseus fast einhellig positiv gezeichnet: als Exemplum des Weisen und Tugendhaften, der alle sich ihm in den Weg stellenden Versuchungen und Gefahren souverän überwindet. Das gilt für pagane Texte ebenso wie für christliche. Im Fall des Mosaiks von Beth Shean war diese verherrlichende Sicht auf die Odysseus-Gestalt so prägend, dass bei der Formulierung des Skylla-Abenteuers der narrative Kern der Geschichte — Odysseus entkommt dem Meerungeheuer, muss aber sechs Gefährten opfern — aufgegeben wurde zugunsten einer Aussage, die derjenigen der literarischen Allegorese eher entspricht: Odysseus ersticht das Meerungeheuer mit einem Dreizack. Damit ist im Grunde die Grenze zum Mittelalter überschritten.

Anhang 1

# AUFLISTUNG UND ÜBERSETZUNG DER WICHTIGSTEN SPÄTANTIKEN TEXTE ZU DEN DISKUTIERTEN EPISODEN

Die Listen der literarischen Zeugnisse zu denjenigen Episoden der *Odyssee*, die auf spätantiken Denkmälern thematisiert wurden, erheben keinen Anspruch auf Vollständigkeit. Die Gliederung dieser Listen folgt der Gliederung des Textteils. Jede dort diskutierte Episode der *Odyssee* erhält einen eigenen Abschnitt, in welchem die als relevant betrachteten literarischen Zeugnisse fortlaufende Nummern erhalten (z. B. Text Heimkehr Nr. 1 bis 35). Die Nummerierung folgt der Argumentation im Textteil sowie der dort vorgenommenen Differenzierung in griechische und lateinische Zeugnisse.

Die Texte werden zum einen in der Originalsprache wiedergegeben, zum anderen in deutscher Übersetzung. Hierbei wird, soweit möglich, auf bereits vorhandene Übersetzungen zurückgegriffen. Sofern nicht anders angegeben, stammen die Übersetzungen von der Verfasserin. Die Übersetzungen von *Odyssee*-Zitaten sind, wenn nicht anders angegeben, der Übersetzung von Anton Weiher entnommen. Eckige Klammern in den deutschen Übersetzungen bezeichnen Ergänzungen im Text zum besseren Verständnis, runde Klammern Erläuterungen (z. B. Angabe eines Zitats aus der *Odyssee* oder anderen Texten). In der Servius-Ausgabe von Thilo und Hagen sind die auf den sog. Servius auctus zurückgehenden Passagen anhand der Schrifttype vom Rest abgesetzt. Das wurde hier übernommen (z. B. Text Skylla Nr. 19).

Textzeugnissen, deren Kontext sich nicht ohne weiteres erschließen lässt, geht in Kursive eine kurze Einführung voran (z. B. bei Text Polyphem Nr. 2). Gleichfalls in Kursive wird gegebenenfalls am Ende eines Zeugnisses darauf hingewiesen, dass der Text, dem diese Stelle entnommen wurde, noch weitergeht, das Folgende aber aus inhaltlichen Gründen an einer anderen Stelle behandelt wurde (z. B. folgt auf Text Polyphem Nr. 2 der Text Kirke Nr. 2; beide entstammen der *Weltchronik* des Johannes Malalas).

Zu den antiken Eigennamen: Im Textteil sowie bei der Übersetzung derjenigen griechischen Zeugnisse, die von der Verfasserin selbst vorgenommen wurden, stehen die für die Protagonisten der *Odyssee* im Deutschen üblichen Namensformen: Penelope anstelle von Penelopeia etc. Bei der Übersetzung der lateinischen Zeugnisse hingegen wurde die lateinische Namensform beibehalten — also Ulixes für Odysseus, Circe für Kirke etc. —, um den spezifischen Charakter der lateinischen Rezeption deutlich zu machen.

## TEXTE ZU POLYPHEM

**TEXT POLYPHEM NR. 1**: Porphyrios, *Quaestiones Homericae ad Odysseam pertinentes* S. 84, 13 – S. 96, 4 Hrsg. Schrader 1890 (einige Auszüge)
dt. *Homerische Fragen zur Odyssee*
Lebensdaten: 234–305/10 n. Chr.

**NR. 1 A**: das Aussehen der Kyklopen (S. 84, 13 – S. 86, 13; zu Hom. Od. 9, 106–542)

ζητεῖ Ἀριστοτέλης, πῶς ὁ Κύκλωψ ὁ Πολύφημος, μήτε πατρὸς ὢν Κύκλωπος — Ποσειδῶνος γὰρ ἦν — μήτε μητρός, Κύκλωψ ἐγένετο. αὐτὸς δὲ ἑτέρῳ μύθῳ ἐπιλύεται· καὶ γὰρ ἐκ Βορέου ἵπποι γίνονται, καὶ ἐκ Ποσειδῶνος καὶ τῆς Μεδούσης ὁ Πήγασος ἵππος. τί δ' ἄτοπον ἐκ Ποσειδῶνος τὸν ἄγριον τοῦτον γεγονέναι, ὥσπερ καὶ τὰ ἄλλα ἐξ αὐτοῦ ἀναλόγως τῇ θαλάττῃ ἄγρια γεννᾶται ἢ τερατώδη ἢ παρηλλαγμένα.
γελοίως δ' αὐτοὺς ἐτυμολογεῖ Ἡσίοδος·

Κύκλωπες δ' ὄνομ' ἦσαν ἐπώνυμον, οὕνεκ' ἄρα σφέων κυκλοτερὴς ὀφθαλμὸς ἔεις ἐνέκειτο μετώπῳ.

ὁ δ' Ὅμηρος φαίνεται τὴν φύσιν αὐτῶν λέγων οὐκ εἰδὼς τὸ τοιοῦτον· εἰ γὰρ ἦν τι τοιοῦτον, ὥσπερ τὰς ἄλλας ἰδιότητας τῶν ὀφθέντων ἔγραψεν ἐπ' αὐτοῦ Κύκλωπος, τὸ μέγεθος, τὴν ὠμότητα, οὕτω κἂν τὸ περὶ ὀφθαλμοῦ ἔγραψε. φησὶ δὲ ὁ Φιλόξενος, ὅτι ἐπλάνησε τὸν Ἡσίοδον τὸ τὸν ἕνα ὀφθαλμὸν τυφλωθέντα μηκέτι ὁρᾶν. οὔτε δὲ περὶ πάντων εἶπε τῶν Κυκλώπων τοῦτο Ὅμηρος εἰκός τε τὸν Πολύφημον κατά τινα ἄλλην αἰτίαν τὸν ἕτερον τῶν ὀφθαλμῶν ἀπολωλεκέναι πρὸ τῆς Ὀδυσσέως ἀφίξεως.

ὁ Κύκλωψ κατὰ Ὅμηρον οὐκ ἦν μονόφθαλμος φύσει, ἀλλὰ κατά τινα συντυχίαν τὸν ἕτερον τῶν ὀφθαλμῶν ἀποβεβλήκει· δύο γέ τοι ὀφρῦς εἶχε· φησὶ γὰρ

πάντα δέ οἱ βλέφαρ' ἀμφὶ καὶ ὀφρῦς εὗσεν ἀϋτμή.

οἱ δὲ ἀντιλέγοντες τούτῳ φασίν· εἰ δύο εἶχεν ὀφθαλμοὺς καὶ τὸν ἕνα Ὀδυσσεὺς ἐτύφλωσε, πῶς συμφωνήσει τὸ ὑπ' αὐτοῦ λεγόμενον·

Κύκλωψ, αἴ κέν τίς σε καταθνητῶν ἀνθρώπων
ὀφθαλμοῦ εἴρηται ἀεικελίην ἀλαωτύν,

καὶ οὐκ εἶπεν ὀφθαλμῶν; ἔτι δὲ καὶ τὸ προκείμενον παρὰ τοῦ Κύκλωπος, ὅτι δύναταί μου ὁ Ποσειδῶν ἰάσασθαι τὸν ὀφθαλμόν. εἰ γὰρ ἦν ἑτερόφθαλμος ἤδη ὑπάρχων, ἔλεγεν ἂν αὐτῷ Ὀδυσσεύς· καὶ πῶς τὸν ἕτερον οὐκ ἐθεράπευσεν; ἀλλ' εἶπεν·

ὡς οὐκ ὀφθαλμόν γ' ἰήσεται οὐδ' Ἐνοσίχθων.

[δι' αὐτοῦ δὲ τούτου ἀπολογοῦνται περὶ τοῦ εἶναι αὐτὸν διόφθαλμον, διὰ τοῦ εἰπεῖν· εἰ τὸν πρῶτον πηρωθέντα ὀφθαλμὸν οὐκ ἐθεράπευσεν, οὐδὲ τοῦτον ἰάσεται].

Aristoteles stellt die Frage, wieso der Kyklop Polyphem — der weder einen Kyklopen zum Vater hatte, das war nämlich Poseidon, noch zur Mutter — als Kyklop geboren wurde. [Aristoteles] selbst löst das Problem mithilfe eines anderen Mythos: Denn auch von Boreas wurden Pferde gezeugt (vgl. Hom. Il. 20, 223) und ebenso von Poseidon und Medusa das Pferd Pegasos (vgl. Hes. Theog. 281). Was ist also ungewöhnlich daran, dass Poseidon diesen Wilden gezeugt hat? (Arist. fr. 395 Gigon) So wie auch die anderen entsprechend dem Meer wilden oder monströsen oder außergewöhnlichen Wesen aus diesem entstanden.

Lächerlich ist die etymologische Ableitung des Hesiod für sie: »Deshalb nannte man sie Kyklopen, Rundaugen, weil das / einzige Auge rund wie ein Kreis ihnen lag auf der Stirne.« (Hes. theog. 144–45; Übersetzung A. v. Schirnding.) Homer beschreibt offensichtlich ihre Natur und weiß nichts derartiges [über ein einziges Auge]: Wenn es nämlich irgendetwas dergleichen gäbe, dann hätte er — gerade so wie er die anderen Eigenheiten ihres Aussehens beim Kyklopen beschrieb, die Größe, die Wildheit — auch etwas über das Auge geschrieben. Philoxenos sagt, dass der Umstand, dass [Polyphem] nichts mehr sah, nachdem das *eine* Auge geblendet worden war, Hesiod irreführte. Und Homer sagte dies nicht über alle Kyklopen; es ist vielmehr wahrscheinlich, dass Polyphem aus irgendeinem anderen Anlass, vor der Ankunft des Odysseus, das zweite Auge verloren hatte.

Nach Homer war der Kyklop nicht von Natur aus einäugig, sondern hatte das andere Auge bei einem Unfall verloren. Er besaß nämlich zwei Brauen. Denn er sagte: »Ringsum die ganzen Lider und die Brauen versengte ihm der Gluthauch.« (Hom. Od. 9, 389; Übersetzung Verf.) Diejenigen, die dem widersprechen, sagen: Wenn er zwei Augen hatte und Odysseus das eine blendete, wie passt das mit dem zusammen, was von diesem [sc. Odysseus] gesagt wird (Hom. Od. 9, 502–03): »Kyklops, du! wenn einer dich fragt von den sterblichen Menschen / wegen der scheußlichen Blendung des Auges«? Er sagte nicht: *der Augen*. Außerdem der Text des Kyklopen (Hom. Od. 9, 520), dass »Poseidon mein Auge heilen könne«. Wenn er nämlich ursprünglich zweiäugig gewesen wäre, hätte Odysseus zu ihm gesagt: »Und wieso kümmerte er [Poseidon] sich nicht [damals] um das andere?« Sondern [Odysseus] sagte (Hom. Od. 9, 525): »Als dir das Auge nicht heilt auch er nicht, der Erderschütterrer!« Aber mit demselben Vers argumentieren [die anderen] für seine Zweiäugigkeit — indem sie darauf hinweisen, dass, wenn [Poseidon] das erste verletzte Auge nicht geheilt hat, er auch dieses nicht heilen wird.

**NR. 1 B**: das Verhältnis der Kyklopen gegenüber Göttern, Gesetzen und Recht (hier S. 86, 14 – S. 87, 10; das Thema geht weiter bis S. 90, 2; zu Hom. Od. 9, 106–43)

πῶς ὑπερφιάλους καὶ ἀθεμίστους καὶ παρανόμους εἰπὼν τοὺς Κύκλωπας ἄφθονα παρὰ θεῶν αὐτοῖς ὑπάρχειν φησὶ τὰ ἀγαθά; ῥητέον οὖν ὅτι ὑπερφιάλους μὲν διὰ τὴν ὑπεροχὴν τοῦ σώματος, ἀθεμίστους δὲ τοὺς μὴ νόμῳ χρωμένους ἐγγράφῳ διὰ τὸ ἕκαστον τῶν ἰδίων ἄρχειν·

θεμιστεύει δὲ ἕκαστος παίδων ἠδ' ἀλόχου,

ὅπερ ἀνομίας σημεῖον. Ἀντισθένης δέ φησιν ὅτι μόνον τὸν Πολύφημον εἶναι ἄδικον· καὶ γὰρ ὄντως τοῦ Διὸς ὑπερόπτης ἐστίν· οὐκοῦν οἱ λοιποὶ δίκαιοι· διὰ τοῦτο γὰρ καὶ τὴν γῆν αὐτοῖς τὰ πάντα ἀναδιδόναι αὐτομάτως· καὶ τὸ μὴ ἐργάζεσθαι αὐτὴν δίκαιον ἔργον ἐστίν. ἀλλ' ἔμπροσθεν εἶπε βιαίους·

οἵ σφεας σινέσκοντο, βίηφι δὲ φέρτεροι ἦσαν

[ὥσπερ καὶ τοὺς Γίγαντας·

ὅσπερ ὑπερθύμοισι Γιγάντεσσιν βασίλευε],

ὥστε καὶ τοὺς Φαίακας βλαπτομένους ὑπ' αὐτῶν μεταναστῆναι. ἐγένετο δὲ διὰ τὸ ἀνόμοιον τῆς πολιτείας.

Wie [verträgt es sich, dass Homer] sagt, die Kyklopen seien übermütig und gesetzlos und frevelhaft, *und* dass er sagt, dass ihnen von Seiten der Götter gute Dinge im Überfluss zur Verfügung standen? Nun ist zu sagen, dass er sie »übermütig« (*hyperphíalos*) nennt wegen des Überragens des Körpers, »gesetzlos« (*athémistos*) hingegen, weil sie keine geschriebenen Gesetze haben, in Bezug darauf, dass jeder über das eigene herrsche: »Jeder einzelne schaltet / dort über Weiber und Kinder.« (Hom. Od. 9, 114–15), welches gerade ein Zeichen von Gesetzlosigkeit ist.

Antisthenes sagt, dass nur Polyphem ungerecht war. Denn dieser ist in der Tat ein Verächter des Zeus. Die übrigen sind folglich gerecht. Deshalb nämlich bietet ihnen auch die Erde von sich aus alles dar, und dass sie diese nicht bearbeiten, ist eine gerechte Tat. Aber zuvor (Hom. Od. 6, 6) bezeichnet [Homer] sie als Gewaltsame: »Diese [sc. die Kyklopen] schadeten ihnen [sc. den Phäaken] und waren an Kraft überlegen.« [...] So wie auch die Phäaken, von diesen geschädigt, den Wohnort gewechselt haben sollen. Es geschah aufgrund des Unähnlichen der Staatsverfassung (Antisthenes fr. 189 Giannantoni).

**NR. 1 C**: der Gang zur Höhle (S. 90, 9 – S. 91, 14; zu Hom. Od. 9, 195–233)

διὰ τί δώδεκα; καὶ γὰρ ὀλίγοι, ἵνα μὴ δοκῇ ὡς ἐπὶ λῃστείαν ἥκειν· ἐλάττους δὲ πάλιν οὐκ ἦγεν, ἵνα μὴ εὐκαταφρόνητος εἶναι δόξῃ. ἀλλ' οὐδὲ ὅπλα ἐπιφέρεται, ἵνα μὴ ὡς πολέμιος εἶναι δοκῇ. αὐτὸς δὲ πάρεστι καὶ οὐ προπέμπει, ἵνα μὴ φαίνηται δειλός [τοῖς Φαίαξι]. τὸν δὲ ἀσκὸν οἰκεῖον ἐφόδιον λαμβάνει [τὸν οἶνον] πρὸς ποιμενικοὺς καὶ ἀγρίους ἄνδρας.

[διὰ] τί οὖν κινεῖ τὸν Ὀδυσσέα πρὸς τὸ μὴ πεισθῆναι τοῖς ἑταίροις συμβουλεύουσι φυγεῖν; ὅτι γενόμενος ἐν τῷ σπηλαίῳ οὐδεμίαν βίου θηριώδους ὑπόνοιαν ἔλαβε.

αὐτίκα γάρ μοι ὀΐσατο θυμὸς ἀγήνωρ
ἄνδρ' ἐπελεύσεσθαι μεγάλην ἐπιειμένον ἀλκήν,
ἄγριον κτλ.

εἴκασεν ἐκ τοῦ μεγέθους τοῦ σπηλαίου μέγαν τινὰ εἶναι καὶ ἄγριον ἐκ τοῦ ἐπ' ἐσχατιὰν οἰκεῖν. διὰ τί οὖν οὐ πείθεται τοῖς ἑταίροις; [...] καὶ ἄλλως δέ, ὡς ἔφην, ἡμερότητα ἔβλεπε, καὶ ἔμπειρος ὢν κινδύνων οὐ πάνυ ἐφοβεῖτο, καὶ συνέσει ἐθάρσει. καὶ εἰ ἄγριος ἦν, ἀλλ' οὐκ ᾤετο ἀνθρωποφάγον εἶναι.

καὶ εἴ μοι ξείνια δοίη. ποῖον ξένιον ἤλπιζε λαβεῖν παρὰ ἀνθρώπου θησαυροὺς μὴ ἔχοντος, τυροὺς δὲ μόνον καὶ γάλα βλέπων; δεῖ δὲ τὰς κατηγορίας ποιεῖν οὐκ ἐκ τῶν ἀποβάντων· ἄδηλον γὰρ εἰ ἐπιεικὴς ἦν ἀνήρ· εἰ καὶ πρὸ τῆς πείρας γὰρ λέγει περὶ τοῦ Πολυφήμου [...] τὰ ἐπίθετα ταῦτα τὰ δεινὰ † ἄλλοτε ἐπράττετο [...]. δεῖ δὲ εἰδέναι ὅτι τὸ ἄδηλον ἐν τῷ βίῳ καὶ τῶν φρονίμων κρεῖττόν ἐστιν, ὅπου ἐν τοῖς τοιούτοις ἐνίοτε καὶ ἄφρονες κατορθοῦσιν.

καὶ τί ξένιον ἤλπιζεν; προβάτου δορὰν ἴσως; ἀλλὰ τὸν εἰς τοὺς ξένους καθήκοντα ἔλεον προσδέχεσθαι πρέπον τὸν ἀποπεπλανημένον ἔξω τῆς οἰκουμένης διὰ τοῦ ἀγνοεῖν καὶ παραπεμφθῆναι βούλεσθαι διὰ τῆς μηνύσεως τῶν τόπων. τοῦτο γὰρ καὶ εἰκὸς διανοούμενος οὐκ ἐπείσθη τοῖς ἑταίροις ὥστε φεύγειν, ἀλλὰ τῷ κινδύνῳ προσεβάλλετο μαθεῖν ἀξιῶν ὁποίῳ πλῷ τεύξεται τοῦ νόστου.

Warum zwölf [sc. Gefährten, die Odysseus auf diesen Gang mitnimmt]? Einerseits wenige, damit er nicht wegen eines Raubzuges zu kommen scheint. Noch weniger wiederum führte er nicht an, damit er nicht für verächtlich gehalten wurde. Aber er führt auch keine Waffen mit sich, damit er nicht für einen Feind gehalten wird. Er selbst ist dabei und schickt [die Gefährten] nicht voraus, damit er den Phäaken nicht feige erscheinst. Er nimmt den Schlauch, den Wein, mit als passenden Reiseproviant für ländliche und unzivilisierte Männer.

Weshalb veranlasst [Homer] Odysseus, sich nicht überzeugen zu lassen von den Gefährten, die zur Flucht raten? (Hom. Od. 9, 228) Weil er, als er die Höhle betrat, keinerlei Verdacht über einen tierischen Lebenswandel fasste.

»Da der Trotz im Gemüte schon ahnte, / dort sei ein wilder Mann, gewappnet mit riesiger Wehrkraft etc.« (Hom. Od. 9, 213–15). Er schloss aus der Größe der Höhle, dass er irgendjemand Großes sei und aus der Tatsache, dass er so entlegen wohnte, dass er wild sei. Warum nun lässt er sich von den Gefährten nicht überzeugen? [...] Andererseits sah er, wie ich sagte, die Harmlosigkeit und erprobt in Gefahren fürchtete er sich nicht allzu sehr und fasste in seinem Bewusstsein Mut. Und wenn [Polyphem] auch wild war, so vermutete [Odysseus] doch nicht, dass er ein Menschenfresser war.

»Ob er gastliche Gaben mir gäbe.« (Hom. Od. 9, 229.) Was für Gastgeschenke hoffte er zu erhalten von einem Mann, der keine Schätze besaß, [bei dem] er nur Käse und Milch sah? Man darf keine Anklage erheben wegen des Ausgangs der Geschichte. Denn es war unbekannt, ob der Mann anständig sei. Wenngleich er — er spricht ja über eine Situation, in der er noch keine Erfahrung mit Polyphem hatte [...] — sich die furchtbaren Epitheta für ihn erst später ausgedacht hat. [...] Man muss wissen, dass das Unbekannte im Leben sogar für die Verständigen zu hoch ist, wo in solchen Dingen es manchmal auch die Unverständigen glücklich zustande bringen.

Und was für ein Gastgeschenk erhoffte er? Vielleicht auf das Geschenk eines Schafes oder einer Ziege? Aber es ist passend, dass jemand, der zu Fremden kommt — jemand, der außerhalb der zivilisierten Welt umherirrt — Mitleid erhofft, weil er sich nicht auskennt und weitergeleitet werden will durch Auskunft über die Örtlichkeiten. Es ist auch wahrscheinlich, dass er aufgrund dieser Überlegung sich von den Gefährten nicht überzeugen ließ, zu fliehen, sondern er setzte sich der Gefahr aus, weil er es für richtig hielt zu erfahren, auf welcher Route er nach Hause gelangen könne.

**NR. 1 D**: die nicht erfolgte Entwaffnung der Griechen (S. 92, 16–18; zu Hom. Od. 9, 300)

διὰ τί μὴ ἔλαβεν ἐξ αὐτῶν τὰ ξίφη ὁ Κύκλωψ καὶ ἀπεγύμνωσεν αὐτούς; τὰ τῆς ἐπιβουλῆς ἴσως ἔλαθεν αὐτὸν πρὸς τὴν βορὰν ἐπειγόμενον.

Warum nahm ihnen der Kyklop nicht die Schwerter ab und entwaffnete sie? Vielleicht entging ihm ihr Anschlag beim hastigen Verschlingen.

**NR. 1 E**: der Akt der Blendung (S. 92, 27 – S. 93, 7; zu Hom. Od. 9, 388–98)

φασὶν οἱ ἰατροί, ὅτι οἱ καιόμενοι οὐκ ἐκβάλλουσιν αἷμα, φρυγομένων τῶν σαρκῶν. ῥητέον οὖν ὅτι οὐκ ἔφθασεν ἀποφρυγῆναι τὰ ἐν βάθει ἀγγεῖα.

πῶς δὲ μὴ εὐθὺς πληγεὶς ταῖς χερσὶν ἐπελάβετο τῶν περιστρεφόντων τὸν μοχλόν; ἢ ὅτι μακρὰν ἀπέσχον, ἢ ἡ ἐπίθεσις ὀξεῖα, ἢ ὅτι αἱ κινήσεις τῶν μεγάλων σωμάτων βραδεῖαι. ἢ περιαλγὴς ὢν τῷ πάθει ἐπέτετε τάρακτο, ἢ οὐκ ἐσωφρόνει διὰ τὴν μέθην. εὐρὺ δὲ ἦν καὶ τὸ σπέος, ὥστε μὴ εἶναι ῥᾴδιον συνειλῆσαι εἰς ἕνα τόπον.

Die Ärzte sagen, dass ausgebrannte [Augen] kein Blut aussondern, da das Gewebe geröstet ist. Man muss daher sagen, dass er [Odysseus] es nicht schnell genug geschafft hat, die tief gelegenen Blutgefäße zu rösten.

Wie griff [Polyphem] nicht sofort, als er getroffen war, mit den Händen nach den den Pfahl Herumdrehenden? Entweder, weil sie weit weg waren oder der Angriff [so] schmerzhaft, oder weil die Bewegungen der großen Körper träge sind. Oder er war, da er von dem Geschehen heftigen Schmerz empfand, verwirrt. Oder er handelte nicht besonnen aufgrund seiner Trunkenheit. Weiträumig war nämlich die Grotte, so dass es nicht leicht war, [die Griechen] an einen einzigen Ort zu treiben.

**NR. 1 F**: die Flucht aus der Höhle (S. 93, 18–21; zu Hom. Od. 9, 444–45)

διὰ τί τοὺς φίλους προεξήνεγκε τοῦ σπηλαίου; δεικνὺς τὸ κηδεμονικὸν αὐτοῦ περὶ αὐτούς, ἢ ἵνα, ἐάν τι συμβῇ αὐτοῖς εἰς τὴν ἐκβολήν, αὐτὸς γοῦν πάθῃ σὺν αὐτοῖς, ἢ ἵνα μὴ τάραχον ἐμποιήσωσιν ἰδόντες αὐτὸν μὲν προεξερχόμενον, αὐτοὺς δὲ ἀπολειπομένους.

Weshalb schickte [Odysseus] die Freunde zuerst aus der Höhle? Er [Homer] zeigt damit seine [sc. des Odysseus] Fürsorge für sie. Oder damit er selbst, falls diesen bei der Flucht etwas zustößt, wenigstens mit ihnen leidet. Oder damit sie keinen Aufruhr verursachen, wenn sie sehen, dass er als erster herauskommt, sie selbst aber zurückgelassen werden.

**NR. 1 G**: die Verhöhnung des Geblendeten (S. 94, 18–25; Auszug aus S. 94, 1–25; zu Hom. Od. 9, 491–505)

πῶς [δὲ] ἤκουσεν ἔτι Πολύφημος, διπλάσιον αὐτοῦ ἀποστάντος; καί φαμεν ὅτι οὐκ ἦν ἴσως πολὺ τὸ διάστημα. ἔτι δὲ καὶ γέγωνε βοήσας· δυνατὸν οὖν ἐπιτείνοντα τὴν βοὴν ἀκουσθῆναι. ἢ τάχα οὐ τὴν διπλασίονα ὁδὸν σημαίνει, ἀλλ᾿ ὅτι τὸ δεύτερον διεπεραιώθημεν. ἦν δὲ καὶ μεγαλόφωνος Ὀδυσσεύς, ὡς καὶ ἐν Ἰλιάδι·

ἀλλ᾿ ὅτε δὴ ὄπα τὴν μεγάλην.

ἄμεινον δὲ εἰπεῖν, ὡς τὸ μὲν πρῶτον ἀπὸ τοῦ σπηλαίου ἤκουσεν αὐτοῦ, τὸ δὲ δεύτερον ἀπὸ τῆς θαλάσσης καὶ τοῦ αἰγιαλοῦ.

Wie hörte Polyphem ihn [sc. Odysseus] jetzt noch, obwohl er doppelt so weit entfernt war? Und wir sagen, dass die Entfernung vielleicht nicht so groß war. Und außerdem schrie er. Es ist also möglich, dass das [in der Lautstärke] gesteigerte Geschrei gehört wurde. Oder er [sc. Homer bzw. sein Erzähler Odysseus] bezeichnet vielleicht nicht den doppelten Weg, sondern »als wir zum zweiten Mal [den Weg] vollendeten.« Odysseus war auch mit einer lauten Stimme ausgestattet, wie in der Ilias [steht]: »Aber sobald seiner Brust die Stimme gewaltig entströmte.« (Hom. Il. 3, 221; Übersetzung H. Rupé.) Es ist besser zu sagen, dass [Polyphem den] Odysseus] das erste Mal von seiner Höhle aus hörte, das zweite Mal aber vom Meer und von Strand aus.

**NR. 1 H**: rhetorischer Seitenhieb gegen Poseidon (S. 94, 26 – S. 95, 18; Thema geht weiter bis S. 96,4; zu Hom. Od. 9, 525)

διὰ τί ὁ Ὀδυσσεὺς οὕτως ἀνοήτως εἰς τὸν Ποσειδῶνα ὠλιγώρησεν εἰπών·

ὡς οὐκ ὀφθαλμόν γ᾽ ἰήσεται οὐδ᾽ Ἐνοσίχθων;

Ἀντισθένης μέν φησι διὰ τὸ εἰδέναι ὅτι οὐκ ἦν ἰατρὸς ὁ Ποσειδῶν, ἀλλ᾽ ὁ Ἀπόλλων· Ἀριστοτέλης δὲ οὐχ ὅτι οὐ δυνήσεται, ἀλλ᾽ ὅτι οὐ βουλήσεται, διὰ τὴν πονηρίαν τοῦ Κύκλωπος.

φασὶν ὅτι συνασεβεῖ τῷ Κύκλωπι καὶ ὁ Ὀδυσσεύς. φαμὲν δὲ ὅτι διὰ τὴν τύφλωσιν, οὐ διὰ τὰς φωνὰς ταύτας ὠργίσθη Ποσειδῶν· τούτων γὰρ ὁ νοῦς· οὐδὲ Ποσειδῶν ἰάσεται κακὸν ὄντα, μὴ βουλόμενος· οὐ γὰρ μὴ δυνάμενος. ἐδύνατο γὰρ ὁ Ποσειδῶν αὐτὸν θεραπεῦσαι, οὐκ ἠβούλετο δὲ διὰ τὰς πονηρίας αὐτοῦ.

διὰ τί οὖν ὁ Ποσειδῶν ὠργίσθη, καίτοι μὴ χαλεπαίνων διὰ τὸ ἀπόφθεγμα, ἀλλὰ διὰ τὴν τύφλωσιν;

Κύκλωπος γὰρ κεχόλωται, ὃν ὀφθαλμοῦ ἀλάωσε,

καίπερ πονηροῦ ὄντος καὶ τοὺς ἑταίρους ἐκείνου κατεσθίοντος· λύων δὲ ὁ Ἀριστοτέλης φησί, μὴ ταὐτὸν εἶναι ἐλευθέρῳ πρὸς δοῦλον καὶ δούλῳ πρὸς ἐλεύθερον, οὐδὲ τοῖς ἐγγὺς τῶν θεῶν οὖσι πρὸς τοὺς ἄποθεν. ὁ δὲ Κύκλωψ ἦν μὲν ζημίας ἄξιος, ἀλλ᾽ οὐκ Ὀδυσσεῖ κολαστέος, ἀλλὰ τῷ Ποσειδῶνι, καὶ εἰ πανταχοῦ νόμιμον τῷ φθειρομένῳ βοηθεῖν, πολὺ μᾶλλον τῷ υἱῷ· καὶ ἦρχον ἀδικίας οἱ ἑταῖροι.

Warum höhnt Odysseus auf so unbedachte Weise gegen Poseidon, indem er sagt (Hom. Od. 9, 525): »Als dir das Auge nicht heilt auch er nicht, der Erderschüttrer«? Antisthenes sagt, wegen des Wissens, dass nicht Poseidon der Heiler war, sondern Apollon (Antisthenes fr. 190 Giannantoni). Aristoteles hingegen sagt, nicht weil [Poseidon] nicht dazu in der Lage sein wird, sondern weil er aufgrund der Bösartigkeit des Kyklopen nicht wollen wird.

Man sagt, dass Odysseus ebenso frevelt wie der Kyklop. Wir hingegen sagen, dass Poseidon wegen der Blendung zürnte, aber nicht wegen diese Worte. Denn deren Sinn ist: Nicht einmal Poseidon wird dich heilen, weil du schlecht bist — weil er es nicht will, nicht etwa, weil er es nicht könnte. Denn Poseidon hätte ihn zwar heilen können; er wollte aber nicht wegen dessen Bösartigkeit.

Weshalb also zürnte Poseidon, obgleich nicht entrüstet über den Ausspruch [des Odysseus], sondern über die Blendung: »Kocht doch die Galle, weil Odysseus das Aug dem Kyklopen geblendet« (Hom. Od. 1, 69) und obwohl [Polyphem] ganz schlecht war und die Gefährten fraß? Zur Auflösung sagt Aristoteles, dass dem Freien gegenüber einem Sklaven mehr gestattet ist als dem Sklaven gegenüber einem Freien, und entsprechend denjenigen, die den Göttern nahe stehen, gegenüber den jenen Fernstehenden. Kyklops war würdig einer Strafe, aber nicht von Odysseus zu bestrafen, sondern von Poseidon, wenn es überall rechtmäßig ist, dem Geschädigten, dem Sohn, beizustehen. Und die Gefährten hatten mit der Ungerechtigkeit angefangen (Hom. Od. 9, 225) (Aristoteles fr. 397 Gigon).

**TEXT POLYPHEM NR. 2:** Johannes Malalas, *Chronographia* 5, 17–18 S. 85, 29 – S. 87, 94 Hrsg. Thurn 2000 (= Sisyphos von Kos, FGrH 50, F 2)
dt. *Weltchronik*
verfasst um 570 n. Chr.

*Nach der Einnahme Trojas kommt es zwischen Odysseus und Aias zum Streit um das Palladion. Bevor ein endgültiges Urteil gefällt werden kann, wird Aias ermordet. Die Truppen des Aias verlangen dafür den Tod des Odysseus. Dieser flieht mit seiner Flotte. Es folgen die ersten Abenteuer: erfolgreicher Beutezug im Land Maronis, militärische Niederlage im Land der Lotophagen.*

(17) κἀκεῖθεν φυγὼν ἀνήχθη χειμαζόμενος μετὰ πλεῖστον πλοῦν εἰς τὴν λεγομένην Σικίλαν νῆσον, τὴν νυνὶ λεγομένην Σικελίαν. ἡ δὲ νῆσος αὕτη ἦν μεγάλη πάνυ, διῃρημένη εἰς τρεῖς ἀδελφοὺς μεγάλους καὶ δυνατοὺς καὶ τὰ ἀλλήλων φρονοῦντας, λέγω δὴ εἰς Κύκλωπα καὶ Ἀντιφάντην καὶ Πολύφημον, υἱοὺς γεναμένους τοῦ Σικάνου, βασιλέως τῆς αὐτῆς νήσου, ἦσαν δὲ οἱ αὐτοὶ τρεῖς ἀδελφοὶ ἄνδρες χαλεποὶ καὶ μηδέποτε ξένους ὑποδεχόμενοι, ἀλλὰ καὶ ἀναιροῦντες. καὶ καταντήσας σὺν ταῖς ναυσὶν αὐτοῦ καὶ τῷ στρατῷ ὁ Ὀδυσσεὺς εἰς τὸ διαφέρον μέρος τῷ Ἀντιφάντῃ συνέβαλε πόλεμον μετὰ τοῦ Ἀντιφάντου καὶ τοῦ στρατοῦ αὐτοῦ τῶν λεγομένων Λαιστρυγόνων. καὶ κτείνουσιν ἱκανοὺς ἐκ τοῦ στρατοῦ τοῦ Ὀδυσσέως· καὶ λαβὼν τὰς ἑαυτοῦ ναῦς ἀποπλεύσας ἔφυγεν ἐκεῖθεν εἰς ἄλλο μέρος τῆς νήσου, τὸ διαφέρον τῷ Κύκλωπι, ἔνθα τὰ Κυκλώπια λέγεται ὄρη. καὶ γνοὺς τοῦτο ὁ Κύκλωψ ἦλθε κατ᾽ αὐτοῦ μετὰ τῆς ἰδίας βοηθείας· ἦν δὲ μέγας τῷ σώματι καὶ δυσειδής· καὶ ἐπελθὼν ἄφνω τῷ Ὀδυσσεῖ παραβαλόντι ἐπὶ τὴν διαφέρουσαν αὐτῷ γῆν κατέκοψεν αὐτοῦ πολλούς, καὶ συλλαβόμενος τὸν Ὀδυσσέα καί τινας τοῦ στρατοῦ αὐτοῦ ὁ Κύκλωψ, λαβὼν ἕνα τῶν ἅμα αὐτῷ συλληφθέντων ὀνόματι Μικκαλίωνα, ἄνδρα γενναῖον καὶ ἀριστεύσαντα ἐν τῇ Τροίᾳ καὶ ὄντα ἡγούμενον τοῦ στρατοῦ τοῦ Ὀδυσσέως, ὅντινα κρατήσας τῆς κόμης τῆς κεφαλῆς ἐπ᾽ ὄψεσι τοῦ Ὀδυσσέως καὶ πάντων τῶν μετ᾽ αὐτοῦ ᾧ ἐβάσταζε ξίφει ἀνεντέρισεν ὡς μαχησάμε-

νον αὐτῷ. τοὺς δὲ λοιποὺς ἀπέκλεισεν βουλόμενος κατὰ μέρος τοὺς πάντας φονεῦσαι. ὁ δὲ Ὀδυσσεὺς προσπεσὼν αὐτῷ ἔπεισεν αὐτὸν διὰ χρημάτων πολλῶν καὶ ξενίων *Τρωικῶν* ἀπολῦσαι αὐτὸν καὶ τοὺς ὑπολειφθέντας αὐτῷ ἄνδρας. πεισθεὶς δὲ μόλις ὁ Κύκλωψ διὰ τῆς τῶν χρημάτων δόσεως, ἐπηγγείλατο περὶ ἑσπέραν ἀπολύειν αὐτόν· καὶ αὐτὸς βουλόμενος ἐν τῇ νυκτὶ αὐτῇ ἐπελθεῖν καὶ φονεῦσαι αὐτὸν καὶ τοὺς αὐτοῦ καὶ ἀφελέσθαι πάντα ὃν ἐπιφέρεται πλοῦτον καὶ τὰς ναῦς αὐτοῦ περὶ ἑσπέραν ἀπέλυσεν αὐτὸν καὶ τοὺς μετ' αὐτοῦ. ᾗ μόνον δὲ ἀπελύθη ὁ Ὀδυσσεύς, δειλιῶν τὴν τοῦ ἀνδρὸς ὠμότητα εὐθέως ἀπέπλευσεν ἐκ τῶν μερῶν αὐτοῦ. ἐπιρρίψας δὲ νυκτὸς ὁ Κύκλωψ καὶ μὴ εὑρηκὼς τὰ πλοῖα ἐκ τῆς μανίας εἰς τὴν θάλασσαν ῥίπτεσθαι λίθους ἐκέλευσε, μήπως ἔνδον τῆς γῆς ἐμεθώρμησαν <ὑπονοῶν>.

**(18)** νυκτὸς δὲ βαθείας οὔσης καὶ σκότους καλύπτοντος τὴν γῆν καὶ τὴν θάλασσαν, ἀγνοοῦντες δὲ καὶ τοὺς αὐτοὺς τόπους, παρέβαλον εἰς ἄλλα μέρη τῆς νήσου διαφέροντα τῷ Πολυφήμῳ, ἀδελφῷ τοῦ Κύκλωπος καὶ τοῦ Ἀντιφάντου. ὅστις Πολύφημος μαθών, ὅτι τινὲς κατέπλευσαν νυκτὸς καὶ παρέβαλον εἰς τὴν διαφέρουσαν αὐτῷ χώραν, εὐθέως λαβὼν τὴν ἑαυτοῦ βοήθειαν, ἐλθὼν κατὰ τοῦ Ὀδυσσέως συνέβαλεν αὐτῷ πόλεμον. καὶ πᾶσαν τὴν νύκτα ἐπολέμουν, καὶ ἔπεσον ἀπὸ τοῦ Ὀδυσσέως πολλοί. πρωίας δὲ γενομένης προσήγαγεν ὁ Ὀδυσσεὺς καὶ τῷ Πολυφήμῳ ξένια καὶ προσέπεσεν αὐτῷ, ἐξειπών, ὅτι ἀπὸ τῶν Τρωικῶν πόνων ἐλήλυθε πεπλανημένος ἀπὸ πολλῆς κυμάτων ἀνάγκης, ἀπαριθμήσας αὐτῷ καὶ τὰς συμβάσας αὐτῷ κατὰ θάλασσαν διαφόρους συμφοράς. ὅστις Πολύφημος <τῇ ὑπερβολῇ τῶν πόνων> συμπαθήσας αὐτῷ ἠλέησεν αὐτὸν καὶ ὑπεδέξατο αὐτὸν καὶ τοὺς αὐτοῦ, ἕως οὗ ἐγένετο ἐπιτήδειος ὁ πλοῦς. ἡ δὲ θυγάτηρ τοῦ Πολυφήμου ὀνόματι Ἔλπη ἐρωτικῶς διετέθη πρός τινα εὐπρεπῆ ἄνδρα τῶν μετὰ τοῦ Ὀδυσσέως ὀνόματι Λείωνα· καὶ ἐπιτηδείου ἀνέμου πνεύσαντος ταύτην ἀφαρπάσαντες <τοῦ Ὀδυσσέως ἀγνοοῦντος> ἐξώρμησαν ἐκ τῆς Σικελίας νήσου. <ὁ δὲ Πολύφημος ἔπεμψε πολλοὺς τῶν οἰκείων κατ' αὐτῶν, καὶ καταλαβόντες ἀφαιροῦνται βιαίως.> ἅτινα ὁ σοφώτατος Σίσυφος ὁ Κῷος ἐξέθετο.

ὁ γὰρ σοφὸς Εὐριπίδης *ποιητικῶς* δρᾶμα ἐξέθετο περὶ τοῦ Κύκλωπος, ὅτι τρεῖς εἶχεν ὀφθαλμούς, σημαίνων τοὺς τρεῖς ἀδελφούς, ὡς συμπαθοῦντας ἀλλήλοις καὶ διαβλεπομένους τοὺς ἀλλήλων τόπους τῆς νήσου καὶ συμμαχοῦντας καὶ ἐκδικοῦντας ἀλλήλους, καὶ ὅτι οἴνῳ μεθύσας τὸν Κύκλωπα ἐκφυγεῖν ἠδυνήθη, διότι χρήμασι πολλοῖς καὶ δώροις ἐμέθυσε τὸν αὐτὸν Κύκλωπα ὁ Ὀδυσσεὺς πρὸς τὸ μὴ κατεσθίειν τοὺς μετ' αὐτοῦ, *τουτέστι μὴ καταναλίσκειν σφαγαῖς*, καὶ ὅτι λαβὼν Ὀδυσσεὺς λαμπάδα πυρὸς ἐτύφλωσε τὸν ὀφθαλμὸν αὐτοῦ τὸν ἕνα, διότι τὴν θυγατέρα τὴν μονογενῆ τοῦ ἀδελφοῦ αὐτοῦ Πολυφήμου Ἔλπην, παρθένον οὖσαν, λαμπάδι πυρὸς ἐρωτικοῦ καυθεῖσαν, ἥρπασε, τουτέστιν ἕνα τῶν ὀφθαλμῶν τοῦ Κύκλωπος ἐφλόγισε τὸν Πολύφημον, τὴν αὐτοῦ θυγατέρα ἀφελόμενος. ἥντινα ἑρμηνείαν ὁ σοφώτατος Φιδάλιος ὁ Κορίνθιος ἐξέθετο, εἰρηκὼς ὅτι ὁ σοφὸς Εὐριπίδης ποιητικῶς πάντα μετέφρασε, μὴ συμφωνήσας τῷ σοφωτάτῳ Ὁμήρῳ ἐκθεμένῳ τὴν Ὀδυσσέως πλάνην.

**(17)** Und er floh von dort, um, nachdem er eine lange Sturmfahrt hinter sich gebracht hatte, auf der Insel namens Sikila zu landen, die jetzt Sikelia heißt. Diese Insel aber war sehr groß, sie war auf drei große, mächtige, einträchtige Brüder verteilt, ich meine auf Kyklops, Antiphantes und Polyphemos; sie waren Söhne des Sikanos, des Königs über diese Insel. Diese drei Brüder aber waren schwierig, niemals nahmen sie Fremdlinge auf, sie töteten sie sogar. Und als mit seinen Schiffen und seinem Heer Odysseus in den Landesteil, der Antiphantes gehörte, gelangt war, begann er Krieg mit Antiphantes und seinem Heer, das aus den sogenannten Laistrygonen bestand. Und sie töteten eine stattliche Anzahl aus dem Heer des Odysseus. Und er nahm seine Schiffe, stach in See und flüchtete von dort in einen anderen Teil der Insel, der dem Kyklops gehörte, wo die sogenannten Kyklopsberge sind. Und der Kyklops bemerkte dies und zog gegen ihn mit seiner Hilfsmannschaft aus. Er war aber groß an Körperwuchs und häßlich. Und urplötzlich griff er den Odysseus an, der sich auf das ihm gehörende Land gewagt hatte, und er hieb viele seiner Leute nieder; der Kyklops nahm darüber hinaus den Odysseus und einige aus seinem Heer gefangen: Einen der gleichzeitig mit ihm gefangen genommenen, mit Namen Mikkalion, nahm er, einen tapferen Mann, der sich in Troia hervorgetan hatte und Anführer im Heer des Odysseus war, indem er ihn am Kopfhaar im Angesicht des Odysseus und all seiner Leute festhielt, und weidete ihn mit dem Schwert, das er in Händen hatte, aus — habe er doch gegen ihn gekämpft. Die Übrigen aber sperrte er ein, er wollte der Reihe nach alle töten. Odysseus aber fiel ihm zu Füßen, er überredete ihn mit viel Geld und Gastgeschenken aus der Troerbeute, er solle ihn und die ihm verbliebenen Männer freilassen. Mit Mühe aber ließ sich der Kyklops durch die Geldgabe umstimmen, er versprach, er wolle ihn zur Abendzeit freigeben. Und er hatte selber die Absicht, in dieser Nacht ihn und seine Leute anzufallen und zu töten sowie den gesamten Reichtum, den er mit sich führte, und die Schiffe ihm abzunehmen. So ließ er gegen Abend ihn und seine Leute frei. Kaum aber war Odysseus freigekommen, da fuhr er in Angst vor der Wildheit des Mannes sogleich aus seinem Gebiet ab. In der Nacht aber griff der Kyklops an, und als er die Schiffe nicht vorgefunden hatte, befahl er in seinem Rasen, man solle Steine ins Meer werfen. Er argwöhnte nämlich, sie hätten ihre Schiffe weiter drinnen im Land an einer anderen Stelle vor Anker gelegt.

**(18)** Es war aber tiefe Nacht, Finsternis bedeckte die Erde und das Meer, sie kannten sich freilich in diesen Örtlichkeiten nicht aus, und sie gerieten in andre Teile der Insel, die dem Polyphem gehörten, dem Bruder des Kyklops und des Antiphantes. Als dieser Polyphem in Erfahrung brachte, daß Leute des nachts an Land gegangen und in das Gebiet eingedrungen seien, das ihm gehöre, da nahm er sogleich seine Hilfsmannschaft, kam Odysseus entgegen und begann Krieg mit ihm. Und sie bekriegten sich die ganze Nacht, und auf Seiten des Odysseus fielen viele. Als es aber Morgen geworden war, da brachte Odysseus auch vor Polyphem Gastgeschenke und fiel ihm zu Füßen; er trug vor, daß er von den troischen Mühen gekommen sei, verschlagen, aus großer Not der Wellen; er zählte ihm auch die verschiedenen Mißgeschicke auf, die ihm auf dem Meere widerfahren waren. Dieser Polyphem fühlte mit ihm ob des Übermaßes an Mühsalen, er empfand Mitleid und er nahm ihn und seine Leute auf, bis seine Fahrt günstig wurde. Die Tochter aber des Polyphem namens Elpe verliebte sich in einen schönen Mann aus der Umgebung des Odysseus, er hieß Leion. Und als ein günstiger Wind aufgekommen war, da raubten sie diese <wider Wissen des Odysseus> und stachen von der Insel Sikelia in See. <Polyphem aber schickte viele seiner eigenen Leute gegen sie aus, und diese holten sie ein und nahmen ihnen mit Gewalt Elpe ab.> Dies hat der sehr weise Sisiphos der Koer dargelegt. Der weise Euripides nämlich verfaßte in Dichtung ein Drama über den Kyklops: Er hatte drei Augen, womit er die drei Brüder meinte; fühlten sie doch füreinander, überwachten die Örtlichkeiten der Insel gegenseitig, leisteten sich kriegerische Hilfe und rächten einander. Er habe entkommen können, nachdem er den Kyklops berauschte, denn Odysseus berauschte mit viel Geld und vielen Geschenken diesen Kyklops, auf daß er seine Leute nicht verspeise (d. h. durch Totschlag beseitigte). Und Odysseus habe eine brennende Fackel genommen und sein eines Auge geblendet; raubte er doch die eingeborene Tochter seines [sc. des Kyklops] Bruders Polyphem Elpe, die noch Jungfrau war, die angesengt war von der Fackel des Liebesfeuers (d. h. er brannte eines der Augen des Kyklopen aus, d. h. den Polyphem, indem er ihm seine Tochter benahm). Diese Erklärung hat der sehr weise Phidalios aus Korinth dargelegt, indem er sagte, der sehr weise Euripides habe in dichterischer Weise alles

umgeformt, ohne mit dem sehr weisen Homer übereinzustimmen, der die Irrfahrt des Odysseus dargelegt hat. (Übersetzung J. Thurn — M. Maier 2009)

*Es folgt Text Kirke Nr. 2.*

**TEXT POLYPHEM NR. 3**: Johannes Antiochenus, *Historia Chronica* 48, 2 S. 106, 14 – S. 108, 32 Hrsg. Roberto 2005
 dt. *Weltchronik*
 verfasst ca. 610–30 n. Chr.

*Nach der Einnahme Trojas wird eines Morgens der große Kämpfer Aias ermordet aufgefunden. Haupttatverdächtiger ist Odysseus. Es kommt zu Aufruhr und Streit im griechischen Heer, woraufhin Odysseus mit seinen Schiffen in See sticht. Es folgen die Plünderung von Maronis, die Steinigung der Hekabe und das Land der Lotophagen.*

καὶ φυγὼν καταλαμβάνει νῆσον λεγομένην Σικανίαν, τὴν νυνὶ λεγομένην Σικελίαν. ἡ δὲ νῆσος αὕτη τρίγωνος οὖσα ὑπὸ τριῶν ἀδελφῶν ἐκρατεῖτο ἀλλήλοις συνερχομένων, οὓς οἱ τῆς χώρας ὠνόμαζον Κύκλωπας. ὁ μὲν γὰρ πρῶτος ἐκαλεῖτο Κύκλωψ, ὁ δὲ δεύτερος Πολύφημος, καὶ ὁ τρίτος Ἀντιφάτης. οὗτοι γεγόνασι παῖδες Σικανοῦ, ἄνδρες δυνατοὶ καὶ ἄγριοι, κατακρατοῦντες τῆς χώρας καὶ τοὺς ἐμπίπτοντας ἀναιροῦντες. ὡς οὖν Ὀδυσσεὺς περὶ τὸ Ἀντιφάτου ἦλθε καὶ τοὺς σὺν αὐτῷ διαφθειρομένους εἶδε, ἔφυγεν εἰς ἕτερον μέρος τῆς νήσου καὶ περιπίπτει τῷ καλουμένῳ Κύκλωπι. καὶ συλληφθεὶς ὑπ' αὐτοῦ πολλοὺς μὲν τῶν ἑταίρων ἀπολλύει, αὐτὸς δὲ ἐν τῷ σπηλαίῳ κατακλεισθεὶς ἐμηχανᾶτο πῶς ὤφειλε σωθῆναι. καὶ προσαγαγὼν αὐτῷ λύτρα χρυσοῦ τε καὶ ἀργύρου πλῆθος τὸν ὑπ' ἐκείνου διέφυγε θάνατον. καὶ διὰ νυκτὸς ἐπιβὰς τῇ ὁλκάδι περιπίπτει τῷ λεγομένῳ Πολυφήμῳ, καὶ καταπονηθεὶς ὑπ' αὐτοῦ καὶ πολλοὺς ἀποβαλών, δώροις αὐτὸν καὶ οἴνῳ προσενεχθέντι μετέβαλεν. ἦν γὰρ ἀήθης τῆς τοῦ οἴνου γεύσεως. ἀπολυθεὶς δὲ λοιπὸν ἔφυγεν ἁρπάσας τὴν ἐκείνου θυγατέρα ἣν εἶχε μονογενῆ. ταῦτα Σίσυφος ὁ Κῶος ἐξέθετο. οἱ γὰρ ἄλλοι ποιητικῶς ἔγραψαν, ὅτι τρεῖς ὀφθαλμοὺς εἶχον οἱ Κύκλωπες, σημαίνοντες τοὺς τρεῖς ἀδελφοὺς ἀλλήλοις συγκειμένους, ὁ δὲ Πολύφημος ἕνα, ὃν καὶ ἐτύφλωσε μετὰ πυρὸς <Ὀδυσσεύς>, ὅτι τὴν θυγατέρα αὐτοῦ ἐκκαυθεῖσαν ἔρωτι ἀφείλατο.

Und fliehend erreichte er eine Insel namens Sikania, die heute Sizilien genannt wird. Diese Insel, die dreieckig war, wurde von drei miteinander verbündeten Brüdern beherrscht, welche die Bewohner des Landes Kyklopen nannten. Der erste nämlich hieß Kyklops, der zweite Polyphem und der dritte Antiphates. Diese waren Kinder des Sikanos, gewaltige und wilde Männer, die über das Land herrschten und die, die es dorthin verschlug, töteten. Als nun Odysseus in das Gebiet des Antiphates kam und sah, wie seine Männer getötet wurden, floh er zum anderen Teil der Insel und attackierte den [Bruder] mit Namen Kyklops. Und in dessen Gefangenschaft geraten, verlor er viele seiner Männer. Er selbst — in der Höhle eingeschlossen — sann darüber nach, wie er sich retten solle. Und indem er ihm [sc. Kyklops] als Lösegeld eine Menge Gold und Silber heranschaffte, entkam er dem Tod von dessen Hand. Und da er des Nachts das Schiff bestiegen hatte, geriet er in Auseinandersetzung mit dem [Bruder] namens Polyphem. Und nachdem er von jenem überwältigt worden war und viele Männer verloren hatte, stimmte er ihn um mithilfe von Geschenken und Wein, den er ihm anbot. [Polyphem] war nämlich nicht an den Genuss von Wein gewöhnt. Freigegeben, floh er nunmehr und raubte zugleich dessen einzige Tochter. Diese Dinge erzählte Sisyphos von Kos.

Die anderen nämlich schrieben auf poetische Weise, dass die Kyklopen drei Augen hatten, womit sie die drei miteinander verbündeten Brüder bezeichneten; Polyphem hingegen hatte nur eines, welches Odysseus mit Feuer blendete, weil er ihm seine in Liebe entflammte Tochter wegnahm.

*Es folgt Text Kirke Nr. 3.*

**TEXT POLYPHEM NR. 4**: Porphyrios, *De antro nympharum* 34–35 Hrsg. Seminar Classics 609 1969
dt. *Die Nymphengrotte in der Odyssee*
Lebensdaten: 234–305/10 n. Chr.

(34) Εἰς τοῦτο τοίνυν φησὶν Ὅμηρος δεῖν τὸ ἄντρον ἀποθέσθαι πᾶν τὸ ἔξωθεν κτῆμα, γυμνωθέντα δὲ καὶ προσαίτου σχῆμα περιθέμενον καὶ κάρψαντα τὸ σῶμα καὶ πᾶν περίττωμα ἀποβαλόντα καὶ τὰς αἰσθήσεις ἀποστραφέντα βουλεύεσθαι μετὰ τῆς Ἀθηνᾶς, καθεζόμενον σὺν αὐτῇ ὑπὸ πυθμένα ἐλαίας, ὅπως τὰ ἐπίβουλα τῆς ψυχῆς αὐτοῦ πάθη πάντα περικόψῃ. οὐ γὰρ ἀπὸ σκοποῦ οἶμαι καὶ τοῖς περὶ Νουμήνιον ἐδόκει Ὀδυσσεὺς εἰκόνα φέρειν Ὁμήρῳ κατὰ τὴν Ὀδύσσειαν τοῦ διὰ τῆς ἐφεξῆς γενέσεως διερχομένου καὶ οὕτως ἀποκαθισταμένου εἰς τοὺς ἔξω παντὸς κλύδωνος καὶ θαλάσσης ἀπείρους·

εἰσόκε τοὺς ἀφίκηαι οἳ οὐκ ἴσασι θάλασσαν
ἀνέρες οὐδέ θ' ἅλεσσι μεμιγμένον εἶδαρ ἔδουσι.

πόντος δὲ καὶ θάλασσα καὶ κλύδων καὶ παρὰ Πλάτωνι ἡ ὑλικὴ σύστασις.

(35) διὰ τοῦτ', οἶμαι, καὶ τοῦ Φόρκυνος ἐπωνόμασε τὸν λιμένα·

Φόρκυνος δέ τίς ἐστι λιμήν, ἐναλίου θεοῦ, οὗ δὴ καὶ θυγατέρα ἐν ἀρχῇ τῆς Ὀδυσσείας τὴν Θόωσαν ἐγενεαλόγησεν, ἀφ' ἧς ὁ Κύκλωψ, ὃν ὀφθαλμοῦ Ὀδυσσεὺς ἀλάωσεν, ἵνα καὶ ἄχρι τῆς πατρίδος ὑπῇ τι τῶν ἁμαρτημάτων μνημόσυνον. ἔνθεν αὐτῷ καὶ ἡ ὑπὸ τὴν ἐλαίαν καθέδρα οἰκεία ὡς ἱκέτῃ τοῦ θεοῦ καὶ ὑπὸ τὴν ἱκετηρίαν ἀπομειλισσομένῳ τὸν γενέθλιον δαίμονα. οὐ γὰρ ἦν ἁπλῶς τῆς αἰσθητικῆς ταύτης ἀπαλλαγῆναι ζωῆς τυφλώσαντα αὐτὴν καὶ καταργῆσαι συντόμως σπουδάσαντα, ἀλλ' εἵπετο τῷ ταῦτα τολμήσαντι μῆνις ἁλίων καὶ ὑλικῶν θεῶν, οὓς χρὴ πρότερον ἀπομειλίξασθαι θυσίαις τε καὶ πτωχοῦ πόνοις καὶ καρτερίαις, ποτὲ μὲν διαμαχόμενον τοῖς πάθεσι, ποτὲ δὲ γοητεύοντα καὶ ἀπατῶντα καὶ παντοίως πρὸς αὐτὰ μεταβαλλόμενον, ἵνα γυμνωθεὶς τῶν ῥακέων καθέλῃ πάντα καὶ οὐδ' οὕτως ἀπαλλαγῇ τῶν πόνων, ἀλλ' ὅταν παντελῶς ἔξαλος γένηται καὶ ἐν ψυχαῖς ἀπείροις θαλασσίων καὶ ἐνύλων ἔργων, ὡς πτύον εἶναι ἡγεῖσθαι τὴν κώπην διὰ τὴν τῶν ἐναλίων ὀργάνων καὶ ἔργων παντελῆ ἀπειρίαν.

(34) In dieser Höhle also, sagt Homer, geziemt es sich, allen von außen stammenden Besitz abzulegen und sich — nachdem man die Kleider abgelegt und das Aussehen eines Bettlers angenommen hat, den Körper runzlig gemacht und alles Überflüssige daran abgeworfen hat sowie die Sinne ausgeschaltet hat — mit Athena zu beraten, gemeinsam mit ihr auf der Wurzel des Ölbaumes sitzend, um alle hinterlistigen Leidenschaften der eigenen Seele wegzuschneiden. Denn nicht ohne Grund, glaube ich, schien es denen um Numenius, dass Odysseus — so wie er von Homer in der *Odyssee* geschildert wird — ein Bild liefert für den Durchgang durch alle Stadien des Werdens (*génesis*) und für darauf folgende Rückkehr zu denen, die weit weg von den Wogen und unkundig des Meeres sind:

> Bis du zu jenen gelangst, die nichts mehr wissen vom Meere, / Menschen, die Salz nicht genießen, auch nicht mit den Speisen. (aus der Prophezeiung des Teiresias, Hom. Od. 11, 122–23)

Das Meer, die See und die Woge [stehen] auch bei Platon [für] den materiegebundenen Zustand (*hyliké systasis*) (Numen. fr. 33 des Places).

(35) Deswegen, glaube ich, hat [Homer] auch den Hafen als den des Phorkys bezeichnet:

> Dort ist der Hafen des Phorkys (Hom. Od. 13, 96),

eines Meeresgottes, für dessen Tochter Thoosa [Homer] am Anfang der *Odyssee* einen Stammbaum aufstellt, die den Kyklopen gebar, dessen Auge Odysseus blendete, damit bis zu seiner Ankunft im Vaterland eine Erinnerung an seine [sc. des Odysseus] Vergehen übrig bleibe.

Daher passt zu ihm auch das Sitzen unter dem Ölbaum, insofern er ein Schutzflehender der Gottheit ist und unter dem Ölzweig der Schutzflehenden den persönlichen Daimon (*genéthlios daímon*) besänftigt. Denn es war ihm schlechterdings nicht möglich, kurzerhand von diesem sinnlichen Leben loszukommen, indem er es blendete, das heißt versuchte, es mittels einer Abkürzung zu beenden. Sondern dem, der dieses gewagt hatte, folgte der Zorn der Götter des Meeres, das heißt der Materie. Diese müssen zunächst besänftigt werden mit Opfern und den Mühsalen eines Bettlers und standhaft ertragenen Leiden, indem man bald gegen die Leidenschaften kämpft, bald sie bezaubert und täuscht und sich auf jede erdenkliche Art und Weise ihnen gegenüber verändert, um schließlich die Lumpen abzulegen und sie alle zu vernichten. Doch auch da ist man noch nicht von den Mühsalen befreit, sondern erst dann, wenn man gänzlich vom Meer entfernt ist und bei Seelen, die keine Kenntnis von den das Meer und das Materielle betreffenden Werken haben, so dass sie das Ruder für eine Worfschaufel halten wegen ihrer völligen Unkenntnis der für das Meer benötigten Geräte und Werke.

**TEXT POLYPHEM NR. 5**: Synesios von Kyrene, *Epistulae* 121 S. 252, 1 – S. 253, 32 Hrsg. Roques 2000
  dt. *Briefe*
  an Athanasios den Weinpanscher;
  verfasst 412 n. Chr.

*Synesios antwortet in diesem Brief auf das Gesuch eines im Gefängnis befindlichen Verbrechers, ihm zu helfen. Synesios lehnt dieses Ansinnen ab und vergleicht den Gefangenen mit Odysseus in der Höhle des Polyphem.*

Ὀδυσσεὺς ἔπειθε τὸν Πολύφημον διαφεῖναι αὐτὸν ἐκ τοῦ σπηλαίου. »γόης γάρ εἰμι καὶ εἰς καιρὸν ἄν σοι παρείην οὐκ εὐτυχοῦντι τὰ εἰς τὸν θαλάττιον ἔρωτα. ἀλλ' ἐγώ τοι καὶ ἐπῳδὰς οἶδα καὶ καταδέσμους καὶ ἐρωτικὰς κατανάγκας αἷς οὐκ εἰκὸς ἀντισχεῖν οὐδὲ πρὸς βραχὺ τὴν Γαλάτειαν. μόνον ὑπόστηθι σὺ τὴν θύραν ἀποκινῆσαι, μᾶλλον δὲ τὸν θυρεὸν τοῦτον· ἐμοὶ μὲν γὰρ καὶ ἀκρωτήριον εἶναι φαίνεται. ἐγὼ δὲ ἐπανήξω σοι θᾶττον ἢ λόγος, τὴν παῖδα κατεργασάμενος — τί λέγω κατεργασάμενος; αὐτὴν ἐκείνην ἀποφανῶ σοι δεῦρο πολλαῖς ἴυγξι γενομένην ἀγώγιμον καὶ δεήσεταί σου καὶ ἀντιβολήσει, σὺ δὲ ἀκκιῇ καὶ κατειρωνεύσῃ. […] ἀλλὰ τί διατρίβεις καὶ οὐκ ἐγχειρεῖς ἤδη τῇ θύρᾳ;« πρὸς οὖν ταῦτα ὁ Πολύφημος ἐξεκάγχασέ τε ὅσον ἐδύνατο μέγιστον καὶ τὼ χεῖρε ἐκρότησε. καὶ ὁ μὲν Ὀδυσσεὺς ᾤετο αὐτὸν ὑπὸ χαρμονῆς οὐκ ἔχειν ὅ τι ἑαυτῷ χρήσαιτο, κατελπίσαντα τῶν παιδικῶν περιέσεσθαι· ὁ δὲ ὑπογενειάσας αὐτόν »ὦ Οὖτι«, ἔφη »δριμύτατον μὲν ἀνθρώπιον ἔοικας εἶναι καὶ ἐγκατατετριμμένον ἐν πράγμασιν. ἄλλο μέντοι τι ποίκιλλε· ἐνθένδε γὰρ οὐκ ἀποδράσεις.«

ὁ μὲν οὖν Ὀδυσσεύς (ἠδικεῖτο γὰρ ὄντως) ἔμελλεν ἄρα τῆς πανουργίας ὀνήσεσθαι, σὲ δὲ Κύκλωπα μὲν ὄντα τῇ τόλμῃ, Σίσυφον δὲ τοῖς ἐγχειρήμασι, δίκη μετῆλθε καὶ νόμος καθεῖρξεν, ὧν μή ποτε σύγε καταγελάσειας.

Odysseus versuchte Polyphem dazu zu überreden, ihn aus der Höhle herauszulassen: »Ich bin nämlich ein Zauberer und zur rechten Zeit könnte ich dir — da du keinen Erfolg hast in der Liebe zu dem Meerwesen [sc. der Nereide Galateia] — beistehen. Denn ich kenne ja Zaubersprüche und Zauberknoten und Mittel zur Erzwingung von Liebe, denen Galateia kaum wird standhalten können, auch nicht für einen kurzen Moment. Sei du nur so freundlich, die Tür wegzubewegen, oder eher diesen Türstein: denn mir kommt er sogar wie ein Vorgebirge vor. Ich aber werde schneller wieder bei dir sein als ein Wort, nachdem ich das Mädchen überredet habe — was sage ich ›überredet habe‹? Sie selber werde ich dir herbringen und mittels zahlreicher Liebeszauber dafür sorgen, dass sie von dir leicht zu lenken sein wird; sie wird dich bitten, ja anflehen, du aber wirst dich zieren und Ausflüchte suchen. […] Wohlan denn, was zögerst du und legst nicht schon Hand an die Tür an?«

Daraufhin nun lachte Polyphem so gewaltig auf wie er konnte und klatschte in die Hände. Und Odysseus glaubte, dass er vor Freude ganz außer sich sei wegen der Hoffnung, die Liebste zu erobern. Jener aber fasste ihn am Kinn. »O Niemand«, sagte er, »du scheinst ein sehr scharfsinniger Wicht zu sein und äußerst gerieben in allen Dingen. Denke dir trotzdem etwas anderes aus: Denn von hier wirst du nicht entfliehen!«

Odysseus — denn er erlitt wahrhaft Unrecht — sollte letzten Endes aus seiner Verschlagenheit Nutzen ziehen. Dich aber, der du ein Kyklop bist in deiner Verwegenheit und ein Sisyphos in deinen Winkelzügen, dich hat das Recht gestraft und das Gesetz hinter Gitter gebracht, so dass du nun nicht mehr über Recht und Gesetz hohnlachen wirst.

**TEXT POLYPHEM NR. 6**: Hippolytos, *Refutatio omnium haeresium* 1, 26, 2, 37 Hrsg. Marcovich 1986
  dt. *Widerlegung aller Häresien*
  Lebensdaten: ca. 200 – ca. 250 n. Chr.

*Hippolytos referiert verschiedene griechische Dichter und Philosophen, die er als Ausgangspunkt der von ihm bekämpften »Häresien« ansieht. Darunter fällt auch*

*Hesiod, aus dessen Theogonie er eine längere Passage zitiert. Der letzte von ihm zitierte Vers (= Hes. theog. 139) bezieht sich auf die Kyklopen.*

Γείνατο δ' αὖ Κύκλωπας ὑπέρβιον ἦτορ ἔχοντας.

Auch die Kyklopen gebar sie [sc. Gaia], Trotz und Wildheit im Herzen. (Übersetzung A. von Schirnding)

**TEXT POLYPHEM NR. 7**: Gregor von Nyssa, *Contra Eunomium* 3, 5, 44 (= *Gregorii Nysseni opera* 1 S. 176, 6–9)
  dt. *Gegen Eunomios*
  verfasst 380–83 n. Chr.

ἀγέννητος λέγεται καὶ ὁ σκινδαψός, ἀγέννητον καὶ τὸ βλίτυρι, ἀγέννητος ὁ Μινώταυρος, ὁ Κύκλωψ, ἡ Σκύλλα, ἡ Χίμαιρα, οὐ τῷ ἀγεννήτως εἶναι, ἀλλὰ τῷ μὴ γενέσθαι ὅλως.

Unerzeugt heißt auch der Skindapsos, unerzeugt heißt das Blityri, unerzeugt der Minotauros, der Kyklop, die Skylla, die Chimaira — nicht, weil sie auf unerzeugte Weise sind, sondern weil sie überhaupt nicht existieren.

**TEXT POLYPHEM NR. 8**: Diktys von Kreta, *Ephemeris belli Troiani* 6, 5 S. 123, 22 – S. 124, 9 Hrsg. Eisenhut 1973
  dt. *Tagebuch aus dem Trojanischen Krieg*
  verfasst wohl in der zweiten Hälfte des 4. Jh.s n. Chr.

*Per idem tempus Ulixes Cretam adpulsus est duabus Phoenicum navibus mercedis pacto acceptis, namque suas com sociis atque omnibus, quae ex Troia habuerat, per vim Telamonis amiserat scilicet infesti ob inlatam per eum filio necem, vix ipse liberatus industria sui. percontantique Idomeneo, quibus ex causis in tantas miserias devenisset, erroris initium narrare occipit: quo pacto adpulsus Ismarum multa inde per bellum quaesita praeda navigaverit adpulsusque ad Lotophagos atque adversa usus fortuna devenerit in Siciliam, ubi per Cyclopa et Laestrygona fratres multa indigna expertus ad postremum ab eorum filiis Antiphate et Polyphemo plurimos sociorum amiserit. dein per misericordiam Polyphemi in amicitiam receptus filiam regis Arenen, postquam Alphenoris socii eius amore deperibat, rapere conatus. ubi res cognita est, interventu parentis puella ablata per vim, exactus.*

Zur selben Zeit steuerte Ulixes Kreta an, mit zwei phönikischen Schiffen, die er angeheuert hatte: Denn seine eigenen hatte er samt den Gefährten und allem, was er aus Troja [erbeutet] hatte, durch die Gewalt des Telamon verloren, der ihm ja feindselig war, weil [Odysseus/Ulixes] den Tod über seinen Sohn gebracht hatte, kaum dass [Odysseus/Ulixes] selbst durch eigene Anstrengung/List freikam. Und auf die Frage des Idomeneus, aus welchen Gründen er denn in solches Unglück gekommen sei, begann er, vom Beginn seiner Irrfahrt zu erzählen: Wie — nachdem er bei Ismarus angelegt und dort im Krieg reiche Beute gemacht hatte — er zu den Lotophagen gesteuert sei und, aufgrund eines widrigen Schicksals, nach Sizilien gelangt sei.

Dort erfuhr er durch die Brüder Cyclops und Laestrygon viel Unbill. Zuletzt verlor er durch ihre Söhne Antiphates und Polyphemus die meisten seiner Gefährten. Hierauf wurde er durch die Barmherzigkeit des Polyphemus in Freundschaft aufgenommen. Er versuchte, die Tochter des Königs, Arene, nachdem sie vor Liebe zu seinem Gefährten Alphenor verging, zu rauben. Und als die Sache bekannt wurde und das Mädchen ihm durch den Eingriff des Vaters weggenommen wurde, wurde er verjagt.

*Es folgt Text Kirke Nr. 20.*

**TEXT POLYPHEM NR. 9**: Boethius, *Consolatio Philosophiae* Hrsg. Gegenschatz — Gigon 1998
  dt. *Trost der Philosophie*
  verfasst um 524 n. Chr.

**TEXT NR. 9 A**: IV 7. pr., Z. 43–63

*Ex his enim, ait, quae concessa sunt, evenit eorum quidem, qui sunt vel in possessione vel in provectu vel in adeptione virtutis, omnem, quaecumque sit, bonam, in improbitate vero manentibus omnem pessimam esse fortunam.*

*Hoc, inquam, verum est, tametsi nemo audeat confiteri. Quare, inquit, ita vir sapiens moleste ferre non debet, quotiens in fortunae certamen adducitur, ut virum fortem non decet indignari, quotiens increpuit bellicus tumultus. utrique enim, huic quidem gloriae propagandae, illi vero conformandae sapientiae, difficultas ipsa materia est. ex quo etiam virtus vocatur, quod virtus suis viribus nitens non superetur adversis. neque enim vos in provectu positi virtutis diffluere deliciis et emarcescere voluptate venistis; proelium cum omni fortuna nimis acre conseritis, ne vos aut tristis opprimat aut iucunda corrumpat; firmis medium viribus occupate. quicquid aut infra subsistit aut ultra progreditur, habet contemptum felicitatis, non habet praemium laboris.*

Aus dem nämlich, sagte sie [sc. die Verkörperung der Philosophie], was zugestanden ist, ergibt sich, daß jedes Geschick, wie es auch immer sei, für diejenigen, die im Besitz oder im Fortschritt oder im Erwerb der Tugend sind, gut ist, für jene aber, die im Bösen verharren, jedes überaus schlecht ist.

Das ist wahr, sagte ich, obgleich niemand es zu bekennen wagt. Deshalb, sagte sie, darf sich der Weise ebenso wenig beschweren, so oft er auch in den Kampf mit dem Geschick gezogen wird, wie es dem Tapfern nicht geziemt, sich zu erzürnen, wenn ihn das Kriegsgetümmel umtost. Denn für beide sind die Schwierigkeiten selbst der Stoff, für diesen, um Ruhm zu erwerben, für jenen, Weisheit auszubilden. Und deshalb heißt sie auch Tugend, weil sie, auf ihre Tauglichkeit gestützt, sich von Widerwärtigkeiten nicht überwinden läßt. Ihr, die ihr auf dem Pfad der Tugend festen Fuß gefaßt habt, seid nicht gekommen, in Wonnen zu zerfließen und in Wollust zu erschlaffen, ihr streitet den härtesten Kampf mit jederlei Geschick, auf daß euch nicht das traurige erdrücke, das angenehme verderbe. Nehmt mit starker Kraft die Mitte ein. Alles, was darunter bleibt oder darüber hinausgeht, enthält Verachtung der Glückseligkeit, nicht Belohnung der Mühe. (Übersetzung E. Gegenschatz — O. Gigon 1998)

**TEXT NR. 9 B**: IV 7. c., Z. 8–12

*Flevit amissos Ithacus sodales,*
*Quos ferus vasto recubans in antro*
*Mersit immani Polyphemus alvo.*
*Sed tamen caeco furibundus ore*
*Gaudium maestis lacrimis rependit.*

Es beweint' Uliss den Verlust der Freunde,
Polyphem hat sie, lagernd in der Höhle,
wild in sich versenkt im gewaltgen Schlunde.
Doch der Wütrich hat dann, beraubt des Auges,
bald die Lust gebüßt mit den bittern Tränen.
(Übersetzung E. Gegenschatz — O. Gigon 1998)

**TEXT POLYPHEM NR. 10**: Ps.-Ausonius, *Periocha Odyssiae* 9, 8–14 Hrsg. Green 1999
dt. *Inhaltsangabe zur Odyssee*
Datierung ungeklärt, möglicherweise 4. Jh. n. Chr.

*Mox ad Cyclopum insulam, quae Lotophagis obiacebat, cum una nave processerit, eaque sedulo occultata ipse cum duodecim sociis in antrum Polyphemi penetraverit. qui cruentis dapibus expletus, quas caede sociorum eius instruxerat, vino etiam quod Ulixes ingesserat temulentus cum in somnum procubuisset, ab Ulixe caecatus poenas immanitatis exsolvit.*

Wie [Odysseus/Ulixes] bald darauf mit einem einzigen Schiff zur Insel der Kyklopen [sc. Sizilien], die vor dem Land der Lotophagen lag, vorgestoßen sei; wie er dieses vorsätzlich versteckt habe und selbst mit zwölf Gefährten in die Höhle des Polyphemus eingedrungen sei. Als der — angefüllt mit bluttriefenden Mählern, die er sich aus der Schlachtung von dessen Gefährten bereitet hatte, und auch trunken von dem Wein, den ihm Ulixes eingeschenkt hatte — in Schlaf gefallen sei, habe er, von Ulixes geblendet, die Strafe für seine Unmenschlichkeit erlitten.

**TEXT POLYPHEM NR. 11**: Servius, *Commentarium in Vergilii Aeneida* 3, 636 S. 447, 3–8 Hrsg. Thilo — Hagen 1881
dt. *Kommentar zu Vergils Aeneis*
verfasst um 420 n. Chr.

SOLUM SUB FRONTE LATEBAT: pro »in fronte latebat«. *multi Polyphemum dicunt unum habuisse oculum, alii duos, alii tres: sed totum fabulosum est. nam hic vir prudentissimus fuit, et ob hoc oculum in capite habuisse dicitur, id est iuxta cerebrum, quia prudentia plus videbat. verum Ulixes eum prudentia superavit, et ob hoc eum caecasse fingitur.*

»EINZIG SICH BARG UNTER FINSTERER STIRNE« (Übersetzung J. Götte): für »sich auf der Stirn barg«. Viele sagen, dass Polyphemus ein einziges Auge gehabt habe, andere zwei, andere drei: Aber das ist alles mythisch. Denn dieser war ein sehr kluger Mann, und deswegen wird erzählt, dass er ein Auge am Kopf gehabt habe, das heißt dicht am Gehirn, weil er aufgrund seiner Klugheit mehr sah. Aber Ulixes übertraf ihn an Klugheit, und deshalb wird erdichtet, dass er ihn geblendet habe.

**TEXT POLYPHEM NR. 12**: Fulgentius, *Expositio Virgilianae continentiae* 151 Hrsg. Agozzino — Zanlucchi 1972
dt. *Darlegung des wahren Inhalts der Vergilischen Poesie*
Lebensdaten: späteres 5. oder frühes 6. Jh. n. Chr.

*In secundo vero libro et tertio avocatur fabulis quibus puerilis consueta est avocari garrulitas. nam in fine tertii libri Cyclopas videt Achemenide monstrante; acos enim Graece tristitia dicitur, cyclos Graece circulus vocatur. ergo pueri-*

*tia, quoniam pes puer Graece dicitur, iam timore nutritorum feriata tristitiam cogitandi nescit et vaginam puerilem exercet. ob hanc rem etiam Cyclops unum oculum in fronte habere dicitur, quia nec plenum nec rationalem visum puerilis vagina portat et omnis aetas puerilis in superbia erigitur ut Cyclops. ideo in capite oculum, quod nihil nisi superbum et videat et sentiat. quem sapientissimus Ulixes extinguit, id est: igne ingenii vana gloria caecatur. ideo eum et Polyphemum diximus quasi apolunta femen, quod nos Latine perdentem famam dicimus.*

Im zweiten und dritten Buch aber wird [Aeneas] abgelenkt von Mythen, von denen die knabenhafte Geschwätzigkeit gewohnt ist, abgelenkt zu werden. Denn am Ende des dritten Buches sieht er Kyklopen (*Cyclopes*), die ihm Achemenides zeigt; *acos* (= gr. ἄχος, eigentlich eher »Betrübnis«) heißt nämlich auf Griechisch »der Ernst« (wörtlich »Traurigkeit«); *cyclos* (= gr. κύκλος) wird im Griechischen »der Kreis« genannt. Also kennt das Knabenalter — denn *pes* (= gr. παῖς) heißt auf Griechisch »der Knabe« —, da es jetzt von der Furcht vor den Ernährern frei ist, die Ernsthaftigkeit des Denkens nicht und übt sich in knabenhaftem Umherschweifen. Deshalb soll auch der Kyklop nur ein Auge auf der Stirn haben, weil das knabenhafte Umherschweifen weder ein vollständiges noch ein rationales Sehen mit sich bringt und weil das gesamte Knabenalter sich zum Übermut versteigt, wie der Kyklop. Daher hat er am Kopf [nur] ein Auge, weil er außer Übermütigem nichts sieht oder denkt. Das löschte der höchst weise Ulixes aus, das bedeutet: Eitler Ruhm wird vom Feuer des Verstandes dunkel gemacht. Deshalb haben wir ihn auch Polyphemus genannt, gleichsam *apolunta femen*, was wir auf Latein »den, der seinen guten Ruf verliert« nennen.

**TEXT POLYPHEM NR. 13**: Tertullian, *Apologeticum* 7, 5 Hrsg. Becker 1984
   dt. *Verteidigung des Christentums*
   verfasst 197 n. Chr.

*Tertullian polemisiert gegen die den Christen unterstellten, aber nie bewiesenen Schandtaten wie z. B. das rituelle Töten und Verspeisen von Kleinkindern.*

   *Quis umquam taliter vagienti infanti supervenit? quis cruenta, ut invenerat, Cyclopum et Sirenarum ora iudici reservavit?*

Wer wäre dabei jemals auf solch ein wimmerndes Kind gestoßen? Wer hätte die blutigen Kyklopen- und Sirenenmäuler so, wie er sie fand, für den Richter aufbewahrt? (Übersetzung C. Becker 1984)

**TEXT POLYPHEM NR. 14**: Scriptores Historiae Augustae (Iulius Capitolinus): *Maximini duo* 8, 5 Hrsg. Magie 1980
   dt. *Die beiden Maximini*
   verfasst wohl im 4. Jh. n. Chr.

*Sed inter has virtutes tam crudelis fuit, ut illum alii Cyclopem, alii Busirem, alii Scirona, nonnulli Phalarem, multi Typhona vel Gygam vocarent.*

Inmitten dieser Tugenden war [Maximinus] derart grausam, dass ihn die einen Kyklop, die anderen Busiris, noch andere Skiron, manche Phalaris, viele Typhon oder Gyges nannten.

**TEXT POLYPHEM NR. 15**: Scriptores Historiae Augustae (Flavius Vopiscus Syracusius): *Firmus, Saturninus, Proculus et Bonosus* 4, 1 Hrsg. Magie 1982
   dt. *Firmus, Saturninus, Proculus und Bonosus*
   verfasst wohl im 4. Jh. n. Chr.

*Fuit tamen Firmus statura ingenti, oculis foris eminentibus, capillo crispo, fronte vulnerata, vultu nigriore, reliqua parte corporis candidus sed pilosus atque hispidus, ita ut eum plerique Cyclopem vocarent.*

Firmus war gleichwohl von riesiger Statur, mit weit hervorquellenden Augen, krausem Haar, narbigem Gesicht und ziemlich dunkler Gesichtsfarbe, während der Rest seines Körpers weiß, aber behaart und struppig war, so dass ihn viele einen Kyklopen nannten.

**TEXT POLYPHEM NR. 16**: Claudian, *In Eutropium* (= carmen 20) 2, 376–78 Hrsg. Hall 1985
   dt. *Gegen Eutrop*
   verfasst 399 n. Chr.

*Emicat extemplo cunctis trepidantibus audax*
*Crassa mole Leo, quem vix Cyclopia solum*
*Aequatura fames.*

Augenblicklich schießt aus dieser Versammlung von Bangenden der furchtlose Leo mit seinem beleibten Körper hervor, dessen Hunger gerade eben noch der kyklopische gleichkommen könnte.

**TEXT POLYPHEM NR. 17**: Orosius, *Historia adversum paganos* 2, 14, 1 Hrsg. Arnaud-Lindet 1990
dt. *Geschichte gegen die Heiden*
Lebensdaten: 5. Jh. n. Chr.

*Sicilia ab initio patria Cyclopum et post eos semper nutrix tyrannorum fuit, saepe etiam captiva servorum, quorum primi carnibus hominum, medii cruciatibus, postremi mortibus pascebantur.*

Sizilien war zu Beginn die Heimat der Kyklopen und nach diesen immer die Nährmutter von Tyrannen, oft auch die Gefangene von Sklaven. Die Ersten dieser Reihe nährten sich vom Fleisch der Menschen, die Mittleren von deren Qualen, die Letzten von ihrem Tod.

**TEXT POLYPHEM NR. 18**: Isidor von Sevilla, *Etymologiae* Hrsg. Lindsay 1911
dt. *Etymologien*
Lebensdaten: ca. 570–636 n. Chr.

**NR. 18 A**: das Aussehen der Kyklopen (etym. 10, 163)

*Luscos coclites dixerunt antiqui, unde et Cyclopas Coclites legimus dictos, quod unum oculum habuisse perhibentur.*

Die Alten nannten die Einäugigen *coclites*, weshalb wir auch sagen, dass die Kyklopen *Coclites* genannt werden, weil man von ihnen erzählt, dass sie nur ein einziges Auge gehabt hätten.

**NR. 18 B**: die Monstrosität der Kyklopen (etym. 11, 3, 12)

*Sicut autem in singulis gentibus quaedam monstra sunt hominum, ita in universo genere humano quaedam monstra sunt gentium, ut Gigantes, Cynocephali, Cyclopes, et cetera.*

So wie es aber in den einzelnen Völkern gewisse Monster unter den Menschen gibt, so gibt es gewisse Monster unter den Völkern im universellen Menschengeschlecht, wie die Giganten, die Hundeköpfigen, die Kyklopen und so weiter.

**NR. 18 C**: die Heimat der Kyklopen (etym. 14, 6, 33)

*[Sicilia] fuit autem quondam patria Cyclopum, et postea nutrix tyrannorum.*

[Sizilien] war aber einst die Heimat der Kyklopen und dann die Nährmutter von Tyrannen.

## TEXTE ZU KIRKE

**TEXT KIRKE NR. 1 A**: Photios, *Bibliotheca* 239, 319a21 Hrsg. Henry 1967: zur *Chrestomathie* des Proklos
dt. *Bibliothek*
Abfassung der *Bibliothek*: vor 858 n. Chr.;
Lebensdaten des Proklos: 412–85 n. Chr.

Καὶ περατοῦται ὁ ἐπικὸς κύκλος ἐκ διαφόρων ποιητῶν συμπληρούμενος, μέχρι τῆς ἀποβάσεως Ὀδυσσέως τῆς εἰς Ἰθάκην, ἐν ᾗ ὑπὸ τοῦ παιδὸς Τηλεγόνου ἀγνοοῦντος κτείνεται.

Und der Epische Kyklos, der von verschiedenen Dichtern zusammengetragen wurde, endet mit der Landung des Odysseus in Ithaka, wo er von seinem Sohn Telegonos unwissentlich getötet wird.

**TEXT KIRKE NR. 1 B**: Proklos, *Chrestomathie* S. 96, 304 – S. 97, 330 Hrsg. Severyns 1963

Τοῦ αὐτοῦ περὶ Τηλεγονίας
 Μετὰ ταῦτά ἐστιν Ὁμήρου Ὀδύσσεια· ἔπειτα Τηλεγονίας βιβλία δύο Εὐγάμμωνος Κυρηναίου περιέχοντα τάδε. οἱ μνήστορες ὑπὸ τῶν προσηκόντων θάπτονται. καὶ Ὀδυσσεὺς θύσας Νύμφαις εἰς Ἦλιν ἀποπλεῖ ἐπισκεψόμενος τὰ βουκόλια καὶ ξενίζεται παρὰ Πολυξένῳ δῶρόν τε λαμβάνει κρατῆρα καὶ ἐπὶ τούτῳ τὰ περὶ Τροφώνιον καὶ Ἀγαμήδην καὶ Αὐγέαν. ἔπειτα εἰς Ἰθάκην καταπλεύσας τὰς ὑπὸ Τειρεσίου ῥηθείσας τελεῖ θυσίας. καὶ μετὰ ταῦτα εἰς Θεσπρωτοὺς ἀφικνεῖται καὶ γαμεῖ Καλλιδίκην βασιλίδα τῶν Θεσπρωτῶν. ἔπειτα πόλεμος συνίσταται τοῖς Θεσπρωτοῖς πρὸς Βρύγους, Ὀδυσσέως ἡγουμένου· ἐνταῦθα Ἄρης τοὺς περὶ τὸν Ὀδυσσέα τρέπεται, καὶ αὐτῷ εἰς μάχην Ἀθηνᾶ καθίσταται· τούτους μὲν Ἀπόλλων διαλύει. μετὰ δὲ τὴν Καλλιδίκης τελευτὴν τὴν μὲν βασιλείαν διαδέχεται Πολυποίτης Ὀδυσσέως υἱός, αὐτὸς δ' εἰς Ἰθάκην ἀφικνεῖται. κἀν τούτῳ Τηλέγονος ἐπὶ ζήτησιν τοῦ πατρὸς πλέων ἀποβὰς εἰς τὴν Ἰθάκην τέμνει τὴν νῆσον· ἐκβοηθήσας δ' Ὀδυσσεὺς ὑπὸ τοῦ παιδὸς ἀναιρεῖται κατ' ἄγνοιαν. Τηλεγόνος δ' ἐπιγνοὺς τὴν ἁμαρτίαν τό τε τοῦ πατρὸς σῶμα καὶ τὸν Τηλέμαχον καὶ τὴν Πηνελόπην πρὸς τὴν μητέρα μεθίστησιν· ἡ δὲ αὐτοὺς ἀθανάτους ποιεῖ, καὶ συνοικεῖ τῇ μὲν Πηνελόπῃ Τηλέγονος, Κίρκῃ δὲ Τηλέμαχος.

»Derselbe, Über die *Telegonie*«
 Danach [sc. nach diversen anderen Heimkehrgeschichten] kommt Homers *Odyssee*. Dann zwei Bücher

der *Telegonie* des Eugammon von Kyrene, die Folgendes enthalten: Die Freier werden von ihren Verwandten bestattet. Und nachdem er den Nymphen geopfert hat, segelt Odysseus nach Elis, um die Rinderherden zu besichtigen. Er wird von Polyxenos gastfreundlich aufgenommen und erhält als Geschenk einen Krater. Auf diesem [sind abgebildet die Geschichte] von Trophonios, Agamedes und [dem Schatzhaus des] Augeas. Dann, nach Ithaka zurückgesegelt, vollendet [Odysseus] die Opfer, von denen Teiresias gesprochen hatte.

Und danach gelangt er zu den Thesprotern und heiratet Kallidike, die Königin der Thesproter. Dann bricht Krieg aus zwischen den Thesprotern, die von Odysseus befehligt werden, und den Brygen. Da schlägt Ares die Männer des Odysseus in die Flucht und Athena stellt sich ihm [sc. Ares] zur Schlacht. Diese werden dann von Apollon getrennt. Nach Kallidikes Ende übernimmt Polypoites, der Sohn des Odysseus, die Königsherrschaft, während jener nach Ithaka zurückkehrt.

Währenddessen landet Telegonos, der auf der Suche nach seinem Vater über das Meer fährt, in Ithaka und verwüstet die Insel. Der zur Hilfe herangerückte Odysseus wird von seinem eigenen Sohn unwissentlich getötet. Als Telegonos sein Vergehen begreift, bringt er den Leichnam des Vaters sowie Telemachos und Penelope zu seiner Mutter. Sie macht diese unsterblich. Und Telegonos lebt mit Penelope, Telemachos mit Kirke.

**TEXT KIRKE NR. 2**: Johannes Malalas, *Chronographia* 5, 19 S. 88, 95 – S. 90, 72 Hrsg. Thurn 2000 (= Sisyphos von Kos, FGrH 50, F 3)
  dt. *Weltchronik*
  verfasst um 570 n. Chr.

Ὁ δὲ Ὀδυσσεὺς ἀπὸ τῆς Σικελίας ἦλθεν εἰς τὰς Αἰολίας νήσους· καὶ δεξιωθεὶς παρὰ τοῦ Αἰόλου, βασιλέως τῶν νήσων *ἀνάγεται πρὸς τὴν Κίρκην καὶ τὴν αὐτῆς ἀδελφὴν Καλυψώ, θυγατέρας Ἄτλαντος, βασιλέως τῶν νήσων.* ὅστις μέλλων τελευτᾶν διένειμε τὰς δύο νήσους ταῖς θυγατράσιν αὐτοῦ, καὶ ἦσαν βασιλίδες τῶν δύο νήσων. ἡ δὲ Κίρκη ὑπῆρχεν ἱέρεια Ἡλίου, δοθεῖσα ὑπὸ τοῦ ἰδίου πατρὸς ἐκ νηπιόθεν ἀνατραφῆναι εἰς τὸ ἱερὸν ἐν τῇ νήσῳ τῇ λεγομένῃ Αἰαίᾳ· ἥτις αὐξηθεῖσα ἐγένετο μυστικὴ μάγος· ἦν δὲ καὶ εὐπρεπὴς πάνυ. ἡ δὲ ταύτης ἀδελφὴ Καλυψώ, διαφθονουμένη αὐτῇ, ἔχθραν εἶχεν πρὸς αὐτὴν μεγάλην, λέγουσα, φησί· »διὰ τί ἀρνεῖται τὸν ἴδιον *ἡμῶν* πατέρα τὸν Ἄτλαντα καὶ λέγει ἑαυτὴν θυγατέρα Τιτᾶνος Ἡλίου;« καὶ ἐφοβεῖτο αὐτὴν ἡ Κίρκη, ἐπειδὴ ἡ Καλυψὼ εἶχε πλῆθος ἀνδρῶν γενναίων ἐν τῇ ἰδίᾳ αὐτῆς νήσῳ, καὶ ἐδεδίει, μήποτε ὀργιζομένη ἐπέλθοι καὶ κακῶς αὐτῇ χρήσεται. λοιπὸν ἡ Κίρκη, ὡς μὴ δυναμένη τινὰς προτρέψασθαι εἰς συμμαχίαν καὶ παραφυλακὴν ἑαυτῆς, κατασκευάσασα διὰ βοτανῶν τινων φάρμακον, τοὺς παριόντας, φησίν, ξένους ἐδεξιοῦτο καὶ διὰ ποτοῦ δόσεως ὑποταγὴν φίλτρου δεινοῦ καὶ παραμονῆς καὶ λήθης πατρίδος ἰδίας τοὺς πίνοντας ξένους ἐποίει συνεῖναι αὐτῇ· καὶ πάντες αὐτῇ εἰς ὑπερβολὴν *αὐτὴν ποθοῦντες* παρέμενον εἰς τὴν αὐτὴν νῆσον ληθαργοῦντες τῆς ἑαυτῶν πατρίδος, καὶ συνῆγε πολλούς. μαθοῦσα δὲ ἡ Κίρκη τὰ πλοῖα τοῦ Ὀδυσσέως ἐν τῇ αὐτῆς νήσῳ καταντῆσαι, ἐκέλευσεν καὶ τοὺς ἰδίους δεξιώσασθαι σπουδαίως τὸν Ὀδυσσέα καὶ τὸν αὐτοῦ στρατόν· ἠβούλετο γὰρ ἔχειν αὐτὸν καὶ τοὺς αὐτοῦ ὡς πολεμικοὺς εἰς συμμαχίαν ἑαυτῆς. ὁ δὲ Ὀδυσσεὺς ᾗ μόνον παρέβαλεν ἐν τῇ αὐτῆς νήσῳ, εἶδε πολλοὺς ἄνδρας ἐν τῇ αὐτῇ νήσῳ ἀπὸ διαφόρων πατρίδων· ἐπιγνοὺς δὲ καί τινας ἄνδρας ἐκ τοῦ Ἀχαϊκοῦ ὄντας στρατοῦ, πρὸς αὐτὸν ἐληλυθότας ἐπηρώτησεν αὐτοὺς λέγων· »τίνος χάριν ἐν τῇ νήσῳ ταύτῃ οἰκεῖτε;« οἱ δὲ εἶπον αὐτῷ, ὅτι· »Ἐκ τοῦ Ἀχαϊκοῦ ὑπάρχομεν στρατοῦ, καὶ θαλαττίων κυμάτων βίᾳ προσεπελάσαμεν τῇ νήσῳ ταύτῃ, καὶ πόμα λαβόντες μαγικὸν ὑπὸ τῆς βασιλίδος Κίρκης, ἔρωτι δεινῷ βληθέντες εἰς αὐτὴν ταύτην ἔχομεν νῦν πατρίδα«, ἐξειπόντες καὶ ἄλλα τινά. καὶ ταῦτα ἀκηκοὼς ὁ Ὀδυσσεύς, συνάξας πάντας τοὺς ἰδίους αὐτοῦ ἐκέλευσεν αὐτοὺς μηδενὸς μετασχεῖν τῶν ἐπιδιδομένων αὐτοῖς παρὰ τῆς Κίρκης εἴτε βρωμάτων εἴτε πομάτων διὰ τὸ μαγγανείαν τινὰ ἔχειν αὐτά, ἀλλὰ ἐκ τῆς παρασχεθείσης αὐτῷ ἐκ τοῦ Αἰόλου βασιλέως σιταρχίας καὶ τῶν πρώην ὄντων ἀποθέτων ἐν τοῖς πλοίοις βρωμάτων τε καὶ πομάτων ἐξ αὐτῶν μεταλαμβάνειν. τῆς δὲ Κίρκης προσενεγκούσης αὐτῷ καὶ τῷ στρατῷ αὐτοῦ καὶ τοῖς ναύταις τροφὰς βρωμάτων καὶ πομάτων, οὐκ ἐδέξαντο παρ' αὐτῆς τὸ παράπαν. καὶ μαθοῦσα τοῦτο ἡ Κίρκη ὑπέλαβεν εἰδέναι τὸν Ὀδυσσέα τινὰς μυστικὰς μαγείας καὶ προγνόντα αὐτῆς τὰ βουλεύματα, καὶ πέμψασα μετεστείλατο αὐτὸν ἐν τῷ ἱερῷ· καὶ ἦλθε πρὸς αὐτὴν μετὰ ὁπλιτικῆς βοηθείας καὶ ἀπονοίας Ἀχαϊκῆς, ἀγαγὼν αὐτῇ δῶρα Τρωικά. ἡ δὲ *Κίρκη* ἑωρακυῖα αὐτὸν καὶ τοὺς μετ' αὐτοῦ, ᾔτησεν αὐτὸν προσμεῖναι τῇ νήσῳ, ἄχρις οὗ διέλθῃ ὁ τοῦ χειμῶνος καιρός, δεδωκυῖα αὐτῷ ἐν τῷ ἱερῷ ὅρκους μηδὲν ποιεῖν εἰς βλάβην αὐτοῦ ἤ τινος τῶν ἅμα αὐτῷ. καὶ πεισθεὶς ὁ Ὀδυσσεὺς διέτριψε μετ' αὐτῆς ὀλίγον καιρόν, συμμιγεὶς αὐτῇ πρὸς γάμον, ἐκείνης βουληθείσης. <γνοῦσα δέ, ὅτι συνέλαβεν ἄρρενα παῖδα (οὐδὲν γὰρ ἠγνόει διὰ τῶν φαρμάκων) ἀπήγγειλεν αὐτῷ· καὶ ὁ Ὀδυσσεὺς εἰς σύμβολον καὶ γνώρισμα πατρικῆς ἀσφαλείας καὶ βεβαιώσεως τοῦ τικτομένου δίδωσιν αὐτῇ δόρυ θαλασσίας τρυγόνος κέντρον δεδορατισμένον· ὅστις Ὀδυσσεὺς μετὰ χρόνους πολλοὺς γεγηρακὼς ὑπὸ τοῦ αὐτοῦ παιδὸς καὶ τοῦ δόρατος πληγεὶς ἐν τῇ Ἰθάκῃ τελευτᾷ.> περὶ ἧς Κίρκης ἐξέθεντο ταῦτα οἱ σοφώτατοι

Σίσυφος <ὁ> Κῷος καὶ Δίκτυς ὁ ἐκ τῆς Κρήτης. ὁ δὲ σοφώτατος Ὅμηρος ποιητικῶς ἔφρασεν, ὅτι διὰ πόματος μαγικοῦ τοὺς συλλαμβανομένους πρὸς αὐτὴν ἄνδρας μετεμόρφου, ποιοῦσα τοὺς μὲν λεοντομόρφους, τοὺς δὲ κυνοκεφάλους, ἄλλους δὲ συομόρφους, ἑτέρους δὲ ἀρκομόρφους καὶ χοιροκεφάλους. ὁ δὲ προγεγραμμένος σοφὸς Φιδάλιος ὁ Κορίνθιος ἐξέθετο τὴν ποιητικὴν ταύτην σύνταξιν, ἑρμηνεύσας οὕτως, ὅτι τῇ Κίρκῃ οὐδὲν ἥρμοζε πρὸς ἣν ἠβούλετο ἐπιθυμίαν πολυοχλίας ποιεῖν τοὺς ἀνθρώπους θηριομόρφους, ἀλλὰ τρόπον σημαίνων ὁ ποιητὴς τῶν ἀντερώντων ἀνδρῶν, ὅτι ὡς θηρία ἐποίει αὐτοὺς ἐκεῖ ἡ Κίρκη βρύχειν καὶ μαίνεσθαι καὶ λυσσᾶν ἐκ πόθου, καθὼς ἐκέλευσεν ἡ Κίρκη. φυσικὸν γὰρ τῶν ἐρώντων ἀντέχεσθαι τῆς ἐρωμένης καὶ ὑπεραποθνῄσκειν· τοιοῦτοι γὰρ ὑπάρχουσιν οἱ ἐρῶντες. ἐκ γὰρ τῆς ἐπιθυμίας ἀποθηριοῦνται, μηδὲν ἔμφρενον λογιζόμενοι, ἀλλὰ ἀλλοιούμενοι τὰς μορφὰς καὶ τῷ σώματι ὡς θηριόμορφοι γίνονται καὶ τῇ θέᾳ καὶ τοῖς τρόποις, ἐπερχόμενοι τοῖς ἀντερασταῖς· φυσικὸν γὰρ τοὺς ἀντεραστὰς ὁρᾶν ἀλλήλους ὡς θηρία καὶ πρὸς ἀλλήλους ἐπερχομένους ἄχρι φόνου. οἳ καὶ διαφόρως ἔχουσι πρὸς τοὺς τῆς τοιαύτης ἐπιθυμίας τρόπους· οἱ μὲν γὰρ ὡς κύνες ἐπέρχονται τῇ μίξει, πολλὰ συμμιγνύμενοι, οἱ δὲ ὡς λέοντες τὴν ὁρμὴν καὶ μόνην τὴν ἐπιθυμίαν ζητοῦσιν, ἄλλοι δὲ ὡς ἄρκοι μιαρῶς κέχρηνται τῇ συνουσίᾳ. καὶ μᾶλλον σαφέστερον οὗτος καὶ ἀληθινώτερον ἡρμήνευσεν ἐν τῇ ἰδίᾳ ἐκθέσει.

Odysseus aber kam von Sizilien zu den äolischen Inseln. Und Aiolos, der König über die Inseln, hieß ihn willkommen. Dann brach er zu Kirke und ihrer Schwester Kalypso, den Töchtern des Atlas, des Königs über die Inseln, auf. Als dieser Atlas sterben sollte, da verteilt er die zwei Inseln auf seine Töchter, und sie waren Königinnen über die beiden Inseln. Kirke aber war Priesterin des Helios. Der eigene Vater hatte sie von klein an in das Heiligtum auf der Insel namens Aiaia gegeben, damit sie dort großgezogen würde. Als diese herangewachsen war, wurde sie eine Zauberin, die um Geheimnisse wußte. Dazu war sie aber sehr schön. Ihre Schwester aber, die Kalypso, hegte ihr gegenüber aus Neid eine große Feindschaft, und sie sagte (behauptet die Quelle): »Weshalb verleugnet sie unseren eigenen Vater, den Atlas, und gibt sich als Tochter des Titanen Helios aus?« Und Kirke hatte vor ihr Angst, weil Kalypso eine Anzahl tapferer Männer auf ihrer Insel hatte und sie befürchtete, sie möchte sie in ihrem Zorn angreifen und böse mit ihr verfahren. Kirke also, nachdem sie niemand zu Hilfe und zu ihrer Bewachung gewinnen konnte, stellte mittels gewisser Pflanzen einen Gifttrank her; sie hieß, sagt die Quelle, Fremde willkommen und mittels der Darreichung eines Trankes machte sie sie untertan: Sie verfielen in einen fürchterlichen Liebeszauber, wollten bleiben und vergaßen die eigene Heimat. Und so veranlaßte sie, daß die Fremden tranken und ihr dann beiwohnten. Und alle blieben bei ihr, indem sie im Übermaß ihrer begehrten, auf dieser Insel, sie dachten lethargisch nicht an ihre Heimat, und sie brachte viele zusammen.

Als aber Kirke vernahm, die Schiffe des Odysseus seien auf ihrer Insel eingelaufen, da befahl sie auch ihren Leuten, sie müßten mit Aufmerksamkeit Odysseus und sein Heer aufnehmen. Sie wollte nämlich ihn und seine Leute — waren sie doch kriegerisch — als Kampfunterstützung für sich bekommen. Kaum aber war Odysseus auf ihrer Insel eingelangt, da sah er viele Männer auf dieser Insel — sie hatten verschiedene Herkünfte. Wie er aber auch einige Männer als aus dem achaiischen Heer erkannte, die sich zu ihm begeben hatten, da befragte er sie und sagte: »Weshalb wohnt ihr auf dieser Insel?« Sie aber sagen ihm: »Dem achaiischen Heer gehören wir an, durch die Gewalt der Meereswogen wurden wir auf diese Insel verschlagen; wir haben einen Zaubertrank von Königin Kirke bekommen, uns befiel eine gewaltige Liebe zu ihr, und nun haben wir diese [Insel zur] Heimat«, und auch des weiteren brachten sie vor. Und als dies Odysseus vernommen hatte, da versammelte er alle seine Leute und befahl ihnen, sie sollten nichts von dem, was ihnen Kirke reiche, genießen, seien es Speisen oder Getränke, denn sie unterlägen irgendeinem Zauber; sie sollten sich dagegen an den Proviant halten, den ihnen König Aiolos zur Verfügung gestellt hatte, und sie sollten von den Speisen und Getränken zu sich nehmen, die von Anfang an in den Schiffen bevorratet worden seien. Als aber Kirke ihm, seinem Heer und den Matrosen Speis und Trank angeboten hatte, da nahmen sie von ihr überhaupt nichts an. Und als Kirke dies zur Kenntnis genommen hatte, da meinte sie, Odysseus sei im Besitz geheimer Zauberkräfte und habe ihre Pläne von vorneherein durchschaut, und so schickte sie zu ihm und bestellte ihn in das Heiligtum. Und er kam zu ihr mit einer bewaffneten Hilfsmacht und achaiischer Entschlossenheit; er brachte auch troische Geschenke für sie mit. Als aber Kirke ihn und seine Leute erblickt hatte, da bat sie ihn, er möge auf der Insel verweilen, bis die Winterzeit vorbei sei. Sie gab ihm auch im Heiligtum Eide, sie würde nichts zu seinem oder irgendeines derer, die mit ihm waren, unternehmen. Und Odysseus ließ sich überreden, er verblieb bei ihr kurze Zeit, er wohnte ihr ehelich bei, und jene wollte dies. <Als sie aber merkte, daß sie von ihm einen Sohn empfangen hatte — vermittels ihrer

Zaubertränke wußte sie nämlich alles —, da enthüllte sie es ihm. Und Odysseus gab ihr als Symbol und Kennzeichen väterlicher Sicherheit und der Anerkennung seiner Vaterschaft des Kindes einen Speer, der in Widerhaken eines Meeresrochens auslief. Dieser Odysseus wurde nach vielen Jahren von eben diesem Speer verletzt und starb auf Ithaka>. Über diese Kirke haben dieses berichtet der sehr weise Sisiphos aus Kos und Diktys aus Kreta.

Der sehr weise Homer aber hat dichterisch ausgedrückt, daß sie mittels eines Zaubertrankes die Männer, die zu ihr kamen und die sie festnahm, verwandelte: Die einen bekamen Löwengestalt, die anderen Hundsköpfe, weitere die Gestalt von Schweinen, wieder andere die von Bären sowie die Köpfe von Schweinen. Der oben erwähnt weise Phidalios aus Korinth aber hat diese dichterische Komposition ausgelegt, indem er sie so interpretierte: Kirke wäre es in keiner Weise zu der Begehr, die sie hatte, zupaß gekommen, hätte sie Männer in großer Zahl in tierische Gestalten verwandelt; hingegen zeigte der Dichter das Verhalten von liebenden Männern auf; wie Tiere ließ sie dort Kirke brüllen, rasen und in Liebeswahn verfallen, wie Kirke es befahl. Es ist nämlich nur natürlich, daß die Liebenden sich an die Geliebte halten und für sie sterben wollen. So sind nämlich die Liebenden. Auf Grund ihres Verlangens nämlich werden sie viehisch, sie denken in keiner Weise vernünftig, sondern sie verändern sich in ihrer Gestalt, wie sie tiergestaltig werden in ihrem Körper, ihrem Aussehen, ihrer Aufführung nach, in dem sie auf die Rivalen losgehen. Es ist nämlich natürlich, daß die Rivalen sich gegenseitig wie Tiere vorkommen und daß sie sich gegenseitig angreifen bis zur Tötung. Indes verhalten sie sich unterschiedlich hinsichtlich der Art und Weise einer solchen Begierde Die einen nämlich machen sich wie die Hunde an die Begattung, indem sie sich oftmals beiwohnen. Die anderen aber suchen wie Löwen nur den Antrieb und lediglich die Begierde, andere aber machen sich wie die Bären die Begattung in schändlicher Weise zu Nutzen. Und einleuchtender und wahrer [als Homer] hat dies jener [sc. Phidalios von Korinth] in seiner Darstellung erklärt. (Übersetzung J. Thurn — M. Maier 2009)

*Es folgt, nach einer kurzen Passage zu Kalypso und zu Wahrsagern an einem See namens Nekyopompos, Text Sirenen Nr. 2.*

**TEXT KIRKE NR. 3**: Johannes Antiochenus, *Historia Chronica* 48, 2 S. 108, 33–50 und S. 110, 69–78 Hrsg. Roberto 2005 dt. *Weltchronik* verfasst ca. 610–30 n. Chr.

**NR. 3 A:** Ἐκεῖθεν δὲ εἰς τὰς Αἰολίδας νήσους ἐλθὼν πρὸς Κίρκην καὶ τὴν ἀδελφὴν αὐτῆς Καλυψώ, τὰς θυγατέρας Ἄτλαντος, ὑπ' αὐτῶν ἐδεξιώθη, αἳ τὰς νήσους κρατοῦσαι ἱέρειαι Ἡλίου καὶ Σελήνης ὑπῆρχον. ἡ οὖν Κίρκη ἱέρεια οὖσα Ἡλίου καὶ μυστικὰς ἠπίστατο πράξεις καὶ τοὺς ὁρωμένους ὑπ' αὐτῆς ἀνούσιον εἰς φαντασίαν μετέβαλε καὶ παραμένειν αὐτῇ λυσσῶντας ἐρωτικῶς παρεσκεύαζεν. ἡ δὲ Καλυψὼ ἔχουσα πλῆθος ἀνθρώπων τούτους ἐν ὅπλοις ἐγύμναζεν, ὡς καὶ φοβερὰν αὐτὴν εἶναι τῇ ἀδελφῇ. ἡ δὲ Κίρκη τὸν Ὀδυσσέα ὑποδεξαμένη ἐθεράπευεν ἐλπίδι τοῦ κρατεῖν αὐτὸν ἐν τῇ νήσῳ καὶ σὺν αὐτῇ βασιλεύειν. οὗτος δὲ γνωρίσας τινὰς τῶν ἐκ τῆς Ἑλληνικῆς στρατείας ἐπυνθάνετο παρ' αὐτῶν, τίνος χάριν ἐν ἐκείνῃ διάγουσι τῇ νήσῳ. οἱ δὲ εἶπον ὅτι ὑπὸ τῶν κυμάτων ἐκριφέντες προσεπέλασαν τῇ νήσῳ καὶ πόμα μαγικὸν παρὰ τῆς Κίρκης λαβόντες ἔρωτι κεκράτηνται αὐτὴν καὶ τῆς ἰδίας ἐπελάθοντο πατρίδος. ὅπερ Ὀδυσσεὺς μαθὼν τοῖς ἰδίοις ἐκέλευσε μηδενὸς ἅψασθαι τῶν ἀπὸ τῆς Κίρκης αὐτοῖς φερομένων βρωμάτων ἢ πομάτων. ἡ δὲ Κίρκη θαυμάσασα πῶς εὗρεν αὐτὸν εἰδότα τὰς αὐτῆς μαγγανείας ὑπῆλθε τὸν ἄνδρα δώροις πολλοῖς καὶ ᾔτησεν αὐτὸν μεῖναι παρ' αὐτῇ τὴν ὥραν τοῦ χειμῶνος, ὀμόσασα αὐτῷ ἐν τῷ ἱερῷ ὡς οὔτε αὐτόν, οὔτε τινὰ τῶν σὺν αὐτῷ βλάψει. οὕτω τοίνυν Ὀδυσσεὺς διατρίψας μετ' αὐτῆς καὶ μιγεὶς αὐτῇ ἐγκύμονα καταλείψας αὐτὴν ἀποπλέει τῆς νήσου.

Von dort gelangte er zu den Äolischen Inseln, zu Kirke und ihrer Schwester Kalypso, den Töchtern des Atlas, und wurde von ihnen willkommen geheißen, die über die Inseln herrschten und Priesterinnen des Helios und der Selene waren. Kirke nun war Priesterin des Helios und kannte geheimnisvolle Praktiken. Sie verwandelte diejenigen, die von ihr erblickt worden waren, in eine substanzlose Erscheinung und stiftete die in Liebesraserei Verfallenen dazu an, bei ihr zu bleiben. Kalypso dagegen hatte eine große Anzahl von Männern, die sie in Waffen übte, so dass sie auch ihrer Schwester furchteinflößend erschien. Kirke nahm Odysseus freundlich auf und suchte ihn zu gewinnen mit der Hoffnung, dass er über die Insel herrsche und mit ihr gemeinsam König sei. Dieser jedoch hatte einige Männer aus dem griechischen Herr erkannt und erkundigte sich bei ihnen, aus welchem Grund sie auf dieser Insel verweilten. Die sagten, dass sie von den Wogen verschlagen auf dieser Insel gestrandet seien und — nachdem sie von Kirke einen magischen Trank entgegen genommen hatten — sie von Liebe zu ihr beherrscht seien und ihr eigenes Vaterland vergessen hätten. Als er dieses erfuhr, befahl Odysseus seinen Leuten, nichts anzurühren von den Dingen, die Kirke ihnen brachte, weder Speisen noch Getränke. Kirke — darüber erstaunt, dass sie jemanden gefunden hatte, der ihre Zauberkunst durchschaute — erschlich sich mit vielen Geschenken die Gunst des Mannes und bat ihn, während der Zeit des Winters bei ihr zu bleiben, wobei sie ihm im Heiligtum schwor, dass sie weder ihm selbst noch irgend einem seiner Männer Schaden zufügen werde. Unter diesen Umständen also verbrachte Odysseus seine Zeit mit ihr. Und da er mit ihr geschlafen hatte, ließ er sie schwanger zurück, als er von der Insel davon segelte.

*Es folgt, nach einer kurzen Passage zu Kalypso sowie zu einem See namens Nekyopomos und einer dortigen Vision des Odysseus, Text Skylla Nr. 2.*

**NR. 3 B**: καὶ βιώσας χρόνους πολλοὺς ὑπὸ τοῦ ἰδίου παιδὸς Τηλεγόνου, τοῦ ἀπὸ τῆς Κίρκης αὐτῷ γενομένου, καταλύει τὸν βίον. τὸν γὰρ ἀπὸ τοῦ υἱοῦ θάνατον ἔκ τινων μαντευμάτων ἐλπίζων, τὸν Τηλέμαχον ἐφυλάττετο καὶ συνεῖναι αὐτῷ παρῃτεῖτο. ὅτε οὖν ὁ Τηλέγονος τὴν Ἰθάκην κατέλαβε καὶ ἑαυτὸν τῷ πατρὶ κατεμήνυε, μὴ προσδεχομένων αὐτὸν τῶν φυλάκων κἀντεῦθεν κραυγῆς γενομένης ὡς ἔτι νυκτὸς οὔσης, νομίσας Ὀδυσσεὺς τὸν Τηλέμαχον εἶναι, ἀνίσταται μετὰ ξίφους. καὶ συμπεσὼν Τηλεγόνῳ πλήττεται ὑπ' αὐτοῦ τῷ κέντρῳ τῆς τρυγόνος. καὶ τούτῳ τῷ τρόπῳ Ὀδυσσεὺς ἀναιρεῖται. μαθὼν οὖν Τηλέγονος ὅτι τὸν πατέρα ἀνεῖλε πενθήσας αὐτὸν πικρῶς ἀνεχώρησε τῆς Ἰθάκης.

[Odysseus] lebte viele Jahre und beendete schließlich sein Leben durch seinen eigenen Sohn Telegonos, der ihm von Kirke geboren worden war. Denn aufgrund gewisser Orakelsprüche den Tod von der Hand des Sohnes befürchtend, nahm er sich vor *Telemachos* in Acht und vermied es, mit ihm zusammen zu sein. Als nun Telegonos Ithaka erreichte und sich selbst beim Vater ankündigte, ließen ihn die Wachen nicht vor, und daher entstand Geschrei. Da es mitten in der Nacht war, dachte Odysseus, dass das Telemachos sei und stellte sich [ihm] mit [gezogenem] Schwert entgegen. Und er kämpfte mit Telegonos und wurde er von ihm mit dem Stachel eines Stachelrochens verwundet. Und auf diese Weise wurde Odysseus getötet. Als nun Telegonos erkannte, dass er den Vater getötet hatte, betrauerte er ihn zutiefst und verließ Ithaka.

**TEXT KIRKE NR. 4**: Porphyrios, *Quaestiones Homericae ad Odysseam pertinentes* S. 96, 5 – S. 102, 5 Hrsg. Schrader 1890 (einige Auszüge)
dt. *Homerische Fragen zur Odyssee*
Lebensdaten: 234–305/10 n. Chr.

**NR. 4 A**: zur Frage von Kirkes göttlichem Status (S. 98, 2–7; zu Hom. Od. 10, 136)

καὶ τὸ

Κίρκη ἐυπλόκαμος, δεινὴ θεὸς αὐδήεσσα

σημαίνει ἀνθρωπιστὶ φθεγγομένη, οὐχ ὡς θεός· διὰ σημείων γὰρ καὶ ὀνείρων καὶ ἱερείων καὶ οἰωνῶν καὶ θυσιῶν, οὐκ αὐδῆς, φθέγγονται οἱ θεοί. τὸ δὲ

οἱ δ' αἰεὶ βούλονται θεοὶ μεμνῆσθαι ἐφετμέων

τῶν θεοπροπιῶν λέγει. ἡ δὲ Κίρκη

καλὸν ἀοιδιάει,

ὡς ἄνθρωπος δηλονότι.

Und die Wendung »Kirke mit herrlichen Flechten, die mächtige, redende Göttin« (Hom. Od. 10, 136) bedeutet: nach Menschenart redend, nicht wie eine Göttin. Denn mittels Zeichen, Träumen, Opfertieren, Vögeln und Opfergaben sprechen die Götter, nicht mit einer menschlichen Stimme. Die Wendung »Die Götter wollten, ich sollte ihrer Gebote immer gedenken« (Hom. Od. 4, 353) meint: ihrer Weissagungen. Kirke hingegen »singt schön« (Hom. Od. 10, 227), offenbar wie ein Mensch.

**NR. 4 B**: nochmals zur Frage von Kirkes göttlichem Status (S. 98, 20 – S. 99, 5; zu Hom. Od. 10, 323)

διὰ τί ἐφοβήθη ἡ Κίρκη τὸ ξίφος τοῦ Ὀδυσσέως θεὰ οὖσα; φαμὲν ὅτι τοὺς πολὺν χρόνον ζῶντας δαίμονας θανάτῳ δὲ ὅμως καθυποβαλλομένους θεοὺς εἴωθεν ὀνομάζειν ὁ ποιητής. ἢ φυσικῶς φοβεῖται τὸ ξίφος ἡ Κίρκη, ὡς καὶ ἄλλας τινὰς ὕλας τινές τῶν δαιμόνων, ὡς καὶ Διονύσιος ἐν Λιθικοῖς· »φύσει δὲ κρύσταλλον ἰδ' ἱερὴν ἴασπιν, ἐχθρὴν Ἐμπούσῃσι καὶ ἄλλοις εἰδώλοισιν«.

Weshalb fürchtete Kirke, als eine Göttin, das Schwert des Odysseus? Wir sagen, weil der Dichter die eine lange Zeit lebenden Dämonen, die dennoch dem Tod anheimfallen, als Götter zu bezeichnen pflegte. Oder Kirke fürchtet aufgrund ihrer Natur das Schwert, genau wie gewisse andere Dämonen auch andere Materialien fürchten. So auch Dionysios in seiner Schrift über Steine:

»von Natur aus den Bergkristall und den heiligen Jaspis, verhasst den Empousen (»Greiferinnen«) und anderen Gespenstern.«

**NR. 4 C**: die Resistenz des Odysseus gegenüber einer Verwandlung in ein Tier (S. 99, 8 – S. 101, 6; zu Hom. Od. 10, 329 und 10, 239–40)

τὸ
    σοὶ δέ τις ἀκήλητος ἐν στήθεσσι νόος ἐστίν
ἐναντίον τῷ
    οἱ δὲ συῶν μὲν ἔχον κεφαλὰς φωνήν τε τρίχας τε
    καὶ δέμας, αὐτὰρ νοῦς ἦν ἔμπεδος, ὡς τὸ πάρος περ.
εἰ γὰρ ἔμενεν ὁ νοῦς, πῶς ἀπορεῖ ἐπὶ τοῦ Ὀδυσσέως, ὅτι οὐ μεταβέβληκε; καὶ τούτου δὲ ἡ λύσις ἐκ τῆς λέξεως. καὶ γὰρ περιφραστικῶς λέγει
    σοὶ δέ τις ἐν στήθεσσιν ἀκήλητος νόος ἐστίν
ἀντὶ τοῦ ἀκήλητος εἶ. ἢ τὸ
    αὐτὰρ νοῦς ἔμπεδος ὡς τὸ πάρος περ
οὐκ ἐπὶ παντὸς λέγει τοῦ νοῦ, ἀλλὰ τῆς ἡμερότητος.
    αὐτὰρ νοῦς ἦν ἔμπεδοσ, ὡς τὸ πάρος περ.
οὐχ ὡς σύμπας, ἀλλὰ κατὰ τὸ φιλάνθρωπον μόνον, διὸ καὶ σαίνουσιν, ὥσπερ οἱ δελφῖνες
    φιλάνορα δ᾽ οὐκ ἔλιπον βιοτάν
κατὰ τὸν Πίνδαρον ......... ἐκ τοῦδε δῆλον, ὅτι ἡδονῇ σχεθεὶς τὸν νοῦν οὐκ ἀποβάλλει, ὥστε, εἰ θέλει, πάλιν ἐπανέρχεται εἰς καλὴν διαγωγήν.
    οἱ συῶν μὲν ἔχον κεφαλὰς φωνήν τε τρίχας τε
    καὶ δέμας, αὐτὰρ νοῦς ἦν ἔμπεδος, ὡς τὸ πάρος περ.
καὶ πῶς; εἰ γὰρ σώζουσι τὴν ἀνθρωπίνην γνώμην καὶ πιόντες, πῶς Ὀδυσσέα θαυμάζει; οὐδὲν γὰρ πέπονθεν ἀλλοιότερον. ῥητέον οὖν ὅτι ὁ μὲν Ὀδυσσεὺς οὐκ ἐθέλχθη οὐδ᾽ ἤλλαξε τὸ τῆς γνώμης, διότι σοφὸς ἦν, οἱ δὲ ἑταῖροι ἐν τοιαύτῃ τινὶ ἕξει ἐγένοντο, ὥστε ἔχειν μὲν τὴν ἀνθρωπίνην ψυχὴν ὀρθήν, οὐ μέντοι καὶ τὸν νοῦν ἐγρηγορότα. ἴσως οὖν τὸν μὲν νοῦν ἀπὸ μέρους ὅλον λέγει· ἢ αὐτὴ τούτων μὲν οἴεται καὶ τὸν νοῦν τρέπεσθαι, ὁ δὲ Ὀδυσσεὺς
    αὐτὰρ νοῦς ἔμπεδος ὡς τὸ πάρος περ
ἀκούσας παρὰ τῶν ἑταίρων φασὶν ἔμαθεν. πῶς δὲ, εἰ ἡ ῥάβδος ἡ μεταμορφοῦσα — ἐπὶ γοῦν τοῦ Ὀδυσσέως λέγει
    ῥάβδῳ πεπληγυῖα —,
ἔπειτά φησι θαυμάζειν ὡς οὔ τι πιὼν τάδε φάρμακ᾽ ἐθέλχθη; ἀλλ᾽ ἕτερόν ἐστι τὸ λεγόμενον. οὐ γὰρ ὅτι οὐκ ἐθέλ-ξεν αὐτὸν διὰ τοῦ φαρμάκου, διὰ τοῦτο φάσκει τῇ ῥάβδῳ ὡς μεταμορφοῦν ἱκανῇ, ἀλλ᾽, ὁποῖον ἦν καὶ ἐπὶ τῶν ἑταίρων, εἰληφέναι μὲν τὸν κυκεῶνα καὶ πεπωκέναι, τὴν δὲ τὴν ψυχὴν οἰομένην τεθέλχθαι αὐτὸν ἐπιφέρειν τὴν ῥάβδον, ὅτι οὐχ ὁ κυκεὼν τὸ σῶμα ἦν τὸ μεταβάλλον, ἀλλ᾽ ἡ ψυχή. ἔπειτα διὰ τοῦτο οὐ θαυμάζει, ὅτι τῇ ῥάβδῳ πληγεὶς οὐ μετεμορφώθη, ἀλλὰ φησιν ὡς οὐ πιών.

Die Wendung »Dein Verstand (*nóos*) in der Brust ist nicht zu verzaubern« (Hom. Od. 10, 329) steht im Widerspruch zu »[Die Gefährten] wurden Schweine an Kopf, an Stimme und Haaren, der ganzen Gestalt nach. / Freilich blieb der Verstand (*nóos*) so klar, wie er früher gewesen« (Hom. Od. 10, 239–40).

Denn wenn der Verstand (*nous*) erhalten blieb, wieso ist sie ratlos im Fall des Odysseus, weil er sich nicht verwandelt hat? Und die Lösung davon ergibt sich aus der Formulierung. Sie sagt nämlich mit einer Umschreibung »Dein Verstand in der Brust ist nicht zu verzaubern« anstelle von »*Du* bist nicht zu verzaubern«.

Oder die Wendung »Freilich blieb der Verstand so klar, wie er früher gewesen« wird nicht bezüglich des gesamten Verstandes gebraucht, sondern bezogen auf die Zahmheit. »Freilich blieb der Verstand so klar, wie er früher gewesen.« Nicht der gesamte [Verstand], sondern nur in Hinsicht auf die Menschenliebe, weshalb sie [sc. die in Tiere Verwandelten] auch herumwedeln (Hom. Od. 10, 215), gerade so wie die Delphine nach Pindar »nicht verloren das den Mann liebende Leben« (fr. 236 Snell — Maehler). Aus diesem ist offensichtlich, dass derjenige, der von der sinnlichen Begierde festgehalten wird, den Verstand nicht verliert; so dass er, wenn er will, zur schönen Lebensweise zurückkehren kann.

»Sie wurden Schweine an Kopf, an Stimme und Haaren, der ganzen Gestalt nach. / Freilich blieb der Verstand so klar, wie er früher gewesen.« Wie das? Denn wenn sie den menschlichen Verstand (*gnóme*) bewahren, obwohl sie getrunken haben, wieso staunt sie dann über Odysseus? Denn sie hat nichts besonders Befremdliches erlebt. Man muss aber sagen, dass Odysseus nicht verzaubert wurde und die Beschaffenheit seines Verstandes nicht veränderte, weil er weise (*sophós*) war. Die Gefährten aber gerieten in einen solchen Zustand, dass sie zwar ihre normale menschliche Seele (*psyché*) noch hatten, aber nicht mehr den wachen Verstand (*nous*). Vielleicht meint [Homer] ja den Verstand als *pars pro toto*. Oder sie *meint* nur von ihnen, dass auch der Verstand sich verändert, Odysseus hingegen hat begriffen, dass »der Verstand so klar blieb, wie er früher gewesen«, weil er es — so sagen einige — von den Gefährten gehört hatte.

Und wie kommt es, dass, wenn der *Stab* die Verwandlung bewirkt — jedenfalls sagt [Homer] bezüglich des Odysseus »schlug sie auf mich mit dem Stecken« (Hom. Od. 10, 319) —, dass er nachher sagt, dass sie sich wundert, dass [Odysseus] nicht verwandelt wird, obwohl er den *Zaubertrank* getrunken hat? Aber das Gemeinte ist etwas anderes. Denn dass sie ihn mit dem Stab schlägt, weil der für die Verwandlung hinreichend ist, sagt [Homer] nicht deswegen, weil sie ihn mittels des Giftes *nicht* verwandelt hatte. Sondern er meint, dass [Odysseus] — wie es auch im Fall der Gefährten war — den Zaubertrank genommen und getrunken habe. Und sie habe daraufhin geglaubt, dass seine *Seele* verzaubert worden sei, und den Stab gegen ihn erhoben, weil es nicht der Zaubertrank ist, der den Körper verwandelt, sondern [dies tut] die Seele. Und aus diesem Grund wundert sie sich nicht, weil er mit dem Stab geschlagen und nicht verwandelt worden ist, sondern — wie es im Text heißt — weil er wirkt wie jemand, der nicht getrunken hat.

**NR. 4 D**: die sexuelle Beziehung zwischen Kirke und Odysseus (S. 99, 6–7; zu Hom. Od. 10, 334)

εὐνῆς ἡμετέρης ἐπιβείομεν.
οὐχ ἡδονῆς ἀλλὰ πίστεως ἕνεκεν τοῦτο προβάλλεται.

»Wir wollen beide das Lager besteigen«: Nicht um der sinnlichen Begierde willen, sondern um sich seiner Treue zu versichern, schlägt sie das vor.

**NR. 4 E**: warum schickt Kirke Odysseus in die Unterwelt zu Teiresias? (S. 101, 17 – S. 102, 3; zu Hom. Od. 10, 492)

διὰ τί οὐκ αὐτὴ μαντεύεται; ὅτι οὐκ ἂν ἐπίστευσεν Ὀδυσσεὺς ἐρώσης αὐτῆς. ἢ τὰ κατὰ μὲν Σειρῆνας καὶ τὸν πορθμὸν ὡς γειτνιῶσα μηνύει, περὶ ὧν οὐδ' ὁ Τειρεσίας εἶπεν εἰδὼς ἐροῦσαν τὴν Κίρκην, περὶ δὲ τῶν λοιπῶν ἐπιτρέπει τῷ μάντει.

Weshalb also weissagt sie nicht selbst? Weil Odysseus ihr nicht geglaubt hätte, da sie ihn liebt. Oder sie zeigt [nur], weil sie in der Nähe lebt, die Sirenen und die Durchfahrt [zwischen Skylla und Charybdis] an — von denen Teiresias nichts sagt, weil er weiß, dass Kirke es sagen wird; sie [wiederum] überlässt dem Seher das Übrige.

**TEXT KIRKE NR. 5**: Porphyrios, Fragment 382 Smith (= Stobaios 1, 49, 60)

  Lebensdaten des Stobaios: 5. Jh. n. Chr.; des Porphyrios: 234–305/10 n. Chr.
  Fragment aus einer Schrift unbekannten Namens

Τὰ δὲ παρ' Ὁμήρου περὶ τῆς Κίρκης λεγόμενα θαυμαστὴν ἔχει τῶν περὶ ψυχὴν θεωρίαν. Λέγεται γὰρ οὕτως·

  οἳ δὲ συῶν μὲν ἔχον κεφαλὰς φωνήν τε τρίχας τε
  καὶ δέμας· αὐτὰρ νοῦς ἦν ἔμπεδος ὡς τὸ πάρος περ.

Ἔστι τοίνυν ὁ μῦθος αἴνιγμα τῶν περὶ ψυχῆς ὑπό τε Πυθαγόρου λεγομένων καὶ Πλάτωνος, ὡς ἄφθαρτος οὖσα τὴν φύσιν καὶ ἀίδιος, οὔ τι μὴν ἀπαθὴς οὐδὲ ἀμετάβλητος, ἐν ταῖς λεγομέναις φθοραῖς καὶ τελευταῖς μεταβολὴν ἴσχει καὶ μετακόσμησιν εἰς ἕτερα σωμάτων εἴδη, καθ' ἡδονὴν διώκουσα τὸ πρόσφορον καὶ οἰκεῖον ὁμοιότητι καὶ συνηθείᾳ βίου διαίτης. Ἔνθα δῆ<λον> τὸ μετὰ παιδείας ἑκάστῳ καὶ φιλοσοφίας ὄφελος, ἂν μνημονεύουσα τῶν καλῶν ἡ ψυχὴ καὶ δυσχεραίνουσα τὰς αἰσχρὰς καὶ παρανόμους ἡδονὰς δύνηται κρατεῖν καὶ προσέχειν αὑτῇ καὶ φυλάττειν, μὴ λάθῃ θηρίον γενομένη καὶ στέρξασα σώματος οὐκ εὐφυοῦς οὐδὲ καθαροῦ πρὸς ἀρετήν, φύσιν ἄμουσον καὶ ἄλογον καὶ τὸ ἐπιθυμοῦν καὶ θυμούμενον μᾶλλον ἢ τὸ φρόνιμον αὔξοντος καὶ τρέφοντος. Αὐτῆς γὰρ τῆς μετακοσμήσεως εἱμαρμένη καὶ φύσις ὑπὸ Ἐμπεδοκλέους δαίμων ἀνηγόρευται,

  σαρκῶν ἀλλογνῶτι περιστέλλουσα χιτῶνι,

καὶ μεταμπίσχουσα τὰς ψυχάς. Ὅμηρος δὲ τὴν ἐν κύκλῳ περίοδον καὶ περιφορὰν παλιγγενεσίας Κίρκην προσηγόρευκεν, Ἡλίου παῖδα τοῦ πᾶσαν φθορὰν γενέσει καὶ γένεσιν αὖ πάλιν φθορᾷ συνάπτοντος ἀεὶ καὶ συνείροντος. Αἰαίη δὲ νῆσος ἡ δεχομένη τὸν ἀποθνήσκοντα μοῖρα καὶ χώρα τοῦ περιέχοντος, εἰς ἣν ἐμπεσοῦσαι πρῶτον αἱ ψυχαὶ πλανῶνται καὶ ξενοπαθοῦσι καὶ ὀλοφύρονται καὶ οὐκ ἴσασιν,

  ὅπῃ ζόφος,
  οὐδ' ὅπῃ ἠέλιος φαεσίμβροτος εἶσ' ὑπὸ γαῖαν.

Ποθοῦσαι δὲ καθ' ἡδονὰς τὴν συνήθη καὶ σύντροφον ἐν σαρκὶ καὶ μετὰ σαρκὸς δίαιταν ἐμπίπτουσιν αὖθις εἰς τὸν κυκεῶνα τῆς γενέσεως μιγνύσης εἰς τὸ αὐτὸ καὶ κυκώσης ὡς ἀληθῶς ἀίδια καὶ θνητὰ καὶ φρόνιμα καὶ παθητὰ καὶ ὀλύμπια καὶ γηγενῆ, θελγόμεναι καὶ μαλασσόμεναι ταῖς ἀγούσαις αὖθις ἐπὶ τὴν γένεσιν ἡδοναῖς, ἐν ᾧ δὴ μάλιστα πολλῆς μὲν εὐτυχίας αἱ ψυχαὶ δέονται, πολλῆς δὲ σωφροσύνης, ὅπως μὴ τοῖς κακίστοις ἐπισπόμεναι καὶ συνενδοῦσαι μέρεσιν ἢ πάθεσιν αὑτῶν κακοδαίμονα καὶ θηριώδη βίον ἀμείψωσιν.

Ἡ γὰρ λεγομένη καὶ νομιζομένη τῶν ἐν Ἅιδου τρίοδος ἐνταῦθά που τέτακται περὶ τὰ τῆς ψυχῆς σχιζόμενα μέρη, τὸ λογιστικὸν καὶ θυμοειδὲς καὶ ἐπιθυμητικόν, ὧν ἕκαστον ἀρχὴν ἐξ ἑαυτοῦ καὶ ῥοπὴν ἐπὶ τὸν οἰκεῖον βίον ἐνδίδωσι. Καὶ οὐκέτι ταῦτα μῦθος οὐδὲ ποίησις, ἀλλὰ ἀλήθεια καὶ φυσικὸς λόγος. Ὧν μὲν γὰρ ἐν τῇ μεταβολῇ καὶ γενέσει τὸ ἐπιθυμητικὸν ἐξανθοῦν ἐπικρατεῖ καὶ δυναστεύει, τούτοις εἰς νωθῆ {καὶ} σώματα καὶ βίους θολεροὺς καὶ ἀκαθάρτους ὑπὸ φιληδονίας καὶ γαστριμαργίας φησὶ γενέσθαι τὴν μεταβολήν. Ὅταν δὲ φιλονεικίαις σκληραῖς καὶ φονικαῖς ὠμότησιν ἔκ τινος διαφορᾶς ἢ δυσμενείας ἐξηγριωμένον ἔχουσα παντάπασιν ἡ ψυχὴ τὸ θυμοειδὲς εἰς δευτέραν γένεσιν ἀφίκηται, πλήρης οὖσα προσφάτου πικρίας καὶ βαρυφρόνης, ἔρριψεν ἑαυτὴν εἰς λύκου φύσιν ἢ λέοντος, ὥσπερ ὄργανον ἀμυντικὸν τὸ σῶμα τῷ κρατοῦντι προϊεμένη πάθει καὶ περιαρμόσασα. Διὸ δεῖ μάλιστα περὶ τὸν θάνατον, ὥσπερ ἐν τελετῇ, καθαρεύοντα παντὸς ἀπέχειν πάθους φαύλου τὴν ψυχὴν καὶ πᾶσαν ἐπιθυμίαν χαλεπὴν κοιμήσαντα καὶ φθόνους καὶ δυσμενείας καὶ ὀργὰς ἀπωτάτω τιθέμενον τοῦ φρονοῦντος ἐκβαίνειν τοῦ σώματος. Οὕτως ὁ χρυσόρραπις Ἑρμῆς ἀληθῶς ὁ λόγος ἐντυγχάνων καὶ δεικνύων ἐναργῶς τὸ καλὸν ἢ παντάπασιν εἴργει καὶ ἀπέχει τοῦ κυκεῶνος ἢ πιοῦσαν ἐν ἀνθρωπίνῳ βίῳ καὶ ἤθει διαφυλάττει πλεῖστον χρόνον, ὡς ἀνυστόν ἐστι.

Das, was Homer über Kirke erzählt, enthält in bewundernswerter Weise die Lehre von der Seele. Er sagt also:
»[Die Gefährten] wurden Schweine an Kopf, an Stimme und Haaren, der ganzen Gestalt nach. / Freilich blieb der Verstand so klar, wie er früher gewesen« (Hom. Od. 10, 239–40).
Der Mythos ist also eine dunkle Rede (aínigma) von den Dingen, die Pythagoras und Platon über die Seele gesagt haben: dass sie von unzerstörbarer und ewiger Natur ist, aber nicht vollständig leidensfrei und unveränderlich; dass sie bei den Dingen, die wir »Zerstörung« und »Tod« nennen, eine Wanderung und eine Verwandlung in andere Arten von Körpern durchläuft; dass sie in Bezug auf das eigene Vergnügen das verfolgt, was adäquat und angemessen für die Art von Leben ist, die ihr entspricht und die für sie üblich ist. Klar ist der große Nutzen der Erziehung und der Philosophie für jeden, wenn die Seele, da sie sich an die schönen Dinge erinnert und die hässlichen und verbotenen Lüste verachtet, herrschen, auf sich selbst achten und aufpassen kann, dass sie nicht unversehens ein Tier wird und einen Körper liebt, der weder mit einer guten Natur ausgestattet noch rein in der Tugend ist sowie eher die ungebildete und nicht rationale Natur sowie das Begehrende und Zornmütige wachsen lässt und nährt als den vernünftigen Teil der Seele. Das Schicksal und die Natur dieser Veränderung werden von Empedokles *daímon* genannt. Sie »wickeln die Seelen in ein fremdes Gewand aus Fleisch« (VS 31 B 126 Diels-Kranz) und geben ihnen neue Gewänder.
Homer nun hat den Durchlauf und die Umdrehung des Kreislaufs der Wiedergeburt (*palingenesía*) Kirke genannt, das Kind der Sonne, die stets jede Zerstörung mit einer Zeugung vereint und umgekehrt jede Zeugung mit Zerstörung und die beides miteinander verknüpft. Die Insel Aiaia ist das Schicksal, das den Verstorbenen erwartet, und ein Ort des Überirdischen, zu dem die Seelen zuerst gelangen. [Dort] irren sie umher und klagen und wissen nicht, wo Westen ist:

> Freunde, wir wissen es nicht, wo Abend liegt und wo Morgen, / nicht, wo die Sonne, die Sterbliche leuchtet, sich unter die Erde / senkt. (Hom. Od. 10, 190–191)

Da sie gemäß ihren [früheren] Lüsten die gewohnte und vertraute Lebensart im Fleisch und mit dem Fleisch begehren, fallen sie von neuem in den Trank (*kykeón*) [des körperlichen Bereiches] des Werdens (*génesis*). In diesem sind wahrhaft miteinander vermischt und verrührt (*kykóses*) das Unsterbliche und das Sterbliche, das Rationale und das Emotionale, das Olympische und das Irdische. Die Seelen sind bezaubert und verweichlicht durch die Lüste, die von neuem in die *génesis* führen. Hier benötigen sie vor allem viel Glück sowie viel Selbstbeherrschung, damit sie nicht, indem sie den schlechtesten Teilen und Leidenschaften unterstellt werden und in diese eintauchen, im Gegenzug eine unselige und tierische Existenz erhalten.
Die sogenannte Triodos, die man bei denen im Hades annimmt, ist nämlich hier angesiedelt, bei den drei voneinander abgespaltenen Teilen der Seele — dem rationalen (*logistikós*), dem zornmütigen (*thymoeidés*) und dem begehrenden (*epithymetikós*) —, von denen jeder aus sich heraus einen Anfang und eine Neigung zu der ihm eigenen Lebensweise bietet. Und diese Dinge sind weder Mythos noch Dichtung, sondern Wahrheit und naturphilosophische Rede. Es wird nämlich gesagt, dass bei denen, die bei der Verwandlung und Wiedergeburt der begehrende [Seelenteil] — gerade aufblühend — beherrscht und Macht ausübt, eine Wanderung in langsame Körper [sc. wohl Esel] geschieht und in obskure und unreine Lebensformen [sc. wohl Schweine], wegen der Liebe zur Lust und zur Nascherei. Wenn die Seele jedoch so zur zweiten Geburt gelangt, dass der zornmütige Seelenteil durch erbitterten Streit und mörderischen Kampf aufgrund von Zwist und Hass ganz wild geworden ist, dann ist sie noch voll frischer Bitterkeit und voller Grimm und stürzt sich in die Natur eines

Wolfs oder eines Löwen, indem sie ihren Körper aufgrund der sie beherrschenden Leidenschaft gleichsam als ein Abwehrinstrument hervorbringt und ihn dieser anpasst. Deshalb ist es äußerst notwendig, beim Tod wie bei einer Mysterieneinweihung gereinigt zu sein und die Seele von jeder üblen Leidenschaft fernzuhalten, jede schädliche Begierde ruhig zu stellen und Neid und Hass und Zorn vom denkenden Seelenteil so weit entfernt wie möglich zu halten, wenn die Seele den Körper verlässt.

Dieser »Hermes mit dem Goldstab« (Hom. Od. 10, 227) — in Wirklichkeit der *lógos* — trifft auf [die Seele] und zeigt [ihr] leibhaftig das Gute: Entweder hält er sie gänzlich zurück und weg vom Trank; oder falls sie bereits getrunken hat, bewahrt er sie die meiste Zeit im Leben und Charakter eines Menschen, soweit dies möglich ist.

**TEXT KIRKE NR. 6**: Plotin, *Enneades* I 6, 8, 17–20 Hrsg. Henry — Schwyzer 1964
Lebensdaten: 205–70 n. Chr.

Τίς οὖν ἡ φυγὴ καὶ πῶς; ἀναξόμεθα οἷον ἀπὸ μάγου Κίρκης φησὶν ἢ Καλυψοῦς Ὀδυσσεὺς — αἰνιττόμενος δοκεῖ μοι — μεῖναι οὐκ ἀρεσθείς, καίτοι ἔχων ἡδονὰς δι' ὀμμάτων καὶ κάλλει πολλῷ αἰσθητῷ συνών.

Also, was ist die Flucht [der Seele aus der materiellen Welt, um das Schöne zu finden], und wie geht sie vor sich? Wir werden aufbrechen wie Odysseus von der Zauberin Kirke oder von Kalypso — so heißt es, wenn ich mich nicht irre, in verschlüsselt andeutender Weise —, der nicht bleiben mochte, trotz der Freuden für die Augen und der vielen sinnlichen Schönheit, mit der er zusammen war. (Übersetzung C. Tornau 2001)

**TEXT KIRKE NR. 7**: Proklos, *In Alcibiadem* 110E2–10 S. 257, 9–17 Creuzer, Hrsg. Segonds 1986
dt. *Kommentar zum platonischen Alkibiades*
Lebensdaten: 412–85 n. Chr.

θαυμά μ' ἔχει πῶς οὔ τι πιὼν τάδε φάρμακ' ἐθέλχθης.

ὄντως γὰρ ἔοικεν ἡ λήθη καὶ ἡ πλάνη καὶ ἡ ἄγνοια φαρμακείᾳ τινὶ κατασπώσῃ τὰς ψυχὰς ἐπὶ τὸν τῆς ἀνομοιότητος τόπον. τί οὖν θαυμάζεις εἰ πολλοὶ μὲν λύκοι κατὰ τὴν ζωήν, πολλοὶ δὲ σύες, πολλοὶ δὲ ἄλλο τι τῶν ἀλόγων εἶδος προβεβλημένοι, Κίρκης ὄντος καταγωγίου τοῦ περὶ γῆν τόπου καὶ τῷ πόματι τῶν πολλῶν ψυχῶν ἁλισκομένων διὰ τὴν ἄμετρον ἐπιθυμίαν; ἐκεῖνο θαυμάσον, εἴ τινες ἐνταῦθα ἀφάρμακτοι καὶ ἄθελκτοι καὶ Ἑρμαϊκοὶ τὴν φύσιν εἰσίν, εἰς λόγον καὶ ἐπιστήμην μεταβαίνοντες.

»Staunen befällt mich: Du schlürftest das Gift und bist doch nicht verzaubert.« (Hom. Od. 10, 326.)

Vergessenheit, Irrtum und Unwissenheit gleichen ja tatsächlich einem Gift, das die Seelen herabzieht an den »Ort der Unähnlichkeit« (Plat. polit. 273 d). Was also wunderst du dich, wenn viele ihr Leben wie Wölfe leben, viele wie Schweine, viele wie irgendeine andere Art von vernunftlosen Wesen daherkommen, da der irdische Ort die Herberge der Kirke ist und viele Seelen aufgrund ihrer maßlosen Begierde vom Zaubertrank verführt werden? Wundere dich lieber darüber, dass einige hier unten ungiftet und unverwandelt und von hermaischer Natur sind und so zur Vernunft (*lógos*) und zum Wissen (*epistéme*) aufsteigen können.

**TEXT KIRKE NR. 8**: Olympiodor, *In Phaidonem* 6 § 2 Z. 5–10 Hrsg. Westerink 1976
dt. *Kommentar zum platonischen Phaidon*
Lebensdaten: 6. Jh. n. Chr.

Ἐν δὲ γνώσεσιν ἡ φαντασία· διὸ καὶ ὁ Ὀδυσσεὺς μῶλυος ἐδεήθη Ἑρμαϊκοῦ καὶ λόγου ὀρθοῦ πρὸς τὸ ἐκφυγεῖν τὴν Καλυψὼ φαντασίαν οὖσαν καὶ δίκην νέφους ἐμποδὼν γενομένην τῷ λόγῳ ἡλίῳ ὄντι· κάλυμμα γὰρ αὕτη, διὸ καί τις ἔφη »Φαντασίη τανύπεπλε«. διὸ καὶ πρῶτον κατήχθη ὁ Ὀδυσσεὺς ἐπὶ τὴν Κίρκην αἴσθησιν οὖσαν ὡς θυγατέρα τοῦ Ἡλίου.

Beim Erkennen [ist der hartnäckigste Affekt] die Vorstellungskraft (*phantasía*). Deshalb benötigte auch Odysseus das Moly des Hermes und die richtige Vernunft (*orthós lógos*), um von Kalypso zu entfliehen. Diese ist die Vorstellungskraft und behindert die Vernunft, so wie eine Wolke die Sonne verdüstert: Diese [sc. Kalypso] ist nämlich ein Schleier (*kálymma*), weshalb sie auch irgendjemand »Phantasie mit dem schleppenden Gewande« nannte. Deshalb auch hielt sich Odysseus zuerst bei Kirke auf. Diese, als eine Tochter des Sonnengottes, ist die sinnliche Wahrnehmung (*aísthesis*).

**TEXT KIRKE NR. 9**: Athenaios, *Deipnosophistae* 1, 10E–F Hrsg. Olson 2006
dt. *Das Gelehrtenmahl*
Anfang 3. Jh. n. Chr.

Τῆς μέθης δὲ κατατρέχων ὁ ποιητὴς τὸν τηλικοῦτον Κύκλωπα ὑπὸ μικροῦ σώματος διὰ ταύτην ἀπολλύμενον παρίστησι […]· τούς τε παρὰ Κίρκῃ λέοντας ποιεῖ καὶ λύκους ταῖς ἡδοναῖς ἐπακολουθήσαντας. τὸν δὲ Ὀδυσσέα σῴζει τῷ Ἑρμοῦ λόγῳ πεισθέντα· διὸ καὶ ἀπαθὴς γίνεται. Ἐλπήνορα δὲ πάροινον ὄντα καὶ τρυφερὸν κατακρημνίζει. καὶ Ἀντίνοος δ᾽ ὁ λέγων πρὸς Ὀδυσσέα

> οἶνός σε τρώει μελιηδής
> αὐτὸς οὐκ ἀπείχετο τοῦ πώματος· διὸ καὶ τρωθεὶς
> ἀπώλετο, ἔτι κρατῶν τὸ ποτήριον.

Indem der Dichter [sc. Homer] gegen die Trunkenheit ankämpft, stellt er den riesigen Kyklopen dar, wie er infolge dieses Lasters von einem kleinen Menschen besiegt wird. [...] Er läßt die Männer bei Kirke zu Löwen und Wölfen werden, da sie ihrer Genußsucht nachgegeben hatten. Dagegen rettet er den Odysseus, weil der dem Wort (*lógos*) des Hermes gehorcht. So bleibt er auch von Leid verschont. Den Elpenor jedoch, der dem Wein und üppigem Lebenswandel zugetan ist, bringt er zu Fall. Antinoos aber, eben jener, der zu Odysseus sagt: »Wein, der dem Honig gleicht, schlägt dir die Wunde« (Hom. Od. 21, 293), ließ seinerseits vom Trinken nicht ab. Deswegen kam er auch, vom Pfeil getroffen, um, während er noch den Becher umklammert hielt. (Übersetzung C. Friedrich 1998)

**TEXT KIRKE NR. 10**: Pallades, in: *Anthologia Graeca* 10, 50 Hrsg. Beckby 1958
Zusammenstellung der Anthologie: Ende 10. Jh. n. Chr.; Lebensdaten des Pallades: 4. Jh. n. Chr.

> Τὴν Κίρκην οὔ φημι, καθὼς εἴρηκεν Ὅμηρος,
>     ἀντ᾽ ἀνδρῶν ποιεῖν ἢ σύας ἠὲ λύκους
> τοὺς αὐτῇ προσιόντας· ἑταίρα δ᾽ οὖσα πανοῦργος
>     τοὺς δελεασθέντας πτωχοτάτους ἐποίει·
> τῶν δ᾽ ἀνθρωπείων ἀποσυλήσασα λογισμῶν,
>     εἶτ᾽ ἀπὸ τῶν ἰδίων μηδὲν ἔχοντας ἔτι
> ἔτρεφεν ἔνδον ἔχουσα δίκην ζῴων ἀλογίστων.
>     ἔμφρων δ᾽ ὢν Ὀδυσεὺς τὴν νεότητα φυγών,
> οὐχ Ἑρμοῦ, φύσεως δ᾽ ἰδίας ἐμφύντα λογισμὸν
>     εἶχε γοητείας φάρμακον ἀντίπαλον.

Jeden, der Kirke besuchte, verwandelte diese aus einem | Menschen zum Schwein oder Wolf; also erzählt uns Homer. | Doch ich streite das ab; sie machte als heillose Dirne | jeden nur ärmer als arm, der auf den Köder ihr biß. | Dann aber nahm sie ihm gleich den ganzen Verstand eines Menschen, | und sobald er den Rest eigenen Wertes verlor, | hielt sie ihn drinnen im Haus gleich einem vernunftlosen Tiere. | Nur Odysseus war klug; närrischer Jugend entwöhnt, | hatte er gegen den Zauber Vernunft als Mittel; die aber | hat ihm nicht Hermes verliehn, sondern die eigne Natur. (Übersetzung H. Beckby 1958)

**TEXT KIRKE NR. 11**: Hippolytos, *Refutatio omnium haresium* 6, 15, 4–6, 16, 2 Hrsg. Marcovich 1986
dt. *Widerlegung aller Häresien*
Lebensdaten: ca. 200 – ca. 250 n. Chr.

*Hippolytos referiert hier die Lehre des Simon Magus:*

Στραφὲν δὲ ὑπὸ Μωσέως — τουτέστι τοῦ λόγου — τὸ πικρὸν ἐκεῖνο γίνεται γλυκύ. καὶ ὅτι ταῦθ᾽ οὕτως ἔχει, κοινῇ πάντων <τῶν ἐθνῶν, φησίν,> ἔστιν ἀκοῦσαι κατὰ τοὺς ποιητὰς λεγόντων

> ῥίζῃ μὲν μέλαν <ἔσκε>, γάλακτι δὲ εἴκελον ἄνθος·
> μῶλυ δέ μιν καλέουσι θεοί· χαλεπὸν δέ τ᾽ ὀρύσσειν
> ἀνδράσι γε θνητοῖσι· θεοὶ δέ τε πάντα δύνανται.

Ἀρκεῖ, φησί, <τὸ> λεχθὲν ὑπὸ τῶν ἐθνῶν πρὸς ἐπίγνωσιν τῶν ὅλων τοῖς ἔχουσιν ἀκο(ὰς) (ὑ)πακοῆς· τούτου γάρ, φησίν, ὁ γευσάμενος τοῦ καρποῦ <οὐ μόνον> ὑπὸ τῆς Κίρκης οὐκ ἀπεθηριώθη μόνος, ἀλλὰ καὶ τοὺς ἤδη τεθηριωμένους, τῇ δυνάμει χρώμενος τοῦ τοιούτου καρποῦ, εἰς τὸν πρῶτον ἐκεῖνον, τὸν ἴδιον αὐτῶν ἀνέπλασε καὶ ἀνετύπωσε καὶ ἀνεκαλέσατο χαρακτῆρα. πιστὸς γὰρ ἀνὴρ καὶ ἀγαπώμενος ὑπὸ τῆς φαρμακίδος ἐκείνης διὰ τὸν γαλακτώδη καὶ θεῖον ἐκεῖνον καρπόν, φησίν, εὑρίσκεται.

»Von Moses, d. i. vom Logos, verwandelt, wird jenes Bittere [sc. das Wasser jenseits des Roten Meeres] süß. Daß sich dies so verhält, kann man gemeiniglich von allen <Heiden> hören, die, den Dichtern folgend, sagen:

> Schwarz an der Wurzel es war, der Milch die Blüte doch ähnlich; / Moly benennen's die Götter; es auszugraben ist schwierig / sterblichen Menschen, die Götter jedoch vermögen ja alles. (Hom. Od. 10, 304–06)

Was von den Heiden gesagt worden ist, genügt zur Erkenntnis des Alls denen, welche Ohren haben zu hören; denn der allein, welcher die Frucht gekostet hat, ist nicht von der Kirke in ein Tier verwandelt worden, ja er hat auch die schon in Tiere Verwandelten mit Hilfe dieser Frucht in ihre eigene erste Gestalt zurückgebildet und zurückgeformt. Der treue, von jener Giftmischerin geliebte Mann wird durch jene milchige, göttliche Frucht gefunden.« (Übersetzung K. Preysing 1922, leicht verändert)

**TEXT KIRKE NR. 12**: Servius, *Commentarium in Vergilii Aeneida* 7, 19 S. 127, 9–14 Hrsg. Thilo — Hagen 1878
 dt. *Kommentar zu Vergils Aeneis*
 verfasst um 420 n. Chr.

*DEA SAEVA: aut per se, aut herbis potentibus saeva. Circe autem ideo Solis fingitur filia, quia clarissima meretrix fuit, et nihil est sole clarius. haec libidine sua et blandimentis homines in ferinam vitam ab humana deducebat, ut libidini et voluptatibus operam darent: unde datus est locus fabulae. aperte Horatius sub »domina meretrice fuisset turpis et excors«.*

»GRAUSAME GÖTTIN«: grausam entweder aus sich heraus oder wegen ihrer wirkungsvollen Kräuter. Circe wird aber deswegen von den Dichtern als Tochter des Sonnengottes bezeichnet, weil sie eine sehr strahlende [sc. berühmte] Hetäre war, und nichts ist strahlender als die Sonne. Diese brachte mit ihrer Wollust und ihren Schmeicheleien die Männer dazu, von einer menschlichen zur tierischen Lebensweise überzugehen, so dass sie ihre Mühen auf Wollust und sinnliche Freuden verwendeten. Hieraus ergab sich der Anlass für den Mythos. Horaz (ep. 1, 2, 25) sagt klar: »so hätte [Odysseus/Ulixes] unter der Herrschaft einer Hetäre hässlich, entstellt und ohne Verstand gelebt.«

**TEXT KIRKE NR. 13**: Boethius, *Consolatio Philosophiae* IV 3. c. Hrsg. Gegenschatz — Gigon 1998
 dt. *Trost der Philosophie*
 verfasst um 524 n. Chr.

 *Vela Neritii ducis*
 *Et vagas pelago rates*
 *Eurus appulit insulae,*
 *Pulchra qua residens dea*
 *Solis edita semine*
 *Miscet hospitibus novis*
 *Tacta carmine pocula.*
 *Quos ut in varios modos*
 *Vertit herbipotens manus,*
 *Hunc apri facies tegit,*
 *Ille Marmaricus leo*
 *Dente crescit et unguibus.*
 *Hic lupis nuper additus*
 *Flere dum parat, ululat.*
 *Ille tigris ut Indica*
 *Tecta mitis obambulat.*
 *Sed licet variis malis*
 *Numen Arcadis alitis*
 *Obsitum miserans ducem*
 *Peste solverit hospitis,*
 *Iam tamen mala remiges*
 *Ore pocula traxerant,*
 *Iam sues Cerealia*
 *Glande pabula verterant,*
 *Et nihil manet integrum*
 *Voce, corpore perditis.*
 *Sola mens stabilis super*
 *Monstra, quae patitur, gemit.*
 *O levem nimium manum*
 *Nec potentia gramina,*
 *Membra quae valeant licet,*
 *Corda vertere non valent.*
 *Intus est hominum vigor*
 *Arce conditus abdita.*
 *Haec venena potentius*
 *Detrahunt hominem sibi*
 *Dira, quae penitus meant*
 *Nec nocentia corpori*
 *Mentis vulnere saeviunt.*

Irrend trieb auf der Meeresflut
Schiff und Segel des Ithakers
einst der Ostwind zur Insel hin,
wo die Tochter des Sonnengotts,
jene liebliche Göttin, haust,
die mit listigem Zauberspruch
ihren Gästen den Becher mischt
und mit kräutergewaltiger Hand
mannigfaltige Gestalten leiht:
Diesen decket des Ebers Haut,
jenem wachsen als Berberleu
spitze Krallen und scharfer Zahn.
Jüngst gereiht zu der Wölfe Schar
heult der, wie er zu weinen sucht.
Jener, als indischer Tiger sanft,
schleicht um die Häuser der Menschen herum.
Mag von mancherlei Übeln auch
der arkadische Flügelgott
voll Erbarmen den Führer entziehn
dem Verderb durch die Wirtin, schon hat
der Gefährten unselige Schar
giftgemischten Pokal geschlürft,
hat die Nahrung der Erde schon
mit der Eichel der Sau vertauscht.
Nichts verbleibt ihnen unversehrt,
Stimme, Leibesgestalt entschwand,
unverändert allein der Geist

leidet, seufzt ob der Ungestalt.
Ach, zu leicht war der Göttin Hand,
unvermögend das Zauberkraut;
nur die Glieder verwandelt sie,
an den Herzen erlahmt die Macht.
Drinnen bleibet die Menschenkraft
in verborgener Burg verwahrt. —
Aber mächtiger wirkt das Gift,
raubt den Menschen das eigene Selbst,
schrecklich, wenn es nach innen dringt,
unversehrt zwar den Leib beläßt,
doch in den Wunden der Seele rast.
(Übersetzung E. Gegenschatz — O. Gigon 1998)

**TEXT KIRKE NR. 14**: Ambrosius, *De excessu fratris Satyri* 2, 127 (= Corpus Scriptorum Ecclesiasticorum Latinorum 73 S. 321)
dt. *Über den Tod des Bruders Satyrus*
verfasst 379 n. Chr.

*An vero illorum sententia placet, qui nostras animas, ubi ex hoc corpore emigraverint, in corpora ferarum variarumque animantium transire conmemorant? at certe haec Circeis medicamentorum inlecebris conposita esse ludibria poetarum ipsi philosophi disserere solent, nec tam illos, qui perpessi ista simulentur, quam sensus eorum, qui ista confinxerint, velut Circeo poculo ferunt in varia bestiarum monstra conversos. quid enim tam simile prodigii quam homines credere in habitus ferarum potuisse mutari? quanto maioris est prodigii gubernatricem hominis animam adversam humano generi bestiarum suscipere naturam capacemque rationis ad inrationabile animal posse transire quam corporis effigies esse mutatas? vos ipsi haec destruitis, qui docetis.*

Oder findet etwa die Meinung derjenigen Beifall, die äußern, dass unsere Seelen, sobald sie aus diesem Körper geschieden sind, in die Körper von wilden Tieren und verschiedenen [anderen] Lebewesen übergehen? Aber die Philosophen selbst pflegen doch zu behaupten, dass dieses Blendwerk der Dichter unter den Verlockungen der Drogen der Circe erfunden worden sei; und — so meinen sie — nicht so sehr diejenigen, die so etwas in der Fiktion erlitten hätten, als vielmehr die Sinne derjenigen, die sich so etwas ausgedacht hätten, seien gleichsam wie durch den Trank der Circe in verschiedene grässliche Arten von Bestien verwandelt worden. Was nämlich kommt so einer Ungeheuerlichkeit gleich wie zu glauben, dass Menschen in die Gestalten wilder Tiere hätten verwandelt werden können? Und wie viel ungeheuerlicher wäre es, dass die Lenkerin des Menschen, die Seele, die Natur von wilden Tieren, dem [absoluten] Gegensatz des Menschengeschlechts, annehmen und, [obwohl] vernunftbegabt, in ein unvernünftiges Tier übergehen könnte, als dass die Gestalt des Körpers verändert worden ist? Ihr selbst, die Ihr dieses lehrt, widerlegt es.

**TEXT KIRKE NR. 15**: Salvian, *De gubernatione Dei* 5, 45, 5–11 Hrsg. Lagarrigue 1975
dt. *Von der Herrschaft Gottes*
Lebensdaten: 5. Jh. n. Chr.

*Et exemplo quondam illius maleficae praepotentis quae transferre homines in bestias dicebatur, ita et isti omnes qui intra fundos divitum recipiuntur, quasi Circaei poculi transfiguratione mutantur. nam quos suscipiunt ut extraneos et alienos, incipiunt habere quasi proprios; quos esse constat ingenuos, vertuntur in servos.*

Und nach dem Vorbild jener mächtigen Übeltäterin/Zauberin, die einst Menschen in Tiere verwandelt haben soll, werden auch alle diejenigen, die [als Flüchtlinge] auf die Landgüter der Reichen aufgenommen werden, gleichsam durch einen Trank der Circe verwandelt. Denn [die Domänenbesitzer] nehmen diese als Auswärtige und Fremde auf, fangen dann aber an, sie als ihren Besitz zu halten. Die, von denen feststeht, dass sie von freien Eltern geboren sind, werden zu Sklaven gemacht.

**TEXT KIRKE NR. 16**: Rutilius Claudius Namatianus, *De reditu suo* 525–26 Hrsg. Vessereau — Préchac 1961
dt. *Meine Heimkehr*
verfasst 417 n. Chr.

*Num, rogo, deterior Circaeis secta venenis?*
*Tunc mutabantur corpora, nunc animi.*

Ist diese Sekte [sc. die christliche Kirche] nicht übler als alle Gifte der Circe?
Leiber nur wandelt' man einst, Seelen verzaubert man jetzt. (Übersetzung H. Rahner 1966, S. 187)

**TEXT KIRKE NR. 17**: Quintus Aurelius Symmachus, *Epistulae* 1, 57, 1 Hrsg. Callu 1972
dt. *Briefe*
an Vettius Agorius Praetextatus, verfasst um 383 n. Chr.

*Non illius caeli aut soli illecebram retinax advenarum lotos arbor aequaverit et suada Circae pocula et tricinium semivolucrum puellarum.*

Der Lockung jenes Himmels und jenes Ortes würde weder der Lotos gleichkommen, der Zurückhalter der Ankömmlinge, noch die überredenden Tränke der Circe noch der Dreigesang der zur Hälfte vogelgestaltigen Mädchen [sc. der Sirenen].

**TEXT KIRKE NR. 18**: Lactantius Placidus, *In Statii Thebaida commentum* 4, 550–51 Hrsg. Sweeney 1997
dt. *Kommentar zur Thebais des Statius*
Lebensdaten: wohl 5. Jh. n. Chr.

*QUALIS SI CRIMINA DEMAS / COLCHIS (ET AEAEO SIMULATRIX LITORE CIRCE): talis erat Manto, qualis Medea aut Circe, criminibus ademptis, magica arte perfecta. [...] Circen autem non carminibus constat, sed herbis valuisse, quia decipiebat poculis transeuntes. ut Vergilius »potentibus herbis induerat Circe in vultus ac terga ferarum«. [...]*
*Circe ergo fuit mortalis, quam stulti Solis filiam fuisse dixerunt, si fas est, ut dei filia credatur esse mortalis. sed ordinem fabulae perstringamus. haec igitur Circe in insulam Aeaeam delatos ad se in feras mutabat. ad hanc forte delatus Ulixes Eurylochum cum vinginti et duobus sociis misit, quos ab humana specie commutavit. sed Eurylochus inde fugit et Ulixi nuntiavit. is solus ad eam proficiscitur, cui in itinere Mercurius remedium dedit monstravitque quomodo Circen deciperet. qui, postquam ad eam venit, ab ea poculo accepto Mercurii remedium miscuit et eduxit ensem eique minatus est, ut socios sibi restitueret. tunc Circe sensit sine voluntate deorum non esse factum fideque data socios ei restituit. ipse cum ea concubuit, ex qua Telegonum procreavit.*

»So wie — wenn man von ihren Verbrechen absieht — die Kolcherin oder die Verwandlerin Circe am Gestade von Aiaia«: Eine solche war Manto, wie auch Medea oder Circe, wenn man von ihren Verbrechen absieht, in der Kunst der Magie vollkommen. [...] Bekanntlich lag Circes Stärke aber nicht in Zaubergesängen, sondern in Kräutern, da sie die Vorbeikommenden mit Zaubertränken irreleitete. Wie Vergil (Aen. 7, 19–200) sagt: »durch starker Kräuter / Zauber umhüllte mit Zügen und Leibern von Tieren.« (Übersetzung J. Götte.) [...] Circe also — von der die Dummköpfe sagen, dass sie eine Tochter des Sol gewesen sei — war eine Sterbliche, falls es gestattet ist, dass die Tochter eines Gottes sterblich gedacht wird. Aber fassen wir den Mythos kurz zusammen. Diese Circe also verwandelte diejenigen, die zu ihr auf die Insel Aeaea verschlagen worden waren, in Tiere. Als Ulixes zufällig zu ihr verschlagen wurde, schickte er Eurylochus mit 22 Gefährten zu ihr, die sie aus der menschlichen Gestalt umwandelte. Eurylochus aber floh von dort und erstattete Ulixes Bericht. Dieser brach alleine zu ihr auf, auf dem Weg gab ihm Mercur ein Gegenmittel und zeigte ihm, auf welche Weise er Circe überlisten könne. Nachdem [Odysseus/Ulixes] zu ihr gekommen war und von ihr den Zaubertrank empfangen hatte, mischte er das Gegenmittel des Mercur hinein und zog das Schwert heraus und bedrohte sie damit, dass sie ihm die Gefährten zurückverwandele. Daraufhin fühlte Circe, dass dies nicht ohne den Willen der Götter hatte geschehen können, und nachdem sie einen Eid geschworen hatte, verwandelte sie ihm die Gefährten zurück. Er selbst schlief mit ihr, die ihm den Telegonus gebar.

**TEXT KIRKE NR. 19**: Ps.-Ausonius, *Periocha Odyssiae* Hrsg. Green 1999
dt. *Inhaltsangabe zur Odyssee*
Datierung ungeklärt, möglicherweise 4. Jh. n. Chr.

**NR. 19 A**: per. Od. 10, 9–14

*Ibi amissis una minus ceteris navibus Circeum litus accesserit ibique veneficio potentis deae Eurylochus et praemissi cum eo socii in ferarum ora converterint: ipse similia passurus Mercurio procurante vitaverit ceterosque socios ad speciem pristinam redigi virtutis admiratione compulerit.*

Nachdem [Odysseus/Ulixes] dort [sc. beim Land der Laistrygonen] die übrigen Schiffe bis auf ein einziges verloren habe, sei er am Gestade der Circe gelandet. Und dort hätten sich durch das Gift der mächtigen Göttin Eurylochus und die mit ihm vorgeschickten Gefährten in die Gestalt von Tieren verwandelt. Er selbst habe — im Begriff, Ähnliches zu erleiden — dieses dank der Fürsorge des Mercur vermieden und habe sie durch Bewunderung seiner *virtus* genötigt, die übrigen Gefährten in ihre frühere Gestalt zurück zu versetzen.

**NR. 19 B**: per. Od. 12, 3–7

*Compertis a Tiresia vate quae oportuit scire, regreditur ad Circam ab eaque ut evitet mala cetera edocetur: ut Sirenas praetereat, letalem navigantium cantilenam, ut Scyllam praetervehatur et Charybdin freti Siculi famosa portenta. quibus malis non sine gravi perpessione superatis Trinacriam pervehitur.*

Nachdem er vom Seher Tiresias erfahren hatte, was nötig war zu wissen, kehrte er zu Circe zurück und wurde von ihr belehrt, wie er den anderen Übeln entgehen könne: wie er an den Sirenen vorbeikomme, mit ihrem für die Schiffer tödlichen Gesang, wie er an Scylla und Charybdis, den berüchtigten Ungeheuern der Sizilischen Meerenge, vorbeifahre. Nachdem er diesen Übeln nicht ohne schweres Erdulden entkommen war, gelangte er nach Trinacria.

**TEXT KIRKE NR. 20**: Diktys von Kreta, *Ephemeris belli Troiani* 6, 5 S. 124, 10–13 Hrsg. Eisenhut 1973
    dt. *Tagebuch aus dem Trojanischen Krieg*
    verfasst wohl in der zweiten Hälfte
    des 4. Jh.s n. Chr.

*Per Aeoli insulas devenerit ad Circen atque inde ad Calypso utramque reginam insularum, in quis morabantur, ex quibusdam inlecebris animos hospitum ad amorem sui inlicientes.*

Über die Inseln des Aeolus sei [Odysseus/Ulixes] zu Circe gelangt und von dort zu Calypso, alle beide Königinnen der Inseln, auf denen sie sich aufhielten, die mit gewissen Reizen die Seelen der Gäste dazu verführten, sie zu lieben.

*Es folgt, nach einer kurzen Passage zu einem Orakel mit den Seelen Verstorbener, Text Skylla Nr. 8.*

**TEXT KIRKE NR. 21**: Sidonius, *Epithalamium* (= carmen 11) 65–71 Hrsg. Anderson 1980
    dt. *Hochzeitsgedicht*
    für Ruricius und Hiberia
    publiziert (gemeinsam mit anderen Gedichten)
    um 463 n. Chr.

*Esset si praesens aetas, impenderet illi*
*Lemnias imperium, Cressa stamen labyrinthi,*
*Alceste vitam, Circe herbas, poma Calypso,*
*Scylla comas, Atalanta pedes, Medea furores,*
*Hippodame ceras, cygno Iove nata coronam;*
*huic Dido in ferrum, simul in suspendia Phyllis,*
*Euadne in flammas et Sestias isset in undas.*

Wenn jenes Zeitalter noch gegenwärtig wäre, dann würde die Lemnierin jenem [sc. dem Bräutigam, dem Adressaten des Gedichts] ihre Herrschergewalt übergeben, die Kreterin den Faden für das Labyrinth, Alcestis ihr Leben, Circe ihre Zauberkräuter, Calypso ihre Äpfel, Scylla die Haare, Atalanta ihre flinken Füße, Medea ihre rasende Leidenschaft, Hippodame ihr Wachs, die vom schwangestaltigen Jupiter Geborene ihre Krone; für diesen hätte sich Dido ins Schwert gestürzt, ebenso Phyllis zum Erhängen, Euadne ins Feuer und die Sestierin ins Wasser.

**TEXT KIRKE NR. 22**: Claudian, *De consulatu Stilichonis* II, 131–34 Hrsg. Hall 1985
    dt. *Stilichos Konsulat*
    verfasst im Jahr 400 n. Chr.

*Nec te iucunda fronte fefellit*
*Luxuries, praedulce malum, quae dedita semper*
*Corporis arbitriis hebetat caligine sensus*
*Membraque Circaeis effeminat acrius herbis.*

Und nicht täuschte dich die Genusssucht mit ihrem lieblichen Gesicht, dieses zuckersüße Übel, welches — stets dem Belieben des Körpers hingegeben — die Sinne vernebelt und die Glieder verweichlicht, wirkungsvoller als die Circäischen Kräuter.

**TEXT KIRKE NR. 23**: Augustinus, *De civitate Dei* 18, 17 Hrsg. Dombart — Kalb ⁴1928
    dt. *Vom Gottesstaat*
    verfasst um 425 n. Chr.

*DE INCREDIBILIBUS COMMUTATIONIBUS HOMINUM QUID VARRO TRADIDERIT*
    *Hoc Varro ut astruat, commemorat alia non minus incredibilia de illa maga famosissima Circe, quae socios quoque Ulixis mutavit in bestias.*

VARRO ÜBER VERWANDLUNG VON MENSCHEN IN TIERE
    Dies [sc. die Verwandlung der Gefährten des Diomedes in Vögel] zu stützen, erwähnt Varro noch andere nicht weniger unglaubliche Sachen und erzählt von jener berüchtigten Zauberin Circe, die auch die Gefährten des Ulixes in Tiere verwandelte. (Übersetzung W. Thimme 1978)

**TEXT KIRKE NR. 24**: *Narrationes fabularum Ovidianarum* 14, 5–6 (zu Ov. met. 14, 158–307) Hrsg. Slater 1927
   dt. *Nacherzählungen der Mythen Ovids*
   verfasst zwischen ca. 150 und ca. 250 n. Chr.

SOCII ULISSIS IN FERAS. IDEM IN HOMINES
   *Aeneas, iter in Italiam tendens, ad Laestrygonas venit, ubi Macareus Neritius comes Ulixis adparuit congressusque est comitatum. itaque com exposuisset apud Cyclopem Achaemenides quae essent passi socii, similiter et ille quae a Circe cum comite Eurylocho, qui potione accepta in varias figuras commutati sunt; ac novissime Ulixes remedio Mercurii ibi venit et socios recuperavit. ex eo Circe iunxit se ei in matrimonium. monuitque Aenean, ne litoribus Circes accederet.*

DIE GEFÄHRTEN DES ODYSSEUS IN TIERE [verwandelt]; DIESELBEN ZURÜCK IN MENSCHEN [verwandelt]
   Aeneas kam, als er den Weg nach Italien nahm, zu den Laestrygonen, wo Macareus aus Neritus, ein Gefährte des Ulixes, auftauchte und sich dem Gefolge des Aeneas anschloss. Und nachdem Achaemenides erzählt hatte, was den Gefährten beim Kyklopen geschehen war, berichtete entsprechend auch jener [sc. Macareus], was ihnen von Circe angetan worden war, in der Begleitung des Eurylochus: wie sie, nachdem sie von Circe den Trank angenommen hatten, in verschiedene Gestalten verwandelt worden waren. Und zuletzt kam Ulixes mit dem Heilmittel des Mercur dorthin und befreite die Gefährten wieder. Aus diesem Grund verband sich Circe mit ihm zur Ehe. Den Aeneas aber ermahnte [Macareus], nicht das Gestade der Circe zu betreten.

**TEXT KIRKE NR. 25**: Martianus Capella, *De nuptiis Philologiae et Mercurii* 6, 641 Hrsg. Dick 1925
   dt. *Die Hochzeit Merkurs mit der Philologie*
   verfasst wohl um 420/30 n. Chr.

*Cetera Italiae memoranda nec poetae tacent, ut Scyllaeum oppidum cum Crateide flumine, quae Scyllae mater fuit, Charybdisque voraginem ac vertiginem tortuosam, Paestana rosaria, scopulos Sirenarum. [...] Phlegraei dehinc campi habitatioque Circeia Terracina, prius insula, nunc con<tinenti> iuncta, Reginique ab Sicilia [continenti] separati, eaque in compensationem conexae telluris in insulam relegata, Formiae etiam Laestrygonum habitatione famosae.*

Die übrigen Denkwürdigkeiten Italiens verschweigen auch die Dichter nicht, wie z. B. die Stadt der Scylla mit dem Fluß Crateis — die war die Mutter der Scylla, und den Schlund und gewundenen Wirbel der Charybdis, die Rosengärten von Paestum, die Klippen der Sirenen [...]; darauf die Phlegräischen Felder und die Wohnstätte Circes, Terracina, zuvor einmal eine Insel, nun mit dem festen Land verbunden, und Regium, das, durch das Meer getrennt, gegenüber von Sizilien liegt; und dieses selbst, als Gegengewicht zum zusammenhängenden Land zu einer Insel abgeschoben; auch Formiae, namhaft als Wohnung der Laestrygonen. (Übersetzung nach H. G. Zekl 2005)

**TEXT KIRKE NR. 26**: Tertullian, *De spectaculis* 8, 1–2 Hrsg. Weeber 1988
   dt. *Über die Spiele*
   Lebensdaten: ca. 150 — kurz nach 220 n. Chr.

*Ut et de locis secundum propositum exequar, circus Soli principaliter consecratur. cuius aedes in medio spatio et effigies de fastigio aedis emicat, quod non putaverunt sub tecto consecrandum quem in aperto habent. qui spectaculum primum a Circa Soli patri suo, ut volunt, editum affirmant, ab ea et circi appellationem argumentatur. plane venefica eis utique negotium gessit hoc nomine, quorum sacerdos erat, daemoniis et angelis scilicet. Quot igitur in habitu loci illius idolatrias recognoscis?*

Um nun meinem Vorhaben entsprechend fortzufahren und über die Örtlichkeiten [sc. der Spiele] zu handeln, so ist der Circus vor allem dem Sonnengott geweiht. Dessen Tempel prunkt in der Mitte der Rennbahn, und vom Giebel des Tempels herab erstrahlt sein Bild. Sie [sc. die Heiden] meinten nämlich, man dürfe ihn, den sie unter freiem Himmel sehen, nicht unter einem Dach verehren. Diejenigen, die behaupten, das erste Circus-Schauspiel sei von Circe für Sol, ihren Vater (wie sie meinen), veranstaltet worden, leiten von ihr auch zum Beweis die Bezeichnung »Circus« ab. Gewiß hat die Giftmischerin mit dieser Namensgebung das Geschäft gerade derer betrieben, deren Priesterin sie war: der Dämonen und der bösen Engel! Wie viele Beweise für Götzendienst kann man schon im äußere Schmuck jener Örtlichkeit erkennen! (Übersetzung K.-W. Weeber 1988)

**TEXT KIRKE NR. 27**: Isidor von Sevilla, *Etymologiae* Hrsg. Lindsay 1911
   dt. *Etymologien*
   Lebensdaten: ca. 570–636 n. Chr.

**NR. 27 A**: etym. 11, 4, 1

DE TRANSFORMATIS

   *Scribuntur autem et quaedam monstruosae hominum transformationes et commutationes in bestiis, sicut de illa maga famosissima Circe, quae socios quoque Ulixis mutasse fertur in bestias.*

ÜBER DIE VERWANDELTEN

   Beschrieben werden aber auch gewisse monströse Verwandlungen und Veränderungen von Menschen zu Tieren, so wie von jener höchst berühmten Zauberin Circe, welche auch die Gefährten des Ulixes in Tiere verwandelt haben soll.

**NR. 27 B**: etym. 18, 28, 1–2

DE CIRCO

   *Circus Soli principaliter consecratus est a paganis. [...] est autem circus omne illud spatium quod circuire equi solent. hunc Romani dictum putant a circuitu equorum, eo quod ibi metas equi current. Greaci vero a Circe Solis filia, quae patri suo hoc genus certaminis instituit, adserunt nucupatum, et ab ea circi appelationem argumentatur. fuit autem maga et venefica et sacerdos daemonum, in cuius habitu et opera magica et cultus idolatriae recognoscitur.*

ÜBER DEN CIRCUS

   Der Circus wurde von den Heiden ursprünglich dem Sonnengott geweiht. [...] »Circus« aber ist jener ganze Raum, welchen die Pferde zu umkreisen pflegen. Deshalb glauben die Römer, dass [der Circus] nach dem Umkreisen der Pferde benannt ist, weil dort die Pferde um die *metae* laufen. Die Griechen aber versichern, dass er nach Circe benannt sei, der Tochter des Sol, die für ihren Vater diese Art des Wettkampfs neu eingesetzt habe, und begründen die Benennung des Circus mit ihr. Sie war aber eine Hexe, Giftmischerin und Teufelspriesterin, in deren Beschaffenheit sowohl Werke der magischen Kunst als auch Götzenverehrung zu erkennen sind.

## TEXTE ZU DEN SIRENEN

**TEXT SIRENEN NR. 1**: Porphyrios, *Quaestiones Homericae ad Odysseam pertinentes* S. 112, 10–12 Hrsg. Schrader 1890 (zu Hom Od. 12, 184–91)
   dt. *Homerische Fragen zur Odyssee*
   Lebensdaten: 234–305/10 n. Chr.

Μαντικαί τινες αἱ Σειρῆνες, ὅθεν γνωρίζουσι τοὔνομα. πῶς οὖν ὅτι οὐκ ἀκούουσιν οὐ γνωρίζουσιν; ὅτι θεοὶ οἷς ἂν μὴ ἐπιστήσωσιν οὐκ ἴσασιν.

Die Sirenen sind eine Art Seherinnen, deshalb wissen sie den Namen [des Odysseus]. Wie also kommt es, dass [die Sirenen] nicht wissen, dass [die Gefährten] nicht hören können? Weil Götter nichts von den Dingen wissen, auf die sie nicht direkt stoßen.

**TEXT SIRENEN NR. 2**: Johannes Malalas, *Chronographia* 5, 20 S. 90, 79 – S. 91, 85 Hrsg. Thurn 2000
   dt. *Weltchronik*
   verfasst um 570 n. Chr.

Καὶ ἀναχθεὶς ἐκεῖθεν χειμῶνος μεγάλου γενομένου θαλάσσης ἐκρίπτεται εἰς τὰς Σερενίδας οὕτω καλουμένας πέτρας, αἳ ἐκ τῶν κρουσμάτων τῶν κυμάτων ἦχον ἀποτελοῦσιν ἴδιον. κἀκεῖθεν ἐξειλήσας ἦλθεν εἰς τὴν καλουμένην Χάρυβδιν, εἰς τόπους ἀγρίους καὶ ἀποτόμους· κἀκεῖ πάσας τὰς ὑπολειφθείσας αὐτῷ ναῦς καὶ τὸν στρατὸν ἀπώλεσεν, αὐτὸς δὲ ὁ Ὀδυσσεὺς μόνος ἐν σανίδι τοῦ πλοίου ἐν τῷ πελάγει ἐφέρετο, ἀναμένων τὸν μετὰ βίας θάνατον.

Und von dort [sc. dem See namens Nekyopompos] ging er in See, und als sich ein großer Meeressturm erhoben hatte, da wurde er an die sogenannte Sirenen-Felsen geworfen, die aufgrund der Stöße der Wogen einen ganz besonderen Ton hervorbringen. Und er kam von dort los und gelangte zur sogenannten Charybdis, in wilde und abschüssige Örtlichkeiten. Und er verlor dort alle ihm übriggebliebenen Schiffe und das Heer; Odysseus selbst aber trieb allein auf einer Schiffsplanke auf dem Meer und er harrte des gewaltsamen Todes. (Übersetzung J. Thurn — M. Maier 2009)

*Es folgt Text Heimkehr Nr. 2.*

**TEXT SIRENEN NR. 3**: Synesios von Kyrene, *Epistulae* Hrsg. Roques 2000–03
dt. *Briefe*

**NR. 3 A**: ep. 146 S. 290, 12–15 Hrsg. Roques 2000 an Herkulian; verfasst 399 n. Chr.

ἤκουσα δέ του τῶν σοφῶν καὶ ἀλληγοροῦντος τὸν μῦθον· Σειρῆνας γὰρ αὐτοῖς αἰνίττεσθαι τὰς ἀπολαυστικὰς ἡδονάς, αἳ τοὺς εἴξαντας καὶ καταγοητευθέντας αὐτῶν τῷ προσηνεῖ μετὰ μικρὸν ἀπολλύουσι.

Ich hörte, wie einer der Weisen auch eine allegorische Deutung des Mythos gab: Denn gemäß diesen wird dunkel angedeutet, dass die Sirenen die genießerischen Lüste seien, welche nach kurzer Zeit diejenigen töten, die ihnen nachgeben und verblendet von ihrer Freundlichkeit sind.

**NR. 3 B**: ep. 45 S. 65, 35 – S. 66, 3 Hrsg. Roques 2000 an den Bruder Euoptios; verfasst 412 n. Chr.

*Synesios verschifft einen Sklaven, der sich aufgrund seiner Lasterhaftigkeit als Fehlkauf herausgestellt hatte, und beschwert sich bitter über ihn.*

ὁ μὲν οὖν Ὀδυσσεύς, ἵνα μὴ ὑφ᾿ ἡδονῆς διαφθαρείη, τὴν Σειρήνων ἀκτὴν δεδεμένος παρήμειβεν· οὑτοσὶ δέ, ἵνα μὴ τοὺς πλέοντας ἡδονῇ διαφθείρειεν, ἂν ἐκεῖνοι σωφρονῶσι, δεθήσεται.

Odysseus freilich, um nicht zugrunde gerichtet zu werden von der Lust, fuhr gefesselt an der Küste der Sirenen vorbei. Dieser hier jedoch [sc. der lasterhafte Sklave], damit er nicht die Mitreisenden verdirbt, wird — falls sie klug sind — gefesselt werden.

**NR. 3 C**: ep. 139 S. 279, 5–6 Hrsg. Roques 2000 an Herkulian; verfasst 398 n. Chr.

*Synesios macht dem Adressaten des Briefes Komplimente bezüglich seines Briefstils, seiner Eloquenz und Gelehrsamkeit.*

ἐμέ γέ τοι καὶ παρὼν μὲν ᾕρεις τῇ γλυκείᾳ Σειρῆνι τῶν λόγων.

Mich nahmst du ja schon, als ich bei dir war, mit der süßen Sirene deiner Worte gefangen.

**TEXT SIRENEN NR. 4**: Porphyrios, *Vita Pythagorae* 39 Hrsg. des Places — Segonds 1982
dt. *Leben des Pythagoras*
Lebensdaten: 234–305/10 n. Chr.

διττὴν γὰρ εἶναι διαφορὰν ἡδονῶν· τὴν μὲν γὰρ γαστρὶ καὶ ἀφροδισίοις διὰ πολυτελείας κεχαρισμένην <ἣν> ἀπείκαζε ταῖς ἀνδροφόνοις τῶν σειρήνων ᾠδαῖς· τὴν δ᾿ ἐπὶ καλοῖς καὶ δικαίοις <καὶ> τοῖς πρὸς τὸ ζῆν ἀναγκαίοις, ὁμοίως καὶ παραχρῆμα ἡδεῖαν καὶ εἰς τὸ ἐπιὸν ἀμεταμέλητον, ἣν ἔφασκεν ἐοικέναι μουσῶν τινι ἁρμονίᾳ.

Denn es gibt [nach Pythagoras] eine zweifache Unterscheidung der Lüste: einerseits die, welche mit Üppigkeit dem Bauch und den Liebesgenüssen willfährig ist und die er mit den männermordenden Gesängen der Sirenen verglich; andererseits die, welche mit dem Schönen, Gerechten und zum Leben Notwendigen verbunden ist, die gleichermaßen sowohl augenblicklich angenehm als auch künftig nicht zu bereuen ist und die, wie er zu sagen pflegte, einer Harmonie der Musen gleicht.

**TEXT SIRENEN NR. 5**: Proklos, *In Rem publicam* 2 S. 238, 21 – S. 239, 12 Hrsg. Kroll 1965
dt. *Kommentar zu Platons »Staat«*
Lebensdaten: 412–85 n. Chr.

Σειρῆνας μὲν οὖν αὐτὰς ἐκάλεσεν, ἵνα ἐνδείξηται τὴν ἁρμονίαν σωματοειδῆ πάντως οὖσαν, ἣν αὗται τοῖς κύκλοις ἐνδιδόασιν· οὐρανίας δὲ Σειρῆνας, ἵνα τῶν γενεσιουργῶν διακρίνῃ ταύτας Σειρήνων, ἃς δὴ καὶ αὐτὸς ἀλλαχοῦ συμβουλεύει κατὰ τὸν Ὁμηρικὸν ἐκεῖνον Ὀδυσσέα παραπλεῖν. ἀλλ᾿ ἐκεῖναι μὲν ἀπὸ δυάδος ἄρχονται· λέγει γοῦν ὁ ποιητής·
φθογγὴν Σειρήνοιϊν,
ὡς ἂν δυεῖν οὔσαιν· αὗται δὲ ἀπὸ μονάδος· ἡ γὰρ τοῦ ἑνὸς κύκλου τοῦ ἐξωτάτου προηγεῖται τῆς ἑβδομάδος. ὥστε κἀκείνη τῇ δυάδι πλῆθος οἰκεῖον ὑπεστρῶσθαι πάντως εἰκός· καὶ εἰ τῇ οὐρανίᾳ μονάδι ἑβδομαδικόν, τῇ γενεσιουργῷ δυάδι πάντως δὶς ἑβδομαδικόν, οὕτω καὶ τῶν θεολόγων πολλαχοῦ τὰς οὐρανίας ζώνας διπλασιαζόντων ἐν τοῖς ὑπὸ σελήνην. εἰσὶ δὲ ἄρα τινὲς καὶ ἐν Ἅιδου Σειρῆνες, περὶ ὧν αὐτὸς εἶπεν ἐν Κρατύλῳ σαφῶς, ὡς οὐδὲ ἐκείναις ἀπολείπειν τὸν Ἅιδην φίλον, θελγομέναις ὑπὸ τῆς τοῦ Πλούτωνος σοφίας. ὥστε τριττὰ γένη κατ᾿ αὐτὸν Σειρήνων· οὐράνια Διός, γενεσιουργὰ Ποσειδῶνος, ὑποχθόνια Πλούτωνος· κοινὸν δὲ πάντων τῶν γενῶν ἁρμονίαν ὑφιστάνειν σωματοειδῆ, τῶν Μουσῶν τὴν νοερὰν ἁρμονίαν μάλιστα δωρουμένων, διὸ καὶ κρατεῖν λέγονται τῶν Σειρήνων καὶ τοῖς πτεροῖς αὐτῶν στεφανοῦσθαι.

[Platon] nannte sie also »Sirenen«, um anzuzeigen, dass die Harmonie, die sie den Kreisen verleihen, ganz und gar körperlicher Natur ist. Er nannte sie jedoch »himmlische Sirenen«, um sie von den Sirenen im Bereich des Werdens (*génesis*) zu unterscheiden, an denen nach Art des homerischen Odysseus vorbei zu segeln er an anderer Stelle (Phaedr. 259 a–b) rät. Aber jene nehmen ihren Anfang bei der Zweiheit. Der Dichter sagt ja: »die Stimme der Sirenen« (*seirénoiin* = Dual), weil es zwei sind. Diese [sc. die himmlischen Sirenen] dagegen nehmen ihren Anfang bei der Einheit. Denn die [Sirene] des *einen* äußersten Kreises geht der Siebenzahl [sc. den Sirenen der anderen sieben Planetenbahnen] führend voran. Und so ist es ganz folgerichtig, dass auch jener Zweiheit eine ihr zugehörige Vielzahl sich unterbreitet: Und wenn sich der himmlischen Einheit eine Menge von sieben unterbreitet, dann der dem Bereich der *génesis* zugehörigen Zweiheit sicher eine Menge von zwei mal sieben; zumal auch die Theologen häufig die himmlischen Zonen innerhalb der sublunaren Sphäre verdoppeln. Es gibt aber auch Sirenen im Hades, über die [Platon] im *Kratylos* (403 d) deutlich sagt, dass es ihnen nicht lieb ist, die Unterwelt zu verlassen, da sie von der Weisheit des Pluton betört sind.

Es gibt also laut Platon drei Arten von Sirenen: die himmlischen, die zu Zeus gehören; die im Bereich des Werdens, die zu Poseidon gehören; die unterirdischen, die zu Pluton gehören. Gemeinsam ist allen Arten, dass sie eine körperliche Harmonie entstehen lassen, während die Musen vor allem die geistige Harmonie schenken. Weshalb von ihnen auch gesagt wird, dass sie die Sirenen beherrschen und sich mit deren Federn bekränzen.

**TEXT SIRENEN NR. 6**: Methodios, *De autexusio* 1, 1–3 (= Patrologia Orientalis 22 fasc. 5 S. 727. 729)
dt. *Über den freien Willen*
Lebensdaten: gestorben 311 n. Chr.

ὁ μὲν Ἰθακήσιος γέρων, κατὰ τὸν τῶν Ἑλλήνων μῦθον, τῆς Σειρήνων βουλόμενος ἀκοῦσαι ᾠδῆς διὰ τὴν τῆς φωνῆς ἀκόλαστον ἡδονήν, δεσμώτης ἔπλει εἰς τὴν Σικελίαν καὶ τὰς τῶν ἑταίρων ἐνέφραττεν ἀκοάς, οὐκ ἐκείνοις ἕνεκα τῆς ἀκροάσεως φθονῶν, οὐδὲ ἑαυτὸν δεσμῷ περιβάλλειν ἐπιθυμῶν, ἀλλ᾽ ὅτι τέλος τῆς ἐκείνων ᾠδῆς τοῖς ἀκούουσι θάνατος ἦν […]. ἐγὼ δὲ τοιαύτης μὲν ᾠδῆς ἀκροατὴς οὐ γίνομαι, οὐδὲ ἀκούειν ἐπιθυμῶ Σειρήνων ἐπιτάφιον ἀνθρώπων ἀδουσῶν […]. θείας δέ τινος ἀπολαύειν φωνῆς εὔχομαι, ἧς κἂν πολλάκις ἀκούσω πάλιν ἀκούειν ἐπιθυμῶ, οὐκ ἀκολάστῳ φωνῆς ἡδονῇ νενικημένος, ἀλλὰ θεῖα διδασκόμενος μυστήρια καὶ τὸ τέλος οὐ θάνατον, ἀλλ᾽ αἰώνιον ἀπεκδεχόμενος σωτηρίαν.

Der Alte aus Ithaka wollte, wie der Mythos der Hellenen berichtet, die Stimme der Sirenen vernehmen, weil sie von ausgelassener Süße war. Aber er fuhr angebunden an Sizilien vorbei und verstopfte die Ohren seiner Gefährten: — nicht, weil er ihnen das Lauschen auf jene Stimmen mißgönnte, auch nicht weil er ein Vergnügen daran empfand, sich selber binden zu lassen, sondern darum, weil Ziel und Ende jenes Gesanges für alle, die ihn hörten, der Tod war. […] Ich aber bin kein Hörer solchen Gesanges, und es verlangt mich nicht, des Sirenenliedes zu lauschen, das da für die Menschen ein Grablied ist. […] Nein, ich bete darum, ein Ohr zu erhalten für eine göttliche Stimme, und je öfter ich diese höre, umso mächtiger steigt die Sehnsucht, ihrer von neuem zu lauschen. Nicht will ich besiegt werden von der zügellosen Lust an jenem Gesang, sondern belehrt werden von göttlichen Mysterien. Und das Endziel möchte ich erreichen: nicht den Tod, sondern ewiges Heil. (Übersetzung H. Rahner 1966, S. 299)

**TEXT SIRENEN NR. 7**: Methodios, *Symposion* 8, 1 Hrsg. Debidour — Musurillo 1963
dt. *Das Gastmahl*
Lebensdaten: gestorben 311 n. Chr.

… ἀντιτεχνούντων ἡμῖν καὶ ἀνταγωνιζομένων τοῦ διαβόλου καὶ τῶν δαιμόνων ἀνανεύοντας ἄνω δεῖ καὶ ἀνιπταμένους μετεωρίζεσθαι καὶ φεύγειν τὰ θέλγητρα τῆς καλλιφωνίας αὐτῶν καὶ τὰ σχήματα ἔξωθεν φαντασίᾳ σωφροσύνης ἐπικεχρωσμένα ἢ τὰς Σειρῆνας μᾶλλον τὰς Ὁμηρικάς.

Unser Widerpart und unser Kampfgegner ist der Diabolos und seine Dämonen. Darum muß man sich aufrecken und zur Höhe aufschweben, muß man fliehen die Lockungen und Künste ihrer schönen Worte, die nur nach außen im Schein der weisen Zucht glänzen — mehr noch als die Sirenen bei Homer. (Übersetzung H. Rahner 1966, S. 309 f.)

**TEXT SIRENEN NR. 8**: Hippolytos, *Refutatio omnium haeresium* 7, 13, 1–3 Hrsg. Marcovich 1986
dt. *Widerlegung aller Häresien*
Lebensdaten: ca. 200 – ca. 250 n. Chr.

Πελάγει κλυδωνιζομένῳ ὑπὸ βίας ἀνέμων ἐοικότα [ὁρῶντες] τὰ τῶν αἱρετικῶν δόγματα ἐχρῆν τοὺς ἀκροατὰς <ὁρμῶντας> παραπλεῖν, ἐπιζητοῦντας τὸν εὔδιον λιμένα. τὸ γὰρ τοιοῦτον πέλαγός ἐστι καὶ θηριῶδες καὶ δύσβατον, ὡς <φέρ'> εἰπεῖν τὸ Σικελιωτικόν, ἐν ᾧ μυθεύεται <καὶ> Κύκλωψ καὶ Χάρυβδις καὶ Σκύλ(λ)α (καὶ) (Πλ)α(γκταὶ) <καὶ> τὸ Σειρήνων ὄρος, ὃ διαπλεῦσαι τὸν Ὀδυσσέα φάσκουσιν Ἑλλήνων οἱ ποιηταὶ πανούργως χρησάμενον τῇ τῶν π<α>ραξέ<ν>ων θηρ<ί>ων δεινότητι· διάφορος γὰρ ἡ τούτων ὠμότης πρὸς τοὺς διαπλέοντας ἦν. αἱ δὲ Σειρῆνες λιγὺ ᾄδουσαι καὶ μουσικῶς ἠπάτων τοὺς παραπλέοντας, πείθουσαι ἡδείᾳ φωνῇ προσάγειν τοὺς ἀκροωμένους. τοῦτο <δὲ> μαθόντα φασὶ τὸν Ὀδυσσέα κατακηρῶσαι τὰς ἀκοὰς τῶν ἑταίρων, ἑαυτὸν δὲ τῷ ξύλῳ προσδήσαντα παραπλεῦσαι ἀκινδύνως τὰς Σειρῆνας, <καίπερ> κατακούσαντα τῆς τούτων ᾠδῆς. ὃ ποιῆσαι τοῖς ἐντυγχάνουσιν συμβουλὴ <ἐμή>, καὶ ἢ τὰ ὦτα κατακηρῶσα(ν)τας δι' ἀσθένειαν διαπλεῦσαι τὰ τῶν αἱρετικῶν δόγματα, μηδε<νὸς> κατακούσαντας <τῶν> πείθειν εὐκόλως δυναμένων πρὸς ἡδονήν, ὡς <τὸ> λιγυρὸν ᾆσμα <τῶν> Σειρήνων, ἢ ἑαυτὸν τῷ ξύλῳ Χριστοῦ προσδήσαντα, πιστῶς κατακούσαντα μὴ ταραχθῆναι, πεποιθότα ᾧ προσεσφίγγετ<ο>, καὶ ἑστηκέν<αι> ὀρθόν.

An den Ansichten der Häretiker, die da einem von gewaltigem Sturme aufgepeitschten Meer gleichen, sollten die Hörer eilig vorbeisegeln und den ruhigen Hafen aufsuchen. Denn ein solches Meer ist voll wilder Tiere und unpassierbar, wie zum Beispiel das sizilische, von dem die Sage geht, daß der Zyklop und die Charybdis und die Scylla und die Plankten und der Sirenenberg sich dort finden; Odysseus hat es nach den griechischen Dichtern durchsegelt, indem er die grausamen, bösen Bestien gar schlau behandelte; die Sirenen waren nämlich von ausnehmender Wildheit gegen die Vorüberfahrenden. Sie pflegten aber gar süß und lieblich zu singen, täuschten so die Vorübersegelnden und verlockten sie durch ihre liebliche Stimme, heranzufahren. Da er dies inne geworden, verstopfte Odysseus seinen Gefährten die Ohren mit Wachs; er selbst aber ließ sich an den Mast binden, fuhr so ungefährdet an den Sirenen vorbei und hörte doch ihren Gesang. Mein Rat für die, welche sich mit derlei beschäftigen, geht dahin, entweder wegen ihrer Schwachheit mit zugeklebten Ohren die Ansichten der Häretiker zu durchsegeln und auf nichts zu hören, was, wie der liebliche Gesang der Sirenen, leicht zur Wollust anreizen kann, oder aber sich an das Holz Christi zu binden und in gläubigem Vertrauen zu lauschen und sich nicht verwirren zu lassen, sondern aufrecht stehen zu bleiben, im Vertrauen auf das, an das man gebunden ist. (Übersetzung K. Preysing 1922)

**TEXT SIRENEN NR. 9**: Zacharias Scholastikos, *Disputatio de mundi opificio* 2, 153–62 (= Patrologia Graeca 85, Sp. 1037A) Hrsg. Minniti Colonna 1973
dt. *Dialog Ammonios (Über die Erschaffung der Welt)*
Lebensdaten: gestorben vor 553 n. Chr.

οὐ γὰρ δὴ οἱ παρ' ἡμῖν θεολόγοι κεκαλλιεπημένοις λόγοις καὶ ῥημάτων κομψείαις καὶ Ἀττικῶν ὀνομάτων ἁρμονίᾳ τε καὶ συνθήκῃ καὶ τῷ γλαφυρῷ τῆς φράσεως γοητεύουσι τῶν ἀκροωμένων τὰς ἀκοὰς ἀληθῶν ἀποδείξεων ἀπορίᾳ, ὥσπερ ὁ ὑμέτερος Πλάτων καὶ οἱ λοιποὶ ὅσοι τῶν ὑμετέρων πέρι γεγράφασι θεῶν, μᾶλλον δὲ πονηρῶν δαιμόνων, τὰς Σειρῆνας μιμούμενοι τὰς Ὁμηρικὰς τῇ τῆς μουσικῆς ἡδονῇ τῶν φιλακροαμόνων κατακηλούσας τὰ ὦτα καὶ θανάτῳ ζημιούσας τοὺς πειθομένους. ὅθεν ἐπαινῶ τε καὶ ἄγαμαι τὸν Ἰθακήσιον ἐκεῖνον στρατιώτην μηδὲν ἀγεννὲς παθόντα, φρονήσει δὲ μᾶλλον νενικηκότα τὰς τούτων ἐπιβουλάς.

Denn unsere Theologen verzaubern nicht mit schön aufgeputzten Reden, mit verbalen Spitzfindigkeiten, mit einer wohlklingenden Komposition aus attischen Worten und eleganter Ausdrucksweise die Ohren der Hörer aus Mangel an wahrhaften Beweisen, so wie euer Platon und die übrigen, soweit sie über eure Götter geschrieben haben — eher über böse Dämonen. Denn diese [sc. die Philosophen] ahmen mit der süßen Lust ihrer Lieder die homerischen Sirenen nach, um dem willig Zuhörenden die Ohren zu bezaubern. Da lobe ich mir höchlich jenen Krieger aus Ithaka, dem nichts Unedles zustieß, sondern der mit seiner klugen Unterscheidungsgabe die Listen von diesen [sc. den Sirenen] besiegte. (Übersetzung nach H. Rahner 1966, S. 308)

**TEXT SIRENEN NR. 10**: Theodoretos, *Graecarum affectionum curatio* 8, 1 Hrsg. Canivet 2001
dt. *Heilung der heidnischen Krankheiten*
Lebensdaten: ca. 400 – ca. 450 n. Chr.

Πυθαγόραν ἐκεῖνον, οὗ κλέος εὐρὺ παρ' ὑμῖν, εἰρηκέναι φασὶν οἱ τὰ ἐκείνου ξυγγεγραφότες, ὡς χρὴ τῶν Σειρήνων προτιθέναι τὰς Μούσας. Ἐγὼ δέ […] οἶμαι αὐτὸν Σειρῆσι μὲν ἀπεικάσαι τοὺς κεκομψευμένους καὶ κατεγλωττισμένους λόγους, Μούσαις δὲ τοὺς ἐπείσακτον μὲν οὐδὲν ἔχοντας, γυμνὸν δὲ τῆς ἀληθείας τὸ κάλλος ἐπιδεικνύντας.

Von jenem Pythagoras, dessen Ruhm bei Euch [sc. den Heiden] weit verbreitet ist, erzählen seine Biographen, dass er gesagt habe, man solle den Sirenen die Musen vorziehen. Ich aber [...] glaube, dass er mit den Sirenen die herausgeputzten und gesuchten Reden verglichen hat, mit den Musen jedoch diejenigen, die nichts äußerlich Aufgetragenes haben, sondern die nackte Schönheit der Wahrheit zeigen.

**TEXT SIRENEN NR. 11**: Basileios von Caesarea, *Ad adolescentes* 4, 2 Hrsg. Naldini 1990
    dt. *Rede an die Jugend über den nützlichen Gebrauch der heidnischen Literatur*
    Lebensdaten: ca. 330–79 n. Chr.

Πρῶτον μὲν οὖν τοῖς παρὰ τῶν ποιητῶν, ἵν' ἐντεῦθεν ἄρξωμαι, ἐπεὶ παντοδαποί τινές εἰσι κατὰ τοὺς λόγους, μὴ πᾶσιν ἐφεξῆς προσέχειν τὸν νοῦν, ἀλλ' ὅταν μὲν τὰς τῶν ἀγαθῶν ἀνδρῶν πράξεις ἢ λόγους ὑμῖν διεξίωσιν, ἀγαπᾶν τε καὶ ζηλοῦν, καὶ ὅτι μάλιστα πειρᾶσθαι τοιούτους εἶναι, ὅταν δὲ ἐπὶ μοχθηροὺς ἄνδρας ἔλθωσι τῇ μιμήσει, ταῦτα δεῖ φεύγειν ἐπιφρασσομένους τὰ ὦτα οὐχ ἧττον ἢ τὸν Ὀδυσσέα φασὶν ἐκεῖνοι τὰ τῶν Σειρήνων μέλη.

Fürs erste dürft ihr nicht allem, was die Dichter sagen, um damit zu beginnen — es gibt ja ihrer so manche und verschiedene —, und allen der Reihe nach eure Aufmerksamkeit schenken. Aber wenn sie von Handlungen und Reden guter Männer erzählen, so sollt ihr sie lieben und nachzuahmen versuchen. Kommen sie auf schlechte Menschen zu sprechen, so müßt ihr euch in Acht nehmen und eure Ohren verschließen, genau so, wie es Odysseus bei den Sirenengesängen gemacht haben soll. (Übersetzung A. Stegmann 1925)

**TEXT SIRENEN NR. 12**: Kyrill von Alexandria, *Commentarium in Isaiam* (= Patrologia Graeca 70, Sp. 908D)
    dt. *Kommentar zu Jesaja*
    Lebensdaten: Patriarch von Alexandria 412–44 n. Chr.

Ἔζη δὲ οὕτως τὰ ἔθνη. Σειρῆνας δὲ καὶ θυγατέρας στρουθῶν τοὺς εὐστομεῖν παρ' αὐτοῖς εἰδότας φησὶ, καὶ ἐξησκημένους τὸ καλλιεπές. Ἔθος δὲ τῇ θεοπνεύστῳ Γραφῇ σειρῆνας ἀποκαλεῖν τὰ τῶν στρουθίων λαλίστατα, καὶ ἐμμελές τι καὶ εὔρυθμον ἀναφωνεῖν εἰωθότα. Γεγόνασι δέ πως τοιοῦτοι τῶν Ἑλλήνων δεισιδαιμονίας οἱ διδάσκαλοι, ποιηταί τε καὶ λογογράφοι. Ἔνεστι γὰρ αὐτοῖς τὸ ἡδύ τε καὶ εὔκομπον, τό γε ἧκον εἰς λόγους. Διδάσκουσί γε μὴν τῶν ἀναγκαίων οὐδέν.

So lebten die Heiden. Mit den »Sirenen und den Töchtern der Sperlinge« (Jesaja 43, 20) meint er die, die bei ihnen schön zu singen wissen und zum schönen Reden ausgebildet sind. Es ist üblich in der von Gott eingegebenen Schrift, »Sirenen« die geschwätzigsten/sprachbegabtesten Spatzen zu nennen, die etwas melodisch und mit schönem Rhythmus von sich zu geben pflegen. Ungefähr von solcher Art waren die Lehrer des hellenischen Aberglaubens, die Dichter und Geschichtsschreiber. Denn bei diesen gibt es das Angenehme und Hochtönende, soweit es in Worte Eingang findet; aber sie lehren nichts, was notwendig ist.

**TEXT SIRENEN NR. 13**: *Anthologia Graeca* 14, 102 Hrsg. Beckby 1958
    zusammengestellt aus älteren Epigrammen am Ende des 10. Jh.s

Ἀγνωστόν μ' ἐρέεις γενεῆς καὶ πατρίδος αἴης ἀμβροσίου Σειρῆνος· ἕδος δ' Ἰθάκη τις Ὁμήρου· Τηλέμαχος δὲ πατὴρ καὶ Νεστορέη Πολυκάστη μήτηρ, ἥ μιν ἔτικτε, βροτῶν πολυπάνσοφον ἄλλων.

Dunkel ist mir die Herkunft und Heimat der hehren Sirene, | und du fragst mich danach. In Ithaka wohnte Homeros; | Telemach hat ihn erzeugt; Polykaste, die Tochter des Nestor, | bracht ihn als Mutter zur Welt, den weisesten sämtlicher Menschen. (Übersetzung H. Beckby 1958)

**TEXT SIRENEN NR. 14**: *Narrationes fabularum Ovidianarum* 5, 8 (zu Ov. met. 5, 551–63) Hrsg. Slater 1927
    dt. *Nacherzählungen der Mythen Ovids*
    verfasst zwischen ca. 150 und ca. 250 n. Chr.

*SIRENES EX PARTE IN AVES*
    *Sirenes, Acheloi et Melpomenes Musae filiae, cum Proserpinam raptam requirerent neque eam ullo modo possent invenire a deis novissime impetraverunt, ut versae in volucres non tantum in terra sed etiam in mari requisitam consequi possent. [novissime devenerunt ad petram Martis, quae imminebat proxima pelago. harum ita fatum fuit, quamdiu earum vox audita morae esset mortalibus, manerent incolumes. forte Ulixes monitu Circes praetervectus est: tum se praecipitaverunt.]*

DIE SIRENEN ZUM TEIL IN VÖGEL [VERWANDELT]

Als die Sirenen, die Töchter des Achelous und der Muse Melpomene, nach der geraubten Proserpina forschten und sie auf keine Weise finden konnten, erwirkten sie zuletzt von den Göttern, dass sie in Vögel verwandelt der Vermissten nicht nur auf dem Land, sondern auch über dem Meer nachgehen konnten. Schließlich gelangten sie zum Felsen des Mars, der ganz nahe über das Meer herausragte. Ihr Schicksal war derart, dass sie so lange am Leben blieben, wie ihre Stimme die Sterblichen, die sie hörten, aufzuhalten vermochte. Es geschah aber, dass Ulixes auf Circes Rat vorbeisegelte. Da stürzten sie sich zu Tode.

**TEXT SIRENEN NR. 15**: Servius, *Commentarium in Vergilii Aeneida* 5, 864 S. 654, 21 – S. 655, 5 Hrsg. Thilo — Hagen 1881
dt. *Kommentar zu Vergils Aeneis*
verfasst um 420 n. Chr.

*SIRENUM: Sirenes secundam fabulam tres, parte virgines fuerunt, parte volucres, Acheloi fluminis et Calliopes musae filiae. harum una voce, altera tibiis, alia lyra canebat: et primo iuxta Pelorum, post in Capreis insulis habitaverunt, quae inlectos suo cantu in naufragia deducebant. secundam veritatem meretrices fuerant, quae transeuntes quoniam deducebant ad egestatem, his fictae sunt inferre naufragia. has Ulixes contemnendo deduxit ad mortem. »Sirenum« autem genetivus pluralis est veniens ab »hac Sirene«.*

»DER SIRENEN«: Dem Mythos zufolge gab es drei Sirenen, die teils junges Mädchen, teils Vogel waren und die Töchter des Flussgottes Achelous und der Muse Kalliope. Eine von ihnen sang, die zweite musizierte mit Doppelflöten, die dritte mit einer Leier. Und sie, die zuerst bei Pelorus, danach auf der Insel Capri lebten, trieben die von ihrer Musik Umgarnten in den Schiffbruch. In Wahrheit aber waren die Sirenen Hetären, von denen — weil sie die Vorbeikommenden in den materiellen Ruin gestürzt hatten — erfunden wurde, dass sie die Betreffenden zum Schiffbruch gebracht hätten. Sie brachte Ulixes zu Tode, indem er sie ignorierte. »Der Sirenen« aber ist Genetiv Plural und kommt von »die Sirene«.

**TEXT SIRENEN NR. 16**: Isidor von Sevilla, *Etymologiae* Hrsg. Lindsay 1911
dt. *Etymologien*
Lebensdaten: ca. 570–636 n. Chr.

**NR. 16 A**: die homerischen Sirenen (etym. 11, 3, 30–31)

*Sirenas tres fingunt fuisse ex parte virgines, ex parte volucres, habentes alas et ungulas: quarum una voce, altera tibiis, tertia lyra canebant. quae inlectos navigantes sub cantu in naufragium trahebant. secundum veritatem autem meretrices fuerunt, quae transeuntes quoniam deducebant ad egestatem, his fictae sunt inferre naufragia. alas autem habuisse et ungulas, quia amor et volat et vulnerat. quae inde in fluctibus conmorasse dicuntur, quia fluctus Venerem creaverunt.*

Sie dichten, dass es drei Sirenen gegeben hätte — zum Teil Jungfrau, zum Teil Vogel —, die Flügel und Klauen hatten. Von ihnen musizierte eine mit der Stimme, die andere mit Doppelflöte, die dritte mit einer Leier. Die rissen die vom Gesang umgarnten Seeleute in den Schiffbruch. Gemäß der Wahrheit aber waren sie Hetären, die — weil sie die Vorbeikommenden in bittere Armut stürzten — von diesen so dargestellt wurden, als hätten sie deren Schiffbruch verursacht. Flügel aber hätten sie gehabt und Klauen, weil die Liebe [sc. der Gott Amor] sowohl fliegt als auch verwundet. Daher wurde von ihnen gesagt, dass sie sich in den Fluten aufhalten, weil die Fluten Venus geschaffen haben.

**NR. 16 B**: die arabischen Giftschlangen (etym. 12, 4, 29)

*In Arabia autem sunt serpentes cum alis, quae Sirenae vocantur, quae plus currunt ab equis, sed etiam et volare dicuntur; quorum tantum virus est ut morsum ante mors insequatur quam dolor.*

In Arabien aber gibt es Schlangen mit Flügeln, die Sirenen genannt werden; sie rennen schneller als Pferde, sollen aber auch fliegen können; ihr Gift ist so stark, dass bei einem Biss der Tod eher als der Schmerz eintritt.

**TEXT SIRENEN NR. 17**: Hieronymus, *Adversus Iovinianum* 1, 4 (= Patrologia Latina 23, Sp. 225)
dt. *Gegen Jovinianus*
verfasst 393 n. Chr.

*Hieronymus beabsichtigt, die von ihm als häretisch beurteilte Lehre des Jovinianus in kurzen Zügen zu referieren, um sie anschließend zu widerlegen.*

*Audite patienter, virgines; audite, quaeso, voluptuosissimum concionatorem, imo quasi Sirenarum cantus et fabulas clausa aure transite.*

Höret geduldig an, ihr Jungfrauen, ich bitte euch, den Prediger der Lüsternheit, oder richtiger, gehet mit verstopften Ohren an diesen Sirenengesängen und erlogenen Fabeln vorüber! (Übersetzung P. Leipelt 1874)

**TEXT SIRENEN NR. 18**: Macrobius, *In somnium Scipionis* 2, 3, 1 Hrsg. Willis 1994
dt. *Kommentar zu Ciceros ›Traum des Scipio‹*
verfasst vermutlich zwischen 430 und 450 n. Chr.

*Hinc Plato in Re publica sua cum de sphaerarum caelestium volubilitate tractaret, singulas ait Sirenas singulis orbibus insedere significans sphaerarum motu cantum numinibus exhiberi. nam Siren dea canens Graeco intellectu valet.*

Daher sagt Platon in seinem *Staat* (617 b–c), als er die Kreisbewegung der himmlischen Sphären behandelt, dass die einzelnen Sirenen auf den einzelnen Kreisen sitzen, was bedeutet, dass durch die Bewegung der Sphären von göttlichen Wesen Musik hervorgebracht wird. Denn die Sirene gilt im griechischen Verständnis als eine tönende Göttin.

**TEXT SIRENEN NR. 19**: Hieronymus, *Epistulae* 54, 13 (= Corpus Scriptorum Ecclesiasticorum Latinorum 54 S. 479, 6)
dt. *Briefe*
an Furia: *Über die Bewahrung der Witwenschaft*
verfasst 395 n. Chr.

*Cantor pellatur ut noxius; fidicinas et psaltrias et istius modi chorum diaboli quasi mortifera Sirenarum carmina proturba ex aedibus tuis.*

Den Sänger halte wie einen Schädling fern! Harfen- und Zitherspielerinnen und die ganze dazugehörige Teufelssippe treibe wie tödliche Sirenenklänge aus deinem Hause! (Übersetzung L. Schade 1936)

**TEXT SIRENEN NR. 20**: Cassiodor, *Variae* 2, 40, 10 Hrsg. Fridh 1973
dt. *Verschiedene Briefe*
Brief des Königs Theoderich an Boethius, geschrieben von Cassiodor um 506 n. Chr.

*Der König der Franken hatte Theoderich gebeten, ihm einen Kitharöden zu schicken. Theoderich bittet nun Boethius — dessen Kennerschaft auf diesem Gebiet bekannt ist —, einen geeigneten Mann zu suchen, und verbindet diese Bitte mit langen musiktheoretischen Erörterungen.*

*Sirenas in miraculum cantasse curiosa prodit antiquitas et quamvis navigantes fluctus abduceret, carbasa ventus inflaret, eligebant suaviter decepti scopulos incurrere, ne tantam paterentur dulcedinem praeterire. quibus solus Ithacus evasit, qui nautis sollicitatorem protinus obstruxit auditum. contra noxiam dulcedinem cogitavit vir prudentissimus felicissimam surditatem et quam vincere intellegendo non poterant, melius non advertendo superabant. se vero soliditati arboris constrictis nexibus illigavit, ut et famosos cantus liberis auribus probare potuisset et pericula dulcisonae vocis unda rapiente vinctus evaderet.*

Das wissbegierige Altertum überliefert, dass die Sirenen wundersam sangen. Und wenn die Strömung die Seeleute noch so sehr wegführte, der Wind die Segel aufblähte, wählten die angenehm Betrogenen, auf die Klippen aufzulaufen, anstatt zu ertragen, an einer derartigen Süße vorbeizufahren. Ihnen entkam als einziger der Mann aus Ithaka, der seinen Seeleuten sogleich das Gehör gegen die Verführung verschloss. Gegen die verderbliche Süße erdachte der sehr kluge Mann eine höchst glückliche Taubheit; und was sie mit ihrem Verstand nicht besiegen konnten, überwanden sie umso besser, indem sie ihre Aufmerksamkeit [gar] nicht darauf richteten. Er aber band sich mit enggeschnürten Knoten an die Festigkeit des Mastbaums, so dass er sowohl die berühmten Gesänge mit freien Ohren prüfen konnte als auch gefesselt den Gefahren der süßklingenden Stimme mithilfe der fortreißenden Woge entkam.

**TEXT SIRENEN NR. 21**: Boethius, *Consolatio Philosophiae* I 1. pr., Z. 26–43 Hrsg. Gegenschatz — Gigon 1998
dt. *Trost der Philosophie*
verfasst um 524 n. Chr.

*Quae ubi poeticas Musas vidit nostro assistentes toro fletibusque meis verba dictantes, commota paulisper ac torvis inflammata luminibus: quis, inquit, has scaenicas mere-*

*triculas ad hunc aegrum permisit accedere, quae dolores eius non modo nullis remediis foverent, verum dulcibus insuper alerent venenis? hae sunt enim, quae infructuosis affectuum spinis uberem fructibus rationis segetem necant hominumque mentes assuefaciunt morbo, non liberant. at si quem profanum, uti vulgo solitum vobis, blanditiae vestrae detraherent, minus moleste ferendum putarem. nihil quippe in eo nostrae operae laederentur. hunc vero Eleaticis atque Academicis studiis innutritum? sed abite potius, Sirenes usque in exitium dulces, meisque eum Musis curandum sanandumque relinquite.*

Als sie [sc. die Personifikation der Philosophie] die Dichtermusen, die mein Lager umstanden und meiner Tränenflut Worte liehen, erblickte, sprach sie etwas erregt und mit finster flammenden Blicken: Wer hat diesen Dirnen der Bühne den Zutritt zu diesem Kranken erlaubt, ihnen, die seinen Schmerz nicht nur mit keiner Arznei lindern, sondern ihn obendrein mit süßem Gift nähren möchten? Sie sind es doch, die mit dem unfruchtbaren Dorngestrüpp der Leidenschaften die fruchtreiche Saat der Vernunft ersticken, die der Menschen Seelen an die Krankheiten gewöhnen, nicht sie davon befreien. Wenn eure Schmeichelreden einen Uneingeweihten, wie es gemeinhin durch euch geschieht, ablenken, so würde ich da für minder betrüblich halten, denn bei ihm würden unsere Mühen nicht verletzt. Doch dieser, ist er nicht mit der Wissenschaft der Eleaten und Akademiker ernährt worden? Drum hinweg ihr Sirenen, überlaßt ihn meinen Musen zur Pflege und Heilung! (Übersetzung E. Gegenschatz — O. Gigon 1998)

**TEXT SIRENEN NR. 22**: Ambrosius, *De fide (ad Gratianum)* 3, 1, 4 Hrsg. Markschies 2005
dt. *Über den Glauben (an Gratian)*
verfasst um 380 n. Chr.

*Et Hieremias de Babylone memoravit quia »habitabunt in ea filiae Sirenum«, ut ostenderet Babylonis, hoc est >saecularis confusionis< inlecebras vetustis lasciviae fabulis conparandas, quae velut scopuloso in istius vitae litore dulcem resonare quandam, sed mortiferam cantilenam ad capiendos animos adulescentium viderentur, quam sapiens etiam ab ipso poeta Graeco inducitur quasi quibusdam prudentiae suae circumdatus vinculis praeterisse.*

Und Jeremia hat von Babylon erwähnt, daß »in ihm die Töchter der Sirenen wohnen werden« (Jer. 27, 39), um zu zeigen, daß die Verlockungen Babylons, das heißt >der weltlichen Zerstreuung<, verglichen werden müssen mit den alten Geschichten über Zügellosigkeit, welche gleichsam am klippenreichen Ufer des Lebens einen freilich süßen, aber todbringenden Singsang von sich zu geben scheinen, um die Herzen der Heranwachsenden gefangen zu nehmen. Von dem griechischen Dichter [sc. Homer] selbst wird auch der Weise [sc. Ulixes/Odysseus] eingeführt, der gewissermaßen mit den Banden seiner Klugheit gefesselt, an diesen Verlockungen vorbeigesegelt sein soll. (Übersetzung C. Markschies 2005)

**TEXT SIRENEN NR. 23**: Maximus von Turin, *Sermones* 37, 2–3: *De cruce domini* (= Corpus Christianorum Series Latina 23)
dt. *Predigten*: *Über das Kreuz des Herrn*
Lebensdaten: um 400 n. Chr.

*Si ergo de Ulixe illo refert fabula quod eum arboris religatio de periculo liberarit, quanto magis praedicandum est quod vere factum est, hoc est quod hodie omne genus hominum de mortis periculo crucis arbor eripuit! ex quo enim Christus dominus religatus in cruce est, ex eo nos mundi inlecebrosa discrimina velut clausa aure transimus; nec pernicioso enim saeculi detinemur auditu, nec cursu melioris vitae deflectimur in scopulos voluptatis. crucis enim arbor [...] religatum sibi hominem patriae repraesentat. [...] arbor enim quaedam in navi est crux in ecclesia, quae inter totius saeculi blanda et perniciosa naufragia incolumis sola servatur. in hac ergo navi quisque aut arbori crucis se religaverit, aut aures suas scripturis divinis clauserit, dulcem procellam luxuriae non timebit. Syrenarum enim quaedam suavis figura est mollis concupiscentia voluptatum, quae noxiis blandimentis constantiam captae mentis effeminat. Ergo dominus Christus pependit in cruce, ut omne genus hominum de mundi naufragio liberaret.*

Wenn also schon der Mythos vom jenem Ulixes erzählt, es habe ihn die Bindung an den Mastbaum vor aller Gefahr behütet: wie viel lauter muß ich da verkünden, was in aller Wirklichkeit geschehen ist! Nämlich, daß in unseren Zeiten der Mastbaum des Kreuzes das gesamte Menschengeschlecht gerettet hat aus der Gefahr des Todes! Seitdem Christus der Herr sich an das Kreuzholz hat anfesseln lassen, können auch wir die lockenden Gefahren der Welt gleichsam mit verklebten Ohren durchsegeln. Nicht hält uns mehr zurück das verderbende Lauschen auf das Irdische, nicht mehr drehen wir den geraden Kurs aufs bessere Leben ab und laufen auf die Klippen der Wollust. Denn der Mastbaum des Kreuzes läßt den Menschen, der an ihn gebunden ist, sicher in die Heimat gelangen. [...] So ist denn das Kreuz wie ein

Mastbaum im Schiffe der Kirche. Mitten im süßen und tödlichen Schiffbruch dieser Welt bleibt dieses Schiff allein unversehrt. Wer immer in diesem Schiff sich entweder an den Mastbaum des Kreuzes anbinden läßt oder seine Ohren mit den Heiligen Schriften verschließt, braucht sich nicht mehr zu fürchten vor dem süßschmeichelnden Sturmwind der unkeuschen Lust. Denn die liebliche Figur der Sirenen steht gewissermaßen für die Begierde nach den sinnlichen Genüssen, die mit verderblichen Liebkosungen die Festigkeit des gefangenen Verstandes verweichlichen. So also und darum hing Christus der Herr am Kreuze, um das ganze Menschengeschlecht aus dem Schiffbruch der Welt herauszuretten. (Übersetzung nach H. Rahner 1966, S. 325 f.)

**TEXT SIRENEN NR. 24**: Fulgentius, *Mitologiarum libri tres* 2, 8 Hrsg. Helm 1898
dt. *Drei Bücher zur Mythologie*
Lebensdaten: späteres 5. oder frühes 6. Jh. n. Chr.

*FABULA ULIXIS ET SIRENARUM*

*Sirenae enim Grece tractoriae dicuntur; tribus enim modis amoris inlecebra trahitur, aut cantu aut visu aut consuetudine. [...] quas Ulixis socii obturatis auribus transeunt, ipse vero religatus transit. Ulixes enim Grece quasi olonxenos id est omnium peregrinus dicitur; et quia sapientia ab omnibus mundi rebus peregrina est, ideo astutior Ulixes dictus est. denique Sirenas, id est delectationum inlecebras, et audivit et vidit id est agnovit et iudicavit, et tamen transiit. nihilominus ideo et quia auditae sunt, mortuae sunt; in sensu enim sapientis omnis affectus emoritur; ideo volatiles, quia amantum mentes celeriter permeant; inde gallinaceos pedes, quia libidinis affectus omnia quae habet spargit; nam denique et Sirenes dictae sunt; sirene enim Grece trahere dicitur.*

DIE SAGE VON ULIXES UND DEN SIRENEN

Die Sirenen werden nämlich auf Griechisch »die Fortschleppenden« genannt. Denn auf drei Arten wird man von der Verlockung der Liebe ergriffen: durch Gesang, durch einen Anblick oder durch die Gewohnheit. [...] An ihnen fahren die Gefährten des Ulixes mit verstopften Ohren vorbei, er selbst jedoch fährt angebunden vorbei. Denn Ulixes bedeutet auf Griechisch gleichsam *olonxenos* (= gr. ὅλων ξένος), das heißt »allen Dingen fremd«. Und weil die Weisheit allen Dingen der Welt fremd gegenübersteht, wird Ulixes daher besonders schlau genannt. Schließlich hörte und sah er — das bedeutet: nahm wahr und beurteilte — die Sirenen — das heißt: die Verlockungen zur Lust — und fuhr dennoch vorbei. Nichtsdestoweniger sind sie darum und weil sie gehört wurden, gestorben. Denn im Gemüt des Weisen stirbt jede Leidenschaft ab. Sie sind geflügelt, weil sie schnell in die Gemüter der Liebenden eindringen, und sie haben Hühnerfüße, weil der Affekt der Lust alles, was er erfasst, zerreißt. Deshalb schließlich werden sie auch Sirenen genannt; denn *sirene* (= gr. σύρειν; aor. pass. = συρῆναι) bedeutet im Griechischen »fortschleppen«.

**TEXT SIRENEN NR. 25**: (Ps.-)Claudian, *In Sirenas* Hrsg. Hall 1985
dt. *Auf die Sirenen*
Lebensdaten: um 400 n. Chr.

*Dulce malum pelago Sirenae volucresque puellae*
*Scyllaeos inter fremitus avidamque Charybdin*
*Musica saxa fretis habitabant: dulcia monstra,*
*Delatis licet huc incumberet aura carinis*
*Implessentque sinus venti de puppe ferentes,*
*Figebat vox una ratem. Nec tendere certum*
*Delectabat iter reditus, omniumque iuvabat,*
*Nec dolor ullus erat: mortem dabat ipsa voluptas.*

Die Sirenen, geflügelte Mädchen, ein süßes Übel im Meer, bewohnen zwischen dem Knurren der Scylla und der gierigen Charybdis musikalische Felsen in den Fluten — süße Untiere, verführerische Gefahren des Meeres, ein angenehmer Schrecken zwischen den Wellen. Verschlug es ein Schiff hierher, so mochte die Brise es vorantreiben, mochten die Winde die Segel vom Heck her blähen — eine einzige Stimme brachte das Boot zum Stehen. Dann machte es [den Seefahrern] keine Freude [mehr], den Weg sicher in die Heimat zu lenken, sie genossen die Ruhe. Und es war kein Schmerz dabei — die Lust selbst gab den Tod.

**TEXT SIRENEN NR. 26**: Leander von Sevilla, *De institutione virginum et de contemptu mundi (Regula sancti Leandri)* cap. 1 (= Biblioteca de autores cristianos 321 S. 21)
dt. *Über die Erziehung der Jungfrauen und die Verachtung der Welt (Regel des Hl. Leander)*
Lebensdaten: vermutlich ca. 550 – ca. 600 n. Chr.
verfasst für Leanders Schwester Florentina, vermutlich anlässlich von deren Eintritt ins Kloster

*Precor te, soror Florentina, ut feminae, quae tecum non tenent professionem unam, ad tuam non accedant societatem. [...] organum Satanae hoc tibi canet, quod illecebris saeculi moveat, et semitis diaboli impingat. [...] fuge Sirenum cantus, mi soror.*

Ich bitte dich, meine Schwester Florentina, dass sich keine Frauen in deiner Gesellschaft befinden, die nicht mit dir das eine Gelübde abgelegt haben. [...] Das Werkzeug des Satans könnte dir etwas singen, was [dich] mit den Verlockungen der Welt reizen und auf die Pfade des Teufels treiben könnte. [...] Fliehe die Gesänge der Sirenen, meine Schwester!

**TEXT SIRENEN NR. 27**: Ammianus Marcellinus, *Res Gestae* 29, 2, 14 Hrsg. Seyfarth 1978
 dt. *Römische Geschichte*
 verfasst am Ende des 4. Jh.s n. Chr.

*Kaiser Valens stößt die stadtrömische Elite vor den Kopf, indem er einige ihrer Mitglieder zwingt, dem Trauerzug für den verhassten Denunzianten Heliodor voranzuschreiten.*

*Ibi tunc rectoris imperii caries tota stoliditatis apertius est profanata, qui cum abstinere inconsolabili malo rogaretur obnixe, inflexibilis mansit, ut videretur aures occluisse ceris quasi scopulos Sirenios transgressurus.*

Bei dieser Gelegenheit trat die Tölpelhaftigkeit des damaligen Reichslenkers in ihrer ganzen Fäulnis noch offener zutage. Denn als man ihn inständig bat, von einer so unverzeihlichen Beleidigung Abstand zu nehmen, beharrte er unbeugsam auf seinem Willen, und man hatte den Eindruck, er hätte sich die Ohren mit Wachs verschlossen, gleichsam als ob er an den Klippen der Sirenen vorüberfahre wollte. (Übersetzung W. Seyfarth 1978)

## TEXTE ZU SKYLLA

**TEXT SKYLLA NR. 1**: Porphyrios, *Quaestiones Homericae ad Odysseam pertinentes* Hrsg. Schrader 1890
 dt. *Homerische Fragen zur Odyssee*
 Lebensdaten: 234–305/10 n. Chr.

**NR. 1 A**: Skyllas äußere Erscheinung (S. 110, 18–21; zu Hom. Od. 12, 85–88)

ἀθετοῦνται [δὲ] στίχοι τρεῖς. πῶς γὰρ ἡ

δεινὸν λελακυῖα

δύναται νεογνοῦ σκύλακου φωνὴν ἔχειν; δύναται δὲ τὸ ὅση ἀντὶ τοῦ οἵα κεῖσθαι, ἵνα μὴ πρὸς τὸ μέγεθος, ἀλλὰ πρὸς τὴν ὁμοιότητα εἴη ἡ παραβολή.

Die drei Verse (Hom. Od. 12, 86–88) sind zu athetieren. Denn wie kann die »schauerlich Bellende« die Stimme eines neugeborenen Hundes haben? Möglicherweise steht »so laut wie« (*hóse*, 86) aber für »so ähnlich wie« (*hóia*), so dass der Vergleich sich nicht auf die Größe, sondern auf die Ähnlichkeit bezieht.

**NR. 1 B**: Skyllas Nahrungsbeschaffung (S. 110, 22–24; zu Hom. Od. 12, 96)

δελφῖνάς τε κύνας τε. πῶς φησιν ἐπ' αὐτῶν τὸ ἰχθυάᾳ; ὅτι οὕτως ἐξῇγεν αὐτοὺς ἐκ τῆς θαλάσσης, ὥσπερ ὁ ἁλιεὺς σμικροτάτους ἰχθύας.

»Delphine und Hunde [sc. Haie]« (Hom. Od. 12, 96) Wieso sagt [Homer)] in Bezug auf jene [sc. die Delphine und Haie]: »sie fischt« (Od. 12, 95)? Weil [Skylla] jene so aus dem Meer herausholte wie der Angler ganz winzige Fische.

**NR. 1 C**: zu den nichts ahnenden Gefährten (S. 112, 13–113, 2; zu Hom. Od. 12, 228–30)

καὶ πῶς οὐ μᾶλλον ἐξεπλάγησαν οἱ ἑταῖροι; ἤτοι οὖν ἀπεστραμμένοι καὶ ἐρέσσοντες ὁπλιζόμενον οὐκ εἶδον, ἢ οἴονται τεθαρρηκέναι αὐτόν, ὡς καὶ μόνον ἀμύνεσθαι τὸν ἐπερχόμενον.

Und wieso wurden die Gefährten nicht vielmehr in Schrecken versetzt? Nun, entweder sahen sie nicht, wie [Odysseus] sich rüstete, weil sie ihm beim Rudern den Rücken zuwandten; oder sie vermuteten, dass er sich zutraute, den Gegner allein abzuwehren.

**TEXT SKYLLA NR. 2**: Johannes Antiochenus, *Historia Chronica* 48, 2 S. 110, 54–58 Hrsg. Roberto 2005
 dt. *Weltchronik*
 verfasst ca. 610–30 n. Chr.

ἐκεῖθεν εἰς τὰς Σειρηνικὰς ἐκρίπτεται πέτρας, καὶ τὴν καλουμένην Χάρυβδιν καὶ Σκύλλαν, ἥτις ἐν στενωπῷ τόπῳ κειμένη ὑποδέχεται τὰ τοῦ Ὠκεανοῦ ῥεύματα καὶ τοὺς παραπλέοντας βυθίζει. ἐκεῖ δὲ πάντας τοὺς ἑταίρους μετὰ τῶν πλοίων ἀποβαλών, αὐτὸς περικαθίσας σανίδι ἐν τοῖς ῥεύμασι τῆς θαλάσσης ἐφέρετο.

Von dort [sc. dem Nekyopompos genannten See] wurde er gegen die Sirenischen Felsen weggeschleudert, und gegen die so genannte Charybdis und Skylla, die — an einer Meerenge gelegen — die Strömungen des Meeres aufnimmt und die Vorbeifahrenden in die Tiefe reißt.

Nachdem er dort sämtliche Gefährten mitsamt den Schiffen verloren hatte, wurde er selbst, auf einem Brett sitzend, auf den Fluten des Meeres dahingetragen.
*Es folgt Text Heimkehr Nr. 4.*

**TEXT SKYLLA NR. 3**: Nonnos, *Dionysiaka* 42, 409 Hrsg. Accorinti 2004
   dt. *Leben und Taten des Dionysos*
   5. Jh. n. Chr.

*Dionysos malt der umworbenen Beroë die Gefahren aus, die ihr bei einer Liebschaft mit dem Rivalen Poseidon drohen:*

καὶ Σκύλλη παρίαυε καὶ εἰναλίην θέτο πέτρην.

Skylla beschlief er und machte aus ihr ein Riff in der Salzflut. (Übersetzung Th. von Scheffer 1957)

**TEXT SKYLLA NR. 4**: Prokop von Caesareia, *De bello Gothico* 3, 27 Hrsg. Veh 1966
   dt. *Gotenkriege*
   verfasst um 550 n. Chr.

… ἐν ἀριστερᾷ ἔχων τὸν Σκύλαιον καλούμενον χῶρον, ἐφ᾽ οὗ δὴ τὴν Σκύλλαν οἱ ποιηταὶ γεγενῆσθαί φασιν, οὐχ ὅτι ταύτῃ πῃ τὸ θηριῶδες γύναιον, ὥσπερ ἐκεῖνοι λέγουσιν, ἦν, ἀλλ᾽ ὅτι σκυλάκων μέγα τι χρῆμα, οὕσπερ κυνίσκους τανῦν καλοῦσιν, ἐνταῦθα τοῦ πορθμοῦ ἐκ παλαιοῦ τε καὶ ἐς ἐμὲ ξυμβαίνει εἶναι. τὰ γὰρ ὀνόματα τοῖς πράγμασιν ἀρχὴν μὲν εἰκότα ἐς ἀεὶ γίνεται, ἡ δὲ φήμη αὐτὰ περιαγαγοῦσα ἐς ἄλλους ἀνθρώπους τινὰς δόξας οὐκ ὀρθὰς ἀγνοίᾳ τῶν ἀληθινῶν ἐνταῦθα ποιεῖται. καὶ προϊὼν οὗτος ὁ χρόνος ἰσχυρὸς μέν τις δημιουργὸς αὐτίκα τοῦ μύθου καθίσταται, μάρτυρας δὲ τῶν οὐ γεγονότων τοὺς ποιητὰς ἐξουσίᾳ τῆς τέχνης, ὡς τὸ εἰκός, ἑταιρίζεται.

Bei dieser Fahrt hatte er [sc. Belisar auf dem Seeweg von Sizilien nach Tarent] das Skylläische Vorgebirge zur Linken, wo nach den Worten der Dichter die Skylla gehaust haben soll. Indessen lebte das tierische Weibchen nicht, wie jene behaupteten, an dieser Stelle, es gibt vielmehr seit alter Zeit und bis auf meine Tage an der Meerenge eine große Menge von *skylakes*, die man jetzt *kyniskoi* (vielleicht »Seehunde«, eher »Haie«) nennt. Die Bezeichnungen entsprechen nämlich anfangs stets den tatsächlichen Verhältnissen, und erst das Gerücht, das sie ringsum zu anderen Menschen trägt, verursacht dort infolge Unkenntnis der Wirklichkeit falsche Vorstellungen. Im weiteren Verlauf gestaltet dann die Zeit sogleich die Fabeleien üppig aus und gewinnt natürlich in den frei schöpfenden Dichtern noch Gewährsmänner für das Erfundene. (Übersetzung nach O. Veh 1966)

**TEXT SKYLLA NR. 5**: Themistios, *Orationes* 22 S. 70, 2–19 Hrsg. Schenkl — Downey — Norman 1971
   dt. *Reden*
   *Über die Freundschaft*
   Lebensdaten: ca. 317–88 n. Chr.

τεθέαμαι, οἶμαι, πολλαχοῦ Σκύλλης εἰκόνα, οὐχ οἵαν Ὅμηρος διηγεῖται· Ὅμηρος μὲν γὰρ οὐδέν τι λέγει πλέον περὶ τῆς μορφῆς ἢ ὅτι τὸ θηρίον ἦν ἐν σπηλαίῳ διαιτώμενον ἓξ κεφαλὰς ἔχον καὶ δυοκαίδεκα χεῖρας· οἱ πλάσται δὲ ἐπὶ μᾶλλον κομψεύονται ἐν τῷ ἔργῳ. ποιοῦσι γὰρ αὐτὴν τὰ μὲν ἀπὸ κεφαλῆς ἄχρι λαγόνων παρθένον, ἀπὸ δὲ τῆς ἰξύος εὐθὺς εἰς τοὺς κύνας ἐκφερομένην, δεινοὺς ὄντας καὶ σμερδαλέους· καὶ τρίστοιχοι μὲν αὐτοῖς οἱ ὀδόντες, ἀνεστήκασι δὲ αἱ κεφαλαί, ζητοῦσι δὲ ἰσάριθμον θήραν. μαντεύομαι οὖν ἐγὼ καὶ Ὅμηρον βούλεσθαι λέγειν ὅτι ὁ μὲν σοφὸς καὶ πολύμητις οἶδέ τε ὅλην ἀκριβῶς καὶ οὐκ ἐγοήτευσεν αὐτὸν τὰ ἄνωθεν τοῦ θηρίου, ἀλλὰ παρετάξατο καὶ ὡπλίσατο καὶ μάχεσθαι ἕτοιμος ἦν· οἱ δὲ ἀφύλακτοι τῶν ἀνθρώπων ἁλίσκονται. ὅτῳ δὲ μὴ δοκεῖ οὕτως ὁ Ὅμηρος λέγειν, ἀλλ᾽ ὁρᾷ μόνον τὸ φαινόμενον τοῦ μύθου, οὗτος ἐμοὶ δοκεῖ καὶ τὴν Σκύλλαν ἰδὼν τὴν μὲν ἄνθρωπον θεάσασθαι, τοὺς κύνας δὲ οὐκ ἂν δυνηθῆναι.

An vielen Orten, glaube ich, habe ich ein Bild der Skylla gesehen, das nicht so war, wie Homer erzählt. Homer nämlich sagt nicht mehr über ihre Gestalt, als dass sie ein Wesen war, das in einer Höhle lebte und sechs Köpfe und zwölf Hände hatte. Aber die Künstler gehen in ihrer Darstellung von ihr über Homer hinaus. Sie gestalten sie von der Kopfspitze bis zu den Lenden als junge Frau; gleich von der Hüfte ab jedoch läuft sie in Hunde aus, die grässlich und furchterregend sind: Drei Reihen von Zähnen haben sie, ihre Köpfe sind nach oben gerichtet, und so viel es deren auch gibt, sie gieren sämtlich nach einem Fang.

Nun vermute ich, dass das, was Homer meint, ist: dass der Weise und Kluge [sc. Odysseus] genaue Kenntnis von Skylla in ihrer Gesamtheit hatte; so dass der obere Teil dieser Kreatur ihn nicht betörte, sondern dass er im Gegenteil vorbereitet war, gewappnet und bereit zum Kampf gegen sie; und dass es die Unachtsamen sind, die ihr zum Opfer fallen. Falls jemand denkt, dass es das nicht ist, was Homer sagt, sondern nur das Äußere der Geschichte sieht, dann — scheint es mir — sieht er beim Anblick der Skylla [nur] die Menschenfrau, aber er wird unfähig sein, die Hunde zu sehen.

**TEXT SKYLLA NR. 6**: Basileios von Caesarea, *Epistulae* 147 Hrsg. Deferrari 1928
dt. *Briefe*
an Aburgius, verfasst 373 n. Chr.

Καὶ ταῦτα πέπονθε Λαιστρυγόνας τάχα που ἐφ᾽ ἑαυτὸν παροξύνας καὶ Σκύλλῃ περιπεσὼν ἐν γυναικείᾳ μορφῇ κυνείαν ἐχούσῃ ἀπανθρωπίαν καὶ ἀγριότητα.

Und diese Dinge hat [Maximus] erlitten, vielleicht weil er Laistrygonen gegen sich aufgebracht hat oder weil er einer Skylla zum Opfer gefallen ist, von weiblicher Gestalt, aber von hündischer Unmenschlichkeit und Rohheit.

**TEXT SKYLLA NR. 7**: Libanios, *Orationes* 1, 22 Hrsg. Martin 1979
dt. *Reden*
sog. *Autobiographie*, Erstfassung aus dem Jahr 374 n. Chr.

ἐπεὶ καὶ Σκύλλης κεφαλὰς ἢ εἰ βούλει γε, Σειρήνων δεινοτέρας γείτονας, ἑταίρας μελῳδούσας, αἳ πολλοὺς ἐξέδυσαν, μάτην ᾀδούσας ἀπέφηνα.

Zumal ich auch deutlich machte, dass die [Hunde-]Häupter der Skylla oder, wie man auch sagen könnte, Gefährtinnen, die noch schlimmer sind als die Sirenen, nämlich die melodienreichen Hetären, die schon viele ausgeplündert haben, bei mir vergeblich sangen.

**TEXT SKYLLA NR. 8**: Diktys von Kreta, *Ephemeris belli Troiani* 6, 5 S. 124, 15–19 Hrsg. Eisenhut 1973
dt. *Tagebuch aus dem Trojanischen Krieg*
verfasst wohl in der zweiten Hälfte des 4. Jh.s n. Chr.

*Post quae adpulsus Sirenarum scopulis, ubi per industriam liberatus sit. ad postremum inter Scyllam et Charybdim mare saevissimum et inlata sorbere solitum plurimas navium cum sociis amiserit.*

Danach [sc. nach der Begegnung mit den weissagenden Seelen der Verstorbenen] habe [Odysseus/Ulixes] die Klippen der Sirenen angesteuert, wo er durch seine Umtriebigkeit gerettet worden sei. Schließlich habe er zwischen Scylla und Charybdis — dem äußerst wilden Meer, das alles, was hinkommt, zu verschlingen pflegt — die meisten der Schiffe samt den Gefährten verloren.

*Es folgt Text Heimkehr Nr. 30.*

**TEXT SKYLLA NR. 9**: Hieronymus, *Chronica* S. 62b Z. 21–24 (1172 v. Chr.) Hrsg. Helm — Treu 1984 (= Die griechischen christlichen Schriftsteller der ersten Jahrhunderte 47 [Eusebius, *Werke*, VII])
dt. *Chronik des Eusebius*
verfasst kurz nach 379 n. Chr.

*Ea, quae de Ulixe fabulae ferunt, quo modo trieri Tyrrhenorum Scyllam fugerit spoliare hospites solitam.*

Jene Dinge, welche die Mythen von Ulixes verbreiten, wie er vor Scylla, welche die Fremden mit einer tyrrhenischen Triere auszuplündern pflegte, floh.

**TEXT SKYLLA NR. 10**: Servius, *Commentarium in Vergilii Aeneida* 3, 420 S. 417, 9–24 Hrsg. Thilo — Hagen 1881
dt. *Kommentar zu Vergils Aeneis*
verfasst um 420 n. Chr.

*DEXTRUM SCYLLA LATUS LAEVUM INPLACATA CHARYBDIS: de Ionio venientibus. Scylla enim in Italia est, Charybdis in Sicilia. Scylla autem ipsa* Phorci et Creteidos nymphae filia fuit. hanc amabat Glaucus, quem Circe diligebat; et quoniam pronior in Scyllam fuerat, irata Circe fontem, in quo illa consueverat corpus abluere, infecit venenis: in quem illa cum descendisset, pube tenus in varias mutata est formas. horrens itaque suam deformitatem se praecipitavit in maria. alii a Glauco, cum sperneretur a Scylla, rogatam Circen et iam ita, ut legatur, mutatam dicunt. alii a Neptuno amatam, cum illa Glaucum amaret, rivalitatis dolore in hoc monstrum mutatam.
*Homerus hanc dicit inmortale monstrum fuisse. Sallustius saxum esse dicit simile formae celebratae procul visentibus. canes vero et lupi ob hoc ex ea nati esse finguntur, quia ipsa loca plena sunt monstris marinis, et saxorum asperitas illic imitatur latratus canum.*
Sane alia Scylla fuit, de qua in bucolicis plenius dictum est.

»RECHTS HÄLT SKYLLA DEN STRAND, LINKS TOBT OHNE GNADE CHARYBDIS« (Übersetzung J. Götte): für die vom Ionischen [Meer] Kommenden. Denn Scylla ist in Italien, Charybdis auf Sizilien. Scylla selbst aber war die Tochter des Phorcus und der Nymphe Creteis. Diese liebte der Glaucus, den Circe verehrte; und da er der

Scylla geneigter war, verseuchte die erzürnte Circe die Quelle, in der jene den Körper zu baden pflegte, mit Gift: Als jene hineingestiegen war, wurde sie bis zur Scham in verschiedene Formen verwandelt. Und so stürzte sie sich — voller Entsetzen über ihre Verunstaltung — kopfüber ins Meer. Andere sagen, dass Glaucus von Scylla verschmäht worden sei und dass er deswegen Circe gebeten habe und dass Scylla daraufhin so verwandelt worden sei, damit sie so Glaucus erwählen würde. Andere [sagen], dass sie, von Neptun geliebt, von ihm — weil sie selbst den Glaucus liebte — aus Eifersucht in dieses Monstrum verwandelt wurde.

Homer sagt, dass sie ein unsterbliches Ungeheuer war. Sallust (hist. 4,26) sagt, dass sie ein Felsen ist, der — wenn man von Ferne schaut — einer bekannten Form ähnlich ist. Dass aber Hunde und Wölfe aus ihr entspringen, denkt man sich deshalb aus, weil diese Orte selbst voll sind von Meerungeheuern, und die Rauheit der Felsen an jenem Ort ahmt das Gebell von Hunden nach.

Fürwahr, es gab eine andere Scylla, von der in den *Bucolica* (Verg. ecl. 6,74) mehr gesagt ist.

**TEXT SKYLLA NR. 11**: Isidor von Sevilla, *Etymologiae* Hrsg. Lindsay 1911
dt. *Etymologien*
Lebensdaten: ca. 570–636 n. Chr.

**NR. 11 A**: Lokalisierung von Skylla und Charybdis (etym. 11, 3, 32)

*Scyllam quoque ferunt feminam capitibus succinctam caninis, cum latratibus magnis, propter fretum Siculi maris, in quo navigantes verticibus in se concurrentium undarum exterriti latrari aestimant undas, quas sorbentis aestus vorago conlidit.*

Sie berichten auch, dass Scylla eine Frau mit Hundeköpfen an den Hüften sei, mit lautem Geheul, nahe der Straße von Messina, wo die Seeleute — von den Strudeln der auf sie einstürzenden Wogen erschreckt — glauben, dass die Wogen heulen, die der Schlund des schlürfenden Wirbels zerdrückt.

**NR. 11 B**: eine rationalistische Erklärung von Skylla und Charybdis (etym. 13, 18, 3–4)

*Est autem artissimum trium milium spatio Siciliam ab Italia dividens, fabulosis infame monstris, cuius hinc inde Scylla et Charybdis ostenditur. Scyllam accolae saxum mari inminens appellant, simile celebratae formae procul visentibus. unde et monstruosam speciem fabulae illi dederunt, quasi formam hominis capitibus caninis succinctam, quia conlisi ibi fluctus latratus videntur exprimere.*

[Die Straße von Messina] ist aber sehr eng, auf einem Raum von drei Meilen Sizilien von Italien trennend, berüchtigt für sagenhafte Ungeheuer; rechts und links von ihr wurden Scylla und Charybdis vorgestellt. Scylla nennen die Anwohner einen ins Meer hinein ragenden Felsen, der — wenn man ihn von Ferne sieht — einer bekannten Form ähnlich ist. Weswegen die Mythen ihm die Gestalt eines Ungeheuers gegeben haben, gleichsam die Form eines Menschen, umgürtet von Hundeköpfen, weil die dort zusammenschlagenden Wogen Geheul auszudrücken scheinen.

**NR. 11 C**: Lokalisierung von Skylla und Charybdis (etym. 14, 6, 32)

*In cuius fretu Scylla est et Charybdis, quibus navigia aut absorbuntur aut conliduntur.*

In dieser Meerenge [sc. der Straße von Messina] befinden sich Scylla und Charybdis, von denen die Schiffe entweder verschlungen oder zerdrückt werden.

**NR. 11 D**: gegen die rationalistische Mythenerklärung (etym. 2, 12, 5–6)

*DE CATASCEVA ET ANASCEVA*

*Oportebit tamen principia sic ordinare, ut aut credendum esse veterum auctoritati, aut fabulis fidem non habendam esse dicamus. et ad id postremum in anasceva requiramus, ne quid aliud significare voluerint, qui ista finxerunt: ut Scyllam non marinam, sed maritimam feminam, nec succinctam canibus, sed rapacem aliquam et inhospitalem venientibus extitisse.*

ÜBER BEWEIS UND WIDERLEGUNG

Man muss aber die Prinzipien so anordnen, dass wir entweder sagen, der Autorität der Alten sei Glauben zu schenken oder aber Mythen verdienten keinen Glauben. Und hierzu werden wir schließlich bei der Widerlegung [der Mythen] verlangen, dass diejenigen, die diese Dinge erdichteten, nicht irgendetwas anderes bedeuten wollten: z. B. dass Scylla keine Meerfrau ist, sondern eine am Meeresufer lebende Frau, und dass sie nicht mit Hunden umgürtet ist, sondern irgendeine reißende und die Ankommenden ungastlich behandelnde Frau.

**TEXT SKYLLA NR. 12**: Sidonius, *Epistulae* 1, 1, 4
Hrsg. Köhler 1995
    dt. *Briefe*
    an Constantius, verfasst 469/70 n. Chr.

*Porro autem super huiusmodi opusculo tutius conticueramus, contenti versuum felicius quam peritius editorum opinione, de qua mihi iam pridem in portu iudicii publici, post lividorum latratuum Scyllas enavigatas, sufficientis gloriae anchora sedet. sed si et hisce deliramentis genuinum molarem invidia non fixerit, actutum tibi a nobis volumina numerosiora, percopiosis scaturrientia sermocinationibus multiplicabuntur. vale.*

Im Übrigen hätte ich gescheiter ein Schriftchen dieser Art verschwiegen, zufrieden mit dem Erfolg meiner Gedichte, die ich mit mehr Glück als Meisterschaft veröffentlicht habe, wodurch mir schon längst der Anker eines hinlänglichen Ruhmes fest im Hafen der Publikumsgunst haftet, nachdem wahre Scyllen von neidischem Gekläff umschifft waren. Sollte aber auch in diesen Unsinn hier der Neid seinen mahlenden Backenzahn nicht schlagen können, dann wird Euch sofort eine Vielzahl von noch reichhaltigeren, von den gehaltvollsten Plaudereien schier überquellenden Bänden von mir zugestellt werden. Lebt wohl! (Übersetzung H. Köhler 1995)

**TEXT SKYLLA NR. 13**: Claudian, In Rufinum 1, 294–96 Hrsg. Prenner 2007
    dt. *Gegen Rufinus*
    verfasst 396 n. Chr.

*Hoc neque Geryones triplex nec turbidus Orci*
*Ianitor aequabunt nec si concurrat in unum*
*Vis hydrae Scyllaeque fames et flamma Chimaerae.*

An dieses [Ungeheuer = Rufinus] kommen weder der dreileibige Geryoneus noch der ungestüme Pförtner des Orcus heran; genauso wenig wie die Gewalttätigkeit der Hydra, die Gier der Scylla und das Feuer der Chimaera zusammengenommen.

**TEXT SKYLLA NR. 14**: Ambrosius, *De fide (ad Gratianum)* 1, 6, 46 Hrsg. Markschies 2005
    dt. *Über den Glauben (an Gratian)*
    verfasst um 380 n. Chr.

*Aut velut quaedam monstruosis Scylla portentis in varias formas distincta perfidiae velut superne vacuum christianae sectae nomen obtenuit, sed quos in illo impietatis suae freto miseros inter naufragia fidei reppererit fluctuantes, belvinis succincta prodigiis tetri dogmatis saevo dente dilacerat.*

Oder — wie jene Scylla mit all ihren Scheußlichkeiten — in verschiedene Formen der Gottlosigkeit zerfallen, trägt die Häresie zum Schein gleichsam am Oberkörper den leeren Namen einer christlichen Gruppe, die Armen aber, die sie in jener Meerenge ihrer Gottlosigkeit inmitten von Schiffbrüchen ihres Glaubens treibend findet, zerfleischt sie mit den grausame Zähnen ihrer widerwärtigen Lehre, von tiergestaltigen Ungeheuern umgeben. (Übersetzung C. Markschies 2005)

**TEXT SKYLLA NR. 15**: Hieronymus, *Epistulae* 14,6 (= Corpus Scriptorum Ecclesiasticorum Latinorum 54 S. 52, 9–11)
    dt. *Briefe*
    verfasst 376/77 n. Chr.
    an Heliodor

*In illo aestu Charybdis luxuriae salutem vorat, ibi ore virgineo ad pudicitiae perpetranda naufragia Scyllaeum renidens libido blanditur.*

In dieser Brandung [des Meeres der Welt] verschlingt die Charybdis der Sinnlichkeit das Heil [der Seele], da lockt mit dem Antlitz eines jungen Weibes die Skylla der Begierde zum Schiffbruch der Sittsamkeit. (Übersetzung nach H. Claussen 2007, S. 163)

**TEXT SKYLLA NR. 16**: Fulgentius, *Mitologiarum libri tres* 2, 9 Hrsg. Helm 1898
    dt. *Drei Bücher zur Mythologie*
    Lebensdaten: späteres 5. oder frühes 6. Jh. n. Chr.

*FABULA SCYLLAE*
*Scyllam ferunt virginem pulcherrimam, quam Glaucus Antedonis filius amavit; quem Circe Solis filia diligebat zelataque Scyllam fontem in quo lavari solita erat venenis infecit. ubi illa discendens ab inguine lupis canibusque marinis inserta est. Scylla enim Grece quasi exquina dicta est, quod nos Latine confusio dicimus. et quid confusio nisi libido est. quam libidinem Glaucus amat; glaucus enim Grece luscitius dicitur, unde et glaucomata dicimus cecitatem. ergo omnis qui luxuriam amat cecus est. nam et Antedonis filius dictus est; Antedon enim Grece quasi antiidon quod nos Latine contrarium videns dicimus; ergo lippitudo ex contraria visione nascitur.*

*Scylla vero in modum ponitur meretricis, quia omnis libidinosa canibus lupisque inguina sua necesse est misceat; iuste ergo lupis et canibus mixta, quia nescit sua alienigenis devorationibus saturare secreta. sed hanc Circe odisse dicitur. Circe ut ante dictum est manus diiudicatio vel operatio nuncupatur quasi cironcr<in>e. laborem enim manuum et operationem libidinosa mulier non diliget, sicut Terentius ait: »Ab labore procliva ad libidinem accepit condicionem, dehinc quaestu occipit«. hanc etiam Ulixes innocuus transit, quia sapientia libidinem contemnit; unde et uxorem habere dicitur Penelopam castissimam, quod omnis castitas sapientiae coniungatur.*

DIE SAGE VON SCYLLA

Sie erzählen, dass Scylla ein sehr schönes Mädchen war, das Glaucus, der Sohn des Antedon liebte. Ihn verehrte Circe, die Tochter des Sol, und eifersüchtig auf Scylla verseuchte sie die Quelle, in der Scylla zu baden pflegte, mit Gift. Als jene dort hinabstieg, wurde sie vom Unterleib an mit Wölfen und Hunden des Meeres bestückt. Denn Scylla heißt auf Griechisch gleichsam *exquina* (= Transkription von gr. αἰσχύνη, eigentlich »Scham« oder »Schande«), was wir auf Latein *confusio* (»Vermischung« oder »Verwirrung«) nennen. Und was ist Vermischung, wenn nicht *libido* (»Wollust«)? Diese Wollust liebt der Glaucus. *Glaucus* heißt nämlich im Griechischen »halbblind«, weshalb wir auch die Blindheit *glaucomata* (»Grüner Star«) nennen. Also ist jeder, der die Genusssucht liebt, blind. Denn er wird auch Sohn des Antedon genannt. Antedon heißt nämlich auf Griechisch gleichsam *antiidon* (= gr. ἀντιιδών), was wir im Lateinischen »gegenteilig sehend« nennen. Also wird die Augenentzündung aus dem gegenteiligen Sehen geboren.

Scylla jedoch wird in der Art einer Hetäre dargestellt, weil es nötig ist, dass jede wollüstige Frau ihren Unterleib mit Hunden und Wölfen vereinigt. Zu Recht also ist sie mit Wölfen und Hunden vereinigt, weil sie ihre geheimen Teile beim Verschlingen von Fremdem nicht satt kriegen kann. Allerdings soll Circe sie gehasst haben. Circe — wie vorher gesagt wurde — ist die Entscheidung oder Tätigkeit der Hände, gleichsam *cironcr<in>e* (= aus gr. χειρῶν und κρίνειν). Die Arbeit und Tätigkeit der Hände nämlich schätzt eine wollüstige Frau gar nicht, so wie Terenz sagt: »Der Wollust zu- und der Arbeit abgeneigt, nahm sie ihre Stelle an und begann dann mit dem Erwerb.« (Terenz, *Andria* 78 f.) An dieser [sc. Scylla] ging auch Ulixes unangefochten vorüber, weil die Weisheit die Wollust verachtet; deshalb wird auch von ihm gesagt, dass er die äußerst keusche Penelope zur Frau hatte, weil jede Keuschheit sich mit der Weisheit verbindet.

**TEXT SKYLLA NR. 17**: Ps.-Hieronymus, *Epistulae* 36, 9 (= Patrologia Latina 30, Sp. 256A–B)
dt. *Briefe*
Datum unbekannt

*Amice, philosophicum est: »Videto cui des.« Ethica est: »Videto cui te des.« Vexilla pudicitiae tulerunt cum Sabinis Lucretia, et Penelope, et paucissimo comitatu tropaea retulerunt. Amice, nulla est Lucretia, nulla est Penelope, nulla est Sabina. Time omnes. Ingressae sunt acies ad Sabinas, Scylla, et Myrrha, et Phedra: et secutae sunt eas turbae multae omnium vitiorum exercitu stipatae; et gemitus et suspiria, et tandem infernum captivis suis fecerunt.*

Freund, eine philosophische Aussage ist: »Schau, wem du gibst!« Eine ethische Aussage ist: »Schau, wem du dich gibst!« Mit der fliegenden Fahne der Sittsamkeit zogen gemeinsam mit den Sabinerinnen Lucretia und Penelope ins Feld, und mit sehr wenig Gefolge trugen sie die Siegeszeichen davon. Freund, keine ist [heutzutage noch] eine Lucretia, keine eine Penelope, keine eine Sabinerin. Fürchte sie alle! Scylla, Myrrha und Phedra sind gegen die Sabinerinnen in die Schlacht gezogen, und große Scharen schlossen sich ihnen an, umdrängt von einem Heer aller [denkbaren] Laster; und sie bereiteten ihren Gefangenen Seufzen und Ächzen und schließlich die Hölle.

**TEXT SKYLLA NR. 18**: *Narrationes fabularum Ovidianarum* Hrsg. Slater 1927
dt. *Nacherzählungen der Mythen Ovids*
verfasst zwischen ca. 150 und ca. 250 n. Chr.

**NR. 18 A**: narr. 14, 1 (zu Ov. Met. 14, 1–69)

*I SCYLLA IN FERAM*

*Glaucus Anthedonius supra dictus Scyllam circa Siciliam conspicatus cum adamasset et quia nollet sequi adpetentem, venit ad Circen obsecrans remedia, ut amanti succurreret: quem illa non levi cupiditate †contra†, nequiens a proposito retardare, amorem incidit dicens quae esset, quae sibi praeferretur. instructa enim Hecatae carminibus venit in locum, in quo Scylla ablui consueverat venenisque imbuit, quibus illa tenus pube est efferata, ut amantibus odio ac timori esset. quod ob factum illa postea in Ulixen amatum ab ea exercuit saevitiam. quod Glaucus factum hoc a Circe dolenter tulit.*

SCYLLA IN EIN UNGEHEUER [VERWANDELT]

Als der oben erwähnte Glaucus, der Sohn des Anthedon, sich in Scylla, die er auf Sizilien erblickt hatte, verliebte und weil sie auf sein Werben nicht eingehen wollte, da kam er zu Circe, inständig flehend, dass sie dem Liebenden mit einem Heilmittel zu Hilfe käme. Da jene — von haltloser Leidenschaft für diesen erfüllt — es nicht vermochte, ihn von seinem Vorsatz abzuhalten, zerstörte sie die Liebe, indem sie sagte, was für eine es sei, die ihr vorgezogen werde: Ausgestattet mit Zaubergesängen der Hecate ging sie nämlich zu dem Ort, an dem Scylla zu baden pflegte. Sie besudelte [ihn] mit Giften, durch welche jene [sc. Scylla] bis zur Scham verwildert, so dass ihre Liebhaber von Abscheu und Furcht erfüllt wurden. Aus diesem Grund verübte sie später gegenüber Ulixes, der von dieser [sc. Circe] geliebt wurde, eine solche Grausamkeit. Was Glaucus — nachdem dieses von Circe getan worden war — mit Wehmut ertrug.

**NR. 18 B**: narr. 14, 2 (zu Ov. met. 14, 70–74)

*II EADEM IN SAXUM*
*Docet eandem Scyllam transformatam esse in saxum, ne Aeneae nocere possit naviganti in Italiam.*

DIESELBE IN EINEN FELSEN [VERWANDELT]

[Ovid] lehrt nämlich, dass dieselbe Scylla in einen Felsen verwandelt worden sei, damit sie Aeneas auf seiner Fahrt nach Italien nicht schaden könne.

**TEXT SKYLLA NR. 19**: Servius, *Commentarium in Vergilii Bucolica* 6, 74 S. 79, 3 – S. 80, 4 Hrsg. Thilo — Hagen 1887
dt. *Kommentar zu Vergils Hirtengedichten*
verfasst um 420 n. Chr.

*QUID LOQVAR AUT SCYLLAM NISI QUAM FAMA SECUTA EST: Scyllae duae fuerunt, una Phorci et Creteidos* nymphae *filia,* virgo *pulcherrima. quam cum amaret Glaucus, deus marinus, dum ipse amaretur a Circe et eam contemneret, illa irata fontem, in quo se Scylla solebat abluere, infecit venenis: in quem cum descendisset puella, media sui parte in feras mutata est. hanc postea Glaucus fecit deam marinam, quae classem Vlixis et socios evertisse narratur. quidam Scyllam hanc a Neptuno amatam dicunt et per Amphitriten, coniugem Neptuni, metuentem paelicis formam, venenis Circes in monstrum marinum esse mutatam.*

*altera vero Scylla fuit Nisi, Megarensium regis, filia. contra quos dum, devictis iam Atheniensibus, pugnaret*

*Minos propter filii Androgei interitum, quem Athenienses et Megarenses dolo necaverant,* ad*amatus a Scylla est, Nisi filia, quae ut hosti posset placere, comam purpuream parenti abscisam ei obtulit, quam Nisus ita habuerat consecratam, ut tamdiu regno potiretur, quamdiu illam habuisset intactam. postea et Scylla, a Minoe contempta,* vel *dolore, quod contempta esset, vel (quod) quasi parricida a Minoe ad puppim religata tracta sit, in avem Cirim conversa est, et Nisus extinctus deorum miseratione in avis mutatus est formam: quae aves hodie, ut ipse in georgicis docet, flagrant inter se magna discordia.*

*modo ergo Vergilius aut poetarum more miscuit fabulas et nomen posuit pro nomine, ut diceret »Scyllam Nisi« pro »Phorci« — sicut alibi »domitus Pollucis habenis Cyllarus«, cum Castor equorum domitor fuerit; item »et manibus Procne pectus signata cruentis«, cum Philomelae, non Procnes, abscisa sit lingua —: aut certe sit hysteroproteron, ut quasi utriusque fabulae videatur facere commemorationem, ut intellegamus »quid loquar Scyllam Nisi, aut quam fama secuta est, candida succinctam latrantibus inguina monstris, Dulichias vexasse rates«: aut certe »aut« bis accipiamus »quid loquar aut Scyllam Nisi, aut quam fama secuta est«, ut est illud in primo »non ignara mali miseris succurrere disco«.*

»Warum ausführlich erwähnen die Scylla (*aut Scyllam*), die Tochter des Nisus, die nach der Sage ...« (Übersetzung D. Ebener): Scyllen gab es zwei. Die eine war die Tochter des Phorcus und der Nymphe Creteis, eine sehr schöne junge Frau. Weil Glaucus, ein Meeresgott, sie liebte, indessen er selbst von Circe geliebt wurde und sie verschmähte, verseuchte jene erzürnt die Quelle, in der Scylla zu baden pflegte, mit Gift. Als das Mädchen hineingestiegen war, verwandelte sich der untere Teil ihres Körpers in wilde Tiere. Später machte Glaucus aus ihr eine Meeresgöttin, welche die Flotte und die Gefährten des Ulixes vernichtet haben soll. Gewisse Leute sagen, dass diese Scylla von Neptun geliebt wurde und von dessen Gemahlin Amphitrite, welche die schöne Gestalt ihrer Nebenbuhlerin fürchtete, mittels der Gifte der Circe in das Meerungeheuer verwandelt wurde.

Die andere Scylla aber war die Tochter des Nisus, des Königs von Megara. Gegen diesen führte, nachdem die Athener bereits besiegt waren, Minos Krieg wegen des Todes seines Sohnes Androgeus, den die Athener und Megarer mithilfe einer List getötet hatten. Da verliebte sich Scylla, die Tochter des Nisus, in ihn, die — um dem Feind zu gefallen — ihm die abgeschnittene purpurfarbene Locke ihres Vaters übergab. Die [Locke] hatte

Nisus in der Art den Göttern geweiht, dass er so lange die Königsherrschaft innehaben würde, wie er jene [sc. die Locke] unversehrt erhielt. Danach wurde Scylla, von Minos verachtet — entweder aus Schmerz über die Zurückweisung oder weil sie von Minos als eine Vatermörderin an das Hinterdeck des Schiffes gebunden [durch das Meer] gezogen wurde —, in den Vogel Ciris umgestaltet; und auch Nisus wurde nach seinem Tod aufgrund des Mitgefühls der Götter in die Gestalt eines Vogels verwandelt. Diese Vögel hegen [noch] heute, wie [Vergil] selbst in den *Georgica* lehrt (Verg. georg. 1, 104), einen glühenden Hass aufeinander.

Demnach vermengte Vergil entweder in der Art der Dichter die [beiden] Geschichten und setzte einen Namen anstelle eines anderen, indem er sagte »Scylla, die Tochter des Nisus« anstelle von »die Tochter des Phorcus« — so wie es an anderer Stelle heißt: »den Pollux gezähmt mit herrischem Zügel, Cyllarus« (Verg. georg. 3, 89), obwohl Castor der Bezwinger der Pferde war; ebenso auch »Procne gar, an der Brust von blutigen Händen gezeichnet« (Verg. georg. 4, 15), obwohl Philomela, nicht Procne, die Zunge herausgeschnitten wurde. Oder es ist vielleicht eine Wortumstellung, so dass er gewissermaßen jeden der beiden Mythen zu erwähnen scheint; wir sollten also verstehen: »Warum ausführlich erwähnen die Scylla, die Tochter des Nisus, oder die [Scylla], die nach der Sage, den stattlichen Körper umgürtet mit furchtbar bellenden Hunden, sich wild auf das Schiff von Dulichium stürzte«. Oder man muss das *aut* doppelt [im Sinne von »entweder — oder«] verstehen: »Warum ausführlich erwähnen entweder (*aut*) die Scylla, die Tochter des Nisus, oder (*aut*) die [Scylla], die nach der Sage«, so wie im ersten Buch [der *Aeneis*]: »Wohl mit Leiden vertraut, lern' ich zu helfen den Armen.« (Aen. 1, 630, Übersetzung J. Götte.)

## TEXTE ZUR HEIMKEHR

**TEXT HEIMKEHR NR. 1**: Porphyrios, *Quaestiones Homericae ad Odysseam pertinentes* S. 121, 11 – S. 122, 24 sowie S. 123, 3–9 Hrsg. Schrader 1890; zu Hom. Od. 16, 188 (Odysseus offenbart sich seinem Sohn Telemachos)
    dt. *Homerische Fragen zur Odyssee*
    Lebensdaten: 234–305/10 n. Chr.

διὰ τί Ὀδυσσεὺς τῇ μὲν Πηνελόπῃ ἡλικίαν τε ἤδη ἐχούσῃ καὶ φιλούσῃ αὐτὸν οὐκ ἐδήλωσεν ὅς ἦν, τῷ δὲ Τηλεμάχῳ νέῳ ὄντι καὶ τοῖς οἰκέταις, τῷ μὲν συβώτῃ τῷ δὲ βουκόλῳ ὄντι; οὐ γὰρ δήπου μὴ πεῖραν ἐκείνων εἰληφώς. ἔστι φάναι, φησὶν Ἀριστοτέλης, ὅτι τοῖς μὲν ἔδει ὡς ἂν μετέχειν μέλλουσι τοῦ κινδύνου εἰπεῖν· ἀδύνατον γὰρ ἦν ἄνευ τούτων ἐπιθέσθαι τοῖς μνηστῆρσι· διὰ ταῦτα δὲ καὶ τῇ Εὐρυκλείᾳ ἐκκαλύπτει αὐτὸν χρησίμῳ ἐσομένῃ πρὸς τὴν θυρῶν ἀσφάλειαν καὶ τὴν τῶν θεραπαινίδων ἡσυχίαν, πᾶσι δ' οὐχ ἅμα, ἀλλὰ κατὰ τὸν δέοντα καιρὸν καὶ ἰδίᾳ ἑκάστῳ καὶ μόνῳ ἐκφαίνων, ἵνα μὴ ἐκλαλήσας τις εἰς ἕτερον τὴν αἰτίαν ἀνενέγκῃ. κατ' ἰδίαν γὰρ καὶ πρώτῳ τῷ υἱῷ, εἶτα τῇ τροφῷ, εἶτα τῷ βουκόλῳ καὶ τῷ συβώτῃ, καὶ πρὸς οὐδένα διότι ἤδη τις ἄλλος μεμάθηκεν· ἀλλὰ καὶ οἱ εἰδότες λανθάνειν ἀλλήλους σπουδάζουσιν. ἔστι δὲ εἰπεῖν καὶ ὅτι ηὐλαβήθη μὴ περιχαρὴς ἀκούσασα γένηται καὶ ἐπίδηλον ποιήσῃ· ἑώρα γὰρ αὐτὴν σφόδρα ἐπιθυμοῦσαν. οὐκοῦν καὶ ὁ υἱός; ἀλλ' ὁ μὲν καὶ μειδιᾶν εἴωθε καὶ ἁπλῶς διαλέγεσθαι καὶ κρατεῖν τοῦ πάθους, ἡ δὲ μόνον κλαίειν. παυσαμένης οὖν τοῦ κλαίειν μόνον, εἰ καὶ μηδεὶς ἐξεῖπεν, ὑποψία τις ἐγίνετο. οὐ γὰρ ἂν προσεποιήθη δακρύειν· ἡ γὰρ χαρὰ ὑποῦσα οὐκ ἂν κρατεῖν τῆς προσποιήσεως εἴασεν. ἴσως δὲ καὶ μὴ σῶσαί τινας βουληθείη ὑπείδετο· ἑώρα γὰρ καὶ ἑαυτὸν πεπονθότα τοῦτο πρός τινας, ὥστε καὶ τῷ Ἀμφινόμῳ ἐπαρρησιάσατο. εἶχε δέ που κἀκεῖνα ἐν μνήμῃ, ἃ Ἀγαμέμνων συνεβούλευσε·

τῷ νῦν μή ποτε καὶ σὺ γυναικί περ ἤπιος εἶναι,
μηδ' οἱ μῦθον ἅπαντα πιφαυσκέμεν

καὶ τὰ ἑξῆς· καὶ πάλιν ἐπάγει·

ἀλλ' οὐ σοί γ' Ὀδυσεῦ φόνος ἔσσεται ἐκ γυναικός,

ἀλλ' αὖθις παρακελεύεται·

κρύβδην μηδ' ἀναφανδὰ φίλην ἐς πατρίδα γαῖαν
νῆα κατισχέμεναι·

καὶ διὰ τοῦτο καὶ Τηλεμάχῳ παρακελεύεται Ὀδυσσεύς·

μήτ' οὖν Λαέρτης ἴστω τόδε μήτε συβώτης
μήτε τις οἰκήων μήτ' αὐτὴ Πηνελόπεια,
ἀλλ' οἶον σύ τ' ἐγώ τε.

μήποτε δ' οὐχ ἅμα πάσας τὰς ἀναγνωρίσεις ἠθέλησε λαβεῖν, ἀλλὰ τὰς μὲν πρὸ τῆς μάχης, τὰς δὲ μετὰ τὴν μάχην. ὑπερτίθεται δὲ τὰς πρὸς οὓς ἥκιστα ἐχρῆν, τήν τε πρὸς τὴν γυναῖκα καὶ τὸν πατέρα, διώκων τὸ παράδοξον καὶ ἵνα ἐκπληκτικαὶ γένωνται· εἰ μὲν γὰρ πρότερον ἐποίησεν, ἧττον ἂν τὸ παράδοξον παρέσχε, νῦν δὲ ἅμα καὶ τὸ χαρτὸν μέγα τοῖς φιλτάτοις παρεσκεύασε, τῇ τε γυναικὶ καὶ τῷ πατρί· ἅμα τε γὰρ ἀκούουσι παρόντα αὐτὸν καὶ τοὺς μνηστῆρας ἅπαντας τεθνεῶτας. [...]

καὶ διὰ τί μὴ ποιεῖ τὸν Ὀδυσσέα ὁ ποιητής κατ' ἀρχὰς τῇ Πηνελόπῃ μηνύοντα ἑαυτὸν ἀλλὰ βουκόλῳ καὶ συβώτῃ τοῖς δούλοις; ἢ διὰ τὸ συνέχειν μέχρι παντὸς τὸν ἀκροατὴν καὶ ἐξαρτᾶν προσδοκῶντα, πότε εἴπῃ αὐτῇ τὴν ἀλήθειαν. ἄλλως τε, εἰ ἐκήδετο αὐτῆς, πάμπολυ συνέφερε, γενομένης τῆς μνηστηροφονίας, αὐτῇ συνέσεσθαι ἢ πρότερον ἀγωνίᾳ τοσαύτῃ περιβάλλειν, υἱοῦ τε καὶ ἀνδρὸς τὸν ὑπὲρ ψυχῆς κίνδυνον ἀναδεδεγμένων.

Warum offenbart Odysseus nicht Penelope — die schon ein gewisses Alter hat und ihn liebt —, wer er ist, sondern dem Jüngling Telemachos und den Dienern, einem Schweinehirten und einem Rinderhirten?

    Das tut er sicher nicht, ohne eine Probe [sc. Kenntnis] von ihnen zu haben. Man könnte sagen, sagt Aristoteles, dass er es ihnen sagen *musste*, weil sie an der gefahrvollen Unternehmung teilnehmen würden. Denn ohne diese war es ihm unmöglich, die Freier anzugreifen. Aus diesem Grund gibt er sich auch Eurykleia zu erkennen, die ihm nützlich sein wird bei der Sicherung der Türen und dem Ruhighalten der Dienerinnen. Aber er offenbart sich nicht allen zugleich, sondern gemäß dem richtigen Zeitpunkt jedem einzelnen persönlich und ihm allein, damit nicht irgendjemand etwas ausplaudert und dann einem anderen die Schuld zuschiebt. Er teilt es nämlich einzeln zuerst dem Sohn mit, dann der Amme (Hom. Od. 19, 482), dann dem Rinderhirten und dem Schweinehirten (Hom. Od. 21, 207), und keinem verrät er, dass irgendein anderer schon etwas davon weiß. Aber auch die Wissenden sind bestrebt, es voreinander geheim zu halten.

    Man kann auch sagen, dass er sich vorsah, damit [Penelope] nicht, nachdem sie das erfahren hätte, allzu fröhlich wurde und ihn [damit] verriet. Denn er sah, wie heftig sie sich nach ihm sehnte. Und [sehnte sich] nicht auch der Sohn? Aber der pflegte auch zu lächeln und sich normal zu unterhalten und seine Gefühle zu beherrschen, sie hingegen nur zu weinen. Hätte sie nun auch nur aufgehört zu weinen, selbst wenn niemand [etwas] ausgeplaudert hätte, wäre ein Verdacht entstanden. Sie hätte sich nämlich nicht den Anschein geben können, Tränen zu vergießen. Denn ihre darunterliegende Freude hätte es nicht gestattet, die Verstellung durchzuhalten (Arist. fr. 399 Gigon).

    Vielleicht sorgte er sich auch, dass sie irgendwelche [Freier] retten wollte. Er merkt nämlich, dass es auch ihm selbst mit einigen so erging, weshalb er auch mit dem Amphinomos freimütig redete (Hom. Od. 18, 124–49 warnt er ihn relativ deutlich vor der nahen Rückkehr des Odysseus und dessen Rache an den Freiern).

    Vielleicht hatte er auch [noch] jene Dinge im Gedächtnis, die ihm Agamemnon geraten hatte: »Darum sei denn auch du jetzt zum Weibe niemals zu gütig! / Was an Geschichten du weißt, ihr sollst du nicht alles erklären.« (Hom. Od. 11, 441–42.) Und weiterhin fügt [Agamemnon] hinzu: »Dir doch, Odysseus, droht kein Mord von der Hand deines Weibes.« (Hom. Od. 11, 444.) Aber später rät er ihm an: »Heimlich lande dein Schiff im lieben Land deiner Heimat, / Laß es die andern nicht sehen!« (Hom. Od. 11, 455–56) Und deshalb rät auch Odysseus dem Telemachos: »Nicht Laertes und nicht der Sauhirt dürfen es wissen; / Keiner der Knechte, auch sie nicht, Penelopeia. Einzig / Ich und du« (Hom. Od. 16, 302–04).

    Und vielleicht wollte [Odysseus] nicht alle Wiedererkennungsszenen zur selben Zeit stattfinden lassen, sondern die einen vor dem Kampf [mit den Freiern], die anderen danach. Er schiebt die mit denjenigen [Personen] auf, bei denen es sich am wenigsten gehört hätte, also mit der Ehefrau und dem Vater, womit er das Ziel verfolgte, dass es unerwartet käme und dass sie [sc. die Wiedererkennungen] möglichst auffällig sind. Denn wenn er [es] früher getan hätte, hätte er sich in weniger unerwarteter Weise verhalten; so aber bereitete er zugleich große Freude den ihm am nächsten Stehenden, der Gattin und dem Vater: denn sie hörten gleichzeitig, dass er da ist und dass alle Freier tot sind. [...]

    Und weshalb lässt der Dichter nicht von Anfang an Odysseus sich der Penelope offenbaren, sondern dem Rinderhirten und dem Schweinehirten, also Sklaven? Nun, um den Leser/Hörer die ganze Zeit gefangen zu halten und ihn abhängig zu machen in der Erwartung, wann er ihr [nun endlich] die Wahrheit sagt.

    Eine andere Erklärung: wenn er sich um sie Sorgen machte, half es sehr viel, nachdem der Freiermord geschehen war, mit ihr zusammen zu sein, mehr als sie zunächst in so großen Beklemmung zu stürzen, weil ihr Mann und ihr Sohn sich in Lebensgefahr begaben.

**TEXT HEIMKEHR NR. 2**: Johannes Malalas, *Chronographia* 5, 20 S. 91, 85–92 Hrsg. Thurn 2000
dt. *Weltchronik*
verfasst um 570 n. Chr.

τοῦτον δὲ ἑωρακότες τινὲς ἀποπλέοντες ναῦται Φοίνικες νηχόμενον ἐν τοῖς ὕδασιν ἐλεήσαντες διέσωσαν καὶ ἤγαγον αὐτὸν ἐν τῇ Κρήτῃ νήσῳ πρὸς τὸν Ἰδομενέα, ἔξαρχον Ἑλλήνων. καὶ ἑωρακὼς τὸν Ὀδυσσέα ὁ Ἰδομενεὺς γυμνὸν καὶ δεόμενον, συμπαθῶς φερόμενος, δῶρα αὐτῷ πλεῖστα δεδωκὼς ὡς συστρατήγῳ αὐτοῦ καὶ δύο νῆας καὶ διασώζοντας αὐτόν τινας, ἐξέπεμψεν αὐτὸν εἰς Ἰθάκην. ἅτινα καὶ ὁ σοφὸς Δίκτυς παρὰ τοῦ Ὀδυσσέως ἀκηκοὼς συνεγράψατο.

Als diesen [sc. den Odysseus] aber vorbeifahrende phoinikische Schiffer sahen, wie er in den Wassern schwamm, da faßten sie Mitleid und erretteten ihn. Und sie verbrachten ihn auf die Insel Kreta zu Idomeneus, einem der Führer über die Hellenen. Und als den Odysseus Idomeneus nackt und als Bittsteller sah, da ergriff ihn Mitgefühl, er gab ihm als einem ehemaligen Mitfeldherrn sehr viele Geschenke, zwei Schiffe und eine Anzahl Leute, die ihn retten sollten, und er schickte ihn so nach Ithaka. Das hat auch der sehr weise Diktys geschrieben, der es von Odysseus vernommen hat. (Übersetzung J. Thurn — M. Maier 2009)

**TEXT HEIMKEHR NR. 3**: Johannes Antiochenus, *Historia Chronica* 48, 2 S. 110, 58–69 Hrsg. Roberto 2005
    dt. *Weltchronik*
    verfasst ca. 610–30 n. Chr.

τοῦτον ἑωρακότες τινὲς Φοίνικες πλέοντες ἐν τοῖς ὕδασι φερόμενον, ἀναλαβόντες ἤγαγον ἐν Κρήτῃ πρὸς Ἰδομενέα γυμνόν. ὃν ἑωρακὼς Ἰδομενεὺς ὑπεδέξατο καὶ κρατήσας τὴν ὥραν τοῦ χειμῶνος ἐξέπεμψεν αὐτὸν πρὸς Ἀλκίνουν εἰς Φαιακίαν, τὴν νυνὶ λεγομένην Κέρκυραν, δεδωκὼς αὐτῷ ναῦς δύο καὶ ἄνδρας ἐπιλέκτους πεντήκοντα. παραλαβὼν οὖν τοῦτον Ἀλκίνους ὁ βασιλεὺς καὶ θεραπεύσας αὐτὸν πέμπει πρότερον κατασκόπους εἰς Ἰθάκην ἐν σχήματι πραγματείας ὀφείλοντας τὰ περὶ τὸν οἶκον αὐτοῦ καὶ τὴν γυναῖκα μαθεῖν. οἱ δὲ γνόντες τὰ περὶ τούτων ἐπανῆλθον πρὸς Ὀδυσσέα εἰς Φαιακίαν καὶ ἀπήγγειλαν αὐτῷ πάντα. συμπαραλαβὼν οὖν Ὀδυσσεὺς <ναῦν παρ'> Ἀλκίνου μετὰ πλειόνων στρατιωτῶν καταλαμβάνει τὴν Ἰθάκην. καὶ τοῖς μνηστῆρσιν ἐπελθὼν ἐν τῷ ἰδίῳ οἴκῳ εὐωχουμένοις ἅπαντας ἀνεῖλε, καὶ καθάρας τὸν οἶκον ἐκ τῶν ἐπιβουλευόντων αὐτῷ δόλον ἀνακτᾶται καὶ τὴν βασιλείαν καὶ τὴν γυναῖκα.

Phönikische Seeleute erblickten den auf den Wassern Treibenden. Sie nahmen ihn auf und brachten ihn nackt nach Kreta, zu Idomeneus. Als Idomeneus ihn [sc. den Odysseus] sah, nahm er ihn gastlich auf, behielt ihn bei sich über die winterliche Jahreszeit und schickte ihn [dann] zu Alkinoos nach Phaiakía, das jetzt Kerkyra genannt wird. Dazu gab er ihm zwei Schiffe und fünfzig ausgewählte Männer. Ihn nahm nun der König Alkinoos auf und kümmerte sich um ihn. Zunächst schickte er unter dem Vorwand des Schuldeneintreibens Kundschafter nach Ithaka, um in Erfahrung zu bringen, wie es um das Haus und die Frau von diesem [sc. Odysseus] stand. Als diese die diesbezüglichen Dinge erfahren hatten, kehrten sie zu Odysseus nach Phaiakía zurück und berichteten ihm alles. Odysseus nahm also ein weiteres Schiff mit noch mehr Soldaten von Alkinoos dazu und erreichte Ithaka. Dort griff er die Freier an, die es sich in seinem eigenen Haus gut gehen ließen, und tötete alle. Und nachdem er das Haus von diesen, die ihm mit List nachstellten, gereinigt hatte, erlangte er sowohl seine Königsherrschaft als auch seine Gemahlin zurück.

*Es folgt Text Kirke Nr. 3 b.*

**TEXT HEIMKEHR NR. 4**: Porphyrios, *Quaestiones Homericae ad Odysseam pertinentes* S. 123, 13 – S. 124, 4 Hrsg. Schrader 1890; zu Hom. Od. 17, 291–327 (der Hund Argos erkennt seinen ehemaligen Herrn Odysseus und stirbt)
    dt. *Homerische Fragen zur Odyssee*
    Lebensdaten: 234–305/10 n. Chr.

**NR. 4 A**: das Problem des Wiedererkennens trotz Unkenntlichmachung (S. 123, 13–19)

δοκεῖ ἐναντιοῦσθαι τῇ τοῦ Ὀδυσσέως ἀλλοιώσει εἰς τὸ μηδένα αὐτὸν ἐπιγνῶναι. λύοιτο δ' ἂν ἐκ τῆς λέξεως· εἴρηκε γὰρ

ἀλλά σε ἄγνωστον τεύξω πάντεσσι βροτοῖσιν.

ἔτι ὀδμῇ ὁ κύων γινώσκει καὶ οὐκ ὄψει, ὥστε οὐδὲν πρὸς τοῦτο. πῶς τὸν μεταμεμορφωμένον ὁ κύων γινώσκει; ὅτι παρὰ τοὺς ἀνθρώπους τὰ ἄλογα ζῶα μᾶλλον ἀντιλαμβάνεται, ἢ καὶ ἐκ τῆς ὀσμῆς αὐτὸν ἐπέγνω.

Es scheint ein Widerspruch zu sein zu der Veränderung des Odysseus, [die ja den Zweck hat,] dass niemand ihn erkennt. Das lässt sich aber anhand des Textes auflösen: Denn [Athena] hat gesagt »Unerkennbar für sämtliche *Menschen* will ich dich machen« (Hom. Od. 13, 397). Überdies erkennt der Hund anhand des Geruchs und nicht anhand des Anblicks, so dass es keine Rolle spielt.

    Wie erkennt der Hund den Verwandelten? Weil im Vergleich zu den Menschen die vernunftlosen Tiere schärfer wahrnehmen; oder er erkannte ihn auch anhand des Geruchs.

**NR. 4 B**: das Problem des hohen Alters (S. 123, 19–20)

ἀλλὰ τοσαῦτα ἔτη πῶς ὁ κύων ἔζη; Ἀριστοτέλης φησὶν *** κδ ἔτη ζῆν τὸν κύνα.

Aber wieso lebte der Hund so viele Jahre? Aristoteles sagt, dass *** der Hund 24 Jahre lebt.

**NR. 4 C**: das Problem des plötzlichen Todes (S. 124, 1–4)

Ἀριστοτέλης φησὶν ὅτι πρεσβύτης ἦν ἤδη σφόδρα ὁ κύων. καὶ ὑπὸ τῆς ἡδονῆς τῆς πρὸς τὸν Ὀδυσσέα ἐτελεύτησεν εἰκότως· αἱ γὰρ σφοδραὶ ἡδοναὶ καὶ ἰσχυροὺς διαλύουσι. διὸ καὶ τὸν κύνα ἐποίησεν ἀναγνωρίσαντα καὶ ἡσθέντα διεκψῦξαι.

Aristoteles sagt, dass der Hund schon sehr alt war. Und er starb begreiflicherweise aufgrund der Freude über Odysseus: Die heftigen Freuden nämlich vernichten auch die Starken. Deshalb dichtete [Homer], dass der Hund seinen Geist aufgab, nachdem er [den Odysseus] erkannt und sich darüber gefreut hatte (Aristoteles fr. 400 Gigon).

**TEXT HEIMKEHR NR. 5**: Hesych v. Alexandria, *Lexicon* K 4604–5 Hrsg. Latte 1966
 dt. *Lexikon*
 verfasst vermutlich Anfang 6. Jh. n. Chr.

κυνοραισταί· κροτῶνες, οἱ τοὺς κύνας πιπιλίζοντες.
 κυνοραιστέων· τῶν κροτώνων· ἀπὸ τοῦ ῥαίειν, ὅ ἐστι φθείρειν.

*kynoraistaí*: Zecken, welche die Hunde aussaugen.
*kynoraistéon* (Hom. Od. 17, 300): der Zecken (Genitiv Plural): von *rhaíein*, was so viel heißt wie »zugrunde richten«.

**TEXT HEIMKEHR NR. 6**: Aelian, *De natura animalium* 4, 40 Hrsg. Scholfield 1958
 dt. *Das Wesen der Tiere*
 Lebensdaten ca. 170–240 n. Chr.

κυνὶ δὲ βίος ὁ μήκιστος τεσσαρεσκαίδεκα ἔτη. Ἄργος δὲ ὁ Ὀδυσσέως καὶ ἡ περὶ αὐτὸν ἱστορία ἔοικε παιδιὰ Ὁμήρου εἶναι.

Das Leben eines Hundes dauert höchstens 14 Jahre. Der Argos des Odysseus und die mit ihm verbundene Geschichte scheinen ein Scherz Homers gewesen zu sein.

**TEXT HEIMKEHR NR. 7**: (Ps.-)Elias, *In Porphyrii Isagogen* (= Commentaria in Aristotelem Graeca 18, 1)
 dt. *Kommentar zur Einführung des Porphyrios in die Kategorienlehre des Aristoteles*
 verfasst wohl 6. Jh. n. Chr.

**NR. 7 A**: Zu Porph. Isag. 2, 19 (S. 59, 21–25):

Καὶ τὰ συμβεβηκότα κοινῶς ἀλλὰ μὴ ἰδίως.
 Καλῶς εἶπεν κοινῶς ἀλλὰ μὴ ἰδίως τινὶ τὸ συμβεβηκὸς κατὰ πλειόνων κατηγορεῖσθαι· μόνον γὰρ τὸ συμβεβηκὸς δύναται καθόλου εἶναι καὶ μερικόν, καθόλου μὲν ὡς τὸ λευκὸν κατὰ πλειόνων φερόμενον, μερικὸν δὲ ὡς ἡ οὐλὴ τοῦ Ὀδυσσέως, ἀφ' ἧς ἐπέγνω αὐτὸν ἡ Εὐρύκλεια.

»Und die Akzidentien im allgemeinen, nicht aber im speziellen Sinn«
 Mit Recht sagt [Porphyrios], dass [nur] das allgemeine, nicht aber das für etwas spezielle Akzidenz von mehreren [Subjekten] ausgesagt werden kann. Denn nur das Akzidenz kann allgemein *und* speziell sein: allgemein, so wie das Weiße, wenn es über mehrere ausgesagt wird; speziell, wie die Narbe des Odysseus, anhand derer ihn Eurykleia erkannt hat.

**NR. 7 B**: Aus der Einleitung zu Porphyrios' Differenz-Begriff (S. 78, 25–28)

ἀλλὰ καὶ ἡ ἰδίως· ἢ γὰρ συντίκτεται τῷ πράγματι, ὡς γρυπότης καὶ σιμότης, ἢ ὕστερον ἐπιγίνεται, ὡς οὐλὴ ἐκ τραύματος ἐνσκιρωθεῖσα, οἵα ἡ τοῦ Ὀδυσσέως, δι' ἧς ἐπέγνω αὐτὸν ἡ Εὐρύκλεια.

Aber auch [die Differenz] im speziellen Sinne: Sie entsteht nämlich entweder zusammen mit dem Gegenstand, wie die Adlernasigkeit oder die Stumpfnasigkeit, oder sie kommt später hinzu, wie eine Narbe, die sich nach einer Verwundung bildet, zum Beispiel die des Odysseus, an der ihn Eurykleia erkennt.

**TEXT HEIMKEHR NR. 8**: Julian, *Misopogon* 344D Hrsg. Müller 1998
 dt. *Der Barthasser*
 verfasst 363 n. Chr.

Τοῦτον οὐκ ἠκροᾶσθε τὸν νόμον Ὁμήρου
 Σιγῇ ἐφ' ὑμείων —;
οὐδὲ ὡς Ὀδυσσεὺς ἐπέσχε τὴν Εὐρύκλειαν ἐκπεπληγμένην ὑπὸ μεγέθους τοῦ κατορθώματος·
 Ἐν θυμῷ, γρηῦ, χαῖρε καὶ ἴσχεο μηδ' ὀλόλυζε;

Von dem Brauch bei Homer »Still für euch ...« (Hom. Il. 7, 195) habt ihr wohl nie gehört, und wohl auch nicht, wie Odysseus Eurykleia zurückhielt, die von der Größe des Erfolgs [sc. des Mordes an den Freiern] schier erschreckt war: »Alte Frau, nicht jauchzen! Sei froh *im Gemüte*!« (Hom. Od. 22, 411) (Übersetzung nach F. L. Müller 1998)

**TEXT HEIMKEHR NR. 9**: Athenaios, *Deipnosophistae* 11, 460A Hrsg. Olson 2009
  dt. *Das Gelehrtenmahl*
  Anfang 3. Jh. n. Chr.

καὶ τῷ Αὐτολύκῳ ἐλθόντι »Ἰθάκης ἐς πίονα δῆμον« ἡ τροφὸς καθημένῳ δηλονότι — οὕτως γὰρ ἐδείπνουν οἱ τότε — τὸν Ὀδυσσέα, φησὶν ὁ ποιητής [folgt Zitat von Od. 19, 400–02], ἐκάθισεν ἐπὶ τῶν γονάτων καὶ οὐχὶ παρὰ τοῖς γόνασιν ἔστησεν.

Und als Autolykos ›in die reichen Gefilde Ithakas‹ gekommen war, setzte ihm die Amme, während er ganz offensichtlich saß (denn so speisten die Menschen damals), wie es der Dichter [sc. Homeros] schildert, den Odysseus auf den Schoß und legte ihn nicht zur Seite der Knie. (Übersetzung C. Friedrich 2000)

**TEXT HEIMKEHR NR. 10**: Zauberpapyrus Oslo Hrsg. Eitrem 1925 S. 14, 288–89
  300–50 n. Chr.
  *Zauberspruch für einen Mann, um die Liebe und sexuelle Treue einer geliebten Frau zu beschwören:*

φιλίτω με ἡ (δεῖνα) εἰς τὸν ἅπαντα αὐτῆς χρόνον, ὡς ἐφίλησεν ἡ Ἶσις τὸν Ὄσιριν, καὶ μινάτω μοι ἁγνὴ ὡς ἡ Πηνελόπη τῷ Ὀδυσσῖ.

Möge mich NN ihr Leben lang lieben, wie Isis den Osiris liebte, und möge sie für mich keusch bleiben, wie es Penelope für Odysseus blieb.

**TEXT HEIMKEHR NR. 11**: Atheniaos, *Deipnosophistae* 13, 559B–C Hrsg. Olson 2010
  dt. *Das Gelehrtenmahl*
  Anfang 3. Jh. n. Chr.

*In seiner Komödie* Chrysilla *ließ der attische Dichter Eubulos einen seiner Charaktere Folgendes sagen:*

ὦ Ζεῦ πολυτίμητ', εἶτ' ἐγὼ κακῶς ποτε
ἐρῶ γυναῖκας; νὴ Δί' ἀπολοίμην ἄρα,
πάντων ἄριστον κτημάτων. εἰ δ' ἐγένετο
κακὴ γυνὴ Μήδεια, Πηνελόπη δέ <γε>
μέγα πρᾶγμ'. ἐρεῖ τις ὡς Κλυταιμνήστρα κακή
Ἄλκηστιν ἀντέθηκα χρηστήν. ἀλλ' ἴσως
Φαίδραν ἐρεῖ κακῶς τις· ἀλλὰ νὴ Δία
χρηστή τις ἦν μέντοι — τίς; οἴμοι δείλαιος,
ταχέως γέ μ' αἱ χρησταὶ γυναῖκες ἐπέλιπον,
τῶν δ' αὖ πονηρῶν ἔτι λέγειν πολλὰς ἔχω.

»Mein hochverehrter Zeus, soll ich denn schlecht | von Frauen sprechen? Nein, beim Zeus, es treffe mich der Schlag; | sie sind das beste aller Güter. Denn wenn Medeia | ein schlechtes Weib war, so ist Penelope doch ein prächtiges | Geschöpf, und jemand wird behaupten, Klytaimnestra sei verrucht: | ich setze die bewährte Alkestis dagegen. Und vielleicht | wird einer Phaidra schmähen; doch, beim Zeus, | da war noch eine tüchtige, ja, wer? O weh, ich armer Wicht, | die guten Frauen sind mir schnell entschwunden, doch | von bösen kann ich eine ganze Latte noch benennen.« (Eubulos fr. 115 Kassel-Austin) (Übersetzung C. Friedrich 2000)

**TEXT HEIMKEHR NR. 12**: Aelian, *Varia historia* 14, 45 Hrsg. Dilts 1974
  dt. *Bunte Geschichten*
  Lebensdaten ca. 170–240 n. Chr.

Γυναῖκας τῶν Ἑλλήνων ἐπαινοῦμεν Πηνελόπην Ἄλκηστιν καὶ τὴν Πρωτεσιλάου, Ῥωμαίων Κορνηλίαν καὶ Πορκίαν καὶ Κλοιλίαν. ἐδυνάμην δὲ εἰπεῖν καὶ ἄλλας, ἀλλ' οὐ βούλομαι τῶν μὲν Ἑλλήνων εἰπεῖν ὀλίγας, ἐπικλύσαι δὲ τοῖς τῶν Ῥωμαίων ὀνόμασιν, ὡς ἂν μή μέ τις δοκοίη χαρίζεσθαι ἐμαυτῷ διὰ τὴν πατρίδα.

EINIGE VEREHRUNGSWÜRDIGE FRAUEN
  Griechische Frauen, die wir verehren, sind Penelope, Alkestis und die Frau des Protesilaos, römische sind Cornelia, Porcia und Cloelia. Ich könnte noch weitere nennen, doch ich will nicht einige wenige griechische und eine Flut von römischen Namen nennen, damit es nicht so aussieht, als wolle ich mir selber mit meinem Vaterland schmeicheln. (Übersetzung H. Helms 1990)

**TEXT HEIMKEHR NR. 13**: Julian, *Briefe* 36 (= 81 Bidez) Hrsg. Weis 1973
  362 n. Chr.

Ἰουλιανὸς Καλλιξείνῃ ἱερείᾳ Μητρὸς θεῶν.
  »Χρόνος δίκαιον ἄνδρα δείκνυσιν μόνος«, ὡς παρὰ τῶν ἔμπροσθεν ἔγνωμεν· ἐγὼ δὲ φαίην ἂν ὅτι καὶ τὸν εὐσεβῆ καὶ τὸν φιλόθεον. Ἀλλ' ἐμαρτυρήθη, φησί, καὶ ἡ Πηνελόπη φίλανδρος· εἶτα μετὰ τὸ φίλανδρον τὸ

φιλόθεόν τις ἐν γυναικὶ δεύτερον τίθησι, καὶ οὐ φανεῖται
πολὺν πάνυ τὸν μανδραγόραν ἐκπεπωκώς; Εἰ δὲ καὶ τοὺς
καιρούς τις ἐν νῷ λάβοι, καὶ τὴν μὲν Πηνελόπην ἐπαι-
νουμένην σχεδὸν ὑπὸ πάντων ἐπὶ τῇ φιλανδρίᾳ, κινδυ-
νευούσας δὲ τὰς θεοσεβεῖς ὀλίγῳ πρότερον γυναῖκας, καὶ
προσθείη δὲ τῶν κακῶν ὅτι καὶ διπλάσιος ὁ χρόνος, ἆρ'
ἔστι σοὶ τὴν Πηνελόπην ἀξίως παραβάλλειν; Ἀλλὰ μὴ
μικροὺς ποιοῦ τοὺς ἐπαίνους, ἀνθ' ὧν ἀμείψονται μέν σε
πάντες οἱ θεοί, καὶ τὰ παρ' ἡμῶν δὲ διπλῇ σε τιμήσομεν
τῇ ἱερωσύνῃ· πρὸς ᾗ πρότερον εἶχες τῆς ἁγιωτάτης θεοῦ
Δήμητρος, καὶ τῆς μεγίστης Μητρὸς θεῶν τῆς Φρυγίας ἐν
τῇ θεοφιλεῖ Πισσινοῦντι τὴν ἱερωσύνην ἐπιτρέπομέν σοι.

JULIANUS AN KALLIXEINE, PRIESTERIN DER GÖTTER-
MUTTER

»Die Zeit allein macht den Gerechten offenbar« (Soph. Oid. T. 614), wie wir von den Alten gelernt haben; ich aber möchte hinzufügen: auch den Frommen und den Götterfreund. Doch die Zeit erwies, sagt man, auch Penelopes Gattenliebe. Dann setzt also jemand bei einem Weibe die Götterliebe hinter die Gattenliebe auf den zweiten Rang? Beweist er damit nicht, daß er eine sehr reichliche Dosis Alraunsaft ausgetrunken hat? Wenn man aber auch die Zeitverhältnisse in Betracht zieht und bedenkt, daß Penelope wegen ihrer Gatten-liebe fast von allen gepriesen wurde, während bei uns die Frauen mit ihrem Götterglauben noch vor kurzem in Gefahr schwebten, wenn man hinzunimmt, daß die Zeit *ihrer* Leiden doppelt so lang war, darf man dann Penelope noch ernstlich mit dir vergleichen? Verkleinere also nicht deine Verdienste, die ich lobe und die dir alle Götter vergelten werden; wir für unseren Teil wollen dich durch die Verdoppelung deiner Priesterwürde auszeichnen. Zur Priesterschaft der hochheiligen Göttin Demeter, die du schon zuvor innehattest, übertragen wir dir auch das Priesteramt der großen phrygischen Göttermutter im göttergeliebten Pessinus. (Übersetzung K. Weis 1973)

**TEXT HEIMKEHR NR. 14**: Epigramm des Pal-ladas, *Anthologia Graeca* 9, 166 Hrsg. Beckby 1958
   Zusammenstellung der Anthologie: Ende 10. Jh. n. Chr.; das Epigramm wurde Anfang des 5. Jh.s n. Chr. verfasst

Πᾶσαν Ὅμηρος ἔδειξε κακὴν σφαλερήν τε γυναῖκα,
σώφρονα καὶ πόρνην ἀμφοτέρας ὄλεθρον.
ἐκ γὰρ τῆς Ἑλένης μοιχευσαμένης φόνος ἀνδρῶν
καὶ διὰ σωφροσύνην Πηνελόπης θάνατοι.
Ἰλιὰς οὖν τὸ πόνημα μιᾶς χάριν ἐστὶ γυναικός,
αὐτὰρ Ὀδυσσείῃ Πηνελόπη πρόφασις.

Falsch — das zeigt schon Homer — und boshaft sind sämtliche Frauen, | keusch oder unkeusch, es bringt jede Verderben herbei. | Wenn sich die Männer gemordet, Schuld hatte der Helena Ehebruch, | aber durch Züchtigkeit auch brachte Penelope Tod. | Eine einzige Frau veranlaßte der Ilias Leiden, | und die Penelope liegt der Odyssea zugrund. (Übersetzung H. Beckby 1958)

**TEXT HEIMKEHR NR. 15**: Nonnos, *Dionysiaka* 14, 87–94 Hrsg. Gonnelli 2008
   dt. *Leben und Taten des Dionysos*
   5. Jh. n. Chr.

*Nonnos beschreibt das Heer, das Rheia für Dionysos zusammenstellt:*

Τοῖσιν ἔσαν δύο Πᾶνες ὁμήλυδες, οὓς τέκεν Ἑρμῆς
κεκριμένη φιλότητι μιγεὶς διδυμάοσι Νύμφαις·
τὸν μὲν ὀρεστιάδος Σώσης μετανεύμενος εὐνὴν
μαντιπόλου σπέρμηνε θεηγόρον ἔμπλεον ὀμφῆς,
Ἀγρέα θηροφόνου μελέτῃ πεπυκασμένον ἄγρης·
τὸν δὲ νομαῖς ὀίων Νόμιον φίλον, ὁππότε Νύμφης
δέμνιον ἀγραύλοιο διέστιχε Πηνελοπείης,
ποιμενίῃ σύριγγι μεμηλότα.

Ihnen waren zwei Pane gesellt, die Hermes erzeugte | In getrennter Liebe mit zwei verschiedenen Nymphen: | Zeugte den einen mit Sosa, der kündende Nymphe der Berge: | Er war gottbeseelt und voll prophetischer Worte, | Agreus hieß er, der Jäger, gewandt im tötenden Weidwerk; | Zeugte den Nomios auch, den Freund der Weiden, nachdem er | Sich der ländlichen Nymphe Penelopeia gesellte, | Nomios, der da spielt die Hirtenflöte. (Übersetzung Th. von Scheffer 1957)

**TEXT HEIMKEHR NR. 16**: Epiphanios von Salamis, *Ancoratus* 105, 6 Hrsg. Holl 1915
   dt. *Der Verankerte*
   4. Jh. n. Chr.

Πηνελόπην μὲν γὰρ φθείρει, δι' ἡδονὴν τράγος γενόμενος.

[Hermes] hat ja Penelope zugrunde gerichtet, wozu er sich aufgrund seiner Geilheit in einen Ziegenbock verwandelte.

**TEXT HEIMKEHR NR. 17**: Porphyrios, *Quaestiones Homericae ad Odysseam pertinentes* S. 68, 23 – S. 70, 8 Hrsg. Schrader 1890; zu Hom. Od. 7, 258 (Odysseus erzählt den Phäaken, dass er zwar sieben Jahre mit Kalypso zusammen lebte, ihr jedoch im Gemüt niemals hörig wurde)
    dt. *Homerische Fragen zur Odyssee*
    Lebensdaten: 234–305/10 n. Chr.

διὰ τί Ὀδυσσεὺς, τῆς Καλυψοῦς διδούσης αὐτῷ τὴν ἀθανασίαν, οὐκ ἐδέξατο; Ἀριστοτέλης μὲν οὖν πρὸς τοὺς Φαίακάς φησι ταῦτα λέγειν Ὀδυσσέα, ἵνα σεμνότερος φαίνηται καὶ μᾶλλον ἄλλων σπουδάσαι πάντων τὸν νόστον· συνέφερε γὰρ αὐτῷ πρὸς τὸ θᾶττον ἀποσταλῆναι. ἔπειτα ἔοικεν οὐ τῷ μὴ πεισθῆναι λέγειν μὴ λαβεῖν τὴν τοιαύτην δωρεάν, ἀλλὰ μὴ πιστεῦσαι αὐτῇ τοιαῦτα λεγούσῃ· ἡ μὲν γὰρ ἔφασκε ποιήσειν, ὁ δὲ οὐκ ἐπίστευσεν, οὐχὶ πιστεύων παρῃτεῖτο. εἴη δ' ἂν καὶ τοῦ σοφοῦ ἀθανασία οὐχ ἣν τοιαῦται δαίμονες χαρίσαιντ' ἄν, ἀλλὰ τοῦ Διὸς ἂν εἴη καὶ τῶν ἔργων, ἃ μὲν πέφυκεν ἀπαθανατίζειν· τοιαῦτα δ' ἂν εἴη ἀπὸ ἀρετῆς. παραιτούμενος δὲ τοὺς οἰκείους καὶ τὴν εἰς οἶκον ἐπάνοδον δι' ἐπαγγελίαν ἀθανασίας ἀπώλεσεν ἂν τὴν ἀρετήν· σὺν αὐτῇ δὲ καὶ τὴν τῆς ψυχῆς ἀθανασίαν καὶ τὴν πρὸς θεοὺς ἄνοδον ἀπώλεσεν ἄν. διδάσκει οὖν ὅτι διὰ τῶν ἐναντίων οὐκ ἄν τις ἐν δύοιτο τὰ ἐναντία, ὡς οὔτε δι' ἀποστερήσεως λάβοι ἂν δικαιοσύνην οὔτε ἂν διὰ μάχης σωφροσύνην οὔτε διὰ τοῦ φιλεῖν τὸν τῇδε βίον θνητὸν ὄντα καὶ ἐπίκηρον τὸ τέλος τῆς ἀθανασίας, οὔσης ἀνδρὸς τὰ καθήκοντα καὶ τῶν ἔργων τὰ τοιαῦτα φιλοῦντος ἃ καθήρειεν ἂν τὴν ψυχήν [...].

Ἀντισθένης φησὶν εἰδέναι σοφὸν ὄντα τὸν Ὀδυσσέα, ὅτι οἱ ἐρῶντες πολλὰ ψεύδονται καὶ τὰ ἀδύνατα παραγγέλλονται. ἐπισημαίνεται δὲ καὶ τὴν αἰτίαν, τὴν παραίτησιν δι' ἣν πεποίηται. τῆς θεοῦ ἐκείνης μὲν γὰρ ἐπὶ σώματος εὐμορφίᾳ καὶ μεγέθει μεγαλαυχούσης καὶ τὰ καθ' ἑαυτὴν προκρινούσης τῆς Πηνελόπης, συγχωρήσας μὲν τοῦτο καὶ τῷ ἀδήλῳ εἴξας — ἄδηλον μὲν γὰρ αὐτῷ, εἰ

    ἀθάνατος καὶ ἀγήρως —

ἐπεσημήνατο ὅτι τὴν γαμετὴν ζητεῖ διὰ τὸ εἶναι περίφρονα, ὡς κἀκείνης ἂν ἀμελήσας, εἰ τῷ σώματι καὶ μόνῳ τῷ κάλλει κεκόσμητο. τοῦτο γὰρ καὶ τοὺς μνηστῆρας εἰρηκέναι [πολλάκις], λέγοντας·

    οὐδ' ἐπ' ἄλλας
    ἐρχόμεθα, ἅς ἐπιεικὲς ὀπυιέμεν ἐστὶν ἑκάστῳ,
    ταύτης δὲ ἕνεκα τῆς ἀρετῆς ἐπιδικαζόμεθα·

Warum hat Odysseus, als Kalypso ihm die Unsterblichkeit anbot, es nicht angenommen? — Aristoteles meint, dass Odysseus das mit Blick auf die Phäaken sage, um als besonders respektgebietender und mehr als alles andere um die Heimkehr bemühter Mann zu erscheinen; denn dies war von Nutzen, damit sie ihn möglichst schnell abreisen ließen. Weiterhin scheint [Odysseus] sagen zu wollen, dass er ein derartiges Geschenk nicht abgelehnt habe, weil er sich [von Kalypso] nicht [zur Unsterblichkeit] überreden lassen wollte, sondern weil er ihr ihre Behauptung nicht glaubte. Denn sie behauptete, ihn unsterblich machen zu können, er aber glaubte ihr nicht und verzichtete aus diesem Grund. (Aristoteles fr. 401 Gigon)

Im Übrigen dürfte die Unsterblichkeit des Weisen auch nichts sein, das solche Gottheiten schenken können; dies dürfte vielmehr Sache des Zeus sein und der Taten, die ihrem Wesen nach unsterblich machen; und von dieser Art sind nur Taten aus Tugend. Hätte er aber wegen des Versprechens der Unsterblichkeit auf seine Hausgenossen und die Rückkehr nach Hause verzichtet, so hätte er dadurch die Tugend verloren; und mit ihr hätte er auch die Unsterblichkeit der Seele und den Aufstieg zu den Göttern verloren. [Homer] lehrt also, dass niemand irgendeine Eigenschaft durch ihr Gegenteil erlangen kann, so wie er weder Gerechtigkeit durch Raub erreicht noch Mäßigung durch Streit noch durch die Liebe zu dem hiesigen, sterblichen und todgeweihten Leben das Ziel der Unsterblichkeit, die nur einem Mann zukommt, der pflichtgemäßes Handeln und solche Taten liebt, die die Seele reinigen [Lücke im Text].

Antisthenes meint, Odysseus als ein Weiser habe gewusst, dass Liebende häufig lügen und Unmögliches versprechen; und er fügt auch den Grund hinzu, aus dem der Verzicht geschieht: Da jene Göttin sich wegen ihrer körperlichen Schönheit und Größe brüstet und ihren eigenen Eigenschaften gegenüber denen der Penelope den Vorzug gibt, gibt er dies zu und räumt den unbewiesenen Punkt ein (denn es ist für ihn unbewiesen, ob sie »unsterblich und alterslos« [Hom. Od. 5, 218] ist), fügt dann aber hinzu, dass er seine Frau sucht, weil sie »klug« ist — in dem Sinne, dass auch sie ihm gleichgültig wäre, wenn sie nur durch körperliche Schönheit ausgezeichnet wäre. Denn so [so Antisthenes weiter] hätten sich auch die Freier geäußert: »Anderen gehen wir nicht nach, die den einzelnen paßten zur Heirat« (Hom. Od. 2, 206–07), sondern führen Streit um sie »wegen ihrer Tugend« (Hom. Od. 2, 206). (Antisthenes fr. 188 Giannantoni)

**TEXT HEIMKEHR NR. 18**: Proklos, *In Platonis Timaeum commentaria* 3, 332, 23–28 Hrsg. Diehl 1906
   dt. *Kommentar zu Platons Timaios*
   Lebensdaten 412–85 n. Chr.

Ἡ αἴσθησις τοῦ παρόντος ἐστίν, ὥσπερ ἡ μνήμη τοῦ παρελθόντος, ἡ δὲ ἐλπὶς τοῦ μέλλοντος. καὶ ἡ τῶν τότε οὖν αἴσθησις ἐν τῷ παρόντι τὰς ψυχὰς ἐκίνει τῶν τότε καὶ μετὰ τῆς θρεπτικῆς δυνάμεως τῆς τὸ ἀπορρέον ἀεὶ διὰ τῶν ἐπιρρεόντων παραμυθουμένης καὶ ὃ ἀνέλυσε συντιθείσης πάλιν κατὰ τὸν τῆς Πηνελόπης ἱστόν.

Die sinnliche Wahrnehmung erfasst das Gegenwärtige, so wie die Erinnerung das Vergangene und die Erwartung das Zukünftige. Auch die Wahrnehmung der damaligen [Eindrücke] bewegte also die Seelen während der Präsenz der damaligen [Eindrücke]; und sie tat das zusammen mit der nährenden Fähigkeit [der Seele], die das jeweils Abfließende durch das Zufließende ausgleicht und das, was sie auflöst, wieder zusammensetzt, wie das Gewebe der Penelope.

**TEXT HEIMKEHR NR. 19**: Damaskios, *In Platonis Phaedonem* 1 § 358 Hrsg. Westerink 1977
   dt. *Kommentar zu Platons Phaidon*
   Lebensdaten ca. 462 – nach 538 n. Chr.

Πῶς »ἐναντίως τῇ Πηνελόπῃ ἱστὸν μεταχειρίζεται«; — Ἢ ὅτι ἡ μὲν φιλοσοφία ἐν τῷ ἀφανεῖ συνυφαίνει αὐτὴν καὶ συναθροίζει, ἡ δὲ ἀμαθία καταλύει καὶ διασπᾷ ἐν τῷ ἐμφανεῖ, τουτέστιν ἐν τῇ γενέσει. Ἢ κάλλιον, λύειν μὲν τὴν φιλοσοφίαν, συνυφαίνειν δὲ τὴν ἀμαθῆ ζωὴν τῷ σώματι. πῶς οὖν »ἐναντίως τῇ Πηνελόπῃ«; ἢ τοῦτο καὶ τῇ Πηνελόπῃ ἁρμόζει· καὶ γὰρ ἐκείνη πρὸς ἑαυτὴν ἐναντίως.

Inwiefern »handhabt [die menschliche Seele] das Gewebe in entgegengesetzter Weise wie Penelope« (Plat. Phaid. 84a)? — In dem Sinne, dass die Philosophie sie [sc. die Seele] im Unsichtbaren zusammenwebt und zusammenfügt, während die Unwissenheit sie auflöst und zertrennt im Sichtbaren, das heißt im Bereich des Werdens.
   Besser ist folgende Erklärung: die Philosophie löst [die Seele vom Körper], während das unwissende Leben sie mit dem Körper zusammenwebt. Inwiefern aber dann »in entgegengesetzter Weise wie Penelope«? Nun, dies trifft auch auf Penelope zu; denn auch sie verhält sich gegensätzlich zu sich selbst.

**TEXT HEIMKEHR NR. 20**: Diogenes Laertius, *Vitae philosophorum* 2, 79 (zu Aristippos von Kyrene) Hrsg. Marcovich 1999
   dt. *Philosophenleben*
   3. Jh. n. Chr.

τοὺς τῶν ἐγκυκλίων παιδευμάτων μετασχόντας, φιλοσοφίας δὲ ἀπολειφθέντας ὁμοίους ἔλεγεν εἶναι τοῖς τῆς Πηνελόπης μνηστῆρσι· καὶ γὰρ ἐκείνους Μελανθὼ μὲν καὶ Πολυδώραν καὶ τὰς ἄλλας θεραπαίνας ἔχειν, πάντα δὲ μᾶλλον ἢ αὐτὴν τὴν δέσποιναν δύνασθαι γῆμαι.

Diejenigen, die, in den üblichen Bildungsfächern wohlgeschult, sich doch mit der Philosophie nicht näher befaßt hatten, verglich [Aristippos von Kyrene] mit den Freiern der Penelope, denn diese könnten auch über Melantho und Polydora und die übrigen Mägde verfügen, aber eher alles andere erreichen als die Ehe mit der Herrin. (Aristippos fr. 107 Giannantoni) (Übersetzung O. Apelt 1990)

**TEXT HEIMKEHR NR. 21**: Stobaios, *Anthologium* 1, 246, 1–5 Hrsg. Wachsmuth — Hense 1884–1912 (= von Arnim 1905, I, nr. 350)
   dt. *Anthologie*
   5. Jh. n. Chr.

Ἀρίστων ὁ Χῖος τοὺς περὶ τὰ ἐγκύκλια μαθήματα πονουμένους, ἀμελοῦντας δὲ φιλοσοφίας, ἔλεγεν ὁμοίους εἶναι τοῖς μνηστῆρσι τῆς Πηνελόπης, οἳ ἀποτυγχάνοντες ἐκείνης περὶ τὰς θεραπαίνας ἐγίνοντο.

Ariston von Chios [sagte], dass diejenigen, die sich mit den *enkýklia mathémata* abmühen, sich aber nicht für die Philosophie interessieren, den Freiern der Penelope gleichen, die, weil sie diese nicht erlangten, sich mit den Mägden abgaben.

**TEXT HEIMKEHR NR. 22**: Julian, Εὐσεβείας τῆς βασιλίδος ἐγκώμιον Hrsg. Bidez 1932
   dt. *Lobrede auf die Kaiserin Eusebia*
   verfasst vermutlich im Winter 356/57 n. Chr.

**NR. 22 A**: 104C (*nach der Erklärung der Absicht, in dieser Rede die »areté« einer Frau anstatt wie üblich eines Mannes zu rühmen*)

Ὅμηρος δὲ οὐκ ᾐσχύνετο τὴν Πηνελόπην ἐπαινέσας οὐδὲ τὴν Ἀλκίνου γαμετήν, οὐδὲ εἴ τις ἄλλη διαφερόντως ἀγαθὴ γέγονεν ἢ καὶ ἐπὶ σμικρὸν ἀρετῆς μετεποιήθη.

Homer jedoch schämte sich nicht, Penelope zu rühmen und die Gemahlin des Alkinoos und andere Frauen, die in ausgezeichneter Weise gut waren, oder sogar solche, deren Anteil an Tugend nur klein war.

**NR. 22 B**: 112B–D (*nach der Erzählung der Hochzeit und des Empfangs der Eusebia im Kaiserpalast beginnt der Bericht über ihre guten Taten als Kaiserin*)

Οὐ γάρ, εἰ σφόδρα λέγειν ἐθέλοιμι καὶ μακρὰς ὑπὲρ τούτων βίβλους ξυντιθέναι, ἀρκέσειν ὑπολαμβάνω τῷ πλήθει τῶν ἔργων, ὅσα ἐκείνη φρόνησιν καὶ πρᾳότητα καὶ σωφροσύνην καὶ φιλανθρωπίαν ἐπιείκειάν τε καὶ ἐλευθεριότητα καὶ τὰς ἄλλας ἀρετὰς ἐξεμαρτύρησε λαμπρότερον, ἢ νῦν ὁ παρὼν περὶ αὐτῆς λόγος δηλοῦν ἐπιχειρεῖ καὶ ἐκδιδάσκειν τοὺς πάλαι διὰ τῶν ἔργων ἐγνωκότας. Οὐ μὴν ἐπειδὴ ᾽κεῖνο δυσχερές, μᾶλλον δὲ ἀδύνατον ἐφάνη παντελῶς, ἄξιον ὑπὲρ ἁπάντων ἀποσιωπῆσαι, πειρᾶσθαι δὲ εἰς δύναμιν φράζειν ὑπὲρ αὐτῶν, καὶ τῆς μὲν φρονήσεως ποιεῖσθαι σημεῖον καὶ τῆς ἄλλης ἀρετῆς πάσης ὅτι τὸν γήμαντα διέθηκεν οὕτως περὶ αὐτήν, ὥσπερ οὖν ἄξιον γυναῖκα καλὴν καὶ γενναίαν· ὥστε ἔγωγε τῆς Πηνελόπης πολλὰ καὶ ἄλλα νομίσας ἐπαίνων ἄξια, τοῦτο ἐν τοῖς μάλιστα θαυμάζω, ὅτι δὴ τὸν ἄνδρα λίαν ἔπειθε στέργειν καὶ ἀγαπᾶν αὐτὴν ὑπερορῶντα μέν, ὥς φασι, δαιμονίων γάμων, ἀτιμάζοντα δὲ οὐ μεῖον τὴν τῶν Φαιάκων ξυγγένειαν. Καίτοι γε εἶχον αὐτοῦ πᾶσαι ἐρωτικῶς, Καλυψὼ καὶ Κίρκη καὶ Ναυσικάα.

Denn selbst wenn ich noch so sehr darüber zu sprechen und umfangreiche Bücher zu verfassen wünschte, würde das meiner Meinung nach nicht der Vielzahl der Taten Genüge tun, die ihren [sc. Eusebias] Verstand, ihre Sanftmut, ihre Sophrosyne und ihre Menschenfreundlichkeit, ihre Vornehmheit und Freigiebigkeit und alle übrigen Tugenden glanzvoller bezeugen, als es nun meine gegenwärtige Rede deutlich zu machen und ein Publikum darüber zu belehren versucht, das es schon längst aufgrund der Taten selbst weiß. Trotzdem wäre es — nur weil es sich als schwierig, besser gesagt, als ganz und gar unmöglich erwiesen hat — nicht richtig, über all das zu verstummen, sondern vielmehr nach Kräften darüber zu sprechen und zuerst als Zeichen für ihren Verstand und gesamte sonstige Tugend anzuführen, dass sie ihrem Ehemann Anlass gab, sich ihr gegenüber so zu verhalten, wie es sich gegenüber einer schönen und edlen Frau gehört. Infolgedessen bewundere ich bei Penelope — so lobenswert sie meiner Ansicht nach auch in vielen anderen Dingen ist — doch am meisten dies, dass sie nämlich ihren Mann dazu brachte, sie innigst zu lieben, da er ja, wie es heißt, Ehen mit Göttinnen gering achtete und es ebenso sehr verschmähte, in das Geschlecht der Phäaken einzuheiraten. Dabei waren sie alle in ihn verliebt, Kalypso, Kirke und Nausikaa.

**NR. 22 C**: 127C–D (*nach einer Aufzählung negativer historischer Exempla von Frauen, die sich — zu ihrem eigenen Unglück und dem unzähliger Männer — männliches Verhalten angemaßt hatten und damit berühmt geworden waren*)

Βούλεσθε οὖν ἐπανερωτῶμεν αὐτοὺς εἴ τις αὐτῶν γαμετὴν ἢ θυγατέρα οἱ τοιαύτην εὔχεται γενέσθαι μᾶλλον ἢ τὴν Πηνελόπην; Καίτοι ἐπὶ ταύτης οὐδὲ Ὅμηρος εἰπεῖν ἔσχε πλέον τῆς σωφροσύνης καὶ τῆς φιλανδρίας καὶ τῆς ἐς τὸν ἑκυρὸν ἐπιμελείας καὶ τὸν παῖδα· ἔμελε δὲ ἄρα οὐδὲ τῶν ἀγρῶν ἐκείνῃ οὔτε τῶν ποιμνίων· στρατηγίαν δὲ ἢ δημηγορίαν οὐδὲ ὄναρ <εἰκὸς> ἐκείνῃ παραστῆναί ποτε· ἀλλὰ καὶ ὁπότε λέγειν ἐχρῆν εἰς τὰ μειράκια,

Ἄντα παρειάων σχομένη λιπαρὰ κρήδεμνα,

πρᾴως ἐφθέγγετο.

Sollen wir nun diese [sc. die Männer, die über solche Frauen berichtet hatten] fragen, ob irgendeiner von ihnen als Ehefrau oder Tochter lieber eine derartige Frau hätte anstatt einer Penelope? Und doch hatte Homer von ihr nicht mehr zu berichten als ihre Sophrosyne und Gattenliebe und ihre Fürsorge für Schwiegervater und Sohn. Um Ackerbau und Viehzucht kümmerte sie sich demnach nicht; militärische Führung oder öffentliche Rede wären ihr vermutlich nicht einmal im Traum eingefallen; sondern sogar als sie einmal zu den jungen Männern sprechen musste,

»Hielt ihre Wangen verhüllt in weichen, glänzenden Schleiern« (Hom. Od. 1, 334), äußerte sie sich sanftmütig.

**TEXT HEIMKEHR NR. 23**: Philostrat, *Imagines* 2, 28, 1. 4 Hrsg. Schönberger 1968
dt. *Die Bilder*
3. Jh. n. Chr.

Ἱστοί

**(1)** Ἐπεὶ τὸν τῆς Πηνελόπης ἱστὸν ᾄδεις ἐντετυχηκὼς ἀγαθῇ γραφῇ καὶ δοκεῖ σοι πάντα ἱστοῦ ἔχειν, στήμοσί τε ἱκανῶς ἐντέταται καὶ ἄνθεα κεῖται ὑπὸ τῶν μίτων καὶ μόνον οὐχ ὑποφθέγγεται ἡ κερκὶς αὐτή τε ἡ Πηνελόπη κλαίει δακρύοις, οἷς τὴν χιόνα τήκει Ὅμηρος, καὶ ἀναλύει ἃ διύφηνεν, ὅρα καὶ τὴν ἀράχνην ὑφαίνουσαν ἐκ γειτόνων, εἰ μὴ παρυφαίνει καὶ τὴν Πηνελόπην καὶ τοὺς Σῆρας ἔτι, ὧν τὰ ὑπέρλεπτα καὶ μόλις ὁρατά.

(4) ἀλλὰ καὶ μισθὸν ἄρνυνται τοῦ ὑφαίνειν καὶ σιτοῦνται τὰς μυίας, ἐπειδὰν τοῖς ἱστοῖς ἐμπλακῶσιν. ὅθεν οὐδὲ τὴν θήραν αὐτῶν παρῆλθεν ὁ ζωγράφος· ἡ μὲν γὰρ ἔχεται τοῦ ποδός, ἡ δὲ ἄκρου τοῦ πτεροῦ, ἡ δὲ ἐσθίεται τῆς κεφαλῆς, ἀσπαίρουσι δὲ πειρώμεναι διαφυγεῖν, ὅμως οὐ ταράττουσιν οὐδὲ διαλύουσι τὸν ἱστόν.

GEWEBE
(1) Weil du Penelopes Gewebe preisest, wenn du ein gutes Bild davon fandest, und glaubst, nichts fehle an dem Gewebe, da der Zettel gut angelegt ist und Blumen durch den Einschlag gewoben sind und das Schiffchen beinahe rauscht und Penelope selbst Tränen vergießt, durch die Homer den Schnee schmelzen läßt, und sie wieder auflöst, was sie wob, so betrachte nun auch die Spinne, die ähnlich webt, ob sie nicht Penelope und die Serer übertrifft, die hauchdünnes und kaum sichtbares Gespinst liefern.

(4) Doch ernten sie [sc. die Spinnen] auch Lohn für das Weben und verspeisen die Fliegen, wenn die sich in ihr Garn verwickeln. Daher ging der Maler auch auf ihre Jagd ein; eine Fliege nämlich hängt mit dem Fuße fest, die andere mit der Flügelspitze, einer dritten wird der Kopf abgefressen, und sie zappeln noch und wollen entfliehen, doch können sie das Gewebe weder verwirren noch zerstören. (Übersetzung O. Schönberger 1968)

**TEXT HEIMKEHR NR. 24**: Gregor von Nazianz, *Adversus mulieres se nimis ornantes* Verse 41–42 Hrsg. Knecht 1972 (= Patrologia Graeca 37, carmen 29, Sp. 887)
 dt. *Gegen die Putzsucht der Frauen*
 verfasst im späten 4. Jh. n. Chr.

*Zu den vergeblichen Bemühungen der Frauen, sich durch Schminken zu verschönern:*

Ἱστὸν Πηνελόπης, τὸν νὺξ λύεν, ἦμαρ ὕφαινεν·
Ἔνδοθι τὴν Ἑκάβην, ἔκτοθι τὴν Ἑλένην.

Ein Tuch der Penelope, das der Tag wob, aber die Nacht auflöste; | außen Helena, darunter Hekabe! (Übersetzung A. Knecht 1972)

**TEXT HEIMKEHR NR. 25**: Clemens von Alexandria, *Paidagogos* 2, 10, 97, 1–2 Hrsg. Marcovich 2002
 dt. *Der Erzieher*
 verfasst um 200 n. Chr.

Οὐ μὴν οὐδ' ὡς ἐν σκότῳ νύκτωρ ἀκολαστητέον, ἀλλ' ἐγκαθειρκτέον τῇ ψυχῇ τὸ αἰδῆμον οἱονεὶ φῶς τοῦ λογισμοῦ· οὐδὲν γὰρ τῆς ἱστουργούσης Πηνελόπης διοίσομεν, μεθ' ἡμέραν μὲν τὰ σωφροσύνης ἐξυφαίνοντες δόγματα, νυκτὸς δὲ ἀναλύοντες, ἐπὴν εἰς κοίτην ἴωμεν.

Man darf aber auch nachts nicht zuchtlos sein, weil es da dunkel ist; vielmehr muß man das Schamgefühl in die Seele gleichsam als das Licht des Verstandes hereinnehmen. Denn wir werden uns in nichts von der am Webstuhl arbeitenden Penelope unterscheiden, wenn wir am Tage die Keuschheitslehren weben, nachts aber, wenn wir ins Bett gehen, sie wieder auftrennen. (Übersetzung O. Stählin 1934)

**TEXT HEIMKEHR NR. 26**: Augustinus, *De quantitate animae* Hrsg. Andresen 1973
 dt. *Die Größe der Seele*
 verfasst 388 n. Chr.

(26, 50) Euodius: *Nam neque possum dicere ratione uti bestias nec eis possum scientiam denegare. sciebat enim, ut opinor, dominum suum canis, quem post viginti annos recognovisse perhibetur, ut taceam de ceteris innumerabilibus.*

(28, 54) Euodius: *Sed, quaeso, explica illud, quod de cane Ulyssis conmemoravi, qualenam sit. nam eius admiratione commotus tam inaniter latravi.*

Augustinus: *Quid autem hoc putas esse nisi vim quandam sentiendi, non sciendi? sensu enim nos bestiae multae superant [...] mente autem, ratione, scientia nos illis deus praeposuit.*

(26, 50) Euodius: Denn ich kann weder behaupten, die Tiere verfügten über Vernunft, noch kann ich ihnen ein Wissen absprechen. Denn — um von unzähligen anderen Beispielen zu schweigen — der Hund, denke ich, wußte doch, daß das sein Herr sei, den er nach zwanzig Jahren wiedererkannt haben soll.

(28, 54) Euodius: Aber erkläre mir bitte, was es mit dem Hund des Odysseus auf sich hat, den ich erwähnt habe. Denn aus dem Staunen über ihn habe ich so unnütz drauflos gebellt.

Augustinus: Bist du nicht auch der Meinung, daß es sich hier um eine bestimmte Stärke des Empfindens, nicht des Wissens handelt? Denn in der Sinnesempfindung sind uns viele Tiere überlegen [...]. Was aber den Verstand, die Vernunft und das Wissen betrifft, so hat uns Gott über sie gesetzt. (Übersetzung K.-H. Lütcke 1973)

**TEXT HEIMKEHR NR. 27**: Augustinus, *De musica* 1, 4, 8 Hrsg. Hentschel 2002 (= Patrologia Latina 32, Sp. 1087)
dt. *Musik*
verfasst 389 n. Chr.

Magister: *Sed quod proposito sat est, puto te negare non posse, bestias habere memoriam. nam et nidos post annum revisunt hirundines, et de capellis verissime dictum est:* »*Atque ipsae memores redeunt in tecta capellae.*« *et canis heroem dominum iam suis hominibus oblitum recognovisse praedicatur.*

Lehrer: Für unser Thema ist es ausreichend, daß du meines Erachtens nicht abstreiten kannst, daß Tiere ein Gedächtnis besitzen. Denn auch Schwalben suchen ihre Nester nach einem Jahr wieder auf, und von Ziegen ist ganz zutreffend gesagt worden: »Selbst die Ziegen kehren wieder in ihren Unterschlupf zurück, den sie im Gedächtnis behalten.« (Verg. georg. 3, 316.) Und vom Hund wird erzählt, er habe seinen heldenhaften Herrn wiedererkannt, nachdem er von seinen Angehörigen bereits vergessen worden war. (Übersetzung F. Hentschel 2002)

**TEXT HEIMKEHR NR. 28**: Servius, *Commentarium in Vergilii Aeneida* 2, 44 S. 222, 24 – S. 223, 9 Hrsg. Thilo — Hagen 1881
dt. *Kommentar zu Vergils Aeneis*
verfasst um 420 n. Chr.

SIC NOTUS ULIXES?: *quia, ut Homerus ait, voluntate verberatus et sub habitu mendici Troiam ingressus exploravit universa. Hic sane Ulixes, filius Laertae, Penelopae maritus fuit. qui filios habuit Telemachum ex Penelope, ex Circe vero Telegonum, a quo etiam inscio cum is ipse patrem quaereret, occisus est. huic Ulixi primus Nicomachus pictor pilleo caput texisse fertur. huius post Iliense bellum errores Homerus notos omnibus fecit. de hoc quoque alia fabula narratur. nam cum Ithacam post errores fuisset reversus, invenisse Pana fertur in penatibus suis, qui dicitur ex Penelope et procis omnibus natus, sicut ipsum nomen Pan videtur declarare: quamquam alii hunc de Mercurio, qui in hircum mutatus cum Penelope concubuerat, natum ferunt. sed Ulixes posteaquam deformem puerum vidit, fugisse dicitur in errores. necatur autem vel senectute, vel Telegoni filii manu aculeo marinae beluae extinctus. dicitur enim, cum continuo fugeret, a Minerva in equum mutatus.*

»SO KENNT IHR ULIXES?« (Übersetzung J. Götte): Weil er, wie Homer sagt, nachdem er sich freiwillig geißeln lassen und in der Verkleidung eines Bettlers in Troia Einlass gefunden hatte, alles erkundete. Dieser Ulixes, fürwahr, der Sohn des Laertes, war der Gemahl der Penelope. Als Söhne hatte er von Penelope den Telemachus, von Circe aber den Telegonus, von dem er unwissentlich, als jener selbst den Vater suchte, getötet wurde. Es wird verbreitet, dass der Maler Nicomachus als erster dem Ulixes das Haupt mit einem Pilos bedeckt habe. Dessen Irrfahrten in Anschluss an den Trojanischen Krieg hat Homer allen bekannt gemacht. Von diesem wird auch noch eine andere Geschichte erzählt. Als er nämlich nach den Irrfahrten nach Ithaca zurückkehrt war, soll er — [so] wird erzählt — im Innern seines Hauses den Pan vorgefunden haben, der angeblich von Penelope und sämtlichen Freiern gezeugt worden war, so wie es der Namen »Pan« selbst kundzutun scheint. Gleichwohl berichten andere, dass dieser von Mercur, der in der Gestalt eines Ziegenbocks mit Penelope geschlafen hatte, gezeugt sei. Ulixes aber, nachdem er den deformierten Knaben erblickt hatte, soll zu [neuen] Irrfahrten geflohen sein. Er starb entweder im hohen Alter [sc. durch Altersschwäche] oder wurde von der Hand seines Sohnes Telegonus getötet, ausgelöscht vom Stachel eines Meerungeheuers. Es wird nämlich [auch] gesagt, dass er, als er sogleich floh, von Minerva in ein Pferd verwandelt wurde.

**TEXT HEIMKEHR NR. 29**: Ps.-Ausonius, *Periocha Odyssiae* Hrsg. Green 1999
dt. *Inhaltsangabe zur Odyssee*
Datierung ungeklärt, möglicherweise 4. Jh. n. Chr.

**NR. 29 A**: per. 19

*Ulixes cum Telemacho arma omnia de medio amoliuntur, procis perniciem comparantes, ne quid aut munimenti aut teli relinqueretur qui vel cavere vim vel inferre possent. ad Penelopam deinde accitu ipsius pergit ibique, ut Eumaeo dixerat, Cretensem se esse mentitur Ulixemque apud se hospitio deversatum comminiscitur. mox cum Euryclia ipsius nutrix hospitalis officii causa pedes eius elueret, tactu manus animadvertit cicatricem, quam habebat ex vulnere in Parnasso quondam suis dente percussus. quo argumento alumnum suum esse cognoscit, sed ab eodem, ne quid ultra vel quaerat vel garriat, coercetur.*

Ulixes entfernt gemeinsam mit Telemachus sämtliche Waffen aus dem Zentrum des Geschehens, um den Freiern das Verderben zu bereiten, damit nicht irgendein Schutzmittel oder Wurfgeschoß zurück bliebe, womit sie sich entweder vor der Gewalt in acht nehmen oder selbst welche ausüben könnten. Alsdann begibt er sich auf deren Einladung hin zu Penelope; ihr lügt er vor, dass er, wie er schon zu Eumaius gesagt hatte, ein Kreter sei, und erdichtet, dass Ulixes als Gastfreund bei ihm geweilt habe. In der Folge bemerkt seine Amme Euryclia — als sie aufgrund einer der Gastfreundschaft geschuldeten Verpflichtung seine Füße wusch — durch Tasten mit der Hand die Narbe, welche er von einer Wunde hatte, die ihm einst auf dem Parnass ein Eber geschlagen hatte. Anhand dieses Beweises erkennt sie, dass er ihr Pflegling ist, wird jedoch von ihm mit Gewalt gezügelt, damit sie nicht etwas darüber hinaus zu ergründen suche oder schwatze.

**NR. 29 B**: per. 24, 7–9

*Tum apud inferos quoque virtus Ulixis et Penelopae pudicitia praedicantur ab Agamemnone prae ceteris, cui dispar fuerat in utroque fortuna.*

Dann werden auch bei den Toten die *virtus* des Ulixes und die *pudicitia* der Penelope öffentlich gepriesen, vor allem von Agamemnon, dem in beiden Punkten ein gänzlich anderes Schicksal widerfahren war.

**TEXT HEIMKEHR NR. 30**: Diktys von Kreta, *Ephemeris belli Troiani* 6, 5–6 S. 124, 19 – S. 125, 16 Hrsg. Eisenhut 1973
    dt. *Tagebuch aus dem Trojanischen Krieg*
verfasst wohl in der zweiten Hälfte des 4. Jh.s n. Chr.

*Ita se cum residuis in manus Phoenicum per maria praedantium incurrisse atque ab his per misericordiam reservatum. igitur, uti voluerat, acceptis ab rege nostro duabus navibus donatusque multa praeda ad Alcinoum regem Phaeacum remittitur.*

*(6) Ibi ob celebritatem nominis per multos dies benigne acceptus cognoscit Penelopam ab triginta inlustribus viris diversis ex locis in matrimonium postulari; hique erant ab Zacyntho, Echinadibus, Leucata, Ithaca. ob quae multis precibus persuadet regi, uti secum ad vindicandam matrimonii iniuriam navigaret. sed postquam devenere ad eum locum paulisper occultato Ulixe, ubi Telemachum rem, que parabatur, edocuere, domum ad Ulixem clam veniunt; ubi multo vino atque epulis repletos iam procos ingressi interficiunt. dein per civitatem Ulixem adventasse popularibus cognitum est, a quis benigne et cum favore exceptus cuncta, quae domi gesta erant, cognoscit; meritos donis aut suppliciis afficit. de Penelopa eiusque pudicitia praeclara fama. neque multo post precibus atque hortatu Ulixis Alcinoi filia Nausica Telemacho denubit. per idem tempus Idomeneus dux noster apud Cretam interiit tradito per successionem Merioni regno. et Laerta, triennio post quam filius domum redit, finem vitae fecit. Telemacho et Nausica natum filium Ulixes Ptoliporthum appellat.*

So sei er mit den Übriggebliebenen in die Hände der auf den Meeren Beute machenden Phöniker gefallen, und von diesen aus Mitleid verschont worden. Also wurde er, wie er gewollt hatte, von unserem König mit zwei Schiffen ausgestattet und reich beschenkt und zu Alcinous, dem König der Phäaken, zurückgeschickt.

(6) Dort, aufgrund der Berühmtheit seines Namens viele Tage lang freundlich aufgenommen, erfuhr er, dass Penelope von 30 vornehmen Männern aus verschiedenen Orten zur Ehe begehrt wurde. Diese kamen aus Zacynthos, den Echinaden, Leucata, Ithaca. Deswegen überzeugte er den König mit vielen Bitten, dass er mit ihm dorthin segele, um das Unrecht an seiner Ehe zu rächen. Aber nachdem sie an dem Ort angekommen waren, versteckte sich Ulixes ein Weilchen, und nachdem er Telemachus darüber aufgeklärt hatte, was sein Plan war, begaben sie sich heimlich zum Haus des Ulixes, wo sie eintretend die schon mit viel Wein und Festmahlen angefüllten Freier niedermachten. Darauf wurde es in der Stadt den Mitbürgern bekannt, dass Ulixes herangekommen war, von denen er freundlich und mit Gunst aufgenommen wurde und alles untersuchte, was zuhause getan worden war und je nach Verdienst belohnte oder mit dem Tod bestrafte.

Von Penelope und ihrer Sittsamkeit kündet eine strahlende Überlieferung. Und nicht viel später, mit Bitten und Ermunterung des Ulixes, verheiratete sich Nausica, die Tochter des Alcinous, mit Telemachus. Zur selben Zeit starb unser Fürst Idomeneus auf Kreta und gab die Herrschaft an Meriones als Nachfolger weiter. Und Laertes beendete sein Leben drei Jahre, nachdem sein Sohn nach Hause gekommen war. Dem Telemachus wurde von Nausica ein Sohn geboren. Ulixes nannte ihn Ptoliporthus.

**TEXT HEIMKEHR NR. 31**: Tertullian, *Ad nationes* 2, 9 (= Corpus Christianorum Series Latina 1 S. 57)
    dt. *An die Heiden*
    verfasst 197 n. Chr.

*Si Fauni filia pudicitia praecellebat, ut ne conversaretur quidem inter viros aut barbaria aut conscientia deformatis aut rubore insaniae paternae, quanto dignior Bona Dea Penelopa, quae inter tot vilissimos amatores deversata obsessam castitatem tenere protexit?*

Wenn die Tochter des Faunus sich durch Sittsamkeit auszeichnete — so sehr, dass sie sich nicht einmal unter Männern aufhielt, entweder wegen ihrer Unkultiviertheit oder wegen des Bewusstseins ihrer Hässlichkeit oder aus Scham über den Wahnsinn ihres Vaters –: wie passender wäre da Penelope als ›Gute Göttin‹, die unter so vielen nichtsnutzigen Verehrern ihre belagerte Keuschheit trotzdem zu bewahren verstand?

**TEXT HEIMKEHR NR. 32**: Hieronymus, *Adversus Iovinianum* 1, 45 (= Patrologia Latina 23, Sp. 287)
    dt. *Gegen Iovinianus*
    verfasst 393 n. Chr.

*Alcestin fabulae ferunt pro Admeto sponte defunctam est: et Penelopes pudicitia Homeri carmen est. Laodamia quoque poetarum ore cantatur, occiso apud Troiam Protesilao, noluisse supervivere.*

Alcestis ist, so berichtet die Sage, für Admetus freiwillig gestorben und Penelopes Sittsamkeit ist der Preisgesang Homers. Auch Laodamia wird von den Dichtern besungen, weil sie nach dem Tod des Protesilaos vor Troja nicht mehr am Leben bleiben wollte. (Übersetzung P. Leipelt 1874)

**TEXT HEIMKEHR NR. 33**: Lucius Ampelius, *Liber memorialis* 8, 5 Hrsg. König 2010
    dt. *Erinnerungsbuch*
    vermutlich 3. oder 4. Jh. n. Chr.
    Überschrift Kap. 8: *Miracula quae in terris sunt*

*Sicyone in Achaia: in foro aedis Apollinis; in ea sunt posita Agamemnonis clipeus et machaira, Ulixis chlamys et thoracium, Teucri sagittae et arcus, Adrasti arca quam deposuit, in qua quid sit ignoratur, sed et olla aerea, quam Medea posuit, in quam Pelias coctus dicitur; item Palamedis litterae, Marsyae autem quoque corium, remi Argonautarum et gubernaulis brachia, cauculus quo Minerva sortita est de Oreste [...]; ibi palla pendet; quam si quis halitu afflaverit, tota patefit; Penelopae tela. ibi de terra oleum scaturrit.*

Sikyon in Achaia: Auf dem Marktplatz steht ein Apollontempel; in diesem werden der Schild und das Kurzschwert des Agamemnon, das Oberkleid und der Harnisch des Ulixes, Pfeile und Bogen des Teuker aufbewahrt, ein von Adrastes deponierter Kasten, dessen Inhalt keiner kennt; aber auch ein bronzener Kessel, den Medea abgestellt hat und in dem Pelias gekocht worden sein soll; ferner ein Brief des Palamedes, aber auch die Haut des Marsyas, die Ruder der Argonauten und Schenkel des Steuerruders; der Würfel, mit dem Minerva über Orestes das Los warf [...]; dort hängt ein Gewand: wenn es jemand anhaucht, öffnet es sich vollständig; [ferner] das Gewebe der Penelope. Dort sprudelt Öl aus der Erde. (Übersetzung I. König 2010)

**TEXT HEIMKEHR NR. 34**: Magnus Felix Ennodius, *Epistulae* 2, 6 (= Corpus Scriptorum Ecclesiasticorum Latinorum 6 S. 46, 2–4)
    dt. *Briefe*
    Lebensdaten 473–521 n. Chr.
    an Pomerius

*Ista quae sunt saecularium schemata respuantur, caducis intenta persuasionibus, telae similia Penelopae.*

Die Phrasen der Weltlichen sollen verworfen werden, denn sie sind auf vergängliche Überredungskünste ausgerichtet, ähnlich wie das Gewebe der Penelope. (Übersetzung B.-J. Schröder 2007, S. 194)

**TEXT HEIMKEHR NR. 35**: Claudian, *Laus Serenae* (= carmen 30) 19–33 Hrsg. Ricci 2001
    dt. *Lob der Serena*
    vermutlich 398 n. Chr.

*Anne aliud toto molitur carminis actu*
*Maeonii mens alta senis? quod stagna Charybdis*
*Armavit, quod Scylla canes, quod pocula Circe,*
*Antiphatae vitata fames surdoque carina*
*Remige Sirenum cantus transvecta tenaces,*
*Lumine fraudatus Cyclops, contempta Calypso,*
*Penelopae decus est, atque uni tanta paratur*
*Scaena pudicitiae. terrae pelagique labores*
*Et totidem saevi bellis quot fluctibus anni*
*Coniugii docuere fidem. sit Claudia felix*
*Teste dea castosque probet sub numine mores*
*Absolvens puppisque moras crimenque pudoris;*

*Penelope trahat arte procos fallatque furentes
Stamina nocturnae relegens Laërtia telae:
Non tamen audebunt titulis certare Serenae.*

Bemüht sich etwa der hohe Geist des Alten aus Maionien mit der ganzen Handlung seines Gedichts um irgendetwas anderes? Dass Charybdis ihre Gewässer in Stellung brachte, Scylla ihre Hunde, Circe ihre Kelche; dass [Odysseus/Ulixes] dem Hunger des Antiphates entging und sein Schiff mit tauben Ruderern an den fesselnden Gesängen der Sirenen vorüberfuhr; die Blendung des Kyklopen, die Zurückweisung der Calypso — all das dient dem Ruhm der Penelope, einzig für ihre Sittsamkeit wird diese gewaltige Bühne errichtet. Die Mühen zu Wasser und zu Lande und dieselbe Zahl von Jahren im mörderischen Krieg wie auf den wilden Fluten stellten die eheliche Treue unter Beweis. Mag Claudia das Glück zuteil geworden sein, die Göttin zur Zeugin zu haben und mithilfe der Gottheit ihr keusches Wesen zu erweisen, indem sie zugleich das Schiff in Bewegung setzte und die Vorwürfe gegen ihre Sittsamkeit widerlegte; mag Penelope die Freier kunstvoll hinhalten und sie zu ihrem Ärger täuschen, indem sie nachts die Fäden des Gewebes für Laertes wieder auflöst: den Wettstreit mit den Ruhmestiteln der Serena werden beide nicht wagen können.

**TEXT HEIMKEHR NR. 36**: Sidonius, *Epithalamium* (= carmen 15) 159–61 Hrsg. Anderson 1980
    dt. *Hochzeitsgedicht*
    für Polemius und Araneola
    publiziert (gemeinsam mit anderen Gedichten)
        um 463 n. Chr.

*Ithacesia primum
Fabula Dulichiique lares formantur et ipsam
Penelopam tardas texit distexere telas.*

Zuerst werden die auf Ithaca spielende Geschichte und die Dulichischen Laren [sc. das Haus des Odysseus/Ulixes] gebildet, und [Araneola] webt Penelope selbst, wie sie das zögerliche Gewebe ›entwebt‹.

Anhang 2

# Katalog der spätantiken Bilder zur *Odyssee*

Die Gliederung des Katalogs folgt der Gliederung des Textteils. Das bedeutet, jede dort diskutierte Episode der *Odyssee* erhält einen eigenen Abschnitt, in welchem die dazugehörigen Darstellungen fortlaufende Nummern erhalten (z. B. Katalog Polyphem Nr. 1 bis 18). Dabei folgt die Nummerierung der Argumentation im entsprechenden Text.

Sind auf einem Monument mehrere Momente einer einzigen Episode dargestellt, dann erhalten diese je eigene Katalognummern (z. B. Katalog Polyphem Nr. 7 und 8). Dasselbe gilt für Darstellungen unterschiedlicher Episoden der *Odyssee* auf ein und demselben Monument (z. B. Katalog Sirenen Nr. 4 und Katalog Skylla Nr. 1). Darstellungen der Protagonisten jener Episoden, die sich nicht eindeutig dem Erzählkontext der *Odyssee* zuweisen lassen, werden in einem Anhang aufgelistet (z. B. Anhang Skylla Nr. 1 bis 12).

Vollständigkeit wurde angestrebt, aber vermutlich nicht erreicht.

## KATALOG ZU POLYPHEM

**KATALOG POLYPHEM NR. 1**: eine Hälfte einer sog. Kuchenform, angeblich in der Antikensammlung, Staatliche Museen zu Berlin — Preußischer Kulturbesitz

Abb. II.1

Keine Inventarnummer bekannt, von dem Stück existieren nur alte Negative und Abzüge.

**Fundort:** unbekannt; Produktionsort nicht eindeutig lokalisiert, eventuell Ostia oder Nordafrika

**Fundumstände:** unbekannt; eventuell aus der Grabung Angiolo Pasqui um 1900 in Ostia

Keine Maßangaben. Das Bildfeld ist unversehrt; Absplitterungen am unteren Rand.

Das Halbrund des oberen Randes bildet zugleich die Form der Höhle; deren felsige Struktur wird angegeben durch tropfenförmige Ausbuchtungen entlang des Randes. Polyphem, riesenhaft groß im Vergleich zu den Griechen, sitzt an der höchsten Stelle des Bildfeldes und blickt aus drei weit aufgerissenen Augen den Betrachter an. Er ist nackt, mit struppigem Haar und Bart. Drei horizontale Falten über dem Bauch sollen seine Beleibtheit andeuten. Mit der linken Hand hält er den Oberarm eines winzigen toten Gefährten, der nackt und mit schlaffen Gliedern zwischen seinen gespreizten Beinen hängt. Ganz rechts im Bild befindet sich ein Widder. Von links treten Odysseus und ein weiterer Gefährte heran. Odysseus, mit Pilos und Exomis, streckt Polyphem den Becher entgegen. Der Gefährte, mit kurzem Haar und gleichfalls Exomis, schleppt mit beiden Händen einen länglichen Behälter zum Nachfüllen heran. Beide Griechen schauen mit angstverzerrtem Gesicht aus dem Bild heraus.

**Datum:** 200–50 n. Chr.

Müller 1913, 19 Abb. 2; Touchefeu-Meynier 1968, 28 f. Nr. 32; Fellmann 1972, 61–64 BR 46; Touchefeu-Meynier 1992a, 955 Nr. 79.

**KATALOG POLYPHEM NR. 2**: eine Hälfte einer sog. Kuchenform Bonn, Akademisches Kunstmuseum, Inv.-Nr. D 103

**Fundort:** möglicherweise Rom (Italien), eventuell aber dort nur erworben; Produktionsort nicht eindeutig lokalisiert, eventuell Ostia oder Nordafrika

**Fundumstände:** unbekannt; eventuell aus der Grabung Angiolo Pasqui um 1900 in Ostia

Länge 15 cm, Höhe 10 cm; leicht gewölbt; auf der Außenseite ein kurzer Griff zum Anfassen bzw. zum Abheben der Formteile. Aus einer anderen Positivform gewonnen als das zuvor genannte Beispiel. Es fehlen die rechte untere Ecke des Bildfeldes (inklusive eines Teils des linken Beines des Kyklopen und eines Teils des Oberkörpers des toten Gefährten) sowie die Stirn des Polyphem.

Das Halbrund des oberen Randes bildet zugleich die Form der Höhle; deren felsige Struktur wird angegeben durch tropfenförmige Ausbuchtungen entlang des Randes. In der rechten Bildhälfte sitzt, den Betrachter frontal anblickend, ein riesenhafter nackter Polyphem. Bei dem schwer zu erkennenden Objekt zu seiner Linken handelt es sich nach Fellmann um ein Löwenfell, das ihm auf dem felsigen Sitz als Unterlage dient. Der Bart des Riesen ist sorgfältig gestutzt, die Nase ein wenig breit. Sein Körper erscheint nicht besonders muskulös; auf dem Bauch bilden sich beim Sitzen mehrere horizontale Speckfalten, die Brust ist sehr voll. Eine vertikale Reihe von Punkten entlang des Brustbeins soll wohl Brustbehaarung anzeigen (vgl. die kaiserzeitliche Polyphem-Skulptur aus dem sog. Ninfeo Bergantino: Andreae 1999 Abb. 71). Zwischen Polyphems gespreizten Beinen liegt der reglose Körper eines nackten toten Gefährten, den er mit der linken Hand am rechten Arm gepackt hält. Die rechte Handfläche streckt er nach dem Wein aus. Von links eilen Odysseus und ein weiterer Gefährte heran. Sie sind beide deutlich größer als das Opfer und zudem mit einer Exomis, Odysseus zusätzlich noch mit dem Pilos, bekleidet. Odysseus, im Ausfallschritt, legt dem Riesen mit wachsamem Blick den Becher in die Hand. Dahinter mit furchtsamem Gesicht der Gefährte, der bereits das Gefäß zum Nachfüllen in den Händen hält.

**Datum:** 200–50 n. Chr.

Müller 1913, 19; Fellmann 1972, 61–64 BR 47 Abb. 15; Touchefeu-Meynier 1992a, 955 Nr. 78.

**KATALOG POLYPHEM NR. 3**: Fragment einer pannonischen Terra-Sigillata-Bilderschüssel, Vinkovci, Gradski muzej (ohne Inv.-Nr.)

**Abb. II.2**

Vgl. Katalog Heimkehr Nr. 5

**Fundort:** Vincovci (*Colonia Aurelia Cibalae*, Kroatien)

**Fundumstände:** unbekannt

Keine Maßangaben. Auf der Außenseite des Gefäßes ein umlaufender Bildfries, von dem sich noch die dreimal wiederholte Figur einer stehenden Frau mit Spindel (Katalog Heimkehr Nr. 5) sowie die Szene aus der Polyphem-Geschichte erhalten hat.

Die Darstellung mit Odysseus und Polyphem wird begrenzt von einem mit vegetabilen Ornamenten verzierten hausähnlichen Rahmen, der die Höhle des Kyklopen andeuten soll. Odysseus, mit Pilos und Exomis, tritt von links an Polyphem heran und streckt ihm den Becher entgegen. Polyphem, nackt, sitzt annähernd frontal mit gespreizten Beinen. Er wendet den Kopf mit nur einem, korrekt im Profil wiedergegebenen Auge in Richtung des Odysseus. Die linke Hand ist in die Hüfte gestützt. Im unteren Teil des Bildfeldes befinden sich mehrere nicht identifizierbare Formationen. Zwischen Polyphem und Odysseus eine Inschrift: *ULIXSIN*, wohl zu ergänzen zu *ULIX(e)S IN (antro Cyclopis)*, d. h. »Odysseus in (der Höhle des Kyklopen)«.

**Datum:** Ende 3. Jh. n. Chr.

Brukner 1980; Brukner 1981, 74 Nr. 2 Taf. 43 Nr. 2; Taf. 173 Nr. 21; Touchefeu-Meynier 1997, 1013 Nr. 10; Leleković 2008, 181.

**KATALOG POLYPHEM NR. 4**: Mosaik in der Villa von Piazza Armerina (Italien): Vorraum (Carandini — Ricci — de Vos Nr. 37) eines Apsidensaals (Nr. 38) und eines *cubiculum* (Nr. 39)

**Abb. II.4**

**Fundort:** *in situ*

**Fundumstände:** Grabungen in den 50er Jahren des 20. Jahrhunderts unter Gino Vinicio Gentili

Das polychrome Mosaikbild nimmt, abgesehen von ornamentalen Zierfriesen zur Umrandung, die gesamte Fläche eines Raumes von 5,50 m × 5,30 m ein. Es ist vollständig erhalten. Die Ansicht ist nach Westen ausgerichtet, auf die Eingangstür, die vom Korridor mit der sog. Großen Jagd über eine Stufe in diesen Privattrakt hinaufführt.

Inmitten einer lieblichen Landschaft liegt die Höhle des Kyklopen; im Vordergrund grasen Ziegen und Schafe. Im Zentrum der Höhle sitzt annähernd frontal auf einem flachen Felsblock Polyphem. Er ist nackt bis auf ein über der Brust geknotetes, auf den Rücken fallendes Tierfell. Der Bart ist sorgfältig gestutzt, das schulterlange wellige Haar wohlfrisiert. Auf der Stirn befindet sich ein drittes Auge. Auf Polyphems linken Oberschenkel liegt mit aufgerissener Bauchhöhle ein toter Widder. Polyphems rechte Hand weist im Redegestus auf den von links herantretenden Odysseus. Dieser hält einen großen Becher mit Wein und blickt beflissen zu dem Kyklopen auf. Bekleidet ist er mit Pilos, Exomis sowie einem roten, von einer Scheibenfibel gehaltenen Paludamentum. Links im Hintergrund der Höhle füllen zwei Gefährten — beide mit kurzem Haar und kurzem Gewand — Wein in ein weiteres Gefäß.

**Datum:** 350–400 n. Chr.

Gentili 1959, 27 f. Abb. 11 Taf. 23; Touchefeu-Meynier 1968, 27 f. Nr. 30; Fellmann 1972, 68 f. BR 49; Kähler 1973, 14–19 bes. 15 Taf. 33 a–c; Carandini — Ricci — de Vos 1982, 238 f. Bl. 34; Torelli 1984, 143–56; Touchefeu-Meynier 1992a, 955 Nr. 70; Touchefeu-Meynier 1992b, 157 Nr. 29; Andreae 1999 Abb. S. 155 unten; Muth 1999, bes. 201 f.

**KATALOG POLYPHEM NR. 5**: Deckelfragment eines stadtrömischen Sarkophags Rom, Via del Collegio Capranica 10

**Abb. II.5**

**Fundort:** Rom (Italien)

**Fundumstände:** nicht zu rekonstruieren

Fragment vom Deckel eines Kindersarkophags. Breite 51 cm, Höhe 22 cm. Sehr verrieben und von mäßiger künstlerischer Qualität. Erhalten hat sich der größte Teil der rechten Seite mit der oberen Randleiste; unten eine beinahe gerade Bruchkante in Höhe der Beine der Protagonisten. Ganz links ist noch ein Rest der Inschriftentafel zu erkennen sowie der ungeflügelte Putto, der diese einst hielt.

An den Putto schließt sich direkt die Szene der Becherreichung an, die von einer die Grotte des Kyklopen anzeigenden Felswand hinterfangen wird. Am rechten Rand des Fragments sitzt, annährend frontal zum Betrachter ausgerichtet, Polyphem. Er ist vollständig nackt und hat im Gesicht — soweit auf der von Robert publizierten Zeichnung erkennbar ist — zwei der menschlichen Norm entsprechende Augen. In der linken, herabhängenden Hand hält Polyphem einen undefinierbaren Gegenstand, vermutlich — wie die ikonographische Tradition nahelegt — das Handgelenk eines heute verlorenen, einst rechts von ihm befindlichen toten Gefährten. Die rechte Hand streckt Polyphem nach einem Trinkgefäß aus, welches ihm Odysseus — in gegürteter ärmelloser Tunika, der Kopf ist heute verloren — reicht. Links hinter Odysseus halten zwei der Gefährten einen großen Weinschlauch.

Ungewöhnlich sind an diesem Bild zum einen die Größenverhältnisse: Polyphem erscheint im Vergleich zu den Griechen winzig, während die Gefährten, die sonst — ob tot oder lebendig — in der Regel die am kleinsten dargestellten Personen sind, hier am größten wiedergegeben wurden. Zum anderen sind die beiden Gefährten unbekleidet und von knabenhaften Proportionen.

**Datum:** 3. Jh. n. Chr.

Matz — von Duhn 1881, 458 f. Nr. 3361; Robert 1890, 161 Nr. 149 Taf. 53 Nr. 149; Touchefeu-Meynier 1968, 26 Nr. 26; Fellmann 1972, 65 BR 12; Andreae 1974, 75 Nr. 14; Touchefeu-Meynier 1992a, 955 Nr. 72; Touchefeu-Meynier 1997, 1013 Nr. 6; Ewald 1998, 253 mit Anm. 144.

**KATALOG POLYPHEM NR. 6**: Deckelfragment eines stadtrömischen Sarkophags Rom, S. Maria dell'Anima

**Abb. V.14**

Vgl. Katalog Skylla Nr. 124

**Fundort:** unbekannt, vermutlich Rom oder Umgebung (Italien)

**Fundumstände:** vermauert im *cortile* der Kirche; dorthin gelangte es zu einem unbekannten Zeitpunkt

Fragment vom oberen Rand eines Deckels. Breite 50 cm, Höhe 20 cm.

Sicher rekonstruieren lässt sich die Szene der Weinreichung aus dem Polyphem-Abenteuer: Odysseus — mit Pilos und Bart, nur der halbnackte Oberkörper erhalten — wendet sich nach rechts, um einer zweiten Gestalt, von der nur noch der rechte Unterarm zu sehen ist, einen großen Becher zu reichen. Seine Haltung ist aufrecht, der Kopf leicht zum wohl als etwas tiefer sitzend zu denkenden Empfänger des Trankes geneigt.

Links im Bild, im Rücken des Odysseus, streckt sich eine Schwanzflosse nach oben; darüber, schräg geführt, eine Art Stock. Eventuell handelt es sich hier um ein Seeschlangenbein und das Steuerruder der Skylla (Katalog Skylla Nr. 124). In diesem Fall handelte es sich vielleicht ursprünglich um einen Zyklus von Darstellungen aus der *Odyssee*.

**Datum:** 3. Jh. n. Chr.

Andreae — Parisi Presicce 1996, 223 Abb. S. 226; Ewald 1998, 240. 253 mit Anm. 145 Taf. 36, 2.

**KATALOG POLYPHEM NR. 7**: stadtrömischer Sarkophag Neapel, Museo Nazionale, Inv.-Nr. 6580–82

**Abb. II.6c**

Vgl. Katalog Polyphem Nr. 8

**Fundort:** Umgebung von Neapel (Italien)

**Fundumstände:** spätestens seit 1796 im Museum von Neapel

Fragmentierter Kasten eines Wannensarkophags mit Szenen aus der Polyphem-Geschichte; die genaue Zuordnung der Fragmente zueinander ist unklar. Ein annähernd rechteckiges Fragment von 0,57 m Breite und 1,04 m Höhe zeigt die Weinreichung (Inv. 6580). Links befindet sich eine gerade Schnittkante, der untere und rechte Rand ist ausgebrochen. Es fehlen mindestens der hintere Teil vom linken Bein des Odysseus, der linke Arm des Polyphem sowie Kopf, Schultern, Arme und zum Teil die Unterschenkel des toten Gefährten. Oben hat sich der ursprüngliche Rand mit der stark vorspringenden und nach rechts umbiegenden Randleiste erhalten. Insofern ist wohl Robert 1890, 159 f. zuzustimmen, der dieses Fragment an die rechte Ecke der Vorderseite platziert. (Anders Andreae 1999, 162, der es in die linke Hälfte setzt, um rechts daran die Szene mit der Blendung — hier Polyphem Nr. 8 — anfügen zu können.)

Links im Bild beugt sich ein muskulöser Odysseus — mit Pilos und Exomis, einen Becher in den Händen — über den bereits trunken zusammengesunkenen Kyklopen. Zu seinen Füßen liegt ein Weinschlauch. Polyphems Kopf mit den drei Augen hängt schlaff nach vorne, der Mund ist leicht geöffnet. Der weiche und füllige Körper entbehrt jeder Haltung. Unter seinem aufgesetzten rechten Fuß liegt der nur unvollständig erhaltene nackte Körper eines toten Gefährten, aus dessen Bauchhöhle die Eingeweide quellen. Polyphem hält mit seiner Linken das rechte Handgelenk des Toten umfasst und führt es zu seinem Genital. Über dem Kopf des Kyklopen ist noch der Rest einer Hand zu erkennen: Sie muss einem weiteren Gefährten gehören, der einst rechts von Polyphem stand. Das bedeutet, das Bildfeld ist nach rechts um mindestens eine weitere (stehende) Figur zu ergänzen.

Hinter Odysseus, im Reliefgrund, ist eine Kiefer zu erkennen, hinter Polyphem eine Eiche. Diese Bäume sollen den Wald außerhalb der Höhle bezeichnen.

**Datum:** um 300 n. Chr.

Robert 1890, 159–61 Nr. 148 Taf. 53 Nr. 148; Touchefeu-Meynier 1968, 25 f. Nr. 25; Fellmann 1972, 69 f. BR 16; Sichtermann — Koch 1975, 50 Nr. 50 Taf. 129; Touchefeu-Meynier 1992a, 955 Nr. 71; Touchefeu-Meynier 1992b, 157 Nr. 30; Andreae — Parisi Presicce 1996, 246 f. Nr. 4.11; Ewald 1998, 253 f. mit Anm. 147; Andreae 1999, 161 Abb. Nr. 67 auf S. 156.

**KATALOG POLYPHEM NR. 8:** stadtrömischer Sarkophag Neapel, Museo Nazionale, Inv.-Nr. 6580–82

**Abb. II.6a–b**

Vgl. Katalog Polyphem Nr. 7

**Fundort:** Umgebung von Neapel (Italien)

**Fundumstände:** spätestens seit 1796 im Museum von Neapel

Fragmentierter Kasten eines Wannensarkophags mit Szenen aus der Polyphem-Geschichte; die genaue Anordnung der Fragmente bzw. der Szenen ist unklar (s. o. zu Polyphem Nr. 7). Mindestens ein Fragment (Inv. 6581), vermutlich eher zwei (zusätzlich Inv. 6582), sind auf die Blendung zu beziehen. Sie befanden sich auf der Vorderseite des Sarkophags. Da sie nicht direkt aneinander anpassen, ist ihre räumliche Zuordnung zueinander nicht belegbar.

Das erste Fragment (Inv. 6581) ist 40 cm breit und 54 cm hoch. Die rechte und die untere Kante sind relativ gerade, die anderen beiden nicht. Hier handelt es sich um die zentrale Szene der Vorderseite: Zu erkennen sind der Kopf und der halbe Oberkörper des nach links gelagerten Polyphem sowie der Torso eines deutlich kleineren Gefährten. Polyphem, an dessen rechter Schläfe sich die Spitze des mit züngelnden Flammen umgebenen Pfahles befindet, ist aus dem Schlaf hochgeschreckt. Er stützt sich auf den linken Arm, alle Muskeln sind bis aufs Äußerste gespannt. Die drei Augen sind weit aufgerissen, die Brauen schmerzlich zusammengezogen, die Nasenflügel blähen sich, der Mund öffnet sich zu einem Schrei. Das strähnige Haar ist nach hinten gestrichen, der Bart besteht aus langen struppigen Strähnen. Rechts von Polyphems Arm befindet sich ein fragmentarisch erhaltener Gegenstand, eventuell ein Schaf (Fellmann 1972, 48). Hinter diesem ein Gefährte in kurzem gegürteten Gewand. Nach dem erhaltenen Ansatz zu urteilen, war sein rechter Arm erhoben. Wo sich die Beine dieser annähernd frontal dargestellten Figur befanden, ist unklar, da die Lagerfläche des Polyphem ungefähr auf der Höhe seiner Unterschenkel beginnt. Lagerte der Kyklop auf einem Felsen und der Gefährte stand, mitsamt dem eventuellen Tier, dahinter?

Das andere Fragment (Inv. 6582) wurde von Robert 1890, 160 sowie Fellmann 1972, 48 aufgrund von Material und Ausführung gleichfalls diesem Sarkophag zugewiesen. Das Fragment hat eine Breite von 54 cm und eine Höhe von 57 cm und ist bis auf eine Fehlstelle links unten annähernd rechteckig zugeschnitten. Oben ist der Rand mit den Resten einer Inschrift erhalten. Nach Robert 1890, 161 lautet das rechts noch erkennbare Wort *INFELICISSIM*[...]. Vom Bildfeld haben sich die in Höhe der Oberschenkel abgeschnittenen Körper zweier Männer erhalten. Beide stehen annähernd frontal und sind mit einem gegürteten Gewand sowie einem auf der rechten Schulter gefibelten Mantel bekleidet. Bei dem Linken, dessen Kopf zerstört ist, zeigen die nach oben flatternden Mantelfalten heftige Bewegung an. Sein heute verlorener rechter Arm muss erhoben gewesen sein. Der andere Mann blickt leicht in die Richtung des ersten. Sein rechter Arm war gesenkt und vorgestreckt. Er hat einen Vollbart sowie etwas längeres, schön gelocktes Haar. Die glatte Fläche auf seinem Oberkopf könnte einen Pilos bezeichnen (so Fellmann 1972, 48; Robert erwähnt weder einen Pilos noch eine Identifikation als Odysseus). Aber selbst ohne Pilos würde ein Betrachter in einem bärtigen Mann wohl Odysseus erkennen, da die Gefährten in aller Regel bartlos dargestellt sind.

Was die Rekonstruktion des Handlungsmotivs der beiden Männer sowie die räumliche Beziehung zum Fragment mit dem geblendeten Polyphem anbelangt, so scheint der Vorschlag von Robert 1890, 161 der plausibelste zu sein: Beide Männer hantieren am hinteren Ende des Pfahls, den sie von links oben nach rechts unten dem Kyklopen ins Gesicht stoßen. Sie müssen also ursprünglich links von Polyphem platziert gewesen sein.

**Datum:** um 300 n. Chr.

Robert 1890, 159–61 Nr. 148a–b Taf. 53 Nr. 148a; Touchefeu-Meynier 1968, 25 f. Nr. 25; Fellmann 1972, 48 f. BL 20; Sichtermann — Koch 1975, 50 Nr. 50 Taf. 129; Touchefeu-Meynier 1992a, 957 Nr. 97; Andreae — Parisi Presicce 1996, 246 f. Nr. 4.11; Touchefeu-Meynier 1997, 1015 Nr. 30; Ewald 1998, 253 f. mit Anm. 147; Andreae 1999, 161 f. Abb. Nr. 67 auf S. 157.

**KATALOG POLYPHEM NR. 9**: Marmorskulptur Rom, Galleria Doria Pamphilj, Salone Aldobrandini

Abb. II.7

**Fundort**: unbekannt, eventuell aus einer italischen Villa

**Fundumstände**: nicht mehr zu rekonstruieren; das Monument wird bereits bei Winckelmann 1767 erwähnt

Unterlebensgroße Gruppe aus grauem, feinkörnigem Marmor, von 91 cm Höhe und 96 cm Länge.

Der mächtige, muskulöse Widder hat die Beine in den Boden gestemmt und steht sehr aufrecht. Das Gewicht des unter seinem Bauch hängenden, im Vergleich zu ihm winzigen Odysseus scheint er kaum zu spüren. Dieser fasst mit den Armen nach dem Rücken des Tieres, ohne sich tatsächlich in das Fell zu krallen. Die Knie pressen sich an die Flanken, die nackten Füße an die Hinterläufe. Das zum Betrachter gewandte, unter der Brust des Widders befindliche Gesicht des Odysseus wirkt wenig glücklich. Die Augenbrauen sind kontrahiert und zur Nasenwurzel gezogen, die Miene erscheint leidend und angestrengt. Odysseus trägt den Pilos und ein kurzes gegürtetes Gewand, dessen Saum von den hochgezogenen Oberschenkeln nach unten rutscht und die Glutäen entblößt.

Zwischen dem Rücken des Odysseus und der Plinthe befindet sich eine große rechteckige Statuenstütze; weiterhin je ein Verbindungssteg zwischen den beiden Vorder- und den beiden Hinterbeinen des Widders. Die Unterseite des Widders wurde nicht vollständig ausgearbeitet.

**Datum**: Anfang 3. Jh. n. Chr.

Winckelmann 1767, Nr. 155; Bieber 1943; Bieber 1955, 100 Abb. 402; Touchefeu-Meynier 1968, 55 Nr. 140 Taf. 12,3; Fellmann 1972, 98 FL 49; Fischer-Hansen 1974, 51 f. Abb. 23; Calza 1977, 78 Nr. 83 Taf. 55; Touchefeu-Meynier 1992a, 960 Nr. 136; Andreae — Parisi Presicce 1996, 133 Nr. 2.27; Andreae 1999, 129 Abb. 76.

**KATALOG POLYPHEM NR. 10**: polychromes Mosaikfeld Rom, Museo Nazionale Romano, Inv.-Nr. 1241

Abb. II.8

**Fundort**: nicht mehr genau lokalisierbarer großer Raum einer Villa bei Baccano (Italien)

**Fundumstände**: Eines von vielen (nach Becatti-Fabbricotti 1970: insgesamt 32, nach Andreae 2003: insgesamt 25) figürlich verzierten Feldern eines großen Fußbodenmosaiks, die zwischen 1865 und 1870 in einem heute nicht mehr genau lokalisierbaren Raum der Villa entdeckt, herausgenommen und nach Rom zum Verkauf gebracht wurden. Der damals angefertigte Fundplan wurde nie publiziert und ist heute verschollen.

Polychromes Emblem von je 52 cm Länge und Breite, bestehend aus *tesserae* von ca. 5 mm × 5 mm; nahezu vollständig erhalten.

Ein riesenhafter, nackter und dunkel gebräunter Polyphem sitzt vor seiner Höhle und betastet den Rücken seines Lieblingswidders. Das Gesicht ist vom Widder abgewandt, die Brauen sind in höchster Konzentration zusammengezogen. Die beiden an anatomisch korrekter Stelle sitzenden Augen haben eine trübe Färbung; dort, wo sich die ausgebrannten Pupillen befinden müssten, hat der Mosaizist je eine schwarze *tessera* eingesetzt. Touchefeu-Meynier 1997, 1016 will auf der Stirn noch ein drittes Auge erkennen (»deux yeux aveugles et, sur le front, une sorte de troisième œil«). Unter dem Widder hängt Odysseus, der sich mit Händen und Füßen in das Fell des Tieres krallt. Seine Ärmeltunika rutscht in großzügigen Falten in Richtung der Schwerkraft. Der Kopf mit dem Pilos schaut ängstlich unter dem Nacken des Tieres hervor.

Die anderen erhaltenen Felder thematisieren andere Mythen und Gestalten: Ganymed und der Adler des Zeus, die Bestrafung des Marsyas, Jahreszeitenpersonifikationen, Flussgottheiten, Musen, Meerwesen u. a. Ein weiteres Bild mit *Odyssee*-Thematik hat sich nicht erhalten.

**Datum**: Anfang 3. Jh. n. Chr.

Touchefeu-Meynier 1968, 58 Nr. 155; Helbig 1969, 423 Nr. 2472c; Becatti — Fabbricotti 1970, 28 f. Nr. 11 Taf. 11; Fellmann 1972, 99 f. FL 57; Touchefeu-Meynier 1992a, 959 Nr. 130; Andreae — Parisi Presicce 1996, 134 Nr. 2.28; Touchefeu-Meynier 1997, 1016 Nr. 51; Andreae 2003, 294–307 Abb. S. 294 und 301.

**KATALOG POLYPHEM NR. 11–18**: acht Kontorniaten in verschiedenen Sammlungen. Das *Odyssee*-Motiv befindet sich auf der Rückseite. Alle erhaltenen Beispiele sind auf einen einzigen Stempel (Alföldi — Alföldi 1990, RS Nr. 82) zurückzuführen.

Auf der Vorderseite befindet sich stets Caracalla im sog. Typus IV: unbekränzte Büste mit Panzer und Paludamentum im Profil nach rechts; Umschrift *ANTONI — NUS PIUS*. Die Bemerkungen zu den Beizeichen beziehen sich auf die Vorderseite.

**NR. 11.** Mailand, Museo Teatrale della Scala, 158/1006 (Alföldi — Alföldi 1976, Nr. 422,1).

Ohne Gewichtsangabe; ohne Beizeichen.

**NR. 12.** Wien, Bundessammlung von Münzen, Medaillen und Geldzeichen, Inv. 32610 (Alföldi — Alföldi 1976, Nr. 422,2).

Gewicht 31,05 g; ohne Beizeichen.

**NR. 13.** Forlì, Museo Civico, Collezione Piancastelli (Alföldi — Alföldi 1976, Nr. 422,3).

Gewicht 27,47 g; ohne Beizeichen.

**NR. 14.** London, British Museum (Alföldi — Alföldi 1976, Nr. 422,4).

Gewicht 25,39 g; ohne Beizeichen; der Kaiserkopf auf der VS wurde leicht retuschiert.

**NR. 15.** London, British Museum, 1844,0425.1937 (Alföldi — Alföldi 1976, Nr. 422,5).
**Abb. II.9a–b**

Gewicht 30,96 g; ohne Beizeichen. Der Kontorniat wurde oben und unten durchbohrt, so dass die Darstellung des Kaiserkopfes genau gerade hängt, die der *Odyssee*-Szene ganz leicht schräg.

**NR. 16.** Neapel, Museo Nazionale, 13 (Alföldi — Alföldi 1976, Nr. 422,6).

Gewicht 28,62 g; ohne Beizeichen. Der Kontorniat wurde oben und unten durchbohrt, so dass die Darstellung des Kaiserkopfes genau gerade hängt, die der *Odyssee*-Szene etwas schräg.

**NR. 17.** Bern, Bernisches Historisches Museum, 20 (Alföldi — Alföldi 1976, Nr. 422,7).

Gewicht 24,64 g; Beizeichen rechts: 2 runde Eintiefungen vor der Stirn, darunter Spuren eines weiteren Beizeichens, vielleicht des Monogramms *PE*.

**NR. 18.** Wien, Dorotheum, Sammlung Apostolo Zeno, 2636 (Alföldi — Alföldi 1976, Nr. 422,8).

Ohne Gewichtsangabe; rechts Spuren eines Beizeichens. Der Rand ist teilweise ausgebrochen.

**Fundorte:** unbekannt; produziert in einer stadtrömischen Werkstatt

**Fundumstände:** gleichfalls unbekannt; in der Regel zirkulieren Kontorniaten seit Jahrhunderten in Sammlungen

Aus einer Kupferlegierung geprägt; der Durchmesser der Stücke beträgt ca. 4 cm.

Das Bildfeld der Rückseite rahmt eine erläuternde Umschrift *OLEX* — EUS (= Vulgärform von Ulixeus oder Ulixes). Im Mittelpunkt des Bildes steht ein großer, auf einer Grundlinie nach rechts schreitender Widder. In dessen wolliges Fell krallt sich von unten der unverhältnismäßig klein wiedergegebene Odysseus. Man sieht seinen Kopf in dem Winkel zwischen Brust und Vorderläufen des Tieres. Die Arme fassen noch oben auf den Rücken, die Beine umklammern die Oberschenkel der Hinterläufe. Weitere Charakteristika des Helden sind aufgrund der minimalen Größe und des schlechten Erhaltungszustands der Bildträger nicht mehr zu erkennen. Hinter dem Widder rankt sich bis zum oberen Bildrand ein Weinstock empor. Ganz rechts steht ein rauchender Altar, der mit einem winzigen Reliefbild geschmückt ist: ein nackter Mann in Ausfallstellung nach rechts, in der erhobenen Rechten möglicherweise eine Waffe. Hier handelt es sich vermutlich um eine Darstellung des blitzeschwingenden Zeus als des Adressaten des von Odysseus dargebrachten Dankopfers.

**Datum:** 355/60–395/423 n. Chr.

Fellmann 1972, 100 FL 58; Alföldi — Alföldi 1976, 142 Nr. 422, 1–8 (VS) Taf. 177, 4–10. 178, 1; Alföldi — Alföldi 1990, 155 f. RS Nr. 82; Touchefeu-Meynier 1992a, 959 f. Nr. 135. 135a; Mittag 1999, 109 f. 295 Nr. 82 Taf. 21 Nr. 82.

**ANHANG POLYPHEM NR. 1:** rundplastischer Kopf Split, Archäologisches Museum, Inv.-Nr. C 170

**Fundort:** Amphitheater von Salona (*Salonae*, Kroatien)

**Fundumstände:** Grabung einer dänischen Expedition unter Ejnar Dyggve vor 1933

Kopffragment aus Kalkstein, 31 cm hoch und 22 cm breit. In Höhe des Bartes gebrochen; die Nase bestoßen. Die Scheitelfläche wurde mit dem Meißel abgeflacht, vermutlich um als Auflagefläche für eine Brüstungsstange zu dienen. Nach Dyggve und Wrede handelt es sich hier um eine Herme, die als Stützpfeiler für die Brüstung der kaiserlichen Loge im Amphitheater Verwendung fand.

Der Kyklop schaut den Betrachter aus drei riesigen, weit aufgerissenen Augen an. Das dritte Auge befindet sich hoch oben auf der Stirn und wird vom gescheitelten Stirnhaar zeltartig umrahmt. Der Bildhauer hat es ebenso detailliert wiedergegeben wie die beiden anderen Augen. Selbst einige darunter liegende, seiner Form folgende feine Falten fehlen nicht. Da es ungleich ›richtigen‹ Augen jedoch nicht in eine entsprechende Physiognomie — d. h. in die Augenhöhle oberhalb der Wangenknochen und unterhalb des Orbitals — eingebettet ist, erscheint es insgesamt eher wie eine klaffende, aufgeschlitzte Wunde. Die anderen beiden Augen weisen weit und expressiv hochgezogene Brauen auf. Zu den Schläfen und der Stirn hin gehen radiale feine Falten ab, welche die Augen noch zusätzlich betonen.

Der Mund ist leicht geöffnet, das Gesicht von länglicher Form. Die Haare sind füllig, ohne ungepflegt zu wirken. Sie fallen in einzelnen Bündeln, die wiederum aus feinen und geraden Strähnen zusammengesetzt sind, auf Stirn und Schläfen. Der lange Bart besteht aus parallel laufenden Strähnen, die wiederum fein säuberlich durch horizontale Linien in Kompartimente aufgeteilt sind. Zusätzlich besitzt der Kyklop einen mächtigen Schnurrbart.

**Datum:** 305–13 n. Chr.

Dyggve — Weilbach 1933, 70–75. 119 f. Abb. 62; Weigand 1934; Wrede 1972, 124 Nr. 8; Andreae — Parisi Presicce 1996, 129 Nr. 2.16; Andreae 1999, Abb. Nr. 69.

## KATALOG ZU KIRKE

**KATALOG KIRKE NR. 1–7**: sieben Kontorniaten in verschiedenen Sammlungen.

Das *Odyssee*-Motiv befindet sich auf der Rückseite. Die Exemplare sind auf einen Rückseitenstempel (Alföldi — Alföldi 1990, RS Nr. 80) zurückzuführen, während die Vorderseiten unterschiedliche Typen tragen. Die Bemerkungen zu den Beizeichen beziehen sich auf die Vorderseite.

**NR. 1.** Paris, Bibliothèque Nationale, Cabinet des Médailles, 17172 (Alföldi — Alföldi 1976, Nr. 102,1).

Gewicht 24,29 g; auf der VS bartloser Togatus im Profil nach links, Umschrift *HORA — TIUS*, sog. Typus Horatius I; ohne Beizeichen.

**NR. 2.** Wien, Bundessammlung von Münzen, Medaillen und Geldzeichen, Inv. 46588 (Alföldi — Alföldi 1976, Nr. 102,2).

Gewicht 23,97 g; auf der VS bartloser Togatus im Profil nach links, Umschrift *HORA — TIUS*, sog. Typus Horatius I; Beizeichen rechts: Palmzweig.

**NR. 3.** Göttingen, Archäologisches Institut (Alföldi — Alföldi 1976, Nr. 102,3).

Gewicht 26,43 g; auf der VS bartloser Togatus im Profil nach links, Umschrift *HORA — TIUS*, sog. Typus Horatius I; Beizeichen rechts: Palmzweig.

**NR. 4.** Berlin, Staatliche Museen zu Berlin — Preußischer Kulturbesitz. Münzkabinett, 27672; Objektnummer 18204212 (Alföldi — Alföldi 1976, Nr. 185;

Permalink: <http://ww2.smb.museum/ikmk/object.php?id=18204212> [zuletzt verwendet am 19. Dezember 2016]).

**Abb. III.1 und III.2**

Gewicht 25,19 g; auf der VS bartloser Männerkopf mit Lorbeerkranz im Profil nach rechts, Umschrift *IMP NERO CAESAR AUG P MAX TR. P. P. P.*, sog. Typus Nero XII; Beizeichen rechts: Palmzweig.

**NR. 5.** Kopenhagen, Dänisches Nationalmuseum (Alföldi — Alföldi 1976, Nr. 290,1).

Gewicht 22,12 g; auf der VS bartloser Männerkopf mit Lorbeerkranz in Panzer und Paludamentum im Profil nach rechts, Umschrift *DIVO NERVAE — TRAIANO AUG*, sog. Typus Traianus VII; Beizeichen rechts: Palmzweig.

**NR. 6.** Lyon, Musée d'Art, 882 (Alföldi — Alföldi 1976, Nr. 290,2).

Ohne Gewichtsangabe; auf der VS bartloser Männerkopf mit Lorbeerkranz in Panzer und Paludamentum im Profil nach rechts, Umschrift *DIVO NERVAE — TRAIANO AUG*, sog. Typus Traianus VII; Beizeichen rechts: Monogramm *PE*. Der Kontorniat wurde so durchbohrt, dass die Darstellung mit Kirke richtig herum hinge, der Kaiserkopf der VS hingegen auf dem Kopf stehen würde.

**NR. 7.** New York, American Numismatic Society (Alföldi — Alföldi 1976, Nr. 290,3).

Gewicht 24,21 g; auf der VS bartloser Männerkopf mit Lorbeerkranz in Panzer und Paludamentum im Profil nach rechts, Umschrift *DIVO NERVAE — TRAIANO AUG*, sog. Typus Traianus VII; Beizeichen rechts: Monogramm *PE*.

**Fundorte:** unbekannt; produziert in einer stadtrömischen Werkstatt

**Fundumstände:** gleichfalls unbekannt; in der Regel zirkulieren Kontorniaten seit Jahrhunderten in Sammlungen

Aus einer Kupferlegierung geprägt; der Durchmesser der Stücke beträgt ca. 4 cm.

Man erkennt Kirke, im Profil nach links, die vor Odysseus in die Knie gesunken ist und bittflehend seine linke Wade umfasst. Sie trägt ein langes, unter der Brust gegürtetes Gewand mit halblangen Ärmeln; über dem Rücken flattert eine Art kurzer Mantel. Ihren Kopf schmückt eine Strahlenkrone. Odysseus trägt eine kurzes Gewand mit über der Brust gekreuzten Bändern, einen über den linken Arm fallenden Mantel, Stiefel und einen Helm (Pilos?). Sein Körper ist in dynamischer Schrittstellung beinahe frontal wiedergegeben, sein Blick nach rechts auf Kirke gerichtet. Mit der Rechten zieht er das Schwert, die Linke hält die Scheide. Hinter Kirke erhebt sich ein sorgfältig gemauerter Quaderbau, aus dessen Fenster drei der verwandelten Gefährten auf die Szene herabblicken. Alle drei sind menschengestaltig bis auf den Kopf, wobei das jeweils gemeinte Tier nicht leicht zu identifizieren ist: Der bullige Kopf, die rüsselförmige Schnauze und das hängende Ohr des Gefährten ganz links könnten ein Schwein oder einen Hund bezeichnen; die lange spitze Schnauze des mittleren eventuell einen Wolf; die seitlich abstehenden Ohren des *en face* gezeigten Gefährten ganz rechts eventuell ein Rind. Alle drei tragen Tunika und halten vermutlich einen ovalen Schild an ihrer linken Seite. Sie stehen aufrecht und legen die rechte Hand an die Brust.

**Datum:** um 380 n. Chr.

Touchefeu-Meynier 1968, 108 Nr. 211; Alföldi — Alföldi 1976, 27 Nr. 102,1–3; 57 Nr. 185; 95 Nr. 290,1–3 (VS) Taf. 33,1–3; 69,1; 121,7–8; 212,7; Alföldi — Alföldi 1990, 155 RS Nr. 80; Le Glay 1992, 60 Nr. 7; Touchefeu-Meynier 1992a, 961 Nr. 146; Mittag 1999, 109 f. 295 Nr. 80 Taf. 21 Nr. 80.

**KATALOG KIRKE NR. 8–9**: zwei Kontorniaten in verschiedenen Sammlungen.

Das *Odyssee*-Motiv befindet sich auf der Rückseite. Die Exemplare sind auf einen Rückseitenstempel (Alföldi — Alföldi 1990, RS Nr. 81) zurückzuführen. Die Bemerkungen zu den Beizeichen beziehen sich auf die Vorderseite.

**NR. 8.** Rom, Museo Capitolino, 5417 (Alföldi — Alföldi 1976, Nr. 93).

Ohne Gewichtsangabe; auf der VS bärtiger Kopf im Profil nach rechts, Umschrift ΩΜΕ — ΡΟΣ; Beizeichen rechts: Monogramm *PE*, wohl ursprünglich mit Silber eingelegt.

**NR. 9.** Modena, Galleria Estense, 16 (Alföldi — Alföldi 1990, Nr. 93,2).

Gewicht 21,78 g; auf der VS bärtiger Kopf im Profil nach rechts, Umschrift ΩΜΕ — ΡΟΣ; Beizeichen rechts: Monogramm *PE*, in Silber eingelegt. Die RS ist nur noch schlecht zu erkennen.

**Fundorte:** unbekannt; produziert in einer stadtrömischen Werkstatt

**Fundumstände:** gleichfalls unbekannt; in der Regel zirkulieren Kontorniaten seit Jahrhunderten in Sammlungen

Aus einer Kupferlegierung geprägt; der Durchmesser der Stücke beträgt ca. 4 cm.

Die Darstellung unterscheidet sich nur in Details von der zuvor beschriebenen Rückseite Nr. 80. So kniet Kirke hier in etwas aufrechterer Haltung, ihr Oberkörper ist nicht ganz so weit nach vorne, in Richtung des Odysseus, geneigt. Die Gestalt des Odysseus wurde vom Stempelschneider etwas weiter nach links versetzt, so dass die Lücke zwischen ihm und dem Fenster mit den Gefährten größer erscheint.

**Datum:** um 380 n. Chr.

Touchefeu-Meynier 1968, 108 Nr. 211; Alföldi — Alföldi 1976, 26 Nr. 93 (VS) Taf. 31,2; Alföldi — Alföldi 1990, 376 Nr. 93,2 (VS) Taf. 214,10; Alföldi — Alföldi 1990, 155 RS Nr. 81; Le Glay 1992, 60 Nr. 7; Touchefeu-Meynier 1992a, 961 Nr. 146; Mittag 1999, 109 f. 295 Nr. 81 Taf. 21 Nr. 81.

**KATALOG KIRKE NR. 10–23**: nordafrikanische Sigillata

Auf einer Vielzahl von Fragmenten nordafrikanischer Sigillata (vermutlich der Formen Hayes 53A sowie 56) ist folgendes, wohl auf dieselbe Vorlage zurückgehendes Motiv überliefert: Ein langrechteckiges Täfelchen wird durch Doppelleisten in drei metopenartige Felder unterteilt.

Das linke Feld zeigt Odysseus auf einem kunstvoll gedrechselten Stuhl sitzend, bärtig, bekleidet mit einem brustfreien Gewand, Stiefeln und Pilos. Das Gewand zeigt am oberen Rand eine Art breiter Borte; davon ausgehend laufen ein oder zwei schmale Bänder über die linke Schulter, bei denen es sich entweder um Träger einer Exomis oder um das Schwertgehänge handeln wird. Odysseus ist gerade im Begriff, das auf seinen Knien liegende Schwert aus der Scheide zu ziehen. In Höhe seines Kopfes sind zwei fensterartige Öffnungen zu erkennen, aus denen je ein verwandelter Gefährte — vermutlich ein Wolf und ein Pferd — blickt.

Im rechten Feld, ein ganzes Stück von Odysseus entfernt, kniet Kirke, die Hände flehend in Richtung des Helden ausgestreckt. Ihr Haar ist zu einem Knoten am Hinterkopf hochgenommen und sie trägt ein langes gegürtetes Gewand mit Überfall. Der Stoff des Gewandes ist so transparent, dass ihr Körper (v. a. die Beine) darunter deutlich zu erkennen ist; zudem scheint das Gewand an den Schultern ein wenig herabgeglitten zu sein. An ihren Handgelenken befinden sich jeweils mehrere Reifen; eventuell — falls es sich nicht um ein Gewand mit kurzen Ärmeln handelt — sind in zwei der Reifen die Borten einer Tunika mit langen, enganliegenden Ärmeln zu erkennen.

Im mittleren Bildfeld befindet sich eine große Waage, aufgehängt an einem Haken. Auf dem Boden steht ein zweihenkliges Mischgefäß; darüber in griechischen Lettern die Inschrift ΚΙΡΚΗ.

**NR. 10**: Djemila, Museum

**Fundort:** Djemila (*Cuicul*, Algerien)

**Fundumstände:** Grabung vor 1920

Fragment vom Boden eines Tabletts der Form Hayes 56. Das Kirke-Täfelchen befindet sich über dem Hauptbild mit Pegasus und den Nymphen. Auf dem erhaltenen Teil des Gefäßrands sind noch fischende Eroten zu erkennen. Vom Täfelchen fehlt nur die rechte untere Ecke. Maße des gesamten Fragments 18 cm × 16 cm; des Täfelchens 3,4 cm × 7,2 cm.

**Datum:** 360–440 n. Chr.

BAParis 1920, 233; Herbig 1927, 125 Abb. 3 (Umzeichnung); Allais 1959, 49 Abb. 5; Salomonson 1962, 85 f. Taf. 31,1; Touchefeu-Meynier 1968, 108 Nr. 213; Hayes 1972, 86 Nr. 16; Atlante 1981, Taf. 79, 5 (Umzeichnung); Le Glay 1992, 60 Nr. 4b; Touchefeu-Meynier 1992a, 961 Nr. 145b; Pröttel 1997, 36.

**NR. 11**: ehemals Constantine, Musée Gustave Mercier, jetzt Museum Djemila

**Fundort:** Tiddis (*Castellum Tidditanorum*, Algerien)

**Fundumstände:** Grabung André Berthier, vor 1960

Fragment vom Boden eines Tabletts der Form Hayes 56. Links scheint sich einst ein weiteres Bildfeld befunden zu haben. Ein bogenförmiger Bruch durchzieht die untere Hälfte des Kirke-Täfelchens. Dieses ist bis auf eine keilförmige Fehlstelle unten in den beiden rechten Bildfeldern vollständig erhalten. Maße des gesamten Fragments ca. 6 cm × 12 cm; Höhe des sitzenden Odysseus 3,5 cm.

**Datum:** 360–440 n. Chr.

Allais 1960, 129 Abb. 5 links; Salomonson 1962, 86 Anm. 159 Taf. 31,2; Salomonson 1969, 10 Abb. 12; erwähnt bei Hayes 1972, 86 Nr. 16; Le Glay 1992, 60 Nr. 5.

**NR. 12**: früher Constantine, Musée Gustave Mercier; heute eventuell im Museum Djemila

**Fundort:** Tiddis (*Castellum Tidditanorum*, Algerien)

**Fundumstände:** Grabung André Berthier, vor 1960

Fragment vom Boden eines Tabletts der Form Hayes 56. Vom Täfelchen hat sich nur das rechte Bildfeld mit der knienden Kirke teilweise erhalten. Maße des gesamten Fragments ca. 13 cm × 7 cm.

**Datum:** 360–440 n. Chr.

Allais 1960, 129 Abb. 5 rechts; Salomonson 1962, 86 Anm. 159 Taf. 31,3; erwähnt bei Hayes 1972, 86 Nr. 16.

**NR. 13**: Annaba, Museum

**Fundort:** *Hippo Regius* (Algerien), im Bereich des vom Forum ausgehenden Decumanus

**Fundumstände:** Grabung Erwan Marec, 1961

Zwei anpassende Fragmente vom Boden eines Tabletts der Form Hayes 56. Erhalten ist vor allem das Hauptbild mit Pegasus und den Nymphen. Vom darüber befindlichen Täfelchen ist nur die linke untere Ecke, mit dem Unterkörper des Odysseus, erhalten. Maße des gesamten Fragments 16,5 cm × 14,5 cm; Breite des Bildfeldes mit Odysseus 3 cm.

**Datum:** 360–440 n. Chr.

Allais 1960, 127–29 Abb. 4; erwähnt bei Hayes 1972, 86 Nr. 16.

**NR. 14**: Sousse, Museum

**Fundort:** Sousse (*Hadrumetum*, Tunesien), Verfüllung in der Nähe eines spätantiken Friedhofs

**Fundumstände:** Grabung Louis Foucher, 1962–63

Diverse Fragmente eines Tabletts der Form Hayes 56. Dessen Bodenfläche maß ca. 35cm × 44 cm, dessen Höhe 4,6 cm. Es sind zwei Täfelchen rekonstruierbar, die symmetrisch über dem Hauptbild mit Pegasus und den Nymphen angebracht waren. Maße der Täfelchen 3,7 cm × 7,6 cm.

**Datum:** 360–440 n. Chr.

Foucher 1965, 40–42 Abb. 54 unten und 56; Hayes 1972, 86 Nr. 15; Garbsch 1980, 168. 193 und Abb. 8 (zeichnerische Rekonstruktion des Tabletts).

**NR. 15**: Tunis, Musée du Bardo, Inv.-Nr. 1795

**Fundort:** unbekannt, vermutlich in Tunesien

**Fundumstände:** unbekannt

Kleines Fragment eines Kirke-Täfelchens, eventuell von einem Tablett der Form Hayes 56. Nur im Text erwähnt, keine Abbildung publiziert.

**Datum:** vermutlich 360–440 n. Chr.

Salomonson 1962, 86 Anm. 160.

**NR. 16**: Bad Deutsch Altenburg, Museum Carnuntinum

### Abb. III.3 und III.4

**Fundort:** *Carnuntum* (Österreich), Bad der Zivilstadt

**Fundumstände:** Grabung Max von Groller und Verein Carnuntum, 1906

Fragment vom Rand eines Tabletts der Form Hayes 56. Maße des Tabletts ca. 34,5 cm × 45 cm. Insgesamt 20 Bruchstücke des Tabletts sind erhalten. Dieses war bereits in der Antike einmal zerbrochen und wurde durch Bronzedraht wieder zusammengefügt.

Das Täfelchen mit der Kirke-Szene ist nahezu vollständig erhalten; nur von rechts oben nach links unten verläuft ein Bruch. Im Unterschied zu den anderen Ausformungen des Motivs scheint sich in Höhe des linken Ellbogens des Odysseus ein (wohl nachträglich angebrachter) länglicher Gegenstand zu befinden. Nach Zingerle handelt es sich vermutlich um eine Trinkschale, »ohne daß ersichtlich wäre, wo sie aufruht« (331).

Das Hauptbild zeigte Pegasus und die Nymphen (nur noch fragmentarisch erhalten), hinterfangen von Weinranken, die aus einem oder zwei Krateren wachsen. Vom Gefäßrand sind noch Fragmente diverser weiblicher Gestalten mit Siegeskranz, Palme und eventuell Füllhorn erhalten.

Laufzeit der Gefäßform 360–440 n. Chr.; *terminus ante quem* dieses Exemplars wohl 395 n. Chr. (Fall des Donaulimes und Ende der römischen Verwaltung Pannoniens)

Zingerle 1907; von Groller 1908, 71–74 Abb. 31–32; Kubitschek — Frankfurter 1923, Abb. 71 (Umzeichnung); Hayes 1972, 85 f. Nr. 14; Touchefeu-Meynier 1968, 108 Nr. 212 Taf. 19,2; Garbsch, 1980, 167. 193 und Abb. 7 (zeichnerische Rekonstruktion des Tabletts); Le Glay 1992, 60 Nr. 4a; Touchefeu-Meynier 1992a, 961 Nr. 145a; Pröttel 1997, 36.

**NR. 17**: Brioni, Museum, Inv.-Nr. 8603

**Fundort**: Veliki Brioni (*Cissa Pullaria*, Kroatien), sog. Castrum, Siedlungsareal innerhalb der Umfassungsmauer

**Fundumstände**: Grabung Štefan Mlakar, 1950–51 sowie 1976–80, oder Anton Vitasović, 80er Jahre des 20. Jahrhunderts

Größeres Fragment, mehrmals gebrochen, einer Schale der Form Hayes 53 A. Das Kirke-Täfelchen wurde auf der Innenseite als Applike angebracht. Es ist fast vollständig erhalten.

**Datum**: 360–440 n. Chr.

Pröttel 1997, 36. 161–69 (zum Fundort Brioni). 273 Nr. 21 Taf. 87, 1a.

**NR. 18**: Brioni, Museum, Inv.-Nr. 8603

**Fundort**: Veliki Brioni (*Cissa Pullaria*, Kroatien), sog. Castrum, Siedlungsareal innerhalb der Umfassungsmauer

**Fundumstände**: Grabung Štefan Mlakar, 1950–51 sowie 1976–80, oder Anton Vitasović, 80er Jahre des 20. Jahrhunderts

Fragment einer Schale der Form Hayes 53 A. Das Kirke-Täfelchen wurde auf der Innenseite als Applike angebracht und stammt eventuell von demselben Gefäß wie Kat. Kirke Nr. 17. Erhalten haben sich nur Teile des linken und des mittleren Bildfeldes.

**Datum**: 360–440 n. Chr.

Pröttel 1997, 36. 161–69 (zum Fundort Brioni). 273 Nr. 21 Taf. 87, 1b.

**NR. 19**: Patras, Museum

**Fundort**: Patras (Griechenland), Gebäude römischer Zeit

**Fundumstände**: Grabung I. A. Papapostolou, I. Agallopoulou, I. Dekoulakou, 1973–74

Fragment eines flachen Gegenstandes, vermutlich vom Boden eines Tabletts der Form Hayes 56. Vom Kirke-Täfelchen sind nur noch die beiden linken Bildfelder einigermaßen zu erkennen; vom rechten Bildfeld sind nur noch ein Knie und ein Arm der Kirke zu sehen.

**Datum**: 360–440 n. Chr.

Catling 1979–80, 35 Abb. 60; Le Glay 1992, 60 Nr. 4b; Touchefeu-Meynier 1992a, 961 Nr. 145c.

**NR. 20**: Athen, Benakimuseum, Inv.-Nr. 12449

**Fundort**: unbekannt

**Fundumstände**: unbekannt

Fragment vom Boden eines Tabletts der Form Hayes 56. Nur in der Literatur erwähnt, keine Abbildung publiziert.

**Datum**: vermutlich 360–440 n. Chr.

Hayes 1972, 86 zu Nr. 16.

**NR. 21**: Athen, Benakimuseum, Inv.-Nr. 12479

**Fundort**: unbekannt

**Fundumstände**: unbekannt

Fragment vom Rand eines Tabletts der Form Hayes 56. Nur in der Literatur erwähnt, keine Abbildung publiziert.

**Datum**: vermutlich 360–440 n. Chr.

Hayes 1972, 89 zu Nr. IX.

**NR. 22**: Athen, Benakimuseum, Inv.-Nr. 12480

**Fundort**: unbekannt; angeblich aus Alexandria (Salomonson 1973)

**Fundumstände**: unbekannt

Fragment vom Boden (laut Salomonson) oder Rand (laut Hayes) eines Tabletts der Form Hayes 56. »Odysseus in rechteckiger Umrahmung; es fehlt jedoch [...] die Darstellung der Kirke; das Motiv erscheint hier somit aus seinem ursprünglichen Zusammenhang gelöst« (Salomonson 1969). Nur in der Literatur erwähnt, keine Abbildung publiziert.

**Datum:** vermutlich 360–440 n. Chr.

Salomonson 1969, Anhang I S. 101; Hayes 1972, 89 zu Nr. IX; Salomonson 1973, 5 Anm. 1.

**NR. 23:** Bayern, Privatbesitz

**Fundort:** unbekannt

**Fundumstände:** unbekannt

»Fragment vom Mittelbild eines Tabletts; Kirke-Tafel über weiblichem Kopf« (Garbsch). Nur in der Literatur erwähnt, keine Abbildung publiziert.

**Datum:** vermutlich 360–440 n. Chr.

Garbsch 1982, 101 Nr. 55.

## KATALOG ZU DEN SIRENEN

**KATALOG SIRENEN NR. 1:** polychromes Mosaik Tunis, Musée de Bardo, Inv.-Nr. 2884 A

### Abb. IV.1 und IV.2a–b

**Fundort:** vor dem Brunnen im Peristylhof einer Domus, des sog. Hauses des Dionysos und des Odysseus, in Dougga (*Thugga*, Tunesien)

**Fundumstände:** Grabung Louis Poinssot, 1931

Sehr gut erhalten. Die Szene mit Odysseus und den Sirenen bildete den westlichen Teil eines Mosaiks mit Meeresthematik, welches das Wasserbecken von allen vier Seiten umrahmte: diverse Fischerboote und Fischerszenen, Fische, Dionysos und die Verwandlung der tyrrhenischen Piraten in Delphine. Alle Szenen waren nach außen, auf den Betrachter hin orientiert. Maße der *Odyssee*-Szene: 3,80 m × 1,30 m.

Das Schiff des Odysseus befindet sich links von der Insel der Sirenen, es ist bereits mit geblähten Segeln daran vorbeigefahren. Odysseus, mit Pilos und Exomis, steht aufrecht und frontal zum Betrachter gewandt am Mastbaum, sein Blick geht in Richtung der Sirenen. Die vier weitaus kleiner gezeichneten Gefährten sind ebenfalls zum Betrachter ausgerichtet. Sie tragen die spätantike Ärmeltunika und Chlamys sowie Ovalschilde. Ihr Blick ist pointiert von den Sirenen abgewandt.

Die drei Sirenen auf ihrem hügeligen Eiland sind deutlich größer als die Menschen. Die mittlere sitzt auf einem Felsen und hat den Körper in einen Mantel gehüllt; die Raubvogelbeine darunter sind deutlich zu erkennen. Die rechte sitzt gleichfalls, ist aber bis auf ein lose über den Rücken laufendes, um das rechte Bein geschlungenes Tuch nackt. Sie spielt die Kithara. Die linke, mit Doppelflöte, steht aufrecht und ist mit einem um die Hüften geschlungenen kurzen Mantel bekleidet. Alle drei haben in allen Farben schillernde Vogelflügel sowie sorgfältig frisiertes Haar, das vom Mittelscheitel in sanften Wellen herabfällt und im Nacken zusammengefasst wird.

**Datum:** 250–70 n. Chr.

Poinssot 1958, 46 f. Taf. 10; Poinssot 1965, Abb. 1–3. 16–21; Touchefeu-Meynier 1968, 167 Nr. 298; Dunbabin 1978, 257 Nr. 8a Abb. 15–16; Touchefeu-Meynier 1992a, 963 Nr. 167 Taf. 634; Blanchard-Lemée u. a. 1995, 288-293 Farbabb. 79 (Dionysos) und 185 (Odysseus), S. 283 Plan des Hauses; Lancha 1997, 71 Nr. 29 Taf. 22; Lavagne — de Balanda — Echeverría 2000, 215 f. Abb. 93–94.

**KATALOG SIRENEN NR. 2:** polychromes Mosaik Cherchel, Innenhof des Museums

**Fundort:** Brunnen im Peristylhof einer Domus, der sog. *Maison aux deux bassins*, in Cherchel (*Caesarea*, Algerien)

**Fundumstände:** Grabung Glénat, Januar 1940

Das Mosaik befindet sich an der rückwärtigen Innenwand eines halbrunden Brunnens von 2,60 m Durchmesser. Höhe des Mosaiks 0,60 m, Breite 0,98 m. Oben auf der Rückwand befindet sich die Skulptur eines delphinreitenden Eros, die als Wasserspeier diente; links in der Brunnenwand ein Abflussloch. Boden, Wand und Ränder des Beckens sind mit Mosaiken dekoriert. Einige Fehlstellen.

Oben auf dem Rand läuft eine aufwendige Schmuckgirlande entlang. Auf dem Boden des Beckens deuten einzelne weiße Linien auf weißem Grund das Meer an. Das Schiff des Odysseus befindet sich innen an der aufsteigenden Wandung, fährt also gleichsam auf dem Wasser des Brunnens.

Vom stehenden Odysseus ist nur der Oberkörper zu sehen, er trägt Bart und eine Tunika mit halblangen Ärmeln. Von zwei Gefährten, gleichfalls mit Tunika bekleidet, ist über dem Schiffsrand nur die Büste zu erkennen. Odysseus dreht mit etwas besorgter Miene den Kopf in Richtung der rechten Sirene; seine beiden Gefährten wenden das Gesicht starr zur Reling, blicken aus den Augenwinkeln jedoch gleichfalls hinüber zu den Verführerinnen. Rechts und links des Schiffes tummeln sich Delphine; zudem gibt es Schnecken und Muscheln im Wasser.

Obwohl das Schiff nach rechts fährt, befindet sich dort nur eine Sirene, mit Doppelflöte in den Händen. Die anderen beiden — die vordere mit Lyra, die zweite wohl die Sängerin — stehen auf der linken Seite und blicken dem Schiff hinterher. Die beiden Musikantinnen sind bis auf einen Mantelzipfel, der vorne über die Schulter fällt, nackt. Ihr Leib geht direkt in lange dünne Vogelbeine und einen Vogelschwanz über. Die dritte, links außen, hat sich dagegen bis zu den Vogeloberschenkeln in einen weiten rotbraunen Mantel gehüllt. Ihr Oberkörper ist weitgehend zerstört. Die Haare der anderen beiden Sirenen sind zu aufwendigen Hochsteckfrisuren frisiert.

**Datum:** 4. Jh. n. Chr.

Cumont 1941, Abb. 1; Poinssot 1965, 222 f. Nr. f Abb. 8; Touchefeu-Meynier 1968, 166 Nr. 295; Dunbabin 1978, 255 Nr. 19a; Touchefeu-Meynier 1992a, 963 Nr. 165; Lancha 1997, 82 Nr. 39 Taf. 29 (hier werden irrtümlich die beiden halbkreisförmigen Brunnen dieser Domus zu einem zusammengezogen); Ewald 1998, 238; Dunbabin 1999, 246 Abb. 261; Ferdi 2005, 175–77 Nr. 149 Taf. 68 oben.

**KATALOG SIRENEN NR. 3**: Fragment eines polychromen Mosaiktableaus Tunis, Musée de Bardo, Inv.-Nr. 2985

**Fundort:** *Utica* (Tunesien), aus dem kleinen (2 m × 3 m) Innenhof einer Domus, der sog. *Maison d'Ulisse*

**Fundumstände:** aus den Grabungen des Grafen de Chabanne-La Palice in den Jahren 1912 und folgende

Maße des Fragments ca. 0,65 m × 0,55 m. Das Tableau war ursprünglich in ein geometrisches Schwarzweißmosaik eingelassen.

Die Sirenen sind nicht erhalten. Inmitten des durch große Fische angegebenen Meeres erkennt man das sich nach links bewegende Schiff mit dem frontal an den Mast gebundenen Odysseus sowie die Büsten zweier kleinerer, im Profil gezeigten Gefährten. Odysseus trägt einen dunklen Bart, einen weiß-gelben Pilos und eine hellgelbe Exomis. Alle drei Männer blicken nach rechts, dort müssen sich also ursprünglich die Sirenen befunden haben.

**Datum:** um 250 n. Chr.

Poinssot 1965, 223 Nr. g Abb. 7; Alexander — Ennaifer — Besrour 1976, 4 f. Nr. 251 Taf. 3; Touchefeu-Meynier 1992a, 963 Nr. 169; Lancha 1997, 36 Nr. 2 Taf. 1.

**KATALOG SIRENEN NR. 4**: polychromes Mosaik Sfax, Museum, Inv.-Nr. M 41, M 41 bis M 52

**Abb. IV.3**

Vgl. Katalog Skylla Nr. 1

**Fundort:** rundes Frigidarium der Großen Thermen von Henchir Thina (*Thaenae*, Tunesien)

**Fundumstände:** Grabung Direction des Antiquités (Monsieur Sadoux, Paul Gauckler) und Municipalité de Sfax (Monsieur Gau), 1904

Rundes polychromes Meermosaik von 7,5 m Durchmesser; nur sehr fragmentarisch erhalten. Im Zentrum befindet sich Arion auf einem Delphin. Um ihn herum sind Fische und andere Meerestiere so gruppiert, dass sie in konzentrischen Kreisen angeordnete Sechsecke (H 86 cm, B 80 cm) bilden. In diesen befinden sich jeweils in Verbindung mit dem Meer stehende mythische Motive oder Genremotive: Nereiden, Tritonen, Eroten und Seeungeheuer; Venus in der Muschel; Fischer; Wagenrennen mit Delphinen anstatt Pferden; Hero und Leander; Danae mit dem kleinen Perseus; dreimal Skylla (Katalog Skylla Nr. 1 a-c) und anderes. Den Rand bildet eine Bordüre aus symmetrisch angeordneten Delphinen, Muscheln und Dreizacken.

Der Mosaizist platzierte Odysseus und die Sirenen in je einem Sechseck. Vom Schiff des Odysseus fehlt der ganze vordere Teil. Zu erkennen sind noch der an den Mast gefesselte Held mit Bart, Pilos und Exomis sowie die behelmten Köpfe und ovalen Schilde von einigen der deutlich kleiner gezeichneten Gefährten.

Rechts über ihnen befinden sich die gleichfalls nur fragmentarisch erhaltenen Sirenen. Man erkennt die Doppelflöte der vordersten, das Gewand und den Kopf der mittleren sowie den entblößten Oberkörper der rechten Sirene. Die drei Sirenen nehmen genauso viel Raum, d. h. ein ganzes Sechseck, ein wie das Schiff des Odysseus samt Besatzung. Sie sind also deutlich größer als die Männer dargestellt.

**Datum:** spätes 3. Jh. n. Chr.

Massigli 1912, 1–5 Nr. 1–8 (Odysseus und die Sirenen = Nr. 2b) Taf. 1–5,1 (Odysseus und die Sirenen = Taf. 2,1); Reinach 1922, 174 Abb. 5 (Zeichnung); Poinssot 1965, 222 Nr. e Abb. 6; Touchefeu-Meynier 1968, 166 Nr. 296; Dunbabin 1978, 273 Nr. 1a Abb. 17–18. 93; Touchefeu-Meynier 1992a, 963 Nr. 166; Ewald 1998, 238; Wiedler 1999, 342–45 Nr. 66a Mosaik 1.

**KATALOG SIRENEN NR. 5**: polychromes Mosaik Lissabon, Nationalmuseum

**Abb. IV.4a–b**

**Fundort:** Frigidarium der Thermen einer Villa bei Santa Vitória do Ameixial (Portugal)

**Fundumstände:** Grabung Luís Chaves, 1915–16

Großes Fußbodenmosaik von 9,91 m × 6,92 m; relativ gut erhalten. Das Mosaik besteht aus einzelnen Bildfeldern unterschiedlicher Thematik. Das zentrale Bildfeld von 4,2 m × 4,2 m zeigt Meerwesen, Windgötter, Jahreszeitenpersonifikationen und Delphine. Die anderen Felder sind mit Motiven bestückt, die einen Bezug zum Meer oder zum

Geschehen haben, das sich in den Thermen vollzog: Nereiden auf Meerungeheuern oder Meermännern; Athleten, Badebetrieb.

Die Szene mit Odysseus und den Sirenen befindet sich an der Nordseite des Raumes, am Übergang zu einem großen Schwimmbecken. Sie weist einige kleinere Zerstörungen auf: Es fehlt eine Partie oberhalb des Schiffes, einschließlich des Großteils des Segels; zwischen dem Schiff und den Sirenen klafft ein Riss; Fehlstellen bei der linken (Oberkörper) und mittleren (v. a. Füße) Sirene.

Rechts im Bild stehen die Sirenen auf je einem meerumspülten Felsen in ihrer kanonischen Aufgabenteilung. Die Linke spielt die Doppelflöte, die Mittlere singt, die Rechte spielt die auf einen Felsbrocken aufgestützte Kithara und singt dazu. Alle drei haben wohlfrisiertes, auf den Rücken fallendes Haar. Ihre Flügel erinnern an Adlerschwingen; dazu kommen kräftige Raubvogelbeine und kurze Vogelschwänze. Der Grad der Entblößung ist unterschiedlich. Die Mittlere trägt eine kurze Tunika und darüber einen stoffreichen Mantel, in den sie den rechten Arm gewickelt hat; die Rechte trägt nur einen kurzen Mantel, der die rechte Schulter und Brust unbedeckt lässt; die Linke scheint vollkommen nackt zu sein.

Zwischen den Sirenen und dem Schiff des Odysseus tanzen zwei Delphine (zum Teil zerstört) in den Wellen. Odysseus — mit Bart, Pilos und Exomis — ragt oberhalb der Knie über den Schiffsrand hinaus. Er ist ein wenig kleiner wiedergegeben als die Sirenen, jedoch deutlich größer als seine fünf Gefährten. Diese, gleichfalls mit einer Exomis bekleidet, sitzen gekrümmt und winzig klein an vier Rudern. Das Schiff befindet sich links im Bild und bewegt sich — wie an der Bugwelle, dem geblähten Segel und der Ausrichtung der Ruderer deutlich zu erkennen — nach links, ist also bereits an der Insel der Sirenen vorbei. Odysseus blickt nicht zu ihnen zurück, sondern in sich versunken nach vorne, in Richtung der dort nahtlos anschließenden Nereide auf einem Meerstier.

**Datum:** um 300 n. Chr.

Chaves 1956; Poinssot 1965, 223 Nr. h Abb. 10; Touchefeu-Meynier 1968, 167 Nr. 299; Touchefeu-Meynier 1992a, 963 Nr. 168. 171 Taf. 635; Guardia Pons 1992, 239–59 Zeichn. 34–37 Abb. 106–08; Lancha 1997, 255–60 Nr. 110 Taf. 112–13; Ewald 1998, 238 Abb. 4 Taf. 37–38.

**KATALOG SIRENEN NR. 6:** polychromes Mosaik
Haïdra, Museum

Vgl. Katalog Skylla Nr. 2

**Fundort:** Haïdra (*Ammaedara*, Tunesien), auf dem Gebiet der antiken Stadt; vermutlich entweder aus den privaten Thermen einer Domus (Wiedler 1999, 292) oder aus einem öffentlichen Thermengebäude (Baratte 1974, 10; Lancha 1997, 72)

**Fundumstände:** Sondagen an der Nordseite einer frühchristlichen Basilika, vorgenommen von Noël Duval, 1967–69. Dabei Entdeckung des 80 cm tiefer liegenden Mosaikbodens, dessen vollständige Erstreckung jedoch nicht festgestellt werden konnte. Ebenso wenig ist klar, welchem Typus das dazugehörige Gebäude angehört.

Großes polychromes Meermosaik von guter Qualität; unvollständig ausgegraben und nur sehr fragmentarisch erhalten. Es schmückte einen großen Saal von ursprünglich wohl 7 m × 15 m, im Westen verlängert durch einen 1,2 m breiten Korridor unbekannter Länge. Davon sind erhalten: der Mosaikschmuck des letzten Teils des Korridors sowie (mit Lücken) im Raum eine Fläche von ca. 3,5 m × 10 m.

Im Saal wurde das Mosaik umrahmt von einem Mäanderband und, innerhalb davon, einem auf den Betrachter ausgerichteten Fries bestehend aus Wasserpflanzen, (Wasser)Vögeln, Fischen, Muscheln und anderen Meeresbewohnern.

Die Szene mit den Sirenen befand sich nächst dem Eingang an der Südseite. Erhalten sind an einem Fragment: Teile des am Mast stehenden Odysseus, in weißer Exomis (Kopf und rechte Schulter fehlen); der winzige Rest eines Gefährten links von Odysseus; rechts von Odysseus der über den Schiffsrand schauende Oberkörper eines gleichfalls mit Exomis bekleideten Gefährten sowie Reste eines weiteren Gefährten. Die Größenverhältnisse scheinen hier der Realität zu entsprechen. Die Köpfe der Gefährten sind zwar entsprechend ihrer sitzenden Haltung tiefer angeordnet als der des Odysseus, ihre Körper jedoch nicht schmächtiger als der ihres Anführers. Beide tragen eine für die Spätantike charakteristische Kurzhaarfrisur und blicken, soweit dies noch zu erkennen ist, mit leicht geneigtem Haupt aus den Augenwinkeln nach links, also demonstrativ weg von den Sirenen.

Diese befanden sich einst rechts des Schiffes und sind nahezu vollständig zerstört. Rechts vom Schiff soll laut Baratte noch der Arm einer flötenspielenden Sirene zu erkennen sein; ein kleines Fragment enthält die Vogelklaue einer anderen Sirene. Auf einem weiteren Fragment, an der Nordseite, haben sich Reste des Segels vom Schiff des Odysseus erhalten.

Weitere Motive auf dem Mosaik: Skylla (Katalog Skylla Nr. 2); eine verschleierte Frau, die von einem Mann in phrygischer Tracht übers Meer gefahren wird (Helena und Paris?); Fischer; Knaben im Boot; Eroten auf Delphinen; diverse Meerestiere.

**Datum:** um 350 n. Chr.

Baratte 1974, 9–11 Abb. 1–3 (archäologischer Befund). 21–23 Abb. 12. 14–15 (Sirenenmotiv); Dunbabin 1978, 261 f. Nr. 4; Touchefeu-Meynier 1992a, 963 Nr. 170; Lancha 1997, 72 f. Nr. 31 Taf. 22; Wiedler 1999, 292–94 Nr. 35.

**KATALOG SIRENEN NR. 7**: Fragment eines polychromen Mosaiks London, British Museum

**Fundort**: laut Hinks 1933 eventuell Karthago (Tunesien), Kontext nicht bekannt

**Fundumstände**: unbekannt

Erhalten sind einzig die drei Sirenen auf ihrer Insel, inmitten eines durch Zickzacklinien auf weißem Grund sowie durch zahlreiche Fische und Weichtiere angegebenen Meeres. Eventuell handelte es sich also auch hier ursprünglich um ein großes, auf jeden Fall qualitätvolles, Meermosaik. Der Boden der Insel ist mit bläulichen Pflanzen bewachsen; hinter den Sirenen erheben sich hohe Felsen. Die Sirenen sind mit pastellfarbenen (verschiedene Kombinationen von hellblau, gelb, malvenfarben) bunten Flügeln und dunklen Vogelbeinen dargestellt; der Übergang zwischen den Vogelbeinen und dem menschlichem Leib wird durch die Gewänder kaschiert.

Die rechte Sirene, mit Doppelflöte in den Händen, trägt einzig einen um die Hüften und den linken Arm geschlungenen Mantel, der ihren Schoß unbedeckt lässt. Den rechten Arm schmückt ein Reif. Die linke Sirene, mit Lyra, präsentiert gleichfalls ihren fast vollständig entblößten Leib, den der Mantel kunstvoll umrahmt. Wie auch bei ihrer links stehenden Gefährtin fällt dieser Mantel bis weit auf die ›Unterschenkel‹ und vermindert so etwas den Eindruck des krallenbewehrten Vogelungeheuers, zugleich das Verführerische dieser Frauengestalten steigernd. Die Mittlere hingegen ist in einen weiten Mantel gehüllt; darunter scheint sie eine Tunika zu tragen. Bei allen drei ist das Haar in der Mitte gescheitelt und nach hinten genommen, von wo es auf die Schultern fällt.

**Datum**: um 300 n. Chr.

Hinks 1933, 120 f. Nr. 46 Taf. 31; Poinssot 1965, 223 Nr. i Abb. 15; Touchefeu-Meynier 1968, 166 f. Nr. 297; Lancha 1997, 257.

**KATALOG SIRENEN NR. 8**: Freskofragment Ostia, Museum 10.107

**Fundort**: Ostia (Italien), von dem Gelände außerhalb der Porta Marina, dem sog. *Prospetto sul mare*

**Fundumstände**: Grabung Guido Calza, 1938–40

Von der ursprünglichen Darstellung hat sich einzig ein Fragment von 0,87 m Länge und 0,83 m Höhe mit dem Schiff des Odysseus erhalten. Das Schiff gleitet mit gerefftem Segel nach rechts, mindestens neun Ruder bewegen sich gleichmäßig im Takt. Die rudernden Gefährten sind nicht zu sehen, sondern hinter großen Ovalschilden verborgen. Am Mast steht gefesselt Odysseus, dem Betrachter frontal entgegen blickend. Von seiner Tracht ist einzig der weiß gemalte Pilos noch zu erkennen. Unten im Meer schwimmen zwei riesige Fische von links auf einen Oktopus zu; rechts von diesem, halb zerstört, wohl ein weiteres Lebewesen des Meeres. Von den Sirenen hat sich nichts erhalten.

**Datum**: 250–300 n. Chr.

Vlad Borrelli 1956, 292 Abb. 4; Touchefeu-Meynier 1968, 167 Nr. 300; Helbig 1972, 139 Nr. 3174; Scrinari 1982, Farbabb. S. 107; Touchefeu-Meynier 1992a, 963 Nr. 162; Lancha 1997, 258.

**KATALOG SIRENEN NR. 9**: Bronzeschiffchen Richmond, Virginia Museum of Fine Arts 67–20

**Fundort**: angeblich Kleinasien (Türkei)

**Fundumstände**: unbekannt

Höhe 21,6 cm, Breite 17,1 cm. Das Werk wurde in einzelnen Teilen gegossen und dann zusammengefügt. Am unteren Ende befindet sich ein Sockel. Eventuell handelt es sich hier um den Aufsatz eines Klapptisches.

Dargestellt ist das Schiff des Odysseus, mit dem an den Mast gebundenen Helden. Als Ansichtsseite war die linke Seite des Schiffes gedacht. Von hier aus gesehen steht Odysseus frontal am Mast, einzig der Kopf ist lauschend zu seiner rechten Seite geneigt. Der Held hat fülliges, über der Stirn aufsteigendes und dann bis auf die Wangen herabfallendes Haar und einen Bart. Er trägt keinen Pilos, jedoch Stiefel und eine gegürtete Exomis. Im Heck des Schiffes sitzt, in Dreiviertelansicht zu erfassen, ein bärtiger Steuermann. Er trägt gleichfalls eine Exomis, welche im Unterschied zu der des Odysseus auf der rechten Schulter befestigt ist. Mit der linken Hand hält er das Steuerruder, mit der rechten eine am gerefften Segel befestigte Leine. Andere Mitglieder der Mannschaft sind nicht dargestellt.

Auf der Mastspitze ist der Leib eines dort sitzenden Vogels erhalten. Autoren, die eine christlich-allegorische Deutung des Werkes favorisieren (Ross, Huskinson, Weitzmann), sehen in dem Vogelfragment eine Taube, welche den Heiligen Geist darstellen soll. Auf den Abbildungen ist das nicht verifizierbar.

**Datum**: 4. Jh. n. Chr.

Ross 1970, 32 f. Nr. 1; Huskinson 1974, bes. 80. 90 Nr. 39 Taf. 4b; Weitzmann 1979, 222 f. Nr. 199; Touchefeu-Meynier 1992a, 964 Nr. 189.

**KATALOG SIRENEN NR. 10**: Tonlampe Paris, Bibliothèque Nationale, Cabinet des Médailles 65.5296
**Abb. IV.6**

**Fundort**: unbekannt

**Fundumstände**: unbekannt; erstmals erwähnt 1833; 1847

in ein handschriftliches Inventar der Bibliothèque Nationale eingetragen

Bildlampe mit relativ langer, volutenförmiger Schnauze und großem vertikalem Henkel. Länge 14,6 cm; Durchmesser des Bildfeldes 9,4 cm; Höhe 4,1 cm. Auf der Unterseite die eingeritzte Inschrift *SAECUL(i)*, d. h. »aus der Werkstatt des Saeculus«.

Das große Bildfeld wird von zwei schmalen konzentrischen Kreisen umrahmt. Den Mittelpunkt bildet das Schiff des Odysseus, mit dem aufrecht an den Mast gebundenen Helden, der wirkungsvoll von einem großen Segel hinterfangen wird. Seine Tracht besteht, soweit zu erkennen, aus Pilos und Exomis. Das Schiff gleitet nach links. Winzige Punkte geben wohl die Köpfe der acht Ruderer an. Ganz rechts, etwas größer, sitzt der Steuermann, während eine weitere Gestalt mit wohl im Redegestus erhobener Rechter im Bug des Schiffes steht. Kleinteilige gekräuselte Wellen verdeutlichen das Meer. Odysseus steht frontal zum Betrachter und blickt leicht seitwärts nach oben. Dort, im oberen Drittel des Bildfeldes, hat der Töpfer mittels der Angabe von Felsen und Bäumen die Insel der Sirenen dargestellt. Die drei Verführerinnen tragen, soweit zu erkennen, alle eine kurze Tunika, unter der die dürren Vogelbeine hervorschauen. Zudem verfügen sie über einen Vogelschwanz und Flügel. Die linke Sirene spielt die Kithara, die rechte die Doppelflöte; beide sind im Profil dargestellt. Die mittlere blickt zum Betrachter und ist vermutlich, entsprechend den anderen Denkmälern, als Deklamierende zu denken. Alle drei sind ein wenig größer und massiger als Odysseus.

**Datum:** 175–225 n. Chr.

Raoul-Rochette 1833, 393 Abb. 12 S. 392; Inghirami 1836, 94; Overbeck 1853 & 1857, 794 Nr. 70 Taf. 32,13; Touchefeu-Meynier 1968, 158 Nr. 276 Taf. 27,1; Bailey 1980, 100 f. (zur Werkstatt des Saeculus); Hellmann 1987, 63 Nr. 234 Taf. 29; Touchefeu-Meynier 1992a, 964 Nr. 184a Taf. 636; Andreae — Parisi Presicce 1996, 145 Nr. 2.53.

**KATALOG SIRENEN NR. 11**: Tonlampe Clermont-Ferrand, Musée Bargoin 56.465.60

**Fundort:** unbekannt

**Fundumstände:** Die Lampe befand sich zunächst in einer Lyoner Privatsammlung (Docteur Charmont), bevor sie an eine Privatsammlung in Clermont-Ferrand (Sammlung Kuhn) weitergegeben wurde. Von dort erwarb sie das Musée Bargoin (freundliche Auskunft von Madame Chantal Lamesch).

Bildlampe mit derselben Darstellung wie auf Katalog Sirenen Nr. 10, nur in weitaus flauerer Ausführung. Die Lampe hat eine Länge von 13,9 cm, eine Breite von 10,3 cm und eine Höhe von 2,7 cm. Auf der Unterseite befindet sich die eingetiefte Inschrift *C BIOASC* (gleichfalls freundliche Auskunft von Madame Chantal Lamesch).

Vermutlich handelt es sich um das Produkt aus einer sekundären (oder tertiären etc.) Form, die zu einem unbekannten Zeitpunkt von einer Lampe aus der Werkstatt des Saeculus (wie Katalog Sirenen Nr. 10) abgenommen und vom Töpfer nicht richtig nachgearbeitet worden war. Das dürfte sowohl die anders lautende Signatur als auch die etwas kleineren Maße erklären.

**Datum:** 175–225 n. Chr. oder später

Touchefeu-Meynier 1992a, 964 Nr. 184b Taf. 636.

**KATALOG SIRENEN NR. 12**: Fragment der einen Hälfte einer sog. Kuchenform Ostia, Museum 3770
**Abb. IV.7**

**Fundort:** Ostia (Italien), Umgebung des Decumanus

**Fundumstände:** Grabung Dante Vaglieri, kurz vor 1913

Erhalten hat sich ungefähr die linke Hälfte der einen Hälfte einer solchen Hohlform.

Links steht auf einem Felsen eine einzelne Sirene, in Dreiviertelansicht gezeigt, und spielt die Kithara. Ihr geflügelter Oberkörper scheint nackt zu sein; um die Hüften hat sie einen Mantel geschlungen, der die Vogelbeine etwa unterhalb der ›Knie‹ unbedeckt lässt. Links hinter dem Mantel schaut etwas unorganisch ein Vogelschwanz hervor. In ihrer Blickrichtung, rechts, ist noch das Heck vom Schiff des Odysseus erhalten. Man erkennt den im Profil gezeigten Steuermann, der eine Leine des Segels hält. Rechts von ihm ein mit dem Rücken zur Fahrtrichtung sitzender Ruderer. Im Größenvergleich mit der Sirene erscheinen die Männer winzig klein. Der an den Mast gefesselte Odysseus ist nahezu vollständig zerstört. Zu erkennen ist noch das gespannte Segel, das eine wirkungsvolle Folie für den aufrecht stehenden Helden bildete. Oberhalb des Schiffes befindet sich eine zweite Sirene, von der jedoch aufgrund des Erhaltungszustandes kaum etwas zu erkennen ist. Laut der Beschreibung bei Vaglieri 1913, 178 ist sie fliegend dargestellt, was für Sirenen höchst ungewöhnlich wäre. Vermutlich ist sie eher als hinter dem Schiff auf einem Felsen stehend zu denken. Die dritte Sirene muss sich rechts des Schiffes befunden haben. Die drei Ungeheuer hatten also das im Vergleich zu ihnen kleine Schiff eingekreist, während jenes gleichzeitig den Mittelpunkt der Darstellung bildete.

**Datum:** 200–50 n. Chr.

Vaglieri 1913, 177 f. Abb. 4; Bieber 1915, 25 f.; Vlad Borelli 1956, 291; Salomonson 1972, Abb. 15.

**KATALOG SIRENEN NR. 13**: Grabmalerei Asgafa El-Abiar (*Cyrenaica*, Libyen), sog. Grab des Odysseus und der Sirenen

Vgl. Katalog Skylla Nr. 123 **Abb. IV.8a–b**

**Fundort:** *in situ*

**Fundumstände:** entdeckt 1924. Die Fresken wurden 1939 unter der damaligen Soprintendenza Italiana in Libia von dem Maler Nino Calabrò Finocchiaro gezeichnet; 1994 weitere Zeichnungen sowie Fotokampagne und Untersuchung an Ort und Stelle durch Lidiano Bacchielli.

In den Felsen aus einer natürlichen Grotte gehauenes Grab mit Vorraum, großem Hauptraum und fünf Sarkophagnischen. Hauptraum und Nischen sind vollständig mit unterschiedlich gut erhaltener Freskomalerei überzogen. Die Deckenbemalung imitiert eine Kassettendecke. Die Wände sind verziert mit vegetabilen und geometrischen Motiven, in die mehrere figürliche Darstellungen eingefügt wurden.

In der rechten hinteren Ecke, vom Eingang aus gesehen, befindet sich eine Darstellung des Sirenen-Abenteuers. Auf der rechten Seitenwand, ganz hinten und unten, hat der Maler das Schiff des Odysseus platziert. Der Held ist am Mastbaum festgebunden, sieben Gefährten machen sich an Deck zu schaffen. Einzig der Bug des Schiffes befindet sich auf der angrenzenden Rückwand, rechts von den gleichfalls dort befindlichen Sirenen.

Diese sind in weitaus größerem Maßstab dargestellt und frontal vor dem Betrachter aufgereiht. Sie stehen auf einer Art Felsen, inmitten von vegetabilen Ornamenten. Über dem Kopf der Mittleren hat der Maler sie inschriftlich benannt: ΣΕΙΡΗΝΑΣ. Alle drei sind vollkommen unbekleidet, haben Flügel und unterhalb der Knie lange dürre Vogelbeine. Die Haare tragen sie zu einem kunstvollen Knoten auf dem Oberkopf hochgesteckt, einzelne Locken ringeln sich bis zu den Schultern herab. Die Linke hält in den zur Seite gestreckten Händen zwei extrem lange Flöten, die Rechte spielt ein Saiteninstrument und die Mittlere hält einen aufgerollten Rotulus. Dessen Text, ohne metrische Struktur, lässt sich folgendermaßen rekonstruieren (Bacchielli — Falivene 1995, 101):

[Εἰσαφίκ]αν[ε]
καὶ ἄκουσον
Ὀδυσσε[ῦ] ὁ Σ[ει-]
ρήνω[ν ὅδε]
φθ(ό)γγ[ος τῶν]
ἀδιν[ῶν].
Τίς ἀ[οιδῆ]
ἀκού[σας παρ-]
έπλευ[σε τὸν]
λειμῶν[α];

»Komm heran und lausche, Odysseus: Dies ist die Stimme der Sirenen, der Lauten. Wer, den Gesang hörend, segelte an dieser Wiese vorbei?«

Oberhalb des Schiffes des Odysseus, gleichfalls am hinteren Ende der rechten Seitenwand, befindet sich ein kleines Bildfeld mit der Darstellung des Skylla-Abenteuers (Katalog Skylla Nr. 123). Weitere Themen: die Schleifung von Hektors Leichnam durch Achill; die Ermordung des Troilos durch Achill; die Ermordung der Polyxena durch Achills Sohn Neoptolemos; Bellerophons Sieg über die Chimaira; zwei Gelagerte mit aufwartendem Diener; das aufwendige Mahl eines spätantiken Paares.

**Datum:** Ende 4. Jh. n. Chr.

Bacchielli 1993, bes. 107–12 Abb. 31–37 (Sirenen: Abb. 33. 36); Bacchielli — Falivene 1995, bes. 100 f.; Bacchielli 1996.

**KATALOG SIRENEN NR. 14**: Kasten eines stadtrömischen Sarkophags San Simeon (CA), State Historical Monument 529.9.414

**Fundort:** unbekannt

**Fundumstände:** zuerst erwähnt im Palazzo Barberini, Rom (Italien); 1968 im Palazzo Sciarra

Zum Großteil erhaltener Kasten eines Musensarkophags; der dazugehörige Deckel ist unbekannt. Auf der Vorderseite das Porträt des jungen Verstorbenen als Apollon, umgeben von Athena und den Musen.

Auf der rechten Nebenseite, in deutlich flacherem Relief, das Schiff des Odysseus, mit gesetztem Segel. Im Heck, auf der rechten Bildseite, sitzt ein Steuermann mit nacktem Oberkörper. Der Held, mit Pilos und Exomis, steht frontal zum Betrachter am Mastbaum. Den Kopf wendet er gebannt lauschend nach links, in Richtung der Musen auf der Vorderseite. Wie auch beim Auge des Steuermanns wurde die Pupillenbohrung soweit oben in der Iris angebracht wie nur möglich, direkt unterhalb des Oberlids — was den Gesichtern der beiden einen etwas entrückten Ausdruck verleiht. Die Sirenen sind nicht dargestellt. Die stark zerstörte linke Nebenseite wurde entsprechend der eben genannten modern ergänzt; original ist dort allein der rechte Teil mit der Bugpartie des Schiffes.

**Datum:** um 240 n. Chr.

Raoul-Rochette 1833, 379; Robert 1890, 157 f. Nr. 146 (mit Zeichnung der rechten Nebenseite); Wegner 1966, 83 f. Nr. 219 Taf. 31; Touchefeu-Meynier 1968, 170 Nr. 312; Touchefeu-Meynier 1992a, 963 Nr. 178 Taf. 636; Ewald 1998, 255 Taf. 40,2. 41,1–2.

**KATALOG SIRENEN NR. 15:** Deckel eines stadtrömischen Sarkophags Rom, Museo Nazionale Romano 113227

**Abb. IV.9a–b**

**Fundort:** verbaut als Stufe zum Presbyterium in einer Kapelle des 4. oder 5. Jahrhunderts an der Via Tiburtina, 5. Meile (Italien)

**Fundumstände:** Grabung Soprintendenza alle antichità di Roma, kurz vor 1932

Vollständig erhaltener Sarkophagdeckel von 217 cm Länge und 33,5 cm Höhe; der dazugehörige Kasten ist nicht bekannt.

In der Mitte des Deckels befindet sich eine Tabula, mit der Grabinschrift für einen 17-jährigen *Eques Romanus* namens M. Aurelius Romanus, gesetzt von dessen Vater: *D(is) M(anibus) / M(arco) AURELIO / ROMANO EQ(uiti) R(omano) / FILIO DULCISSIMO / QUI VIX(it) ANN(is) XVII / M(ensibus) IIII DIEB (us) XXI / M(arcus) AUR(elius) IULIANUS / PATER* (»Für die *dei manes*. Für Marcus Aurelius Romanus, römischer Ritter, allersüßester Sohn, der 17 Jahre, vier Monate und 21 Tage lebte: sein Vater Marcus Aurelius Julianus«).

Rechts und links schließt sich je ein Relieffeld an, an den beiden Enden befinden sich tragische Masken. Das rechte Bildfeld zeigt die Porträtbüste des Verstorbenen, mit Tunika und Pallium, die gerade von zwei Eroten enthüllt wird. Ursprünglich war die Büste für ein Frauenporträt bestimmt, wurde dann aber in dieses Jünglingsporträt umgearbeitet. Gerahmt wird die Szene von zwei älteren Männern in Philosophentracht, der Linke hält eine Buchrolle.

Links befindet sich das Bildfeld mit Odysseus und den Sirenen. Auf einem heftig bewegten Meer bewegt sich das Schiff des Helden, gerudert von zwei Gefährten mit nacktem Oberkörper, nach rechts, zur Insel der Sirenen. Das Steuer ist unbesetzt. Beide Ruderer drehen ihren Kopf um nahezu 180 Grad nach hinten, hin zu den Verführerinnen. Ihre Mienen mit den weit aufgerissenen Augen drücken sehr deutlich Besorgnis aus. Der an den Mast gefesselte Odysseus — mit Pilos, gegürteter Tunika und schalartig zusammengerollter Paenula — blickt in dieselbe Richtung. Auch er wirkt wenig begeistert. Seine Haltung und sein Gesichtsausdruck sind starr, der Kopf ist zwischen die Schultern gezogen.

Die Sirenen hingegen, deutlich größer gebildet als die Menschen, stehen in triumphierender Pose auf je einem meerumspülten Felsen, wie auf einem Postament, und erwarten das Schiff. Ihre halb nach oben gewandten Gesichter visualisieren den Zauber, den ihre Musik verströmt. Ihr Haar ist hinten zu einem Knoten zusammengenommen und wird geschmückt von einem Diadem, in dem vorne eine Feder steckt. Der entblößte Unterleib geht organisch in kräftige Raubvogelbeine und einen gefiederten Schwanz über. Die äußeren beiden — links mit Doppelflöte, rechts mit Lyra — erscheinen vollkommen nackt bis auf einen dekorativ hinter dem Rücken flatternden Mantel. Die Mittlere hat den Oberkörper in ein Pallium (eventuell auch eine Tunika) gehüllt; unterhalb des Bauchnabels jedoch zieht sie das Gewand demonstrativ vom Körper weg, um den Unterleib zu entblößen.

**Datum:** 230–40 n. Chr.

Mancini 1934, 198–200; Wilpert 1936, 5–7 Taf. 272,1; Marrou 1938, 173 Nr. 233; Lameere 1939, Taf. 17 Nr. 3; Courcelle 1944, 74 Taf. 1 Abb. 1; Klauser 1963, 83 f. Nr. 12 Taf. 13a–b. 14b; Rahner 1966, 324 Abb. hinter S. 320 (mit Datierung in das 4. Jh. n. Chr. und Deutung als christlicher Sarkophag); Touchefeu-Meynier 1968, 170 f. Nr. 313; Helbig 1969, 34 f. Nr. 2135; Huskinson 1974, 80 f. 90 Nr. 37 Taf. 6b; Giuliano 1985, 234–37 (L. Musso); Touchefeu-Meynier 1992a, 963 Nr. 175 Taf. 635; Ewald 1998, 231. 234 Taf. 35,1–2; Ewald 1999, 211 Nr. I1 Taf. 103, 2.3.

**KATALOG SIRENEN NR. 16:** diverse Fragmente des Deckels eines stadtrömischen Sarkophags ehemals Rom, Vatikanische Gärten

**Fundort:** unbekannt

**Fundumstände:** Die damals wohl noch mehr oder weniger vollständige Front des Sarkophagdeckels wurde Mitte des 17. Jahrhunderts von Cassiano Dal Pozzo gezeichnet, vermutlich in den Vatikanischen Gärten. Nach 1800 kamen je ein Teil des rechten und des linken Reliefbildes in den Palazzo Altieri und wurden dort miteinander verbunden. (Vgl. die bei Brunn 1859 publizierte Zeichnung aus dem Nachlass von Prof. Emil Braun.) Vor 1867 verschwand die rechte Hälfte dieses Pasticcio, um 1870 auch die linke.

Der Deckel trug in der Mitte eine Inschriftentafel, über deren Inhalt nichts überliefert ist. Rechts und links schlossen sich zwei Relieffelder an. An den Enden befand sich je eine tragische Maske. Das linke Relieffeld zeigte eine ›Philosophenversammlung‹, darin zwei auf Postamenten aufgestellte tragische Masken.

Im rechten Feld erkennt man links das Schiff des Odysseus. Bekleidet mit Pilos, kurzer gegürteter Ärmeltunika und schalartig zusammengerollter Paenula steht er gefesselt am Mast und blickt auf die Insel der Sirenen zurück. Zwei Gefährten, den Blick gleichfalls auf die Sirenen gerichtet, rudern das Schiff nach links, aus der Gefahrenzone. Die Sirenen schauen dem Schiff hinterher. Wenn del Pozzo die Proportionen korrekt wiedergegeben hat, dann sind die Sirenen deutlich größer als die Männer im Schiff. Sie scheinen gleichsam auf dem Wasser zu stehen, der Zeichner hat keine Insel angegeben. Alle drei haben Flügel und Vogelbeine, die Rechte wohl auch einen Vogelschwanz. Anscheinend sind ihre Körper vom Mantel je unterschiedlich stark verhüllt. Die Linke spielt die Doppelflöte, die Mittlere ein Saiteninstrument.

Klauser (1963) hielt es für möglich, dass zu diesem Deckel einst der bekannte, gleichfalls von Dal Pozzo gezeichnete Sarkophagkasten mit dem Wettstreit zwischen Sirenen und Musen (heute New York, Metropolitan Museum 7.10.104; Wegner 1966, 31 f. Nr. 61 Taf. 32) gehörte.

**Datum:** um 250 n. Chr.

Brunn 1859; Matz — von Duhn 1881, 344 Nr. 3119; Robert 1890, 154 f. Nr. 141 Taf. 52; Marrou 1938, 172 Nr. 224; Courcelle 1944, 84 Abb. 7; Klauser 1963, 73–75 Nr. 1 Abb. 2 Taf. 10a; Touchefeu-Meynier 1968, 168 f. Nr. 304; Ewald 1998 passim Abb. 2; Ewald 1999, 213 Nr. I4 Abb. 8a–b.

**KATALOG SIRENEN NR. 17:** Fragmente des Deckels eines stadtrömischen Sarkophags Rom, Villa Albani Inv. 565/66

**Fundort:** unbekannt

**Fundumstände:** bereits zu Zeiten von Winckelmann in der Außenwand des sog. Kaffeehauses vermauert

Höhe ca. 35 cm. Das Deckelfragment wurde anscheinend links der Sirenenszene abgesägt. Der rechte Teil der ›Philosophenversammlung‹ war abgebrochen und wurde beim Einbau in die Wand neuzeitlich ergänzt. Die untere Randleiste ist vollständig erhalten, die obere nur zum Teil.

Sarkophagdeckel mit mittig angebrachter Tabula, links die Sirenenepisode, rechts die ›Philosophenversammlung‹. An den Enden befand sich vermutlich je eine Maske. Auf der Tabula hat sich eine metrische griechische Inschrift für ein verstorbenes Mädchen namens Severa erhalten:

Ἀθάνατ[ος] μερόπων οὐδεὶς ἔφυ· τοῦδε Σεβήρα,
Θησεὺς, Αἰακίδαι μάρτυρές εἰσι λόγου.
Αὐχῶ σώφρονα τύνβος ἐμαῖς λαγόνεσσι Σεβήραν
κούρην Στρυμονίου παιδὸς ἄμυμον᾽ ἔχων,
οἵην οὐκ ἤνεικε πολὺς βίος, οὐδέ τις οὔ[τ]ω[ς]
ἔσχε τάφος χρηστὴν ἄλλος ὑπ᾽ ἠελίῳ.

»Es gibt keinen der Sterblichen, der unsterblich wäre; / Theseus und die Aiakiden sind Zeugen dieser Einsicht, Severa. / Ich als Grabhügel rühme mich, weil ich die kluge Severa in meinem Bauch habe, / die untadelige Tochter des Sohnes des Strymonios, / welche kein langes Leben hatte, und kein anderes / Grab unter der Sonne enthält eine so Treffliche.« (Übersetzung B. C. Ewald 1999)

Die Sirenen stehen hier nicht beisammen, sondern haben das Schiff gleichsam eingekreist. Zwei von ihnen stehen rechts und schauen dem Schiff hinterher; eine steht am linken Bildrand und blickt dem Schiff entgegen. Alle drei stehen auf einem felsigen Untergrund, nehmen also nicht die gesamte Höhe des Bildfeldes ein. Die linke spielt ein Saiteninstrument, die mittlere die Flöten, die rechte hält eine Textrolle. Alle drei haben einen Vogelschwanz, bei der linken sind auch Flügel zu erkennen. Die beiden Musikantinnen tragen einen Schrägmantel, die Deklamierende das übliche Pallium.

Das Schiff des Odysseus wird von vier im linken Profil gezeigte Gefährten mit nacktem Oberkörper über eine stürmisch bewegte See nach links gerudert. Der gefesselte Odysseus — mit Pilos, kurzer gegürteter Tunika sowie mit Paenula — befindet sich ungefähr in der Mittelachse der Szene und blickt frontal aus dem Bild heraus. Die hinter ihm aufragende Mastspitze überschneidet mitsamt dem daran hängenden Segel den oberen Bildrand und schafft so einen wirkungsvollen Hintergrund für den Helden: Odysseus ist das optische und inhaltliche Zentrum dieses Bildes.

**Datum:** spätes 3. Jh. n. Chr.

Winckelmann 1776, 499; Kaibel 1878, 230 f. Nr. 567 (Epigramm); Robert 1890, 155 f. Nr. 142–142a Taf. 52; Marrou 1938, 172 Nr. 225; Courcelle 1944, 84 f. Abb. 8; Klauser 1963, 75–77 Nr. 2 Abb. 3-4; Touchefeu-Meynier 1968, 169 Nr. 306; Moretti 1979, 183 Nr. 1328; Touchefeu-Meynier 1992a, 963 Nr. 176; Bol 1998, 630–32 Nr. 1075 (C. Reinsberg) Taf. 342; Ewald 1998 passim Abb. 3; Ewald 1999, 211 f. Nr. I 2; Winckelmann 2002, 471; Winckelmann 2006, 413 Nr. 968; Winckelmann 2007, 334.

**KATALOG SIRENEN NR. 18:** Fragment des Deckels eines stadtrömischen Sarkophags Rom, Museo Nazionale Romano 27220

**Fundort:** unbekannt

**Fundumstände:** Das Fragment befand sich zuvor in der Villa Pitocchi.

Größeres Fragment von 64 cm Länge und 34 cm Höhe, von der linken Seite eines Sarkophagdeckels. Zu erkennen ist noch das linke Reliefbild mit Odysseus und den Sirenen. Ganz rechts der Rest eines nackten Eroten, der vermutlich einst mit einem im rechten Relieffeld zu ergänzenden Pendant die Tabula hielt. Das linke Ende des Deckels fehlt, ebenso der Bug des Schiffes im Reliefbild.

Rechts im Bild, direkt neben dem riesenhaften Eroten, stehen aufgereiht und frontal zum Betrachter die drei Sirenen. Sie nehmen die gesamte Höhe des Bildfeldes ein, sind also etwas größer als Odysseus und seine Männer. Bezüglich Standmotiv und Tracht sind die drei nahezu identisch. Alle drehen den Kopf in Richtung des Odysseus, die Vogelbeine relativ gerade durchgedrückt, eine Feder im schön frisierten Haar und einen kurzen Mantel so um den Körper geschlungen, dass er jeweils die rechte Brust samt Schulter und Arm unbedeckt lässt. Einzig ihre Attribute unterscheiden sich. Die Linke spielt die Lyra, die Mittlere hält eine Flöte und die Rechte eventuell eine Buchrolle.

Im linken Teil des Bildfeldes entfernt sich gerade das Schiff des Odysseus, gerudert von zwei Gefährten mit nacktem Oberkörper. Odysseus, mit Pilos und Exomis, steht in aufrechter Haltung gefesselt am Mast und blickt zurück. Weder er noch die Gefährten erscheinen sonderlich besorgt, ebenso wenig wirken die Sirenen tatsächlich bedrohlich. Im Meer tummeln sich diverse Lebewesen: Zwischen den Wellenlinien schauen kleine Fische hervor; am Heck des Schiffes windet sich der Schwanz eines großen Delphins. Oberhalb des Hecks — d. h. in der Bildsprache: dahinter — bläst ein Triton ein langes Horn.

**Datum:** um 250 n. Chr.

Matz — von Duhn 1881, 459 Nr. 3362; Robert 1890, 157, Nr. 145; Wilpert 1929, 15 Nr. 3 Taf. 24,7; Marrou 1938, 173 Nr. 230; Courcelle 1944, 77 Taf. 2 Abb. 4; Klauser 1963, 80 f. Nr. 6 Taf. 11c; Touchefeu-Meynier 1968, 170 Nr. 310 sowie 171 Nr. 316. 317 Taf. 29,3; Ewald 1998 passim Taf. 34,1.

**KATALOG SIRENEN NR. 19:** Fragment vermutlich des Deckels eines stadtrömischen Sarkophags Rom, Deutsches Archäologisches Institut

**Fundort:** unbekannt

**Fundumstände:** ehemals Sammlung Otto Kern, der das Stück 1889 im römischen Kunsthandel erworben hatte

Kleines Fragment von sehr unregelmäßiger Form. Man erkennt noch den Körper des Odysseus — bekleidet mit Pilos und gegürteter Tunika, eventuell auch einer auf die Brust fallenden Paenula — am Schiffsmast sowie die Oberkörper zweier Gefährten. Ganz links, bartlos und mit kurzärmeliger Tunika, handhabt der Steuermann ein großes Steuerruder. Ein weiterer bartloser Gefährte hält den Kopf etwas tiefer, war also beim Rudern dargestellt. Gleich Odysseus und dem Steuermann blickt er besorgt nach rechts, in die Richtung, in der sich ursprünglich die Sirenen befunden haben müssen und in welche das Schiff steuert. Er sitzt also beim Rudern entweder falsch herum oder er hat, gleich den Ruderern auf Katalog Sirenen Nr. 13, seinen Kopf um 180 Grad nach hinten verdreht.

**Datum:** 3. Jh. n. Chr.

Robert 1890, 222 Nachtrag Nr. 144I; Klauser 1963, 81 Nr. 8; Touchefeu-Meynier 1968, 169 Nr. 307; Neudecker — Granino Cecere 1997, 76 f. Nr. 31 Abb. 77; Ewald 1998, 231 Taf. 36,1.

**KATALOG SIRENEN NR. 20:** Fragment des Deckels eines stadtrömischen Sarkophags Rom, Musei Vaticani; eventuell verschollen

**Fundort:** unbekannt

**Fundumstände:** laut Klauser (1963, 82) trotz intensiver Suche in den Magazinen der Vatikanischen Museen nicht aufzufinden

Kleines Fragment. Erhalten hat sich ein Teil der rechten Bildfeldbegrenzung, samt dem Körper einer Sirene, ohne Kopf und ohne Unterschenkel. Die Sirene steht in weiter Schrittstellung nach rechts, zum Bildrand. Ihr Körper mit den Vogelbeinen ist nackt bis auf einen Mantel, der als Dreieck auf der Brust liegt und dann stoffreich den Rücken herabfällt. Mit der rechten Hand greift sie quer über die Brust in die Saiten ihrer Lyra. Oberhalb ihrer rechten Schulter ist laut Klauser (1967, 83) die Hand einer weiteren, also links von ihr stehenden Sirene zu erkennen.

**Datum:** 3. Jh. n. Chr.

Wilpert, 1929, 15 Taf. 24,8; Marrou 1938, 173 Nr. 231; Klauser 1963, 82 f. Nr. 11 Taf. 12a; Touchefeu-Meynier 1968, 168 Nr. 301; Ewald 1998, 229 Anm. 16.

**KATALOG SIRENEN NR. 21:** Fragment vermutlich des Deckels eines stadtrömischen Sarkophags ehemals Rom, Villa Saraffini

**Fundort:** unbekannt

**Fundumstände:** die Villa Saraffini wurde um 1882 abgebrochen; seitdem ist das Stück verschollen

Das Fragment ist nur in der Beschreibung von Matz — von Duhn 1881 überliefert, die Robert 1890 rezensierte. Erkennbar waren demnach das Schiff des Odysseus sowie zwei oder drei Sirenen.

**Datum:** »späte Arbeit« (Matz — von Duhn 1881)

Matz — von Duhn 1881, 459 f. Nr. 3364; Robert 1890, 157 Nr. 1452; Klauser 1963, 81 Nr. 7; Touchefeu-Meynier 1968, 170 Nr. 311; Ewald 1998, 229 Anm. 16.

**KATALOG SIRENEN NR. 22:** Fragment des Deckels eines stadtrömischen Sarkophags Ostia, Museum 1637

**Fundort:** Ostia (Italien), Nekropole der Isola Sacra

**Fundumstände:** nicht publiziert; Klauser 1967 bezieht sich auf eine briefliche Mitteilung von Frau Raissa Calza

Kleines Fragment von 31,5 cm Länge und 28 cm Höhe, vom linken Teil eines Sarkophagdeckels. Erhalten ist die tragische Maske am linken Ende (z. T. bestoßen) sowie der Beginn des anschließenden Relieffeldes. Dort lässt sich eine leicht beschädigte Sirene erkennen; es fehlen vor allem die Füße und der linke Arm. Die Sirene steht breitbeinig, die rechte Hand mit der Doppelflöte ist in die Hüfte gestützt. Ihre Gestalt nimmt die gesamte Höhe des Bildfeldes ein, die Federn im Haar gehen sogar darüber hinaus. Ausgestattet ist sie mit Flügeln und Vogelbeinen, das nach hinten frisierte Haar schmückt, wie erwähnt, eine Feder. Abgesehen von einem über die Brust laufenden, zusammengerollten Wulst ihres Mantels ist sie vollkommen nackt. Ihr herausfordernd zur Seite gewandter Blick gilt merkwürdigerweise nicht dem rechts zu erwartenden Schiff des Odysseus, sondern ist nach links gerichtet, auf den Bildrand.

**Datum:** 3. Jh. n. Chr.

Klauser 1963, 84 Nr. 13 Taf. 14a; Ewald 1998, 229 Anm. 16.

**KATALOG SIRENEN NR. 23:** Fragment des Deckels eines stadtrömische Sarkophags ehemals Ostia, Museum

**Fundort:** Ostia (Italien)

**Fundumstände:** Ausgrabungen in Ostia vor 1873; seit spätestens 1963 verschollen

Kleines Fragment von je 26 cm Höhe und Länge, vom rechten Ende eines Sarkophagdeckels. Erhalten hatte sich nur die Maske, hier eines Jünglings, am rechten Ende sowie ein winziger Rest des angrenzenden rechten Relieffeldes: Der linke Flügel, die linke Körperhälfte und das linke Vogelbein einer Sirene, die wohl einst die gesamte Höhe des Bildfeldes einnahm.

**Datum:** 3. Jh. n. Chr.

Robert 1890, 157 Nr. 145 Taf. 52; Marrou 1938, 173 Nr. 228; Klauser 1963, 80 Nr. 5 Abb. 7; Touchefeu-Meynier 1968, 170 Nr. 309; Ewald 1998, 229 Anm. 16.

**KATALOG SIRENEN NR. 24:** Fragment des Deckels eines stadtrömischen Kindersarkophags Rom, Musei Vaticani 31663

**Abb. IV.10**

**Fundort:** Rom (Italien), Kallistus-Katakombe, sog. Krypta der Lucina: im Versturz des Ganges (bei de Rossi 1864 »via U«), welcher vom »cubicolo X« unter die »scala A« führte

**Fundumstände:** Grabung Giovanni Battista de Rossi, 1857

Großes Fragment von 84 cm Länge und 18 cm Höhe. Die rechte Hälfte der Vorderseite mit tragischer Maske und Reliefbild mit Sirenenszene ist vollständig erhalten, ebenso die Tabula in der Mitte. Vom links anschließenden Bildfeld mit ›Philosophenversammlung‹ hat sich nur die erste, ganz rechts sitzende Gestalt erhalten. Die Tabula trägt ein laut

Klauser (1963, 78) nachträglich im 6. Jahrhundert oder später angebrachtes Monogramm, über dessen Auflösung in der Forschung keine Einigkeit besteht. (Klauser 1963, 78 zählt als Vorschläge auf: Turanio, Vetranio, Fortunatus.)

Im rechten Reliefbild haben die Sirenen das Schiff des Odysseus bedrohlich umstellt. Am linken Bildrand steht, in weit ausgreifender Arm- und Beinhaltung, eine riesenhafte nackte Sirene, welche die Höhe des gesamten Bildfeldes ausfüllt und noch dazu mit ihrem Federschmuck den oberen Rahmen überschneidet. Sie hält in jeder Hand eine Flöte und schaut dem Schiff hinterher. Dieses, im Verhältnis zu den Sirenen weitaus kleiner dargestellt, wird von einem einzigen Gefährten (mit Ärmeltunika) nach rechts gerudert. Ein weiterer Gefährte (mit Ärmeltunika und Paenula) — die rechte Hand vor dem Körper, die Linke in einer Trauer, Angst und Ratlosigkeit ausdrückenden Geste an die Wange gelegt — sitzt untätig herum, anstatt das Schiff zu steuern, wie es wohl seine Aufgabe wäre. Odysseus (mit Pilos, kurzer gegürteter ärmelloser Tunika sowie Paenula) steht frontal zum Betrachter am Mast, blickt jedoch mit hochgezogenen Schultern zur oben erwähnten Sirene zurück. Rechts des Schiffes befinden sich zwei weitere Sirenen, auch sie weitaus größer als die Menschen im Schiff. Die eine hält ein Saiteninstrument und trägt eine auf den Rücken fallende, vorne schalartig zusammengerollte Paenula; diejenige am rechten Bildrand ist gleich einem Redner in ein Pallium gehüllt. Beide haben wie ihre Gefährtin am linken Bildrand äußerst kräftige Vogelbeine mit »betont raubvogelhaften Krallenfüßen« (Klauser) sowie gleich einem Adler gespreizte Flügel und tragen eine Feder im nach hinten frisierten Haar.

**Datum:** 250–300 n. Chr.

de Rossi 1864, 317. 344 Taf. 30,5; Robert 1890, 156 Nr. 143 Taf. 52; Gardthausen 1924, 148 Nr. 337 (zum Monogramm); Wilpert 1929, 14 f. Nr. 1 Taf. 25,1; Marrou 1938, 173 Nr. 227 Abb. 23; Courcelle 1944, 74 Taf. 1 Abb. 2; Klauser 1963, 77–79 Nr. 3 Abb. 5 Taf. 11a; Touchefeu-Meynier 1968, 178 Nr. 305 Taf. 29,1; Huskinson 1974, 80 f. 90 Nr. 33; Touchefeu-Meynier 1992, 963 Nr. 177 Taf. 635; Huskinson 1996, 29 Nr. 2.28; Ewald 1998 passim Taf. 34,2; Ewald 1999, 212 Nr. I 3.

**KATALOG SIRENEN NR. 25:** Fragment des Deckels eines stadtrömischen Sarkophags Rom, Museum der Kallistus-Katakombe

**Abb. IV.11**

**Fundort:** Rom (Italien), Kallistus-Katakombe

**Fundumstände:** Grabung Giovanni Battista de Rossi, vor 1877

Größeres Fragment von 60 cm Länge und 31 cm Höhe; von mäßiger bildhauerischer Qualität.

Zu erkennen ist noch das Schiff des Odysseus, das sich nach links von der Insel der Sirenen entfernt. Odysseus (Pilos, gegürtete Tunika und vielleicht schalartig zusammengerollte Paenula) steht annähernd frontal zum Betrachter am Mast, den Kopf lauschend zu den Sirenen zurückgewandt. Links im Schiff rudert ein Gefährte in ärmelloser Tunika. Rechts, im Heck, sitzt ein weiterer und hält das Steuerruder.

Hinter ihm, rechts im Bild, sieht man die drei zum Teil zerstörten Sirenen. Sie stehen dicht aneinander gedrängt und wirken im Vergleich zu den kräftigen Griechen sehr zierlich. Alle erscheinen weitgehend nackt, bei der Mittleren erkennt Klauser (1963, 79) einen schmalen Mantelstreifen über dem Oberkörper. Die Linke spielt die Lyra, die ganz rechts Stehende hält eine lange Flöte quer vor ihren Leib. Die Vogelbeine der Sirenen sind an den ›Oberschenkeln‹ eng zusammengepresst, die ›Unterschenkel‹ hingegen stehen zumindest bei zweien der drei weit auseinander — das verleiht ihrem Stand ein etwas unbeholfenes Aussehen. Eine ernsthafte Bedrohung scheint von dieser Gruppe nicht auszugehen.

**Datum:** 3. Jh. n. Chr.

de Rossi 1877, 445; Matz — von Duhn 1881, 459 Nr. 3363; Robert 1890, 156 f. Nr. 144 Taf. 52; Wilpert 1929, 15 Nr. 2 Taf. 25,3; Marrou 1938, 173 Nr. 227; Klauser 1963, 79 f. Nr. 4 Abb. 6 Taf. 11b; Huskinson 1974, 80 f. 90 Nr. 34; Touchefeu-Meynier 1968, 170 Nr. 308; Ewald 1998, 229 Anm. 16.

**KATALOG SIRENEN NR. 26**: Fragment des Deckels eines stadtrömischen Sarkophags Rom, Museum der Kallistus-Katakombe

**Fundort:** Rom (Italien), Kallistus-Katakombe

**Fundumstände:** von Joseph Wilpert vor 1929 im Depot des Museums gesehen

Kleines Fragment von 19 cm Länge und 12 cm Höhe. Erhalten ist ein Teil der oberen Begrenzung des Reliefbildes; direkt darunter Kopf bzw. Kopf und Brust je einer nach links blickenden Sirene. Beide haben volles, auf die Schultern fallendes Haar, das von einem Band oder Reif geschmückt wird. Bei der Linken erkennt man noch ein um den Körper geschlungenes Pallium sowie das obere Ende einer Buchrolle, welches sie mit der rechten Hand berührt. Die rechte Sirene spielt laut Klauser (1963, 82) die Lyra.

**Datum:** 3. Jh. n. Chr.

Wilpert 1929, 15 Nr. 4 Taf. 24,5; Marrou 1938, 173 Nr. 229; Klauser 1963, 81 f. Nr. 9 Taf. 12b; Huskinson 1974, 80 f. 90 Nr. 35; Touchefeu-Meynier 1968, 171 Nr. 315; Ewald 1998, 229 Anm. 16.

**KATALOG SIRENEN NR. 27**: Fragment des Deckels eines stadtrömischen Sarkophags Rom, Museum der Priscilla-Katakombe

**Fundort:** Rom (Italien), Priscilla-Katakombe

**Fundumstände:** zu Beginn des 20. Jahrhunderts; aus derselben Grabung wie das Fragment Katalog Sirenen Nr. 28

Kleines Fragment von 23 cm Länge und 37,5 cm Höhe. Man erkennt die obere Bildfeldbegrenzung und darunter das Heck vom Schiff des Odysseus, mit dem fragmentarisch erhaltenen Helden. Odysseus — mit Pilos, gegürteter kurzer Ärmeltunika sowie dreieckig vorne auf die Brust fallender Paenula — steht am Mast und blickt zurück. Das Steuerruder ist unbesetzt.

Wilpert hatte in einer Rekonstruktionszeichnung (1929, Taf. 25,2) dieses Fragment mit einem weiteren (hier Katalog Sirenen Nr. 28) verbunden. Diese Verbindung geistert seitdem durch die Literatur; explizit abgelehnt wurde sie m. W. erstmals von Ewald (1998, 229 Anm. 17).

**Datum:** 3. Jh. n. Chr.

Wilpert 1929, 15 f. Nr. 5 Taf. 25,2; Marrou 1938, 173 Nr. 232; Klauser 1963, 82 Nr. 10 Taf. 12c (linkes Fragment); Touchefeu-Meynier 1968, 171 Nr. 314; Huskinson 1974, 80 f. 90 Nr. 36; Ewald 1998, 229 Anm. 17.

**KATALOG SIRENEN NR. 28**: Fragment des Deckels eines stadtrömischen Sarkophags Rom, Museum der Priscilla-Katakombe

**Fundort:** Rom (Italien), Priscilla-Katakombe

**Fundumstände:** zu Beginn des 20. Jahrhunderts; aus derselben Grabung wie das Fragment Katalog Sirenen Nr. 27

Kleines Fragment; bei den Maßangaben von Klauser (1963, 82) »0,35 cm hoch, 0,22 cm breit« handelt es sich vermutlich um eine Vertauschung von Höhe und Breite. Erhalten hat sich ein Teil der unteren Bildfeldbegrenzung. Direkt darüber befinden sich die Vogelbeine aller drei Sirenen, lang und dünn, mit großen Raubvogelkrallen und in weiter Schrittstellung. Bei der Rechten ist das untere Ende eines Saiteninstruments zu erkennen; die Mittlere fasst mit der linken Hand einen herabhängenden Gewandzipfel; die Linke hielt vermutlich jene Flöte, deren unteres Ende vor dem Schenkel der mittleren Sirene abgebildet ist.

Wilpert hatte in einer Rekonstruktionszeichnung (1929, Taf. 25,2) dieses Fragment mit einem weiteren (hier Katalog Sirenen Nr. 27) verbunden. Diese Verbindung geistert seitdem durch die Literatur; explizit abgelehnt wurde sie m. W. erstmals von Ewald (1998, 229 Anm. 17).

**Datum:** 3. Jh. n. Chr.

Wilpert 1929, 15 f. Nr. 5 Taf. 25,2; Marrou 1938, 173 Nr. 232; Klauser 1963, 82 Nr. 10 Taf. 12c (rechtes Fragment); Touchefeu-Meynier 1968, 171 Nr. 314; Huskinson 1974, 80 f. 90 Nr. 36; Ewald 1998 Anm. 17.

**KATALOG SIRENEN NR. 29**: polychromes Mosaik
Beth Shean, Museum

**Abb. IV.13**

Vgl. Katalog Skylla Nr. 125

**Fundort:** Beth Shean (*Scythopolis*, Israel), Raum Nr. 3 im sog. Haus des Kyrios Leontis, einem Gebäudekomplex unklarer Ausdehnung und Bestimmung im Westteil der Stadt, nahe der römisch-byzantinischen Stadtmauer

**Fundumstände:** Grabung N. Zori, 1964 (Raumfolge mit Sirenenmosaik) sowie D. Bahat, A. Druks, G. Edelstein, 1970–72 (weitere Architektur, v. a. »Synagoge«)

Polychromes Mosaik mit den Maßen 3,20 m × 8,50 m inmitten eines Raumes. Einige Fehlstellen, v. a. im oberen Teil. Das Mosaik besteht aus drei übereinander angeordneten Registern und wird von zwei Borten — ein Flechtband sowie einzeln stehenden Rauten — umrahmt. Am oberen Ende muss sich zwischen erstem Bildfeld und Borten noch eine griechische Inschrift befunden haben, von der jedoch nur Reste der letzten Buchstaben erhalten sind.

Die Szene mit Odysseus befindet sich im oberen Register (»panel a«). Oben rechts, unterhalb einer zerstörten Inschrift, befindet sich ein kleines Schiff. Darin steht ein anscheinend nackter Mann, der mit einer Art Netz an den Mast gefesselt ist. Sein Blick ist nach links oben, wo sich heute eine große Fehlstelle befindet, gerichtet. Er ist bartlos und trägt eine in der Spätantike übliche Kurzhaarfrisur, keinen Pilos. Trotz der unkanonischen Ikonographie muss es sich hier um Odysseus handeln. Das am Heck des Schiffes deutlich erkennbare Steuerruder ist nicht bemannt, ebenso wenig gibt es Ruderer. Links des Schiffes, ein wenig unterhalb, reitet eine nackte Nereide (Kopf und linke Schulter sind zerstört) auf einem Ichthyokentauren (oberhalb der Brust gleichfalls zerstört).

Eine weitere Szene spielt sich, umrahmt von Wellenlinien, unter diesen beiden Motiven ab: Eine einzelne Sirene spielt auf einer Flöte. Sie hat offen herabfallendes, in der Mitte gescheiteltes dunkles Haar sowie einen nackten Oberkörper. An diesen schließt sich ein in Grau- und Brauntönen gehaltener Vogelleib mit kurzem Schwanz und zierlichen roten Füßen an. Links von ihr, in ihrer Blickrichtung, befindet sich ein weiteres Segelschiff, beladen mit zwei großen Vorratskrügen. Sein einziger Insasse, ein bartloser Mann mit nacktem Oberkörper, wehrt mit einem Dreizack ein angreifendes Seeungeheuer ab. Dieses hat einen dem oberen Ichthyokentauren vergleichbaren geringelten Schwanz sowie die Vorderbeine eines nicht eindeutig bestimmbaren Tieres. Der erstaunlich kurze Leib sowie Kopf sind nicht

erhalten. Eventuell handelt es sich hier um eine verkürzte Darstellung der Skylla (Katalog Skylla Nr. 125). Zwischen der Sirene und dem jungen Mann fliegt ein Vogel; oberhalb von diesem befindet sich eine zweizeilige griechische Inschrift:

K(ύρι)ε β(o)ήθ(ει) Λεόντι
τῷ Κλούβ(α)

»Herr, hilf Leontis Kloubas«.

Alle Elemente des Bildfeldes werden zusammengehalten durch die Angabe von Wellenlinien, in welche mehrere Fische gesetzt wurden: Das Meer, das sämtliche Protagonisten umgibt.

Das zweite Register (»panel b«) trägt in einem Medaillon, umgeben von Vögeln und Blüten, eine längere griechische Inschrift:

Μνησθῆ
εἰς ἀγαθὸν κ(αὶ) (ε)ἰς
εὐλογίαν ὁ κύρ(ιος) Λεόντις
ὁ Κλούβας ὅτι ὑπὲρ
σωτηρίας αὐτοῦ κ(αὶ) τοῦ
ἀδελφοῦ αὐτοῦ Ἰωναθα
ἐψήφωσεν τὰ ὧδε
ἐξ ηδηον (= ἰδίων)

»Kyrios Leontis Kloubas soll zum Guten und zum Segen in Erinnerung bleiben, weil er zu seinem Heil (oder Rettung) und dem seines Bruders Jonathan dieses Gebäude hier auf eigene Kosten mit Mosaiken ausstatten ließ.«

In dem (mit Absicht?) zerstörten Gegenstand am rechten Ende der vierten Zeile ist eventuell eine fünfarmige Menora zu erkennen.

Das dritte Register (»panel c«) zeigt eine Personifikation des Nils auf einem schwer zu identifizierenden Tier (eventuell ein Flusspferd) gelagert, die inschriftlich bezeichnete Stadt ΑΛΕΞΑΝΔΡΙΑ (Alexandria), ein Nilometer, ein ein Rind attackierendes Raubtier sowie eine Flusslandschaft mit Papyrusstauden und Wasservögeln. Auf dem Fluss schwimmt ein kleines Boot, das mit diversen kegelförmigen Gegenständen beladen ist.

**Datum:** mittleres 5. (Zori 1966, 124) oder eher 6. (Avi-Yonah 1975) Jh. n. Chr.

Zori 1966; Avi-Yonah 1975, 54; Ovadiah — Ovadiah 1987, 34–36 Nr. 31A Taf. 30-32; Touchefeu-Meynier 1992a, 963 Nr. 172; Lancha 1997, 257; Jentel 2000; Levine 2 000, 200–03.

## KATALOG ZU SKYLLA

**KATALOG SKYLLA NR. 1**: polychromes Mosaik
Sfax, Museum, Inv.-Nr. M 41, M 41 bis M 52

Abb. IV.3 und V.1

Vgl. Katalog Sirenen Nr. 4

**Fundort:** rundes Frigidarium der Großen Thermen von Henchir Thina (*Thaenae*, Tunesien)

**Fundumstände:** Grabung Direction des Antiquités (Monsieur Sadoux, Paul Gauckler) und Municipalité de Sfax (Monsieur Gau) 1904

Rundes polychromes Meermosaik von 7,5 m Durchmesser; nur sehr fragmentarisch erhalten. Im Zentrum befindet sich Arion auf einem Delphin. Um ihn herum sind Fische und andere Meerestiere so gruppiert, dass sie jeweils in konzentrischen Kreisen angeordnete Sechsecke (Höhe 86 cm, Breite 80 cm) bilden. In diesen befinden sich in Verbindung zum Meer stehende mythische Motive oder Genremotive: Nereiden, Tritonen, Eroten und Seeungeheuer; Venus in der Muschel; Fischer; Wagenrennen mit Delphinen anstatt Pferden; Hero und Leander; Danae mit dem kleinen Perseus; Odysseus und die Sirenen (Katalog Sirenen Nr. 4); und anderes. Den Rand bildet eine Bordüre aus symmetrisch angeordneten Delphinen, Muscheln und Dreizacken. Skylla erscheint auf den erhaltenen Resten dreimal, in jeweils unterschiedlicher Gestaltung vor allem des Oberkörpers, aber stets ein ganzes Sechseck ausfüllend.

**KAT. SKYLLA NR. 1 A:** (= Massigli Nr. 5c).

Abb. V.1

Das von den dreien am besten erhaltene Exemplar. Den Unterkörper bilden ein Flossenschurz sowie zwei fischschwänzige, in Flossen auslaufende ›Beine‹ (das linke z. T. zerstört), die sich zu beiden Seiten der Skylla schlangengleich nach oben winden. Der ab Höhe des Bauchnabels menschliche Oberkörper wird in Vorderansicht gezeigt, ist aber aufgrund des Haltungsmotives leicht nach links gedreht: Skylla hat mit beiden Händen das Steuerruder ergriffen und schwingt es weit hinter ihren Rücken. Um den Flossenschurz und die Fischbeine tänzeln aufgeregt drei Hundeprotome. Von den angrenzenden Sechsecken und den darin dargestellten Motiven sind nur die drei linken ansatzweise erhalten: das Unterteil eines Meeresmischwesens mit Reiter; das Oberteil eines Tritonen mit Reiter; das Segel eines Schiffes mit dem Kopf eines Schiffers.

**KAT. SKYLLA NR. 1 B:** (= Massigli Nr. 2e)

Abb. IV.3

Mit Fehlstellen am rechten und oberen Rand. Diese Skylla ist ganz ähnlich charakterisiert wie die erste, nur das Haar erscheint dunkler. Auch holt sie mit den Armen nicht ganz so weit aus, das Steuerruder befindet sich waagerecht hinter ihrem Kopf. Diese Skylla wurde vom Mosaizisten oberhalb der Szene mit Odysseus (Sechseck direkt unterhalb von Skylla) und den Sirenen (Sechseck rechts unterhalb von Skylla) positioniert. Das links anschließende Sechseck zeigt Venus in der Muschel; oberhalb davon ein Meeresmischwesen.

**KAT. SKYLLA NR. 1 C:** (= Massigli Nr. 7h)

Von der dritten Skylla ist nicht allzu viel erhalten. Sie lässt sich rekonstruieren anhand der beiden sich nach oben windenden, in Flossen auslaufenden Schlangenbeine, dem am Oberkopf erhaltenen wirren Haar und anhand des Steuerruders, das sie — hier nur mit der linken Hand gehalten — weit über ihren Kopf nach oben streckt. Die angrenzenden Sechsecke sind nicht erhalten.

**Datum:** spätes 3. Jh. n. Chr.

Massigli 1912, 1–5 Nr. 1–8 (Skyllen = Nr. 2e [= Kat. Skylla Nr. 1 b]. 5c [= Kat. Skylla Nr. 1 a]. 7h [= Kat. Skylla Nr. 1 c]) Taf. 1–5,1 (Skyllen = 2,1 [= Kat. Skylla Nr. 1 b]. 3,2 [= Kat. Skylla Nr. 1 a]. 4,2 [= Katalog Skylla Nr. 1 c]); Baratte 1974, Abb. 11 (= Kat. Skylla Nr. 1 a); Dunbabin 1978, 273 Nr. 1a Abb. 18 (= Kat. Skylla Nr. 1 b); Jentel 1997, 1141 Nr. 43; Wiedler 1999, 342–45 Nr. 66a Mosaik 1; Ben Abed-Ben Khader 2003, Abb. 357 (gute Farbabb. von Kat. Skylla Nr. 1 a).

**KATALOG SKYLLA NR. 2**: polychromes Mosaik
Haïdra, Museum

Abb. V.2

Vgl. Katalog Sirenen Nr. 6

**Fundort:** Haïdra (*Ammaedara*, Tunesien), auf dem Gebiet der antiken Stadt; vermutlich entweder aus den privaten Thermen einer Domus (Wiedler 1999, 292) oder aus einem öffentlichen Thermengebäude (Baratte 1974, 10; Lancha 1997, 72)

**Fundumstände:** Sondagen an der Nordseite einer frühchristlichen Basilika, vorgenommen von Noël Duval, 1967–69. Dabei Entdeckung des 80 cm tiefer liegenden Mosaikbodens, dessen vollständige Erstreckung jedoch nicht festgestellt werden konnte. Ebenso wenig ist klar, welchem Typus das dazugehörige Gebäude angehört.

Großes polychromes Meermosaik von guter Qualität; unvollständig ausgegraben und nur sehr fragmentarisch erhalten. Es schmückte einen großen Saal von ursprünglich wohl 7 m × 15 m, im Westen verlängert durch einen 1,2 m breiten Korridor unbekannter Länge. Davon sind erhalten: der Mosaikschmuck des letzten Teils des Korridors sowie (mit Lücken) im Raum eine Fläche von ca. 3,5 m × 10 m. Im Saal wird das Mosaik umrahmt von einem Mäanderband und, innerhalb davon, einem auf den Betrachter ausgerichteten Fries bestehend aus Wasserpflanzen, (Wasser-)Vögeln, Fischen, Muscheln und anderen Meeresbewohnern.

Die fragmentarisch erhaltene Skylla befindet sich am Ende des Korridors, am Übergang zum Saal, den Eintretenden zugewandt. Direkt hinter ihr, bereits im Saal selbst, platzierte der Mosaizist die Szene mit Odysseus und den Sirenen (Katalog Sirenen Nr. 6). Skylla ist nur oberhalb der Brust erhalten; weiterhin gibt es am Rand des Korridors — vermutlich — ein Fragment ihres Fischschwanzes. Sie hat den Kopf zu ihrer Linken gewendet und hält in ihren hoch erhobenen Händen einen stockartigen Gegenstand, wohl den Griff eines Steuerruders. Ihr Haar, das wellig und füllig auf die Schultern fällt, ist aus blauen und schwarzen *tesserae* gebildet. Das Gesicht ist großflächig, die als kräftige Striche angegebenen Brauen sind gerade über der Nasenwurzel nach oben gezogen. Das Unheimliche ihres Anblicks wird dadurch verstärkt, dass Skyllas Augen keine Pupillen haben, sondern geisterhaft leer blicken.

Weitere Motive auf dem Mosaik: eine verschleierte Frau, die von einem Mann in phrygischer Tracht übers Meer gefahren wird (Helena und Paris?); Fischer; Knaben im Boot; Eroten auf Delphinen; diverse Meerestiere.

**Datum:** um 350 n. Chr.

Baratte 1974, 9–11 Abb. 1–3 (archäologischer Befund). 18–21 Abb. 7. 9. 15 (Skylla-Motiv); Dunbabin 1978, 261 f. Nr. 4; Jentel 1997, 1141 Nr. 44; Lancha 1997, 72 f. Nr. 31 Taf. 22; Wiedler 1999, 292–94 Nr. 35.

**KATALOG SKYLLA NR. 3–26**: 24 Kontorniaten in verschiedenen Sammlungen, mit dem ersten Rückseitentypus (Alföldi — Alföldi 1990 RS Nr. 83).

Auf der Vorderseite befindet sich stets Nero im sog. Typus X: bartloser Männerkopf mit Lorbeerkranz im Profil nach rechts, Umschrift *NERO CLADIUS* (sic!) *CAESAR AUG GER P M TR P IMP P P*. Die Bemerkungen zu den Beizeichen beziehen sich auf die Vorderseite.

**NR. 3.** Rom, Museo Nazionale, 19 (Alföldi — Alföldi 1976, Nr. 179,1).

Gewicht 21,80 g; getilgtes Beizeichen rechts.

**NR. 4.** Kunsthandel (i. J. 1922) (Alföldi — Alföldi 1976, Nr. 179,2).

Gewicht 24,38 g; ohne Beizeichen.

**NR. 5.** Kunsthandel (i. J. 1906) (Alföldi — Alföldi Nr. 1976, 179,3).

Ohne Gewichtsangabe; getilgte Beizeichen rechts und links.

**NR. 6.** Turin, Museo Communale (Alföldi — Alföldi 1976, Nr. 179,4).

Ohne Gewichtsangabe; Beizeichen rechts: Monogramm *PE*.

**NR. 7.** Rom, Museo Nazionale, 20 (Alföldi — Alföldi 1976, Nr. 179,5).

Gewicht 20,50 g; Beizeichen rechts: Monogramm *PE*. Die RS ist stark abgenutzt und kaum noch zu erkennen.

**NR. 8.** Florenz, Museo Archeologico Nazionale (Alföldi — Alföldi 1976, Nr. 179,6).

Ohne Gewichtsangabe; Beizeichen rechts: Monogramm *PE*.

**NR. 9.** Forlì, Museo Civico, Collezione Piancastelli (Alföldi — Alföldi 1976, Nr. 179,7).

Ohne Gewichtsangabe; Beizeichen rechts: Monogramm *PE*.

**NR. 10.** Vatikan, Medagliere della Biblioteca Vaticana (Alföldi — Alföldi 1976, Nr. 179,8).

Gewicht 24,45 g; Beizeichen rechts: Monogramm *PE*. Die RS ist stark abgenutzt und kaum noch zu erkennen.

**NR. 11.** Neapel, Museo Nazionale (Alföldi — Alföldi 1976, Nr. 179,9).

Gewicht 20,12 g; Beizeichen rechts: Palmzweig.

**NR. 12.** Florenz, Museo Archeologico Nazionale (Alföldi — Alföldi 1976, Nr. 179,10).

Ohne Gewichtsangabe; Beizeichen rechts: Palmzweig.

**NR. 13.** Vatikan, Medagliere della Biblioteca Vaticana (Alföldi — Alföldi 1976, Nr. 179,11).

Gewicht 24,70 g; Beizeichen rechts: Palmzweig. Der Kontorniat ist insgesamt schlecht erhalten.

**NR. 14.** Sammlung F. Fremersdorf, ehemals Köln (Alföldi — Alföldi 1976, Nr. 179,12).

Ohne Gewichtsangabe; Beizeichen rechts: Palmzweig.

**NR. 15.** Berlin, Staatliche Museen zu Berlin — Preußischer Kulturbesitz. Münzkabinett (Alföldi — Alföldi 1976, Nr. 179,13).

Gewicht 21,06 g; Beizeichen rechts: Palmzweig, die Mittelrippe in Silber eingelegt.

**NR. 16.** London, British Museum (Alföldi — Alföldi 1976, Nr. 179,14).

**Abb. V.8**

Gewicht 25,11 g; Beizeichen rechts: Palmzweig; links getilgt.

**NR. 17.** Bern, Bernisches Historisches Museum, 8 (Alföldi — Alföldi 1976, Nr. 179,15).

Gewicht 22,34 g; Beizeichen rechts: Palmzweig.

**NR. 18.** Kunsthandel (i. J. 1984) (Alföldi — Alföldi 1990, Nr. 179,15a).

Gewicht 25,73 g; Beizeichen rechts: Palmzweig.

**NR. 19.** London, British Museum (Alföldi — Alföldi 1976, Nr. 179,16).

Gewicht 22,35 g; Beizeichen rechts: Palmzweig, teils getilgt.

**NR. 20.** London, British Museum (Alföldi — Alföldi 1976, Nr. 179,17).

Gewicht 19,94 g; getilgtes Beizeichen rechts: Palmzweig.

**NR. 21.** Wien, Bundessammlung von Münzen, Medaillen und Geldzeichen, Inv. 32533 (Alföldi — Alföldi 1976, Nr. 179,18).

Gewicht 23,45 g; Beizeichen links: Palmzweig.

**NR. 22.** Sammlung P. C. Peck, New York (Alföldi — Alföldi 1976, Nr. 179,19).

Ohne Gewichtsangabe; Beizeichen rechts: Sonnenrad.

**NR. 23.** Wien, Bundessammlung von Münzen, Medaillen und Geldzeichen, Inv. 32534 (Alföldi — Alföldi 1976, Nr. 179,20).

Gewicht 20,98 g; Beizeichen rechts: zwei Peltae.

**NR. 24.** Rom, Museo Nazionale, 15 (Alföldi — Alföldi 1976, Nr. 179,21).

Gewicht 23,90 g; Beizeichen links: Pfeil; rechts: Monogramm *PE*, darüber Herzblatt mit Palmzweig. Die RS ist stark abgewetzt und (zumindest auf der Abbildung) nicht mehr zu erkennen. Der Kontorniat hat eine ganz feine Bohrung, die so angebracht wurde, dass der Kaiserkopf der VS genau richtig hinge, die Skylla-Darstellung jedoch (vermutlich) verkehrt herum.

**NR. 25.** Pisa, Museo Nazionale, ehemals Sammlung Simoneschi (Alföldi — Alföldi Nr. 179,22 = Anhang Mittag 1999, S. 254 = Macripó 1992, 207 Nr. 1).

Gewicht 21,40 g; Durchmesser 37 mm; ohne Beizeichen.

**NR. 26.** Kunsthandel (i. J. 1988) (Alföldi — Alföldi Nr. 179,23 = Anhang Mittag 1999, S. 254 = Montenapoleone, Asta 8, 11.–12. 5. 1988, Nr. 366).

Gewicht 25,73 g; Durchmesser 36 mm; Beizeichen: Palmzweig.

**Fundorte:** unbekannt; produziert in einer stadtrömischen Werkstatt

**Fundumstände:** gleichfalls unbekannt; in der Regel zirkulieren Kontorniaten seit Jahrhunderten in Sammlungen

Aus einer Kupferlegierung geprägt; der Durchmesser der Stücke beträgt ca. 4 cm.

Das *Odyssee*-Motiv befindet sich auf der Rückseite. Skylla, nach links gewandt, nimmt die rechte Bildhälfte ein, das Vorderteil vom Schiff des Odysseus — mit Bugzier und nach hinten weisenden Rudern — die linke. Skyllas Oberkörper mit Flossenschurz und Hundeprotomen ragt aus dem durch dünne Wellenlinien angegebenen Meer hervor. Ihre ›Beine‹ — in Form von geschmeidig sich schlängelnden Fischkörpern mit großen fächerförmigen Schwanzflossen — winden sich hinter ihr empor und füllen den rechten oberen Teil des Bildfeldes. In der linken Hand hält sie ein

Steuerruder; mit der Rechten greift sie dem ganz vorne am Bug stehenden Gefährten ins Haar und versucht, ihn über Bord zu ziehen. Vom vordersten Gefährten halb verdeckt steht aufrecht Odysseus, mit Pilos oder Helm, aufgestützter Lanze und großem Rundschild. Hinter ihm, ganz links, verbirgt sich ein weiterer, kleinerer Gefährte. Alle drei Griechen im Schiff tragen, soweit erkennbar, eine kurze gegürtete Ärmeltunika. Zwei weitere, wohl nackt dargestellte, Männer befinden sich bereits im Wasser; von ihnen sind nur die Oberkörper zu sehen. Der eine, links, wird von einer Hundeprotome in die Schulter gebissen; der andere, rechts, wird in eine Windung des rechten Fischschwanzes gezogen und erwürgt.

Die Proportionen aller Beteiligten sind relativ einheitlich: Skyllas menschlicher Körperteil ist nur unwesentlich größer als der Körper des Odysseus. Odysseus wiederum ist nur unwesentlich größer als seine Gefährten.

**Datum:** ca. 379–95 n. Chr.

Alföldi — Alföldi 1976, 53 f. Nr. 179, 1–21 (VS) Taf. 63, 9–12; 64, 1–12; 65, 1–5; Alföldi — Alföldi 1990, 378 Nr. 179, 15a (VS) Taf. 216,5; Alföldi — Alföldi 1990, 156 RS Nr. 83; Jentel 1997, 1142 Nr. 56; Mittag 1999, 110. 295 f. Nr. 83 Taf. 21 Nr. 83.

**KATALOG SKYLLA NR. 27:** Kontorniat Sammlung E. Pegan

**Abb. V.9**

**Fundort:** angeblich Dalmatien (Kroatien); produziert in einer stadtrömischen Werkstatt

**Fundumstände:** 1960 im Münzhandel aufgetaucht

Auf der Vorderseite befindet sich ein Kutscher im sog. Typus VII: Halbfigur mit Kopf nach rechts, ein Pferd; links im Bild ein Sturzhelm; Beizeichen rechts: Palmzweig. Das *Odyssee*-Motiv befindet sich auf der Rückseite: Zweiter Rückseitentypus (Alföldi — Alföldi 1990, RS Nr. 83a). Aus einer Kupferlegierung geprägt; der Durchmesser beträgt ca. 4 cm; keine Gewichtsangabe.

Skylla, nach links gewandt, nimmt die rechte Bildhälfte ein, das Vorderteil vom Schiff des Odysseus — mit Bugzier und nach hinten weisenden Rudern — die linke. Skylla hält in der linken Hand ein Steuerruder, mit der rechten greift sie nach einem Mann im Schiff und zerrt seinen Oberkörper nach vorne. Vorne am Bug steht Odysseus, mit Pilos oder Helm auf dem Kopf und eventuell einem Schild in der Linken, und zielt mit der erhobenen Lanze auf Skyllas Brust. Sein Körper ist deutlich kleiner als der menschliche Leib der Skylla. Hinten im Schiff ein dritter Mann, mit Rundschild.

Skylla hat drei nach oben weisende Fischbeine, wobei die Schwanzflosse des mittleren die Form einer Baumkrone angenommen hat und die anderen beiden überragt. Der Fischbestandteil ganz rechts im Bild hat sich nahezu verselbständigt. Er erscheint als ein neben Skylla befindlicher, kopfüber ins Wasser eintauchender riesiger Fisch, der gerade im Begriff ist, einen ins Meer gefallenen winzigen Gefährten (hier nicht erhalten) zu verschlingen. Zwei weitere winzige Gefährten im Wasser (der rechte gleichfalls nicht erhalten) werden von den Hundeprotomen bedroht.

**Datum:** ca. 395–423 n. Chr.

Münchner Münzhandlung Karl Kreß, 116. Versteigerung, 1960, S. 15 Nr. 796; Münchner Münzhandlung Karl Kreß, 127. Versteigerung, 1963, S. 13 Nr. 800; Alföldi — Alföldi 1990, 373 Nr. 505a (VS) Taf. 223,7; Alföldi — Alföldi 1990, 156 RS Nr. 83a; Jentel 1997, 1142 Nr. 56; Mittag 1999, 110. 296 Nr. 83a Taf. 22 Nr. 83a.

**KATALOG SKYLLA NR. 28–47:** 20 Kontorniaten in verschiedenen Sammlungen, mit dem dritten Rückseitentypus (Alföldi — Alföldi 1990, RS Nr. 84) und verschiedenen Vorderseiten.

Die Bemerkungen zu den Beizeichen beziehen sich auf die Vorderseite.

**NR. 28.** Den Haag, Koninklijk Kabinet van Munten en Penningen, 1967/204 (Alföldi — Alföldi 1976, Nr. 27,1).

Gewicht 26,70 g; auf der VS bartloser Männerkopf mit Löwenfell im Profil nach rechts, Umschrift *ALEXA — NDER*, sog. Typus Alexander IX; ohne Beizeichen; Rückseite retuschiert.

**NR. 29.** Wien, Bundessammlung von Münzen, Medaillen und Geldzeichen, Inv. 32499 (Alföldi — Alföldi 1976, Nr. 27,2).

Gewicht 28,48 g; auf der VS bartloser Männerkopf mit Löwenfell im Profil nach rechts, Umschrift *ALEXA — NDER*, sog. Typus Alexander IX; Beizeichen rechts: Palmzweig.

**NR. 30.** Wien, Bundessammlung von Münzen, Medaillen und Geldzeichen, Inv. 32500 (Alföldi — Alföldi 1976, Nr. 27,3).

Gewicht 32,96 g; auf der VS bartloser Männerkopf mit Löwenfell im Profil nach rechts, Umschrift *ALEXA — NDER*, sog. Typus Alexander IX; Beizeichen rechts: Monogramm *PE*.

**NR. 31.** Berlin, Staatliche Museen zu Berlin — Preußischer Kulturbesitz. Münzkabinett, 951.1915; Objektnummer 18206978 (Alföldi — Alföldi 1976, Nr. 27,4;

Permalink <http://ww2.smb.museum/ikmk/object.php?id=18206978> [zuletzt verwendet am 19. Dezember 2016]).

**Abb. V.12a–b**

Gewicht 25,02 g; auf der VS bartloser Männerkopf mit Löwenfell im Profil nach rechts, Umschrift ALEXA — NDER, sog. Typus Alexander IX; Beizeichen rechts: Monogramm PE. Der Kontorniat wurde so durchbohrt, dass die Darstellung des Skylla-Abenteuers richtig herum hinge, Alexander hingegen mit dem Kopf nach unten.

**NR. 32.** New York, American Numismatic Society (Alföldi — Alföldi 1976, Nr. 36,1).

Gewicht 21,00 g; auf der VS bartloser Männerkopf mit Löwenfell im Profil nach rechts, Umschrift *ALEXA — NDER*, sog. Typus Alexander X; Beizeichen rechts: grob eingeritztes Monogramm *PE*.

**NR. 33.** Paris, Bibliothèque Nationale, Cabinet des Médailles, 17142 (Alföldi — Alföldi 1976, Nr. 36,2).

Gewicht 17,37 g; auf der VS bartloser Männerkopf mit Löwenfell im Profil nach rechts, Umschrift *ALEXA — NDER*, sog. Typus Alexander X; Beizeichen rechts: Palmzweig. Beide Seiten wurden stark retuschiert.

**NR. 34.** Boston, Museum of Fine Arts, Inv. 1975.335 (Alföldi — Alföldi 1990, Nr. 36,2a).

Gewicht 23,87 g; auf der VS bartloser Männerkopf mit Löwenfell im Profil nach rechts, Umschrift *ALEXA — NDER*, sog. Typus Alexander X; Beizeichen rechts: Palmzweig, in Silber eingelegt; leichter Doppelschlag auf beiden Seiten.

**NR. 35.** Paris, Bibliothèque Nationale, Cabinet des Médailles, 17140 (Alföldi — Alföldi 1976, Nr. 36,3).

Gewicht 18,48 g; auf der VS bartloser Männerkopf mit Löwenfell im Profil nach rechts, Umschrift *ALEXA — NDER*, sog. Typus Alexander X; Beizeichen links: Palmzweig. Beide Seiten wurden stark retuschiert, selbst die Legende der VS zu *ALEXANDER MAGNUS* verändert.

**NR. 36.** Wien, Bundessammlung von Münzen, Medaillen und Geldzeichen, Inv. 32590 (Alföldi — Alföldi 1976, Nr. 359,1).

Gewicht 22,44 g; auf der VS bartloser Männerkopf mit Lorbeerkranz und Paludamentum im Profil nach rechts, Umschrift *DIVO NERVA — E TRAIANO*, sog. Typus Traianus XXIX; ohne Beizeichen.

**NR. 37.** Mailand, Museo Teatrale al Teatro della Scala, 143/990 (Alföldi — Alföldi 1976, Nr. 359,2).

Ohne Gewichtsangabe; auf der VS bartloser Männerkopf mit Lorbeerkranz und Paludamentum im Profil nach rechts, Umschrift *DIVO NERVA — E TRAIANO*, sog. Typus Traianus XXIX; Beizeichen rechts: Palmzweig, in Silber eingelegt.

**NR. 38.** London, British Museum (Alföldi — Alföldi 1976, Nr. 359,3).

Gewicht 29,96 g; auf der VS bartloser Männerkopf mit Lorbeerkranz und Paludamentum im Profil nach rechts, Umschrift *DIVO NERVA — E TRAIANO*, sog. Typus Traianus XXIX; Beizeichen rechts: Palmzweig; auf der VS leichter Doppelschlag.

**NR. 39.** Paris, Bibliothèque Nationale, Cabinet des Médailles, 17269 (Alföldi — Alföldi 1976, Nr. 359,4).

Gewicht 24,87 g; auf der VS bartloser Männerkopf mit Lorbeerkranz und Paludamentum im Profil nach rechts, Umschrift *DIVO NERVA — E TRAIANO*, sog. Typus Traianus XXIX; Beizeichen rechts: Palmzweig. Beide Seiten wurden retuschiert und nachgraviert. Der Rand ist teilweise abgebrochen.

**NR. 40.** London, British Museum (Alföldi — Alföldi 1976, Nr. 359,5).

Gewicht 26,34 g; auf der VS bartloser Männerkopf mit Lorbeerkranz und Paludamentum im Profil nach rechts, Umschrift *DIVO NERVA — E TRAIANO*, sog. Typus Traianus XXIX; Beizeichen rechts: Monogramm *PE*.

**NR. 41.** Mailand, Museo Teatrale al Teatro della Scala, 142/989 (Alföldi — Alföldi 1976, Nr. 359,6).

Ohne Gewichtsangabe; auf der VS bartloser Männerkopf mit Lorbeerkranz und Paludamentum im Profil nach rechts, Umschrift *DIVO NERVA — E TRAIANO*, sog. Typus Traianus XXIX; Beizeichen rechts: Efeublatt. Beide Seiten wurden stark nachgraviert.

**NR. 42.** Berlin, Staatliche Museen zu Berlin — Preußischer Kulturbesitz. Münzkabinett (Alföldi — Alföldi 1976, Nr. 359,7).

Gewicht 23,55 g; auf der VS bartloser Männerkopf mit Lorbeerkranz und Paludamentum im Profil nach rechts, Umschrift *DIVO NERVA — E TRAIANO*, sog. Typus Traianus XXIX; Beizeichen rechts: Sonnenrad; dazu Spuren von getilgten Beizeichen.

**NR. 43.** London, British Museum (Alföldi — Alföldi 1976, Nr. 368,1).

Gewicht 23,76 g; auf der VS nackte Büste eines bartlosen Mannes mit Lorbeerkranz im Profil nach rechts, Umschrift *DIVO NERVAE — TRAIANO*, sog. Typus Traianus XXX; Beizeichen links und rechts getilgt.

**NR. 44.** Bologna, Museo Civico Archeologico (Alföldi — Alföldi 1976, Nr. 368,2).

Gewicht 27,35 g; auf der VS nackte Büste eines bartlosen Mannes mit Lorbeerkranz im Profil nach rechts, Umschrift *DIVO NERVAE — TRAIANO*, sog. Typus Traianus XXX; ohne Beizeichen.

**NR. 45.** Glasgow, Hunterian Museum (Alföldi — Alföldi 1976, Nr. 368,3).

Gewicht 32,11 g; auf der VS nackte Büste eines bartlosen Mannes mit Lorbeerkranz im Profil nach rechts, Umschrift *DIVO NERVAE — TRAIANO*, sog. Typus Traianus XXX; ohne Beizeichen.

**NR. 46.** Kunsthandel (i. J. 1912) (Alföldi — Alföldi 1976, Nr. 368,4).

Ohne Gewichtsangabe; auf der VS nackte Büste eines bartlosen Mannes mit Lorbeerkranz im Profil nach rechts, Umschrift *DIVO NERVAE — TRAIANO*, sog. Typus Traianus XXX; ohne Beizeichen.

**NR. 47.** Gipsabguss unbekannter Herkunft (Alföldi — Alföldi 1976, Nr. 368,5).

Auf der VS nackte Büste eines bartlosen Mannes mit Lorbeerkranz im Profil nach rechts, Umschrift *DIVO NERVAE — TRAIANO*, sog. Typus Traianus XXX; Beizeichen rechts: Sonnenrad. Beide Seiten sind abgewetzt.

**Fundorte:** unbekannt; produziert in einer stadtrömischen Werkstatt

**Fundumstände:** gleichfalls unbekannt; in der Regel zirkulieren Kontorniaten seit Jahrhunderten in Sammlungen

Aus einer Kupferlegierung geprägt; der Durchmesser der Stücke beträgt ca. 4 cm.

Skylla, nach links gewandt, befindet sich in der rechten Bildhälfte, das Vorderteil vom Schiff des Odysseus — mit Bugzier und nach hinten weisenden Rudern — in der linken. Skylla hält in der linken Hand ein Steuerruder; mit der rechten greift sie nach dem vordersten Mann im Schiff und zerrt seinen Oberkörper nach vorne. Hinter diesem steht ein relativ kleiner Odysseus, erkennbar am Pilos oder Helm auf dem Kopf. Der kleine Rundschild vor seiner Brust ist wohl als sein eigener, gehalten mit der linken Hand, zu denken. In der erhobenen Rechten hält er eine nach vorne gerichtete Lanze. Hinter ihm ein dritter Mann, wie die beiden anderen wohl bekleidet mit einer gegürteten Ärmeltunika. Die Angabe einer Reling fehlt; selbst die Fußspitzen der Männer sind zu sehen.

Skylla ist weitaus größer als die Männer im Schiff. Sie besitzt drei nach oben weisende Fischbeine, wobei die Schwanzflosse des mittleren die Form einer Baumkrone angenommen hat. Die beiden äußeren Beine rahmen die Seiten des runden Bildfeldes, die Schwanzflossen aller drei bilden dessen oberen Abschluss. Durch diese Komposition entsteht der Eindruck, dass Skylla das Bildfeld vollkommen beherrscht. Der ganz rechts im Bild befindliche Fischbestandteil hat sich nahezu verselbständigt. Er erscheint als ein neben Skylla befindlicher, kopfüber ins Wasser eintauchender riesiger Fisch, der droht, einen gerade kopfüber ins Wasser stürzenden kleinen nackten Gefährten zu verschlingen. Nach dessen Gesicht schnappt ein Hund. Zwei weitere winzige nackte Gefährten, von denen die Oberkörper zu sehen sind, schwimmen im Wasser und werden gleichfalls von den Hundeprotomen attackiert. Der vierte Hund, ganz links, schnappt nach dem Schiff.

**Datum:** ca. 395–423 n. Chr.

Alföldi — Alföldi 1976, 8 Nr. 27,1–4; 10 Nr. 36,1–3; 118 Nr. 359,1–7; 124 Nr. 368,1–5 (VS) Taf. 9,3–6; 12,6–8; 146,2–8; 154,3–7; Alföldi — Alföldi 1990, 375 f. Nr. 36,2a (VS) Taf. 213,6; 257,2 (= Vergrößerung von Nr. 27,3); Alföldi — Alföldi 1990, 156 RS Nr. 84; Jentel 1997, 1142 Nr. 56; Mittag 1999, 110. 296 Nr. 84 Taf. 22 Nr. 84.

**KATALOG SKYLLA NR. 48–109**: 62 Kontorniaten in verschiedenen Sammlungen, mit dem vierten Rückseitentypus (Alföldi — Alföldi 1990, RS Nr. 85) und verschiedenen Vorderseiten.

Die Bemerkungen zu den Beizeichen beziehen sich auf die Vorderseite.

**NR. 48.** London, British Museum (Alföldi — Alföldi 1976, Nr. 35).

Gewicht 31,80 g; auf der VS bartloser Männerkopf mit Löwenfell im Profil nach rechts, Umschrift *ALEXA — NDER*, sog. Typus Alexander X; Beizeichen rechts: Palmzweig.

**NR. 49.** Mailand, Museo Teatrale al Teatro della Scala, 91/936 (Alföldi — Alföldi 1976, Nr. 39,1).

Ohne Gewichtsangabe; auf der VS bartloser Männerkopf mit Löwenfell im Profil nach rechts, Umschrift *ALEXA — NDER*, sog. Typus Alexander XI; ohne Beizeichen.

**NR. 50.** Paris, Bibliothèque Nationale, Cabinet des Médailles, 17141 (Alföldi — Alföldi 1976, Nr. 39,2).

Gewicht 31,81 g; auf der VS bartloser Männerkopf mit Löwenfell im Profil nach rechts, Umschrift *ALEXA — NDER*, sog. Typus Alexander XI; ohne Beizeichen; auf beiden Seiten Doppelschlag.

**NR. 51.** Glasgow, Hunterian Museum (Alföldi — Alföldi 1976, Nr. 39,3).

Gewicht 27,12 g; auf der VS bartloser Männerkopf mit Löwenfell im Profil nach rechts, Umschrift *ALEXA — NDER*, sog. Typus Alexander XI; ohne Beizeichen; leicht retuschiert.

**NR. 52.** Ravenna, Sammlung Luigi Fontana (Alföldi — Alföldi 1976, Nr. 39,4).

Ohne Gewichtsangabe; auf der VS bartloser Männerkopf mit Löwenfell im Profil nach rechts, Umschrift *ALEXA — NDER*, sog. Typus Alexander XI; ohne Beizeichen.

**NR. 53.** Venedig, Museo Civico, 934 (Alföldi — Alföldi 1976, Nr. 39,5).

Ohne Gewichtsangabe; auf der VS bartloser Männerkopf mit Löwenfell im Profil nach rechts, Umschrift *ALEXA — NDER*, sog. Typus Alexander XI; Beizeichen rechts: Palmzweig; auf der VS Doppelschlag.

**NR. 54.** Kunsthandel (i. J. 1991) (Alföldi — Alföldi Nr. 39,6 = Anhang Mittag S. 253 = Numismatica Ars Classica Zürich, Auction A, 27.–28. 2. 1991, Nr. 2068).

Gewicht 24,97 g; auf der VS bartloser Männerkopf mit Löwenfell im Profil nach rechts, Umschrift *ALEXA — NDER*, sog. Typus Alexander XI; ohne Beizeichen.

**NR. 55.** Glasgow, Hunterian Museum (Alföldi — Alföldi 1976, Nr. 360,1).

Gewicht 25,46 g; auf der VS bartloser Männerkopf mit Lorbeerkranz und Paludamentum im Profil nach rechts, Umschrift *DIVO NERVA — E TRAIANO*, sog. Typus Traianus XXIX; ohne Beizeichen.

**NR. 56.** Nîmes, Musée Archéologique (Alföldi — Alföldi 1990, Nr. 360,1a).

Ohne Gewichtsangabe; gleicht in allen Details Katalog Skylla Nr. 55. Das bedeutet, beide Exemplare gehen auf dasselbe Original zurück und zumindest eines von beiden muss ein Abguss sein.

**NR. 57.** Mailand, Museo Teatrale al Teatro della Scala, 141/988 (Alföldi — Alföldi 1976, Nr. 360,2).

Ohne Gewichtsangabe; auf der VS bartloser Männerkopf mit Lorbeerkranz und Paludamentum im Profil nach rechts, Umschrift *DIVO NERVA — E TRAIANO*, sog. Typus Traianus XXIX; ohne Beizeichen.

**NR. 58.** London, British Museum (Alföldi — Alföldi 1976, Nr. 360,3).

Gewicht 23,30 g; auf der VS bartloser Männerkopf mit Lorbeerkranz und Paludamentum im Profil nach rechts, Umschrift *DIVO NERVA — E TRAIANO*, sog. Typus Traianus XXIX; ohne Beizeichen.

**NR. 59.** Neapel, Museo Nazionale (Alföldi — Alföldi 1976, Nr. 360,4).

Gewicht 28,96 g; auf der VS bartloser Männerkopf mit Lorbeerkranz und Paludamentum im Profil nach rechts, Umschrift *DIVO NERVA — E TRAIANO*, sog. Typus Traianus XXIX; ohne Beizeichen.

**NR. 60.** Neapel, Museo Nazionale (Alföldi — Alföldi 1976, Nr. 360,5).

Gewicht 23,87 g; auf der VS bartloser Männerkopf mit Lorbeerkranz und Paludamentum im Profil nach rechts, Umschrift *DIVO NERVA — E TRAIANO*, sog. Typus Traianus XXIX; ohne Beizeichen.

**NR. 61.** Paris, Bibliothèque Nationale, Cabinet des Médailles, ehemals Sammlung Seymour-De Ricci (Alföldi — Alföldi 1976, Nr. 360,6).

Gewicht 24,25 g; auf der VS bartloser Männerkopf mit Lorbeerkranz und Paludamentum im Profil nach rechts, Umschrift *DIVO NERVA — E TRAIANO*, sog. Typus Traianus XXIX; ohne Beizeichen.

**NR. 62.** Paris, Bibliothèque Nationale, Cabinet des Médailles, 17271 (Alföldi — Alföldi 1976, Nr. 360,7).

Gewicht 21,45 g; auf der VS bartloser Männerkopf mit Lorbeerkranz und Paludamentum im Profil nach rechts, Umschrift *DIVO NERVA — E TRAIANO*, sog. Typus Traianus XXIX; ohne Beizeichen (auf der VS links neuzeitlicher Adler). Beide Seiten wurden leicht retuschiert.

**NR. 63.** Paris, Bibliothèque Nationale, Cabinet des Médailles, 17268 (Alföldi — Alföldi 1976, Nr. 360,8).

Gewicht 23,22 g; auf der VS bartloser Männerkopf mit Lorbeerkranz und Paludamentum im Profil nach rechts, Umschrift *DIVO NERVA — E TRAIANO*, sog. Typus Traianus XXIX; ohne Beizeichen (auf der VS links neuzeitlicher Adler).

**NR. 64.** Den Haag, Koninklijk Kabinet van Munten en Penningen (Alföldi — Alföldi 1976, Nr. 360,9).

Gewicht 26,10 g; auf der VS bartloser Männerkopf mit Lorbeerkranz und Paludamentum im Profil nach rechts, Umschrift *DIVO NERVA — E TRAIANO*, sog. Typus Traianus XXIX; ohne Beizeichen. Der Kontorniat wurde besonders auf der RS retuschiert.

**NR. 65.** München, Staatliche Münzsammlung (Alföldi — Alföldi 1976, Nr. 360,10).

Gewicht 23,69 g; auf der VS bartloser Männerkopf mit Lorbeerkranz und Paludamentum im Profil nach rechts, Umschrift *DIVO NERVA — E TRAIANO*, sog. Typus Traianus XXIX; ohne Beizeichen.

**NR. 66.** Gipsabguss unbekannter Herkunft (Alföldi — Alföldi 1976, Nr. 360,11).

Auf der VS bartloser Männerkopf mit Lorbeerkranz und Paludamentum im Profil nach rechts, Umschrift *DIVO NERVA — E TRAIANO*, sog. Typus Traianus XXIX; ohne Beizeichen.

**NR. 67.** Basel, Kunsthandel (i. J. 1935) (Alföldi — Alföldi 1976, Nr. 360,12).

Ohne Gewichtsangabe; auf der VS bartloser Männerkopf mit Lorbeerkranz und Paludamentum im Profil nach rechts, Umschrift *DIVO NERVA — E TRAIANO*, sog. Typus Traianus XXIX; ohne Beizeichen; auf beiden Seiten Doppelschlag.

**NR. 68.** Trier, Rheinisches Landesmuseum, P. M. 20203. 1019 (Alföldi — Alföldi 1976, Nr. 360,13).

Gewicht 19,10 g; auf der VS bartloser Männerkopf mit Lorbeerkranz und Paludamentum im Profil nach rechts, Umschrift *DIVO NERVA — E TRAIANO*, sog. Typus Traianus XXIX; ohne Beizeichen.

**NR. 69.** Tübingen, Archäologisches Institut der Universität (Alföldi — Alföldi 1976, Nr. 360,14).

Gewicht 25,74 g; auf der VS bartloser Männerkopf mit Lorbeerkranz und Paludamentum im Profil nach rechts, Umschrift DIVO *NERVA — E TRAIANO*, sog. Typus Traianus XXIX; ohne Beizeichen. »Wohl Abguß«.

**NR. 70.** Forlì, Museo Civico, Collezione Piancastelli (Alföldi — Alföldi 1976, Nr. 360,15).

Ohne Gewichtsangabe; auf der VS bartloser Männerkopf mit Lorbeerkranz und Paludamentum im Profil nach rechts, Umschrift *DIVO NERVA — E TRAIANO*, sog. Typus Traianus XXIX; rechts Beizeichen getilgt.

**NR. 71.** Bologna, Museo Civico Archeologico (Alföldi — Alföldi 1976, Nr. 360,16).

Gewicht 23,50 g; auf der VS bartloser Männerkopf mit Lorbeerkranz und Paludamentum im Profil nach rechts, Umschrift *DIVO NERVA — E TRAIANO*, sog. Typus Traianus XXIX; rechts Beizeichen getilgt.

**NR. 72.** Bologna, Museo Civico Archeologico (Alföldi — Alföldi 1976, Nr. 360,17).

Gewicht 23,55 g; auf der VS bartloser Männerkopf mit Lorbeerkranz und Paludamentum im Profil nach rechts, Umschrift *DIVO NERVA — E TRAIANO*, sog. Typus Traianus XXIX; ohne Beizeichen.

**NR. 73.** Karlsruhe, Badisches Landesmuseum (Alföldi — Alföldi 1990, Nr. 360,17a).

Gewicht 24,14 g; auf der VS bartloser Männerkopf mit Lorbeerkranz und Paludamentum im Profil nach rechts, Umschrift *DIVO NERVA — E TRAIANO*, sog. Typus Traianus XXIX; ohne Beizeichen. Die RS wurde nachgraviert und in diversen Details (z. B. Größe von Skyllas Kopf, Form der Schilde der Männer im Schiff) verändert.

**NR. 74.** Kunsthandel (i. J. 1967) (Alföldi — Alföldi 1976, Nr. 360,18).

Ohne Gewichtsangabe; auf der VS bartloser Männerkopf mit Lorbeerkranz und Paludamentum im Profil nach rechts, Umschrift *DIVO NERVA — E TRAIANO*, sog. Typus Traianus XXIX; eventuell links getilgtes Beizeichen; Doppelschlag auf der VS. Der Kontorniat wurde so durchbohrt, dass die Darstellung mit Skylla leicht schräg hinge, der Kaiserkopf genau falsch herum.

**NR. 75.** Neapel, Museo Nazionale, 10 (Alföldi — Alföldi 1976, Nr. 360,19).

Gewicht 20,47 g; auf der VS bartloser Männerkopf mit Lorbeerkranz und Paludamentum im Profil nach rechts, Umschrift *DIVO NERVA — E TRAIANO*, sog. Typus Traianus XXIX; eventuell rechts getilgtes Beizeichen.

**NR. 76.** Bern, Bernisches Historisches Museum, 18 (Alföldi — Alföldi 1976, Nr. 360,20).

Gewicht 23,07 g; auf der VS bartloser Männerkopf mit Lorbeerkranz und Paludamentum im Profil nach rechts, Umschrift *DIVO NERVA — E TRAIANO*, sog. Typus Traianus XXIX; ohne Beizeichen. Der Kontorniat wurde so durchbohrt, dass die Abbildungen beider Seiten falsch herum hängen.

**NR. 77.** Kunsthandel (i. J. 1906) (Alföldi — Alföldi 1976, Nr. 360,21).

Ohne Gewichtsangabe; auf der VS bartloser Männerkopf mit Lorbeerkranz und Paludamentum im Profil nach rechts, Umschrift *DIVO NERVA — E TRAIANO*, sog. Typus Traianus XXIX; Beizeichen rechts: Palmzweig; die RS wurde etwas umgraviert.

**NR. 78.** Mailand, Museo Teatrale al Teatro della Scala, 146/993 (Alföldi — Alföldi 1976, Nr. 360,22).

Ohne Gewichtsangaben; auf der VS bartloser Männerkopf mit Lorbeerkranz und Paludamentum im Profil nach rechts, Umschrift *DIVO NERVA — E TRAIANO*, sog. Typus Traianus XXIX; Beizeichen rechts: Palmzweig, in Silber eingelegt (Einlagen nur z. T. erhalten).

**NR. 79.** London, British Museum (Alföldi — Alföldi 1976, Nr. 360,23).

Gewicht 25,55 g; auf der VS bartloser Männerkopf mit Lorbeerkranz und Paludamentum im Profil nach rechts, Umschrift *DIVO NERVA — E TRAIANO*, sog. Typus Traianus XXIX; Beizeichen rechts: Palmzweig; auf der VS leichter Doppelschlag; die RS wurde etwas nachgraviert.

**NR. 80.** Stockholm, Schwedisches Nationalmuseum (Alföldi — Alföldi 1976, Nr. 360,24).

Ohne Gewichtsangabe; auf der VS bartloser Männerkopf mit Lorbeerkranz und Paludamentum im Profil nach rechts, Umschrift *DIVO NERVA — E TRAIANO*, sog. Typus Traianus XXIX; Beizeichen rechts: Palmzweig.

**NR. 81.** Paris, Bibliothèque Nationale, Cabinet des Médailles, 17270 (Alföldi — Alföldi 1976, Nr. 360,25).

Gewicht 27,94 g; auf der VS bartloser Männerkopf mit Lorbeerkranz und Paludamentum im Profil nach rechts, Umschrift *DIVO NERVA — E TRAIANO*, sog. Typus Traianus XXIX; Beizeichen rechts: Palmzweig. Der Rand ist beschädigt.

**NR. 82.** Bologna, Museo Civico Archeologico (Alföldi — Alföldi 1976, Nr. 360,26).

Gewicht 26,53 g; auf der VS bartloser Männerkopf mit Lorbeerkranz und Paludamentum im Profil nach rechts, Umschrift *DIVO NERVA — E TRAIANO*, sog. Typus Traianus XXIX; Beizeichen rechts: Palmzweig; links getilgtes Beizeichen.

**NR. 83.** Budapest, Magyar Nemzeti Muzeum (Alföldi — Alföldi 1976, Nr. 360,27).

Ohne Gewichtsangabe; auf der VS bartloser Männerkopf mit Lorbeerkranz und Paludamentum im Profil nach rechts, Umschrift *DIVO NERVA — E TRAIANO*, sog. Typus Traianus XXIX; Beizeichen rechts: Palmzweig.

**NR. 84.** Vatikan, Medagliere della Biblioteca Vaticana (Alföldi — Alföldi 1976, Nr. 360,28).

Gewicht 38,77 g; auf der VS bartloser Männerkopf mit Lorbeerkranz und Paludamentum im Profil nach rechts, Umschrift *DIVO NERVA — E TRAIANO*, sog. Typus Traianus XXIX; Beizeichen rechts: Palmzweig, die Mittelrippe in Silber eingelegt; Beizeichen links: Monogramm *NATL*, in Silber eingelegt.

**NR. 85.** Kunsthandel (i. J. 1967) (Alföldi — Alföldi 1976, Nr. 360,29).

Ohne Gewichtsangabe; auf der VS bartloser Männerkopf mit Lorbeerkranz und Paludamentum im Profil nach rechts, Umschrift *DIVO NERVA — E TRAIANO*, sog. Typus Traianus XXIX; Beizeichen rechts: Palmzweig über Monogramm *PE*. Der Kontorniat ist insgesamt schlecht erhalten.

**NR. 86.** Mailand, Museo Teatrale al Teatro della Scala (Alföldi — Alföldi 1976, Nr. 360,30).

Ohne Gewichtsangabe; auf der VS bartloser Männerkopf mit Lorbeerkranz und Paludamentum im Profil nach rechts, Umschrift *DIVO NERVA — E TRAIANO*, sog. Typus Traianus XXIX; Beizeichen rechts: großes gelapptes Blatt, eingeritzt.

**NR. 87.** Mailand, Museo Teatrale al Teatro della Scala (Alföldi — Alföldi 1976, Nr. 360,31).

Ohne Gewichtsangabe; auf der VS bartloser Männerkopf mit Lorbeerkranz und Paludamentum im Profil nach rechts, Umschrift *DIVO NERVA — E TRAIANO*, sog. Typus Traianus XXIX; Beizeichen rechts: Palmzweig, in Silber eingelegt.

**NR. 88.** Neapel, Museo Nazionale, 12 (Alföldi — Alföldi 1976, Nr. 360,32).

Gewicht 17,89 g; auf der VS bartloser Männerkopf mit Lorbeerkranz und Paludamentum im Profil nach rechts, Umschrift *DIVO NERVA — E TRAIANO*, sog. Typus Traianus XXIX; Beizeichen rechts: Monogramm *PE*.

**NR. 89.** London, British Museum (Alföldi — Alföldi 1976, Nr. 360,33).

Gewicht 28,17 g; auf der VS bartloser Männerkopf mit Lorbeerkranz und Paludamentum im Profil nach rechts, Umschrift *DIVO NERVA — E TRAIANO*, sog. Typus Traianus XXIX; Beizeichen rechts: Monogramm *PE*.

**NR. 90.** Vatikan, Medagliere della Biblioteca Vaticana (Alföldi — Alföldi 1976, Nr. 360,34).

Gewicht 25,48 g; auf der VS bartloser Männerkopf mit Lorbeerkranz und Paludamentum im Profil nach rechts, Umschrift *DIVO NERVA — E TRAIANO*, sog. Typus Traianus XXIX; Beizeichen rechts: Monogramm *PE*; Doppelschlag auf der VS.

**NR. 91.** Venedig, Museo Civico, 965 (Alföldi — Alföldi 1976, Nr. 360,35).

Ohne Gewichtsangabe; auf der VS bartloser Männerkopf mit Lorbeerkranz und Paludamentum im Profil nach rechts, Umschrift *DIVO NERVA — E TRAIANO*, sog. Typus Traianus XXIX; Beizeichen rechts: Monogramm *PE*, in Silber eingelegt. Beide Seiten sind abgewetzt.

**NR. 92.** Wien, Bundessammlung von Münzen, Medaillen und Geldzeichen, Inv. 32591 (Alföldi — Alföldi 1976, Nr. 360,36).

Gewicht 26,94 g; auf der VS bartloser Männerkopf mit Lorbeerkranz und Paludamentum im Profil nach rechts, Umschrift *DIVO NERVA — E TRAIANO*, sog. Typus Traianus XXIX; Beizeichen rechts: Monogramm *PE*.

**NR. 93.** Wien, Dorotheum, Sammlung Apostolo Zeno, 2616 (Alföldi — Alföldi 1976, Nr. 360,37).

Ohne Gewichtsangabe; auf der VS bartloser Männerkopf mit Lorbeerkranz und Paludamentum im Profil nach rechts, Umschrift *DIVO NERVA — E TRAIANO*, sog. Typus Traianus XXIX; Beizeichen rechts: Monogramm *PE*, darüber angebohrtes Loch; die VS ist retuschiert.

**NR. 94.** Paris, Bibliothèque Nationale, Cabinet des Médailles, 17267 (Alföldi — Alföldi 1976, Nr. 360,38).

Gewicht 28,10 g; auf der VS bartloser Männerkopf mit Lorbeerkranz und Paludamentum im Profil nach rechts, Umschrift *DIVO NERVA — E TRAIANO*, sog. Typus Traianus XXIX; Beizeichen rechts: Monogramm *PE*.

**NR. 95.** Wien, Bundessammlung von Münzen, Medaillen und Geldzeichen, Inv. 38581 (Alföldi — Alföldi 1976, Nr. 360,39).

Gewicht 25,97 g; auf der VS bartloser Männerkopf mit Lorbeerkranz und Paludamentum im Profil nach rechts, Umschrift *DIVO NERVA — E TRAIANO*, sog. Typus Traianus XXIX; Beizeichen links: *E*. Beide Seiten wurden retuschiert und umgraviert.

**NR. 96.** Kunsthandel (i. J. 1995) (Alföldi — Alföldi Nr. 360,40 = Anhang Mittag 1999, S. 256 = Harlan J. Berk. Auction 65, 9. 3. 1995, Nr. 557).

Gewicht 23,52 g; auf der VS bartloser Männerkopf mit Lorbeerkranz und Paludamentum im Profil nach rechts, Umschrift *DIVO NERVA — E TRAIANO*, sog. Typus Traianus XXIX; ohne Beizeichen.

**NR. 97.** Den Haag, Koninklijk Kabinet van Munten en Penningen (Alföldi — Alföldi 1976, Nr. 367,1).

Gewicht 21,90 g; auf der VS nackte Büste eines bartlosen Mannes mit Lorbeerkranz im Profil nach rechts, Umschrift *DIVO NERVAE — TRAIANO*, sog. Typus Traianus XXX; ohne Beizeichen; die VS wurde retuschiert und nachgraviert.

**NR. 98.** Paris, Bibliothèque Nationale, Cabinet des Médailles, M 6183 (Alföldi — Alföldi 1976, Nr. 367,2).
**Abb. V.10**

Gewicht 30,37 g; auf der VS nackte Büste eines bartlosen Mannes mit Lorbeerkranz im Profil nach rechts, Umschrift *DIVO NERVAE — TRAIANO*, sog. Typus Traianus XXX; Beizeichen rechts: Caduceus.

**NR. 99.** Berlin, Staatliche Museen zu Berlin — Preußischer Kulturbesitz. Münzkabinett, 5.1882 (Alföldi — Alföldi 1976, Nr. 367,3).

Gewicht 28,96 g; auf der VS nackte Büste eines bartlosen Mannes mit Lorbeerkranz im Profil nach rechts, Umschrift *DIVO NERVAE — TRAIANO*, sog. Typus Traianus XXX; Beizeichen rechts: Caduceus.

**NR. 100.** London, British Museum (Alföldi — Alföldi 1976, Nr. 367,4).

Gewicht 27,26 g; auf der VS nackte Büste eines bartlosen Mannes mit Lorbeerkranz im Profil nach rechts, Umschrift *DIVO NERVAE — TRAIANO*, sog. Typus Traianus XXX; Beizeichen rechts: Caduceus; auf der VS teilweise Doppelschlag.

**NR. 101.** Neapel, Museo Nazionale, 11 (Alföldi — Alföldi 1976, Nr. 367,5).

Gewicht 28,67 g; auf der VS nackte Büste eines bartlosen Mannes mit Lorbeerkranz im Profil nach rechts, Umschrift *DIVO NERVAE — TRAIANO*, sog. Typus Traianus XXX; Beizeichen rechts: Palmzweig; auf der VS Doppelschlag. »Abguß« wie Katalog Skylla Nr. 102.

**NR. 102.** Kunsthandel (i. J. 1982) (Alföldi — Alföldi 1990, Nr. 367,5a).

Gewicht 31,60 g; gleicht in allen Details Katalog Skylla Nr. 101. Nach Ansicht von Alföldi — Alföldi 1990, 381 handelt es sich hier ebenfalls um einen Abguss; das Original ist nicht bekannt.

**NR. 103.** Mailand Museo Teatrale al Teatro della Scala, 140/987 (Alföldi — Alföldi 1976, Nr. 367,6).

»Wohl einst im Wasser gefunden«; ohne Gewichtsangabe; auf der VS nackte Büste eines bartlosen Mannes mit Lorbeerkranz im Profil nach rechts, Umschrift *DIVO NERVAE — TRAIANO*, sog. Typus Traianus XXX; Beizeichen rechts: Palmzweig.

**NR. 104.** Kopenhagen, Dänisches Nationalmuseum (Alföldi — Alföldi 1976, Nr. 367,7).

Gewicht 30,44 g; auf der VS nackte Büste eines bartlosen Mannes mit Lorbeerkranz im Profil nach rechts, Umschrift *DIVO NERVAE — TRAIANO*, sog. Typus Traianus XXX; Beizeichen rechts: Palmzweig. Laut Alföldi — Alföldi 1976, 124 handelt es sich hier um einen neuzeitlichen Abguss des Stückes Katalog Skylla Nr. 103.

**NR. 105.** Florenz, Museo Archeologico Nazionale (Alföldi — Alföldi 1976, Nr. 367,8).

Ohne Gewichtsangabe; auf der VS nackte Büste eines bartlosen Mannes mit Lorbeerkranz im Profil nach rechts, Umschrift *DIVO NERVAE — TRAIANO*, sog. Typus Traianus XXX; Beizeichen rechts: Palmzweig. Beide Seiten wurden leicht retuschiert und nachgraviert.

**NR. 106.** Budapest, Magyar Nemzeti Muzeum (Alföldi — Alföldi 1976, Nr. 367,9).

Ohne Gewichtsangabe; auf der VS nackte Büste eines bartlosen Mannes mit Lorbeerkranz im Profil nach rechts, Umschrift *DIVO NERVAE — TRAIANO*, sog. Typus Traianus XXX; Beizeichen rechts: Palmzweig. Die RS ist sehr schlecht erhalten.

**NR. 107.** Kunsthandel (i. J. 1969) (Alföldi — Alföldi 1976, Nr. 367,10).

Gewicht 22,08 g; auf der VS nackte Büste eines bartlosen Mannes mit Lorbeerkranz im Profil nach rechts, Umschrift *DIVO NERVAE — TRAIANO*, sog. Typus Traianus XXX; Beizeichen rechts: Efeublatt.

**NR. 108.** Venedig, Museo Civico, 964 (Alföldi — Alföldi 1976, Nr. 367,11).

Ohne Gewichtsangabe; auf der VS nackte Büste eines bartlosen Mannes mit Lorbeerkranz im Profil nach rechts, Umschrift *DIVO NERVAE — TRAIANO*, sog. Typus Traianus XXX; Beizeichen rechts: Swastika.

**NR. 109.** Kunsthandel (i. J. 1992) (Alföldi — Alföldi Nr. 391a = Anhang Mittag 1999, S. 251 = Münzen und Medaillen AG Basel, Liste 550, Januar 1992, Nr. 69).

Gewicht 28,24 g; auf der VS Büste eines bartlosen Mannes in Panzer und Paludamentum im Profil nach rechts, Umschrift *DIVO TRAIA — NO AUGUSTO*, sog. Typus Traianus XXXIX; Beizeichen rechts: Palmzweig.

**Fundorte:** unbekannt; produziert in einer stadtrömischen Werkstatt

**Fundumstände:** gleichfalls unbekannt; in der Regel zirkulieren Kontorniaten seit Jahrhunderten in Sammlungen

Aus einer Kupferlegierung geprägt; der Durchmesser der Stücke beträgt ca. 4 cm.

Skylla, nach links gewandt, nimmt die rechte Bildhälfte ein, das Vorderteil vom Schiff des Odysseus — mit Bugzier und nach hinten weisenden Rudern — die linke. Skylla befindet sich ganz nah am Schiff. Sie hält in der linken Hand ein schmales, fast stockähnliches Steuerruder, mit der rechten greift sie nach einem Mann im Schiff und zerrt seinen Oberkörper nach vorne. Von diesem halb verdeckt steht aufrecht Odysseus, mit Pilos oder Helm auf dem Kopf und einem Schild in der Linken, und zielt mit der erhobenen Lanze auf Skyllas Brust. Sein Körper ist deutlich kleiner als der menschliche Leib der Skylla. Hinten im Schiff ein dritter Mann, ebenfalls mit kleinem Rundschild, dahinter der herrenlose Schild des gerade über Bord Gezerrten. Die beiden Gefährten tragen eine gegürtete Exomis.

Skyllas Flossenschurz wurde hier zu einer Art Minirock umgestaltet. Sie besitzt drei nach oben weisende Fischbeine, wobei die Schwanzflosse des mittleren die Form einer Baumkrone angenommen hat und die anderen beiden überragt. Der ganz rechts im Bild befindliche Fischbestandteil hat sich nahezu verselbständigt. Er erscheint als ein neben Skylla befindlicher, kopfüber ins Wasser eintauchender riesiger Fisch, der mit aufgestülptem Maul den Unterkörper eines kopfüber hängenden Gefährten bereits verschlungen hat. Nach dessen Gesicht schnappt ein Hund. Zwei weitere winzige nackte Gefährten im Wasser, von denen die Oberkörper mit den hilflos erhobenen Armen zu sehen sind, werden gleichfalls von den Hundeprotomen attackiert. Der vierte Hund, ganz links, schnappt nach dem Schiff.

**Datum:** ca. 395–423 n. Chr.

Alföldi — Alföldi 1976, 10 Nr. 35; 11 Nr. 39,1–5; 119–21 Nr. 360,1–39; 124 Nr. 367,1–11; (VS) Taf. 12,5; Taf. 13,4–8; 146,9–12; 147,1–12; 148,1–12; 149, 1–11; 153,4–12; 154, 1–2; Alföldi — Alföldi 1990, 381 f. Nr. 360,1a. 360,17a. 367,5a (VS) Taf. 220,12; 221,1.5; 257,1 (= Vergrößerung von Nr. 39,1); Alföldi — Alföldi 1990, 156 f. RS Nr. 85; Jentel 1997, 1142 Nr. 56; Mittag 1999, 110. 296 Nr. 85 Taf. 22 Nr. 85.

**KATALOG SKYLLA NR. 110–22:** 13 Kontorniaten in verschiedenen Sammlungen, mit dem fünften Rückseitentypus (Alföldi — Alföldi 1990, RS Nr. 86) und verschiedenen Vorderseiten.

Die Bemerkungen zu den Beizeichen beziehen sich auf die Vorderseite.

**NR. 110.** Wien, Bundessammlung von Münzen, Medaillen und Geldzeichen, Inv. 32485 (Alföldi — Alföldi 1976, Nr. 73,1).

Gewicht 22,52 g; auf der VS Büste einer behelmten Frau *en face*, Umschrift *NO — MA*, sog. Typus Roma V; ohne Beizeichen; die VS wurde retuschiert; in der Legende steht das N anstelle eines R.

**NR. 111.** Florenz, Museo Archeologico Nazionale (Alföldi — Alföldi 1976, Nr. 73,2).

Ohne Gewichtsangabe; auf der VS Büste einer behelmten Frau *en face*, Umschrift *RO — MA*, sog. Typus Roma V; ohne Beizeichen.

**NR. 112.** Berlin, Staatliche Museen zu Berlin — Preußischer Kulturbesitz. Münzkabinett, ehemals Sammlung Rühle von Lilienstern (Alföldi — Alföldi 1976, Nr. 382).

Gewicht 21,66 g; auf der VS Büste eines bartlosen Mannes mit Lorbeerkranz in Panzer und Paludamentum im Profil nach rechts, Umschrift *DIVO TRAIA — NO AUGUSTO*, sog. Typus Traianus XXXVII; Beizeichen rechts: hängender Palmzweig.

**NR. 113.** Paris, Bibliothèque Nationale, Cabinet des Médailles, 17274 (Alföldi — Alföldi 1976, Nr. 384,1).

Gewicht 27,75 g; auf der VS Büste eines bartlosen Mannes mit Lorbeerkranz in Panzer und Paludamentum im Profil nach rechts, Umschrift *DIVUS • TRAIANUS*, sog. Typus Traianus XXXVIII; ohne Beizeichen.

**NR. 114.** Berlin, Staatliche Museen zu Berlin — Preußischer Kulturbesitz. Münzkabinett, 899.1929 (Alföldi — Alföldi 1976, Nr. 384,2).

Gewicht 22,87 g; auf der VS Büste eines bartlosen Mannes mit Lorbeerkranz in Panzer und Paludamentum im Profil nach rechts, Umschrift *DIVUS • TRAIANUS*, sog. Typus Traianus XXXVIII; Beizeichen rechts: Monogramm *PE*, aus Punkten gebildet. Der Rand ist abgebrochen.

**NR. 115.** Forlì, Museo Civico, Collezione Piancastelli (Alföldi — Alföldi 1976, Nr. 384,3).

Ohne Gewichtsangabe; auf der VS Büste eines bartlosen Mannes mit Lorbeerkranz in Panzer und Paludamentum im Profil nach rechts, Umschrift *DIVUS • TRAIANUS*, sog. Typus Traianus XXXVIII; Beizeichen rechts: Palmzweig.

**NR. 116.** Mailand, Museo Teatrale al Teatro della Scala, 139/986 (Alföldi — Alföldi 1976, Nr. 384,4).

Ohne Gewichtsangabe; auf der VS Büste eines bartlosen Mannes mit Lorbeerkranz in Panzer und Paludamentum im Profil nach rechts, Umschrift *DIVUS • TRAIANUS*, sog. Typus Traianus XXXVIII; Beizeichen rechts: tief ausgehöhltes Dreiblatt, für Silbereinlage bestimmt. Der Kontorniat wurde so durchbohrt, dass der Kaiserkopf genau richtig hinge, die Darstellung mit Skylla hingegen falsch herum.

**NR. 117.** Paris, Bibliothèque Nationale, Cabinet des Médailles, 17273 (Alföldi — Alföldi 1976, Nr. 390,1).

Gewicht 38,95 g; auf der VS Büste eines bartlosen Mannes in Panzer und Paludamentum im Profil nach rechts, Umschrift *DIVO TRAIA — NO AUGUSTO*, sog. Typus Traianus XXXIX; ohne Beizeichen (auf der VS links neuzeitlicher Adler); auf der VS leichte Doppelung über der Stirn.

**NR. 118.** Reggio Emilia, Sammlung Antonio Villani (Alföldi — Alföldi 1976, Nr. 390,2).

Auf der VS Büste eines bartlosen Mannes in Panzer und Paludamentum im Profil nach rechts, Umschrift *DIVO TRAIA — NO AUGUSTO*, sog. Typus Traianus XXXIX; ohne Beizeichen. Gipsabguss, mit Abgussfehlern auf der RS.

**NR. 119.** Venedig, Museo Civico, 966 (Alföldi — Alföldi 1976, Nr. 390,3).

**Abb. V.11**

Ohne Gewichtsangabe; auf der VS Büste eines bartlosen Mannes in Panzer und Paludamentum im Profil nach rechts, Umschrift *DIVO TRAIA — NO AUGUSTO*, sog. Typus Traianus XXXIX; ohne Beizeichen.

**NR. 120.** Wien, Bundessammlung von Münzen, Medaillen und Geldzeichen, Inv. 32561 (Alföldi — Alföldi 1976, Nr. 390,4).

Gewicht 29,79 g; auf der VS Büste eines bartlosen Mannes in Panzer und Paludamentum im Profil nach rechts, Umschrift *DIVO TRAIA — NO AUGUSTO*, sog. Typus Traianus XXXIX; ohne Beizeichen.

**NR. 121.** Paris, Bibliothèque Nationale, Cabinet des Médailles, 17272 (Alföldi — Alföldi 1976, Nr. 390,5).

Gewicht 25,11 g; auf der VS Büste eines bartlosen Mannes in Panzer und Paludamentum im Profil nach rechts, Umschrift *DIVO TRAIA — NO AUGUSTO*, sog. Typus Traianus XXXIX; Beizeichen rechts: Palmzweig.

**NR. 122.** Forlì, Museo Civico, Collezione Piancastelli (Alföldi — Alföldi 1976, Nr. 390,6).

Ohne Gewichtsangabe; auf der VS Büste eines bartlosen Mannes in Panzer und Paludamentum im Profil nach rechts, Umschrift *DIVO TRAIA — NO AUGUSTO*, sog. Typus Traianus XXXIX; Beizeichen rechts: Palmzweig. Auf beiden Seiten retuschiert und leicht nachgraviert. Der Kontorniat wurde so durchbohrt, dass die Darstellung des Kaiserkopfes genau richtig hinge, die des Skylla-Abenteuers ganz leicht schräg.

**Fundorte:** unbekannt; produziert in einer stadtrömischen Werkstatt

**Fundumstände:** gleichfalls unbekannt; in der Regel zirkulieren Kontorniaten seit Jahrhunderten in Sammlungen

Aus einer Kupferlegierung geprägt; der Durchmesser der Stücke beträgt ca. 4 cm.

Skylla, nach links gewandt, befindet sich in der rechten Bildhälfte, das Vorderteil vom Schiff des Odysseus — mit Bugzier und zahlreichen nach hinten weisenden Rudern — in der linken. Skylla hält in der linken Hand ein Steuerruder; mit der rechten greift sie nach dem vordersten Mann im Schiff und zerrt seinen Oberkörper nach vorne. Hinter diesem steht ein relativ kleiner Odysseus, gewappnet mit Helm (Pilos?), Beinschienen, Schild und Lanze. Ob er auch einen Brustpanzer trägt, ist nicht zu erkennen. Er ist in heftiger Bewegung dargestellt, im Begriff, seine Lanze auf Skyllas Leib zu schleudern. Hinter ihm ein weiterer Gefährte. Alle drei tragen eine gegürtete Ärmeltunika. Die Angabe einer Reling fehlt; selbst die Fußspitzen der Männer sind zu sehen.

Skylla ist weitaus größer als die Männer im Schiff. Sie besitzt drei nach oben weisende Fischbeine, wobei die Schwanzflosse des mittleren, kürzesten, die Form einer Baumkrone angenommen hat. Der ganz rechts im Bild befindliche Fischbestandteil hat sich nahezu verselbständigt. Er erscheint als ein neben Skylla befindlicher, kopfüber ins Wasser eintauchender riesiger Fisch, der mit aufgestülptem Maul bereits die Beine eines kopfüber hängenden nackten Gefährten eingesaugt hat. Nach dessen Gesicht schnappt ein Hund. Zwei weitere winzige nackte Gefährten, von denen jeweils der gesamte Körper zu sehen ist, schwimmen im Wasser und werden gleichfalls von den Hundeprotomen attackiert. Der vierte Hund, ganz links, schnappt nach dem Schiff.

**Datum:** ca. 395–423 n. Chr.

Alföldi — Alföldi 1976, 21 Nr. 73,1–2; 129 Nr. 382; 130 Nr. 384,1–4; 131 Nr. 390,1–6 (VS) Taf. 25,5–6; 159,6; 160,9–10; 161,1–2; 162,6–10; 163,1; Alföldi — Alföldi 1990, 156 f. RS Nr. 86; Jentel 1997, 1142 Nr. 56; Mittag 1999, 110. 296 Nr. 86 Taf. 22 Nr. 86.

**KATALOG SKYLLA NR. 123:** Grabmalerei Asgafa El-Abiar (*Cyrenaica*, Libyen), sog. Grab des Odysseus und der Sirenen

**Abb. V.13**

Vgl. Katalog Sirenen Nr. 13

**Fundort:** *in situ*

**Fundumstände:** entdeckt 1924. Die Fresken wurden 1939 unter der damaligen Soprintendenza Italiana in Libia von dem Maler Nino Calabrò Finocchiaro gezeichnet; 1994 weitere Zeichnungen sowie Fotokampagne und Untersuchung an Ort und Stelle durch Lidiano Bacchielli.

In den Felsen aus einer natürlichen Grotte gehauenes Grab mit Vorraum, großem Hauptraum und fünf Sarkophagnischen. Hauptraum und Nischen sind vollständig mit unterschiedlich gut erhaltener Freskomalerei überzogen. Die Deckenbemalung imitiert eine Kassettendecke. Die Wände sind verziert mit vegetabilen und geometrischen Motiven, in die mehrere figürliche Darstellungen eingefügt wurden. Weitere Themen sind die Schleifung von Hektors Leichnam durch Achill; die Ermordung des Troilos durch Achill; die Ermordung der Polyxena durch Achills Sohn Neoptolemos; Bellerophons Sieg über die Chimaira; zwei Gelagerte mit aufwartendem Diener; das aufwendige Mahl eines spätantiken Paares.

Die Darstellung des Skylla-Abenteuers befindet sich ganz am Ende der rechten Wand, in enger räumlicher Verbindung zur Darstellung des Sirenen-Abenteuers (Katalog Sirenen Nr. 13). Man erkennt rechts die frontal aus dem Bild herausschauende, inschriftlich (laut der Umschrift bei Bacchielli 1996, Abb. S. 235) benannte ΣΚΥΛΑ, »Skylla«. Sie ist wie üblich mit nacktem Leib dargestellt und schwingt mit beiden Händen ein Steuerruder waagerecht über dem Kopf. Aufgrund der mangelhaften Abbildungen und der fehlenden Kohärenz zwischen Bild und Text in der Publikation von Lidiano Bacchielli gestaltet sich die Rekonstruktion von Skyllas tierischen Bestandteilen etwas schwierig. Noch zu erahnen ist der Flossenschurz. Bacchielli 1996, 233 f. schreibt von zwei fischschwänzigen Beinen (»code pisciformi«), die am Unterkörper ansetzten. Diese sind jedoch weder auf dem Foto S. 234 zu erkennen, noch auf der Zeichnung von Calabrò Finocchiaro S. 232 wiedergegeben. Rechts und links ist unterhalb des Flossenschurzes je die Profilansicht eines mit vorgestreckten Pfoten wild kläffenden Hundevorderleibs dargestellt. Mindestens zwei weitere Hunde, das ist aufgrund einer Fehlstelle nicht eindeutig zu erkennen, zerfleischen zwei bereits im Wasser befindliche Gefährten. (Gegen Bacchielli 1996, 234, der nur von »tre protomi canine« spricht.) Diese Gefährten sind deutlich kleiner als Skylla dargestellt. Der Oberkörper des linken ist von einer Fehlstelle zerstört. Mit nacktem Leib hängen sie in Rückansicht kopfüber im Wasser, der rechte ringt verzweifelt die Hände. In ihre Beine haben sich die Hunde verbissen; vermutlich hatte sich der Betrachter vorzustellen, dass die Unglücklichen bereits bis zum Oberschenkel in den Hunderachen verschwunden sind. Links im Bild ist noch in Umrissen das Schiff des Odysseus zu erkennen, vom Maler direkt oberhalb der Schiffsdarstellung aus dem Sirenen-Abenteuer platziert. Falls die Zeichnung von Calabrò Finocchiaro in diesem Punkt korrekt ist, dann unterschied sich der Held in der Körpergröße nicht von Skylla. Seine Lanze, in der gesenkten Rechten vor dem eigenen Unterleib entlang geführt, zielt direkt auf Skyllas nackte Brüste.

**Datum:** Ende 4. Jh. n. Chr.

Bacchielli 1993, bes. 107–12 Abb. 31–37; Bacchielli 1996.

**KATALOG SKYLLA NR. 124:** Deckelfragment eines stadtrömischen Sarkophags Rom, S. Maria dell'Anima

**Abb. V.14**

Vgl. Katalog Polyphem Nr. 6

**Fundort:** unbekannt, vermutlich Rom oder Umgebung (Italien)

**Fundumstände:** vermauert im *cortile* der Kirche; dorthin gelangte es zu einem unbekannten Zeitpunkt

Fragment vom oberen Rand eines Deckels. Breite 50 cm, Höhe 20 cm.

Sicher rekonstruieren lässt sich die Szene der Weinreichung aus dem Polyphem-Abenteuer (Katalog Polyphem Nr. 6). Links im Bild, im Rücken des Odysseus, streckt sich eine Schwanzflosse nach oben; darüber, schräg geführt, ist eine Art Stock zu erkennen. Eventuell handelt es sich hier um ein Seeschlangenbein und das Steuerruder der Skylla.

**Datum:** 3. Jh. n. Chr.

Andreae — Parisi Presicce 1996, 223 Abb. S. 226; Ewald 1998, 240. 253 mit Anm. 145 Taf. 36, 2.

**KATALOG SKYLLA NR. 125:** polychromes Mosaik Beth Shean, Museum

**Abb. IV.13**

Vgl. Katalog Sirenen Nr. 29

**Fundort:** Beth Shean (*Scythopolis*, Israel), Raum Nr. 3 im sog. Haus des Kyrios Leontis, einem Gebäudekomplex unklarer Ausdehnung und Bestimmung im Westteil der Stadt, nahe der römisch-byzantinischen Stadtmauer

**Fundumstände:** Grabung N. Zori, 1964 (Raumfolge mit Sirenenmosaik) sowie D. Bahat, A. Druks, G. Edelstein, 1970–72 (weitere Architektur, v. a. »Synagoge«)

Polychromes Mosaik mit den Maßen 3,20 m × 8,50 m inmitten eines Raumes. Einige Fehlstellen, v. a. im oberen Teil. Das Mosaik besteht aus drei übereinander angeordneten Registern und wird von zwei Borten — ein Flechtband sowie einzeln stehenden Rauten — umrahmt. Am oberen Ende muss sich zwischen erstem Bildfeld und Borten noch eine griechische Inschrift befunden haben, von der jedoch nur Reste der letzten Buchstaben erhalten sind. Für eine genaue Beschreibung der drei Register sei auf Katalog Sirenen Nr. 29 verwiesen.

Im oberen Register oder Bildfeld (»panel a«) befinden sich ein an den Mast seines Schiffes gefesselter bartloser nackter Mann, Odysseus in unkanonischer Aufmachung, eine auf einem Ichthyokentauren reitende nackte Nereide, eine flötenspielende Sirene, ein Vogel sowie ein weiteres Schiff, beladen mit zwei großen Vorratskrügen. Dessen Besatzung, ein gleichfalls bartloser Mann mit nacktem Oberkörper, wehrt mit einem Dreizack ein von rechts angreifendes Seeungeheuer ab. Dieses hat einen dem oberen Ichthyokentauren vergleichbaren geringelten Schwanz sowie die Vorderbeine eines nicht eindeutig bestimmbaren Tieres. Der erstaunlich kurze Leib sowie der Kopf sind nicht erhalten. Eventuell handelt es sich bei dem Ungeheuer um eine verkürzte Darstellung der Skylla, nur bestehend aus Hundeprotome und geringeltem Fischschwanz. Der sie bekämpfende Schiffer wäre dann als Odysseus anzusprechen, der somit im Bild zwei Mal dargestellt wäre.

Zwischen der Sirene und dem Schiffer befindet sich eine zweizeilige griechische Inschrift:

Κ(ύρι)ε β(ο)ή̣θ(ει) Λεόντι
τῷ Κλούβ(α)

»Herr, hilf Leontis Kloubas«.

Alle Elemente des Bildfeldes werden zusammengehalten durch die Angabe von Wellenlinien, in welche mehrere Fische gesetzt wurden: Das Meer, das sämtliche Protagonisten umgibt.

**Datum:** mittleres 5. (Zori 1966, 124) oder eher 6. (Avi-Yonah 1975, 54) Jh. n. Chr.

Zori 1966; Candida 1970–71, 250; Avi-Yonah 1975, 54; Ovadiah — Ovadiah 1987, 34–36 Nr. 31A Taf. 30-32; Toucheteu-Meynier 1992a, 963 Nr. 172; Lancha 1997, 257; Jentel 2000; Levine 2000, 200–03.

**ANHANG SKYLLA NR. 1**: polychromes Mosaik Annaba, Museum

**Abb. V.3**

**Fundort**: ein Triclinium der Domus des Isguntus (1. Phase), *Hippo Regius* (Algerien)

**Fundumstände**: Grabung Erwan Marec, kurz vor 1958

Polychromes Meermosaik (3,31 m × 3,44 m) inmitten von schlichteren ornamentalen Mosaiken; an der Stelle des Raumes, an der sich keine Klinen befanden. Durch eine in einer späteren Bauphase eingezogene Mauer wurde die — vom Eingang gesehen — Mittelachse des Meermosaiks (und auch des gesamten Mosaikbodens) zerstört. Von hoher Qualität, aus feinen *tesserae*.

Mit Ausnahme der Eingangsseite wird das Meermosaik gerahmt von einem 0,5 m breiten Fries aus Muscheln, antithetischen Delphinen und nicht zu identifizierenden Objekten. Dann folgt ein umlaufender Blätterfries. Weitere Blätterranken heben vier halbkreisförmige Bildfelder hervor, die zum Rand hin — d. h. zu den Eintretenden und zu den auf den Klinen Gelagerten — ausgerichtet sind. Zwei davon sind heute aufgrund des Einbaus vollständig zerstört. In den erhaltenen Bildfeldern befinden sich nahezu nackte Nereiden, die auf diversen Seeungeheuern, z. B. einer Seetigerin und einem Seestier, reiten. In allen vier Ecken sind Okeanosmasken angebracht.

Darüber befand sich je eine Skylla: Noch zu erkennen sind der Flossenschurz, zwei sich an den Seiten des Körpers nach oben windende fischschwänzige ›Beine‹ sowie unterhalb davon drei Hundeköpfe mit aufgerissenen Rachen. Skyllas menschlicher Oberkörper ist in allen vier Fällen nahezu verloren. Auf dem Fragment der Nordwestecke lassen sich noch die nackte Brust sowie der nach oben gestreckte, wohl ein Steuerruder schwingende, rechte Arm erkennen. Gleichfalls verloren ist heute das von den vier halbkreisförmigen Ranken umgebene Mittelfeld.

**Datum**: 210–60 n. Chr.

Marec 1958, 108–19 Abb. 4–8 sowie Rekonstruktionszeichnung auf S. 104–05; Voute 1972, 662–64 Abb. 13 (in Anm. 3 auf S. 662 weitere Literatur); Dunbabin 1978, 150 f. 238 f. 262 Nr. 3b Abb. 142; Jentel 1997, 1140 Nr. 36.

**ANHANG SKYLLA NR. 2**: polychromes Mosaik Algier, Musée National des Antiquités, IM.048

**Abb. V.4**

**Fundort**: Frigidarium der Thermen von Bordj-el-Ksar (*Sila*, Algerien)

**Fundumstände**: Grabung um 1900

Einst annähernd quadratisches, von einer breiten Borte mit geometrischen Mustern umgebenes Meermosaik. Das untere Drittel ist heute zerstört; zudem größere Fehlstellen im Bildfeld. Breite 6,45 m, erhaltene Höhe 4,68 m. Von mäßiger künstlerischer Qualität.

Skylla nahm die Mitte des ursprünglichen Bildfeldes ein. Sie blickt dem Betrachter frontal entgegen, in den erhobenen Händen hält sie — leicht schräg hinter dem Kopf entlang geführt — ein Steuerruder. Ihr Haar erscheint im Unterschied zu den elaborierten Frisuren der umgebenden Nereiden dünn und zerzaust. An den recht unplastisch wiedergegebenen Oberkörper schließt sich ein Flossenschurz an. Ihre fischschwänzigen ›Beine‹ streckt Skylla beinahe waagerecht zu den Seiten weg. Unterhalb der so gebildeten Grätsche hängen drei symmetrisch angeordnete Hundeprotome herab. Umrahmt wird Skylla von ursprünglich vier (die untere ist heute zerstört) Nereiden, die auf Meerschlangen oder Hippokampen reiten. In den Ecken befinden sich zudem Eroten auf Delphinen.

**Datum**: 4. oder 5. Jh. n. Chr.

Gsell 1905; Dunbabin 1978, 157 mit Anm. 108; S. 249; Neira Jimenez 1994, 1261 f. Abb. 1; Jentel 1997, 1140 Nr. 35; Wiedler 1999, 249 f. Nr. 17 Abb. 7 (mit ausführlicher Bibliographie).

**ANHANG SKYLLA NR. 3**: Tonlampe Tunis, Bardo-Museum

**Abb. V.5**

**Fundort**: *Bulla Regia* (Tunesien)

**Fundumstände**: Grabung Dr. Carton, vor 1897

Bildlampe mit herzförmiger Schnauze und vertikalem Henkel. Maße unbekannt. Auf dem Rand Weinranken. Im runden Bildfeld befindet sich eine Büste der Skylla mit Flossenschurz sowie Hundeköpfen und Andeutung von fischschwänzigen ›Beinen‹, die im Gestus einer Venus Anadyomene aus den Fluten auftaucht. Mit der Linken hält sie ein Steuerruder oder ein Aplustre.

**Datum**: 2.–3. Jh. n. Chr.

du Coudray La Blanchère — Gauckler 1897, 165 Nr. 164 Taf. 36 Nr. 164; Jentel 1997, 1143 Nr. 67.

**ANHANG SKYLLA NR. 4**: Tonlampe London, British Museum, Department of Egyptian Antiquities

**Fundort**: angeblich aus Alexandria (Ägypten)

**Fundumstände**: vom Museum angekauft

Bildlampe mit herzförmiger Schnauze und vertikalem Henkel. Breite 6,6 cm; Länge 8,6 cm. Auf dem Rand alternierend Blätter und Kreise/Beeren. Im runden Bildfeld befindet sich eine im frontalen Angriff gezeigte Skylla. Diese schwingt in den über dem Kopf erhobenen Händen ein Steuerruder, dessen Darstellung über den Rand des Bildfeldes hinausgreift.

Rechts hinter Skyllas Rücken windet sich ein Fischschwanz empor; aus dem Unterleib entspringen drei Hundeprotome.

Weitere Beispiele: Shier 1978, 125 f. Nr. 352 Taf. 39 Nr. 352; Bailey 1988, 247 Nr. Q 2021 (S. 37 zu Nr. Q 2020–21 noch Auflistung weiterer Exemplare)

**Datum:** spätes 2. oder frühes 3. Jh. n. Chr.

Bailey 1988, 223 (zu Werkstatt und Datierung). 36 Abb. 40 Nr. Q 2020. 247 Nr. Q 2020 Taf. 42 Nr. Q 2020.

**ANHANG SKYLLA NR. 5**: Kupfermünze Schweiz, Privatsammlung

**Fundort:** unbekannt

geprägt in Tarsos/Kilikien (Türkei)

**Fundumstände:** unbekannt

Die schlecht erhaltene Rückseite zeigt Skylla in Vorderansicht, den Kopf nach links gewendet und in ihrer linken Hand einen Dreizack haltend. Der Oberkörper ist wie üblich nackt. Die fischschwänzigen Beine winden sich nach oben, dazu vier Hundeprotome. Links am Rand die Legende ΤΑΡΣΟΥ ΜΗΤΡΟ, dazu die Beizeichen ΑΜΚ ΓΒ.

Auf der Vorderseite Büste von Gordian III. nach rechts, mit Strahlenkrone, Paludamentum und Legende.

**Datum:** 238–44 n. Chr.

Levante 1986, Nr. 1125 Taf. 73; Jentel 1997, 1143 Nr. 63.

**ANHANG SKYLLA NR. 6**: Vorderseite eines stadtrömischen Sarkophags Paris, Louvre, Ma 396

**Abb. V.6**

**Fundort:** unbekannt

**Fundumstände:** seit dem 17. Jh. in der Sammlung Borghese (Italien) nachgewiesen; seit 1808 in Paris

Bis auf kleinere Bestößungen an der Zierleiste sowie einem Riss im Tondo vollständig erhaltene Vorderseite eines Sarkophagkastens. Höhe 0,55 m; Länge 2,15 m; Plattentiefe 8 cm; maximale Reliefhöhe 6 cm.

In der Mitte befindet sich die Porträtbüste einer Frau mit Scheitelzopffrisur, Tunika und Palla in einem Muscheltondo, gerahmt von je einem Ichthyokentauren mit entspannt sitzender Nereide auf dem Rücken. In den Ecken Seestiere, an deren Hals je eine heftig bewegte Nereide hängt. Zwischen den Nereiden, am oberen Rand, je ein kleiner musizierender Eros. Unten, im Meer, rechts außen ein Ketos und links außen ein Seepanther.

Unter dem Tondo, in bedrohlicher Nähe der Seekentaurenhufe, befindet sich eine winzige, in Vorderansicht dargestellte Skylla. Sie steht bis zu den Knien im Wasser und ist vollkommen nackt. Ihr Körper ist rein menschlich gebildet, ohne tierische Bestandteile. Das Haar hängt strähnig herab. Mit den Armen (der linke wirkt aufgrund der Ungeschicklichkeit des Steinmetzen seltsam verrenkt) holt sie hinter dem Kopf weit aus, um das Steuerruder gegen zwei angreifende Seeungeheuer — einen Seewidder links und einen Seestier rechts — zu schwingen.

**Datum:** 220–30 n. Chr.

Rumpf 1939, 28 Nr. 72 Abb. 42 Taf. 25 Nr. 72 (mit älterer Literatur); Jung 1978, 359 f. Abb. 17; Baratte — Metzger 1985, 161–64 Nr. 78; Ewald 1998, 240 Anm. 77; Moraw 2017, 162–64 Abb. 8.9.

**ANHANG SKYLLA NR. 7**: Vorderseite eines stadtrömisches Sarkophags Rom, Galleria Borghese

**Fundort:** unbekannt

**Fundumstände:** unbekannt

Höhe 0,57 m; Länge 2,07 m; Tiefe 66 cm; maximale Reliefhöhe 6 cm. Zahlreiche Ergänzungen. Weibliche Porträtbüste im Muscheltondo, gerahmt von je zwei Paaren, bestehend aus Ichthyokentaur (die inneren jeweils jugendlich, die äußeren bärtig) und Nereide; dazu diverse Eroten.

Unterhalb des Tondos, zwischen den Hufen der Ichthyokentauren, steht in Dreiviertelansicht eine kleine nackte Skylla in den Wellen. Das Haar sträubt sich ungeordnet über der Stirn und fällt dann wirr auf die Schultern. Skylla ist rein menschlich gebildet, ohne tierische Bestandteile. In weiter Schrittstellung holt sie mit beiden Händen zum Schlag (vermutlich mit einem in den Abbildungen nicht erkennbaren Steuerruder) aus gegen ein von rechts heranschwimmendes Ketos, dessen Drachenkopf mit den spitzen Zähnen genau auf ihr Genital zuzustoßen scheint. An dem Rücken des Ketos hängt ein kleiner Eros und lässt sich, den Kopf zurückgewandt, über das Meer ziehen. Auf der linken Seite, in Skyllas Rücken, spielt ein kleiner Eros im Wasser mit einem Meerpanther. Eine vergleichbare Szene findet sich ganz rechts. Ganz links im Bild ist die Szenerie wieder bedrohlicher: Hier wird ein Eros von einem Ketos attackiert. Zudem muss sich der dort befindliche bärtige Ichthyokentaur eines Meerpanthers erwehren, der sich in seinen Leib gekrallt und in seine Brust verbissen hat.

**Datum:** 220–30 n. Chr.

Rumpf 1939, 29 f. Nr. 74 Abb. 44 Taf. 24 Nr. 74. 42 Nr. 74 (mit älterer Literatur); Jung 1978, 360–62 Abb. 18; Ewald 1998, 240 Anm. 77.

**ANHANG SKYLLA NR. 8**: Kasten eines stadtrömischen Sarkophags ehemals Rom, Palazzo Giustiniani

**Fundort:** unbekannt

**Fundumstände:** im 16. Jh. auf dem Caelius nachgewiesen, ab dem 17. Jh. im Besitz der Giustiniani

Keine Maßangaben; stark bestoßen. In der Mitte befindet sich ein Muscheltondo mit einer weiblichen Porträtbüste. Rechts und links des Muscheltondos je ein Ichthyokentaur mit einer Nereide auf dem Rücken; außen je eine Nereide, die am Hals eines Meerstiers (rechts) bzw. eines Meerhirsches (links) hängt; diverse Eroten.

Unterhalb der Muschel, zwischen den Hufen der Ichthyokentauren, befindet sich eine kleine Skylla. Soweit sich aus den Abbildungen erkennen lässt, ist sie rein menschlich wiedergegeben. Ihre Arme (nur fragmentarisch erhalten) sind allerdings nicht wie bei den anderen Beispielen zum Schlag mit dem Steuerruder erhoben, sondern seitlich nach unten weggestreckt. Gerahmt wird Skylla von zwei Eroten, die auf sie zu vor je einem Ketos fliehen. Rechts und links dieser Szene tummeln sich weitere Eroten im Wasser.

Die Sarkophagnebenseiten sind mit Eroten geschmückt, die auf einem Seepanther bzw. einem Seepferd reiten.

**Datum:** Anfang 3. Jh.

Rumpf 1939, 27 f. Nr. 71 Abb. 40–41 Taf. 20 Nr. 71 (mit älterer Literatur); Ewald 1998, 240 Anm. 77.

**ANHANG SKYLLA NR. 9**: Fragment der Vorderseite eines stadtrömischen Sarkophags Rom, Kunsthandel (i. J. 1965)

**Fundort:** angeblich aus Siena (Italien)

**Fundumstände:** ehemals Florenz, Palazzo de'Martelli

Mittelstück einer Kastenvorderseite; hierbei ist die obere Randleiste erhalten, die untere fehlt mitsamt einem Teil des unteren Bildfeldes. Ohne Maßangaben. Erhalten ist der Muscheltondo mit der Porträtbüste einer Frau mit entblößten Schultern und sich hinter dem Körper blähenden Mantel; in ihrer Rechten ist der Rest eines Saiteninstruments zu erkennen. Gerahmt wird das Tondo von zwei bärtigen Ichthyokentauren mit reitenden Nereiden; dazu zwei kleine Eroten.

Unter der Muschel ist in Seitenansicht der Oberkörper einer nach rechts gewandten Skylla zu erkennen, die gegen ein Ketos kämpft. Sie hat den rechten Arm zum schwungvollen Schlag mit dem Ruder weit hinter den Kopf geführt; mit der linken Hand hält sie den Hals (oder Kopf?) ihres Gegners fest. Skyllas Haar fällt in kurzen Strähnen ins Gesicht. Ihr Körper ist deutlich größer wiedergegeben als derjenige der Skyllen auf den Sarkophagen Anhang Nr. 6–8: Sie erscheint nur wenig kleiner als die Personen im oberen Bildfeld. Falls dieser Sarkophag nicht ursprünglich wesentlich höher war als die anderen bekannten Exemplare, dann kann Skylla hier nicht vollständig abgebildet gewesen sein. Eventuell zeigte der Bildhauer nur ihren Oberkörper, wie er aus den Fluten emporsteigt. Hinweise auf tierische Elemente an Skyllas Körper fehlen.

**Datum:** 220–30 n. Chr.

Rumpf 1939, 31 Nr. 79 Abb. 47 (mit älterer Literatur); Sichtermann 1970, 217 f. Nr. 2 Abb. 4–6; Ewald 1998, 240 Anm. 77.

**ANHANG SKYLLA NR. 10**: fragmentierter Kasten eines stadtrömischer Sarkophags Rom, Palazzo Lancelotti

**Fundort:** unbekannt

**Fundumstände:** zuvor im Garten des Palazzo Ginetti in Velletri

Keine Maßangaben. Auf der Vorderseite erkennt man noch das Tondo mit weiblicher Porträtbüste (der Kopf ist verloren) sowie (z. T. gleichfalls kopflos) je zwei Paare von Ichthyokentauren und Nereiden; dazu diverse Eroten.

Unter der Muschel befindet sich eine kleine Skylla mit wirrem Haar. Sie ist auf diesem Sarkophag nicht rein menschlich wiedergegeben, sondern der Bildhauer ließ aus ihren Hüften Hundeprotome wachsen. Gerahmt wird sie von je einem Ruderboot mit Eroten darin. In den Ecken je ein weiteres Ruderboot mit Eroten. Dazwischen, in den Wogen, schwimmende Eroten sowie Delphine.

Auf den Nebenseiten je ein weiteres Paar von Ichthyokentaur und Nereide.

**Datum:** 250–75 n. Chr.

Rumpf 1939, 34 Nr. 84 Abb. 50–51 Taf. 29 Nr. 84 (mit älterer Literatur); Ewald 1998, 240 Anm. 78.

**ANHANG SKYLLA NR. 11**: Fragment der rechten Seite eines stadtrömischen Wannensarkophags mit Löwenkopf Rom, Kunsthandel (i. J. 1964)
**Abb. V.7**

**Fundort:** unbekannt

**Fundumstände:** unbekannt

Ohne Maßangaben. Von der Vorderseite ist der Oberkörper einer großen Skylla erhalten, die gegen ein Ketos kämpft. Sie wendet dem Betrachter frontal ihren Leib zu. Der Kopf ist nach links, in Richtung ihres Gegners, geneigt. Mit der linken Hand holt sie zum Schlag aus. Eine Waffe ist nicht zu erkennen. Da sich die erhobene Hand bereits direkt unterhalb der oberen Randleiste befindet, war dafür vermutlich kein Platz mehr. Skyllas Haar fällt in üppigen Strähnen auf den Rücken. Eine waagerechte Falte auf der Stirn drückt die Anspannung des Kampfes aus. Unterhalb des Bauches ist noch der Ansatz des Flossenschurzes zu erkennen. Der Übergang zu den fischschwänzigen ›Beinen‹ muss sich direkt oberhalb der unteren Randleiste befunden haben, ist heute aber verloren. Eines dieser Beine windet sich zwischen Skylla und dem Löwenkopf empor, die Schwanzflosse stemmt sich von unten gegen die obere Randleiste. Ob die kaum erhaltene Windung, die sich links von Skylla befindet, ebenfalls zu einem ihrer ›Beine‹ gehört, ist unklar. Hundeprotome oder deren Ansätze haben sich nicht erhalten. Ob einstmals welche vorhanden waren, ist — bedenkt man das Fehlen der Hundeprotome auf beinahe allen Sarkophagen — nicht sicher. Von dem Ketos hat sich nur der Kopf erhalten. Dieser richtet sich, mit gefletschten spitzen Zähnen, gegen Skyllas rechte Brust.

Rechts von Skylla bewegt sich ein Ruderboot mit zwei fischenden Eroten in den Wellen. Ein weiterer Eros schwimmt direkt unterhalb des aufgerissenen Löwenmaules. Von der Nebenseite ist einzig ein Pferdebein, wohl von einem Ichthyokentauren, erhalten.

**Datum:** 200–50 n. Chr.

Sichtermann 1970, 226–28 Nr. 5 Abb. 19–20.

**ANHANG SKYLLA NR. 12:** Codexillustration Rom, Biblioteca Apostolica Vaticana, Cod. Vat. lat. 3225 (sog. Vergilius Vaticanus) Pictura 33, Folio 47ᵛ

**Fundumstände:** ca. 825–50 im Kloster Saint-Martin in Tours nachgewiesen; um 1514 in Rom wieder aufgetaucht, seit 1602 in der Bibliothek des Vatikan

Illustration zu den Versen *Aeneis* 6, 273–294: Beschreibung der dämonischen Gestalten, die Aeneas im Vorhof und an den Toren des Hades antrifft.

Der Künstler schuf auf einfarbig violettem Malgrund eine vielfigurige, in drei Registern angeordnete Szene. Ganz unten, von links nach rechts: Die Sibylle und Aeneas sowie ein weiterer Mann; Hydra mit weiblichem Kopf; ein Kentaurenpaar; die Chimaira. Im mittleren Register links ein nackter liegender Mann mit acht Armen (Briareus) und rechts, gleichfalls liegend, der dreileibige Geryoneus; dazwischen, in blaugrünem Wasser, Skylla. Ihr Unterleib ist im Profil dargestellt, ihr menschlicher Oberkörper hingegen dem Betrachter zugewandt. Der Kopf ist aufgrund von Beschädigungen kaum noch zu erkennen. Ihre Haltung ist ruhig. Die linke Hand hält ein Steuerruder, die rechte ist schräg nach unten geführt. An den menschlichen Leib schließen sich zwei oder drei Hundeköpfe sowie ein langer, gewundener, olivgrüner Fischschwanz an.

Im obersten Register links ein Gebäude und rechts eine auf einem Felsen sitzende Harpyie. Dazwischen gruppieren sich um einen Baum (»Hades-Ulme«), der dem gesamten Bild als Symmetrieachse dient, acht nackte Figürchen wohl weiblichen Geschlechts. Sie werden von de Wit (1959, 106) als Personifikationen der — bei Vergil insgesamt 13 — aufgezählten *mala* gedeutet.

**Datum:** 400–20 n. Chr.

de Wit 1959, 103–07 Taf. 19; Geyer 1989, 210; Wright 1993, 48 f. Farbabb. S. 48.

## KATALOG ZUR HEIMKEHR

**KATALOG HEIMKEHR NR. 1:** Fragment eines Silbergefäßes Edinburgh, National Museum of Scotland

### Abb. VI.1

**Fundort:** Traprain Law (Schottland: ehemaliges römisches Britannien)

**Fundumstände:** Grabung Alexander O. Curle und James E. Cree, 1914–19, auf dem Gelände des Earl of Balfour

Bestandteil eines Silberhorts, der im Innern einer Siedlung, möglicherweise auch eines Gebäudes, vergraben wurde. Der Hort bestand zum überwiegenden Teil aus Fragmenten zerhackter Gefäße. Gesamtzahl der Objekte, von denen die Fragmente stammen: über 160; Gesamtgewicht: ca. 24 kg.

Produktionsort des hier behandelten Gefäßes: unbekannt

Das hier behandelte Gefäß, eine schlanke Flasche oder Kanne, wurde einst, nach dem Entfernen von Hals und Schulter, der Länge nach durchtrennt. Das erhaltene Fragment ist stark beschädigt und zerdrückt. Die erhaltene Höhe beträgt ca. 14,2 cm. Am unteren Rand hat sich die das Bildfeld abschließende Zierleiste, ein Eierstab, erhalten. Die Dekoration wurde in Treibarbeit ausgeführt.

Das Bildfeld, unvollständig erhalten, zeigte das nächtliche Gespräch zwischen Odysseus und Penelope. Links Reste der Fußwaschung: die kniende Eurykleia (Kopftuch, mit Zierstreifen versehene gegürtete Ärmeltunika mit Überschlag, im Gesicht Alterszüge) beugt sich über ein am Boden stehendes Becken mit Fuß darin. Der restliche Odysseus ist nicht erhalten. Eine *en face* dargestellte Dienerin (hochgestecktes Haar, gegürtete Ärmeltunika mit Zierstreifen) zeigt auf diese Szene. Hinter ihr befindet sich ein aufgespanntes Tuch oder eine Art Vorhang.

Rechts steht Penelope (Tuch oder Mantelzipfel über dem Kopf, Mantel um die Hüften, verzierte ungegürtete Ärmeltunika), die sich vermutlich an ihren Stuhl (erhalten ist nur der Fußschemel) lehnt. In der aufgestützten linken Hand hält sie eine Spindel oder Spule. Oberhalb von ihr befindet sich eventuell ein aufgehängtes Stück Stoff. Zu ihren Seiten je eine stehende Dienerin (links: offenes langes Haar mit Ponyfransen, ungegürtete verzierte Ärmeltunika, rechts: verzierte Tunika und Mantel darüber; Rest nicht erhalten).

**Datum:** um 400 n. Chr.

Curle 1923, 1–5 (Fundumstände). 9–91 (Gesamtinventar des Hortfunds) 27 f. Nr. 8 Abb. 9 und Taf. 12 (das hier behandelte Fragment); Touchefeu 1988a, 102 Nr. 20 Taf. 52; Hausmann 1994, 293 f. Nr. 28; Guggisberg 2003, 278 f. Abb. 262. 341 HF Nr. 68.

**KATALOG HEIMKEHR NR. 2**: Tonlampe Samos, Museum Inv. 220.C.P.

**Abb. VI.2**

**Fundort:** Samos, spätantiker Friedhof nahe der antiken Stadt Samos (Griechenland)

**Fundumstände:** Grabung Griechischer Antikendienst unter Konstantinos Tsakos, 1970–72

Attische Bildlampe von rundlicher Form mit rhombenförmiger Schnauze; rötlicher Ton; im Diskus ein Ölloch. Ein Teil des Henkels fehlt. Länge 9,7 cm; Höhe 3,4 cm; Durchmesser 7,2 cm.

Auf der Schulter Globuli verschiedener Größe. Dann Rahmenring mit zwei Rillen. Auf dem Diskus in pyramidaler Komposition drei Personen: ganz oben Penelope. Sie wendet ihren Körper nach rechts und stützt sich mit der rechten Hand auf eine nicht näher erkennbare Sitzgelegenheit. Das rechte Bein scheint über das linke geschlagen zu sein. Der Kopf ist wohl zum Geschehen vor ihr gewandt, die linke Hand hält vermutlich einen Spinnrocken. Die Art ihrer Gewandung und ihre Frisur sind nicht mehr klar zu erkennen.

Links unterhalb ein sehr aufrecht sitzender Odysseus. Unter seinem Sitz das Ölloch. Odysseus stützt sich mit der rechten Hand leicht auf die Sitzfläche; auch seine Tracht ist nicht mehr eindeutig zu erkennen. Seine Füße scheinen beide in einem Wasserbecken zu stehen. Rechts davon kniet mit rundem Rücken Eurykleia, gleichfalls im Profil. Ihre Hände befinden sich im Becken, ihr Kopf weist nach oben. Um ihren Schrei zu unterdrücken, hält ihr Odysseus die linke Hand vor den Mund.

**Datum:** 250–300 n. Chr.

Poulou-Papadimitriou 1986, 600 Nr. 38 Abb. 34; Touchefeu 1988a, 102 Nr. 19a; Hausmann 1994, 293 Nr. 27a.

**KATALOG HEIMKEHR NR. 3**: Tonlampe Samos, Museum Inv. 54.C.P.

**Fundort:** Samos, spätantiker Friedhof nahe der antiken Stadt Samos (Griechenland)

**Fundumstände:** Grabung Griechischer Antikendienst unter Konstantinos Tsakos, 1970–72

Bildlampe von länglich ovaler Form und mit rhombenförmiger Schnauze; roter Ton mit rotem Überzug; »fabrication grossière«; im Diskus ein Ölloch. Der Henkel und ein Teil der daran anschließenden Gefäßschulter fehlen. Erhaltene Länge 7,7 cm; Höhe 3,7 cm; Durchmesser 6,8 cm.

Auf der Schulter Globuli verschiedener Größe. Dann zwei plastisch aufgesetzte Rahmenringe unregelmäßiger Dicke und Form. Auf dem Diskus genau dasselbe Bildschema wie Katalog Heimkehr Nr. 2, selbst das Ölloch sitzt exakt an der gleichen Stelle. Es muss sich hier um eine Abformung des Diskus und Bildfelds von Katalog Heimkehr Nr. 2 (oder einem analogen Stück) über diverse nicht erhaltene Zwischenglieder handeln. Lokale samische Produktion?

**Datum:** Ende 5. Jh. n. Chr.

Poulou-Papadimitriou 1986, 603 Nr. 48 Abb. 45; Touchefeu 1988a, 102 Nr. 19b; Hausmann 1994, 293 Nr. 27b.

**KATALOG HEIMKEHR NR. 4**: Schmalseite eines Giebeldeckels von einem gallischen Sarkophag Marseille, Museum Borely 1672

**Abb. VI.3**

**Fundort:** unbekannt, vermutlich Umgebung von Marseille (Frankreich)

**Fundumstände:** vor 1834 dem Museum von Herrn Famin gestiftet

Länge des Schmalseite 1,58 m; Höhe 0,87 m. Die Randleisten sind z. T. bestoßen: unten auf der rechten Hälfte; links oben, was bedauerlicherweise auch den bis zum oberen Rand reichenden Kopf des Odysseus in Mitleidenschaft gezogen hat, dessen Gesicht zerstört wurde. Von eher mäßiger künstlerischer Qualität.

Im linken Eckakroter: Odysseus sitzt links am Rand auf einer Art Block. Er trägt eine gegürtete Exomis. Sein Haar ist — soweit sich das noch erkennen lässt — füllig, der Bart schön gelockt. Das rechte nackte Bein steht fest auf dem Boden; das linke steht in einem kleinen Becken. Vor ihm kniet Eurykleia mit (vermutlich) Kopftuch, Ärmeltunika sowie einem um die Hüften geschlungenen Tuch. Ihr rechtes Bein ist aufgestellt, ihr Unterschenkel presst sich an den des Odysseus. Ihre linke Hand berührt seinen im Becken befindlichen Fuß, die rechte ist um die Wade geschlungen und hat gerade die verräterische Narbe ertastet. Um ihrem überraschten Aufschrei zuvorzukommen, presst Odysseus breitflächig die rechte Hand auf ihren Mund. Zu Füßen des Helden liegt zusammengerollt ein Hund, Argos, mit wolligem Fell und schnuppert an seinem rechten Hinterlauf.

Thema des Mittelbildes: Medea kurz vor dem Kindermord, ein Schwert in der Hand, die beiden kleinen Knaben zu ihren Seiten; im rechten Eckakroter: Ödipus in der Rüstung eines römischen Soldaten (Helm, Panzer, Beinschienen) vor der Thebanischen Sphinx.

**Datum:** 3. Jh. n. Chr.

Robert 1890, 216 f. Nr. 203 Taf. 65 (Zeichnung und gute Beschreibung); Touchefeu-Meynier 1968, 254 f. Nr. 477; Koch — Sichtermann 1982, 299 Anm. 53 (mit falscher Inventarnummer); Moret 1984, 186 Nr. 169 Taf. 87,1; Touchefeu 1988a, 102 Nr. 15 und Taf. 52.

**KATALOG HEIMKEHR NR. 5**: Fragment einer pannonischen Terra-Sigillata-Bilderschüssel Vinkovci, Gradski muzej (ohne Inv.-Nr.)

**Abb. VI.4**

Vgl. Katalog Polyphem Nr. 3

**Fundort:** Vincovci (*Colonia Aurelia Cibalae*, Kroatien)

**Fundumstände:** unbekannt

Keine Maßangaben. Auf der Außenseite des Gefäßes ein umlaufender Bildfries, von dem sich die Szene aus der Polyphem-Geschichte (Katalog Polyphem Nr. 3) sowie die dreimal wiederholte Figur einer stehenden Frau mit Handspindel erhalten hat.

Alle drei Frauen sind identisch gestaltet und im Profil nach links gewendet dargestellt. Sie befinden sich auf einer breiten Standlinie. Rechts und links grenzte der Töpfer das Bildfeld durch nicht zu identifizierende vertikale Strukturen ab. Die Frauen tragen ein wadenlanges gegürtetes Gewand mit zahlreichen Zipfeln und Falten sowie halblangen weiten Ärmeln. Am rechten Handgelenk befindet sich jeweils ein Armreif. Die Füße sind vermutlich nackt zu denken, bei der Frisur handelt es sich vermutlich um einen Scheitelzopf. In der erhobenen linken Hand halten die drei jeweils einen Spinnrocken. Von diesem läuft ein breiter Wollfaden zum Spindelschaft, an dessen unteren Ende ein Spinnwirtel zu erkennen ist. Der Spindelschaft wird von den Frauen jeweils mit der ausgestreckten rechten Hand am oberen Ende gehalten. Die Szene ist fast vollständig erhalten; es fehlt die vordere untere Ecke mit dem Unterkörper der ersten Spinnenden.

**Datum:** um 300 n. Chr.

Brukner 1980; Brukner 1981, 74 Nr. 2 Taf. 43 Nr. 2; Taf. 173 Nr. 21; Touchefeu-Meynier 1997, 1013 Nr. 10; Leleković 2008, 181.

**KATALOG HEIMKEHR NR. 6**: Fresko in einem Hypogäum am Viale Manzoni, Rom (Italien)

**Abb. VI.5**

**Fundort:** *in situ*

**Fundumstände:** 1919 beim Bau einer Garage entdeckt und von der Soprintendenza agli Scavi unter Leitung von Gottfredo Bendinelli untersucht

Der Grabbau besteht aus einem oberirdischen Eingangsbereich sowie mehreren sich unter die Erde erstreckenden Kammern. Die hier interessierende Darstellung befindet sich in der Lünette der Ostwand der nördlichen großen unterirdischen Kammer (Bendinelli 1922: »cubicolo inferiore A«) und besteht aus zwei Registern.

Das obere Register zeigt ganz im Hintergrund eine Mauer mit großem Tor, dahinter diverse architektonische Strukturen. Rechts und links steht je ein zweistöckiges, turmartiges Gebäude mit Vordach. Neben dem linken Gebäude steht ein Brunnen, auf den eine Frau zuschreitet. Im Vordergrund eine große Tierherde (v. l. n. r.: Rind, Esel, Widder, Dromedar, Ziege, sich auf dem Boden wälzendes Zicklein, Rind, Ziege oder Schaf, Pferd, zwei Rinder, Pferd oder Esel, Ziege).

Im unteren Register sitzt rechts (auf dem Boden oder einem nicht mehr zu erkennenden Gegenstand) Odysseus: sonnengebräunt, barfuß, mit lockigem Haar und Bart, gekleidet in eine stoffreiche gelbe Ärmeltunika. Er gestikuliert mit der rechten Hand in Richtung einer am Webstuhl stehenden Frau, Penelope. Bekleidet ist diese mit einer bis zu den Schienbeinen reichenden violetten Ärmeltunika mit roten *clavi*. Die Haare sind mit einem Band hochgenommen. Die Füße sind entweder nackt oder, wahrscheinlicher, von knöchelhohen Schuhen bedeckt. Von links schreiten auf den Webstuhl drei nackte bartlose Jünglinge zu, die sich an den Händen halten. Der Vordere weist mit seiner Linken auf den Webstuhl. Das Motiv ganz links im Bildfeld ist zerstört.

Die Wanddekoration der Grabkammer ist gemäß folgendem Schema aufgebaut: Ein umlaufender Sockel; darüber ein großfiguriger Fries mit elf Männern in Tunika und Pallium; darüber eine Zone mit diversen kleinformatigen, vielfigurigen Szenen.

In den beiden Lünetten der letztgenannten Zone befindet sich zum einen die *Odyssee*-Szene; zum anderen eine gleichfalls sehr detailreiche Darstellung: eine Frau zwischen drei Männern in einem ummauerten Garten; der Weg zur Stadt; eine Tribunalszene, in deren Mittelpunkt gleichfalls eine Frau zu stehen scheint, auf dem von Portiken umsäumten Forum der Stadt. In kleinen rechteckigen oder (halb)runden Feldern sind folgende Motive dargestellt: ein bärtiger und langhaariger Mann in Tunika und Pallium sitzt in einer idyllischen Landschaft mit 10 erhaltenen (in der Fehlstelle links im Bild dürften sich noch mehr befunden haben) weidenden Schafen und liest eine Schriftrolle; ein Reiter, der gefolgt von einer Menschenmenge auf ein Stadttor zugaloppiert, wo ihn eine zweite Menschenmenge empfängt; die dazu gehörige Stadt; Gelageszene; eine Reihe von Männern mit Tunika und Pallium.

Die tonnengewölbte Decke ist durch dünne Linien gleichfalls in geometrische Felder unterteilt. In diesen befinden sich frei schwebend unter anderem Blüten, Pfauen, Gefäße und Theatermasken sowie vier Mal die Gestalt des ›Guten Hirten‹, eines jungen Mannes mit einem Schaf über der Schulter.

Das Fußbodenmosaik trägt folgende Inschrift: *AURE-LIO ONESIMO / AURELIO PAPIRIO / AURELIAE PRIM(a)E VIRG(ini) / AURELIUS FELICISSIMUS / FRATRI(bu)S ET CO(n)LIBERT(is) B(ene) M(erentibus) F(ecit)* (»Aurelius Felicissimus errichtete [dieses] für Aurelius Onesimus, Aurelius Papirius und die Jungfrau Aurelia Prima, seine Geschwister und Mitbefreiten, weil sie es wohl verdienten.«)

Eine im Versturz desselben Raumes gefundene fragmentierte marmorne Grabplatte besagt: *AURELIAE MYR-SIN[ae filiae] / DULCISSIMAE; QUAI VI[xit annis] / V; MENS(ibus) VI; DIE(bus) XI / AUREL(ius) MARTINUS ET / IUNIA LY[dia? de? paren] / TES FECERUNT* (»Für Aurelia Myrsin[a], ihre allersüßeste [Tochter], die 5 [Jahre], 6 Monate und 11 Tage lebte, errichteten die Eltern Aurelius Martinus und Iulia Lydia (oder Lyde) [dieses Grabmal].«)

Zu einem späteren Zeitpunkt wurden eine kleine Beterfigur sowie, unter der *Odyssee*-Szene, eine weitere Grabinschrift aufgemalt bzw. geritzt: *[...]MEUS CELERINUS / K(al?) IUNIS RETRIORUM / [...]UM HONO[r...] / EPAFRO[ditus?...].*

Gleichfalls zu einem unbekannten Zeitpunkt wurden in den Boden und die Wände dieses Grabbaus weitere Gräber gegraben und dabei Teile des Mosaikfußbodens und der Wandmalereien zerstört.

**Datum:** 200–50 n. Chr.

Bendinelli 1920 (Erstvorlage des Befundes; zur *Odyssee*-Szene S. 134 f. und Taf. 4: Aquarell O. Feretti); Marucchi 1921; Bendinelli 1922 (ausführliche Vorlage des Befundes; zur *Odyssee*-Szene Sp. 364–68 Abb. 30 [Foto] und Taf. 13 [Aquarell O. Feretti]); Reinach 1922, 217 Abb. 1 (Zeichnung der Ostwand); Wilpert 1924 (zur *Odyssee*-Szene S. 26–30 Farbtaf. 16 [Aquarell C. Tabanelli]); Achelis 1926; Picard 1945; Carcopino 1956, 83–221 (Diskussion der *Odyssee*-Szene 147–49. 175–88 Taf. 14 unten); Touchefeu-Meynier 1968, 241 f. Nr. 448; Mactoux 1975, 177 f. Taf. 12; Himmelmann 1975 (zur *Odyssee*-Szene S. 22 f. und Taf. 6–7 [neue Fotos]); Turcan 1979; Hausmann 1994, 295 Nr. 43; Nicolai — Bisconti — Mazzoleni 1998, 118–20 Farbabb. 135.

**KATALOG HEIMKEHR NR. 7:** polychromes Mosaik Brüssel, Musées royaux d'Art et d'Histoire, Ap. 45

**Abb. VI.7**

**Fundort:** *Apameia* (Syrien), Gebäude von unklarer Gestalt und Bestimmung unter der langgezogenen Ostapsis der sog. Ostkathedrale

**Fundumstände:** Grabung der Musées Royaux d'Art et d'Histoire, Brüssel, unter Leitung von Fernand Mayence, ausgegraben 1937–38 (der südliche Mosaikstreifen erst 1971–72 nach der Wiederaufnahme der Grabungen unter Jean Charles Balty); seit 1938 im Museum in Brüssel

Länge des Bildfelds 2,34 m, Höhe 1,39 m. Umrahmt von einem breiten Schmuckband mit geometrischen Motiven sowie einem schmaleren weißen Rahmen, der an beiden Seiten von einer schwarzen Linie begrenzt wird. Im oberen Schmuckband sowie im linken unteren Teil des Bildes jeweils eine große, langgestreckte Fehlstelle; zwei kleinere Fehlstellen rechts im Bild.

Kompositorisch zerfällt das Bild in zwei Teile. Im linken Teil, weniger als einem Drittel der Gesamtfläche, umarmt Penelope (in Richtung des Betrachters gewandt; sehr weiße Haut und schön geschwungene schwarze Brauen, schwarzes glattes Haar mit Mittelscheitel und vermutlich Scheitelzopf, über dem Hinterkopf ein Zipfel ihres weißen Mantels, der Unterkörper bis auf wenige Falten ihrer langen weißen Ärmeltunika und wohl auch ihres Mantels verloren) ihren wiedergefundenen Gatten Odysseus (in Dreiviertel-Rückenansicht zum Betrachter; dunkle Haut mit Schrammen und Narben [?], ergrautes lockiges Haar und Bart, Pilos, weiße Exomis; über der rechten Schulter Band, an dem diverse nicht zu identifizierende Gepäckstücke am Rücken befestigt sind; in der linken Hand eine lange Lanze; der unterhalb der Fehlstelle zu erkennende linke Fuß ist nackt). Beide blicken sich in die Augen. Da Penelope ein wenig größer dargestellt ist, muss Odysseus zu ihr aufblicken. Rechts hinter dem Paar steht eine Frau mit sehr dunkler Haut und ergrauten Locken, einen Teil ihres grünlich-dunklen Mantels über den Kopf gezogen: die alte Amme Eurykleia. Hinterfangen wird die Szene von Architekturangaben: im Vordergrund ein hoher und weiter Bogen, getragen von (nur links erkennbar) kapitellgeschmückten Säulen und in den Bildhintergrund laufenden Architraven; im Hintergrund, als innerhalb des durch den Bogen bezeichneten Eingangs zu denken, ein zweistöckiges Gebäude mit Säulenreihen unten und eventuell Fenstern oben.

Die rechten zwei Drittel des Bildfelds werden eingenommen von sechs im Reigen tanzenden jungen Frauen. Alle sind schlank und hoch gewachsen, mit kleinen Brüsten und (soweit erkennbar) breiten Hüften. Sie tragen aufwendige Frisuren, bunte Gewänder und Schmuck. Ihre Haut ist ein wenig dunkler als diejenige Penelopes, aber deutlich heller als die Eurykleias. Die sechs bilden einen an der linken Seite offenen Kreis; drei wurden vom Mosaizisten im unteren Register platziert, drei im oberen. Die Vortänzerin links oben (in Dreiviertelansicht nach links, den Kopf leicht zurückgewandt; dunkle hochgesteckte Locken; ärmellose helle, unter der Brust mit einem flatternden Tuch gegürtete Tunika; mindestens drei spiralförmige Armreifen; Füße aufgrund der Fehlstelle verloren) fasst mit der Linken ein flatterndes gelbliches Tuch, das an seinem anderen Ende von den verschränkten Händen der zweiten und dritten Tänzerin gehalten wird. Mit der über den Kopf geführten rechten Hand greift sie die rechte Hand der zweiten Tänzerin (von vorne gezeigt, wie sie mit einem großen Schritt nach links ausschreitet, den Kopf gleichfalls leicht zur nachfolgenden Tänzerin gewandt; dunkle hochgesteckte Haare; dunkle ärmellose Tunika mit breitem orangem Längsstreifen in der Mitte, gegürtet mit flatterndem gelben Tuch; vier spiralförmige Armreifen). Die dritte Tänzerin (dunkles Haar, vermutlich mit Scheitelzopf; rötliches Gewand mit dunklen Streumustern [?]; Oberkörper, Gürtung und Gewandärmel aufgrund einer Fehlstelle nicht mehr zu erkennen; mindestens ein Armreif) bildet den Übergang zum unteren Register: Obwohl selbst frontal zum Betrachter gewandt, streckt sie ihre linke Hand nach vorne, zur vierten (Dreiviertel-Rückenansicht; auf der Spitze des linken Fußes balancierend, das rechte Bein nach hinten und den Kopf in den Nacken geworfen; blondes hochgestecktes Haar; unter der Brust gegürtete grüne Tunika mit kurzen Ärmeln und gelben Längsstreifen; weiße geschlossene Schuhe; vier Armreifen), die gerade in einer elaborierten Pose um die Kurve tanzt. Die fünfte (auf den Zehenspitzen, die Beine überkreuzt; dunkles hochgestecktes Haar; knöchellange und ärmellose rötliche Tunika, vermutlich mit Gürtung, was aufgrund der Fehlstelle nicht mehr zu erkennen ist; barfüßig; vier Armreifen) ist in Rückenansicht gezeigt, dreht ihren Kopf jedoch nichtsdestoweniger aus dem Bild heraus. Ihre rechte Hand hält die Linke der vierten Tänzerin, ihre linke Hand greift in die Linke der letzten Tänzerin (in Dreivierteilansicht nach rechts; schwarzes, vermutlich zum Scheitelzopf frisiertes Haar, von einem braunen Band gehalten [?]; unter der Brust gegürtete grüne Tunika mit halblangen Ärmeln und gelben Streifen, von der rechten Schulter gerutscht; gelb-rötliche Schuhe; mindestens ein Armreif). Im Hintergrund sind Bäume und Büsche zu erkennen; rechts bildet eine hohe Mauer den Abschluss.

Rechts oben, vor weißem Grund, befindet sich eine griechische Inschrift: ΘΕΡΑΠΕΝΙΔΕΣ (*therapenídes* für *therapainídes*), »Dienerinnen«.

Das Bild war Bestandteil des nördlichen der beiden in Ost-West-Richtung verlaufenden, ausgegrabenen Mosaikstreifen, die beide zum selben Gebäude gehörten. Länge dieses Streifens: mehr als 22 m. Die figürlichen langrechteckigen Felder sind gerahmt von reichen geometrischen oder vegetabilen Motiven; ebensolche auch in den rechteckigen Feldern zwischen den Bildern. Rechts der *Odyssee*-Szene: Darstellung von ΣΩΚΡΑΤΗΣ (Sokrates) und sechs anderen bärtigen Männern in Philosophentracht; sodann eine weitere, stark zerstörte Darstellung mit mehreren um einen Tisch sitzenden Personen, von denen die mittlere weibliche eine Beischrift [...]ΙΣ (*...is*) trug, während vermutlich auf die ganz rechts sitzende männliche Person die Beischrift ΚΑΛΛΟΣ (*to kállos*), »das Schöne« oder »Schönheit« zu beziehen ist.

Der südliche Mosaikstreifen enthielt ganz rechts, vom Betrachter aus gesehen, ein Bildfeld mit dem Schönheitswettbewerb zwischen Kassiopeia und den Nereiden. Inschriftlich bezeichnet treten dabei von links nach rechts auf: ΑΓΛΑΪΣ (*Aglaïs*, »die Glänzende«), ΑΦΡΟΣ (*Aphrós*, »Schaum«), ΘΕΤΙΣ (Thetis), ΔΩΡΙΣ (Doris), der nackte Unterkörper einer Frau ohne erhaltene Beischrift, ΠΕΙΘΩ (Peitho), [Β]ΥΘΟΣ (*Bythós*, »Meerestiefe«), ΚΡΙΣΙΣ (*Krísis*, »Schiedsgericht«), [ΑΜΥ]ΜΩΝΗ (Amymone), ΠΟΣΙΔΩΝ (Poseidon), ΘΕΡΑΠΕΝΑ (*therápaina*, »Dienerin«), ΚΑΣΣΙΕΠΙΑ (Kassiopeia), ΝΙΚΗ (Nike). Das mittlere Bildfeld ist nahezu komplett zerstört bis auf den Oberkörper eines Eros mit Fackel, den Kopf eines Tritonen und eine Inschrift, die sich zu ΓΑΛΗ[ΝΗ] (*Galéne*, »Meeresstille«) ergänzen lässt. Das linke Bildfeld stellt sich dar als rechteckiges weißes Tuch, auf dem inmitten eines großen Kranzes eine *corona gemmata* liegt, der die Worte ΕΥ ΧΡΩ (»Mache guten Gebrauch [davon]!«) eingeschrieben sind.

**Datum:** 350–400 n. Chr.

Verhoogen 1964, Taf. 12 samt Begleittest; J. Ch. Balty 1972 (Vorstellung des gesamten Mosaikkomplexes); J. Balty 1977, 76 f. Nr. 33; Touchefeu 1988a, 102 Nr. 23; Brommer 1983, 104 Taf. 47; Quet 1993; Hausmann 1994, 295 Nr. 41 Taf. 231; J. Balty 1995, 42–46. 265–313 Taf. 48–52 (= Zusammenstellung älterer Aufsätze; Gesamtinterpretation der Mosaiken des Gebäudekomplexes); Andreae — Parisi Presicce 1996, 446 Nr. 6.23.

**ANHANG HEIMKEHR NR. 1**: literarisch überliefertes Silbergefäß, sog. Missorium, vermutlich Silberschale in Konstantinopel (Türkei) ausgestellt und vermutlich auch dort produziert, Anth. Gr. 9, 816 (anonym):

Ἀντία Τηλεμάχοιο καὶ ἐγγύθι Πηνελοπείης / τίπτε, πολυφράδμων, πολυταρβέα χεῖρα τιταίνεις; / οὐκ ἐρέει μνηστῆρσι τεόν ποτε νεῦμα τιθήνη.

»Sag, du listiger Held, warum streckst du in Telemachs Beisein / und in Penelopes Nähe so ängstlich erschrocken die Hand aus? / Niemals erzählt deine Amme dein Zugeständnis den Freiern.« (Übersetzung H. Beckby 1974)

dazu Lemma: εἰς μινσώριον τῶν Εὐβούλου

**Datum:** 4.–7. Jh. n. Chr.

H. Beckby (Hrsg.), *Anthologia Graeca*, III (1958); Touchefeu-Meynier 1968, 256 Nr. 478; P. Waltz (Hrsg.), *Anthologie Grecque*, VIII (1974); Touchefeu 1988, 102 Nr. 13; Hausmann 1994, 293 Nr. 26.

Anhang 3

# Statistiken zu den Bildern

Die folgenden vier Statistiken führen noch einmal die Regeln vor Augen, denen die spätantike bildliche Rezeption der *Odyssee* unterlag: ein deutlicher Schwerpunkt auf Darstellungen der Irrfahrt; dort eine gewisse Vorliebe für die Kombination der beiden Meerwesen Skylla und Sirenen; bei den Darstellungen der Heimkehr eine deutliche Vorliebe für das Zusammenziehen mehrerer Episoden in einem Bild; ein deutlicher Schwerpunkt von Produktion und Rezeption im Westen des Römischen Reiches; nach Ende der Produktion im Westen um die Mitte des fünften Jahrhunderts Weiterlaufen der Produktion im Osten auf dem dort üblichen zahlenmäßig niedrigeren Niveau; numerisches Übergewicht der Darstellungen auf Gebrauchsgegenständen für die breite Masse der Bevölkerung, dazu Popularität im sepulkralen Bereich.

Für die Statistiken verwendet wurden nur die Bilder aus den Katalogen, mit einem Bezug zur *Odyssee*. Die Darstellungen aus den Anhängen, die Skylla oder Polyphem allein zeigen, wurden nicht mitberücksichtigt — und würden die hier gewonnenen Ergebnisse auch nicht wesentlich verändern.

## *Kombination verschiedener Episoden auf einem Bildträger*

Nach derzeitigem Kenntnisstand wurden in der spätantiken Kunst nie mehr als zwei Darstellungen zur *Odyssee* auf ein und demselben Bildträger miteinander kombiniert. Bei der Kombination zweier Szenen lassen sich folgende Regelmäßigkeiten beobachten.

Die Begegnung mit Polyphem ist die einzige Episode der Irrfahrt, von der in der Spätantike mehr als ein Moment künstlerisch umgesetzt wurde.

Allerdings wurden diese Momente weder regelhaft miteinander kombiniert noch lassen sich klare Regeln für die Kombination mit anderen Motiven der *Odyssee* erkennen.

Was sich sagen lässt, ist, dass vor allem der Moment der Weinreichung für eine Kombination gewählt wurde.

Möglicherweise war dies das künstlerische Schema, das nach Ansicht der spätantiken Betrachter die Essenz der Polyphem-Episode am besten auf den Punkt brachte.

Auch die einzige bekannte spätantike Darstellung der Blendung erscheint in Kombination mit der Weinreichung, auf einem Sarkophag, und sollte wohl gemeinsam mit dieser eine Art Sieg über den Tod visualisieren.

|  | Polyphem: Weinreichung | Polyphem: Blendung | Polyphem: Flucht | Kirke | Sirenen | Skylla | Heimkehr |
|---|---|---|---|---|---|---|---|
| Polyphem: Weinreichung |  | 1x |  |  |  | evtl. 1x | evtl. 1x |
| Polyphem: Blendung | 1x |  |  |  |  |  |  |
| Polyphem: Flucht |  |  |  |  |  |  |  |
| Kirke |  |  |  |  |  |  |  |
| Sirenen |  |  |  |  |  | 4x |  |
| Skylla | evtl. 1x |  |  |  | 4x |  |  |
| Heimkehr | evtl. 1x |  |  |  |  |  |  |

Die recht populäre Flucht aus der Höhle hingegen wurde nach jetzigem Kenntnisstand nicht mit anderen Motiven kombiniert.

Bei den Darstellungen auf Kontorniaten war das schon aus gattungsimmanenten Gründen nicht möglich; bei der Marmorskulptur und dem Mosaik lässt sich aufgrund der Überlieferungssituation keine definitive Aussage treffen. Auffällig ist die regelhafte Kombination von Sirenen- und Skylla-Motiv. Auf Fußbodenmosaiken visualisierten sie, häufig gemeinsam mit anderen Meereswesen, die Gefahren des Meeres. Im Kontext des Grabes waren beide homerischen Gestalten wohl ein Bild für den Tod.

Die Überwältigung Kirkes wurde nie mit anderen Episoden kombiniert. Dies hat zum Teil mit der Natur der hier verwendeten Bildträger zu tun. Auf Kontorniatenrückseiten ist kein Platz für mehr als ein erzählendes Bild und die Vorderseite trug den Konventionen der Gattung gemäß ein Porträt. Von den nordafrikanischen Sigillata-Tabletts oder -Schalen sind in der Regel nur Fragmente erhalten, nicht der gesamte Bildschmuck; theoretisch könnten sich dort außer dem Kirke-Täfelchen noch weitere Szenen aus der *Odyssee* befunden haben. Da sich solche im Repertoire der nordafrikanischen Sigillata aber nicht nachweisen lassen, ist das wenig wahrscheinlich. Für andere Gattungen war das Kirke-Motiv in seiner hier postulierten Bedeutung als Glücksbringer oder Glückssymbol anscheinend nicht von Interesse.

Mit der Heimkehr wurden die Episoden der Irrfahrt nicht kombiniert. Einzige mögliche Ausnahme ist ein pannonischer Becher, der einer Darstellung der Weinreichung eventuell eine Darstellung der Penelope mit Anspielung auf deren Webstuhllist gegenüberstellt.

Bei der Visualisierung der Heimkehr wandten die spätantiken Künstler ein anderes Verfahren an. Sie zogen in einem einzigen Bild mehrere Ereignisse zusammen oder verwiesen zumindest auf weitere Ereignisse.

Ausgangspunkt ist in der Regel die Person des Odysseus: gemeinsam mit Penelope, häufig auch mit der alten Amme Eurykleia im Schema der Fußwaschung (in der senkrechten Spalte aufgelistet).

In diese zentralen Szenen konnten weitere Episoden der Heimkehr (in der waagerechten Zeile) mittels Verweis integriert werden:

Am häufigsten erscheint der Verweis auf die Webstuhllist, meist in Form einer platzsparenden Spindel, nicht des gesamten Webstuhls.

Die Webstuhllist ist auf den spätantiken Bildern das, was Penelope charakterisiert.

Werden Odysseus und Penelope im Gespräch/in Interaktion dargestellt, dann verbunden mit einem Verweis auf den Freiermord: die Tat, die von Penelope geplant und von Odysseus ausgeführt wurde.

In einem Fall gibt es einen Verweis auf Odysseus' treuen Hund Argos.

*Geographische Verteilung*

Geographische Verteilung

| | Polyphem | Kirke | Sirenen | Skylla | Heimkehr |
|---|---|---|---|---|---|
| (vermutlich) im Westen produziert und rezipiert | 18 | 23 | 26 | 123 | 4 |
| (vermutlich) im Osten produziert und rezipiert | 0 | 0 | 3 | 2 | 4 |
| im Westen produziert und im Osten rezipiert | 0 | 2 | 0 | 0 | 0 |

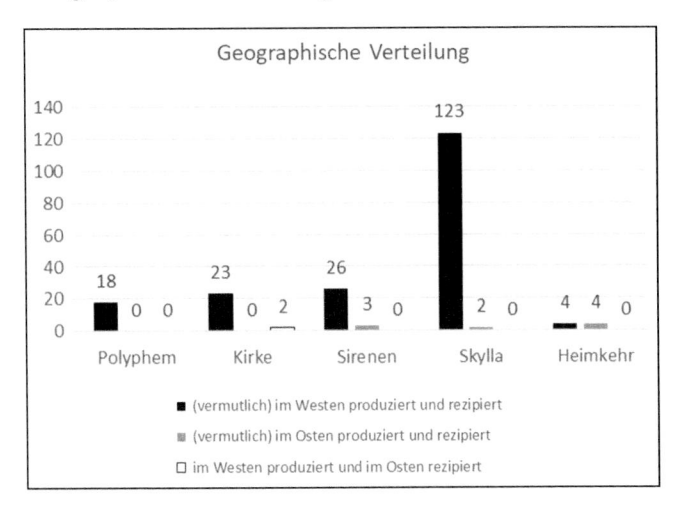

Nicht bei allen hier behandelten Denkmälern sind sowohl der Produktions- als auch der Fundort bekannt. Bei Fußbodenmosaiken oder Fresken ist davon auszugehen, dass der Fundort identisch mit dem Produktionsort ist. Kontorniaten hingegen wurden zwar höchstwahrscheinlich in stadtrömischen Werkstätten produziert, die Fundorte der einzelnen Exemplare sind jedoch in aller Regel unbekannt. Die in nordafrikanischen Werkstätten hergestellten Sigillata-Gefäße wurden im gesamten *imperium Romanum* verhandelt. Auch hier ist bei einigen Exemplaren der Fundort unbekannt; es gibt jedoch auch solche, die aus dokumentierten Grabungen, etwa in Griechenland, stammen. Bei metallenen Luxusgegenständen wie Tischaufsätzen oder Kannen ist eine Werkstattbestimmung nicht möglich, wenn es keine

| | Webstuhllist | Argos | Freiermord |
|---|---|---|---|
| Fußwaschung | 3 | 1 | |
| Odysseus und Penelope im Gespräch | 1 | | 1 |
| Wiedererkennung Odysseus — Penelope | | | 1 |

eindeutigen Indizien gibt. Auch ein Fundort ist nicht immer zu ermitteln.

Trotz dieser Einschränkungen ergibt die Aufschlüsselung der spätantiken Denkmäler zur *Odyssee* gemäß ihrer geographischen Verteilung ein eindeutiges Bild.

Der bei weitem überwiegende Anteil der Darstellungen der Irrfahrt wurde im lateinischen Westen des Reiches produziert und rezipiert: vor allem in Rom und Italien, aber auch in Nordafrika und, in geringerem Maße, in Kroatien.

Nur für die Darstellungen der Ereignisse auf Ithaka ist das Verhältnis zwischen Westen und Osten ausgewogen. Hier wurde für die Statistik auch der nur inschriftlich überlieferte Silberteller aus Konstantinopel miteinbezogen.

*Chronologische Verteilung*

Eine eindeutige Datierung der Denkmäler ist nicht immer möglich. In seltenen Fällen divergieren die Datierungsvorschläge zu einem Monument erheblich, ohne dass eine zweifelsfreie Entscheidung möglich wäre. In anderen Fällen erstreckt sich die Spanne, in welcher ein bestimmter Typus von Bildträger produziert wurde, über einen längeren Zeitraum. Es schien deshalb geraten, die chronologische Verteilung der Darstellungstypen in einem Verlaufsdiagramm zu visualisieren. Das Diagramm beginnt bei 200 n. Chr. Ältere, noch nicht spätantike Formulierungen des jeweiligen Motivs sind mitzudenken, auch wenn sich im erhaltenen Befund nicht immer eine kontinuierliche Linie nachzeichnen lässt.

Die drei in der Spätantike bildlich umgesetzten Momente aus dem Polyphem-Abenteuer werden getrennt aufgeführt, um die chronologischen Unterschiede deutlich zu machen.

Die Blendung ist in der Spätantike nicht mehr von Interesse und erscheint nur auf einem einzigen isolierten Monument um 300 n. Chr. Von den beiden populären Motiven Weinreichung und Flucht hält sich die Flucht etwas länger, vielleicht weil sie das weniger voraussetzungsreiche, leichter zu verstehende Bildmotiv ist.

Die Produktion im Westen — und mit ihr fast alle Darstellungstypen — endet vor der Mitte des fünften Jahrhunderts. Danach sind nur noch Einzelstücke aus dem Osten des Reiches überliefert: etwa eine samische Tonlampe mit Darstellung der Heimkehr oder ein israelisches Mosaik mit Sirenen-Abenteuer. An diese Gruppe anzuschließen ist der im Diagramm nicht mitaufgenommene, nur literarisch für Konstantinopel überlieferte Silberteller mit Heimkehrszene. Für ihn kommt im Grunde jede Datierung vom vierten Jahrhundert bis zum Auslaufen der Produktion mythischen Silbergeschirrs im siebten Jahrhundert in Frage.

Im Westen endete zwar um die Mitte des fünften Jahrhunderts die Produktion von *Odyssee*-Bildern, die Darstellungen selbst blieben aber noch weitaus länger präsent. Das belegt nicht nur die im Kapitel »Sirenen« diskutierte Wiederverwendung von Sarkophagdeckeln mit Sirenen-Darstellungen im Rom des vierten bis siebten Jahrhunderts. Auch die in (spät)antiker Tradition stehenden Darstellungen einer Sirene und einer Skylla im karolingischen Kloster von Corvey dürften vor diesem Hintergrund zu sehen sein.

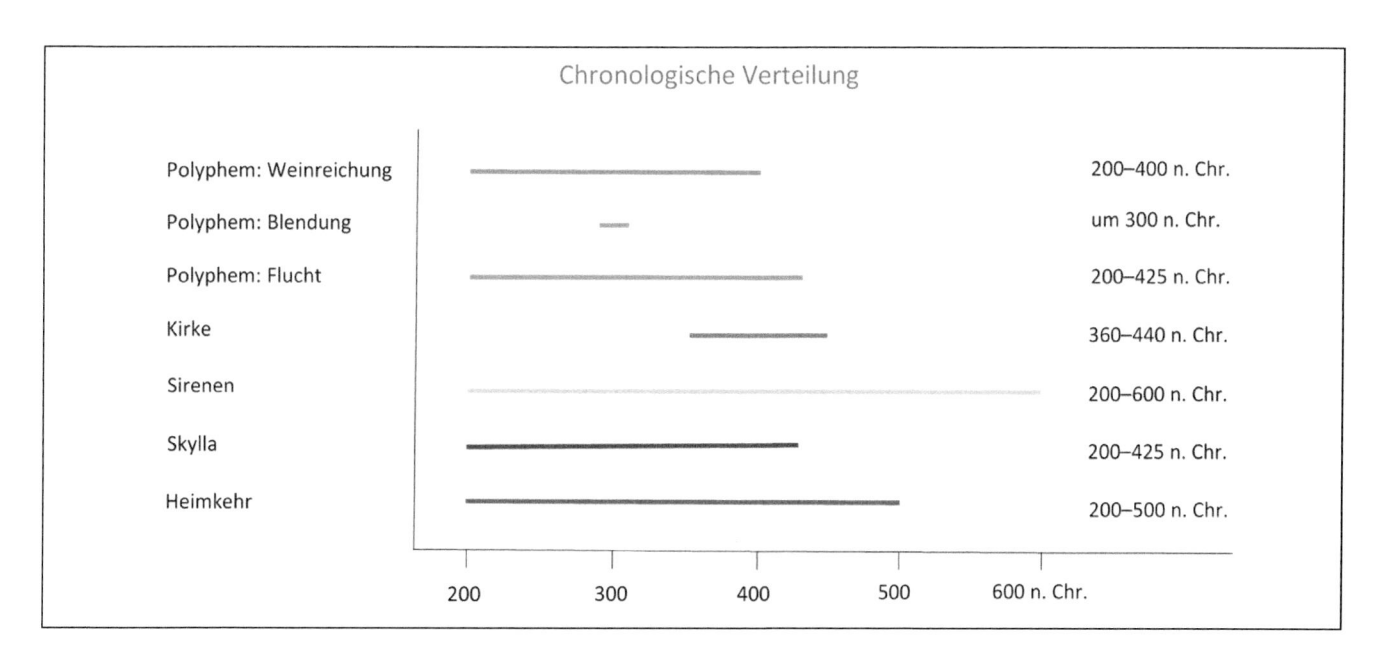

Chronologische Verteilung

| Darstellungstyp | Datierung |
|---|---|
| Polyphem: Weinreichung | 200–400 n. Chr. |
| Polyphem: Blendung | um 300 n. Chr. |
| Polyphem: Flucht | 200–425 n. Chr. |
| Kirke | 360–440 n. Chr. |
| Sirenen | 200–600 n. Chr. |
| Skylla | 200–425 n. Chr. |
| Heimkehr | 200–500 n. Chr. |

## Verteilung auf Denkmälergattungen

Die senkrechte Spalte enthält alle für spätantike *Odyssee*-Szenen verwendeten Bildträger. Sie beginnt bei preiswerten, in weiten Bevölkerungsschichten verbreiteten Gattungen wie Tongegenständen und Kontorniaten und bewegt sich zu nur einer Elite zugänglichen *luxuria*, zur Ausstattung von repräsentativen Stadthäusern oder Villen. Am Ende stehen zwei Punkte, welche nicht den Wohnbereich, sondern den sepulkralen Bereich, die Ausstattung von Gräbern, betreffen. Auch hier ist davon auszugehen, dass die in diesen Sarkophagen und Grabanlagen Bestatteten den gehobenen Schichten angehörten. Die waagerechte Zeile enthält die diskutierten *Odyssee*-Abenteuer.

Rein numerisch stellen die eher schlichten Denkmälergattungen die Mehrheit: Schon allein 137 Kontorniaten mit *Odyssee*-Motiv haben sich erhalten. Ursprünglich war die Anzahl dieser geprägten Kupfermedaillons sicher noch weitaus höher.

Tongegenstände wurden aus Formen gewonnen und waren gleichfalls nahezu beliebig replizierbar. Auch hier muss es ursprünglich eine weitaus größere Zahl von diesen Tonlampen und Tongefäßen mit *Odyssee*-Bildern gegeben haben als die heute erhaltenen 20 Exemplare.

Wenn ferner die Hypothese zutrifft, dass die sogenannten Kuchenformen zur Herstellung von bei bestimmten Anlässen ans Volk verteilten Backwaren gedacht waren, dann ist auch hier an eine ursprünglich große Menge von (in diesem Fall essbaren) Bildträgern zu denken.

Aus dem Bereich repräsentativen Wohnens stammen 18 Bildträger. (Bei Silbergeschirr wurde der nur literarisch überlieferte Teller aus Konstantinopel mitgezählt.) Zudem handelt es sich bei ihnen um Einzelstücke, die aufgrund des aufwendigen Herstellungsprozesses nicht ohne weiteres reproduzierbar waren.

Auffällig ist die relativ große Menge an Darstellungen auf Bildträgern aus dem sepulkralen Bereich: insgesamt 24 Stück. Diese Zahl verdankt sich zum Teil den stadtrömischen Sarkophagdeckeln, auf denen im dritten Jahrhundert häufig und in relativ standardisierter Form das Sirenen-Abenteuer angebracht wurde. Zum Teil wird sie mit dem Phänomen zusammenhängen, dass die Abenteuer des Odysseus im Kontext des Grabes allegorisch verstanden werden konnten.

|  | **Polyphem** | **Kirke** | **Sirenen** | **Skylla** | **Heimkehr** |
|---|---|---|---|---|---|
| ›Kuchenformen‹ | 2 | 1 |  |  |  |
| Tonlampen |  |  | 2 |  | 2 |
| Tongefäße | 1 | 14 |  |  | 1 |
| Kontorniaten | 8 | 9 |  | 120 |  |
| Mosaiken | 2 |  | 8 | 2 | 1 |
| Wandgemälde |  |  | 1 |  |  |
| Marmorskulptur | 1 |  |  |  |  |
| Silbergeschirr |  |  |  |  | 2 |
| metallene Ziergegenstände |  |  | 1 |  |  |
| Grabmalerei |  |  | 1 | 1 | 1 |
| skulptierte Sarkophage | 3 |  | 15 | 1 | 1 |

# Bibliographie

## 1) Textausgaben

Aelian, *Animals* — *Aelian: On the Characteristics of Animals*, hrsg. und übersetzt von A. F. Scholfield, The Loeb Classical Library, 446, 448, 449, 3 Bde. (London: Heinemann, 1958–59).

——, *Varia historia* — *Claudii Aeliani Varia historia*, hrsg. von M. R. Dilts (Leipzig: Teubner, 1974).

——, *Bunte Geschichten* — *Claudius Aelianus: Bunte Geschichten*, übersetzt von H. Helms (Leipzig: Reclam, 1990).

Ambrosius, *Glauben* — *Ambrosius: De fide (ad Gratianum): Über den Glauben (an Gratian)*, hrsg. und übersetzt von C. Markschies, Fontes Christiani, 47 (Turnhout: Brepols, 2005).

Ammian, *Römische Geschichte* — *Ammianus Marcellinus: Römische Geschichte*, hrsg. und übersetzt von W. Seyfarth, 2. bzw. 3. berichtigte Auflage, 4 Bde. (Berlin: Akademie-Verlag, 1975–78).

Ampelius, *Liber memorialis* — *Lucius Ampelius: Liber memorialis: Was ein junger Römer wissen soll*, hrsg. und übersetzt von I. König (Darmstadt: Wissenschaftliche Buchgesellschaft, 2010).

*Anthologia Graeca* — *Anthologia Graeca*, hrsg. und übersetzt von H. Beckby, 4 Bde. (München: Heimeran, 1957–58).

*Anthologie grecque* — *Anthologie grecque*, VIII, hrsg. und übersetzt von P. Waltz (Paris: Les Belles Lettres, 1974).

Athenaios, *Gelehrtenmahl* — *Athenaios: Das Gelehrtenmahl*, übersetzt von C. Friedrich, Kommentar von Th. Nothers, 5 Bde. (Stuttgart: Hiersemann, 1998–2001).

——, *Learned Banqueters* — *Athenaeus: The Learned Banqueters*, hrsg. und übersetzt von S. D. Olson, The Loeb Classical Library, 204, 208, 224, 235, 274, 327, 345, 519, 8 Bde. (Cambridge, MA: Harvard University Press, 2006–12).

Augustinus, *De civitate dei* — *Sancti Aurelii Augustini episcopi ›De civitate dei libri XXII‹*, hrsg. von B. Dombart und A. Kalb, 4. Aufl., 2 Bde. (Leipzig: Teubner, 1928–29).

——, *Größe der Seele* — *Augustinus: Die Größe der Seele*, übersetzt von K.-H. Lütcke, in C. Andresen (Hrsg.), *Augustinus: Philosophische Spätdialoge* (Zürich: Artemis, 1973), S. 17–245.

——, *Gottesstaat* — *Augustinus: Vom Gottesstaat*, übersetzt von W. Thimme, eingeleitet und erläutert von C. Andresen, 2. Aufl., 2 Bde. (Zürich: Artemis, 1978).

——, *De musica* — *Aurelius Augustinus: De musica: Bücher I und VI*, übersetzt von F. Hentschel (Hamburg: Meiner, 2002).

Ausonius, *Opera* — *Decimi Magni Ausonii opera*, hrsg. von R. P. H. Green (Oxford: Clarendon, 1999).

Basilius von Caesarea, *Homilien* — *Des Heiligen Kirchenlehrers Basilius des Großen Bischofs von Cäsarea ausgewählte Homilien und Predigten*, übersetzt von A. Stegmann, Bibliothek der Kirchenväter (München: Kösel & Pustet, 1925).

——, *Letters* — *Saint Basil: The Letters*, hrsg. und übersetzt von R. J. Deferrari, The Loeb Classical Library, 190, 215, 243, 270, 4 Bde. (London: Heinemann, 1926–34; Nachdruck 1970–88).

——, *Ad adolescentes* — *Basilio di Cesarea Discorso ai giovani: Oratio ad adolescentes*, hrsg. und übersetzt von M. Naldini (Florenz: Nardini, 1990).

Boethius, *Philosophie* — *Boethius: Trost der Philosophie: Consolatio Philosophiae*, hrsg. und übersetzt von E. Gegenschatz und O. Gigon, eingeleitet und erläutert von O. Gigon, 5. Aufl. (Düsseldorf: Artemis & Winkler, 1998).

Cassiodor, *Variae* — *Magni Aurelii Cassiodori Variarum libri XII*, hrsg. von Å. J. Fridh, Corpus Christianorum Series Latina, 96 (Turnhout: Brepols, 1973).

Claudian, *Works* — *Claudian*, I, hrsg. und übersetzt von M. Platnauer, The Loeb Classical Library, 135 (London: Heinemann, 1922).

——, *Carmina* — *Claudii Claudiani Carmina*, hrsg. von J. B. Hall (Leipzig: Teubner, 1985).

——, *Serena* — *Claudiano: Elogio di Serena*, hrsg. und übersetzt von F. E. Consolini (Venedig: Marsilio, 1986).

——, *Carmina minora* — *Claudii Claudiani Carmina minora*, hrsg. und übersetzt von M. L. Ricci (Bari: Edipuglia, 2001).

——, *In Rufinum* — *Claudiano: In Rufinum I*, hrsg. und übersetzt von A. Prenner (Neapel: Loffredo, 2007).

| | |
|---|---|
| Clemens von Alexandria, *Erzieher* | *Des Clemens von Alexandria >Der Erzieher<, Buch II–III*, übersetzt von O. Stählin, Bibliothek der Kirchenväter (München: Kösel & Pustet, 1934). |
| ——, *Paedagogus* | *Clementis Alexandrini >Paedagogus<*, hrsg. von M. Markovich (Leiden: Brill, 2002). |
| Damaskios, *Phaidonkommentar* | *The Greek Commentaries on Platos's >Phaedo<*, II: *Damascius*, hrsg. von L. G. Westerink (Amsterdam: North-Holland, 1977). |
| Diktys, *Ephemeris* | *Ephimeridos belli Troiani libri*, hrsg. von W. Eisenhut, 2. Aufl. (Stuttgart: Teubner, 1973). |
| Diogenes Laertius, *Philosophenleben* | *Diogenes Laertius: Leben und Meinungen berühmter Philosophen*, übersetzt von O. Apelt, unter Mitarbeit von H. G. Zekl neu herausgegeben von K. Reich, 3. Aufl. (Hamburg: Meiner, 1990). |
| ——, *Vitae* | *Diogenis Laertii >Vitae philosophorum<*, I, hrsg. von M. Marcovich (Stuttgart: Teubner, 1999). |
| *Epigrammata Bobiensia* | *Epigrammata Bobiensia*, hrsg. von W. Speyer (Leipzig: Teubner, 1963). |
| *Epigrammata Graeca* | *Epigrammata Graeca ex lapidibus conlecta*, hrsg. von G. Kaibel (Berlin: Reimer, 1878). |
| Epiphanius, *Ancoratus* | *Epiphanius Constantiniensis: Ancoratus und Panarion*, I, hrsg. von K. Holl (Leipzig: Hinrichs, 1915). |
| Fulgentius, *Mitologiarum libri tres* | in *Fabii Planciadis Fulgentii opera*, hrsg. von R. Helm (Leipzig: Teubner, 1898), S. 1–80. |
| ——, *Expositio Virgilianae* | *Fabio Planciade Fulgenzio: Expositio Virgilianae continentiae*, hrsg. und übersetzt von T. Agozzino und F. Zanlucchi (Padua: Università, 1972). |
| ——, *Virgile dévoilé* | *Fulgence: Virgile dévoilé*, hrsg. und übersetzt von É. Wolff, mit einem Nachwort von F. Graziani (Villeneuve-d'Ascq: Presses Universitaires de Septentrion, 2009). |
| Gregor von Nazianz, *Gegen die Putzsucht* | *Gregor von Nazianz: Gegen die Putzsucht der Frauen*, hrsg. und übersetzt von A. Knecht (Heidelberg: Winter, 1972). |
| Gregor von Nyssa, *Contra Eunomium* | *Gregorii Nysseni opera*, I: *Contra Eunomium I*, hrsg. von W. Jaeger, 2. Aufl. (Leiden: Brill, 1960). |
| Heraklit, *Homeric Problems* | *Heraclitus: Homeric Problems*, hrsg. und übersetzt von D. A. Russell und eingeleitet von D. Konstan (Leiden: Brill, 2005). |
| ——, *Questioni omeriche* | *Eraclito Questioni omeriche sulle allegorie di Omero in merito agli dèi*, hrsg. und übersetzt von F. Pontani (Pisa: Ed. ETS, 2005). |
| Hesiod, *Theogony* | *Hesiod: Theogony*, hrsg. von M. L. West (Oxford: Clarendon, 1966). |
| ——, *Theogonie* | *Hesiod: Theogonie: Werke und Tage*, hrsg. und übersetzt von A. von Schirnding, mit einer Einführung und einem Register von E. G. Schmidt, Sammlung Tusculum (Zürich: Artemis & Winkler, 1991). |
| Hesych, *Lexikon* | *Hesychii Alexandrini lexicon*, hrsg. von K. Latte, P. A. Hansen und I. C. Cunningham, 4 Bde. (Berlin: De Gruyter, 1953–2009). |
| Hieronymus, *Schriften* | *Ausgewählte Schriften des Heiligen Hieronymus, Kirchenlehrers*, übersetzt von P. Leipelt, Bibliothek der Kirchenväter, 2 Bde. (Kempten: Kösel, 1872–74). |
| ——, *Briefe* | *Des Heiligen Kirchenvaters Eusebius Hieronymus ausgewählte Briefe*, übersetzt von L. Schade, Bibliothek der Kirchenväter (München: Kösel & Pustet, 1936). |
| ——, *Chronik* | *Eusebius Werke*, VII: *Die Chronik des Hieronymus*, hrsg. von R. Helm und U. Treu, 3. Aufl. (Berlin: Akademie-Verlag, 1984). |
| Hippolyt von Rom, *Widerlegung* | *Des Heiligen Hippolytus von Rom Widerlegung aller Häresien*, übersetzt von K. Preysing, Bibliothek der Kirchenväter (München: Kösel & Pustet, 1922). |
| ——, *Refutatio* | *Hippolytus: Refutatio omnium haeresium*, hrsg. von M. Marcovich (Berlin: De Gruyter, 1986). |
| *Historia Augusta* | *The >Scriptores historiae Augustae<*, hrsg. und übersetzt von D. Magie, The Loeb Classical Library, 139, 140, 263, 3 Bde. (London: Heinemann, 1924–32; Nachdruck 1980–91). |
| Homer, *Ilias* | *Homer: Ilias*, hrsg. und übersetzt von H. Rupé, Sammlung Tusculum, 8. Aufl. (München: Artemis, 1983). |
| ——, *Odyssee* | *Homer: Odyssee*, hrsg. und übersetzt von A. Weiher, Einführung von A. Heubeck, Sammlung Tusculum, 8. Aufl. (München: Artemis, 1986). |
| Hygin, *Fabeln* | *Hygin: Fables*, hrsg. und übersetzt von J.-Y. Boriaud (Paris: Les Belles Lettres, 1997). |
| *Inscriptiones Graecae* | *Inscriptiones Graecae urbis Romae*, III, hrsg. von L. Moretti (Rom: Signorelli, 1979). |
| Isidor von Sevilla, *Etymologiae* | *Isidori Hispalensis Episcopi Etymologiarum sive originum libri XX*, hrsg. von W. M. Lindsay (Oxford: Clarendon, 1911). |
| ——, *Etymologies* | *Isidore of Seville: The >Etymologies< of Isidore of Seville*, hrsg. und übersetzt von St. Barney u. a. (Cambridge: Cambridge University Press, 2006). |

| | |
|---|---|
| Johannes von Antiochia, *Historia chronica* | *Ioannis Antiocheni Fragmenta ex Historia chronica*, hrsg. und übersetzt von U. Roberto (Berlin: De Gruyter, 2005). |
| Johannes Malalas, *Chronographia* | *Ioannis Malalae Chronographia*, hrsg. von J. Thurn (Berlin: De Gruyter, 2000). |
| ——, *Weltchronik* | *Johannes Malalas: Weltchronik*, übersetzt von J. Thurn und M. Maier, mit einer Einleitung von C. Drohsin, M. Maier und S. Priwitzer und Erläuterungen von C. Drohsin u. a. (Stuttgart: Hiersemann, 2009). |
| Julian, *Œuvres* | *L'Empereur Julien: Œuvres complètes*, hrsg. und übersetzt von J. Bidez, G. Rochefort und Ch. Lacombrade, 2 Bde. (Paris: Les Belles Lettres, 1924–2003). |
| ——, *Briefe* | *Flavius Claudius Julianus: Briefe*, hrsg. und übersetzt von B. K. Weis (München: Heimeran, 1973). |
| ——, *Satiren* | *Die beiden Satiren des Kaisers Julian Apostata*, hrsg. und übersetzt von F. L. Müller (Stuttgart: Steiner, 1998). |
| Lactantius Placidus, *In Statii Thebaida* | *Lactantii Placidi In Statii Thebaida commentum*, hrsg. von R. D. Sweeney (Stuttgart: Teubner, 1997). |
| *Laudatio Turiae* | *Die sogenannte ›Laudatio Turiae‹*, hrsg. und übersetzt von D. Flach (Darmstadt: Wissenschaftliche Buchgesellschaft, 1991). |
| Libanios, *Autobiographie* | *Libanios: Discours*, I: *Autobiographie*, hrsg. und übersetzt von J. Martin (Paris: Les Belles Lettres, 1979). |
| Livius Andronicus, *Odyssee* | in S. Mariotti, *Livio Andronico e la traduzione artistica: Saggio critico ed edizione dei frammenti dell'Odyssea* (Mailand: De Silvestri, 1952). |
| Macrobius, *Songe de Scipion* | *Macrobe: Commentaire au songe de Scipion*, hrsg. und übersetzt von M. Armisen-Marchetti, 2 Bde. (Paris: Les Belles Lettres, 2003). |
| Martianus Capella | *Martianus Capella*, hrsg. von A. Dick (Leipzig: Teubner, 1925). |
| ——, *Hochzeit* | *Martianus Capella: Die Hochzeit der Philologie mit Merkur*, übersetzt von H. G. Zekl (Würzburg: Königshausen & Neumann, 2005). |
| Methodios, *Banquet* | *Méthode d'Olympe: Le banquet*, hrsg. von H. Musurillo und übersetzt von V.-H. Debidour, Sources chrétiennes, 95 (Paris: Éditions du CERF, 1963). |
| *Mythographus Vaticanus I* | *Le premier mythographe du Vatican*, hrsg. von N. Zorzetti und übersetzt von J. Berlioz (Paris: Les Belles Lettres, 1995). |
| *Narrationes fabularum Ovidianarum* | in D. A. Slater, *Towards a Text of the ›Metamorphosis‹ [sic] of Ovid* (Oxford: Clarendon, 1927). |
| Nonnos, *Dionysiaka* | *Nonnos: Dionysiaka*, übersetzt von Th. von Scheffer, 2. Aufl. (Bremen: Schünemann, 1957). |
| ——, *Dionisiache* | *Nonno di Panopoli: Le Dionisiache*, 4 Bde. übersetzt von D. Gigli Piccardi (I), F. Gonelli (II), G. Agosti (III) und D. Accorinti (IV) (Mailand: Biblioteca Universale Rizzoli, 2003–08). |
| ——, *Vangelo di S. Giovanni* | *Nonno di Panopoli: Parafrasi del Vangelo di S. Giovanni 13*, hrsg. und übersetzt von C. Greco (Alessandria: Edizioni dell'Orso, 2004). |
| *Odyssee-Scholien* Dindorf | *Scholia Graeca in Homeri Odysseam ex codicibus aucta et emendata*, hrsg. von W. Dindorf (Oxford: Clarendon, 1855; Nachdruck Amsterdam: Hakkert, 1962). |
| ——, Pontani | *Scholia Graeca in Odysseam*, hrsg. von F. Pontani, bisher 3 Bde. (Rom: Ed. di Storia e Letteratura, 2007–). |
| Olympiodor, *Phaidonkommentar* | *The Greek Commentaries on Plato's ›Phaedo‹*, I: *Olympiodorus*, hrsg. von L. G. Westerink (Amsterdam: North-Holland, 1976). |
| Orosius, *Histoires* | *Orose Histoires contre les païens*, hrsg. und übersetzt von M.-P. Arnaud-Lindet, 3 Bde. (Paris: Les Belles Lettres, 1990–91). |
| Ovid, *Metamorphosen* | *Ovid: Metamorphosen*, hrsg. und übersetzt von E. Rösch, mit einer Einführung von N. Holzberg, Sammlung Tusculum, 13. Aufl. (Zürich: Artemis & Winkler, 1992). |
| Philostrat, *Bilder* | *Philostratos: Die Bilder*, nach Vorarbeiten von E. Kalinka hrsg., übersetzt und erläutert von O. Schönberger, Tusculum-Bücherei (München: Heimeran, 1968). |
| Philostratus and Eunapius, *Sophists* | *Philostratus and Eunapius: The Lives of the Sophists*, hrsg. und übersetzt von W. C. Wright, The Loeb Classical Library, 134 (London: Heinemann, 1968). |
| Photios, *Bibliothèque* | *Photius Bibliothèque*, V, hrsg. und übersetzt von R. Henry (Paris: Les Belles Lettres, 1967). |
| Physiologos | *Physiologus*, übersetzt und hrsg. von O. Schönberger (Stuttgart: Reclam, 2001). |
| Plotin, *Opera* | *Plotinus: Opera*, hrsg. von P. Henry und H.-R. Schwyzer, 3 Bde. (Oxford: Clarendon, 1964–82). |
| ——, *Ausgewählte Schriften* | *Plotin: Ausgewählte Schriften*, hrsg. und übersetzt von C. Tornau (Stuttgart: Reclam, 2001). |

| | |
|---|---|
| Porphyrios, *Quaestiones Homericae* | *Porphyrii Quaestionum Homericarum ad Odysseam pertinentium reliquias*, hrsg. von H. Schrader (Leipzig: Teubner, 1890). |
| ——, *Cave of the Nymphs* | *Porphyry: The Cave of the Nymphs in the Odyssey*, hrsg. und übersetzt von Seminar Classics 609, Arethusa Monographs, 1 (Buffalo: State University of New York, 1969). |
| ——, *Vie de Pythagore* | *Porphyre: Vie de Pythagore; Lettre à Marcella*, hrsg. und übersetzt von E. des Places, S. J., und Anhänge von A.-Ph. Segonds (Paris: Les Belles Lettres, 1982). |
| ——, *Fragmenta* | *Porphyrii philosophi Fragmenta*, hrsg. von A. Smith (Stuttgart: Teubner, 1993). |
| Proklos, *In Platonis Rem publicam* | *Procli Diadochi in Platonis Rem publicam commentarii*, hrsg. von G. Kroll, 2 Bde. (Leipzig: Teubner, 1899–1901). |
| ——, *In Platonis Timaeum* | *Procli Diadochi in Platonis Timaeum commentaria*, III, hrsg. von E. Diehl (Leipzig: Teubner, 1906). |
| ——, *Chrestomathie* | A. Severyns, *Recherches sur la Chrestomathie de Proclos*, IV: *La ›Vita Homeri‹ et les sommaires du cycle*, Texte et traduction (Paris: Les Belles Lettres, 1963). |
| ——, *Theologia Platonica* | *Proclus: Théologie platonicienne*, I, hrsg. und übersetzt von H. D. Saffrey und L. G. Westerink (Paris: Les Belles Lettres, 1968). |
| ——, *Sur le premier Alcibiade* | *Proclus: Sur le premier Alcibiade de Platon*, hrsg. und übersetzt von A. Ph. Segonds, 2 Bde. (Paris: Les Belles Lettres, 1985–86). |
| Prokop, *Gotenkriege* | *Prokop: Gotenkriege*, hrsg. und übersetzt von O. Veh, Tusculum-Bücherei (München: Heimeran, 1966). |
| Prudentius, *Works* | *Prudentius*, hrsg. und übersetzt von H. J. Thomson, The Loeb Classical Library, 387, 398, 2 Bde. (London: Heinemann, 1949–53). |
| Rutilius Namatianus, *Retour* | *Rutilius Namatianus: Sur son retour*, hrsg. und übersetzt von J. Vesserau und F. Préchac, 2. Aufl. (Paris: Les Belles Lettres, 1961). |
| Salvian von Marselle, *Gouvernement de dieu* | *Salvien de Marseille: Œuvres*, II: *Du gouvernement de dieu*, hrsg. und übersetzt von G. Lagarrigue (Paris: Éditions du CERF, 1975). |
| Servius, *In Vergilii carmina* | *Servii Grammatici qui feruntur in Vergilii carmina commentarii*, hrsg. von G. Thilo und H. Hagen, 3 Bde. (Leipzig: Teubner, 1881–1902). |
| Sidonius, *Poems and Letters* | *Gaius Sollius Apollinaris Sidonius: Poems and Letters*, hrsg. und übersetzt von W. B. Anderson, The Loeb Classical Library, 296, 420, 2 Bde. (London: Heinemann, 1980–84). |
| ——, *Briefe* | *Gaius Sollius Apollinaris Sidonius: Briefe*, I, hrsg. und übersetzt von H. Köhler (Heidelberg: Winter, 1995). |
| Stobaios, *Anthologium* | *Ioannis Stobaei Anthologium*, hrsg. von K. Wachsmuth und O. Hense, 5 Bde. (Berlin: Weidmann, 1884–1912). |
| Symmachus, *Lettres* | *Symmaque: Lettres*, hrsg. und übersetzt von J.-P. Callu, 4 Bde. (Paris: Les Belles Lettres, 1972–2002). |
| Synesios von Kyrene, *Correspondance* | *Synésios de Cyrène: Correspondance*, I–II. hrsg. und übersetzt von D. Roques, 2. Aufl. (Paris: Les Belles Lettres, 2000–03). |
| Tertullian, *Apologeticum* | *Tertullian Apologeticum: Verteidigung des Christentums*, hrsg., übersetzt und erläutert von C. Becker, 3. Aufl. (München: Kösel, 1984). |
| ——, *De spectaculis* | *Tertullian: De spectaculis: Über die Spiele*, übersetzt und hrsg. von K.-W. Weeber (Stuttgart: Reclam, 1988). |
| Themistios, *Orationes* | *Themistii orationes quae supersunt*, hrsg. von H. Schenkl, G. Downey und A. F. Norman, 3 Bde. (Leipzig: Teubner, 1965–74). |
| Theodoret, *Maladies helléniques* | *Theodoret de Cyr: Thérapeutique des maladies helléniques*, hrsg. und übersetzt von P. Canivet (Paris: Éditions du CERF, 1958). |
| Vergil, *Ciris* | *Ciris: A Poem Attributed to Vergil*, hrsg. von R. O. A. M. Lyne (Cambridge: Cambridge University Press, 1978). |
| ——, *Aeneis* | *Vergil: Aeneis*, hrsg. und übersetzt von J. Götte in Zusammenarbeit mit M. Götte, mit einem Nachwort von B. Kytzler, Sammlung Tusculum (Zürich: Artemis & Winkler, 1994). |
| Zacharias Scholastikos, *Ammonios* | *Zacaria Scolastico: Ammonio*, hrsg. und übersetzt von M. Minniti Colonna (Neapel: Buona Stampa, 1973). |
| *Zauberpapyri* | *Magical Papyri*, hrsg. von S. Eitrem, Papyri Osloenses, 1 (Oslo: Dybwad i komm., 1925). |

## 2) Moderne Autoren

Achelis, H. 1926. ›Die gnostische Katakombe am viale Manzoni in Rom‹, *Kunst und Kirche: Zeitschrift für religiöse Kunst*, 2: 65–71.
Adorno, T. W. 1973. *Ästhetische Theorie*, hrsg. von G. Adorno und R. Tiedemann (Frankfurt a. M.: Suhrkamp).
Alchermes, J. 1994. ›Spolia in Roman Cities of the Late Empire. Legislative Rationales and Architectural Reuse‹, *Dumbarton Oaks Papers*, 48: 167–87.
Alexander, M. A., M. Ennaifer und S. Besrour. 1976. *Corpus des mosaïques de Tunisie*, I.3 (Tunis: Institut national d'archéologie et d'arts).
Alexandridis, A. 2008. ›Wenn Götter lieben, wenn Götter strafen. Zur Ikonographie der Zoophilie im griechischen Mythos‹, in A. Alexandridis, M. Wild und L. Winkler-Horaček (Hrsg.), *Mensch und Tier in der Antike: Grenzziehung und Grenzüberschreitung: Symposion in Rostock vom 07.04.2005 bis 09.04.2005* (Wiesbaden: Reichert), S. 285–311.
Alexopoulou, M. 2009. *The Theme of Returning Home in Ancient Greek Literature: The ›Nostos‹ of the Epic Heroes* (Lewiston: Mellen).
Alföldi, A. 1934. ›Die Ausgestaltung des monarchischen Zeremoniells am römischen Kaiserhofe‹, *Mitteilungen des Deutschen Archäologischen Instituts, Römische Abteilung*, 49: 1–118.
——, 1935. ›Insignien und Tracht der römischen Kaiser‹, *Mitteilungen des Deutschen Archäologischen Instituts, Römische Abteilung*, 50: 1–171.
Alföldi, A. und E. Alföldi. 1976–90. *Die Kontorniat-Medaillons*, 3 Bde. (Berlin: De Gruyter).
Alföldi-Rosenbaum, E. 1975. ›A Nilotic Scene on Justinianic Floor Mosaics in Cyrenaican Churches‹, in H. Stern und M. Le Glay (Hrsg.), *La mosaïque gréco-romaine*, II (Paris: Picard), S. 149–53.
Allais, Y. 1959. ›Plat de Djemila à décor mythologique‹, *Libyca: Bulletin du Service des antiquités. Archéologie, épigraphie*, 7: 43–58.
——, 1960. ›Note complémentaire sur des plats au décor mythologique‹, *Libyca: Bulletin du Service des antiquités. Archéologie, épigraphie*, 8: 125–30.
Allen, P. und E. Jeffreys. 1996. *The Sixth Century: End or Beginning?*, Byzantina Australiensia, 10 (Brisbane: University of Sydney).
Alt, K. 1998. ›Homers Nymphengrotte in der Deutung des Porphyrios‹, *Hermes*, 126: 466–87.
Amedick, R. 1991. *Vita privata auf Sarkophagen*, Die antiken Sarkophagreliefs, 1, Sarkophage mit Darstellungen aus dem Menschenleben, 4 (Berlin: Mann).
Andreae, B. (Hrsg.). 1999. *Odysseus: Mythos und Erinnerung. Ausstellung in München vom 01.10.1999 bis 09.01.2000* (Mainz: Philipp von Zabern).
——, 2003. *Antike Bildmosaiken* (Mainz: Philipp von Zabern).
Andreae, B. und C. Parisi Presicce (Hrsg.). 1996. *Ulisse: Il mito e la memoria. Ausstellung in Rom vom 22.02.1996 bis 02.09.1996* (Rom: Progetti Museali Editore).
Arjava, A. 1998. *Women and Law in Late Antiquity* (Oxford: Clarendon).
*Atlante delle forme ceramiche*, I: *Ceramica fine romana nel Bacino Mediterraneo*. 1981. Ergh. Enciclopedia dell'arte antica, classica e orientale (Rom: Istituto della Enciclopedia Italiana).
Auerbach, E. 1946. *Mimesis: Dargestellte Wirklichkeit in der abendländischen Literatur* (Bern: Francke).
Avi-Yonah, M. 1975. *Ancient Mosaics* (London: Cassell).
Bacchielli, L. 1993. ›Pittura funeraria antica in Cirenaica‹, *Libyan Studies*, 24: 77–116.
——, 1996. ›Ulisse nelle pitture della tomba di Asgafa El Abiar in Cirenaica‹, in B. Andreae und C. Parisi Presicce (Hrsg.), *Ulisse: Il mito e la memoria: Ausstellung in Rom vom 22.02.1996 bis 02.09.1996* (Rom: Progetti Museali Editore), S. 230–36.
Bacchielli, L. und M. R. Falivene. 1995. ›Il canto delle Sirene nella tomba di Asgafa el Abiar‹, *Quaderni di archeologia della Libia*, 17: 93–107.
Bahat, D. 1981. ›A Synagogue at Beth-Shean‹, in L. I. Levine (Hrsg.), *Ancient Synagogues Revealed* (Jerusalem: Israel Exploration Society), S. 81–85.
Baier, T. 2000. ›Pacuvius: Niptra‹, in G. Manuwald (Hrsg.), *Identität und Alterität in der frührömischen Tragödie*, Identitäten und Alteritäten, 3 (Würzburg: Ergon), S. 285–300.
Bailey, D. M. 1980. *A Catalogue of the Lamps in the British Museum*, II: *Roman Lamps Made in Italy* (London: British Museum Publications).
——, 1988. *A Catalogue of the Lamps in the British Museum*, III: *Roman Provincial Lamps* (London: British Museum Publications).
Balensiefen, L. 1996. ›Achills verwundbare Ferse. Zum Wandel der Gestalt des Achill in nacharchaischer Zeit‹, *Jahrbuch des Deutschen Archäologischen Instituts*, 111: 75–103.
——, 2005. ›Polyphem-Grotten und Skylla-Gewässer. Schauplätze der Odyssee in römischen Villen‹, in A. Luther (Hrsg.), *Odyssee-Rezeptionen* (Frankfurt a. M.: Verlag Antike), S. 9–31.
Balty, J. 1977. *Mosaïques antiques de Syrie* (Brüssel: Centre belge de recherches archéologiques à Apamée de Syrie).
——, 1995. *Mosaïques antiques du Proche-Orient: Chronologie, iconographie, interprétation* (Paris: Les Belles Lettres).
Balty, J. C. 1972a. ›Nouvelles mosaïques du IV$^e$ siècle sous la Cathédrale de l'Est‹, in J. Balty und J. C. Balty (Hrsg.), *Apamée de Syrie: Bilan de recherches archéologiques, 1969–1971*, Fouilles d'Apamée de Syrie. Miscellanea, 7 (Brüssel: Centre belge de recherches archéologiques à Apamée de Syrie), S. 163–85.

—, 1972b. ›Le groupe épiscopal d'Apamée, dit Cathédrale de l'Est: Premières recherches‹, in J. Balty und J. C. Balty (Hrsg.), *Apamée de Syrie: Bilan de recherches archéologiques, 1969–1971*, Fouilles d'Apamée de Syrie. Miscellanea, 7 (Brüssel: Centre belge de recherches archéologiques à Apamée de Syrie), S. 187–208.

Balty, J. C. und J. Balty. 1974. ›Julien et Apamée: Aspects de la restauration de l'hellénisme et de la politique antichrétienne de l'empereur‹, *Dialogues d'histoire ancienne*, 1: 267–304.

Baratte, F. 1974. *Les mosaïques trouvées sous la Basilique*, I: *Mosaïque d'Ulysse, mosaïque fleurie*, Recherches archéologiques à Haïdra, Miscellanea, 1 (Rom: École française de Rome).

Baratte, F. und C. Metzger. 1985. *Musée du Louvre: Catalogue des sarcophages en pierre d'époque romaine et paléochretienne* (Paris: Editions de la Réunion des musées nationaux).

Barber, E. W. 1991. *Prehistoric Textiles: The Development of Cloth in the Neolithic and Bronze Ages with Special Reference to the Aegean* (Princeton: Princeton University Press).

Barnouw, J. 2004. *Odysseus, Hero of Practical Intelligence: Deliberation and Signs in Homer's ›Odyssey‹* (Lanham: University Press of America).

Bassett, S. G. 1991. ›The Antiquities in the Hippodrome of Constantinople‹, *Dumbarton Oaks Papers*, 45: 87–96.

—, 2004. *The Urban Image of Late Antique Constantinople* (Cambridge: Cambridge University Press).

Bauer, F. A. und C. Witschel (Hrsg.). 2007. *Statuen in der Spätantike* (Wiesbaden: Reichert).

Bauer, F. A. und N. Zimmermann (Hrsg.). 2001. *Epochenwandel? Kunst und Kultur zwischen Antike und Mittelalter* (Mainz: Philipp von Zabern).

Baum-vom Felde, P. C. 2003. *Die geometrischen Mosaiken der Villa bei Piazza Armerina: Analyse und Werkstattfrage*, Antiquitates, 26 (Hamburg: Kovac).

Baumann, M. 2011. *Bilder schreiben: Virtuose Ekphrasis in Philostrats Eikones*, Millenium-Studien, 33 (Berlin: De Gruyter).

Baumann, P. 1999. *Spätantike Stifter im Heiligen Land: Darstellungen und Inschriften auf Bodenmosaiken in Kirchen, Synagogen und Privathäusern* (Wiesbaden: Reichert).

Baumer, L. E. 2001. ›Klassische Bildwerke für tote Philosophen? Zu zwei spätklassischen Votivskulpturen aus Athen und ihrer Wiederverwendung in der späten Kaiserzeit‹, *Antike Kunst*, 44: 55–69.

Becatti, G. und E. Fabbricotti (Hrsg.). 1970. *Mosaici antichi in Italia: Regione settima: Baccano, Villa Romana* (Rom: Libreria dello Stato).

Ben Abed-Ben Khader, A. (Hrsg.). 2003. *Image de pierre: La Tunisie en mosaïque* (Paris: Ars Latina).

Bendinelli, G. 1920. ›Ipogeo con pitture, scoperto presso il Viale Manzoni‹, *Notizie degli scavi di antichità*, 17: 123–41.

—, 1922. ›Il monumento sepolcrale degli Aureli al Viale Manzoni in Roma‹, *Monumenti antichi*, 28: 290–514.

Bergmann, M. 1998. *Die Strahlen der Herrscher: Theomorphes Herrscherbild und politische Symbolik im Hellenismus und in der römischen Kaiserzeit* (Mainz: Philipp von Zabern).

—, 1999. *Chiragan, Aphrodisias, Konstantinopel: Zur mythologischen Skulptur der Spätantike*, Palilia, 7 (Wiesbaden: Reichert).

Bernhard-Walcher, A. 1994. ›Telemachos‹, in H. C. Ackermann und J.-R. Gisler (Hrsg.), *Lexicon iconographicum mythologiae classicae*, VII (Zürich: Artemis), S. 855 f.

Beschorner, A. 1992. *Untersuchungen zu Dares Phrygius*, Classica Monacensia, 4 (Tübingen: Narr).

Bianchi Bandinelli, R. 1955. *Hellenistic-Byzantine Miniatures of the ›Iliad‹* (Olten: Urs Graf).

Bieber, M. 1915. ›Kuchenformen mit Tragödienszenen‹, in M. Bieber und A. Brueckner, *Skenika: Kuchenform mit Tragodienszene*, Winckelmannsprogramm der Archäologischen Gesellschaft zu Berlin, 75 (Berlin: De Gruyter), S. 3–31.

—, 1943. ›The Statue of a Ram in Toledo‹, *American Journal of Archaeology*, 47: 378–82.

—, 1955. *The Sculpture of the Hellenistic Age* (New York: Columbia University Press).

Blanchard-Lemée, M. u. a. 1995. *Sols de l'Afrique romaine: Mosaïques de Tunisie* (Paris: Imprimerie nationale).

Boardman, J. 1997. ›Pan‹, in H. C. Ackermann und J.-R. Gisler (Hrsg.), *Lexicon iconographicum mythologiae classicae*, VIII (Zürich: Artemis), S. 923–41.

Böhm, G. 2003. ›Der Übergriff auf den Betrachter. Zur Konzeption und Rezeption spätantiker Bilder‹, *Jahrbuch für Antike und Christentum*, 46: 50–69.

Bol, P. C. (Hrsg.). 1998. *Forschungen zur Villa Albani: Katalog der antiken Bildwerke*, V: *In den Gärten oder auf Gebäuden aufgestellte Skulpturen sowie die Masken* (Berlin: Mann).

Borg, B. 2002. *Der Logos des Mythos: Allegorien und Personifikationen in der frühen griechischen Kunst* (München: Fink).

Böttger, B. 2002. *Die kaiserzeitlichen Lampen vom Kerameikos*, Kerameikos, 16 (München: Hirmer).

Bovon, A. 1966. *Lampes d'Argos*, Études Péloponnésiennes, 5 (Paris: Vrin).

Bowersock, G. W. 2006. *Mosaics as History: The Near East from Late Antiquity to Islam* (Cambridge, MA: Belknap Press of Harvard University Press).

Bowes, K. und M. Kulikowski (Hrsg.). 2005. *Hispania in Late Antiquity: Current Perspectives*, Medieval and Early Modern Iberian World, 24 (Leiden: Brill).

Boyd, S. A. und M. M. Mango (Hrsg.). 2002. *Ecclesiastical Silver Plate in Sixth-Century Byzantium: Papers of the Symposium Held May 16–18, 1986, at the Walters Art Gallery, Baltimore, and Dumbarton Oaks, Washington, D.C.* (Washington, DC: Dumbarton Oaks).
Brandenburg, Hugo. 1968. ›Bellerophon christianus?‹, *Römische Quartalschrift für christliche Altertumskunde und Kirchengeschichte*, 63: 49–86.
——, 1996. ›Die Verwendung von Spolien und originalen Werkstücken in der spätantiken Architektur‹, in J. Poeschke (Hrsg.), *Antike Spolien in der Architektur des Mittelalters und der Renaissance* (München: Hirmer), S. 11–48.
——, 2002. ›Das Ende der antiken Sarkophagkunst in Rom. Pagane und christliche Sarkophage im 4. Jahrhundert‹, in G. Koch (Hrsg.), *Akten des Symposions ›Frühchristliche Sarkophage‹ in Marburg vom 30.06.1999 bis 04.07.1999*, Sarkophag-Studien, 2 (Mainz: Philipp von Zabern), S. 19–39.
——, 2004. *Die frühchristlichen Kirchen Roms vom 4. bis zum 7. Jahrhundert* (Regensburg: Schnell & Steiner).
Brilliant, R. 1963. *Gesture and Rank in Roman Art: The Use of Gestures to Denote Status in Roman Sculpture and Coinage* (New Haven: Connecticut Academy of Arts and Sciences).
Brommer, F. 1983. *Odysseus: Die Taten und Leiden des Helden in antiker Kunst und Literatur* (Darmstadt: Wissenschaftliche Buchgesellschaft).
Brown, P. 1971. *The World of Late Antiquity from Marcus Aurelius to Muhammad* (London: Thames and Hudson).
——, 1990. *The Body and Society: Men, Women and Sexual Renunciation in Early Christianity*, paperback edn (London: Faber and Faber).
——, 1995. *Die letzte Heiden: Eine kleine Geschichte der Spätantike* (Frankfurt a. M.: Fischer).
Brukner, O. 1980. ›La legende de Polyphème sur un plat orné de Cibalae‹, *Ziva Antika*, 30: 233–37.
——, 1981. *Rimska keramika u jugoslovenskom delu provincije Donje Panonije (Roman Ceramic Ware in the Yugoslav Part of the Province of Lower Pannonia)*, Dissertationes et monographiae, 24 (Belgrad: Literature).
Brunn, H. 1859. ›Bassorilievo con rappresentanze delle Sirene‹, *Annali dell'Instituto di corrispondenza archeologica*, 31: 413–17 Taf. Q Nr. 4.
Buffière, F. 1956. *Les mythes d'Homère et la pensée grecque* (Paris: Les Belles Lettres).
Burgess, J. S. 2001. *The Tradition of the Trojan War in Homer and the Epic Cycle* (Baltimore: Johns Hopkins University Press).
Busch, A. 2015. *Die Frauen der theodosianischen Dynastie: Macht und Repräsentation kaiserlicher Frauen im 5. Jahrhundert*, Historia Einzelschriften, 237 (Stuttgart: Steiner).
Buschhausen, H. 1971. *Die spätrömischen Metallscrinia und frühchristlichen Reliquiare*, I: *Katalog*, Wiener byzantinistische Studien, 9 (Wien: Böhlau).
Calza, R. (Hrsg.). 1977. *Antichità di Villa Doria Pamphilj* (Rom: De Luca).
Cameron, A. 1970. *Claudian: Poetry and Propaganda at the Court of Honorius* (Oxford: Oxford University Press).
——, 2004. *Greek Mythography in the Roman World* (Oxford: Oxford University Press).
——, 2011. *The Last Pagans of Rome* (Oxford: Oxford University Press).
Cameron, A. 1996. *Procopius and the Sixth Century* (London: Duckworth).
Camporeale, G. 1992. ›Odysseus/Uthuze‹, in H. C. Ackermann und J.-R. Gisler (Hrsg.), *Lexicon iconographicum mythologiae classicae*, VI (Zürich: Artemis), S. 970–83.
Canciani, F. 1992. ›Kirke‹, in H. C. Ackermann und J.-R. Gisler (Hrsg.), *Lexicon iconographicum mythologiae classicae*, VI (Zürich: Artemis), S. 48–59.
——, 1994. ›Skylla II‹, in H. C. Ackermann und J.-R. Gisler (Hrsg.), *Lexicon iconographicum mythologiae classicae*, VI (Zürich: Artemis), S. 793.
Carandini, A., A. Ricci und M. de Vos. 1982. *Filosofiana: La villa di Piazza Armerina: Immagine di un aristocratico romano al tempo di Constantino* (Palermo: Flaccovio).
Carcopino, J. 1956. *De Pythagore aux Apôtres: Études sur la conversion du monde romain* (Paris: Flammarion).
Carpenter, T. H. 2011. ›Dionysos and the Blessed on Apulian Red-Figured Vases‹, in R. Schlesier (Hrsg.), *A Different God? Dionysos and Ancient Polytheism* (Berlin: De Gruyter), S. 253–61.
Catling, H. W. 1980. ›Archaeology in Greece, 1979–1980‹, *Archaeological Reports*, 26: 3–53.
Cazes, D. 1999. *Le Musée Saint-Raymond: Musée des Antiques de Toulouse* (Toulouse: Musée Sant-Raymond).
Chaves, L. (1938) 1956. ›A »villa« de Santa Vitória do Ameixial: Escavações em 1915–1916‹, *O Arqueólogo Português*, 30: 14–117.
Christes, J. 1997. ›Enkyklios Paideia‹, in H. Cancik und H. Schneider (Hrsg.), *Der neue Pauly: Enzyklopädie der Antike*, III (Stuttgart: Metzler), Sp. 1037–39.
Cimok, F. (Hrsg.). 1995. *Antioch Mosaics* (Istanbul: A Turizm Yayınları).
Classen, C. J. 2008. *Vorbilder — Werte — Normen in den homerischen Epen* (Berlin: De Gruyter).
Claussen, H. 2007. ›Ikonographie der figürlichen Wandmalerei. Odysseus und »das grausige Meer dieser Welt«: Zur ikonographischen Tradition der karolingischen Wandmalerei in Corvey‹, in H. Claussen und A. Skriver (Hrsg.), *Die Klosterkirche von Corvey*, II: *Wandmalerei und Stuck aus karolingischer Zeit* (Mainz: Philipp von Zabern), S. 156–83.
Clayton, B. 2004. *A Penelopean Poetics: Reweaving the Feminine in Homer's ›Odyssey‹* (Lanham: Lexington).

Cohan, S. und I. R. Hark (Hrsg.). 1993. *Screening the Male: Exploring Masculinities in Hollywood Cinema* (London: Routledge).
Cohen, B. (Hrsg.). 1995. *The Distaff Side: Representing the Female in Homer's ›Odyssey‹* (Oxford: Oxford University Press).
Courcelle, P. 1944. ›Quelques symboles funéraires du néo-platonisme latin. Le vol de Dédale. Ulisse et les Sirènes‹, *Revue des études anciennes*, 46: 65–93.
Cribiore, R. 1994. ›A Homeric Writing Exercise and Reading Homer in School‹, *Tyche*, 9: 1–8.
Cumont, F. 1941. ›Une mosaïque de Cherchel figurant Ulysse et les Sirènes‹, *Comptes Rendus des séances de l'Académie des Inscriptions et Belles-Lettres*, 85: 103–09.
——, 1942. *Recherches sur le symbolisme funéraire des Romains* (Paris: Geuthner).
Curle, A. O. 1923. *The Treasure of Traprain: A Scottish Hoard of Roman Silver Plate* (Glasgow: Maclehose, Jackson and Co.).
de Angeli, S. 1992. ›Moirai‹, in H. C. Ackermann und J.-R. Gisler (Hrsg.), *Lexicon iconographicum mythologiae classicae*, VI (Zürich: Artemis), S. 636–48.
de Angelis, F. u. a. (Hrsg.). 2012. *Kunst von unten? Stil und Gesellschaft in der antiken Welt von der ›arte plebea‹ bis heute*, Palilia, 27 (Wiesbaden: Reichert).
de Jong, I. J. F. 2001. *A Narratological Commentary on the ›Odyssey‹* (Cambridge: Cambridge University Press).
de Rossi, G. B. 1864. *La Roma sotterranea cristiana*, I (Rom: Cromo lithografia Pontificia).
——, 1877. *La Roma sotterranea cristiana*, III (Rom: Cromo lithografia Pontificia).
de Wit, J. 1959. *Die Miniaturen des Vergilius Vaticanus* (Amsterdam: Swets & Zeitlinger).
Delbrueck, R. 1929. *Die Consulardiptychen und verwandte Denkmäler* (Berlin: De Gruyter).
Delivorrias, A. 2002. ›Bildwerk und Kopie‹, in W.-D. Heilmeyer und M. Maischberger (Hrsg.), *Die griechische Klassik: Idee oder Wirklichkeit: Ausstellung in Berlin, 01.03.2002 bis 02.06.2002, und Bonn, 05.07.2002 bis 06.10.2002* (Mainz: Philipp von Zabern), S. 344–53.
Demandt, A. 1998. *Geschichte der Spätantike: Das römische Reich von Diocletian bis Justinian 284–565 n. Chr.* (München: Beck).
Demandt, A., B. Bäbler und P. Kuhlmann. 1999. ›Epochenbegriffe‹, in H. Cancik und H. Schneider (Hrsg.), *Der neue Pauly: Enzyklopädie der Antike*, XIII (Stuttgart: Metzler), Sp. 996–1015.
Demandt, A. und G. Brummer. 1977. ›Der Prozeß gegen Serena im Jahre 408 n. Chr.‹, *Historia*, 26: 479–502.
Dickie, M. W. 2001. *Magic and Magicians in the Greco-Roman World* (London: Routledge).
Dierauer, U. 1977. *Tier und Mensch im Denken der Antike: Studien zur Tierpsychologie, Anthropologie und Ethik* (Amsterdam: Grüner).
Dillon, J. 2000. ›Iamblichos de Chalcis‹, in R. Goulet (Hrsg.), *Dictionnaire des philosophes antiques*, III (Paris: CNRS Éditions), S. 824–36.
Dillon, S. 2006. ›Women on the Columns of Trajan and Marcus Aurelius and the Visual Language of Roman Victory‹, in S. Dillon und K. E. Welch (Hrsg.), *Representations of War in Ancient Rome* (Cambridge: Cambridge University Press), S. 244–71.
Dimas, S. 1998. *Untersuchungen zur Themenwahl und Bildgestaltung auf römischen Kindersarkophagen* (Münster: Scriptorium).
Doherty, L. E. 1995a. *Siren Songs: Gender, Audiences, and Narrators in the Odyssey* (Ann Arbor: University of Michigan Press).
——, 1995b. ›Sirens, Muses, and Female Narrators in the »Odyssey«‹, in B. Cohen (Hrsg.), *The Distaff Side: Representing the Female in Homer's ›Odyssey‹* (Oxford: Oxford University Press), S. 81–92.
Dorl-Klingenschmid, C. 2001. *Prunkbrunnen in kleinasiatischen Städten: Funktion im Kontext*, Studien zur antiken Stadt, 7 (München: Pfeil).
Dräger, P. 2000. ›Pelias‹, in H. Cancik und H. Schneider (Hrsg.), *Der neue Pauly: Enzyklopädie der Antike*, IX (Stuttgart: Metzler), Sp. 493 f.
Dresken-Weiland, J. 2005. ›Pagane Mythen auf Sarkophagen des dritten nachchristlichen Jahrhunderts‹, in R. von Haehling (Hrsg.), *Griechische Mythologie und frühes Christentum* (Darmstadt: Wissenschaftliche Buchgesellschaft), S. 106–31.
——, 2010. *Bild, Grab und Wort: Untersuchungen zu Jenseitsvorstellungen von Christen des 3. und 4. Jahrhunderts* (Regensburg: Schnell & Steiner).
du Coudray La Blanchère, R. und P. Gauckler. 1897. *Catalogue du Musée Alaoui* (Paris: Leroux).
Dunbabin, K. M. D. 1978. *The Mosaics of Roman North Africa: Studies in Iconography and Patronage* (Oxford: Clarendon).
——, 1999. *Mosaics of the Greek and Roman World* (Cambridge: Cambridge University Press).
——, 2003. *The Roman Banquet: Images of Conviviality* (Cambridge: Cambridge University Press).
Dyggve, E. und F. Weilbach. 1933. *Recherches à Salone*, II (Kopenhagen: Schultz).
Eckstein, F. und J. H. Waszink. 1950. ›Amulett‹, in T. Klauser (Hrsg.), *Reallexikon für Antike und Christentum*, I (Stuttgart: Hiersemann), Sp. 398–411.
Effenberger, A. (Hrsg.). 1978. *Spätantike und frühchristliche Silbergefäße aus der Staatlichen Ermitage Leningrad: Ausstellung in Berlin vom Dezember 1978 bis März 1979* (Berlin: Staatliche Museen zu Berlin).
Eich, A. u. a. (Hrsg.). 2017. *Das dritte Jahrhundert: Kontinuitäten, Brüche, Übergänge*, Palingenesia, 108 (Stuttgart: Steiner).
Eisenhut, W. 1973. *Virtus romana: Ihre Stellung im römischen Wertsystem* (München: Fink).
Elkins, J. 1997. *The Object Stares back: On the Nature of Seeing* (San Diego: Harcourt Brace).

Ellis, J. 1992. *Visible Fictions: Cinema — Television — Video* (London: Routledge).
Ellis, S. P. 1991. ›Power, Architecture, and Decor. How the Late Roman Aristocrat Appeared to his Guests‹, in E. K. Gazda (Hrsg.), *Roman Art in the Private Sphere: New Perspectives on the Architecture and Decor of the Domus, Villa, and Insula* (Ann Arbor: University of Michigan Press), S. 117–34.
Elsner, J. 1998. *Imperial Rome and Christian Triumph: The Art of the Roman Empire, AD 100–400* (Oxford: Oxford University Press).
——, 2003. ›Archaeologies and Agendas: Reflections on Late Antique Ancient Jewish Art and Early Christian Art‹, *The Journal of Roman Studies*, 93: 114–28.
Engemann, J. 1969. ›Fisch, Fischer, Fischfang‹, in T. Klauser (Hrsg.), *Reallexikon für Antike und Christentum*, VII (Stuttgart: Hiersemann), Sp. 959–1097.
Ewald, B. C. 1998. ›Das Sirenenabenteuer des Odysseus — ein Tugendsymbol? Überlegungen zur Adabtilität eines Mythos‹, *Mitteilungen des Deutschen Archäologischen Instituts, Römische Abteilung*, 105: 227–58.
——, 1999. *Der Philosoph als Leitbild: Ikonographische Untersuchungen an römischen Sarkophagreliefs*, Mitteilungen des Deutschen Archäologischen Instituts, Römische Abteilung, 34. Ergh. (Mainz: Philipp von Zabern).
——, 2005. ›Rollenbilder und Geschlechterverhältnis in der römischen Grabkunst. »Archäologische« Anmerkungen zur »Geschichte der Sexualität«‹, in N. Sojc (Hrsg.), *Neue Fragen, neue Antworten: Antike Kunst als Thema der Gender Studies*, Geschlecht — Symbol — Religion, 3 (Berlin: Lit), S. 55–73.
Fauth, W. 1999. *Carmen magicum: Das Thema der Magie in der Dichtung der römischen Kaiserzeit* (Frankfurt a. M.: Lang).
Fejfer, J. 2008. *Roman Potraits in Context* (Berlin: De Gruyter).
Fellmann, B. 1972. *Die antiken Darstellungen des Polyphemabenteuers* (München: Fink).
Felson-Rubin, N. 1994. *Regarding Penelope: From Character to Poetics* (Princeton: Princeton University Press).
Fendt, A. 2005. ›Stark und schön wie eine Amazone. Zur Konstruktion eines antiken Identifikationsmodells‹, in N. Sojc (Hrsg.), *Neue Fragen, neue Antworten: Antike Kunst als Thema der Gender Studies*, Geschlecht — Symbol — Religion, 3 (Berlin: Lit), S. 77–94.
Ferdi, S. 2005. *Corpus des mosaïques de Cherchel* (Paris: CNRS Éditions).
Finley, M. I. 1992. *Die Welt des Odysseus* (Frankfurt a. M.: Campus).
Finsler, G. 1912. *Homer in der Neuzeit von Dante bis Goethe: Italien, Frankreich, England, Deutschland* (Leipzig: Teubner).
Fischer-Hansen, T. 1974. ›Terrakottakunst fra Sicilien‹, *Meddelelser fra Ny Carlsberg Glyptotek*, 31: 22–58.
Flamant, J. 1977. *Macrobe et le néo-platonisme latin, à la fin du IVᵉ siècle* (Leiden: Brill).
Fleck, T. 2008. *Die Portraits Julianus Apostatas*, Antiquitates, 44 (Hamburg: Kovač).
Flower, R. 2013. *Emperors and Bishops in Late Roman Invective* (Cambridge: Cambridge University Press).
Foley, H. P. 1978. ›»Reverse Similes« and Sex Roles in the Odyssey‹, *Arethusa*, 11: 7–26.
Fontaine, J. 1959. *Isidore de Séville et la culture classique dans l'Espagne wisigothique* (Paris: Études augustiniennes).
Foucault, M. 1973. *Archäologie des Wissens* (Frankfurt a. M.: Suhrkamp).
——, 1986. *Sexualität und Wahrheit*, II: *Der Gebrauch der Lüste*, 5. Aufl. (Frankfurt a. M.: Suhrkamp).
Foucher, L. 1965. *La Maison des Masques à Sousse: Fouilles 1962–1963* (Tunis: Imprimerie du Secrétariat d'État aux affaires culturelles).
Fradier, G. (Hrsg.). 1989. *Mosaïques romaines de Tunisie* (Tunis: Ceres).
Franco, C. 2003. *Senza ritegno: Il cane e la donna nell'immaginario della Grecia antica* (Bologna: Il Mulino).
——, 2008. ›Riflessioni preliminari per uno studio su animali e construzione di genere nel mondo antico‹, in A. Alexandridis, M. Wild und L. Winkler-Horaček (Hrsg.), *Mensch und Tier in der Antike: Grenzziehung und Grenzüberschreitung: Symposion in Rostock vom 07.04.2005 bis 09.04.2005* (Wiesbaden: Reichert), S. 265–84.
——, 2010. *Il mito di Circe: Immagini e racconti dalla Grecia a oggi*, mit einem Vorwort von C. Franco (Turin: Einaudi).
Frantz, A. 1988. *The Athenian Agora*, XXIV: *Late Antiquity: A. D. 267–700* (Princeton: The American School of Classical Studies at Athens).
Friedrich, A. 1987. ›Dekonstruktion des Mythos — Beispiel Parisurteil‹, in I. Barta, Z. Breu und D. Hammer-Tugendhat (Hrsg.), *Frauen, Bilder, Männer, Mythen: Kunsthistorische Beiträge* (Berlin: Reimer), S. 304–21.
Gabelmann, H. 1984. *Antike Audienz- und Tribunalszenen* (Darmstadt: Wissenschaftliche Buchgesellschaft).
Gal, Z. 1998. ›Ancient Synagogues in the Eastern Lower Galilee‹, in D. Urman und P. V. M. Flesher (Hrsg.), *Ancient Synagogues: Historical Analysis and Archaeological Discovery*, 2. Aufl. (Leiden: Brill), S. 166–73.
Gandolfo, F. 1988. ›La Basilica Sistina. I mosaici della navata e dell' arco trionfale‹, in C. Pietrangeli (Hrsg.), *Santa Maria Maggiore a Roma* (Florenz: Nardini), S. 85–123.
Garbsch, J. 1980. ›Spätantike Sigillata-Tabletts‹, *Bayerische Vorgeschichtsblätter*, 45: 161–97.
——, 1982. *Terra Sigillata: Ein Weltreich im Spiegel seines Luxusgeschirrs*, Ausstellungskataloge der Archäologischen Staatssammlung München, 10 (München: Archäologische Staatssammlung).
Gardthausen, V. 1924. *Das alte Monogramm* (Leipzig: Hiersemann).

Garnsey, P. 1996. *Ideas of Slavery from Aristotle to Augustine* (Cambridge: Cambridge University Press).
Gärtner, T. 2008. *Untersuchungen zur Gestaltung und zum historischen Stoff der ›Johannis‹ Coripps* (Berlin: De Gruyter).
Gemeinhardt, P. 2007. *Das lateinische Christentum und die antike pagane Bildung* (Tübingen: Mohr Siebeck).
Gentili, G. V. 1959. *La Villa Erculia di Piazza Armerina: I mosaici figurati* (Rom: Edizioni Mediterranee).
Gerber, W. E. 1966. ›Exegese III‹, in T. Klauser (Hrsg.), *Reallexikon für Antike und Christentum*, VI (Stuttgart: Hiersemann), Sp. 1211–29.
Geyer, A. 1989. *Die Genese narrativer Buchillustration: Der Miniaturenzyklus zur Aeneis im Vergilius Vaticanus*, Frankfurter wissenschaftliche Beiträge, 17 (Frankfurt a. M.: Klostermann).
——, 2005/06. ›Bibelepik und frühchristliche Bildzyklen. Die Mosaiken von Santa Maria Maggiore in Rom‹, *Mitteilungen des Deutschen Archäologischen Instituts, Römische Abteilung*, 112: 293–321.
Giuliani, L. 1998. *Bilder nach Homer: Vom Nutzen und Nachteil der Lektüre für die Malerei* (Freiburg i. Br.: Rombach).
——, 2003. *Bild und Mythos: Geschichte der Bilderzählung in der griechischen Kunst* (München: Beck).
Giuliano, A. (Hrsg.). 1985. *Museo Nazionale Romano*, I.8: *Le sculture* (Rom: De Luca).
Golvin, J.-C. 2008. ›La restitution architecturale de l'hippodrome de Constantinople. Méthodologie, résultats, état d'avancement de la réflexion‹, in J. Nelis-Clément und J.-M. Roddaz (Hrsg.), *Le cirque romain et son image* (Bordeaux: Ausonius), S. 147-58.
Grant, M. 1994. *The Antonines: The Roman Empire in Transition* (London: Routledge).
Grebe, S. 1999. *Martianus Capella ›De nuptiis Philologiae et Mercurii‹: Darstellung der sieben freien Künste und ihrer Beziehung zueinander* (Stuttgart: Teubner).
Greenfield, R. 2009. ›Children in Byzantine Monasteries. Innocent Hearts or Vessels in the Harbour of the Devil?‹, in A. Papaconstantinou und A.-M. Talbot (Hrsg.), *Becoming Byzantine: Children and Childhood in Byzantium* (Dumbarton Oaks: Dumbarton Oaks Research Library and Collection), S. 253–82.
Grethlein, J. 2017. *Die Odyssee: Homer und die Kunst des Erzählens* (München: Beck).
Grosrichard, A. 1994. *Structure du sérail: La fiction du depotisme asiatique dans l'Occident classique* (Paris: Seuil).
Grossi Gondi, F. 1920. *I monumenti cristiani dei primi sei secoli*, I: *Trattato di epigrafia cristiana latina e greca del mondo Romano occidentale* (Rom: Pontificia Università Gregoriana).
Gsell, S. 1905. ›Mosaïque romaine de Sila‹, *Recueil des notices et mémoires de la Société Archéologique, Historique et Géographique du Départment de Constantine*, 39: 1–7.
Guardia Pons, M. 1992. *Los mosaicos de la Antigüedad tardía en Hispania: Estudios de iconografía* (Barcelona: Promociones y Publicaciones Universitari).
Guggisberg, M. A. 2003. *Der spätrömische Silberschatz von Kaiseraugst: Die neuen Funde: Silber im Spannungsfeld von Geschichte, Politik und Gesellschaft der Spätantike*, Forschungen in Augst, 34 (Augst: Römermuseum).
Haas, N. und H.-J. Metzger (Hrsg.). 1996. *Das Seminar von Jacques Lacan, Textherstellung durch J.-A. Miller*, VII: *Die Ethik der Psychoanalyse, 1959–1960* (Weinheim: Quadriga).
Haldon, J. F. 1997. *Byzantium in the Seventh Century: The Transformation of a Culture*, 2. Aufl. (Cambridge: Cambridge University Press).
Hall, E. 2008. *The Return of Ulysses: A Cultural History of Homer's ›Odyssey‹* (London: Tauris).
Hall, J. B. 1986. *Prolegomena to Claudian*, Bulletin of the Institute of Classical Studies of the University of London, 45. Beih. (London: Institute of Classical Studies).
Hanfmann, G. M. A. 1951. ›Socrates and Christ‹, *Harvard Studies in Classical Philology*, 60: 205–33.
——, 1987. ›The Scylla of Corvey and her Ancestors‹, in Festschrift Ernst Kitzinger, *Dumbarton Oaks Papers*, 41: 249–60.
Hardwick, L. 2003. *Reception Studies* (Oxford: Oxford University Press).
Hark, I. R. 1993. ›Animals or Romans. Looking at Masculinity in Spartacus‹, in S. Cohan und I. Rae Hark (Hrsg.), *Screening the Male: Exploring Masculinities in Hollywood Cinema* (London: Routledge), S. 151–72.
Harlow, M. und R. Laurence. 2002. *Growing up and Growing Old in Ancient Rome: A Life Course Approach* (London: Routledge).
Harper, K. 2011. *Slavery in the Late Roman World, AD 275–425* (Cambridge: Cambridge University Press).
Hausmann, C. 1994. ›Penelope‹, in H. C. Ackermann und J.-R. Gisler (Hrsg.), *Lexicon iconographicum mythologiae classicae*, VII (Zürich: Artemis), S. 291–95.
Hayes, J. W. 1972. *Late Roman Pottery* (London: British School at Rome).
Heim, F. 1991. *Virtus: Idéologie politique et croyances religieuses au IV$^e$ siècle* (Bern: Lang).
Heitman, R. 2005. *Taking her Seriously: Penelope and the Plot of Homer's ›Odyssey‹* (Ann Arbor: University of Michigan Press).
Helbig, W. 1969. *Führer durch die öffentlichen Sammlungen klassischer Altertümer in Rom*, III: *Die staatlichen Sammlungen: Museo nazionale romano, Museo nazionale di Villa Giulia*, 4. Aufl. (Tübingen: Wasmuth).
——, 1972. *Führer durch die öffentlichen Sammlungen klassischer Altertümer in Rom*, IV: *Die staatlichen Sammlungen: Museo Ostiense in Ostia antica, Museo der Villa Hadriana in Tivoli, Villa Albani*, 4. Aufl. (Tübingen: Wasmuth).
Helleman, W. E. 2009. *The Feminine Personification of Wisdom: A Study of Homer's Penelope, Cappadocian Macrina, Boethius' Philosophia and Dante's Beatrice* (Lewiston: Edwin Mellen).

Hellmann, M.-C. 1987. *Lampes antiques de la Bibliothèque Nationale*, II: *Fonds général: lampes pré-romaines et romaines* (Paris: Bibliothèque Nationale).

Henderson, J. 2007. *The Medieval World of Isidore of Seville: Truth from Words* (Cambridge: Cambridge University Press).

Herbig, R. 1927. ›Giebel, Stallfenster und Himmelsbogen‹, *Mitteilungen des Deutschen Archäologischen Instituts, Römische Abteilung*, 42: 117–28.

Hesk, J. 2013. ›Seeing in the Dark. Kleos, Tragedy and Perception in »Iliad« 10‹, in H. Lovatt und C. Vout (Hrsg), *Epic Visions: Visuality in Greek and Latin Epic and its Reception* (Cambridge: Cambridge University Press), S. 32–59.

Hijmans Jr., B. L. 1992. ›Circe on Monte Circeo‹, in M. Maaskant-Kleibrink (Hrsg.), *Images of Ancient Latin Culture*, Caeculus, 1 (Groningen: Archaeological Center, Groningen University), S. 17–46.

Hiller, S. 1970. *Bellerophon: Ein griechischer Mythos in der römischen Kunst* (München: Fink).

Himmelmann, N. 1975. *Das Hypogäum der Aurelier am Viale Manzoni: Ikonographische Betrachtungen*, Akademie der Wissenschaften und der Literatur. Abhandlungen der Geistes- und Sozialwissenschaftlichen Klasse, Jahrg. 1975, 7 (Mainz: Verlag der Akademie der Wissenschaften und der Literatur).

——, 1980. *Über Hirten-Genre in der antiken Kunst*, Abhandlungen der Rheinisch-Westfälischen Akademie der Wissenschaften, 65 (Opladen: Westdeutscher Verlag).

——, 1990. *Ideale Nacktheit in der griechischen Kunst*, Jahrbuch des Deutschen Archäologischen Instituts, 26. Ergh. (Berlin: De Gruyter).

——, 1995. *Sperlonga: Die homerischen Gruppen und ihre Bildquellen*, Nordrhein-Westfälische Akademie der Wissenschaften, Geisteswissenschaften, Vorträge, G 340 (Opladen: Westdeutscher Verlag).

Hinks, R. P. 1933. *Catalogue of the Greek, Etruscan and Roman Paintings and Mosaics in the British Museum* (London: British Museum).

Hölscher, T. 1973. *Griechische Historienbilder des 5. und 4. Jahrhunderts v. Chr.*, Beiträge zur Archäologie, 6 (Würzburg: Triltsch).

——, (Hrsg.). 2000a. *Gegenwelten zu den Kulturen Griechenlands und Roms in der Antike* (München: Saur).

——, 2000b. ›Bildwerke: Darstellungen, Funktionen, Botschaften‹, in A. H. Borbein, T. Hölscher und P. Zanker (Hrsg.), *Klassische Archäologie: Eine Einführung* (Berlin: Reimer), S. 147–65.

——, 2012. ›»Präsentativer Stil« im System der römischen Kunst‹, in F. de Angelis u. a. (Hrsg.), *Kunst von unten? Stil und Gesellschaft in der antiken Welt von der ›arte plebea‹ bis heute*, Palilia, 27 (Wiesbaden: Reichert), S. 27–58.

Holum, K. G. 1982. *Theodosian Empresses: Women and Imperial Dominion in Late Antiquity* (Berkeley: University of California Press).

Hopman, M. G. 2012. *Scylla: Myth, Metaphor, Paradox* (Cambridge: Cambridge University Press).

Horstmann, S. 2004. *Das ›Epithalamium‹ in der lateinischen Literatur der Spätantike* (München: Saur).

Humphrey, J. H. 1986. *Roman Circuses: Arenas for Chariot Racing* (London: Betsford).

Hurschmann, R. 2000. ›Pilos‹, in H. Cancik und H. Schneider (Hrsg.), *Der neue Pauly: Enzyklopädie der Antike*, IX (Stuttgart: Metzler), Sp. 1022.

Huskinson, J. 1974. ›Some Pagan Mythological Figures and their Significance in Early Christian Art‹, *Papers of the British School at Rome*, 42: 68–97.

——, 1996. *Roman Children's Sarkophagoi: Their Decoration and its Social Significance* (Oxford: Oxford University Press).

Huys, M. 2004. ›Did Roman Morals Require Virtuous Women to Keep Silent? A Note on Plautus, Rudens 1114‹, in G. Partoens, G. Roskam und T. van Houdt (Hrsg), *Virtutis imago: Studies on the Conceptualisation and Transformation of an Ancient Ideal* (Louvain: Peeters), S. 29–42.

Inghirami, F. 1829–36. *Galleria omerica*, 3 Bde. (Florenz: Poligrafia fiesolana).

Inglebert, H. 2012. ›Late Antique Conceptions of Late Antiquity‹, in S. F. Johnson (Hrsg.), *The Oxford Handbook of Late Antiquity* (Oxford: Oxford University Press), S. 3–28.

Janowitz, N. 2001. *Magic in the Roman World: Pagans, Jews, and Christians* (London: Routledge).

Jentel, M.-O. 1997. ›Skylla I‹, in H. C. Ackermann und J.-R. Gisler (Hrsg.), *Lexicon iconographicum mythologiae classicae*, VIII (Zürich: Artemis), S. 1137–45.

——, 2000. ›Une Scylla méconnue sur une mosaïque de Beth Shean‹, in *Festschrift Lily Kahil*, Bulletin de correspondance hellénique, 38. Ergh. (Athen: École Française d'Athènes), S. 241–49.

Jung, H. 1978. ›Zum Reliefstil der stadtrömischen Sarkophage des frühen 3. Jahrhunderts n. Chr.‹, *Jahrbuch des Deutschen Archäologischen Instituts*, 93: 328–68.

Kähler, H. 1973. *Die Villa des Maxentius bei Piazza Armerina* (Berlin: Mann).

Kakridi, C. 2005. *Cassiodors ›Variae‹: Literatur und Politik im ostgotischen Italien* (München: Saur).

Kaldellis, A. 2004. *Procopius of Caesarea: Tyranny, History, and Philosophy at the End of Antiquity* (Philadelphia: University of Pennsylvania).

Kampen, N. 1981. *Image and Status: Roman Working Women in Ostia* (Berlin: Mann).

Kampen, N. B., E. Marlowe und Rebecca B. Molholt. 2002. *What Is a Man? Changing Images of Masculinity in Late Antique Art* (Portland: Douglas F. Colley Memorial Art Gallery, Reed College).

Karivieri, A. 1996. *The Athenian Lamp Industry in Late Antiquity*, Papers and Monographs of the Finnish Institute at Athens, 5 (Helsinki: Suomen Ateenen-instituutin säätiö).

——, 2001. ›Mythological Subjects on Late Roman Lamps and the Persistence of Classical Tradition‹, *Acta hyperborea: Danish Studies in Classical Archaeology*, 8: 179–98.

Kaster, R. A. 1988. *Guardians of Language: The Grammarian and Society in Late Antiquity* (Berkeley: University of California Press).

Katz, M. A. 1991. *Penelope's Renown: Meaning and Indeterminacy in the ›Odyssey‹* (Princeton: Princeton University Press).

Keller, O. 1913. *Die antike Tierwelt*, II (Leipzig: Engelmann).

Kemp, W. 1994. *Christliche Kunst: Ihre Anfänge, ihre Strukturen* (München: Schirmer-Mosel).

Kjellberg, L. 1916. ›Iphigeneia‹, in A. F. von Pauly u. a. (Hrsg.), *Paulys Realencyclopädie der classischen Altertumswissenschaft: Neue Bearbeitung*, IX.2 (Stuttgart: Metzler), Sp. 2588–2622.

Klatt, U. 1995. ›Römische Klapptische. Drei- und vierbeinige Stützgestelle aus Bronze und Silber‹, *Kölner Jahrbuch*, 28: 349–573.

Klauser, T. 1963. ›Studien zur Entstehungsgeschichte der christlichen Kunst VI 15. Das Sirenenabenteuer des Odysseus — ein Motiv der christlichen Grabkunst?‹, *Jahrbuch für Antike und Christentum*, 6: 71–100.

Knight, V. 1995. *The Renewal of Epic: Responses to Homer in the ›Argonautica‹ of Apollonios* (Leiden: Brill).

Koch, G. und H. Sichtermann. 1982. *Römische Sarkophage*, Handbuch der Archäologie, 7 (München: Beck).

Kolb, F. 2001. *Herrscherideologie in der Spätantike* (Berlin: Akademie-Verlag).

Kossatz-Deissmann, A. 1981. ›Achilleus‹, in H. C. Ackermann und J.-R. Gisler (Hrsg.), *Lexicon iconographicum mythologiae classicae*, I (Zürich: Artemis), S. 37–200.

Kötting, B. (und D. Halama). 1972. ›Fußwaschung‹, in Theodor Klauser (Hrsg.), *Reallexikon für Antike und Christentum*, VIII (Stuttgart: Hiersemann), Sp. 743–77.

Krumeich, C. 1993. *Hieronymus und die christlichen feminae clarissimae* (Bonn: Habelt).

Kubitschek, J. W. und S. Frankfurter. 1923. *Führer durch Carnuntum*, 6. Aufl. (Wien: Filser).

Kunze, C. 1996. ›Zur Datierung des Laokoon und der Skyllagruppe aus Sperlonga‹, *Jahrbuch des Deutschen Archäologischen Instituts*, 111: 139–223.

*L'Art copte en Égypte: 2000 ans de christianisme: Ausstellung in Paris, 15.05.2000 bis 03.09.2000, und Cap d'Agde, 30.09.2000 bis 07.01.2001* (Paris: Gallimard).

L'Orange, H. P. 1933. *Studien zur Geschichte des spätantiken Porträts* (Oslo: Aschehoug).

Lamberton, R. 1989. *Homer the Theologian: Neoplatonist Allegorical Reading and the Growth of the Epic Tradition*, paperback edn (Berkeley: University of California Press).

Lameere, W. 1939. ›Un symbole pythagoricien dans l'art funéraire de Rome‹, *Bulletin de correspondance hellénique*, 63: 43–85.

Lancha, J. 1997. *Mosaïque et culture dans l'Occident romain, I$^{er}$–IV$^e$ s.* (Rom: L'Erma di Bretschneider).

Landwehr, C. 2006. *Die römischen Skulpturen von Caesarea Mauretaniae*, III: *Idealplastik* (Mainz: Philipp von Zabern).

Langdon, S. 2008. *Art and Identity in Dark Age Greece, 1100–700 B.C.E.* (Cambridge: Cambridge University Press).

Langlands, R. 2006. *Sexual Morality in Ancient Rome* (Cambridge: Cambridge University Press).

Laubscher, H. P. 1982. *Fischer und Landleute: Studien zur hellenistischen Genreplastik* (Mainz: Philipp von Zabern).

Lavagne, H., E. de Balanda und A. Uribe Echeverría. 2000. *Mosaïque: Trésor de la latinité des origines à nos jours* (Paris: Ars Latina).

Lavan, L., E. Swift und T. Putzeys (Hrsg.). 2007. *Objects in Context, Objects in Use: Material Spatiality in Late Antiquity*, Late Antique Archaeology, 5 (Leiden: Brill).

Le Glay, M. 1992. ›Circe‹, in H. C. Ackermann und J.-R. Gisler (Hrsg.), *Lexicon iconographicum mythologiae classicae*, VI (Zürich: Artemis), S. 59 f.

Le Goff, J. 1990. *Phantasie und Realität des Mittelalters* (Stuttgart: Klett-Cotta).

LeMoine, F. 1972. *Martianus Capella: A Literary Re-Evaluation* (München: Arbeo-Gesellschaft).

Leader-Newby, R. E. 2004. *Silver and Society in Late Antiquity: Functions and Meanings of Silver Plate in the Fourth to Seventh Centuries* (Aldershot: Ashgate).

——, 2005. ›Personifications and *paideia* in Late Antique Mosaics from the Greek East‹, in E. Stafford und J. Herrin (Hrsg.), *Personification in the Greek World: From Antiquity to Byzantium* (Aldershot: Ashgate), S. 231–46.

Leclercq-Marx, J. 1997. *La Sirène dans la pensée et dans l'art de l'Antiquité et du Moyen Âge: Du mythe païen au symbole chrétien* (Brüssel: Académie Royale de Belgique).

Leleković, T. 2008. ›Relief terra sigillata from Cibalae (Vinkovci, North-East Croatia)‹, *Rei cretariae Romanae fautorum acta*, 40: 179–84.

Letta, C. 1988. ›Helios/Sol‹, in H. C. Ackermann und J.-R. Gisler (Hrsg.), *Lexicon iconographicum mythologiae classicae*, IV (Zürich: Artemis), S. 592–625.

Levante, E. 1986. *Sylloge nummorum Graecorum: Switzerland*, I: *Levante — Cilicia* (Bern: Credit Suisse).

Levine, L. I. 2000. *The Ancient Synagogue: The First Thousand Years* (New Haven: Yale University Press).

Liebeschuetz, J. H. W. G. 2001. *The Decline and Fall of the Roman City* (Oxford: Oxford University Press).

——, 2004. ›The Birth of Late Antiquity‹, *Antiquité tardive: Revue internationale d'histoire et d'archélogie*, 12: 253–61.

Ling, R. 2007. ›Inscriptions on Romano-British Mosaics and Wall-Paintings‹, *Britannia*, 38: 63–91.
Liske, M.-T. 2008. ›Analyein‹, in C. Horn und C. Rapp (Hrsg.), *Wörterbuch der antiken Philosophie*, 2. Aufl. (München: Beck), S. 38 f.
Liverani, P. 1989. *L'antiquarium di Villa Barberini a Castel Gandolfo* (Vatikan: Monumenti, Musei e Gallerie Pontificie).
Lonsdale, S. H. 1990. *Creatures of Speech: Lion, Herding, and Hunting Similes in the ›Iliad‹* (Stuttgart: Teubner).
Loraux, N. 1993. ›Was ist eine Göttin?‹, in P. Schmitt Pantel (Hrsg.), *Geschichte der Frauen*, I: *Antike* (Frankfurt a. M.: Campus), S. 33–64.
Loth, H.-J. 1994. ›Hund‹, in E. Dassmann (Hrsg.), *Reallexikon für Antike und Christentum*, XVI (Stuttgart: Hiersemann), Sp. 773–828.
Lovatt, H. und C. Vout (Hrsg.). 2013. *Epic Visions: Visuality in Greek and Latin Epic and its Reception* (Cambridge: Cambridge University Press).
Löw, M. 2001. *Raumsoziologie* (Frankfurt a. M.: Suhrkamp).
Lygouri-Tolia, E. 2002. ›Excavating an Ancient Palaestra in Athens‹, in M. Stamatopoulou und M. Yeroulanou (Hrsg.), *Excavating Classical Culture: Recent Archaeological Discoveries in Greece* (Oxford: Archaeopress), S. 203–12.
MacDonald, W. L. 1986. *The Architecture of the Roman Empire*, II: *An Urban Appraisal* (New Haven: Yale University Press).
Maciver, C. A. 2012. *Quintus Smyrnaeus' ›Posthomerica‹: Engaging Homer in Late Antiquity* (Leiden: Brill).
Macripó, A. 1992. ›Nuove Acquisizioni. Pisa, Museo Nazionale. Una importante acquisizione: I »medaglioni« romani della collezione Simoneschi‹, *Bollettino di numismatica*, 18/19: 195–235.
Mactoux, M.-M. 1975. *Pénélope: Légende et mythe* (Paris: Les Belles Lettres).
Maguire, H. 1974. ›Truth and Convention in Byzantine Descriptions of Works of Art‹, *Dumbarton Oaks Papers*, 28: 111–40.
——, 1999. ›The Profane Aesthetic in Byzantine Art and Literature‹, *Dumbarton Oaks Papers*, 53: 189–205.
Mainoldi, C. 1984. *L'image du loup et du chien dans la Grèce ancienne d'Homère á Platon* (Strasbourg: Presses universitaires de Strasbourg).
Maischberger, M. 2002. ›Was sind Männer? Bilder von Mann und Männlichkeit in klassischer Zeit‹, in W.-D. Heilmeyer und M. Maischberger (Hrsg.), *Die griechische Klassik: Idee oder Wirklichkeit: Ausstellung in Berlin, 01.03.2002 bis 02.06.2002, und Bonn, 05.07.2002 bis 06.10.2002* (Mainz: Philipp von Zabern), S. 271–84.
Malkin, I. 1998. *The Returns of Odysseus: Colonization and Ethnicity* (Berkeley: University of California Press).
Mancini, G. 1934. ›Recenti ritrovamenti di antichità cristiane a Roma‹, in *Atti del III congresso di archeologia cristiana, Ravenna 1932*, Studi di antichità cristiana, 8 (Vatikan: Pontificio Istituto di Archeologia Cristiana), S. 193–200.
Mango, C. A. 1974. *Architettura bizantina*, Storia universale dell'architettura, 3 (Mailand: Electa).
Mango, M. M. 1994. *The Sevso Treasure*, I: *Art Historical Description and Inscriptions*, Journal of Roman Archaeology, 12. Ergh. (Ann Arbor: University of Michigan Press).
Mangold, M. 2000. *Kassandra in Athen: Die Eroberung Trojas auf attischen Vasenbildern* (Berlin: Reimer).
Marec, E. 1958. ›Trois mosaïques d'Hippone à sujets marins‹, *Libyca: Bulletin du Service des antiquités. Archéologie, épigraphie*, 6: 99–122.
Markschies, C. 2005. ›Odysseus und Orpheus — christlich gelesen‹, in R. von Haehling (Hrsg.), *Griechische Mythologie und frühes Christentum* (Darmstadt: Wissenschaftliche Buchgesellschaft), S. 227–53.
Marrou, H.-I. 1938. *Mousikós anér: Étude sur les scènes de la vie intellectuelle figurant sur les monuments funéraires romains* (Grenoble: Didier & Richard).
——, 1957. *Geschichte der Erziehung im klassischen Altertum* (Freiburg: Alber).
Marshall, P. K. 1997. *Servius and Commentary on Virgil* (Asheville: Pegasus).
Marucchi, O. 1921. ›L'ipogeo del Viale Manzoni‹, *Nuovo bulletino di archeologia cristiana*, 27: 44–47.
Massigli, R. 1912. *Musée de Sfax*, Musées et collections archéologiques de l'Algérie et de la Tunisie, 17 (Paris: Leroux).
Mathews, T. F. 1999. *The Clash of Gods: A Reinterpretation of Early Christian Art*, 2. Aufl. (Princeton: Princeton University Press).
Matz, F. und F. von Duhn. 1881. *Antike Bildwerke in Rom mit Ausschluß der größeren Sammlungen*, II: *Sarkophagreliefs* (Leipzig: Breitkopf & Härtel).
Mause, M. 1994. *Die Darstellung des Kaisers in der lateinischen Panegyrik* (Stuttgart: Steiner).
Merkle, S. 1989. *Die ›Ephemeris belli Troiani‹ des Diktys von Kreta*, Studien zur klassischen Philologie, 44 (Frankfurt a. M.: Lang).
Mihai, G. 2008. ›Vom Phallos, Zwergen und Auferstehung. Anmerkungen am Rande einer Auseinandersetzung um die Männlichkeit Christi‹, in S. Bießenecker (Hrsg.), *›Und sie erkannten, dass sie nackt waren.‹: Nacktheit im Mittelalter*, Bamberger interdisziplinäre Mittelalterstudien, 1 (Bamberg: University of Bamberg Press), S. 437–60.
Mitchell, J. 2007. ›Keeping the Demons out of the House. The Archaeology of Apotropaic Strategy and Practice in Late Antique Butrint and Antigoneia‹, in L. Lavan, E. Swift und T. Putzeys (Hrsg.), *Objects in Context, Objects in Use: Material Spatiality in Late Antiquity*, Late Antique Archaeology, 5 (Leiden: Brill), S. 273–310.
Mittag, P. F. 1999. *Alte Köpfe in neuen Händen: Urheber und Funktion der Kontorniaten*, Antiquitas, Reihe 3, 38 (Bonn: Habelt).
Moraw, S. 2003. ›Schönheit und Sophrosyne. Zum Verhältnis von weiblicher Nacktheit und bürgerlichem Status in der attischen Vasenmalerei‹, *Jahrbuch des Deutschen Archäologischen Instituts*, 118: 1–47.
——, 2008a. ›»Ideale Nacktheit« oder Diskreditierung eines überkommenen Heldenideals? Der Streit um die Waffen des Achill auf einer spätantiken Silberschale‹, in K. Junker und A. Stähli (Hrsg.), *Original und Kopie: Formen und Konzepte der Nachahmung in der antiken Kunst: Kolloquium Berlin 17.02.2005 bis 19.02.2005* (Wiesbaden: Reichert), S. 213–25.

——, 2008b. ›*Virtus* und Sünde. Nacktheit in der lateinischen Spätantike‹, in S. Bießenecker (Hrsg.), ›*Und sie erkannten, dass sie nackt waren.‹: Nacktheit im Mittelalter*, Bamberger interdisziplinäre Mittelalterstudien, 1 (Bamberg: University of Bamberg Press), S. 113–39.

——, 2008c. ›Die Schöne und das Biest. Weibliche Mischwesen in der Spätantike‹, in A. Alexandridis, M. Wild und L. Winkler-Horaček (Hrsg.), *Mensch und Tier in der Antike: Grenzziehung und Grenzüberschreitung: Symposion in Rostock vom 07.04.2005 bis 09.04.2005* (Wiesbaden: Reichert), S. 465–79.

——, 2011. ›Visual Differences. Dionysos in Ancient Art‹, in R. Schlesier (Hrsg.), *A Different God? Dionysos and Ancient Polytheism* (Berlin: De Gruyter), S. 233–52.

——, 2015. ›Vom männlichen Bestehen einer Gefahr zur Ideologie der totalen Vernichtung: Skylla und die Sirenen von Homer bis Herrad von Hohenburg‹, *Visual Past*, 2.1: 89–135 <http://www.visualpast.de/archive/vp2015_0089.html> [zuletzt verwendet am 1 Mai 2019].

——, 2017. ›Death and the Maiden. Late Antique Images of Nubile Females as Agents and Victims of Lethal Violence‹, in U. Matić und B. Jensen (Hrsg.), *Archaeologies of Gender and Violence* (Oxford: Oxbow), S. 151–78.

——, 2018. ›Der *miles Christianus* als Sirenen- und Skyllatöter: Die *Odyssee* in den monastischen Diskursen des Mittelalters‹, in U. Rehm (Hrsg.), *Mittelalterliche Mythenrezeption: Paradigmen und Paradigmenwechsel* (Köln: Böhlau), S. 105–25.

Moret, J.-M. 1984. *Oedipe, la Sphinx et les Thébains: Essai de mythologie iconographique*, Bibliotheca helvetica romana, 23 (Rom: Institut suisse de Rome).

Most, G. W. 1991. ›Ansichten über einen Hund. Zu einigen Strukturen der Homerrezeption zwischen Antike und Neuzeit‹, *Antike und Abendland*, 37: 144–68.

Müller, F. 1913. *Die antiken Odyssee-Illustrationen in ihrer kunsthistorischen Entwicklung* (Berlin: Weidmann).

Müller, F. G. J. M. 1994. *The Aldobrandini Wedding*, Iconological Studies in Roman Art, 3 (Amsterdam: Gieben).

Mulvey, L. 1998. ›Visual Pleasure and Narrative Cinema‹, in L. Mulvey, *Visual and Other Pleasures*, 3. Aufl. (Bloomington: Indiana University Press), S. 14–26 (Erstpublikation: *Screen*, 16 (1975): 6–18).

Murnaghan, S. 1995. ›The Plan of Athena‹, in B. Cohen (Hrsg.), *The Distaff Side: Representing the Female in Homer's ›Odyssey‹* (Oxford: Oxford University Press), S. 61–80.

Muth, S. 1998. *Erleben von Raum — Leben im Raum: Zur Funktion mythologischer Mosaikbilder in der römisch-kaiserzeitlichen Wohnarchitektur*, Archäologie und Geschichte, 10 (Heidelberg: Verlag Archäologie und Geschichte).

——, 1999. ›Zum Mosaik der »Großen Jagd« von Piazza Armerina‹, *Mitteilungen des Deutschen Archäologischen Instituts, Römische Abteilung*, 106: 189–212.

——, 2000. ›Gegenwelt als Glückswelt — Glückswelt als Gegenwelt? Die Welt der Nereiden, Tritonen und Seemonster in der römischen Kunst‹, in T. Hölscher (Hrsg.), *Gegenwelten zu den Kulturen Griechenlands und Roms in der Antike* (München: Saur), S. 467–98.

——, 2005. ›Überflutet von Bildern. Die Ikonophilie im spätantiken Haus‹, in R. Neudecker und P. Zanker (Hrsg.), *Lebenswelten: Bilder und Räume in der römischen Stadt der Kaiserzeit*, Palilia, 16 (Wiesbaden: Reichert), S. 223–42.

Näf, B. 1995. *Senatorisches Standesbewusstsein in spätrömischer Zeit* (Freiburg/Schweiz: Universitäts-Verlag).

Nagy, G. 1979. *The Best of the Achaeans: Concepts of the Hero in Archaic Greek Poetry* (Baltimore: Johns Hopkins University Press).

Nead, L. 1992. *The Female Nude: Art, Obscenity and Sexuality* (London: Routledge).

Neale, S. 1993. ›Masculinity as Spectacle. Reflections on Men and Mainstream Cinema‹, in S. Cohan und I. R. Hark (Hrsg.), *Screening the Male: Exploring Masculinities in Hollywood Cinema* (London: Routledge), S. 9–20.

Neira Jimenez, L. 1994. ›Mosaicos romanos con nereidas y tritones. Su relación con el ambiente arquitectónico en el Norte de Africa y en Hispania‹, in A. Mastino und P. Ruggeri (Hrsg.), *L'Africa Romana: Atti del X convegno di studio Oristano 11.-13.12.1992*, Africa Romana, 10 (Sassari: Archivio Fotografico Sardo), S. 1259–78.

Neudecker, R. 1988. *Die Skulpturenausstattung römischer Villen in Italien*, Beiträge zur Erschließung hellenistischer und kaiserzeitlicher Skulptur und Architektur, 9 (Mainz: Philipp von Zabern).

Neudecker, R. und M. G. Granino Cecere (Hrsg.). 1997. *Antike Skulpturen und Inschriften im Institutum Archaeologicum Germanicum*, Palilia, 2 (Wiesbaden: Reichert).

Nicolai, F. V., F. Bisconti und D. Mazzoleni. 1998. *Roms christliche Katakomben: Geschichte, Bilderwelt, Inschriften* (Regensburg: Schnell & Steiner).

Nogales Bassarete, T. 2008. ›Circos romanos de *Hispania*. Novedades y perspectivas arqueológicas‹, in J. Nelis-Clément und J.-M. Roddaz (Hrsg.), *Le cirque romain et son image* (Bordeaux: Ausonius), S. 161-202.

Noreña, C. F. 2011. *Imperial Ideals in the Roman West: Representation, Circulation, Power* (Cambridge: Cambridge University Press).

North, H. 1966. *Sophrosyne: Self-Knowledge and Self-Restraint in Greek Literature*, Cornell Studies in Classical Philology, 35 (Ithaca: Cornell University Press).

O'Daly, G. J. P. 1991. *The Poetry of Boethius* (Chapel Hill: Duckworth).

O'Meara, D. J. 1993. *An Introduction to the ›Enneads‹* (Oxford: Clarendon).

Oakley, J. H. 2011. *Die attischen Sarkophage: Einzelmythen: Andere Mythen*, Die antiken Sarkophagreliefs, IX 1, 3 (Berlin: Mann).

Ovadiah, R. und A. Ovadiah. 1987. *Hellenistic, Roman and Early Byzantine Mosaic Pavements in Israel* (Rom: L'Erma di Bretschneider).
Overbeck, J. A. 1853 und 1857. *Gallerie der Heroischen Bildwerke zum Thebanischen und Trojanischen Heldenkreis*, 2 Bde. (Braunschweig: Schwetschke & Sohn; Stuttgart: Ebner & Seubert).
Pagel, G. 2002. *Jacques Lacan zur Einführung*, 4. Aufl. (Hamburg: Junius).
Papadopoulou-Belmehdi, I. 1994. *Le chant de Pénélope: Poétique du tissage féminin dans l'Odyssée* (Paris: Éditions Belin).
Parani, M. G. 2007. ›Defining Personal Space. Dress and Accessories in Late Antiquity‹, in L. Lavan, E. Swift und T. Putzeys (Hrsg.), *Objects in Context, Objects in Use: Material Spatiality in Late Antiquity*, Late Antique Archaeology, 5 (Leiden: Brill), S. 497–527.
Partoens, G., G. Roskam und T. van Houdt (Hrsg.). 2004. *Virtutis imago: Studies on the Conceptualisation and Transformation of an Ancient Ideal*, Collection d'études classiques, 19 (Louvain: Peeters).
Pasqui, A. 1906. ›Ostia. Nuove scoperte presso il Cassone‹, *Notizie degli scavi di antichità*, 3: 357–73.
Pekáry, I. 1999. *Repertorium der hellenistischen und römischen Schiffsdarstellungen*, Boreas, 8. Beih. (Münster: Festge).
Pensabene, P. und E. Gallocchio. 2006. ›Villa del Casale di Piazza Armerina. Precisazioni e proposti sugli elevati del complesso Aula Basilicale-Grande Ambulacro-Peristilio‹, *Workshop di archeologia classica: Paesaggi, costruzioni, reperti*, 3: S. 131–48.
Pépin, J. 1958. *Mythe et allégorie: Les origines grecques et les contestations judéo-chrétiennes* (Paris: Éditions Montaigne).
Perlzweig, J. 1961. *Lamps of the Roman Period: First to Seventh Century after Christ*, The Athenian Agora, 7 (Princeton: American School of Classical Studies at Athens).
Perutelli, A. 2006. *Ulisse nella cultura Romana* (Florenz: Le Monnier Università).
Petersen-Szemerédy, G. 1993. *Zwischen Weltstadt und Wüste: Römische Asketinnen in der Spätantike* (Göttingen: Vandenhoeck & Ruprecht).
Petrain, D. 2014. *Homer in Stone: The ›Tabulae Iliacae‹ in their Roman Context* (Cambridge: Cambridge University Press).
Picard, C. 1945. ›La grande peinture de l'hypogée funéraire dit du Viale Manzoni à Rome et les tentations d'Ulisse‹, *Comptes rendus des séances de l'Académie des Inscriptions et Belles-Lettres*, 89: 26–51.
Piccirillo, M. 1993. *The Mosaics of Jordan* (Amman: American Center of Oriental Research).
Pöhlmann, E. 2008. *Einführung in die Überlieferungsgeschichte der antiken Literatur*, 1: *Altertum*, 3. Aufl. (Darmstadt: Wissenschaftliche Buchgesellschaft).
Poinssot, C. 1958. *Les ruines de Dougga* (Tunis: Institut national d'archéologie et d'arts).
——, 1965. ›Quelques remarques sur les mosaïques de la maison de Dionysos et d'Ulysse à Thugga‹, in *La Mosaïque gréco-romaine*, 1: *Kolloquium in Paris vom 29.08.1963 bis 03.09.1965* (Paris: Editions du Centre National de la Recherche Scientifique), S. 219–32.
Pontani, F. 2005. *Sguardi su Ulisse: La tradizione esegetica greca all'Odissea*, Sussidi eruditi, 63 (Rom: Edizioni di Storia e Letteratura).
Poulou-Papadimitriou, N. 1988. ›Lampes paléochrétiennes à Samos‹, *Bulletin de correspondance hellénique*, 110: 583–610.
Pralon, D. 2004. ›Une allégorie anonyme de l'Odyssee. Sur les errances d'Ulisse‹, in B. Pérez-Jean und P. Eichel-Lojkine (Hrsg.), *L'allégorie de l'antiquité à la Renaissance* (Paris: Champion), S. 189–208.
Prosperi, V. 2013. *Omero sconfitto: Ricerche sul mito di Troia dall'antichità al Rinascimento* (Rom: Edizioni di Storia e Letteratura).
Pröttel, P. M. 1997. *Mediterrane Feinkeramik des 2.–7. Jahrhunderts n. Chr. im oberen Adriaraum und in Slowenien*, Kölner Studien zur Archäologie der römischen Provinzen, 2 (Espelkamp: Leidorf).
Pujiula, M. 2006. *Körper und christliche Lebensweise: Clemens von Alexandria und sein ›Paidagogos‹* (Berlin: De Gruyter).
Quet, M.-H. 1993. ›Naissance d'image: la mosaïque des Thérapénides d'Apamée de Syrie, représentation figurée des connaissances encycliques, »servantes« de la philosophie hellène‹, *Cahiers du Centre Gustave Glotz*, 4: 129–87.
Raeck, W. 1992. *Modernisierte Mythen: Zum Umgang der Spätantike mit klassischen Bildthemen* (Stuttgart: Steiner).
Rahner, H. 1966. *Griechische Mythen in christlicher Deutung*, 3., vom Autor neu durchgesehene Aufl. (Zürich: Rhein).
Raoul-Rochette, D. 1833. *Monuments inédits d'antiquité figurée grecque, étrusque et romaine*, 1: *Cycle héroique* (Paris: L'Imprimerie Royale).
Rehm, U. (Hrsg.). 2018. *Mittelalterliche Mythenrezeption: Paradigmen und Paradigmenwechsel* (Köln: Böhlau).
Reinach, S. 1922. *Répertoire de peintures grecques et romaines* (Paris: Leroux).
Reinsberg, C. 1989. *Ehe, Hetärentum und Knabenliebe im antiken Griechenland* (München: Beck).
Richardson, E. H. 1982. ›A Mirror in the Duke University Classical Collection and the Etruscan Versions of Odysseus' Return‹, *Mitteilungen des Deutschen Archäologischen Instituts, Römische Abteilung*, 89: 27–34.
Richter, G. M. A. 1984. *The Portraits of the Greeks*, vom R. R. R. Smith neu durchgesehene Aufl. (Oxford: Phaidon).
Riegl, A. 1901. *Die spätrömische Kunst-Industrie nach den Funden in Österreich-Ungarn im Zusammenhange mit der Gesammtentwicklung der bildenden Künste bei den Mittelmeervölkern* (Wien: Österreichische Staatsdruckerei).
Rizza, G. und S. Garaffo (Hrsg.). 1988. *La villa Romana del Casale di Piazza Armerina*, Chronache di archeologia, 23 (Catania: Università di Catania, Istituto di Archeologia).
Robert, C. 1890. *Mythologische Cyklen*, Die antiken Sarkophagreliefs, 2 (Berlin: Grotesche Verlagsbuchhandlung).
——, 1919. *Archäologische Hermeneutik: Anleitung zur Deutung klassischer Bildwerke* (Berlin: Weidmann).
Rogge, S. 1995. *Die attischen Sarkophage: Achill und Hippolytos*, Die antiken Sarkophagreliefs, IX 1, 1 (Berlin: Mann).

Rose, G. P. 1979. ›Odysseus' Barking Heart‹, *Transactions of the American Philological Association*, 109: 215–30.
Ross, M. C. 1970. ›Byzantine Bronzes‹, *Arts in Virginia*, 10: 32–43.
Rousseau, P. 1996. ›Inheriting the Fifth Century: Who Bequeathed What?‹, in P. Allen und E. Jeffreys (Hrsg.), *The Sixth Century: End or Beginning?*, Byzantina Australiensia, 10 (Brill: Leiden), S. 1–19.
Roussin, L. 1981. ›The Beit Leontis Mosaic. An Eschatological Interpretation‹, *Journal of Jewish Art*, 8: 6–19.
Rumpf, A. 1939. *Die Meerwesen auf den antiken Sarkophagreliefs*, Die antiken Sarkophagreliefs, V 1 (Berlin: Grotesche Verlagsbuchhandlung).
Rutgers, L. V. 2000. *Subterranean Rome: In Search of the Roots of Christianity in the Catacombs of the Eternal City* (Leuven: Peeters).
Rutherford, R. B. 1986. ›The Philosophy of the *Odyssey*‹, *The Journal of Hellenic Studies*, 106: 145–62.
Sadurska, A. 1964. *Les tables Iliaques* (Warschau: Pánstwowe wydawnictwo naukowe).
Salomonson, J. W. 1962. ›Late-Roman Earthenware with Relief Decoration Found in Northern-Africa and Egypt‹, *Oudheidkundige mededelingen uit het Rijksmuseum van oudheden te Leiden*, 43: 53–95.
——, 1969. ›Spätrömische rote Tonware mit Reliefverzierung aus nordafrikanischen Werkstätten‹, *Bulletin antieke beschaving: Annual Papers on Classical Archaeology*, 44: 4–109.
——, 1972. ›Römische Tonformen mit Inschriften. Ein Beitrag zum Problem der sogenannten »Kuchenformen« aus Ostia‹, *Bulletin antieke beschaving: Annual Papers on Classical Archaeology*, 47: 88–113.
——, 1973. ›Kunstgeschichtliche und ikonographische Untersuchungen zu einem Tonfragment der Sammlung Benaki in Athen‹, *Bulletin antieke beschaving: Annual Papers on Classical Archaeology*, 48: 3–82.
Schade, K. 2003. *Frauen in der Spätantike — Status und Repräsentation: Eine Untersuchung zur römischen und frühbyzantinischen Bildniskunst* (Mainz: Philipp von Zabern).
Schein, S. L. 1995. ›Female Representations and Interpreting the *Odyssey*‹, in B. Cohen (Hrsg.), *The Distaff Side: Representing the Female in Homer's ›Odyssey‹* (Oxford: Oxford University Press), S. 17–27.
Scherling, K. 1952. ›Polyphemos‹, in A. F. von Pauly u. a. (Hrsg.), *Paulys Realencyclopädie der classischen Altertumswissenschaft: Neue Bearbeitung*, XXI.2 (Stuttgart: Metzler), Sp. 1810–22.
Schmidt, S. 2005. ›Gewalt an den Gräbern. Grausame Mythen auf Vasen aus Unteritalien und Sizilien‹, in G. Fischer und S. Moraw (Hrsg.), *Die andere Seite der Klassik: Gewalt im 5. und 4. Jahrhundert v. Chr.* (Stuttgart: Steiner), S. 167–83.
Schmitzer, U. 2005. ›Odysseus — ein griechischer Held im kaiserzeitlichen Rom‹, in A. Luther (Hrsg.), *Odyssee-Rezeptionen* (Frankfurt a. M.: Verlag Antike), S. 33–53.
Schneider, H. 2002. ›Univira‹, in H. Cancik und H. Schneider (Hrsg.), *Der neue Pauly: Enzyklopädie der Antike*, XII.1 (Stuttgart: Metzler), Sp. 1003 f.
Schneider, L. 1983. *Die Domäne als Weltbild: Wirkungsstrukturen der spätantiken Bildersprache* (Wiesbaden: Steiner).
Schneider, L. und C. Höcker. 2001. *Die Akropolis von Athen: Eine Kunst- und Kulturgeschichte* (Darmstadt: Primus).
Schreckenberg, H. 1966. ›Exegese I‹, in T. Klauser (Hrsg.), *Reallexikon für Antike und Christentum*, VI (Stuttgart: Hiersemann), Sp. 1174–94.
Schröder, B.-J. 2007. *Bildung und Briefe im 6. Jahrhundert: Studien zum Mailänder Diakon Magnus Felix Ennodius* (Berlin: De Gruyter).
Schröder, S. F. 1991. ›Der Achill-Polyxenasarkophag im Prado. Ein wenig bekanntes Meisterwerk‹, *Madrider Mitteilungen*, 32: 158–69.
Scrinari, S. M. V. 1982. *Ostia and Porto: The Archaeological Sites and the Museums* (Mailand: Federico Garolla Editore).
Seifert, M. 2011. *Dazugehören: Kinder in Kulten und Festen von Oikos und Phratrie: Bildanalysen zu attischen Sozialisationsstufen des 6. bis 4. Jahrhunderts v. Chr.* (Stuttgart: Steiner).
Sfameni, C. 2010. ›Magic in Late Antiquity. The Evidence of Magical Gems‹, in D. M. Gwynn und S. Bangert (Hrsg.), *Religious Diversity in Late Antiquity*, Late Antique Archaeology, 6 (Leiden: Brill), S. 435–73.
Shay, J. 2002. *Odysseus in America: Combat Trauma and the Trials of Homecoming* (New York: Scribner).
Shier, L. A. 1978. *Terracotta Lamps from Karanis, Egypt: Excavations of the University of Michigan* (Ann Arbor: University of Michigan Press).
Sichtermann, H. 1970. ›Beiträge zu den Meerwesensarkophagen‹, *Archäologischer Anzeiger*, 1970: 214–41.
Sichtermann, H. und G. Koch. 1975. *Griechische Mythen auf römischen Sarkophagen* (Tübingen: Wasmuth).
Sinn, U. 1979. *Die Homerischen Becher: Hellenistische Reliefkeramik aus Makedonien*, Mitteilungen des Deutschen Archäologischen Instituts, Athenische Abteilung, 7. Beih. (Berlin: Mann).
Siorvanes, L. 2005. ›Neo-Platonic Personification‹, in E. Stafford und J. Herrin (Hrsg.), *Personification in the Greek World: From Antiquity to Byzantium* (Aldershot: Ashgate), S. 77–95.
Sivan, H. 1993. *Ausonius of Bordeaux: Genesis of a Gallic Aristocracy* (London: Routledge).
Smith, R. R. R. 1990. ›Late Roman Philosopher Portraits from Aphrodisias‹, *The Journal of Roman Studies*, 80: 127–55.
——, 1999. ›Late Antique Portraits in a Public Context: Honorific Statuary at Aphrodisias in Caria, A. D. 300–600‹, *The Journal of Roman Studies*, 89: 155–89.

Sorabji, R. 2005. *The Philosophy of the Commentators, 200–600 AD: A Sourcebook*, 3 Bde. (Ithaca: Cornell University Press).
Squire, M. 2012. *The ›Iliad‹ in a Nutshell: Visualizing Epic on the ›Tabulae Iliacae‹* (Oxford: Oxford University Press).
Staehlin, F. 1906. ›Die Thensa Capitolina‹, *Mitteilungen des Deutschen Archäologischen Instituts, Römische Abteilung*, 21: 332–86.
Stähli, A. 1999. *Die Verweigerung der Lüste: Erotische Gruppen in der antiken Plastik* (Berlin: Reimer).
Stanford, W. B. 1992. *The Ulisses Theme: A Study in the Adaptability of a Traditional Hero*, mit einem Vorwort von C. Boer (Dallas: Spring).
Steiner, G. 2008. ›Das Tier bei Aristoteles und den Stoikern. Evolution eines kosmischen Prinzips‹, in A. Alexandridis, M. Wild und L. Winkler-Horaček (Hrsg.), *Mensch und Tier in der Antike: Grenzziehung und Grenzüberschreitung: Symposion in Rostock vom 07.04.2005 bis 09.04.2005* (Wiesbaden: Reichert), S. 27–46.
Stenbro, R. 2005. ›*Kunstwollen* und *Spolia*. On the Methodological and Theoretical Foundation of *Spolia* Research and the Positions Adopted towards It‹, *Analecta Romana Instituti Danici*, 31: 59–76.
Stenger, J. 2009. *Hellenische Identität in der Spätantike: Pagane Autoren und ihr Unbehagen an der eigenen Zeit* (Berlin: De Gruyter).
Sternbach, L. 1902. ›Beiträge zur Kunstgeschichte‹, *Jahreshefte des Österreichischen Archäologischen Institutes in Wien*, 5: Beiblatt Sp. 65–94.
Stewart, A. F. 1993. *Faces of Power: Alexander's Image and Hellenistic Politics*, Hellenistic Culture and Society, 11 (Berkeley: University of California Press).
Stirling, L. M. 1996. ›Divinities and Heroes in the Age of Ausonius. A Late Antique Villa and Sculptural Collection at Saint-Georges-de-Montagne (Gironde)‹, *Revue archéologique*, 1996: 103–43.
——, 2007. ›Statuary Collecting and Display in the Late Antique Villas of Gaul and Spain‹, in F. A. Bauer und C. Witschel (Hrsg.), *Statuen in der Spätantike* (Wiesbaden: Reichert), S. 307–21.
——, 2008. ›Pagan Statuettes in Late Antique Corinth‹, *Hesperia*, 77: 89–161.
Stratton, K. B. 2007. *Naming the Witch: Magic, Ideology, and Stereotype in the Ancient World* (New York: Columbia University Press).
Strong, D. E. 1966. *Greek and Roman Gold and Silver Plate* (London: Methuen & Co).
Studniczka, F. 1906. ›»Skylla« in der mykenischen Kunst‹, *Mitteilungen des Deutschen Archäologischen Instituts, Athenische Abteilung*, 31: 50–52.
Stutzinger, D. (Hrsg.). 1983. *Spätantike und frühes Christentum: Ausstellung in Frankfurt am Main vom 16.12.1983 bis 11.03.1984* (Frankfurt a. M.: Liebighaus).
Swift, E. 2007. ›Decorated Vessels. The Function of Decoration in Late Antiquity‹, in L. Lavan, E. Swift und T. Putzeys (Hrsg.), *Objects in Context, Objects in Use: Material Spatiality in Late Antiquity*, Late Antique Archaeology, 5 (Leiden: Brill), S. 385–409.
Talgam, R. 2005. ›Secular Mosaics in Palaestina and Arabia in the Early Byzantine Period‹, in H. Morlier (Hrsg.), *La mosaïque gréco-romaine: IX. Kolloquium in Rom vom 5.11.2001 bis 10.11.2001* (Rom: École française de Rome), S. 1131–41.
Teja, R. 2002. ›Espectáculos y mundo tardío en Hispania‹, in T. N. Basarrate (Hrsg.), *Ludi romani: Espectáculos en Hispania Romana. Ausstellung in Mérida vom 29.07.2002 bis 13.10.2002* (Mérida: Cajasur), S. 163–70.
Thiel, R. 2004. *Aristoteles' Kategorienschrift in ihrer antiken Kommentierung* (Tübingen: Mohr Siebeck).
Thome, G. 2000. *Zentrale Wertvorstellungen der Römer*, I–II: *Texte — Bilder — Interpretationen* (Bamberg: Buchner).
Tochtermann, S. 1992. *Der allegorisch gedeutete Kirke-Mythos: Studien zur Entwicklungs- und Rezeptionsgeschichte* (Frankfurt a. M.: Lang).
Torelli, M. 1988. ›Piazza Armerina: note di iconologia‹, in G. Rizza und S. Garaffo (Hrsg.), *La villa Romana del Casale di Piazza Armerina*, Chronache di archeologia, 23 (Catania: Università di Catania, Istituto di Archeologia), S. 143–56.
Touchefeu-Meynier, O. 1968. *Thèmes odysséens dans l'art antique* (Paris: De Boccard).
——, 1981a. ›Antikleia‹, in H. C. Ackermann und J.-R. Gisler (Hrsg.), *Lexicon iconographicum mythologiae classicae*, I (Zürich: Artemis), S. 828–30.
——, 1981b. ›Antiphata‹, in H. C. Ackermann und J.-R. Gisler (Hrsg.), *Lexicon iconographicum mythologiae classicae*, I (Zürich: Artemis), S. 860.
——, 1988a. ›Eurykleia‹, in H. C. Ackermann und J.-R. Gisler (Hrsg.), *Lexicon iconographicum mythologiae classicae*, IV (Zürich: Artemis), S. 101–03.
——, 1988b. ›Eumaios‹, in H. C. Ackermann und J.-R. Gisler (Hrsg.), *Lexicon iconographicum mythologiae classicae*, IV (Zürich: Artemis), S. 52–54.
——, 1992a. ›Odysseus‹, in H. C. Ackermann und J.-R. Gisler (Hrsg.), *Lexicon iconographicum mythologiae classicae*, VI (Zürich: Artemis), S. 943–70.
——, 1992b. ›Kyklops, Kyklopes‹, in H. C. Ackermann und J.-R. Gisler (Hrsg.), *Lexicon iconographicum mythologiae classicae*, VI (Zürich: Artemis), S. 154–59.
——, 1992c. ›Laertes‹, in H. C. Ackermann und J.-R. Gisler (Hrsg.), *Lexicon iconographicum mythologiae classicae*, VI (Zürich: Artemis), S. 181.
——, 1992d. ›Mnesteres II‹, in H. C. Ackermann und J.-R. Gisler (Hrsg.), *Lexicon iconographicum mythologiae classicae*, VI (Zürich: Artemis), S. 631–34.

—, 1997. ›Polyphemos I‹, in H. C. Ackermann und J.-R. Gisler (Hrsg.), *Lexicon iconographicum mythologiae classicae*, VIII (Zürich: Artemis), S. 1011–19.

Toynbee, J. M. C. und K. S. Painter. 1986. ›Silver Picture Plates of Late Antiquity: A. D. 300 to 700‹, *Archaeologia*, 108: 15–65.

Travlos, J. 1971. *Bildlexikon zur Topographie des antiken Athen* (Tübingen: Wasmuth).

Turcan, R. 1979. ›Ulysse et les prétendus prétendants‹, *Jahrbuch für Antike und Christentum*, 22: 161–74.

Usener Manuskript: K. Usener, Die Rezeption des Troischen Sagenkreises in der lateinischen Spätantike. Manuskript Habilitation Gießen (in der Gießener Universitätsbibliothek, Habil-Schr., 2002, unter dem Titel »Untersuchungen zur Rezeption des Troischen Sagenkreises in der nichttheologischen Literatur der lateinischen Spätantike: Homers Ilias, die Odyssee und der epische Kyklos in den pagenen lateinischen Werken vom Beginn der Spätantike bis zu Isidor«).

Vaglieri, D. 1913. ›Ostia. Scavi sul Decumano, nel Teatro, nell'area dei Quattro Tempietti, ad ovest della Piscina, via tecta‹, *Notizie degli scavi di antichità*, 10: 174–84.

Verhoogen, V. 1964. *Apamée de Syrie aux Musées royaux d'art et d'histoire* (Brüssel: Musées royaux d'art et d'histoire).

Vermeule, C. C. 1981. *Greek and Roman Sculpture in America* (Berkeley: University of California Press).

Vespignani, G. 2001. *Il circo di Constantinopoli Nuova Roma*, Quaderni della Rivista di bizantinistica, 4 (Spoleto: Centro Italiano di studi sull'alto Medioevo).

Veyne, P. (Hrsg.). 1991. *Geschichte des privaten Lebens*, I: *Vom römischen Imperium zum byzantinischen Reich*, 3. Aufl. (Frankfurt a. M.: Fischer).

Visconti, C. L. 1885. *I Monumenti del Museo Torlonia* (Rom: Tipografia Tiberina di F. Setth).

Vlad Borrelli, L. 1956. ›Un nuovo frammento dei »Paesaggi dell'Odissea«‹, *Bollettino d'arte*, 41: 289–300.

Volbach, W. F. 1958. *Frühchristliche Kunst: Die Kunst der Spätantike in West- und Ostrom* (München: Hirmer).

von Arnim, H. 1905. *Stoicorum veterum fragmenta*, I (Leipzig: Teubner).

von den Hoff, R. 1994. *Philosophenporträts des Früh- und Hochhellenismus* (München: Biering & Brinkmann).

—, 2005. ›Commodus als Hercules‹, in L. Giuliani (Hrsg.), *Meisterwerke der antiken Kunst* (München: Beck), S. 114–35.

von Groller, M. 1908. ›Die Grabung im Lager Lauriacum‹, *Der römische Limes in Österreich*, 9: 87–116.

Vout, C. 2013. ›Epic in the Round‹, in H. Lovatt und C. Vout (Hrsg), *Epic Visions: Visuality in Greek and Latin Epic and its Reception* (Cambridge: Cambridge University Press), S. 191–217.

Voûte, P. 1972. ›Notes sur l'iconographie d'Océan. À propos d'une fontaine à mosaïques découverte à Nole (Campanie)‹, *Mélanges de l'École française de Rome: Antiquité*, 84: 639–74.

Vroom, J. 2007. ›The Archaeology of Late Antique Dining Habits in the Eastern Mediterranean. A Preliminary Study of the Evidence‹, in L. Lavan, E. Swift und T. Putzeys (Hrsg.), *Objects in Context, Objects in Use: Material Spatiality in Late Antiquity*, Late Antique Archaeology, 5 (Leiden: Brill), S. 313–61.

Walter-Karydi, E. 1997. ›Skylla. Bilder und Aspekte des Mischwesens‹, *Jahrbuch des Deutschen Archäologischen Instituts*, 112: 167–89.

Wamser, L. und G. Zahlhaas (Hrsg.). 1998. *Rom und Byzanz: Archäologische Kostbarkeiten aus Bayern: Ausstellung in München vom 20.10.1998 bis 14.02.1999* (München: Hirmer).

Warland, R. 1994. ›Status und Formular in der Repräsentation der spätantiken Führungsschicht‹, *Mitteilungen des Deutschen Archäologischen Instituts, Römische Abteilung*, 101: 175–202.

Watts, E. 2006. *City and School in Late Antique Athens and Alexandria* (Berkeley: University of California Press).

Wedner, S. 1994. *Tradition und Wandel im allegorischen Verständnis des Sirenenmythos: Ein Beitrag zur Rezeptionsgeschichte Homers*, Studien zur klassischen Philologie, 86 (Frankfurt a. M.: Lang).

Wegner, M. 1966. *Die Musensarkophage*, Die antiken Sarkophagreliefs, V 3 (Berlin: Mann).

Weigand, E. 1934. Rezension zu Ejnar Dyggve und Frederik Weilbach, *Recherches à Salone*, 2 Bde. (Kopenhagen: Schultz, 1933), *Byzantinische Zeitschrift*, 34: 455 f.

Weitzmann, K. 1941. ›A Tabula Odysseaca‹, *American Journal of Archaeology*, 45: 166–81.

—, 1960. ›The Survival of Mythological Representations in Early Christian and Byzantine Art and their Impact on Christian Iconography‹, *Dumbarton Oaks Papers*, 14: 43–68.

—, 1977. *Spätantike und frühchristliche Buchmalerei* (München: Prestel).

—, 1979. *Age of Spirituality: Late Antique and Early Christian Art, Third to Seventh Century: Ausstellung in New York vom 19.11.1977 bis 12.02.1978* (New York: The Metropolitan Museum of Art).

Wernicke, K. 1895. ›Argos‹, in A. F. von Pauly u. a. (Hrsg.), *Paulys Realencyclopädie der classischen Altertumswissenschaft: Neue Bearbeitung*, II.1 (Stuttgart: Metzler), Sp. 796–98.

Wieber-Scariot, A. 1999. *Zwischen Polemik und Panegyrik: Frauen des Kaiserhauses und Herrscherinnen des Ostens in den ›Res gestae‹ des Ammianus Marcellinus* (Trier: Wissenschaftlicher Verlag Trier).

—, 2010. ›Eine Kaiserin von Gewicht? Julians Rede auf Eusebia zwischen Geschlechtsspezifik, höfischer Repräsentation und Matronage‹, in A. Kolb (Hrsg.), *Augustae: Machtbewußte Frauen am römischen Kaiserhof? Herrschaftsstrukturen und Herrschaftspraxis*, II: *Akten der Tagung in Zürich vom 18.09.2008 bis 20.09.2008* (Berlin: Akademie-Verlag), S. 253–75.

Wiedler, S. 1999. *Aspekte der Mosaikausstattung in Bädern und Thermen des Maghreb*, Antiquitates, 18 (Hamburg: Kovac).

Wildberger, J. 2008. ›Beast or God? The Intermediate Status of Humans and the Physical Basis of the Stoic *scala naturae*‹, in A. Alexandridis, M. Wild und L. Winkler-Horaček (Hrsg.), *Mensch und Tier in der Antike: Grenzziehung und Grenzüberschreitung: Symposion in Rostock vom 07.04.2005 bis 09.04.2005* (Wiesbaden: Reichert), S. 47–70.

Williams, D. 1986. ›Dolon‹, in H. C. Ackermann und J.-R. Gisler (Hrsg.), *Lexicon iconographicum mythologiae classicae*, III (Zürich: Artemis), S. 660–64.

Wilpert, J. 1924. ›Le pitture dell'Ipogeo di Aurelio Felicissimo presso il viale Manzoni in Roma‹, *Atti della Pontificia accademia romana di archeologia: Memorie*, 1, 2. Teil: 1–43.

——, 1929–36. *I sarcophagi cristiani antichi*, 3 Bde. (Vatikan: Pontificio Istituto di Archeologia Cristiana).

Wilson, R. J. A. 1983. *Piazza Armerina* (London: Granada).

Winckelmann, J. J. 1767. *Monumenti antichi inediti* (Rom: stamperia di Marco Pagliarini).

——, 1776. *Geschichte der Kunst des Altertums*, nach dem Tode des Verfassers herausgegeben von der Akademie der bildenden Künste (Wien: im akedemischen Verlage).

——, 2002. *Geschichte der Kunst des Alterthums: Text*, herausgegeben von Adolf H. Borbein u. a. (Mainz: Philipp von Zabern).

——, 2006. *Geschichte der Kunst des Alterthums: Katalog der antiken Denkmäler*, herausgegeben von Adolf H. Borbein u. a. (Mainz: Philipp von Zabern).

——, 2007. *Geschichte der Kunst des Alterthums: Allgemeiner Kommentar*, herausgegeben von Adolf H. Borbein u. a. (Mainz: Philipp von Zabern).

Winkler, J. J. 1990. *The Constraints of Desire: The Anthropology of Sex and Gender in Ancient Greece* (New York: Routledge).

Wlosok, A. 1990. ›Zur Geltung und Beurteilung Vergils und Homers in Spätantike und früher Neuzeit‹, in E. Heck und E. A. Schmidt (Hrsg.), *Antonie Wlosok: Res humanae — res divinae: Kleine Schriften* (Heidelberg: Winter), S. 476–98.

Wrede, H. 1972. *Die spätantike Hermengalerie von Welschbillig: Untersuchung zur Kunsttradition im 4. Jahrhundert n. Chr. und zur allgemeinen Bedeutung des antiken Hermenmals*, Römisch-germanische Forschungen, 32 (Berlin: De Gruyter).

Wright, D. H. 1993. *Der Vergilius Vaticanus: Ein Meisterwerk spätantiker Kunst* (Graz: Akademische Druck- und Verlagsanstalt).

——, 2001. *The Roman Vergil and the Origins of Medieval Book Design* (London: British Library).

Zahn, R. 1923. *ΚΤΩ ΧΡΩ: Glasierter Tonbecher im Berliner Antiquarium*, Winckelmannsprogramm der Archäologischen Gesellschaft zu Berlin, 81 (Berlin: De Gruyter).

Zanker, P. und B. C. Ewald. 2004. *Mit Mythen leben: Die Bilderwelt der römischen Sarkophage* (München: Hirmer).

Zeitlin, F. I. 1995. ›Figuring Fidelity in Homer's *Odyssey*‹, in B. Cohen (Hrsg.), *The Distaff Side: Representing the Female in Homer's ›Odyssey‹* (Oxford: Oxford University Press), S. 117–52.

Zetzel, J. E. G. 2005. *Marginal Scholarship and Textual Deviance: The ›Commentum Cornuti‹ and the Early Scholia on Persius*, Bulletin of the Institute of Classical Studies of the University of London, 84. Beih. (London: Institute of Classical Studies, University of London).

Zilling, H. M. 2011. *Jesus als Held: Odysseus und Herakles als Vorbilder christlicher Heldentypologie* (Paderborn: Schöningh).

Zimmermann, N. 2001. ›Beginn und Ende der Katakomben‹, in F. A. Bauer und N. Zimmermann (Hrsg.), *Epochenwandel? Kunst und Kultur zwischen Antike und Mittelalter* (Mainz: Philipp von Zabern), S. 117–27.

Zingerle, J. 1907. ›Tonschüssel aus Carnuntum‹, *Jahreshefte des Österreichischen Archäologischen Institutes in Wien*, 10: 330–44.

Zori, N. 1966. ›The House of Kyrios Leontis at Beth Shean‹, *Israel Exploration Journal*, 16: 123–34.

# Register

*Verzeichnis der erwähnten Denkmäler nach Standorten*

Algier, Musée National des Antiquités
    IM.048 polychromes Bodenmosaik (= Anhang Skylla Nr. 2): *134,* 135, 310
    bronzener Klappdreifuß mit Meerwesen-Aufsätzen: 102 Anm. 87
Ann Arbor, University of Michigan, Kelsey Museum of Archaeology
    magische Gemme (Salomon und Lilith): 73 Anm. 108
Annaba, Museum
    Fragmente nordafrikanischer Sigillata (= Katalog Kirke Nr. 13): 73 Anm. 111, 74, 77 Anm. 133, 82, 188 Anm. 244, 281
    polychromes Bodenmosaik (= Anhang Skylla Nr. 1): *133,* 134–35, 310
Antakya, Museum
    961 polychromes Bodenmosaik (Iphigenie): 196 Anm. 295
Aosta, Schatzkammer der Kathedrale
    Konsular-Diptychon, sog. Probus-Diptychon: 72 Anm. 107
Argos, Archäologisches Museum
    Kat. Nr. 366 (Bovon 1966), argivische Tonlampe (Odysseuskopf): 104 Anm. 92
    Kat. Nr. 251 (Bovon 1966), korinthische Tonlampe (Odysseus und Sirenen): 104 Anm. 93
Asgafa El-Abiar (Kyrenaika), Grab
    Wandfresken (= Katalog Sirenen Nr. 13; Skylla Nr. 123): 105, *106,* 107, 111, 136 Anm. 68, 142 Anm. 89, *144,* 145, 146 Anm. 102, 209 Anm. 8, 288, 308
Athen
  Benakimuseum
    12449 Fragment nordafrikanischer Sigillata (= Katalog Kirke Nr. 20): 73 Anm. 111, 74, 82, 188 Anm. 244, 282
    12479 Fragment nordafrikanischer Sigillata (= Katalog Kirke Nr. 21): 73 Anm. 111, 74, 82, 188 Anm. 244, 282
    12480 Fragment nordafrikanischer Sigillata (= Katalog Kirke Nr. 22): 73 Anm. 111, 74, 82, 188 Anm. 244, 282
  Nationalmuseum
    1914 thessalisches marmornes Weihrelief (Fußwaschung): 175 Anm. 175
    3124 attische Tonlampe (Odysseuskopf): 104 Anm. 92
    9685 attisch-rotfigurige Lekythos (verwandelte Gefährten): 96 Anm. 85
Aufenthaltsort unklar oder umstritten
  sog. *Sevso Treasure*
    zylindrischer Silberkasten mit Frauengemach- und Badeszene: 176 Anm. 176, 178
    silbernes Wasserbecken mit 2 silbernen Kannen, sog. *washing set*: 177 Anm. 191
  sog. *Sion Treasure*: 177 Anm. 190
Augst, Römermuseum
  Silberschatz
    Kat. Nr. 63 sog. Achill-Platte: 185 Anm. 229, *208,* 209

Bad Deutsch Altenburg, Museum Carnuntinum
    Fragment nordafrikanischer Sigillata (= Katalog Kirke Nr. 16): 73 Anm. 111, 74, 75 Anm. 123, *75–76,* 77 Anm. 133, 78, 82, 188 Anm. 244, 281
Berlin, Staatliche Museen
  Antikensammlung
    3161n hellenistischer Reliefbecher (Bestrafung des Melanthios): 175 Anm. 171
    1993 216 attisch-schwarzfigurige Oinochoe (Sirenen): 96 Anm. 60
    F 2588 attisch-rotfiguriger Skyphos (Freiermord): 33 Anm. 89
    F 3882 Calener Omphalos-Schale (Odyssee-Szenen): 139 Anm. 84
    evtl. verschollen, Hälfte einer sog. Kuchenform (= Katalog Polyphem Nr. 1): *32,* 33–34, 36, 45, 54, 74, 78, 273

Münzkabinett
 27672 (Objektnummer 18204212) Kontorniat (= Katalog Kirke Nr. 4): 70, *71*, 72, *73*, 142, 188 Anm. 244, 279
 5.1882 Kontorniat (= Katalog Skylla Nr. 99): 140–42, 305
 899.1929 Kontorniat (= Katalog Skylla Nr. 114): 141–42, 307
 951.1915 (Objektnummer 18206978) Kontorniat (= Katalog Skylla Nr. 31): 53, *141*, 142–43, 279
 Kontorniat (= Katalog Skylla Nr. 15): 139–40, 297
 Kontorniat (= Katalog Skylla Nr. 42): 141–42, 300
 ehem. Sammlung Rühle von Lilienstern, Kontorniat (= Katalog Skylla Nr. 112): 141–42, 307
Bern, Bernisches Historisches Museum
 8 Kontorniat (= Katalog Skylla Nr. 17): 139–40, 297
 18 Kontorniat (= Katalog Skylla Nr. 76): 53 Anm. 207, 140–43, 303
 20 Kontorniat (= Katalog Polyphem Nr. 17): 52–53, 78, 142, 278
Beth Shean
 Jüdischer Gebetsraum: 115
 Museum
  polychromes Bodenmosaik (= Katalog Sirenen Nr. 29; Skylla Nr. 125): 81 Anm. 155, 114, *115–16*, 117–18, 145–46, 187 Anm. 243, 294
Bologna, Museo Civico Archaelogico
 Kontorniat (= Katalog Skylla Nr. 44): 141–42, 300
 Kontorniat (= Katalog Skylla Nr. 71): 140–42, 302
 Kontorniat (= Katalog Skylla Nr. 72): 140–42, 303
 Kontorniat (= Katalog Skylla Nr. 82): 140–42, 303
Bonn, Akademisches Kunstmuseum
 D 103 Hälfte einer sog. Kuchenform (= Katalog Polyphem Nr. 2): 32, 36, 45, 54, 74, 78
Boston, Museum of Fine Arts
 99.518 attisch-schwarzfigurige Schale, sog. Kirkeschale: 69 Anm. 85
 1975.335 Kontorniat (= Katalog Skylla Nr. 34): 141–42, 299
Brescia, Museo Civico
 Kreuz mit Goldglasporträt (Mutter mit 2 Kindern): 195 Anm. 293
Brioni, Museum
 8603 Fragmente nordafrikanischer Sigillata (= Katalog Kirke Nr. 17 und 18): 73 Anm. 111, 74, 82, 188 Anm. 244, 282
Brüssel, Musées royaux d'Art et d'Histoire
 Ap. 45 polychromes Bodenmosaik (= Katalog Heimkehr Nr. 7): 193, *194*, 195–98, *199*,
  (198–99, 201–02 ganzer Zyklus, zu dem das Bodenmosaik gehört), 200–01, 316–17
Budapest, Magyar Nemzeti Múzeum
 54.1878 bronzener Klappdreifuß mit Meerwesen-Aufsätzen: 102 Anm. 87
 14.1927.3 bronzener Kastenbeschlag: 76 Anm. 124
 bronzener Kastenbeschlag, erworben 1852: 76 Anm. 124
 Kontorniat (= Katalog Skylla Nr. 83): 140–42, 304
 Kontorniat (= Katalog Skylla Nr. 106): 140–42, 306

Cabezón de Pisuerga (Prov. Valladolid), Villa de Santa Cruz
 polychromes Bodenmosaik (Glaukos und Diomedes): 142 Anm. 89
Cambridge (MA), The Harvard Art Museums
 1994.8 Bronzestatuette eines Widders mit darunter hängendem Odysseus: 48 Anm. 172
Castel Gandolfo, Antiquarium di Villa Barberini
 36411 Fragmente einer marmornen Widderstatue: 48 Anm. 171, 50 Anm. 178
Catania, Castello Ursino
 Marmorrelief (Polyphem): 46 Anm. 162
Cesena, Biblioteca Malatestiana
 Silberschale (Gelage im Freien): 177 Anm. 190
Cherchel, Archäologisches Museum
 polychromes Brunnenmosaik (= Katalog Sirenen Nr. 2): 96 Anm. 59, 97, 99, 102 Anm. 86, 187 Anm. 243
 S 219 Fragmente der Marmorstatue eines Silen auf Panther: 48 Anm. 173
Clermont-Ferrand, Musée Bargoin
 56.465.60 Tonlampe (= Katalog Sirenen Nr. 11): 104 Anm. 92, 111, 179 Anm. 198, 287
Corvey (Westfalen), Klosterkirche
 mythischer Meeresfries im Westwerk (873–885): 114, 117, 321

Damaskus, Nationalmuseum
 polychromes Bodenmosaik, sog. Eutekneia-Mosaik: *80*, 81
 polychromes Bodenmosaik (Nillandschaft): 115 Anm. 148

REGISTER

Den Haag, Koninklijk Kabinet van Munten en Penningen
   1967/204 Kontorniat (= Katalog Skylla Nr. 28): 141–42, 298
   Kontorniat (= Katalog Skylla Nr. 64): 140–42, 302
   Kontorniat (= Katalog Skylla Nr. 97): 140–42, 305
Djemila, Museum
   Fragment nordafrikanischer Sigillata (= Katalog Kirke Nr. 10): 73 Anm. 111, 74, 75 Anm. 123, 77 Anm. 133 und 136, 82, 188 Anm. 244, 281
   polychromes Bodenmosaik (Venus marina und Gefolge): 137 Anm. 76
   ehem. Constantine, Fragment nordafrikanischer Sigillata (= Katalog Kirke Nr. 11): 73 Anm. 111, 74. 82, 188 Anm. 244, 281
   ehem. Constantine, Fragment nordafrikanischer Sigillata (= Katalog Kirke Nr. 12): 73 Anm. 111, 74, 82, 188 Anm. 244, 281
Dresden, Staatliche Kunstsammlungen, Skulpturensammlung
   155 Marmorgruppe Satyr und Hermaphrodit, Typus Dresden: 49 Anm. 175
Dumbarton Oaks (Washington DC), Museum
   silberne Patene aus dem sog. *Kaper Koraon Treasure* (Apostel-Kommunion): 177 Anm. 190

Edinburgh, National Museum
   fragmentiertes Silbergefäß aus dem Hortfund von Traprain Law (= Katalog Heimkehr Nr. 1): 175, *176*, 177, 179, 185, 313
   zwei kleine Silberflaschen mit christlichem Dekor aus dem Hortfund von Traprain Law: 177 Anm. 190

Florenz
   Museo Archeologico Nazionale
      73846 etruskische Elfenbeinpyxis (Polyphem; Skylla): 132 Anm. 58
      Kontorniat (= Katalog Skylla Nr. 8): 139–40, 296
      Kontorniat (= Katalog Skylla Nr. 12): 139–40, 296
      Kontorniat (= Katalog Skylla Nr. 105): 140–42, 305
      Kontorniat (= Katalog Skylla Nr. 111): 141–42, 306
Forlì, Museo Civico, Collezione Piancastelli
   Kontorniat (= Katalog Polyphem Nr. 13): 52–53, 78, 142, 278
   Kontorniat (= Katalog Skylla Nr. 9): 139–40, 296
   Kontorniat (= Katalog Skylla Nr. 70): 140–42, 302
   Kontorniat (= Katalog Skylla Nr. 115): 141–42, 307
   Kontorniat (= Katalog Skylla Nr. 122): 53 Anm. 207, 141–43, 308

Genf, Musée d'Art et d'Histoire
   C 1241 Silberschale mit Valentinian I. oder II.: 73 Anm. 113
Glasgow, Hunterian Museum
   Kontorniat (= Katalog Skylla Nr. 45): 141–42, 300
   Kontorniat (= Katalog Skylla Nr. 51): 140–42, 301
   Kontorniat (= Katalog Skylla Nr. 55): 140–42, 301
Göttingen, Archäologisches Institut
   Kontorniat (= Katalog Kirke Nr. 3): 70, 142, 188 Anm. 244, 279

Haïdra, Museum
   polychromes Bodenmosaik (= Katalog Sirenen Nr. 6 und Skylla Nr. 2): 99, 132, 146 Anm. 102 (beide), 102 Anm. 86, 285 (Sirenen Nr. 6), *131*, 295 (Skylla Nr. 2)

Ischia, Museo Archeologico
   Rhodische Kotyle, sog. Nestorbecher: 6 Anm. 54
Iraklion, Archäologisches Museum
   minoisches Tonsiegel (hundeartiges Seeungeheuer): 132 Anm. 58
Istanbul
   Archäologisches Museum
      5083 Kopf einer Heraklesstatue: 41 Anm. 135
   Hippodrom
      Skylla-Statue oder -Gruppe: 143 Anm. 91
      Theodosius-Obelisk: 72, 196 Anm. 300

Karlsruhe, Badisches Landesmuseum
   167 attisch-schwarzfiguriger Krater (Flucht aus der Höhle Polyphems): 48 Anm. 170
   B 649 reliefierte Flasche (Skylla): 146 Anm. 101
   Kontorniat (= Katalog Skylla Nr. 73): 140–42, 303
Karthago, Museum
   polychromes Bodenmosaik (Rosenstreuerin): 196 Anm. 301
   polychromes Bodenmosaik (Tänzerinnen beim Mahl): 196 Anm. 300

Khirbat al-Mukhayyat (Jordanien), Kirche der heiligen Märtyrer Lot und Prokop
   polychromes Bodenmosaik (Arbeiter bei der Weinlese): 34 Anm. 94
   polychromes Bodenmosaik (Fischer): 34 Anm. 94
Köln, Römisch-Germanisches Museum
   1002 Glasschale (Sol und Wagenrennen): 68 Anm. 76, 71 Anm. 95
Kopenhagen
   Nationalmuseum
      Kontorniat (= Katalog Kirke Nr. 5): 70, 142, 188 Anm. 244, 279
      Kontorniat (= Katalog Skylla Nr. 104): 140–42, 305
   Ny Carlsberg Glyptotek
      621 Fragmente einer Heraklesstatue: 41 Anm. 135
Kunsthandel
   i. J. 1906 Kontorniat (= Katalog Skylla Nr. 5): 139–40, 296
   i. J. 1906 Kontorniat (= Katalog Skylla Nr. 77): 140–42, 303
   i. J. 1912 Kontorniat (= Katalog Skylla Nr. 46): 141–42, 300
   i. J. 1922 Kontorniat (= Katalog Skylla Nr. 4): 139–40, 296
   i. J. 1935 Kontorniat (= Katalog Skylla Nr. 67): 140–42, 302
   i. J. 1964 Fragment eines stadtrömischen Sarkophagkastens (= Anhang Skylla Nr. 11): 101, *137*, 137 Anm. 73, 312–13
   i. J. 1965 Fragment eines stadtrömischen Sarkophagkastens (= Anhang Skylla Nr. 9): 137 Anm. 75, 312
   i. J. 1967 Kontorniat (= Katalog Skylla Nr. 74): 53 Anm. 207, 140–43, 303
   i. J. 1967 Kontorniat (= Katalog Skylla Nr. 85): 140–42, 304
   i. J. 1969 Kontorniat (= Katalog Skylla Nr. 107): 140–42, 306
   i. J. 1982 Kontorniat (= Katalog Skylla Nr. 102): 140–42, 305
   i. J. 1984 Kontorniat (= Katalog Skylla Nr. 18): 139–40, 297
   i. J. 1988 Kontorniat (= Katalog Skylla Nr. 26): 139–40, 297
   i. J. 1991 Kontorniat (= Katalog Skylla Nr. 54): 140–42, 301
   i. J. 1992 Kontorniat (= Katalog Skylla Nr. 109): 140–42, 306
   i. J. 1995 Kontorniat (= Katalog Skylla Nr. 96): 140–42, 305

Lissabon, Nationalmuseum
   polychromes Bodenmosaik (= Katalog Sirenen Nr. 5): 91 Anm. 35, 96 Anm. 59, *98*, 99, 102 Anm. 86, 117, 195 Anm. 294, 284
Lod, The Shelby White and Leon Levy Lod Mosaic Archaeological Center
   großes polychromes Bodenmosaik (diverse Tiere; Meerszene): 101
London
   The British Museum
      1843,1103.31 (E 440) attisch-rotfiguriger Stamnos (Sirenen-Selbstmord): 90 Anm. 29
      1866,1229.1 Kasten aus dem Silberschatz vom Esquilin, sog. Proiecta-Kasten: 175 Anm. 173, 176 Anm. 177, 177, 194 Anm. 284
      1965,0409.1 polychromes Bodenmosaik aus der Villa von Hinton St. Mary: 77 Anm. 134
      B 154 pseudochalkidische Amphora (Polyphem): 33 Anm. 88
      B 379 attisch-schwarzfigurige Schale (Aias und Kassandra): 145 Anm. 95
      spätantike Bronzelampe: 179 Anm. 201
      Kontorniat (= Katalog Polyphem Nr. 14): 52, 53, 78, 142, 278
      Kontorniat (= Katalog Polyphem Nr. 15): *52*, 53, 78, 142, 278
      Kontorniat (= Katalog Skylla Nr. 16): *139*, 140, 297
      Kontorniat (= Katalog Skylla Nr. 19): 139–40, 297
      Kontorniat (= Katalog Skylla Nr. 20): 139–40, 297
      Kontorniat (= Katalog Skylla Nr. 38): 141–42, 299
      Kontorniat (= Katalog Skylla Nr. 40): 141–42, 299
      Kontorniat (= Katalog Skylla Nr. 43): 141–42, 300
      Kontorniat (= Katalog Skylla Nr. 48): 140–42, 301
      Kontorniat (= Katalog Skylla Nr. 58): 140–42, 301
      Kontorniat (= Katalog Skylla Nr. 79): 140–42, 303
      Kontorniat (= Katalog Skylla Nr. 89): 140–42, 304
      Kontorniat (= Katalog Skylla Nr. 100): 140–42, 305
      Tonlampe (= Anhang Skylla Nr. 4): 136 Anm. 68, 310
      polychromes Mosaikfeld (= Katalog Sirenen Nr. 7): 99, 102 Anm. 86, 286
   Victoria and Albert Museum
      212-1865 Elfenbeindiptychon der Symmachi und Nikomachi: 195 Anm. 290
Los Angeles (CA), The County Museum of Art
   47.8.9 stadtrömischer Sarkophag (Lebenslauf): 183 Anm. 218
Lyon, Musée d'Art
   882 Kontorniat (= Katalog Kirke Nr. 6): 53, 70, 72–74, 142, 188 Anm. 244, 279

REGISTER

Madaba
　Apostelkirche
　　polychromes Bodenmosaik, sog. Thalassa-Mosaik: 102
　Hippolytos-Halle
　　polychromes Bodenmosaik (Aphrodite, Ares, Eroten): 195 Anm. 290
　　polychromes Bodenmosaik (Hippolytos): 197 Anm. 308
　Museum
　　polychromes Bodenmosaik (Thiasos): 196 Anm. 302
Madrid
　Museo Nacional del Prado
　　182 E attischer Sarkophag (Achill): 77 Anm. 141
　Real Academia de la Historia
　　Silberteller, sog. Theodosius-Missorium: 95 Anm. 57
Mailand
　Biblioteca Ambrosiana
　　Cod. F. 205 illustrierte Ilias-Handschrift, sog. Ilias Ambrosiana: 13 Anm. 113, 142 Anm. 89, 209, *210*
　Museo Teatrale della Scala
　　91/936 Kontorniat (= Katalog Skylla Nr. 49): 140–42, 301
　　139/986 Kontorniat (= Katalog Skylla Nr. 116): 53 Anm. 207, 141–43, 307
　　140/987 Kontorniat (= Katalog Skylla Nr. 103): 140–42, 305
　　141/988 Kontorniat (= Katalog Skylla Nr. 57): 140–42, 301
　　142/989 Kontorniat (= Katalog Skylla Nr. 41): 141–42, 299
　　143/990 Kontorniat (= Katalog Skylla Nr. 37): 141–42, 299
　　146/993 Kontorniat (= Katalog Skylla Nr. 78): 140–42, 303
　　158/1006 Kontorniat (= Katalog Polyphem Nr. 11): 52–53, 277
　　Kontorniat (= Katalog Skylla Nr. 86): 140–42, 304
　　Kontorniat (= Katalog Skylla Nr. 87): 140–42, 304
Marseille, Museum Borely
　1672 Deckel eines gallischen Sarkophags (= Katalog Heimkehr Nr. 4): *180*, 181–83, 201 Anm. 333, 314
Modena, Galleria Estense
　16 Kontorniat (= Katalog Kirke Nr. 9): 70, 142, 188 Anm. 244, 280
München
　Archäologische Staatsammlung
　　1976,2260 Tablett aus nordafrikanischer Sigillata, sog. Achill-Tablett: 77 Anm. 139
　Staatliche Antikensammlung und Glyptothek
　　Ca 1003 Fragment eines Marmorreliefs (Polyphem): 45 Anm. 156
　Staatliche Münzsammlung
　　Kontorniat (= Katalog Skylla Nr. 65): 140–42, 302
Münzen/Medaillons
　RIC V.2, Nr. 276 Aureus des Postumus, Münzstätte Köln: 72
　RIC VI, 372 Nr. 166 Goldmedaillon des Maxentius, Münzstätte Rom: 41 Anm. 136
　Goldmedaillon des Constans: 72 Anm. 105
　Goldmedaillon des Magnentius: 72 Anm. 105
　Goldmedaillon des Valens: 72
　Goldmedaillon Konstantins I.: 72 Anm. 104

Nabeul, Museum
　polychromes Bodenmosaik (Chryses vor Agamemnon): 195 Anm. 294, 196 Anm. 299
Neapel, Museo Nazionale
　10 Kontorniat (= Katalog Skylla Nr. 75): 140–42, 303
　11 Kontorniat (= Katalog Skylla Nr. 101): 140–42, 305
　12 Kontorniat (= Katalog Skylla Nr. 88): 140–42, 304
　13 Kontorniat (= Katalog Polyphem Nr. 16): 52–53, 78, 142, 278
　6580-82 Fragmente eines stadtrömischen Sarkophagkastens (= Katalog Polyphem Nr. 7 und 8): 43, *44*, 45–47, 82, 275, 276
　81669 attisch-rotfigurige Hydria (Aias und Kassandra): 145 Anm. 95
　Kontorniat (= Katalog Skylla Nr. 11): 139–40, 296
　Kontorniat (= Katalog Skylla Nr. 59): 140–42, 301
　Kontorniat (= Katalog Skylla Nr. 60): 140–42, 302
　Münze des Hadrian (*restitutor provinciae*): 72 Anm. 102
New York
　American Numismatic Society
　　Kontorniat (= Katalog Kirke Nr. 7): 70, 142, 188 Anm. 244, 279–80
　　Kontorniat (= Katalog Skylla Nr. 32): 141–42, 299

The Metropolitan Museum of Art
    41.83 attisch-rotfiguriger Kelchkrater (Kirke): 69 Anm. 85
    7.10.104 stadtrömischer Sarkophagkasten (Musen und Sirenen): 95 Anm. 55
    30.11.9 Melisches Relief (trauernde Penelope, Eumaios): 175 Anm. 171
Nîmes, Musée Archéologique
    Kontorniat (= Katalog Skylla Nr. 56): 140–42, 301

Ostia, Museum
    1637 Fragment eines stadtrömischen Sarkophagdeckels (= Katalog Sirenen Nr. 22): 107, 118, 145, 291
    3770 Hälfte einer sog. Kuchenform (= Katalog Sirenen Nr. 12): 96 Anm. 58, *104*, 105, 111, 287
    10.107 Freskofragment (= Katalog Sirenen Nr. 8): 99 Anm. 73, 104, 286
    verschollen, Fragment eines stadtrömischen Sarkophagdeckels (= Katalog Sirenen Nr. 23): 107, 118, 145, 292

Paris
    Bibliothèque Nationale, Cabinet des Médailles
        5296 Tonlampe (= Katalog Sirenen Nr. 10): *103*, 104, 111, 179 Anm. 198, 286–87
        17140 Kontorniat (= Katalog Skylla Nr. 35): 141–42, 299
        17141 Kontorniat (= Katalog Skylla Nr. 50): 140–42, 301
        17142 Kontorniat (= Katalog Skylla Nr. 33): 141–42, 299
        17172 Kontorniat (= Katalog Kirke Nr. 1): 70, 142, 188 Anm. 244, 279
        17267 Kontorniat (= Katalog Skylla Nr. 94): 140–42, 304
        17268 Kontorniat (= Katalog Skylla Nr. 63): 140–42, 302
        17269 Kontorniat (= Katalog Skylla Nr. 39): 141–42, 299
        17270 Kontorniat (= Katalog Skylla Nr. 81): 140–42, 303
        17271 Kontorniat (= Katalog Skylla Nr. 62): 140–42, 302
        17272 Kontorniat (= Katalog Skylla Nr. 121): 141–42, 307
        17273 Kontorniat (= Katalog Skylla Nr. 117): 141–42, 307
        17274 Kontorniat (= Katalog Skylla Nr. 113): 141–42, 307
        M 6183 Kontorniat (= Katalog Skylla Nr. 98): *139*, 140–42, 305
        ehem. Sammlung Seymour-De Ricci, Kontorniat (= Katalog Skylla Nr. 61): 140–42, 302
        Goldmedaillon Valentinians II. (RS: Kaiser und Res Publica): 72 Anm. 102
    Musée du Louvre
        Ma 319 stadtrömischer Sarkophag (Lebenslauf): 183 Anm. 219
        Ma 322 stadtrömischer Sarkophag (Meerwesen): 101 Anm. 82
        Ma 365 fragmentierte Vorderseite eines stadtrömischen Sarkophagkastens (Meerwesen): 101 Anm. 82
        Ma 384 Vorderseite eines stadtrömischen Sarkophagkastens (Meerwesen): 101 Anm. 82
        Ma 396 Vorderseite eines stadtrömischen Sarkophagkastens (= Anhang Skylla Nr. 6): *136*, 311
        Ma 414 Marmorkopie der sog. Aphrodite in den Gärten des Alkamenes: 175 Anm. 174
        Ma 1013 stadtrömischer Sarkophag (Dionysos): 194 Anm. 284
        Ma 1335 stadtrömischer Sarkophagkasten (Endymion): 43 Anm. 147
    Petit Palais
        ADUT 171 Patera aus dem Silberschatz vom Esquilin (Venus): 195 Anm. 289
Patras, Museum
    Fragment nordafrikanischer Sigillata (= Katalog Kirke Nr. 19): 73 Anm. 111, 74, 82, 188 Anm. 244, 282
Piazza Armerina, Römische Villa:
    polychromes Bodenmosaik in Vorraum Nr. 37 Carandini (= Katalog Polyphem Nr. 4): 16 Anm. 135, 36–42, *39*, 50, 74, 79, 103, 138 Anm. 79, 195 Anm. 294, 274
    polychromes Bodenmosaik im sog. Korridor der Großen Jagd: 42 Anm. 138
    polychromes Bodenmosaik mit Taten des Herakles im sog. Trikonchensaal: 41
Pisa, Museo Nazionale
    ehem. Slg. Simoneschi, Kontorniat (= Katalog Skylla Nr. 25): 139–40, 297
Pompeji
    Macellum, Wandmalerei mit Odysseus und Penelope: 194 Anm. 284
Privatsammlung
    Bayern, Fragment nordafrikanischer Sigillata (= Katalog Kirke Nr. 23): 73 Anm. 111, 74, 77 Anm. 133, 82, 188 Anm. 244, 283
    F. Fremersdorf (ehem. Köln), Kontorniat (= Katalog Skylla Nr. 14): 139–40, 297
    P. C. Peck (New York), Kontorniat (= Katalog Skylla Nr. 22): 139–40, 297
    E. Pegan, Kontorniat (= Katalog Skylla Nr. 27): *139*, 140, 142, 298
    Schweiz, Kupfermünze geprägt in Tarsos (= Anhang Skylla Nr. 5): 136 Anm. 68, 311
    W. (Bayern), tiefe Schale aus nordafrikanischer Sigillata: 101 Anm. 79

Ravenna
    Sammlung Luigi Fontana
        Kontorniat (= Katalog Skylla Nr. 52): 140–42, 301

San Vitale
    polychrome Wandmosaiken: 34 Anm. 94, 195 Anm. 293
Reggio Emilia, Sammlung Antonio Villani
    Kontorniat (= Katalog Skylla Nr. 118): 141–42, 307
Richmond, Virginia Museum of Fine Arts
    67-20 Bronzeschiffchen (= Katalog Sirenen Nr. 9): 102, 286
Rom
    Biblioteca Apostolica Vaticana
        Cod. Vat. lat. 3225 illustrierte Vergil-Handschrift, sog. Vergilius Vaticanus (= Anhang Skylla Nr. 12): 128 Anm. 42, 189 Anm. 253, 313
        Cod. Vat. lat. 3867 illustrierte Vergil-Handschrift, sog. Vergilius Romanus: 13 Anm. 113, 101 Anm. 78, 177 Anm. 190
        Romanus I, MS Barb. lat. 2154 fol. 13 Kopie eines Kalenderblatts mit Constantius II.: 38 Anm. 115
    Biblioteca Vaticana, Medagliere
        Kontorniat (= Katalog Skylla Nr. 10): 139–40, 296
        Kontorniat (= Katalog Skylla Nr. 13): 139–40, 297
        Kontorniat (= Katalog Skylla Nr. 84): 140–42, 304
        Kontorniat (= Katalog Skylla Nr. 90): 140–42, 304
    Circus Maximus
        Tempel des Sol: 68 Anm. 76
        Obelisken: 68 Anm. 76
    Deutsches Archäologisches Institut
        Fragment eines stadtrömischen Sarkophagdeckels (= Katalog Sirenen Nr. 19): 107, 118, 145, 291
    Galleria Borghese
        LXXXI stadtrömischer Sarkophag (Meerwesen): 108 Anm. 107
        Vorderseite eines stadtrömischen Sarkophagkastens (= Anhang Skylla Nr. 7): 101, 137, 311
    Galleria Doria Pamphilij, Salone Aldobrandini
        Marmorskulptur eines Widders (= Katalog Polyphem Nr. 9): *48*, 49–50, 79, 103, 277
    Kallistus-Katakombe
        Fragment eines stadtrömischen Sarkophagdeckels (= Katalog Sirenen Nr. 25): 107, 111 Anm. 122, *112*, 118, 145, 292
        Fragment eines stadtrömischen Sarkophagdeckels (= Katalog Sirenen Nr. 26): 107, 111–12, 118, 145, 293
        Fragment eines stadtrömischen Sarkophags (Heilung der Blutflüssigen): 72 Anm. 102
    Katakombe der Heiligen Petrus und Marcellinus
        Fresko mit Heilung der Blutflüssigen: 72 Anm. 102
    Marcus-Säule
        Reliefs: 79 Anm. 146
    Musei Capitolini
        5417 Kontorniat (= Katalog Kirke Nr. 8): 70, 142, 188 Anm. 244, 280
        1120 Marmorbüste des Commodus: 41 Anm. 136
    Musei Vaticani
        31663 Fragment eines stadtrömischen Sarkophagdeckels (= Katalog Sirenen Nr. 24): 107, *110*, 111 Anm. 122 und 127, 112, 118, 145, 292
        Fragment eines stadtrömischen Sarkophagdeckels (= Katalog Sirenen Nr. 20): 107, 118, 145, 291
        Fresko, sog. Aldobrandinische Hochzeit: 196 Anm. 295
        Odyssee-Fresken vom Esquilin: 69–70, 79
    Museo Nazionale Romano
        15 Kontorniat (= Katalog Skylla Nr. 24): 139–40, 142, 297
        19 Kontorniat (= Katalog Skylla Nr. 3): 139–40, 296
        20 Kontorniat (= Katalog Skylla Nr. 7): 139–40, 296
        1241 polychromes Mosaikfeld (= Katalog Polyphem Nr. 10): *49*, 50, 79, 103, 195 Anm. 294, 277
        27220 Fragment eines stadtrömischen Sarkophagdeckels (= Katalog Sirenen Nr. 18): 107, 111 Anm. 122, 118, 145, 290
        80005 Marmorgruppe Satyr und Mänade, Typus Ludovisi: 49 Anm. 175
        113227 Deckel eines stadtrömischen Sarkophags (= Katalog Sirenen Nr. 15): 91 Anm. 35, 107, *108*, 111 Anm. 122, 114, 118, 145, 191 Anm. 264, 289
    Museo Torlonia
        Marmorskulptur eines Widders mit darunter hängendem Odysseus: 48 Anm. 171
    Palazzo dei Conservatori
        966 Wagenbeschlag, sog. Tensa Capitolina: 77 Anm. 141
    Palazzo Giustiniani
        verschollen, stadtrömischer Sarkophagkasten (= Anhang Skylla Nr. 8): 137 Anm. 75, 312
    Palazzo Lancelotti
        Fragmente eines stadtrömischen Sarkophagkastens (= Anhang Skylla Nr. 10): 137 Anm. 73 und 75, 312
    Priscilla-Katakombe
        Fragment eines stadtrömischen Sarkophagdeckels (= Katalog Sirenen Nr. 27): 107, 111–12, 118, 145, 293
        Fragment eines stadtrömischen Sarkophagdeckels (= Katalog Sirenen Nr. 28): 107, 111–12, 118, 145, 293–94
    S. Maria dell'Anima
        Fragment eines stadtrömischen Sarkophagdeckels (= Katalog Polyphem Nr. 6; Skylla Nr. 124): 43, 74, *145*, 275

S. Maria Maggiore
  polychrome Wandmosaiken im Langhaus und am Triumphbogen: 196 Anm. 297
S. Pancrazio
  unterirdische Bestattung des Jahres 454 n. Chr. (ICUR II, 4277): 112 Anm. 131
S. Stefano Rotondo
  Kapitelle: 113 Anm. 135
Ss. Felix und Audactus
  Grab mit Wandmalereien des 7. Jahrhunderts: 112 Anm. 131
Vatikanische Gärten
  verschollen, Fragmente eines stadtrömischen Sarkophagdeckels (= Katalog Sirenen Nr. 16): 107–08, 118, 145, 289
Via del Collegio Capranica 10
  Fragment eines stadtrömischen Sarkophagdeckels (= Katalog Polyphem Nr. 5): *43*, 74, 275
Via Tiburtina, Kapelle des 4. oder 5. Jahrhunderts
  Sarkophagdeckel als Stufe zum Presbyterium (= Katalog Sirenen Nr. 15): 107, *108*, 109, 111 Anm. 122, 114, 118, 145, 191 Anm. 264, 289
  Grab aus Riefelsarkophagteilen unter dem Presbyterium: 114 Anm. 139
Viale Manzoni
  Fresken in einem Hypogäum (= Katalog Heimkehr Nr. 6): 76, 177, 183, 186, *187*, 188, *189*, 190–93, 198, 315
Villa Albani
  565/566 Fragmente eines stadtrömischen Sarkophagdeckels (= Katalog Sirenen Nr. 17): 107, 109 Anm. 112, 118, 145, 290
Villa Saraffini
  verschollen, Fragment eines stadtrömischen Sarkophagdeckels (= Katalog Sirenen Nr. 21): 107, 118, 145, 291
Rossano, Museo Diocesano
  Codex Purpureus: 183

Samos, Museum
  54.C.P. samische (?) Tonlampe (= Katalog Heimkehr Nr. 3): 177–80, 182, 185, 314
  220.C.P. attische Tonlampe (= Katalog Heimkehr Nr. 2): 177, *178*, 179–80, 182, 185, 314
San Simeon (CA), State Historical Monument
  529.9.414 stadtrömischer Sarkophagkasten (= Katalog Sirenen Nr. 14): 107–08, 118, 288
Sbeïtla, Archäologisches Depot
  polychromes Bodenmosaik (Fischer und Nereiden): 114 Anm. 144
Selçuk, Efesmüzesi
  1093; 1557; 1558; 1559; 1560; 1561; 1562 Fragmente von marmornen Giebelfiguren mit Odyssee-Szene: 30 Anm. 73
Sepphoris, sog. Haus des Patriarchen
  Mosaik (Dionysos und Herakles): 117 Anm. 162
Sétif, sog. *Small North West Baths*
  polychromes Bodenmosaik (Venus marina und Gefolge): 137 Anm. 76
Sfax, Museum
  M 41, M 41 bis, M 52 Fragmente eines polychromen Bodenmosaiks (= Katalog Sirenen Nr. 4 und Skylla Nr. 1): 96 Anm. 58, *97*, 98–99, 284 (Sirenen Nr. 4), 98 Anm. 65, *130*, 131, 295 (Skylla Nr. 1), 146 Anm. 102 (beide)
Silistra, Grabkammer
  Wandmalereien: 105 Anm. 96, 176 Anm. 177
Sousse, Museum
  Fragmente nordafrikanischer Sigillata (= Katalog Kirke Nr. 14): 73 Anm. 111, 74, 77 Anm. 133 und 136, 82, 188 Anm. 244, 281
  polychromes Bodenmosaik (Venus Anadyomene): 135 Anm. 67
  polychromes Bodenmosaik (Triumphzug des Dionysos): 196 Anm. 301
  polychromes Bodenmosaik (Vergil): 196 Anm. 296
Sperlonga, Museo Archaeologico Nazionale
  Fragmente der Marmorskulpturen aus dem Grottentriklinium der Villa des Tiberius: 50 Anm. 182
Split, Archäologisches Museum
  C 170 rundplastischer Kopf (= Anhang Polyphem Nr. 1): 30 Anm. 71, 278
St. Petersburg, Staatliche Ermitage
  ω 279 Silberschale (Waffenstreit): 42 Anm. 141, *208*,
  ω 282 Silberschale (Thiasos): 196 Anm. 301
  10296 reliefiertes und bemaltes Holz (Nilszene): 115 Anm. 148
  A 196 Fragment eines stadtrömischen Sarkophags (Freiermord): 188 Anm. 247
Stockholm, Nationalmuseum
  Kontorniat (= Katalog Skylla Nr. 80): 140–42, 303
Suwayfiyah (Jordanien), Kapelle
  polychromes Bodenmosaik (Landarbeiter und Hirten): 34 Anm. 94

Tarragona, Museo Nacional Arqueológico
  stadtrömischer Sarkophag (Philosophen): 81 Anm. 154

Tarent, Museo Nazionale
  20324 attisch-schwarzfigurige Lekythos (Kirke): 69 Anm. 85
Tarquinia, Tomba dell'Orco
  Wandmalereien: 35 Anm. 97
Toledo (OH), The Toledo Museum of Art
  26.9 Gift of Clement O. Miniger, Marmorstatue eines Widders: 48 Anm. 171
Toulouse, Musée Saint-Raymond
  30338 Fragment der Marmorstatue eines Kaisers oder Feldherrn: 79 Anm. 146
  30373–30383 Marmorreliefs mit Taten des Hercules: 41 Anm. 134
Trier, Rheinisches Landesmuseum
  G. 13 Herme mit Herculeskopf: 41 Anm. 135
  P. M. 20203.1019 Kontorniat (= Katalog Skylla Nr. 68): 140–42, 302
Tübingen, Archäologisches Institut der Universität
  Kontorniat (= Katalog Skylla Nr. 69): 140–42, 302
Tunis, Musée de Bardo
  1795 Fragment nordafrikanischer Sigillata (= Katalog Kirke Nr. 15): 73 Anm. 111, 74, 82, 188 Anm. 244, 281
  2884 A polychromes Bodenmosaik (= Katalog Sirenen Nr. 1): *94*, 95, *96*, 97, 99, 102 Anm. 86, 146 Anm. 104, 195 Anm. 294, 283
  2985 polychromes Mosaikfeld (= Katalog Sirenen Nr. 3): 97 Anm. 63, 99, 102 Anm. 86, 284
  A 1 polychromes Bodenmosaik, sog. Dominus-Iulius-Mosaik: 39 Anm. 117
  Tonlampe (= Anhang Skylla Nr. 3): *135*, 310
  polychromes Bodenmosaik aus Oudna (Landleben): 34 Anm. 94
  polychromes Bodenmosaik aus den Thermen von Sidi Ghrib (Frauengemach): 196 Anm. 298
Turin, Museo Communale
  Kontorniat (= Katalog Skylla Nr. 6): 139–40, 296

Umm Ar-Rasas (Jordanien), Kirche des Priesters Wa'il
  polychromes Bodenmosaik (Fischer): 34 Anm. 94

Venedig, Museo Civico
  934 Kontorniat (= Katalog Skylla Nr. 53): 140–42, 301
  964 Kontorniat (= Katalog Skylla Nr. 108): 140–42, 306
  965 Kontorniat (= Katalog Skylla Nr. 91): 140–42, 304
  966 Kontorniat (= Katalog Skylla Nr. 119): *141*, 142, 307
Vinkovci, Gradski muzej
  Fragment einer pannonischen Terra-Sigillata-Bilderschüssel (= Katalog Polyphem Nr. 3; Heimkehr Nr. 5): *34*, 35, *54*, 74, 78, 184, 274 (Polyphem Nr. 3), 177, 184, *185*, 186, 190, 315 (Heimkehr Nr. 5)

Warschau, Nationalmuseum
  147975 Marmorrelief mit Odyssee-Szene, sog. Tabula Rondanini: 69–70, 79
Wien
  Bundessammlung von Münzen, Medaillen und Geldzeichen
    32485 Kontorniat (= Katalog Skylla Nr. 110): 141–42, 306
    32499 Kontorniat (= Katalog Skylla Nr. 29): 141–42, 298
    32500 Kontorniat (= Katalog Skylla Nr. 30): 141–42, 298
    32533 Kontorniat (= Katalog Skylla Nr. 21): 139–40, 297
    32534 Kontorniat (= Katalog Skylla Nr. 23): 139–40, 297
    32561 Kontorniat (= Katalog Skylla Nr. 120): 141–42, 307
    32590 Kontorniat (= Katalog Skylla Nr. 36): 141–42, 299
    32591 Kontorniat (= Katalog Skylla Nr. 92): 140–42, 304
    32610 Kontorniat (= Katalog Polyphem Nr. 12): 52–53, 78, 142, 278
    38581 Kontorniat (= Katalog Skylla Nr. 95): 140–42, 305
    46588 Kontorniat (= Katalog Kirke Nr. 2): 70, 142, 188 Anm. 244, 279
  Dorotheum, Slg. Apostolo Zeno
    2616 Kontorniat (= Katalog Skylla Nr. 93): 140–42, 304
    2636 Kontorniat (= Katalog Polyphem Nr. 18): 52–53, 78, 142, 278
Woburn Abbey (Bedfordshire)
  fragmentierter attischer Sarkophag (Achill): *209*

Zay al-Gharby (Jordanien), Kirche
  polychromes Bodenmosaik (Nillandschaft): 115 Anm. 148

## Verzeichnis der Inschriften auf Denkmälern

auf Fresken
  Grab von Asgafa El-Abiar (= Katalog Sirenen Nr. 13; Skylla Nr. 123): 288
auf Grabplatten
  Rom, Hypogäum am Viale Manzoni (= zu Katalog Heimkehr Nr. 6): 191 Anm. 260
auf Kastenbeschlägen
  Budapest, Magyar Nemzeti Múzeum, erworben 1852: 76 Anm. 124
  Budapest, Magyar Nemzeti Múzeum 14.1927.3: 76 Anm. 124
auf Kontorniatrückseiten
  Katalog Polyphem Nr. 11–18: 278
auf Mosaiken
  Beth Shean, Museum (= Katalog Sirenen Nr. 29; Skylla Nr. 125): 115–16, 146
  Brüssel, Nationalmuseum (= Katalog Heimkehr Nr. 7): 195, 197, 201, 317
  Damaskus, Nationalmuseum (sog. Eutekneia-Mosaik): *80*, 81
  Madaba
    Apostelkirche (Thalassa-Mosaik): 102
    Hippolytos-Halle (Aphrodite-Mosaik): 195 Anm. 290
    Hippolytos-Halle (Hippolytos-Mosaik): 197 Anm. 308
  Rom, Hypogäum am Viale Manzoni (= zu Katalog Heimkehr Nr. 6): 191, 316
auf Münzen
  Kupfermünze geprägt in Tarsos (= Anhang Skylla Nr. 5): 311
auf Sarkophagdeckeln
  Rom, Musei Vaticani 31663 (= Katalog Sirenen Nr. 24): 112, 292
  Rom, Museo Nazionale Romano 113227 (= Katalog Sirenen Nr. 15): 107, *108*, 289
  Rom, Villa Albani 565/566 (= Katalog Sirenen Nr. 17): 290
auf Sarkophagkästen
  Neapel, Museo Nazionale 6582 (= Katalog Polyphem Nr. 7 und 8): *44*, 276
auf Tongefäßen
  Ischia, Museo Archeologico, Rhodische Kotyle, sog. Nestorbecher: 6 Anm. 54
  nordafrikanische Sigillata (= Katalog Kirke Nr. 10–23): 82, 281–83
  Vinkovci, Museum, pannonische Terra-Sigillata-Bilderschüssel (= Katalog Polyphem Nr. 3; Heimkehr Nr. 5): *34*, 274
auf Tonlampen
  Athen, Nationalmuseum 3124: 104 Anm. 92
  Clermont-Ferrand, Musée Bargoin 56.465.60 (= Katalog Sirenen Nr. 11): 287
  Paris, Bibliothèque Nationale 5296 (= Katalog Sirenen Nr. 10): 287
im CIL
  I2 6–7: 29 Anm. 58

## Verzeichnis der erwähnten Textstellen

Aelian, *De natura animalium* ed. Scholfield 1958
  4, 40 (= Text Heimkehr Nr. 6): 160, 261
  7, 29: 160 Anm. 79 u. 83
  ——*Varia historia* ed. Dilts 1974
  14, 45 (= Text Heimkehr Nr. 12): 162, 262
Aischylos, *Agamemnon*
  1228–1234: 124 Anm. 21
Altes Testament, *Genesis*
  3, 5: 92 Anm. 46
  13, 8–12: 196 Anm. 296
  14, 18–20: 196 Anm. 296
  ——*Hiob*
  2, 8–12: 192 Anm. 277
  ——*Jeremia*
  50, 37: 92 Anm. 44
Ambrosius, *De excessu fratris Satyri*
  2, 127 (= Text Kirke Nr. 14): 63–64, 238
  2, 130: 63 Anm. 47
  ——*De fide (ad Gratianum)* ed. Markschies 2005
  1, 6, 46 (= Text Skylla Nr. 14): 17, 126–27, 255
  3, 1, 4 (= Text Sirenen Nr. 22): 17, 29 Anm. 57, 92–93, 249
Ammianus Marcellinus, *Res Gestae* ed. Seyfarth 1978
  14, 9, 3: 126 Anm. 29
  29, 2, 14 (= Text Sirenen Nr. 27): 93, 96, 251
Ampelius, *Liber memorialis* ed. König 2010
  8, 5 (= Text Heimkehr Nr. 33): 172, 181 Anm. 209, 270
Anaxilas
  fr. 22 Kassel – Austin: 89 Anm. 26, 123 Anm. 17, 124 Anm. 22
*Anthologia Graeca* ed. Beckby 1957–1958
  2, 305. Siehe Apuleius
  9, 166. Siehe Pallades
  9, 184. Siehe Bakchylides
  9, 816 (anonym): 318
  10, 50. Siehe Pallades
  11, 77. Siehe Lukilios
  14, 102 (= Text Sirenen Nr. 13): 89, 246
Apollodor, *Epitome*
  7: 58–59, 156–57, 163
Apollonios von Rhodos, *Argonautika*
  891–903: 90 Anm. 29
Apuleius (in *Anthologia Graeca* 2, 305 ed. Beckby 1957–1958): 89 Anm. 23
Aristoteles, *Historia animalium*
  8, 28, 606 a 2–5: 160 Anm. 77
  ——*Metaphysik*
  5, 28, 1024 b 9–16: 164 Anm. 100
  ——*Poetik*
  16, 1454 b: 161 Anm. 85
  ——*Rhetorik*
  1, 4, 1359 b 10: 164 Anm. 100
Athenaios, *Deipnosophistae* ed. Olson 2006–2010
  1, 10E–F (= Text Kirke Nr. 9): 24–25, 62, 235–36
  11, 460A (= Text Heimkehr Nr. 9): 161, 262
  13, 559B–C (= Text Heimkehr Nr. 11): 162, 171 Anm. 149, 262
Augustinus, *Confessiones*
  1, 14, 23: 3 Anm. 26
  ——*De civitate Dei* ed. Dombart – Kalb 41928
  18, 17 (= Text Kirke Nr. 23): 66 Anm. 65, 240
  22, 8: 52 Anm. 197
  ——*De musica* ed. Hentschel 2002

1, 4, 8 (= Text Heimkehr Nr. 27): 160, 268
——*De quantitate animae* ed. Andresen 1973
   26, 50 und 28, 54 (= Text Heimkehr Nr. 26): 160, 267–68
(Ps.-)Ausonius, *Periocha Odyssiae* ed. Green 1999
   9, 8–14 (= Text Polyphem Nr. 10): 27, 31, 169 Anm. 131, 225
   10, 9–14 (= Text Kirke Nr. 19 a): 27, 65, 169 Anm. 131, 239
   12, 3–7 (= Text Kirke Nr. 19 b): 65, 126, 128, 169 Anm. 131, 240
   19 (= Text Heimkehr Nr. 29 a): 169, 268–69
   24, 7–9 (= Text Heimkehr Nr. 29 b): 27, 169, 269

Bakchylides (in *Anthologia Graeca* 9, 184 ed. Beckby 1957–1958): 89 Anm. 23
Basileios von Caesarea, *Ad adolescentes* ed. Naldini 1990
   4, 2 (= Text Sirenen Nr. 11): 88, 246
——*Epistulae* ed. Deferrari 1928
   147 (= Text Skylla Nr. 6): 124–25, 253
Boethius, *Consolatio Philosophiae* ed. Gegenschatz – Gigon 1998
   I 1. pr. Z. 13–17: 196 Anm. 297
   I 1. pr., Z. 26–43 (= Text Sirenen Nr. 21): 87 Anm. 15, 91, 92 Anm. 49, 109 Anm. 117, 248–49
   IV 3. pr.: 63 Anm. 45
   IV 3. c. (= Text Kirke Nr. 13): 63, 66, 237–38
   IV 7. pr., Z. 4–9: 26 Anm. 37
   IV 7. pr., Z. 43–63 (= Text Polyphem Nr. 9 a): 26–29, 31, 61 Anm. 34, 200 Anm. 329, 224–25
   IV 7. c., Z. 8–12 (= Text Polyphem Nr. 9 b): 26–29, 200 Anm. 329, 225

Cassiodor, *Variae* ed. Fridh 1973
   2, 40, 10 (= Text Sirenen Nr. 20): 28 Anm. 50, 91, 93, 96, 248
Claudian, *Carmina* ed. Hall 1985
   *De consulatu Stilichonis* II, 131–134 (= Text Kirke Nr 22): 66 Anm. 64, 67, 240
   *In Eutropium* 2, 376–378 (= Text Polyphem Nr. 16): 30–31, 226
   *In Sirenas* (= Text Sirenen Nr. 25): 92, 95, 250
——*Carmina minora* ed. Ricci 2001, *Laus Serenae* (carmen 30)
   19–33 (= Text Heimkehr Nr. 35): 30 Anm. 66, 171 Anm. 150, 173, 270–71
   146–148: 3 Anm. 26
——*Epithalamium* ed. Loeb Classical Library 1922
   229–237: 3 Anm. 26
——*In Rufinum* ed. Prenner 2007
   1, 294–296 (= Text Skylla Nr. 13): 126, 255
Clemens von Alexandria, *Paidagogos* ed. Marcovich 2002
   2, 10, 95, 3 – 97, 3: 168 Anm. 125
   2, 10, 97, 1–2 (= Text Heimkehr Nr. 25): 168, 172, 267

Damaskios, *In Platonis Phaedonem* ed. Westerink 1977
   1 § 358 (= Text Heimkehr Nr. 19): 164–65, 265
Diktys von Kreta, *Ephemeris belli Troiani* ed. Eisenhut 1973
   6, 5 p. 123, 22 – p. 124, 9 (= Text Polyphem Nr. 8): 23 Anm. 22, 25–26, 29 Anm. 60, 39–42, 158, 224
   6, 5 p. 124, 10–13 (= Text Kirke Nr. 20): 59 Anm. 28, 65, 67, 240
   6, 5 p. 124, 15–19 (= Text Skylla Nr. 8): 87 Anm. 16, 91, 125, 253
   6, 5–6 p. 124, 19 – p. 125, 16 (= Text Heimkehr Nr. 30): 169–70, 269
Diogenes Laertius, *Vitae philosophorum* ed. Marcovich 1999
   2, 79 (= Text Heimkehr Nr. 20): 165, 200 Anm. 331, 201 Anm. 337, 265

*Eklogé Historiôn*: 59 Anm. 29, 158 Anm. 63

(Ps.-)Elias, *In Porphyrii Isagogen*
   p. 59, 21–25 (= Text Heimkehr Nr. 7 a): 161, 261
   p. 78, 25–28 (= Text Heimkehr Nr. 7 b): 161, 261
Ennodius, *Epistulae*
   2, 6 (= Text Heimkehr Nr. 34): 172, 270
*Epigrammata Bobiensia*
   51: 143
Epiphanios von Salamis, *Ancoratus* ed. Holl 1915
   105, 6 (= Text Heimkehr Nr. 16): 163, 263
Eunapios, *Vita Sophistarum*
   483: 200 Anm. 327
Euripides, *Cyklops*: 29 Anm. 60
——*Medea*
   1342 f.: 124 Anm. 21
——*Troades*
   709–789: 209 Anm. 7
   1118–2155: 209 Anm. 7
Eusebius von Caesarea, *Historia ecclesiae*
   6, 43, 11: 52 Anm. 197
Eustathios, *Commentarii ad Homeri Odysseam*
   1390, 2–7: 164 Anm. 101
   1437, 19–30: 164 Anm. 101
   1821, 9–13: 165 Anm. 105

Fulgentius, *Expositio Virgilianae continentiae* ed. Agozzino – Zanlucchi 1972
   151 (= Text Polyphem Nr. 12): 28–29, 31, 47, 61 Anm. 34, 225–26
——*Mitologiarum libri tres* ed. Helm 1898
   2, 8 (= Text Sirenen Nr. 24): 90 Anm. 32, 92–93, 200 Anm. 329, 250
   2, 9 (= Text Skylla Nr. 16): 67 Anm. 68, 90, 127–28, 134, 142, 170, 200 Anm. 239, 255–56

Gregor von Nazianz, *Adversus mulieres se nimis ornantes* ed. Knecht 1972
   Verse 41–42 (= Text Heimkehr Nr. 24): 167–68, 172, 267
Gregor von Nyssa, *Contra Eunomium* (Gregori Nysseni opera I)
   3, 5, 44 p. 176, 6–9 (= Text Polyphem Nr. 7): 25, 224
——*Vita Macrinae* (Patrologia Graeca 46, 989 C/D): 52 Anm. 197

Heraklit, *Homerische Probleme*
   70, 1: 6
Hesiod, *Theogonie*
   217–219: 185 Anm. 231
   571–589: 57 Anm. 14
   1011–1016: 67 Anm. 72, 157 Anm. 61
   1017 f.: 157 Anm. 61
Hesych v. Alexandria, *Lexicon* ed. Latte 1966
   K 4604–5 (= Text Heimkehr Nr. 5): 159–60, 261
Hieronymus, *Adversus Iovinianum* (Patrologia Latina 23)
   1, 4 (= Text Sirenen Nr. 17): 91 Anm. 39, 248
   1, 7: 127 Anm. 34
   1, 43–45: 171
   1, 45 (= Text Heimkehr Nr. 32): 171, 270
——*Chronica* ed. Helm – Treu 1984
   S. 62b Z. 21–24 (= Text Skylla Nr. 9): 125, 253
   S. 62b Z. 24 ff.: 87 Anm. 15
——*Epistulae*
   14,6 (= Text Skylla Nr. 15): 127, 255
   39, 1: 3 Anm. 26
   54, 13 (= Text Sirenen Nr. 19): 91, 248

Ps.-Hieronymus, *Epistulae* (Patrologia Latina 30)
  36, 9 (= Text Skylla Nr. 17): 128, 256
Hippolytos. *Refutatio omnium haeresium* ed. Marcovich 1986
  1, 26, 2, 37 (= Text Polyphem Nr. 6): 25 Anm. 32, 223–24
  6, 15, 4 – 6, 16, 2 (= Text Kirke Nr. 11): 63, 236
  7, 13, 1–3 (= Text Sirenen Nr. 8): 12 Anm. 108, 88,
    89 Anm. 27, 91, 96, 113 Anm. 137, 116 Anm. 154, 245
Homer, *Ilias*
  1. Buch: 2 Anm. 8, 153 Anm. 44
  2. Buch: 2 Anm. 7–8
  3. Buch: 2 Anm. 8, 86 Anm. 11, 154 Anm. 56
  4. Buch: 2 Anm. 9
  7. Buch: 2 Anm. 7
  8. Buch: 71 Anm. 98
  9. Buch: 2 Anm. 8 u. 11
  10. Buch: 209–10
  11. Buch: 2 Anm. 7, 6 Anm. 54
  13. Buch: 160 Anm. 75
  14. Buch: 2 Anm. 7
  16. Buch: 123 Anm. 14
  21. Buch: 154 Anm. 50
  23. Buch: 2 Anm. 7
  —— *Odyssee*
  1. Buch: 20 Anm. 9,
    59 Anm. 24, 122 Anm. 10, 149 Anm. 5, 150 Anm. 10
    u. 17, 151 Anm. 24, 152 Anm. 39, 153 Anm. 42–49,
    158 Anm. 65, 206
  2. Buch: 56 Anm. 13, 149 Anm. 4 u. 6, 150 Anm. 7–21,
    151 Anm. 22, 163–64, 167
  4. Buch: 150 Anm. 14, 151, 153 Anm. 42–49, 176 Anm. 181
  5. Buch: 62 Anm. 38–39, 116 Anm. 156, 158 Anm. 64–65
  6. Buch: 206
  8. Buch: 153 Anm. 44
  9. Buch: 19–20, 35 Anm. 98, 40 Anm. 128, 49 Anm. 176,
    154 Anm. 53, 206
  10. Buch: 55–56, 58 Anm. 20, 66, 71 Anm. 96 u. 98,
    76 Anm. 125, 206
  11. Buch: 57 Anm. 17, 157 Anm. 60
  12. Buch: 56, 57 Anm. 17, 85–86, 117 Anm. 160, 121–22,
    126 Anm. 31, 158 Anm. 64–65
  13. Buch: 23, 122 Anm. 8, 149 Anm. 1–3, 151, 159, 206
  16. Buch: 151 Anm. 27, 182
  17. Buch: 151 Anm. 28, 159, 180–81
  18. Buch: 153 Anm. 46, 156 Anm. 58
  19. Buch: 151–52, 156 Anm. 58, 159 Anm. 71, 161, 167,
    175–77, 183, 184 Anm. 224, 188
  20. Buch: 1 Anm. 6
  22. Buch: 150 Anm. 20, 197, 206
  23. Buch: 150 Anm. 9, 152, 153 Anm. 49, 194–95, 197
  24. Buch: 153 Anm. 49, 167, 186, 188–90, 197
  *Homerische Hymnen, Ad Venerem*
    28 f.: 56 Anm. 8
    172–175: 56 Anm. 8
Horaz. *Epistulae*
  1, 2: 29 Anm. 56, 63 Anm. 42, 64 Anm. 48
Hygin, *Fabulae*
  125: 64, 90 Anm. 30, 168 Anm. 128
  126: 168 Anm. 128
  127: 168 Anm. 128

Isidor von Sevilla, *Etymologiae* ed. Lindsay 1911
  2, 12, 5–6 (= Text Skylla Nr. 11 d): 30 Anm. 68, 125–27, 254
  10, 163 (= Text Polyphem Nr. 18 a): 7 Anm. 69, 30–31, 227
  11, 3, 12 (= Text Polyphem Nr. 18 b): 7 Anm. 69, 30–31, 227
  11, 3, 30–31 (= Text Sirenen Nr. 16 a): 30 Anm. 68,
    87 Anm. 15, 90, 247
  11, 3, 32 (= Text Skylla Nr. 11 a): 30 Anm. 68, 126, 254
  11, 4, 1 (= Text Kirke Nr. 27 a): 30 Anm. 68, 66 Anm. 65, 242
  12, 4, 29 (= Text Sirenen Nr. 16 b): 90 Anm. 33, 247
  13, 18, 3–4 (= Text Skylla Nr. 11 b): 30 Anm. 68, 125–27, 254
  14, 6, 32 (= Text Skylla Nr. 11 c): 30 Anm. 68, 126, 254
  14, 6, 33 (= Text Polyphem Nr. 18 c): 7 Anm. 69, 29 Anm. 60,
    30–31, 227
  18, 28, 1–2 (= Text Kirke Nr. 27 b): 30 Anm. 68, 66 Anm. 67,
    67–68, 71, 242

Johannes Antiochenus, *Historia Chronica* ed. Roberto 2005
  48, 2 p. 106, 14 – p. 108, 32 (= Text Polyphem Nr. 3):
    23 Anm. 22, 25, 29 Anm. 60, 31, 47, 87 Anm. 14, 221–22
  48, 2 p. 108, 33–50 und p. 110, 69–78 (= Text Kirke Nr. 3):
    59–60, 62, 65, 87 Anm. 14, 158–59, 230–31
  48, 2 p. 110, 54–58 (= Text Skylla Nr. 2): 87, 123, 251–52
  48, 2 p. 110, 58–69 (= Text Heimkehr Nr. 3): 158–59,
    169 Anm. 133, 260
Johannes Chrysostomos, *Homil. ad catechum.*
  2, 5: 52 Anm. 201
  —— *In Matthaeum homilie*
  48, 6: 125 Anm. 25
Johannes Malalas, *Chronographia* ed. Thurn 2000
  5, 16: 22 Anm. 19
  5, 17–18 p. 85, 29 – p. 87, 94 (= Text Polyphem Nr. 2): 22–23,
    25, 29 Anm. 60, 40, 47, 87 Anm. 14, 219–21
  5, 19 p. 88, 95 – p. 90, 72 (= Text Kirke Nr. 2): 23 Anm. 24,
    59–60, 62, 65, 67 Anm. 69, 87 Anm. 14, 228–30
  5, 20 p. 90, 79 – p. 91, 85 (= Text Sirenen Nr. 2): 87, 90, 123,
    242
  5, 20 p. 91, 85–92 (= Text Heimkehr Nr. 2): 158,
    169 Anm. 133, 259–60
  5, 29: 22 Anm. 16
Julian, *Briefe* ed. Weis 1973
  36 (= 81 Bidez) (= Text Heimkehr Nr. 13): 162, 262–63
  —— *Misopogon* ed. Müller 1998
  344D (= Text Heimkehr Nr. 8): 161, 261–62
  —— Εὐσεβείας τῆς βασιλίδος ἐγκώμιον ed. Bidez 1932 (= Text
    Heimkehr Nr. 22 a–c): 165–66, 173, 178, 265–66

Konstantin Manasses, *Ekphrasis* (ed. Sternbach in ÖJh 5, 1902,
  Beiblatt Sp. 65–94)
  Sp. 83–85: 30 Anm. 73
Kyrill von Alexandria, *Commentarium in Isaiam* (= Text Sirenen
  Nr. 12): 88, 246

Lactantius Placidus, *In Statii Thebaida commentum* ed. Sweeney
  1997
  4, 550–551 (= Text Kirke Nr. 18): 64, 66 Anm. 67, 239
*Laudatio Turiae* ed. D. Flach: 170 Anm. 144, 171 Anm. 151
Leander von Sevilla, *De institutione virginum et de contemptu
  mundi (Regula sancti Leandri)*
  cap. 1 (= Text Sirenen Nr. 26): 17, 92, 250–51
Libanios. *Orationes* ed. Martin 1979
  1, 22 (= Text Skylla Nr. 7): 124–25, 130, 134, 253
Livius, *Ab urbe condita*
  10, 23, 7: 27 Anm. 43
Lukian, *Imagines*
  13 f.: 91 Anm. 40
Lukilios (in *Anthologia Graeca* 11, 77 ed. Beckby 1957–1958):
  160 Anm. 82

Lykophron, *Alexandra*
  669: 123 Anm. 17
  712–737: 90 Anm. 29
  714 f.: 90 Anm. 34

Macrobius, *In somnium Scipionis* ed. Willis 1994
  2, 3, 1 (= Text Sirenen Nr. 18): 91 Anm. 39, 248
  ——*Saturnalia*
  5, 5–8: 29 Anm. 63
Martial, *Epigramme*
  14, 184: 3 Anm. 20
Martianus Capella, *De nuptiis Philologiae et Mercurii* ed. Dick 1925
  6, 641 (= Text Kirke Nr. 25): 7 Anm. 66, 29 Anm. 61, 67–68, 91, 126 Anm. 32, 241
  6, 648: 7 Anm. 66
  6, 656: 7 Anm. 66
Maximus von Turin, *Sermones*
  37, 2–3 (= Text Sirenen Nr. 23): 11, 91–93, 113 Anm. 137, 168 Anm. 126, 249–50
Methodios, *De autexusio* (Patrologia Orientalis 22 fasc. 5)
  1, 1–3 (= Text Sirenen Nr. 6): 88, 91, 244
  ——*Symposion* ed. Debidour – Musurillo 1963
  8, 1 (= Text Sirenen Nr. 7): 88, 244
Mythographus Vaticanus I, *Fabulae*
  1, 3: 67 Anm. 68, 129 Anm. 51
  1, 5: 24 Anm. 31, 30 Anm. 70
  1, 15: 7 Anm. 64, 30 Anm. 70, 64 Anm. 49, 168 Anm. 128
  1, 42: 7 Anm. 64, 91 Anm. 36
  1, 88: 7 Anm. 64, 169 Anm. 130
  2, 84: 7 Anm. 64, 91 Anm. 36
  2, 100: 7 Anm. 64, 30 Anm. 70
  3, 1, 77–78: 7 Anm. 64

*Narrationes fabularum Ovidianarum* ed. Slater 1927
  5, 8 (= Text Sirenen Nr. 14): 90, 246–47
  14, 1 (= Text Skylla Nr. 18 a): 67, 90, 128, 256–57
  14, 2 (= Text Skylla Nr. 18 b): 128, 257
  14, 5–6 (= Text Kirke Nr. 24): 28, 67, 90, 241
Neues Testament, *Johannes*
  13, 4–17: 183 Anm. 221
Niketas Choniatis, *De signis*
  650 f.: 143 Anm. 91
Nonius Marcellus, *De compendiosa doctrina*
  440, 1: 171 Anm. 146
Nonnos, *Dionysiaka*
  14, 87–94 ed. Gonnelli 2008 (= Text Heimkehr Nr. 15): 163, 263
  42, 409 ed. Accorinti 2004 (= Text Skylla Nr. 3): 123, 129, 252
  47, 219–245: 160 Anm. 84

Olympiodor, *In Phaidonem* ed. Westerink 1976
  6 § 2 Z. 5–10 (= Text Kirke Nr. 8): 62, 67 Anm. 70, 82, 200 Anm. 329, 235
Orosius, *Historia adversum paganos* ed. Arnaud-Lindet 1990
  2, 14, 1 (= Text Polyphem Nr. 17): 29 Anm. 60, 30 Anm. 67, 31, 227
Ovid, *Metamorphosen*
  5. Buch: 90
  8. Buch: 129 Anm. 49
  10. Buch: 128 Anm. 40
  13. Buch: 128–29
  14. Buch: 27–28, 63 Anm. 44, 65–67, 75 Anm. 123
  15. Buch: 128 Anm. 40

Palaiphatos, *De incredibilibus*
  20: 123 Anm. 12, 125 Anm. 26
Pallades
  in *Anthologia Graeca* 9, 166 ed. Beckby 1958 (= Text Heimkehr Nr. 14): 162, 263
  in *Anthologia Graeca* 10, 50 ed. Beckby 1958 (= Text Kirke Nr. 10): 62–63, 67 Anm. 69, 236
Petronius, *Satyrica*
  105: 161 Anm. 86
Philostrat, *Imagines* ed. Schönberger 1968
  2, 28, 1. 4 (= Heimkehr Nr. 23): 45 Anm. 157, 167, 188 Anm. 250, 266–67
Photios, *Bibliotheca* ed. Henry 1967
  239, 319a21 (= Text Kirke Nr. 1 a): 58–59, 157, 227
*Physiologos* ed. Schönberger 2001
  13: 117
Platon, *Symposion*
  211 a–d: 202 Anm. 340
  ——*Politeia*
  10, 614a–621b: 61 Anm. 37
  10, 617b: 87 Anm. 18
Plotin, *Enneades* ed. Henry – Schwyzer 1964
  I 6, 8, 17–20 (= Text Kirke Nr. 6): 61–62, 67 Anm. 70, 109 Anm. 116, 164, 200 Anm. 329, 235
  V 1, 7, 29 f.: 202 Anm. 340
  VI 7, 32, 29: 202 Anm. 340
Plutarch, *Moralia*
  988D–992E (›*Gryllos*‹): 61 Anm. 36
  704C: 109 Anm. 117
Polybios, *Historiae*
  15, 20, 3: 101 Anm. 80
Porphyrios, *De abstinentia*: 40 Anm. 128
  ——*De antro nympharum*
  34–35 (= Text Polyphem Nr. 4): 23–24, 28, 31, 47, 61 Anm. 34, 109 Anm. 116, 200 Anm. 329, 222–23
  ——*Fragmenta* ed. Smith 1993
  382 (= Stobaios 1, 49, 60) (= Text Kirke Nr. 5): 61–63, 67 Anm. 70, 109 Anm. 116, 193 Anm. 280, 233–35
  ——*Quaestiones Homericae ad Odysseam pertinentes* ed. Schrader 1890
  p. 68, 23 – p. 70, 8 (= Text Heimkehr Nr. 17): 164, 200 Anm. 329, 264
  p. 79, 16 – p. 80, 7: 21 Anm. 13
  p. 84, 13 – p. 86, 13 (= Text Polyphem Nr. 1 a): 20–23, 215–16
  p. 86, 14 – p. 87, 10 (= Text Polyphem Nr. 1 b): 21–23, 216–17
  p. 90, 9 – p. 91, 14 (= Text Polyphem Nr. 1 c): 21–23, 217–18
  p. 92, 16–18 (= Text Polyphem Nr. 1 d): 21–23, 218
  p. 92, 27 – p. 93, 7 (= Text Polyphem Nr. 1 e): 21–23, 218
  p. 93, 18–21 (= Text Polyphem Nr. 1 f): 21–23, 218
  p. 94, 18–25 (= Text Polyphem Nr. 1 g): 21–23, 218
  p. 94, 26 – p. 95, 18 (= Text Polyphem Nr. 1 h): 21–23, 219
  p. 98, 2–7 (= Text Kirke Nr. 4 a): 60, 231
  p. 98, 20 – p. 99, 5 (= Text Kirke Nr. 4 b): 52 Anm. 199, 60, 231–32
  p. 99, 6–7 (= Text Kirke Nr. 4 d): 60, 67 Anm. 69, 233
  p. 99, 8 – p. 101, 6 (= Text Kirke Nr. 4 c): 60–61, 76 Anm. 126, 200 Anm. 329, 232–33
  p. 101, 17 – p. 102, 3 (= Text Kirke Nr. 4 e): 60, 233
  p. 110, 18–21 (= Text Skylla Nr. 1 a): 123, 251
  p. 110, 22–24 (= Text Skylla Nr. 1 b): 123, 251
  p. 112, 10–12 (= Text Sirenen Nr. 1): 87, 242
  p. 112, 13 – 113, 2 (= Text Skylla Nr. 1 c): 123, 125, 251
  p. 121, 11 – p. 122, 24 und p. 123, 3–9 (= Text Heimkehr Nr. 1): 155–56, 159, 161, 163, 182, 258–59

p. 123, 13–19 (= Text Heimkehr Nr. 4 a): 159, 260
p. 123, 19–20 (= Text Heimkehr Nr. 4 b): 159, 260
p. 124, 1–4 (= Text Heimkehr Nr. 4 c): 159, 261
——*Vita Plotini*
   3: 4 Anm. 30
   11: 24 Anm. 30
——*Vita Pythagorae* ed. des Places – Segonds 1982
   39 (= Text Sirenen Nr. 4): 87–88, 243
   41: 52 Anm. 199
Proklos, *Chrestomathie* ed. Severyns 1963
   p. 96, 304 – p. 97, 330 (= Text Kirke Nr. 1 b): 58–59, 157, 163, 227–28
——*In Alcibiadem* ed. Segonds 1986
   110E2–10 p. 257, 9–17 Creuzer (= Text Kirke Nr. 7): 62, 109 Anm. 116, 200 Anm. 329, 235
——*In Rem publicam* ed. Kroll 1965
   2 p. 238, 21 – p. 239, 12 (= Text Sirenen Nr. 5): 87–88, 89 Anm. 27, 109 Anm. 116, 243–44
——*In Timaeum* ed. Diehl 1906
   3, 332, 23–28 (= Text Heimkehr Nr. 18): 164, 265
——*Theologia Platonica* ed. Saffrey – Westerink 1968
   1, p. 31, 4: 202 Anm. 340
Prokop von Caesarea, *Anekdota*: 42 Anm. 140
——*De aedificiis*: 42 Anm. 140
——*De bello Gothico* ed Veh 1966
   3, 27 (= Text Skylla Nr. 4): 123–24, 126, 252

Quintilian, *Institutio oratoria*
   12, 10, 64 f.: 3 Anm. 18

Rutilius Claudius Namatianus, *De reditu suo* ed. Vesserau – Préchac 1961
   525–526 (= Text Kirke Nr. 16): 64, 238

Salvian, *De gubernatione Dei* ed. Lagarrigue 1975
   5, 45, 5–11 (= Text Kirke Nr. 15): 64, 66 Anm. 65, 238
Scriptores Historiae Augustae ed. Magie 1980–1991
   *Maximini duo* 8, 5 (= Text Polyphem Nr. 14): 30–31, 226
   *Firmus, Saturninus, Proculus et Bonosus* 4, 1 (= Text Polyphem Nr. 15): 30–31, 226
Seneca, *De constantia sapientis*
   II 1, 2: 29 Anm. 56
——*Troades*: 209 Anm. 7
Servius, *Commentarium in Vergilii Aeneida*
   2, 44 p. 222, 24 – p. 223, 9 ed. Thilo – Hagen 1881 (= Text Heimkehr Nr. 28): 33 Anm. 92, 64, 163, 168–69, 268
   3, 420 p. 417, 9–24 ed. Thilo – Hagen 1881 (= Text Skylla Nr. 10): 67 Anm. 68, 90, 125–29, 253–54
   3, 607 ed. Thilo – Hagen 1881: 71 Anm. 98
   3, 636 p. 447, 3–8 ed. Thilo – Hagen 1881 (= Text Polyphem Nr. 11): 27–28, 31, 47, 61 Anm. 34, 225
   5, 864 p. 654, 21 – p. 655, 5 ed. Thilo – Hagen 1881 (= Text Sirenen Nr. 15): 29 Anm. 61, 87 Anm. 15, 89–91, 247
   7, 19 p. 127, 9–14 ed. Thilo – Hagen 1878 (= Text Kirke Nr. 12): 29 Anm. 56, 63, 64 Anm. 48, 66–67, 237
——*Commentarium in Vergilii Bucolica* ed. Thilo – Hagen 1887
   6, 74 p. 79, 3 – p. 80, 4 (= Text Sykylla Nr. 19): 67 Anm. 68, 90, 129, 257–58

Sextus Empiricus, *Grundzüge der Lehre Pyrrhons*
   1, 14, 68: 160 Anm. 80
Sidonius, *Epistulae* ed. Köhler 1995
   1, 1, 4 (= Text Skylla Nr. 12): 126, 255
   2, 2, 11: 37 Anm. 112
——*Poems and Letters* I ed. Anderson 1980
   *carmen* 11 (= Text Kirke Nr. 21): 66–67, 90, 129, 240
   *carmen* 14: 173 Anm. 163
   *carmen* 15 (= Text Heimkehr Nr. 36): 173–74, 271
Stobaios, *Anthologium* ed. Wachsmuth – Hense 1884–1912
   1, 246, 1–5 (= Text Heimkehr Nr. 21): 165, 200 Anm. 331, 201 Anm. 337, 265
Strabon, *Geographica*
   1, 2, 9: 123 Anm. 12 u. 15, 125 Anm. 26
Symmachus, *Epistulae* ed. Callu 1972
   1, 57, 1 (= Text Kirke Nr. 17): 64, 89, 90 Anm. 38, 239
Synesios von Kyrene, *Epistulae* ed. Roques 2000–2003
   45 p. 65, 35 – p. 66, 3 (= Text Sirenen Nr. 3 b): 88–89, 116 Anm. 154, 243
   121 p. 252, 1 – p. 253, 32 (= Text Polyphem Nr. 5): 24, 50, 88, 223
   139 p. 279, 5–6 (= Text Sirenen Nr. 3 c): 89, 243
   146 p. 290, 12–15 (= Text Sirenen Nr. 3 a): 87, 243

Tertullian, *Ad nationes*
   2, 9 (= Text Heimkehr Nr. 31): 171, 270
——*Apologeticum* ed. Becker 1984
   7, 5 (= Text Polyphem Nr. 13): 30–31, 42, 91 Anm. 42, 95, 226
——*De spectaculis* ed. Weeber 1988
   8, 1–2 (= Text Kirke Nr. 26): 66, 68, 71, 241
Themistios, *Orationes* ed. Schenkl – Downey – Norman 1971
   22 p. 70, 2–19 (= Text Skylla Nr. 5): 124–26, 132, 252–53
Theodoret, *Graecarum affectionum curatio* ed. Canivet 2001
   8, 1 (= Text Sirenen Nr. 10): 88, 245–46
Theokrit, *Idyllen*
   11: 24 Anm. 31
Thukydides *Historiae*
   2, 45: 158 Anm. 67

Vergil, *Aeneis*
   1. Buch: 101 Anm. 78
   3. Buch: 27–28, 126, 128
   5. Buch: 90
   6. Buch: 128 Anm. 42, 143 Anm. 92
   7. Buch: 65–66, 68 Anm. 77
——*Eclogae*
   6, 74–78: 129 Anm. 50
   8, 69 f.: 65 Anm. 52
Ps.-Vergil, *Ciris*: 129 Anm. 47 u. 49
Vitruv, *De architectura*
   7, 5, 2: 8–9, 51

Zacharias Scholastikos, *Disputatio de mundi opificio* ed. Minniti Colonna 1973
   2, 153–162 (= Text Sirenen Nr. 9): 88, 245
Zauberpapyri
   S. Eitrem (ed.), Papyri Osloenses I. Magical Papyri (Oslo 1925)
   p. 14, 288–289 (= Text Heimkehr Nr. 10): 162, 262

## Personen- und Sachregister

*aisthesis* (sinnliche Wahrnehmung): 62, 82, 235, 265
*amicitia* (Freundschaft): 25, 224
*amor* (körperliche Liebe): 92
Amulett: 52 Anm. 42, 53 Anm. 205, 54, 70, 72, 143, 212
Aneignung (filmwissenschaftliches Konzept): 16
Animalität und Destruktivität, weibliche: 206
*areté* (Tugend): 26, 27 Anm. 43, 164, 265

Barfüßigkeit (als ikonographische Chiffre): 34 Anm. 94, 187, 188 Anm. 246, 211, 315
Bart (als ikonographische Chiffre): 32, 34, 211
*bié* (kriegerische Gewalt): 2 Anm. 10
Bildkomposition, Bildgestaltung
    Bedeutungsgröße, Proportionen: 15, 39, 43, 95 Anm. 57, 96, 207, 275
    Hinwendung der Figuren zum Betrachter: 95 Anm. 56
    Metopengliederung: 74, 78 Anm. 145, 280
    perspektivische Darstellung: 105 Anm. 94
    raum-zeitliche Einheit: 12, 180–83, 200, 201 Anm. 333
Bildprogramm: 15, 199–200
*blandimenta* (Schmeicheleien): 63, 237
Blesilla, römische Aristokratin: 3 Anm. 26

*castitas* (Keuschheit): 162, 166 Anm. 111, 168, 170–72, 186, 203, 256, 270
Christentum, christlich: 5 (Traktate), 8 (Allegorese), 60 Anm. 32, 63, 76, 92 Anm. 47, 102 Anm. 88 (Deutung), 105, 111–15, 117 (Allegorese), 126 (Ausdeutung), 127 (Jungfrau), 144. *S. auch* interpretatio christiana
Christus: 11–12, 40 (Christus-Ikonographie), 76, 93, 119, 183–84 (Fußwaschung), 212, 249–50
Circus, öffentliche Spiele: 51, 68 Anm. 79, 70, 143, 241
Claudia Quinta, römische Matrone der Zeit der Republik: 173
Constantina, Kaiserin: 126
Constantius II, Kaiser: 38, 42 Anm. 142, 68 Anm. 76, 165

Dämon, Dämonin: 52, 60 Anm. 31, 61 Anm. 37 (daimon), 66, 68, 73, 231, 223 (Daimon), 234 (daímon), 241. *S. auch* Todesdämon
*decorum* (Anstand): 54, 79, 143, 207, 212
Dichten, narrative Strategien: 35 (narrativen Kern), 146 (narrativen Kern), 122 (narratologische Ebene), 159 (narratologische Funktion bzw. Zwänge), 175 (narratologische Funktion), 183 (narrativen Kern), 203 (narrativen Kern)
Diener, Dienerin: 35, 39 Anm. 117, 40, 42 Anm. 138, 55, 57, 65, 74, 82, 88, 105, 149 Anm. 5, 151, 152 Anm. 35, 156 Anm. 58, 160, 166 Anm. 113, 174–79, 177 Anm. 190, 190, 197 Anm. 308, 206, 259, 288, 308
Diskurs: 13, 14 Anm. 118 u. 119, 17, 22, 25, 79, 92, 106, 114, 127 Anm. 38, 130, 171,

Ehe, Hochzeit: 4 Anm. 33, 7, 67, 150–52, 157, 165, 167, 170, 171 Anm. 151, 182, 197, 241, 265–66, 269
Elite: 3 Anm. 26, 5 Anm. 41, 6, 15 Anm. 125, 16–17, 36–38, 40–41, 42 Anm. 139, 54, 64, 78–80, 83, 87, 89 Anm. 25, 100, 103, 105, 106 Anm. 96, 137, 138 Anm. 79, 178–79, 182, 184–85, 195, 202, 211–12, 251, 322
Entblößung: 95, 114, 195 Anm. 290, 285
Erinnern: 86, 154
Ermächtigung (filmwissenschaftliches Konzept): 16

Erotisierung. *Siehe* Sexualisierung
Erziehung, Bildung: 3, 3 Anm. 26 u. 27, 6, 32–33, 35, 38 Anm. 114, 44 Anm. 150, 61, 78–79, 83–83, 89, 92, 102, 108 Anm. 108, 111, 119, 155, 165, 202, 234, 250, 265. *S. auch* Zweisprachigkeit
Ethik. *Siehe* Moral
Eudoxia, Kaiserin: 60 Anm. 32
Eusebia, Kaiserin: 165–66, 173, 265–66
Eustathios, byzantinischer Gelehrter: 12 Anm. 110, 160, 164–65, 200 Anm. 331
Exomis (Kleidungsstück für Arbeiter): 33, 34 Anm. 94, 39 Anm. 117 (Diener), 40, 70, 75, 95, 116, 118, 141, 180, 187, 193, 211, 273–75, 280, 283–88, 291, 306, 314, 316

*felicitas* (Glücksseligkeit): 26
*fides* (Treue): 26, 170, 173
Filmanalyse: 15–16
Firmus, Kaiser: 30, 226
Fischer, Fischfangszene: 33, 34 Anm. 94, 96–97, 99, 146 Anm. 104, 100–01, 138 Anm. 79, 211, 284–85, 295–96
Frauengemach, Frauengemachszene: 17, 81, 175, 177–78, 204
Furia, römische Aristokratin: 91, 248

Gattenliebe, Verhältnis der Ehepartner: 155, 162–63, 166–67, 173 Anm. 159, 178, 203, 263, 266
*génesis* (philosophisches Konzept): 61–62, 87
Genremotiv, Genreszene: 81, 98, 193 Anm. 281, 202, 212, 284, 295
Geschlechterverhältnis, -hierarchie: 14, 38 Anm. 114, 194 Anm. 284
Geschlechtsverkehr: 49, 56–57, 125, 168–69
Gewalt: 2, 22, 24, 38 Anm. 114, 79, 140, 149, 221, 224, 269. *S. auch* sexualisierte Gewalt
Gewand, schlicht weiß oder luxuriös bunt: 195, 196 Anm. 296, 200, 316–17
Gewebe der Penelope. *Siehe* Webstuhllist
Gier: 8, 19–20, 30, 56 Anm. 11, 88, 122, 124–27, 130, 147, 255
Gift, Giftmischerin: 55, 60–61, 64–68, 75, 83, 128, 129 Anm. 47, 206, 229, 233, 235, 236–39, 241–42, 249, 254, 256–57
Grab: 17, 42, 54, 77 Anm. 141, 82, 105–07, 111–14, 119, 142 Anm. 89, 144–45, 176 Anm. 177, 181, 186, 190–93, 212–13
Grausamkeit: 8, 20, 30, 42, 45 Anm. 157, 106, 123–26, 129, 138, 155, 209 Anm. 8, 257
Guter Hirte: 40, 190–91, 192 Anm. 271

Haare, Haartracht, Kopfbedeckung (als ikonographische Chiffre): 33–34, 56, 118, 129, 135, 138–39, 166, 193, 213
Häresie: 17, 63, 87–88, 109 Anm. 113, 113 Anm. 137, 119, 126, 171, 223, 236, 245, 255
Hautfarbe (als ikonographische Chiffre): 34, 40, 187, 193, 195, 211, 316
Heidentum, pagan: 5 Anm. 41, 8, 12, 44 Anm. 150, 47, 68, 76, 105, 107, 109 Anm. 112, 112–13, 114 Anm. 139, 119, 144–45, 171, 192, 212–13, 227, 236, 241–42, 246, 270
Held, Heldin, Heldentum: 2, 8, 16, 41, 47, 51, 72, 161, 168, 180, 184, 207, 210
Hellenentum, griechische Kultur: 88–89, 110, 119, 201, 205 (griechischer Osten)
Herakles, Hercules: 26, 29 Anm. 56, 41, 50–51, 52 Anm. 201, 104 Anm. 92, 117 Anm. 162, 182, 192 Anm. 271, 211–12
*herbae potentes* (wirkmächtige Kräuter): 66
hermeneutischer Zirkel: 99 Anm. 70
Herrscherbild. *Siehe* Kaiserikonographie

Hetäre: 62–63, 67 Anm. 69, 87, 89 Anm. 26, 90, 91 Anm. 36, 92, 95, 124 Anm. 22, 125, 127, 129 Anm. 47, 130, 134, 173 Anm. 168, 237, 247, 253, 256
Hexe: 17, 58, 64–67, 66 Anm. 57, 69, 74–76, 79–80, 83, 211, 242
Himation (Mantel). *Siehe* Pallium
Hierarchie, hierarchisches Denken, Haltung gegenüber Untergebenen: 14, 21, 38 Anm. 114, 95, 126, 135, 137, 138 Anm. 80, 140, 147, 179, 184 Anm. 223, 206, 212. *S. auch* soziale Ordnung; Status
Hund, hündisch: 29 Anm. 56, 123–25, 127, 133, 151, 155, 159–60, 163, 165, 167 Anm. 123, 180–81

Identifikationsfigur: 23, 33, 36, 43, 80, 102, 107, 111, 119, 138 Anm. 80, 155, 166, 193, 202, 208, 211–12
Identität: 8 Anm. 75, 29, 37–38, 53, 89, 126, 152–53, 169, 176, 181, 205
Idolatrie: 68
Idylle
  bukolisch: 40
  maritim: 99–101, 132
*imago dei* (Ebenbild Gottes): 63
*imperium Romanum*. *Siehe* Römisches Reich
*impudicitia* (Dummheit): 173
Inschriften
  Grabinschrift: 43, 190 Anm. 257, 191 Anm. 265, 289, 316
  Stifterinschrift: 115–17, 191, 192 Anm. 272, 213
*interpretatio christiana* (christliche Umdeutung): 29, 93, 109 Anm. 114, 145, 213

Jamblich, Philosoph: 199, 201
Julian, Kaiser: 32 Anm. 84, 33 Anm. 85, 161–62, 165–66, 173 Anm. 158, 199, 201, 261–62, 265
Judentum, jüdisch: 105, 114, 117 Anm. 161–163, 119, 144–45, 212–13
Jungfrau, Jungfräulichkeitsideal: 123 Anm. 17, 127, 171–72, 191, 221, 247–48, 250, 316

Kaiserikonographie: 72 Anm. 106
Kirche: 15, 17, 34 Anm. 94, 42 Anm. 144, 64 (als Institution), 93, 102, 111 Anm. 126, 112, 114, 115 Anm. 148, 119, 144, 145 Anm. 96, 238 (als Institution), 275, 309
*kléos* (Ruhm): 150
Klugheit, weibliche: 150, 153–55, 161–67, 171–72, 174, 178–80, 203
Kunst, Kunstwerk, Kunstbeschreibung: 15, 18, 41, 143 Anm. 91, 173, 201 Anm. 333, 205, 212
kulturelles Gedächtnis: 15, 90, 174, 205

Lacan, Jacques, Psychoanalytiker: 16, 24 Anm. 29
Leontis Kloubas, jüdischer Euerget: 115–18, 146, 194, 309
*libido* (Lust): 63, 92, 127, 170, 255–56
Liebeswahnsinn: 90
Lob, Lobrede: 3 Anm. 26, 30 Anm. 66, 42 Anm. 140, 89, 91, 106 (Totenlob), 162, 165, 166 Anm. 111, 168, 171, 173, 185 Anm. 227, 265, 270
*lógos* (philosophisches Konzept): 25, 60–63, 235–36
*lupa*. *Siehe* Wolf, Wölfin

Macht, Herrschaft: 16, 42 Anm. 138, 51, 56 Anm. 10, 58, 60, 69 Anm. 81, 79, 91 (des Gesangs und der Musik), 92, 110 (des Gesangs und der Musik), 206, 238
Magie, magische Gegenstände: 52, 64, 73, 79, 192, 239
Männlichkeit, Männlichkeitsideal, Männlichkeitsvorstellungen: 13, 27, 127, 168 (idealer Mann), 182

Maria, Kaiserin: 3 Anm. 26
*matrona*, Matrone: 29, 136, 211
Maxentius, Kaiser: 38 Anm. 114, 41 Anm. 136
Maximinus Thrax, Kaiser: 30, 226
Meer, Meeresthematik: 96, 97 Anm. 63, 99, 130, 283
Meerwesen: 98, 129, 132–33, 135 Anm. 66, 136, 147, 223, 277, 284, 319
Melania d. J., römische Aristokratin: 37
Menora: 115–16, 294
*métis* (listige Klugheit): 1, 2 Anm. 10, 20, 154
*misericordia* (Barmherzigkeit): 25, 71 Anm. 98, 224, 269
Moly (mythische Pflanze): 11, 55, 62–63, 66, 70, 192 Anm. 280, 235–36
Moral, moralisch: 8, 13, 19 Anm. 3, 21–23, 21 Anm. 14, 25 Anm. 33, 26, 27 Anm. 43, 29 Anm. 63, 36, 46 Anm. 160 (Adelsethik), 54, 61, 63, 78, 88, 109 Anm. 117 (ethische Orientierung), 126, 143, 160 Anm. 80, 164 Anm. 102, 170, 196, 206 (Adelsethik), 208–09, 210 Anm. 13, 256
Mulvey, Laura, Filmwissenschaftlerin: 15–16

Nacktheit (als ikonographische Chiffre): 45, 118, 137, 144, 189, 213
Nillandschaft: 115, 117 Anm. 163, 118
Neid: 126, 229, 235, 255
*nous* (philosophisches Konzept): 60, 232

Oberschicht. *Siehe* Elite
Opfer: 19 Anm. 3, 31, 45–46, 56, 60, 62, 67, 74–75, 79, 85, 88, 90, 107, 122, 124, 126–27, 129, 133–34, 137, 138 Anm. 80, 140, 142, 144–45, 147, 167, 206, 210, 253, 274

*paideia* (Bildung): 15 Anm. 128, 82, 89, 165, 202
*palingenesía* (Kreislauf der Wiedergeburt): 61, 82, 234
Pallium: 94, 108, 112, 113 Anm. 137, 184, 190, 196 Anm. 296 u. 297, 198, 289–90, 292–93, 315–16
Paludamentum (Soldatenmantel): 40, 211, 274, 277, 279, 299, 300–308, 311
Panegyrik. *Siehe* Lob, Lobrede
Personifikation: 6 Anm. 46, 7, 26, 37, 46, 58, 71 Anm. 98, 72 Anm. 107, 77, 81, 91, 98, 115, 119, 171, 196 Anm. 297, 198 Anm. 314, 199, 202, 212, 249, 277, 284, 294, 313
*phantasía* (Vorstellungskraft): 62, 235
Philosophie: 5, 8, 26, 33, 51, 81, 91, 92 Anm. 49, 109, 119, 155, 164 Anm. 99 u. 102, 165, 172–73, 192–93, 196 Anm. 297, 199, 200–03, 224–25, 234, 237, 248–49, 265
Philosophenschule: 200–02, 200 Anm. 327
Philosophenversammlung: 107, 109 Anm. 115–17, 110–12, 113 Anm. 137, 198 Anm. 308, 201, 289–90, 292
*phrónesis* (Weisheit, Verstand): 23, 165
*pietas* (Frömmigkeit): 26
Pilos (Kopfbedeckung): 33–34, 48, 75, 95, 104 Anm. 92, 116, 118, 139, 141, 145, 187, 193, 195 Anm. 294, 211, 268, 273–77, 280, 283–94, 298, 300, 306, 308, 316
Politik: 199 (antichristliche)
Promiskuität: 155, 163, 169, 203
Proskynese: 71–72
*prudentia* (Klugheit): 28 Anm. 49, 93, 211, 225, 249
*pudicitia* (Sittsamkeit): 27, 127–28, 155, 169–72, 170 Anm. 141, 173 Anm. 159–60, 186, 203, 255–56, 269–70

Rachsucht, weibliche: 65, 67, 172
Rahner, Hugo, Theologe: 6 Anm. 53, 11–12, 63, 89
Raubtier: 101, 115, 127, 140, 294
Riegl, Alois, Kunsthistoriker: 9

Römisches Reich, östliche und westliche Hälfte: 3, 4, 9 Anm. 90, 23, 36, 71, 74, 76, 80, 89, 100, 118, 147, 162, 230
Rollenbild: 56
Rufinus, Gegner des Stilicho: 126, 255

Salomon, biblischer König: 73
*sapientia* (Weisheit), *sapiens, sapientissimus*: 26, 28–29, 128, 155, 170, 203, 211, 224, 226, 249–50, 256
Schamlosigkeit: 45, 95, 122, 124–25, 127–28, 168, 170 Anm. 141
Schöne, das (philosophisches Konzept): 61–62, 164, 198, 201–02, 235, 317
Schönheit: 29 Anm. 58, 57, 62, 75, 88 (»nackte Schönheit«), 94, 96, 102–03, 137–38, 150, 164, 167, 175, 177 (Schönheitspflege), 178, 195, 246 (nackte Schönheit), 264
Schule, Schulbuch, Schulautor: 3 Anm. 25 u. 26, 7, 9, 15 Anm. 125, 18, 172
Seele: 6 Anm. 46 u. 51, 24–25, 55, 59 Anm. 28, 60–61, 63–65, 109, 113, 117–19, 122, 197 Anm. 10, 144, 146, 153 Anm. 49, 164–65, 192–93, 197, 201, 204, 213, 222–23, 232–35, 238, 240, 249, 253, 255, 264–65, 267
Seelenwanderung: 63, 192
Serena, Adoptivtochter Theodosius' I.: 3 Anm. 26, 30 Anm. 66, 166 Anm. 111, 173 Anm. 159, 270–71
Sexualisierung: 45, 86, 90, 92, 100, 118, 122, 124, 130, 133, 136, 142, 147, 163
sexualisierte Gewalt: 137 Anm. 74, 138 Anm. 80, 142
Sexualität: 25, 60, 77 Anm. 135, 87, 92, 95, 113, 118–19, 127, 130, 134, 138, 155, 168, 170–71, 172 Anm. 151, 203
Sophrosyne: 27 Anm. 43, 162, 165–66, 266
*sotería* (Heil, Rettung): 117
*sophós* (weise): 60, 232
soziale Ordnung: 14 (soziale Hierarchien), 25 (soziale Stellung), 36 (soziale Schicht), 41 (soziale Überlegenheit und Gruppen), 54 (soziale Herkunft), 78, 79 (soziale Elite), 93 (soziales Prestige), 166 (soziale Schichten), 208 (soziale Schicht), 211 (soziale Elite). S. auch Hierarchie; Status
Sklaverei, Sklaven, Sklavinnen: 16, 42 Anm. 138, 64, 88–89, 156, 159, 161, 170 Anm. 136, 171 Anm. 151, 179, 181, 183, 184 Anm. 222, 191, 195 Anm. 286, 197 Anm. 308, 201 Anm. 333, 203, 207, 219, 227, 238, 243, 259
Spolien: 113 Anm. 134–35
Status: 21, 39 Anm. 121, 42 Anm. 144, 60, 64–65, 83, 138, 170, 183, 187, 189, 195, 197, 200, 231. S. auch Hierarchie; soziale Ordnung
Stilicho, Militär und Politiker: 30, 126, 166 Anm. 111, 240
Sündenfall: 92
Synagoge: 115, 213, 294, 309
Synkretismus, religiöser: 191 Anm. 263

Theoderich der Große, König der Ostgoten: 91, 248
Theodosius I., Kaiser: 38, 95 Anm. 57, 173
Thiasos
    dionysisch: 196
    marin: 101, 124, 132–33, 137–38, 147
Tier, Verwandlung in ein: 55, 56 Anm. 11, 57–67, 71, 73 Anm. 126, 96, 188 Anm. 244, 232–34, 240, 242, 283
Todesdämon: 107, 209
Topos, topische Verwendung: 8, 30, 42 Anm. 142, 65 Anm. 57, 66 Anm. 57, 77 Anm. 140, 91, 162–63, 172
Trunksucht: 25, 62
Turia, Matrone aus der Zeit der späten Republik: 170 Anm. 144, 171 Anm. 151

*univira*, Ideal der: 127, 171–72, 178, 211

Valentinian II., Kaiser: 72 Anm. 102
Venus: 90, 98–99, 101, 129 Anm. 47
Verführung, Verführerin: 8, 56, 58, 64, 67, 75, 83, 86–87, 89–93, 95, 99, 102, 104, 107, 118–19, 126, 132–33, 168 Anm. 124, 172, 207, 248, 283, 287, 289
Vergessen: 62, 64, 86, 154, 231, 235, 268
Vergewaltigungsphantasie: 101, 137, 142, 206
*virtus* (Tugend): 26–27, 29, 47, 65, 143 Anm. 92, 155, 169–70, 171 Anm. 151, 173 Anm. 165, 203, 211, 224, 239, 269
*voluptas* (Wollust): 8, 25, 92, 110, 114, 146 Anm. 103, 250

Waffen, Bewaffnung: 15 Anm. 126, 42 Anm. 141, 72, 139, 141, 169, 172, 208, 210, 230, 269
Weben: 86, 151, 124, 164–65, 167–68, 173, 177, 186–87, 267
Webstuhllist: 150, 153 Anm. 41, 163–64, 166–69, 171–73, 177, 179–80, 181 Anm. 209, 186, 188, 190, 203, 205, 230, 265, 270
Weiblichkeit, Weiblichkeitsideal, Weiblichkeitsentwürfe: 25, 29 (Idealbild), 62, 87, 90–92, 105, 127, 130, 133, 137–38, 166 Anm. 133 (ideale Frau), 168, 171 (ideale Ehefrauen), 173 Anm. 159 (ideale Frau), 195 (Ideal einer Frau)
Wissen: 7, 12 Anm. 108, 21 Anm. 15, 85–87, 90–92, 95, 109 Anm. 117, 118, 122, 172 Anm. 154, 235, 267–68 (Wissen der Tieren)
Wolf, Wölfin: 55, 63, 66 Anm. 60, 75, 125, 127, 235–37, 254, 256, 280

Zauberei, Zauberer, Zauberin: 12, 27, 29, 55, 58, 59 Anm. 26, 61–62, 65–66, 68–76, 69 Anm. 81, 78–79, 83, 86–88, 93, 95, 128, 142–43, 205–06, 212, 223, 229, 235, 238, 240, 242
Zauberkraut: 11, 62–63, 66, 69–70
Zauberpapyrus: 52, 69 Anm. 81, 162 Anm. 89, 262
Zaubersprüche: 55, 63 Anm. 44, 66
Zauberstab: 55, 60, 66, 70, 75–76, 233
Zaubertrank: 55–56, 59–62, 64, 69 Anm. 85, 154, 188 Anm. 244, 229–30, 233, 235, 239
Zweisprachigkeit: 3, 4 Anm. 28, 6, 17. S. auch Erziehung, Bildung
Zweite Sophistik: 3, 26 Anm. 35, 61 Anm. 36

## Studies in Classical Archaeology

All volumes in this series are evaluated by an Editorial Board, strictly on academic grounds, based on reports prepared by referees who have been commissioned by virtue of their specialism in the appropriate field. The Board ensures that the screening is done independently and without conflicts of interest. The definitive texts supplied by authors are also subject to review by the Board before being approved for publication. Further, the volumes are copyedited to conform to the publisher's stylebook and to the best international academic standards in the field.

**Titles in Series**

*Stadterfahrung als Sinneserfahrung in der römischen Kaiserzeit*, ed. by Annette Haug and Patric-Alexander Kreuz (2016)

*The Diversity of Classical Archaeology*, ed. by Achim Lichtenberger and Rubina Raja (2017)

Signe Krag, *Funerary Representations of Palmyrene Women: From the First Century BC to the Third Century AD* (2018)

*Visual Histories of the Classical World: Essays in Honour of R.R.R. Smith*, ed. by Catherine M. Draycott, Rubina Raja, Katherine Welch, and William T. Wootton (2018)

Julian Schreyer, *Zerstörte Architektur bei Pausanias: Phänomenologie, Funktionen und Verhältnis zum zeitgenössischen Ruinendiskurs* (2019)

*Funerary Portraiture in Greater Roman Syria*, ed. by Michael Blömer and Rubina Raja (2019)

*Urban Practices: Repopulating the Ancient City*, ed. by Annette Haug and Stephanie Merten (2020)

**In Preparation**

Stefan Riedel, *Die Basileia von Alexandria: Topographisch-urbanistische Untersuchungen zum ptolemäischen Königsviertel*